PETIT
MIONNET
DE POCHE
OU
RÉPERTOIRE PRATIQUE

À L'USAGE DES NUMISMATISTES EN VOYAGE ET COLLECTIONNEURS DES MONNAIES GRECQUES, AVEC INDICATION
DE LEURS PRIX ACTUELS ET DE LEUR DEGRÉ DE RARETÉ

PAR

ALEXANDRE BOUTKOWSKI-GLINKA

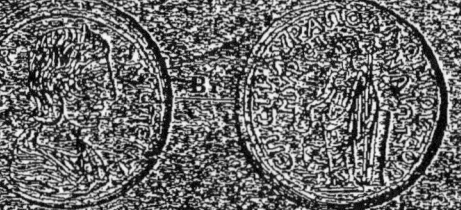

PREMIÈRE PARTIE

Prix 10 mark — Édition du Petit Mionnet de 8 mark sans le portrait.

BERLIN 1889

Chez R. v. Stuckrad, Libraire, 19 Zimmerstrasse
Chez l'auteur, Bräuerstrasse, portrait

PETIT MIONNET

DE POCHE
OU
RÉPERTOIRE PRATIQUE

A L'USAGE DES NUMISMATISTES EN VOYAGE ET COLLEC-
TIONNEURS DES MONNAIES GRECQUES, AVEC INDICATION
DE LEURS PRIX ACTUELS ET DE LEUR DEGRÉ DE RARETÉ

PAR

ALEXANDRE BOUTKOWSKI-GLINKA.

BERLIN 1889.
CHEZ L'AUTEUR-ÉDITEUR.
51, Ritterstrasse, parterre.

NOMS GÉOGRAPHIQUES
MIS EN ORDRE D'APRÈS LEURS TERMINAISONS.
CORPUS INSCRIPTIONVM NUMISMATUM GRAECARUM.

NOMS DES VILLES ET PAYS.
[Quelquefois certains noms font allusion aux figures représentées par les monnaies.]

α) au *Nominatif*:

1) ΛΑΚΥΔΩΝ
2) ΑΓΚΩΝ
3) ALBA
4) ALLIBA
5) ALIΘHA
6) VIꟾƎTꟾꟽ
7) ITALIA
8) ϹΕΛΕΧΑ
9) ΚΥΜΕ
10) ΚΥΜΑ
11) ΝΕΗΠΟΛΙΣ
12) ΦΙΣΤΕΛΙΑ et ƨIꟻϞLVƧ
13) ROMA
14) ΓΡΑΞΑ
15) ORRA
16) ΤΑΡΑΣ
17) ΠΟΣΕΙΔΩΝΙΑ ou ΠΟΣΕΙΔΑΝΙΑ
18) ΓV✠OEM
19) ΘΟΥΡΙΑ
20) COPIA
21) ΥΕΛΗ
22) ΚΑΥΛΟΝϟΑ
23) ϘΡΟΤΟΝ
24) VALENTIA
25) ΓΑΝΔΟΜϟΑ
26) ΜΕΣΜΑ
    Δ
27) RECION
28) ΤΕΡΙΝΑ
29) ΣΙΚΕΛΙΑ
30) ΑΚΡΑϹΑϹ
31) HALAESA ARCCHONIDA
32) ΚΑΜΑΡΙΝΑ
33) HENNA
34) ΚΑΤΑΝΕ
35) ΗΡΑΚΛΕΙΑ?
36) ΗΙΜΕΡΑ
37) HIMEPA aussi: KIMAPA (v. Imhoof, N. Z. 1886).
38) ΙΑΤΟΝ = ΘΕΡΜΑ-ΗΙΜΕΡΑΙΑ (Torremuzza et Mus. Brit.). ΙΑΤΟΝ est un nom d'Himera.
39) DANKLE
40) ΜΕΣΣΑΝΑ
41) ΠΕΛΩΡΙΑΣ
42) ΜΟΡϹΑΝΤΙΝΑ
    (Ν)
43) ΓΑΝΟΡΜΟΣ
44) ΣΑΓΕΣΤΑ
45) ΣΕΓΕΣΤΑ
46) ΣΕΛΙΝΟΕΣ
47) ΣΕΛΙΝΟΣ
48) ΤΥΝΔΑΡΙΣ
49) COSSVRA
50) MELITAS
51) DACIA
52) ΙΣΤΡΙΗ
53) ΜΑΡΚΙΑΝΟΠΟΛΙϹ
54) ΝΕΙΚΟΠΟΛΙϹ
55) ΔΙΚΑΙΑ
56) ΠΑΥΤΑΛΙΑ

57) ΠΛΩΤΕΙΝΟΠΟΛΙC?
58) ΚΑΡΔΙΑ
59) COELA
60) ΑΙΝΕΑ
61) ΑΜΦΙΠΟΛΙΣ
62) CASSANDREA
63) PELLA COLONIA
64) ΘΕΣΣΑΛΟΝΙΚΗ
   ΕΙ
65) ΛΑRΙSΑ
66) ΑΛΛΥΟΝ
67) ΒΥΛΛΙΣ
68) ΙΣΣΑ
69) ΝΙΚΟΠΟΛΙΣ
   ΕΙ
70) ΚΟΡΚΥΡΑ
71) ΛΕΥΚΑΣ
72) ΘΕΒΑ
73) ΑΙΓΙΝΗ
74) ΔΥΜΑ
75) CORINTHVM
76) FA
77) ΟΛΥΜΠΙΑ
78) ΠΙΣΑ
79) ΙΑΚΥΝΘΟΣ
80) CΠΑΡΤΗ
81) ΓΟΡΤΥC
82) ΧΑΛΚΙC
83) ΙΣΤΙΑΙΑ
84) ΑΜΑCΙΑ, ΑΜΑCCΕΙΑ
85) ΑΜΙCΟC
86) ΓΑΖΙΟΥΡΑ. Mus. Kotschoubey II, p. 74.
87) ΧΑΒΑΚΤΑ (Leake, l. c.)
88) ΝΕΟΚΑΙCΑΡΙΑ
89) ΑΜΑCΤΡΙC
90) ΚΡΩΜΝΑ
91) ΓΕΡΜΑΝΙΚΟΠΟΛΙC
92) ΠΟΜΠΗΙΟΠΟΛΙC
93) CΕΒΑCΤΗ
94) ΒΙΘΥΝΙΑ
95) ΑΠΑΜΕΙΑ
96) ΚΡΗΤΙΑ
97) ΦΛΑΟΥΙΟΠΟΛΙC
98) ΑΔΡΙΑΝΟΠΟΛΙC
99) ΑΔΡΙΑΝΟΘΗΡΑ
100) ΗΡΑΚΛΕΙΑ
101) ΙΟΥΛΙΟΠΟΛΙC
101 bis) ΚΑΙCΑΡΕΙΑ·ΓΕΡΜΑΝΙΚΗ.
102) ΝΙΚΑΙΑ
103) ΝΙΚΟΜΗΔΕΙΑ
104) ΠΡΟΥCΑ
105) ΤΕΙΟC
106) ΜΥΣΙΑ
107) ΙΟΛΛΑ
108) ΚΥΖΙΚΟC
109) ΓΕΡΜΗ
110) ΠΕΡΓΑΜΟC
111) ΠΙΤΑΝΗ
112) ΠΙΤΑΝΕΥC
113) ΠΛΑΚΙΑ
114) ΠΟΙΜΗC
115) ΠΟΡΔΟΣΙΛ
116) ΑΒΥΔΟC
117) ΙΛΟC; ΕΙΛΟC; ΙΛΙΟΝ
118) ΘΕΒΑ
119) ΑΙΟΛΙC
120) ΚΥΜΗ
121) ΜΥΡΕΙΝΑ
122) ΤΗΜΝΟC
123) ΜΗΘΥΜΝΑ
124) ΜΥΤΙΛΗΝΗ
125) ΚΛΑΖΟΜΕΝΗ
126) ΕΦΕCΟC
127) ΕΡΥΘΡΑΙ
128) ΕΡΥΘΡΟC
129) ΗΕΡΑΚΛΙΑ
130) ΜΑΓΝΗCΙΑ
131) ΦΩΚΕΑ ou ΦΩΚΑΙΑ.
132) ΚΑΔΜΗ
133) CΜΥΡΝΑ
134) ΤΕΟC
135) ΧΙΟΣ
136) ΚΑΡΙΑ [Tarsos]
137) ΑΝΤΙΟΧΕΙΑ
138) ΑΦΡΟΔΕΙCΙΑC
139) ΑΠΟΛΛΩΝΙΑ CΑΛΒΑΚΗ
140) CΤΡΑΤΟΝΕΙΚΙΑ
140 bis) ΙΔΥΜΑ.
141) ΚΟC, ΚΩΣ
142) ΑCΤΥΡΑ
143) ΛΙΜΥΡΟC
144) ΠΕΡΓΗ
145) CΙΔΗ
146) ANTIOCHIA
147) CREMNA

148) CAΓAΛACCOC
149) TITYACCIC
150) ICAYPIA [Tarsos]
151) ΛYKAONIA
152) LVSTRA
153) PARLAIS
154) KIΛIKIA [Tarsos]
155) ANXIAΛOC
156) MALLO COLONIA (v. Imhoof, Annuaire de Numismatique 1883).
157) TAPCOC
158) BAΓEIC
159) KIΛBIA
160) NEIKEA
161) ΓOPΔOC
162) IOYΛIA ΓOPΔOC
163) IEPOKAICAPEIA
164) YPKANIC
165) MAΓNHCIA
165 bis) MAIONIA
166) MACTAYPA
167) ΦIΛAΔEΛΦIA
168) CAITTAI
169) CAPΔIC
170) ACIA
171) THMENOC
172) CIΛANΔOC
173) ΦΛABIOΠOΛIC
174) ΘYATEIPA
175) TMΩΛOC
176) ΦPYΓIA (Laodikea)
177) AKMONEIA
178) AΠAME
179) ATTOYΔA
180) BPOYZOC
181) KIBYPA
182) KIBΩTOC = Apamea?
183) ΔOKIMOC
184) EYKAPΠEIA
185) EYMENEIA
186) IEPOΠOΛIC
187) ΛAOΔIKHA, KEIA
188) ΠPYMNHCCIC? (adj. fem.?) cf. Leake, Suppl. 84.
189) CEIBΛIA
190) ANKYPA
191) TAYION
192) EYCEBEIA
193) KAICAPEIA
194) COMANA
195) KAIΣAPEIA ΓEPMANIKH.
[Les monn. de cette ville doivent être classées à la Bithynie, malgré les anciennes attributions qu'on trouve dans Mionnet, Sestini. Comp. le récent Manuel de M. Head: Oxford 1887, voy. p. 438.] — La mon. de Carnacalla fr. à Germanikia-Kaisaria, décr. par Imhoof, d. ses Monn. Gr. p. 439 doit être rapportée à la Bithynie. — Voy. les Tables (au nominatif) No. 101 bis.
196) APMENIA
197) BEPOIA
198) ΠAΛMYPA
199) ANTIOXIA
200) ANTIOCHIA
201) EMICA
202) CEΛEYKIA?
203) ΔAMASCO COLONIA
204) KAICAPIA ΠANIAC
205) NEPΩNIAC
206) ABIΛA
207) KANATA?
208) ΓAΔAPA
209) KAISARIA
210) CESARIA LIB. (AE)
211) ΔΩPA
212) SIDON COLONIA
213) TYRVS
214) TYRO
215) AKH
216) PTOLEMAIS COLONIA
217) TIBEPIAC
218) KAIΣAPIA H ΠPOΣ ΣEBAΣTΩ·ΛIMENI
219) CAESAREA
220) ΣEBAΣTOΣ
221) ΔIOCΠOΛIC
222) IOΠH
223) NYΣA
224) SEBASTE COL
225) AELIA CAP·COMM.
226) ΓAZH, — ZA
227) PAΦIA

228) ARABIA APABIA (nomos)	243) ΚΑΤΑΣΤΡΑΤΕΙΑ
229) ΒΟϹΤΡΑ ΤΡΑΙΑΝΗ	244) ΤΡΑΞΙΑΝΗ
230) BOSTRA COL.	245) ΜΥΡΑ (aut.; de Lycie)
231) ЄϹΒΟΥϹ	246) ΠΑΡΘΙΑ
232) ΠЄΤΡΑ	247) ΑΛΕΞΑΝΔΡΕΙΑ
233) PETLA COLONIA	248) ΜЄΜΦΙϹ
234) ΡΑΒΒΑΘΜШΒΑ	249) ΚΥΡΑΝΑ
235) ΑΝΘЄΜΟΥϹΙΑ	250) ΛΙΒΥΗ (nomos)
236) ЄΔЄϹϹΑ	251) ΗΡΑΚΛΕΙΑ?
237) MAIO COLONIA? (c'est Mallos, citée au n.º 156).	252) ACHVLLA
	253) THAPSVM
238) ΝЄϹΙΒΙ	254) ΛЄΠΤΙϹ
239) ΣΕΛΕΥΚΙΑ ΤΗΣ ΠΡΟΣ ΤΩΙ ΤΙΓΡΕΙ	255) HIPPONE LIBERA
	256) CAESAREA
240) ϹΙΝΓΑΡΑ	257) DIANA VET(eranorum) COL.
241) ΝΙΝΙVΕ	[M. Imhoof-Blumer doute sur l'existence de cette colonie.]
242) ΜΑΡΓΙΑΝΗ	

Note. Le cadre de cet ouvrage ne m'a permis de donner ici qu'une monographie des légendes qui se trouvent au nominatif. Quant aux éthniques et autres légendes je les ai enregistrées avec le plus grand soin qu'il m'a été possible, et j'espère que mes critiques me sauront gré pour un travail aussi pénible et difficile à faire. Le n.º 257 serait, par conséquent, le dernier des monographies de légendes au nominatif que j'ai données.

J'ai présenté ici un plan tout nouveau de classement des monuments numismatiques que personne n'a encore imaginé, et j'espère qu'il pourra avantageusement remplacer pour certaines recherches les systèmes d'Eckhel et de Sestini. —

Je dois infiniment remercier M. Imhoof-Blumer qui a eu l'idée de dresser ces listes ainsi que la précédente, à son usage particulier et m'a permis de l'adopter pour ce présent travail contenant en outre toutes les récentes découvertes et les corrections de ce maître de Numismatique.

β) au Génitif:

ΑΚΡΑΓΑΝΤΟΣ
ΑΛΑΙΣΑΣ ΑΡΧ.
ΕΚΚΕΦΑΛΟΙΔΙΟΥ
ΕΝΤΕΛΛΑΣ
ΓΕΛΑΣ
ΥΒΛΑΣ ΜΕΓΑΛΑΣ
ΤΥΝΔΑΡΙΔΟΣ

ΧΕΡϹΟΝΗϹΟΥ, — ϹϹΟΥ
ΧΕΡΡΟΝΗϹϹΟΥ
ΤΟΜΕШϹ ΜΗΤΡ·ΠΟΝΤΟΥ
ΝΙΚΟΠΟΛΕШϹ ΠΡ·ΜΕϹΤШ
ΠΑΥΤΑΛΙΑϹ ΟΥΛΠΙΑϹ
ΦΙΛΙΠΠΟΠΟΛΕШϹ

ϹΕΡΔΙΚΗϹ ΟΥΛΠΙΑϹ ΤΟΠΙΡΟΥ
ΕΙ
ΤΡΑΙΑΝΗϹ ΑΥΓΟΥϹΤΗϹ
ΙΜΒΡΟΥ
ΑΙΝΕΑΣ
ΑΠΟΛΛΩΝΟΣ
ΠΕΛΛΗΣ
ΘΕΣΣΑΛΟΝΙΚΗΣ
ΟΥΡΑΝΙΔΩΝ ΠΟΛΕΩΣ
ΝΕΙΚΟΠΟΛΕΩΣ
ΑΚΤΙΟΥ

ΕΠΙΔΑΥΡΟΥ
ΓΟΡΤΥΝΟΣ

ΠΟΝΤΟΥ. Neokaisarea, Amasia, Zela, Heraklcia, Nikomedia.
ΔΙΟΣΚΟΥΡΙΑΔΟΣ
ΚΟΛΧΙΔΟΣ
ΑΜΑΣΣΕΙΑΣ
ΑΜΑCΙΑC
ΑΜΙCΟΥ ΣΑΜΙΣΟΥ (Leake)
ΣΑΜΙΣΟΗΣ
ΛΑΟΔΙΚΕΙΑΣ
ΝΕΟΚΑΙΣΑΡΕΙΑΣ
ΦΑΡΝΑΚΕΙΑΣ
ΒΟΣΠΟΡΟΥ (Asander Arch.)
ΑΒΟΝΟΥΤΕΙΧΟΥ
ΑΜΑΣΤΡΕΩΣ
ΓΕΡΜΑΝΙΚΟΠΟΛΕΩC ΗΙΜΙΛΙΟΥ
ΣΙΝΩΠΗΣ
ΒΙΘΥΝΙΑΣ
 εἰ
ΚΛΑΥΔΙΟΠΟΛΕΩΣ
ΔΙΑΣ
ΗΡΑΚΛΗΑC, —ΕΙΑC
ΝΙΚΟΜΗΔΕΙΑΣ
ΛΕCΒΟΥ ΠΡΩΤΗ
ΠΑΜΦΥΛΙΑC
ΑΠΟΛΛΩΝΙΑC
?ΠΕΡΓΑΙΑΣ
CΙΔΗC
ΛΥΚΑΟΝΙΑC, ΚΟΙΝΟΝ
ΙΩΝΙΑC (Samos)
ΚΙΛΙΚΙΑC
ΑΝΑΖΑΡΒΟΥ
ΛΑΜΩΤΙΔΟΣ ΛΑΜΟΥ ΜΗΤΡΟΠ.
ΚΗΤΙΔΟΣ
ΤΑΡCΟΥ
ΛΥΔΙΑC (Sardis)
ΝΕΙΚΑΙΑΣ ΚΙΛΒΙΑΝΩΝ
ΑΠΑΜΕΙΑC
ΑCΙΑC (Sardis) Smyrna, Pergamon.
ΕΛΛΑΔΟC
ΦΡΥΓΙΑC
ΓΑΛΑΤΙΑC
ΑΝΚΥΡΑΣ
ΕΥΣΕΒΕΙΑΣ
ΚΑΙΣΑΡΕΙΑΣ
CΑΜΟCΑΤΩΝ ΠΟΛΕΩC
CΥΡΙΑC

ΚΑΙΣΑΡΕΙΑΣ ΓΕΡΜΑΝΙΚΗΣ
CΕΛΕΥΚΙΔΟC
ΠΙΕΡΙΑC
 εἰ
CΕΛΕΥΚΙΑC
 εἰ
ΔΑΜΑCΚΟΥ
ΚΟΙΛΗC CΥΡΙΑC (Philad.)
ΠΑΝΙΑΔΟC
ΦΟΙΝΙΚΗC
ΒΥΒΛΟΥ
ΚΑΙCΑΡΕΙΑC ΛΙΒΑΝΟΥ
ΣΙΔΩΝΟΣ
ΤΥΡΟΥ

ΠΑΛΑΙCΤΙΝΗC
CΕΛΕΥΚΟΥ ΠΟΛΕΩC
ΙΟΠΠΗC
ΝΕΑC ΠΟΛΕΩC
ΙΟΥΔΑΙΑC
ΑΝΘΗΔΟΝΟC
ΝΕΙΚΟΠΟΛΕΩC
ΒΟCΤΡΑC
ΕΒΩΔΗC
ΖΑΥΘΗC?

γ) au *Datif*:

?ΣΑΡΔΩΙ (Tauromenion)
   ΕΝ ΦΙΛΙΠΠΟΠΟΛΙ (Thraciae)
   ΕΝ ΠΟΝΤΩ
ΤΩΝ ΕΝ ΒΕΙΘΥΝΙΑ (Kaisareia)
ΤΩΝ ΕΝ ΙΩΝΙΑ
   ΕΝ CΜΥΡΝΗ
ΠΕΡΓΗΙ
   ΤΑΡCΩ
ΤΩΝ ΕΝ ΚΙΛΒΙΑΝΩ (Nikaeia)
   " ΕΠΙ ΚΑΛΛΙΡΟΗΙ (Antiocheni)
   " ΠΡΟC ΔΑΦΝΗΙ
   " ΕΝ ΜΥΓΔΩΝΙΑΙ
   " " ΠΤΟΛΕΜΑΙΔΙ
   " " ΠΙΕΡΙΑΙ (Seleukia)
   " ΕΜΠΙΕΡΙΑΙ
      ΥΠ ΠΑΝΕΙΩ (Kaisareia)
   " ΠΡΟC ΙΠΠΩ (Antiochia)
Η ΠΡΟC CΕΒΑCΤΩ ΛΙΜΕΝΙ (Kaisareia)
ΤΩΝ ΕΝ CΑΜΑΡΙΑ? (Sebaste)
   " " ΓΑΖΗ (ΔΗΜΟΥ)

δ) à l'*Accusatif*:

KAT. ICCON (Alexandria Cilic.)
NEIKHAN, — KEAN KIΛ-
BIANΩN.

ε) à l'*Ablatif*:

ᴙᴅINNVᴙVᴋᴎ (Aquilonia Samn.)
BENVENTOD

LADINOD (Frentani)
ᴙVᴋNVᐊVᴙ (Aurunca Camp.)
ᴤIVᴊᴛᴤɪ8 Phistelia
ᴙVᴎIᴋIᴙIᴤᴙVNᴨᴛ Teanum Sidicin.

ζ) au *Locatif*:

ᛒᴇᐊTNᴲ8
LAPINEI

ETHNIQUES COMME SUBSTANTIF AU PLURIEL.

α) *Nominatif*:

ΣΥΡΑΚΟΣΙΟΙ
ΑΒΔΗΡΕΙΤΑΙ
ΘΕΣΣΑΛΟΙ
ΚΡΗΤΕΣ
ΛΥΤΤSΘS
ΝΕΟΚΑΙΣΑΡΕΙΣ
ΑΜΑCΤΡΙΑΝΟΙ
ΝΙ-—ΝΕΙΚΑΙΕΙΣ
ΝΕΙΚΟΜΗΔΕΙΣ
ΠΡΟΥΣΑΕΙΣ
ΠΡΟΥΣΙΕΙΣ
ΤΙΑΝΟΙ
ΠΕΡΓΑΜΗΝΟΙ
ΠΙΤΑΝΑΙΟΙ
ΑΒΥΔΗΝΟΙ
ΙΛΙΕΙC
ΖΜΥΡΝΑΙΟΙ
ΤΡΙΠΟΛΕΙΤΑΙ
ΡΟΔΙΟΙ
ΜΑΓΝΗΤΕΣ
ΜΑΣΤΑΥΡΙΤΑΙ
ΑΙΖΑΝΙΤΑΙ
ΑΚΜΟΝΕΙC
ΑΝΚΥΡΑΝΟΙ
ΑΜΟΡΙΑΝΟΙ
ΑΠΑΜΕΙΣ
ΚΙΔΥΗΣΣΕΙΣ
ΚΟΤΙΑΕΙΣ
ΠΡΥΜΝΕΙΣΣΕΙΣ
CΥΝΝΑΘΙC?
ΑΝΤΙΟΧΕΙΣ (ad Oront.)
ΓΑΔΑΡΕΙΣ

β) *Datif*:

ΛΙΛΥΒΑΙΙΤΑΙC
ΒΥΖΑΝΤΙΟΙC
ΑΧΑΙΟΙC
ΑΡΚΑCΙ
ΚΑΛΧΑΔΟΝΙΟΙC
ΚΥΜΑΙΟΙC
ΦΩΚΑΙΕΥCΙΝ
CΜΥΡΝΑΙΟΙC
ΑΝΙΝΗCΙΟΙC
ΑΥΡΗΛΙΟΠΟΛΙΤΑΙC
εἰ
ΤΗΜΕΝΟΘΥΡΕΥCΙΝ
ΚΟΛΟCCΗΝΟΙC
ΙΟΥΛΙΕΥCΙΝ?
CΑΛΙΗΝΟΙC
ΤΡΑΙΑΝΟΠΟΛΙΤΑΙC

γ) *Accusatif*:

ΚΥΜΕΟΥC ΠΡΟC (Pergam.)
ΕΦΕCΙΟΥC ,, (Kotiaeion)

δ) *Génitif*:

AQVINO, ACVINO
CORANO
AISERNINO, — NOM, — NIO
COZANO
ᴍɪᴅɪ8ᴙᴤ
CAIATINO
CALENO
ᴍVNᐊᴲTᴊᴇᴨVᴋ
ᴍVNᴎᐊᴲTᴎ8ᴎᴊᴎ ᴍVNᴎᐊɪᴋᴲVᴎ

ROMANO, — NOM,			ΑΛΑΒΑΝ	... ΔΕΩΝ	Caria.
SVESANO			ΑΛΙΝ	,,	Caria.
TIANO			ΑΡΥΚΑΝ	,,	Lycia.
TIATI(Apul.) ΜΝΙΤΝΙΙΤ (Maruc.?)			ΙΣΙΝ	,,	Pamph.
ΛΟΥΚΑΝΟΜ			ΜΑΓΥ	,,	,,
ΠΑΙSΤΑΝΟ			ΑΔΑ	,,	Pisidia.
ΜΑΜΕΡΤΙΝΟΥΜ			ΑΜΒΛΑ	,,	,,
			ΑΝΔΗ	,,	Pisidia.
ΑΙΝ	...... ΑΩΝ	Maced.	ΔΑΛΙCΑΝ	,,	Lycaonia.
ΕΔΕCC	,,	,,	ΛΑΡΑΝ	,,	,,
ΟΙΤ	,,	Thessal.	ΝΑΓΙ	,,	Cilicia.
Λ	,,	Lacon.	ΑΠΟΛΛΩΝΙ	,,	Lydia.
ΜΙΔ	,,	Phryg.	ΒΛΑΥΝ	,,	,,
ΚΟΛΩΝ	,,	Troas.	ΜΛΑΥΝ	,,	,,
ΠΕΡΡΑΙ	.... ΒΩΝ	Thessal.	ΣΙΛΑΝ	,,	,,
ΤΕΚΤΟΣΑ	... ΓΩΝ	Galat.	ΑΛΥΔ	,,	Phrygia.
ΣΕΡ	...... ΔΩΝ	Thrac.	ΑΤΤΟΥ	,,	,,
ΟΥΡΑΝΙ	,,	Maced.	ΚΛΑΝΝΟΥ	,,	,,
ΑΡΚΑ	,,	Creta.	ΛΥCΙΑ	,,	,,
ΣΙΝ	,,	Bosp.	ΜΙ	,,	,,
ΛΥ	,,		ΣΙΒΙΔΟΥΝ	,,	,,
ΠΙCΙ	,,	Sagalass.	ΣΥΝΝΑ	,,	,,
ΠΕΛΙΝΝ	... ΑΕΩΝ	Thessal.	ΤΙΜΒΡΙΑ	,,	,,
ΗΡ	,,	Arcad.	ΧΑΛΚΙ	,,	Chalcidene.
ΝΕΙΚ	,,	Bithyn.	ΠΤΟΛΕΜΑΙ	,,	Galilea.
ΠΡΟΥC	,,	,,	ΟΙΑΝ- ΘΕΩΝ		Locri Ozd.
ΚΟΛΩΝ	,,	Troas.	ΕΙΡΩΝ ...	ΙΕΩΝ	Brettium.
ΑΙΓ	,,	Aeolis.	o		
ΦΩΚ	,,	Jonia.	ΗΦΑΙΣΤ	,,	insula.
ΝΥΕ	,,	Caria.	ΔΗΜΗΤΡ	,,	Thessal.
ΑΙΓ	,,	Cilicia.	ΟΜΟΛ	,,	,,
ΝΕΙΚ	,,	Cilbiani.	ΚΙΕΡ	,,	,,
ΑΚΚΙΛ	,,	Phryg.	ΛΑΜ	,,	Thessal.
ΚΟΤΙ	,,	,,	ΜΑΛΙ	,,	,,
ΔΟΡΥΛ	,,	,,	ΜΕΛΙΤΑ	,,	,,
ΜΙΔ	,,	,,	ΠΕΙΡΑΣ	,,	,,
ΑΝΑΖΑΡ	.... ΒΕΩΝ	Cilicia.	ΠΕΛΙΝΝΑ	,,	,,
ΚΑΝΔΥ	,,	Lycia.	ΦΟΙΝΗΚΑ	,,	Epirus.
ΟΛ	,,	Cilicia.	ΑΝΑΚΤΟΡ	,,	Acarn.
ΑΡ	...... ΓΕΩΝ	Acarn.	ΘΡΟΝ	,,	Locris.
ΠΑ	,,	Attica.	ΒΟΥΛ	,,	Phocis.
ΑΙ	,,	Aeolis?	ΘΕΣΠ	,,	Boeotia.
ΣΕΛ	,,	Pisidia.	ΔΕΚΕΛ	,,	Attica.
ΑΙ	,,	Cilicia.	ΑΙΓ	,,	Achaia.
ΧΑΛΚΙ	..... ΔΕΩΝ	Maced.	ΚΥΠΑΡΙCC	,,	Messen.
ΧΑΛΚΙ	,,	Euboea.	ΔΙΠΑ	,,	Arcad.
ΝΙΚΟΜΗ	,,	Bithyn.	ΗΡΑ	,,	,,
ΕΙ			ΜΕΘΥΔΡ	,,	,,

ΚΡΗΤΑ	....	ΙΕΩΝ	Creta.	ΑΤΟΥΣ	ΙΕΩΝ	Mesopot.
ΠΡΙΑΝΣ		,,	,,	ΔΗΜΗΤΡ	,,	,,
ΕΥΒΟ				ΕΥΡΥΔΙ	ΚΕΩΝ	Maced.
ΕΡΕΤΡ		,,	Euboea.	ΘΕΣΣΑΛΟΝΙ	,,	,,
ΙΣΤΙΑ		,,	,,	ΕΙ		
Ε				ΦΩ	,,	,,
ΣΥΡ		,,	insula.	ΛΑΟΔΙ	,,	Pontus.
C		,,		ΦΑΡΝΑ	,,	,,
ΑΜΑΣΤΡ		,,	Paphlag.	ΣΤΡΑΤΟΝΙ	..ΚΕΩΝ	Caria.
?ΜΑΣΤ		,,	,,	ΕΙ		
ΒΙΘΥΝ		,,		ΚΛΑΥΔΙΟΣΕΛΕΥ	,,	Pisid.
ΚΡΗΤ		,,	Bithyn.	ΚΛΑΥΔΙΟΛΑΟΔΙ	,,	Lycaon.
ΝΙΚΑ		,,	,,	ΣΕΛΕΥ	,,	Cilicia.
ΕΙ				ΛΑΟΔΙ	,,	Phryg.
ΠΡΟΥΣ		,,	,,	ΓΕΡΜΑΝΙ	,,	,,
?ΤΙΜΑ		,,	,,	ΛΑΟΔΙ	,,	Syria.
ΙΛ		,,	Troas.	ΣΕΛΕΥ	,,	,,
ΑΙΓΑ		,,	Aeolis.	ΛΑΟΔΙ	,,	Coelesyr.
ΑΥΡΗΛ		,,	Jon.—Nea-	ΣΕΛΕΥ	,,	Mesopot.
			polis.	ΑΓΧΙΑ	ΛΕΩΝ	Thrac.
ΛΕΥΚΑ		,,	Jonia.	Α	,,	Thessal.
ΦΩΚΑ		,,	,,	ΦΙΑ	,,	Arcad.
ΑΦΡΟΔΙΣ		,,	Caria.	ΦΙΓΑ	,,	
ΕΙ				ΕΓΙΑ	,,	Paphlag.
ΟΡΘΩΣ		,,	,,	ΙΟΛ	,,	Mysia.
ΑΣΤΥΠΑΛΑ		,,	insula.	ΑΙΟ	,,	Kyme.
ΠΤΟΛΕΜΑ		,,	Pamphyl.	ΓΙΠΟ	,,	Jonia.
?ΛΥΣΙΝ		,,	Pisidia.	ΦΥΓΕ'	,,	,,
ΙΚΟΝ		,,	Lycaon.	?ΔΑΙΔΑ	,,	Caria.
ΕΙ				ΕΥΡΑ	,,	,,
ΚΛΑΥΔΕΙΚΟΝ		,,	,,	ΚΟΡΥΔΑΛ	,,	Lycia.
ΑΝΕΜΟΥΡ		,,	Cilicia.	ΑΤΤΑ	,,	Pamph.
ΜΑΡ		,,	Cyprus.	ΠΟΓ	,,	,,
ΙΟΥΛ		,,	Lydia.	Ω		
ΙΟΥΛ		,,	Phryg.	ΚΟΔΡΟΥ	,,	Pisidia.
ΟΚΟΚΛ		,,	,,	ΑΝΧΙΑ	,,	Cilicia.
ΔΩΡ		,,	Synnada.	ΣΟ	,,	,,
ΙΟΥΛ		,,	Laodic.Syr.	ΤΑΒΑ	,,	Lydia.
ΚΑΠΙΤΩΛ		,,	Coelesyr.	ΥΡΓΑ	,,	Phryg.
ΔΗΜΗΤΡ		,,	,,	ΝΑΚΟ	,,	,,
ΚΛΑΥΔ		,,	Leucas.	ΦΙΛΟΜΗ	,,	,,
ΝΕΡΩΝ		,,	Trachon.	ΚΑΣΤΑΒΑ	,,	Cappad.
ΠΟΜΠΗ		,,	Gadara.	ΓΑΒΑ	,,	Syria.
			Decap.	ΑΠΑ	ΜΕΩΝ	Bithyn.
ΔΗΜΗΤΡ		,,	Phoen.	ΕΥΡΩ	,,	Caria.
ΟΡΘΩΣ		,,	,,	ΥΛΛΑΡΙ	,,	,,
ΤΙΒΕΡ		,,	Galil.	ΑΠΑ	,,	Phryg.
ΝΥCΑΙΕΩΝΤΩΝ ΚΑΙCΚΥΘΟΠ..				ΔΟΚΙ	,,	,,

ΑΠΑ	.....	ΝΕΩΝ	Syria.	ΝΕΟΚΑΙCΑ ..	ΡΕΩΝ	Pontus.
ΒΟΥΒΩ		,,	Lycia.	ΓΑΡΓΑ	,,	Mysia.
ΓΟΝ		,,	Thessalia.	ΓΡΙΜΕΝΟΘΥ	,,	,,
ΚΑΡΥ		,,	Achaia.	ΕΙ		
ΠΕΛΛΑ		,,	,,	ΑΛΕΞΑΝΔ	,,	Troas.
ΠΕΛΛΗ		,,	,,	ΓΑΜΒ	,,	Jonia.
ΕΡΜΙΩ		,,	Argos.	ΕΚΚΑΡ	,,	Caria ?
ΑΝΤΙΓΟ		,,	Arcad.	ΚΑΜΙ	,,	Rhodos.
ΜΑΝΤΙ		,,	,,	ΒΑΛΒΟΥ	,,	Lycia.
ΦΕ		,,	,,	ΛΙΜΥ	,,	Lycia.
ΚΟΜΑ		,,	Pontus.	ΜΥ	,,	,,
ΑΔΡΙΑ		,,	Bithyn.	ΠΑΤΑΡ	,,	,,
ΠΙΤΑ		,,	Mysia	ΠΙΝΑ	,,	,,
ΟΦΡΥ		,,	Troas.	ΙΛΙCΤ	,,	Lycaon.
ΜΥΤΙΛΗ		,,	Lesbos.	ΣΑΟΥΑΤ	,,	,,
ΠΡΙΗ		,,	Jonia.	ΑΛΕΞΑΝΔ	,,	Cilicia.
ΑΜΥΖΟ		,,	Caria.	ΚΑΙΣΑ	,,	Anazarb.
ΕΤΕΝ		,,	Pamph.	ΔΙΟΚΑΙΣΑ	,,	Cilicia.
ΚΟΝΑ		,,	Pisidia.	Ε		
ΠΡΟCΤΑΝ		,,	,,	ΔΩ	,,	,,
ΑΔΑ		,,	Cilicia.	ΣΥΕΔ	,,	,,
ΕΠΙΦΑ		,,	,,	ΙΕΡΟΚΑΙCΑ	,,	Lydia.
ΑΚΜΟ		,,	Phryg.	ΤΗΜΕΝΟΘΥ	,,	,,
ΕΥΜΕ		,,	,,	ΔΙΟΚΑΙCΑ	,,	Ceretape.
ΘΕΜΙCΩ		,,	,,	ΚΑΙΣΑ	,,	Cappadoc.
ΤΥΑ		,,	Cappad.	ΚΥΒΙΣΤ	,,	,,
ΒΑΛΑ		,,	Syria.	ΓΑΔΑ	,,	Decapolis.
ΕΠΙΦΑ		,,	,,	ΚΑΙCΑ	,,	Phoenic.
ΡΕΦΑ		,,	,,	ΕΔΕC	.....	CΕΩΝ	Maced.
ΑΡΑ	.....	ΞΕΩΝ	Lycica.	ΑΜΦΙΣ	,,	Locris.
ΜΕΛΙΒ	....	ΟΕΩΝ	Thessal.	ΑΜΑ(C)	,,	Pontus.
ΕΥΒ		,,	,,	ΠΛΑΡΑ	,,	Caria.
				ΑΛΙΚΑΡΝΑΣ	,,	,,
				ΙΑ	,,	,,
ΓΟΡΓΙΠ	....	ΠΕΩΝ	Bosp.	ΜΥΛΑ	,,	,,
ΑΓΡΙΠ		,,	,,	ΤΕΛΕΜΗΣ	,,	,,
ΣΙΝΩ		,,	Paphl.	ΥΔΙ	,,	,,
ΕΥΙΠ		,,	Caria.	ΑΚΑΛΙC	,,	Lycia.
ΚΕΡΕΤΑ		,,	Phryg.	ΑΡΙΑΣ	,,	Pamphyl.
ΕΥΚΑΡ		,,	,,	ΑΡΛΑ		
ΟΡΘΑΓΟ	...	ΡΕΩΝ	Maced.	ΚΟΛΒΑC	,,	Pisidia.
ΘΥΡ		,,	Acarn.	ΜΙΝΑC	,,	,,
ΑΝΤΙΚΥ		,,	Phocis.	ΠΕΔΝΗΛΙC	,,	,,
ΜΕΓΑ		,,	,,	Τ		
ΠΑΤ		,,	Achaia.	ΣΑΓΑΛΑΣ	...	ΣΕΩΝ	Pisidia.
ΛΛΕΙΦΕΙ		,,	Arcadia.	ΤΕΡΜΗΣ	,,	,,
ΘΗ		,,	insula.	ΤΙΤΥΑC	,,	,,
ΚΑΙΣΑ		,,	Phanag.	?ΛΑΛΑΣ	,,	Isauria.

ΛΑΛΑ	ΣΕΩΝ	Cilicia.		ΑΙΤΝ	ΑΙΩΝ	Sicilia.
ΚΟΡΟΠΙΣ	,,	Lycaon.		ΑΓΥΡΙΝ	,,	,,
ΚΟΛΥΒΡΑC	,,	Cilicia.		ΚΑΜΑΡΙΝ	,,	,,
ΤΑΡ	,,	,,		ΚΑΤΑΝ	,,	,,
ΝΑΚΡΑ	,,	Lydia.		ΕΝΝ	,,	,,
? ΘΥΕΣ	,,	,,		ΙΜΕΡ	,,	,,
ΚΙΔΥΗΣ	,,	Phryg.		ΝΑΚΩΝ	,,	,,
ΠΡΥΜΝΗΣ	,,	,,		ΕΓΕΣΤ	,,	,,
ΡΩ	,,	Syria.		ΣΕΓΕΣΤ	,,	,,
ΕΛΑ	ΤΕΩΝ	Phocis.		ΣΙΛΕΡ	,,	,,
ΠΑΛΛΑΝ	,,	Arcad.		ΘΗΡ	,,	?
ΒΑΡΑ	,,	Lycaon.		ΛΙΓΑΡ	,,	insula.
ΕΠΙΚΤΗ	,,	Phryg.		ΜΕΛΙΤ	,,	,,
CΑΜΟCΑ	,,	Commag.		ΟΙΣΥΜ	,,	Thrac.
ΖΕΥΓΜΑ	,,	,,		ΑΘΕΝ	,,	Imbros.
ΚΑΦ	ΥΕΩΝ	Arcad.		ΑΦΥΤ	,,	Maced.
ΣΙΛΛ	,,	Pamph.		ΒΕΡ	,,	,,
Λ—				ΒΟΤΤΙ	,,	,,
ΓΟΜ	ΦΕΩΝ	Thessal.		ΚΟΤΟΥΣ	,,	,, ?
ΣΚΑΡ	,,	Locris.		ΕΔΕΣΣ	,,	,,
ΦΙΛΑΔΕΛ	,,	Cilicia.		ΙΧΝ	,,	,,
ΦΙΛΑΔΕΛ	,,	Lydia.		ΜΕΝΔ	,,	,,
ΦΙΛΑΔΕΛ	,,	Coelesyr.		ΠΕΛΛ	,,	,,
ΛΥΣΙΜΑ . . .	ΧΕΩΝ	Chers. Thr.		ΠΥΔΝ	,,	,,
ΑΝΤΙΟ	,,	Cebrene.		ΣΚΙΩΝ	,,	,,
,,	,,	Caria.		ΘΕΣΣΑΛΟΝΕΙΚ	,,	,,
,,	,,	Cilicia.		ΕΥΡΕ	,,	Thessal.
,,	,,	,,		ΕΥΡΥΜΕΝ	,,	,,
,,	,,	,,		ΥΡΑΤ	,,	,,
,,	,,	Comm.		ΟΙΤ	,,	,,
,,	,,	Syria.		ΛΑΡΙΣ	,,	,,
,,	,,	,,		ΠΕΛΙΝΝ	,,	,,
,,	,,	Mesopot.		ΦΑΛΑΝΝ	,,	,,
,,	,,	,,		ΦΕΡ	,,	,,
,,	,,	Galil.		ΣΚΟΤΟΥΣΣ	,,	,,
,,	,,	Decap.		ΘΗΒ	,,	,,
ΤΛ	ΩΕΩΝ	Lycia.		ΤΡΙΚΚ	,,	,,
				ΚΑΣΣΩΠ	,,	Epirus.
ΘΥΡΡ	ΗΩΝ	Acarnan.		ΦΟΙΝΕΙΚ	,,	,,
ΓΥΡΝ	,,	Mysia.		ΚΟΡΚΥΡ	,,	insula.
ΠΙΤΑΝ	,,	,,		ΑΛΥΙ	,,	Acarnan.
ΚΥΜ	ΑΙΩΝ	Camp.		[ΦΥΤΑΙΟΝ retro ?]		
ΝΩΛ	,,	,,		ΚΩΠ	ΑΙΩΝ	Bocotia.
ΡΩΜ	,,	,,		ΤΑΝΑΓΡ	,,	,,
ΜΕΔΜ	,,	Brutt.		ΘΗΒ	,,	,,
ΜΕΣΜ	,,	,,		ΑΘΗΝ	,,	Attica.
ΤΕΡΙΝ	,,	,,		ΠΑΓ	,,	,,
ΑΚΡ	,,	Sicilia.		? ΚΡΑΝ	,,	insula.

ΑΧ	. . . . . .	ΑΙΩΝ		ΛΕΥΚΑ	. . . . ΔΙΩΝ	Acarnan.
ΒΟΥΡ		,,	Achaia.	ΦΩΦΙ	,,	Arcad.
ΣΑΜ		,,	Cephall.	ΕΙ		
ΚΟΡΩΝ		,,	Messen.	ΤΕΝΕ	,,	insula.
ΜΟΘΩΝ		,,		ΛΕΒΕ	,,	Jonia.
ΑΣΙΝ		,,	Lacon.	ΚΝΙ	,,	Caria.
ΚΛΕΩΝ		,,	Argolis.	ΜΥΝ	,,	,,
ΜΕΘΑΝ		,,	,,	ΡΟ	,,	insula.
ΘΙΣΟ		,,	Arcad.	ΑΣΠΕΝ	,,	Pamphyl.
ΑΠΤΑΡ		,,	Creta.	ΛΕΥΚΑ	,,	Coelesyr.
ΑΠΤΕΡ		,,	,,	ΑΡΑ	,,	Phoenic.
ΕΛΕΥΘΕΡΝ		,,	,,	ΗΡΑΚΛ . . . . ΕΙΩΝ		Lucan.
ΛΑΠΠ		,,	,,	⊢	,,	Sicil.?
ΜΩΔ		,,	,,	ΚΙΕΡΙ	,,	Thessal.
ΘΗΡ		,,	insula.	ΜΟΥ	,,	,,
ΠΕΙΡ		,,	Pontus.	ΟΡΘΙ	,,	,,
?ΑCΙΒ		,,	,,	ΑΡΓ	,,	Acarnan.
ΝΙΚ		,,	Bithyn.	ΘΥΡΡ	,,	,,
	ΒΙΛΛ . . .	,,	(Leontides).	ΦΑΛ	,,	Elis.
ΠΙΤΑΝ		,,	Mysia.	ΑΛ — ΗΛ	,,	,,
ΚΥΜ		,,	Aeolis.	ΑΡΓ	,,	Argolis.
ΜΥΡΙΝ		,,	,,	Κ	,,	insula.
ΕΙ				ΑΙΓ	,,	Cilicia.
ΜΑΘΥΜΝ		,,	Lesbos.	ΑΝΕΜΟΥΡΙ	,,	,,
Η				ΑΡΓ	,,	,, ?
ΜΥΤΙΛΗΝ		,,	,,	ΗΡΑΚΛ	,,	Lydia.
ΝΑΓ				⊢ΗΡΑΚΛ . . . ΗΙΩΝ		Lucan.
ΕΡΥΘΡ		,,	Jonia.	Τ	,,	Jonia.
ΙΜΥΡΝ		,,	,,	ΠΕΡΙΝ . . . . . ΘΙΩΝ		Thrac.
ΟΙΝ		,,	Caria.	ΑΚΑΝ	,,	Maced.
?ΝΥΣ		,,	,,	ΠΕΠΑΡΗ	,,	insula.
ΠΕΡΓ		,,	Pamphyl.	ΚΟΡΙΝ	,,	Achaia.
CΑΓΑΛΑCC		,,	Pisidia.	ΖΑΚΥΝ	,,	insula.
ΑΙΓΕ		,,	Cilicia.	ΤΙΡΥΝ	,,	Argolis.
ΑΝΑΖΑΡΒ		,,	,,	ΞΑΝ	,,	Lycia.
ΔΟΛΙΧ		,,	Commag.	ΩΡΗΣ . . . . . ΚΙΩΝ		Maced.
ΒΕΡΟΙ		,,	Cyrrh.	Ι	,,	ins. Thess.
ΛΑΡΙΣ		,,	Syria.	ΩΡΙ	,,	Epirus.
ΠΕΛΛ		,,	Decap.	ΡΑΥ	,,	Creta.
?ΑΡΚ		,,	Galil.	ΛΥ		
ΓΑΖ		,,	Judaea.	ΦΑΡΣΑ . . . . ΛΙΩΝ		Thessal.
ΚΥΡΑΝ				ΠΥ	,,	Messene.
ΛΕΣ	. . . . . .	ΒΙΩΝ		ΣΤΥΜΦΑ	,,	Arcad.
ΑΤΡΑ	. . . . .	ΓΙΩΝ	Thessal.	ΔΗ	,,	insula.
ΑΡ		,,	Acarnan.	ΜΑ	,,	,,
?ΠΡΟΥΣΙ	. . .	ΔΙΩΝ	Moes. infer.	Η		
ΧΑΛΚΙ		,,	Maced.	ΣΟ	,,	Cilicia.
. ?ΒΙΛΟΥ		,,	Illyria.	ΒΥΒ	,,	Phoenic.

ΣΑ	. . . .	ΜΙΩΝ	insula.	ΓΥΑ	ΡΙΩΝ	insula.
ΜΕΣΣΑ	. . . .	ΝΙΩΝ	Sicilia.	ΠΑ	,,	,,
ΑΙ		,,	Thrac.	ΣΥ	,,	,,
ΓΥΡΤΩ		,,	Thessal.	ΑΝΤΑΝΔ	,,	Mysia.
ΚΡΑΝΝΩ		,,	,,	ΕΝΙΣΥ	,,	insula.
ΠΡΩΕΡ		,,	,,	ΚΥΠ	,,	,,
ΣΙΚΥΩ		,,	Achaia.	ΤΥ	,,	Phoenic.
ΚΡΑ		,,	insula.	ΝΙΚΗΦΟ	,,	Mesopot.
ΜΕΣΣΑ		,,		ΣΥΡΑΚΟ	ΣΙΩΝ	Sicilia.
ΜΕϹϹΗ		,,		ΑΛΩΠΕΚΟΝΝΗ-	,,	Chers.
ΛΑΚΕΔΑΙΜΟ		,,		ΚΡΙΘΟΥ	,,	,,
ΤΡΟΙΖΗ		,,	Argolis.	ΕΛΑΙΟΥ	,,	Chers.
ΚΟΡΤΥ		,,	Arcad.	ΘΑ	,,	insula.
ΕΡΧΟΜΕ		,,	,,	ΦΛΕΙΑ	,,	Achaia.
ΟΡΧΟΜΕ		,,	,,			
ΓΟΡΤΥ		,,	Creta.	ΕΛΙΣΦΑ	,,	Arcadia.
ΙΕΡΑΠΥΤ		,,	,,	ΘΕΛΠΟΥ	,,	Arcadia.
ΥΡΤΑΚΙ		,,	,,	ΧΕΡΣΟΝΑ	,,	Creta.
ΙΤΑ		,,	,,	ΧΕΡΟΝΑ	,,	,,
ΠΟΛΥΡΗ		,,	,,	ΚΝΩ	,,	,,
ΚΥΘ		,,	insula.	?ΛΙ	,,	,,
ΜΥΚΟ		,,	,,	ΠΡΑΙ	,,	,,
ΣΙΦ		,,	,,	ΠΡΙΑΝ	,,	,,
ΤΗ		,,	,,	ΤΥΛΙ	,,	,,
ΚΑΛΧΑΔΟ		,,	Bithyn.	ΑΣ	,,	Mysia
ΠΕΡΠΕΡΗ		,,	Mysia.	ΕΡΕ	,,	Lesbos.
ΔΑΡΔΑ		,,	Troas.	ΕΦΕ	,,	Jonia.
ΒΟΙΩ		,,	Aeolis.	ΜΙΛΗ	,,	,,
ΚΛΑΣΟΜΕ		,,	Jonia.	.ΕΙ		
ΚΟΛΟΦΩ		,,	,,	ΕΛΑΙΟΥ	,,	Cilicia.
ΚΑΛΥΜ		,,	insula.	ϹΕΛΙΝΟΥϹΙΩΝ?		
ΟΥΙΥΑ		,,	Phrygia.	ΑΝΙΝΗ	ΣΙΩΝ	Lydia.
ΘΕΜΙΣΩ		,,	,,	ΑΝΘΕΜΟΥ	,,	Mesopot.
ΣΙΔΩ		,,	Phoenic.	ΡΗϹΑΙΝΗ	,,	,,
ΝΑ	. . . . . .	ΞΙΩΝ	Sicilia.	ΒΡΕΤ	ΤΙΩΝ	
ΑΜΦΑ		,,	Maced.	ΒΥΖΑΝ	,,	Thracia.
Α		,,	Creta.	ΣΗΣ	,,	Chers.
ϜΑ — ϹΑ		,,	,,	ΒΙΣΑΛ	,,	Maced.
ΝΑ		,,	insula.	ΣΤΡΑ	,,	Acarnan.
ΩΡΩ	. . . . . .	ΠΙΩΝ	Boeotia.	ΟΠΟΝ	,,	Locris.
ΘΟΥ	. . . . .	ΡΙΩΝ	Lucania.	ΟΥ		
ΙΜΒ		,,	insula.	ΠΕΥΜΑ	,,	Achais?
ΦΑ		,,	,,			Phtiotis.
ΑΝΑΚΤΟ		,,	Acarnan.	ΛΑ	,,	Creta.
ΚΥΘΗ		,,	insula.	ΛΥΤ	,,	,,
ΕΠΙΔΑΥ		,,	Argolis.	ΛΥΚ	,,	,,
ΚΛΕΙΤΟ		,,	Arcad.	ΟΛΟΝ	,,	,,
ΑΝΔ		,,	insula.	ΦΑΙΣ	,,	,,

ΣΥΒΡΙ	ΤΙΩΝ	Creta.		ΚΑΥΣΤΡΙ . . .	ΑΝΩΝ	Lydia.
ΚΑΡΥΣ	,,	Euboea.		ΚΙΛΒΙ	,,	,,
ΚΕΡΑϹΟΥΝ	,,	Pontus.		ΔΑΛΔΙ	,,	,,
ΤΡΑΠΕΖΟΥΝ	,,	,,		ΥΡΚ	,,	,,
ΠΕϹϹΙΝΟΥΝ	,,	Galatia.		ΣΑΡΔΙ	,,	,,
ΒΗΡΥ	,,	Phoenicia.		ΤΡΑΛΛΙ	,,	,,
?ΑϹΩ	,,			ΑΜΟΡΙ	,,	Phrygia.
ϹΕΡΕΙ	ΦΙΩΝ	insula.		ΑΝΚΥΡ	,,	,,
Χ	ΙΩΝ	,,		ΑΠΠΙ	,,	,,
ΕΠΑΡ . ΧΙΩΝ	ΤΡΙΩΝ	Tarsos.		ΒΡΙ	,,	,,
ΣΚΗ	ΥΙΩΝ	Troas.		ΔΙΟΚΛΕ	,,	,,
ΓΕΛ	ΩΙΩΝ	Sicilia.		ΜΟΖΕ	,,	,,
Κ	,,	insula.		ΦΟΥΛΟΥΙ	,,	,,
				ΓΟΡΔΙ	,,	,,
ΠΑΝΙ	ΚΩΝ	Gallia.		ΣΙΒΛΙ	,,	,,
ΑΥΕΥΓ	,,	Apulia.		ϹΕΙΒΛΙ	,,	,,
ΘΡΑ	,,			ΑΝΚΥΡ	,,	Galatia.
ΣΑΜΟΘΡΑ	,,	insula.		ΤΑΟΥΙ	,,	,,
ΚΙΛΙ (ΟΡΟΙϹ)	,,	Tarsus.		ΙΣΤΡΙ	ΗΝΩΝ	Moesia.
ΙΘΑ	,,	,,		ΒΙΣΑΝΘ	,,	Thracia.
ΠΕΡΙΠΟ	ΛΩΝ	Brettium.		ΒΙΖΥ	,,	,,
ΘΕΣΣΑ	,,			ΣΕΒΑΣΤ	,,	Paphlag.
ΑΙΤΩ	,,			?ΑΛΥΑΤΤ	,,	Bithynia.
ΠΑΜΦΥ	,,	Side.		ΑΔΡΑΜΥΤ	,,	Mysia.
ΤΡΟΚ	ΜΩΝ	Galatia.		ΚΑΜ	,,	,,
ΑΡΠ	ΑΝΩΝ	Apulia.		ΚΥΖΙΚ	,,	,,
ΛΥΚΙ	,,			ΓΕΡΜ	,,	,,
?ΟΡΔ	,,	Luc. ?		ΛΑΜΨΑΚ	,,	,,
ΚΑΜΓ	,,	Entella.		ΠΕΡΓΑΜ	,,	,,
ΤΥΡ	,,	Sarmat.		ΠΟΙΜΑΝ	,,	,,
ΚΑΛΛΑΤΙ	,,	Moes.		ΠΡΙΑΠ	,,	,,
ΜΕΤΑΜΒΡΙ	,,	Thracia.		ΑΒΥΔ	,,	Troas.
Σ				ΒΑΡΓΑΣ	,,	Caria.
ΚΑΡΔΙ	,,	Cherson.		ΕΡΙΖ	,,	,,
ΑΙΝΙ	,,	Thessal.		ΑΡΠΑΣ	,,	,,
ΑΘΑΜ	,,	Epirus.		ΤΑΒ	,,	,,
ΑΚΑΡΝ	,,			ΟΛΥΜΠ	,,	Lycia.
ΥΠ	,,	Elis.		ΒΑΡ	,,	Pisidia.
ΚΟΜ	,,	Pontus.		ΛΑΓΒ	,,	,,
ΑΔΡΙ	,,	Neokaisar.		ΠΑΠΠ	,,	,,
ΑΜΑΣΤΡΙ	,,	Paphlag.		ΣΕΒΑΣΤ	,,	Elaeusa.
ΜΥΡΛΕ	,,	Bithynia.		ΒΑΓ	,,	Lydia.
ΑΔΡΙ	,,	,,		ΓΟΡΔ	,,	,,
ΚΙ	,,	,,		ΥΠΑΙΠ	,,	,,
ΤΙ— ΤΕΙ	,,	,,		ΜΟΣΤ	,,	,,
ΠΑΡΙ	,,	Mysia.		ϹΑΙΤΤ	,,	,,
ΟΥΕΡΒΙ	,,	Pamphyl.		ΘΥΑΤΕΙΡ	,,	,,
ΑΥΓΟΥΣΤ	,,	Cilicia.		ΤΟΜΑΡ	,,	,,

— 16 —

ΑΛΙ	ΗΝΩΝ Phrygia.	ΑΙΕΤ	ΙΝΩΝ Calabria.
ΒΕΥΔ- ΗΝΩΝ ΠΑ(ΛΑ)ΙΟ. ,,		ΒΥΤΟΝΤ	,, ,,
[Voy. Num. Chr. VIII, p. 18. — Rev. Num. An. 1853, p. 247. — Zeitschr. f. Num. Bd. XV, p. 50. Ville nouvelle en Numism.]		ΤΑΡΑΝΤ	,, ,,
		ΛΑ	,, Lucania.
		ΜΕΤΑΠΟΝΤ	,, ,,
ΒΡΟΥΖ	ΗΝΩΝ Phrygie.	ΟΡΣΑΝΤ	,, ,,
ΚΑΔΟ	ΗΝΩΝ Phrygie.	ΝΟΥΚΡ	,, Brettium.
ΚΙΔΡΑΜ		ΠΕΤΗΛ	,, ,,
ΚΟΛΟCCC	,, ,,	ΡΗΓ	,, ,,
ΟΤΡΟ	,, ,,	ΑΒΑΚΑΙΝ	,, ,,
ΠΕΛΤ	,, ,,	ΑΚΡΑΓΑΝΤ	,, Sicilia.
ΣΑΛ	,, ,,	(ΑΛΑΙΣΙΝΩΝ ΣΥΜΜΑΧΙΚοΝ)	
ΣΕΒΑΣΤ	,, ,,	ΑΛΟΝΤ	ΙΝΩΝ Sicilia.
CΤΕΚΟΡ	,, ,,	ΑΜΗΣΤΡΑΤ	,, ,,
?ΤΙΒΕΡΙΟΠΟΛΙΤ	,, ,,	ΚΑΛΑΚΤ	,, ,,
CΕΒΑCΤ	,, Galatia.	ΚΕΝΤΟΡΙΠ	,, ,,
ΤΙΤΑΚΑΣ	,, Lydia?	ΕΝΤΕΛΛ	,, ,,
[Ville nouvelle en Numism. Voy. Zeitschr. f. Num., Bd. XV, p. 49.]		(ΕΡΒΗΣΣΙΝΩΝ)	
		ΕΡΥΚ	,, ,,
ΚΟΜΜΑΓ	ΗΝΩΝ Syria.	ΙΑΙΤ	,, ,,
ΕΜΙC	,, ,,	ΛΕΟΝΤ	,, ,,
ΠΑΛΤ	,, ,,	ΜΕΝΑ	,, ,,
ΔΑΜΑΣΚ	,, Coelesyria.	ΜΑΜΕΡΤ	,, ,,
ΓΑΒ	,, Trachon.	ΜΟΡΓΑΝΤ	,, ,,
ΑΒΙΛ	,, Decapolis.	ΠΑΡΩΠ	,, ,,
ΙΠΠ	,, ,,	ΠΕΙΤΡΕ	,, ,,
ΚΑΝΑΤ	,, ,,	ΣΟΛΟΝΤ	,, ,,
ΚΑΝΑΘ	,, ,,	ΔΥΡΡΑΧ	,, Illyria.
ΔΕΙ	,, ,,	ΣΚΟΔΡΕ	,, ,,
ΒΟΤΡΥ	,, Phoenicia.	ΣΚΟΔΡ	,, ,,
ΜΑΡΑΘ	,, ,,	ΔΑΜΑΣΤ	,, ,,
ΣΕΠΦΩΡ	,, Galilea.	ΤΕΝΕΣΤ	,, ,,
CΕΒΑCΤ	,, Sam.	ΜΟΣΣ'Ι'	,, Lydia.
ΑΔΡΑ	,, Arabia.	ΠΡΩ	ΝΝΩΝ Cephall.
ΡΑΒΒΑΘΜΩΒ	,, ,,	ΠΑΙ	ΟΝΩΝ
ΚΑΡΡ	,, Mesopot.	ΜΑΚΕΔ	,,
Ρ		ΒΥΛΛΙ	,, Illyria.
ΕΔΕCC	,, ,,	ΑΜΦΙΚΤΙ	,,
ΚΑΜΟ-ΗΝΟΝ	incert.	ΛΥΚΑ	,,
ΛΑΡ	ΙΝΩΝ Frentan.	ΜΑΙ	,, Lydia.
ΒΑΡ	,, Apul.	Ι ou ΕΙ	ΩΝΩΝ
ΚΑΙΛ	,, ,,	ΦΙΛΙΠ	ΓΩΝ Macedon.
ΚΑΝΥΣ	,, ,,	ΛΟΚ	ΡΩΝ Brettium.
ΥΡΙΑΤ	,, ,,	ΛΟΚ	,, Locris.
ΡΥΒΑΣΤΕ	,, ,,	ΚΑΒΗ	,, Pontus.
ΣΑΛΑΠ	,, ,,	ΓΑΖΙΟΥ	,, ,,
ΣΑΛΓ	,, ,,	ΤΑΥΛΑ	,, ,,

ΑΥΛΑ	....	ΡΩΝ	Paphlag.	ΑΤΤΕ	....	ΑΤΩΝ	Phryg.
ΓΑΝΓ		,,	,,	ΚΙΒΥΡ		,,	,,
ΙΣΑΥ		,,		ΓΑΛ		,,	
ΒΟΣΤ		,,	Arabia.	ΣΑΜΟC		,,	Commag.
?ΚΟ	....	ΣΩΝ	Thracia.	ΑΡΕΘΟΥΣ		,,	Syria.
ΔΑΟΡ		,,	Illyria.	ΡΕΦΑΝΕ		,,	,,
ΜΟΛΟΣ		,,	Epirus.	?ΖΑΥΘΗ		,,	Mesopot.?
?ΣΑΡΒΑΝΙΣ		,,	Pontus.				
ΠΙΜΩΛΙ		,,	Pontus.	ΡΟΔ	....	ΗΤΩΝ	Hispan.
ΜΥ		,,	Mysia.	ΚΑΙΝΙΚ		,,	Gallia.
ΕΜΙ		,,	Syria.	ΛΟΓΓΟΣΤΑΛ		,,	,,
ΓΕΡΑ		,,	Decapolis.	ΜΑΣΣΑΛΙ		,,	,,
				ΥΕΛ		,, Ε*)	Lucan.
ΑΙΝΕΙ	....	ΑΤΩΝ	Macedon.	ΑΠΟΛΛΩΝΙ		,,	Thracia.
ΒΟΤΤΕ		,,	,,	ΑΙΝΕ		,,	Maced.
?ΠΥΘΙ		,,	,,	ΜΑΓΝ		,,	Thessal.
ΜΟΨΕΙ		,,	Thessal.	ΑΙΓΕΙΝ		,,	insula.
ΣΑΡΝΟ		,,	Illyria.	ΜΙΝΩ		,,	,,
ΑΙΓΕΙΡ		,,	Achaia.	ΚΡ		,,	,,
ΤΕΝΕ		,,	,,	ΜΕΙΛΗΤΟΠΟΛ		,,	Mysia.
ΘΟΥΡΙ		,,	Messenia.	ΜΑΓΝ		,,	Jonia.
ΒΟΙ		,,	Laced.	ΒΑΡΓΥΛΙ		,,	Caria.
ΓΥΘΕ		,,	,,	ΚΕΡΑΜΙ		,,	,,
ΚΑΦΥ		,,	Arcadia.	ΣΙΔ		,,	Pamphyl.
ΦΕΝΕ		,,	,,	Κ		,,	Cétide (Koropissos).
ΤΕΓΕ		,,	,,				
ΚΥΔΩΝΕ		,,	Creta.	ΜΑΓΝ		,,	Lydia.
ΑΠΟΛΛΩΝΙ		,,	Mysia.	ΚΙ		,,	Cétide?
ΑΠΟΛΛΩΝΙ		,,	Caria.	ΑΧ	....	ΑΙΤΩΝ	Chers. Taurica?
ΠΕΔΙ		,,	,,				
ΓΑΓ		,,	Lycia.	ΠΑΝΤΙΚΑΠ		,,	,,
ΤΡΕΒΕΝΝ		,,	,,	ΑΒΒ.		,,	Mysia.
ΚΑC		,,	Pamphyl.	ΕΛ		,,	Aeolis.
ΑΠΟΛΛΩΝΙ		,,	Pisidia.	?ΚΕ		,,	Cilbiani.
ΑΑΚΑΝ		,,	Cilicia.	ΑΤΤ		,,	Phrygia.
ΜΟΨΕ		,,	,,	?ΓΑΖ		,,	Judaca.
ΚΕΝΝ		,,	,,	ΠΕΛΑ	....	ΓΙΤΩΝ	Illyria.
ΑΤΤΑΛΕ		,,	Lydia.				

*) Ε pour —ΤΕΩΝ.

ΕΜΠΟΡ	ΙΤΩΝ	-ΕΙΤΩΝ	Hispan.	ΦΑΝΑΓΟΡ	ΙΤΩΝ		Bosp.
ΝΕΟΠΟΛ N	,,	E*)	Campania.	ΣΕΒΑΣΤΟΠΟΛ	,,	-ΕΙΤΩΝ	Pontus.
ΝΕΑΠΟΛ	,,		Apulia.	ΖΗΛ	,,		,,
ΓΑΥΛ	,,		insula.	ΑΒΩΝΟΤΕΙΧ		,,	Paphlag.
ΟΛΒΙΟΠΟΛ	,,	E ,,	E Sarmatia.	ΙΩΝΟΠΟΛ	,,		,,
ΔΙΟΝΥΣΟΠΟΛ		,,	Moesia.	ΝΕΟΚΛΑΥΔΙΟΠΟΛ		,,	,,
ΜΑΡΚΙΑΝΟΠΟΛ	,,	,,	,,	ΠΟΜΠΗΙΟΠΟΛ	,,		,,
ΝΕΙΚΟΠ	,,	,,	,,	ΚΛΑΥΔΙΟΠΟΛ	,,	-ΕΙΤΩΝ	Bithynia.
Ι				ΦΛΑΟΥΙΟΠΟΛ	,,	,,	,,
ΤΟΜ		,,	,,	ΑΔΡΙΑΝΟΠΟΛ	,,	,,	,,
ΑΒΔΗΡ	,,	E (,,)	E Thracia.	ΑΔΡΙΑΝΟΘΗΡ	,,	,,	,,
ΑΔΡΙΑΝΟΠΟΛ	,,	,,	,,	ΙΟΥΛΙΟΠΟΛ	,,	,,	,,
ΜΑΡΩΝ	,,	E ,,	,,	ΑΔΡΙΑΝΟΠΟΛ		,,	Mysia-Stra- tonikea.
ΟΔΗCC		,,	,,	ΜΙΛΗΤΟΠΟΛ	,,	,,	Mysia.
ΦΙΛΙΠΠΟΠΟΛ	,,	,,	,,	ΠΙΟΝ	,,	,,	,,
ΠΛΩΤΕΙΝΟΠΟΛ		,,	,,	ΠΟΡΟϹΕΛΗΝ	,,	,,	,,
ΤΟΠΙΡ		,,	,,	ΕΛΑ		,,	Aeolis.
ει				ΤΗΜΝ			
ΤΡΑΙΑΝΟΠΟΛ	,,	,,	,,	ΜΗΤΡΟΠΟΛ	,,	,,	Jonia.
ΑΜΦΙΠΟΛ	,,	E ,,	Macedon.	ΝΕΑΠΟΛ	,,	,,	,,
ΝΕΟΠΟΛ	(,,)	E		ΚΑΛΛΙΠΟΛ		,,	Caria.
ΦΙΛΙΠΠΟΠΟΛ	,,		,,	ΚΥ	,,		,,
ΜΗΤΡΟΠΟΛ	,,		Thessalia.	ΥΔΡΗΛ			
ΑΙΓΟϹΘΕΝ	,,		Megaris.	ΠΑΛΑΙΟΠΟΛ		,,	Pamphyl.
ΚΟΛΩΝ		,,	Messen.	ΓΟΡΔΙΟΤΕΙΧ	,,		Caria.
ΑϹΩΠ	,,	,,	Laconia.	ΣΕΒΑΣΤΟΠΟΛ	,,	,,	,,
ΜΕΓΑΛΟΠΟΛ	,,	,,	Arcadia.	ΤΡΑΠΕΖΟΠΟΛ	,,	,,	,,
ΚΕΡΑ		,,	Creta.	ΤΡΙΠΟΛ		,,	,,
ΤΑΝ	,,?	,,	,,	ΑΝΤΙΦΕΛΛ		,,	Lycia

*) E pour —ΤΕΩΝ.

ΑΠΕΡΑ	....	ΕΙΤΩΝ	Lycia.	ΑΤΤΑ ... ΕΙΤΩΝ				Phrygia.
ΧΩΜΑΤ		,,	,,	ΔΙΟΝΥΣΟΠΟΛ ...		ΙΤΩΝ	-ΕΙΤΩΝ	,,
ΚΥΑΝ		,,	,,	ΙΕΡΑΠΟΛ		,,	,,	,,
ΦΑΣΗΛ	....	ΙΤΩΝ	,,	,,	ΙΕΡΟΠΟΛ		,,	,,	,,
?ΦΕΛΛ		,,	,,	ΙΕΡΟΧΑΡΑΚ		,,	,,	,,
ΡΟΔΙΑΠΟΛ		,,	,,	ΜΗΤΡΟΠΟΛ		,,	,,	,,
ΠΑΝΕΜΟΤΕΙΧ		,,	Pamphylia.	?ΣΑΛΗΝ		,,	,,
ΚΕΡΑ		,,	Pisidia.	ΣΑΛ		,,	,,
ΛΥΡΒ		,,	,,	ΔΟΜΙΤΙΑΝΟΠΟΛ		,,	,,
ΙΤΤΙΟΠΟΛ		,,	Isauria.	ΣΥΝΑ		,,	,,
ΚΕΛΕΝΔΕΡ	,,		Cilicia,	ϹΤΙΒΕΡΙΟΠΟΛ		,,	,,	,,
ΓΕΡΜΑΝΙΚΟΠΟΛ		,,	,,	ΤΡΑΙΑΝΟΠΟΛ		,,	,,	,,
ΦΛΑΟΥΙΟΠΟΛ		,,	,,	ΦΛΑΟΥΙΟΠΟΛ- ΕΙΤΩΝ (ΑΛΥΔΔΕΩΝ)				
ΑΥ				ΙΕΡΟΠΟΛ			,,	Castabala.
ΙΕΡΟΠΟΛ		,,	,,	,,	ΙΕΡΟΠΟΛ		,,	,,	Cyrrhest.
ΙΩΤΑΠ		,,	,,	,,	?ΜΥΡΙΑΝΔΡ		,,		Syria.
ΙΡΗΝΟΠΟΛ		,,	,,	,,	ΝΕΙΚΟΠΟΛ			,,	,,
ΕΙΡΗΝΟΠΟΛ		,,	,,	,,	ΔΩΡΗΝ			,,	Phoenic.
ΛΑΕΡΤ		,,	,,	,,	ΔΩΡΙΤ			,,	,,
?ϹΟΛΟΠΟΛ		,,	,,	,,	ΔΩΡ		,,	,,
ΠΟΜΠΗΙΟΠΟΛ		,,	,,		ΤΡΙΠΟΛ		,,	,,	,,
ΑΔΡΙΑΝΟΠΟΛ		,,	Zephyr.	ΔΑΒΟΡ		,,		Galilea.
ΑΠΟΛΛΩΝΙΕΡ			Lydia.	ϹΚΥΘΟΠΟΛ		,,	,,	Samar.
ΒΡΙΟΥΛ		,,	,,	,,	ΑΣΚΑΛΩΝ		,,		Judaea.
ΔΙΟΣΙΕΡ		,,	,,	,,	?ΝΙΚΟΠΟΛ		,,	
ΕΡΜΟΚΑΠΗΛ		,,	,,	,,	ΦΙΛΙΠΠΟΠΟΛ			,,	Arabia.
ΕΡΜΟΥΠΟΛ		(,,)	,,	,,	ΧΑΒΑ	....	ΚΤΩΝ		Pontus.
ΜΑΣΤΑΥΡ	....	,,	ΕΙΤΩΝ	,,	ΑΜΑ	....	ΝΤΩΝ		Epirus.
ΝΑΚΡΑϹ		,,	,,	,,	ΦΑΚΙΑ	....	ΣΤΩΝ		Thessal.
ΦΛΑΒΙΟΠΟΛ		,,	,,	,,	ΦΑΛΩΡΙΑ			,,	,,
ΤΜΩΛ		,,	,,	,,	ΚΥΡΡΗ		,,	,,
ΑΙΖΑΝ		,,	,,	Phrygia.	ΠΑΥΤΑΛΙ	.....	ΩΤΩΝ		Thracia.

ΗΡΑΚΛΕ	...	ΩΤΩΝ Macedon.	ΛΙΛΥΒΑΙΙ	... TAN	Sicilia.
ΒΟΙ		,,	ΠΑΝΟΡΜΙ	,,	,,
ΗΡΑΚΛΕ		,, Bithynia.	ΤΑΥΡΟΜΕΝΙ	,,	,,
ΗΡΑΚΛΕ		,, Jonia.	ΤΥΝΔΑΡΙ	,,	,,
ΗΡΑΚΛΕ		,, Caria.	ΙΓΑΝΑ	,,	,,
ΜΥ-ΕΙΤΩΝ (Löbbecke l. c.) Cilic.?					
ΠΟΔΑΛΙ	....	ΩΤΩΝ Lycia.	ΑΠΟΛΛΩΝΙΑ	,,	Illyria.
ΚΑΡΑΛΛΙ		,, Isauria.	ΛΙΣΣΙΩ	,,	,,
ΚΟΡΑΚΗΣΙ		,, Cilicia.	ΟΛΥΜΠΑΣ	,,	,,
ΚΟΡΥΚΙ		,, ,,	ΡΙΖΟΝΙ	,,	,,
ΜΑΛΛ		,, ,,	ΑΠΕΙΡΩ	,,	
ΖΕΦΥΡΙ		,, ,,	ΑΜΠΡΑΚΙΟ	,,	Epirus.
ΑΚΡΑCΙ		,, Lydia.	Ω		
ΒΑΛΑΝΕ		,, Syria.	ΑΜΒΡΑΚΙΩ	,,	,,
ΡΕΦΑΝΕ		,,	ΕΛΕΑ	,,	,,
ΛΙΒ	.....	ΥΩΝ Africa.	ΗΡΑΚΛΕΩ	,,	Acarnania.
ΔΕΛ	.....	ΦΩΝ Phocis.	ΑΙΓΙΡΑ	,,	Achaia.
ΑΜΦΙΛΟ	...	ΧΩΝ Acarnania.	ΑΛΕΑ	,,	Arcad.
			ΑΣΕΑ	,,	,,
			ΚΑΛΛΙΣΤΑ	,,	,,
ΟΙΝΙΑ	....	ΔΑΝ Acarnania.	ΛΟΥΣΙΑ	,,	,,
ΤΕΥΘΙ		,, Arcadia.	ΤΕΓΕΑ	,,	,,
ΗΔΩ	.....	ΝΑΝ Macedonia.	ΑΛΛΑΡΙΩ	,,	Creta.
ΣΑΥΝΙ	.....	ΤΑΝ	ΚΕΡΑΙ	,,	,,
ΠΟΣΕΙΔΑΝΙΑ		,, Lucan.	ΚΥΔΩΝΙΑ	,,	,,
ΚΑΥΛΟΝΙΑ		,, Brettium.	ΗΡΑΚΛΕΩ	,,	Bithynia.
ΚΡΟΤΩΝΙΑ		,, ,,	ΤΑΜΝΙ	,,	Aeolis.
ΠΙΤΑΝΑ		,, ,,	ΜΑΡΛΟ	,,	Cilicia.
ΣΙΚΕΛΙΩ		,, Sicilia.	ΕΝΕΣΠΕΡΙ	,,	Cyren.
ΑΔΡΑΝΙ		,, ,,	ΓΟΜΦΙΤ	... OYN	Thessal.
ΑΠΟΛΛΩΝΙΑ		,, ,,	?ΓΥΡΤΟΥΝΙ	,,	,,
ΗΡΑΚΛΕΙΩ		,, ,,	ΚΡΑΝΝΟΥΝΙ	,,	,,
ΘΕΡΜΙ		,, ,,	ΦΕΡΑΙ	,,	,,

ETHNIKA COMME SUBSTANTIF OU ADJECTIF AU SINGULIER.

ΗΥΡΙΕ	.....	ΤΕϛ Campan.	ΛΑΤΟΠΟΛ		
ΥΔΙΕ		,, ,,	ΕΡΜΩΝΘ		
ΝΕΟΠΟLΙ		,, ,,	ΔΙΟΠΟΛΕΙ	.. ΤΗC Με.	Nomos.
ΝΕΠΟLΙ		,, ,,	ΚΟΠΤΕΙ	,,	Nomos.
			ΤΕΝΤΥΡΙ	,,	,,
ΝΕΟΠΟΛΙ	..	ΤΗΣ Campan.	ΔΙΟΠ	K.	
ΝΕΥΠΟΛΙ		,, ,,	ΘΙΝΙ	,,	Nomos.
ΚΕΡΑΜΙΗΠΟΛΙ		,, Caria.	ΠΑΝΟ		
ΟΜΒΙ	.....	ΤΗC Nomos	ΑΝΤΑΙΟΠΟΛΕΙ	,,	,,
ΑΠΟΛΛΩΝΟΠΟΛΙ		,, ,,	ΥΨΗΛΙ		

ΛΥΚΟ
ΑΦΡΟΔΕΙΤΟΠΟΛΙ- ΤΗС Nomos.
ΚΥΝΟΠ
ΕΡΜΟΠΟΛΙ .. ΤΗС   ,,
ει
ΟΞΥΡΥΝΧΕΙ   ,,   ,,
ΗΡΑΚΛΕΟΠΟΛΙ   ,,   ,,
Ω
ΑΡCΙΝΟΕΙ   ,,   ,,
ΜΕΜΦΙ   ,,   ,,
ει
ΗΛΙΟΠ
ΦΑΡΒΑΙ
ΠΕΛΟΥ
СΕΘΡΟΕΙ
. . . . ωι   ,,   ,,
ΤΑΝΙ
ΝΕСΥ   ,,   ,,
ΛΕΟΝΤΟΠΟΛ
ΒΟΥΒΑC(ΤΙ)
ΑΘΡΙΒΙ
ΠΡΟСΩΠΙ   ,,   ,,
ει   ,,   ,,
ΦΘΕΜΦΟΕΥ
ΞΟΙ
ΒΟΥCΙ(ΡΙ)   ,,   ,,
ΣΕΒΕΝΝΥ
СΕΒΕ(ΝΝΥ)   ,, Κ.   ,,
ΟΝΟΥΦΙ
ΦΘΕΝΕΟΥ
СΑΙ   ,,   ,,
ει
ΝΑΥΚΡΑΤΙ   ,,   ,,
ΚΑΒΑCΙ
ΜΕΤΗΛΙ
ΛΗΤΟΠ
ΓΥΝΑΙΚ
ΜΕΝΕΛΑΕΙ   ,,   ,,
ΑΛΕΞΑ
ΜΑΡΕΩ   ,,   ,,
Η
ΕΠΤΑΚΩΜ
ΝΕΟΠΟΛΙ .. ΤΑΣ Campan.
ΝΗΟΠΟΛΙ .. ΤΑΣ   ,,
ΒΑΛΕ . . . . . ΘΑΣ Calabria
ΓΑΛΕ   ,,   ,,
ΠΟΜΕSDΑΝΙΑ- ΤΑΜ Lucania.
ΜΥΒΑΡΙ   ,,

KAYLONSA .. TAM Brettium.
KAYLᴼΩNIA .. ΤΑΣ   ,,
ΚΡΟΤΩΝΙΑ   ,,   ,,
ΠΕΛΑΓΙ   ,, Illyria.

Nomin. sing. masc.

ΗΑΜΠΑΝΟΣ Campania.
ΚΑΠΠΑΝΟΣ   ,,
ΚΑΜΠΑΝΟΣ   ,,
ΥΡΙΑΝΟΣ   ,,
ΥΡΑΝΟΣ   ,,
ΝΩΛΑΙΟΣ   ,,
ΤΑΡΑΝΤΙΝΟΣ Calabria.
ΛΑΓSΝΟΜ Lucania.
ΛΑSΝΟΜ   ,,
ΜSDSΝΟΜ   ,,
RECINOS Brettium.
ΡΗΓΙΝΟΣ   ,,
ϷΚΑΜΑΡΙΝΟΣ Sicilia.
ΚΑΤΑΝΑΙΟΣ   ,,
LEO*N*TI*N*ΟΣ   ,,
ΣΕΛΙΝΟΝΤΙΟΣ   ,,
ΣΥΡΑΚΟΣΙΟΣ   ,,

ΚΑΡΔΙΑΝΟΣ Chers.
   Thraciae.
ΑΡΙΑΡΤΙΟΣ Boeotia.
ΘΕΒΑΙΟΣ   ,,
ΓΡΑΙΣΙΟΣ Creta.
ΤΥΛΙΣΙΟΣ   ,,
ΦΑΙΣΤΙΟΣ   ,,
ΤΙΑΝΟΣ Bithynia.
ΤΙSΝΑΙΟΣ Aeolis?
ΜΑΘΥΜΝΑΙΟΣ Lesbos.
ΧΙΟΣ insula.
ΜΕΝΔΗCΙΟC nomos.
ΕΥΡΟΜΕΥC (ΖΕΥC)
ΚΥΡΑΝΑΙΟΣ Africa.
ΛΥΔΙΟC

ΜΑΡΙΕΥΣ Cyprus.

ΕΣΤΓΕΔΙ . . . ΙΥΣ Aspendus.
ΣΕΛΥΝ   ,, Syllium.
ΣΤΛΕΛΙ   ,, Selge.

— 22 —

Nom. sing. neutrum.*)			*Nom. sing. neutrum.*		
ΚΑΜΑΡΙΝ...	ΑΟΝ	Sicilia.	ΜΕΤΑΠΟΝΤ.	ΙΟΝ	Lucania.
I+N	,,	Maced.	REC	,,	
ΜΙΝΔ	,,	,,	ϹΕΛΟ	,,	Sicilia.
ΤΕΡΩΝ	,,	,,	ΓΕΛΩ	,,	,,
ΜΥΤΙΛΗΝ	,,	Lesbos.	MESSEN	,,	,,
			ΜΕΣΣΑΝ	,,	,,
ΗΔΟΝ.....	ΕΟΝ	Maced.	ΝΑΧ	,,	,,
ΙΑΛΕΙ	,,	,,	ΝΑΞ	,,	,,
?ΕΛΑΤ	,,	Thessal.	ΣΕΛΙΝΟΝΤ	,,	,,
ΛΑRΙSΑ	,,	,,	SVRAϘOS	,,	,,
ΦΑΛ	,,	Elis.	ΣΥΡΑΚΟΣ	,,	,,
			ΛΙΠΑΡΑ	,,	,,
			ΑΙΝ	,,	Thracia.
ΚΥΜ......	ΑΙΟΝ	Campania.	ΘΑΣ	,,	insula.
ΤΕΡΙΝ	,,	Brettium.	ΑΚΑΝΘ	,,	Maced.
ΑΙΤΝ	,,	Sicilia.	?ΛΕΤΑΙΝ	,,	,,
ΑΓΥΡΙΝ	,,	,,	ΟΡΡΗΣΚ	,,	,,
ΚΑΜΑΡΙΝ	,,	,,	ΩΡΗΣΚ	,,	,,
ΚΑΤΑΝ	,,	,,	ΤΡΑΙΛ	,,	,,
ΗΕΝΝ	,,	,,	ΑΤΡΑΓ	,,	Thessalia.
ΗΙΜΕΡ	,,	,,	ΦΑΡΚΑΔΟΝ	,,	,,
ΙΜΕΡ	,,	,,	ΦΛΕΙΑΣ	,,	Achaia.
ΛΟΓΓΑΝ	,,	,,	ΦΑΛΕ	,,	Elis.
DANKL	,,	,,	ΑΛΕ	,,	,,
ΜΟΤV	,,	,,	ΙΑΚΥΝΘ	,,	insula.
ΝΑΚΟΝ	,,	,,	ΑΡΓΕ	,,	Argolis.
ΕΓΕΣΤ	,,	,,	ΨΟΦΙΔ	,,	Arcadia.
ΣΤΙΕΛΑΝ	,,		ΣΤΥΜΦΑΛ	,,	,,
ΛΙΠΑΡ	,,	insula.	ΦΑΚΣ	,,	
ΛΕΤ	,,	Maced.	ΝΑΚΜ	,,	Creta.
ΜΙΝΔ	,,	,,	ΧΕΡΣΟΝΑΣ	,,	,,
ΜΕΝΔ	,,	,,	ΧΕΡΡΟΝΑΣ	,,	,,
?ΠΥΔΝ	,,	,,	ΚΝΟΣ	,,	,,
ΛΑΡΙΣ	,,	Thessal.	ΕΛΥΡ	,,	,,
ΦΕR	,,	,,	ΛΟRΤVΝ	,,	,,
ΤΡΙΚΚ	,,	,,	ΙΤΑΝ	,,	,,
ΘΕΒ	,,	Bocotia.	ΛVΤΤ	,,	,,
ΑΙϹ	,,	Achaia.	ΦΑΙΣΤ	,,	,,
ΑΠΤΑΡ	,,	Creta.	ΠΟΛΥΡΗΝ	,,	,,
ΕΛΕΥΘΕΡΝ	,,	,,	ΓΡΑΙS	,,	,,
ΤΙΣΝ	,,	Aeolis.	ΡΑVΚ	,,	,,
ΜΑΘΥΜΝ	,,	Lesbos.	ΤΥΛΙΣ	,,	,,
ΚΥΡΑΝ	,,	Cyren.	ΑΣ	,,	Mysia.
ΒΑΡΚ	,,	,,	ΣΚΑΨ	,,	Troas.

*) Une partie de ces légendes, celles qui sont antérieures à l'orthographe euklidien, doivent être regardées comme des Ethniques au Génitif pluriel.

ΣΚΗΨ	ION	Troas.
ΤΕΝΕΔ	,,	insula.
ΠΑΝΙΩΝ(ΚΟΙΝ)	,,	Ephesos.
ΚΟΛΟΦΩΝ	,,	Jonia.
ΕΦΕΣ	,,	,,
ΜΙΛΗΣ	,,	,,
ΤΗ	,,	,,
Χ	,,	insula.
ΣΑΜ	,,	,,
ΚΝΙΔ	,,	Caria.
ΙΔΥΜ	,,	,,
ΚΑΛΥΜΝ	,,	insula.
ΚΩ	,,	,,
ΝΙΣΥΡ	,,	,,
ΡΟΔ	,,	,,
ΙΑΛΥΣ	,,	Rhodus.
Ε		
ΣΤΛΕΓ	,,	Selge.
ΚΙΛΙΚ	,,	
ΣΟΛ	,,	Cilicia.
ΠΑΦ	,,	Cyprus.
ΤΑΥ	,,	Galatia.
ΚΑΜΠΑ	NON	Camp.
ΑΛΛΙΒΑ	,,	,,
ΓΑΝΔΟΣΙ	,,	Brettium.
RECI	,,	,,
ΡΗΓΙ	,,	,,
ΑΒΑΚΑΙΝΙ	,,	Sicilia.
ΑΚΡΑΓΑΝΤΙ	,,	,,
ΚΑΙ	,,	,,
ΑΛΟΝΤΙ	,,	,,
ΕΡΥΚΙ	,,	,,
CΑΛΑΡΙ	,,	,,
LEONTI	,,	,,
ΣΟΛΟΝΤΙ	,,	,,
T.VNTE	,,	Maced.
ΑΒΥΔΗ	,,	Mysia.

Génitif sing. mascul. ou neutre.

ΑΡΠΑΝΟΥ	Ampulia.
?ΑΚΤΙΟΥ	Anact.

Nominatif sing. fémin.

ΡΗΓΙΝΗ	Brettium.
ΑΒΑΚΑΙΝΙΝΑ	Sicilia.
ΚΑΜΑΡΙΝΑΙΑ	Sicilia.
ΔΙΚΑΙΑ	Thracia.
ΣΗΣΤΙΑ	Chers. Thraciae.
ΜΕΝΔΑΙΗ	Macedonia.
ΛΑΡΙΣΑΙΑ	Thessal.
ΦΑΛΕΙΑ	Elis.
ΕΦΕCΙΑ ΑΡΤΕΜΙC	
ΠΕΡΓΑΙΑ	,,
ΚΟΛΟΦΩΝΙΑ?	,,
ΠΑΦΙΑ, -- ΙΗ	Perg. Sard.

Génitif sing. fémin.

ΙΛΙΑΔΟΣ	ΑΘΗΝΑΣ
ΠΕΡΓΑΙΑΣ	ΑΡΤΕΜΙΔΟΣ
ΠΡΕΙΙΑΣ	ΝΑΝΑΥΑΣ
ΠΕΣΣΙΝΕΑΣ	ΜΗΤΡΟΣ ΘΕΩΝ

Nominatif sing. neutre.

ΣΥΜΜΑΧΙΚΟΝ ΑΛΑΣΙΝΩΝ		
ΠΑΝΟΡΜΙΤ .	ΙΚΟΝ	Sicilia.
ΒΙΣΑΛΤ	,,	Macedonia.
ΣΕΡΜΥΛ	,,	,,
ΔΑΛΦ	,,	Phocis.
ΘΕΣΠ		Boeotia.
ΟΛΥΜΠΙ	,,	Elis.
ΑΡΚΑΔ	,,	Arcadia.
ΦΕΝ	,,	,,
ΦΑΙΣΤ	,,	Creta.
ΒΟΙΩΝΙΤ ΙΚΟΝ (Boene) Aeolide.		
ΤΕΡΜΕΡ , . . . ΙΚΟΝ Caria.		
ΙΣΣ	,,	Cilicia.
ΝΑΓΙΔ	,,	,,
ΣΟΛ	,,	,,
ΤΕΡΣ	,,	,,
ΟΛΜΙΤ	,,	Pamphylia.

Génitif sing. neutre ou masc.

ΕΥΚΑΡΠΙΤΙΚΟΥ	Phrygia.
CΙΔΗΤΟΥ (ΑΠΟΛΛΩ-NOC)	Pamphylia.

Nomin. plur. neutr.	ΜΑLΙΕΣ
ΠΑΝΙΩΝΙΑ ΠΥΘΙΑ	ΝΩΛΑΙΩΙΝ
	YDINAI, NA
Formes indéterminées.	YPNIA
	IDNΘI϶
OϵΙLϵ Etruria.	
LOVCERI	IRVKA IIB
AVCΚΛA	ERVKA IIB

LÉGENDES LATINES.[1)]
NOMS ET TITRES DES COLONIES ET MUNICIPES.

COL·IVLIAE·CONCORD·APAMENAE	Apameia (Bithynie).
C·I·BVT. — C·A·BVT. — BVTHR.	Buthrotum.
COL·IVL·AVG·CASSANDRENS. — COLO·IV· CASSA	Cassandreia.
C·I·C. — C·I·N·C. — C·I·N·GNOS.	Cnosus.
COL·IVL·AVG·COR. — C·L·I·COR.	Corinthus.
COLON·CREM.	Cremna.
C·I·A·D. — COLONIA·IVL·DIENSIS. — COL·DI-ENSIS·BA	Dium.
CLAVDIANA. — COL·IVL·AVG·DIENSIS. — . .	
C·I·D. — C·I·A·DVM. —	Dyme.
COLO·ICONIENSIVM.	Iconium.
COL·IVL·LVS. — COL·IVL·FEL·GEM·LVSTRA. .	Lystra.
C·G·I·L. — COL·DED·P.	?
CO·IVL·AV·N . . .	Nagidus.
C·G·P·I. — C·G·I·P. — COL·GEM·IVL·HAD·PA	Parium.
IVL·AVG·CCL·PARLAIS.	Parlais.
C·A·A·P. — COL·A·A·PATR.	Patrae.
COLONIA·PELLA. — COLONIA·PELLENSIS. .	Pella.
COL·IVL. — COLON·IVL.	?
A·I·C·V·P. — COL·PHIL·VIC.	Philippi.
COL·AVR·PIA·METRO·SID.	Sidon.
COLONI·SEP·TYRVS·METR. — COL·TYRO·METRO.	Tyrus.
COL·PTOL.	Ptolemaïs.
C·I·C·F·C ou G.	?
CCR.	?
MVNI·STOBE	Stobe.

---

1) Extrait de l'index des Monn. gr. par IMHOOF-BLUMER, p. 511 et 512.

FORMULES et TITRES DE MAGISTRATS.

AED. = Parium.
A·I = Philippi.
C·D. = Philippi.
D·D. = Dium; Apamea; Parium.
EX·D·D. = Buthrotum; Dyme; Cnosus.
IVSSV·AVG. = Philippi.
LEG. = Colonia Incerta L.; Philippi.
PERM·IMP. = Corinthus.
PRAEF·PRO·IIVIR. = Parium.
PROCOS. = Col. incerta.
PRO·P. = Sicilia.
Q. Macedonia.
QVINQ·TERT. Buthrotum.
SAC·CAES. Parium.
II VIR. Sicilia; Col. incerta; Parium.
II VIR·EX·D·D. Buthrotum; Cnosus.
II VIR·ITER·EX·D·D. Buthrotum.
II VIR·Q. Buthrotum.
II VIR·QVINQ. Pella.
II VIR·QVINQ·D·D. Dium.
II VIR·QVINQ·EX·D·D. Dyme.
IIII I·D·D·D. Parium.

NOMS DES MAGISTRATS.

ACILI·(MAN.) Agrigentum.
ACILIO·(MAN·)II·VIR. Parium.
AEBVTIVS(P· ou L·)II·V·Q. Pella.
AEMILIVS(M)IIV. Cnosus.
AESCHINO·CAES·L·ITER·IIV. Cnosus.
ANICIVS(T)AED. Parium.
ANTONIOS(M·)IIV. Cnosus.
ANTONIVS(M)IIV·Q. Pella.
ANT·(M·)ARIS..... Dyme.
ARVNTIVS·(L·)IIV·Q. Pella.
P·LAEL·ARRVNT·PONT.II·VIR· LEG·AD·I·S·F. Diana Veteranorum (Afrique).
AP(pius)PVLCHER·PROCOS. Col. incert.
ARRI·(C·)A·F·IIV·Q. Dyme.
ATHENI....(M·VIPSANIO). Tyndaris.
ATTEIVS(L·)FVSCVS·IIV. Buthrotum.
BAEBIVS(C·)P·F·IIV·Q. Dium.
BAEBIVS·(I·)IIV·Q. Pella.
BAEBIVS(P·)IIV·Q. Dium.
BALBVS(SEPTEI)II·V. Sicilia.
BARBA·(Q)PRAEF·PRO IIV. Parium.
BARBATIO(M)·II·V. Parium.
BASTERNA·(L·RVSTICELIVS)IIV·Q. Dium.
CASSIVS·(C·)C·F·IIV. Col. incerta.
A·COCCEIVS·II·VIR·ITER. Buthrotum add.
CORDVS·IIV·Q. Dium.
CORNELIVS·(L)II·V. Buthrotum.
CRASIP(ES). Sicilia.
DASTIDIVS·(P·)IIV. Buthrotum.
DOM·(CN·) PROCV(LVS)II·V. Sicilia.
DVRMIVS IIV·Q. Dium.
FICTORIVS·(M)IIV·Q. Pella.
FVFIVS(T)IIV. Cnosus.
FVSCVS(L·ATTEIVS)IIV. Buthrotum.
GRAECINVS(P·POMPONIVS) IIV. Buthrotum.
HERENNIVS(C·)IIV·Q. Pella.
HERENNIVS(M·)IIV·Q. Dium.
HIRTVL(EIVS)(A·)NIGER·IIV. Buthrotum.
IVL·(C·)TANG[INVS)IIV·Q. Dyme.
LAETOR(A?)IIV. Sicilia.
LVCRETIVS(Q·)IIV. Col. incerta.
MATVINVS·(C·)AED. Parium.
MILESIVS. Buthrotum.
MVC·PIC·IIIIV. Parium

NAEVIVS(Q·)SVRA IIV. Buthrotum.
NIGER(A·HIRTVL·)IIV. Buthrotum.
NONIVS·IIV·Q. Pella.
OCTA·(CN·)IIV·Q. Dyme.
OPPI. Sicilia.
PAQVIVS(Q·) RVFVS LEG·C·D. Philippi.
PETRONIOS IIV. Cnosus.
PIC·MVC.IIIIV. Parium.
PLEBEIO(PLOTIO)IIV. Cnosus.
PLOTIO PLEB·IIV. Cnosus.
POMPONIVS(P·) GRAECINVS· II. Buthrotum.
POMPONIVS(T·)IIV·ITER. Buthrotum.
PONTIVS(L·)IIV. Col. incert.
PROCVLVS· (CN·DOM·) IIV. Sicilia.
PVLCHER(AP·)PROCOS. Colonia incerta.
PVLLIENVS(M·)IIV. Buthrotum.
RVB?
RVFVS (Q·PAQVIVS) LEG·C·D. Philippi.
RVSTICELLVS (L·) BASTERNA· IIV·Q. Dium.
SEPTEIMIVS·BALBVS·IIV. Sicilia.
SEPTVMIVS(M·)IIV·Q. Pella.
SILVA(F·)PR·P. Sicilia.
SVLPICIVS IIV·Q. Pella.
SVRA(Q·NAEVIVS)IIV. Buthrotum.
TANGINVS(C·IVL·)IIV·Q. Dyme.
TITVCIVS(L·)IIV·Q. Pella.
TVRIO(M·)LEG. Col. incert.
VIBIO(P·)SAC·CAES. Parium.
VIPSANIO(M·)ATHENI. Tyndaris.

INSCRIPTIONS REMARQUABLES.

ACTIO. Pella.
APOLLINI·PROPVLAEO. Cremna.
CONCORDIA. Buthrotum (Apamea).
DEO·CVPIDINI. Parium.
DONATIO. Cremna.
MERC(VRIVS). Cremna.
PAX. Pella.
PIETAS. Dium.
PRINCIPI FELIX. Cremna.
ROMA. Cnosus.
SALVS. Buthrotum.
SPES. Pella.
TEMPORVM·FELICITAS. Rome.
VIC(TRIX). Philippi.

MONOGRAPHIE GÉNÉRALE DES MONNAIES
DONT LES LÉGENDES SE TROUVENT DANS LES TABLES PRÉCÉDENTES.

[Les Nos. correspondent avec ceux des légendes.]

1. ΛΑΚΥΔΩΝ. — ΛΑΚΥ.

Les monnaies qui portent cette lég. sont émises à Lakydon (Lacydon) port de Marseille. Elles sont rares. *Types*: T. casquée, à dr. ℞: Lion à dr. Æ $1^{1}/_{2}$ et 2. — R^5. = 10 fr. — Une **autre**: ℞ 1. — R^6. — F*. = 120 fr.: Type d'une tête imb. à dr. avec une corne de taureau au dessus du front (personnification du fleuve le Rhône?), et au ℞: Une roue. — Comp. Mion. S. Tom. I, p. 136, n.° 59. — Pl. X, n.° 10. — Akerman, Anc. Coins. I, p. 142, n.° 11. — v. Wellenheim, Cat. n.° 310. Æ $1^{1}/_{2}$. — Ces monnaies auj. ne sont plus en commerce. — Λακηδων est aussi une épithète d'Apollon comme protecteur du port. —

2. ΑΓΚΩΝ.

Monnaies d'Ancona dans le Picenum. *Types*: Une main avec un coude, ten. une palme; deux étoiles. Æ 5. — R^7. = 20 fr. — Mus. Sancl. Num. Sel. T. I, p. 128: T. de femme laurée, à dr. ℞: Sans lég. Æ 5. — R^7. = 30 et 40 fr. — Mion. S. Tom. I, p. 215, n.° 133. — Id. Descr. T. I, p. 105, n.° 67. — Voy. Peruzzi, A. de Siculi Italici fondatori d'Ancona. Ferrara 1826. —

3. ALBA.

Alba dans le Latium. *Types*: T. de Pallas; de Mercure; aigle sur un foudre; Pégase; griffon. ℞ 2. — R^6. = 50 fr. — Mion. S. Tom. I, p. 106, n°s 77. 78. — Dutens, Explicat. Pl. II, n.° 3, p. 50, av. la t. de Mercure au dr. et au ℞: Pégase volant. ℞ 2. — R^6. = 120 fr. —

4. ALLIBA.

[Quelquefois on lit: ALLIBANΩN] Mon. d'Alliba ou Allifae dans le Samnium, ainsi que l'a demonstré M. Dressel dans la Zeitschr. f. Num. Bd. XIV, Hft. 2, p. 165. *Types*: T. de Minerve; t. laurée imb. à dr.; Sirène; monstre marin; à l'ex. coquille. ℞ 3. — ℞ 1. — R^7. de 30 à 40 fr. — Mion. S. Tom. I, p. 224, n°s 188 à 190. — Avellino, Giorn. Num. I, p. 9. — Millingen, Rec. de méd. inéd. p. 16. — Fausse leçon de Mionnet qui attribua ces mon. à Alaesa de Sicile. Cfr. sa Descr. Tom. I, p. 217, n.° 82. — Pour les mon. aux lég. osques, voy. MOMMSEN, Nachtr. zu d. osk. Stud. Berlin 1846. in-8.° ID. Die unterital. Dialecte. Leipzig 1850. in-4.° — ROL. et FEUARD. Cat. Gr. p. 42, n.° 409. Æ 2. avec: ΑΛΙΒΑΝΩΝ. Vend. 20 fr. — GARRUCCI dans son livre: „Monete del Italia antica" donne deux lég. aux mon. de cette ville: ALLIBAN.. et ALLIBA. Voy. à ce sujet les Observ. de M. H. DRESSEL, dans la Zeitschr. f. Numism., Bd. XIV, Hft. 2, p. 165. — Le Gén. Fox décrit (d. ses: Engrav. of Uned. or r. Gr. Coins. London 1856. P. I, p. 10, n.° 6) une p. suivante: T. de Zéus, à dr. ℞: Sirène à g. et dessous: A. (Æ 4. — R^8. d'un très beau style.) — Une p. sembl. est décr. par le Col. LEAKE (Addenda, p. 156). Le DUC DE LUYNES pensait que ces p. doivent être classées à Azotus de Phénicie. —

5. ALIOHA.

Légende des mon. d'Alliba (ou Allifae) mais qu'on ne trouve que très-rarement. Le style des mon. avec cette lég. est supérieur aux précédentes et leur donne une double valeur. L'honor. Marquis STROZZI, à Florence, possède aussi un exempl. av. cette lég. qui se lit bien distinctement. —

6. VIƎTHƎ ou VITELIV.

En lég. osques sur les mon. **Samnites** fr. pendant la guerre sociale. *Types:* T. casquée de Pallas; t. laurée de femme, à g.; quatre chefs jurant sur une truie; soldat debout; à sa dr. un boeuf couché; à l'exergue, I. — Æ 4 et 5. — R^G. = 24 à 50 fr. — MION. S. T. I, p. 227, n.° 199. Æ 5. = 40 fr. avec VITELIVD. Cfr. SWINTON, Philos. trans. Tom. LI, p. 853. — OLIVIERI, Saggi di Cortona. II, p. 49, f. 5. —

7. ITALIA.

Sur les mon. Samnites, fr. pendant la guerre sociale. *Types:* T. de Pallas; t. laurée de femme, à dr.; les Dioscures à cheval; Rome assise; homme à genoux, tenant un porc, que huit soldats touchent avec une baguette. Æ $4^1/_2$ et 5. — R^G. de 30 à 50 fr. — MION. S. T. I, p. 228, n.° 204. Æ 4. avec ITALIA·XVI. au Droit. = 12 fr. — *Ibid.* n.° 207, avec le nombre IIIΛX à l'exergue. Æ 5. 24 fr. — AVELLINO, Ital. vet. num. p. 96, n.° 25. —

8. ϹΕΛΕΧΑ.

Lég. sur les mon. de la ville Campanienne **Velecha** dont aucun auteur ancien ne fait la moindre mention. Ses mon. sont en bronze des mod. $8^1/_2$, 6 et 5. — *Types:* T. radiée du Soleil; éléphant allant à g.; le devant du cheval (quelquefois, 6, 4 et 2 points, en forme de globules, dessous le cheval et dans le champ à g.). Elles sont R^7. et valent 60 fr. et plus chr. Voy. JUL. FRIEDLAENDER, Campanisches Schwergeld (Aes grave) dans Wiener Num. Zeit. an. 1869, p. 257 à 264. Pl. X, Fig. 1 à 7. — La lég. ϹΕΛΕΧΑ appartient uniquement aux mon. de la ville **Velecha** et n'a pas le moindre rapport avec le mot crétois **Velckanos**, le surnom d'un dieu. —

9. KVME.

Sur les mon. attr. autrefois à **Cumae** mais depuis restituées à **Compulteria** de Campanie. *Types:* T. laur. d'Apollon et au ℞ bœuf à t. humaine, avec une Niké volante au dessus. — Exergue: IΣ. Lég. osque. Æ 4. — R⁷. = 20 fr. — Mion. Descr. T. I, p. 115, n.° 144, et pour la lég. osque, voy. Id. a. Rec. des Pl. pl. XIX, n.° 12. — G. F. Grotefend, dans les Blätter für Münzk. II, p. 148. — La mon. publ. par Sestini dans ses „Lett. num." Tom. VI, p. 136, Pl. VI, f. 22, av. la lég. KYMAIΩN n'est pas de Cumae, car sur un ex. de ma coll. je lis distinctement: MEΔMAIΩN et je la rapporte, en conséquence, à la v. de Medma. —

10. KVMA.

Mon. de **Cumae** en Campanie. *Types:* T. de femme à dr.; de Pallas; t. virile av. une couronne d'olivier; av. une queue pointue; coquille; grenouille; triton ailé; arc et coquille; cancer; bœuf à face humaine. — Or. Mod. 1. av. KVMEO. — R⁸. = 250 fr. — Æ 4 et 5 de 12 à 50 fr. — KVME. — KVMA. (Boustrophédon). Grenouille. ℞: Coquille. Æ 3 = 36 à 40 fr. — T. d'un quadrupède? ℞: KVMA. (Boustrophédon). Coquille. Æ 5. — R⁸. = 200 fr. — Avellino, Ad Ital. vet. num. Suppl. p. 10, n.° 34. — Mion. Descr. I, p. 114. — Id. Suppl. T. I, p. 238—240. — Millingen, Rec. d. méd. inéd. p. 3, n.° I. Æ 4¹/₂: av. un crabe tenant un coquillage. = 150 fr. — T. de femme, av. une thiare. ℞: Monstre Scylla. Æ 4¹/₂. — R⁷. = 30 fr. — Voy. encore: H. Dressel, Einige Bemerk. zu Garrucci's: „*Mon. del It. ant.*" dans la Zeitschr. f. Num. Bd. XIV, Hft. 2. An. 1886, p. 175—176. —

11. NEHΠΟΛΙΣ.

Sur une mon. ayant au Droit: T. de femme (style archaïque) dans une couronne de laurier et au ℞: Partie antér. du taureau à face humaine, avec cette légende qui est assez bizarre et que M. Sambon (voy. ses Rech. sur les mon. de l'Ital. mér. Naples 1870, p. 142) a observé sur un ex. de la collection de Luynes. V. cependant Imhoof, Numism. Zeitschr. 1886, p. 226, qui restitue la pièce à la Campanie. — Il croit que la mon. n'est point campanienne mais qu'elle est de **Géla**, qui lors d'une restauration aurait pris le nom de Neapolis. — Elle est du module 5. — [Didrachme.] — Quant aux mon. de Neapolis en Campanie on n'ignore pas qu'elles sont très-nombreuses. Le feu Carelli en avait plus de mille variétés. Leurs *types* sont: T. de femme à g.; de Pallas casquée; d'Apollon laurée; de Diane; partie ant. d'un cheval ou d'un bœuf; taureau cornupète, quelquefois à t. humaine; lyre et caducée; corne d'abond.; cavalier en course. Elles sont presque toutes en Æ du mod. 5. — Il n'est que très-rarement que leur mod. varie. On en connait aussi en **Br.** (Æ 3, 4 et 5). En **or**: Av. la lég.: NEOΠΟΛΙC. T. de femme, à g.; ℞: Partie antér. d'un cheval à dr.; — autrefois, Cab. de M. Carelli, à Naples. R*. = 500 fr. (Mion. Descr. T. I, p. 115, n.° 145, l'estime 300 fr.) — [A mon avis c'est une pièce très-douteuse. — Les mon. d'argent valent de 8 à 100 fr. et en Æ de

1 à 12 fr. — Il y avait aussi **Neapolis in Peucetia** (auj. Polignano) en Apulie, toute une autre ville dont on ne connait que des p. en bronze, avec la tête de Bacchus ou grappe de raisin ou un épi pour type, et avec la lég. ΝΕΑΠ., toujours invariable. Elles sont: Æ 4 et 3, et valent de 10 à 25 fr. —

12. ΦΙΣΤΕΛΙΑ

et forme plus ancienne, ƧIƧϒLVƧ, sur les mon. de PHISTELIA (Bistelia Porruolo, auj. *Puteoli?*) en Samnie; v. DRESSEL l. c. *Types:* T. de femme de face; t. imb. de face; bœuf à face humaine; acrostolium; dauphin et grain d'orge. — Æ 1. — R². — R⁶ = de 6 à 24 fr. — MION. S. T. I, p. 318, nᵒˢ 822 à 825. — On les attribuait anciennement à Paestum en Lucanie. —

13. ROMA.

Sur une série des monnaies qu'on appelle **Monnaies Campaniennes**, fr. à Rome, pendant les Guerres Sociales et qui constituent les premières mon. d'or et d'argent de la République Romaine. *Types:* têtes de Rome; d'Hercule diadémée; d'un homme casqué et barbu (Mars); de cheval; d'Apollon lauré; de Pallas; le bœuf à tête humaine; la Victoire; Rémus et Romulus allaités par la louve; un lion marchant, aigle sur un foudre; cheval libre. Les trois monnaies portant les marques de LX, XL et XX sesterces appartiennent à cette série; elles nous font connaître le rapport de l'or et de l'argent à cette époque. — Les mon. campaniennes sont: en **Or** [t. casquée de Mars; derrière, LX. et au R⸝: ROMA. Aigle sur un foudre, à dr.] A⸝ 3. = 60 à 80 fr. — R¹. — La même du mod. 2 et av. la marque de XX sesterces. R⁶. = 60 fr. — T. laur. d'Apollon, à dr. R⸝: ROMANO. Au-dessus, lion marchant. Æ 5. — R⁴. = 12 fr. — T. de Mars imb. et casquée, à dr.; derrière, massue. R⸝: ROMA. Cheval libre en course, à dr.; au-dessus, massue. Æ 4. — R⁵. = 25 fr. — T. laur. d'Apollon, à dr. R⸝: ROMA. Cheval libre en course, à g. Æ 5. — R⁵. = 25 fr. — T. de Pallas, à dr. R⸝: KOMA. (sic!) T. de cheval, à dr. Derrière, strigillum. Æ 3. R⁵. = 8 fr. — T. d'Hercule diad. à dr.; massue et peau de lion sur l'épaule. R⸝: ROMANO. Rom. et Rém. allaités par la louve. — Æ 5. — R⁶. = 50 fr. — Pour toutes les autres variétés de ces monn. cons. MION. Descr. T. I, p. 126—128. ID. Suppl. T. I, p. 257. — Toutes ces pièces sont d'un style admirable (grec) et d'une fabrique supérieure. — La monn. av. une t. d'Apollon et la lég. ΡΩΜΑΝΩΝ. au Dr. et au R⸝: Cheval et une étoile. Æ 4. publ. par d'ORVILLE, Sicula. T. II, Pl. XX, nᵒ 10, est assurément une production des faussaires hollandais. —

14. ΓΡΑΞΑ.

Sur les mon. d'une ville de la Calabre, mais de site inconnu. Ces mon. sont communes. Elles ont été mal classées à **Graviscae** (en Etrurie). Cf. le cat. des mon. Gr. de ROL. et FEUARD., p. 39, nᵒˢ 382bis. Æ 3. Aigle sur un foudre et au Dr. Pétoncle. Vend. 10 fr.; ib. nᵒ 383. T. d. Jupiter. R⸝: Deux aigles sur un foudre; derrière, ... en contremarque. Æ 3. Vend. 2 fr. et 4 fr. — Les exempl. de la même mon. qui portent en entier la lég. ΓΡΑΞΑ sont R⁷ et valent 40 à 50 fr. p. — **Graxa** reste jusqu'aujourd'hui une ville incertaine. Voy. à ce sujet: le CAT. DE BRIT. MUSEUM; les Rech. de SAMBON et de GARRUCCI etc. — M. CASATI (Rev. Num. Fr. III. Sér. T. III. Cah. IV. An. 1885, p. 382) suppose que ces mon. proviennent d'une ville incert. du pays des Samnites ou des Hirpins. — Pour être mieux informé sur cette ville consultez l'article du docte rédacteur de „Bulletino archeologico Napoletano", Année 1854, p. 121. — Comme toutes les mon. de l'anc. Graxa se trouvent journellement dans le territoire de Gravina il est à supposer que le véritable emplacement de cette ville était dans ce même territoire. —

15. ORRA.

Sur les mon. d'une localité qui reste jusqu'à présent indéterminée. Attendu que ces mon. se trouvent en masse dans le territoire d'Oria qui occupe l'emplacement de l'ancienne Uria, ville, que Hérodote dit avoir été fondée par les crétois dans la Japygie — il est plus que probable que la lég. ORRA est une modification de celle d'Uria. *Types*: T. imb. d'Hercule; de Mercure; d'Apollon; de Pallas casquée; foudre ailé; aigle sur un foudre; épi (le plus rare); Cupidon jouant de la lyre; grappe de raisin. — Il y en a des triens, des quadrans et des quincunx. Æ 3, $3^1/_2$, 4, 5. — $R^2 - R^7$. de 5 à 20 fr. — MUS. DE NAPLES: T. de Pallas casquée. ℞: ΛΟΚΡΩΝ. Gr. de raisin. Dessus, ORRA. R^8. = 50 fr. — Cf. MION. T. I, p. 207. ID. Suppl. T. I, p. 355. 356.

16. ΤΑΡΑΣ ou ΣΑЯΑΤ.

Sur les nombreuses mon. de Tarentum en Calabrie. *Types*: T. de Jupiter laurée; de femme diad. et voilée, entourée de poissons; d'Apollon lauré; d'Hercule; de Pallas; de Bacchus indien; aigle sur un foudre; Neptune assis; le héros Taras sur un dauphin (type le plus commun); Neptune dans un bige; femme dans un bige; figure nue dans un char trainé par deux dauphins; cavalier; chouette sur un crabe, sur un foudre, sur un chapiteau d'ordre ionique, sur un ép. d'olivier; cheval marin; homme nu agenouillé tenant une lyre et le *plectrum;* fig. assise, tenant une quenouille et une haste; la partie ant. d'un cheval ailé; cheval marin ailé; cavalier accompagné de divers symboles; Hercule étouffant un lion; arc et massue en sautoir; pétoncle; quenouille au milieu d'une couronne de laurier; dauphin; buste de cheval; deux croissants; couronne de laurier; roue à 4 rayons. — Or. — Æ. et Br. — **Or**: $R^5 - R^7$. = T. de Jup. laur. à dr. ℞: Aigle sur un foudre à g.; les ailes éployées. Mod. 4 est. p. MION. à 200 fr. auj. 600 fr. — T. de Pallas. ℞: Fig. nue dans un char trainé par deux dauphins. Dessous, NIK. Mod. 4. R^8. = 800 fr. (Mion. 250 fr.). — Æ. de 6 à 50 fr. — ID. médaillon 600 à 800 fr. — Br. — R^2. = 6 à 12 fr. — Cf. RAOUL-ROCHETTE, Essai sur la Num. Tarentine, dans ses Mém. de Num. et d'Ant. Paris 1840, in-4°. — FIORELLI, Osserv. sopra talune mon. rare di citta grcche. Napoli 1843. in-4°. — S. BIRCH, Note on some types of Tarentum, dans le „*Numismatic-Chronicle*". An. 1844. — [La mon. de Tarente, Æ 5, avec le nom ΑΚΙΝΟΚΛΑΤΗΣ sous le cavalier, est inédite et vaut 60 fr. Cf. CAT. BADEIGSTS DE LABORDE.

Paris 1869, p. 5, n.º 43.] — La légende: TARAS, est en caractères de l'alphabet lacédémonien, antérieur à la 76e Olympiade et qui se dirigent de droite à g. La forme anguleuse du *rho* est restée inconnue à M. Kirchhoff, Stud. z. Gesch. Griech. Alphab. Pl. II, col. VIII. — Une belle mon. d'arg. av. cette lég. et d'un très-beau style archaïque, représentant Apollon reposant sur son genou gauche et tenant une fleur (liliacée) et au ℞ le même type en creux, figurait à la vente Dupré (voy. le Cat. de cette vente, n.º 25, Pl. I, fig. 19) et a été vend. 700 fr. [Hoffmann]. —

17. ΠΟΣΕΙΔΩΝΙΑ ou ΠΟΣΕΙΔΑΝΙΑ.

Sur les mon. de **Posidonia** ou **Paestum** en Lucanie. Ces mon. sont très-nombreuses. On en connaît des Impér. d'Auguste et de Tibère. Les auton. ont pour *types :* Neptune deb, en relief et en creux; taureau marchant; dauphin; polype; Amour sur un dauphin; t. de Neptune, de bacchante, de Pallas casquée, de Diane; sanglier; la partie ant. d'un sanglier; épi en deux rameaux; deux mains jointes; lion; corne d'abond. entre deux grappes de raisin. — **Or?** — **R. et Br.** — R. R^{1-6}. — Æ. R^3. — Prix: 2, 4, 8, 12, 15 à 60 fr. pours les aut. en bronze et en arg. — Imp. de Tibère: Dr. Sa. t. nue à dr. Devant le bâton d'augure. ℞: C·LOLLI·M· DOI· (sic!) II·VIR·ITE·P·S·S·C. Mars debout de face, tenant une haste. Æ $3\frac{1}{2}$. — R^5. = 12 fr., autres var. moins cher. Les pièces à l'eff. d'Auguste sont du même prix mais plus rares que celles de Tibère. — Les mon. qui portent la lég. ΦΙΣΤΕΛΙΑ (FISTLVS ou FISTVLIS), voy. Mion. T. I, p. 166, n.º 641, ont été faussement attribuées à cette ville et doivent être rapportées à **Phistella**. — Les mon. d'or sont douteuses. — Voy. sur cette ville: Köhne, 50 uned. Münz. der v. Rauch'schen Samml. dans sa: „Zeitschr. f. Münzk." Jahrg. 1843, p. 6. —

18. ΠVΧΟΕΜ.

Sur les mon. de **Buxentum** ou **Pyxus** en Lucanie. Ces mon. qui sont très-rares ont été émises dans l'atelier monétaire de Siris. *Types :* Boeuf marchant et se retournant. A gauche ΜΟΝ finale du mot ΣΙΣΜ place à l'exergue. ℞: Même type en creux. A l'exergue: ΠVΧ et sur la dr. ΜΕΟ en relief. R 8. — R^7. — Cette mon. n'est pas en commerce et ne se trouve que très-rarement. Elle vaut auj. 800 fr. bel ex. Mion. T. I, p. 151. ne l'estime que 600 fr. — Vente Billoin: 1886. lot n.º 113. Vend. 405 fr. — On connaît aussi des mon. en bronze (Æ 5 et 3). Elles ont pour type une tête d'Hercule imb. av. la peau de lion et au ℞. Epi. Dans le champ, massue et la lég. ΕΙΡΙΝΟΣ (Riccio). Quelquefois aussi la même lég. en boustrophédon ΜΟΝΙϚΙΜ, σίρινος, qui constate l'alliance av. Siris. Une autre: Proue de navire. ΣΕΙΡΙΣ. ℞: Diota. ΚΟΤ. Æ 3. Ces deux dern. mon. valent de 40 à 60 fr. pièce. — Cf. Millin. Descr. d'une méd. de Siris en Lucanie. Paris 1814. in-8º. — [Les mon. en br. qui ont la lég. ΣΕΙ et pour type une t. de Mercure et au ℞: un aigle dévorant un serpent ou un caducée n'appartiennent pas à cette localité et doivent être rapportées à Hipponium.] —

19. ΘΟΥΡΙΑ.

Sur les mon. de **Thurium, Sybaris** ou **Copia** en Lucanie. *Types:* Bœuf deb. à dr. regardant à g., en relief et en creux; t. de Pallas; le casque lauré; Neptune deb.; t. de Pallas, sur le casque le monstre Scylla (ou un griffon, une couronne d'olivier, mufle de lion, une br. d'olivier); taureau cornupète, accompagné de poissons, quelquefois aussi couronné par la Victoire; t. de femme laurée; Diane marchant; t. de Diane; d'Apollon; de Janus; d'Hercule; corne d'abondance. — **Or.** R^8. = 1200 fr. — $\mathcal{R}$ av. le nom de **Thurium:** C. — R^5. — $\mathcal{E}$. $R^2 - R^7$. Av. le nom de **Sybaris:** $\mathcal{R}$. $R^6 - R^7$. — Avec le nom de **Copia:** $\mathcal{E}$. R^5. — ΘΟΥΡΙΑ. T. de Cérès, à g. $\mathcal{R}$: ΣΙ. Bœuf cornupète, à g. Mod. 4. **Br.** R^6. = 20 fr. — T. de Pallas, à dr. le casque orné de laurier. $\mathcal{R}$: ΣΥΒΑ. Bœuf allant de g., à dr., se retournant. $\mathcal{R}^2$. — R^6. = 50 fr. — Il existe des *as*, des *semis*, des *quadrans* et des *sextans*, avec le nom de Copia comme colonie Romaine: T. de femme, à dr. Derrière S. $\mathcal{R}$: C·Q·COPIA (ou COΠIA). Corne d'abond. remplie de fruits. $\mathcal{E}$ 4. — R^6. (Semis) = 15 fr. — T. d'Hercule jeune, coëffée de la peau du lion, à dr. Derrière, ooo. $\mathcal{R}$: L·CAIO·COPIA. Corne d'abond. (Quadrans). $\mathcal{E}$ 2. — R^5. = 12 fr. — Les prix gén. pour les mon. de Thurium varient depuis 2 fr. à 150 fr. pour les p. d'arg. et depuis 2 à 15 fr. pour les mon. de bronze. — Voici une nouv. pièce de la coll. de Luynes: T. de Pallas, à dr., le casque orné de Scylla et d'un griffon. $\mathcal{R}$: ΘΟΥΡΙΩΝ. Taureau cornupète à dr. sur une base qui porte, en pet. caractères, l'inscription ΙΣΤΟΡΟΣ. La croupe de l'animal est marqué de Ɛ. A l'ex. un poisson à dr. — $\mathcal{R}$. 29/26 mill. — Poids: Gr. 15,65. — R^8. = 600 fr. — Voy. Imhoof, Mon. Gr. p. 7, n.º 27, et Pl. A. n.º 4. — Le nom ΙΣΤΟΡΟΣ est celui d'un artiste, analogue aux noms de ΜΟΛΟΣΣΟΣ et de ΝΙΚΑΝΔΡΟ. qu'on trouve sur des mon. de la même ville. Cf. A. von Sallet, Künstlerinschriften. Berlin 1871, p. 30 – 32 et 46. — *Rev. Archéol.* T. IX, p. 131 une mon. $\mathcal{R}$ 5, av. la lég.: ΣΙΜ. tr. rare. — T. de Pallas à dr. av. un casque orné du monstre Scylla. $\mathcal{R}$: ΘΟΥΡΙΩΝ. Taureau cornupète, à dr. $\mathcal{E}$ 8½. — R^8. = 200 fr. Cab. de Florence. —

20. COPIA.

Sur les mon. de Thurium et de Sybaris en Lucanie. COPIA est un nom d'une époque postérieure quand Thurium devint une colonie Romaine. Voy. les types de ces mon. citées au n.º précédent. — Le Gén. Fox dans ses *„Engravings of rare Greek coins"*, p. 19 cite une mon. de bronze ayant pour lég. LIAID. qui est unique jusqu'à présent. —

21. ΥΕΛΗ.

Sur les mon. de **Velia** en Lucanie. *Types:* T. de femme, à dr.; de Pallas, le casque orné d'un griffon, d'olivier, d'un quadrige, d'un sphinx; t. de Pallas casquée de face; t. d'Hercule; de Jupiter laurée; chouette sur une branche d'olivier; lion courant, quelquefois une chouette au-dessus; lion dévorant une proie. **Or.** Je n'ai jamais vu des mon. d'or de cette ville et je ne crois pas à leur existence. — $\mathcal{R}$. R—R^6. — Mod. 5 et 6. Prix ord. 4, 12,

8, 15 et 40 fr. — Æ. R³—R⁷. Mod. 3, 2, 1, 1½. Prix de 3 à 4 fr. — T. de femme à dr. les cheveux retroussés et ondulés. ℞: YEΛH. Chouette sur un olivier, à dr. Æ 4. = 5 fr. — Voy. Dr. F. MUENTER, Velia in Lucanien. Altona 1818. in-8°. — DE VILLOISON et MILLIN, Lettres sur les méd. attribuées à Velia. Paris s. a. in-8°. fig. — C. O. MÜLLER et GROTEFEND, dans Grote's Bl. für Münzk. II, p. 93 et 113. —

22. KAYΛONSA.

Monnaies de **Caulonia** dans le Bruttium. *Types:* Fig. virile nue debout, tenant dans la main droite une branche; sur le bras gauche une petite figure marchant, tenant une branche dans chaque main; en relief et en creux; cerf. Æ. — R⁵—R⁸. de 10 à 15 fr. Quand la bizarre fig. qui se trouve sur le bras gauche de l'homme debout est parfaitement marquée, ce qui est très-rare, l'exempl. de cette mon. en Æ, Mod. 7, vaut de 50 à 60 fr. — Les mon. de cette ville ne sont connues qu'en Æ. et des Mod. 8, 7, 5, 3, 2 et 1½. — Voy. RAOUL-ROCHETTE, mém. de Num. et d'Arch. Mém. de l'Inst. T. XIV, 2, p. 186, ses observ. sur le type de Caulonia. — MION. I, p. 186, 187 et 188, les estime de 10 à 72 fr. suivant le mod. et la rareté du type. Les lég. sont souvent rétrogrades et en creux. — ΛVAϞ. Cerf. devant un rameau. ℞: KAΛV ou KVAV. Même fig.; un rameau de la main dr., et une pet. fig. sur le bras g. étendu. Dessous, un cerf. Æ 5. — R⁵. = 40 fr. — PANOFKA, TH., Ueber d. Münztyp. von Kaulonia, dans: GERHARD's Arch. Zeit. Berlin 1843. in-4°, p. 165—175. — LLOYD dans Numism. Chron. XI, p. 1—18. — S. BIRCH, Esq., Notes on types of Caulonia, dans Akerman's Num. Chron. 1845, n.° XXX. — KÖHNE, Zeitschr. 1842, p. 10. —

23. ϘPOTON.

Mon. de **Croton** en Bruttium. *Types:* Trépied en relief et en creux; oiseau en creux; aigle ten. une br. de laurier; aigle sur une t. de cerf, ou de bélier, ou sur une colonne d'ordre Ionique; Pégase volant; aigle ten. un lièvre dans ses serres; t. d'Apollon laurée; de Junon Lacinia, de face ou de profil; de Pallas, à dr.; d'Hercule jeune; de Neptune laurée; Hercule enfant, assis à terre étouffant de chaque main un serpent; Bellérophon sur Pégase combattant la Chimère; Hercule assis sur une peau de lion; homme nu assis sur un rocher, devant un autel allumé, ten. de la main dr. une branche et de la g. une massue; à terre un arc et un carquois; Hercule étouffant le lion; trois croissants; t. de boeuf dans une couronne de laurier. **Or.** Une mon. de la Cyrénaïque a été faussement attribuée à cette ville par ECKHEL. Voy. Num. Vet. anecd. p. 41. — Il en existe aussi de coin moderne. — Cf. à ce sujet: Mittheil. der Numism. Ges. in Berlin 1846, p. 16. — KÖHNE, Zeitschr. 1843, p. 9. — Æ. Com. — R⁸. — Æ. R⁴—R⁷. — Mod. 8, 7, 5, 3, 2. — Les prix pour les mon. d'arg. varient de 100 fr. à 80, 48, 36 fr., pour celles en Br. de 15 à 6 et 3 fr. — Trépied. Dans le champ, Apollon à genoux tirant un arc contre un serpent dressé devant lui. ℞: OϞKϞMTAM. Héraclès nu assis sur un rocher, devant un autel allumé, tenant de la main dr. une br., et la g. sur une massue. A terre, un arc et un carquois. Æ 6. — R⁸. = 300 fr. (MION. Suppl. T. I,

p. 340, n.º 990, ne l'estime que 100 fr.) **Cab. de Florence.** — ΑΙΣΑΡΟΣ. T. imberbe, nue, à dr. avec de pet. cornes et les cheveux flottants par derrière. ℞: ΚΡΟΤΩΝΙΑΤΑΝ. Foudre; un astre. Æ 3. R⁶. = 70 fr. (Mion. ib. 50 fr.). ϘΡΟΤΟΝ. Trépied en relief. ℞: Trépied en creux. Æ 8. R⁵. = 80 fr. — (Mion. ib. même prix). — La mon. la plus rare et la plus chère: **Alliance de Croton et Velia**: ΚΡΟΤΩΜΙ. T. laurée d'Apollon, à dr. ℞: ΥΕΛΗΚΩ. (sic). Æ 8. — R⁸. = 700 fr. (Mion. 300 fr.). Elle est du Musée Hunter. — M. Imhoof la croit fausse. — Voy. sur cette ville: Fiorelli, Mon. ined. p. 9. — Duc de Luynes, Choix, III, p. 19, 20; IV, p. 1—3; V, p. 7. — Avellino, Opuscoli. I, 214; II, 117. — *Rev. Archéolog.* T. IX, p. 132. Æ. Hercule assis. ℞: Trépied et E. — *Zeitschr. f. Münzk.* III, p. 9. — *Num. Chron.* XI, 1; XVII, 99 (Æ. Aigle. ℞: Trépied et une br. de laurier.) —

24. VALENTIA.

Mon. d'Hipponium Valentia (plus tard **Valentia**) dans le Bruttium. *Types*: T. de Jupiter laurée, de Pallas à droite; de Junon; d'Hercule barbue; diota entre une torche et un astre; Victoire debout; Pallas debout; Victoire assise sur une base; foudre ailé; double corne d'abondance; chouette; double massue. — Ces mon. sont très-communes et n'existent qu'en bronze, du mod. 6, 4, 3, 2½. — Prix ordinaire: 1, 3 à 4 fr. à l'exception de la suivante: T. de Diane, à g. ℞: VALENTIA. Chien courant à droite. Æ 2. — R⁷. = 60 fr. — Mion. Suppl. T. I, p. 344, n.º 1026 l'estime 50 fr. — Cf. sur ces mon. *Numismat. Chr.* IV, p. 128. — Sestini, Lett. di Contin. III, 16. — Movers, Phoen. II, 2, 344. — *Rev. Archéolog.* V, 159. — Millingen, Considér. 56 et Suppl. I, 8. — Fiorelli, Osserv. 65 et Avellino, Bullet. II, 101, 124. — Ces mon., à en juger par le poids du *triens* (celle qui a quatre points ΟΟΟΟ), se rattachent à un As de 18 gr. et plus. Il est probable qu'elles furent émises par la colonie romaine envoyée à Valentia en l'année 190 av. notre ère. — La double corne d'abondance fait allusion au parc que le roi Gélon avait surnommé corne d'Amalthée. —

25. ΓΑΝΔΟΜΣΑ.

Lég. sur les mon. de l'époque primitive de **Pandosia** dans le Bruttium (auj. Castel Franco). *Types*: Boeuf dans une aire en creux; trépied; tête de femme vue de face; femme assise sur un rocher, à ses pieds, un chien de chaque côté. — Æ 7 et Æ 3. — R⁸. de 300 à 700 fr. — T. de Junon-Lacinia de face. ℞: ΓΑΝΔΟΣΙ. Jeune homme nu assis sur un rocher. Æ 3. — R⁸. = 400 fr. (Mion. Suppl. T. I, p. 346, n.º 1036 = 200 fr.) — Ces mon. sont très-rares et inconnues dans le commerce. Voy. Duc de Luynes, Choix, V, 8. — Pandosia frappait aussi des mon. d'alliance avec Croton. — Millingen, Suppl. aux considér. I, 3. — *Revue Numism. Fr.*, An. 1839, p. 412.

26. ΜΕΣΜΑ ou ΜΕΔΜΑ.

Sur les mon. de **Medama** ou **Mesma** dans le Bruttium (auj. Ruines à Mesima). *Types*: T. de Cérès de face; t. laurée d'Apollon. Æ 5 et 3. — R⁸. = 100 à 150 fr. (Mion. Suppl. T. 1, p. 346, n.º 1034 = 100 fr.) — Rol.

et Feuard., Cat. des mon. Gr. p. 100, n.° 1398: T. de Cérès de face. ℞: Légende rognée. T. d'Apollon, à dr. [Grav. dans Carelli sans légende, mais M. Imhoof-Blumer, à Winterthur (Suisse), possède un ex. portant la lég. MEΔMA.] La t. du *Droit* serait plutôt celle de la nymphe tutélaire de la fontaine dont parle Strabon. L'hydrie qu'on observe dans le champ ne pourrait qu'affirmer cette supposition. — Voy. Capialbi, Mesma e Medama. Napoli 1849, in-8.° (Broch.). — Sestini, Lett. di Continuaz. VI, 10, 13. Comp. Atrax dans Lambros mon. d'Amorgos, fig. n.° 27. —

27. RECION.

Ancienne forme de lég. (5-ème siècle av. J. C.) sur les mon. de **Rhegium** (auj. Reggio di Calabria) dans le Bruttium. *Types:* T. de lion de face; d'Apollon laurée; double t. imb. surmontée du modius; t. accolées d'Apollon et de Diane; t. de Diane; de Pallas; des Dioscures; couronne de laurier; Jupiter assis; homme cond. un char attelé d'un seul cheval; lièvre courant; trépied; lyre; Apollon debout; lion marchant à g.; Minerve deb.; Mercure deb.; femme deb., tenant deux épis et la haste; Hercule deb.; Dioscures à cheval. — Æ. R^3–R^6. Mod. 4, 5, 7 et (9), de 35 à 60 fr. — Æ. R. très-nombreuses, de 1 à 15 fr. — Mod. 8, 7, 6, 5, 3½ et 3. — La mon. av. la lég. RECION est la plus rare de toute la série. — Tête de lion vue de face. ℞: ΣΟΝΙϽƎP (rétrograde). Jupiter assis à g. la dr. sur la haste, la g. sur le siège; les deux jambes tombantes, le tout dans une couronne. Æ 9. — R^8. = 250 fr. — Cf. Rollin et Feuard., Cat. Gr. p. 101, n.° 1401. — La mon. portant la lég. RECIN au lieu de PHΓIN, décrite par Mionnet, dans son Suppl. T. I, p. 348, n.° 1049, que Sestini (voy. Cat. Hederv. castig. p. 19, n.° 1211) appelle: „n. *Gallicus et barbarae fabricae*", doit être rayée de cette série. Il est plus que probable que c'est une *tessère latine?* — Voy. aussi: Panofka, Abh. d. Berl. Akad. 1848, p. 111 (culte de Jupiter Trophonius). — Mus. Lavy, T. I, p. 56. — Gerhard, Arch. Zeit. 1847, p. 119. —

28. TEPINA.

Sur les mon. de **Terina** (auj. Ruines au sud de St. Euphémie) dans le Bruttium. *Types:* T. de femme, à dr., cheveux retroussés; de Diane; femme deb. vue de face, regardant à g., le tout au milieu d'une couronne de laurier; Victoire deb., le pied dr. sur une base et tenant un caducée; la Victoire, assise sur une amphore; femme assise à g., recevant dans un vase posé sur ses genoux des eaux qui s'échappent d'une tête de lion incrustée dans une muraille; à ses pieds, un cygne nageant dans une auge; crabe. Æ. — R^4–R^8. de 40, 20, 15, 90, 8 à 200 fr. — Mod. 5, 3, 2 et 1. — Æ. Mod. 2 et 3 ne valent que 5 et 8 fr. — Æ. R^2. Mod. 4 et 3 se payent 6, 4, 2 et 1 fr. — TEPINA. T. de femme, à dr. cheveux retroussés. ℞: AXIN. Femme deb. (Ligée), vue de face, regardant à g., le tout au milieu d'une couronne de laurier. Æ 5. — R^8. = 300 fr. — Mion. T. I, p. 204, n.° 994 = 100 fr. — Autrefois, *Cab. du lord Northwick*, à Londres. — La même p. mais d'un style archaïque et avec les lég.: TEPƧNA au *Droit*, et AXИ au Rev. vaut 600 fr. [Millingen]. — *Mêmes types.* Lég. TEIPƧ (Cab. de France). — Carelli cite un tétrobole du mod. 3, avec la lég. ΦΙΛΙΣΙ. — R⁸. = 60 fr. — Cf. S. Birch, On the types of Terina, dans Akerman, Num. Chron. Dec. 1844. — Voy. aussi: Berl. Bl. f. Münzk. II, p. 353 une p. Æ. av. ΤΕΡΕϚ — La mon. décrite dans Mionnet, Suppl. I, p. 353, n° 1084, doit être rapportée à Tegea, car les exempl. connus portent ΤΕΓ et non ΤΕΡ. — *Mon. inédite:* ΤΕΡΙΝΑΙΩΝ. T. laurée d'Apollon à g. ℞: Pégase volant à g. Au-dessus un glaive dans son fourreau. Æ. 17 mill. — Cf. Imhoof-Blumer, Mon. Grecques, p. 11, n° 46. — Grav. ib. Pl. A, n° 13; et Num. Zeitschr. 1886, p. 228—230, Pl. V, fig. 18—20. —

29. ΣΙΚΕΛΙΑ.

Lég. sur des grands médaillons d'argent représentant au *Droit* une femme voilée et couronnée d'épis, et au ℞ une Victoire dans un quadrige, mais plus souvent av. la lég. ΣΙΚΕΛΙΩΤΑΝ. Les exemplaires avec la lég. ΣΙΚΕΛΙΑ sont d'une insigne rareté et valent 1000 fr. pièce. — Mionnet, T. I, p. 207, n° 1, décrit un pet. médaillon, Æ 6. et l'estime 300 fr. mais av. ΣΙΚΕΛΙΩΤΑΝ. — Ces pièces ont été frappées à Syracuse en l'honneur de la Sicile, sans que l'on puisse déterminer à quelle occasion. Elles constituent les mon. de la Sicilia in genere. — Cfr. sur ces mon.: Haus, Esame delle medaglie di tutti i Siciliani. Palermo 1827. in-8°. Estr. d. Giorn. delle Scienze. XVIII (anno 8), p. 71. — Bull. de l'Instit. Arch. di Roma. 1833. 8°. (Alessi y publie une mon. d'or qui est probablement refaite de la mon. d'or d'Hiéron?). — Rol. et Feuard., Cat. des mon. Gr. p. 105, n° 1486 bis, Æ. mod. 7, avec la légende: ℣ ℣ ℣. pour 100 fr. Tr. Belle, et 70 fr. Belle. — Σικελία (ας, ion.) était aussi le nom de toute la Campanie et l'Italie Inférieure. Cfr. Etienne de Byz. sub v. *Βρουτία. Λαγαρία. Μάταυρος.* — 2. *Σικελία μικρά* — nom de l'île de Naxos, cfr. Suidas sub v. *Σικελία; Agathem. geogr.* 25 (geogr. min. ed. Müll. 2, p. 486). Il est à présumer qu'il existe des mon. de Naxos et d'autres villes de la Campanie qui portent la lég.: ΣΙΚΕΛΙΑ. — Un magn. ex. n° 73 de la *vente Paravey,* Paris 1879, prov. de la coll. Dupré a été vend. 665 fr. — Il y a aussi des mon. en bronze du mod. Æ 1 qui portent au *Droit:* ΣΙΚΕΛΙΑ. T. de la nymphe Sikelia, et au ℞: ΣΥΜΜΑΧΙΚΟΝ. Torche entre deux épis de blé. — Mus. Britan. — Voy. Head, Hist. Numor. Oxford 1887, p. 110. — Sur les mon. av. la légende ΣΙΚΕΛΙΑ cfr. encore: *Num. Chron.* 1874, p. 37; *Ann. de la Num. Fr.,* 1883, p. 169. —

30. ΑΚΡΑCΑΣ.

Sur les mon. d'**Agrigente** (auj. Girgenti) en Sicile. Cette lég. sur les mon. les plus anciennes est en boustrophédon. — *Types:* T. de Jupiter; de Bacchus; du fleuve Acragas; crabe; poisson; lièvre; aigles; serpent; colombo; serpent autour d'une massue; Victoire dans un quadrige; aigle sur un chapiteau ionique; aigle dévorant un lièvre; le monstre Scylla; Victoire deb. tenant un foudre; tête d'Hercule jeune; fig. barbue debout; aigle sur un poisson. — **Or.** ΑΚΡΑΓΑΣ. Aigle éployé déchirant un lièvre, à dr. ℞: Crabe. Dessous, un poisson. R⁸. mod. 3. Belle: 800 fr. (Mion. T. I, Suppl. p. 359, n° 14, estim. 300 fr.) — Æ. Mod. 8, 7, 6, 5½, 4, 3 et 2½, 1, de 100, 70, 50, 20, 12 et 6 fr. — Æ 8. R¹. = 4 fr. Æ. Mod. 6, 4, 5, 3, 2, de 6, 4 et 2 fr. — Les mon. de **Bronze** sont généralement très-communes. —

Impériales: AKPAΓANTINΩN. T. nue d'Auguste? ℞: AKPAΓANTINΩN. T. nue de Lépide? Æ. 5. R⁸. = 60 fr. **Inédite**. Voy. Rol. et Feuard., Cat. Gr. p. 107, n.° 1533. Vend. 40 fr. [les têtes nues et l'absence des noms font penser qu'elles seraient plutôt celles de Caius et Lucius, césars]. — AVGVS-TVS·P·P·AGRIGENT. T. nue d'Auguste, à dr. ℞: CLODIO·RVFO·PRO-COS. Mon. surfrappée. Æ 6. — R*. — **Unique** ex. du Cab. de France. Voy. Boutkowski, Diction. Num. n.° 1630. — AVGVST.[O·P·P·AGRIGENTI.] T. nue d'Auguste, à dr. ℞: [L·CLODIO]RVFFO·PROICOS. en trois lignes. Dans le champ, en lég. circulaire: [SALASSO]COMITAE SEX·RE [OIlV]. Une charrue en contremarque, Æ 6. — R⁸. = 200 fr. Mion. Suppl. T. I, p. 368, n.° 90. R⁶. = 24 fr. — Voy. P. Torremuzza, Sicil. vet. num. Pl. VIII, n.° 10. — Sur les mon. aut. de cette ville, cfr. *Rev. Num.* 1843, p. 416. — Museo Borbonico, XII. Pl. 14. — *Bull. dell' Instit.* 1854. XL (Æ. Dekadr. av. deux aigles et un lièvre = 800 fr.). — *Corrections:* Mion. S. I, p. 362, n.° 39 n'est pas d'Agrigente mais de Tarente. — *Ibid.* p. 364, n.° 56, serait plutôt une mon. de Kos. —

31. HALAESA ARCCHONIDA.

Lég. extraordinaire sur les mon. d'**Alaesa** en Sicile qui ont ordinairement pour légende: ΑΛΑΙΣΑΣ et ΑΡΧ. en monogr. — *Types:* T. de Jupiter; de Diane; d'Apollon; aigle; lyre; Apollon deb.; guerrier; carquois et arc. — On en connaît qu'en **bronze** qui sont R³–R⁵. Mod. 5, 4, 3, 3½, de 6 à 15 fr. — Les mon. d'Alaesa qui portent la lég. qu'on donne ici sont très-rares et ont été observées pour la première fois par P. Raff. Romano: Mon. del municipio di Alesa. Palermo 1855. Pl. I, fig. 1. — Un ex. se trouve aussi dans la coll. de M. Imhoof-Blumer. — Les mon. d'argent qu'on attribuait à Alaesa doivent être rapportées à Allifae de Samnium. Les mon. en Æ. av. la lég. ΑΛΙΒΑΝΩΝ qui ont pour type une t. imb. laurée, entre trois poissons ou une t. d'Apollon, le monstre Scylla sont données auj. à Alibanon de Campanie. — Voy. encore: Dragonteo (Gabr. Lanc. Cast. princ. di Torremuzza), Storia di Alesa. Palermo 1753. in-4°. — *Bull. de l'Instit.* Arch. 1862, p. 213 (lég. latine, comme colonie Romaine). — Gén. Fox, Engrav. of ined. gr. coins, n.° 31. Æ. Grappe de raisin. — [HALAESA·ARCCHONIDA. lég. latine. Tête d'Apollon. ℞: M·CASSIVS M·ANT. dans une couronne. Æ 9. — R⁸. = 200 fr.] —

32. KAMAPINA.

Mon. de **Camarina** en Sicile. *Types:* Cygne; femme ailée, un genou en terre (ce dernier type fait allusion aux amours de Jupiter et de Némésis, qui donnèrent naissance à Hélène. Cf. Hygin. Poet. astronom. II, XVIII); t. d'Hercule; du fleuve Hypparis (ce fleuve passait sous les murs de Camarina); t. d'Apollon; de Pallas Athéné; de Démétèr; coq; aigle terrassant un cygne; chouette terrassant un lapin; Pégase; casque sur un bouclier rond; palmier entre deux jambes; fig. dans un quadrige; femme assise sur un cygne; tenant une voile enflée par les vents; Victoire; masque de face tirant la langue; chouette et lézard. Æ. Médaillons. R⁷. — de 400 à 600 fr. (Mion. 100 et 60 fr.) — Æ. Mod. 6, 5, 4 de 10, 15, 25 et 40 fr. — Æ. Com. de 2 à 5 fr., Mod. 4 et 3. — ΣΙϚΑΠΠΙ. T. jeune, cornue, à g., entre deux poissons. ℞: KAMAPINA. Femme sur un cygne, tenant une draperie enflée par les vents. Æ 8. — R⁷. = 600 fr. (Mion. T. I, p. 222, n° 119 = 100 fr.). — Parmi les mon. en br. il y a des *sextans*, des *quadrans* et des *uncia*, qui sont généralement fort communes. — Voy. Thomas, Cat. n° 257, ainsi que Mionnet, S. I, 375, 125 et Torremuzza, Pl. XVII, f. 5, mais sur la bande des deux diota on lit: ΕΞΑΚΕΣΤΙΔΑΣ. Æ 8. — R⁸. = 700 fr. — *Corrections :* Les mon. portant les légendes: ΜΑΡΛΟ, ΜΑΡΛ ou ΜΑΡ chez Hunter, Mionnet (comp. Raoul-Rochette, Croix ansée p. 67, qui les donne à Marathus; Boeckh, Metr. Unt. 331, ainsi que Movers, Phoen. II, 2, 230) doivent être irrévocablement rapportées à Mallos en Cilicie, voy. Imhoof, Mon. Gr. p. 358, n° 61. — Sur le nom du grav. mon. Exakéstidas, voy. Raoul-Rochette, sa lettre au Duc de Luynes, p. 32. Par conséquent il est à désirer pour que les nombreux docteurs-législateurs de nos jours ne s'approprient pas la découverte du nom du graveur Exakéstidas! —

33. HENNA.

Lég. latine sur les mon. de **Enna** (auj. Castro Giovanni) en Sicile. *Types :* T. de Cérès, d'Apollon; Proserpine; bouc; torche entre deux épis; porc; Triptolème; charrue et deux serpents; ΕΝ entre deux feuilles de laurier, dans une couronne; t. de boeuf, vue de trois quarts; grappe de raisin dans une couronne. — Æ. Mod. 5. R⁸. = 250 fr. — Æ. Mod. 3. R⁵. = 80 fr. — Æ. Mod. 6, 5 et 3, de 12 à 30 fr. — Enna Municipe: Æ 8. — R⁷. = 60 fr. — Æ 5. — R⁶. = 40 fr. — HENNAION. Proserpine deb. voilée, devant un autel, tenant dans la main dr. un flambeau. ℞: Fig. dans un bige. Æ 5. — R⁸. = 250 fr. (Mion. T. 1, p. 233, n° 206. R⁸. = 150 fr.). — ΔΑΜΑΤΗΡ. T. de Cérès couronnée d'épis, à droite. ℞: HENNA ou ENNA. Bouc debout devant une torche allumée, entre deux épis. Æ 5. — R⁶. = 40 fr. (Mion. 15 fr.). — Cette ville devenue municipe sous les Romains frappait des mon. en **Br.** avec les noms des duumvirs: M. Cestius et L. Munatius. — MVN·HENNA. T. de Vénus, à dr. ℞: M·CESTIVS·L·MVNATIVS·ĪĪ·VIR. Vénus debout. Æ 5. — R⁶. = 40 fr. — Voy. sur ces monnaies: J. Alessi, Ill. Equiti Caesari Borgia. — Bar. de Witte, Cat. de la coll. Greppo. 231 (Br. latin). — *Bull. Napolitano*, V, p. 112. — MVN·HENNAE. et dans une couronne de chêne: M·CESTIVS·L·MVNACIVS·II·VIRI. ℞: Hades dans un quadrige debout avec Perséphone et Triptolème. Æ 8½. As. R⁸. = 200 fr. — Incon. à Mionnet. — Musée Britannique. —

34. KATANE.

Mon. de **Catana** (auj. Catania) en Sicile. *Types :* Victoire; boeuf à t. humaine; t. d'Apollon; de Bacchus; du fleuve Amenanus; de Janus; femme dans un quadrige; grappe de raisin; Amapias et Amphinomus portant leurs parents; chouette; Isis et Horus; foudre; fig. dans un trige, couronné par la Victoire; t. de Sérapis; Apollon deb. près d'une colonne; Minerve combattant; t. de Neptune; dauphin; femme debout tenant un oiseau; Cérès lucifère debout; les bonnets des Dioscures; fleuve couché. — Æ. — R². — R⁶. = 200, 60, 40, 30, 20 et 12 fr. — Mod. 7, 5, 8, 2, 1. — Æ. Com. — R⁴. = Mod. 8, 7, 6, 5, 4, 3, 2. — ΧΟΙΡΙΩΝ (nom d'artiste; au lieu de ΧΟΙΚΕΩΝ comme on lit dans Mion. Suppl. T. I, p. 378, n° 149): Tête de femme, de face,

couronnée de chêne, et les cheveux flottants; dessous, ΑΠΟΛΛΩΝ; à g., un arc. ℞: ΚΑΤΑΝΑΙΩΝ. Fig. dans un quadrige, à dr.; à côté, une colonne; au-dessus, la Victoire volant, tenant dans ses mains une couronne; dessous, la squille. Æ 7. — R^7. = 200 fr. mais auj. un triple prix. — Mus. Hunter.
— KATANE. Victoire à g., tenant une bandelette. ℞: Boeuf à face humaine, marchant à droite; au-dessus, un cygne ou une autruche. Dessous, un poisson. Æ 7. — R^6. = 200 fr. (Mion. 72 fr.). — AMENANOC. T. imb. de face. ℞: ΚΑΤΑΝΕΩΝ. Fig. dans un trige. Dessous, un Méandre. Æ 5. — R^7. = 200 fr. (Mion. 60 fr.) — Voy. Viti, Catana illustrata. III part. Catanae 1741. — Akerman, Num. Chr. XIV, p. 111. — Mus. Borbonico XV, Pl. XLIV. n.° 4—7 (Tétradrachme et 9 p. pièces en Æ.). —

35. ΗΡΑΚΛΕΙΑ?

Sur les mon. d'Heraclea (Capo Bianco; Minoa) de Sicile. La lég. qu'on donne ici ne se trouve que sur un exemplaire que le Doct. Imhoof-Blumer a observé; — il est probable que la leçon est ΗΡΑΚΛΕΙΩΤΑΝ dans le cas que la mon. a souffert? Cette ville frappait ses mon. en alliance av. Cephaloedium. Voy. Mion. S. T. I, p. 384, n°s 181. 182. — *Types:* T. d'Hercule jeune; taureau cornupète. Æ. Mod. 3 et 2½. — R^7. = 80 fr. — ΚΕΦΑΛΟΙΔΙΟ. T. d'Hercule jeune à dr., couverte de la peau du lion. ℞: ΗΡΑΚΛΕΙ[ΩΤΑΝ]. Taureau cornupète, à dr. Æ. 3. R^7. = 80 fr. (Mion. 60 fr.). — Voy. Millingen, anc. coins 30. — *Annali* dell'Inst. 1830, p. 311. — Movers, Phoen. II, 2, 331. — *Corrections:* Les mon. d'arg. et de br. classées d'abord par M. Imhoof-Blumer à Képhaloedion (voy. Berl. Bl. V, p. 40, n°s 1 à 3) appartiennent à Hérakléia, ainsi qu'il le démontre dans ses: Monn. Gr. p. 19; car la lég. ΚΕΦΑΛΟΙΔΙΟ ou ΕΚΚΕΦΑΛΟΙΔΙΟΥ ne se rapporte pas à la monnaie, mais à l'éthnique ΗΡΑΚΛΕΙΩΤΑΝ; elle indique, par conséquent, que les Héracléens étaient originaires de la ville de Képhaloedion. Cfr. A. Holm, Geschichte Siciliens, II, p. 478. —

36. ΒΙΜΕΡΑ.

Lég. que M. Imhoof-Blumer a observé sur les mon. d'Himera qui suivent. Β est l'ancienne forme du spiritus asper. —

37. ΗΙΜΕΡΑ.

Aussi: ΚΙΜΑΡΑ. [voy. Imhoof, N. Z. 1886]. Mon. d'Himera en Sicile (plus tard Thermae, auj. Termini). — *Types:* Coq; coquillage; t. d'Hercule; bige ou trige; la déesse Himera sacrifiant (cf. Cic. in Verr. II, XXXV); Mercure; Victoire; monstre tenant à la fois de l'homme, du lion et du coq; trois nymphes debout; t. de femme tourelée; le poëte Stésichoros; chèvre; cavalier en course; aire en creux; Victoire volant; jeune homme nu assis sur un cheval au galop; fig. sonnant du buccin, assise sur une chèvre. — Æ. Mod. 7, 5, 4 et 2, de 150, 60, 30 et 10 fr. — R^4 à R^7. — Æ. Mod. 6, 5, 4 et 2. — R^2—R^6. de 6 à 10 fr. — Coq tourné à g. ℞: ΗΙΜΕΡΑ. (sic). Crabe dans un champ concave. Æ 4 et 5. — R^6. = 30 et 40 fr. (Cette mon. a du être frappée en alliance avec Agrigente?). — ΝΩΙΑQƎΜΙ. Fig. dans un char attelé de deux chevaux. ℞: Femme deb. tenant de la droite une patère; devant elle un autel allumé; à sa gauche, un Satyre recevant l'eau qui coule d'une fontaine; dans le champ, un grain d'orge. Æ 7. — R^8. = 300 fr. (Mion. 150 fr.) Quelques mon. portent aussi les deux noms de Himera et de Thermae, que nous signalerons à leur place. — Célèbre tétradrachme d'Himera au type de Pélops, du CAB. DU PR. WALDECK: AЯƎMI. Himera deb. de face, la t. tournée à dr. et la m. gauche levée. Elle est vêtue d'un chiton à manches courtes et d'un large péplos, qu'elle déploie de la m. droite. ℞': ΠΕΛΟΥ. Pélops deb. dans un bige au pas à dr., tenant l'aiguillon de la main dr. et les rênes de la g. A l'exergue, une feuille de dattier (Phoenix dactylifera) et une grappe de dattes? Æ. 25 mill. R^s. = 1000 fr. — Cf. J. FRIEDLÄNDER, Berl. Bl. 1863, p. 137, pl. V, f. 4, et en plus IMHOOF-BLUMER, Mon. Gr. p. 21, n.° 32, Pl. B. n.° 3. — ΚΡΟΝΟΣ. T. barbue et diad. de Kronos, à dr. ℞': ИΩIAЯƎMI. Foudre entre deux grains d'orge. Æ. 12 mill. R*. Unique. 400 fr. Cf. IMHOOF, Monnaies Gr. p. 21, n.° 33, Pl. B. n.° 4, et Berl. Bl. V, 1870, p. 44, Pl. LIII, 9. — GORGONÉION tirant la langue. ℞': Dans les 4 coins d'un carré creux ○○ et entre ces globules Aꟾ-ƎM-IH. Æ. 23 mill. — R^s. = 100 fr. CAB. DU FEU MARQUIS C. STROZZI à Florence: Type et fabrique analogues aux bronzes anépigraphiques, classés à Camarina, cf. CAT. DU MUS. BRIT. p. 39. Ce n'est pas du reste STROZZI qui a su déchiffrer cette légende, mais bien M. IMHOOF, voy. ses Monn. Gr. p. 21, et son article dans la Numism. Zeitschrift. Vienne 1886. Pl. VI, 11. — Sur les mon. de Himera, voy. encore: BUNBURY, On the date of some of the coins of Himera, dans AKERMAN's Num. Chr. 1845, n.° 27. — S. BIRCH dans le Num. Chron. 1841 (Vol. IV), p. 129. — *Corrections*: La mon. d'Himera décr. dans MUS. HUNTER, 30, XXXV, S. 156, 23 n'est pas d'Himera mais de Metapont. — Quant à la mon. représentant l'effigie du poète lyrique STESICHOROS (Στησίχορος) qui était natif d'Himera, il n'y a encore rien d'avéré là-dessus car on ne lit pas son nom sur la p. qu'on lui attribue. Elle est citée par SPANHEIM, Pr. I, p. 95, par DORVILLE, Sic. Pl. IX, f. 10 et par BURMANN, Tom. II, p. 362 sq., ensuite par FROELICH, Not. Elem. p. 239, et TORREMUZZA, Sic. Num. p. 34, qui la décrivent comme ayant au *Droit* pour lég.: IMIIIPΩN au lieu de IMEPAIΩN et la t. de Pallas casquée, et au ℞': Fig. debout (présumé STÉSICHORE) tenant de la m. dr. une couronne et de la g. une lyre. Ce poëte est cité par CICER. dans VERREM, Act. II, L. II, c. 35, où il dit qu'il y avait à Himera une statue en son honneur ainsi qu'à Byzance dans le Gymnase de Zeuxippos; v. IMHOOF, Berl. Bl. V (1870), p. 47 et 48. — Il existe un pet. bronze qui est classé parmi les incertaines par MION. et autres et qui porte au *Droit* une t. laurée d'Apollon, à dr. et au ℞' deux faisceaux entre une lég. au *génitif*: ΠΟΙΗΤΟΥ·ΚΑ.. ΧΟΡΤΩ-ΝΟϹ. Comme j'ai acquis mon exempl. de cette monnaie (qui est à fl. d. c.) à *Termini* à l'emplacement des anciennes ruines d'Himera il y aurait une raison pour moi de garder la conviction que cette mon. incertaine jusqu'aujourd'hui, a été frappée à Himera et non à Lilybaion; mais, comme je n'ai pour cela aucun autre fondement, je m'abstiendrai de l'attribuer à **Himera**, d'autant plus que M. IMHOOF-BLUMER m'observe que le lieu de trouvaille n'est pas de valeur ici, et que la monnaie en question porte une t. d'Apollon, type précisément pareil à celles de Lilybaion, et par conséquent appartient à cette dernière ville et jamais à Himera (voy. aussi: IMHOOF, Monn. Gr. p. 460, 7). —

38. IATON.

Lég. sur les mon. de Jaeta (auj. Iato ou S. Cosmano) en Sicile. Elles sont très-rares. Elles manquaient pendant des années au CAB. DE FRANCE et c'est moi qui lui à fourni un exemplaire en 1880. *Types*: T. d'Hercule; triquetra; guerrier debout; t. diadémée de femme; t. virile imb. et casquée. — On n'en connait que des mon. en **Br.** du Mod. 5 et 3, qui sont R^7. = 40 à 50 fr. (Mion. 18 à 20 fr.) — T. barbue et laurée, à g. ℞: IATOY (ou plutôt IATON? Hercule deb. vu de face; dans le champ, à g., PEI. Æ 4. — R^7. = 50 fr. — Encore une, plus intéressante: T. de Jupiter laurée, à g. ℞: IATINΩN·L·M. (Les deux dernières lettres sont peut-être les initiales des noms Lucius Marcellus ou Metellus, préteur de la Sicile?) Fig. militaire deb., le bras droit étendu, et tenant un sceptre dans la main gauche. Æ 5. — R^8. = 70 fr. — (Mion. 18 fr.) — On trouve peu de renseignements sur les mon. de cette ville qui font défaut dans les plus grandes collections. — Voy. Massa, Sicil. in Prospett. Vol. II, p. 90. — Torremuzza, Sic. Num. p. 37. Pl. XXXVIII. —

IATON paraît être un nom d'**Himera** et non de Jaeta. Voy. Cat. Brit. Mus., Sicily, p. 77, 23, et Head, Manual, p. 126. —

39. DANKLE.

Sur les mon. de **Zankle**, ensuite **Messana**, enfin **Mamertini** (auj. Messina) en Sicile. Zankle prit le nom de Messana l'an 477 av. J. C. et celui de Mamertini l'an 278 av. J. C. quand les Mamertins s'en emparèrent. — *Types*: Dauphin; aire creuse, dedans une t. virile ou imb. ou une coquille; t. de lion; de veau; de Cérès, d'homme barbue et laurée; d'Hercule; de Mars; d'Apollon; d'Adranos; Jupiter assis; bige; lièvre courant; couronne de laurier; Pan assis sur un rocher; guerrier, trident entre deux dauphins; Diane chasseresse; Pallas marchant; taureau cornupète; aigle sur un foudre; chien; trépied. — Monnaies avec le nom de **Zankle**: Æ. Mod. 6, 5 et $1\frac{1}{2}$. — R^7–R^8. de 100 à 300 fr. (Mion. 60 à 200 fr.) — DANKLE. Dauphin tourné à g., devant, un grand croissant; au-dessus du dauphin, un globule. ℞: Aire en creux divisée en treize parties, les unes carrées, et les autres triangulaires; au milieu, le pétoncle. — DANKLE. Même type. ℞: Aire en creux avec le pétoncle au milieu. Æ. Mod. 6. — R^7. = 300 fr. — Même lég. et mêmes types. Æ $1\frac{1}{2}$. — R^8. = 80 fr. — Ces mon. sont d'autant plus intéressantes qu'à cause des changements du nom de la ville, il devient plus facile d'établir l'époque de leur émission. — Cfr. P. Carrerae, Disquisitio de vero significatu numismatum quorundam Messaniensium. Lugd.-Bat. Fol. c. f. — Boettiger, Amalthea. I, 198. — Akerman, Num. Chron. III, p. 40. — Le type de ces mon. est généralement très-archaïque; elles ont dû être émises l'an 493 av. notre ère. —

40. ΜΕΣΣΑΝΑ.

Lég. sur les mon. de **Messana** (auj. Messina) en Sicile. — Les *types* sont les mêmes que j'ai mentionnés au n.° 39 pour les mon. de Zankle. Æ. Mod. 8, 7, $7\frac{1}{2}$ et 2. R^4–R^8. de 80 à 500 fr. — Æ. Mod. 6, 5 et $3\frac{1}{2}$. R^1–R^4. de 3 à 12 fr. — ΠΑΝ. Pan nu, assis sur un rocher. ℞: ΜΕΣΣΑΝΑ. Femme dans un char. Æ 8. — R^8. = 500 fr. (Mion. 300 fr.) — T. de femme à g., la chevelure enveloppée dans le *reticulum*; derrière, un poisson. ℞: ΜΕΣΣΑΝΙΩΝ. Trident entre deux dauphins. Æ 5. — R^4. = 12 fr. — Voy. d'Orville, Pl. III: ΡΩΜΑΝΟΥ. ℞: Un chien? au lieu de ΑΔΡΑΝΟΥ?

— en citant une mon. de **Mamertini**. — *Bulletino di Corr. Arch.* 1854. XLI. cite un ex. en Æ. avec Pan assis sur un éléphant — ce qui est une erreur. — MILLINGEN, anc. coins, 31. — Mus. LAVY, I, p. 65. — GÉN. Fox, Engrav. 33, une p. en Æ. av. un lièvre. ℞: $\overset{M}{\underset{S}{m}}$· auj. au *Mus. de Berlin.* —

41. ΠΕΛΩΡΙΑΣ.

Sur les mon. qui appartiennent à la série Messanienne. On n'en connait qu'en **bronze** qui sont très-rares aujourd'hui. Æ. Mod. 4 et 6. R^7. = 40 à 50 fr. (MION. 6 fr.) — Au *Musée Britan.* se trouve une drachme en Æ, qui parait être unique : ΠΕΛΩΡΙΑΣ. T. de la déesse Pelorias dans une couronne. ℞: ΦΕΡΑΙΜΩΝ. Phéraemon nu, armé d'une lance et d'un bouclier, combattant. Je ne saurais fixer un prix pour telle pièce qui est hors de commerce. M. IMHOOF en possède aussi un ex. — ΠΕΛΩΡΙΑΣ. T. de Cérès à g., devant, deux dauphins. ℞: ΜΕΣΣΑΝΙΩΝ. Guerrier casqué, armé d'un bouclier et d'une lance, combattant à g. Æ 6. R^7. = 40 fr. (MION. 6 fr.) — ΠΕΛΩΡΙΑΣ. T. de Pélorias à g.; dessous, un dauphin. ℞: ΦΕΡΑΙΜΩΝ·Η. Guerrier (Phéraemon?) armé d'une lance et d'un bouclier, combattant. Æ 4. R^8. = 50 fr. (MION. 6 fr.) — Voy. TORREMUZZA, P., Sicil. Num. Vet. Pl. L, f. 6. — GÉN. Fox, Engrav. etc. 84: ΠΕΛΩΡΙΑΣ. T. de femme (de Pélorias). ℞: Lièvre et trident. Æ 7. R^8. = 50 fr. — PELORIAS était le nom d'un promontoire près Messine, dont les types monétaires donnent la personnification. —

42. ΜΟΡΓΑΝΤΙΝΑ.

Sur les mon. de **Morgantia** en Sicile (auj. Murgo). *Types:* T. barbue et diad. de Mercure et de Pallas; épi; Victoire assise sur un rocher; lion dévorant une tête de cerf; aigle dévorant un serpent; trépied. Æ. Mod. 4 et 3. — R^8. = 150 à 200 fr. (MIONNET: 100 à 150 fr.) — Æ. Mod. 3 et 4. R^6. = 30 à 40 fr. — T. barbue et diad. à dr. ℞: ΙΤΝΑΓϘΟΜ. (rétrograde). Epi. Æ 4. — R^8. = 200 fr. (MION. 150 fr.). — On lit aussi sur quelques exempl. ΜΟΡΓΑΝΤΙΝΑ ou ΜΟΡΓΑΝΤΙΝΑ. et on y trouve quelquefois des lég. phéniciennes, que MION. et autres n'ont point signalé la présence. — T. barbue et diad. à dr. ℞: ΙΤΝΑϽdΟW. Epi. Æ 3. — R^5. = 30 fr. — ΜΟΡΓΑΝ. T. de femme, à dr., derrière, grain d'orge. ℞: Cavalier cour. à g. Æ $1^1/_2$. R^8. = 80 fr. cf. ROLL. et FEUARD., Cat. Gr. n.º 1670. ΑΛΚΟΣ. T. laur. d'Apollon. ℞: ΜΟΡΓΑΝΤΙΝΩΝ. Trépied. Æ 6. — R^8. Inédite. Mus. Brit. — MION. S. T. I, p. 406, n.º 309, décrit la même p. mais du mod. $3^1/_2$ et av. une lég. estropiée: ΕΛΕΟ...Σ. qu'il estime R^5. = 15 fr. — Voy. CAT. GRÉAU, n.º 784 (Æ. av. le type du cavalier). — THOMAS, Cat. n.º 367. — Jos. ALESSI, Carolo Gagliani mathematicae rerumque antiquarum perito. Catania 1832. —

43. ΓΑΝΟΡΜΟΣ.

Mon. de **Panormus** (auj. Palermo) en Sicile. *Types:* T. d'Apollon, d'Athéné, de Démétèr; lyre; chouette; chien; corne d'abondance; bélier; autel enflammé; triquetra; guerrier debout. AV. Mod. 5, 4, 2, $1^1/_2$, 1. — R^8 — R^4. de 45 à 200 fr. Ce sont ces mon. d'or, au type de Démétèr et au ℞

d'un cheval qu'on a l'habitude de classer ici, mais je n'admets pas cette attribution et je les rapporte au Carthage. Parmi ces monnaies il y en a une, du mod. 4 qui porte au ℞ un cheval et dessous, à l'exergue, une lég. phénicienne. Elle est très-rare et coute de 300 à 400 fr. — Æ. (sans car. phén.) Mod. 7 et 4¹/₂. — R². de 10 à 30 fr. — Æ. (avec inscr. phén.) Mod. 12 [700 à 1000 fr.], 7, 6¹/₂, 6, de 60 à 400 fr. — Æ. Mod. 5 et 3, de 12 à 50 fr. R⁵—R⁸. — **Bronze:** Mod. 8, 6, 5. — Com. de 2 à 6 fr. — *Impériales* sous Auguste et Tibère. Lég. latines. Æ. Mod. 6, 5 et 4, de 10 à 15 fr. — T. de femme, à dr. Derrière, la squille. ℞: ΠΑΝΟΡΜΟΣ. Chien debout, t. vers la dr. Æ 5. — R⁸. = 200 fr. — Sur quelques mon. aux lég. latines on trouve quelq. l'inser. HISPANORVM qui doit faire allusion à la colonie Espagnole conduite par les Romains à Panormos, comme c'était le même cas à Morgantia, qui, dans la seconde guerre punique, reçut aussi une colonie espagnole. (v. Tite-Live, Livr. XXVI, ch. 21.) — ΓΑΝΟΡΜΟΣ. Fig. vir. nue, assise sur un boeuf à f. humaine. ℞: Car. Phén. Neptune assis sur un rocher. Æ 2¹/₂. R⁸. = 200 fr. (Mion. 150 fr.). — ΠΑΝΟΡΜΙΤΑΝ. Corne d'abond. ℞: OMONOIA. T. de la Concorde. Æ 4. R⁵. = 10 fr. — ΠΑΝΟΡΜΙΤΑΝ. T. nue d'Auguste, à g. ℞: ΑΠΟΙΚΙΑ. Aigle sur un sceptre. Æ 5. — R⁶. = 35 fr. — T. de Tibère. ℞: ΠΑΝΟΡΜΙΤΑΝ. Triquetre. Æ 6. — R⁷. = 40 fr. (Très-rare.) — Je ne l'ai vu que dans la collection Borghesi. — Voy. *Memoiren* der Petersb. arch. Gesellsch. 1847, p. 143. — *Rev. Num. Fr.* 1844, p. 451; 1851, p. 76; 1856, Pl. IV (une partie des mon. aux lég. puniques sont déclarées comme étant de fabr. afric.). — Milano, Descr. di 3 med. ant. 4⁰ (Æ. T. de Janus. ℞: Q·B. dans une couronne; une autre, ib.: Æ. av. OMONOIA. ℞: VI ΑΙ ΙΣΣ?) — La mon. à l'eff. d'Auguste décr. par Riccio, voy. Pl. LV, Cornelia, 6, appartient selon Borghesi, Osserv. XVII, 7, aussi à Panormos. — Le Feu F. de Saulcy a vu le premier que la lég. punique צרץ (sis) est le nom phénicien de Panormos (c'est une erreur, v. Imhoof, Num. Zeitschr. 1886, p. 263—265). — Voy. Mém. de l'acad. des Inscr. et B. L. Tom. XV, 2, p. 46 et s. —

44. ΣΑΓΕΣΤΑ.

Mon. de **Segesta** en Sicile (auj. Pileri di Barbera). *Types:* Le fleuve Krimissos; t. de femme; chien debout et serpent; lion dévorant une tête de cerf; t. d'Hercule; arc et carquois; Enée enlevant Anchise; soldat debout; quadrige. Æ. Mod. 8. R⁶. = 400 fr. — Mod. 6, 5, 3, 2. — R⁴. de 20 à 60 fr. — Æ. Mod. 4. — R². de 6 à 15 fr. — Impériales: d'Auguste. Æ 6. — R⁸. = 125 fr. (Mion. 10 fr.!) — Voy. Mus. Lavy, Tom. I, p. 72, n.⁰ 803. — *Cab. de France:* Sicile. Case n.⁰ 925, sup. exempl. — ΣΑΓΕΣΤΑ·ΙΙΒ (Num. Zeitschr. 1886, p. 263—265). T. de femme (Segesta) à dr., cheveux retroussés et retenus par un diadème (sphéndone). ℞: Chien, à dr.; au-dessus le fleuve Krimissos personnifié. Æ 6. Didr. R⁴. = 60 fr. (Mion. 30 fr.) — Quelquefois les lég. sont rétrogrades. — Voy. sur cette dernière p.: Köhne, 50 uned. Münz. der v. Rauch'schen Samml. dans sa *Zeitschr.* III An. 1843, p. 10, mais il n'y a pas comme il dit Pl mais II(B) sur cet exemplaire. — Münter, Miscel. Hafn. I, p. 196, attribution erronnée de la mon. à Auguste. — Orti, Illustr. di una med. in. di Segesto. Verona 1828 = est une mon. fausse. — *Berliner Bl. f. Münzk.* Æ. au type d'un chien. —

45. ΣΕΓΕΣΤΑ.

Lég. sur la mon. suivante: Tête de femme, à dr. Derrière, un épi. ℞: Fig. vir. nue deb., à dr., tenant sur son dos un vase, retenu par une corde. A ses pieds, deux chiens. Æ 8. R^8. = 400 fr. (Mion. 120 fr. voy. Descr. T. 1, p. 283, n° 648.) Autrefois, Cab. de M. Carelli, à *Naples*. — Voy. le n° précédent.

46. ΣΕΛΙΝΟΕΣ.

Mon. de **Selinos** (auj. Terra delli Pulci) en Sicile. *Types:* Feuille de persil; Hercule domptant un taureau; le fleuve Hypsa; boeuf à f. hum.; Proserpine tenant un serpent; t. de la nymphe Aegesta; chien. Æ. Mod. 8, 7. R^6. = 180 fr. — Mod. 6, 5, 4. — R^4. de 50 à 60 fr. — Mod. 2. R^1. = 15 fr. — On ne connait pas de mon. en bronze de Selinus. Mion. ne décrit aucune. Cependant au *Brit. Mus.* il y en a une qui est cataloguée ainsi: *Trias.* Head of young river-god. ℞: Selinon leaf." & Æ 75, wt. 138 grs. — Je doute fort que cela soit une p. de Selinos? — ΣΕΛΙΝΟΕΣ. Boeuf à t. hum. deb., à dr.; dessous, un poisson. ℞: Femme assise, tenant de la m. dr. un serpent; et soutenant de la g. une draperie derrière elle; au-dessus, dans le champ, la feuille d'ache. Æ 2. — R^4. = 20 fr. — Voy. W. W. Lloyd, Observ. on coins of Selinus, dans *Num. Chr.* X. (1840), p. 108, où il est dit que quelques mon. portent aussi le nom de Syracuse. — Reinganum, Selinus u. sein Gebiet. Leipzig 1827 (triste compilation qui ne contient rien de nouveau). — Imhoof-Blumer, die Münzen von Selinunt und ihre Typen, dans O. Benndorf: die Metopen von Selinunt. Berlin 1873. p. 73—81. — ΗΥΨΑΣ. Apollon nu à dr. sacrifiant sur un autel ayant un serpent à la base; dans le champ, à dr. une cigogne; au-dessus, une feuille d'ache. ℞: ΣΕΛΙΝΟΝΤΙΩΝ. Hercule domptant un taureau. Æ 6 et 5. R^6. = 130 fr. (Mion. 60 fr.). —

47. ΣΕΛΙΝΟΣ.

Lég. sur la mon. suiv.: Fig. vir. nue, debout, tenant de la main dr. une patère au-dessus d'un autel triangulaire, et de la g., une branche; un coq, au pied de l'autel; dans le champ, à droite, un boeuf sur une estrade; au-dessus, la feuille d'ache ℞: ΣΕΛΙΝΟΝΤΙΟΝ. Apollon et Diane dans un quadrige, l'un tient les rênes, et l'autre un arc. Æ 8. — R^7. = 150 fr. — (Mion. 60 fr.). — Même p. du Mod. 9. Vente Billoin = 200 fr. un exempl. de la Coll. Paravey. — Pour les autres p. voy. le n° précédent. —

48. ΤΥΝΔΑΡΙΣ.

Mon. de **Tyndaris**, ville de la Sicile (auj. Ile Tyndaro). — Quelques unes de ces mon. portent aussi le nom d'Agathyrnum. *Types:* T. diadémée de femme; Vénus debout donnant la main à l'Amour; Dioscures à cheval; t. de Junon; t. de Neptune; trident. — On ne connait que des mon. en **bronze**: Mod. 3, 4, 6, 7 et 8. R^5. = 20 à 60 fr. — La mon. d'arg. que Mion. S. T. I, p. 451, n° 658 décrit d'après Torremuzza et qui est: ΧΩΥ. T. diad. de femme à g. ℞: ΤΙΝΔΑΡΙΕΩΝ. (sic). Vénus deb., donnant sa main g. à l'Amour. Mod. 4. = est fausse. J'en ai vu plusieurs ex. en Italie. — Une autre mon. de Tyndaris en Æ, que publie Head, dans son Man. of Greek num. Oxford 1887. v. p. 166, me paraît aussi douteuse.

Elle est au Mus. Britan. et on sait que là il ne manque pas de pièces douteuses! C'est triste mais c'est vrai! Il suffit qu'on connaisse l'origine des mon. d'or de Fiesole pour lesquelles il y a eu un procès av. le Marquis Strozzi à Florence, pour avoir les convictions que j'avance. — ΤΥΝΔΑΡΙΣ (au nomin.) T. d'Hélène, ornée du *stéphanos*. Au-dessus, une étoile. ℞: Les Dioscures. Æ 85 grs. — R⁶. = 40 fr. Mus. Brit. — Coll. Imhoof-Blumer. — ΤΥΝΔΑΡΙΤΩΝ. T. laurée d'Apollon, à g. ℞*: ΣΩΤΕΡΕΣ. Les Dioscures à cheval, à g. Æ 5. — R⁸. = 40 fr. Mal décrite dans Mion. T. I, p. 328, n.° 1091, où il y a: ΓΗΡΟΣ au lieu de ΣΩΤΕΡΕΣ. Il la taxe aussi seulement 8 fr., prix impossible aujourd'hui. — C'est l'ancien et imparfait ex. de Torremuzza (v. son ouvr. Pl. XCI, f. 10) que Mionnet avait sous sa main. — Buste ailé d'Eros, à dr. ℞: ΤΥΝΔΑΡΙΤΑΝ. Foudre ailé. Æ 15 mill. — R⁸. = 50 fr. — *Corrections*: La lég. MVSANO. que M. Duhn (voy. Zeitschr. f. Numism. III, p. 27–39, n.° 23) a donné dans la liste des mon. de Tyndaris selon M. Imhoof-Blumer (Mon. Gr. p. 34) doit être rectifiée en M·VIPSAN(I)O·ATHENI .... — **Nouveau Proconsul de Tyndaris**: T. d'Auguste, à dr. Lég. effacée. ℞: L·M/SSI·PR·COS. en trois lignes dans une couronne de laurier. Æ 5. — R*. = 300 fr. — Monnaie nouvellement découverte. Unique exempl. au Cab. de France, incon. dans la Numismatique. — Cf. Boutkowski, Alexandre, Diction. Num. p. 1570, n.° 2627 qui l'a fait connaître par suite de la recommandation du feu M. Ernest Muret. — [Depuis la publication de mon *Dictionnaire*, j'ai appris cependant que la même mon. a été déjà publiée en 1855 — plus complète — dans le *Numismatic Chronicle*, XVII, p. 218. Sans cette publication, il me semble, qu'on ne saurait pas que la pièce, sans légende visible, au droit, est de Tyndaris.] —

49. COSSVRA.

Lég. sur les mon. de **Cossura** (île voisine de la Sicile, auj. Pantellaria). *Types*: T. de femme radiée, quelquefois voilée, couronnée par la Victoire; couronne; triangle. — Sur quelques p. on voit des légendes puniques; celle, qui se trouve toujours au milieu du ℞ dans une couronne de laurier veut dire: *Tranim*, nom primitif de l'île. — Derrière la Victoire au *Droit* de ces mon. il y a très souvent un monogr. comp. des lettres REG. — On ne connaît que des mon. en **bronze**, qui sont du Mod. 7, 5 et 4. — R². de 3 à 6 fr. — Dans le temps on attribuait à Cossura une quantité de mon. aux légendes puniques, mais depuis qu'on les rapporta aux îles Baléares et Ebusus, pour Cossura restent celles qui portent la lég. latine COSSVRA. — T. de femme surmontée du *lotus*, et coiffée à l'égyptienne à g.; devant la Victoire la couronne; au-dessus, une contremarque repr. une fig. deb. avec une t. d'Ibis. ℞: COSSVRA. au milieu d'une couronne de myrthe ou de laurier; av. une contremarque comp. des lettres DYD. Æ 5. — R¹. = 4 fr. (Mion. 1 fr.) Voy. Bar. F. de Saulcy, Mém. de l'Acad. d. Inscr. et B. L. Tom. XV, 2, 177. — Movers, Phoenizier. II, 2, p. 360. —

50. MELITAS.

Mon. de **Melita** (auj. île de Malte). Ces mon. sont en **bronze**, du Mod. 7, 5 et 3. — *Très-communes*. — Prix: 1 à 6 fr. — *Types*: T. de femme voilée, av. une couronne radiée, ou voilée, ou couronnée d'épis; fig. virile, mitrée, av. quatre ailes, tenant un fouet; trépied; lyre; cheval; chaise curule. Lég. grecques et latines. — Tête de femme voilée, à dr. ℞: MELITAS. Trépied. Æ 5. — R². = 3 fr. — ΜΕΛΙΤΑΙΩΝ. T. de femme voilée à g. ℞: C·ARRVNTANVS·BALB·PRO·P·R. Chaise curule. Æ 5. — R⁴. = 12 fr. (MION. 4 fr.) — Voy. MIÈGE, hist. de Malte. Paris et Leipzig 1841, in-8° (Mon. phénic. et grecques). — *Rech. hist.* sur l'île de Malte. Paris. an VII (mon. antiques). — DANSKE Vidensk. Selsk. Skrifter. 1800. I, 2, 167. —

51. DACIA.

Les mon. aut. de la Dacie avant la conquête romaine sont inconnues, mais on trouve le nom de cette province sur les mon. Impériales à partir du règne de TRAJAN jusqu'à GALLIEN. Elles sont en **bronze** des Mod. 8, 7, 6 et 5. — R¹–R⁶. de 6 à 40 fr. — La plus rare est celle d'AEMILIEN: IMP·C·M·AEMIL·AEMILIANVS·AVG. Sa t. laurée, av. le *palud*. ℞: PROVINCIA·DACIA·AN·VII. Femme deb., vêtue de la *stola*, ten. de la m. dr. un glaive près duquel est un *vexillum* sur lequel on lit V, et de la g. un autre *vexillum* avec XIII. Æ 6. — R⁶. = 40 fr. (MION. 30 fr.). Le type des mon. des autres empereurs, à partir du règne de Philippe, est presque partout le même; les mon. du temps de Trajan qui portent la lég. DACIA. sont romaines. Voy. pour cela l'ouvrage de M. COHEN. — L'époque de l'émission des mon. Romaines-coloniales dans la Dacie commence l'an 247 et dure jusqu'à l'an 256 de notre ère. — La mon. décrite par MION. Suppl. T. IV, p. 350. n° 331. *Droit*: T. de Trajan. ℞: ΔΑΚΙΑ. Femme éplorée, assise au pied d'un trophée. Æ. Mod. 9. est une des monnaies frappées en Crète, dont les types représentent diverses provinces de l'Empire. — Voy. ACKNER, antike Münzen eine Quelle der älter. Gesch. Siebenbürgens, dans l'*Archiv* des Vereins f. Siebenb. Landeskunde. Hermanstadt 1845. I, Hft. 2, p. 58. —

52. ΙΣΤΡΙΗ.

Mon. d'**Istros** dans la Moesie Inférieure. *Types*: Deux têtes viriles, imberbes, accolées et posées en sens contraire; aigle sur un dauphin ou dévorant un poisson. — AR. Mod. 4. R¹. = 6 fr. — Æ. Mod. 8. R⁷. = 80 fr. — Mod. 4. — R⁶. de 18 à 30 fr. — La mon. aut. en **Or** est fausse. — *Impériales*: de Hadrien jusqu'à Tranquilline. Mod. 9, 8, 7, 6 et 4. — R⁶–R⁸. de 20, 50, 80 à 200 fr. — On connait aussi une Impériale à l'effigie d'AUGUSTE, qui a été publiée dans les: „Annali dell' Inst. e Corrisp. Arch. di Roma." An. 1843 p. 266, — mais je ne saurais en fixer le prix. — A·Μ·ΑΥΡ·ΑΝΤΩΝ·ϹΕΒ·ΙΟΥ·ΔΟΜΝΑ·ϹΕΒ. T. de J. Domna affrontée à celle de Caracalla, laurée. ℞: ΙϹΤΡΙΗΝΩΝ. Sérapis à cheval, le *modius*, en tête; dev. lui, un autel; à l'exergue, Γ. — **Pet. médaillon**. Æ 9. — R⁸. = 300 fr. (MIONNET, 200 fr.). — ΑΥΤ·Κ·Μ·ΑΥΡΗ·ϹΕΒ·ΑΛΕΞΑΝΔΡΟϹ. Sa t. laurée, à g. ℞: ΙϹΤΡΙΗΝΩΝ. Fig. équestre, vêtue du *palud*., la t. radiée et surmontée du *modius*, à g.; à côté, un vase; derrière le cheval une pierre longue carrée sur laquelle est un oiseau. Æ 8½. — R⁷. = 120 fr. (MION. 50 fr.) — Voy. sur les mon. de cette ville: *Annalen* d. Nass. Ver. f. Alterthumsk. Bd. VI. 1859. p. 15, n°s 7 et 8. — CHAUDOIR, Corrections, p. 48. — SESTINI, Mus. Fontana, III, 7. —

53. ΜΑΡΚΙΑΝΟΠΟΛΙC.

Mon. de **Markianopolis** dans la Moesie Inférieure. *Types:* Tête de femme voilée et tourelée; Kybèle assise. On ne connait que des mon. en **bronze**, qui sont: *Auton.* Mod. 4^1/$_2$ et 5. R^8. = 200 fr. Très-rare: ΜΑΡΚΙΑΝΟΠΟΛΙC. T. voilée et tourelée de femme, à dr. ℞: ΜΑΡΚΙΑΝΟΠΟΛΙΤΩΝ. Hercule deb. tourné à dr., étouffant le lion de Némée; dans le champ, une massue. Æ 4^1/$_2$. — R^8. = 200 fr. (Mion. 50 fr.) Coll. de M. Imhoof-Blumer. — Les mon. *Impériales* qui datent de Sabine jusqu'à Philippe le jeune sont très-communes et leurs types très-nombreux. Elles sont du Mod. 9, 8, 7, 6, 5 et 4. — R^1—R^6. de 3, 6, 8, 12, 15 et 40 fr. — En 1880, M. Muret du Cab. de France m'a dit qu'on avait offert au Cabinet un sac entier de ces mon. trouvées en Basse-Hongrie, il y en avait plus de 3000. M. Muret en a choisi quelques-unes seulement pour compléter la série qui est déjà fort importante au point de vue des types. — La mon. Impér. de Sabine me parait être la plus rare: CΑΒΕΙΝΑ·CΕΒΑCΤΗ. T. de Sabine. ℞: ΜΑΡΚΙΑΝΟΠΟΛΙΤΩΝ. Diane chasseresse debout; à ses pieds, un cerf. Æ 5. R^7. = 40 fr. — (Mion. 30 fr.) — Les titres des magistrats sont exprimés sur ces mon. par ΥΠΟ ($\dot{\eta}\gamma\epsilon\mu\omega\nu$ = préteur Romain) et ΗΓΟΥΜ[ΕΝΟΥ]. — Voy. sur ces mon.: v. Rauch, dans Köhne's Zeitschr. 1841, p. 259. — Borghesi, Osserv. XV, 8—10 noms de magistrats sur les mon. Impériales. — *Rev. Num. Belge.* III. Sér. IV, 2. — Millin, Monum. inédits, II, p. 90. — Streber, Denkschr. d. Münch. Akad. 1808. Hist. Cl. 419. — Akerman, Num. Chronicle, XIV, p. 112. —

54. ΝΕΙΚΟΠΟΛΙC.

Mon. de **Nikopolis ad Istrum** dans la Moesie Inférieure. — *Types:* Femme deb. tenant une patère et une corne d'abondance; croissant et astre. — On ne connait que des mon. en **bronze**. — *Auton.* Mod. 2. — R^8. = 60 fr. (Mion. 40 fr.). — ΝΕΙΚΟΠΟΛΙC. Buste casqué de Pallas, à dr. ℞: ΠΡΟC·ΙCΤΡΟΝ. Grappe de raisin. Æ 2. — R^8. = 60 fr. — Les mon. *Impériales* qui datent depuis Trajan (qui a fondé cette ville sur les bords de l'Ister en souvenir de sa victoire sur les Daces) jusqu'à Gordien III; elles sont assez communes et leurs types très nombreux. Elles sont du Mod. 9, 8, 7, 6, 5 et 4. — R—R^6. de 3, 4, 5, 8, 10, 15, 30, 40 et 50 fr. — Les titres des magistrats sont exprimés par ΥΠΟ (sous tel $\dot{\eta}\gamma\epsilon\mu\omega\nu$, préteur Romain) et par ΗΓΟΥΜ[ΕΝΟΥ]. — Quelques unes des mon. auton. en signe d'alliance portent la lég.: ΑΔΡΙΑΝΟΠΟΛΕΙΤΩΝ. — La mon. la plus intéressante est bien celle-ci: ΙΟΥΛΙΑ ΔΟΜΝΑ·CΕΒΑCΤ. Sa t. à dr. ℞: ΥΠ·Λ·ΟΟΥΙΝΙ·ΤΕΡΤΥΛΛΟΥ·ΝΙΚΟΠΟΛΙΤΩΝ·ΕΠ (sic!) ΙCΤΡΩ. Figure à demi-nue, assise sur un rocher (probablement une personnification du mont Haemus [ΑΙΜΟC], à g., le bras dr. sur sa tête, regardant à dr., et une lance dans la main g.; près d'elle un arbre, au pied duquel est un ours; dans le champ, on lit ΑΙΜΟC. Æ 7. — R^7. = 150 fr. (Mionnet, 48 fr.) — Cf. *Rev. Num. Fr.* An. 1843, p. 17. — (Grav. d. Mion. S. T. II, Pl. III, n° 7.) — Les mon. d'Antinoüs, de Diaduménien de cette série valent toujours de 20 à 50 fr. — Comme on a publié plusieurs mon. à l'effigie de Trajan, en les attribuant à cette ville, quoique elles étaient toutes de Nikopolis en Épire, je donne ici-bas la descr. d'une mon. de Trajan qui est la seule qui peut-être classée à Nikopolis ad Istrum: AYT·K·NЄP·TPAIANOC·C. Sa tête laurée. ℞: NIKOΠOΛITΩN·ΠPOC·ICTP. Trajan et la Victoire près d'un trophée, au pied duquel sont assis deux captifs. Æ 4. — R⁷. = 60 fr. (Mion. 24 fr.). — Cf. Sestini, Lett. Num. T. VIII, p. 34. — Voy. encore sur ces monnaies: Dumersan, Descr. du Cab. d'Allier de Hauteroche, II, 18. — Akerman, Num. Chr. XIV, p. 112. — Longpérier, Cab. de Magnoncour, n° 202. — *Rev. Num. Belge*, III. Série, IV, 3. —

55. ΔΙΚΑΙΑ.

Sur les mon. de **Dikaea** ou **Dikaeopolis** dans la Chalcidique (ou selon Mion. et autres dans la Thrace, auj. Ruines à Yakbeli). Ces mon. sont extrêmement rares. *Types:* T. de femme, à dr. ℞: ΔΙΚΑΙΑ. T. de bœuf, à dr., au milieu d'un carré creux. Æ 3. — R⁸. = 300 fr. (Mion. 200 fr.). — Cette mon. a été fautivement attribuée par Pellerin à Ikaria, île d'Ionie, non loins de Samos. — T. de femme, à dr., les cheveux retroussés par derrière et couronnée d'épis. ℞: ΔΙΚΑΙΟΠΟΛΙΣ. Bœuf marchant, tourné à dr. **Bronze**. Mod. 3½. — R⁸. = 200 fr. (Mion. 100 fr.). — Mionnet n'a connu que ces deux variétés, mais depuis on a retrouvées d'autres. — Celle, av. le nom de **Dikaeopolis** est unique selon Mionnet; c'est M. Cousinéry, cons. fr. à Smyrne qui la possédait, d'où elle a passé au Cab. du Roi de Bavière, à Münich, qui acheta toute la collection Cousinéry. — M. Imhoof-Blumer dans ses: „Monnaies Grecques", voy. p. 71 à 74, dit (en se basant sur Six, qui, en commentant dans le *Numism. Chronicle*, 1875, p. 97, et 1874, p. 205, 208 et ib. 273—270, une notice de Bompois, sur les deux Dikaea, a résumé la question relative au site des deux villes homonymes) qu'on n'est pas d'accord, de quel côté du golfe thermaïque la Dikaea des Erétriens est à placer, près de Méthone, ou vis-à-vis de la Piérie, dans la Chalcidique? il est, du reste, convaincu que toutes les mon. qui portent la lég. de ΔΙΚΑΙΑ et empreintes de types érétriens, doivent être classées à la ville dont les habitants étaient des Ἐρετριῶν ἄποικοι, et qui — comprise autrefois dans la Thrace, comme toute la Chalcidique — fut jointe par Philippe II à la Macédoine. Au même endroit de son livre, M. Imhoof-Blumer donne la description de 13 mon. variées de Dikaea de la Chalcidique qu'il a retrouvées. — Voy. aussi: *Corp. Inscr. Att.*, ed. Kirchhof, vol. I, p. 111. — *Corrections:* Sestini, Lettre, VI, p. 19, Pl. I, f. 7 — fausse attribution. C'est la mon. de Cnidus, v. Mion. S. VI, p. 483, n° 236. —

56. ΠΑΥΤΑΛΙΑ.

Mon. de **Pautalia** ou **Pantalia** (auj. Gustendil) dans la Thrace. — *Types:* t. d'Apollon; t. de bœuf. — On ne connait que des monnaies en **bronze**. — La seule mon. auton. (décr. par Mion. T. I, p. 397, n° 232) qu'il lui avait attribuée est rapportée depuis à Knidos de Carie (voy. Mion. Suppl. T. II, p. 366, où il se corrige). — Elle porte au Dr. une t. laur. d'Apollon, et au ℞ pour vraie lég.: ΠΑΝΤΑΛΕΩΝ·ΚΝΙΔΙΩΝ. (et non ΠΑΝΤΑΛΕΩ·ΕΝ·ΠΑΙΩ.. comme l'a donné Mionnet) et pour type une tête de bœuf. Æ 4. — R⁶. = 40 fr. (Mion. 24 fr.) — La Série des *Impériales* est nombreuse; elle commence à partir du règne d'Antonin le

Pieux et finit av. Gallien. Elles sont ordinairement du Mod. 6, mais il y en a du Mod. 10, 9, 7, 5 et 4. — R^2–R^6. de 3, 4, 8, 12, 30 et 40 fr. — Le magistrat est ΗΓΕΜΩΝ. — La lég. au nominatif que je donne ici se trouve sur une mon. de Julia Domna: ΙΟΥΛΙΑ·ΔΟΜΝΑ·ϹΕΒ. Sa t. — ℞: ΠΑΥΤΑΛΙΑ. T. voilée et tourelée. Æ 6. — R^5. = 30 fr. (Mion. 6 fr.). Cfr. Mus. Sancl. num. sel. II, p. 298. — Voy. encore: Mém. des Antiquaires de France, An. 1850. — Les mon. que Mion. n'a pas connu: de *Gallien*, voy. Bar. de Witte, Descr. du Cab. Greppo. Paris 1856, 371; — d'*Elagabale*: Sestini, Mus. Hederv. IV, 1, 65. — Numism. Zeitg. 1838, p. 72. Mon. Impér. — Köhne dans la Zeitschr. f. Münzk. 3. Jahrg. p. 16. — v. Rauch, Mitth. d. Num. Ges. in Berlin 1846, p. 17. — Imhoof, Num. Ztschr. XVI, p. 232, 2. — La maj. partie des mon. Impér. de cette ville portent au ℞: ΟΥΛΠΙΑϹ·ΠΑΥΤΑΛΙΑϹ. —

57. ΠΛΩΤΕΙΝΟΠΟΛΙϹ.

Sur les mon. de **Plotinopolis** en Thrace. Les mon. auton. de cette ville sont d'une rareté extrême. Mionnet, T. I, p. 420 cite une en bronze du Mod. 4 et l'estime 100 fr. mais il ne donne aucune descr. de la pièce. Une pareille pièce auj. vaudrait au moins 500 fr. — Cette mon. manque partout. — Rasche, Lex. un. rei num. T. III, p. II, pag. 1439, donne la descr. de cette rarissime monnaie ainsi: „Autonomus numus. Caput muliebre vel Bacchae, hedera coronatum. ℞: ΠΛΩΤΕΙΝΟΠΟΛΕΙΤΩΝ. Plotinopolitarum. Vas utrimque ansatum, vel diota. Æ 4. — Cfr. Froelich, Not. Elem. p. 107, mais av. ΠΛΩΤΕΙΝΟΠΟΛΕΙΤΩΝ." — Voy. aussi: Gessner, Num. Pop. p. 311. — Mus. Theup. p. 1289. — Voy. aussi Mion. Suppl. T. I, p. 479, n° 1635, où il donne enfin la descr. de cette mon. qu'il évalue R^*. = 100 fr. — Quant aux mon. *Impériales* fr. dans cette ville je certifie qu'elles sont beaucoup plus rares qu'on ne le pense généralement. Leur série commence av. Antonin le Pieux et finit avec Caracalla. Elles sont du Mod. 9, 8, 6 et 4. — R^6–R^8. de 20 à 60 fr. à l'exception d'une pièce d'alliance de **Plotinopolis** av. **Domnopolis** (et jamais Hadrianopolis comme l'ont cru certains auteurs). — Cette mon. porte une lég. au nominatif, dont nous donnons ici: *Dr*. ΑΥΤ·Κ·Μ·ΑΥΡ·ϹΕΥ·ΑΝΤΟΝΕΙΝΟϹ (sic). T. laur. de Caracalla. ℞: ΠΛΩΤΕΙΝΟΠΟΛΕΙΤΩΝ. Deux t. de femme en regard; celle qui est à droite est voilée et *tutulée*, et on lit dessous: ΠΛΩΤΕΙΝΟΠΟΛΙϹ; dessous celle qui est à g. voilée et tourelée, on lit ΔΟΜΝΟΠΟΛΙϹ [leçon que je propose, en me basant sur l'exempl. que j'ai vu dans la coll. de mon regretté ami Marquis de Campana, à Rome], et à l'exergue, ΑΔΕΛΦΑΙ. Æ 12. Médaillon. R^{8*}. = 600 fr. (Mion. 300 fr.) Ainsi je répète encore que la véritable leçon est ΔΟΜΝΟΠΟΛΙϹ, et jamais ΔΥΜΗΝΟΠΟΛΙϹ, ΔΟΜΙΙΝΟΠΟΛΙϹ ou ΑΔΡΙΑΝΟΠΟΛΙϹ comme la proposèrent Sestini (Hedervar. IV, 1, 74), Baruccii (Mem. dell' Accad. di Torino, voy. Classe di scienze stor. mor. dans le Tom. 29, p. 54 (an. 1825), Mionnet, Suppl. Tom. II, p. 482, n° 1648, et en dernier lieu Mus. Arigoni (Tom. II, Pl. VI. max. mod. fig. 17). — M. W. Drexler (voy. Zeitschr. f. Num. Bd. XIII, p. 267) paraît être de mon avis en maintenant la lég. ΔΟΜΝΟΠΟΛΙϹ malgré même l'assertion de Baruccii (voy. Mem. dell' accad. di Torino, vol. 29 (1825), Class. di Scienze stor. mor. p. 54), propose de changer la leçon ΔΟΜΙΙΝΟΠΟΛΙC en ΑΔΡΙΑΝΟΠΟΛΙC. [M. Drexler a changé depuis aussi son opinion la-dessus et accepte la leçon de Barucchi (voy. Zeitschr. f. Num. Bd. XIV, p. 93).] — Cfr. encore: Eckhel, Doctr. II, p. 45 et III, p. 266. — Le titre du magistrat sur les mon. Impériales de Plotinopolis est toujours ΗΓΕΜΩΝ. — Deux intéressantes mon. inédites: une *auton.* et une *Impér.* de Marc-Aurèle a publ. Imhoof-Blumer, dans son livre: „Griech. Münz. a. d. Mus. in Klagenfurt." Wien 1885, p. 12 et 13. —

58. KAPΔIA.

Monnaies de la Chersonèse de Thrace (auj. Karidia). *Types:* T. de Cérès; d'Apollon; lion; grain d'orge, diota. — Æ: Deux coeurs (ce sont des fruits du silphium) près l'un de l'autre. ℞: Carré creux oblong, très-profond et informe dans l'intérieur. Æ. Mod. 2½. R⁸. = 50 fr. (Mion. S. T. II, p. 523, n° 5. — Autrefois, Cab. Ricardi à Florence = 50 fr.). Cette mon. ainsi que toutes les autres en Æ. qu'on attribuait à Kardia ont été restituées par M. Duchalais à la Cyrénaïque. On ne connait pas des mon. de Kardia en Æ. — On donne maintenant à cette ville les mon. qui d'abord avaient été attribuées à Carde de Sicile. La plupart des mon. de Kardia ont une aire creuse, ou un carré indiqué par quatre lignes. — Les mon. aut. en **bronze** sont du Mod. 5, 4 et 3. — R⁴—R⁵. à 10 fr. p. (Mion. 8 fr.). — Lion courant à g. ℞: KAPΔIA. Grain d'orge: le tout dans un carré. Æ 4. — R⁵. = 10 fr. — Sabatier (voy. le Cat. de sa collection, St. Pétersbourg 1852, n° 17) a découvert une impériale du temps de Septime-Sévère, qui est unique jusqu'à présent et dont on ne saurait fixer le prix. Elle a pour type un grain d'orge. = C'est une mon. d'Argos avec: ΗΡΑΙΑ et bouclier!! — Voy. encore sur ces mon.: *Rev. Num. Fr.* An. 1849, p. 165; ib. An. 1850, p. 250; *Num. Zeitg.* 1838, p. 137; — Gerhard, Arch. Zeit. 1843, p. 146; 1849, p. 89; — v. Prokesch dans les Abhandl. d. Berl. Akad. 1845, p. 72; Akerman, Num. Chron. IV, p. 13; — Sestini, Mus. Fontana, III, 11; — Bar. St. Chaudoir, Corrections, p. 52. —

59. COELA.

Sur les mon. de **Coela** en Chersonèse de Thrace. — *Types* des mon. latines Impér. depuis Antonin-le-Pieux jusqu'à Gallien: proue de vaisseau; femme debout; Louve allaitant Romulus et Rémus; Diane-Lucifera en habit court, debout; Faune debout; Silène debout; Génie à demi-nu, debout, reg. à g., portant sur la main droite une petite idole (Tyché de la ville) et de la g. une corne d'abond.; Énée portant Anchise et conduisant Ascagne; Silène deb. dans un temple. — Les mon. de ce municipe romain sont en **bronze** du Mod. 3, 4, 5, 6 et 9. — R³—R⁶. de 3, 6, 10, 15 et 40 fr. — M. Imhoof-Blumer a publié dans la *Zeitschrift f. Numismatik*, Bd. XIII, p. 128, une mon. *inédite* de ma coll. dont voici la description: *Commode:* AVREL·COMMOΔO·CAEF·AV·(G)FAM·ΓAΛMATICO. Son buste drapé et tourné à droite. ℞: GENIVM·AEL·MVNIC — I(P)II·COELANI. Génie imberbe et à demi-nu, debout, portant sur la main dr. la statuette de la Tyché et dans la g. ten. une corne d'abondance. Æ 9½ (33 mill.). — R⁶. = 150 fr. — Les mon. du Mod. 9 et 10 sont excessivement rares. — IMP· PHILIPPVS·AVG. T. lauré de Philippe père, à dr., av. le palud. ℞:

AEL·MVNI·COELA. — Proue de vaisseau et corne d'abondance. Æ 4 $^1/_2$. — R^7. = 15 fr. (Mionnet, 8 fr.). — Il y a aussi des p. qui portent les légendes: AEL·MVNI·CVELA, CVLLA ou COIL., mais elles ne peuvent pas être estimées plus cher pour cela. — Voy. sur ces monnaies: Streber, Erklärung ein. noch uned. griech. Münz. als Anhang z. Gesch. d. Kön. Bayer. Münzcab. p. 45. — Bar. de Witte, Descr. du Cab. de M. l'abbé Greppo. Paris 1856, voy. n.º 391. — *Num. Ztg.* 1838, p. 145. — Sestini, Mus. Hedervar. IV, 1, 81. — Cat. de Wellenheim, Vienne 1844, voy. n.ºˢ 1591, 1593, 1597. —

60. AINEA.

Sur les mon. d'**Aeneia** de la Chalcidique. Ces mon. sont restées inconnues à Mionnet. — Cons. Dr. F. Imhoof-Blumer: „Monnaies Grecques." Amsterdam 1883. p. 62, Pl. C, qui fait connaître la mon. suivante: T. de *Pallas* à dr., coiffée du casque athénien à aigrette, couronné d'olivier. ℞: *Taureau* deb., à dr., retournant la tête, qui se présente presque de face. A l'exergue, AINEA; le tout dans un carré légèrement creux. Æ 15 mill. — Tétrobole. — Gr. 2,37. — R^8. = 60 fr. — Sur le magnifique tétradrachme d'**Aeneia**, acquis par le *Mus. de Berlin*, consultez: Monatsber. d. Berl. Akad. Nov. 1878. — Zeitschr. f. Numismatik, VII, p. 221. —

61. ΑΜΦΙΠΟΛΙΣ.

Mon. d'**Amphipolis** en Macédoine. — *Types:* T. laurée d'Apollon, de face; de Cérès; de Persée; de Rome; de Jupiter diad. ou laurée; de Diane; d'Hercule jeune; de Méduse, de face; de Janus; de femme voilée et tourelée; d'homme barbu; t. imb. cour. de roseaux; carré creux et au milieu une torche allumée; massue et astre dans une couronne de chêne; aigle éployé sur un foudre; taureau bondissant; cheval marchant; proue de navire; épi; dauphin dans une couronne de chêne; deux boucs luttant; Diane sur un taureau; lion; Pallas Nicéphore; soldat debout; deux centaures; la déesse Rome Nikéfore assise; trident. — Æ. Mod. 6. R^6. = 500 fr. — [Au commencement de notre siècle elles étaient d'une excessive rareté. Le Duc de Luynes offrait même 3000 fr. pour un bel exemplaire, mais depuis qu'on en a fait une grande trouvaille, en 1860, près Salonique, leur prix a baissé jusqu'à 500 fr. Auj. de beaux ex. ne se trouvent plus qu'à fr. 1000 à 1500. Le marchand des médailles H. Hoffmann en avait un sac (c. à d. de 40 à 50 p.!) et il aurait été plus juste s'il aurait baissé leur prix davantage, mais malheureusement c'était un beau temps de spéculations en France et les amateurs abondaient.] Voici la descr. de ce prétendu **médaillon**: T. d'Apollon laurée de face. — ℞: ΑΜΦΙΠΟΛΙΤΩΝ. écrit sur les bords relevés d'un carré creux, au milieu duquel est une torche allumée et le bouclier béotien. — Mion. T. I, p. 462 ne l'estime que 300 fr. — Il y a aussi des pièces avec les mêmes types, Æ 3$^1/_2$, qui valent auj. 40 fr. (Mion. 6 fr.). — Quant aux mon. aut. de bronze elles sont du Mod. 7, 6, 5 et 4$^1/_2$. — R^1–R^3. de 2 à 9 fr. — Grand Module: R^7. = 100 fr., au ℞: CTPYMΩN. — Voici la mon. sur laquelle le nom de la ville est au *Nominatif:* ΑΜΦΙΠΟΛΙC (ou Σ). T. de femme voilée et tourelée. ℞: TAYPOΠOΛOC. Diane Tauropole, deb. à dr. vêtue d'une tunique; la t. surmontée du *modius* sur un croissant, un arc et un carquois derrière le dos, tenant de la main dr. un flambeau ardent, et de la

g. un rameau. Æ. Mod. 5. — R⁷. = 50 fr. (Mion. 8 fr.) Cfr. Sestini, Lett. num. Continuaz. Tom. II, p. 9. — Les mon. *Impériales* de cette ville sont plus intéressantes; elles datent depuis Auguste jusqu'à Salonine. Æ. Mod. 7, 6, 5 et 4. — R¹—R⁶. de 3 à 60 fr. — ΔΟΜΙΤΙΑ·ΑΥΓΟΥССΛΛΛ (sic). T. de Domitia. ℞: ΑΜΦΙΠΟΛΙΤΩΝ. Femme assise, à g., tenant de la main dr. une patère. Æ 8. — R⁸. = 60 fr. (Mion. 50 fr.) c'est la p. la plus rare de toute la série des mon. Impériales. — La monnaie autonome en **or** est fausse. — Il y a des mon. d'alliance d'Amphipolis avec Abdera de Thrace, qui sont Æ. R⁸. = 300 fr. — Je présume que la mon. aut. en **Br.** citée par M. Imhoof-Blumer (v. „Monnaies Grecques", p. 63, n° 11) est de la même catégorie, car les deux monogr. justifient assez l'allusion au mot Abdera, malgré qu'on prétend que les monogr. n'ont absolument rien à faire avec des noms de lieux. — *Corrections:* La mon. décr. dans le Cat. Welzl de Wellenheim, au n° 1964, av. le nom de ΑΝΑΞΙΠΟΛΙΟΣ doit, il me semble, appartenir à **Abdera** seule. — La mon. d'Antonia (citée par Mion. S. III, p. 30, n° 217) serait plutôt de Livie, car elle porte ΙΟΥΛΙΑ ΣΕΒΑΣΤ. cfr. Sestini, Antol. di Firenze, T. 18, LIII, 71. — Il en est de même av. la mon. d'Agrippine (Mion. Suppl. III, 13. 219) et qui serait le même exempl. de la mon. de Sabine, qui a été déjà mention. par Pellerin, Mélanges II, p. 70, Pl. 27, f. 10; cfr. Sestini dans l'Antologia di Firenze, Tom. 18, LIII, 71. — En plus: Titus, Mion. S. III, 31, 221 est de Paestum de Tibère: PSSC. T. de Tibère. ℞: A·VERGILIVS etc. Cfr. Sestini, dans l'Antol. di Fir. T. 18, LIII, 72. — Marc-Aurèle. La mon. attribuée par Sestini (Mus. Hederv. IV, 1, 99) et par Mion. S. III, 36, 252 — est de Philadelphia en Cœlésyrie. Sestini se corrige dans l'Antol. di Fir. T. 18, LIII, 72. — Mionnet, S. III, 39, n° 272 est aussi de Philadelphie en Cœlésyrie, cfr. Sestini dans l'Antol. di Fir. T. 18, LIII, 72. — Sur les mon. d'Amphipolis, voy. encore: *Rev. Num. Fr.* 1860, p. 268; 1863, p. 1; 1864, p. 90 et 354; Mus. Lavy, I, p. 107; Akerman, Num. Chron. III, 134; Sestini, Mus. Chaudoir, 58, une p. attrib. à Aegina doit être rapportée à Amphipolis, comp. Chaudoir, Corrections, p. 54; Cadalvène, mon. gr. inéd. Paris 1828, voy. p. 58; Fox, Engravings of uned. or rare greek coins, p. 18, n° 56. Æ 3¹/₂. — *Rev. Num. Belge,* III Sér. Tom. IV, p. 5. —

62. CASSANDREA.

Mon. de **Kassandreia** en Chalcidique. — *Types:* Trois enseignes militaires: couronne; cheval et palme. — On ne connait que des mon. en **bronze.** Mod. 3 et 4. Aut. Col. — R⁴—R⁶. = 20 fr. (Mion. 15 fr.). — Légendes latines. — *Vexillum* sur lequel est écrit A·M, entre deux enseignes militaires, ornés du bouclier macédonien. ℞: CASSANDREA, écrit dans le champ de la monnaie. Æ 3. — R⁶. = 20 fr. (Mion. 15 fr.). — La Série des mon. Impériales commence au règne de Claude I et finit av. Philippe jeune. Mod. 6¹/₂, 6, 5 et 4. — R¹—R⁷. de 2 à 10, 12, 15 et 25 fr. — Les mon. Impér. en Æ et en Pot. sont douteuses. — Il en est de même en ce qui concerne la mon. d'Apollodorus, roi de Kassandreia, citée par Eckhel (Addenda, 22) et Sestini (Descr. num. vet. p. 100, de Pinckerton). — *Corrections:* Mion. S. Tom. III, p. 54, n° 354 n'est pas de Marc-Aurèle, mais de Caracalla; *ibid.* n° 355, doit être rapportée à Caesarea Samariae. — Sur la mon. de Philippe père, voy.

AKERMAN, Num. Journal, I, 42. — Voy. IMHOOF-BLUMER, „Monnaies Grecques", Amsterd. 1883, p. 67—68, où il décrit un groupe de mon. aux effigies de Titus et de Domitien, d'Antonin le Pieux, de Caracalla et de Philippe père, avec des attributs nouveaux, restés inaperçus par d'autres numismatistes. — Kassandreia portait aussi le nom d'Eurydikeia. —

63. PELLA COLONIA. — ΠΕΛΛΑ.

Mon. de la colonie romaine **Pella** en Macédoine. *Types:* T. virile imb. et laurée; de femme; de Faune; de Pallas casquée; d'Apollon laurée; de Jupiter laurée ou diadémée; couronne de laurier; Victoire marchant; Pallas marchant et lançant un javelot de la main droite; bige; taureau paissant; cheval paissant; lyre; trépied; boeuf debout. — Æ? Mod. 3. — R^7. = 80 fr. (MION. 48 fr.). — Æ. *Aut.* du Mod. 9, 8, 7, 5, 4, de 1, 2, 3, 4 fr, celle du Mod. 9 de M. Antoine R^7. = 100 fr. — *Impériales Grecques* jusqu'à Trajan, av. lég. grecques = Mod. 9, 8. — R^7. = 80 à 100 fr. — Depuis Trajan à Philippe le Jeune, aux lég. latines: Mod. 7, 6 et 5. — R^3—R^4. de 4 à 25 fr. — T. virile imb. laurée, à dr. ℞: ΠΕΛ. Au milieu d'une couronne de laurier. Æ 3. — R^7. = 80 fr. (MION. 48 fr.). Cette mon. n'est pas de Pella mais de **Pellina** de Thessalie ou peut-être de **Pellene** en Achaie? cf. MION. S. T. III, p. 88, où il corrige la fausse leçon donnée par PELLERIN. — ΠΕΛΛΑΙΩΝ. T. de femme, à dr. ℞: M·ΑΝΤ·ΑΥΤ·Γ· ΚΑΙ·ΑΥΤ. Victoire marchant à gauche. Æ 9. — R^7. = 100 fr. (MION. 50 fr.) — Lég. au *nominatif* (toutes les p. aux lég. latines sont au nominatif): SABINIA·TRANQVILLINA·A. T. de Tranquilline. ℞: COL·IVL·AVG· PELLA. Femme voilée et vêtue de la *stola*, assise à g.; au bas, un astre. Æ? — R^8. = 200 fr. [citée par MION. Suppl. T. III, p. 98, n.° 609, sans prix, d'après HARDUIN, Oper. Sel. p. 829]. — Les mon. aux effigies des deux emp. Philippe portent leurs noms de la manière assez bizarre: IMP·CAE· M·IV·FILIPPVS. — PNILIPPVS. — M·IOVL·PILIPPOS. — PILIPPV. — Le nom de la colonie est aussi écrit différemment: PELLA. — PELLA. — PELL. — PGLLA. — PELLV. — PEΛEA. — COLONIAE·PELLENSIS. — Beaucoup de mon. incertaines ont été restituées par M. IMHOOF-BLUMER (v. ses „Monnaies Grecques", p. 86 à 90) à Pella. — Je donnerai la descr. des suivantes: IMP. — DIVI F. AVGVSTE en tunique militaire deb., à g., le pied droit posé sur une proue de navire, la main dr. appuyée sur le sceptre et la g. sur la hanche. A l'exergue: ACTIO. ℞: NONIVS SVLPICIVS IIVIR QVINQ. Couronne placée sur une table. Æ. 24 mill. — R^7. = 60 fr. — Cfr. WICZAY, Mus. Hedery. II, Pl. XIIbis, f. 15. — SESTINI, Mus. Fontana, pl. XII, 2 ('Thapsum!). — MÜLLER, Num. de l'Afr. II, p. 48. — COHEN, Méd. Imp. 2de éd. 1, 162, 775. [Je partage l'opinion de M. IMHOOF-BLUMER sur l'oeuvre de Cohen, qui dit que celui-ci s'est proposé de donner la liste des mon. des colonies et des municipes à lég. latines et qu'en réalisant ce projet, il n'a pas procédé avec assez de critique, et à côté de lacunes regrettables, on se heurte trop souvent à la reproduction d'anciennes erreurs et de fausses attributions.] — La mon. suivante classée par MION. (Suppl. V, 396, 712) et COHEN, l. c. 163, 783 à Parium (av. fausse leçon: M·PICTORI) doit être rapportée à Pella. Cette mon. porte au *Droit:* IMP·CAESARI·AVGVSTO· IX·COS. T. laurée d'Auguste, à dr. ℞: M·FICTORI(VS)·M·SEPTVMI(VS)

II·VIR·QVIN. dans une couronne de laurier, entourée d'un cercle perlé. Æ. 25 mill. — R⁷. = 60 fr. (Fr. l'an 25 av. J. C.) — *Corrections:* La mon. de Jules César (v. Mion. S. IX, p. 245, 134) serait plutôt d'Auguste. — La mon. d'Octavie, fr. à Pella (v. Sestini, Hederv. IV, 1, 106) est sûrement la même p. que Sestini, et d'après lui Mionnet (I, p. 480, 218) attribuent à Livie. — La mon. d'Hadrien, voy. Mus. Lavy, I, 114 et Mion. (S. III, p. 92, 574) a la lettre N qui serait la fin de la lég. IMP·CAES·TRAIAN. Cf. Sestini, Cont. de l'Antolog. di Firenze, LIII. — Voy. aussi: Prokesch-Osten, dans les Abhandl. d. Berliner Akademie, 1845, p. 75. —

64. ΘΕΣΣΑΛΟΝΙΚΗ.
ΕΙ

Mon. de **Thessalonika** en Macédoine. *Types:* T. de femme tourelée; d'un cabire laurée, un maillet sur l'épaule; de Jupiter diadémée; d'Apollon laurée; de Diane; d'Hercule jeune, de Janus; de Neptune; de Bacchus couronnée de lierre; de la Concorde; Cabire tenant un rhyton et un maillet; aigle; deux chevaux courant; boeuf bondissant; deux boucs combattant; trépied; foudre debout; carquois; couronne de chêne; étoile dans une couronne de chêne; cheval courant; deux cavaliers allant en sens contraires; deux centaures; proue; chèvre; Pégase; Pan marchant; Victoire sur un globe; urne de jeux avec une palme; trépied; dessus trois pommes. — On ne connaît que des mon. en **bronze**. Aut. du Mod. 5, 4 et 3. — R¹–R⁴. de 3, 5, 8 et 12 fr. — Parmi les aut. en bronze je citerai une fort curieuse qui porte le nom de la ville au *Nominatif:* ΘΕΣΣΑΛΟΝΙΚΗ. T. voilée et tourelée de femme; à dr. (peut-être de Tranquilline?) ℞: ΘΕΣΣΑΛΟΝΙΚΕΩΝ. Femme assise sur un siège, à g., portant sur la main dr. un Cabire, et une corne d'abond. dans la g. Æ 4½. — R⁶. = 20 fr. (Mion. 6 fr.). — La Série des mon. Impériales est de Jules-César jusqu'à Salonine. Æ. R¹–R⁸. de 6, 20, 30 à 200 fr. — Les plus rares sont celles de Germanicus, de Britannicus, de Domitia, d'Aquilia Severa et de Tranquilline. La majeure partie de ces mon. est du Mod. 4 et 6; mais il y en a aussi du Mod. 5, 7 et 8. — TITIANH·CEBACTH. T. de Titiane, à dr. ℞: ΘΕCCΑΛΟΝΙΚΕΩΝ. dans une couronne de laurier. Æ 6. — R⁸. de 200 à 300 fr. en la supposant authentique. — Elle est citée dans Gessner, Impp. Pl. CXXIX, n° 17. — Le Prof. Charles Fieweger (mort en 1883 à Berlin) avait dans sa collection un exempl. de cette mon. qui était hors de doute. — Dide Julien: ΔΟΟΟΥΙΟΥ. (sic!) [ΙΟΥ]ΛΙΑΝΟC·CEB. T. barbue de Julien. ℞: ΘΕCCΑΛΟΝΙΚΕΩΝ. Urne, dans laquelle est une palme. Au-dessus, ΑΚΤΙΑ. Æ 9. — Fausse. — Conf. Com. de Bentinck, Suppl. p. 72. — Mion. S. T. III, p. 141, n° 911 la donne aussi comme fausse. — *Corrections:* Θ(Ε)ΟΥ ΛΙΒΙΑ. T. de Livie, à dr. ℞: ΘΕΣΣΑΛΟΝΙ. Cheval libre, courant à dr. Æ. 16 mill. R⁶. = 40 fr. C'est une mon. qui a été attribuée à tort aux Thessaliens par Sestini et Mion. S. III, p. 270, n° 67. — La mon. que Mion. (T. VI, p. 678, n°ˢ 448-450) classe parmi les incertaines est aussi de Thessalonike: ΑΓΡΙΠΠΕΙΝΑ·ΣΕΒΑΣΤΗ. Buste d'Agrippine, à g. ℞: Cheval marchant à g.; au-dessus un astre dans un croissant. Æ. 15 mill. R⁷. = 60 fr. — Voy. Imhoof-Blumer: „Monnaies Grecques." Amsterdam 1883, p. 93—95, d'ingénieux aperçus sur quelques mon. aut. de Thessalonike. — En plus: la mon. de Néron et Britannicus, Mion. S. III, p. 135, n.º 875, ne porte pas ΚΑΙΣ mais bien ΚΑΙΣΑΡΙ et la t. tournée à g. ℞: ΘΕ·ΚΑΙΣΑΡΙ ΒΡΙΤΑΝΙΚΩ (sic), t. de Britannicus aussi à g. — Celle de Domitia, Mion. S. III, p. 137, n.º 884 a ΘΕΣΣΑΛΟΙ et doit être rapportée à la Thessalie. — Les titres sur les mon. de Thessalonike sont: ΝΕΩΚΟΡΟϹ, et sur quelques unes: ΜΗΤΡΟΠ[ΟΛΙϹ] et ΚΟΛΩ[ΝΙΑ]. — Voy. sur ces monnaies: Akerman, Num. Journ. II, 109 (mais il parait que ce sont plutôt les mon. Thessaliennes?). — v. Prokesch-Osten, Abhandl. d. Berl. Akad. 1845, p. 75. — Avellino, Bullelino, III, p. 74. — Mionnet, S. III, p. 120, n.º 855 la mon. qu'il décrit est de Sagalassos en Pisidie. Idem: Descr. T. I, p. 491, n.º 310 est une mon. d'Athènes, voy. S. III, p. 568, n.º 236, où il se corrige. — Fox, Engr. of uned. and rare Gr. coins, n.º 75 (Æ 2½). ℞: Cheval et la lég. ΘΕΣΣ... ΝΕΙΚΕ et non ΝΕΙΚΕΩ. Au Droit: ΑΝΤΩΝΙΑ. Son buste à g.). Pièce unique de la coll. Pembroke. —

65. ΛΑΡΙΣΑ.

Mon. de Larisa Pelasgiotis en Thessalie. (J'écris Larisa parce que cet orthographe est conforme avec les légendes que portent les monnaies et, par conséquent, plus régulier.) Types: Homme nu terrassant un taureau; cheval libre courant; t. de femme de face, les cheveux épars; aigle sur une harpe; cheval paissant; femme tenant une amphore; figure demi-nue, une main sur la tête; femme se mirant; jument et son poulain. — Æ. Mod. 6, 5, 4, 3, 2. — R¹–R⁶. de 6, 12, 18 à 80 fr. — Æ. Mod. 5, 4, 3, 2, 2½ et 1½. — R¹–R⁶. — On ne connait pas des Impériales. — Cavalier en course à g. ℞: ΛΑΡΙΣΑ. Femme assise sur un siège, à dr. le tout au milieu d'un carré creux faiblement indiqué. Æ 3. — R⁶. = 40 fr. (Mionn. 15 fr.) — ΛΑΡΙΣΑ. Femme deb., portant la main dr. à son visage. ℞: ΘΕΣΣΑΛΩΝ. Fig. à demi-nue assise, la main dr. posée sur la tête. Æ. Mod. 2. — R⁸. = 40 fr. (Mus. Cels. princ. de Waldeck. Eckhel, l. c.) Mion. 40 fr. — Voy. v. Rauch, Mittheil. d. Num. Gesellsch. in Berlin 1846, p. 18. — Il y a aussi quelques pièces qui portent des légendes boustrophédon: Cfr. Mion. S. T. III, p. 289, n.º 165. — Rev. Num. Fr. 1842, p. 77 (héros Aleuas). — Ib. 1849, p. 165, 181. — Corrections: Rev. Num. Fr. 1857, p. 85, la mon. est de Lappa Cretae et non de Larisa. — Rev. Num. Fr. 1843, p. 422: Æ 1. Droit: Le sabot du cheval sur un bouclier. ℞: ΛΑΡΙ. Buste d'un héros barbu et diadémé est une mon. de Larisa et non de Pharkadon. — Larisa et Pharae. Voy. Prokesch-Osten, Inedita, p. 12 (Æ). — Larisa sur Ossa (Attribution plus que douteuse). Les mon. que Prokesch, Inedita, p. 12 (cfr. Luynes, études numism. (vignette), et les p. en bronze av. une t. de boeuf et un Λ) attribuait à cette localité appartiennent à Lappa. — Les mon. décrites par Mion. Descr. T. II, p. 17, n.º 129 et S. T. III, p. 295, 209 et 210 appartiennent à Larisa Kremaste. cf. Archäol. Zeitung 1846, p. 301, note. —

66. ΑΛΛΥΟΝ.

Quelques exempl. mal conservés sur lesquels on ne voyait que cette seule légende ont donné lieu à Pellerin d'attribuer ces mon. à Alvona de Lyburnie. Mion. T. II, p. 27, a suivi l'exemple de Pellerin et les a décrit sous Alvona. Mais comme la lég. au nominatif ΑΛΛΥΟΝ est précédée d'une autre qui est ΘΕΙΣ, ou ΜΙΝΑΤ, ou ΛΟΟ etc. il est évident, que le mot ΑΛΛΥΟΝ ou mieux ΔΑΛΥΟΝ (Minervini et collect. Imhoof) est un nom géographique qui reste encore à interpréter. Je le recommande à la perspicacité des nombreux et doctes numismatistes de nos jours! — Ces mon. sont en **bronze**, du Mod. $3^1/_2$. — R^4. = 15 fr. — Mion. T. II, p. 27, les décrit ainsi: T. d'Hercule jeune, couverte d'une peau de lion, à dr. ℞: ΘΕΙΣ·ΑΛΛΥΟΝ. Massue. Æ $3^1/_2$. R^3.—F^6. = 6 fr. (auj. 15 fr.). — Voy. Sestini, Descr. di molte med. in più musei, p. 55; *id.* Hedervar. IV, 2, 1; *id.* Mus. Fontana, III, 19. — Minervini intorno le medaglie dell'antica Dalvon, Napoli 1852.— *Archäolog. Zeitg.* 1853, Anzeiger 289, n.º 58. — Le nom d'ΑΛΛΥΟΝ se voit aussi sur un *buste romain* inconnu; cmpr. de Stosch. Rasie, n.º 12165. —

67. ΒΥΛΛΙΣ.

Sur les mon. de Byllis en Illyrie. — *Types:* T. de Jupiter; de Pallas casquée; de Diane?; massue dans une couronne; corne d'abond. et serpent autour; volcan vomissant des flammes. — **Bronze.** Mod. 4 et 2. — R^8. = 60 fr. (Mion. 40 fr.) — T. de Diane, à dr. ℞: ΒΥΛΛΙΣ. Volcan vomissant des flammes. Æ 2. — R^8. = 60 fr. — (Mion. 40 fr.) — Ces mon. qui se présentent rarement dans le commerce ont été émises pendant la période de la républ. Epirote, 230—168 av. J. C. — Voy. Sestini, Mus. Hedervar. IV, 2, 7; *id.* Mus. Fontana, III, 19; *Annali* dell' Inst. e di Corrisp. di Roma. An. 1866. Tom. 38, p. 332 = une p. en Æ avec un aigle. — *Rathgeber*, Medaglie d'Illyricum, dans le Bull. dell' Inst. e Corrisp. Archeol. di Roma 1841, p. 31. —

68. ΙΣΣΑ.

Mon. de l'île Illyrienne Issa (auj. Lissa). — *Types:* T. de Diane; de Pallas, virile, imberbe et nue; t. de femme; lyre; grappe de raisin; cerf tourné à g.; bouc debout; diota; proue; astre. — **Bronze.** Mod. 6, 5, 4 et 3. — R^4—R^5. de 3 à 8 fr. — ΙΣΣΑ. T. de Diane, à dr. ℞: Un grand astre à huit rayons; dans le champ, deux globules. Æ 5. — R^4. = 8 fr. (Mion. 8 fr.) — ΡΗΔΩΝ. T. imberbe, couverte du pétase, à dr. ℞: ΙΣΣΙ·ΤΑΝ. Proue? Æ. Mod. 4. — R^6. = 20 fr. (Mion. 8 fr.). Cf. Chr. Ramus, Cat. num. vet. mus. reg. Daniae. T. I, p. 139, n.º 1. Pl. III, f. 5. — Issa était une colonie de Syrakuse. — ΙΟΟ ou ΙΟΟΝ. praefixa ΚΑΤα préposition = ad Issum (Cilicie). — ΙΣΣΑ. T. d'Artémide. ℞: Grand astre à huit rayons. Mus. Britan. (incon. dans le commerce). Æ 9. — R^7. = 120 fr. — Sur les mon. d'Issa qui portent la lég. ΙΟΝΙΟ[Σ], voy. *Numism. Zeitschr.* 1884, p. 258. — Les mon. d'Issa avec la légende ΙΟΝΙΟ[Σ?] font allusion à l'*Ἰόνιος κόλπος* terme, par lequel on entendait les mers Adriatique et Ionienne, et sur les bords desquelles les Syracusains avaient établis leurs colonies. Il est évident que les mon. av. la dite lég. sont de la plus ancienne émission. Voy. sur les mon. d'Issa: *Bullet.* dell' Instit. e di Corrisp. Arch. 1838, p. 92. — Sestini, Descr. di molti med. in più musei, p. 56; Mus. Hederv. IV, 2, 17; Mus. Fontana, III, 21. —

Archiv f. Kunde österreich. Geschichtsquellen, XI, 1853, 122. — IMHOOF-BLUMER, Gr. Münz. aus d. Mus. in Klagenfurt. Wien 1885. voy. p. 33, 34. —

69. ΝΙΚΟΠΟΛΙΣ.
Eï

Mon. de **Nikopolis** en Epire. *Types* des autonomes: T. de femme tourelée; phare ou borne; ΙΕΡΑΣ au milieu d'une couronne de laurier; t. de Jupiter lauré; t. de la Victoire tourelée; galère av. des rameurs; Zéus assis. **Bronze**. Mod. 6, 5, 4 et 3. — R^7. = 30, 40 et 50 fr. — ΝΙΚΟΠΟΛΙΣ (ou C). T. de femme tourelée. ℞: ΙΕΡΑC. Table, dessus, une couronne; dessous, un vase. Æ 3. R^7. — F. o. = 40 fr. (MIONNET, 15 fr.). — Les mon. *Impériales* datent d'Auguste jusqu'à Salonine. Elles sont très-nombreuses et de types différents. Les plus rares sont du temps des premiers Empereurs. Il y en a aussi beaucoup dont les lég. ont été retouchées. Mod. 9, $8^{1}/_{2}$, 6, 5 et 4. — R^1–R^5. de 2, 3, 10, 15, 25 et 40 fr. — M. IMHOOF-BLUMER dans ses „Mon. Gr." p. 141, n.° 45 publie une Impér. de Trajan qui est fort curieuse: *Dr.*: ΑΥΤΟ·ΤΡΑΙΑΝΟC·CΩΤΗΡ ΠΟΛΕΩC. Sa t. laur. à dr. ℞: ΙΩΛΛΟΠΑ·ΛΕΥΚΑΤΗC. Apollon Leukatès, nu, de face et debout sur un piédestal orné de ch. côté d'une volute. Sa t. est tournée à g. Dans la main g. il tient l'arc, et dans la dr. un flambeau. Æ. 25 mill. R^7. = 100 fr. Feu J. FRIEDLÄNDER a publié cette mon. dans l'*Arch. Zeit.* 1869, Pl. XXIII, f. 21 (mais la gravure est inexacte). L'attrib. à Nikopolis se fonde sur le titre σωτὴρ πόλεως, que porte Trajan et que la seule ville de Nikopolis en Epire parait lui avoir décerné. Les Rev. des mon. Impér. portent les lég. suivantes: ΝΕΙΚΟΠΟΛΙC. — ΝΙΚΟΠΟΛ·ΗΡΩΔΗC (mon. de M. Ant. et Cléopâtre). — ΝΙΚΟΠΟΛΕΟΣ. — ΝΙΚΟΠΟΛΙΕ·ΙΕΡΑ. — ΝΙΚΟΠΟΛΙC. ΑΥΓΟΥCΤΟC. — ΙΜΕΙΚΟΠΟΛΙC (m. de Trajan, retouchée). — ΝΕΡΩ-ΝΟC·ΕΠΙΦΑΝΙΑ. — NICOPOLIS (m. av. une lég. latine, d'Antinoüs; v. MION. S. III, p. 380, n.° 149, av. le type d'une porte de ville ou arc de triomphe à trois portiques. Æ 4. — R^7. = 60 fr. (MION. 15 fr.!) et R^5. — Cf. MUS. THEUP. p. 884). — AKTIA dans une couronne d'ache, sur une m. d. Faustine Jeune = Æ 3. = 10 fr. (MION. 6 fr.). — A·CΕΠΤΙΜΙΟΝ CΕ au *Dr.* d'une p. de Sept. Sévère, t. rad. à g. Æ 5. — R^6. = 15 fr. (MION. R^1. = 2 fr.). — *Corrections*: Les attributions des mon. Impér. du Cat. Wiczay sont corrigées par SESTINI, Descr. di molte med. in più musei, p. 60–65. — Les mon. citées par MION. S. III, p. 374, 99, ont ΣΕΒΑΣ-ΤΟΝ·ΚΤΙΣΜΑ et ΙΕΡΑ ΝΙΚΟΠΟΛΙΣ, cfr. SESTINI dans la Continuaz. de l'Antologia di Firenze LIII. — BAR. DE WITTE, Descr. de la coll. Greppo, n.° 569. — THORWALDSEN, Descr. des mon. aut. du Musée Thorwaldsen. Copenhague 1851. in-8.° voy. Pl. III. un bronze av. ΜΥΡΙΩΝΥΜΟC. — *Zeitschr. f. Numism.* VII, p. 216: la mon. d'Auguste avec le surnom d'Asklépios: ΦΙΝΑΙΟC parait aussi av. le même surnom au règne de Trajan. — En étudiant la p. av. le surnom ΦΙΝΑΙΟC on pense involontairement à une inédite de Pergame (Mysie) à l'effigie de Sabine ayant au ℞: ΚΟΡΩΝΙC·CΤΡ·ΠΟΛΛΙΩΝΟC·ΠΕΡΓΑ. Koronis (prétendue mère d'Asklépios) debout. Cette mon. a beaucoup d'analogie avec la mon à la lég. ΦΙΝΑΙΟC, laquelle, à dire vrai, n'a point été jusqu'à présent interprétée d'une manière suffisante. C'est une superficielle connaissance de la langue grecque, qui est la cause que ce genre de légendes sont maintesfois expliquées dans un sens contraire à la vérité. — Sur les mon. de Nikopolis, v. encore: KÖHNE, Zeitschr. 1843, p. 22. — SESTINI, Mus. Fontana (Firenze 1822), p. 36 sqq. — MUS. LAVY, T. I, p. 142. —

70. KOPKYPA.

Mon. de **Korkyra**, île voisine de l'Epire, auj. Korfù. — *Types*: Vache allaitant son veau; partie antér. d'un boeuf; aire creuse; amphore accompagnée d'un pet. vase; deux quadrilatères aux symboles divers; homme en toge, quelquefois entre deux colonnes; Zéus assis dans un temple distyle; t. de la nymphe Korkyra, de femme voilée, de boeuf dans une couronne; Bacchus porté sur une panthère et lançant un dard; Faune traversant dans une amphore le contenu d'un autre vase; t. de Neptune laurée; de Bacchus couronnée de pampre; t. d'Apollon; Pégase volant; grappe de raisin; Amphore; proue de navire; t. conjuguées d'un homme et d'une femme; Triton tourné à g.; jardins d'Alcinoüs; deux serpens dressés en face l'un de l'autre; un très-grand astre. *Aut.*: Æ. pet. méd. R^6. = 50 à 200 fr. — Mod. 4, 5, 3, $3^{1}/_{2}$, 2. — R^4— R^6. = 10, 25, 35 et 50 fr. — Æ. Mod. 7, 6, 5, $4^{1}/_{2}$, 4, 3, $3^{1}/_{2}$. — R^1. de 2 à 15 fr. — KOPKYPA. T. de Korkyra, laur. à dr. Devant, lyre. ℞: ZEYC·KACIOC. Zéus assis sur un siège, la main droite sur la haste pure. Æ 7. — R^2. = 5 fr. (MION. 9 fr. Cette mon. doit être d'Itanos en Krète.) — Triton à dr. frappant un poisson av. son trident. ℞: EYΦAMO. Deux serpens dressés en face l'un de l'autre. Æ. Mod. 5. — R^7. = 350 fr. (MION. 150 fr.) — Curieuses lég. sur des mon. autonomes: AΛKA (et non AΛΛA). — ΘHPA. — EΛEYE. — ΣΩ. — OΛBACA·BOY .... — KΛEANΔPOC. — APITEAC· APICTΩN. — OCTPATOC. — AΓPEYC: fausse leçon de MIONNET; AΓPEYC ne peut pas figurer pour APΓEIOC, car c'est un surnom régulier de différentes divinités. — CHΔAM. — ZEYC·KACIOC. — KΩMOΣ. — ΛAONIKA. — ΦAMA. — EYKΛEIA. — EYNOMIA. — ΦΩΣΦOPOΣ. — NEOTHΣ. — NIKA. — ΠAΛΛAΣ. — Les mon. Impériales sont très-nombreuses et peu rares. Elles datent de Jules-César jusqu'à Gordien d'Afrique (de 48 av. J. C. = 238 après J. C.). — Elles sont du Mod. 10, 9, 8, 7, 6, 5. — R^1–R^6. de 8, 20, 40, 60, 100 et 300 fr. — Les plus rares sont de Marc-Antoine, Plautille, Balbin et Gordien d'Afrique. — M·ANTΩ-NIOΣ·OKTABIA. Têtes accolées de M. Antoine, laurée, et d'Octavie. ℞: KOPKYPAIΩN·ΦIΛΩTAΣ. Vaisseau. Æ 6. — R^8. = 300 fr. (MION. 100 fr.) AYT·K·ΔEK·KAIΛ·BAΛBEINOC·CEB. Sa t. laur. à dr. ℞: KOPKYPAIΩN. Navire à la voile av. des rameurs. Æ 10. — R^6. = 200 fr. (MION. 100 fr.). — GORDIEN D'AFRIQUE Père: AYT·KAIC·M·ANT·AΦP·CEB. T. de Gordien d'Afrique laurée. ℞: KOPKYPAIΩN. Pégase volant. Æ 6. — R**. = 400 fr. (MION. 200 fr.) Cf. WACHTER, Archaeol. num. p. 98. — QUERINI, Primordia Corcyrae. Brixiae 1738. in 4°. — *Corrections*: MION. S. III, p. 440, n° 128 a APICTΩNOC: Comp. SESTINI dans sa Cont. de l'Antolog. di Firenze LIII. — [Mitth. d. Berl. Num. Gesellsch. I, 19 (n'est pas Pharus)]. — M. ANTOINE et OCTAVIE: Mion. S. III, p. 443, n° 142, la lég. du *Droit* n'est pas refaite: cfr. SESTINI dans sa Cont. de l'Autol. di Firenze, LIII. — AUGUSTE: La mon. citée dans MION. S. III, p. 443, n° 143 est d'Alexandrie et il faut lire KΘ. — DIADUMÉNIEN: Mion. S. III, p. 451, n° 205, doit être rapportée à Nikomedia. — Sur les mon. de Korkyra voy. encore: IMHOOF-BLUMER,

„Mon. Grecques", p. 142—144. — *Rev. Num. Fr.* An. 1850. Pl. VII, f. 4. — Ποστολάκας, 'Α., κατάλογος τῶν ἀρχαίων νομισμάτων — Κερκύρας, Λευκάδος, Ἰθάκης, Κεφαλληνίας συλλ. ὑπὸ Π. Λάμπρου. 'Αθήν. 1868. in-4°. (6 pl.) — CAVEDONI, Bull. dell'Inst. arch. 1844, p. 153 (fig.). — MÜLLER, L. Num. de l'Anc. Afr. I, p. 10, 16—20 et p. 16, et Suppl. p. 1 et 2. — PROKESCH-OSTEN, Monum. dell'Inst. Arch. IV, Pl. XXXI, 1—3 et *Annali* 1846, p. 165—177. —

71. ΛΕΥΚΑΣ. — ΛΕΥΚΑ.

Mon. de Leukas en Akarnanie. *Types:* APHRODITE AINEIAS (*Ἀφροδίτη Αἰνειάς* et non la Diane comme l'a démontré E. CURTIUS, dans Hermes, X, p. 243), vêtue de la *stola*, debout sur une base, à dr., tenant l'acrostolium, à ses pieds un cerf [ou une chouette], le tout dans une couronne de pavot [ou de laurier]; navire; autel enflammé; colombe dans une couronne; t. d'Hercule; massue dans une couronne; Bellérophon sur Pégase; chimère; lyre; chouette vue de face. Æ. Mod. 6, 5, 5$\frac{1}{2}$ et 4. — R³. = 12, 20, 30, 40 et 50 fr. — Æ. Mod. 5, 4, 3. — R². de 8 à 15 fr. — Bellérophon monté sur Pégase. R⁶: ΛΕΥΚΑ. Chimère à dr. Æ 3. R⁴. = 20 fr. (MION. 6 fr.). Voy. encore: IMHOOF, Die Münzen Akarnaniens, Wien 1878, p. 115—138. — Parmi les mon. *Impériales* on ne connait qu'une de Commode. Æ 4. — R⁶. = 80 fr. (MION. 50 fr.). — *Corrections:* SESTINI, Descrizione, 167, n° 2, et après lui MION. S. III, p. 464, n° 72, attribuent à Leukas, mais c'est une p. de Lebedus: MION. III, p. 140, n° 585. La vraie leçon est ΔΟΡΚΩΝ et non ΑΔΟΡΚΩΝ. — La mon. publ. par PROKESCH, Inedita, à la p. 14, Æ. est une attribution fausse. — MION. S. III, p. 466, n° 86, est une p. d'Oeniadae. — CAT. DU MUS. THORWALDSEN, 371, gr. p. en Æ. av. ΣΩΤΗΡΙΧΟΣ. — Voy. encore sur les monnaies de Leukas: COUSINÉRY, ligue Achéenne, 82, 144. — PETRIZZOPULO, Saggio storico di Leucadia. Firenze 1814. in-8°. — *Mem.* d. Petersb. Arch. Gesellsch. 1847, p. 138. — *Numismatic Chronicle,* VII, 131. — MILLINGEN, ancient coins, p. 55. —

72. ΘΕΒΑ.

Sur les mon. de la ville de Thebe surnommée Hypoplakia (*Ὑποπλάκιοι*) à cause de sa situation au pied du mont Plakios, en Troade. Ces mon. appartiennent à la première moitié du 4ème siècle av. J. C. — Elles ont été introduites dans la Série numismatique par le célèbre JAMES MILLINGEN (voy. ses: Sylloge of anc. uned. coins of greek cities and kings. London 1837. in-4° p. 68). — Au MUS. BRITANNIQUE on conserve les mon. suivantes de cette ville: T. de Perséphone. R⁷: ΘΕΒΑ. Partie antérieure d'un cheval ailé. Æ 4. — R⁶. = 80 fr. — T. de Corè coiffée d'une *sphendoné*. R⁷: ΘΕΒΑ. Trois croissants. Æ 4. — R⁸. Même prix. — Comme cette ville prit plus tard le nom d'Adramytion ses mon. de l'époque impériale portent la lég.: ΘΗΒΗ·ΑΔΡΑΜΥΘΗΝΩΝ. — *Corrections:* la mon. décr. par SESTINI dans ses Lettere di Continuaz. VI, 27 et 111, appartient à Adramytion. — Cfr. aussi: IMHOOF-BLUMER, Monn. Gr. p. 247, n° 95: T. de Corè à dr. couronnée d'épis et coiffée d'une sphendoné. R⁷: Protome d'*hippocampe* à dr.; dessous et à dr. ΘΗΒ—Α. Æ. 9 mill. — R⁷. = 100 fr. — CAB. DE MUNICH. — MION. S. V, p. 582, n° 517. Æ 1. — R⁸. = 40 fr. — Musée d'Athènes, n° 5198. — GRAVÉE d. SESTINI, Lett. Cont. II, p 69, 1; IX, p. 114, T. III, f. 7. —

73. ΑΙΓΙΝΗ.

Mon. d'Aegina, île voisine de l'Attique. *Types :* T. de bélier; carré creux; navire; tête de poisson; deux poissons en sens contraire; tortue de terre (type reconnu pour être le plus ancien, d'une époque primitive); tortue de mer; un fruit; fig. deb., tenant dans la main dr. un arc. Æ. aut. Mod. 5, 4½, 4, 3 et 2 et quelquefois même 1. — R^3–R^7. de 8, 30, 40, 60 et 120 fr. Æ. Mod. 3. — R^7. = 25 fr. — Les mon. aut. en Æ. n'ont pas de légendes. — ΑΙΓΙΝΗ. Fig. deb., tenant dans la main dr. un arc. ℞: T. virile, barbue, à dr. presque toujours contremarquée. Æ 3. — R^7. = 30 fr. (Mion. 15 fr.) — La Série des Impériales date de Julia Titi filia à Plautilla. — Æ. Mod. 9, 8, 6, 5 et 4. — R^5–R^8. de 15, 25, 40 et 150 fr. — Ivlia Titi filia: T. de Julie. ℞: ΑΙΓΙΝΗΤΩΝ. Cérès deb., à dr. vêtue de la stola, tient deux flambeaux. Æ 4. — R^8. = 60 fr. Ma collection. (Mion. S. III, p. 600, n.º 51. R^7. = 24 fr.) — Septime-Sévère: AY·K·Λ·CEΠ·CEBHPOC·ΠE. Son buste, couronné de laurier, av. le *paludamentum*. ΑΙΓΕΙΝΗΤΩΝ. Hercule ou Thésée, nu, deb. à g. portant sur ses épaules un taureau qu'il tient de ses deux mains [c'est peut-être Hercule Buphage, tel qu'il est figuré sur une chalcédoine gravée par Anterote. Cfr. Stosch, Gemmae ant. caelatae, p. 10, Pl. IX; mais plus sûr un Hermès avec bélier. Voy. Imhoof et Gardner, Comment. au Pausanias 46, pl. L, 5 et 6]. Æ 6. — R^7. = 40 fr. (Mion. 30 fr.) — Cfr. Sestini, l. c. n.º 2. ex Mus. Reg. Bavariae. — *Corrections:* Gerhard, Arch. Zeit. 1843, p. 147, et 1846, p. 373 = fausse attribution à Anticyra. — *Arch. Ztg.* 29, 79, av. AIAKOC; l'attribution reste incertaine. — Chaudoir, Corrections 54 (appartient plutôt à Amphipolis). — Sallet's Zeitschr. f. Num. IX, 2. — Mion. Suppl. III, 603, 65 serait peut-être une Plautille d'Aegira. — Köhne, Berl. Bl. (Geta), V, 10. — Grote, Münzst. II, p. 490, charmantes pet. p. en Æ. av. Niké et la lég. ΑΙΓΙ. — Mon. de Plautille, publ. dans l'Archaeol. Zeitung 1843, p. 148, n.º 18 (n.º 19 plus sûr d'Aegae en Aeolie). — Aegine frappait des mon. pour la ligue achéenne. — [La mon. de Plautille (Æ 4) que j'ai publiée d. la *Rev. Num. Fr.* An. 1884, Tom. II, à Magnésie doit être aussi rapportée ici à Aegine, car après un examen approfondi j'ai lu: ΑΙΓΙΝΗΤΩΝ.] —

74. ΔΥΜΑ.

Sur les mon. de **Dymé** en Achaïe. *Types:* T. de Zéus; étoile à six rayons; chaise curule; proue de navire; t. de femme coiffée de la sphendoné; t. de Pallas; poisson; amphore. Æ. Mod. 15 mill. (Obole). R^7. de 160 à 200 fr. — Æ. aut. Mod. 14, 15, 16 et 20 mill. R^7. = 40, 60, 80 et 120 fr. — *Impériales* de Jules-César, d'Auguste et de Tibère. R^8. = 200 fr. Voy. Imhoof-Blumer: Monnaies Grecques, p. 165, 166. — Boutkowski, Dict. Num. p. 1133 à 1136. Le véritable classement de ces mon. est resté inconnu à Mionnet; il les attribuait à Dertosa en Espagne! — Wiczay, Mus. Hedervar. Pl. XVI, 347 (Corinthe!); Borghesi, Oeuvres num. 1, p. 53, 55 (Dertosa); Mion. T. VI, 662, 355 et 356 et Suppl. V, 394, 700 (Parium) — ont donné tous des leçons fausses et erronnées au sujet de ces mon. et ce n'est que M. Imhoof-Blumer qui a rétabli la vérité en donnant une monographie exacte de ces monnaies. — *Autonome:* a) Amphore de forme très-allongée. ℞: Δ—Υ. T. de femme, à dr., les cheveux relevés de la nuque. Carré creux peu profond.

Æ. 11 mill. — R⁸. = 100 fr. (Obole.) — Cf. de Luynes, Annali dell'Inst. arch. 1841, p. 135; *Rev. Num. Fr.* 1845, p. 102; R. Weil, Zeitschr. f. Numism. VII, p. 366, 1; Imhoof-Blumer, Mon. Gr. p. 162, n° 26. — b) Tête de femme, à dr. ℞: Poisson à dr. Æ. 15 mill. R⁸. = 60 fr. (Quelquefois fourrée.) Musée d'Athènes, n° 4046. [*Corrections:* Quelques autres mon. en Æ. que le type du poisson a fait attribuer à Dymé, doivent être restituées à Psophis d'Arkadie. Cf. Imhoof-Blumer, Zeitschr. f. Num. I, p. 119 et 120.] — ΔYMA. (dessous). Poisson à dr. Champ concave. ℞: T. de femme à dr., les cheveux relevés de la nuque. Æ. 15 mill. — R⁷. = 40 fr. — Mus. d'Athènes, n° 4047. — Imhoof, Mon. Gr. p. 163, n° 28. — Pour toutes les autres variétés de ces mon. voy. Imhoof-Blumer, Mon. Gr. p. 162—166; R. Weil, Zeitschr. f. Num. VII, notice sur la Numism. de Dymé. — *Impériales.* Jules-César: C·ARRI·A·F·C·I·D·C·IVL·TANG. Sa t. laurée à dr.; dans le champ, une étoile à six rayons et une chouette deb., à dr. en contremarques. ℞: II·VIR·QVINQ·EX·D·D. Charrue. Æ. 23 mill. — R⁸. = 200 fr. — Auguste: AVG. Sa t. nue, à dr. ℞: C·I·A. — DVM. Niké av. couronne et palme, deb. à dr. sur une proue de navire. Æ. 20 mill. — R⁸. = 200 fr. — Mus. d'Athènes, n° 4054. cf. Sestini, Mus. Font. II, p. 13. Pl. II, f. 14 (Dium) av. CAESAR·AVG. — Tibère et Auguste: AVG·C·I·A·D. Tête radiée d'Auguste, à dr. ℞: TI·CAE·C·I·A·D. T. laurée de Tibère, à dr. — Æ. 20 mill. — R⁶. = 140 fr. — Mion. I, 40, 284 et Suppl. I, 81, 470 — fausse attribution à Dertosa, qui ne peut nullement revendiquer cette mon. parcequ'elle était *municipe* et non colonie. — Le savant Dr. J. Friedländer (v. Arch. Zeit. 1861, p. 165) a douté de l'exactitude de la leçon DVM. disant qu'on ignore, si Dymé a jamais été colonie romaine. Mais malheureusement son opinion est réfuté par Strabon, par Pline, et par les monnaies. — Voy. encore: Prokesch-Osten, Abhandl. d. Berl Akad. 1845, p. 87. —

75. CORINTHVM.

Mon. de Korinthos en Achaïe. — *Types:* T. de Pallas; trident; Pégase; aire en creux divisé en huit parties triangulaires, dont quatre en relief et quatre en creux, comme à Himera de Sicile; Bellérophon monté sur Pégase; chimère allant à g., t. d'Hercule; Neptune deb. tenant dans la main droite un dauphin, et dans la main g. son trident (comme sur les **Moy. br.** de Marcus Agrippa); Hercule étouffant Anthée; Fig. nue sur un dauphin; Hercule assommant l'hydre; t. du Soleil à dr.; Dauphin, à dr.; deux mains jointes, tenant plusieurs épis et une tête de pavot. — Æ. Mod. 5, 4. — R¹—R⁶. de 8, 12, 20, 40 et 75 fr. — Æ. Mod. 6, 5, 4, 3, 2¹/₂, 2. — R¹—R³. de 2 à 12 fr. — CORINTHVM. Bellérophon domptant Pégase, devant, une des portes de Korinthos. ℞: P·TADI·CHILA·C·IVLI·NIGER· II·VIR. Neptune assis sur un rocher, tenant son trident de la main g. Æ 6. — R⁷. = 40 fr. (Mion. 12 fr.). — Cf. Sestini, Lett. num. Contin. T. IX, p. 6, n° 2. — Les nombreuses villes connues comme ayant été des colonies de Korinthos frappèrent monnaie à un type uniforme: au *Droit:* une t. de Pallas, au ℞: Pégase. Parmi ces villes j'indiquerais: dans l'Akarnanie: a) **Alyzia** [av. A, Α, ΑΛΥ, ΑΛΥΙΑΙΩΝ]; b) **Anaktorion** [av. F, Ϝ, Ϝ, Α, ΑΝ, ΑΝΑ, ΑΝΑΚΤ, ΑΝΑΚΤΟΡΙΩΝ, ΑΝΑΚΤΟΡΙΕΩΝ]; c) **Argos-Amphilochicum** [av. Α, ΑΡ, ΑΡΓΕΙ, ΑΡΓΕΙΩΝ, ΑΡΓΕΩΝ, ΑΡΓΙΩΝ aussi avec ΑΜ, ΑΜΦ, ΑΜΦΙ, ΑΜΦΙΑ, ΑΜΦΙΛΟ, ΑΜΦΙΛΟΧΩΝ]; d) **Astakos [av. ΑΣ]; e) **Koronta** [av. K]; f) **Leukas** [av. Λ, Λ, ΛΕ, ΛΕΥ, ΛΕΥ-ΚΑΔΙ et ΛΕΥΚΑΔΙΩΝ; g) **Metropolis** [av. M et M]; h) **Palaerus** [av. ΠΑΛΑΙΡ en Monogr.]; i) **Phytia** [av. φ]; j) **Thyrrheion** [av. Θ, ΘΥ, ΘΥΡ, ΘΥΡΡ]; k) **Ligue Akarnanienne** [exprimée par A, fr. à Leukas]; en Korkyra: — Κ, Κ, Κ, et ΚΟΡ.; en Epire: a) **Ambrakia** [av. Α, Α, ΑΜ, ΑΜΓ, ΑΜΓΡΑ, ΑΜΓΡΑΚΙ, ΑΜΓΡΑΚΙΟΤΑΝ, ΑΜΓΡΑΚΙΩΤΑΝ et ΑΜΒΡΑΚΙΩΤΑΝ; b) **Ligue Epirote** [exprimée par AE (ΑΠΕΙ) et Α probablement pour Ambrakia]; en Illyrie: a) **Apollonia** [av. ΑΡΟΛ]; b) **Epidamnos-Dyrrhachion** [av. ẞ ou Δ, ΔΥΡ, ΔΥΡΑ, ΔΥΡΑΧΙΝΟΝ, ΔΥΡΡΑΧΙΝΩΝ]; en Sicile: a) **Eryx** (av. יתא); b) **Leontini** [av. ΛΕΟΝΤΙΝΟΝ]; c) **Syrakuse** [av. ΣΥΡΑΚΟΣΙΟΝ, ΣΥΡΑΚΟΣΙΩΝ]; dans le Bruttium: a) **Lokri Epizephyrii** [av. Λ, ΛΟ, ΛΟΚ, ΛΟΚΡΩΝ]; b) **Mesma** [av. M et ME]; c) **Rhegion** [av. Η]; d) **Terina** [av. Ε]. — J'ai donné ici la liste publiée par M. Imhoof-Blumer dans ses: „Münz. v. Akarnanien". Numism. Zeitschr. X. Vienne 1878, voy. p. 5—7. — Je crois encore utile d'ajouter les lég.: ΚΟΡΚΥΡΑΙΩΝ (coll. Imhoof) et ΣΤΡΑΤΙΩΝ (coll. Arthur Löbbeke, à Braunschweig). — Les monnaies *Impériales* latines depuis J. César jusqu'à Gordien III. — Elles sont du Mod. 9, 8, 7 (6, 5 les plus nombreuses) et 4. — R^1-R^8. de 2, 12, 20, 40, 60 et 300 fr. — La plus rare est d'Agrippa Posthume: *Droit:* AGRIPPA·C. — CORINTHI. T. d'Agrippa jeune, à dr. ℞: C·HEIO·POLLIONE·ITER·C·MVSSID·PRISCO·II·VIR. en quatre lignes dans une couronne d'ache. Æ 5. R^{8**}. = 300 fr. — [Malheureusement on trouve des exempl. refaits d'une pièce d'Auguste ayant le même Revers.] — Les mon. de Korinthos émises av. la destruction de la ville par Mummius, l'an 146 av. J. C. sont d'une excessive rareté. Je n'en connais que celle qu'on conserve au Musée de Münich, cf. à ce sujet mon *Diction. Num.* p. 706. — Les lég. latines sont: COL·COR ou simplement: COR· CORINT. mais à partir du règne de Domitien jusqu'à celui de Gordien III elles sont exprimées ainsi: COL·IVL·FLAV·AVG·COR., COL·IVL·COR., ou C·L·I·COR. (*Colonia Laus Julia Corinthus*). — Les noms des duumvirs jusqu'au règne de Galba sont sur ces mon. généralement en ablatif. — Je citerai ici encore deux p. intéressantes de Korinthos: T. de la fameuse hétaïre Laïs, à dr. ℞: COL·IVLI·CORIN. Fig. assise sur une espèce d'enclume ou de chapiteau de colonne ailé, posé sur un serpent; elle tient de la main dr. des épis, et de la g. un pavot. Æ 6. — R^5. = 40 fr. (Mion. R^8. = 12 fr.) — FVNDATOR. Amphore. ℞: CORIN. au milieu d'une couronne de laurier. Æ 4. — R^8. = 100 fr. — (Mion. R^8. = 24 fr.) — **Inédite de ma collection**: Néron et Octavie. *Droit:* NERO·CAES·AVG· OCTAVIA·AVG. Têtes opposées de Néron et d'Octavie, av. un disque radié au-dessus de celle de Néron, et un croissant sur celle d'Octavie, pour figurer le couple impérial en·Soleil et Lune. ℞: NERO·CAES·AVG·IMP·LUPINO.... (sic! lég. fort bizarre). T. de Néron tournée, à dr. — Æ 6½. — R^8. = 80 fr. — C'est la même mon. que Mion. T. VI, p. 681, n° 467 a classé parmi les Incertaines, en la taxant 9 fr. et R^8. — M. Imhoof-Blumer m'a dit qu'il est plus que probable que la mon. a été émise à Knosos de Krète. — Pour toutes les autres variétés des mon. de Korinthos cons. les excell. recherches de M. Imhoof-Blumer, dans son ouvrage: „*Monnaies Grecques*". Amst. 1883. in-4°. voy. p. 158—162. — Il m'a dit qu'il préparaît aussi un travail sur les mon. de Korinthos, conformes av. le texte de PAUSANIAS où on trouvera des types nouveaux, comme Athéné CHALINITIS, des *fontaines*, le *stadium* etc. [Aujourd'hui, j'apprends av. plaisir que ce travail vient d'être publié dans le *Journal of hellenic studies*. London 1885, 1886 et 1887.] — Voy. en plus: KENNER, Münzs. d. Stift. St. Florian, p. 95, 5 et Pl. III, 9. — IMHOOF-BLUMER, Die Münzen Akarnaniens. Num. Zeitschr. X. Wien 1878, voy. à la p. 4 une protestation de l'auteur contre l'opinion du Feu F. LENORMANT, qui voyait dans la *tête casquée* des statères de Korinthos celle d'APHRODITÉ-URANIA. — Sur les deux mon. d'Othon et Commode, fr. à Korinthos, voy. Feu BAR. B. DE KÖHNE, 59 Uned. Münz. der v. Rauch'schen Samml. dans sa Zeitschr. III. Jahrg. p. 26. cf. ECKHEL, D. N. V. II, p. 244. — **Autonome intéressante**: T. de Vénus, à dr. R^x: Deux cornes d'abond. liées par des bandelettes. Dessous, Q. R 4. R^5. = 40 fr. — Cette mon. laissée parmi les incertaines, a été restituée à la colonie Julienne de Korinthos par M. CH. LENORMANT. —

76. FA.

Lég. sur les mon. d'**Elide** (Elis, Eleioi) in genere. *Types*: Aigle volant à dr., tenant un *serpent* dans le bec; aigle deb. de face, la tête à dr.; foudre ailé dans un champ creux circulaire; aigle éployé sur le dos d'un lièvre à g.; tête d'aigle, à g.; t. d'aigle, avec le cou, à dr.; tête de Héra à dr. ornée de la stéphané; t. laurée de Zéus; cheval bridé se cabrant, à dr.; *serpent* dressé à g. sur un chapiteau de colonne. Les statères (R.) aux *types de Korinthos* et aux lettres F ou FA qu'on classait à l'Elide, appartiennent à Anaktorion et à Korinthos, cela était démontré par M. IMHOOF-BLUMER, dans son travail: „Zur Münzk. u. Palaeogr. Boeotiens", voy. Num. Zeitschr. Tom. III. Wien 1871, et dans son autre ouvrage: „Die Münzen Akarnaniens". Ibid. Tom. X. Wien 1878. — Les mon. **Aut.** R. Mod. 7, 6, 4, 3, 2, $1^1/_2$. — R^5–R^8. = 50, 120, 200, 300 et 500 fr. — **Aut.** Æ. Mod. 4, $4^1/_2$, 3. — R^4. = 6 à 10 fr. — **Elide en général**. T. de Junon (Héra) éléenne, la tête ornée d'un diadème (stéphané) où sont brodées des palmettes (au-dessus, quelquefois, HPA, sur des exempl. bien conservés); R^x: Foudre, de chaque côté duquel les lettres initiales FA; le tout dans une couronne d'olivier sauvage. — R $6^1/_2$. — R^{8*}. = 400 fr. — Tétradrachme du plus grand style, l'une des plus belles monnaies grecques au point de vue artistique. — Pour les autres variétés des mon. aut. en R. cf. IMHOOF-BLUMER, Mon. Gr. p. 167 à 169 (FAΛEIA). — Dans la Zeitschr. f. Num. Bd. VII, p. 117, une mon. d'Elis à la lég. AΛEIOΝ, elle n'est pas la seule connue, car la même forme (et non FAΛEION) se trouve sur les didrachmes au *Cab. de France*, dans la coll. léguée par le Duc de Luynes. — Sur les **Aut.** (R) d'Elis, au type de Zéus de Phidias, cfr. aussi l'article du plus savant Archéologue de notre siècle M. LUDOLPH STEPHANI dans les Comptes-Rendus, de la Com. Archéol. de St. Pétersbourg. An. 1876, p. 225, nos 15 et 16 de la Pl. jointe à l'article. — La Série des *Impériales* depuis Hadrien jusqu'à Caracalla. Elles portent au Rev. la lég. HΛEIωN. Médaillon d'Hadrien et Mod. 9, 8, 7, $6^1/_2$, 5 et 4. — R^5–R^8. = 10, 15, 30, 80 et 120 fr. — AΔPIANOC KAICAP. T. nue d'Hadrien, av. la toge sur les épaules. R^x: HΛEIωN. Fleuve barb., couché, à g. tenant une corne d'abond. de la main dr. et un roseau de la g., devant, un vase. Æ. M.M. — R⁷. = 150 fr. (Mion. 100 fr.) — Cf. Sestini, Descr. del mus. Fontana, p. 58, n.º 1. — Autres types des impériales: Zéus assis sur un gr. siège; Satyre deb.; Fig. héroïque en habit court; aigle dans une couronne; ΗΛΕΙΩΝ, en deux lignes, dans une couronne de liseron; l'Empereur à cheval; t. de Zéus Olympien; t. de Bacchus Indien. — *Corrections:* la mon. dans Mion. S. IV, p. 8, n.º 41, est sans doute un mauvais exempl. av. ΥΡΩΚΥΛΟΥ qu'il faut lire: ΘΡΑΣΥΛΕΩΝ. [Sur le tyran des Eléens, Aristotimos, voy. le savant article du bien regretté E. Muret, dans le Bull. de la Corr. Hellén. Tom. IV, p. 43.] — La mon. publiée par Prokesch (Abhandl. d. Berl. Akad. 1845, p. 88, n.º 36: Æ. av. cheval, ainsi que les n.ºs 37, 38 av. la t. de Zéus, foudre) est une fausse attribution; ces mon. sont de Krète (le n.º 36 est d'Elis; les n.ºs 37 et 38 *incert.* mais paraissent être de Krète). — Les mon. n.ºs 4269 et 4273 du Cat. L. Welzl de Wellenheim appartiennent à Oeniadae. — *Rev. Num. Fr.* 1852, p. 5 et 342, se trouve une monographie de 27 p. en Ar. et Æ. et descr. de leurs types; mais le n.º 27 appartient à Olynth: cfr. la même *Revue*, An. 1853, p. 445. — Fox (Général), Engr. of unedit. or rare greek coins. London 1856. mon. n.º 98. Ar 1½ (Poids 7⁷⁄₁₀ g.) av. FAL chaque lettre formant dans les angles une figure de cette manière ⊥. = ce triple T = Tritétartémorion. Coll. Imhoof. Gr. 0,64. un signe de valeur? comme le simple T (T. d'Héra à dr. R: T. Gr. 0,19. Coll. Imhoof) celui du Tétartémorion. — *Berl. Bl. f. Münzk.* I, 140 (Ar av. F, cf. Mion. S. IV, p. 177, n.º 26). — *Rev. Num. Fr.* An. 1860, p. 272 (Ar, F et Pégase, serait d'Anaktorion. Voy. Imhoof, Münzen v. Akarnanien). — *Archäologische Zeitg.* An. 1862, p. 339 cite une mon. d'Elis av. le type de Zéus de Phidias qui est mise en doute sans aucun fondement par Birket Smith. — *Berl. Blätter f. Münzk.* V, p. 21, donne un bronze d'Hadrien av. ΔΙC ΑΥΤΟΚΡΑΤΩΡ, comp. à ce sujet une citation de Henzen puisée dans le Corp. Inscr. Graec. I, 1072, qui se rapporte également à Hadrien. — Voy. encore sur les mon. d'Elis: Ad. de Longpérier, Descr. du Cab. de M. Magnoncour, n.º 296 av. HPA et foudre. (La mon. est gr. au titre de cette ouvrage.) — Bröndsted, Reisen, I, 112. — *Monatsber. d. Berl. Akad.* 1874, p. 498. — Luynes (Duc de), Choix de méd. ant. Paris 1840. Pl. IX, f. 13. — Dumersan, Descr. du Cab. d'Allier de Hauteroche, VI, 16, 17. — Imhoof, Mon. Gr. p. 167, 169, n.ºs 59—70. —

77. ΟΛΥΜΠΙΑ.

Lég. sur une mon. d'Elis en Elide, auj. Ruines à Paleopoli. — *Droit:* ΦΑΛΕΙΩΝ. T. de Zéus. R: ΟΛΥΜΠΙΑ. T. de Héra avec une couronne. Ar 6. — R⁸. = 500 fr. (Mion. S. IV, p. 176, n.º 19. — R⁸. = 300 fr). — Cat. Brit. Mus. Peloponnes. pl. XIII, f. 1. Autrefois, Cab. de M. Neigth Stanhope. — Les mon. aut. de l'Elide portant les lég. FA, ΦΑΛΕΙΩΝ, FA, ΞΛ‾, étaient autrefois attribuées sans aucun fondement à **Faleria** d'Etrurie. Voy. Mion. Tom. I (Descr.), p. 98 et Sestini, Lett. num. T. V, p. 44. —

78. ΠΙΣΑ.

Mon. de **Pisa** en Elide, restées inconnues à Mionnet. [*Πισα, Πεισα*

Herod. II, 7; *Strabon*, VIII; *Polyb.* II, 16; *Scyl.* dans Huds. G. M. I, 6; était une ville située entre les monts Olympe et Ossa, ainsi que la capitale de la contrée Pisatis ou Pisaea en Elide, mais à une époque très-ancienne, de sorte que Strabon lui-même doute de son existence. On désignait aussi sous ce nom les bâtiments d'Olympia.] — Au *Musée Britannique* on conserve de Pisa deux mon. suivantes: T. de Zéus. ℞: ΠΙΣΑ. Trois demifoudres. A'. Trihémiobole, pesant 24 grs. - R^{8*}. = 400 fr. — Cf. *Num. Chron.* 1879, Pl. XIV, fig. 7. — Une **autre**: Même Droit. ℞: ΠΙΣΑ. Foudre. A'. — Obole. — R^{8*}. = 500 fr. — Cf. *ibid.* Pl. XIV, fig. 8. — Voy. encore: Denkschr. d. Wiener Akad. I, p. 352 (A'). — GERHARD, Arch. Zeitg. 1849, p. 94. —

79. ΙΑΚΥΝΘΟΣ.

Mon. de **Zakynthos**, île voisine de l'Elide. *Types:* Croissant; aire carrée en creux, au milieu un trépied; diota; trépied; t. laurée d'Apollon; t. laurée de Zéus; Hercule debout; Mercure debout; t. de Diane; carquois; jeune homme à demi-nu, assis sur un rocher, la main dr. posée sur la tête d'un serpent dressé à ses pieds, et la g. sur le rocher; partie antérieure du Pégase, à dr.; lune; deux feuilles de laurier; autel orné de laurier; lyre; t. de taureau de face; bélier deb., à g.; javelot, le tout dans une couronne de laurier. Æ. Mod. 6, 4, 3, 2, 1. — R^4–R^6. = 12, 20, 30, 50 et 200 fr. — Æ. Mod. 4, 3, 3½. — R^3. de 6 à 8 fr. — Aux *autonomes* de bronze appartiennent encore les mon. suivantes: T. laur. d'Apollon à dr. ℞: G·SOSIVS· COS·DESIG. Trépied. Æ 4. — R^7. = 60 fr. (MION. 8 fr.). — T. de Zéus, à dr. ℞: G·SOSIVS·COS. Trident enveloppé par un dauphin. Æ 3. — R^6. = 40 fr. (MION. 8 fr.). — La mon. qui porte la lég. au *nominatif* est une pièce d'un travail artistique qui témoigne le plus haut style. Elle est précieuse. M. IMHOOF-BLUMER a publié un des plus beaux exemplaires, dont voici la description exacte: T. laurée d'Apollon, à g. ℞: ΙΑΚΥΝΘΟΣ du côté droit. Jeune Asklépios, à demi-nu, tourné à g., assis sur un rocher, sur lequel il s'appuie de sa main gauche. La main droite du dieu repose sur une tête d'un serpent dressé à ses pieds. A l'exergue, ΙΕ. (ou mieux ΤΕ). — Æ. 26 mill. R^8. = 700 fr. — Poids: 11,30 gr. — *Bibl.* della Marciana, à Venise. — Cf. IMHOOF-BLUMER, Griech. Münz. a. d. Mus. in Klagenfurt. Wien 1885. in-8°. voy. p. 38—40, n° 78. — La lég. ΙΑΚΥΝΘΟΣ appartient aux mon. d'une émission qui date d'une époque antérieure aux autres; ces mon. en Æ. sont caractérisées par le type d'Apollon assis, tenant la lyre et le plektron; toutes les autres mon. auton. ont pour lég. ΙΑΚΥΝΘΙΟ Ν ou ΙΑΚΥΝΘΙΩ Ν. — Autres lég. sur les aut. en Æ: ΔΙΩΝΟΣ. — ΙΑ·ΣΤΡΑ. — ΖΙΑ. — ΙΑ·ΔΙΟ-ΝΙΣΟΔΩΡΟΥ. — ΖΑΚ. — Pour les autres remarquables variétés omises par MION. cons. IMHOOF-BLUMER: „Monnaies Grecques", p. 170. — *Impériales:* de Marc-Antoine; mais la série commence plus régulièrement au règne d'Antonin le Pieux et finit avec Elagabale. Ces mon. sont du Mod. 6, 5, 4 et 4½. — R^4–R^6. de 8, 12, 20 et 30 fr. — M. ANTOINE: Sa tête nue, à dr. ℞: SOSIVS· ZA. Aigle deb., tourné vers la dr., posé sur un foudre, et tenant un caducée dans ses serres. Æ 5. — R^7. = 80 fr. — (MION. 20 fr.). — AYTO·KAI·ANT. Tête de Caracalla. ℞: ΖΑΚΥΝΘΙΩΝ. Satyre deb., la tête cornue, av. des pieds de bouc. Æ 4. — R^6. = 30 fr. (MION. 8 fr.). — Voy. encore sur les mon. de Zakynthos: *Numism. Chron.* An. 1885, p. 81. — *Rathgeber*, Münz. d. Ins. Zacynthos, aus d. herzogl. Münzcab. zu Gotha u. and. Samml., dans Leitzmann, Num. Zeitg. IV. Jahrg. (1837), n⁰ˢ 18—20. — *Corrections:* Revue Archéol. IX, p. 136 (Æ. Navire. ℞: Autel. = est une attrib. incert.). — Mus. Hunter, 62. XXIV et d'après lui Mion. S. IV, p. 195, n.° 4 citent une mon. qui est de Canusium. — *Rev. Num. Fr.* 1863, p. 235 (R). — Mionnet, S. IV, p. 196, n.° 20 est de Kranion; voy. *ibid.* p. 186, n.° 26; c'est une contradiction bien évidente. —

80. ΣΠΑΡΤΗ.

Sur une monnaie de **Lakedaemon** en Lakonie. — *Droit:* ΣΠΑΡΤΗ. T. imberbe, diad. à g. ℞: ΕΠΙ·ΕΥΡΥΚΛΕΟΣ. ou ΛΑ·ΕΠΙ·ΕΥΡΥΚΛΕΟΣ. Dioscures à cheval, à dr. dans une couronne de laurier. Æ 7 et 10. — R^7. = 50 fr. (Mion. T. II, p. 221, n.° 55.) — R^3. = 6 fr.) — Le buste diadémé du *Droit* représente Sparta fille d'Eurotas et veuve de Lakedaemon, quatrième roi de Lakonie. — **Autres types:** T. de Pallas; t. nue de la déesse Roma; t. d'Hercule coiffé de lierre; d'Hercule laurée; Hercule nu assis sur une pierre et couvert de la dépouille d'un lion; diota entre les bonnets des Dioscures surmontés d'astres; les Dioscures à cheval; t. virile et barbue; massue et caducée réunis; buste de Diane; Artémis Kyparissia (Diane) deb., à ses pieds, un chien; t. de la nymphe Sparta; aigle deb., à dr.; Pallas deb. et casquée; foudre entre deux astres; t. de femme voilée; cerf marchant à dr.; lyre; deux amphores, autour de chacun un serpent. — Æ. Mod. 8. — R^8. = 400 et 500 fr. — Æ. Mod. 4, 3, 3^1/$_2$. — R^5—R^8. de 10, 15, 20 et 80 fr. — Æ. Mod. 10, 8, 9, 7. — R^7. = 50 et 200 fr. — Mod 6, 5, 4^1/$_2$, 4, 3. — R^1—R^3. = 3, 6, 10 et 15 fr. — ΛΑ. T. de Zéus, à dr. ℞: ΕΠΙ·ΛΑΚΩΝΟΣ. T. accolées des Dioscures, à dr., av. le bonnet surmonté d'une astre. Æ 5. — R^4. = 15 fr. (Mion. 8 fr.) — C. Julius Lakon succéda à son père Eurykles dans le gouvernement de Lakedaemon. Son nom se rencontre aussi sur une mon. de Claude. — ΛΥΚΟΥΡΓΟΣ. T. de Lykurgue. ℞: ΛΑ ΕΦΟΡΩΝ· ΤΙΜΑΡΙΣΤΟΣ. Massue terminée par un caducée. Æ 9. — R^8. = 120 fr. (Mion. cite la même p. mais du mod. 6. — R^3. = 9 fr.). — Cette mon. est remarquable parce qu'elle mentionne l'*éphore*, particularité qui ne se rencontre sur aucun autre monument numismatique. Sur l'hist. de la fam. de C. Julius Eurykles, voy. *Mittheil. d. Arch. Inst. in Athen.* Band VI. — ΡΩΜΑ. Tête nue de la déesse Roma. ℞: ΚΟΙ[*νὸν*] ΛΑΚΕ[*δαιμονίων*] ΤΙ·ΚΥΠΑ- ΡΙΣΣΙΑ. Artémis Kyparissia debout. Æ 8. — R^8. = 200 fr. — *Bulletino* dell'Inst. e corr. arch. di Roma, 1861, p. 111. — *Mus. Brit.* — Inc. à Mion. — Voy. *Zeitschr. f. Num.* VII, p. 17. — Le magistrat ΤΙ est peut-être Timaristos, un des éphores dont le nom se rencontre sur d'autres pièces de cette contrée. — Parmi les autres noms des magistrats je noterai ΕΥΡΥΚΛΗΣ, qui était gouverneur de Lakonie sous Auguste (cf. Strabon, p. 366) et Atratinus cité par M. Imhoof-Blumer, Mon. Gr. p. 172. — *Corrections:* Légendes suivantes ont été estropiées par Mionnet: ΓΕΡΟΝΤΩΝ (Mion. II, p. 220, n.° 48 la donne: ΓΕΡΟΝΙΩΝ). T. d'Apollon, à dr. ℞: Λ-Α, Diane chasseresse. Æ 8. — R^7. = 100 fr. — ΝΟΜΟΦΥΛΑΚΕΣ. (Mion. ibid. n° 46.) T. casquée de Pallas. ℞: Λ-Α. Les Dioscures. Magistrat, ΑΡΙΣΤΑΝΔΡΟΣ. Æ 8. R^7. = 100 fr. (Mion. R^6. 24 fr. et fausse leçon de la lég. du droit, expr. par ΛΑΧ·ΚΕΣ.) Cf. à ce sujet: Imhoof-Blumer, Mon. Gr. p. 171; — *Atti* di Società Pontaniana, III (mais av. ΝΟΜΟΦΥ ΑΡΙΣΤΑΝΔΡΟΣ); — *Revue Numism.* 1844, p. 268, rapporte la mon. citée par Mion. S. IV,

p. 220, n.° 1, à Patrae; — AKERMAN, Num. Chr. VI, p. 138, comp. ALLARIA Cretae, chez le même dans le Num. Chron. VII, p. 114. — KÖHNE, Zeitschr. V, p. 2, voy. la note sur CADALVÈNE, Rec. de méd. Pl. II, f. 35 (ATHÉNÉ-CHALKIOIKOS sur une mon. de Lakedaemon). — *Impériales* depuis Auguste jusqu'à Salonina. Æ. Mod. 8, 7, 6, 5 et 4. — R⁴—R⁶. = 6, 8, 25, 40 fr. — MARC-AURÈLE: IMΠ· (sic) K·M·AYPH·ANTΩ·AYΓ. Sa t. laur. av. le *paludamentum*. ℞: ΛΑΚΕΔΑΙΜΟΝΙΩΝ. Castor et Pollux se donnant la main. Æ 7. — R⁶. = 40 fr. (MION. R⁴. = 9 fr.) — **Autres types:** Apollon Amyklaeos; Apollon dans l'attitude de l'Apollon Lykios; Aphrodite Morpho voilée [cf. PAUSANIAS, III, 15]; Aeskulape; Hygieia; Hermes Agoraios portant l'enfant Dionysos [cf. PAUSAN. III, 11, 14]. — Dans le champ des mon. Impér. on observe des marques de valeur, exprimées par AC[$\sigma\acute{a}\rho\iota a$] Δ, S, H (= 4, 6, 8). Cf. IMHOOF-BLUMER, Mon. Gr. p. 173. — AREOS, roi de Lakonie (309—265 av. J. C.). Médaillon. Æ. — R*. = 800 fr. — (MION. II, p. 222, nᵒˢ 63 et 64. R*. = 300 et 400 fr.). — Voy. sur ce roi: Zeitschr. f. Num. II, p. 284, Pl. IX, f. 1. — Consultez encore sur les mon. de Lakédaemon: GERHARD, Arch. Zeitg. 1843, p. 150. — OUDINET, Réfl. sur la méd. de L. dans l'Hist. de l'acad. des Belles-Lettres, T. I, p. 281—293. — *Numism. Chronicle*, VII, p. 120, fausse attribution d'une p., à Lamia de la Thessalie. Il est plus que probable que c'est une t. d'un roi macédonien; d'après BOMPOIS (Et. hist. des portr. attribués à Cléomène III. Paris 1870), la mon. du *Num. Chr.* serait d'ANTIGONUS DOSON, frappée après la bataille de Sellasia en 222 av. J. C. — [La mon. du roi Kléomène III. faisait aussi le rêve du célèbre numismatiste DUPRÉ, qui ne pouvait la découvrir nulle part. Les marchands de Paris se donnaient aussi énormément de la peine pour la lui procurer à tout prix, mais tout resta sans résultat. Depuis on en a fait une petite trouvaille.] —

81. ΓΟΡΤΥC.

Sur les mon. de **Gortyna** de Krète. *Types:* Jeune fille et aigle sur un tronc d'arbre noueux [cf. PLINE, XII, 5, qui dit: „Est Gortynae platanus . . . . statimque ei Graeciae fabulositas superfuit, Jovem sub ea cum Europa concubuisse"]; Europe sur un taureau; Zéus sous la forme d'un aigle abusant de Léda; t. de Zéus diadémée; guerrier nu passant, tenant un bouclier et une haste; homme assis sur un rocher tenant un arc; taureau cornupète; lion accroupi, vu de face; tête de la déesse Rome (PΩMAΣ) av. le mon. K̄Ā, sur un tétradr. (v. *Zeitschr. f. Num.* X, p. 119); Artémis Britomartis; Hermès; boeuf et caducée; polype au milieu d'une aire carrée en creux très-profonde; Hercule assis sur un rocher; t. de Méduse, en face; Pallas deb., tenant une petite Victoire; Apollon assis sur un rocher; crâne de boeuf, vu de face, orné de bandelettes. — **Or.** (N.) T. laurée de Zéus, à dr. ℞: ΓΟΡΤΥΝΙΩΝ. Boeuf marchant à g. et regardant à dr. — Mod. 4½. — R*. = 1500 fr. (MION. 800 fr.). — Æ. Mod. 7½, 7, 6, 5, 4, 3½. — R²—Rᴺ. de 10, 50, 80, 100, 200, 400 et 600 fr. — Æ. Mod. 6, 5, 4, 3, 2. R¹—R². de 1 à 20 fr. — Pendant les an. 66 à 31 av. J. C. on a commencé de frapper à Gortyna des cistophores en Æ en l'honneur de ΚΥΔΑΣ (mentionné par Cicéron, *Phil.*, V, 5, et VIII, 9) qui prend le titre de ΚΡΗΤΑΡΧΑΣ, Président, $\kappa o \iota v \grave{o} v \ \tau \tilde{\omega} v \ K \rho \eta \tau a \iota \acute{\epsilon} \omega v$. Ces cistophores sont restées inconnues à Mionnet, commentés et publiés pour la première fois par M. IMHOOF-BLUMER dans ses *Monn. Gr.*

p. 210. — Ils sont R⁸. Mod. 7½ et se payent de 600 à 800 fr. — *Impériales:* Tibère. ΤΙΒΕΡΙΩ ΚΑΙΣΑΡΙ ΣΕΒΑΣΤΩ ΓΟΡΤΥΝΙΩ[Ν]. Sa t. laurée. ℞: ΚΑΙΣΑΡΙ ΣΕΒΑΣΤΩ ΚΡΗΤΕΣ· Ε(πι)ΚΟΡ·ΛΥ. T. d'Auguste. Æ 4. — R⁷. = 80 fr. (Mion. 50 fr.). Cette mon. a été émise sous le Proconsul Cornelius Lupus. — Caligula et Germanicus: ΓΑΙΟΝ·ΚΑΙΣΑΡΑ·ΓΕΡΜΑΝΙΚΟΝ·ΣΕΒΑΣΤΟΝ. T. laurée de Caligula à g. ℞: ΓΕΡΜΑΝΙΚΟΝ·ΚΑΙΣΑΡΑ·ΕΠΙ·ΑΥΓΟΥΡΕΙΝΩ·ΓΟΡΤ vel ΓΟΡΤΥ. T. laurée de Germanicus, à dr. Æ 5. — R⁶. = 40 fr. (Mionnet, 12 fr.). Ici ἐπί est au datif. Le nom d'Augurinus se trouve aussi sur plusieurs mon. de Hierapytna et de Polyrrhenium. — Claudius: ΤΙ·ΚΛΑΥΔΙΟΣ·ΚΑΙΣΑΡ·ΣΕ·ΓΕΡΜ·ΑΡΧ·ΜΕΓ·ΔΗΜ·ΕΞΟΥ·ΥΠΑ. Sa t. nue à g. ℞: Auguste radié et vêtu de la toge, assis sur un char (quadrige) traîné par quatre éléphants montés chacun par un cornac et allant à g.; dans le champ sept étoiles. Æ 6½. R⁸. = 300 fr. (Mion. 100 fr.). — Même mon. mais au ℞: Auguste assis sur une chaise curule. Æ 6½. — R⁶. = 100 fr. (Mion. Tom. VI, p. 676, n⁰ 433. R⁴. = 40 fr.). — Il existe aussi une mon. en bronze av. ΘΕΟΣ-ΣΕΒΑΣΤΟΣ. Auguste vêtu de la toge, assis sur une chaise curule, tenant dans la main dr. un Aphlaston et la main gauche sur le sceptre. Æ 35 mill. R⁷. = 120 fr. — Cf. Zeitschr. f. Num. Band XIII, p. 132, n⁰ 13, Pl. IV, f. 7. — Trajan: ΑΥΤΟΚΡΑΤΩΡ·ΑΥΓ·ΤΡΑΙΑΝΟΣ·ΓΕΡ·ΔΑΚ. T. laurée de Trajan, à g.; la poitrine découverte, et une chlamyde sur l'épaule gauche. ℞: ΓΟΡΤΥΣ. Le héros Gortys marchant à g., armé d'un bouclier et d'une épée; la t. casquée et une chlamyde sur l'épaule. Æ 9. R⁵. 40 fr. (Mion. 12 fr.). — Hadrien. Sa tête, à dr. ℞: ΓΟΡΤΥΣ. Gortys nu et casqué, armé d'une lance et d'un bouclier. Æ 6. — R⁷. = 50 fr. (Mion. 24 fr.). — ΝΥΤϘΟΛ — lég. sur les mon. de la plus ancienne émission. — Sur les autres variétés des mon. de Gortyne voy. Imhoof-Blumer, Mon. Gr. p. 215—217. — *Corrections:* La mon. d'Æ, chez Sestini, Descr. di molte med. in più musei, v. p. 96 av. ΜΥΝΟΤΑΥΡΟΣ est corrigée par Streber, Num. nonnulla graeca, p. 164, et par Sallet, Zeitschr. f. Num. VI, 263 qui lit ΤΣΜΥΡΟΣ en rétrograde; la mon. du même coin est auj. au Musée de Berlin. — v. Sallet, Zeitschr. f. Num. IX, 119, Æ. av. Diane d'Éphèse: Metellus Creticus a Gortyna. — Voy. en plus: Fox, Engr. of uned. or rare Greek coins, n⁰ˢ 108, 109 av. ΓΟΡΤΥΝΟΜ ΤΟ ΓΑΙΜΑ. (Æ.) — *Rev. Numism. Fr.* 1864, p. 103 et 363. — Borghesi, Osservazioni, IX, 6. —

82. ΧΑΛΚΙC.

Sur les mon. de **Chalkis**, v. de l'île d'Eubœa. — *Types:* T. d'Apollon; de femme; de femme de face; la tête ornée de perles; t. barbue de Neptune av. trident; temple distyle, dedans une niche en forme de cône; roue à quatre rayons dans un carré creux; lyre; aigle tourné à dr. déchirant un serpent, dessous, un trident; trépied; colombe deb. à dr. battant des ailes; t. de Héra, surmontée d'un *stéphanos* élevé; la lettre Chi, Y, sur un bouclier échancré de forme oblongue et platte (sur la forme Υ pour Χ, cf. Kirchhoff, St. z. Gesch. d. Gr. Alph. 3e éd. p. 103, et *Zeitschr. f. Num.* III, p. 134 et 217) = tétr. **unique**. V. Imhoof, Mon. Gr. 221, vign.; cheval libre marchant à g.; partie antérieure de cheval, tournée à g.; oiseau volant, tenant un serpent, dans le champ, un épi; corne d'abondance entre deux globules. — **Or.** Mod. 3. Les mon. au type d'Apollon et de la lyre doivent être rapportées à la Chalkidique en Macédoine. **Electrum**: Aigle dévorant un serpent. ℞: Carré incus très-irrégulier. Poids, 44,4 grs. = Trois var. R*. Cat. du Mus. Brit. Centr. Gr., Pl. XX, n°⁵ 1, 2 et 3. — Ces mon. ne sont pas connues dans le commerce. — Æ. Mod. 7, 6½, 6, 5, 4½, 2½, 3 (le plus commun). R¹–R⁵. de 4, 6, 15, 30, 50 et 80 fr. — La lettre Chi, Ψ, sur un *bouclier* échancré de forme oblongue et plate. ℞: Roue à quatres rayons dans un carré creux. Æ. 27 mill. R⁸. = 80 fr. — Inc. à Mion. — Cf. Imhoof-Blumer, Mon. Gr. p. 221, n°.55. — ΣΑΡΑΔΟΚΟΣ (rétrograde). Cheval libre marchant, à g. ℞: Aigle, les ailes épl., tenant un serpent dans ses serres et dans son bec, dans un carré creux. Æ 3½. — R⁸. = 80 fr. (Mion. S. IV, p. 359, n°. 52. R⁸. = 50 fr.): c'est tout simplement une mon. du Roi Sparadokos! — T. voilée de Héra à dr. ℞: ΧΑΛΧΙΔΕΩΝ (sic) ΞΕΝΟΚΡΑΤΗΣ. Héra dans un quadrige, allant à dr.; le tout dans une couronne de chêne. Æ 9. R*. = 1500 fr. (Mion. ib. n°. 51. R*. = 600 fr). — Cf. Cat. d'Ennery, p. 76, n°. 96; c'est un tétradrachme attique. — *Impériales* d'Auguste à Caracalla. Æ. Mod. 7, 6, 5. — R⁴–R⁷. de 15, 25 et 40 fr. — Lucius Verus: ΑΥΤ·ΚΑΙC·Λ·ΑΥΡ·ΟΥΗΡΟC·ΑΥΓ. Sa t. nue à dr. av. le *paludamentum*. ℞: ΧΑΛΚΙΔΕΩΝ·ΗΡΑ. Héra assise sur une espèce de cortine, à g., tenant de la main dr. une patère, et de la g. un sceptre. Æ 7. — R⁶. = 50 fr. (Mion. 24 fr.). — Auguste: ΧΑΛΚΙC. derrière la t. de Héra, surmontée d'un stéphanos élevé, à dr. ℞: Λ·ΡΟΥΦΙΝΟC·ΑΝΘΥΠΑΤΟC. T. nue d'Auguste, à dr. — Æ. 21 mill. — R⁸. = 60 fr. — Inc. à Mion. — Publ. par M. Imhoof-Blumer, v. ses Mon. Gr. p. 222. — [Le nom du proconsul L. Livius Rupinus se trouve dans une inscr. latine de la Herzégovine (voy. Mommsen, Corp. Inscr. Lat. III, 2, p. 1030, n°. 6367).] — *Corrections:* Auguste: ΜΕCΚΙ—ΝΙΟC CΤΡΑ (et non ΙΓΕΙCΤΡΑ·Μ·CCK (sic) comme on lit dans Mion. S. IV, p. 361, n°. 73). T. nue d'Auguste, à dr. ℞: ΧΑΛΚΙ-ΔΕΩΝ. T. de Héra, à dr. Æ 5. — R⁸. = 90 fr. (Mion. 15 fr.). [C'est encore en 1880 dans mon *Diction. Num.* voy. p. 940, n°. 1804, que j'ai rectifié pour la première fois la vicieuse lég. donnée du Droit de cette mon. par Mionnet; depuis, je la trouve rectifiée, citée par plusieurs dilettants dans quelques ouvrages périodiques sans vouloir reconnaître de telle ou autre façon ma rectification qui a été cependant constatée par feu E. Muret, dans la Rev. Num. Fr. III S. Tom. I, p. 66, an. 1883. — Le même sort a atteint mes publications relatives aux mon. des villes: Ilistra, Bubon; de la mon. du roi Aristobule, de la reine Pythodoris au ℞ de Tibère, de l'archonte ΥΓΙΑΙΝΟΝΤΟΣ et tant d'autres que j'ai publiées pour la *première fois* dans mon *Dictionn. Numism.* — Je proteste donc de la manière la plus énergique contre un traitement aussi pédantesque, hautain et égoiste de tous mes travaux de la part des individus qui, résidant tous en Russie, s'arrogent les titres des docteurs et professeurs, et, en somme, ne connaissant absolument rien de positif en fait de la Numismatique grecque, ne veulent pas respecter les travaux des autres. Tel est le cas où je me trouve; mais j'espère un jour éclaircir certains faits en nommant les individus, qui en cherchant me faire un mal personnel, ne font tort qu'à la science en interprétant ainsi de leur arrogante façon à voir tous mes travaux.] — Néron: ΝΕΡΩΝ·ΚΑΙCΑΡ. T. laurée de Néron jeune, à dr. ℞: ΕΠΙ·Μ·ΚΛΕΥΝΙ. (sic!) T. de Héra, av. une coiffure, ornée d'un triple rang de perles, à dr. Æ 5. — R*. *Variété inédite.* 40 fr. — *Ma collection.* — Comp. Imhoof-Blumer, Mon. Gr. p. 223, n°. 66, et Overbeck, Héra, Pl. II, 28. —

Feu J. FRIEDLÄNDER range parmi les magistrats, qui portaient le titre ἐπιμελητης (voy. ΕΠΙΜΕΛηθέντος ΚΛΕΟΝΙΚΟΥ dans HERMÈS, VIII (1874), 229, 9), le KLÉONIKOS des mon. de Chalcis, mais M. IMHOOF-BLUMER pense qu'il se pourrait cependant que les lettres ΜΕΛ. indiquassent le prénom de Kléonikos, qui aurait été *stratège* de Chalcis, comme TIB. CLAUDIUS EU-THYCLIDÈS et MESCINIUS, — que j'ai fait revivre en étudiant la lég. ΓΕΙ-CΤΡΑ·Μ·CCΚ. citée plus haut. — Voy. encore sur ces monnaies: *Archäologische Zeitg.* 1846, p. 269. — *Annali* di Corr. Arch. di Roma (AUGUSTUS, Mescinius) 1842, p. 132. — *Rev. Num. Fr.* 1846, p. 304. — SESTINI, Descr. di molte med. in più musei, p. 98: sur un exempl. qu'il cite et que je possède, il y a Χ, la mon. est donc italique. — *Mitth. d. Berl. Num. Gesellsch.* II, 86 (mon. de Sept. Sévère). —

83. ΙΣΤΙΑΙΑ.

Sur les mon. d'**Histiaea** (auj. Orio), ville de l'île d'Euboea. *Types:* T. d'une Ménade (Bacchante furieuse), couronnée de vigne et coiffée de la *sphendoné*; la nymphe Histiaea assise sur une proue de navire et tenant un voile étendu; boeuf marchant à dr., au-dessus, les vestiges d'un cep de vigne; t. d'Hercule, imberbe, couverte de la dépouille du lion; partie antérieure d'un boeuf marchant, à dr.; grappe de raisin au milieu d'une couronne de lierre; t. de Bacchus, de face; trépied. — Æ. Mod. $9^{1}/_{2}$. — R^{s}. = 600 fr. (MION. 400 fr.). — Æ. Mod. 4, $3^{1}/_{2}$, 3, 2, $2^{1}/_{2}$ et $1^{1}/_{2}$. — R^{1}. de 2, 4, 6, 30, 50 fr. — Ces mon. sont très-nombreuses et peu rares. — Æ. Mod. 5, $4^{1}/_{2}$, 3, $2^{1}/_{2}$. — R^{3}. de 4, 6, 8, 10 et 15 fr. — T. d'une Ménade (Bacchante furieuse) couronnée de vigne et coiffée de la *sphendoné*. ℞: ΙΣΤΙΑΙΕΩΝ. La nymphe Histiaea qualifiée par son nom ΙΣΤΙΑΙΑ assise sur une proue de navire et tenant un voile étendu. Æ $9^{1}/_{2}$ — R^{6}. = 600 fr. (MION. T. II, p. 308, n° 66. — R^{s}. = 400 fr.). Cf. *Zeitschr. f. Num.* I, p. 186. — Il existe de cette p. un coin moderne dont il faut se méfier. — T. de Dionysos de face. ℞: ΙΣΤΙ. Grappe de raisin tenant un cep de vigne. Æ 4. — R^{s}. = 40 fr. — Incon. à MION. — Au MUS. BRITAN. — ΙCΤΙΑ (sic). T. de femme couronnée d'épis, à g. ℞: ΙΣΤΙ. Taureau cornupète, allant de droite à gauche. Æ 3. — R^{c}. = 30 fr. — *Corrections:* Num. Chr. II, 232: les mon. en Æ. sont rapportées à Histiaeotis en Thessalie. — *Annali* dell'Inst. e Corr. arch. di Roma, 1861, p. 138: c'est encore une question si les mon. qu'on y a décrites doivent être rangées ici ou à la Thessalie? — MUS. LAVY, T. I, p. 174, n° 1952, la p. en Æ. av. Θ·Ι·Η est fausse. — Voy. encore: *Rev. Num. Fr.* 1865, p. 164, p. en Æ. d'un grand mod. — KÖHNE, Zeitschr. VI, p. 122. —

84. AMACIA, AMACCEIA.

Sur les mon. d'**Amasia**, v. dans le Pont. *Types:* T. laur. de Zéus; aigle éployé sur un foudre; t. jeune, imberbe et casquée; corne d'abondance entre les bonnets des dioscures; t. radiée du Soleil; lion marchant; carquois; t. virile, jeune, ailée, à dr. la *penula* sur les épaules; construction de forme carrée ou un large autel allumé, surmonté d'un aigle et à côté un temple sur lequel est Hélios dans un quadrige, la main dr. levée et tenant dans la gauche un fouet, à côté un petit arbre [ce type est expliqué par CAVEDONI dans le Bull. dell'Inst. e Corrisp. arch. 1840, p. 70, qui dit que le grand autel des sacrifices dont on se servait dans le Pont a été construit en l'honneur de Zéus Stratios (cf. Appian. Mithrad. p. 215, ed. Steph.)]; deux fleuves Iris et Scylax couchés du même côté; Sérapis assis sur un siège, à ses pieds, Cerbère; Pluton assis sur un siège, à ses pieds, Cerbère accroupi; Marc-Aurèle et Lucius Vérus, debout, se donnant la main; l'empereur à cheval, allant au galop et frappant un lion. — **Bronze:** Mod. $6^1/_2$ et 4. — R^3—R^5. de 8, 12 et 20 fr. — Il existe des mon. d'alliance d'Amasia av. Nikomédia. — *Impériales* de Domitien jusqu'à Julie Mammée. Æ. Mod. 10, 9, $9^1/_2$, 8, $8^1/_2$ et 6. — R^3—R^8. = 30, 40, 60, 80 et 200 fr. — AMACCEIA. Corne d'abondance entre les bonnets des Dioscures. ℞: T. virile jeune ailée, à droite, la *penula* sur les épaules. Æ 3. — R^6. = 20 fr. (Mion. R^4. = 8 fr.) — Faustine Jeune: AMACIA· ΠP·ΠONTOY·NE·ΘEP. (an 169). Fleuve (Lykos) barbu, couché, tenant de la main dr. un roseau près d'une barque, la g. appuyée sur des rochers. Æ 9. — R^6. = 70 fr. (Mion. R^4. = 24 fr.). — Domitien: AMACCEIA. Femme assise entre deux autels, à g., portant la main dr. à sa bouche. Æ 9. — R^6. = 70 fr. (Mion. R^4. = 40 fr.). — Trajan: AYT·K·TPAIANOC·CEB·ΓEP·ΔAK. T. laur. de Trajan, à dr. ℞: AMAC·MHTP... Deux têtes nues de femmes, en regard (Plotine et Marciane). Æ 9. — R^8. = 200 fr. (Mion. 150 fr.). — L'ère d'Amasia commence l'an 7 av. J. C. C'est la même ère qui était en usage à Germanikopolis et Neoklaudiopolis de Paphlagonie. — Voy. sur ces monnaies: *Bullettino* dell'Instit. e di Corrisp. Arch. di Roma. An. 1840, p. 69, 110. — Mus. Lavy, I, p. 177. — Sestini, Lett. e diss. num. Contin. VII, 23, 24. — Chaudoir, Corrections, p. 68. —

85. AMICOC.

Sur les mon. d'Amisos dans le Pont (auj. Samsun). — *Types:* T. de femme coiffée d'un *stéphanos* ornamenté, et parée de pendants d'oreilles et d'un collier, le cou drapé; t. nue et imb. de Persée, la *harpé* derrière l'épaule; Gorgoneion sur l'égide; Tyché tourelée et voilée assise; t. de Dionysos couronnée de lierre; t. de Pallas; de Zéus; de jeune homme casqué; buste de l'Amour; ciste mystique et thyrse; Persée deb. tenant la *harpé* et la t. de Méduse décollée; aigle sur un foudre; carquois; l'égide, et dessus une t. de Méduse, arc et carquois; buste de Pallas; Rome-Niképhore assise; fleuve couché appuyé sur une corne; t. de Dionysos; chouette éployée de face sur une base arquée, et entre les lettres OY—AP; dessous ΠEIPAE(ων). [Cette dernière légende aussi: ΠEIPAIΩN. Mon. Gr. p. 226, nous démontre que l'assertion de Strabon (XII, 3, 14) est juste quand il nous dit que l'ancien nom d'Amisos a été changé en celui de Peiraieus (ethn. *Πειρατύς*) par les colons Athéniens fondateurs de la ville d'Amisos.] — Tyché tourelée et voilée assise à g. s'appuyant de sa dr. sur un gouvernail posé sur une t. de Zéus, en face d'elle (Cérès) Démêter deb. tenant deux épis à la main droite et s'appuyant de la g. sur une longue torche. — ℟. Aut. Mod. 6. R^8. = 200 fr. — Mod. 4, 3, $2^1/_2$. — R^5. de 12, 15 et 30 fr. (Mion. 12 et 15 fr.). — Æ. Mod. 9, 8, $5^1/_2$, 5, 4. — R^2—R^4. de 2, 6, 8 et 20 fr. — Le Mod. 4 est le plus commun; il ne vaut pas au-dessus de 2 fr. — *Impériales* de Tibère jusqu'à Salonine. Une Série des Impériales en ℟ a été émise sous Trajan, Hadrien, Sabine, Aelius, Antonin le Pieux. Les mon. Impér. en ℟. sont du module d'un denier romain, mais il y en a aussi à l'effigie d'Hadrien qui représente le double et le triple denier romain, circonstance bizarre, qui reste à expliquer. J'ai appris tout récemment qu'on avait trouvé près de Samsun en 1883 une quantité des mon. en Æ. aux effigies d'Hadrien et de Sabine, mais très peu de la double et triple grandeur des deniers. Il faut espérer que les marchands vont baisser les prix pour ce genre de pièces, lesquelles à mon avis ne peuvent être auj. estimées au dessus de 20, 30 et 40 fr. Celles du Mod. plus grand que le denier romain de 60 à 80 fr. — **Bronze:** Mod. 11, 10, 9, 7, 5. — R^5–R^8. de 20, 40 et 100 fr. pièce. — Celle de Tranquilline Æ. MM. — R^8. = 200 fr. (Mion. 150 fr.). — **Drachme inédit:** T. nue et imb. de Persée, à dr.; la *harpé* derrière l'épaule. ℞: Gorgonéion sur l'égide; à droite ⅍ [Fr. probablement à l'époque de Mithradate VI.] Æ. 17 mill. — 3,74 gr. — R^*. = 120 fr. — Voy. Imhoof-Blumer, Mon. Gr. p. 226. — Hadrien: AVT·KAI·TPA·AΔPI—ANOC·CEB·Π·Π·VΠ·Γ. Son buste laur. et drapé à dr. ℞: AMICOV EΛE—VΘEPAC ETOVC, et à l'exergue: PIΓ (an 163 de l'ère d'Amisos dont la 1ère année remonte à l'an 721, de Rome). Tyché tourelée et voilée assise à g., sur une chaise, tenant de la main g. une corne d'abond., et s'appuyant de la dr. sur un gouvernail posé sur une *tête imberbe* laurée(?), placée à terre et tournée à g. Æ. 23 mill. — R^*, Imhoof, Monn. Gr. p. 227, 4. — Cab. de Vienne. — Mus. Brit. et Cab. de France. — 150 à 200 fr. — Saloninus: ΠO·ΛI·KOP·OVAΛEPIANOC·KAI. T. laurée de Salonin. ℞: AMICOC. Europe sur un taureau. Dessous, un dauphin. Æ 7. — R^7. = 60 fr. (Mion. 24 fr.) Cfr. Rasche, Lex. un. rei num. Suppl. I, p. 606. — Sur les mon. Impér. le titre EΛEVΘEPAC est joint très-souvent au nom de la ville. — Il y a aussi des mon. d'alliance d'Amisos avec Amastris et Milet. — Voy. sur les mon. d'Amisos: *Zeitschr. f. Num.* VII, p. 19. — Leake, Num. Hellen. Asiat. Greece, p. 9, av. la lég. ΠEIPAIΩN. — Friedländer, Zeitschr. f. Num. II, p. 30, 4. — Fox, Engr. of uned. or rare Greek coins, n° 2 [Æ. une corbeille avec fruits et CΠΘ, an 257 av. J. C.]. — Borghesi, Osservazioni X, 1, sur Mionnet, S. IV, p. 438, n°. 135. — Mus. Lavy, I, 177, 178. —

86. ΓAZIOYPA.

Sur les mon. de Gaziura, ville dans le Pont, très peu connue. *Types:* T. laurée de Zeus; t. casquée d'Arès, à dr.; aigle sur un foudre, les ailes éployées; carquois. — Ces mon. sont excessivement rares et ne sont connues qu'en **bronze:** Mod. 7 et 5. — R^{8*}. = 40 et 80 fr. — (Mion. 15 et 30 fr.). — Feu Comte Serge Stroganow qui avait réuni tant de matériaux importants sur la numismatique bosporane me disait toujours que les pièces de Gaziura lui faisait défaut et qu'il conclue que ce sont les p. les plus rares parmi les villes du Bosphore. Il me montra seulement un seul spécimen (Æ 7.) qui lui vient de Mr. Dumrux qui faisait jadis des fouilles dans la Russie Méridionale. — [Auj. M. Imhoof-Blumer possède une pièce qui porte le nom de la ville au *nominatif:* elle est fort précieuse.] — T. laur. de Zéus, à dr. ℞: ΓAZIOYPΩN. Aigle sur un foudre, les ailes éployées. Æ 7. — R^{8*}. = 80 fr. — (Mion. R^6. 30 fr.). T. casquée d'Arès, à dr. ℞: ΓAZIOYPΩN. Carquois. Æ 5. — R^7. = 40 fr. (Mion. R^6. = 15 fr.). — Il est à supposer que ces mon. aut. ont été émises sous le règne de Mithradate VI. — **Gaziura** était une ville située sur l'Iris, entre Comana et Amasia et servit quelque temps de résidence aux rois de Pont, mais elle a été déjà déserte du temps de STRABON qui en parle dans son Livr. XII, ch. 13. — En ce qui concerne la mon. du dynaste ARIARATHÈS, av. une lég. aramaïque: בלבזיר et ר־בזיבל, frappée entre les an. 350 et 322 av. J. C. voy. les Rois de Cappadoce dans le *Num. Chronicle*, 1884, Pl. V, f. 12. — Cette mon. est précieuse. — Voy. encore sur les mon. de cette ville: SESTINI, Mus. Hedervar, II, 14. — KÖHNE, Descr. du Mus. KOTSCHOUBEY, II, p. 74. — BENTINCK, Cat. II, 1027. — PELLERIN, Rec. II, 39, 6, p. 9. — Il me reste à souhaiter pour que mes savants compatriotes Mess. GIEL, ORESCHNIKOW et PODSCHIVALOW qui cultivent avec tant de zèle la Numismatique Bosporane et qui ont déjà donnés des preuves de leurs recherches assidues sur cette branche, en publiant certaines monographies et aperçus qui sont restées inconnus aux anciens dilettants — puissent découvrir de nouveaux spécimens de monnaies appartenants aux villes de GAZIURA, CHABAKTA, NYMPHAEON, HERMONASSA, EXOPOLIS (col. gr. sur le Tanaïs) et autres, — monnaies, qui ne serviront qu'à éclaircir les points les plus obscurs de l'histoire de la Russie méridionale. — Dans le temps il y avait en Russie des collectionneurs passionnés pour les mon. du Bosphore, je citerai ici en première ligne: le comte Léon Pérowski, Comte Serge Stroganow, Prince Michel Obolenski, M. Wlasoff à Moscou, général Trostschinski, le docte métropolitain de Kiew Eugène, le traducteur des classiques grecs J. J. Martinow, qui ne sont plus malheureusement de ce monde, mais qui ont légués aux savants de la nouvelle génération des principes pour les imiter. —

87. ΧΑΒΑΚΤΑ.

Sur les mon. de **Chabakta**, ville maritime dans le Pont, située entre le mont Halys et le fleuve Iris. On ne connait que des mon. aut. en **bronze** du temps de Mithradate VI. — *Types:* Aegis ornée au centre d'une t. de Méduse; Niké marchant; t. d'Arès (Mars); carquois; t. de Persée; Pégase paissant à g.; t. jeune, casquée. — Æ. Mod. 6, 5 et 4½. — R⁶. = 20 à 30 fr. — T. de Persée, à dr., av. un casque à mentonnière, dont l'aigrette est recourbée. ℞: ΑΤΧΑΒΑΧ. (rétrograde). Pégase paissant à gauche; dans le champ le monogr. Ⱥ. Æ 6. — R⁶. = 30 fr. — (MION. T. II, p. 349, n° 106. — R⁴. = 12 fr.). — Aegis ornée au centre d'une t. de Méduse. ℞: ΧΑΒΑΚΤΑ (ou Ω.). Niké marchant, à dr., portant une palme sur l'épaule gauche; dans le champ, astre et croissant. — Æ 5. — R⁶. = 30 fr. (MION. ib. n° 107. — R⁴. = 8 fr.). — On ne trouve ces mon. qu'en Crimée et dans la Russie Méridionale, partout ailleurs elles sont très-rares. — Voy. SESTINI, Mus. Hedervar, II, 13. — LEAKE, Num. Hell. l. c. —

88. ΝΕΟΚΑΙCΑΡΙΑ.

Sur les mon. de **Neokaisareia** dans le Pont. On ne connait qu'une seule mon. autonome: T. laur. d'Hercule, la massue sur l'épaule. Dans le champ, ΚΘ. ℞: ΝΕΟΚΑΙCΑΡΕΙΑC, au milieu d'une couronne de laurier. Æ. Mod. 7. — R⁸. = 200 fr. — (MION. II, p. 352. — R⁶. = 100 fr.). — *Impériales* depuis Tibère jusqu'à Gallien. Æ. Mod. 9, 8, 7, 6 et 4½. — R⁶–R⁸. = 20, 30, 40, 60 et 100 fr. — *Inédite de Claude*: ΚΑΙCΑΡ. — Τ·ΚΛΑΥΔΙΟC· ΓΕΡΜ—ΑΝΙΚΟC. T. laur. de Claude (jeune), à dr. sans le *paludament*. ℞: ...ΑΝΔΡΟC·ΝΕΟΚΑΙCΑΡ.... Faisceau de cinq épis. Æ 4. — R*. =

120 fr. — Ma collection. — GALLIEN: Sa tête laurée, à dr. ℞: MHT·NEO-KAICAPIA (sic! au *nominatif*) ET·PϘΘ (an 199 de l'ère de la ville qui commence l'an 63 de J. C.). Æ 9. — R⁸. = 60 fr. (MION. R⁵. = 24 fr.). — J'ai vu cette pièce dans la collection de M. le comte SERGE STROGANOW à St. Pétersbourg; il y a d'autres exempl. de cette mon. qui portent la lég.: NEOKAICAPIAC. — *Autres types* des Impériales: Personnification des cinq villes qui étaient en relations intimes av. Neocaesarea (*six femmes* debout, mon. de Sept. Sévère); le dieu riverain Lykos nageant (type inc. à MION.); temple tétrastyle; base carrée oblongue, sur laquelle sont deux urnes des jeux, dans chacune d'elles, deux palmes; table agonistique et deux urnes; divinité deb. sur un cippe, au milieu d'un temple tétrastyle; autel allumé dans un temple tétrastyle; Agrippine, vêtue de la *stola*, assise sur un siège et tenant une corne d'abondance. — Voy. sur ces monnaies: STREBER, Num. nonnulla graeca, p. 168; SESTINI, Mus. Hedervar, II, 14, 15, 16; *Id.* Lett. di Continuaz. VII, 29 à 33. — CHAUDOIR, Corrections, p. 68. — Les plus grandes autorités croient que Neokaisareia était la même ville que Kabeira (Cabeira); — l'an 742 de notre ère elle a du être réunie d'après les *Notices Ecclésiastiques* aux villes de Sébasté et Cabira ou Cabeira. —

89. AMACTPIC.

Cette légende se lit sur une mon. de FAUSTINE mère, émise à **Amastris**, ville de Paphlagonie: OMHPOC. T. diadémée d'Homère. ℞: AMACTPIC. Tête voilée et tourelée de Faustine mère. Æ 5. — R⁶. = 40 fr. (MION. S. IV, p. 557, n° 40. R⁴. = 8 fr.) — Les mon. de cette ville sont: Aut. Æ. Mod. 6. — R⁸. (av. la lég. AMAΣTPIEΩN et la reine AMASTRIS, assise sur un siège) = 800 fr. (MION. S. IV, p. 552, n°ˢ 8 et 9. R⁶. = 300 fr.) — Æ. Aut. Mod. 8½, 8, 6, 5½, 5, 4, 3. — R⁵—R⁷. de 6, 10, 15, 40 et 50 fr. — *Types*: T. de Pallas, la visière de son casque ornée de quatre chevaux de front; Persée deb., tenant la t. de Méduse; corne d'abond. sur laquelle est posé un aigle; Aegis av. la t. de Méduse au milieu; Niké marchant à dr., et portant sur ses épaules une palme; t. d'Athéna (Minerve); AMAΣTPEΩΣ en deux lignes; t. radiée de Hélios; astre dans un croissant; corytus; t. diadémée d'Homère, av. OMHPOC [une tradition prétendait qu' Homère était né près du fleuve Mélòs, à Smyrne, et on pense qu' Amastris était une colonie de Smyrne]; aigle sur un foudre; thyrse dans une couronne; carquois; Niké debout. — Les mon. aut. av. ces types datent du temps de MITHRADATE VI. — Parmi les **aut.** d'Æ. je citerai un statère de la Reine Amastris de COLL. SIX. *Droit*: T. de la reine AMASTRIS (et non de MITHRA av. une coiffure Persane comme certains savants le pensent), imberbe à dr., coiffée du bonnet phrygien lauré; derrière, un *corytus* (type des mon. de bronze de la reine). ℞: AMAΣTPIOΣ BAΣIΛIΣΣHΣ. *Déesse* assise à g. sur un trône à dossier et bras, et couvert d'un coussin. Elle est vêtue d'un chiton, av. une large *ceinture* au-dessous du sein, et semble porter un *bonnet* à fanons allongés. Le bras g. repose sur le bras du siège, au dossier duquel est appuyé le sceptre. Sur la main dr. elle tient une petite fig. d'Erōs, qui lève les bras vers une tête radiée d'HÉLIOS de face, placée sur le sommet du montant dr. du trône. Æ. 20 mill. R*. Poids Gr. 9,33. — Statère = 800 fr. — Pour les autres détails sur cette p. cons. IMHOOF-BLUMER, Mon.

Gr. p. 228—229 et *Num. Chron.* 1885, p. 64. — Les mon. *Impériales* datent depuis Domitien jusqu'à Gordien III. Elles sont: Æ. Mod. 10, 8, 7, 6, 5 et 4. — R^3—R^6. de 6, 12, 30, 50 et 150 fr. — *Types:* t. de Zéus, av. la lég. ΖΕΥC CΤΡΑΤΗΓΟC; t. d'Homère, av. la lég. ΟΜΗΡΟC; fleuve Mélès couché, la main dr. posée sur une lyre, av. la lég. ΜΕΛΗC; fleuve Parthénius, av. ΠΑΡΘΕΝΙΟC; Zéus Stratégos et Héra debout, l'un av. les attributs du soleil, l'autre de la lune, au milieu des douze signes de zodiaque; Éros debout; Poseidon; Héraklès assis; Némésis; t. d'Iris; t. d'Arès (Mars); Agavé av. la t. de Penthéus (cf. *Zeitschr.* f. Num. VI, p. 17); Niké deb. tenant dans la main dr. une couronne, et dans la g. une palme; taureau marchant de g. à dr.; Hygiée deb. donnant à manger à un serpent, av. la lég. ΥΓΕΙΑ; Apollon deb.; Aeskulape deb.; Faune deb. tourné à g.; Fortune deb. av. ses attributs; t. tourelée de femme; Thyrse et ΓΜ dans une couronne; Diane d'Ephèse (ce type donné par Vaillant paraît inexact, car Vaillant aujourd'hui n'est plus une autorité). — Quelques mon. portent le titre de la métropole, ΜΗΤΡΟΠΟΛΕΙΤΩΝ. — Mon. d'alliance av. Amisos et Sébasté. — Voy. sur toutes ces monnaies: Akerman, Num. Chron. V, p. 187. — Diamilla, Memor. numism. Anno I.º Roma 1847, in-4.º voy. p. 101 (et les correct. insignif. de Cavedoni, dans la Rev. Arch. IX, p. 343) — mon. av. une figure de femme ornée d'épis? — *Berl. Bl.* f. Münzk. I, p. 140. — Chaudoir, Corr. p. 77. — Friedländer, dans Sallet, Zeitschr. f. Num. VI, p. 17 (t. d'Homère. R̃: Agavé), en admettant que l'attribution est certaine. — Sestini, Mus. Hedervar, II, 30, 31, 32. — *Id.* Lett. num. Continuaz. VIII, 5, 6, 7, 8, et IV, p. 71. — *Annali* dell' Instit. e Corr. Arch. di Roma. 1839, p. 64, Pl. A, f. 2. —

90. ΚΡΩΜΝΑ.

Sur les mon. de **Kromna** en Paphlagonie. *Types:* T. laur. de Zéus, à g.; t. de femme (Amazone Kromna, fondatrice de la ville), surmontée d'un stéphanos, tourelée et ornementée, ornée d'un collier; Amphore au-dessus d'un dauphin, au-dessus, grappe de raisin. — Æ 4. — R^7. de 60 à 70 fr. (Mion. 40 fr.) — Æ. 16 mill. — R^8. = 80 fr. — On ne connaît pas des mon. *Impériales*. — T. laur. de Zéus, à g. R̃: ΚΡΩΜΝΑ. Tête d'Amazone Kromna, surmontée d'un stéphanos, tourelée et ornementée, ornée d'un collier (ressemblant aux têtes qui se trouvent sur les mon. d'Amisos). Dans le champ un monogr. ⇁ et la lettre N. — Quelquefois, au-dessus de la tête, un croissant. — Æ 4. (*Tétrobole* persique). R^7. = 70 fr. (Mion. 40 et 36 fr.) Celle du Mod. 3^1/$_2$: R^6. = 45 fr. — T. de femme (Kromna) à g., surmontée d'un *stéphanos* ornementée et ornée d'un collier. R̃: Κ Ρ Σ Ω. Amphore au-dessus d'un *dauphin* à dr. Au-dessus, grappe de raisin. Æ. 16 mill. — R*. = 80 fr. — **Inédite** (inc. à Mion.). Mus. de Berlin. — Imhoof-Blumer, Mon. Gr. p. 230. — *Numism. Chron.* 1873, p. 122. — *Ib.* Vol. II, p. 166; Vol. V, p. 188. — Ces mon. ont été émises en 330—300 av. J. C. — Voy. encore: Mus. Lavy, T. I, p. 180 (Æ). — Sestini, Mus. Hedervar, II, p. 32. — *Id.* Mus. Chaudoir, p. 80 (Æ). —

91. ΓΕΡΜΑΝΙΚΟΠΟΛΙC.

Sur les mon. de **Germanikopolis** (Gangra) de Paphlagonie. — *Types* *des mon. Impériales* (depuis Hadrien jusqu'à Caracalla et Geta, très-nombreuses et assez communes) sont: Diane chasseresse; temple tétrastyle, au milieu duquel Diane-Artémide est debout; Niké dans un quadrige; Sérapis deb. vêtu du *pallium;* l'empereur (Sept. Sévère) dans un quadrige, allant à droite; le Fleuve XANTHOS, ΞΑΝΘΟC, couché tenant le palladium et un roseau (*type* le plus rare. Æ 9. 120 fr. Mion. 100 fr.); bœuf marchant de g. à dr.; coq tourné à dr.; Vénus nue, accroupie, à dr., derrière elle Cupidon, devant une chèvre; le dieu LUNUS couvert du bonnet phrygien et du pallium, assis sur un siège; femme debout, vêtue de la *stola*, une balance à la main dr., et un sceptre dans la g.; ΓΕΡΜΑΝΙΚΟΠΟΛΕΩC·ΕCΤΙΑC· ΘΕΩΝ en six lignes au milieu d'une couronne de laurier [Æ 7. — R⁶. = 40 fr. — Mion. 24 fr. m. de Caracalla]. — Toutes les mon. Impériales de cette ville sont du Mod. 6, 7 et 8½. — R⁴–R⁶. de 12, 30, 40, 50 et 120 fr. — *Septime Sévère*: ΑΥ·ΚΑ·CΕΠΤΙ·CΕΟΥΗΡΟC·Π. Sa t. à dr. ℞: ΓΕΡΜΑΝΙΚΟΠΟΛΙC·ΕCΤΙΑ·ΘΕΩΝ·ΕΤ·CΔΙ (an 214). Niké dans un quadrige, à dr. — Æ 8. — R⁵. = 35 fr. (Mion. 12 fr.). — Près de Germanikopolis il y avait un lieu fortifié qui lui servait de forteresse, appelé GANGRA. Au *Mus. Britannique* on conserve une mon. du temps de Caracalla qui représente cette forteresse et qui porte la lég. suivante: ΓΑΝΓΡΩΝ ΑΡΧ[ΟΥCΗC] ΠΑΦ[ΛΑΓΟΝΙΑC]. (Incon. à Mion. R⁷. = 120 fr.). — Voy. à ce sujet: KENNER, Stift St. Florian, p. 157. — Ère de la ville 747 de Rome, 7 av. J. C. — ΓΕΡΜΑΝΙΚΟΠΟΛΕΜC (sic) sur une mon. de Julia Domna. Æ 6. — R⁵. = 20 fr. — (Mion. 12 fr.) — *Titres honorifiques:* ΕCΤΙΑ ΘΕΩΝ et ΑΡΧ·ΠΑΦ. — Voy. sur ces monnaies: SESTINI, Mus. Hedervar, II, 32, 33, 34. —

92. ΠΟΜΠΗΙΟΠΟΛΙC.

Lég. sur les mon. de **Pompeiopolis**, ville de Paphlagonie, fondée par POMPÉE LE GRAND en mémoire de sa victoire sur MITHRADATE. — *Types:* Fortune deb., tenant un gouvernail et une corne d'abond.; Dionysos deb. tenant le *cantharum* et le thyrse; Démétèr deb. tenant des épis et un pavot; Pallas casquée debout. — Æ. Mod. 9 (R⁷. = 120 fr. Mion. 100 fr.), 7 et 5. — R⁶. = 30 à 40 fr. — On ne connaît que des *Impériales* de Marc-Aurèle, Faustine Jeune et Julia Domna. — Ces mon. portent toujours le nom de la ville au *nominatif:* ΠΟΜΠΗΙΟΠΟΛΙC et le titre ΜΗΤ·ΠΑΦΛ. pour les distinguer des mon. de son homonyme en Cilicie qui ont pour légende: ΠΟΜΠΗΙΟΠΟΛΕΙΤΩΝ. — MARC-AURÈLE . . . . . T. de M. Aurèle. ℞: ΜΗΤΡ·ΠΑΦΛ·ΠΟΜΠΗΙΟΠΟΛΙC. Fortune deb., tenant dans la main dr. un gouvernail, et dans la g. une corne d'abond., au-dessus de laquelle est un bélier. Æ 9. — R⁷. = 120 fr. (Mion. R⁶. = 100 fr.). — FAUSTINE JEUNE: ΦΑΥCΤΕΙΝΑ·CΕΒΑCΤΗ. T. de Faustine la Jeune. ΜΗΤ·ΠΟΜΠΗΙΟΠΟ-ΛΙC. Démétèr deb., à g., tenant dans la main dr. pendante des épis et un pavot, et dans la g. une haste. — Æ 7. — R⁷. = 80 fr. (Mion. 60 fr.). — Cf. SESTINI, Mus. Fontana, III, p. 52. — *Idem*, Mus. Hedervar, II, 34. —

93. CΕΒΑCΤΗ.

Mon. de la ville de **Sébasté** en Paphlagonie. — *Types:* **Aut.** Buste de Diane-Pharétrée; Athéné debout. Æ. Mod. 4. — R*. = 150 fr. (Mion.

100 fr.) — *Impériales:* de Trajan, de Marc-Aurèle et Commode, de M. Aurèle et Lucius Vérus, de Caracalla. — Æ. Mod. 6 et 4. — R^8. de 60 à 120 fr. — **Inédite** de M. Aurèle et Commode (que j'ai publiée dans la *Rev. Num. Fr.* III Série. An. 1883. Tom. I, p. 380, Pl. IX, f. 12): AYTOKPATO· CEBACTΩN. Bustes affrontés de Commode et de Marc-Aurèle, av. le paludament. ℞: CEBCTH (sic! au lieu de CEBACTH) MHTPO·ΠAΦ. (et non MHTPOΠ·AP. comme on l'avait mis par erreur dans mon article de la Revue). Athéné debout, casquée, tenant de la main dr. une petite Niké, et de la g. une haste et un bouclier. Æ 4½. — R*. = 120 fr. — Auj. dans la coll. d'Arthur LÖBBECKE, à Braunschweig, auquel je l'ai cédée. — TRAJAN: AY·NEP· (in nexu) TPAIANON·AP·CE·ΓEPM·ΔA. Sa t. laurée. ℞: CEBACTH. Démétèr voilée, deb., à g. tenant de la main dr. des épis et de la g. une haste. Æ 6. — R^8. = 100 fr. (MION. R^6. = 100 fr.). — Autrefois, MUSEO FARNESE, 10, 15, 13. — SESTINI, Lett. num. Continuaz. T. V, p. 35, n.º 3. — AYT·NEP·TPAIANOC·KAICAP·CEB·ΓEP. T. laur. de Trajan, à dr. ℞: ΔHMHTPA CEBACTH. DÉMÉTÈR, voilée et couronnée d'épis, deb. à g., tenant des épis dans la main dr. et s'appuyant de la g. sur le sceptre. Æ. 24 mill. — R^8. = 150 fr. — Cf. IMHOOF-BLUMER, Mon. Gr. p. 464, n.º 29. — Cette mon. sert de preuve quel avantage présente la belle conservation: c'est la même p. qui a été décrite par MION. Suppl. T. IV, p. 570, n.º 113, mais d'après un mauvais exempl. et par conséquent d'une manière incomplète; celle que donne M. IMHOOF-BLUMER est dans un état irréprochable et on y lit une forme *Δήμητρα*, pour *Δημήτηρ*, dont on ne connait pas d'exemples avant le temps de l'empire romain. — La position de Sébasté reste jusqu'à présent indéterminée: on présume que son emplacement a du se trouver à l'endroit où est située la ville moderne Siwas sur le Halys. — Voy. sur ces monnaies: SESTINI, Mus. Hedervar, II, p. 35; *idem,* Lett. numism. Continuaz. V, p. 35. — CHAUDOIR, Corrections, 77, 80. — CAT. L. WELZL DE WELLENHEIM, n.º 4678. —

94. BIΘYNIA.

Lég. sur les mon. de Bithynie en général (Bithynia in genere) pour désigner le nom de la Province. Il y en a du temps de VESPASIEN: AYTOKP·KAICAP·CEBAC·OYECΠACIANOY. Sa t. laurée, à dr. ℞: EΠI· M·MAIKIOY·POYΦOY·ANΘYΠATOY. Dans le champ, BIΘYNIA. Femme à demi-nue sur une charrue, la main dr. appuyée sur le manche, tenant des épis de la main g. — Æ 9. — R^6. = 70 fr. (MION. T. V, p. 2, n.º 1. R^5. = 48 fr.). — Cfr. aussi: MORELL, qui la donne sous la famille Maecia, et SESTINI, Descr. num. vet. p. 243. — Il y a des mon. Impér. de Bithynia in genere émises sous Vespasien, Titus, Domitien, Hadrien, Antinoüs et Sabine; elles portent les noms du Procurateur (*Ἐπίτροπος*) et du Proconsul (*Ἀνθύπατος*) et le nom de la Province, BIΘYNIA. — Leurs *types* sont: Femme à demi-nue sur une charrue; une gerbe formée de cinq épis; un bouclier et une lance; t. casquée d'Athéné; l'empereur en habit militaire debout dans un temple tétrastyle; temple octostyle de face, à l'exergue, une barque; trois femmes deb. dans un temple distyle. — Æ. Mod. 10½, 10, 9, 8, 5½, 5. — R^3–R^8. de 10, 25, 40 et 60 fr. — *Médaillon* d'Antinoüs. Æ. MM. — R^8. = 400 fr. (MION. 300 fr.), il porte au Droit: ANTINOOY· H·ΠATPIC. T. d'Antinoüs, à dr. ℞: KOINON·BEIΘYNIAC. Temple octostyle. (S'il est à fl. d. c. il vaut encore plus de 400 fr.) — Sous Hadrien on a émis en Bithynie des kistophores en Æ., aux lég. latines: IMP·CAES· TRA·HADRIANO AVG·P·P. T. laurée d'Hadrien, à dr. ℞: COM·BIT. Hadrien, en habit militaire deb., la main dr. sur la haste pure, et la Niké sur la g. dans un temple tétrastyle, sur le fronton duquel on lit: ROM· S·P·AVG. Æ 8. — R^7. = 120 fr. (Mion. T. V, p. 3, n° 6. R^7. = 150 fr.). — En 1848 on en a trouvé assez de ces pièces, mais un grec s'est emparé de la trouvaille et les a vendues à Amsterdam à un marchand qui les lance à petit nombre dans le commerce pour maintenir les prix, — je tiens ce communiqué du bien regretté général J. de Bartholomaei. — Voy. sur ces monnaies: Borghesi, Osservazioni X, 9, sur une p. de Vespasien (décr. par Mion. dans le T. II, p. 408, 1) et sur une de Domitien que Mion. n'a pas connue. — Sabina. Est-ce bien la fig. de Bithynia? voy. à ce sujet les médaillons d'Hadrien en Æ avec ROM·SP·AVG., ce qui pourrait signifier Romae Spei Augusto, et alors cette figure serait Spes. En attendant c'est toujours une curieuse combinaison de Rome Spes et Auguste; il est évident que les légendes COMmuni ASIAE ROMae ET AVGVSTO sur les mon. d'Auguste, émises l'an 735 de Rome, sont rares dans cette communauté. — Köhne, Berl. Bl. f. Münzk., Vol. V, p. 10. — Sur l'ère bithynienne cons. Borghesi, dans l'Antologia di Firenze, T. II, Cah. XXI, p. 87. —

95. ΑΠΑΜΕΙΑ.

Mon. d'**Apamea** en Bithynie (qui s'appellait aussi Myrleia). Auton. av. la lég.: ΜΥΡΛΕΑ ou ΜΥΡΛΕΑΝΩΝ ont pour *types:* T. de Hélios, rev. cavalier; t. d'Athéné, rev. lyre; t. laurée d'Apollon; Athéné assise sur un monceau d'armes; t. tourelée et voilée de femme; fig. debout, les bras enveloppés dans son vêtement, la main dr. posée sur une haste, dans le champ, une feuille; avec la lég.: ΑΠΑΜΕΩΝ ΤΩΝ ΜΥΡΛΕΑΝΩΝ ou ΑΠΑΜΕΩΝ, ont: une t. laurée d'Apollon, rev. lyre; trépied; t. imb. casquée; grappe de raisin; t. de Dionysios couronnée de lierre; déesse Rome assise à g.; les noms des gouverneurs romains, ΕΠΙ ΓΑΙΟΥ ΠΑΠΙΡΙΟΥ ΚΑΡΒΩΝΟΣ, ΕΠΙ ΓΑΙΟΥ ΟΥΙΒΙΟΥ ΠΑΝΣΑ; et les dates de l'ère pontique (297 av. J. C.) qui correspondent av. les années 66—60 av. J. C. — Æ. Mod. 6, 5½ et 4. — R^5—R^7. = 12, 20 et 30 fr. — ΑΠΑΜΕΙΑ·ΜΥΡ. T. laurée d'Apollon, à dr. ℞: ΕΠΙ·ΓΑΙΟΥ·ΟΥΙΒΙΟΥ·ΠΑΝΣΑ. Lyre. A l'exergue, ΑΕΑ (sic). Æ 5½. — R^5. = 20 fr.(Mion. R^6. = 24 fr.). — Les mon. autonomes Coloniales de cette ville sont excessivement rares; elles portent au *Droit:* T. de Mercure, av. le pétase ailé. ℞: C·I·C·A·D·D. Caducée. — R*. = 150 fr. (Mion. 100 fr.); les autres ont pour lég.: COL·IVL·CONCORD·AVG·APAM ou C·I·C·A·D·D. (decreto Decurionum). Elles sont toutes du pet. mod. Æ 4. — R^8. de 100 à 150 fr. — La Série des Impériales latines commence à Jules-César et finit avec Gallien. — Leurs types sont nombreux; les plus intéressantes sont d'Apollon Clarius (APOLLINI CLARI) et de Diana Lucifera (DIANA LVCIF.); voy. à ce sujet: *Num. Chron.* V, p. 188; VIII, p. 40; *Zeitschr. f. Num.* VII, 21. — Elles sont du Mod. 10, 9, 8, 6, 5½ et 4. — R^3—R^8. de 4, 8, 15, 30, 40 et 100 fr. — La mon. la plus rare parmi les Impériales est une p. de Didius Julianus et Manlia Scantilla: IMP·DID·CAESAR·IV-LIANVS·AVG·M·SCANTILLA·AVG. Têtes affrontées de Julien lauré et de M. Scantilla. ℞: C·I·C·A·D·D. Un trirème monté par cinq rameurs. Æ 6. —

R⁸*. = 400 fr. — Ma collection. — Cf. Sestini, Lett. num. p. 13. Mus. Privato; — Mionnet, Suppl. T. V, p. 9, n.º 46. R⁸. = 100 fr. — Autre, inédite: IMP·CAES·TRAINVS (sic) HADRIA. Buste radiée de Hadrien, à dr. ℞: COL·IVLIAE CONCORD·APMENAE (sic) et dans le champ, D·D· Tyché deb. à g, la main dr. appuyée sur le gouvernail et tenant de la g. une corne d'abond. — Æ. 27 mill. R*. = 100 fr. Publiée par M. Imhoof-Blumer, dans ses *Mon. Gr.* p. 231. — Sur les autres mon. voy. encore: Sestini, Mus. Chaudoir, p. 82 (p. de Gallieu); — Nero, Drusus, Agrippina, Drusilla et Julia, p. inéd. dans le Cat. de Moustier lot 376; Mitth. d. Berl. Num. Ges. I, 24; Millingen, Sylloge, 62, p. de Commode; Mus. Lavy, I, p. 182, p. de Trébonien Galle; *Num. Chron.* V, p. 188, 189, 190; VIII, p. 40; Chaudoir, Corrections, p. 78.

96. ΚΡΗΤΙΑ.

Lég. sur les mon. de **Kreteia-Flaviopolis** en Bithynie. *Types:* T. tourelée de femme; Mercure deb.; Satyre assis sur un rocher; Apollon nu, deb., les jambes croisées; Temple tétrastyle, dans lequel est Apollon deb.; Démétèr deb., tenant des épis et une haste; Niké deb.; Démétèr dans un bige; aigle, les ailes éployées sur une base, entre deux enseignes militaires; t. voilée de femme surmontée du *modius*; Temple tétrastyle, av. Cybèle assise au milieu; le dieu riverain ΒΙΛΛΕΟC, type très-significatif et tout-à-fait identique av. le fleuve ΒΙΛΛΑΙΟC qu'on trouve sur les mon. de Tium (cf. Köhne, Berl. Bl., V, 16); ΚΡΗΤΙΕΩΝ — ΦΛΑΟΥΙΟΠΟΛΕΙΤΩΝ en cinq lignes dans une couronne de laurier (mon. de Jul. Domna); Cybèle voilée, portée par un lion, av. le *tympanum*; Europe montée sur un taureau; une gerbe formée de quatre épis; Diane-Artémide, prenant de la main dr. une flèche dans son carquois. — On ne connait que des *Impériales* qui datent depuis Antonin le Pieux jusqu'à Gallien. — Æ. Mod. 9, 8, 7, 6 et 4. — R⁵-R⁶. de 12, 30 et 40 fr. — Julia Domna: ΙΟΥΛΙΑ ΑΥΓΟΥCΤΑ. T. de Julia Domna, à dr. ℞: ΚΡΗΤΙΑ·ΦΛΑΟΥΙΟΠΟΛΙC. T. voilée de femme, à dr., surmontée du *modius*. Æ 8. R⁶. = 40 fr. (Mion. R⁵. = 24 fr). — *Corrections:* Les mon. autonomes (Æ 3) décrites par Mionnet (Tom. V, Suppl. p. 32, nᵒˢ 173 et 174) à Cratia ou Kreteia doivent être rapportées à Kretopolis de Pisidie; je me base pour cela sur l'article du Feu Borrell, inséré dans le *Numism. Chron.* VI, p. 115; X, p. 84. — Voy. encore: *Annali* dell' Instit. o Corrisp. arch. di Roma. An. 1840, p. 217 = une p. à l'effigie de Geta. — Les mon. *Impériales* depuis Antonin jusqu'à Gallien portent le nom de **Flaviopolis**. —

97. ΦΛΑΟΥΙΟΠΟΛΙC.

Sur une mon. aut. de **Flaviopolis** en Bithynie qu'on considère pour la même ville que **Kreteia** dont la monographie j'ai donnée au n.º précédent, par conséquent, tout ce qui se rapporte à Flaviopolis concerne aussi Kreteia. — ΦΛΑΒΙΟΠΟΛΙC. T. tourelée de femme. ℞: ΝΕΙΚΟΜΑΧΟC·ΑΡΧΙΕΡΕΥC ΑΝΕΘΗΚΕ. Mercure deb., à g. tenant une bourse de la main dr. et de la g. le caducée et la *penula*. Æ 6. R⁸. = 120 fr. (Mion. R⁸. = 100 fr.). — Cf. Sestini, Descr. dell. Med. ant. del Mus. Hedervar, p. 44, n.º 3. — C'est une p. de Temenothyrai en Lydie, qui avait aussi le nom de Flaviopolis.

Voy. IMHOOF, Monn. Gr. p. 390, qui dit, qu'il possède un br. pareil avec ΝΕΙΚΟΜΑΧΟϹ·ΑΡΧΙΕ·ΤΗΜΕΝΟΘΥΡΕΙϹΙ. —

98. ΑΔΡΙΑΝΟΠΟΛΙϹ.

Sur les mon. d'Hadrianopolis, ville, dont l'emplacement en Bithynie reste encore à déterminer. — **Aut.** Mod. 6, 4 et $3^{1}/_{2}$. — R^6—R^8. = 30, 50 et 60 fr. — *Types* des **aut.**: Lunus (dieu Mensis) deb., tenant de la main dr. un fruit, et dans la g. la haste; T. de Pallas (Athéné); t. jeune du Sénat; t. de Roma. — Les mon. *Impériales* depuis Hadrien jusqu'à Philippe père. Æ. Mod. 10, $8^{1}/_{2}$, 9, 7, 6, 5. — R^5—^{6}. de 30, 40 et 50 fr. — *Médaillon d'Antinoüs*: ΑΝΤΙΝΟΟϹ·ΗΡΩϹ. Sa t. nue à g. ℞: ΕΠΙ·ϹΤ· ΚΑΝΔΙΔΟΥ·ΑΔΡΙΑΝΟΠΟΛΕΙΤΩΝ·ΕΤ. Bœuf deb., à dr. Æ 10. — R^{8*}. = 400 fr. (MION. T. II, p. 434, n° 132. R^8. = 300 fr.). — *Autres types*: Zeus deb., tenant la haste, d'un côté, Athéné, également deb., de l'autre, une femme tenant la haste et un vase; Diane-chasseresse; t. voilée et tourelée de femme; femme tutulée deb.; Niké marchant à g.; temple tétrastyle dans lequel est un autel allumé; fleuve imberbe couché. — Le nom du magistrat est toujours précédé des titres de *stratège* et d'*archonte*. — D'un des côtés du champ on observe quelquefois sur ces mon. l'abbréviation ϹΕΒ., mais il me semble que ces mon. appartiennent à Hadrianopolis de Phrygie, qui portait le nom de *Sébasté*. — Mon. de JULIA DOMNA, av. le nom de la v. au *nominatif*: ΙΟΥΛΙΑ·ΔΟ·ϹΕΒΑϹΤΗ. Sa tête, à dr. ℞: ΑΔΡΙΑΝΟ- ΠΟΛΙϹ. T. voilée et tourelée de femme, à dr. Æ 7. — R^7. = 40 fr. (MION. 24 fr.). — *Corrections*: Les mon. que SESTINI et MION. Suppl. V, p. 47, n°ˢ 242 et 243 ont classées à Hadrianopolis en Bithynie trouveraient plutôt leur place dans la Phrygie, car leur fabrique n'est point bithynienne. — Il faut ranger encore à la Phrygie les mon. aux têtes de Balbin et Maxime, publ. par M. L. MEYER dans la Zeitschr. f. Num. III, p. 148, 11 (Lykaonie) et par MILLINGEN (Sylloge, Pl. IV, 54) Pisidie. Cf. IMHOOF-BLUMER, Mon. Gr. p. 400, — et *du même*: Griech. Münzen aus d. Mus. in Klagenfurt. Wien 1885, p. 67, n°ˢ 143, 144. —

99. ΑΔΡΙΑΝΟΘΗΡΑ.

Sur les mon. d'Hadrianothera, ville classée erronément par Mionnet et les autres à la Bithynie, mais d'après les nouvelles recherches elle doit être placée dans la Mysie (voy. WADDINGTON, Rev. Num. fr. 1852, p. 90); elle a été fondée par Hadrien en commémoration d'une chasse heureuse. *Types des autonomes*: T. d'Hercule; lion; t. du Sénat; Asklépios debout, av. ses attributs, Æ. Mod. 4 et 6. — R^6. = 50 et 80 fr. — *Impériales*: depuis Hadrien jusqu'à Otacilia Severa. Æ. Mod. 11, $10^{1}/_{2}$, 8, 7, $5^{1}/_{2}$, 6, $3^{1}/_{2}$. — R^6—R^7. de 8, 12, 30, 60, 150 fr. — *Médaillon d'Antinoüs*: ΑΝΤΙΝΟΟϹ·ΗΡΩϹ· ΑΓΑΘΟϹ. Sa t. nue à dr. ℞: ΑΔΡΙΑΝΟΥΘΗΡΑ (sic). T. de sanglier. Dans le champ, un monogramme. Æ $10^{1}/_{2}$. — R^8. = 400 fr. (MION. T. II, p. 437, n° 146. R^8. = 200 fr.). Autrefois, cab. de M. COUSINÉRY; la même p. du Mus. Tiepolo avait été mal lue. — *Autres types* des Impériales: T. d'ours, tournée vers la dr.; Diane-Artémide deb. devant un autel; Hadrien deb. vêtu du *paludamentum*; Apis deb. le flan orné d'un croissant; t. de sanglier; cavalier ou course; caducée entre deux cornes d'abondance (la p. en potin de

Philippe et Otacilia est de coin moderne); Hadrien à cheval, frappant d'un javelot un ours marchant dessous lui. — Philippe Père: ΑΥΤ·Κ·Μ·ΙΟΥΛ· ΦΙΛΙΠΠΟC. Sa t. laurée à dr. av. le *paludamentum*. ℞: ΕΠΙ·ΑΥΡ·CΩ-ΚΡΑΤΟΥC·ΑΡΧ·Α·ΑΔΡΙΑΝΟΘΗΡΕΙΤΩΝ. Philippe à cheval, courant à dr., la main dr. élevée. Æ. 10. — R⁶. = 80 fr. (Mion. R⁵. = 30 fr.). — Titres des magistrats: CΤΡ[ΑΤΗΓΟC] et ΑΡΧ[ΩΝ]. — Voy. en plus sur ces monnaies: *Num. Chron.* VI, p. 115, 116. — *Rev. Num. Fr.* 1852, p. 90. — Sestini, Mus. Chaudoir, p. 81. —

100. ΗΡΑΚΛΕΙΑ.

Sur les mon. d'Hérakleia Pontica en Bithynie. — *Types* (aut.): T. d'Hercule; ΗΡΑΚ. autour d'une aire carrée en creux; Dionysos assis, demi-nu, tenant le *cantharum* et le thyrse; Massue, dans le champ, grappe de raisin; partie antérieure d'un boeuf cornupète; boeuf cornupète, derrière, grappe de raisin; carquois rempli de flèches et massue; Hercule trainant Cerbère enchaîné, vers la statue de Démétèr posée sur une colonne; Zéus assis; Dionysos deb. devant un autel; Neptune deb. tenant de la dr. un dauphin et de la g. un trident (mon. de Jul. Domna) — preuve de la puissance d'Héraklèa sur mer et de la force de sa flotte; Isis tutulée et voilée deb. de face; t. d'Apollon ceinte d'un léger lien, les cheveux composés de globules; ΕΒΑ, écrit en deux lignes et dans un carré creux: ∞ (d'Héraklèa en Arkadie); ΗΡΑΚΛΕΙΑ et une massue dans un cercle; Niké ou la Renommée, assise à terre, écrivant av. un fer de lance, la dernière lettre du mot ΕΡΑΚΛΕΙΑ, au bas, une trompette couchée; t. casquée d'Athéné, av. un collier de perles; une clef; cheval libre et bridé, allant au galop; arc, carquois et massue en sautoir; lyre; le dieu Mois deb.; Héra (Juno Pronuba) deb. sur une base. Æ. Mod. 6, 5¹/₂, 5, 4, 3, 2, 1. — R⁵–R⁸. de 20, 40, 60 et 100 fr. (Mod. 6. = 120 fr.). — Æ. Mod. du *Médaill*. 10 (150 fr.), 9, 9¹/₂ (100 fr.), 6, 5¹/₂, 5, 4, 3, 2. — R⁵. de 8 à 15 fr. — *Impériales:* depuis Néron jusqu'à Salonine. Æ. Mod. 9¹/₂, 9, 8¹/₂, 8, 7, 6, 5 et 3¹/₂. — R⁶–R⁸. de 12, 25, 40, 60 et 100 fr. — Les types des mon. Impériales sont fort nombreux et se rapportent pour la plupart aux exploits d'Hercule. — Les noms des magistrats portent le titre de *proconsul* (ΑΝΘΥΠΑΤΟΣ). — Les bronzes des trois modules ont pour légende: ΗΡΑ-ΚΛΕΩΤΑΝ ou ΗΡΑΚΛΗΑC ΕΝ ΠΟΝΤΩ. (depuis Sept. Sévère). — T. barbue d'Hercule, couverte de la peau du lion à g.; dessous, une massue. ℞: ΗΡΑΚΛΕΙΑ. Boeuf cornupète, à g. — Æ 5. — R⁷. = 80 fr. (Mion. S. V, p. 55, une var. avec Ӿ sur la tête du boeuf. Æ 4. R⁵. = 60 fr.) *Ma collection*. — Poids de mon exempl. 5 gr. 97 centigr. — Cf. Al. Boutkowski, Rec. spéc. de Gr. Curios. St. Pétersb. 1868. Livr. 1, p. 19, — *grav*. ibid. — *Médaillon*: T. de Dionysos imb. couronnée de lierre, à g.; un grand thyrse par derrière; devant l'aigle impériale en contre-marque: D·E. — ℞: ΗΡΑΚΛΕΩΤΑΝ. Hercule deb., vu de face, appuyé sous les aisselles de sa massue posée sur un rocher, tenant les dépouilles du lion; il est couronné par la Niké planant en l'air, à g. Dans le champ un monogr. — Æ 6. R⁶. = 120 fr. (Mion. 150 fr.). —
Inédit: *Domitien:* ΑΥΤ·ΔΟΜΙΤΙΑΝΟΣ·ΚΑΙΣ·ΣΕΒ·ΓΕΡ. Sa t. laurée, à dr. ℞: [ΗΡΑ]ΚΛΕΑ ΠΡΟΤΗ (sic) ΒΙΘΥΝΙΑΣ. Héra debout à dr. dans un char trainé par deux serpents. Æ 7. R*. = 80 fr. Ma collection. — Je l'ai publ. dans la *Rev. Num. Fr.* III Sér. An. 1884. Tom. 11, p. 402, n° 3. —

Gr. ib. Pl. XVIII, f. 3. — **Inédite:** Gordien III: M·ANT·ΓΟΡΔΙΑΝΟC·ΑΥΓ. Sa t. laurée à dr. av. le *paludamentum*. ℞: ΜΑΤΡΟC·ΑΠΟΙΚΩΝ·ΠΟΛΙΩΝ. Zéus Olympien assis sur son trône. A l'exergue: ΗΡΑΚΛΕΩΤΑΝ. Æ $10^{1}/_{2}$. R*. = 150 fr. Ma collection. — *Corrections:* La mon. décr. dans Mion. S. T. V, p. 51, n° 256, est d'Héraklea en Arkadie. Le carré creux est semblable à celui de Mantinea. — J. Brandis (Münz-, Mass- u. Gewichtswesen in Vorder-Asien bis auf Alex. d. Gr. Berl. 1866. in-8°.) cite à la p. 121 une mon. en **or** d'Herakléa et *ib.* à la p. 129 une en Æ et autres en Æ. qui doivent être (selon Leake, Num. Hell. Eur. Gr. p. 51) rapportées à Heraea en Arkadie; cf. Brandis, p. 214, note 3. — Sur les mon. d'Héraklóa, voy. encore: *Rev. Belge*, 4e sér. T. I, 1863, p. 123; Cavedoni, Spic. num. p. 133; *Annali* dell'Inst. e di Corrisp. Arch. di Roma 1841, XIII, p. 145; Borrell, Num. Chron. VI, 1844, p. 116; *Annuaire* de la Num. et d'Arch. 1866, p. 46; Polsberw, de rebus Heracleae Ponti libri VI, p. 29. — Les mon. des tyrans d'Hérakléa: Timothéus et Dionysius. Æ. — $5^{1}/_{2}$. R⁴. = 40 fr. (Mion. II, p. 444. R⁶. = 100 fr.); de Dionysius seul. Æ 5. — R⁵. = 80 et 50 fr. (Mion. ib. R⁷. = 120 et 60 fr.). — Amastris Reine: T. virile, imb. à dr. coiffée d'un bonnet phrygien, orné d'une couronne de laurier. ℞: ΑΜΑΣΤΡΙΟ· ΒΑΣΙΛΙΣΣΑΣ. Femme tourelée, assise à g. tenant une Niké et un sceptre. Æ 5. R⁸. = 600 fr. (Mion. T. II, p. 445. R⁸. 400 fr.). — T. laurée, les cheveux flottants sur les épaules. ℞: ... ΑΜΑΣΤΡΙΟΣ .... ΒΑΣΙΛΙΣΣΗΣ. Arc et carquois. Æ 4. R*. 200 fr. (Mion. ib. 100 fr.). Deux leçons vicieuses. — Kléarchos, tyran (364—352 av. J. C.): HPAK. derrière une t. de femme à g., le cou drapé, parée de pendants d'oreilles, d'un collier et d'un stéphanos crénelé et orné de palmettes. ℞: K. *Trophée* contre lequel est appuyé une massue; dans le champ, à dr. un arc av. le corytus. Æ. 13 mill. (Poids, Gr. 1,68). — R⁸. = 50 fr. — Voy. M. Imhoof-Blumer, Mon. Gr. p. 239, et *Id.* a. Choix de mon. Gr. Pl. III, n° 96. — Conf. encore: Ferd. de Bompois, Mon. d'arg. fr. à Hérakléa de Bithynie. Paris 1878. Pl. I, f. 1, et *du même:* Diobole inédit du tyran Satyros dans la Rev. Archéol. 1879, cah. de Mars, p. 136, Pl. VI, 1, où le graveur a omis d'indiquer la haste horizontale du trophée. — Sur la mon. de Satyros voy. aussi la Zeitschr. f. Num. VII, p. 22, pl. I, f. 12. — Les attributions par feu F. Bompois des mon. aux tyrans Kléarchos et Satyros, prédécesseurs de Dionysios, me paraissent très-justes. — Grote, Blätter f. Münzk. III, p. 105, déclare que la mon. donnée par Sestini dans ses Lett. num. Contin. VII, 47, n° 1, est fausse. — Six (voy. *Num. Chron.* 1885, p. 59) attribue un statère d'Æ aux tyrans Kléarchos II et Oxathres (306—302 av. J. C.), mais j'affirme que, faute de preuves plus fondées, ce statère ne peut pas être introduit dans la série des monnaies des tyrans de Hérakléa; c'est bien une mon. de cette localité, mais comme on ignore la date précise de son émission, on ne peut, par conséquent, se baser sur un essai de classification quand il est donné même par un savant de mérite et fort bien étudié. —

101. ΙΟΥΛΙΟΠΟΛΙC.

Sur les mon. de **Juliopolis**, ancien **Gordium**, une ville de l'intérieur du pays proprement dit la Galatie, mais généralement incorporée dans les régions géographiques de la Bithynie. *Types* (Aut.): T. de Zéus-Sérapis;

Hercule nu deb., la main dr. sur un trophée. Æ. Mod. 4. — R^8. = 60 fr. (Mion. S. V, p. 71. R^8. = 50 fr.) — Æ. Obole. Lég.: ΓΟΡΔΙΑΝΩΝ. publié par Borrell dans la *Num. Chron.* VIII, p. 27. — *Impériales:* depuis Trajan jusqu'à Gallien. — *Types:* Démétèr deb. tenant des épis et la haste pure; le dieu Lunus deb. une patère et une haste dans les mains; buste de Lunus, coiffé du bonnet phrygien et ayant un croissant sur les épaules; t. voilée de femme; les fleuves ϹΑΝΓΑΡΙΟϹ et ϹΚΟΠΑϹ couchés, tenant chacun un gouvernail; Hygieia deb. donnant à manger à un serpent; Fortune deb. tenant un gouvernail et une corne d'abondance; l'empereur (Elagabal) dans un quadrige; le même dans un char attelé de cinq chevaux (mon. de Corn. Paula); Aeskulape et Hygieia deb.; deux enseignes militaires, au milieu un aigle légionnaire; boeuf deb. à dr. av. un croissant sur le flanc; t. tourelée de femme dans un temple; le dieu Lunus à cheval; Zéus assis sur un siège; Némésis deb. tournée à g.; Aeskulape deb. av. ses attributs; aigle sur un foudre; Cybèle, assise sur un siège, à g. la t. tourelée, une patère dans la main dr. et le bras g. posé sur le *tympanum*, à ses pieds, un lion. — Æ. Mod. 9, 8, 7, 6, 5 et 4. — R^4–R^7. de 6, 12, 20, 30, 40 et 80 fr. — Commode: ΑΥ·ΚΑΙ·Λ·ΑΥ·ΚΟ·ΗΡΑΚΛΗϹ (il serait plus exacte de lire: Α·Κ·Λ·Α·ΑΥ·ΚΟ·ΗΡΑΚ·ΡΩ). T. laurée de Commode (Hercule Romain). ℞: ΙΟΥΛΙΟΠΟΛΙϹ. T. voilée de femme. Æ 4. — R^6. = 40 fr. — (Mion. R^4. = 8 fr.). — **Inédite:** Antonin le Pieux: (ΑΝΤΩΝ—Κ)ΑΙ—ϹΑΡ·ϹΕΒ. Sa t. nue à dr. le cou drapé. ℞: ΙΟΥΛΙΟΠΟ—(ΛΙΤΩΝ). Le *Fleuve* Sagaris à demi-nu, couché à g. tenant une branche dans la main dr., et s'appuyant du bras g. sur l'urne d'où l'eau découle. Dessous, ϹΑΓΑ(ρις). Æ. 17 mill. — R^8. = 60 fr. — Publ. par M. Imhoof-Blumer, dans ses: *Mon. Gr.* p. 239. — *Autre inédite.* Cornelia Paula: ΙΟΥΛΙΑ ΚΟΡΝΗΛΙΑ·ΠΑΥΛΑ·ϹΕΒ. Tête de Paula, à droite. ℞: ΙΟΥΛΙΟΠΟΛΕΙΤΩΝ. Pallas-Athéné casquée, assise, tenant une Niké, à g. Æ 9¹/₂. — R*. = 300 fr. — [Exemplaire à fl. de coin, cuivre jaune, sans patine, de ma collection, que j'ai cédé à M. Imhoof-Blumer.] — Voy. encore sur les mon. de Juliopolis: Köhne, Memoiren der Petersb. arch. Gesellschaft 1850, p. 185; *Id. a.* Berl. Bl. f. Münzk. I, p. 141. —

101 bis. ΚΑΙϹΑΡΕΙΑ·ΓΕΡΜΑΝΙΚΗ.

Les mon. de cette ville doivent être classées ici à la Bithynie, malgré les anciennes attributions qu'on trouve dans Mionnet, Sestini et autres. Comp. le récent Manual of Greek Numismatics de M. Barclay Head. Oxford 1887. voy. p. 438. — Par conséquent la mon. suivante doit trouver sa place ici: **Germanikia-Kaisaria.** Caracalla: Μ·ΑΥΡΗ·ΑΝΤΩΝΕΙΝΟϹ·ΑΥΓΟΥϹΤ. Son buste drapé et lauré à dr. ℞: ΚΑΙϹΑΡΕΙΑϹ, et à l'exergue, ΓΕΡΜΑΝΙΚ|-Ε — ΟΛΥΜΠΟϹ. *Figure* virile à demi-nue, couchée à g., le bras droit appuyé sur un rocher (?) et ten. de la m. g. une branche. Devant elle, Caracalla (?) deb. à g., la main dr. appuyée sur le sceptre, et la gauche enveloppée du paludament. [La fig. couchée personnifie probablement la montagne qui semble être indiquée par le nom: Ὄλυμπος. (Æ. 27 mill. — R^8. = 120 fr.) — Incon. à Mion. Publ. par Imhoof-Blumer, d. ses: Monn. Grecques, p. 439, n° 1.] — Cf. F. Wieseler, Ueber die Darstellung der Berggottheiten, d. les: Nachr. d. K. Ges. d. Wissensch.

zu Göttingen 1876, n.º 3, p. 76. — **Germanikia-Kaisaria** de Commagène a frappé des mon. avec des légendes différentes de celle de la Bithynie. — Voy. encore sur cette ville: *Annali* dell' Ist. e Corr. arch. di Roma. An. 1847, p. 34, Pl. C. — DIAMILLA, Mem. num. Anno I.º Roma 1847, p. 108 (mon. de PESCENNIUS NIGER au type du serpent). — GIORNALE Arcad. LXXXXII. 1842, p. 326. — *Rev. Num. Fr.* An. 1868, p. 436. — *Num. Journ.* I, p. 45. — CAT. L. WELZL DE WELLENHEIM, n.º 6661 (Domna). —

102. NIKAIA.

Sur les mon. de **Nikaea**, v. de Bithynie. — *Types* (Aut.): T. laurée de femme; Hercule deb.; Niké marchant; t. jeune, devant, une enseigne militaire et les lettres IЄ; trois enseignes militaires; t. laurée d'Apollon; t. tourelée, à dr.; diota; caducée sur une massue; t. de Dionysos couronnée de lierre; thyrse, dans le champ, M; Rome-Niképhore assise sur des armes, à g. portant une Niké sur la main dr., dans le champ, M, à l'exergue, ΡѠΜΗ. — Æ. Mod. 6, 5$^{1}/_{2}$, 5 et 4. — R^4—R^6. = 8, 15, 20 et 25 fr. — Les mon. aut. portent les noms des proconsuls C. PAPIRIUS CARBO, dates ΒΚΣ et ΔΚΣ de l'ère du Bosphore et du Pont, av. J. C. 76 et 74, et VIBIUS PANSA, et la date ϚΛΣ, de l'an 62 av. J. C. — *Impériales:* depuis Jules-César jusqu'à Quiétus. Ces mon. sont nombreuses; je citerai les *types* les plus remarquables: Niké marchant à g.; Zéus assis; taureau marchant; t. casquée d'Athéné; temple héxastyle, à double étage; superbe édifice ou portique; trophée; autel allumé; autel, capricorne, corne d'abondance, globe, pavot et une gerbe d'épis; t. de Dionysos, couronnée de pampre; gerbe de cinq épis; ΜΑΡΚΟΣ·ΠΛΑΝΚΙΟΣ·ΟΥΑΡΟΣ·ΑΝΘΥΠΑΤΟΣ, dans une couronne de laurier; quadrige d'éléphants sur lequel est Vespasien deb.; ΖΕΥΣ ΜΗΛΙΟΣ assis; autel allumé av. la lég.: ΔΙΟΣ ΑΓΟΡΑΙΟΥ; aigle deb. av. la même lég.; Dionysos deb. en habit de femme; Hercule Farnese deb.; t. jeune de Dionysos, ceinte de lierre; les fleuves ΣΑΓΑΡΙΣ et ΓΕΥΔΟΣ; un caducée; Démétèr dans un bige; Aeskulape et Hygieia deb. av. la lég.: ΥΓΕΙΑ ΚΑΙ ΑΣΚΛΗΠΙѠ; statue placée sur une colonne; Athéné, armée d'un bouclier et d'une lance, combattant dans un char traîné par quatre chevaux (suspect); Harpokrate nu deb.; t. de la nymphe Nikaea; le dieu Hélios, nu, marchant à dr.; griffon accroupi, tourné à dr.; colonne Antonine; Aeskulape deb., av. la lég.: ΑΣΚΛΗΠΙΟ·ΣѠΤΗΡΙ; Télésphore deb., av. la lég. ΘΕѠ ΤΕΛΕΣΦΟΡѠ; autel allumé; sur le devant ΔΙΟΣ en deux lignes, et à l'exergue: ΛΙΤΑΙΟΥ (et non ΑΙΤΑΙΟΥ comme on le lit dans MIONNET); Dionysos deb. tenant le *cantharum* et le thyrse, à ses pieds, un tigre; Hipparque barbu, et couvert d'un ample vêtement, assis sur une base, à g. la t. nue, portant un globe sur la main dr., et le g. appuyée sur la base qui lui sert de siège, av. la lég.: ΙΠΠΑΡΧΟΣ; Marc-Aurèle à cheval, la main dr. armée d'une lance; têtes affrontées de Sérapis et d'Isis; char du Hélios sur des nuages, au bas un Fleuve couché, on aperçoit au-dessus une partie de zodiaque (mon. de Marc-Aurèle. M.M. R^6. = 150 fr. — MION. 120 fr.); Satyre deb. coiffé d'un bonnet pointu, tourné à g. tenant de la main dr. une fourche à trois dents, et de la g. une outre, derrière un terme de Priape; tête d'Alexandre le Grand; la déesse Rome casquée assise, tenant une Niké de la main dr.; urne des jeux av. deux palmes, entre lesquelles est un buste à tête barbue; Dionysos et Ariadna assis, s'embrassant; Déesse assise sur un loup, ten. une corne d'abond. et un sceptre; les trois Grâces nues s'embrassant; la Fortune assise sur des rochers, av. la lég.: ΑΓΑΘΗ ΤΥΧΗ; Dionysos deb. devant un autel, ten. le *cantharum* et le thyrse, av. la lég.: ΔΙΟΝΥCΟΝ ΚΤΙCΤΗΝ; temple tétrastyle, dans lequel est Dionysos debout; ΝΙΚΑΙΕΩΝ·ΒΕΙΘΥ. Commode à cheval, courant à dr. la main dr. armée d'une lance; ΙΕΡΟC·ΑΓWΝ·ΝΙΚΑΙΕWΝ. urne des jeux av. une palme; Amphora, dessous, une massue couchée; trois urnes av. une palme; Athlète deb. posant une couronne sur sa tête et ten. une palme; Vase à une anse (praefericulum?) et une palme; t. imberbe couverte d'une peau de lion à dr. av. la lég.: ΘΗCΕΑ·ΝΙΚΑΙΕΙC (mon. de Commode. Æ 3$^{1}/_{2}$. R^8. = 70 fr. Mion. 40 fr.); Cybèle tenant un flambeau, sur un char traîné par deux taureaux (même type sur une mon. de Tium de Marc-Aurèle, inéd.) = mon. de Julia Domna (Æ 9. — R^7. = 80 fr. Mion. R^4. = 20 fr.); Dionysos et Ariadne, accomp. de Éros, sur un char traîné par deux centaures, mâle et femelle, précédés d'un Faune, tenant le *pedum*; serpent s'élançant de la ciste mystique; ΝΙΚΑΙΕΩΝ écrit en deux lignes, en travers du champ, et entre un *vexillum* surmonté de l'aigle romaine et deux enseignes militaires (un des types les plus communs); le Fleuve Καϊκός couché (ce fleuve arrose les campagnes non-loin de Pergame), tenant un roseau de la main dr. et le bras g. posé sur une urne; têtes affrontées de Caracalla et Géta, l'une laurée, l'autre nue (Æ 9. R^8. = 200 fr. — Mion. R^G. = 100 fr.); Arès (Mars) deb. et barbu, une main sur son bouclier et une autre sur sa lance; la Justice deb.; Thésée sous les traits d'Hercule deb.; Hercule saisissant par les cornes un cerf terrassé; la nymphe Nikaia, vêtue de la stola deb., à g. le *modius* en tête, ten. une amphore de la main dr. et un thyrse de la g.; Hercule Sagittaire nu, tuant les oiseaux de Stymphale, dans le champ, deux oiseaux; Hercule assis sur un lion, jouant de la main dr. avec l'Amour, assis sur sa cuisse; Hercule étouffant Anthée; fleuve CΑΓΑΡΙC assis à terre; trirème avec des rameurs; éléphant conduit par un cornac, ten. une baguette dans sa main étendue; Pythagore à demi-nu assis, devant lui un globe placé sur un cippe très-élevé et la lég. ΠΥΘΑΓΟΡΗC; Cybèle tourelée assise entre deux lions; Aphrodité nue accroupie sur son pied droit, portant la main dr. à sa chevelure et tournant la tête vers un miroir que lui présente Cupidon, tenant un flambeau, de l'autre côté une autre Cupidon ten. aussi un flambeau; lion courant; Satyre deb. frappant du pied gauche un vieillard, il tient le *pedum* de la main dr. sur son épaule, et de la g. une peau de bouc; Prométhée assis sur un rocher, travaillant au squelette de l'homme, qui est figuré deb. devant lui, sur la pointe d'un rocher; taureau cornupète et un cheval, tous deux en face l'un de l'autre, au-dessus et au milieu une tête radiée de Hélios; deux phares ou lampes, le *vexillum* est figuré au milieu; Héros à cheval, la t. couverte du bonnet phrygien, le cheval dont les pieds de devant sont humains, tient dans le droit levé un bâton, autour duquel est un serpent, une petite Niké vole au-devant du Héros pour le couronner, av. la lég.: ΙΠΠΟΝ·ΒΡΟΤΟΠΟΔΑ·ΝΙΚΑΙΕΩΝ (ce type fait allusion au culte de Mithra — mon. de Gordien III. Æ 9. — R^8. = 300 fr. Mion. R^8. = 150 fr.); la Tyché de la v. d. Nikaia tendant la main à un homme barbu représentant celui de Byzance, av. la lég. ΝΙΚΑΙΕΩΝ — ΒΥΖΑΝΤΙΩΝ·ΟΜΟΝΟΙΑ.; t. radiées en regard de Valérien père et de Gallien, au milieu, celle de Valérien jeune, à l'exergue, ϹΕΒΒ. et au rev.: ΜΕΓΙϹΤΩΝ·ΑΡΙΣΤΩΝ·ΝΙΚΑΙΕΩΝ, trois urnes des jeux av. des palmes (Æ 6½. — R⁷. = 40 fr. Mion. R³. = 9 fr.); enceinte d'une ville fortifiée; le camp prétorien, duquel on voit une porte et des murailles crénelées; dauphin entre deux poissons (même type sur les mon. de Anchiala de Thrace). — Les *Impériales* de Nikaiea sont du Mod. 9, 8, 7, 6, 5, 5½, 4 et 3. — R¹—R⁸. de 2, 4, 8, 15, 25, 40, 60, 100 et 200 fr. — Le médaillon d'Antonin le Pieux, au Rev. Zéus assis entre les chars du Hélios et de la Seléné, au milieu des douze signes du Zodiaque (coté par Mion. T. II, p. 453, n.º 225. R⁵. = 120 fr.) vaut auj. 600 fr. — **Titres honorifiques** sur les mon. de Nikaiea: ΠΡΩΤΟΙ·ΠΟΝΤ·ΚΑΙ·ΒΙΘ.; ΠΡΩΤΟΙ ΤΗΣ ΕΠΑΡΧΕΙΑΣ; ΑΡΙΣΤΟΙ ΜΕΓΙΣΤΟΙ; ΕΥϹΕΒΕΙϹ ΕΥΓΕΝΕΙϹ, et autres. — *Magistrats:* ΑΝΘΥΠΑΤΟΣ ΠΑΤΡΩΝ. — Inscriptions remarquables: ΟΜΗΡΟϹ; ΘΕΑ ΔΗΜΗΤ; Fleuves: ϹΑΓΑΡΙϹ et ΓΕΥΔΟϹ (Imhoof, Mon. Gr. p. 240); ΚΟΜΟΔΟΥ ΒΑϹΙΛΕΥΟΝΤΟϹ Ο ΚΟϹΜΟϹ ΕΥΤΥΧΕΙ; ΡΩΜΑΙΩΝ ΝΙΚΗΝ ΝΙΚΑΙΕΙϹ, et autres. Sur les nombreuses mon. qui se rapportent aux *jeux célébrés à* Nikaiea on trouve: ΑϹΚΛΗΠΕΙΑ; ΔΙΟΝΥϹΙΑ ΠΥΘΙΑ, ΙϹΘΜ[ΙΑ] ΠΥΘΙΑ; (?)ΙϹΟΠΥΘΙΑ) ΑΓΩΝΕϹ ΙΕΡΟΙ; ΑΥΓΟΥ[ϹΤΕΙΑ]; ϹΕΟΥΗΡΕΙΑ ΦΙΛΑΔΕΛΦΕΙΑ; ΚΟΜΟΔΕΙΑ; ΚΕΝΔΡΕϹΕΙΑ. — Mon. d'alliance av. Byzantion, Kyzikos et Hadriani. — Antonin le Pieux: ΑΥΤ·ΚΑΙ·ΤΙ·ΑΙΛ·ΑΔΡ·ΑΝΤ. Sa t. à dr. ℞: ΝΙΚΑΙΑ. Tête tourelée (Tyché), couronnée de lierre; derrière, un carquois. Æ 6. — R⁵. = 20 fr. — Mion. R². = 6 fr. — Il y a encore trois autres variétés où le nom de la ville est au nominatif. — **Inédite**: Britannicus. ΒΡΕΤΑΝΝΙΚΟΣ ΚΑΙΣΑΡ ΣΕΒΑΣΤΟΥ ΥΙΟΣ. T. nue de Britannicus à dr. les épaules drapées. ℞: ΕΠΙ·Γ· ΚΑΔΙΟΥ·ΡΟΥΦΟΥ·ΑΝΘΥΠΑΤΟΥ ΠΑΤΡ. *Arc* supporté par deux colonnes et surmonté d'un *capricorne* à dr. Sous l'arc, en deux lignes: ΓΕΥ—ΔΟΣ. (nom inconnu; la place isolée qu'il occupe ferait supposer que ce n'est pas un nom de personne). Æ. 22 mill. — R*. = 400 fr. — Publ. par M. Imhoof-Blumer, voy. ses „*Mon. Gr.*", p. 240, n.º 62, — l'opinion qu'il émet sur cette importante monnaie. — La mon. suivante de Messaline porte aussi le nom du même magistrat: ΜΕΣΣΑΛΕΙΝΑ·ΣΕΒΑΣΤΗ·ΝΕΑ·ΗΡΑ. Sa t. à dr. Devant, deux épis. ℞: ΕΠΙ·Γ·ΚΑΔΙΟΥ·ΡΟΥΦΟΥ·ΑΝΘΥΠΑΤΟΥ·ΠΑΤΡΩΝΟΣ. Tête nue de Britannicus, à g.; dans le champ, d'un côté ⳨ et de l'autre, ΝΚ. Æ 9. — R⁸. = 700 fr. (Mion. S. V, p. 82, n.º 412. — R⁸. = 400 fr.) = voy. aussi: Leake, As. Gr. p. 89, et Suppl. 73. — *Quiétus:* ΤΙ·ΦΟΥΛ·ΙΟΥ·ΚΥΝΤΟϹ (sic) ϹΕΒ. Sa t. radiée à dr. av. le *paludamentum*. ℞: ΑΡΙϹΤΩΝ·ΜΕΓ·ΝΙΚΑΙΕΩΝ. Le camp prétorien, duquel on voit une porte et des murailles crénelées. Æ 6. — R⁸*. = 80 fr. (Mion. S. V, p. 165, n.º 963. R⁶. = 30 fr.; vû l'excessive rareté de cette mon. ce prix est inadmissible auj.). — On trouve cependant quelquefois cette mon. dans la Russie Méridionale et en Podolie. — Dans la *Zeitschr. f. Num.* VII, 220, on lit la lég. du *Droit:* ΤΙΤ·ΦΟΥΛ·ΙΟΥ·ΚΥΗΤΟϹ·ϹΕΒ. (Ex. du Mus. de Berlin). — Macrien Jeune: ΤΙ·ΦΟΥΛ·ΙΟΥ·ΜΑΚΡΙΑ-ΝΟϹ·ϹΕΒ. Sa t. radiée à dr. av. le *paludamentum*. ℞: ΑΡΙϹΤΩΝ·ΜΕΓ· ΝΙΚΑΙΕΩΝ. Le camp prétorien, duquel on voit une porte et des murailles crénelées. — **Inédite**. Æ. 22 mill. R*. = 150 fr. Variété de la mon. décr. par Mion. S. V, p. 165, n° 962. Æ 6. — R⁶. = 30 fr. — Fl. d. c. de ma collection. — La mon. d'Antonin (Mion. II, p. 453, n° 227) porte le nom de la déesse au Datif: ΘΕΑ ΔΗΜΗΤΡΙ ΝΙΚΑΙΕΙC. Cf. Capranesi, Annali dell' Inst. e Corr. arch. 1840, p. 218, Pl. P, 19, qui a publié une mon. semblable à l'effigie de L. Vérus. — Sur les mon. de Nikaiea, consultez encore: Millingen, Sylloge, 64. — Diamilla, memorie, I, 71. — *Rev. Belge*, III Sér. T. IV, 12. — Akerman, Num. Chr. VI, p. 118. — Köhne, Mem. d. Pet. Arch. Ges. 1850, p. 186. — *Bulletino* Napolitano, Tom. VI, p. 17. — Longpérier, Descr. du Cab. de M. Magnoncour, n° 311. — Æ 8. **Inédite**, de Julia Domna, au Rev. av. un cavalier armé d'une lance en course, à dr. — Pinder, Numi ined. 27. — *Rev. Num. Fr.* An. 1863, p. 242 et 465. —

103. NIKOMHΔEIA.

Sur les mon. de **Nikomedia** en Bithynie. — *Types* (aut.): T. imberbe, laurée, à g.; thyrse orné de bandelettes; une torche; t. imberbe casqué; Niké marchant, tenant une couronne de la m. dr. et une palme de la g.; t. d'Athéné, à dr.; t. casquée de Rome, devant: ΡΩΜΗ; t. barbues et accolées de Dionysos et d'Hercule; Rome en habit d'amazone, assise sur des dépouilles; t. de Dionysos, imberbe; Diane chasseresse deb. et la date ΔΚΣ (224); t. de Bacchante couronnée de lierre; Amphore; massue terminée par un caducée; t. tourelée de femme à dr.; aigle éployée sur un foudre, dans le champ un caducée, à l'exergue, la date ΒΑΣ (232); même type av. la date ΕΛΣ (235); sanglier marchant à dr.; t. de Zéus; Hercule nu deb.; t. imb. d'Hercule; massue dans une couronne d'épis; Athéné casquée deb., tenant une haste et un bouclier. — Æ. Mod. 6, 5 et 4. — R²-R⁴. de 4, 6, 8 et 10 fr. — Les mon. auton. émises à Nikomédia à l'époque de la domination Romaine portent les noms des Proconsuls C. Vibius Pansa, C. Papirius Carbo, Rufus et Thorius Flaccus. — *Impériales* depuis Jules-César à Salonina. — *Inscriptions remarquables*: ΝΙΚΟΜΗΔΕΩΝ ΔΙC ou ΤΡΙC ΝΕΩΚΟΡΩΝ. — ΝΙΚΟΜΗΔΕΙΑC, — généralement suivi du nom du Proconsul et av. l'addition du titre ΠΑΤΡΩΝ. — ΜΗΤΡΟΠΟΛΙC ΚΑΙ ΠΡΩΤΗ ΒΕΙΘΥΝΙΑC ΚΑΙ ΠΟΝΤΟΥ. — ΠΡΩΤΗ ΒΙΘ·ΚΑΙ Π·ΡΩΜΗ ΜΗΤΡΟΠΟΛΙΝ. — ΘΕΟC ΟΛΥΜΠΙΟC. — CΤΟΛΟC. — Les mon. Impériales de Nikomédia sont très-nombreuses et par conséquent assez communes. — Elles sont du Mod. 9, 9¹/₂, 8, 7, 6, 4 et 3. — R¹-R⁶. de 2, 4, 6, 12, 15, 20, 30, 40 et 60 fr. — Je donne ici les *types suivants*: Niké marchant, à dr.; en cinq lignes: ΕΠΙ·ΠΟΠΛΙΟΥ·ΟΥΙΤΕΛΛΙΟΥ·ΑΝΘΥ· ΝΙΚΟΜΗΔΕΩΝ (mon. de Germanicus. Æ 5. R⁵. = 20 fr.); t. opposées de Germanicus et d'Agrippine; deux épis liés ensemble; fig. virile à demi-nue, marchant à dr.; ΝΕΙ dans une couronne civique (Æ 9. — R⁵. = 30 fr.); Néron à cheval, précédé et suivi d'un soldat. Æ 9. — R⁶. = 60 fr. (Mion. 48 fr.); t. tourelée de femme; t. barbue de Dionysos Indien; gerbe d'épis; en quatre lignes: ΜΑΡΚΟΣ ΠΛΑΝΚΙΟΣ·ΟΥΑΡΟΣ·ΑΝΘΥΠΑΤΟΣ — mon. de Vespasien. Æ 9. — R⁶. = 50 fr. (Mion. 40 fr.); au milieu du champ: une lance et un bouclier en sautoir; proue de vaisseau, dessus, un serpent s'élançant vers la g.; corbeille av. des épis; Rome assise sur une cuirasse; la même assise sur des rochers, la m. dr. étendue et le *parazonium* dans la g.; t. tourelée de la Tyché de la ville; temple héxastyle; bélier av. un astre; Harpokrate, la m. dr. posée sur sa bouche; Zéus assis sur un siège; Démétèr deb. vêtue de la *stola;* cheval marin; galère av. des rameurs; Eros monté sur un dauphin; dieu Terme, à ses pieds, un caducée; Pégase bondissant; autel sur lequel est un serpent; cheval libre, marchant, à dr.; astre dans un croissant; Asklépios deb.; Hygieia deb.; Arès deb.; Hermès vêtu de la chlamyde, assis sur un rocher; aigle, les aîles éployées, combattant un serpent; croissant surmonté du cancer; deux poissons au-dessus l'un de l'autre, et en sens contraire; temple à cinq colonnes; fig. du vieillard barbu, portant la m. dr. vers une femme tourelée; Aphrodité assise sur un rocher, tenant un vase de la m. dr. et la g. appuyée sur le rocher; palmier, autour duquel est un serpent; torche ardente enveloppée par un serpent, et ornée d'épis et de pavots; la Concorde (ὁμόνοια) assise dans un temple tétrastyle; Hercule étouffant Anthée, qu'il soulève; le thon; Cybèle assise entre deux lions, ten. de la m. dr. une patère, et de la g. le *crotalum*; temple octostyle; deux temples octostyles de front, dessous, une galère av. des rameurs; deux thons; t. voilée et tourelée de femme, sur le cou, une tête en contre-marque; Amazone succinte et tourelée portant la m. dr. sur une femme tourelée et vêtue de la *stola*, ten. sur son épaule g. un gouvernail; deux urnes av. des palmes sur une table, entre les supports de laquelle on lit: CEYHPIA· MEΓAΛA; Sérapis deb. enveloppé dans le *pallium*, la m. dr. levée, et de la g. ten. le *pallium* et la haste pure, à ses pieds, un autel allumé; Neptune, la m. dr. étendue son trident dans la g.; Atlas portant sur ses épaules le globe qu'il reçoit d'Hercule, debout devant lui (**Médaillon suspect**); Némésis deb. portant la m. dr. à sa bouche, et ten. de la g. une baguette, à ses pieds, une roue; colonne sur laquelle est une fig. remarquable par la haste, de chaque côté, un temple; serpent à tête humaine, dressé sur ses replis, et tourné du côté droit; trois enseignes militaires; Eros, les aîles éployées, fuyant à g., les bras étendus, et se retournant vers Psyché prosternée, un genou en terre, et caractérisée par des aîles de papillon derrière le dos (mon. de Maximus. Æ 6½. R⁷. = 80 fr. — Mion. Suppl. V, p. 213, n⁰ 1261. R⁷. = 50 fr. Gr. ib. Pl. I, n⁰ 3); Apollon deb. ten. de la m. dr. le *plectrum* et la g. sur une lyre placée sur un trépied enveloppé par un serpent; cavalier courant, la m. dr. armée d'une haste; Isis-Pharia, ten. de chaque main une voile, et dans l'une d'elles le sistre. — Jeux: ΔHMHTPEIA, AKTIA ΠYΘIA, ANTΩNIANA, CEBHPEIA MEΓAΛA. — Mon. d'alliance avec Amasia Ponti, Laodikea de Phrygie, Pergame (Mysie) et Smyrne de l'Ionie. — Antinoüs: ANTINOOC·HPOC. Sa t. nue, à dr. ℞: H·MHTPO- ΠOΛIC·NIKOMHΔEIA. Harpokrate, la m. dr. posée sur sa bouche. Æ 5. — R⁸. = 100 fr. (Mion. Suppl. V, p. 176, n⁰ 1025. R⁵. = 18 fr.). — On connait aussi des mon. d'Antonin le Pieux et de Marc-Aurèle qui portent le nom de la ville au Nominatif. — Inédite: Maximinus. Γ·IOY·OVH·MAII- MEINOC·A. T.-laurée de Maximin, à dr. av. le *paludamentum*. ℞: Maximin deb., une autre fig. également deb. et casquée, sacrifiant sur un autel devant lequel est dressé un serpent; au-dessus, un aigle volant et un petit temple tétrastyle. Lég. circulaire: NIKOMHΔEΩN·ΔIC·NEΩKOPΩN. Æ 6. — R*. = 50 fr. *Ma collection.* — *Corrections:* La mon. de Lucius Verus décr. correctement par Mion. S. V, p. 186, n⁰ 1095 à Nikomédie, est donnée à **Synnada** par Sestini, Lett. di Continuaz. III, p. 119. — Sur la mon. de Pescennius Niger restée incon. à Mion. voy. Num. Chron. XII, p. 25 et la *Revue Num. Fr.* 1868, p. 436. — La mon. de Commode décr. dans Mion. II, 471, p. 334 à Nikomédie est citée par Sestini (Lett. di contin. III, 120) comme étant d'**Apollonie de Lydie**; — c'est encore une mauvaise conservation de la pièce qui était la cause de cette fausse leçon. — Voy. encore un *traité général* sur les types des mon. Impér. de Nikomédie, dans le *Bulletino* dell' Inst. e Corrisp. Arch. di Roma. An. 1840, p. 74, 107. — Pour les *notices historiques*: Transactions of the R. Society of Litterature, I, 2, p. 24. — La mon. décr. par Mion. (S. V, p. 168, n.° 977) parmi les autonomes, av. une lég. incomplète (..... ΝΟΙΑ ΝΙΚΟΜΗ..) au *Droit* et le type d'une t. de femme, à dr. surmontée d'un crâne d'animal et de deux cornes; la chevelure flottante par derrière — me semble appartenir à la Livie, qu'elle personnifie sous les traits de Juno Sospita, d'autant plus que le nom du Proconsul Thorius qui se lit au Rev. de cette mon. se rencontre aussi sur les mon. d'Auguste. — M. Adr. de Longpérier, dans la Descr. du Cab. de Magnoncour, p. 38, n.° 317, décr. un bronze d'Otacilie (Mod. 6) qu'il donne à Prusa; pour mon grand étonnement je trouve le même bronze dans le *Repertorium* de Friedländer (que le Doct. R. Weil vient de publier) classé à Nikomédie! Le critique de ce Répertoire (M. Ernest Babelon) avait donc parfaitement raison de dire qu'un spécialiste ne pouvait pas s'en servir, s'il voulait éviter de commettre des bévues qui abondent dans ce livre dont l'auteur s'est acquitté de sa tâche d'une manière si incomplète et si insuffisante que le nom de Friedländer, inscrit au frontispice du livre, constitue une véritable trahison à la mémoire de ce grand savant et numismatiste des plus clairvoyants. — Cf. à ce sujet: *Rev. Num. Fr.* III Sér. Tom. IV, Cah. 2. An. 1886, p. 299. — Il m'a été aussi impossible dans l'intérêt de la science de ne pas répéter ici les justes appréciations du savant critique de l'ouvrage de M. Weil, car il m'a paru aussi fort blessant qu'un numismatiste de son rang, qui se qualifie du titre de Docteur, ne respecte pas davantage les travaux des autres. C'est ainsi que M. Weil n'a fait dans son Répertoire nulle mention des savants travaux de M. Alois Heiss sur les monnaies d'Espagne et n'a pas même daigné de faire le moindre indice sur une masse de pièces inédites que j'ai publiées dans les trois volumes de mon *Dictionnaire Numismatique*. Il est évident qu'il a suivi les principes de l'auteur du *Répertoire*, qui était connu pour être un docte numismatiste, mais qui n'était point communicatif et d'une froide réserve vers tous ceux qui étaient étrangers à sa nationalité, et, on n'ignore pas qu'avec de tels principes il n'y avait pas grand gain pour la science; — c'est, en somme, un pédantisme qui était insupportable, mal placé et contraire aux progrès des temps modernes! — J'ai dit la vérité; — si M. Weil et ses amis vont être contrariés — je leurs dirais que je n'en étais pas moins par suite du dédain pour mes travaux qu'on m'a témoigné, en compilant le *Répertoire de Friedländer*. —

104. ΠΡΟΥϹΑ.

Il y avait trois villes de ce nom qu'il faut toujours distinguer l'une de l'autre: 1) **Prusa ad Olympum** (Bithynie) qui porte la lég. que je donne au *nominatif* et en plus: ΠΡΟΥϹΑΕΩΝ. ΠΡΟΥϹΑΕΙϹ ΔΙΑ ΟΛΥΜ-

ΠΙΟΝ. — ΤΟΝ ΚΤΙϹΤΗΝ ΠΡΟΥϹΑΕΙϹ. — ΠΡΟΥϹΑΕΩΝ ΟΛΥΜ-
ΠΙΑ ΠΥΘΙΑ. — 2) **Prusias ou Prusa ad Hypium** (Bithyniae), légendes:
ΠΡΟΥϹΙΕΩΝ. ΠΡΟΥϹΙΕΩΝΥΠΙΟϹ. ΠΡΟΥϹΙΕΩΝ ΠΡΟϹ ΥΠΙΩ. —
ΤΟΝ ΚΤΙϹΤΗΝ ΠΡΟΥϹΙΕΙϹ. — 3) **Prusias ad mare ou Kios** (Cius
Bithyniae), lég.: ΠΡΟΥϹΙΕΩΝ ΤΩΝ ΠΡΟϹ ΘΑΛΑϹϹΗΙ. — ΚΙ. Κ. ΚΙΑ.
ΚΙΑΝΩΝ. — Les mon. de **Prusa ad Olympum** ont pour *types* (Aut.):
Aphrodité Pelagia (*Πελαγία*) deb. vue de face, à ses pieds, de chaque côté,
un cheval marin; — type, qui fait allusion à la contrée de Bithynie connue
sous le nom de *Πελαγονία* (id. q. *Ἡράκλεια Μυσῶν*, d'après Cinnam.
p. 127, 10) du mot grec: *Πελαγία* = grand esturgeon de mer; t. de femme
voilée et tourelée; Diane d'Éphèse, av. ses broches et des cerfs; Niké nue,
ailée, la m. g. appuyée sur une colonne, et une branche dans la g.; t. barbue
d'Hercule; Hermès deb. tenant une bourse de la m. dr. et un caducée de
la g.; t. de Dionysos, couronnée de lierre, dessous la date ΔΚΣ (224); la
déesse Rome assise sur des armes, à g. ten. de la m. dr. une pet. Niké, et
de la g. une haste, au bas: ΡΩΜΗ et la lég.: ΕΠΙ·ΓΑΙΟΥ·ΠΑΠΙΡΙΟΥ·
ΚΑΡΒΩΝΟΣ (Æ 5½. R⁷. = 40 fr. Mion. R⁶. = 24 fr.); Éros deb. appuyé
sur une colonne. — Æ. Mod. 4 et 5½. — R⁷. de 30, 40 et 50 fr. — ΠΡΟΥϹΑ.
T. de femme voilée et tourelée. Rᵛ: ΠΡΟΥϹΑΕΩΝ. Aphrodité Pelagia deb.
vue de face; à ses pieds, de chaque côté, un cheval marin. — Æ 4. — R⁷. =
50 fr. (Mion. S. V, p. 222, n.° 1211. R⁶. = 18 fr.). — *Impériales* depuis
Néron jusqu'à Salonina. — Æ. Mod. 9, 8, 8½, 7, 6, 5½, 5, 4 et 3½. —
R²—R⁶. de 4, 30, 50, 300 et 400 fr. — **Médaillon**: 300 fr. (Mion. 150 fr.
du Mus. Theupoli. T. II, p. 999). *Types:* Artémis Lucifera *Φωσφόρος*
(Phosphoros?), vêtue d'une longue robe, marchant à g. tenant dans chaque
main un flambeau; Niké marchant; ΠΡΟΥ — ϹΑΕΩΝ en deux lignes dans
une couronne de laurier; Andromède nue, les mains attachées à un rocher,
à ses pieds, un cheval marin; femme, vêtue d'une tunique, assise sur un
lion couché, ses deux mains sur sa tête; femme couchée ten. un rameau de
la m. g., devant elle un arbre; femme assise, ten. de la m. dr. un rameau;
Zéus-Sérapis assis sur un siège, à g., couvert du *pallium*, à ses pieds, Cerbère;
Asklépios deb. av. son bâton; Zéus nu, deb. regardant vers la dr.; bâton
d'Asklépios, autour duquel est une serpent; Hygicia deb. faisant manger un
serpent dans une patère; Déméter marchant av. deux flambeaux; la Fortune deb.; Niké deb. sur un globe; aigle deb.; serpent dressé en spirale;
tête diadémée de Prusias (*Προυσίας*) fondateur de la ville; Athéné deb., le
corps incliné, et la m. dr. appuyée sur une haste; temple héxastyle; Aphrodité Thalassia (marina) deb., ten. sa chevelure, à ses pieds, un hippocampe;
Poseidon deb. à dr., le pied g. sur une proue; Apollon nu deb. ten. près
du cou le haut d'un arc, à ses pieds, le capricorne; cavalier assis sur un
cheval dont le nez est recourbé, frappant d'une haste un ennemi couché;
Ajax, un genou en terre, à g. se perçant de son épée; dessous, un bouclier
ovale; Sévère-Alexandre à cheval, en paludamentum, courant à dr. frappant
d'une lance, de la m. dr., un sanglier (Æ 8. — R⁶. = 30 fr. — Mion.
S. V, p. 231. — R⁴. = 12 fr.); Héra deb. à g.; Télésphore deb.; le dieu
Mên assis à côté d'un cheval paissant (type incon. à Mion.); Asklépios et
Hygicia deb, Télésphore au milieu, enveloppé de son manteau; Artémis
d'Éphèse deb. av. ses supports; Cybèle assise entre deux lions; Athéné casquée

deb.; t. laurée (de Maximus), dessus le cou, une contre-marque représentant le mont Olympe, av. la forteresse de Prusa; Hélios nu et debout, la m. dr. levée, et un fouet dans la g.; Dionysos en toge, deb. la m. dr. posée sur sa tête, et un thyrse dans la g.; la Sécurité assise, ten. de la m. dr. étendue un bâton; Éros deb. appuyé sur une colonne; Perséphone marchant, un flambeau dans chaque main; Hercule enfant, étouffant un serpent de chaque main; Éros deb. tenant un papillon; Hermès deb. à g. une bourse dans la m. dr. et son caducée dans la g. (Æ 8. — R*. = 300 fr. mon. de Pupien. — Mion. 100 fr.); Vestibule richement orné, devant lequel deux femmes vêtues de la *stola* sont couchées, ten. chacune dans la m. dr. une urne d'où s'échappent des eaux, et dans la g. un roseau; Génie debout, la m. dr. au front, et une corne d'abondance dans la gauche. — *Monnaies intéressantes:* Barbia Orbiana. ΓΝ·ϹΕ·ΒΑΡ·ΟΡΒΙΑΝΗ·ΑΥΓ. T. d'Orbiana, à dr. ℞: ΠΡΟΥϹΑΕΩΝ. Héra deb. à g. ten. de la m. dr. une patère, et de la g. la haste pure. Æ 6. — R^7. = 70 fr. (Mion. S. V, p. 231. R^6. = 30 fr.) *Ma collection.* Ex. acquis chez M. Foa, à Turin, prov. de la coll. du Ch. Cornaglia, jadis sécrétaire chez M. Lavy. — Pupienus: Μ·ΚΛΩΔ· ΠΟΥΠΠΙΗΝΟϹ·ΜΑΖ·ΑΥΓ. T. laurée du Pupien, à dr. ℞: ΠΡΟΥϹΑΕΩΝ. Hermès deb. à g. une bourse dans la m. dr. et son caducée dans la g. Æ 8. — R*. = 300 et même 400 fr. selon la conservation (Mion. R*. = 100 fr.) — Salonina: ΚΟΡΝ·ΞΑΛΩΝΙΝΑ. (sic). T. de Salonine, à dr. ℞: ΠΡΟΥϹΑΕΩΝ·ΟΛΥΜΠΠΙΟΥ. (sic). Buste de Gallien, ten. dans la m. dr. une haste; derrière, branche de palmier. Æ 4. — R^7. = 50 fr. (Mion. R^6. = 18 fr.). — La plus rare est de Pertinax: ΑΥΤ·Κ·Π·ΕΛΒΙΟϹ· ΠΕΡΤΙΝΑΞ·ϹΕΒ. T. laurée de Pertinax, à dr. ℞: ΠΡΟΥϹΑΕΩΝ. Asklépios debout. Æ 9. — R^8. = 600 fr. (Mion. T. II, p. 481, n.° 387. — R^8. = 300 fr.) — Cf. Eckhel, Cat. I, p. 152, n.° 2, et *Num. Chron.* VI, p. 119. — La mon. de Caracalla (Mion. II, p. 482, n.° 393) est grav. dans: Jahrb. d. Vereins d. Alterthumsfr. im Rheinlande, Cah. 35, p. 87. — Voy. encore sur les mon. de Prusa: Arch. Zeitg. 1844, p. 337. — Cat. de Moustier (mon. de Crispina) n.° 2000. — Droysen, Hellenismus. III, 2, p. 259 (2de édit.). — Gén. Fox, Engr. of uned. or rare Gr. coins. London 1856 et 1862, voy. la mon. sous le n.° 14 (Asia and Africa) à l'eff. de Commode et au Rev. av. le Fleuve Hypios. — Pinder, Num. ined. 27 (Commode). — *Num. Chron.* XVII, 99. — Köhne, Zeitschr. 1843, p. 37. —

105. ΤΕΙΟϹ.

Lég. sur les *mon. aut.* de la ville de Tium en Bithynie, qui ont pour *types:* T. de Tius (Teios), fondateur de la ville, ceinte d'un diadème, à dr. (le Général Fox, dans ses: Engr. of uned. or rare Greek coins. London 1862, p. 3: Asia and Africa. mon. n.° 15, pense que cette jeune tête pourrait être attribuée à un des Philétaire, fondateur de la dynastie de Pergame qui était né à Tium); femme deb. la m. dr. sur une roue posée sur un cippe, et ten. de la g. une corne d'abond., à ses pieds un autel allumé; caducée ailé entre deux cornes d'abondance (type incon. à Mion.); Némésis deb. vêtue de la *stola*, ten. un sceptre de la m. dr., et un frein de la gauche, à ses pieds, une roue; t. jeune laurée; t. laurée de Zéus, à g., au-dessus un épi; aigle debout, à g.; Poseidon deb., le pied dr. posé sur un rocher, ten. de la m. dr. un dauphin, et dans la g. un trident; fig. couverte du *pallium*, deb. et se retournant, la m. dr. posée sur une haste, la g. pendante. — Æ. Mod. 8, 5½, 5 et 3. — R⁶—R⁸. de 30, 40 et 60 fr. — La mon. la plus rare des *autonomes*: ΤΕΙΟC. T. de jeune homme (Teios), ceinte d'un diadème, à dr. R': ΤΙΑΝΩΝ. Femme deb. la m. dr. sur une roue posée sur un cippe, et ten. dans la g. une corne d'abondance; à ses pieds un autel allumé. Æ 8. — R⁸. = 60 fr. (Mion. II, p. 499, n.° 481. R⁵. = 24 fr.). — Cf. Pellerin, Rec. d. méd. de peuples et de villes. Paris 1763. Tom. II, p. 26, Pl. XLI, f. 17. — *Impériales*: depuis Vespasien jusqu'à Gallien. Æ. Mod. 9, 8½, 8, 7, 7½, 6, 5, 4, 3, 2½. — R⁴—R⁸. de 6, 12, 20, 40, 50, 80, 100, 150 et 300 fr. — *Types*: Zéus deb. tourné à g.; Athéné casquée deb. à g., tenant de la m. dr. un trophée posé sur l'épaule; ΖΕΥC CΥΡΓΑΣΤΗΣ deb. tenant de la m. dr. une patère et de la g. une haste, à ses pieds, un aigle; ΖΕΥC ΕΥΡΗCΙΟC (sur une mon. de Géta — est à supprimer), *type*: Zéus deb. tourné à g., en *pallium*, ten. de sa m. dr. déployée une patère et de sa gauche il s'appuie sur une lance, deb. à g., à ses pieds un aigle. — [J'ai eu le malheur d'avoir en mes mains un exempl. retouché de cette mon. sur lequel on lisait bien distinctement ΖΕΥC ΕΥΡΗCΙΟC — fait, qui m'obligea de publier cette nouvelle épithète de Zéus dans mes: *Recherches* hist. sur la v. de Tium en Bithynie. Paris-Heidelberg 1864—1867. pet. in-8°. Cette publication ne tarda pas à provoquer beaucoup de critique de la part de feu Köhne et feu P. Becker (anc. Dir. du Lycée d'Odessa), de l'attaque desquels je me suis défendu autant qu'il m'a été possible en leur répondant dans la II-ème livr. de mon *Recueil de Gr. Curios*. Genève 1873. in-8°.; il ne m'a été cependant pas facile à lutter contre M. Köhne qui fut alors à la hauteur de sa carrière et voulait passer pour un législateur en tout ce qui concernait les études numismatiques à cette époque. Dans ses *Berliner Blätter* f. M.-, S.- und Wappenkunde, qu'il publia, aux frais d'un libraire de Berlin, Schneider, il insulta pas mal de personnes et entre autres M. Victor Langlois qui lui répondit vigoureusement; — le même sort m'atteignit aussi — mais je n'ai pas tardé de remettre M. Köhne à sa juste valeur scientifique, et depuis il a gardé le silence et a cessé même de publier ses fameux *Blätter de Berlin*. — M. P. Becker, sans connaitre que j'étais possesseur de la même monnaie, à l'eff. de Géta et av. la lég. ΖΕΥC·ΕΥΡΗCΙΟC protesta aussi que je lui avais enlevé un trésor! L'examen minitueux de l'exempl. de cette mon. qui a appartenu à Becker et qui a passé depuis au Mus. de Berlin m'a couvaincu que la lég. est ΖΕΥC·CΥΡΓ(Α..)ΙΟC et non ΕΥΡΗCΙΟC. — Comp. à ce sujet: P. Becker, uned. Münze von Tius, dans Jahn, Archiv f. Philol. XIX. Heft II, p. 189—199, et J. Friedländer, Zeitschr. f. Num., XI, 48]; = Dionysos deb., le *cantharum* à la m. dr. et le thyrse dans la g.; Antinoüs avec le *strophium*, assis sur une base, sur laquelle est posée la m. g. ton. une petite haste (mon. d'Antinoüs. Æ 9. — R⁸. = 150 fr. — Mion. 100 fr.); Poseidon sur un vaisseau trainé par deux chevaux marins, ten. de la m. dr. un trident, et de la g. les freins des chevaux, à la poupe, une pet. fig. debout, ten. une haste (mon. d'Antinoüs. Æ. M.M. R⁸. = 300 fr. Mion. 150 fr.); Némésis, ΝΕΜΕCΙC, voilée, à ses pieds, une roue (cfr. *Zeitschr. f. Num*. I, p. 137); Asklépios et Hygieia — ΑCΚΛΗΠΙΟC ou ΤΟΝ CΩΤΗΡΑ, deb. en face l'un de l'autre, av. leurs attributs; Harpokrate portant la main dr. sur sa bouche; Poseidon, le pied dr. sur un rocher, un dauphin sur la m. dr. et un trident dans la g.; femme vêtue de la *stola*, deb. ten. une patère de la m. dr. et une haste de la g.; le dieu Terme à la manière ordinaire; grappe de raisin; aigle posé sur un bâton ou sur un foudre; torche; serpent replié en spirale sur un cippe; autel allumé, avec une t. de boeuf sculptée dessus; les Fleuves BIΛΛΑΙΟC et CAPΔΩ, entre eux Dionysos couché, vêtu de la toge sur une base, ten. une grappe de raisin de la m. dr. pendante, et de la g. levée une haste ou un thyrse, — le fl. BILLAEUS barbu, ten. un roseau de la m. dr. appuyée sur une urne renversée, et ten. de la g. levée un rameau, — et le fl. SARDO ten. de la m. dr. deux épis, et appuyée sur une urne renversée, à l'exergue: TIANΩN. (Æ. M.M. d'Antonin le Pieux. R^7. = 400 fr. — MION. S. V, p. 262, n.° 1525. R^5. = 150 fr.); Zéus Sérapis deb. ten. une haste de la m. dr. la g. enveloppée dans le *pallium*; Isis, av. la fleur du *lotus* sur la tête, deb. à g. ten. un sistre de la m. dr. et un sceptre de la g.; Hygieia deb. vêtue de la *stola*, ten. un serpent; Hermès nu deb., av. la *penula*, ten. une bourse de la main dr. et un caducée de la g.; Démêter deb. vêtue de la *stola*, regardant à g. ten. des épis de la m. dr. et la haste pure de la g.; Dionysos deb. ten. de la m. dr. le *cantharum* et de la g. son thyrse, av. la légende: ΔΙΟΝΥCΟC·ΚΤΙCΤΗC·ΤΙΑΝΩΝ. (mon. de M. Aurèle. Æ 6. — R^6. = 30 fr. — MION. 12 fr.); Hadès, dans un quadrige, enlevant Koré; Niké dans un quadrige, l'Équité deb. vêtue de la *stola*, à g. ten. une balance de la m. dr. et la haste pure de la g.; aigle éployé de face, mais la t. tournée à g. av. une couronne dans son bec; TIA—NΩN en deux lignes, dans une couronne de laurier; caducée ailé; Athéné casquée deb. ten. une haste; tête casquée d'Athéné; Hélios dans un bige au galop (mon. de COMMODE. Æ 4. — R^6. = 40 fr. MION. R^5. = 15 fr.); Dionysos Indien assis sur une panthère, portant son thyrse sur l'épaule gauche; Zéus vêtu du *pallium* deb. une patère dans la m. dr.; Hercule assis sur un rocher, devant ses pieds, un vase; Aphrodité deb. à demi-couverte d'une draperie qu'elle tient dans la m. g., et présentant de la dr. une pomme à Eros deb. à ses pieds, lui tendant les mains (mon. de GORDIEN LE PIEUX. Æ 6^1/$_2$. — R^7. = 80 fr. MION. R^6. = 30 fr.); Hadès assis, à g., tenant de la m. dr. Cerbère enchaîné, et de la g. une haste. — **Monn. Impér. de Tium, restées inconnues à Mionnet:** 1) FAUSTINE JEUNE: ΦΑΥCΤΕΙΝΑ·CΕΒΑCΤΗ. Sa t. coiffée, ornée de *pectus* et vêtue de la *stola* à dr. ℞: ΜΑΡ·ΑΥΡ·ΑΝ-ΤΩΝΕΙ. M. Aurèle à cheval, allant au pas, à dr., la m. dr. éployée et de la g. ten. une enseigne montée d'un aigle légionnaire. A l'exergue: TIANOI. Æ 10. R^{8*}. = 1000 fr. — Unique ex. de ce beau médaillon conservé à l'Ermitage Impér. de St. Pétersbourg, prov. de la coll. du feu Bar. St. Chaudoir, publ. pour la 1-ère fois par SESTINI, Mus. Chaudoir, p. 83, n.° 1. Pl. V, f. 7, — et ensuite dans BOUTKOWSKI (Alexandre), Rech. hist. s. l. v. de Tium. Heidelberg 1867. in-12°. v. p. 56, et *gr*. ib. — 2) CARACALLA. AYT·KAI·(M·) AYP·ANTΩNINOC. Sa t. laurée, à dr. ℞: TIANΩN. Caducée ailé entre deux cornes d'abondance. Æ 3. — R^6. = 35 fr. — SESTINI, Mus. Chaudoir, p. 83, n.° 2, et mes Rech. hist. s. Tium, part. II, p. 60, n.° 84. — 3) ELAGABAL M·AYP·ANTΩNINOC. Buste lauré d'Elagabal, à dr. av. le *paludament*. ℞: TIANΩN. Pan marchant, à dr. et regardant en arrière. Il tient dans sa m. dr. levée un *pedum*, et de l'autre un vase, peut-être un rython. Derrière, une panthère qu'il s'apprête à frapper. Æ 4. — R^8. = 60 fr.

Publ. par J. Sabatier dans la Rev. Belge, T. III, 4me Sér. Gr. ib. Pl. XVII, f. 14. — 4) Gallien. Π·Λ·ΓΑΛΛΗΝΟC·CE. Buste lauré de Gallien à dr. av. le *paludamentum*. ℞: ΤΙΑΝΩΝ. Zéus deb. à g. ten. la haste, et sacrifiant sur un autel allumé. Æ 5½. — R⁸. = 50 fr. — Ma collection. [Mion. S. V, p. 268, ne connaissait jusqu'ici qu'un seul bronze de Gallien, fr. à Tium, ayant pour *Revers* Zéus assis, comme on le voit *grav.* dans la Descr. du Mus. Arigoni, Pl. XIV, f. 22.] — 5) Gallien. ΠΟΥ·ΛΙΚ.... ΓΑΛΛΙΗΝΟC·CEB. Son buste radié, à dr. av. le *paludament*. ℞: ΤΙΑΗΩΝ. (sic.) Femme coiffée du *modius* et vêtue de la *stola*, deb. à g. la m. dr. levée et ten. la haste pure dans la m. g. Devant, à ses pieds, un autel allumé. Æ 5½. — R⁸. = 60 fr. Publ. par J. Sabatier dans la Rev. Belge. An. 1863. T. I, de la 4me Série, p. 128, n° 15. Gr. ib. Pl. I, n° 15. — 6) Antonin le Pieux: .... ЄYCЄBOYC·ΑΝΤωΝΙΝΟΥ. Sa t. laurée, à dr. ℞: ΑCΚΛΗΠΙΟC·ΤΙΑΝΩΝ. Asklépios deb. enveloppé de son manteau, appuyé sur son bâton, autour duquel est enroulé un serpent. Æ 5. — R⁸. = 40 fr. Publ. par F. Lenormant, dans sa Descr. d. méd. du Cab. du bar. Behr. Paris 1857, p. 212, n° 1146. — 7) Antonin le Pieux: ΑΝΤωΝЄΙΝΟC· ΑΥΤΟ·ΚΑΙCΑΡ. Son buste lauré et diadémé à dr. ℞: ΤΙΑΝΩΝ. Vesta assise à dr. tenant de la dr. une patère ou un pet. vase à deux anses, appelé *caependuncula*, et de la g. une corne d'abondance ou un petit tambour. Sa tête est ornée de l'*Infule*, terminée et liée derrière par de petits cordons étroits, *vittae* (v. Millin, Dict. d. Beaux-Arts. Paris 1806. T. III, p. 757, l'art. Vestales). A l'exergue la légende: ЄCΤΙΑ. Æ 4. R*. Unique exempl. conservé à l'*Ermitage Impérial* à St. Pétersbourg. — Feu M. Al. Grimm conservateur de ce précieux médaillier a eu l'obligeance de me communiquer l'empreinte. — [Vesta ne paraît sur aucune mon. grecque, et c'est, peut-être, la seule parmi les impériales grecques; elle mériterait bien une dissertation spéciale pour expliquer le culte de Vesta en Bithynie, mais le cadre de mon travail ne me permettant pas de m'étendre sur cette matière, je la recommande à la plus grande attention des savants. Quant à la lég. ЄCΤΙΑ, Ἑστία, il est à observer qu'elle veut dire „*Ara*". Ainsi la lég. ЄCΤΙΑC ΘЄΩΝ, qu'on voit sur quelques mon. de Germanikopolis en Paphlagonie, et sur les impériales de l'Isaurie, de S. Sévère, Domna, Caracalla et Géta signifie *Ara Deorum* (refuge des dieux), mais il n'y a pas ici le même cas en ce qui concerne le sens de la légende isolée ЄCΤΙΑ de la présente monnaie, qui se rapporte directement à Vesta, et doit signifier ἑστία (feu), personnification de la déesse elle-même, d'après l'avis de Cicéron, qui nous assure qu'elle reçut son nom des grecs qui l'appellèrent ἑστία (feu). — En somme c'est une mon. excessivement importante sous bien des rapports.] — 8) Trajan Dèce: ΑΥΤ·ΚΑΙ·ΤΡΑΙΑΝ·ΔЄΚΙΟC·ΑΥ. Son buste à g. radié, av. la cuirasse et ten. un bouclier orné d'une tête de Méduse. ℞: ΤΙΑΝΩΝ. Athéné assise à g. ten. une Niké et de la g. une lance; auprès d'elle un bouclier portant un image inconnu. Æ 7. — R⁸. = 150 fr. — Unique exempl. conservé à l'*Ermitage Impérial* de St. Pétersbourg, prov. de la coll. du feu Comte Léon Pérovski. — 9) Marc-Aurèle: ΑΥΡΗΛΙΟC·ΚΑΙCΑ. Sa t. nue, juvénile à dr. ℞: ΤΙΑΝΩΝ. Femme deb. à g. ten. de la dr. des épis? sa g. sur une haste pure. Æ 4½. — R⁸. = 50 fr. Coll. de l'*Ermitage Impérial* à St. Pétersbourg. — 10) Lucius Verus: ΑΥΤ·Λ·ΑΥΡΗ·ΟΥΗΡΟΣ.

Sa t. nue, à dr. ℞: Artémis ou Bendis un croissant sur les épaules et un flambeau dans la main gauche, debout, dans un bige traîné par deux zébus, galopant à g. A l'exergue: TIANΩN. Æ 4. — R^8. = 80 fr. *Ma collection* et coll. de M. IMHOOF-BLUMER (exempl. à fl. d. c.). — [L'illustre abbé CEL. CAVEDONI auquel j'avais soumis dans le temps cette mon. a cru y voir l'Aurore traînée par des boeufs, dans la divinité du revers. Mais je n'ai pû partager son opinion, sachant que l'Aurore est invariablement traînée par des chevaux et jamais par d'autres animaux. Le type de la présente mon. est fort analogue av. un bronze de Lucius Verus, émis à Tralles en Lydie (v. MION. T. IV, p. 187, qui désigne les zébus par le mot de *bisons*). Voy. encore à ce sujet: *Rev. Num. Fr.* An. 1854, Pl. III, f. 16, une mon. d'Olba en Cilicie, à l'effigie d'Antonin le Pieux.] — 11) ANTINOÜS: ANTINOΩI·HPΩI. T. d'Antinoüs, à g. ℞: TIANOI. Antinoüs ou Dionysos, tenant un thyrse, assis sur une panthère. Æ 12. **Médaillon**. R^{8*}. = 500 à 600 fr. (MION. T. II, p. 499, n.° 484. Æ 11. R^6. = 150 fr.). Cf. H. COHEN, Cat. de feu Badeigts de Laborde. Paris 1869, p. 30, n.° 339: même p. mais du Mod. 9 = extrêmement rare comme tous les gr. br. d'Antinoüs. — 12) CARACALLA: [AYT·KAICAP·]M·AYP·ANTΩNINOC. Sa t. laurée, à dr. ℞: TIANΩN. Hygieia deb. tournée, à dr. Æ 5½. — R^8. = 40 fr. **Inédite**. Ma collection. — 13) CARACALLA: M·AYPH·A—NTΩNINOC·AYΓ. Buste lauré de Caracalla à g. orné d'une lance et d'un bouclier sur lequel on voit un quadrige. Sous le cou la lettre H, en contre-marque. ℞: TIA—NΩN. Asklépios deb. à dr. av. son bâton entouré d'un serpent. Æ. R^8. = 60 fr. — Mod. 35 mill. — **Inédite**. — Publ. par ARTH. LÖBBECKE, dans la Zeitschr. f. Num. Band XII, p. 311. — 14) ANTONIN LE PIEUX: ANTONEINOC·AY... Sa t. laurée, à dr. ℞: TIA—NΩN. Caducée. Æ. 15 mill. — R^8. = 40 fr. — Publ. par M. ARTHUR LÖBBECKE (Zeitschr. f. Num. Band XII, p. 311). — 15) MAXIMUS: Γ·MAΞIMOC·K. Buste de Maxime, à dr. av. le *paludamentum*. ℞: TIA—NΩN. Démétèr deb. à g. ten dans la m. dr. des épis et dans la g. un long flambeau. Grenetis. Æ. 17 mill. R^8. = 50 fr. — **Inédite** (publ. aussi par M. Arthur Löbbecke, dans la Zeitschr. f. Num. Band XII, p. 311). — [M. LÖBBECKE possède encore un bronze inéd. (Æ 4½) à l'effigie de Sévère-Alexandre, ayant au Rev. un caducée ailé et la lég. TIA—NΩN.] — 16) MAXIMUS: Γ·MAΞIMOC·K. Son buste nu et drapé, à dr. ℞: TIANΩN. Aigle deb., les ailes éployées, légèrement tourné vers la g. Æ 3½. — R^8. = 50 fr. — **Inédite**, que j'ai publ. dans la *Rev. Num. Fr.* An. 1883. IIIme Sér. Tom. I, p. 378, Pl. IX, f. 6 (de ma collection). — 17) GÉTA: Lég. incomplète. T. laurée de Géta, à g. ℞: TIANΩN. L'Empereur à cheval, s'avançant à dr. en foulant un ennemi terrassé. Æ 6. — R^8. = 80 fr. — **Inédite** de ma coll. que j'ai publ. dans la *Rev. Num. Fr.* An. 1884, Tom. II, p. 402, n.° 4. Gr. ibid. Pl. XVIII, f. 4. — 18) GÉTA: AYT·K^{II}·Π·ΓETAC·AYΓ. Tête laurée de Géta, à dr. Grenetis formé de petits points. ℞: TIA—NΩN. Caducée placé entre deux cornes d'abondance. Æ 5½. — R^8. **Inédite** de ma collection que j'estime 80 fr. — [Un fait curieux à signaler: le *Droit* de cette mon. et les légendes sont tout-à-fait identiques av. le *Droit* de la mon. qui porte au ℞. la prétendue lég. ZEYC·EΥPHCIOC·TIANΩN et le type de Zéus en *pallium* dont j'ai fait mention au commencement de cet article. C'est absolument le même coin dont on s'est servi pour le *Droit* de cette pièce.] — 19) CORNELIA PAULA: IOY·KOP·ΠAYΛA ϹEB. Son buste, à dr. ℞: TIANΩN. Athéné Niképhore assise, à g. Æ 8 1/2. — R⁸. = 200 fr. — **Inédite** de ma coll. que j'ai publiée dans la *Rev. Num. Fr.* IIIme Sér. An. 1884, Tom. II, p. 402, n.º 5. — *Autre*: IOY·KOP·ΠAYΛA·ϹEB. Buste de Paula, en vestale, à g. Elle tient dans la m. dr. une fleur. ℞: TIA—NΩN. Poséidon à demi-vêtu, debout, ten. d. la main dr. son trident et se retournant à dr. A ses pieds, un dauphin. Æ. 27 mill. — R*. — **Unique.** = 400 fr. — Ma collection. [Cette mon. qui est à fl. d. c. présente un nouveau type, celui de Poséidon, jusqu'à présent inconnu sur les mon. de Tium.] — 20) PHILIPPE PÈRE: AYT·K·M·IOYΛ·ΦIΛIΠ-ΠOC·AY. Son buste lauré et diadémé, à dr. ℞: TEIANΩN. Zéus-Sérapis deb. à g. tenant un sceptre et levant les bras au-dessus d'un autel allumé. Æ 7. — R⁸*. = 200 fr. — **Inédite** de ma coll. que j'ai publ. dans la *Rev. Num. Fr.* IIIme Sér. Tom. II, p. 402. *Gr.* ib. Pl. XVIII, f. 5. — 21) VALÉRIEN PÈRE: Π·Λ·OYAΛEPIANOC. Son buste lauré av. le *paludament*, à dr. ℞: TIA—NΩN. Le Fleuve (BILLAEUS BARBU?) couché, regardant à g. tient de la m. dr. un roseau et de la g. un rameau en l'appuyant sur une urne renversée. Æ 6. — R⁸. = 50 fr. — **Inédite** de ma collection. — 22) SALONIN: ϹAΛ·OYAΛEPIANOC. T. nue et juvénile de Salonin, à dr. ℞: TIA—NΩN. Grand flambeau allumé occupant tout le champ de la monnaie. Æ 5. — R⁸. = 40 fr. — **Inédite** de ma collection. — A MILAN, au Musée de la Bibl. de BRERA, on conserve deux mon. autonomes de Tium qui me paraissent inédites: a) TEIOϹ. T. virile à dr. ℞: ZEYϹ·ϹYPΓACT...... Zéus deb. à g., la main dr. étendue et dans la g. une haste. Æ 5 1/2. (type analogue av. la mon. de Géta av. la prétendue lég. ZEYϹ·EYPHϹIOϹ reconnue auj. pour être ZEYϹ·ϹYPΓACTHϹ.). — b) T. virile tourelée à dr., sous le cou, Π en contre-marque. ℞: ...... EϹTOY·TIANΩN. Niké deb. de face, légèrement tournée à g., ten. dans la m. dr. une couronne et dans la g. une palme. Æ 9. — Pour ces deux mon. consultez: feu BIONDELLI dans l'Estratto dai Rendiconti del R. Istituto Lombardo, Ser. II, Vol. XVI, fasc. XV. — Sur les mon. de Tium, voy. encore: *Numismatic Chronicle* VI, 121, 122; SESTINI, Lett. num. e dissert. Continuaz. VIII, 18 à 23; KÖHNE, Berl. Bl. f. Münzk. II, 180, 181; Fox (Gén.), Engr. of uned. or rare Greek coins. London 1862. II, n.º 15 (Æ 6, caducée et deux cornes d'abondance; et une autre n.º 16, de Caracalla, Æ 8 1/4, av. Arès nu debout, casqué, ten. de la m. g. une lance et un bouclier); BAR. DE WITTE, Descr. du Cab. de l'abbé GREPPO, n.º 816. — J'ai fait tout mon. possible pour donner une monographie complète de toutes les mon. de Tium, qu'on a découvert depuis Mionnet et qui sont presque toutes inédites. —

106. ΜΥΣΙΑ.

MION. Descr. T. II, p. 512, n.º 1, décrit une mon. de **Mysia in genere** (Moesie Supérieure), à l'effigie de DOMITIEN: ΔOMITIANOϹ·ΓEPMA. Sa t. laurée, à dr. ℞: MYΣIA. Femme assise à terre, la tête posée sur la main dr.; derrière, des armes. Æ 9. — R⁸. = 72 fr. (mais auj. elle vaut au moins 150 fr.). — Dans son Suppl. T. V, p. 275, MION. dit que cette mon. doit être restituée à **Thalassa de Krète**. Selon IMHOOF il n'existe cependant point de mon. de Thalassa, et cette mon. ainsi que les semblables aux

noms de provinces, sont frappées probablement à Gortyna. Comme cette mon. est excessivement rare on n'avait pas l'occasion de l'étudier davantage pour pouvoir lui assigner sa véritable place en géographie numismatique. On en trouvera cependant quelques aperçus dans l'ouvrage de VINET, Observ. sur quelques méd. de la Mysie, voy. *Rev. Num. Fr.* An. 1843, n.º 2, p. 83. — Cfr. aussi: MION. Suppl. T. IV, p. 350, n.º 332. — Cette mon. est mentionnée aussi par SESTINI qui la cite d'une mauvaise source, notamment de VAILLANT. —

107. ΙΟΛΛΑ.

Lég. sur les mon. de Iolla en Mysie. Ces mon. sont restées inconnues à MIONNET. — M. IMHOOF-BLUMER cite dans ses: „*Monn. Gr.*" p. 247, au n.º 94, la mon. suivante: T. laurée de Zéus ou de Poséidon, à dr. ℞: Protome d'*hippocampe*, au-dessus, ΙΟΛΛΑ. Dessous, un *épi* couché. Æ. 16 mill. R⁸. = 70 fr. (Poids 5,10 gr.). — MUS. BRITAN. — COLL. du SCHOTTENSTIFT à Vienne. — Une variété de cette mon. ayant au-dessus de l'hippocampe pour lég. ΙΟΛΛΕΩΝ, qu'on attribua à Sollium en Akarnanie a été rapportée par M. Alfred v. SALLET (v. Zeitschr. f. Num. IV, Pl. VIII, 9) à la Mysie, comp. aussi IMHOOF-BLUMER, Monn. Gr. p. 245 à 248. — ΑΔΡΑ. au-dessus de l'hippocampe, sur une p. de la COLL. WADDINGTON, Rev. Num. Fr. 1852, Pl. IV, 1; — CAT. MARGARITIS, 1874, Pl. II, f. 91; MUS. DE BERLIN; — A. v. SALLET, Zeitschr. f. Num. IV, Pl. VIII, n.º 10. — ΣΟΛΛΕΙΩΝ — fausse leçon qu'on trouve dans la *Rev. Num. Fr.* An. 1843, p. 423, pl. XVI, f. 6, sur une mon. qui doit être décrite ainsi: T. de Pallas, à dr. av. le casque athénien lauré à aigrettes et à mentonnières relevées. ℞: (Ι)ΟΛΛΕΙΩΝ (au lieu de ΣΟΛΛΕΙΩΝ) sous la protome d'un *hippocampe* ailé, à dr. Æ. 19 mill. — R⁸. = 50 fr. — COLL. IMHOOF-BLUMER. — Mus. d'Athènes, n.º 2143. — *Cab. de France*, 17 mill. — Cab. de Münich. Poids: gr. 8,43 et 7,35. — [M. IMHOOF-BLUMER, v. ses: Monn. Gr. p. 247, pense que comme il n'est point douteux que la légende ΑΔΡΑ ne se rapporte au nom d'une ville voisine Adramytion, il faudra voir aussi dans les lég. ΙΟΛΛΑ et ΙΟΛΛΕΩΝ le nom d'une ville de la même contrée et de ses habitants que M. Imhoof propose d'identifier av. ceux d'Adramytion. Cf. aussi: *Zeitschr. f. Num.* Bd. IV, p. 313. — Pour tous les autres détails, cons. IMHOOF-BLUMER: Monn. Gr. p. 245 à 248, où on trouvera décr. toutes les variétés de ces mon. de cette nouvelle ville introduite dans la série de la géographie numismatique. — Voy. encore: CAT. DE LA VENTE THOMAS. Londres 1844. lot n.º 1394 (Æ). — Les mon. en Æ. et en Br. du satrape ORONTAS (v. *Rev. Num. Fr.* 1863, Pl. XI, f. 4) sont absolument identiques av. les pièces d'Iolla que je viens de citer, à l'exception de la lég. qui est: ΟΡΟΝΤΑ. Les uns prétendent qu'elles ont été émises à Iolla, et les autres à Lampsakos, mais IMHOOF-BLUMER propose (Monn. Gr. p. 247, 8) d'identifier Iolla avec Adramytion et de considérer cette ville comme le lieu d'émission des mon. du satrape ORONTAS (cf à ce sujet: *Num. Zeitschr.* III. Vienne 1871, p. 419—426; OTTO BLAU, ib. VIII. Vienne 1876, p. 233; H. DROYSEN, Zeitschr. f. Num. II, p. 309—319). — La mon. d'Æ (14 mill.) d'ORONTAS porte au *Droit*: T. de Pallas, à g. av. le casque athénien lauré à aigrette et à mentonnières relevées. ℞: ΟΡΟΝΤΑ. sous la protome d'un *hippocampe* ailé, à dr. — R⁸. = 250 à 300 fr. — Cf. WADDINGTON, Rev. Num. 1863,

Pl. IX, f. 4. — *Num. Zeitschr.* VIII. Vienne 1877, p. 233. — Imhoof, Monn. Gr. p. 246, n° 89. —

108. KYZIKOC.

Sur les mon. de **Kyzikos** en Mysie. — *Types* (aut.): Centaure à genoux sur un poisson, agitant dans ses bras un arbre déraciné et dépouillé de ses branches; aire carrée en creux, divisée en quatre parties égales et profondes (**Or** $1^{1}/_{2}$. R^{8}. = 500 fr. Mion. 100 fr.); partie antér. d'un lion ailé, derrière le thon (**Or** 5. — R^{8}. = 1200 fr. — Mion. 600 fr.); t. de chèvre tournée à g. derrière, thon (**Or** 6. R^{8}. = 1500 à 2000 fr. — Mion. 800 fr.); partie ant. d'un sanglier ailé, tourné à g. dessous, le thon (**Or** 6. R^{8}. = 2500 fr. Mion. 600 fr.); t. d'un Satyre barbu, av. des cornes et des oreilles de bouc, à dr. dessous, le thon (**Or** 6. — R^{8}. = 2000 fr. — Mion. 800 fr.); t. d'Atys, coiffée d'un bonnet phrygien, à dr. dessous, le thon (**Or** 5. — R^{7}. = 1500 fr.); t. imb. de guerrier, vue de face, av. un casque orné d'une aigrette en forme de croissant, dont les extrémités tombent sur les oreilles, les fanons de ce casque couvrent les joues du héros, dessous, le thon (**Or** $5^{1}/_{2}$. — R^{8}. = 2000 fr. Mion. 1000 fr.); enfant nu, assis à terre, la m. g. appuyée sur le sol, et se retournant vers la dr. en tenant de la m. dr. un thon par la queue (**Or** 5. — R^{8}. = 1200 fr. Mion. 600 fr.); Lyre, dessous, le thon (**Or** 5. — R^{8}. = 1500 fr. Mion. 600 fr.); griffon sur un thon, à g. ten. un fer de lance dans sa gueule (**Or** $5^{1}/_{2}$. — R^{8}. = 1200 fr. Mion. 600 fr.); lion sur un thon, à g. paraissant dévorer une proie, à g. (**Or** $5^{1}/_{2}$. R^{8}. = 1000 fr. Mion. 600 fr.); lion marchant à g. dessous, un thon (**Or** 2. — R^{7}. = 400 fr. Mion. 200 fr.); lion couché à terre, à g. le pied de devant levé, dessous un thon, au-dessus un gland (**Or** 2. — R^{7}. = 300 fr. Mion. 200 fr.); autre: mod. $2^{1}/_{2}$. R^{7}. = 300 fr. Mion. 200 fr.; autre: Mod. $1^{1}/_{2}$. — R^{6}. = 100 fr. Mion. 70 fr.; Voyageur nu, marchant à dr. la m. g. appuyée sur un bâton, et fléchissant sous le poids d'un thon qu'il porte sur son dos (**Or** $2^{1}/_{2}$. — R^{6}. = 400 fr. Mion. 200 fr.); homme nu, tourné à g. s'agenouillant, le bras droit pendant, et portant sur la m. g. un thon (**Or** $2^{1}/_{2}$. — R^{7}. = 300 fr. Mion. 200 fr.); fig. à moitié nue, assise sur un thon, à g. le bras g. appuyé sur un vase (**Or** 1. — R^{6}. = 150 fr. Mion. 100 fr.); buste d'un sphinx, à dr. av. les ailes recoquillées, tourné à g. le pied dr. levé, devant, le thon (**Or** 1. — R^{6}. = 120 fr. Mion. 100 fr.); bœuf couché à g. dessous, le thon (**Or** 2. — R^{7}. = 400 fr. Mion. 200 fr.); truie marchant à g. dessous, le thon (**Or** 5. — R^{8}. = 1200 fr. Mion. 600 fr.); même type de la truie (**Or** 2. — R^{6}. = 200 fr. Mion. 70 fr.); femme vêtue de la *stola*, tournée à g. et assise sur un cippe, elle tient de la m. dr. une couronne, et a la g. appuyée sur le cippe, revêtu de la lég. ΕΛΕΥΘΕΡΙ, en deux lignes; dessous, un thon (**Or** $2^{1}/_{2}$. — R^{8}. = 2500 fr. Mion. 1200 fr. Auj. *Cab. de France* prov. de la coll. Cadalvène); t. de lion, la gueule ouverte à dr. — ℞: une t. de veau en creux, tournée vers la dr. (**Or** $1^{1}/_{2}$. R^{5}. = 80 fr. Mion. 36 fr.); partie antér. d'un lion à g. dévorant quelque chose, derrière le thon (**Or** $1^{1}/_{2}$. R^{7}. 200 fr. Mion. 100 fr.); t. de lion, la gueule ouverte, derrière, sur une ligne diagonale: KYI. ℞: t. de veau en creux, à dr. (**Or** $1^{1}/_{2}$. R^{6}. = 120 fr. Mion. R^{5}. = 50 fr.). — **EL.** Les mon. de Kyzikos en ce métal (et non en **Or**) ont été publiées par Greenwill, dans le *Num. Chron.* 1887, p. 1—125, pl. I—VI (en tout 172 types). Les prix de ces dernières mon. varient auj. de 300 à 500 fr. selon les types et la grandeur du format. [Tous les *statères d'or* de Kyzique et leurs subdivisions, portent au Revers, sauf l'indication contraire, une aire carrée en creux, divisée en quatre parties, plus ou moins profondes.] — *Mon. aut. en argent* (types): partie antér. d'un sanglier tourné à g. derrière, un thon; au ℞: t. de lion, tournée à g. dans un carré creux (AR $1^1/_2$. R^4. = 20 fr. Mion. 10 fr.); le même, au Rev. au-dessus de la tête de lion, un astre (AR 1. R^4. = 15 fr. Mion. 9 fr.); av. la lettre K dans le carré et la t. du lion (AR $1^1/_2$. R^5. = 20 fr. Mion. 10 fr.); t. de Koré, couronnée d'épis. ℞: KY. T. de lion à g. (AR $2^1/_2$. — R^6. = 60 fr. Mion. 40 fr.); ΣΩΤΕΙΡΑ. T. de Koré, couronnée d'épis, av. voile flottant, pendants d'oreilles et collier de perles, à g. ℞: KYZIKHNΩN et quelquefois, seulement, KYZI, t. de lion, tirant la langue, tournée à g. derrière, une chouette, dessous, un thon (AR $6^1/_2$ et 6. — R^5. = 600 à 800 fr. Mion. 300 fr.); t. voilée de Koré à g. couronnée d'épis, et pendants d'oreilles. ℞: KYZI, t. de lion tournée à g. tirant la langue, dessous, un thon, derrière, un fruit (AR 6. R^8. = 600 fr. Mion. 300 fr.); t. de Koré, à g. couronnée d'épis, ceinte d'un bandeau, av. collier de perles et pendans d'oreilles. ℞: KYZI. Apollon assis sur la cortine, à g. ten. une lyre, dans le champ, une t. de boeuf et une branche de laurier, dessous les pieds, un thon (AR $5^1/_2$. — R^8. = 500 à 600 fr. Mion. 350 fr.); autre variété de cette mon. citée par Mion. Suppl. T. V, p. 307, n° 148 (d'après Sestini); t. virile imb. à g. coiffée de la tiare perse, dessous le thon, à g. ℞: KY—I—I. T. de boeuf av. le cou, à dr. Carré légèrement creux. (AR. 8 mill. R^7. = 60 fr. Mion. II, 528, n° 87, 40 fr.; *Rev. Num. Fr.* 1856, Pl II, f. 4; Imhoof-Blumer, Monn. Gr. p. 243, n° 74); ΣΩΤΕΙ. au-dessus de la t. voilée de Koré à g. Elle est parée d'une couronne d'épis, de pendants d'oreilles et d'un collier. ℞: KY—ZI. t. de lion à g. dessous, le thon à g. (AR. 17 mill. v. Imhoof, Monn. Gr. p. 243); la même, mais au Rev. derrière la t. de lion, une *abeille*. Champ concave (AR. 15 mill. v. Imhoof, ibid.); t. d'Apollon? ceinte du diadème royal et couronnée de feuilles de chêne, à dr. ℞: KY—ZI. *Foudre;* au-dessus A^P. Le tout dans une couronne de chêne, dessous ⋈. (AR. 22 mill. — Mus. de Berlin. — Didrachme mal décrit par Prokesch-Osten dans les Comptes rendus de la Soc. Fr. de Num. VI (1875), p. 240, 6. — Voy. le tétradrachme correspondant dans la Rev. Num. 1865, Pl. II, 5. Cf. Head, Guide 1881, p. 89, Pl. 48, 6 où la t. est attribuée à Apollonis, la veuve déifiée d'Attale I; Imhoof-Blumer, Mon. Gr. p. 243). *Types des mon. autonomes en bronze:* Partie ant. d'un boeuf, tournée à dr. ℞: KYZI. Au milieu le monogramme (529 du Rec. de Mion.), le tout dans une couronne d'épis. (Æ $2^1/_2$. — R^4. = 8 fr. Mion. 4 fr.); t. de boeuf, av. le cou. ℞: KYZI·M. et le monogr. (50 du Rec. Mion.) au milieu d'une couronne (Æ 3. — R^4. = 8 fr. Mion. 4 fr.); t. de boeuf de face. ℞: lég. effacée, trépied (Æ 3. — R^4. = 8 fr. Mion. 4 fr.); t. casquée d'Athéné, à dr. ℞: KYZI, t. de boeuf à g. derrière un foudre (Æ $2^1/_2$. — R^5. = 10 fr. Mion. 2 fr.); autre, derrière la t. de boeuf, une branche ou l'*acrostolium* (même Mod. et même prix); t. casquée d'Athéné, à dr. ℞: KYZI, trépied, dans le champ, à dr. une grappe de raisin (Æ 2. — R^8. = 5 fr.); autre, dessous le trépied, un poisson; t. casquée. ℞: KYZI. entre trois poissons repliés (Æ 4. — R^5. = 12 fr. Mion. 4 fr.); t. d'Athéné casquée. ℞: KYZIKHNΩN. Apollon nu, deb. devant un trépied, ten, un arc de la m. dr. inclinée, et de la g. une flèche, en même temps qu'il a le coude g. appuyé sur une colonne (Æ 5½. — R⁶. = 15 fr. Mion. 12 fr.); t. de Démétèr couronnée d'épis, à dr. ℞: KYZI. au milieu, la lettre B. le tout dans une couronne de chêne (Æ 4. — R³. = 4 fr. Mion. 2 fr.); même tête. ℞: KYZI en deux lignes, le monogr. (531 du Rec. Mion.), le tout dans une couronne de chêne (Æ 4. — R³. = 4 fr.); même t. ℞: KYZI. Caducée surmonté d'un croissant, et le monogr. (535 du Rec. Mion.), le tout dans une couronne de chêne (Æ 4. — R⁵. = 12 fr. Mion. 6 fr.); même tête. ℞: KYZIKHNΩN en trois lignes dans une couronne de laurier (Æ 4. — R². = 4 fr.); t. de Démétèr couronnée d'épis, à dr. av. le *reticulum* et pendants d'oreilles. ℞: tête de pavot sur sa tige, ou un thyrse, dans une couronne de chêne (Æ 2½. — R². = 4 fr.); t. de Koré. ℞: KYZIKHNΩN. Vache deb. (Æ 4. — R³. = 6 fr.); KOPH·CΩTEIPA. T. de Koré, couronnée d'épis. ℞: KYZIKHNΩN. Démétèr marchant, à dr. ten. chaque m. un flambeau ardent (Æ 4. — R⁶. = 20 fr. Mion. 8 fr.); taureau cornupète, à dr. dessous, N. ℞: KYZIKHNΩN. torche représentée couchée (Æ 6½. — R¹. = 2 fr.); KOPH·CΩTEIPA. t. de Koré, couronnée d'épis. ℞: KYZIKHNΩN. Tigre, le pied dr. posé sur un *diota* (Æ 5. — R⁶. = 20 fr. Mion. 8 fr. — Eckhel, Cat. Mus. C. Vind. I, 156, n° 8); même lég., t. de Démétèr, à dr. ℞: KYZIKHNΩN·NEOKO. Panthère, tournée à dr. et le pied g. de devant appuyé sur une urne (Æ 4½. — R⁶. = 20 fr.); autre, aigle deb. ten. dans son bec une couronne (Æ 4. — R². = 4 fr.); t. de Démétèr, à dr. chevelure enveloppée et retenue dans un ample *reticulum*. ℞: KYZI. Trépied posé sur un poisson, dans le champ, le mon. (536 du Rec. Mion. — Æ 7. — R¹. = 3 fr.); même t. derrière, un griffon en contre-marque. ℞: Trépied (Æ 6. — R². = 6 fr.); t. laurée d'Apollon, à dr. ℞: KYZIKHNΩN. Trépied, dessus épi, dessous flambeau et un monogr. (Æ 7. — R⁶. = 3 fr.); même t. aigle en contre-marque; autre: dans le champ, T·A. (Æ 7. Com. 1 fr.); même t. à dr. ℞: KYZI. Lyre. (Æ 3. — R². = 4 fr.); proue de vaisseau. ℞: KYZI et ΛY dans une couronne de chêne (mon. surfrappée. Æ 6. — R⁴. = 10 fr.); KYZIKOC. T. diadémée de Kyzikos. ℞: KYZIKHNΩN·NEO-KOPΩN. Zéus nu, marchant, lançant la foudre de la m. dr. et portant son aigle sur la g. étendue (Æ 5. — R⁴. = 8 fr.); même t. et lég. ℞: Même lég. Neptune deb. à g. (Æ 7. — R⁴. = 10 fr.); même t. et lég. ℞: KYZIKH-NΩN·NEOKOP. Soldat deb. ten. de la m. dr. une haste, près de laquelle est un bouclier (Æ 6. — R⁵. = 20 fr. Mion. 12 fr.); même t. et lég. ℞: même lég., Génie nu, deb. à g. devant un autel, il tient de la m. dr. une patère, et de la g. des épis (Æ 8. — R⁵. = 20 fr.); même t. et lég. ℞: Même lég. un Fleuve couché (Æ 8. — R⁶. = 25 fr. Mion. 12 fr.); autre, ℞: KYZIKHNΩN·NEOKOPΩN (sic). Hercule nu, deb. ten. une massue de la m. dr. et de la g. les dépouilles du lion (Æ 6. — R⁵. = 20 fr. Mion. 12 fr.); même t. et lég. ℞: CTP·ΑCΚΛ...KYZI. Autel entre deux torches, enveloppées chacune par un serpent (Æ 6. — R⁵. = 20 fr. Mion. 12 fr.); ΑCΚΛΗ-ΠΙΑΔΟΥ·KYZIKHNΩN dans une couronne de laurier (Æ 5. — R⁵. = 15 fr. Mion. 8 fr.); même t. et même lég. ℞: KYZIKHNΩN·ΔΙC·NEOKOPΩN. Démétèr deb. ten. de la m. dr. des épis et de la g. un long flambeau (Æ 8. — R⁴. = 12 fr.); autre, ℞: même lég. Deux torches, enveloppées chacune par un serpent, au milieu un autel (Æ 6. — R⁴. = 12 fr. Mion.

9 fr.); même t. et lég. ℞: KYZIKHNΩN. Deux poissons en sens contraire (*vulgò scombri.* Æ 4. — R⁴. = 10 fr.); même t. et lég. ℞: Même lég. Cygogne. (Æ 4. — R⁴. = 10 fr.); la même, mais au Rev. capricorne; autre: lyre; autre: temple octostyle (Æ 6. — R¹. = 3 fr.). — T. de Koré, à g. ℞: ⴳ au milieu d'une couronne de chêne? Dessous KY. (Æ. 15 mill. — IMHOOF-BLUMER, Monn. Gr. p. 243; au Mus. Brit. classée sous Cébréné); THON dans une couronne formée par deux épis. ℞: A au milieu d'une couronne de chêne (?), à la dr. de celle-ci Y. (Æ. 21 mill. v. IMHOOF-BLUMER: Choix de monnaies grecques. 1871. Pl. VIII, n° 246. Surfrappée); autre, avec A au milieu et K—Y (I) des deux côtés de la couronne. (Æ. 19 mill. voy. IMHOOF, Monn. Gr. p. 244; *Mus. de Modène* et *de Berlin*, toutes les deux surfrappées); autre, av. ℞ au milieu et I à dr. de la couronne (Æ. 19 mill. Coll. Imhoof, surfrappée); autre, av. ᛘ au milieu et Y à dr. de la couronne (Æ. 18 mill. IMHOOF, Monn. Gr. p. 244, n° 81, Mus. de Berlin); autre, av. ⚹ au milieu, et Y à dr. de la couronne (Æ. 17 mill. IMHOOF, Monn. Gr. p. 244; MUS. d'ATHÈNES, n° 4051; Dymé); autre, av. A au milieu, (K)/I à g. et Δ (?) sous la couronne, COLL. IMHOOF-BLUMER, surfrappée. (Æ. 17 mill. Cf. PROKESCH-OSTEN, Archaeol. Zeitung 1846, p. 298, pl. XLIII, 29 et 1847, p. 94 (Delphes) et Cat. Behr, p. 23, n° 126, note (Potidée). — [Ce n'est qu'en réunissant une grande quantité de ces monnaies variées, que M. IMHOOF-BLUMER est parvenu à rétablir la légende KYZI, qui n'est tout-à-fait complète sur aucun des spécimens parvenus à sa connaissance, et à restituer à Kyzikos des bronzes classés tantôt à Potidée, tantôt à Delphes ou à Dymé. Le poisson, les couronnes et le monogr. qui sert de type, conviennent parfaitement à Kyzikos. — Pour les nombreuses monn. autonomes de Kyzikos en *electrum* voy. la savante description faite par M. IMHOOF-BLUMER dans ses: Monn. Gr. p. 241 à 243, et GREENWILL, Num. Chron. 1887, p. 1—125.] — *Impériales:* depuis Auguste jusqu'à Claude le Gothique. Æ. Mod. de toutes les dimensions. R²—R⁸. = 4, 6, 20, 40, 60 fr. — Les **Médaillons** ou Mod. M.M. sont R⁵—R⁸. et se payent 30, 40, 60, 120 et 200 fr. *Types des Impériales:* Torche allumée, le tout dans une couronne; trois épis disposés en trident; une torche ardente; capricorne; le tout dans une couronne de laurier (mon. d'Auguste. Æ 4. — R⁸. = 150 fr.) ayant au *Droit* la lég.: NEOY·ΘEOY. = *au nouveau dieu.* Unique exempl. du *Cab. de France*, que j'ai publié pour la première fois dans mon *Dictionn. Numism.*, à la p. 970, n° 1861); KYZI dans une couronne de laurier (mon. de Vespasien. Æ 6. — R⁵. = 15 fr.); t. de Caius César et au ℞: KYZH, t. de Lucius César (Æ 3. — R⁷. = 40 fr.); le héros Kyzikos nu deb. à g. et la lég.: ЄПІ·ΚΛ·ΑΠΗΝΙΟΥ· (au lieu de: ΛΑΓΝΙΟΥ·CΩ·)CTP·ΚΥΖΙΚΗΝΩΝ (de Domitien. Æ 4. R⁶. = 30 fr. MION. 8 fr.); torche ornée d'épis; Hercule nu deb. la m. dr. sur sa massue, les dépouilles du lion de Némée dans la g.; Démétèr voilée deb. à g. ten. des épis dans la m. dr. et une torche dans la g.; t. laurée de Domitien, et au ℞: t. de Domitia, à g. (Æ 6. — R⁷. =

60 fr. Mion. 20 fr.); Pallas Athéné deb. de face, la t. tournée à dr. est surmontée d'un *calathos*, et la poitrine couverte de l'égide. De la m. dr. levée elle tient une haste transversale et sur la g. étendue une petite Niké deb. à dr. et la lég.: ΑΘΗΝΑ ΣΩΤΙΡΑ—ΚΥΖΙΚΗΝΩΝ [au lieu de la fausse leçon donnée par Mionnet. II, 538, 168: ΔΟΜΝΑ ΣΩΤΙΡΑ!] = (mon. de Trajan. Æ. 29 mill. — R⁷. = 80 fr. Mion. 30 fr.); Asklépios deb.; Fig. virile nue, deb. la m. dr. appuyée sur la haste, la g. posée sur la hanche (av. une lég.: ΙΠΠΟΥϹ·ΚΟΥ· (au lieu de ΕΠΙ·ΚΟΥϹΚΟΥ) ΚΥΖΙ qui me paraît fort douteuse, — elle est donnée par Mion. II, p. 538, n° 166 sur une mon. [Æ 5. — R³. = 6 fr.] de Trajan); cavalier cuirassé en course, à dr. la m. dr. élevée; Fortune debout; Hercule jeune nu, assis sur un siège, la m. dr. sur sa massue, la g. sur le siège; Zéus Soter nu, deb. et tourné à g. le *pallium* derrière les épaules, portant un aigle sur la m. dr. étendue, et la g. sur la haste pure; ΕΠΙ·ϹΤΡΑ·ΓΛΑΥΚΟΥ·ΚΥΖΙΚ. [lég. retouchée] au milieu du champ un caducée (Æ 5. R³. = 6 fr. Mion. S. V, p. 316, n° 216, mon. de Trajan); ΓΛΑΥΚΟΥ·ΚΥΖΙΚΗΝΩΝ. Lyre. (Æ 6. — R⁶. = 40 fr. Piovene. Mus. Farnese, t. X, Tab. XVIII, n° 9, mon. de Trajan); Artémide Lucifera, Φωσφόρος (Phosphoros?) ou peut-être Démétèr, marchant, et la lég. ΕΠΙ·ΚΟΥϹΚΟΥ. Dans le champ, ΚΥΖΙ (mon. de Trajan. Æ 5. R⁴. = 12 fr. Mion. R³. = 6 fr.); les deux mêmes lég. précédentes: Hermès nu, av. la chlamyde sur les épaules, marchant à g. la m. dr. armée de la haste, et la g. sur la hanche (Æ 5. — R⁴. = 10 fr. Mion. 4 fr. mon. de Trajan); autel av. une porte au centre, au-dessus, trois femmes portant des flambeaux, de chaque côté de l'autel une torche allumée autour de laquelle est un serpent (Æ 9. R⁷. = 80 fr. Mion. 30 fr. m. d'Hadrien); Démétèr av. deux torches; vaisseau, av. des rameurs, dans le champ, d'un côté ϹΕ, de l'autre Β, et la lég.: ΕΥΤΥΧΕϹΤΑΤΟΥ·ΚΥΖΙΚΗΝΩΝ. (Æ. Médaillon d'Hadrien. R⁷. = 350 fr. Mion. R⁵. = 150 fr.); Génie nu, deb. vu en face, ten. une patère de la m. dr. et de la g. pendante une branche de laurier, à ses pieds un pet. autel allumé (Æ 8. R⁶. = 80 fr. Mion. R⁵. = 30 fr. m. de Sabine); Antinoüs deb. en habit court, la m. dr. levée, et ten. de la g. sa chlamyde, derrière cheval marchant à dr. et lég.: ΑΡΧ·ΚΛ·ϹΥΝ·ϹΥ (sic), à l'exergue, ΚΥΖΙ. (Æ 6. — R⁷. = 150 fr. Mion. 24 fr. m. d'Antinoüs); Artémis d'Ephèse, av. ses supports et des cerfs; Harpokrate ten. une corne d'abondance dans ses mains; le héros Kyzikos imb. et couvert du *pallium*, assis à dr. la m. dr. levée posée sur la haste, et la g. étendue; caducée ailé; Asklépios et Hygieia deb. av. attributs; serpent replié en spirale, et la tête dressée; deux figures héroïques barbues se donnant la main (les fondateurs de Kyzikos et d'Ephèse? Æ. M.M. — R⁸. = 200 fr. Mion. 100 fr. m. d'Antonin le Pieux); ΑΥΤ·ΚΑΙ·ΑΔΡΙ—ΑΝΤΩΝΕΙΝΟϹ—ϹΕΒ. Son buste lauré et drapé à dr. ℞: ΕΠΙ·ΕϹΤΙΑΙΟ—Υ· (et non ΕϹΤΡΑΤΟϹ, comme le supposait Mion. S. V, p. 320, n° 243) ΑΡΧΟΝΤΟϹ. Dans le champ, Κ-Υ-Ζ-Ι-Κ-Η, à l'exergue, ΝΕΩΚΟΡΩΝ. Temple à huit colonnes. Æ. 34 mill. R⁸. **Inédite**. (Voy. Imhoof-Blumer, Monn. Gr. p. 244, n° 84. Le nom de l'archonte serait donc Ἑστιαῖος); Démétèr dans un char traîné par deux serpents; Artémis d'Ephèse et Hercule à demi-nu deb. (Æ. M.M. — R⁷. = 100 fr. Mion. 40 fr. p. d'alliance av. Ephèse); t. de Priape; Aphrodité *ἁρεία* nue, près d'elle le glaive et le bouclier d'Arès; deux serpents

entrelacés autour d'une massue, et formant un caducée, surmonté d'un croissant; Dionysos assis sur un siège à g. ten. le *cantharum* de la m. dr. et la g. sur la haste ou un thyrse, à ses pieds, panthère, derrière ciste mystique; Hadès enlevant Perséphoné (Koré), dans un char à quatre chevaux, allant à dr. (Æ 9 1/2. — R⁷. = 150 fr. Mion. ex. moulé sur l'antique. R⁴. 30 fr.); Marc-Aurèle dans un quadrige (Æ 9. R⁶. = 35 fr. Mion. 18 fr.); femme tourelée (la Tyché de Kyzikos) assise sur des rochers, ten. des épis; un pâtre, à genoux, trayant une chèvre; veau marchant à g.; un fleuve personnifié à demi-nu couché, ten. une branche, près d'elle, on voit des eaux qui coulent (Æ 8. — R⁷. = 60 fr. Mion. 24 fr. m. de M. Aurèle); le fleuve ΑΙϹΗΠΟϹ couché à g. ten. une patère de la m. dr., le coude g. appuyé sur un rocher et la légende: ΕΠΙ·ϹΤΡ·Μ·ΚΑ·(ϹΕ)ΒΗΡΟΥ·ΚΥΖΙΚΗΝΩΝ·ΝΕΟΚΟ(ΡΩΝ) (Æ. M.M. — R⁶. = 80 fr. Mion. R⁴. = 40 fr. il a été donné plusieurs fausses leçons de cette légende. La m. est de M. Aurèle); Artémis-Chasseresse marchant; ΚΟΡΗ·ϹΩΤΕΙΡΑ ΚΥΖΙΚΗΝΩΝ. T. de Faustine jeune à dr. av. les attributs de Koré couronnée d'épis. ℟: ΕΠΙ·ϹΤΡΑΤ·ΝΑΙΒ·ΚΥΙΝΤΟΥ·ΟΜΟΝΟΙΑ·ΚΥΖΙΚ·ϹΜΥΡΝΑΙ. Deux centaures attelés à un char, ten. chacun le *pedum* et le *calathos*, précédés d'un Génie, sur le char, Démétèr en habit long, deb. tenant un long flambeau, derrière le char Silène appuyé sur un bâton et portant le *calathos* rempli de fruits, près des centaures, une bacchante ten. le *tympanum* et un Satyre jouant de la double flûte. (Æ 13. — R⁷. de 300 à 500 fr. Mion. R⁷. = 200 fr. — Le plus bel exempl. de cette mon. me montra le vénérable Mourzakiewicz au Musée d'Odessa); Hygieia faisant manger un serpent dans une patère; tigre appuyé sur une amphore; les Dioscures, av. la haste et leurs chevaux, au milieu un autel (Æ. M.M. R⁷. = 250 fr. Mion. R⁶. = 100 fr.); un dauphin; M. Aurèle lauré, assis sur une cuirasse, ten. de la main dr. le *parazonium* (Æ 9. — R⁶. = 70 fr. Mion. 30 fr.); capricorne; un dauphin; Niké conduisant un bige, à dr. (Æ 9. — R⁶. = 60 fr. Mion. 30 fr. m. de L. Vérus); hippopotame; louve; un caducée ailé; une ancre enveloppée par un serpent; ΚΥΖΙΚΗΝΩΝ dans une couronne; *Κυβέλη* sur un lion, ten. de la m. dr. une patère, et la g. appuyé sur le *crotalum*; Zéus à demi-nu, debout; Apollon nu, deb.; Poséidon, le pied posé sur un rocher, ten. de la m. dr. un trident, et de la g. un dauphin; en face une femme vêtue de la *stola*, debout, ten. une patère de la m. dr. et une haste de la g. (Æ M.M. R⁷. = 300 fr. Mion. 100 fr. Médaillon de S. Sévère); un caducée implanté sur un cippe; Deux têtes affrontées et laurées, l'une de Zéus-Ammon, et l'autre de Macrin, au bas un bel autel, lég.: ϹΤΡ·Λ·ΟΥΑΡ·ΦΟΙΒΟΥ·ΚΥΖΙΚΗΝΩΝ·ΝΕΟΚΟΡ. (sic) Æ. M.M. R⁸. = 400 fr. Mion. S. V, p. 341, n° 385. R⁶. = 150 fr.); Terme au milieu d'un temple tétrastyle; Castor deb. ten. de la m. dr. son cheval par la bride, et la haste dans la g. (Æ 12 1/2. — R⁶. = 150 fr. Mion. R⁴. = 50 fr. m. de Commode av. la lég.: ΡΩΜΑΙΟϹ·ΗΡΑΚΛΗϹ au Droit); Six enfants montant le long de cordages au haut desquels sont deux cistes gymnastiques chargées de palmes, qu'ils frappent av. des bâtons, lég.: ΑΡΧ·ΑΙΛ·ΟΝΗϹΙ·ΦΟΡ·ΑΥΡ·ΑΝΤΩΝΕΙΝΙΑ·ΚΥΖΙΚ·ΔΙϹ·ΝΕΟ (Æ 10. — R⁷. = 120 fr. Mion. R⁴. = 30 fr. m. de Caracalla); même lég. au Rev., Zéus-Sérapis assis, ten. la haste, Cerbère à ses pieds, en face Caracalla deb. la main dr. élevée, ten. un sceptre dans la g. (Æ 12. — R⁶. = 250 fr. Mion. 150 fr.); ΑΥΡ·

ΑΝΤΩΝΕΙΝΙΑΝΩΝ·ΚΥΖΙΚΗΝΩΝ·ΔΙC·ΝΕΩΚΟΡΩΝ. Caracalla deb. en habit militaire, entre deux enseignes, sacrifiant sur un autel allumé placé à sa droite (Æ 13. — R^5. = 80 fr. — Mion. R^4. = 60 fr.); têtes affrontées de Zéus-Ammon et de (Zéus) Jupiter Capitolin, au bas un autel allumé (Æ 10^1/$_2$. R^5. = 50 fr. Mion. 40 fr.); Némésis aîlée deb., la t. tourelée, un gouvernail d. la m. dr. et une corne d'abond. dans la g., à ses pieds, une roue; Démétèr marchant, ten. dans chaque main un torche ardente; massue sur un autel et caducée; CTPA·ΠΡΕICΚΙΑΝΟΥ·ΚΥΖΙΚΗΝ·ΝΕΟΚΟΡ. Bacchante assise sur une panthère marchant à gauche (Æ 9^1/$_2$. — R*. **Inédite**. cf. Cat. de la coll. de C. J. Thomsen. Copenhague 1869, p. 107, n° 1304); deux temples octostyles, dont le fronton est orné (Æ. M.M. — R^7. = 250 fr. Mion. 100 fr. m. de Diaduménien); Arès deb. casqué et cuirassé, tourné à dr. la m. dr. sur sa lance, la g. sur un bouclier posé à terre; Athéné deb. à g. portant sur la m. dr. un globe surmonté d'une Niké, la g. sur la haste; trirème à la voile. — *Corrections:* Gallien: ... Π·ΑΙ·Κ. — ΓΑΛΛΙΗΝΟC. (Mion. II, p. 534, n° 140, a lu: ΚΥΖΙΚΟC et a pris la t. de Gallien pour celle de Kyzikos!) Buste lauré et drapé de Gallien à dr. ℞: ΑCΚΛΗΠΙ-ΑΔΟΥ—ΚΥΖΙΚΗΝΩΝ et dans le champ, à g. ΝΕΟΚΟ (sic). *Femme casquée et aîlée*, deb. à g. appuyant la m. dr. sur un *gouvernail*; derrière elle, à ses pieds, une *roue*. Æ. 25 mill. R^6. = 50 fr. [Panofka, voy. Arch. Zeitg. 1851, p. 308, a vu dans ce type Athéné Jasonia, mais M. Imhoof-Blumer dans ses: Monn. Gr. p. 245, pense que ce n'est qu'une de ces *figures Panthées*, que la décadence de l'art grec empruntait à l'orient. Elle réunit les attributs d'Athéné, de Némésis et de Tyché.] — Mionnet, T. II, p. 542, n° 196 a lu: ΚΛΕΙΒΗΡΟΥ et dans le Suppl. V, p. 327, n°s 284— 288: CTPA·ΚΑΜΟΥ CΕΒΗΡΟΥ (et non ΚΑ CΕΒΗΡΟΥ comme le donne M. R. Weil, dans le *Repertorium* de Friedländer, à la p. 248). Claude le Gothique: ΑΥΤ·Κ·Μ·ΑΥΡ·ΚΛΑΥΔΙΟC·CΕΒ. Sa t. laurée, av. le *paludament.* ℞: CTP·Λ·CΕΠΤ·ΠΟΝΤΙΑΝΟΥ., melius ΠΟΝΤΙΚΟΥ ΚΥΖΙΚΗ-ΝΩΝ·Β·ΝΕΩΚΟΡΩΝ. Temple octostyle. Æ 9. — R^7. = 120 fr. (Mion. 30 fr.). — La même, mais au Rev.: Vaisseau à la voile, av. des rameurs; à côté, un dauphin. Æ. M.M. R^8. = 200 fr. (Mion. R^5. = 50 fr. la cite d'après Tanini, 128). — **Inédites**: Domitien et Domitia: ΑΥΤ·ΔΟΜΙ·ΚΑΙ-CΑΡ CΕΒ. T. laurée, à dr. de Domition. ℞: ΔΟΜΙΤΙΑ·CΕΒΑCΤΗ·ΚΥΖΙ-ΚΗΝΩΝ. T. de Domitia, à g. Æ 5^1/$_2$. — R^8. = 120 fr. Publ. d'abord par Fr. Lenormant, dans la Descr. du Cab. du bar. Behr, p. 79, n° 460 — passa ensuite dans la coll. Fox qui la publia dans ses Engr. of uned. or rare Gr. coins. P. II, n° 28. Auj. elle est au Mus. de Berlin. — Faustine Jeune: ΦΑΥCΤΕΙΝΑ·CΕΒΑCΤΗ. Sa t. à dr. ℞: ΚΥΖΙΚΗΝΩΝ·ΝΕΩΚΟ-ΡΩΝ. Démétèr Dindymène vêtue de la *stola*, marchant à dr. et ten. deux flambeaux. Æ 7. — R^8. = 50 fr. Fr. Lenormant, Descr. d. Cab. Behr, p. 79, n° 464. — **Autre:** Même t. et lég. ℞: ΚΥΖΙΚΗΝΩΝ·ΔΙC·ΝΕΟΚΟ-ΡΩΝ. Pâtre trayant une chèvre, à dr. Æ 6. — R^8. = 40 fr. Fr. Lenormant, Descr. d. Cab. Behr, p. 79, n° 465. — Antonin le Pieux: ΑΥ·ΚΑΙ·Τ·ΑΙ·ΑΔΡΙΑΝΟC·ΑΝΤΩΝΙΝΟC. Sa t. nue, à dr. ℞: ΚΥΖΙΚΗΝΩΝ-ΝΕΟΚΟ-ΡΩΝ en quatre lignes dans une couronne de chêne. Æ 8. — R^8. = 40 fr. Fr. Lenormant, Descr. du Cab. Behr, p. 79, n° 461. — Severus Alexander: ...... Μ·ΑΥΡΗΛΙΟC·CΕΥ..... ΑΛ ... ΝΔ ..... ΑΥ. Sa t.

laurée à dr. av. le *paludamentum*. ℞: KYZIKH .... NEOK ..... Neptune nu deb. à g. le pied droit posé sur un rocher, ten. son trident. Æ 7. — R⁸. = 40 fr. Fr. Lenormant, *ibid.* p. 80, n.° 466. — Tranquilline: CAB·TPANKYΛΛEINA. Sa t. à dr. ℞: CTP·AEΠIΔOY·KYZIKHNΩN·NEO· Serpent Agathodémon mangeant les offrandes sur un autel. Æ 4½. — R⁸. = 60 fr. Fr. Lenormant, *ibid.* n.° 469. — KOPH ZΩTEIPA KYZIKHNΩN· Buste de Démétèr à dr., sous les traits de Faustine jeune. ℞: EΠI·CTPA· KYINTOY (à l'exergue); ...IΔ .... NOIA (à l'entour). Marc-Aurèle deb. entre deux femmes tourelées (Cyzique et Smyrne). Æ 12. — R⁸. = 150 fr. Cf. H. Cohen, Descr. du Cab. Badeigts de Laborde. Paris 1869. voy. p. 31, n.° 350. — KOPH·CΩTEIPA. Buste de Koré. ℞: EΠIMEPXOY? KYZIKH-NΩN·NEOKO. Latone courant à dr. et tenant un enfant. Æ 8. — R⁸. = 60 fr. — H. Cohen, *ibid.* n.° 349. — *Autonome* (inédite): T. de lion à dr. ℞: Demi-hippocampe à dr. dans un carré creux. Æ 4½. R⁸. = 120 fr. H. Cohen, Descr. du Cab. Badeigts de Laborde, p. 31, n.° 351. Gravée *ib.*, n.° 351. — Voy. sur les mon. de Kyzikos: Lenormant (Charles), Essai sur les statères de Cyzique. Paris 1850. in-8°. 2 pl. — Duc de Luynes, Choix de méd. antiques. Paris 1840. voy. Pl. X, f. 3, 6, 7, 9, 10 (A'). — *Rev. Num. Fr.* An. 1852, p. 87; 1856, p. 7, 88, 152 (A'); 1860, p. 275 (A'); *Archäol. Zeitg.* 1849, p. 28, 97 (Æ); Diamilla, Mem. numism. Anno primo. Roma 1847. in-4°. voy. I, 20 (Faustine comme KOPH·ΣΩTEIPA·) et av. cela: *Rev. Archéol.* IX, p. 339. — Millingen, Sylloge, p. 64; *id.* Ancient coins, p. 71. — Köhne, Zeitschr. II, p. 12. — Akerman, Num. Chr. VI, p. 150 (A'); VI, p. 151. — Bar. de Witte, Descr. du Cab. de l'abbé Greppo, n°s 826, 828. — Mus. Lavy, I, 190, 191. — *Revue Belge*, II, 303 (A'); III, 305 (A'); *ib.* III, Sér. 4. p. 13. — *Annali* dell' Istituto e Corr. arch. di Roma 1841, p. 150. Mon. III. 35, 20—23 (A'); 1833, p. 265 (Æ), 272 (Æ); 1833, p. 266, 272; 1843, p. 265, 272. — Chaudoir, Corrections, 79. — L. Welzl de Wellenheim, Cat. Vienne 1844. voy. le n.° 4874 (Philippe père). — *Revue Archéol.*, Tom. IX, p. 138 (Æ. T. de Kyzikos. ℞: Athéné Nikephoros). — Sestini, Mus. Chaudoir. Firenze 1831. voy. p. 84. — *Mémoires* de la Soc. Arch. de S. Pétersb. 1852, p. 370 (A'). — Boutkowski (Alexandre), Dictionn. Numism. p. 970, n°s 1858, 1859, 1860 (inédites). — Marquardt (J.), Cyzicus und sein Gebiet. Berlin 1836 in-8°. av. 1 c. — Waddington (W. H.), Voyage en Asie-Mineure au point de vue numismatique. Paris 1853. in-8°. [voy. p. 70 à 72, l'article: Mysie et Troade.] —

109. ΓΕΡΜΗ.

Sur les mon. de la ville Hiera-Germe en Mysie. [Il y avait deux villes de ce nom: une située sur le fl. Rhyndakos et l'autre sur le Kaikos. — On connait des mon. coloniales de Germe en Galatie, qui portent des lég. latines: COL·GERMEN. — COL·AVG·F·GERMENO.] *Types* des mon. aut. de Hiera-Germe: t. nue et barbue d'Hercule; lion marchant; t. tourelée de femme, à dr. av. la lég. TYXH·ΠOΛEΩC.; Athéné deb. ten. une patère, sa m. g. sur un bouclier;· Hercule nu, deb. la m. di. sur sa massue, la dépouille de lion sur le bras g.; t. imb. du Sénat, à dr. av. le *pallium*, devant, une branche; t. d'Apollon couronnée de laurier, à dr.; Apollon deb. ten.

une lyre, en face fig. inconnue près d'un arbre et la lég. ΕΠΙ·ΑΙΛ·ΑΡΙC-ΤΟΝΕΙΚΟΥ·ΓΕΡΜΗΝΩΝ, au *Droit:* ΙΕΡΑ·CΥΝΚΛΗΤΟC. t. laurée du Sénat (Æ 10. R^8. = 200 fr. Mion. T. II, p. 554, n° 257. R^6. = 150 fr.); Asklépios deb. ten. son bâton, entortillé d'un serpent; Pallas-Athéné deb. sur une base, de laquelle s'élèvent deux branches d'olivier, devant, Hercule nu, marchant, la m. dr. levée, et ten. dans la g. une massue levée, au milieu un autel allumé, lég.: ΕΠΙ·ΑΙΛ·ΑΡΙCΤΟΝΕΙΚΟΥ·ΓΕΡΜΗΝΩΝ. (Æ. M.M. R^8. = 250 fr. Mion. R^6. = 150 fr.); ΔΗΜΟC. t. virile, laurée du peuple; ΙΕΡΑ ΓΕΡΜΗ (au *Nominatif*), t. tourelée de la Tyché de la ville, à dr. av. la *stola*. Rev.: ΓΕΡΜΗΝΩΝ. Athéné deb. à dr. vêtue de la *stola*, et couverte de son aegide, portant sur la m. g. une petite Niké, la dr. posée sur son bouclier; devant elle, un autel allumé; derrière, une lance. (Æ 5^1/$_2$. R^4. = 15 fr. Mion. 6 fr.) — Les mon. de Germe (auton.) sont: Æ. Mod. M.M. 10, 5^1/$_2$, 5, 4 et 3. — R^4—R^8. de 6, 8, 15 et 200 fr — Légendes: ΙΕΡΑ·ΓΕΡΜΗ. — ΓΕΡΜΗΝΩΝ. — ΙΕΡΑ·CΥΝΚΛΗΤΟC·ΓΕΡΜΗΝΩΝ. — ΙΕΡΟC·ΔΗΜΟC·ΓΕΡΜΗΝΩΝ. — ΤΥΧΗ ΠΟΛΕΩC ΓΕΡΜΗΝΩΝ. — Magistrats: CΤΡΑΤΗΓΟC·ΑΡΧΩΝ. — *Impériales* depuis Trajan jusqu'à Gallien. — *Types:* t. laurée d'Apollon, tournée à dr.; t. affrontées d'Hadrien et de Sabine (Æ 3. R^7. = 40 fr. Mion. 18 fr.); Femme deb. vêtue de la *stola*, ten. des épis et une corne d'abond.; cerf dressé; Apollon, vêtu de la *stola*, deb. en face, ten. une patère et une lyre [Faustine Jeune: ΝΕΑ· ΦΑΥCΤΕΙΝΑ. Son buste à dr. ℞: ΓΕΡΜΗΝΩΝ. Femme deb. regardant à g. ten. de la m. dr. un objet indistinct et de la g. une lyre. Æ 3^1/$_2$. — **Inédite** que j'ai publié dans la *Rev. Num. Fr.* IIIme Sér. An. 1883. Tom. I, p. 382, Pl. IX, f. 16, et que j'ai eu grand tort d'attribuer à Germe de Galatie. — Ma coll. — R^8 = 80 fr.]; Zéus assis sur un siège, à g. et la lég.: ΕΠΙ·ΠΕΡΠΕΡΟΥ·ΑΡΧ·Α·ΓΕΡΜΗΝΩΝ. (Æ 6^1/$_2$. — R^6. = 40 fr. Mion. 12 fr. m. de M. Aurèle); Hercule nu deb. regardant à g. et la lég. ΕΠΙ·CΤΡΑ·ΦΑΥCΤΟΥ·ΓΕΡΜΗΝΩΝ. (Æ 9^1/$_2$. R^7. = 120 fr. Mion. 48 fr. m. de M. Aurèle); la Fortune deb. av. ses attributs, en face S. Sévère deb. ten. une haste et couronné par la Niké, deb. derrière lui, av. la lég.: ΕΠΙ· CΤΡΑ·ΝΕΙΚΟΜΑΧΟΥ·ΓΕΡΜΗΝΩΝ. (Æ. M.M. R^6. = 100 fr. Mion. 40 fr.); Hercule-Farnèse deb. à dr. le bras g. appuyé sur sa massue, couverte de la dépouille du lion, et posée sur un cippe, en face un aigle éployé sur un rocher, au bas, Diomède effrayé, la m. dr. posée sur le cippe, et la g. sur le dos d'une de ses cavales, av. la lég.: ΥΠ·CΤΡ·ΑΙ·ΝΕΙΚΙΟΥ·ΠΥΡ·ΓΕΡΜΗ-ΝΩΝ. (Æ. M M. — R^7. = 200 fr. Mion. m. de S. Sévère: 150 fr.); Hercule domptant le lion; Fleuve Marsyas couché, ten. un roseau de la m. dr., la g. sur une urne; Apollon Pythien, nu et deb. posé sur une jambe, et tourné à dr. la m. dr. sur sa t. et la g. appuyée sur une colonne, derrière, le serpent Python, enveloppant un tronc d'arbre et la lég. CΤΡ·ΛΥΚΩΝΟC·Β·ΓΕΡΜΗ-ΝΩΝ. (Æ 8 — R^6. = 50 fr. Mion. 30 fr. m. de Géta); trois femmes, vêtues chacune d'une tunique, s'embrassant (Æ 9. — R^7. = 60 fr. Mion. 24 fr.); Hercule brisant av. ses mains le bois d'un cerf, à côté de lui, une massue, et la lég.: ΕΠΙ·CΤΡΑΤΗΓΟΥ·ΦΩΚΕΝΑΤΟΥ·ΑΛΕΞΑΝΔΡΟΥ·ΓΕΡΜΗΝΩΝ. (Æ. M.M. — R^6. = 80 à 100 fr. Mion. 40 fr. m. d'Elagabal); Deux femmes vêtues d'une tunique, debout, jetant ensemble des globules ou des pommes dans un vase; Artémis deb. la m. dr. pendante et une haste dans la g.;

Dionysos nu, deb. ten. de la m. dr. le *cantharum* incliné au-dessus d'une panthère, placée à ses pieds et de la g. son thyrse (Æ 8. R^5. = 30 fr. Mion. 9 fr.); Athéné casquée deb. portant sur la m. dr. un pet. simulacre d'Apollon, ten. sa lyre de la m. droite, elle a la g. posée sur son bouclier, à ses pieds, un pet. autel (Æ 6. — R^4. = 20 fr. Mion. 9 fr. m. de Gordien III); Apollon, en habit de femme, deb. ten. de la m. dr. une branche de laurier, entre Artémis Chasseresse, av. son arc, et Asklépios av. son bâton (Æ. M.M. — R^7. = 80 fr. Mion. 40 fr); Hercule, traînant de la m. dr. le sanglier d'Erymanthe, et. ten. de la g. sa massue (Æ 5. — R^4. = 8 fr.); Hercule, marchant à dr. ten. de la m. dr. Cerbère enchaîné, et portant sa massue et la dépouille du lion (Æ 4. R^4. = 8 fr.); ΦΟΥΡ·ΤΡΑΝΚΥΛΛΙΝΑ·CΕΒ. Sa t. à dr. ℞: ΕΠΙ·ΑΙΛ·ΑΡΙCΤΟΝΕΙΚΟΥ·ΓΕΡΜΗΝΩΝ. Apollon nu, deb. tenant le *plectrum* de la m. dr. levée au-dessus de sa tête, et la g. posée sur une colonne (Æ 9. — R^8. = 120 fr. Mion. 40 fr.); Télesphore deb.; Hercule-Bibax assis sur un rocher, à g. et la lég.: ΕΠΙ·ΤΙ·ΠΕΤΡΟΝΙΟΥ· (au lieu de ΠΕΡΠΕΡΝΟΥ fausse leçon de Vaillant) ΡΟΥΦ·ΤΟ·Β·ΓΕΡΜΗΝΩΝ. (Æ 12. — R^7. = 200 fr. Mion. R^6. = 150 fr.). — Mionnet n'a donné la description des Impériales de Germe que depuis Trajan jusqu'à Philippe le Jeune, mais il en existe encore d'autres, parmi lesquelles je citerai une de Gallienus: ΑΥ....ΓΑΛΛΙΕΝΟ. Sa t. laurée, à dr. av. le *paludament*. ℞: ΕΠ·ΑΥΡ·ΑΙΛ·ΦΟΙΒΟΥ·ΙΠΠΙΚΟΥ. Zéus assis à g. ten. de la m. dr. une petite Niké, et de la g. une haste av. laquelle il s'appuie sur le throne. A l'exergue: ΓΕΡΜΗΝΩΝ. Æ 8^1/$_2$. — R^8. = 80 fr. — **Inc.** à Mion. — Cf. Gén. Fox, Engr. of uned. or rare Greek coins, P. II, n.° 32. — Auj. au Mus. de Berlin. — Les autres spécimens des Impériales de Germe sont généralement de gr. module; il en a du Mod. 13, 12, 10, 9, 8^1/$_2$, 6, 5, 5^1/$_2$ et 4. — R^5—R^8. de 9, 15, 20, 40, 80, 120, 150 et 200 fr. — Voy. sur ces monnaies: *Num. Chron.* VI, p. 154. — Sestini, Mus. Chaudoir, p. 86. — Sabatier, Cat. St. Pétersb. 1852. in-8°. v. n.° 94, une de S. Sévère à cheval. — *Num. Journal* I, 43. — *Rev. Num. Fr.* An. 1852, p. 89. — Köhne, Zeitschr. f. Münzk. III, 39. — *Revue Belge*, 3. Série IV, 13; 4. Série I, 133. — Diamilla, Memorie 106 (3 nymphes av. vases). — Streber, Num. nonnulla graeca, p. 191. — Cat. L. Welzl de Wellenheim. Vienne 1844. n.° 4884 (un **Médaillon**: Apollon et Marsyas; *ib*. n.° 4888, mon. de J. Domna). — J'enregistre encore une **monnaie inédite de Soaemias** (mère d'Elagabal): *Droit*: ΙΟΥΛΙΑ·CΥΑΙΜΙΑC·CΕΒ. T. de Soaemias tournée à dr. ℞: ΓΕΡΜΗΝΩΝ. La Tyché deb. ten. une corne d'abond.; à ses pieds, une roue. Æ 6^1/$_2$. — **Inc.** à Mion. — R^6. = 50 fr. — Coll. de M. Arthur Löbbecke, à Braunschweig. — La forme CΥΑΙΜΙΑC qui se voit sur cette p. au lieu de la forme grecque CΟΑΙΜΙΑC ou CΟΑΙΜΙC (et sur les mon. rom. SOAEMIAS) me paraît être nouvelle dans l'orthographie numismatique. Eckhel, Catal. M. C. Vind. I, p. 71, n.° 7, cite cependant une mon. d'Odessos de Thrace qui porte CΟΥΑΙΜΙC mais non CΥΑΙΜΙΑC. — **Autonome inédite**: ΙΕΡΑ·CΥΝΚΛΗΤΟC. Buste du Sénat, à dr. ℞: ΓΕΡΜΗΝΟΝ·ΕΠΙ·CΤΡ·Μ·ΑΥΡ·ΡΟΥΦΕΙΝΟΥ. Hercule deb. à dr., devant lui un aigle sur un rocher, et à ses pieds, derrière, Téléphos. Æ 13. R*. Cat. de la vente Iwanoff. Londr. 1863, p. 23, lot n.° 215. Vend. 3 £ 10 sh. [Feuardent]. —

110. ΠΕΡΓΑΜΟC.

Sur les mon. de Pergame en Mysie. Ces mon. sont très-nombreuses, surtout les Impériales. *Types* des mon. auton. en **Or** (que je soupçonne fort d'être de coins modernes fabriqués en Hollande!): T. d'Hercule jeune, couverte de la peau de lion, Rev.: *Palladium* ou Pallas Athéné deb. de face, armée d'un bouclier, dans le champ, un casque. **Or.** Statère. (Poids 131 grs. — publ. dans la *Revue Num. Fr.* An. 1865, p. 13); T. de Pallas Athéné, Rev: Le même. **Or.** Tétrobole. (Poids 44 grs. — cf. *Brit. Mus.* Guide, Pl. XLIX, 9, — en les supposant antiques je dirai seulement que ce sont des monuments de haute valeur et il me paraît impossible de les taxer). — MIONNET, dans sa Descr. T. II, p. 585 dit que les mon. d'or de Pergame lui paraissent *douteuses*, mais dans son Suppl. Tom. V, p. 416, il décrit quelquesunes aux types suivants: T. casquée de Pallas Athéné; t. barbue de Pergamos fondateur, couvert d'un bonnet phrygien? dans un carré creux (A^r 1. R^5. = 72 fr. en la supposant antique le prix est relativement minime); t. laurée d'Apollon à dr.; t. de boeuf, av. le col, dans un carré creux (A^r 1. R^7. = 100 fr.); t. barbue d'Asklépios, couronnée de laurier; partie antér. d'un serpent dressé, dans un carré indiqué par quatre lign. (A^r $1^1/_2$. — R^4. = 60 fr.); t. laurée d'Asklépios, à dr.; Buste ailé de la Niké, au-dessus, deux étoiles, le tout dans un carré (A^r $1^1/_2$. — R^8. = 200 fr.). Toutes ces mon. d'or que MION. a décrit — valent aujourd'hui cinq fois plus le prix auquel il les a taxées. — *Types des autonomes en argent:* partie antér. de deux boeufs en regard; partie antér. d'un taureau courant, dans une aire carrée creuse (Æ 4. — R^8. = 150 fr. MION. 120 fr.); t. laurée d'Apollon, derrière astre, Rev: ΠΕΡΓ. t. barbue, couverte du bonnet phrygien, le tout dans un carré creux (Æ 3. — R^7. = 100 fr. MION. 60 fr.); t. laurée, imberbe, à dr. chevelure courte, Rev.: ΠΕΡΓ. t. nue de vieillard, à dr. au-dessus, croissant, le tout dans un carré creux (Æ $1^1/_2$. R^8. = 150 fr. MION. 100 fr. autrefois, CAB. DE M. LE BAR. CHAUDOIR); t. d'Hercule jeune, couverte de la peau de lion, Rev.: *Palladium*, ou Athéné deb. de face, armée d'un bouclier de la m. g. et lançant un javelot de la dr., une écharpe tombe de ses épaules, dans le champ, A. (Æ $1^1/_2$. — R^7. = 50 fr. MION. 18 fr.); sans lég. *Palladium* sur une proue de vaisseau (MION. Æ 1. — R^7. = 18 fr.); t. nue et barbue, à dr., Rev.: ΜΩΔΑΙΩΝ. T. de boeuf décharnée, vue de face (Æ 6. R^7. = 150 fr. MION. 60 fr. — Il serait peut-être plus correct, comme le pense aussi M. VON SALLET, vu la fabrique de cette mon., de l'attribuer à une ville inconnue de l'île de Krète?). — Les **Cistophores** en Æ. qui sont du Mod. 8 et 7, ont pour *types:* Ciste entr'ouverte d'où s'échappe un serpent, au milieu d'une couronne de lierre et de pampre, et au Rev: Deux serpents enlacés autour d'un carquois dans lequel est un arc; dans le champ, monogrammes différents et les lettres, tantôt NI ...; KA; KT; ME; TH; ΠΑ; ΜΟΣ; ΑΠ; ΑΣ; AM; BO; tantôt ΛΥ; MA; AP; BA; ΔΙ; ΔΗ; ΙΕ; ΕΥ; ΚΛ; ΦΙ. Le prix de ces **Cistophores** varie entre 30 et 40 fr. (MION. les estime de 24 à 36 fr. et leur donne le degré de rareté entre R^2 et R^8). — Les **Cistophores** suivants sont plus rares et plus chers: a) Ciste entr'ouverte d'où s'échappe un serpent, dans une couronne de lierre et de pampre. ℞: IMP·Q·METELLVS·PIVS·SCIPIO. Aigle romaine entre deux serpents entrelacés, dans le champ un monogramme (718 du Rec. MION.).

Æ 8. — R⁷. = 200 fr. Mion. 100 fr. — b) Même *Droit*. ℟: C·PVLCHER·PROCOS·MHNOΔωΡΟΣ. Deux serpents autour d'un carquois; dans le champ, le monogr. (718 du Rec. Mion.) et un serpent autour d'un bâton. Æ 7½. — R⁷. = 200 fr. Mion. 100 fr. [Pour toutes les variétés de ces cistophores je renvoie le lecteur à un travail très-précis et très-minutieux de M. Imhoof-Blumer, intitulé: „Die Münzen der Dynastie von Pergamon". Berlin 1884.] — Dans la *Zeitschr. f. Num.* Bd. XIII, p. 113, on trouve la descr. d'un *cistophore* nouvellement découvert, qui faisait autrefois partie de la célèbre coll. J. Whittal de Smyrne (v. son cat. n.° 991). Cette p. porte les mêmes types que les autres cistophores, à la seule exception qu'un archer est posé entre les deux serpents du Rev. au-dessus duquel on lit: LEPIDVS—PROPR, au milieu à g. ·I·Ω, et au-dessous en deux lignes: ΚΛΕΜΕΝΙΔΑΣ—ΟΙΧΙΟΣ. Æ. 25 mill. Poids: 10,90 gr. — M. le Doct. W. Caland qui a publié ce cistophore n'a pas encore résumé son histoire, faute de preuves suffisantes pour qu'on puisse se convaincre qu'il a été émis à Phokaia. Les lettres isolées du milieu ·I·Ω ne peuvent servir qu'à compléter la série de celles que j'ai données plus haut, et me semblent ne faire aucune allusion au lieu d'émission; je sais par expérience, après avoir étudié les mon. de Tomi et du Bosphore Cimmérien, que ces *lettres isolées* qu'on observe dans le champ des mon., n'ont aucun rapport avec les ateliers monétaires et restent jusqu'à présent inexplicables pour tous ceux qui aiment la vérité et ne tolèrent pas les hautes fantaisies! — car ces dernières ne sont bonnes que pour le déchiffrement des légendes cunéiformes, cypriotes ou pehlvi, dans le labyrinthe desquelles, une fois rentré, on peut prêcher tout ce que l'on veut sans le moindre contrôle, car les meilleurs spécialistes de ce genre d'étude ne sont plus de ce monde et il ne reste personne pour vérifier les abus des profanateurs de la science! — Sur les **Cistophores** consultez: *Num. Chron.* IX, 9. — *Rev. Num. Fr.* An. 1852, p. 91; 1859, p. 118. — Mus. Lavy, I, p. 194. — Pinder u. Friedländer, Beiträge z. älteren Münzk. Berlin 1851, I, p. 26. — Sestini, Mus. Chaudoir, p. 86. — Cavedoni (Cel.), Observ. sopra i medaglioni d'argento di Adriano impressi nell' Asia proconsolare e nella Bitinia. Voy. *Bull. arch.* Nap. N. S. 1858, p. 158—160, 170—175; n.° 134, p. 73—78. — **Autonomes en bronze:** Mod. 8, 7, 6½, 5, 4, 4½, 3½, 3, 2. — R¹—R⁸. de 2, 4, 9, 15, 30, 120 et 150 fr. — *Types:* T. d'Athéné; t. de boeuf avec le col, dessous, foudre; deux t. de boeuf affrontées; t. d'Hercule jeune; chouette deb. à dr.; t. diadémée de Pergamos, à dr. et la lég. ΠΕΡΓΑΜΟΣ, ℟: Serpent autour du bâton d'Asklépios et lég. ΕΠΙ·CΤΡΑ·ΚΛ·ΚΕΦΑΛΙωΝΟC. dans le champ, grappe de raisin (Æ 4. — R⁴. = 10 fr.); Athéné deb. à g. ten. une patère et un bouclier et la lég. ΕΠΙ·CΤΡΑΤΗΓΟΥ CωΚΡΑΤΟΥC, au Dr. t. de Pergamos et lég. ΠΕΡΓΑΜΟC·ΚΤΙCΤΗC (Æ 7. — R⁷. = 40 fr. Mion. 24 fr.); ΘΕΟΝ·CΥΝΚΛΗΤΟΝ. t. jeune du Sénat, ℟: ΘΕΑ·ΡωΜΗ·ΕΠΙ·CΤΡΑ·ΚΕΦΑΛΙω-ΝΟC. t. tourelée de Tyché (Æ 4. — R⁵. = 20 fr.); buste d'Asklépios, devant, serpent; serpent dressé sur les replis de sa queue; t. laurée de Zéus; aigle sur un foudre; ΗΡωC·ΕΥΡΥΠΥΛΟC. T. de jeune héros Euripilos, à dr. les cheveux flottants, ℟: ΕΠΙ·CΤΡ·Ι·ΠωΛΛΙωΝΟC·ΠΕΡΓΑΜΗΝωΝ. Simulacre d'Aphrodité de Paphos entre deux astres, dans un temple de forme extraordinaire, dans la partie inférieure de ce temple formant demi-cercle, on lit: ΠΑΦΙΑ. (Æ 6½. — R⁷. = 100 fr. Mion. 40 fr.); ΜΙΘΡΑΔΑΤΟΥ. T. d'Athéné, à g. ℞: ΠΕΡΓΑΜΗΝΩΝ. Asklépios deb. av. ses attributs (Æ 6½. — R⁴. = 12 fr. Mion. 4 fr. cette mon. est très-rare av. les lég. complètes); t. d'Athéné, à dr. ℞: ΑΘΗΝΑΣ·ΝΙΚΗΦΟΡΟΥ. Trophée sur lequel est un casque (Æ 4. — R¹. = 3 fr.); chouette sur un foudre ailé; Niké marchant, ten. une couronne et une palme; bâton d'Asklépios; ΑΣΚΛΗ-ΠΙΑΔΟΥ. T. de femme, à dr. ℞: ΑΣΚΛΗΠΙΟΥ·ΚΑΙ·ΥΓΓΕΙΑΣ. Serpent sur la cortine (Æ 4. — R⁶. = 20 fr. Mion. 8 fr.); ΧΟΡΕΙΟΥ. T. d'Athéné [le même nom du magistrat se trouve sur les mon. de la Chersonèse Taurique], ℞: ΠΕΡΓΑΜΗΝΩΝ. Asklépios deb. (Æ 4. — R³. = 6 fr.); Télesphore deb. enveloppé de son manteau et la lég. ΣΤΡΑ ou ΕΠ·ΣΤΡ·ΜΩΔΑΙΩ. dans le champ, les lettres ΟΒ (Æ 3. — R⁶. = 1 fr.); homme nu, deb. en face, un oiseau sur la main; Eros deb. tenant un papillon; t. ailée d'Hermès, la *penula* sur l'épaule; t. nue et barbue d'Hercule; ΘΕΟΝ ΣΥΝΚΛΗΤΟΝ. T. jeune du Sénat, à dr., ℞: ΘΕΑΝ·ΡΩΜΗΝ. T. tourelée de femme (Æ 3. R¹. = 1 fr.); ΠΕΡΓΑΜΗ. T. casquée d'Athéné, ℞: ΠΕΡΓΑΜΗΝΩΝ. Aphrodité nue, vue de face, deb. touchant de la m. dr. sa chevelure humide, et ten. de la g. une coupe (Æ 3. — R⁶. = 20 fr. Mion. 8 fr.); lyre, à côté, une branche; ΣΤΡ·ΙΠΠΑ·ΚΛΕΩΝΟΣ, Vieillard nu (plutôt Hercule?) deb. la m. dr. levée, et ten. dans la g. quelque chose d'incertain (Æ 4. — R⁶. = 15 fr. Mion. 8 fr. Cf. Cat. num. vet. Mus. Arigoni, p. 64); t. laurée d'Asklépios, à dr., dessous ΔΙΟΔΩΡΟΥ, ℞: ΑΣΚΛΗΠΙΟΥ·ΣΩΤΗΡΟΣ. Serpent autour du bâton d'Asklépios (Æ 3. — R¹. = 2 fr.); t. casquée d'Athéné, à dr. ℞: ΑΘΗΝΑΣ·ΑΡΕΙΑΣ. Chouette deb. de trois quarts, à dr. (Æ 3½. — R⁶. = 15 fr. Mion. 6 fr.) — **Impériales:** depuis Jules-César jusqu'à Salonin. Mod. Æ. M.M. 9½, 8, 6, 5, 4½ et 3. — R¹–R⁸ de 2, 4, 6, 10, 15, 24, 30, 40, 60, 100, 150 et 200 fr. — *Types:* Niké allant de dr. à g. ten. une couronne et une palme, av. la lég. ΕΠΙ·ΓΑΙΟΥ·ΟΥΙΒΙΟΥ·ΠΑΝΣΑ (Æ 6. R⁶. = 70 fr. Mion. R⁵. = 24 fr. m. de Jules-César); t. laurée d'Auguste, à dr., devant capricorne; femme deb. dans un temple à 4 colonnes; ΣΕΒΑΣ-ΤΟΝ ΔΗΜΟΦΩΝ. Auguste deb. dans un temple tétrastyle, ℞: ΠΕΡΓΑΜΗ-ΝΩΝ·ΣΙΛΒΑΝΟΝ. L'empereur deb. vêtu de la toge, couronné par une autre figure vêtue d'un habit court (Æ 4½ — R⁶. = 25 fr. Mion. R². = 4 fr.); coupe sur un pied très-large et dont le fût est très-allongé (Æ 4. — R³. = 6 fr.); grand vase posé sur une base; Apollon nu, deb. ten. une flèche et un arc, et la lég. Α·ΦΟΥΡΙΟΣ·ΓΥΜΝΑΣΙΑΡΧΗΣ (Æ 4. — R⁵. = 20 fr. Mion. R⁴. = 8 fr.); un temple hexastyle et la lég. ΧΑΡΙΝΟΣ·ΓΡΑΜΜΑ-ΤΕΥΩΝ (Æ 5. — R⁴. = 12 fr. Mion. 8 fr.); t. tourelée de la déesse Rome; têtes affrontées de Caius et de Lucius, césars; t. accolées d'Auguste et de Livie; Vesta voilée et deb. av. une corne d'abondance dans la m. dr., le coude appuyé sur une petite colonne, — elle porte une petite Niké, qui lui pose une couronne sur la tête; Niké marchant à g.; Caligula en toge, deb. à g. relevant une femme tourelée prosternée; Drusille assise, ten. une haste et des épis; t. nue de Germanicus; t. nue de Drusus; t. de face de Zéus-Ammon, et la lég. ΕΠΙ·ΠΙΣΙΔΩΡΟΥ·ΠΕΡΓΑΜΗΝΩΝ (Æ 4. R⁶. = 25 fr. Mion. 15 fr.); t. affrontées de Néron et d'Agrippine; t. de Julie, fille de Tite; Hercule deb. à g. donnant la main à Pergamos, deb. devant lui; Némésis, Artémide et Asklépios (Æ 6. — R⁶. = 40 fr. Mion. 24 fr. mon. d'alliance

av. Smyrne); t. affrontées de Domitien et de Domitia; t. laurée de **Trajan**, derrière, Romulus et Rémus allaités par la louve en contre-marque; temple tétrastyle, dans lequel est Zéus (ΖΕΥC ΦΙΛΙΟC) assis, et Trajan en habit militaire deb. l'un ten. la haste pure, l'autre une lance (Æ 9. — R⁶. = 80 fr. Mion. 30 fr.); t. de Zéus-Philios, à dr.; l'Equité deb. vêtue de la *stola*, regardant à g. ten. une balance et une corne d'abond.; t. laurée d'Apollon, à dr.; t. de Plotine, ℞: t. de Trajan, av. la lég. ΠΕΡΓΑΜΗΝΩΝ (Æ 6. — R⁸. = 200 fr. Mion. 100 fr.); Zéus couché sur le *lectisternium*, à côté de lui, une femme à demi-nue assise, derrière, un homme paraissant servir à table; Télesphore deb. av. manteau et la lég. CTPA·ΚΕΦΑΛΙΩΝΟC ΤΟ·Β· ΠΕΡΓΑ. (Æ 4. — R². = 4 fr. sur une mon. en M. br. du Mus. Tiepolo on lit au Droit: ΤΡΑΙ·ΑΔΡΙΑΝΟC. et au ℞: ΤΩ·Β. au lieu de ΤΟ·Β.). —
Inédite d'Antonin: ΑΥΤΟ·ΚΑΙ·Τ·ΑΙ·ΑΔΡΙ. — ΑΝΤΩΝΕΙΝΟC. Sa t. laurée, à dr. ℞: ΕΠΙ·ΠΡΥ·ΝΥΜΠΙΔΙΑC ΒΕΡΟΝΙΚΗC ΠΕΡΓΑ—ΜΗΝΩΝ. Asklépios à demi-nu, deb. de face, s'appuyant de la m. dr. sur son bâton. A sa droite, Apollon Smintheus, vêtu d'un chiton court et transparent, deb. de face, les avant-bras étendus, et ten. de la m. dr. une patère, et de la g. un arc; derrière l'épaule dr. se voit le bout du carquois. Æ. 34 mill. — R⁸*. = 250 fr. — Publ. par M. Imhoof-Blumer, dans ses: *Monn. Gr.* p. 257, n.º 142. — [Second exempl. de cette intéressante mon. se trouve au Mus. Britan. (v. Num. Chron. Ser. III, 1882, II, p. 40, Pl. II, n.º 6) et on y lit distinctement le titre ΠΡΥ pour πρύτανις, dignité, qui a été conférée à une femme du nom de *Nymphidia* (la lég. de la mon. donne l'orthographe Νυμπιδία) Βερονικέ. Voy. ce que dit la-dessus M. Imhoof, ibid. à la p. 257]. — *Autres types*: Pallas-Athéné deb. tournée à g. ten. une chouette de la m. dr., et la g. posée sur son bouclier, posé à terre (Æ 9. — R⁶. = 50 fr.); le Fleuve ΚΑΙΚΟC couché, à dr.· ten. de la main g. un thyrse et de la dr. une corne d'abond.; autre: Fleuve ΚΗΤΕΙΟC couché, tourné à dr. et ten. une massue (Æ 5. — R⁶. = 20 fr. mon. d'Aelius); Kybèle assise, ten. une patère, à ses pieds, un lion; un capricorne; Artémide d'Ephèse, ou plutôt Diane-Lucifera, ten. une torche et une pomme de pin, et la lég. ΕΠΙ·CTPA·ΚΛ·ΑΙCIMOY·ΠΕΡΓΑΜΗΝΩΝ (Æ 9. R⁶. = 40 fr. Mion. 18 fr. m. d'Antonin le Pieux); autre: av. Asklépios deb. (Æ 9. R⁶. = 40 fr. Mion. 24 fr.); autre: ΑΥ·ΚΑΙ·Τ·ΑΙ·ΑΔΡΙ·ΑΝΤΩΝΕΙΝΟC. Sa t. nue, à dr. d'un très-beau style. ℞: ΕΠΙ·CTP·ΚΛ·ΠΑΡΔΑΛΑ·ΝΕΩΚΟ-ΡΩΝ·ΠΕΡΓΑΜΗΝΩΝ. Asklépios deb. appuyé sur son bâton et regardant à g. (Æ 11. Médaillon. R⁷. = 120 fr. Ma coll.); Asklépios et Hygieia deb. av. leurs attributs (Æ 6. R⁴. = 12 fr.); Zéus-Sérapis assis, ten. une patère et une haste, à ses pieds Cerbère, et la lég. ΕΠΙ·CTP·ΚΟΥΑΡΤΟΥ·ΤΟ·Β· ΠΕΡΓΑ. (Æ 5. — R⁸. = 6 fr.); Asklépios deb. couronné par Athéné; Hercule couché sur la dépouille du lion, portant Télèphe sur le bras droit étendu; Démétèr dans un char traîné par deux serpents; Asklépios et Hygieia deb. et la lég. ΕΠΙ·CTPA·ΙΠΩΛΛΙΑCΙ· (me paraît douteuse?) ΠΕΡΓΑΜΗ-ΝΩΝ (Æ 8. — R⁴. = 12 fr.); Artémis d'Ephèse entre Némésis et Asklépios, et la lég. ΕΦΕCΙΩΝ·CΜΥΡ·ΠΕΡΓ. (Æ. M.M. R⁴. = 60 fr. Mion. 40 fr.); Base sur laquelle est placé Asklépios, la m. dr. appuyée sur son bâton, av. un serpent, et un rameau d. la g., d'un côté on voit un Fleuve barb. couché, av. une corne d'abond., de l'autre un autre Fleuve barb. aussi couché, au

bas deux couronnes et la lég. ΕΠΙ·CTP·T·ΚΑΛΛΙCTEΟΥ·ΠΕΡΓΑΜΗΝΩΝ· ΝΕΩΚΟΡΩΝ (sic) CΕΛΕΙΝΟΥC·ΚΗΤΕΙΟC. (Æ. Médaillon. R⁷. = 200 fr. Mion. 120 fr.); Kybèle voilée, ten. un sceptre et portée par un lion courant (Æ. M.M. R⁵. = 100 fr.); Aphrodité av. Eros, s'efforçant d'entraîner av. elle Hercule assis, et la lég. ΕΠΙ·CTP·ΑΤΥΛ·ΚΡΑΤΙΠΠΟΥ·ΠΕΡΓΑΜΗ·ΔΙC· ΝΕΩΚΟΡΩΝ. (Æ. Médaillon. R⁸. = 300 fr. Mion. R⁶. = 120 fr.); même lég., Hercule portant le sanglier d'Érymanthe, à côté Eurysthée, vu a mi-corps, et effrayé, sortant d'un vase, les mains élevées (Æ. M.M. R⁷. = 200 fr. Mion. 120 fr. de L. Vérus); pasteur assis au pied d'un arbre, ten. un enfant qu'il soulève en l'air, sur son pied droit, à terre le bâton pastoral (Æ 9. R⁵. = 100 fr.); Héra Pronuba deb.; Asklépios dans un char traîné à g. par deux centaures, tenant chacun un flambeau allumé (Æ 11. — R⁷. = 150 fr. Mion. 100 fr. m. de L. Vérus); Faune assis sur une colonne, les épaules couvertes d'une peau d'animal, ten. par les bras une pet. fig. qu'il soulève sur son pied droit; Zéus debout, entre les t. de Hélios et de la Séléné, ten. de la m. dr. un foudre, et de la g. la haste pure, au bas, d'une côté, le Fleuve Sélinos; de l'autre, le Kétios, au milieu, l'aigle de Zéus et la lég. ΕΠΙ·CTP·MAP· ΓΛΥΚΩΝΙΑΝΟΥ·ΠΕΡΓΑΜΗΝΩΝ·ΝΕΩΚΟΡΩΝ. (Æ. M.M. R⁷. = 200 fr. Mion. R⁶. = 150 fr.); même lég., Commode deb. sur une estrade, couronnant un trophée et ten. une haste, au pied du trophée un captif assis, devant l'empereur, un victimaire assomant un taureau (Æ 13. — R⁶. = 150 fr.); Asklépios assis sur un siège, à g.; Serpent replié sur un autel, et la lég. ΕΠΙ·ΣΤΡΑ·ΠΟΛΛΙ·ΠΕΡΓΑ. (Æ 4. — R³. = 6 fr.); Deux temples hexastyles vus de côté, au milieu desquels est une colonne, sur laquelle est placée la statue d'Apollon entre deux astres (Æ. M.M. R⁵. = 100 fr. de Commode); Jason nu, marchant à g. armé d'un bouclier et d'une lance, dont il frappe un ennemi qu'il vient de terrasser, à terre, un bouclier, dans le champ, une lance renversée, entre les jambes de Jason, on lit: ΙΑCΟ. (Æ 9½. — R⁸. = 250 fr. Mion. 200 fr. de Commode); Victimaire immolant un taureau devant Asklépios placé sur un cippe (Æ. M.M. R⁵. = 100 fr.); ΑΥΤ·ΚΑΙ·Λ·CΕΠ·CΕΟΥΗΡΟC·ΠΕΡ·ΙΟΥΛ·ΔΟΜΝΑ·CΕΒΑCΤΗ. T. affrontées de S. Sévère et de J. Domna, entre elles une pet. t. de Caracalla, en contre-marque. ℞: ΕΠΙ·CTPA·ΚΛΑΥΔΙΑΝΟΥ·ΤΕΡΠΑΝΔΡΟΥ·ΠΕΡ-ΓΑΜΗΝΩΝ·Β·ΝΕΩΚΟΡΩΝ. Femme à demi-nue, dormant dans un antre, le bras droit sur sa tête, au-dessus, Dionysos et un Satyre, l'un tient un thyrse, et l'autre le *pedum* (Æ. M.M. R⁷. = 200 fr. Mion. 150 fr.); même Droit et mêmes lég., mais au ℞: Hercule nu, vu par derrière, le genou g. posé sur un cerf abattu, qu'il saisit de ses deux m. par les cornes. (Æ. M.M. R⁶. = 150 fr.); même lég. Caracalla et Géta deb., se donnant la main dr. et ten. une haste dans la g. (Æ. M.M. R⁶. = 80 fr. Mion. R⁴. = 40 fr.); ΕΠΙ·CTP·ΙΟΥ·ΑΝΘΙΜΟΥ. en dehors d'une couronne, en dedans on lit: Η·ΠΡΩΤΗ·ΤΗC·ΑCΙΑC·ΚΑΙ·ΜΗΤΡΟΠΟΛΙC ΠΡΩΤΗ·ΚΑΙ·ΤΡΙC·ΝΕΩΚΩ-ΡΟC·ΠΡΩΤΗ·ΤΩΝ·CΕΒΑCΤΩΝ·ΠΕΡΓΑΜΗΝΩΝ·ΠΟΛΙC (Æ. M.M. — R⁷. = 200 fr. Mion. R⁶. = 150 fr.); Caracalla à cheval, vêtu du *palud.* la m. dr. levée en pacificateur (Æ 9. R². = 12 fr.); Amazone tourelée deb. sur la poupe d'un vaisseau, elle porte sur la m. dr. le simulacre d'Asklépios, et tient de la g. la *pelta* et la bipenne, lég. Ε·C·ΓΕΜΙΝΟΥ·ΠΕΡ-ΓΑΜΗΝΩΝ·CΜΥΡΝΑΙΩΝ·ΟΜΟΝΟΙΑ. (Æ 9. R⁶. = 40 fr. Mion. 24 fr.);

même lég. Asklépios et Roma assise (Æ. M.M. R⁷. = 40 fr.); même lég. Deux temples (Æ. M.M. R⁴. = 40 fr.); Zéus-Laodicenus (ΖΕΥC ΛΑΟΔΙ-ΚΕΥC) et Asklépios deb., dans le champ T·B. (Æ 8½. — R⁶. = 50 fr. Mion. 24 fr.); têtes affrontées de Caracalla et Géta, av. lég. usuelle, ℞: ΕΠΙ·CΤΡΑ·ΦΛΑ·ΖΕΝΟΚΡΑΤΟΥ·ΠΕΡΓΑΜΗΝΩΝ·Β·ΝΕΩΚΟΡΩΝ. Deux Centaures portant le simulacre d'Asklépios, et ten. dans leurs m. deux torches (Æ. M.M. R⁷. = 250 fr. Mion. R⁶. = 120 fr.); Hermès Criophore ou Kriophore (voy. sur cette épithète Beulé, son Article dans la *Rev. Arch.* de 1867?) deb. portant sur la m. dr. une tête de bélier, et ten. de la g. son caducée et la *penula*, en face, Asklépios deb. av. ses attributs (Æ 10. — R⁶. = 60 fr. Mion. 24 fr.). — Cornelia Supera (Femme d'Aemilien): ΓΝ·ΚΟΡ·CΟΥΠΕΡΗΝ·CΕΒ. Sa t. à dr. ℞: ΠΕΡΓΑΜΗΝΩΝ·ΝΕΩΚΟΡΩΝ. Asklépios deb. la m. dr. sur son bâton. Æ 6. — R⁸. = 200 fr. Mion. R⁸. = 100 fr. Kybèle tourelée assise, ten. de la m. dr. une patère, le bras g. posé sur le *tympanum* et la lég. ΠΕΡΓΑΜΗΝΩΝ·Γ·ΝΕΩΚΟΡΩΝ (Æ 6. R⁷. = 60 fr. Mion. 12 fr. m. d'Hostilien, auj. très-rare); ciste mystique entr'ouverte, de laquelle s'élance un serpent (Æ 4. — R⁶. = 15 fr. Mion. 8 fr. m. de Valérien jeune). — Salonin: Π·Κ·CΑ·ΟΥΑΛΕΡΙΑΝΟC·ΚΑ. Sa t. nue av. le *paludamentum* et cuirasse. ℞: ΠΕΡΓΑΜΗΝΩΝ·Γ·ΝΕΩΚΟΡΩΝ. Dionysos deb. en habit court, tourné à g. ten. le *cantharum* de la m. dr. et de la g. son thyrse; à ses pieds, une panthère (Æ 5. R⁷. = 40 fr. Mion. 15 fr.). — **Inédites:** a) Herennius Etruscus: ΚΥΙΝ·ΕΡΕΝ·ΕΤΡΟΥCΚΟC·ΜΕC·ΔΕΚΙ. Son buste cuirassé, à dr. ℞: ΕΠΙ·C·ΚΟΜ·Φ·ΓΛΥΚΩΝΟC·ΠΕΡΓΑΜΗ—ΝΩΝ ΠΡΩΤΩΝ·Γ·ΝΕΩΚ. Zéus-Niképhore assis, à g. Æ. 35 mill. — R⁸*. = 150 fr. — Inc. à Mion. — Coll. de M. Imhoof-Blumer, voy. ses: Monn. Gr. p. 257. — b) Gallien: ΑΥΤ·Κ·Π·ΛΙΚ·ΓΑΛΛΙΗΝΟC. Son buste lauré et drapé, à dr. ℞: ΕΠΙ·CΕΙ·ΚΛ·CΕΙΛΙΑΝΟΥ écrit autour d'une couronne, au milieu de laquelle on lit en six lignes: ΠΡΩ—ΤΑ ΟΛΥ—ΜΠΙΑ ΕΝ—ΠΕΡΓΑΜ—Ω ΠΡΩΤ—ΩΝ Γ·Ν. [Le Génitif ΠΕΡΓΑΜΗΝΩΝ est remplacé ici par un Datif av. la préposition ἐν comme ΕΝ CΜΥΡΝΗ, ΕΝ ΠΟΝΤΩ etc. sur d'autres mon.] Æ. 30 mill. R⁶*. = 80 fr. — Inc. à Mion. — Coll. de M. Imhoof-Blumer qui la publia dans ses: *Monn. Gr.* p. 257, n° 143a. — *Divinités* représentées sur les mon. de Pergame: ΖΕΥC, ΖΕΥC ΦΙΛΙΟC, ΘΕΑ ΡΩΜΗ, ΚΟΡΩΝΙC, mère d'Asklépios, et les Fleuves: ΚΑΙΚΟC, CΕΛΕΙΝΟC et ΚΗΤΕΙΟC. Jeux: ΟΛΥΜΠΙΑ ΠΥΘΙΑ. — *Titres honoraires:* Η ΠΡΩΤΗ ΤΗC ΑCΙΑC, ΜΗΤΡΟΠΟΛΙC, ΝΕΩΚΟΡΟC, CΕΒΑCΤΟC. — Titres des *Magistrats locaux:* CΤΡΑΤΗΓΟC, ΓΡΑΜΜΑΤΕΥC, ΑCΙΑΡΧΗC, ΓΥΜΝΑCΙΑΡΧΗC, ΘΕΟΛΟΓΟC, ΙΠΠΙΚΟC, et un nouveau titre ΠΡΥΤΑΝΙC accompagnant le nom d'une femme Nymphidia Beroniké découvert par M. Imhoof-Blumer. — Magistrats (ΑΝΘΥΠΑΤΟΣ): Proconsuls romains: M. Plautius Silvanus, An. Dom. 4—5; Q. Poppaeus Secundus, An. Dom. 19; P. Petronius, An. Dom. 29—35; C. Antius Quadratus, An. Dom. 106. — *Monnaies d'alliance:* avec Adramytion, Kilbiani, Kolophon, Kyme, Ephesos, Ephesos et Mytilène, Ephesos et Sardes, Ephesos et Smyrna, Smyrna, Smyrna et Tralles, Tralles, Laodikeia sur le Lykos, Mytilène, Nikomedia, Sardes, Hierapolis, etc. — Sur les mon. de Pergame consultez: *Num. Chron.* VII, 7 (m. d'alliance av. Sardes); *Ibid.* VI, p. 158 (A⁷); *Rev. Num. Fr.* An. 1865,

p. 13 (**Or** de la trouvaille de Saida), *ib.* An. 1863, p. 314 (Æ. génér. classées à Lesbos); Chaudoir, Corrections, p. 80; Fox, Engr. of uned. or rare Gr. coins; II, n.º 36 (Æ. T. de boeuf av. ΓΕΡΓ.); Strieber, Numism. nonn. Graeca, p. 194; Cat. du Mus. Thorwaldsen, Copenh. 1851, v. Pl. III, 132 (Cajus césar); Borghesi, Osserv. XIV, 2; Cat. de Moustier, n.º 1957; *Annali* dell' Istit. e Corrisp. archeol. An. 1835, p. 269; Akerman, Num. Chron. II, 243; VI, 160; XIV, 118 et les correct. dans le vol. XV, p. 218; J. de Witte, Descr. du Cab. de l'Abbé Greppo, n.º 864; Mus. Lavy, I, 196; *Revue Belge*, 4. Série. I, 130, 131. — Cat. L. Welzl de Wellenheim, Vienne 1844, voy. n.ºs 4956, 5003, 5007, 5009, 5016 (5023. Æ et Æ rois de Pergame). — *Corrections*: La mon. décrite dans Mion. T. 11, p. 607, n.º 611, av. la lég. ΕΠΙΣΤΑΤΟΥ·ΤΕΜ·ΑΝΝΙΟΥ·ΠΕΡΓΑΜΗΝΩΝ doit se lire: ΕΠΙ·ΣΤΡΑ(τηγοῦ) ΤΕΡΠΑΝΔΡΟΥ. — **Mon. des rois de Pergame:** Philétaire (284—263 av. J. C.). Sa t. laur. à dr. ℞: ΦΙΛΕΤΑΙΡΟΥ. Athéné assise, à g.; dans le champ, foudre et abeille. Æ 9. — R⁵. = 80 fr. — La même, av. lettres ΔΙ en monogr. = 40 fr. — Attale I (241—197 av. J. C.). Sa t. laur. à dr. ℞: ΦΙΛΕΤΑΙΡΟΥ. Même type. Dans le champ, tantôt, la figure Α et grappe de raisin, tantôt une feuille de lierre. Æ 8. de 50, 70 et 100 fr. — Eumènes II (198?—157 av. J. C.). Sa t. laur. à dr. ℞: ΦΙΛΕΤΑΙΡΟΥ. Même type. Dans le champ, devant la fig. ΕΥΜΕΝΟ en monogr. Æ 8. = 50 fr. — Attale II (157—137 av. J. C.). Sa t. laur. à dr. ℞: ΦΙΛΕΤΑΙΡΟΥ. Athéné assise, à g. la droite posée sur un bouclier placé devant elle, la haste posée transversalement sur le bras gauche; dans le champ, devant, une feuille de lierre; derrière l'arc, sur le siège, la lettre A. Æ 8. = 90 fr. — **Autre:** T. diadémée du roi Seleukos I. ℞: Le même. Æ 8. = 70 fr. — [Quoique cette dernière mon. a été classée par Lenormant, Mionnet et Visconti à Attale II, mais elle pourrait bien appartenir au dernier roi de Pergame, Attale III (Philometor) ou à Seleukos I, car le diadème posé sur la tête a dû, il me semble, être mis exprès pour désigner une autre tête que les précédentes, qui sont toujours laurées.] — **Monnaies en bronze, incertaines:** T. d'Athéné, à dr. ℞: ΦΙΛΕΤΑΙΡΟΥ. Serpent. Æ 3. = 2 fr. La même. Dans le champ, ΕΥΜΕΝΟΥ, en monogr. (Eumène I ou II). Æ 3. = 1 fr. — Autres, av. ΔΙ, ΠΙΡ, ΟΜΗΡ en monogr. Æ 3 et 4. = 2 et 3 fr. — ΔΙΟΔΟΡΟΥ. T. d'Athéné. ℞: ΦΙΛΕΤΑΙΡΟΥ. Serpent. (Attale II?). Æ 2. = 1 fr. — Même t. ℞: ΦΙΛΕΤΑΙΡΟΥ. Mouche. Dans le champ, monogr. d'Eumène. Æ 1. = 1 fr. — Même t. ℞: ΦΙΛΕΤΑΙΡΟΥ. écrit en deux lignes et un arc. Æ 2. = 1 et 2 fr. — La même, av. Δ. dans le champ. Æ 2. = 4 fr. — Même t. ℞: ΦΙΛΕΤΑΙΡΟΥ. Feuille de lierre. Dans le champ, A. (Attale I ou II?). Mod. Æ ½. = 4 fr. — Sur les mon. des rois de Pergame consultez: Duc de Luynes, Choix de médailles antiques. Paris 1840. XIV, 8. — Mus. Lavy, Tom. I, 197 (Attale II). — Cat. L. Welzl de Wellenheim, n.º 5023 et suiv. mon. en Æ et Æ. — Rollin et Feuardent, Cat. des mon. Gr. Paris 1862—1864, p. 309 à 311. — B. Head, Historia Numorum (A manual of Greek Numism.) Oxford 1887, p. 460—461. — Imhoof-Blumer, Dynastie von Pergamon. Berlin 1884. —

111. ΠΙΤΑΝΗ.

Sur les mon. de **Pitané** en Mysie. *Types* (auton.): t. de Zéus-Ammon;

pentagone; t. de Zéus de face; un grand astre au milieu d'un cercle; t. de Dionysos; la Tyché deb.; t. d'Artémis; Niké marchant; t. d'Athéné, la poitrine couverte d'une aegide; Télésphore deb.; t. tourelée de Roma; bouclier sur lequel est un pentagone. Æ. Mod. 1, 2½, 3, 3½, 4 et 4½. — R⁶—R⁸. de 8, 10, 20 et 40 fr. — ΠΙΤΑΝΗ[ΩΝ] et quelquefois ΠΙΤΑΝΗ (au Nominatif). T. de Dionysos, ceinte de lierre et de pampre, à dr. ℞: ΕΠΙ·ΝΙΚΗ-ΦΟΡΟΥ. La Tyché deb. Æ 4. — R⁸. = 40 fr. — **Autre:** ΕΠΙ·ΠΟΛΥΔΩ-ΡΟΥ. T. d'Artémis, derrière, arc. ℞: ΠΙΤΑΝΑΙΩΝ. Niké marchant à g.; devant, un monogr. Æ 4. — R⁸. = 40 fr. — T. de Zéus-Ammon à dr., av. la lég. ΑΜΜΩΝ. ℞: Bouclier rond sur lequel est un *pentagone*, et la lég. circulaire ΠΙΤΑ—ΝΑΙΩΝ disposée av. intervalle de dr. à g. Æ 3. — R⁸. = 40 fr. Cf. Zeitschr. f. Numism. 1881, Band IX, p. 4. Pl. I, Fig. 2. — Tête de Zéus-Ammon de face. Grenetis de perles. ℞: ΠΙΤΑ—[ΝΑΙΩΝ]. Pentalpha. Dans le champ à dr., un serpent. Æ. 17 mill. R⁸. = 30 fr. — Cf. Imhoof-Blumer, Griech. Münz. aus d. Mus. in Klagenfurt. Wien 1885, p. 41, n° 85. Pl. V, n° 8; v. aussi Imhoof, Zeitschr. f. Num. Band 1. Taf. IV, f. 10, av. ΠΙΣΟΣ. — La même dans Mion. Suppl. V, p. 488, n° 1231 (Æ 3. = 8 fr.). — **Inédite:** T. d'Hercule coiffée de la peau de lion, à dr. ℞: ΠΙΤΑΝ. Pentagone. Æ 4. — R⁸. = 40 fr. Cf. Fr. Lenormant, Descr. du Cab. de M. le baron Behr. Paris 1857, p. 212, n° 1150. — ΘΕΑΝ ΡΩ—ΜΗΝ. T. tourelée de Roma, à dr. ℞: Bouclier rond orné du *pentalpha*, autour ΕΠΙ·ΔΙΟ·ΠΙΤΑΝΑΙΩΝ. Æ. 17 mill. R⁸. = 40 fr. — Inc. à Mion. — Voy. Imhoof, Monn. Gr. p. 258, n° 145a, qui pense que ce bronze date du temps de Domitien, puisqu'une mon. de Pitané à son effigie porte la lég.: ΕΠΙ·ΔΙΟΔΟΡΟΥ. Cf. Mion. Suppl. V, p. 489, n° 1238. — **Impériales** depuis Caius et Lucius césars jusqu'à Gordien. — *Types:* t. nue de Lucius, dans le champ, grappe de raisin; t. nue de Caius, dans le champ, Π. et pentagone; Tyché deb. av. ses attributs; aigle deb. vu en face, les ailes éployées, et la t. tournée; Niké deb. à g.; aigle sur un pentagone tourné à g., dans le champ, ΠΙΤΑ.; — ΕΠΙ·ΔΙΟΔΟΡΟΥ·ΠΙΤΑΝΑΙΩΝ. Niké deb., à g. (Æ 4. — R⁹. = 60 fr. Mion. 40 fr. m. de Domitien); ϹΤ·ΚΑΙ·ΜΗΤΡΟΔΩΡΟΥ. Aigle sur un pentagone tourné à g., dans le champ, ΠΙΤΑ. (Æ 4½. — R⁶. = 30 fr. Mion. 18 fr. m. de Commode); ΕΠΙ·ϹΤ·Μ·ΑΥΡ·ΠΟΒΛΙΟΥ·ΤΟ·Β·ΠΙΤΑΝΑΙΩΝ. Femme ornée du *modius*, ten. une patère et une corne d'abond. (Æ 9. — R⁷. = 120 fr. Mion. 100 fr. m. de Sévère Alexandre); ΠΙΤΑΝΕΩΝ·ΟΜΟΝΟΙΑ. Tyché deb, ten. un gouvernail et une corne d'abond. entre deux colonnes, surmontées chacune d'un Génie, ten. une voile enflée par les vents; aux pieds de Tyché, un lion (Æ 9. — R⁷. = 120 fr. Mion. 100 fr. m. de Gordien le Pieux). — Les autres *mon. Impériales* sont: Æ. Mod. 4, 4½, 5 et 9. — R⁶—R⁸. de 20, 40, 60 et 120 fr. — *Magistrats romains:* ΑΝΘΥΠΑΤΟΣ (P. Scipio. av. J. C. 16); *magistrat local:* ϹΤΡΑΤΗΓΟϹ. — Monnaie d'Auguste: (ϹΕΒΑϹ)—ΤΟΝ·ΠΙΤΑΝΑΙΟΙ. Sa t. laurée, à dr. ℞: Π·ϹΚΙΠΙΩΝΑ. T. nue de Scipion, à dr. Dans le champ, t. d'Ammon de face et de pentagone. Æ 5. — R⁸. = 120 fr. — Autrefois, coll. Fox (auj. au Mus. de Berlin). Cf. Waddington, Fastes des Pr. Asiat. 92; et Mion. VI, Incertaines, p. 670, n° 401. — Coll. Imhoof, bel exempl. — **Monnaies inédites:** Néron [ΝΕΡ]ΩΝΑ ΣΕΒΑΣΤΟΝ. T. nue de Néron jeune, à g. ℞: ΕΠΙ·Γ·ΦΟΥΡΙΟΥ

Π(ΙΤΑΝΑ)ΙΩΝ. T. de Zéus-Ammon à g. Æ. 20 mill. — R⁸*. = 60 fr. — Inc. à Mion. — Voy. Imhoof-Blumer, Monn. Gr. p. 258, n.° 145, qui l'a publ. d'après un exempl. de sa splendide collection. — Trajan: AVT·TPAIA-NOC·CEB. Sa t. laurée, à dr. ℞: ΜΕΛΕΑΓΡΟΥ. Niké deb. à g. tenant une couronne. Æ 3½. — R⁸. = 80 fr. — Inc. à Mion. — Voy. Boutkowski (Alexandre): Mon. Grecques inéd. dans la *Rev. Num. Fr.* An. 1884, T. II, p. 403, n.° 7. — Julia Domna: ΙΟΥΛΙΑ·ΔΟΜΝΑ..... T. de J. Domna, à dr. ℞: ΠΙΤΑ—ΝΕWΝ. Pallas Athéné casquée deb. à g. ten. le *Palladium*; et de la g. appuyée sur une haste. A ses pieds, un bouclier. Æ 5. — R⁸. = 40 fr. — *Ma collection.* —

112. ΠΙΤΑΝΕΥC.

Lég. au *Droit* d'une mon. autonome de **Pitané** en Mysie: ΠΙΤΑΝΕΥC. T. nue de Pitanos (fondateur de la ville) à dr., la poitrine couverte d'une aegide. ℞: ΕΠΙ·ΑΛΕΞΑΝΔΡΟΥ. Zéus-Aetophore nu et debout. Æ 4½. — R⁸. = 60 fr. — Mion. T. II, p. 626, n.° 717. — R⁸. = 40 fr. —

113. ΠΛΑΚΙΑ.

Sur les mon. de **Plakia**, ville de Mysie, située sur la Propontide entre Kyzikos et le mont Rhyndakos. On connait des autonomes en pet. bronze émises à peu près l'an 300 av. J. C. (cfr. *Num. Chron.* VI, p. 188). Ces mon. ainsi que la ville même sont restées inconnues à Mionnet. — Légendes: ΠΛΑΚΙΑ ou ΠΛΑ. *Types*: t. de Kybèle, quelquefois tourelée; lion, à dr.; un épi de blé; la t. de lion; taureau marchant. Æ. Mod. 5. — R⁸. = 40, 60 et 100 fr. — Ces mon. sont excessivement rares et manquent presque partout. Au *Mus. Britannique* on en conserve une petite série, provenant des dernières trouvailles faites en Grèce. — En ce qui concerne le culte religieux de Kybèle à Plakia et à Kyzikos sous le nom de ἡ Μήτηρ Πλακιανή, cf. Mitth. d. deutsch. Archäolog. Inst. in Athen, Tom. VII, p. 151. — Voy. en plus sur les mon. de **Plakia**: Archäolog. Zeitg. 1844, p. 337 (Æ); 1845, p. 114 (Æ); 1847, p. 91, 126 (Æ). —

114. ΠΟΙΜΗC.

Nom au Nominatif du traditionnel héros et fondateur de la petite ville de **Poemenani** dans la Mysie (Ποιμανηνόν, τό, dans Nicet. Chon. p. 796, 12; Πομανινόν, dans Hierocl. p. 662 estropié en Ποιμάνεντος; c'était plutôt un château fort dans la Mysie qu'une ville; probablement à l'endroit qui porte auj. le nom de Manigas?). On connait des monn. autou. en bronze, qui sont du Mod. 5, et qui ont pour *types*: t. de Zéus, couronnée de laurier, à dr.; foudre, dessous, les lettres BH (Æ 5. — R⁷. = 40 fr. Mion. 20 fr.); t. barbue et laurée de Zéus, ℞: ΠΟΙΜΑΝΗΝΩΝ en deux lignes, un foudre couché au milieu (Æ 5. — R⁷. = 40 fr.); la même, mais av. ΠΟΙΜΑΝΗΝΩΝ·ΒΘ en trois lignes (Æ 5. R⁷. = 40 fr. Mion. 20 fr.); tête du héros ΠΟΙΜΗC, le présumé fondateur de la ville) et au ℞: Hermès (Æ 5. — R⁸. = 60 fr. Inc. à Mion. — Cf. *Zeitschr. f. Num.* Tom. III, p. 123). Ces mon. sont toutes du Mod. 5; elles sont très-rares et valent de 40 à 60 fr. — On en connait aussi des *Impériales* qui datent depuis Trajan jusqu'à Philippe le Jeune. — Mionnet n'a connu qu'une de Trajan: AYTO-

ΚΡΑΤΟΡΙ·ΚΑΙΣΑΡΙ·ΣΕΒΑΣΤΩ·ΤΡΑΙΑΝ. Sa t. laurée, à dr. ℞: ΕΠΙ·ΕΓ... ΑΡ... ΤΩΝΟΣ·ΠΟΙΜΑ. Asklépios debout. Æ 7. — R^7. = 60 fr. — Mion. R^6. = 30 fr. — Voy. sur ces monnaies: *Nota* di alcune med. della coll. Mainoni, 13 (av. le type de la foudre). — Jul. Friedländer, v. Sallet's Zeitschr. f. Num. T. III, p. 123: ΠΟΙΜΗΣ le κτιστής de Poemenani. — Sestini, Lettere num. Cont. IV, p. 76. —

115. ΠΟΡΔΟΣΙΛ.

Lég. sur les mon. de la ville de **Pordoséléné** (nom primitif et peu décent qui fut converti par les Grecs en celui de Poroséléné, cf. Pline, Liv. V. CIXXXI) ou **Poroséléné**, située sur une île non loin de Lesbos, que Mionnet classait parmi les villes de la Mysie; elle trouverait, il me semble, mieux sa place parmi les îles d'Aeolie. — Cette lég. au Nominatif, telle que je la donne ici a fait, en 1852, à la vente de la coll. Borell, beaucoup parler d'elle, car on y croyait avoir trouvé une mon. appartenant à une ville nouvelle dans la Géographie Numismatique, mais depuis la chose s'est éclaircie quand le *Musée Britannique* avait acquis la mon. auton. suivante: T. d'Apollon liée avec ténie (*taenia*). ℞: ΓΟΡΔΟΣΙΛ (qu'on a lue: ΠΟΡΔΟΛΙΑ). Lyre dans un carré *incus*. Æ. Drachme. 61 grs. R^8. = 300 fr. (Frappé l'an 450 av. J. C.). — Cf. Guide du Mus. Brit. Pl. X, 24. — **Inc.** à Mionnet. — On connait aussi des *auton*. en bronze, qui ont pour *types*: Tête de Silène. ℞: ΠΟΡ. Dauphin. Æ 3. — R^S. = 40 fr. — **Inc.** à Mion. (Fr. l'an 400 av. J. C.). — *Mon. aut.* d'une époque postérieure: Buste de Pallas-Athéné. ℞: ΠΟΡΟϹΕΛΗΝΕΙΤΩΝ. Télésphore deb., vu de face. Æ 4. — R^S. = 80 fr. (Mion. T. II, p. 629, n.º 731. R^S. = 50 fr.). — ΠΟΡΟϹΕΛΗΝΩΝ (au lieu de ΔΗΜΟϹ ϹΑΛΗΝΩΝ = fausse leçon·dans Mion. T. IV, p. 358, n.º 929; voy. aussi son Suppl. V, p. 491, où il se corrige et rapporte la mon. à Poroselene). T. laurée et barbue. ℞: ΕΠΙ·ΑΝΔΡΟΝΙΚΟΥ. Hermès deb. ten. la bourse d'une main, le caducée de l'autre. Æ 4. — R^6. = 40 fr. (Mion. T. IV, p. 358, n.º 929. R^4. = 8 fr. fausse attrib. à Sala de Phrygie). — **Impériales:** Antonin le Pieux: ΕΠΙ·ΤΑΜ·ΑΙΛ·ΘΕΟΦΙΛΙΑΝΟΥ·ΠΟΡ. Asklépios deb. Æ 8. — R^S. = 200 fr. Mion. 100 fr. — Faustine Jeune: ΠΟΡΟϹΕΛΗΝΕΙΤΩΝ. Autel sur lequel est la cortine; autour, un serpent. Æ 6. — R^S. = 120 fr. Mion. 100 fr. — Cf. Sestini, Lett. num. Contin. tom. III, p. 70. — Septime-Sévère: a) ϹΕΥΗΡΟϹ·ΠΕΡ. T. laurée de S. Sévère, à dr. ℞: ΠΩΡΟϹΕΛΗΝΕ. Asklépios deb. à g. appuyé sur son bâton symbolique. Æ. 18 mill. R^S. = 60 fr. — **Incon.** à Mion. Publ. par mon regretté ami J. Sabatier dans la Revue Belge, IV Série, T. I, p. 134, Pl. III, fig. 2. — b) ΕΠΙ·ϹΤΡ·ΙΟΥ-ΛΙΟΥ·ϹΥΝΦΟΡΟΥ·ΠΟΡΟϹΕΛΗΝΙΤΩΝ. Asklépios et Hygieia deb. av. leurs attributs. Æ 7. — R^S. = 150 fr. — Mion. 100 fr. — Cf. Dumersan, Descr. du Cab. Allier de Hauteroche, pl. XII, n.º 23; Sestini, Lett. num. Cont. T. III, p. 71, la cite sans en donner la description. — c) *Même lég.* au Rev. — Poséidon deb. à dr. le pied g. posé sur un rocher, la m. dr. appuyée sur la haste pure, et ten. de la g. un dauphin; devant lui, Némésis deb., le *modius* en tête, et vêtue de la *stola*, ten. un foudre, de la m. dr. levée, et une baguette de la g.; à ses pieds, un serpent. Æ 9. R^6. = 200 fr. — Mion. S. V, p. 492, n.º 1247. R^S. = 100 fr. — Cab. de M. le Mis de La

Goy. — Cf. aussi *Rev. Num. Fr.* An. 1852, p. 93, la mon. av. le type d'Asklépios. — CARACALLA: ΕΠ·CΤΡ·CΥΠΦΩΝΙΝΟΥ [au lieu de CΥΝΦΟΡΟΥ·]Β·ΠΟΡΟCΕΛΗΝΕΙΤΩΝ. Type de la Tyché. Derrière, A. — Æ 6. — R^s. = 120 fr. — Mion. 100 fr. — Julia Domna: ΙΟΥΛΙΑ·CΕΒΑCΤΗ. Sa t. av. *stola*. ℞: ΠΟΡΟCΕΛΗΝΕΙΤΩΝ. Télésphore dans son manteau, debout. Æ 4. — R^s. = 60 fr. — Mion. R^s. = 40 fr. — Valerianus Senior: ΑΥΤ·ΚΑΙ·ΠΟ·ΛΙΚ·ΒΑΛΕΡΙΑΝΟC. T. laurée de Valérien, av. le *paludamentum* sur les épaules. ℞: $\overline{ΠΟ}$ (en monogramme)—ΡΟCΕΛΗΝΕΙΤΩΝ·ΕΠΙ·CΤΡΑ·ΝΕΙΚΗΦΟΡΟΥ. Asklépios deb. appuyé sur son bâton, autour duquel est un serpent. — Æ 9. — R^s. = 150 fr. — Ma collection. — Cf. Sestini, Lett. num. Cont. T. III, p. 70. Pl. II, f. 9. —

116. ΑΒΥΔΟC.

Sur les mon. de la ville d'**Abydos** en Troade. — **Or:** Mod. 4$^1/_2$ (1200 fr.), 3$^1/_2$ (800 fr.), 2$^1/_2$, 2, 1$^1/_2$ et 1. — R^s. de 400, 800 et 1200 fr. — *Types des mon. d'or:* Niké agenouillée, à g. égorgeant un taureau couché à terre (je pense qu'au lieu de Niké il faudrait y voir Mithra? mais ce n'est qu'une supposition de ma part). ℞: Aigle deb. à dr. Devant, *l'acrostolium*, le tout dans un carré creux (A^r 3$^1/_2$ = 129 grs.; R^s. = 800 fr. — Cf. Brit. Mus. Guide, Pl. XVIII, 14; Mion. S. V, p. 497. R^s. = 300 fr.); aigle deb. à g. regardant derrière lui, derrière, un poisson (*trachinus*); carré creux profond, divisé en quatre parties; t. laurée d'Apollon, à dr. chevelure flottante par derrière; t. de Léandre, un peu incliné par devant, comme s'il nageait, cheveux longs et humides, dans un encadrement et un carré creux (EL. 1$^1/_2$. R^s. = 250 fr. Mion. 40 fr.); t. de Dionysos imberbe, à dr., avec une corne de bélier, ℞: aigle deb. à g. (EL. 1$^1/_2$. — R^s. = 300 fr. Mion. 80 fr.); t. laurée et tourelée d'Artémide, vue de face, av. des pendants d'oreilles, ℞: Aigle deb. à g. devant, une grappe de raisin (EL. 1. — R^s. = 500 fr. Mion. 150 fr.); Gorgonéion, ℞: carré creux (EL. 2. — R^s. = 300 fr. Mion. 72 fr.); t. imberbe, ℞: Gorgonéion dans un carré (EL. 2$^1/_2$. — R^s. = 400 fr. Mion. 72 fr.); — il y a aussi des mon. d'Abydos en **electrum** qui sont moins rares que celles qui sont en or: = Gorgonéion. ℞: t. incuse d'Hercule, coiffée d'une peau de lion [EL. 1. R^s. = 120 fr. Mion. 60 fr.); aigle, av. les aîles ployées, en se retournant en arrière, dans le champ, un dauphin, ℞: carré incus inégal. (EL. Poids 217 grs. R^s. = 250 fr. cf. *Num. Chron.* 1875, Pl. VII, n° 7, inc. à Mion.); aigle semblable deb. sur un lièvre couché, ℞: carré creux divisé en quatre parties (EL. 217 grs. R^s. même prix), = ces mon. ont été émises vers les années 600 ou 500 av. J. C. — **Monnaies en argent:** Mod. 10, 9, 8, 7, 7$^1/_2$, 6$^1/_2$, 4, 3, 2$^1/_2$, 1$^1/_2$, 1. — R^3–R^6. de 6, 10, 15, 20, 30 et 50 fr. à l'exception des tétradrachmes qui valent de 300 à 500 fr. — *Types:* t. d'Artémis, à dr. derrière l'épaule le carquois, ℞: ΑΒΥ—ΔΗ—ΝΩΝ. Aigle, les aîles éployées, se retournant à g., à dr. un épi, à l'exergue ΘΕCΠΙΔΟC. (Ar 10. R^s. = 300 fr. — Cf. Cat. P. Margaritis. Paris 1874. p. 21, n° 94. inc. à Mion.); autres *variétés* de la même pièce du mod. 9, 8, 7$^1/_2$, av. les noms des magistrats au *génitif:* ΑΝΑΞΑΓΟΡΟΥ; ΑΝΘΙΠΠΟΥ; ΑΠΟΛΛΩΝΙΔΟΥ; ΑΡΙΑΝΘΟΥ; ΑΝΤΙΓΟΝΟΥ; ΑΠΟΛΛΟΦΑΝΟΥ; ΚΑΛΛΙCΤΡΑΤΟΥ; ΞΕΝΟΦΩΝΤΟC; ΠΥΘΟΓΕΝΟΥ; ΦΕΡΕΝΙΚΟΥ; ΦΙΛΙCΚΟΥ, R^5–R^7. de

120 à 200 fr. Mion. 60 fr. [ΔΙΟΔΩΡΟΥ, magistrat **inc.** à Mion. cf. Cat. Badeigts de Laborde. Paris 1869, p. 33, n.º 371. Æ 8. R⁸. = 250 fr.]; t. laurée d'Apollon, ℞: A. Ancre dressée, la *squilla* et le nom du magistrat KAPA? (Æ 6. — R⁶. = 120 fr. Mion. 30 fr.) [Les mon. av. l'ancre sont d'Apollonia de Mysie]; même t. à dr. ℞: ΑΒΥ·ΣΙΜΩΝ. Aigle deb. à dr., devant, une lyre et le bâton d'Asklépios, av. un serpent (Æ 3. R⁵. = 30 fr. Mion. R⁴. = 24 fr.); autres, av. ΑΒΥ·ΑΡΩΓΟ...; ΑΒΥ·ΚΕ....; ΛΑΜΠΙΝΗΣΙ· ΑΒΥ; ΑΒΥ·ΝΑΞΙΚΛΗΣ; ΑΒΥ ΝΟΥΜΗΝΙΟΣ; ΑΒ·ΝΟΥΜΗΝΙΟ; ΑΒΥ·ΠΙΣ-ΤΟΚΛΗΣ; ΑΒΥ·ΠΡΩΤΑΓΟΡΑ; ΑΒΥ·ΚΕΦΑΛΟ ou ΚΕΦΑΛΟΥ (Æ 3 et 2¹/₂. R⁵. = 30 fr. Mion. 24 fr.); variété inc. à Mionnet, av. ABY. Aigle deb. à g., devant, symbole indéterminé, derrière: ΕΦΑΡΜΑ. (Æ 3. cf. Fr. Lenormant, Descr. du Cab. du bar. Behr, p. 83, n.º 490); t. laurée d'Apollon, à dr. ℞: ΑΒΥ·ΜΟΛΓΑΣ. Aigle en repos, tourné vers la droite (Æ 6¹/₂. R⁸. = 300 fr. Mion. 200 fr.); t. de Zéus ceinte d'une triple couronne de laurier. ℞: AB. Aigle regardant en arrière, au-dessus, grappe de raisin (Æ 2. R⁴. = 25 fr. Mion. R³. = 18 fr.); Gorgonéion tirant la langue, et hérissée de serpents; ancre, dans le champ, une écrévisse; t. imb. de face; t. d'Athéné à dr. derrière, un osselet; t. imb. de face, à sa dr. un oiseau, ℞: t. imberbe casquée, à dr. av. une lance sur l'épaule? (Æ 1¹/₂. R⁵. = 20 fr. Mion. 12 fr.); ΑΒΥΔΗ-ΝΟΝ. (litt. antiq.) Aigle deb. à g. ℞: Tête de Méduse de face, hérissée de serpents, dans un carré creux (Æ 4. — R⁷. = 120 fr. — Mion. 48 fr.); t. laurée d'Apollon, les cheveux épars. ℞: ΑΒΥ·ΓΟΡΓΙΑΣ. Apollon deb. à g., devant, un petit dauphin (Æ 3. R⁵. = 30 fr. — Mion. 18 fr.); *Aigle* deb. à g., le plumage indiqué en partie par des lignes perlées, ℞: A—B. Gorgonéion hérissé de serpents et la langue pendante. Carré creux (Æ. 17 mill. v. Imhoof-Blumer, Monn. Gr. p. 260, n.º 155, et *id.* a. *Choix* de mon. Gr. Pl. IX, n.º 106); Autre, av. ΑΒΥΔ—ΝΟΝΗ au droit, et A—B au revers (Cab. de Münich; mal décrit et gravé par Sestini, Lett. num. Contin. VII, p. 71, pl. II, 22. Æ. 18 mill.); autre, av. la même lég. au droit, et sans les deux lettres au revers (Cat. Northwick, n.º 1018, gr. 4,84. — Æ. 17 mill.); = le *caractère Archaïque* de ces trois mon. les fait remonter, comme l'observe aussi M. Imhoof, Monn. Gr. p. 260, au moins vers le milieu du V siècle av. notre ère [en Asie l'emploi de la forme H pour Eta est bien plus ancien qu'en Europe, cf. Kirchhoff, Gesch. d. Griech. Alph. 2ᵐᵉ éd. pl.], et on peut les considérer comme les mon. certaines d'Abydos les plus anciennes qu'on connaisse. — **Autre:** Gorgonéion hérissé de serpents et tirant la langue, ℞: Tête à dr. coiffée d'un casque corinthien, la barbe cunéiforme et les cheveux indiqués par des globules. Elle est encadrée par quatre lignes perlées dans un carré creux (Æ. 11 mill. Cf. Imhoof, Monn. Gr. p. 260, n.º 157); autre, la *tête imberbe* et à g. (Æ. 11 mill. Cf. Mus. Hunter, pl. XL, 4 [Neapolis], gr. 1,28. — Coll. de M. Imhoof-Blumer); aigle deb. à g., sans légende. ℞: Gorgonéion dans un carré creux (Æ. 11 mill. Cfr. Imhoof, Monn. Gr. p. 260, n.º 159; *Mus. de Berlin;* coll. Prokesch-Osten); aigle deb. à g. entre ABY à g. et une coupe à deux anses, à dr. ℞: Même type. Carré creux. (Æ. 10 mill. — Imhoof, Monn. Gr. p. 261, n.º 160); autre, av. une *étoile* à huit rayons (Æ. 9 mill. — Imhoof, ib. n.º 161). [Sur les mon. d'Abydos, du IVᵐᵉ siècle, à la t. d'Apollon et l'aigle, qui sont très-nombreuses, M. Imhoof-Blumer a constaté jusqu'à présent

plus de 20 noms de magistrats différents sur l'argent, et autant de symboles variés sur le cuivre. Il a ensuite noté 24 pièces à types variés en bronze, et en plus 28 noms sur les tétradrachmes de mauvais style, dont il donne deux spécimens suivants]: Buste drapé d'Artémis à dr., ceinte d'une stéphané, et ornée de pendants d'oreilles et d'un collier, derrière l'épaule, arc et carquois. ℞: ABY—ΔH—NΩN au-dessus d'un *aigle* deb. à dr. et battant des ailes; devant lui une torche allumée; à l'exergue: ΛΑΜΠΩΝΟΣ. Le tout entouré d'une couronne de laurier (Æ. 32 mill. — Poids: Gr. 16,70. — Coll. Imhoof. Assez beau travail); autre, av. ABYΔHNΩN derrière l'aigle; devant lui, un *épi* av. deux feuilles, — à l'exergue: ΔΩΣΙΘΕΟΥ. (Æ. 27 mill. — Poids: Gr. 16,47. Imhoof, Choix. Pl. III, n° 107). — **Autonomes en bronze:** *Types:* Buste d'Artémis de face, la t. tourelée, arc et carquois derrière le dos, ℞: ABY. Biche à dr., devant, épi, le tout dans une couronne de laurier (Æ 5. — R^5. = 12 fr. — Mion. 8 fr.; M. Fr. Lenormant, Descr. du Cab. Behr, p. 84, n° 496, la disait **inédite**); même buste, ℞: ABY. Aigle sur un tronc d'arbre; t. tourelée d'Artémis, à dr.; aigle sur un foudre, dans le champ la t. de bélier; autre, dans le champ, *diota* et grappe de raisin; t. laurée d'Apollon, à g.; aigle à dr. devant, une couronne, et quelquefois, un diota dans le champ, ou un trident, un croissant ou sans symbole (Æ 4, 1, 1$^1/_2$, 2, 4$^1/_2$. — R^3. de 6 à 10 fr.) [Les mon. à l'ancre, citées par Mion., sont d'Apollonia ad Rhyndacum]; même t. ℞: ABYΔHNΩN. Artémis deb., teu. d'une m. la patère, et de l'autre un flambeau (Æ 4. R^5. = 15 fr. Mion. 8 fr.); t. laurée d'Apollon, de face, ℞: ABYΔH. Lyre (Æ 4. R^2. = 4 fr.); Même droit, ℞: ABY. Aigle sur une massue (Æ 5. R^5. = 15 fr. Mion. 8 fr.); t. d'Aphrodité, à dr. ℞: ABY. Aigle, à dr. (Æ 4. — R^5. = 12 fr. Mion. 6 fr. cf. Neumann, Fr. pop. et reg. numi vet. inediti. Vindob. 1779. in-4°. voy. P. II, p. 25. Tab. I, n° 9); t. laurée d'Apollon, à dr. ℞: ABY. Carquois av. arc; t. d'Artémis de face av. une colonne élevée. ℞: ABY. Aigle deb., les ailes éployées, devant, un serpent dressé sur ses replis (Æ 6. — R^5. = 20 fr. Mion. R^8. = 9 fr.); t. d'Artémis. ℞: ABY. Griffon deb. tourné à g., le pied droit de devant levé (Æ 4. — R^4. = 8 fr.); t. d'Aphrodité ou de Héro, à dr. chevelure retroussée, et un collier de perles. ℞: Anépigraphe. Eros ailé sur un cheval marchant à g., dessous, un bouclier (Æ 5. — R^7. = 30 fr. Mion. R^5. = 15 fr.); ABYΔOC. T. imb. d'un jeune homme, à dr. ornée de feuillage. ℞: ABYΔH. Deux têtes de boeuf adossées, avec le col (Æ 4. — R^7. = 40 fr. Mion. R^6. = 18 fr., cf. coll. Hamilton, citée par J. Millingen, dans son ouvrage: Ancient Coins of Greek cities and kings. London 1831. in gr.-4°); ABYΔOC. T. diadémée, à dr. ℞: MYΛΟΥ ou ΝΥΛΟΥ. Deux oiseaux en regard, av. des têtes de sphinx, à chacune d'elle est jointe, l'une une tête de taureau, et l'autre une de bélier (Æ 4. — R^7. = 40 fr. Mion. 18 fr.). — *Corrections:* Les monnaies avec le type de *l'ancre* ne conviennent pas à **Abydos**, — elles sont toutes à restituer à **Astakos** ou suivant M. J. Six, à Apollonia ad Rhyndacum. — Les pet. monnaies Æ. que Mionnet classe à Abydos (voy. Descript. T. II, p. 632, n°s 14 et 15, — et Suppl. Tome V, p. 498, n°s 8 et 11) appartiennent à Selgé de Pisidie. — Dans C. Combe, Descriptio nummorum Guilelmi Hunteri, London 1782, p. 3, n° 7. Pl. 1, fig. XIV on attribue une mon. av. le nom de ΜΗΤΡΟΔΩΡΟΥ à Abydos qui doit être rapportée à Parium, comp. Mion. S. V, p. 390, n.º 677, et une note *ibid.* — *Impériales* depuis Auguste jusqu'à Maxime. — Magistrats: ΑΡΧΩΝ et ΑΣΙΑΡΧΗΣ. — Æ. Mod. 11, 10, 9, 6½, 5, 4½, 4, 3 et 2½. — R⁴—R⁸. de 8, 15, 25, 40, 50, 120 et 200 fr. — *Types*: Lyre; aigle, les aîles éployées, tourné vers la dr.; KAICAP, dans une couronne de laurier, ℞: ΑΒΥ. écrit dans le champ. Diane-Artémide deb. les bras étendus (Æ 6. — R⁵. = 25 fr. Mion. R⁴. = 12 fr. m. d'Auguste); Τ·ΑΥΤΟΚΡ·ΟΥΕϹΠΑϹΙΑΝΩ. t. laurée de Titus, ℞: ΔΟΜΕΤΙΑΝΩ·ΚΑΙϹΑΡΙ·ΑΒΥΔΗΝΟΙ. T. nue de Domitien (Æ 5. — R⁷. = 120 fr. — Mion. R⁷. = 30 fr.); deux têtes de boeufs opposées; Artémis-Chasseresse dans un bige de cerfs; Poséidon deb. le pied g. posé sur un rocher, ten. un trident et un dauphin; Artémide d'Ephèse dans un temple hexastyle; femme assise à dr. sur un mur, ten. à la main une tête; Kybèle assise sur un lion, ten. un sceptre, et la lég.: ΕΠΙ·ΑΡΧ· ΑΒΣΑΛΟΥ·ΤΟ·Β·ΑΒΥΔΗ. (Æ 5. — R⁶. = 40 fr. — Mion. R⁵. = 15 fr. m. de Commode); vaisseau à la voile; cerf debout; Femme tourelée, assise sur un rocher, ten. un gouvernail dans la m. g.; Artémis et Démétèr deb. en face l'une de l'autre, la première couverte d'une draperie flottante, et tenant un flambeau, l'autre tenant un long flambeau; ΕΠΙ·ΑΡΧ·ΦΛ·ΒΑ·ΠΡΟ-ΚΛΟΥ·ΑΒΥΔΗΝ. Léandre nageant vers une tour sur laquelle est Héro ten. un flambeau (Æ 10. — R⁸. = 400 fr. Mion. Æ 9. — R⁵. = 48 fr. — Cat. Jules Gréau, Pl. V, n.º 90). — [C'est à cause du caractère érotique du type que certains amateurs recherchent spécialement à Paris que le prix de cette mon. est monté si haut à la vente de la coll. Gréau. Cette mon. n'a, du reste, aucun mérite historique, car la légende d'Héro et Léandre qui a tant de fois inspiré les poètes n'a aucun intérêt scientifique. On sait seulement que déjà Domitien fit représenter cette scène dans une naumachie, cf. *Liber spectaculorum*, p. 25. — Voy. aussi: Sabatier, Médaillons contorniates, p. 94, Pl. XIV, f. 12. — Cette mon. porte *au droit* l'effigie de S. Sévère.] — Même tête au droit, et même type du Revers, mais av. la lég. ΕΠΙ·ΑΡΧ·ΦΛ·ΚΑΠΙΤΩΝΟΣ·ΑΒΥΔΗΝΩΝ. (Æ 9 et 10. — R⁷. = 80 fr. Mion. R⁵. = 48 fr.); les Dioscures deb. en face l'un de l'autre, ten. chacun une torche, et appuyés sur la haste; [ΕΠΙ]ΑΡΧ·ΦΛ·ΠΡΟΚΛΟΥ[ΑΒΥΔΗΝΩΝ?] Quatre guerriers sur deux vaisseaux, à côté, un homme sur un phare sonnant du buccin (**Médaillon** de Caracalla. Æ 11. — R⁶. = 120 fr. Mion. T. II, p. 637, n.º 53, R⁴. = 50 fr.). — L'exemplaire de cet intéressant médaillon conservé au *Cab. de France* est malheureusement fracturé. Le Revers représente un sujet inconnu de l'histoire héroïque locale. Trois guerriers combattent sur deux vaisseaux; sur le rivage on voit une tour au sommet de laquelle est posté un homme sonnant de la *salpinx*. On connait peu de monuments grecs sur lesquels soient figurés des instruments de musique et surtout des trompettes; cependant il en existe quelques monnaies, mais non de la plus haute antiquité, sur lesquelles on voit ces instruments. Pline nomme aussi, parmi les sculpteurs les plus renommés de la Grèce, un certain Epigone qui avait fait „*un homme sonnant de la trompette*". Cette statue, qui était célèbre dans l'antiquité, n'est pas parvenue jusqu'à nous. — Sur les mon. d'Abydos, consultez: Millingen, Anc. coins of gr. cities and kings. London 1831, p. 68. — Sestini, Mus. Chaudoir, p. 87. — Cat. Gréau, n.º 1702. — *Arch. Zeitg.* 1845, p. 114. — Heideken, Num. ant. Berolini

1845, voy. n° 2043 (Æ. av. un temple). — Sestini, Lett. num. Contin. T. VII, p. 69, 72, 73, 74, 75. — Cat. L. Welzl de Wellenheim, Vienne 1844, n° 5050 et les suiv. — Chaudoir, Corrections, p. 81. —

117. ΙΛΟΣ; ΕΙΛΟΣ; ΙΛΙΟΝ.

Sur les mon. d'Ilion en Troade. — On en connait en Æ. (aut.) Mod. $10^{1}/_{2}$, 9, $8^{1}/_{2}$, 8. — R^6–R^8. de 150, 200 et 350 fr. — *Types:* ΑΘΗΝΑΣ ΙΛΙΑΔΟΣ (Athéné Ilias) deb. ten. une haste sur l'épaule dr. et une quenouille dans la m. gauche, dans le champ, une palme et le monogr. (801 du Rec. Mionn.), av. la lég. au R': ΑΘΗΝΑΣ ΙΛΙΑΔΟΣ·ΑΓΑΘΟΥ·ΤΟΥ· ΜΗΝΟΦΙΛΟΥ, et au *droit* une t. de Pallas, à dr. ayant le casque à aigrette orné de laurier (Æ 8. — R^6. = 150 à 200 fr. Mion. 48 fr.); autre, av. ΑΘΗΝΑΣ·ΙΛΙΑΔΟΣ·ΑΠΗΜΑΝΤΟΥ. Même type, dans le champ, chouette et le monogr. (800 d. m. Rec.). — Æ $10^{1}/_{2}$. — R^8. = 350 fr. Mion. 150 fr.; t. de Pallas, à dr. Rev.: ΑΘΗΝΑΣ ΙΛΙΑΔΟΣ·ΔΙΟΠΕΙΘΟΣ·ΤΟΥ·ΞΗΝΙΑΣ. dans le champ pet. statue d'Athéné et le monogr. 803 (Æ $8^{1}/_{2}$. — R^7. = 250 fr. Mion. 100 fr.); *autre*, av. ΑΘΗΝΑΣ·ΙΛΙΑΔΟΣ·ΜΕΝΕΦΡΟΝΟΣ· ΤΟΥ·ΜΕΝΕΦΡΟΝΟΣ. d. le champ, Pégase paissant et le monogr. 802 (Æ $8^{1}/_{2}$. — R^6. = 150 fr. Mion. R^4. = 48 fr.); même lég. dans le champ, mouche et le monogr. 803 (Æ 9. — R^7. = 200 fr. Mion. R^4. = 48 fr.); *autre*, av. ΑΘΗΝΑΣ·ΙΛΙΑΔΟΣ·ΞΑΝΘΙΠΠΟΥ dans le champ, chouette (Æ $10^{1}/_{2}$. — R^8. = 200 fr. Mion. 100 fr.); *autre*, av. ΑΘΗΝΑΣ·ΙΛΙΑΔΟΣ et à l'exergue: ΜΗΤΡΙΚΕΤΟΥ (Æ 10. *Tétradrachme* complètement inconnu, du poids de $258^{1}/_{2}$ grs. Cf. Cat. de la vente Iwanoff, Londres 1863, p. 25, lot n° 230. Vend. 23 £ [Hoffmann]; *autre*, même type, av. le nom du magistrat qui se termine en ΠΠΙΔΟΥ (Æ $8^{1}/_{2}$. Incon. à Mionnet. Poids 250 grs. *Ib.* n° 231. Vend. 6 £ 8 sh. 6 den. Curt); *autre*, av. ΑΘΗΝΑΣ· ΙΛΙΑΔΟΣ·ΣΩΣΤΡΑΤΟΥ. dans le champ, une couronne de laurier et le monogr. 804 (Æ $8^{1}/_{2}$. — R^6. = 120 fr. Mion. 48 fr.). Toutes ces pièces que je viens de citer sont des tétradrachmes attiques et sont émises l'an 189 av. J. C. — **Monnaies auton. de bronze:** Elles sont toutes du Mod. 5, $4^{1}/_{2}$, 4, $3^{1}/_{2}$ et 3, $2^{1}/_{2}$, 2. — R^3–R^5. de 2, 4, 6, 8 et 15 fr. — *Types:* t. de Pallas-Athéné, à dr.; même buste, à g. av. l'aegide hérissée de serpents et la haste sur l'épaule droite; ΙΛΙ. (légende la plus usitée): Athéné-Ilias deb. à g. ten. une haste transversale sur l'épaule dr. et une quenouille dans la m. gauche (Æ $3^{1}/_{2}$. — R^4. = 6 fr.); Aenée portant son père Anchise et ten. son fils Ascagne par la main; ΙΛΙΕΩΝ. Apollon deb. vêtu de la *stola*, ten. une patère et sa lyre (Æ 4. — R^6. = 20 fr. Mion. 15 fr.); Fig. deb. à demi-nue, av. le bonnet phrygien (Paris peut-être), ten. quelque chose sur la m. dr. étendue, la g. sur la hanche, étoile en contre-marque; femme, à t. tourelée, vêt. de la *stola*, marchant à g.; t. imb. nue, à dr.; chouette de face, dans le champ, trépied et Χ (Æ $2^{1}/_{2}$. — R^4. = 10 fr.); ΕΚΤΟΡ. Hektor casqué, nu et deb. ten. une haste d. la m. dr. et le *parazonium* d. la g. (Æ $3^{1}/_{2}$. — R^4. = 15 fr. Mion. 8 fr.); ΙΛΙ. Rémus et Romulus allaités par la louve, R': ΕΚΤΟΡ·ΙΛΙ. Hektor en habit militaire, marchant à g. (Æ $4^{1}/_{2}$. — R^6. = 20 fr. Mion. 8 fr.); ΙΛΙ. T. casquée, à g. R': t. nue à g. (peut-être de Jules-César?). (Æ 3. — R^7. = 30 fr. Mion. 15 fr.); t. casquée de Pallas, R': ΙΛΙϴΩΝ. Athéné Ilias marchant à g. (Æ 3. —

R². = 4 fr.); même t. ℞: ΙΛΙ·ΔΗΜΟC. Même type, devant, une chouette (Æ 4. — R⁶. = 20 fr. Mion. 15 fr.); EKKTOP. (sic). Hektor marchant à g. armé d'un bouclier, et la m. dr. levée, au droit: ΙΛΙ et le type de Romulus et Rémus (Æ 4½. — R⁶. = 15 fr. Mion. 6 fr.); ΘΕΑ·ΡΩ·ΩΜΗ (sic). T. tourelée de femme, ℞: ΙΛΙ. Ganymède enlevé par l'aigle de Zéus (Æ 4. — R⁶. = 20 fr. Mion. 15 fr.); la même, au droit: t. casquée de Pallas (Æ 3. — R⁴. = 8 fr.). — **Impériales depuis Jules-César jusqu'à Gallien**. — Æ. M.M., 12, 10½, 10, 9, 8, 7, 6, 5½ et 4. — R⁴—R⁸. de 6, 8, 12, 15, 30, 40, 120, 200 et 300 fr. — *Types:* Britannicus: ΚΛΑΥ· ΒΡΕΤΑΝΝΙΚΟC·ΚΑΙΣ. Sa t. nue à g. ℞: ΙΛΙΕΩΝ. Femme deb. vêtue de la *stola*, ten. de la m. dr. un maillet, et de la g. un sceptre terminé par deux branches (Æ 5. — R*. = 400 fr. Mion. T. V, Suppl. p. 560, n.° 413. — R*. = 200 fr.); **Inédite de Galba**: ΓΑΛΒΑ·CVΝΚΛΗΤΟC. Bustes drapés et affrontés de Galba à g. et du *Sénat*, à dr. Contremarque. ℞: Ι—ΛΙ. *Pallas* deb. de face sur une base, ten. la haste à la m. dr. et s'appuyant de la g. sur le bouclier. Le tout dans une couronne de laurier (Æ. 22 mill. — R*. = 120 fr. — Inc. à Mion. — Publ. par M. Imhoof-Blumer dans ses: Monn. Gr. p. 262, n.° 171. — Prokesch-Osten a publ. aussi un exempl. de ce bronze av. la fausse leçon ΓΑΛΒΑ CEPΓIOC, qu'Osann et Cavedoni proposèrent de corriger en ΓΑΛΒΑ·CEBACTOC. cf. *Arch. Zeitg.* 1844, Pl. XXI, 8; 1845, p. 117 et 1846, p. 375. Dans le buste de femme du Sénat ils croyaient reconnaître Livie ou une seconde femme inconnue de Galba. Dans son magnifique ouvrage: „Ilios" (Leipz. 1881), p. 713—720, M. Schliemann a fait connaître les types dont on s'est servi à Ilion du temps des Romains, mais malheureusement sans indiquer les collections dans lesquelles se trouvent les pièces gravées. M. Imhoof dans ses Monn. Gr. p. 263 a donné cependant l'indication des collections où se trouvent quelquesunes de ces pièces); — chouette eployée, vue de face; Niké deb. à dr. tenant une palme; ΚΑΛΛΕΝΤΙΟΣ·ΙΛΙΕΩΝ, aigle, sous son aîle, un caducée (Æ 5. — R⁵. = 15 fr. le nom du magistrat cité par Mion. d'après Vaillant — m'inspire des doutes); ΓΑΙΟC·ΚΑΙCΑΡ· ΘΕΟC·ΑΥΤΟΚΡΑΤΩΡ·CΕΒΑCΤΟΙ. t. affrontées et nues d'Auguste et de Caligula, chacune posée sur une piédouche, ℞: ΘΕΑ·ΡΩΜΗ·ΙΕΡΑ·CVΝ- ΚΛΗΤΟC·ΙΛΙ. Athéné deb. sur un cippe, vue de face, et placée entre les têtes en regard de la déesse Rome et du Sénat (Æ 6. — R⁷. = 40 fr. Mion. 24 fr.); t. nues et affr. de Néron et Britannicus, ℞: ΙΛΙΕΩΝ·CΚΑΜΑΝΔΡΟC. Le fleuve Skamandre couché (Æ 6. — R⁸. = 120 fr. Mion. 40 fr.); 'Aenée enlevant Anchise et ten. Ascagne par la m., au bas, Romulus et Rémus allaités par la louve (Æ 4. — R⁴. = 8 fr. m. d'Hadrien); EKTΩP·ΙΛΙΕΩΝ. Hektor dans un quadrige, il tient de la dr. les rênes et un bouclier, et de la g. un fouet (Æ. *Médaillon* de M. Aurèle. R⁸. = 250 fr. Mion. R⁶. = 120 fr.); ΔΙΑ·ΙΔΑΙΟΝ·ΙΛΙΕΩΝ (et non ΙΟΥΛΙΕΩΝ comme l'a lu Pellerin) — Zéus-Idaeos assis, la m. dr. sur la haste pure (Æ 4. — R⁷. = 40 fr. Mion. R⁶. = 20 fr.) = [quelquefois, *Zéus-Idaeos* tient une pet. statuette d'Athéné-Ilias]; homme monté sur un taureau bondissant, près d'un arbre, devant le *palladium* sur un cippe (Æ 6. — R⁵. = 20 fr. m. de Faustine jeune); ΔΑΡΔΑΝΟC·ΙΛΙΕΩΝ. Dardanos assis, ten. un sceptre, près de lui, une femme deb. (Æ 7. — R⁸. = 120 fr. Mion. 40 fr. m. de Crispine); —

ΙΛΙΕΩΝ. Ganymède, coiffé du bonnet phrygien, assis sur un rocher, à g. présentant à boire à l'aigle de Jupiter, derrière, un arbre (Æ 9. — R^6. = 80 fr. Mion. 40 fr. m. de Commode); ΙΛΙΕΩΝ. Hercule deb. ten. une patère et sa massue, en face de lui, une femme deb. ten. une couronne, derrière un phare au pied duquel sont des flots et un poisson (Æ 10. — R^8. = 200 fr. Mion. 100 fr. m. de S. Sévère); ΑΝΧΕΙCΗC·ΑΦΡΟΔΕΙΤΗ·ΙΛΙΕΩΝ. Aphrodité vêtue de la *stola* et Anchise, deb. se donnant la main (Æ 7. — R^8. = 80 fr. Mion. 30 fr. m. de J. Domna); ΠΡΙΑΜΟC·ΙΛΙΕΩΝ. Priam coiffé du bonnet phrygien, et vêtu d'une longue robe, assis sur un siège, à dr. (Æ 7. — R^7. = 100 fr. Mion. 50 fr. m. de Commode); ΙΟΥ·ΔΟΜΝΑ·CΕΒΑ. Sa t. à dr. av. la *stola*, R$^\prime$: ΙΛΙΕΩΝ. Bœuf deb. devant la statue d'Athéné, placée sur un cippe (Æ 5. — R^6. = 20 fr. Mion. 15 fr.); *autre*: ΙΛΙΕΩΝ·ΔΟC. (an 274). Homme vêtu de la toge (peut-être *Sylla?*), faisant un sacrifice à Athéné, qui est placée sur une colonne (Æ 6. Pièce fort douteuse citée par Vaillant, qui prétendait lire Ι....ΛΙΟC pour ΙΟΥΛΙΟC. Cf. Mion. Descr. T. II, p. 664, n° 229: Æ 7. — R^4. = 12 fr.); ΕΚΤΩΡ·ΙΛΙΕΩΝ. Trois guerriers relevant le corps de Patrokle (Æ 11. — R^7. = 300 fr. Mion. 150 fr. m. de Macrin); ΝΕCΤΩΡΗC·ΙΛΙΕΩΝ. Homme vêtu du *pallium*, sacrifiant sur un autel, en face de la statue d'Athéné, placée sur une colonne, il tient de la m. g. une haste transversale (Æ 7. — R^7. = 80 fr. Mion. 40 fr. m. de Caracalla); *autre*: ΙΛΙΕΩΝ·ΕΙΛΟC. [fils de Dardanos]. Ilos (ΙΛΟC) deb. à g. av. le *pallium*, sacrifiant sur un autel, devant une colonne, sur laquelle est le *palladium* (Æ 7. — R^6. = 60 fr. Mion. 40 fr.); *Géta*: Π·CΕΠ·ΑΔΡ·ΓΕΤΑC·ΚΑ. [Les monnaies de Géta qui portent le prénom ΑΔΡΙΑΝΟC. sont très-rares et fort curieuses, parceque son père se disait: Pronepos Hadriani], t. nue de Géta, à dr. av. le *paludamentum*. R$^\prime$: ΙΛΙΕΩΝ. T. de Pallas-Athéné, tournée vers le côté droit (Æ 6^1/$_2$. — R^7. = 50 fr.); t. d'Elagabal. R$^\prime$: ΙΛΙΟΝ·ΡΩΜΗ. Le Génie de la ville et celui de Rome se donnant la main (Æ. M.M. — R^6. = 120 fr. Mion. 40 fr.). — Gordien le Pieux: ΑΥΤ·ΚΑΙ·Μ·ΑΝΤ·ΓΟΡΔΙΑΝΟC. Sa t. radiée av. le *paludamentum*. R$^\prime$: ΙΛΙΕΩΝ. Tyché deb. à g. (Æ 6. — R^4. = 12 fr.). — Diaduménien: ΔΙΩΔΟΥΝΕΙΑΝΟ. (sic). Sa t. nue. R$^\prime$: ΙΛΙΕΩΝ. Pallas-Athéné deb. ten. de la m. dr. un globe surmonté de la Niké, et dans la g. la haste, à ses pieds, un bouclier (Æ 7. — R^8. = 70 fr. Cf. Froelich, Quat. Tent. p. 295, coll. 378. Mion. R^6. = 24 fr.). — ΕΚΤΩΡ·ΠΑΤΡΟΚΛΟC. Hektor debout sur le cadavre de Patroklos (Mon. du *Mus. Britannique*. Cf. Head, Manual of Greek Numismatics. Oxford 1887, p. 473). — Sur les mon. d'Ilion consultez: Duc de Luynes, Choix de médailles antiques. Paris 1840. Pl. X, f. 13. — Sestini, Lett. num. Contin. VIII, 41, *id*. a. Mus. Hedervar IV, 2, 25. — *Archäolog. Zeitg.* 1844, p. 338, 339 (Galba av. sa femme Lepida?), — *ibid.* 1845, p. 117; 1846, p. 375. — *Rev. Num. Fr.* 1852, p. 95. — Mus. Lavy I, p. 201. — Sabatier, Cat. de sa vente, n°s 115 et 116. — *Annali* dell'Istit. e Corrisp. arch. di Roma 1833, p. 265. — Chaudoir, Corrections, 81. — *Berl. Bl.* f. Münzk, I, 142, 262. — Köhne, Zeitschr. 1842, II, 12. — *Revue belge*, 3 Série, IV, p. 14. — L. Welzl de Wellenheim, Cat. Vienne 1844, voy. les n°s 5112, 5125, 5128, 5134. — Fox, Engrav. of unedited or rare greek coins. London 1862, II p. n° 47 (Æ. Pallas). —

118. ΘEBA.

Sur les mon. de **Theba** en Troade, qu'il ne faut pas confondre av. les mon. que j'ai décrit au n.º 72, et qui sont de Thebe-Adramytenorum. — On en connait que des *aut.* en bronze qui sont du Mod. 1 et 2. — $R^8. = 100$ et 120 fr. (Mion. 40 fr.). — *Types:* t. de Démétèr, à dr. av. le *reticulum*, ℞: ΘHBA. Cheval marin, à dr. (Æ 1. — $R^8. = 100$ fr. Mion. 40 fr.); t. de femme, à g. chevelure retroussée et retenue par le *reticulum* derrière la tête, ℞: ΘEBA., et non ΘABA., ainsi qu'il a été lu sur la gravure. Tête de griffon, à g. (Æ 2. — $R^8. = 120$ fr. Mion. 40 fr. Comp. Sestini, Mus. Fontana, tom. 1, p. 91, Pl. I, f. 32); t. de femme, à g., chevelure retroussée et retenue par le *reticulum* derrière la tête. ℞: ΘHB. Trois croissants, disposés comme la *triquetra* (Æ 2. — $R^8. = 100$ fr. Mion. $R^8. = 40$ fr. — Cf. Sestini, Lett. num. Contin. tom. II, p. 69, n.º 2. Ex Mus. Allier. — Il me semble qu'il serait plus correct de rapporter cette p. à **Thebe-Adramytenorum** ou **Thebe** en Mysie.

119. AIOΛIC.

Cette lég. se trouve sur une mon. Impériale à l'effigie de **Néron**, frappée à **Kymé** en Æolide: ΘEON·NEPΩNA·CEBACTON. T. laurée de Néron à dr. ℞: KYMH·AIOΛIC. [Allusion directe à l'origine aeolienne de Kymé]. Fig. virile deb. vêtue d'un habit court, portant sur la m. dr. un globe, et tenant un trident de la g. Æ 4½. — $R^7. = 50$ fr. Mion. S. VI, p. 18, n.º 140. $R^6. = 18$ fr. — Il y a aussi des mon. qui portent la lég. AIOΛE qui doivent être classées à l'**Aeolis** in genere. M. Julius Friedländer est d'une opinion contraire (v. son *Repertorium*, p. 128) et les attribue à la ville d'**Aeolion** dans la Chersonèse de Thrace en se basant sur Etienne de Byzance et Pline qui citent une ville Aeolium ou Aeolion. En plus, il indique la légende AIOΛITAI mentionnée par Kirchhoff dans la liste des tribus attiques (C. J. Att. I, p. 229). Mais comme je ne trouve pas ces citations assez fondamentales, je maintiens l'ancienne attribution des mon. à la lég. AIOΛE. à l'Aeolide in genere, d'autant plus que M. Imhoof-Blumer est du même avis. Dans ses „*Monn. Gr.*", Amsterdam 1883, à la p. 270, n.º 208, il a publié la mon. suivante qu'il attribue à l'Aeolide in genere: Tête de Pallas, à dr. le casque à aigrette orné d'un serpent. ℞: AIOΛE. *Foudre;* dans le champ, *grappe de raisin.* Æ. 15 mill. $R^8. = 250$ fr. Cf. Mionnet, T. III, p. 1, n.º 1. Æ 4. $R^*. = 200$ fr. — Autrefois, Cab. de M. Cousinéry, anc. consul de France, à Salonique; auj. au Cab. de Münich. Cfr. Imhoof-Blumer: „Choix", Pl. III, n.º 113; du même: Cab. de la Haye. 1876, p. 44—53, nos 1—7. — Comp. aussi: Descr. des mon. ant. du *musée Thorwaldsen*. Copenhague 1851, voy. le n.º 737 (Petit br.). — Mionnet, Descr. T. III, p. 1, n.º 2, décrit encore une mon. en bronze: T. de femme ceinte d'un diadème, à dr. av. un collier de perles. ℞: AIOΛE. Foudre. Dessous, grappe de raisin. Æ 4. — $R^*. = 60$ fr. (auj. plus cher: 120 fr.). — Cab. de M. Allier, consul de France à Héraklée de Bithynie. — Cat. Rollin et Feuardent (mon. Grecques), p. 319, nos 4952 et 4953. Æ: Mod. 4 et 1½. Vend. 30 fr. pièce. — [M. Feuardent père, qui est un éminent numismatiste, dit aussi que ces rares mon. ont été attribuées tantôt à l'Eolie, tantôt à la Chersonèse de Thrace, même à une île de Sicile; mais le travail artistique de ces pièces est tellement semblable aux mon. d'Aegae et d'Elaea, qu'il se range aux avis de Mionnet et de Cousinéry pour maintenir ces pièces à l'Eolie en général.] —

120. ΚΥΜΗ.

Sur les mon. de Kymé en Aeolie, qui sont: **Or ou EL**. STATÈRE: Partie antérieure d'un cheval bondissant; dessous, une fleur. ℞: Trois carrés creux profonds, et dans le centre qui est oblong, un autre carré. Poids, 220 grs. R^{8*}. Probablement unique? Cf. CAT. IVANOFF, Londres 1863, p. 17, lot un. 153. Vend. 14 £ [Feuardent]. — *Autre:* Cheval bondissant; dessous, une fleur (?). ℞: Carré creux, divisé en quatre parties. El. — STATÈRE. R^8. = 400 fr.? Poids 215 grs. — Cf. *British Mus.* Guide, Pl. X, 3. — *Autre:* Tête de cheval. ℞: Carré creux. **El.** 21 et 10 grs. R^8. = 300 fr.? — *Autre:* Tête d'aigle. ℞: KV. carré creux. **El.** 9—7 grs. — R^8. = 350 fr.? Cf. BRANDIS, Münz-, Mass- u. Gew.-W. in Vorderasien. Berlin 1866, voy. p. 391. — [Toutes ces pièces sont nouvellement découvertes et inconnues à Mionnet.] — *Autonomes en* Æ: Mod. 9, 5, 3, 2½. — R^4–R^7. de 40, 60, 100 et 250 fr. — *Types:* T. jeune, à dr. av. une longue chevelure retenue par un diadème. [C'est bien la tête de KYMÉ, fondatrice éponyme de la ville.] ℞: ΚΥΜΑΙΩΝ. Cheval marchant à dr., un pied du devant levé, — dessous, un Vase, — plus bas: ΜΗΤΡΟΦΑΝΗΣ, le tout dans une couronne de laurier (Æ 9. — R^7. de 200 à 250 fr. MION. 72 fr.); mêmes types, au ℞ à l'exergue, av. ΚΥΚΤΗΜΩΝ; ΑΜΦΙΚΤΥΩΝ; ΔΗΜΗΤΡΙΟΣ; ΗΡΑΚΛΕΙΔΗΣ (dans le champ, aigle sur un foudre); ΚΑΛΛΙΑΣ; ΣΕΥΘΗΣ; ΣΤΡΑΤΩΝ; ΦΙΛΟΔΟΞΟΣ; Aigle deb. à dr. et la lég. ΑΛΚΑΜΕΝΗΣ. ℞: KY. Partie antér. de cheval sautant, entre ses jambes, feuille de lierre (Æ 4½. — R^6. = 80 fr. MION. 48 fr.); ΠΥΘΟΝΙΚΟΣ. Aigle, à dr. ℞: KY. Même type. (Æ 4½. — R^6. = 80 fr. MION. 48 fr.); KY. Mêmes types. Mod. 2½. — R^6. = 35 fr. MION. 30 fr.); ⍂ à g. devant une tête d'aigle. ℞: Carré creux. Æ. 8 mill. Poids: Gr. 0,44. — Coll. de la Congrég. des Méchitaristes à Vienne. Cf. IMHOOF, Griech. M. aus d. Mus. in Klagenfurt, p. 42, n° 87. — Autre, semblable, avec ⍂ devant et M derrière la t. d'aigle. Æ. 8 mill. — IMHOOF, ib. n° 88. — ΠΡΟΔΗΚΟΣ. et au ℞: KY. Mêmes types (Æ 3. — R^6. = 60 fr. MION. 48 fr.); *Lingot informe:* Partie antérieure d'un cheval, à g. ℞: Deux carrés creux profonds, l'un grand et l'autre petit, le premier, orné dans l'intérieur d'une belle fleur, le second divisé en quatre parties par deux diagonales (Æ 5. — R^8. = 200 fr. MION. 100 fr.); t. d'aigle, à dr. dessous, KY, — ℞: Carré creux divisé en quatre compartiments (*Pot.* 10 mill. Poids: Gr. 1,36. cf. IMHOOF, Monn. Gr. p. 272, n° 219, et BRANDIS, p. 391, gr. 0,46 — 0,41. — R^8. = 40 fr.); tétradrachme semblable à celui qui est gravé dans MION. S. VI, Pl. II, f. 2, av. ΔΙΟΓΕΝΗΣ à l'exergue (Æ 9. — R^8. = 250 fr. = le même magistrat a signé des tétradrachmes aux types d'Alexandre le Grand, cf. L. MÜLLER, Num. d'Alex. n° 949); autre, av. ΟΛΥΜΠΙΟΣ (Æ. 32 mill. — R^8. = 300 fr. **Inc.** à MION. Cf. IMHOOF, Monn. Gr. p. 272, n° 220ᵃ); autre, av. ΣΤΡΑΤΩΝ (que j'ai déjà mentionné d'après MION. III, 7, 33, auj. au *Mus. de Berlin*. Cf. IMHOOF, Monn. Gr. p. 272, n° 221.

Æ. 17 mill. — Poids: Gr. 3,90); t. de Kymé, ceinte d'un bandeau, à dr. ℞: Cheval bridé deb. à dr., le pied g. de devant levé, au-dessus, KY; entre les jambes ⋈; devant, ⋈. Coll. Ed. Bunbury à Londres (Æ. 26 mill. Poids: Gr. 10,55. — R⁸. = 300 fr. -- Cf. Imhoof, Monn. Gr. p. 272, n.° 222. Suivant le bronze à la lég. KYMH, cat. d'Allier de Hauteroche, Pl. XIII, f. 25, la tête de femme des mon. de Kymé représente la fondatrice éponyme de la ville). — **Autonomes en bronze**: Æ. Mod. 7, 6, 5½, 6, 4, 4½, 3, 2½, 2. — R¹ — R⁴. de 1, 2, 3, 4, 6, 8, 10 et 12 fr. — *Types*: Partie antér. d'un cheval bondissant, à dr. ℞: Arc et carquois, au-dessus un monogr. [1401 du Rec.] = (Æ 2. — R³. = 6 fr.); KY. Même type. ℞: ΙΩΙΛΟΣ. Carquois et thyrse (Æ 2. — R⁴. = 8 fr. Mion. 4 fr. Cf. Sestini, Descr. num. vet. p. 310, n.° 3); KY. Partie antér. d'un cheval au galop, dessous ΑΙΝΗΤΟΣ ou ΑΛΗΤΟΣ, ℞: Vase à une anse, dans le champ un monogr. [1280 du Rec.] = (Æ 3 et 4. — R². = 4 fr.); mêmes types, avec KY·ΑΜΕΝΙΤΙΟC; KY·ΔΙΟΝΥCΙΟC; ΑΡΜΕΝΙΘΗC; ΑΤΤΙΝΑΣ; ΔΑΜΟΦΙΛΟC; ΕΡΑCΙΠΠΟC; KY·ΕΠΙΚΡΑΤΗC; ΕΥΒΙΟC; KY·ΕΥΜ ...; ΕΥΝΙΚΟΣ; ΗΡΟΙΤΗC; ΗΤΑΣΙΠΠΟΣ; ΘΕΟΔΩΡΟΣ; ΘΕΥΔΑΙΤΗΣ; ΘΕΥΔΑΜΟΣ; ΙΠΠΙΑΣ. et le monogr. H̄P; — KY·ΛΑΧΑΡΗC; ΜΥΝΗΝΙΑC; ΜΥΡΩΤΕΑΣ; ΞΕΝΟΤΙΜΟΣ; ΠΑΡΜΕΝΙΤΟΣ; KY·ΠΕΛΙΕΥΣ ou ΠΕΔΙΕΥΣ; ΠΟΛΙΚΡΑΤΗΣ; ΠΡΟΞΕΛΗΣ; ΠΥΘΑΓΟΡΑΣ; KY .... ΑΧΙΟC; .... ΩΝ; KY ... ΕΔΜ ...; KY ..... ΒΙΟΣ (Æ 3, 4, 5. — R². = 3 à 4 fr.); t. de femme, à dr. ℞: KY·ΛΕΣΒΙΟC. Partie antér. de cheval, à dr. derrière, vase (Æ 2½ — R⁴. = 8 fr. Mion. 6 fr.); mêmes types, av. ΔΙΟΝΥCΙΟC. Aigle, à dr. ℞: KY. Vase à une anse (Æ 4. — R³. = 6 fr.); mêmes types, av. ΔΟΜΑΤΡΙΟC; COMENCHC; ΞΕΝΟΤΙΜΟΣ; ΦΑΡCΑΛΙΚΟC (Æ 4. — R³. = 6 fr.); t. diad. de femme, à dr. ℞: KY·ΑΡΙΣΤΟΦΑΝΗΣ. Cheval marchant, entre ses jambes monogr. (28 du Rec.) = (Æ 5½. — R⁴. = 10 fr.); m. t. ℞: KY·ΘΕΣΠΙΑΝΗΣ. m. type, entre les jambes du cheval, la lettre A. (Æ 5½. — R³. = 10 fr.); t. de Kymé, à dr. av. une longue chevelure retenue par un lien. ℞: ΚΥΜΑΙΩΝ·ΠΥΘΑΣ. Cheval marchant, à dr. dans le champ, vase (Æ 5. R¹. = 2 fr.); ΚΥΜΑΙΩΝ. Femme voilée deb. ten. deux roseaux sur l'épaule g. ℞: ΕΠΙ·ΣΤΡ·ΠΑΝΟ. Philosophe (?) assis sur un siège, la partie inférieure du corps enveloppée dans un manteau (Æ 5½. — R⁷. = 50 fr. Mion. R⁶. = 24 fr.); ΚΥΜΗ. t. tourelée de Kymé à dr. ℞: ΚΥΜΑΙΩΝ. Femme deb. ten. dans la m. dr. un sistre, et dans la g. un vase à une anse (Æ 4. R². = 3 fr.); ou Zéus-Sérapis. ℞: ΚΥΜΑΙΩΝ. Proue de vaisseau (Æ 3. — R⁴. = 8 fr.); ΙΕΡΑ·CΥΝΚΛΗΤΟC. T. virile jeune, nue à dr. le *pallium* sur l'épaule. ℞: ΚΥΜΑΙΩΝ. Démétèr marchant, à dr. ten. de chaque m. un flambeau (Æ 6. — R⁴. = 12 fr. Mion. R⁸. = 9 fr.); même lég. et m. t. ℞: ΚΥΜΑΙΩΝ·ΕΛΠΙΔΗΦΟΡΟΥ. Isis-Pharia deb. sur une galère, ten. une voile enflée par les vents (Æ 6. — R². = 6 fr.); ΙΕΡΑ·CΥΝΚΛΗΤΟC. T. virile jeune, nue, à dr. ℞: ΚΥΜΑΙΩΝ ΕΡΜΟC. Le Fleuve Hermos couché à g. ten. dans la m. dr. une branche, le coude g. sur une urne renversée (Æ 6½. — R⁶. = 20 fr. Mion. R⁴. = 12 fr.); même lég. et t. ℞: ΚΥΜΑΙΩΝ·ΞΑΝΘΟC. Le Fleuve local Xanthos dans la même position (Æ 6½. — R⁵. = 20 fr. Mion. 9 fr.); t. casquée de Pallas-Athéné. ℞: KY·ΙΩΙΛ. Moitié de cheval bondissant, le tout dans une couronne d'olivier (Æ 2. — R⁴. = 8 fr.); t. imberbe casquée. ℞: ΚΥΜΑΙΩΝ. Aigle deb. (Æ 2. — R⁴. = 8 fr.); t. casquée de Pallas Athéné, à dr. av. la poitrine couverte de l'aegide, hérissée de serpents. ℞: ΚΥΜ. Aigle deb. à dr. (Æ 4. — R⁴. = 8 fr.); t. de Zeus-Sérapis. ℞: ΚΥΜΑΙΩΝ. Cygne deb. tourné à dr. (Æ 4. — R⁴. = 8 fr.); même t. ℞: même lég. Aigle marchant (Æ 3. — R⁴. = 8 fr.); ΑΝΤΙΚΡΑΤΗΣ. Aigle deb. à dr. ℞: ΚΥ. Vase à une anse (Æ 2½. — R³. = 6 fr. Mion. R². = 4 fr.); *la même* av. ΕΡΜΗΣΙΛΑΟΣ, dans le champ, lettres effacées; *autres:* avec ΕΙΝΙΚΟΣ; ΗΡΑΙΟΣ; ΔΩΜΑΤΡΙΟΣ; ΙΚΕΤΗΣ; ΜΕΓΙΣΤΟΦΡΩΝ; ΜΟΝΥΣΙΟΣ; ΜΟΣΧΟΣ; ΠΥΘΙΣ; ΦΙΛΟΔΟΞΙΟΣ; ΘΑ.. (Æ 4, 2½ et 1. — R². = 4 fr.); t. laurée d'Apollon, à g. ℞: ΚΥΜΑΙΩΝ. Lyre (Æ 3. — R⁴. = 8 fr.); Deux fig. dans un quadrige: l'une tient dans la. m. dr. levée un fouet, et la gauche retient les chevaux, l'autre tient de la m. dr. une haste prête à frapper. ℞: ΚΥ. Artémide succincte deb. à g. ten. une haste transversale de la m. gauche, et donnant la dr. à Démétèr, deb. en face, ten. de la m. g. un flambeau (Æ 4. — R⁵. = 12 fr. — Mion. R³. = 6 fr.); autre, ΚΥ. Artémis Pharétrée deb. ten. de la m. g. un long flambeau, et donnant la m. dr. à un héros en habit court, également debout (Æ 4. — R⁵. = 12 fr. Mion. 6 fr.); buste d'Artémis Pharétrée, à dr. ℞: ΚΥ·ΑΠΑΤΟΥΡΙΟΣ. Vase à une anse entre deux branches de laurier (Æ 3. — R³. = 6 fr.); même t. *Rev.:* ΚΥ·ΖΩΙΛΟΣ. Même type (Æ 3. — R⁴. = 8 fr. Mion. R³. = 6 fr.); t. de femme à dr. ℞: ΚΥ·ΗΡΑΙΟΣ. Vase à anse (Æ 1. — R². = 3 fr.); autre, même t. de femme, ℞: ΚΥ·ΑΡΙΣΤΟΜΑΧΟΣ. Partie antér. d'un cheval, tournée à dr. derrière un vase à une anse (Æ 3. — R³. = 6 fr.); autres, mêmes types, av. ΗΡΑΚΛΕ.... derrière le cheval, un carquois; av. ΑΣΣΗΤ, derrière le cheval, un vase (Æ 3. — R³. = 6 fr.); t. d'Artémis, à dr. ℞: ΚΥ·ΛΕΣΒΙΟΣ. Même type (même prix); t. de femme, à dr. chevelure retroussée, ℞: ΚΥ·ΑΝΔΡΩΝΙΚΟΥ. Cheval marchant, à dr. — dessous, Ε, devant, vase à anse (Æ 5. — R⁴. = 10 fr. Mion. 6 fr.); autres: t. de femme diadémée. ℞: ΚΥ·ΑΡΙΣΤΟΦΑΝΗΣ. Cheval marchant, dessous, un vase, devant, Α ou Ν; autre, av. ΔΙΟΔΩΡΟΣ; av. ΚΑΛΙΝΙΚΟΣ, sous le cheval, Λ. du côté de la t. de femme, le buste d'Artémis Pharétrée, en contremarque (Æ 5. — R⁴. = 8 à 10 fr.); t. de femme diadémée. ℞: ΚΥ·ΛΑΟΝΙ. Même type, et la lettre, Λ; autre, sous le cheval ΜΕ en monogr. av. ΛΑΟΝΙΚΟΣ; autre, dans le champ, la lettre Λ. et le vase, à l'exergue, ΛΑΟΝΙΚΟΣ; autre, av. ΚΥ·ΜΟΝΙΚΟΣ et sous le cheval, Ρ.; autre, av. ΜΟΝΙΧΟΣ et Ρ; autre, sous le cheval ΠΥΘΙΣ; autre, av. ΠΥΘΙΩΝ; autre, av. ΚΥΜΑΙΩΝ·ΠΥΘΙΣ (Æ 4½ et 5½. — R⁴. = 8 à 10 fr.); ΕΠΙ......... ΝΩΝΟΥ. T. de Zeus-Sérapis av. le *modius*. ℞: ΚΥΜΑΙΟΣ...... Isis, av. le *lotus* en tête, deb. ten. de la m. dr. levée un sistre, et de la g. un vase (Æ 4. — R⁴. = 8 fr.); t. laurée d'Apollon, à dr. ℞: ΚΥΜΑΙΩΝ sous la t. d'Artémis, à dr. le carquois au dos (Æ. 18 mill. R⁶. 30 fr. cf. Fox, Engravings of unedit. or rare Greek coins. Lond. 1862, Part II, Pl. III, n.⁰ 53; Imhoof, Monn. Gr. p. 272, n.⁰ 223); ΚΥΜΑΙΩΝ. (ΕΡΚΥΑΜ?) t. d'Apollon, à dr. ℞: ΕΠΙ·ΣΤΡΑ·ΙΕΡΩΝΥ. Apollon deb. ten. une lyre posée sur un trépied (Æ 4. — R⁸. — Inédite. == 40 fr. cette intéressante p. est restée inc. à Mion. Elle a été publ. par le gén. Fox, dans ses: Engravings II, Pl. III, n.⁰ 54);

KVMAI devant la t. de Pallas à dr. ℞: ΕΠΙ ΙΕΡΩΝVΜΟV. Cygne deb. à dr. (Æ. 16 mill. R⁸. = 40 fr. cf. Mion. Suppl. VI, p. 15, n° 116, av. ΕΠ·ΕΡΜΙΑC. Æ 3. — R⁵. = 15 fr. — Imhoof, Monn. Gr. p. 272, n° 224); ΟΜΗΡΟC à g. Homère à demi-nu, assis à dr., le sceptre à la m. dr. et un volume dans la g. ℞: ΚVΜΑΙ—ΩΝ. La Nymphe Kritheïs, mère d'Homère, deb. à g. Elle est vêtue du chiton et de l'himation, dont elle relève une partie de la m. dr. vers sa tête, et tient un sceptre transversal de la gauche (Æ. 23 mill. R⁸. = 120 fr. — Imhoof-Blumer, Monn. Gr. p. 273, n° 224a. — Mion. S. VI, p. 15, n° 119, a décrit le même bronze, mais au revers av. l'inscription ΚΡΗΘΗΙC qui précède la lég. ΚVΜΑΙΩΝ. Æ 5½. — R⁸. = 50 fr.); ΚΥΜΗ. T. tourelée de Kymé, à dr. ℞: ΕΡΜΕΙΑC·ΚVΜΑΙΩΝ. La Fortune deb. avec ses attributs (Æ 4. — R⁵. = 10 fr.); ΚΥΜΗ. Même t. ℞: ΕΡΜΕΙΑC·ΚVΜΑΙΟC. Même type (Æ 4. — R⁵. = 10 fr.); autre, mais av. ΕΝΕΙΑC (Æ 4. — R⁴. = 8 fr.); ΚΥΜΗ. Tête laurée de Kymé, à dr. ℞: ΕΠΙ. Monogr. (788 du Rec.) CΕΚVΝΔΗC. Cheval marchant de g. à dr. au-dessus, ΚΥ. (Æ 5. — R⁵. = 12 fr. Mion. R⁴. = 8 fr.); *autre*, av. ΕΠ·Π·CΕΚVΝΔΗC·ΚΥ. Même type; ΙΕΡΑ·CΥΝΚΛΗΤΟC. T. nue du Sénat, le *pallium* sur les épaules. ℞: Ε·ΑCΚΛΑΝΙΟV·Β·ΚVΜΑΙΩΝ. La Tyché deb av. ses attributs (Æ 6. — R³. = 8 fr.); autre, av. ΑCΚΛΗΠΙΑΔΟV·ΚVΜΑΙΩΝ; autres av. Ε·ΔΑ·ΑCΚΛΗΠΙΑΔΟV·ΚVΜΑΙΩΝ; ΑCΚΛΗΠΙΑΔΟV·Ν·ΚVΜΑΙΩΝ; ΕΠΙ·ΕΛΠΙΔΗΦΟΡΟV; Ε·CVΝΦΕΡΟΝΤΟC. Æ 6. — R⁸. = 8 fr. Mion. 6 fr.); même droit. ℞: C·ΑCΚΛΗΠΙΑ·ΚΟΡ·ΚVΜΑΙΩΝ. Koré marchant, ten. dans chaque m. un flambeau (Æ 6. — R³. = 10 fr. Mion. R². = 6 fr.); autre, avec: ..... ΑCΚΛΗΠΙΑΔΟV·ΚVΜΑΙΩΝ. Asklépios deb. (Æ 6. — R². = 6 fr.); même droit. ℞: ΚVΜΑΙΩΝ ...... ΛΕΜΜΑΧΟV. (ut videtur). Dionysos Indien deb. vêtu d'une toge, ten. le *cantharum* de la m. droite, la g. appuyée sur un cippe, à ses pieds, un serpent (Æ 4½. — R⁵. = 10 fr.); Isis-Pharia deb. sur une galère, ten. une voile enflée; trirème av. une voile, dessous, la Niké; ΙΕΡΑ·CΥΝΚΛΗΤΟC. T. nue du Sénat de Kymé, av. le *pallium*, à dr. dessus, une contre-marque dans laquelle est la lettre, A. ℞: ΑΙΛ·ΕΡΜΕΙΑC·ΠΡVΤ·ΚVΜΑΙΟC. La Tyché deb. ten. un gouvernail de la m. dr. et une corne d'abond. dans la g. (Æ 6½. — R⁴. = 12 fr. Mion. 6 fr.); autre, av. ΕΠ·CΤΡΑ·ΜΗΝΟΦΑΝΤΟV·ΚVΜΑΙΩΝ. (Æ 6. — R⁴. = 10 fr.); Même lég. et même droit. ℞: ΚVΜΑΙΩΝ. Pallas-Athéné deb devant un autel allumé, ten. une patère et un bouclier (Æ 7. — R². = 5 fr.); même droit. ℞: ΚVΜΑΙΩΝ. Fleuve couché, ten. de la m. dr. un rameau, et la g. appuyée sur une urne, au bas, ΑΜΦΟ (Æ 7. — R⁵. = 20 fr. Mion. R⁴. = 12 fr.); ΘΕΟΝ·CΥΝΚΛΗΤΩΝ. T. imb. nue du Sénat, à dr. av. le *pallium*. ℞: ΑΝΘΥ·ΕΠΙΡΙΩ·ΜΑΡΚΕΛΛΩ·Γ·ΚΥ. Fig. en habit court, deb. à g. portant un globe ou une pomme sur la m. dr. et la g. sur une haste (Æ 4½. — R⁷. = 50 fr. Mion. R⁴. = 8 fr.). Cette mon. aut. a été émise sous Vespasien. Morell., ainsi que Beger, l'ont attribuée faussement à l'île de Chypre. Cf. le même nom de magistrat dans Mion. T. III, p. 10, n° 64, sub Vespasiano; Morell., Fam. Epira, et Beger, Thesaur. Brandenburgicus, I, p. 408. — **Impériales** depuis Tibère jusqu'à Salonin. — *Magistrats:* Anthypatos (T. Clodius Epirius Marcellus, a. d. 70—73), Prytanis, Strategos, Archon, Grammateus. — Æ. Mod. M.M. 11, 10½, 10, 9½, 8, 7, 6, 5 et 4. — R⁴—R⁶. de 8, 10, 20, 30, 40, 60, 100, 200,

300 et 500 fr. — *Types:* Drusus Caesar: ΔΡΟΥΣΟΥ·ΚΑΙΣΑΡΟΣ. Sa t. nue, à dr. ℞: ΕΠΙ·ΞΕΝΟΦΑΝ·ΜΟΣΘΙΔΙΟΥ·ΑΡ·Α·ΚΥ—ΜΑΙΩΝ. Double corne d'abond. en sautoir, av. un caducée au milieu ($\mathcal{E}$ 4. — R^8. = 70 fr. Mion. R^7. = 30 fr.); t. laur. d'Apollon, devant KY. et la lég. ΕΠΙ·ΠΡΑΞΙ-ΜΟC .... ($\mathcal{E}$ 3. — R^6. = 30 fr. Mion. R^5. = 15 fr. m. de Caligula); ΚΑΙCΑΡΕΩΝ [titre honorifique] ΚΥΜΑΙΩΝ. Cheval marchant, le pied élevé ($\mathcal{E}$ 5. — R^5. = 20 fr. Mion. 15 fr. Comp. Num. Chr. VII, p. 48, m. de Néron); Vespasien: ΑΥΤΟΚΡΑΤΟΡΑ·ΚΑΙCΑΡΑ·ΟΥΕCΠΑCΙΑΝΟΝ. Sa t. laur. à dr. ℞: ΑΝΘΥ·ΕΠΡΙΩ·ΜΑΡΚΕΛΛΩ·ΤΟ·Γ·ΚΥ. Fig. deb. le *modius* sur la t. ten. un globe et un trident. Comp. la p. aut. av. la même lég. que j'ai citée plus haut ($\mathcal{E}$ 4. — R^6. = 40 fr. Streber, Num. donn. Gr. p. 208. Mion. R^4. = 8 fr.); Isis deb., le *lotus* sur la t., la m. dr. sur la haste pure, et portant sur la g. une figure assise dont la t. est surmontée d'un croissant ($\mathcal{E}$ 4. — R^8. = 120 fr. Mion. R^8. = 50 fr. m. de Marciane); au même type, une m. de Sabine ($\mathcal{E}$ 5. — R^6. = 35 fr. Mion. R^5. = 15 fr.); Hadrien: ΑV·ΚΑΙ·ΤΡΑ.—ΑΔΡΙΑΝΟC. Sa t. laurée, av. le *paludamentum*, à dr. ℞: ΑΙΟΛΕΩΝ ΚΥΜΑΙΩΝ et à l'exergue: ΕΡΜΟC. Le Fleuve Hermos imberbe et à demi-nu couché, ten. dans la m. dr. un roseau et de la g. s'appuyant sur une urne de laquelle les eaux coulent. $\mathcal{E}$. 24 mill. — **Inédite.** = 60 fr. Cf. Imhoof-Blumer, Gr. Münz. im Mus. v. Klagenfurt. Wien 1885, p. 42, n° 89. [Il paraît que c'est un exemple unique sur les monnaies où les habitants de Kymé ont joint leur nom d'origine à celui des Aeoliens]; Antinoüs: ΑΝΤΙΝΟΟC·ΗΡΟC. Son buste nu, à dr. ℞: ΙΕΡΩΝΥΜΟC·ΑΝΕΘΗΚΕ·ΚΥΜΑΙΟC. Pallas Athéné deb. à dr. ten. la haste d. la m. dr., la g. étendue ($\mathcal{E}$ 11. — R^8. = 500 fr. Mion. R^8. = 300 fr. — Museo Pisano); le Fleuve Hermos couché et la lég. ΚΥΜΑΙΩΝ·ΕΡΜΟC. ($\mathcal{E}$ 5½. — R^5. = 15 fr. m. de Faustine Jeune); autre: av. Isis assise et la lég. ΕΠ·CΤ·ΟΥΑΛ·ΕΡΜΟΦΑΝΟΥ·ΚΥΜΑΙΩΝ. ($\mathcal{E}$ 4. — R^5. = 20 fr.); Commode à cheval, devant lui, deux fig. militaires, av. la lég. ΕΠΙ·CΤΡ·ΚΟΡ·ΛΟΛΛΙΑΝΟΥ·ΚΥΜΑΙΩΝ. ($\mathcal{E}$ 10½. — R^6. = 80 fr. Mion. R^5. = 50 fr.). — Inédite: Crispine: ΚΡΙCΠΕΙΝ—ΑCΕΒΑCΤ. Son buste, à dr. ℞: ΕΠΙ·CΤΡΑ·Κ·ΛΟΛΛΙΑ—ΝΟΥ ΚVΜΑΙΩΝ. Isis deb. à g. ten. le sistro dans la m. dr. et un seau de la g. ($\mathcal{E}$. 31 mill. R^*. = 100 fr. — Inc. à Mion. — Publ. par M. Imhoof-Blumer dans ses: Monn. Gr. p. 273, n° 225. Comp. Akerman, Num. Chron. III, p. 96); Asklépios deb. av. ses attributs; ΚVΜΑΙΩΝ, en trois lignes, dans une couronne de lierre ($\mathcal{E}$ 5. — R^6. = 20 fr. Mion. R^4. = 8 fr. m. de S. Sévère); Caracalla: Inéd. voy. J. de Witte (bar. de), Descr. du Cab. Greppo, n° 903 (av. le type des Dioscures); *Autre*, inédite de Caracalla: ℞: ΚΥΜΑΙΩΝ·ΕΠ·CΤΡ·Τ·ΦΛ·ΤΥΧΙΚΟΥ·Β. Figure drapée assise à dr. ($\mathcal{E}$ 10. — R^*. = 200 fr.). Cf. Cat. Iwanoff, p. 29, lot 256. Vend. 2 £ [Feuardent]; Apollon nu, deb. ten. une patère et appuyé sur un trépied ($\mathcal{E}$ 4. — R^5. = 15 fr. m. de Géta. Mion. R^4. = 8 fr.); Mionnet, Suppl. VI, p. 20, n° 148, cite une mon. d'Annia Faustina av. la lég. ΚΥΜΑΙΩΝ·ΕΡΜΟC. Fleuve couché, — mais elle est *retouchée* et entièrement dénaturée. $\mathcal{E}$ 6: sans valeur; Maxime: ℞: ΕΠΙ·CΤΡΑ·ΦΛ·ΠΑVC·ΕΡΩΤΟC·ΚΥΜΑΙΩΝ. Asklépios deb. ($\mathcal{E}$ 10. — R^7. = 200 fr. Mion. 150 fr.) [dans l'ouvrage d'Eckhel, Doctr. Num. II, p. 494 (la m. de Maxime av. ΕΤ·Β.) est donnée pour celle de Gordien III, et la lég. corrigée:

SESTINI, Lett. num. VIII, p. 70]; JULIA MAMAEA. Pour ses mon. fr. à Kymé voy.: a) SESTINI, Mus. Chaudoir, p. 88, n° 7, av. la lég. au Rev.: ΕΠΙ·CΤΡΑ·ΑΛΕΖΑΝΔΡΟΥ. La Tyché deb., b) *Revue Belge*, (IVme Série, I, p. 139); — Zéus assis, tourné vers la g., tenant un aigle dans la m. dr. et la g. sur la haste pure, av. la lég. ΕΠΙ·CΤΡ·Μ·ΑΥΡ·ΑΛΕΞΑΝΔΡΟΥ ΕΥΤΥΧΙΑΝΟΥ·ΚΥΜΑΙΩΝ. (Æ 9½. — R^6. = 70 fr. MION. R^5. = 30 fr.); ORBIANA: ΓΝΑ· (sic) ΟΡΒΙΑΝ·ΑΥΓΟΥ. Tête d'Orbiana, à dr. av. la *stola*. R^7: ΕΠ·CΤ·ΑΛΕΖΑΝΔΡΟΥ·ΚΥΜΑΙΩΝ. Poséidon nu, deb. à g. le pied droit sur une proue de vaisseau, un dauphin sur la m. dr., et son trident dans la g. (Æ 5. cuivre jaune. R^3. = 8 fr. MION. R^6. = 18 fr. J'ai rencontré plusieurs exempl. de cette mon. dans le courant de ma vie et j'en conclus qu'on en avait probablement fait une trouvaille quelque part en Grèce? en tout cas elle n'est plus rare aujourd'hui); ΕΠ·CΤΡ·ΑΥΡ·CΥΝΦΩΡΟΝΤΟC· ΚΥΜΑΙΩΝ·ΕΤ·Β. Alexandre nu, domptant Bucéphale (Æ 9. — R^7. = 80 fr. MION. R^5. = 30 fr. m. de Gordien III. Cf. SESTINI, Lett. num. VIII, p. 70); *autre*, av. Poséidon, nu, deb. à g. et la lég. au R^7: ΕΠ· C·ΦΛ·ΜΗΝΟΦΑΝΤΟΥ·ΚΥΜΑΙΩΝ. (Æ 5½. — R^5. = 20 fr.); Pallas-Niképhore armée, deb. agitant un javelot de la m. dr. levée, et se couvrant de son aegide de la g. av. la lég. ΚΥΜΑΙΩΝ. (Æ 6. — R^7. = 40 fr. MION. R^5. = 20 fr. Cf. AKERMAN, Num. Chron. VII, p. 48, et SESTINI, Mus. Chaudoir, p. 88); VALÉRIEN PÈRE: Tyché posée sur une pet. trirème, ten. un gouvernail et une corne d'abond. av. la lég. ΕΠ·CΤ· ΑΥΡ·ΕΛΠΙΔΗΦΟΡΟΥ·ΔΙC·ΚΥΜΑΙΩΝ. (Æ M.M. R^2. = 20 fr.); même lég. Rome casquée assise, ten. une pet. Niké et une haste (Æ 9. — R^5. = 25 fr.); m. lég. Fig. virile nue, sur le péristyle d'un temple hexastyle, soutenant un globe posé sur sa tête (Æ 9. — R^5. = 25 fr.); m. l. Amazone tourelée deb. à g. ten. de la m. dr. un globe, et de la g. un trident, à ses pieds, un dauphin (Æ 9. — R^7. = 80 fr. MION. R^5. = 24 fr. — La même: Mod. 7. — R^6. = 40 fr. — MION. R^4. = 12 fr. Un *f. d. c.* dans ma coll.); — ΕΠ·ΑΥ·ΕΛΠΙΔΗΦΟΡΟΥ·Β·ΚΥΜΑΙ. Artémis d'Ephèse et Apollon debout (Æ 7. — R^6. = 30 fr. MION. R^4. = 12 fr.); VALÉRIEN PÈRE: CΤΡΑ· ΕΡΜΕΙC·ΠΡΥΤ·ΚΥΜΑΙΟΙC. Pallas Niképhore deb., à dr. frappant de sa lance de la m. dr., et se couvrant de son aegide de la g. (Æ 9½. — R^2. = 25 fr. MION. R^2. = 12 fr.); la même, mais av. ΕΡΜΙΑC et Pallas assise, ten. une Niké et une haste (Æ. M.M. R^6. = 60 fr. MION. R^2. = 20 fr.); autre, av. ΕΠΙ·ΦΛ·ΜΗΝΟΦΑΝΤΟΥ·ΚΥΜΑΙΩΝ. (Æ 9. R^6. = 40 fr. MION. R^5. = 24 fr.); Α·Κ·Π·ΑΙ·ΟΥΑΛΕΡΙΑΝΟC. t. laur. de Valérien p. à dr. R^7: ΕΠ·ΕΛΠΙΔΗΦΟΡΟΥ·ΚΥΜΑΙΩΝ. Poséidon sur un char traîné par deux hippocampes, à g. ten. un trident de la m. dr., et portant une femme sur le bras gauche (Æ 7. — R^7. = 100 fr. MION. R^5. = 20 fr.); IMHOOF, Monn. Gr. p. 273, n° 226. Æ. 30 mill. — Reproduit dans OVERBECK, Griech. Kunstmythologie, Poseidon. Pl. VI, f. 31. — Cf. CAT. ALLIER DE HAUTE-ROCHE, Pl. XIII, f. 27, sans le nom du magistrat); VALÉRIEN JEUNE et SALONINE: ΚΟΡ·ΟΥΑΛΕΡΙΑΝΟC·Κ·CΑΛΩΝΕΙΝΑ. Têtes affrontées de Valérien Jeune et de Salonine. R^7: ΕΠ·ΕΛΠΙΔΗΦΟΡΟΥ·ΚΥΜΑΙΩΝ. Dionysos à demi-nu, deb. ten. le *cantharum* et une haste, à côté une colonne; à ses pieds, un tigre (Æ 5. R^7. = 60 fr. MION. R^6. = 18 fr. — *F. d. c.* dans ma coll.); même nom du magistrat. Artémis d'Ephèse ou Artémide deb., ten. un rameau de la m. g., la droite étendue (Æ 7. — R^4. = 12 fr.); Apollon nu deb. ten. une patère; Artémis d'Ephèse deb. av. ses attributs; Poséidon deb. à g. le pied sur une proue de vaisseau, un dauphin sur la m. dr. et ten. son trident de la g., av. la lég. ЄΡΜЄΙΑϹ·ΠΡΥΤ·ΚΥΜΑΙΟΙϹ. (Æ 5. — R^5. = 15 fr. Mion. R^4. = 8 fr. m. de Gallien); Valérien Jeune: (Salonin?) ЄΠ·ϹΤ·ΑΥΡ·ЄΛΠΙ·ΔΗΦΟΡΟΥ·ΔΙϹ·ΚΥΜΑΙΩΝ. Tyché deb. sur une galère, le *modius* en tête, ten. un gouvernail et une corne d'abond. (Æ 10. — R^5. = 50 fr. Mion. R^2. = 20 fr.); autre, Mod. $9^1/_2$ = 40 fr.; *autre*, av. Artémis d'Ephèse, représ. av. ses supports, — en face, une fig. jeune deb. en habit court (Æ 8. — R^4. = 12 fr.); *Autre*: t. de Salonin. ℞: ЄΠ·ϹΤ·ΑΥΡ·ЄΛΠΙΔΗΦΟΡΟΥ·ΚΥΜΑΙΩΝ. Temple à plusieurs colonnes (Æ 9. — R^7. = 120 fr. Mion. la cite d'après une source dangereuse: d'après Vaillant, *Num. Gr.* p. 187, et l'estime R^6. = 40 fr.); ϹΤΡΑ·ЄΛΠΙΔΗΦΟΡΟΥ·ΚΥΜΑΙΩΝ. Femme deb. à moitié nue, ten. dans la m. dr. un vase et dans la g. la haste (Æ 6. — R^5. = 15 fr. m. de Salonine). — *Corrections*: Dumersan, dans ses: Méd. inéd. p. 73, donne les tétradrachmes d'un style grossier qui sont de Kymè (ou peut-être de Klazomenae?) à Erythrae Ioniae; Sestini dans l'Antologia di Firenze, Vol. 14, Cah. XXXXI, p. 89; les rapporte à tort à Aulis de Boeotie. — La mon. citée dans Hunter, 22, XVIII est de Panormos: HispanoRVM. — La mon. de Drusus, voy. Num. Chron. XVII, 200 a été primitivement attribuée à Characa de Lydie. — Sur les mon. de Kymè consultez: S. Birch, Uncd. coins of Cyme, dans le Num. Chron. Vol. III (1840), p. 90 et 96; Vol. IV, p. 138. — *Archäol. Zeitg*. 1844, p. 340 (R. t. d'aigle, sans lég.). — Luynes, Choix de méd. gr. Paris 1840. Pl. X, 22. — Sestini, Mus. Chaudoir, p. 88; Chaudoir, Corrections, p. 82. — Mus. Lavy, I, p. 202, 203. — Bulletino dell'Istit. e corr. arch. di Roma. 1841, p. 63 (R et Æ). — Köhne, Berl. Blätter IV, p. 23. — Fox, Engravings, II, 51, 52, 53, 54. — Annali dell'Istit. di Roma. 1861, p. 145. — Sestini, Lett. num. VIII, p. 70. — Cat. L. Welzl de Wellenheim, Vienne 1844, n°s 5148, 5187.

121. ΜΥΡЄΙΝΑ.

Sur les mon. de *Myrina* en Aeolie. Elles sont: **Or.** médaillon du Mod. 10, publ. par Pembroke est reconnu auj. pour être faux. — $\text{Æ\hspace{-0.6em}R}$: *Aut.* Mod. 10, $9^1/_2$, 9 et 1. — R^6. de 30, 50, 120 et 150 fr. — *Types*: t. laurée d'Apollon, à longue chevelure, couronnée de laurier, à droite. ℞: ΜΥΡΙΝΑΙΩΝ: Statue d'Apollon Grynaeos (et non une femme à demi-nue!) tenant une branche de laurier ornée de bandelettes et une patère; à ses pieds un vase à deux anses (omphalos) et la cortine, dans le champ, un monogr., le tout dans une couronne de laurier ($\text{Æ\hspace{-0.6em}R}$ 10, $9^1/_2$ et 9 [celle du Mod. 8 est fausse], — *tétradrachme*. R^6. de 120 à 150 fr. — Vend. à la vente Billoin, Paris 1886: lot 647, tr. b. ex. du Mod. 9 pour 125 fr.; vente Paravey, lot 198. $\text{Æ\hspace{-0.6em}R}$ 10. pour 133 fr. — Mion. T. III, p. 23. — R^5. de 50 à 60 fr.); t. d'Athéné, à dr. ℞: M—Y. T. d. Artémis vue de face ($\text{Æ\hspace{-0.6em}R}$. Poids: 29 grs. — R^7. = 60 fr. Inc. à Mion. — Cf. Zeitschr. f. Num. III, Pl. VIII, 17, 18); MY. t. de femme à dr. chevelure retroussée, derrière *diota*. ℞: t. laurée d'Apollon à dr. ($\text{Æ\hspace{-0.6em}R}$ 1. — R^8. = 60 fr. Mion. S. VI, p. 35, n° 221. R^6. = 30 fr.). — **Autonomes en bronze:** Mod. 4, 3, $3^1/_2$, $2^1/_2$, 2, 1. — R^4–R^7. = 4, 6, 8,

10 et 15 fr. — *Types :* T. casquée de Pallas-Athéné, à dr. ou à g. ℞: MYPI. Diota (Æ $3^{1}/_{2}$, $1^{1}/_{2}$, 1. — R^3. = 4 à 6 fr.); même t. ℞: MYPEINAIΩN. Lyre (Æ 3. — R^4. = 6 fr. Mion. R^4. = 8 fr.); t. imb. casquée. ℞: MYPI. Chouette à double tête, les ailes éployées (Æ 3. — R^4. = 5 fr. Mion. 8 fr.); t. radiée de Hélios, à dr. ℞: MYPI. Diota (Æ 2. — R^2. = 4 fr.); t. laurée d'Apollon à dr. ℞: MYPI. Diota, à côté, lyre (Æ $3^{1}/_{2}$. — R^3. = 6 fr.); autre, sans la lyre = 6 fr.; même t. ℞: MYPINAIΩN ou MYPEINAIΩN. Lyre (Æ 2, 3 et 4. — R^3. = 6 fr.); t. barbue, à dr. ℞: MYP. Dauphin, au-dessus, trident (Æ 4. — R^6. = 20 fr. Mion. R^5. = 15 fr.); t. laurée d'Apollon, à dr. ℞: MYPI. Vase à deux anses (Æ 4. — R^4. = 8 fr.); t. d'Hermès couverte du pétase, à dr. derrière, caducée. ℞: MYPI. Lyre (Æ 2. — R^4. = 6 fr.); AP·KOPNHΛIOY. T. laurée de femme, devant, une branche de laurier (Apollon). ℞: MYPINAIΩN. Lyre, dans le champ, à dr. un épi stérile (Æ 4. — R^5. = 12 fr. Mion. 8 fr.); MYPINAIΩN. T. de femme. ℞: EΠI·CTPA·KAΛΛI. Lyre (Æ 4. — R^5. = 15 fr. Wise, Mus. Bodleian. Oxon. 1750, p. 9); autre, même type, av. EΠI·CTP·ΦOKIAC ou EΠI·CTP·MHTPO. (Æ 4. — R^5. = 15 fr.); buste d'Athéné, à dr. la poitrine couverte de l'aegide hérissée de serpents. ℞: MYPEINAIΩN. Télésphore deb. vu de face (Æ $2^{1}/_{2}$. — R^4. = 8 fr.); MYPEINA. (au Nominatif) t. tourelée de femme à g. ℞: MYPEINAIΩN. Tyché deb. av. ses attributs (Æ 4. — R^6. = 20 fr. Mion. R^4. = 8 fr.); EΠI·CTPA·ΔIONYCIOY. t. laurée de femme, à dr. av. la *stola*, devant, une branche. ℞: MYPI. Lyre et palme (Æ 3. — R^4. = 8 fr.); t. nue et barbue d'Hercule, à dr. ℞: MYPEINAIΩN. Télésphore deb. couvert de son manteau (Æ $2^{1}/_{2}$. — R^4. = 8 fr.); MYPINAIΩN. T. casquée d'un jeune héros, à dr. ℞: ΘEAN·PΩMH. T. de Roma tourelée à g. (Æ 4. — R^4. = 8 fr.); IEPA·CYN. T. du Sénat. ℞: MYPI. Tête de femme ornée de lierre; derrière, un thyrse (Æ 4. — R^4. = 8 fr.). — **Impériales** depuis Domitien jusqu'à Tranquilline. — *Magistrats titrés:* Stratège et archonte. — Æ. Mod. 12, 11, 10, 9, 6, 5, 4 et 3. — R^7–R^8. de 30, 40, 60, 120, 150 et 300 fr. — *Types:* t. laurée d'Apollon, sous les traits de Domitien, av. le paludamentum, dev. une lyre (Æ 3. — R^7. = 30 fr. Mion. R^6. = 18 fr.); ΔOMITIANON·KAICAPA·AYTOKPATOPA. T. affrontées de Domitien, couronné de laurier, et de Domitia. ℞: EΠI·MAIO . . . . APXONTOC., dans le champ, MYPI. Apollon, vêtu de la *stola* deb. la m. dr. pendante, et une branche dans la g. [les types d'Apollon font allusion au culte qu'on célébrait en son honneur dans la bourgade de Grynium sur le territoire de Myrine] = (Æ 4. — R^7. = 60 fr. Mion. R^7. = 30 fr.); autre, même droit. ℞: Même type, av. EΠI·KΛEΩN . . . . APXONTOC·MYPI. (Æ 6. — R^7. = 80 fr. Mion. R^7. = 40 fr.); ΘEAN·PΩMHN·MYPI. Tête d'Hadrien tourelée, sous l'effigie de la déesse Rome (Æ 4. — R^7. = 40 fr. Mion. R^7. = 18 fr. mon. de Trajan); EΠI . . . . M·KAYΔIAPNOY·MYP. Zéus, à demi-nu, assis, ten. une patère et une haste (m. d'Hadrien: Æ 9. — R^8. = 120 fr. Mion. 72 fr.); Hadrien et Sabine: A·CE·CAB·CE. Leurs têtes affrontées. ℞: MYPINA. Femme deb. ten. de la main dr. une patère (Æ 4. — R^7. = 40 fr. Mion. 18 fr.); Antoninus Pius: . . . AΔPIA·ANTΩNEINOC. Sa t. laurée à dr. av. le *paludamentum.* ℞: EΠI·MHTPOΔO·MYPINAIΩN. Cavalier casqué, allant de gauche à dr. Dessous, on lit: ΔAMNEYC. (probablement le nom d'un

héros local? SESTINI pense que c'est un nom de graveur). Æ 11. Médaillon. — R⁸. = 300 fr. (MION. T. III, p. 25, n.º 148. R⁶. = 150 fr.); — ЄΠΙ·
CTPA... OCTOY·TOY·ATTAΛOY·MYPΕINAIΩN. Tyché et Dionysos deb. av. leurs attributs (Æ 10. — R⁷. = 120 fr. MION. 52 fr. m. de Caracalla); temple à six colonnes d'Apollon Gryneus (cf. STRAB. 622) au milieu duquel est placée sa statue devant un trépied, la même qui figure sur les tétradrachmes (Æ 9. — R⁷. = 150 fr. MION. 72 fr. m. de J. Domna); ЄΠΙ·
M·OYA·APICTOΦA·MYPINAIΩN. Femme vêtue d'une tunique et de la *stola*, assise à g., ten. une patère de la m. dr., la haste de la g. levée, et le *parazonium* ou une massue au côté (Æ 5½. — R⁷. = 60 fr. MION. R⁶. = 30 fr. m. de Faustine Jeune). — **Inédite**: ANNIA FAUSTINA. ANNIA (sic) ΦAYCTEINA. Son buste, à dr. ℞: Lég. circulaire en deux lignes: ЄΠ·CTP·AYP·AΠOΛΛΩNIOY·TO·B·MVPΕINAIΩN. Dionysos à demi-nu, debout, coiffé du *pileus*, regardant à g. tient de la m. dr. le *cantharum* et de la g. un thyrse en s'appuyant sur une colonne. A ses pieds une panthère (Æ 8½. — R*. = 400 fr. Inc. à MION. Auj. COLL. IMHOOF-BLUMER, auquel j'ai cédé cette pièce. Gravée au titre. — Acquise à la VENTE WHITTAL de Smyrne, lot n.º 888); ЄΠ·CT·KO·ΦOYPIOY·AΠO-ΛOΦANOY·MYPΕINAIΩN. Apollon Grynaeus en habit de femme, deb. dans un Temple à six colonnes, ten. une patère et une branche (Æ 12. — R⁸. = 200 fr. MION. R⁶. = 150 fr. m. de Gordien III et Tranquilline, av. leurs têtes en regard); Artémis chasseresse à dr. le genou posé sur un cerf terrassé (Æ 5. — R⁷. = 40 fr. MION. R⁶. = 18 fr. m. de Tranquilline). — *Corrections*: Au Mus. de Berlin on conserve une p. suivante: T. de femme tourelée, à dr. av. un monogr. comp. des lettres: P et H. ℞: $\frac{EY}{BP}$ à côté une *diota*, et au bas, dans le champ, un épi; elle est en plus contremarquée d'une tête de Gorgone. v. IMHOOF, Monn. Gr. p. 461. — Æ. 18 mill. — Au lieu de se baser sur la lég. EYBP. quoique peu distincte, qui lui aurait rappellé la ville d'**Eubrogis** en Galatie à laquelle appartient cette mon., SESTINI proposa de voir dans ces lettres le nom d'un magistrat et inventa la lég. M(Y)PI. Sa description dans les: Lett. num. e diss. Tom. VIII, p. 143 et le dessin de cette mon. à la Pl. VI, f. 17, diffèrent l'une de l'autre et sont toutes les deux peu correctes: les endroits où il place... PI. et fait représenter par la gravure M·PI. sont complétement lisses et n'ont jamais contenus de lettres, ainsi il constate une erreur après l'autre. Quand il avait fini par attribuer cette mon. à une ville d'Aeolie, il voyait dans le monogramme surfrappé de lettres P et H — la lég. EΛAI., c'est-à-dire le nom d'**Elaea**, une ville qui appartient aussi à l'Aeolie. — Pour les autres mon. de *Myrina*, voy.: MILLINGEN, Sylloge additional observations à la p. 78. [On y fait connaître que la mon. attribuée à Myrina par PELLERIN, dans son Rec. de méd. de Peuples et Villes, III, p. 136 appartient à Hadrianopolis de Pisidie.] — Mus. LAVY, I, p. 203. — AKERMAN, Num. Chron. VII, p. 49 (m. de S. Sévère et de J. Domna). — SESTINI, Mus. Chaudoir, p. 88. — CAT. WELLENHEIM, n.ºˢ 5201, 5202. —

122. THMNOC.

Sur les mon. de **Temnos** en Aeolie. — ℞. *Auton*. Mod. d'un ½

Drachme. R^8. = 120 fr. Cette mon. est restée inconnue à Mionnet. Je la donne ici d'après la p. publiée dans le *Num. Chron.* Vol. VII, p. 50: T. d'Apollon. R⁄: TA. Vase à deux anses entouré d'un cep de vigne. — **Autonomes en bronze:** Mod. 7, 6$^1/_2$, 6, 5, 4$^1/_2$, 4 et 2. — R^3 — R^8. de 6, 8, 15, 30 et 40 fr. — *Types:* t. de Dionysos, ornée de lierre; grappe de raisin dans une couronne de chêne; Athéné deb. à g. vêtue de la *stola*, tient de la m. dr. une pet. Niké et une grappe de raisin, à g. la haste et le bouclier av. la lég. ΔH·TA. qui reste encore à expliquer (Æ 5. — R^8. = 40 fr. Mion. R^8. = 30 fr.); buste de Pallas Athéné, à dr. la poitrine couverte de l'aegide, R⁄: THMNEITΩN. Au milieu du champ, un vase rempli d'épis (Æ 2. — R^5. = 10 fr. Mion. 8 fr.); THMNOC. t. tourelée de femme, à dr. R⁄: THMNEITΩN. Tyché deb. av. ses attributs (Æ 4$^1/_2$. R^2. = 6 fr.); ZEYC·AKPAIOC. Tête nue de Zéus Akraeos, à dr. R⁄: Même lég. Homère [le même type se rencontre sur les mon. de Smyrne] à moitié nu, assis sur un siège, ten. d. la m. g. un volume (Æ 5. — R^5. = 15 fr.); CEPAΠIC. T. de Zéus-Sérapis. R⁄: m. lég. Aigle deb. (Æ 4. — R^7. = 30 fr. Mion. R^6. = 18 fr.); T. d'Apollon laurée, à dr. R⁄: TA. Amphore à une anse entourée de pampres. Æ 4. — R^8. = 40 fr. Voy. Fr. Lenormant, Descr. du Cab. de M. le Baron Behr. Paris 1857, n.° 546. Pour cette attribution voy. aussi: L. Müller, Numism. d'Alexandre le Gr. p. 240; IEPA·CYNKΛHTOC. T. nue du Sénat, à dr. av. le *pallium*. R⁄: CTP·HPΩΔOY·THMNEITΩN. Deux Némésis deb. (Æ 7. — R^4. = 15 fr. Mion. R^3. = 9 fr.); — m. lég. et m. t. R⁄: CT·AYP·NEIKOCTPATOY·THMN. (Æ 7. même prix); autre, av. CTP·CMAPAΓΔOY·THMNEITΩN. Même type (Æ 7. Même prix); autre, av. E·CT·AV·CTPATONEIKIANOY·THMEITΩN. (sic). Même type (Æ 6. même prix); autre, av. E·AY·CTPATONEIKIANOY·TH...... Même type (Æ 6. même prix); IEPA·CYNKΛHTOC. T. du Sénat. R⁄: CTP·AYCΩNEIOY·THMNEITΩN. Deux Némésis deb., en face (Æ 7. — R^4. = 20 fr. Mion. R^5. = 9 fr.); même lég. et t. R⁄: EΠI·CTPA·KΛ·AΠOΛΛΩNIOY·THMNEITΩN. Même type (Æ 6. R^4. = 15 fr. — Mion. R^3. = 9 fr.); autre, av. CTP·AYP·EPΠECIOY·THMNEITΩN. Même type (Æ 6. — R^4. = 15 fr. Mion. R^3. = 9 fr.); même t. R⁄: TYXH·THMNOC. Amazone à cheval, marchant, av. la *pelta* sur l'épaule g. (Æ 5. — R^6. = 40 fr. Mion. R^5. = 15 fr.); autre, av. CTP·EΠIKPATOY· [Gessner, Num. pop. Tab. LXXIX, fig. 21, p. 340, lit sur d'autres: EΠ·CTP·ANTΩNEINOY ou EΠ·AYP·EPMEΛOY] THMNEITΩN. Même type des Némésis debout (Æ 7. — R^6. = 30 fr. Mion. R^3. = 9 fr.); Asinius Gallus (proconsul d'Asie, l'an 6 de J. C., personnage cité par Tacite et fondateur des bibliothèques à Rome; il fut triumvir monétaire sous Auguste, cf. Cohen, mon. de la Républ. p. 47); parvint au consulat l'an 8 av. J. C.; son proconsulat d'Asie n'est connu que par la mon. de Temnos, dont je donne ici-bas la description d'après le savant mémoire de M. W. H. Waddington, inséré dans la *Rev. Num. Fr.* An. 1867. IIème Sér. Tom. XII, p. 114 et 115 et Pl. IV, n.° 4): ACINIOC·ΓAΛΛOC·A...OC. [sur les 2 ex. du *Mus. Brit.*, on croit lire: AΓNOC, en latin: *integer*, ou APNOC; sur celui du *Cab. de France*, on voit plutôt AIΛOC, et Cousinéry sur le sien avait lu: ΓNE, lecture qui a donné lieu à une explication inadmissible proposée par Borghesi, voy. ses *Oeuvres complètes*, T. 1, p. 179, et qu'il est inutile de répéter ici]. Tête nue de Gallus. ℞: ΑΠΟΛΛΑC·ΦΑΙΝΙΟΥ·ΤΑΜΝΙΤΑΝ. T. de Dionysos, ceinte de lierre. Æ 4½. — R⁶. = 150 fr. *Cab. de France.* — *Grav.* dans la *Rev. Num. Fr.* T. XII. An. 1867. Pl. IV, n.° 4. — Au *Mus. Britan.* 2 exempl. frustes; au *Cab. de Munich* proven. de la coll. Cousinéry. — MIONNET, S. VI, p. 41, a donné aussi une descr. de cette pièce en estropiant les légendes (d'après SESTINI, Lett. num. t. IV, p. 112): ΑCΙΝΙΟC·ΓΑΛΛΟC. T. nue d'Asinius Gallus. ℞: ΤΑΜΝΙΤΑΝ·ΑC·ΦΑΙΝΙΟΥ. Tête de Bacchus couronnée de lierre (Æ 4. — R⁷. = 30 fr. prix inadmissible auj.). — **Impériales** depuis Auguste jusqu'à Gallien. — Æ. Mod. 10, 9, 8, 7, 6, 5 et 4. — R⁵ — R⁸. de 12, 20, 40, 60, 120 et 150 fr. — *Types*: ΚΑΙCΑΡ·CΕΒΑCΤΟC·ΠΛΟΥCΙΑC·ΥΠΑΤ[ΙΟΥ]. Tête nue d'Auguste. ℞: ΑΠΟΛΛΑC·ΦΑΙΝΙΟΥ·ΤΑΜΝΗΤΑΝ. Pallas Athéné deb. tenant une petite Niké dans la m. dr. Æ 4½. — R⁸. = 150 fr. — *Mus. Brit.* et *coll. de la Banque d'Angleterre.* L'exempl. du *Cab. de France* est fruste. — *Cab. de Munich.* — [M. W. H. WADDINGTON, dans son mémoire inséré dans la *Rev. Num. Fr.* An. 1867. Tom. XII, p. 114 et 115 dit: „que la lég. de cette mon., dont la lecture est „certaine, présente aussi une petite difficulté qui a fort embarassé le savant „ECKHEL (D. N. II, p. 498)." — Πλουσίας n'est pas un nom de consul, comme le faisait supposer le mot ὕπατ[ος]; il n'y a pas de consul de ce nom dans les fastes consulaires, bien connus maintenant, du règne d'Auguste, et d'ailleurs, ce nom n'est pas un nom romain. Πλουσίας est le nom d'un second magistrat local de Temnos, et le mot suivant doit être le nom de son père Ὑπάτιος: il faut donc lire Πλουσίας Ὑπατίου d'un côté et Ἀπόλλας Φαινίου de l'autre. — Dans le *Zeitschr. f. Num.* Bd. XII, p. 360, on propose de lire la lég. au droite de cette p. ainsi: ΚΑΙCΑΡ CΕΒΑCΤΟC ΠΛΟΥCΙΑC ΥΠΑΤΗΑC = ὑπατείας; — il me semble, cependant, que toutes les élucubrations des prétendus hellénistes ne peuvent aboutir à trancher cette question jusqu'à ce qu'on ne découvre un exemplaire à fl. de coin de cette mon. où la lecture de la légende serait parfaitement indiscutable. — MIONNET, Descr. T. III, p. 28, n°ˢ 166, 167 et Suppl. VI, p. 41, n°ˢ 261, 262, a donné aussi une description inexacte de ces pièces, de différents modules (Æ 4½, 3½ et 3) qu'il estime R⁶. toutes à 18 fr.] — DOMITIEN ΠΟΛΕΟC·ΘΜΝΕΙΤΩΝ. Zéus nu deb. ten. une pet. Niké et la haste, dans le champ, CΤΡΑΤΗΓΟΥ. (Æ 8. — R⁶. = 40 fr. MION. 30 fr.); Kybèle ass. ten. une patère, à ses pieds, un lion (Æ 6. — R⁶. = 30 fr. m. d'Hadrien); autre: ΑΔΡΙΑΝΟC·ΟΛΥΜΠΙΟC·Λ·ΑΙ·ΚΑΙCΑΡ. T. affrontées d'Hadrien et d'Aelius César. ℞: ΘΜΝΕΙΤΩΝ. Femme deb. portant un enfant (Æ 7. — R⁷. = 80 fr. MION. 48 fr.); JULIA TITI: ΙΟΥΛΙΑ·CΕΒΑCΤΗ. Sa t. à dr. ℞: ΕΠΙ·ΑΠΙΑΝΟΥ·ΘΜΝΙ. Athéné casquée et deb. ten. une pet. Niké et une haste et un bouclier (Æ 4. — R⁶. = 60 fr. MION. 20 fr.); Asklépios deb. av. ses attributs (Æ 4. — R⁷. = 12 fr. m. de Faustine J.); autre, av. Pallas-Athéné casquée, deb. ten. une pet. Niké, et av. la lég. CΤΡ·ΑΚΥΛ·Δ·ΘΜΝ. (Æ 5. — R⁶. = 20 fr. Mion. R⁶. = 18 fr. *Mus. Sanclem. Num. Sel.* t. II, p. 257, Pl. XXIII. m. de Faustine J.); Zéus-Laodikeos nu, deb. vu de face, portant un aigle sur la m. dr. et ten. un sceptre dans la g., de chaque côté, une Némésis casquée deb., dans le champ, les lettres: Α·Μ·Α·Λ·Ω. et un arbuste, av. la lég.: ΕΠΙ·CΤΡ·ΑΠΟΛΛΩΝΙΟΥ·ΘΜΝΕΙ-

ΤΩΝ. (Æ 9. — R⁷. = 80 fr. Mion. 48 fr. m. de Commode); une chèvre marchant, à dr. (Æ 3. — R⁶. = 15 fr. m. de Géta); ΕΠΙ·CΤΡ·ΑCΚΛΗΠΙΤΡΕ· (sic !) (lecture fort douteuse) ΤΗΜΝΕΙΤΩΝ. Athéné deb. ten. une patère et une haste, à ses pieds, un bouclier (Æ 7. — R⁵. = 25 fr. Comp. Wise, Cat. num. Bodleian. — m. de Géta); Apollon deb. entre deux Némésis, et la lég. ΕΠ·CΤΡ·Α·ΗΡΩΔΟΥ·Β·ΤΗΜΝΕΙΤΩΝ. (Æ 10. — R⁶. = 150 fr. Mion. R⁵. = 100 fr. m. d'Elagabal); ΕΠΙ·CΤΡ·ΑΥΡ·ΕΡΜΕΙΟΥ·ΤΗΜΝΕΙΤΩΝ. Asklépios deb. (Æ 9. — R⁷. = 100 fr. Mion. 48 fr. m. de Maesa); ΕΠ·CΤ·ΑΥΡ·CΤΡΑΤΟΝΕΙΚΙΑΝΟΥ·ΤΗΜΝΕΙΤΩΝ. Homme nu courant, à g. la m. dr. étendue au-dessus d'un cerf qui fuit, le bras gauche enveloppé dans une draperie ou le *pallium* (Æ. Médaillon. R⁶. = 80 fr. Mion. 40 fr., mon. de Sévère-Alexandre); ΙΟΥ·ΜΑΜΕΑ·CΕΒΑCΤΗ. Sa t. à dr. ℞: ΕΡΜΟC·ΤΗΜΝΕΙΤΩΝ. Le Fleuve Hermos couché (Æ 6. — R⁷. = 60 fr. Mion. 20 fr.); ΕΠ·CΤΡΑ..... CΜΑΡΑΓΔΟΥ·ΤΗΜΝΕΙ .... Dionysos deb., enveloppé dans le *pallium* ten. le *cantharum*, et son thyrse, à ses pieds, une panthère (Æ 9. — R⁶. = 50 fr. — Mion. 24 fr. m. de Mamée); Hercule nu deb. versant le *cantharum* de la m. dr. (c'est l'Hercule Bibax) et portant sa massue et la dépouille du lion (Æ 5½ et 5. — R². = 6 fr. m. de Gordien III); autre, av.: ΕΠ·CΤΡ·ΑΥΡ·ΔΗΜΟΝΕΙΚΟΥ·ΤΗΜΝΕΙΤΩΝ. Deux Némésis en face l'une de l'autre (Æ 8. — R⁶. = 20 fr. Mion. 12 fr. m. d. Gordien III); Asklépios deb. (Æ 9. — R⁶. = 40 fr. Mion. 24 fr. m. du même); Tranquilline. ℞: ΕΠΙ·CΤ·ΜΑΞΙΜΕΙΝΟΥ·ΤΟ·Β·ΤΗΜΝΕΙΤΩΝ. Athéné deb. ten. de la m. dr. le *Palladium* et dans la g. la haste, à ses pieds, un bouclier (Æ 9. — R⁷. = 120 fr. Mion. R⁵. = 40 fr.); Philippe Père: ℞: ΕΠ·C·ΑΥΡ·ΟΝΕCΙΜΟΥ·ΤΕ·ΝΩΤΙƏΝΜΗΤ. (sic). Kybèle assise à g., ten. une patère dans la m. dr., le coude gauche posé sur le *tympanum*, à ses pieds, un lion (Æ 10. — R⁶. = 70 fr. Mion. R⁵. = 40 fr.); autre, même nom du magistrat: Rome casquée assise, ten. de la m. dr. une petite Niké, et de la g. une haste et un bouclier (Æ 9. — R⁶. = 40 fr. — Mion. 24 fr.); ΕΠ·CΤΡ·ΑΝΤΩΝΕΙΝΟΥ·ΤΗΜΝΕΙΤΩΝ. Zéus nu, deb. ten. un foudre de la m. dr. et une haste de la g. (Æ. MM. — R⁷. = 120 fr. — Mion. R⁴. 40 fr.); Philippe Jeune: ΕΠ·ΑΛΕΞΑΝΔΡȢ·ΕΚΛΩΝ·ΤΗΜΝΕΙΤΩΝ. Femme deb. ten. dans la m. dr. le *palladium* et dans la g. une corne d'abondance, à ses pieds, un autel (Æ 8½. — R⁷. = 100 fr. Mion. R⁶. = 40 fr.); Aemilianus: ΑΥΤ·ΑΙΜ·ΑΙΜΙΛΙΑΝΟC. Sa t. laurée, à dr. ℞: ΤΗΜΝΕΙΤΩΝ. T. d'Hercule Bibax (Æ 6. — R⁸. en la supposant antique = 300 fr. Cf. Sestini, Lett. num. e dissert. t. IV, p. 112). — *Corrections:* Mionnet, dans sa Descr. T. III, p. 29, n° 171. Æ 4. R⁸. a classé à Temnos une mon. à l'effigie d'Antonin le Pieux qui doit être reportée à **Akrasos** de Lydie. — Sur les mon. de Temnos, voy.: *Annali* dell'Istit. e Corr. arch. di Roma, An. 1861, p. 145 (R). — *Num. Chron.* VII, p. 50 (t. d'Apollon. ℞: Vase. ΤΑ·ΑΜ. Æ 2. = D'après l'article inséré *ibid.* la mon. décr. par Mion. T. IV, p. 83, n° 455 doit être rapportée aussi à Temnos). — Cat. L. Welzl de Wellenheim, n°ˢ 5206, 7. — *Num. Chron.* VI, 120, et VII, 51 (m. d'Auguste). — Borghesi, Osservaz. II, 6, dit que la mon. citée dans Mion. III, p. 28, n° 166 — est de Gaius César. —

— 139 —

123. MHΘYMNA.

Sur les mon. de **Méthymna**, ville de l'île de Lesbos. — EL. (Aut.). *Types:* Un sanglier marchant à g. dessous, un thon. ℞: Carré creux divisé en quatre parties. Mod. $2^1/_2$. ℞*. = Cf. Mion. S. VI, p. 55, n.° 24. EL. $2^1/_2$. — ℞⁶. = 72 fr.! (Je ne sais pour quelle raison Mionnet a attribué cette mon. à Méthymne?) parceque le sanglier est le type des Æ. de Methymne? Mais c'est une hecté de Kyzikos puisqu'il y a le thon. [NB. les *hectés* ne sont jamais en **Or**, comme dit Mionnet, mais toujours en EL.]. — *Autonomes.* Æ: Mod. 5, 3, $2^1/_2$ et $1^1/_2$. — ℞⁷-℞⁸. de 30, 60, 150 et 200 fr. — *Types:* T. de Pallas à g. le casque à aigrette orné d'un sarment de vigne, d'une feuille de *lierre* et d'un *croissant*. ℞: Lyre placée sur un carré en relief, autour, MAΘ—VM—ΛA—IOΛ. Le tout dans un carré creux (Æ 5. ou 18 mill. Poids: Gr. 6,28. — ℞⁸. = 200 fr. — Imhoof-Blumer, Monn. Gr. p. 278, n.° 248. — Cf Mion. S. VI, p. 55, n.° 27. Æ 5. — ℞⁷. = 150 fr. mais il en donne une description inexacte, — Mus. Pembroke, II, pl. XX, Fig. 1; Brandis, p. 451); t. de Dionysos couronné de lierre. ℞: MA. Vase à deux anses, dans un carré creux (Æ $1^1/_2$. — ℞⁷. = 30 fr. Mion. 24 fr. — Cab. de M. Cousinéry); t. de Pallas. ℞: MAΘY. Lyre, d. le champ, abeille, le tout d. un carré creux (Æ 3. — ℞⁷. = 60 fr. Mion. 30 fr. — Sestini, Lett. T. IV, p. 112); Anépigraphe. Même t. dans un carré creux. ℞: MEΘYMNAI ... Sanglier allant de g. à dr. (Æ 5. — ℞⁸. = 200 fr. Cf. Mion Tom. III, p. 38, n.° 43. Grav. d. le Rec. d. Planches, voy. Pl. XXXV, n.° 155. — Æ 5. — ℞⁷. = 150 fr.); MΛΘYMNAIOΣ. T. de Pallas, d'un style archaïque, casque orné d'un Pégase, le tout dans un carré creux. ℞: MΛΘYMNAIOΣ. Sanglier allant, à dr. (Æ 5. Poids: 124,6 grs. — ℞⁸. = 200 fr. Cf. *Brit. Mus.* Guide, Pl. XI, f. 27; Mion. T. III, p. 38, n.° 44: Æ 5. — ℞⁷. = 150 fr.); t. de Pallas. ℞: MAΘY. Lyre, à côté, la lettre I, le tout dans un carré indiqué par quatre lignes (Æ $2^1/_2$. — ℞⁷. = 60 fr. — Mion. 30 fr.); t. d'Hercule. ℞: Arion sur un dauphin, ten. une lyre. Æ. Poids: 21 grs. — *Mus. Britan.* — Inc. à Mion. — ℞⁸. = 200 fr. — *Autonomes en bronze:* Mod. $5^1/_2$, 4, $3^1/_2$, 3 et 2. — ℞⁴-℞⁵. de 4, 6, 8 et 25 fr. — *Types:* MHΘV—MNA. T. nue et barbue d'Héraklès à dr., la dépouille du lion nouée autour du cou. ℞: Sans lég. T. *barbue* à dr., couverte d'un large bandeau ou peut-être d'un bonnet de laine ou de cuir, la barbe très-effilée et saillante, comme celle de la tête des bronzes d'Antissa (Æ 17 mill. — ℞⁸. = 40 fr. — Imhoof, Monn. Gr. p. 278, n.° 248ᵃ. — Incon. à Mion. — Poids: Gr. 2,46. — *Grav.* dans Imhoof, Monn. Gr. Pl. E, n.° 28); t. d'Athéné à dr. ℞: MAΘY. *Diota*, m. t. dessus, lyre en contre-marque; autre, au-dessus de *Diota* une grappe de raisin; t. laur. d'Apollon, à dr. ℞: MAΘY. Arion sur un dauphin, ten. d. la m. dr. le *plectrum*, et dans la g. une lyre (Æ $5^1/_2$. — ℞⁶. = 40 fr. — Mion. ℞⁴. = 12 fr.); t. laur. d'Apollon, à g. ℞: MA, en monogr. dans une couronne de laurier (Æ 4. — ℞⁴. = 6 fr. — Mion. ℞². = 4 fr.); t. de Dionysos couronné de lierre et vue de face. ℞: MAΘY. en deux lignes, au milieu d'une couronne de lierre (Æ 4. — ℞⁶. = 15 fr. — Mion. ℞⁴. = 8 fr. Pellerin, l. c.; cette mon. n'a pas été figurée exactement: dans le champ, on a lu ΛΩN: ces trois lettres ne sont que les trois feuilles de lierre, faisant partie de la couronne);

t. d'Hephaestos, à dr. ℞: Monogramme, dessous Θ, le tout dans une couronne d'épis (Æ 3. — R^4. = 10 fr.); t. de Zéus Ammon, à g. ℞: ΜΑΘΥ. (Litt. fug.) Grand astre (Æ 4. — R^7. = 30 fr. — Mion. R^4. = 8 fr.). — **Impériales** depuis Auguste jusqu'à Sévère-Alexandre. Æ. Mod. M.M. 10, 9$^1/_2$, 9, 6, 5, 4$^1/_2$ et 4. R^4—R^8. de 8, 12, 20, 40, 60, 150 et 200 fr. — *Magistrats titrés:* Stratège. — *Types:* Auguste et Livie: ΣΕΒΑΣΤΟΣ· ΜΑΘΥ. T. nue d'Auguste, à dr. ℞: ΘΕΑ·ΛΙΒΙΑ. T. de Livie, à dr. (Æ 4$^1/_2$. — R^8. = 50 fr. Mion. R^7. = 30 fr. Le fameux Vaillant lisait la lég.: ΜΑΓΥ. et attribuait cette mon. à Magydos de Pamphylie); ϹΕΒΑϹΤΟϹ. t. nue d'Auguste, devant, *lituus*. ℞: ΑΛΕΞΑΝΔΡΟΣ·ΜΑΘΥΜΝΑΙΩΝ. t. accolées de Caius et de Lucius (Æ 4. — R^7. = 60 fr. Mion. 24 fr.); Femme deb. ten. une patère et une corne d'abond.; t. d'Athéné à g. et la lég. ΜΑΘΥ. (Æ 5. — R^6. = 15 fr. Mion. 8 fr. m. de Trajan); Faustine J.... Sa t. à dr. ℞: ΕΠΙ·ϹΤΡ·Β·ΛΟΛΛΙΑΝΟΥ·ΜΗΘΥΜΝΑΙΩΝ. Zéus deb. ten. sur la m. dr. son aigle, et dans la g. une palme (Æ 9. — R^6. = 70 fr. — Mion. R^5. = 30 fr.); Commode: ΜΥΘΥΜ. (sic). Arion sur un dauphin, la m. dr. élevée, et la *Cetra* dans la g. (Æ 5. — R^6. = 30 fr. — Mion. 15 fr.); autre, av. ΕΠΙ·ϹΤΡΑ .... ΡΟΥΦΟΥ. à l'exergue: ΜΗΘΥΜΝΑΙΩΝ. Démétèr deb. entre Athéné et Dionysos (Æ 9. — R^7. = 80 fr. — Mionn. R^5. = 48 fr.); Marc-Aurèle et Lucius Vérus: ΑΥ·ΚΑΙ·ΑΝΤΩΝ·ΒΗΡ. Leurs bustes affrontés, drapés et laurés. ℞: ϹΤΡΑ·ΓΑΙΟΥ·ΜΑΘΥΜΝ. Dionysos nu deb. à g. s'appuyant de la m. g. sur un thyrse orné de ténies, et versant du vin du canthare qu'il tient de la dr. A ses pieds, une *panthère*, accroupie à g., retournant la t. et levant le pied dr. de devant. — **Inédite.** Publ. par M. Imhoof-Blumer, dans ses: Monn. Gr. p. 278, n.° 249 (Æ. 24 mill. R^6. = 150 fr. Inc. à Mion.); même lég. et mêmes bustes. ℞: .... Λ·ΤΟ .... Dionysos à demi-nu et couronné de lierre, couché à g. sur une panthère deb. à dr., ten. de la m. dr. un vase et de la g. le thyrse. A l'exergue: ΜΑΘΥΜΝ. (Æ. 24 mill. R^6. — **Inédite.** — Publ. par M. Imhoof, Monn. Gr. p. 279. — Exempl. incomplet de lég. et, par conséquent, de moindre valeur que le précédent); Sept. Sévère: ΕΠΙ·ϹΤ·ΜΗΤΑΝΔΡΟΥ· ΜΗΘΥΜΝΑΙΩΝ. Buste d'Athéné ayant sur la poitrine son aegide (Æ. M.M. — R^7. = 150 fr. — Mion. R^5. = 100 fr.); ΕΠΙ·ϹΤΡ .... ΝΕΙΚΟ-ΜΗΔΕΟΥϹ·ΜΗΘΥΜΝΑΙΩΝ. Athéné et Dionysos deb. av. leurs attributs (Æ 9. — R^7. = 80 fr. Mion. 30 fr.); Caracalla: ΜΑΡ·ΑΥ·ΑΝΤΩΝΕΙΝΟϹ. Sa t. laurée, à dr. av. le *paludamentum*. ℞: ..... ΛΙΟΥ. Dionysos jeune, le haut du corps nu, un thyrse au bras gauche, est debout sur un char (à dr.) attelé de deux tigres. Un Satyrisque, le pedum au bras droit et une pomme dans la main gauche, tendue en avant, marche au second plan. Ce cortège est précédé par une prêtresse (*ἱέρεια*). A l'exergue: ΗΘΥΜΝΑΙ ... (Æ 8$^1/_2$. — R^8. = 200 fr. Mion. T. VI du Suppl. p. 56, n.° 34, décrit la même mon. d'une manière très-inexacte et contraire à la vérité, en voyant près Dionysos un Satyre, et près des tigres „un Pan av. deux cornes sur la tête". Il l'estime: R^6. = 100 fr. — Feu H. Cohen dans la Descr. de la coll. Gréau (n.° 1741. Gr. ib. Pl. V, f. 41) a répété la même erreur de Mionnet. Cf. aussi: Sestini, Mus. Fontana, pars II, p. 43. Pl. VIII, Fig. 3; et pars III, p. 58, n.° 2); Tyché deb. et la lég.: ΜΗΘΥΜΝΑΙΩΝ. (Æ 4. — R^4. = 8 fr.); Géta: ΜΕΘΥΜΝΑΙΩΝ (sic). Poséidon deb. ten. de la m. dr. un dauphin, et de la g. un trident (Æ 5. — R^4. = 8 fr.). —

Sévère Alexandre: ЄΠ·CTP·B·ΛΟΛΛΙΑΝΟΥ·ΜΗΘΥΜΝΑΙΩΝ. Zéus deb. l'aigle sur la m. dr., la haste dans la g. (Æ 10. — R⁷. = 80 fr. Mion. R⁵. = 36 fr.); autre, av. ЄΠ·CT·ΛΟΛΛΙΑΝΟΥ·ΜΗΘΥΜΝΑΙ. Tyché deb. av. ses attributs (Æ 9½. — R⁶. = 60 fr. Mion. R⁵. = 30 fr.); même nom du magistrat et même lég. La déesse Rome assise sur des armes, ten. une pet. Niké et une haste, dans le champ, Apollon deb. tenant une lyre, dans une contremarque (Æ. M.M. R⁷. = 150 fr. Mion. R⁵. = 120 fr.). Pour les mon. de **Méthymne**, consultez: Sestini, Mus. Chaudoir, Firenze 1831, p. 89. — *Num. Chron.*, VII, 52, 53. — Mus. Lavy, I, p. 204. — Cat. J. Gréau, n° 1741. — *Revue Belge*, 4 Série, I, p. 140. — Cat. L. Welzl de Wellenheim, n°ˢ 5219, 6214. — Sestini, Lett. di continuaz. VIII, 52. —

124. MYTIΛHNH.

Sur les mon. de **Mytiléné**, ville de l'île de Lesbos. Ces mon. sont fort nombreuses. — **Or** ou plutôt **EL.** Hecte. Mod. 1. — R⁸. de 50 à 90 fr. Mion. R⁶. = 72 fr. — *Types*: T. de Sappho, à dr. la chevelure enveloppée dans un ample *reticulum*, — des pendants d'oreilles. ℞: Lyre à quatre cordes (A'. — R⁸. = 90 fr. Mion. 72 fr. — Rol. et Feuard. Cat. des mon. gr. Paris 1863, voy. p. 324, n° 5039: ═ **EL.** Hecte. — R⁶. Fruste: 15 fr.); Tête de lion à dr. la gueule béante. ℞: t. de veau, à dr. incuse. (A' 2½. — R⁸. = 90 fr. Poids: 2,85. — Cf. Fr. Lenormant, Descr. du Cab. Behr, p. 91, n° 547); T. d'Apollon, à dr. ℞: T. d'Artémis dans un carré indiqué par quatre lignes (**EL.** Hecte. Mod. 1. — R⁸. = 90 fr. — Rollin et Feuard., Cat. d. m. Gr. n° 5040. Vend. 35 fr. mais auj. beaucoup plus cher); t. de femme, à dr. les cheveux dans un réseau. ℞: T. de Bacchante, à dr. dans un cercle indiqué par quatre lignes (**EL.** Hecte. 1. — R⁸. = 90 fr. — Rol. et Feuard., Cat. d. m. Gr. n° 5041. **EL.** 1. Belle: 50 fr. — Les mon. en *electrum* sont restées incon. à Mion.). — **Potin ou Billon:** Deux t. de veau en regard, au milieu une branche. ℞: Carré creux (*Pot.* Mod. 4½. — R⁶. = 10 fr. et Tr. B. = 15 fr. — Rol. et Feuard., Cat. Gr. n° 5042); — *ibid.* n° 5043. même pièce. Mod. 1. — R⁵. = 6 fr. — Inc. à Mion.); Deux t. de *veau* affrontées. ℞: Feuille de *figuier* dans un carré creux (*Pot.* 7 mill. R⁸. = 30 fr. — **Inédite.** Publ. par Imhoof: Monn. Gr., p. 280, n° 257. Poids: Gr. 0,50); — T. d'Apollon, à g., ceinte d'une bandelette, derrière lettre ou symbole. ℞: Carré creux divisé par deux barres en quatre parties (*Pot.* 9 mill. Poids: Gr. 1,37. — R⁸. **Inédite.** = 40 à 60 fr. Cf. Imhoof: Monn. Gr. p. 279, n° 251, qui l'a publié. Voy. aussi: Cat. Bompois, n° 577. — Inc. à Mion.). — On connait encore des *hectés* en Pot. qui sont, comme M. Imhoof le pense, indubitablement de Mytilène (cf. aussi: Brandis, p. 412): t. imberbe, à g., coiffée de la *tiare* perse. ℞: T. de lion, à g., dans un carré creux (*Pot.* 14 mill. Poids: Gr. 4,10. R⁸. = 40 fr. — Inc. à Mion. Voy. Imhoof: Monn. Gr. p. 279, n° 254. Pl. E, n° 31); — t de femme à g., ceinte d'une bandelette, faisant deux fois le tour. ℞: M—Y. T. de lion, à dr. dans un carré creux (*Pot.* 11 mill. Poids: Gr. 1,97. R⁸. = 50 fr. — Inc. à Mion. Cf. Imhoof: Monn. Gr. p. 279, n° 255, et Brandis, p. 452); — Protome de *boeuf*, à g. devant, M. ℞: T. de *lion* en creux, à g., derrière, un pet. creux de forme carré oblongue (*Pot.* 10 mill. Division des hectés du même genre. Poids: Gr. 1,71. R⁸. = 40 fr. — Inc. à Mion. Voy. Imhoof: *Monn. Gr.* ib. p. 279, n° 256); — T. de *boeuf* avec le cou, à dr. ℞: M. *Pousse d'olivier* à trois feuilles, dans un carré creux (*Pot.* 11 mill. Poids: Gr. 2,10. — Mus. d'Athènes, n.° 5245. — R^8. = 60 fr. — Inc. à Mion. — Imhoof, Monn. Gr. ib. n.° 256a). — *Autonomes en* Æ: T. laurée d'Apollon, à dr. les cheveux courts. ℞: MVT—I. Tête de boeuf av. le cou, à dr. Carré creux (Æ. 12 mill. R^8. = 80 fr. — Imhoof: Monn. Gr. p. 279, n.° 251a. — *Gr.* ib. Pl. E, n.° 29. Poids: Gr. 1,97. — Cab. Borgia. — Mion. III, p. 42, n.° 70. R^7. = 50 fr. — Sestini, Descr. num. vet. Pl. VIII, f. 2); Même t. ceinte d'une bandelette, à dr. ℞: M—VTI. T. de *veau*, à dr. Carré creux (Æ. 8 mill. Poids: Gr. 0,63. — Imhoof: Monn. Gr. ib. n.° 252. — Sestini, Lett. num. IX, pl. II, f. 14); t. de *femme* ceinte d'une bandelette à double tour, de *face*, incliné à g. ℞: M—VTI. Tête de lion à g. Carré creux (Æ. 9 mill. Poids: 0,96. — R^8. = 70 fr. — Cf. Imhoof: Monn. Gr. *ibid.* n.° 253. Pl. E, n.° 30); Deux têtes de veau affrontées et conjointes. Au-dessus, une tige chargée de fruits. ℞: Aire en creux de forme carrée, sans divisions (Æ 5. Poids: 11,25. — R^6. = 50 fr. **Inédite**. Publ. par le très-regretté Fr. Lenormant, dans sa Descr. du Cab. Behr, p. 92, n.° 548. *Gr.* ib. Pl. I, n.° 7. — Ma coll.); t. d'Apollon laurée, à dr. ℞: MYTI. Lyre à sept cordes, dans un carré indiqué par quatre lignes (Æ 3$^{1}/_{2}$. — R^8. = 150 fr. — Fr. Lenormant, ibid. n.° 549); — t. d'Athéné casquée, à dr. ℞: MY. T. d'Aphrodite de face (Æ 3. — R^8. = 120 fr. — Inc. à Mion. — Fr. Lenormant, ibid. n.° 550); t. de femme, à g. les cheveux retenus par un lien. ℞: ITYM. T. de boeuf av. le col, dans un carré creux (Æ 3. — R^7. = 90 fr. — Mion. R^7. = 30 fr.); t. laurée d'Apollon, à dr. ℞: MYTI. Lyre, dans laquelle est enlacé un serpent; le tout au milieu d'un carré indiqué par quatre lignes (Æ 6. — R^8. = 300 fr. Mion. R^6. = 150 fr.); même t. ℞: MYTI. Lyre entre un foudre et une guirlande de fleurs, dans le champ, monogr. (818 du Rec. Mion.), le tout sans le carré (Æ 3. — R^7. = 90 fr. Mion. R^5. = 18 fr. Vente Paravey, 1879, lot 199. Vend. 52 fr.); t. imberbe, laurée, à dr. ℞: MYTI. Lyre entre un caducée et une massue, le tout dans un carré (Æ 3. — R^7. = 90 fr. Mion. R^5. = 18 fr.); t laurée d'Apollon, à g. ℞: MYT. Tête imberbe. (Comp. Mion. Descr. T. III, p. 43, n.° 78.) Æ 3. — R^7. = 80 fr. (Mion. 48 fr.); t. de veau. ℞: Carré creux informe. Mon. globuleuse et de forme irrégulière (Æ 3. — R^7. = 40 fr. — Mion. R^7. = 50 fr.); t. d'Artémis, à g. ℞: Carré creux informe (Æ 1. — R^5. = 25 fr. Mion. R^4. = 12 fr.); t. d'Apollon, à dr. ℞: MYTI. Lyre ornée d'une bandelette sacrée, dans le champ, un monogr., le tout dans un carré indiqué par quatre barres (Æ 5$^{1}/_{2}$. — R^6. = 200 fr. Mion. 100 fr.); même t. ℞: MYTI. Lyre, à côté, une t. de veau (Æ 1. — R^6. = 20 fr. Mion. R^3. = 12 fr.). — **Autonomes en bronze**: Mod. M.M. 12, 9, 7$^{1}/_{2}$, 7, 6, 5, 4$^{1}/_{2}$, 4, 3$^{1}/_{2}$, 3, 2$^{1}/_{2}$, 2, 1. — R^2–R^5. de 2, 4, 6, 20, 30, 60, 80, 120, 200 et 300 fr. — *Types*: T. radiée de Hélios, à dr. ℞: MYTI. Trépied (Æ 2$^{1}/_{2}$. — R^2. = 4 fr.); t. de femme coiffée du *reticulum*. ℞: Même lég. Lyre et deux monogr. (Æ 2 et 4. — R^3. = 6 et 8 fr.); t. d'Apollon, à dr. av. le carquois et l'arc derrière le dos. ℞: MYTI. Lyre (Æ 2$^{1}/_{2}$. — R^2. = 4 fr.); la même: t. laurée d'Apollon. ℞: MYTI. Lyre entre deux monogr. (Æ 3. — R^4. = 6 fr.); MYTI. Apollon nu et deb. ten. le *plectrum* dans la m. dr. et une lyre dans la g. à ses pieds un trépied, ℞: MYTI. Fig. assise au milieu d'un temple tétrastyle

(Æ 4¹/₂. — R^5. = 12 fr. MION. R^2. = 3 fr.); buste d'Athéné, la haste sur l'épaule. ℞: ΜΥΤΙΛΗΝΑΙΩΝ. Télésphore deb. (Æ 3. — R^6. = 12 fr. MION. 6 fr.); t. de Zéus Ammon, à dr. ℞: ΜΥΤΙ. Terme barbu couronné de lierre, sur une proue de vaisseau, à la poupe, un fruit, dans le champ, un cep de vigne (Æ 5. — R^6. = 20 fr. MION. R^2. = 4 fr.); t. jeune, nue et cornue à dr. ℞: ΜΥΤΙ. Terme sur une base, dans le champ, couronne et le monogr. 1427 du R. MION. (Æ 3¹/₂. — R^5. = 8 fr. MION. R^2. = 3 fr.); t. laurée de Zéus, à dr. ℞: ΜΥΤΙ. en deux lignes dans une couronne de laurier (Æ 5. — R^5. = 15 fr. — MION. 6 fr.); t. laurée d'Apollon, les cheveux courts. ℞: ΜΥΤΙ. Une t. de boeuf ou de veau, représentée av. le cou (Æ 1. — R^2. = 2 fr.); ΣΑΦΟΥΣ (cf. SESTINI, Mus. Hederv. II, 51) ou ΣΑΦΦΩ, ΨΑΠΦΩ (cf. POLLUX, IX, 84) = t. de Sappho. ℞: ΜΥΤΙ. Lyre en forme de tortue et les deux monogr. (108 Rec., 436 Suppl.). — (Æ 3. — R^7. = 40 fr. — MION. R^6. = 18 fr.); m. lég. et t. ℞: ΜΥΤΙΛΗ. Une lyre à sept cordes (Æ 2. — R^7. = 30 fr. MION. R^6. = 18 fr.); autre: ΜΥΤΙ. Une lyre, placée entre une massue et un trident (Æ 2¹/₂. — R^1. = 2 fr.); t. de Sappho, à dr. ℞: ΜΥΤΙ. Lyre formée d'une crane de boeuf, dans le champ, grappe de raisin (Æ 4. — R^1. = 2 fr.); t. laurée d'Apollon. ℞: ΜΥΤΙ. Artémis Chasseresse marchant (Æ 2. — R^4. = 10 fr. MION. R^2. = 4 fr); t. d'Artémis mitrée, sur laquelle est une contre-marque offrant le buste d'Artémis av. le carquois et l'arc. ℞: ΜΥΤΙ. Lyre oblongue, en forme de tortue par le bas (Æ 3. — R^4. = 8 fr. — MION. R^2. = 4 fr.); t. de Zéus-Ammon, à dr. ℞: ΜΥΤΙΛΗΝΑΙΩΝ. Terme sur la proue, dans le champ, grappe de raisin et poisson (Æ 3. — R^6. = 15 fr. MION. R^2. = 4 fr.); ΘΕΟΣ·ΑΜΜΩΝ. T. de Zéus-Ammon, à dr. ℞: ΕΠΙ·CΤΡ·ΒΑΛ·ΑΡΙCΤΟΜΑΧΟΥ·ΜΥΤΙΛΗ-ΝΑΙΩΝ. Kybèle tourelée assise, à g., vêtue de la *stola*, ten. une patère et un pet. enfant enveloppé de bandelettes (Æ 9. — R^6. = 70 fr. — MION. R^3. 15 fr.); m. lég. et t. ℞: ΕΠΙ·C·ΒΑΛ·ΑΡΙCΤΟΜΑΧΟΥ·ΜΥΤΙΛΗΝΑΙΩΝ· Κ·ΠΕΡΓΑΜΗ·ΟΜΟ. Kybèle assise à g. av. les mêmes attributs, dev. elle Asklépios deb. appuyé sur son bâton (Æ 9. — R^6. = 100 fr. MION. R^3. = 30 fr.); m. l. et m. t. ℞: .... ΜΥΤΙΛΗΝΑΙΩΝ .... ΟΜΟΝΟΙΑ. Asklépios et Kybèle deb. au milieu, fig. sur une base (Æ 9. — R^7. = 80 fr. MION. R^4. = 24 fr.); ΠΡΩΤΗ·ΛΕCΒΟΥ·ΜΥΤΙΛΗΝΗ. T. tourelée de femme, à dr. av. la *stola* sur les épaules. ℞: ΕΠΙ·CΤΡ·ΒΑΛ·ΑΡΙCΤΟΜΑΧΟΥ· ΜΥΤΙΛΗΝΑΙΩΝ. Tyché et Zéus-Sérapis deb. (Æ 9. — R^6. = 150 fr. MION. R^5. = 100 fr.); ΘΕΟΦΑΝΗ. T. nue de Théophane, à dr. av. le *pallium*. ℞: ΜΥΤΙΛΗΝΑΙΩΝ. Artémis sur un cerf, à g. (Æ 4. — R^8. = 150 fr. MION. R^8. = 100 fr.); ΘΕΟΦΑΝΗC·ΘΕΟC·ΜΥΤΙ. T. nue de Théophane. ℞: ΑΡ-ΧΕΔΑΜΙC·ΘΕΑ. T. voilée d'Archédamis, femme supposée de Théophane (Æ 6. — R^8. = 300 fr. MION. R^8. = 200 fr.); ΗΡΩΑ·CΕΞCΤΟΝ. T. nue et barbue de Sextus, à dr., les épaules couvertes du *paludamentum*. ℞: ΦΛΑ·ΝΕΙΚΟΜΑΧΙC. T. de Nikomachis, à dr. coiffée comme Faustine Jeune (Æ 6. — R^7. = 120 fr. MION. R^7. = 30 fr. — Cf. T. EN. Q. VISCONTI, Iconogr. Pl. XXXVII, n° 1); —ΝΑΥ—(CΙΚΑΑ). Buste drapé de Nausikaa à dr. ℞: ΜΥΤΙ. Lyre (Æ. 13 mill. R^8. **Inédite**. 60 fr. — Publ. par M. IMHOOF-BLUMER, dans ses: Monn. Gr. p. 280, n° 258. Inc. à MION.); ΖΕΥC·ΒΟΥ-ΛΑΙΟC. Buste de Zéus Boulaeos à g. la t. nue et l'épaule g. couvert de *pallium*. ℞: ΕΠΙ·CΤΡ·ΒΑΛ·ΑΡΙCΤΟΜΑΧΟΥ·ΜΥΤΙΛΗΝΑΙΩΝ·ΠΕΡΓΑΜΗΝΩΝ·

ΕΦΕΣΙΩΝ·ΟΜΟΝΟΙΑ. Kybèle assise, vue de face, entre Asklépios et Artémis d'Ephèse (Æ 12. — R⁷. = 300 fr. Mion. R⁷. = 200 fr.); même lég. et m. type. ℞: ΘΕΟΙ·ΑΚΡΑΙΟΙ·ΜΥΤΙΛΗΝΑΙΩΝ. Zéus, Poséidon et Hadès debout (Æ 12. — R⁷. = 400 fr. — Mion. R⁷. = 200 fr.); ΣΑΦΦΩ. Sappho assise, ten. de la m. dr. le *plectrum* et la g. appuyée sur une lyre. ℞: Lég. effacée. Hermès barbu sur une proue de vaisseau, ten. de la m. dr. un caducée et dans la g. une corne d'abondance (Æ 4. — R⁸. = 70 fr. — Mion. R⁸. = 40 fr.); ΦΙΤΤΑΚΟΣ. (sic). T. barbue de Pittakos, à dr. ℞: ΑΛΚΑΙΟΣ·ΜΥΤΙ. T. barbue du poète Alkaeos tournée à g. (Æ 4. Unique. 400 fr. Mion. R*. = 100 fr.); ΙΟΥ·ΠΡΟΚΛΑ·ΗΡΩΙΔΑ. T. de Julia Prokla, à dr. coiffée comme Faustine la mère. ℞: ΕΠΙ·ΣΤΡΑ·ΑΠΟΛΛΩΝΙ·ΜΥΤΙ. Sappho assise, à dr. jouant de la lyre (Æ 6½. — R⁷. = 80 fr. — Mion. R⁴. = 12 fr.); — même Droit. ℞: Même lég. Femme deb. le pied g. sur un globe, ten. un disque sur son genou (Æ 7½. — R⁶. = 45 fr. Mion. Æ 7½. — R⁵. = 24 fr.); ΝΑΥΣΙΚΑΑΝ·ΗΡΩΙΔΑ. T. de Nausikaa, à dr. ℞: ΕΠΙ·ΣΤΡΑ·ΙΕΡΟΙΤΑ·ΜΥΤΙΛ. Sappho assise à dr. jouant de la lyre (Æ 4½. — R⁶. = 70 fr. Mion. R⁴. = 15 fr.); ΠΡΩΤΗ·ΛΕΣΒΟΥ·ΜΥΤΙΛΗΝΗ. T. tourelée de Tyché, à dr. ℞: ΟΜΟΝΟΙΑ·ΜΥΤΙΛΗΝΑΙΩΝ. Kybèle assise, vue de face, entre Asklépios et Artémis d'Ephèse deb., de chaque côté, Némésis (Æ 9. — R⁷. = 100 fr. Mion. R⁷. = 50 fr.); ΠΡΩΤΗ·ΛΕΣΒΟΥ·ΜΥΤΙΛΗΝ. Même t. ℞: ΕΠΙ·Σ·ΒΑΛ·ΑΡΙΣΤΟΜΑΧΟΥ·ΜΥΤΙΛΗΝΑΙΩΝ·ΚΑΙ·ΣΜΥΡ. dans le champ, ΟΜΟ. Femme voilée et tourelée, assise de face, tenant dans la m. dr. une patère et dans la g. un sceptre, de chaque côté, Némésis debout (Æ. M.M. R⁷. = 120 fr. Mion. R⁵. = 100 fr.); ΛΕΣΒΩΝΑΞ·ΗΡΟΣ·ΝΕΟΣ. t. de Lesbonax, av. les attributs de Dionysos-Brouzos couronnée de lierre. ℞: ΜΥΤΙΛΗΝΑΙΩΝ. Vieillard enveloppé dans le *pallium*, ou plutôt l'orateur Potamon, tenant dans la m. dr. un volume et dans la g. un bâton (Æ 7. — R⁸. = 100 fr. Mion. R⁸. = 72 fr.); Inédite: ΝΕΙΚ(ΟΜΑ)ΧΙΣ·ΦΛΑ. Buste de Nikomachis. ℞: ΜΥΤΙΛΗΝΑΙΩΝ. Femme assise à g., la m. dr. levée, et d. la g. tenant un sceptre (Æ 6. — R⁸. = 150 fr. Voy. *Inedita der von Rauch'schen Sammlung*. Sep.-Abdr. aus Berl. Bl. f. M.-, S.- u. W.-Kunde, p. 7, n° 19. Grav. Pl. LV, n° 5); ΛΕΣΒΩΝΑΞ † ΙΛΟΣΟ † ΟΣ. T. de Lesbonax barbue, av. le *pallium* sur les épaules. ℞: ΕΠΙ·ΣΤΡΑ·ΙΕΡΟΙΤΑ·ΜΥΤΙΛΗΝΑΙΩΝ. Philosophe barbu, deb. à g. ten. un volume dans la m. dr. levée, et ten. de la g. le *pallium* retroussé (Æ 6. — R⁸. = 200 fr. Mion. R⁸. = 100 fr.); ΛΕΣΒΩΝΑΞ·ΗΡΩΣ·ΝΕΟΣ. Tête imb. de Lesbonax, à dr., av. une longue chevelure, et ceinte de pampre et de lierre, la poitrine couverte du *pallium*. ℞: ΜΥΤΙΛΗΝΑΙΩΝ. Dionysos Indien marchant à dr. la t. ceinte d'une bandelette, ten. une feuille de vigne et la haste pure (Æ 6½. — R⁸. = 120 fr. Mion. R⁸. = 72 fr.); autre: Même lég. Dionysos deb. en habit de femme, tourné à g. versant de la m. dr. le *cantharum* sur une panthère qui est à ses pieds, et ten. son thyrse de la g. (Æ 7. — R⁸. = 120 fr. — Mion. R⁸. = 72 fr.). [Pour ces mon. avec représentations de personnages célèbres v. Bürchner, Z. f. N. IX, 109. Taf. IV.] — Impériales depuis Auguste jusqu'à Gallien et Salonine. — Æ. Mod. M.M. 13, 12, 11, 10, 9, 9½, 8, 7, 6, 5, 4½ et 3½. — R³—R⁸. de 8, 12, 20, 30, 40, 60, 80, 100, 120, 150, 200, 300 et 400 fr. — *Types:* Auguste: ΣΕΒΑΣ .... Sa tête nue, à dr. ℞: Terme, monogr. (Æ 5. — R⁴. = 8 fr.); ΘΕΟΦΑΝΗΣ·ΜΥΤΙ. Sa tête nue, à dr., devant, ΘΕΟC. ℞: ΑΡΧΕΔΑΜΙC. T. voilée de femme, devant, ΘΕΑ. (Æ 5½. — R⁸. = 80 fr. Mion. R⁸. = 50 fr.); Livie: ΙΟΥ·ΘΕΑ·CΕΒΑCΤΗ· ΜΥΤΙ. Sa t. à dr. ℞: ΤΙ·ΘΕΟC·CΕΒΑCΤΟC·ΜΥΤΙ. T. nue de Tibère, à dr. (Æ 4½. — R⁶. = 30 fr. Mion. R⁵. = 18 fr.); Tibère: Κ[ΑΙCΑΡ· ΘΕΟC·C]ΕΒΑCΤΟC. Lég. en trois lignes, Auguste assis sur un char élevé, traîné par quatre éléphants. ℞: ΤΙ·ΚΑΙCΑΡ·[CΕΒΑ]CΤΟC·Μ-Υ-Τ-Ι. Tibère deb. de face, av. une patère dans la m. dr., sacrifiant (Æ 8. — R*. = 60 fr. — Inédite. Cf. Cat. P. Margaritis, Paris 1874, p. 21, n° 95); ΓΑΙΟΝ·ΜΥΤΙ. T. de Caius. ℞: ΛΕΥΚΙΟΝ. T. de Lucius (Æ 4. — R⁷. = 40 fr. Mion. R⁷. = 20 fr.); Γ·ΚΑΙCΑΡΑ. T. nue de Caius, devant, ΜΥ. ℞: Λ·ΚΑΙCΑΡΑ. T. nue de Lucius, devant, grappe de raisin (Æ 4½. — R⁷. = 30 fr. — Mion. 20 fr.); — Tibère et Auguste: ΤΙ·ΘΕΟC·CΕΒΑC- ΤΟC·ΜΥΤΙ. T. laurée de Tibère. ℞: ΘΕΟC·CΕΒΑCΤΟC·ΚΑΙCΑΡ. T. radiée d'Auguste (Æ 5½. — R⁷. = 30 fr. Mion. R⁷. = 20 fr.); Agrippine mère: ΑΓΡΙΠΠΕΙΝΗΝ·ΘΕΑ·ΓΑΙΟΥ·ΜΗΤ... ΜΥΤΙ. Sa t. laurée. ℞: ΘΕΩΝ·ΓΕΡΜΑΝΙΚΟΝ·ΜΥΤΙ. Tête nue de Germanicus (Æ 4. — R⁷. = 60 fr. Mion. 20 fr.); autre: m. lég. T. nue de Germanicus, à dr. ℞: ΘΕΑΝ· ΑΙΟΛΙΝ·ΑΓΡΙΠΠΙΝΑΝ·ΜΥΤΙ. T. d'Agrippine, à g. (Æ 7. — R⁶. = 40 fr. Mion. 30 fr.); Caligula: Γ·ΚΑΙCΑΡΑ·CΕΒΑCΤΟΝ·ΜΥΤΙ. Caligula deb. ten. de la main dr. une patère. ℞: ΙΟΥΛΙΑΝ·ΝΕΑΝ·ΓΕΡΜΑΝΙ(Ι)ΚΟΥ· ΜΥΤΙ. T. de Julie, sœur de Caligula (Æ 4. — R⁷. = 50 fr. Mion. R⁷. = 20 fr.); Drusille: ΔΡΟΥCΙΛΛΑ·CΕΒΑCΤΗ..... ΜΥΤΙ. Tête de Drusille, à dr. ℞: ΓΑΙΟC·CΕΒΑCΤΟC.... ΜΥΤΙ. T. laurée de Caligula, à dr. (Æ 4. — R⁸. = 80 fr. Mion. R⁷. = 24 fr.); Néron et Agrippine: ΝΕΡΩΝ· ΚΑΙC. Sa t. radiée. ℞: ΑΓΡΙΠΠΙΝΑ·CΕΒ. T. d'Agrippine, dans le champ, ΜΥΤΙ (Æ 4. — R⁷. = 45 fr. — Mion. R⁷. = 20 fr.); Apollon vêtu de la *stola* deb. (Æ 4. — R⁴. = 8 fr. m. de Claude); Vespasien et ses fils: ΟΥΕCΠΑCΙΑΝΟC·CΕΒΑCΤΟC. T. laurée près de laquelle il y a ΜΥ. et une contre-marque av. un terme sur une proue. ℞: ΤΙΤΟC·ΚΑΙCΑΡ· ΔΟΜΙΤΙΑΝΟC. Têtes en regard de Tite laurée et de Domitien nue (Æ 4. — R⁷. = 40 fr. Mion. R⁵. = 15 fr.); t. affrontées de Domitien et Domitia (Æ 4. — R⁸. = 70 fr. Mion. 40 fr.); ΘΕΑΝ·ΡΩΜΗΝ·ΜΥΤΙ. T. tourelée de femme, à dr. (Æ 3½. — R⁶. = 30 fr. Mion. R⁵. = 15 fr. m. de Trajan); Trajan et Plotine: ΤΡΑΙΑΝΟΝ·ΚΑΙCΑΡΑ .... Β·ΜΥΤΙ. T. laur. de Trajan. ℞: ΠΛΩΤΙΝΑ·CΕΒΑCΤΗ. T. de Plotine (Æ 5½. = R⁸. = 120 fr. Mion. R⁸. = 100 fr.); Trajan avec Plotine et Marciane: ... ΤΡΑ..... T. laur. de Trajan. ℞: ΠΛΩΤΙΝΑ·ΑΥΓ·ΜΑΡΚΙΑΝΑ·ΑΥΓ·ΜΥΤΙ. Têtes en regard de Plotine et Marciane (Æ 4. — R⁸. = 150 fr. Mion. R⁸. = 100 fr.); Plotine et Matidie: ΠΛΩΤ·CΕΒ·ΜΑΤΤ· (sic) CΕΒ. T. affrontées de Plotine et Matidie. ℞: ΑΡΤΕΜΙC·ΠΕΡΓΑΙΑ·ΜΥΤΙ. Artémis marchant à dr. tirant de la m. dr. une flèche de son carquois, et ten. son arc de la g., à ses pieds, un chien (Æ 7. — R⁸. = 200 fr. Mion. R⁸. = 110 fr.); Matidie (seule): ΜΑΤΙΔΙΑ·Α Sa t. à dr. ℞: ΠΑΝΚΡΑΤΙΔΕC· Asklépios deb. av. ses attributs (Æ 4. — R⁷. = 70 fr. Mion. R⁷. = 20 fr. — J'ai bien vérifié les légendes sur un bel exempl. de ma coll.; on les a données toujours d'une manière inexacte); *autre variété* de la même pièce: Même lég. et m. t. ℞: ΠΑΝΚΡΑΤΙΔΕC. Hygieia deb. donnant à manger à un serpent dans une patère (Æ 6. — R⁸. = 150 fr. Mion. R⁸. = 60 fr. Cf. Gessner,

Impp. Pl. 83). — [*Note*. Il me semble que la monnaie d'Auguste portant au $\mathbb{R}$ le type d'Asklépios deb. et l'épithète ΦΙΝΑΙΟC (publ. par feu AD. DE RAUCH, dans les: Mittheil. d. Num. Gesellsch. in Berlin, An. 1846, cah. I, p. 28, et depuis si hardiment interprétée par feu JUL. FRIEDLÄNDER et son successeur et disciple M. ALFRED VON SALLET, qui l'attribuèrent à Nikopolis en Épire — trouverait bien sa place légitime dans cette série des monnaies de Mytiléné, car on n'ignore pas que c'est lentement, petit à petit, que croissent les justes attributions, et tard on parvient à la vérité par mainte erreur. Tout ce qui, pour le moment, peut être fait dans cette direction, c'est de m'appliquer à explorer le terrain de quelques attributions numismatiques, faites à l'improviste et de les aborder des côtés les plus divers. C'est ainsi que je suis parvenu, en comparant les types et les légendes de la monnaie avec l'inscription ΦΙΝΑΙΟC de la classer à sa légitime place malgré le contrôle le plus rigoureux de la part de M. VON SALLET et de ses élèves. Dans la partie de mon ouvrage que je publie aujourd'hui, je me suis efforcé de poursuivre la route indiquée par les travaux de Mess. IMHOOF-BLUMER, W. H. WADDINGTON, C. CAVEDONI, ERN. BABELON, E. MURET, feu LONGPÉRIER et FR. LENORMANT — quant aux autres élucubrateurs de la Science Numismatique qui s'efforcèrent à me faire passer pour un vil compilateur et cherchèrent à me nuire de toutes les manières possibles, je leurs dirais avec SCHILLER:

„Das Alte stürzt, es ändert sich die Zeit,
„Und neues Leben blüht aus den Ruinen." (*Wilhelm Tell.*)

La marche suivie par ces Numismatistes (que je viens de nommer) pour établir leurs formules est un modèle de circonspection et de rigueur scientifique; ils ne font pas un pas en avant sans s'être assurés de la solidité du terrain, et l'on ne perd jamais des yeux un seul instant la ligne qui sépare les hypothèses des vraies attributions.] — AELIUS CAESAR: ΛΟΥ-ΚΙΟC·ΑΙ·ΚΑΙCΑΡ. Sa t. à dr. $\mathbb{R}$: ΜΥΤΙΛΗ—ΝΑΙΩΝ. Navire av. ses rameurs, sur le navire un serpent en rond, la tête dressée ($Æ$ 14. — R^7. = 20 fr. — Coll. de M. ARTHUR LÖBBECKE à Braunschweig, qui l'a publiée dans la Zeitschr. f. Numism. Bd. XII, p. 315); Zéus nu, assis sur un siège à g. le *pallium* sur le bras g., la m. dr. levée et ten. la haste pure de la g.; Niké, tenant de la m. dr. une couronne, dans un bige allant à dr.; ΕΠΙ·CΤΡΑ·Μ·ΑΝΤ·ΤΥΦΩΝΙΑΝΟΥ·ΜΥΤΙΛΗΝΑΙΝ. Tyché tourelée assise, ten. de la m. dr. une pet. Niké, et de la g. une corne d'abondance ($Æ$ 9. — R^6. = 60 fr. MION. R^5. = 30 fr. mon. de Marc-Aurèle); — même nom du magistrat. Asklépios couvert de *pallium* assis sur un siège, à g. tenant une patère, sa g. sur une haste, autour de laquelle est un serpent ($Æ$ 10. — R^7. = 80 fr. MION. R^5. = 30 fr. m. de Lucius Vérus); Deux femmes tourelées deb. se donnant la main ($Æ$ 10. — R^7. = 80 fr. MION. R^5. = 30 fr.); Cavalier en course, allant de g. à dr. ($Æ$ $9^1/_2$. — R^4. = 25 fr. MION. 18 fr.); ΑΥ·ΚΑΙ·Λ·ΑΥΡΗΛΙΟC·ΟΥΗΡΟC·ΑΡΜΗΝΙ. Sa t. laur. av. le *paludam.* et cuirasse, $\mathbb{R}$: ΕΠΙ·ΜΗΝΕΚΡΑΤΟΥ·ΜΥΤΙΛΗΝΑΙΩΝ·ΚΑΙ·ΑΔΡΑΜΥΤΗΝΩΝ· ΟΜΟΝΟΙΑ. Deux femmes tourelées deb. se donnant la m., l'une ten. un sceptre, l'autre un enfant emmailloté ($Æ$ 10. — R^7. = 120 fr. MION. R^5. = 30 fr.); ΕΠΙ·CΤΡΑ·ΠΟΜ·ΤΡΥΦΩΝΙΑΝΟΥ·ΜΥΤΙΛΗΝΑΙ. Hera προμνήστρια (Junon Pronuba) av. ses attributs, assise dans un temple distyle ($Æ$ 10. —

R⁶. = 80 fr. Mion. R⁵. = 30 fr.); même lég. au Droit. ℞: ΜΥΤΙΛΗΝΑΙΩΝ.. M. Aurèle et Vérus deb. posant une m. sur un trophée érigé au milieu d'eux, à terre, un captif assis (Æ 10. — R⁷. = 80 fr. Mion. R⁵. = 30 fr.); trirème, dessus, un serpent dressé sur ses replis; Hermès sur une proue de vaisseau; Antonin le Pieux: Sa t. nue, à dr. ℞: ΟΜΟΝΟΙΑ·ΜΥΤΙΛΗ-ΝΑΙΩΝ·ΚΑΙ·ΠΕΡΓΑΜΗΝΩΝ. Femme tourelée et Asklépios deb. se donnant la main (Æ 9. — R⁴. = 30 fr. Mion. R³. = 18 fr.); Hadrien: ℞: ΜΥΤΙ-ΛΗΝΑΙΩΝ. Artémis Lucifera marchant, à dr. ten. des deux mains un long flambeau (Æ 11. Ce médaillon est faux); autre: ℞: Même lég. Artémis-Chasseresse marchant à dr. ten. un arc et tirant une flèche de son carquois (Æ 12. — R⁸. = 150 fr Mion. même prix: R⁶.); Sabine: ϹΑΒΕΙΝΑ·ϹΕ-ΒΑϹΤΗ. Sa t. à g. ℞: ΜΥΤΙΛΗΝΑΙΩΝ. Femme vêtue de la *stola*, soutenant un enfant nu et ayant la haste dans la m. g. (Æ 6. — R⁷. = 60 fr. Mion. R⁶. = 48 fr.); Commode: ℞: ΕΠΙ·ϹΤΡ·Μ·ΑΥΡΗ·ΠΡΩΤΕΟΥ·ΜΥΤΙ-ΛΗΝΑΙΩΝ. Commode à cheval, allant de g. à dr. ten. une lance de la m. dr., derrière Niké le couronne, devant lui un trophée au pied duquel sont deux captifs (Æ 11. — R⁵. = 60 fr. Mion. R⁴. = 40 fr.); *autre:* même lég. M. Aurèle et Commode dans un char de triomphe attelé de quatre chevaux, allant à g., précédé de plusieurs soldats portant des enseignes militaires; plus loin, un trophée et deux captifs sur une estrade (Æ 12. — R⁷. = 150 fr. Mion. R⁶. = 100 fr.); autre: ℞: ΕΠΙ·ϹΤΡΑ·ΓΕΛΛΟΥϹ·Κ·ΜΕΝΕΚΡΑΤΟΥ·ΜΥΤΙΛΗΝΑΙΩΝ. Commode dans un quadrige, à g. ten. une branche dans la m., précédé d'un guerrier portant une lance, dans le fond, sur un cippe, un trophée au pied duquel sont assis deux prisonniers (Æ 13. — R⁸. = 150 fr. Mion. R⁵. = 100 fr. retouché); autre: ΕΠΙ·Ϲ.... ΕΓ·ΜΕΝΕΜΑΧΟΥ·ΜΥΤΙ-ΛΗΝΑΙΩΝ. Dionysos deb., ten. un thyrse de la m. g. et le *cantharum* de la dr. sacrifiant sur un autel allumé placé entre lui et une femme qui tient une petite statue (Æ 12. — R⁵. = 100 fr.); *autre*, av. la même lég. Commode deb. en habit militaire, ten. la haste et recevant une couronne que lui présente la Niké (Æ 13. — R⁶. = 120 fr. Mion. 100 fr.); autre: Niké deb. ten. une couronne et une palme (Æ 7. — R⁴. = 12 à 15 fr.); ΕΠΙ·ΣΤΡΑ·ΑΥΡΗ..... ΤΕΟΥ·ΜΥΤΙΛΗΝΑΙ. Homme nu deb. ten. de la m. dr. une patère et de la g. un bâton, dans le champ, une moitié de vaisseau (Æ 9. — R⁴. = 40 fr. *Mus. Tiepolo.* p. 924); ΕΠΙ·ϹΤΡΑ...... ΜΕΝΕ-ΚΡΑΤΟΥ·ΜΥΤΙΛΗΝΑΙΩΝ. Commode vêtu du *paludamentum* à cheval, à ses pieds, un Fleuve se baignant (Æ. M.M. — R⁵. = 100 fr. Mion. d'après Vaillant); autre: ΕΠΙ·ϹΤΡ·ΑΡΙϹΤΟΜΑΧΟΥ·ΜΥΤΙΛΗΝΩΝ. Commode à cheval, la m. dr. levée, précédé par un porte-enseigne (Æ. M.M. — R⁶. = 70 fr. — Mion. R⁴. = 40 fr. cf. Museo Pisano. Pl. XXX, n° 2, p. 87); *autre:* ℞: ΕΠΙ·ϹΤΡΑ·ΠΟΒΛΙΟΥ·ΕΠΙΜΑΧΟΥ·ΜΥΤΙΛΗΝΑΙΩΝ. Commode, la m. dr. posée sur un bouclier, au pied duquel est un captif assis (Æ. M.M. R⁶. = 70 fr. Mion. R⁴. = 40 fr. cf. Buonarotti, Num. Carp., p. 135); ΕΠΙ·ϹΤΡΑ·ΦΟΥ·ΕΡΜΟΛΑΟΥ·ΜΥΤΙ·ΚΑΙ·ΠΕΡΓΑΜ. Commode, vêtu de la toge, deb. à dr. ten. de la m. g. le simulacre d'Asklépios, et donnant la dr. à une femme tourelée deb. en face, portant de la g. un enfant emmailloté (Æ 9. — R⁶. = 70 fr. Mion. R⁵. = 48 fr.); ΑΥΡΗ·ΚΟΜΜΟΔΟϹ. Sa t. nue. ℞: ΜΥΤΙΛΗ-ΝΑΙΩΝ. Télésphore deb. (Æ 4. — R⁴. = 8 fr.). [*Note.* La majeure partie de ces grands bronzes de Mytilène, dont je viens de donner une description détaillée, ont été recueillies au siècle passé, en Orient, par Vaillant et Patin. Ce dernier, qui faisait des échanges avec les très-capricieux Cardinaux de Rome qui ne recherchaient que des médaillons pour leurs splendides collections, après en avoir pillé une grande partie dans le Musée de Bâle, les apporta à Rome, où, pour mieux réussir dans ses échanges — il les fit retoucher par des graveurs extrêmement inhabiles. Pour juger de l'incapacité de ces graveurs qui se chargèrent au siècle dernier de ces misérables retouches on n'a qu'à voir les gravures en taille-douce des monnaies avec lesquelles ils ont ornés l'ouvrage intitulé: „Numismata Graeca" Mus. G. Oderici. Romae 1777. in-8°. Ces planches sont une véritable profanation de l'art de la gravure et une injure gratuite au superbe style antique. Je préviens donc les amateurs et je leur conseille de se méfier des pièces retouchées qui abondent aujourd'hui dans tous les Musées et surtout au Cabinet de France où Patin en était le premier fournisseur. De nos jours aussi il n'y a plus moyen d'obtenir de Mess. les graveurs à Rome et à Vienne une reproduction exacte des dessins de monnaies par la gravure. Il est fort regrettable qu'on est obligé de se servir de la phototypie, laquelle, quoique très en vogue aujourd'hui, ne peut nullement satisfaire un numismatiste de goût, car elle ne reproduit pas tous les contours fins du dessin et rend les légendes presque illisibles, et en plus, ce genre de reproductions ne peut résister à l'influence du temps qui les détruit au bout de vingt ans comme toutes les absurdes innovations de la mode et du sport!] — Crispine: ΚΡΙϹΠΕΙΝΑ·ϹΕΒΑϹΤΗ. Sa t. à dr. ℞: ΕΠΙ·ϹΤΡ·Π . . . . ΜΕΝΕΚΡΑΤΟΥ·ΜΥΤΙΛΗΝΑΙΩΝ. Commode à cheval, au bas, un Fleuve se baignant ($Æ$. M.M. R^6. = 70 fr. Mion. R^4. = 40 fr.); autre: même lég. Commode, vêtu du *paludamentum*, dans un quadrige précédé par un soldat, dans le haut, un trophée, au pied duquel se trouve de chaque côté un captif ($Æ$. M.M. R^6. = 70 fr. Mion. R^4. = 40 fr.); ℞: même lég. Divinité ornée d'un grand voile, les pieds terminés en rocher ($Æ$ 6. — R^4. = 12 fr.); même lég. au Droit. ℞: ΕΠΙ·ϹΤΡΑ·ΦΟΥ·ΔΙΟΝΥϹΙΟΥ. (Litt. fug.) Femme vêtue de la *stola*, debout, à g., le *modius* sur la tête, ten. une patère de la m. dr., et un enfant emmailloté sur le bras g., à ses pieds un autel allumé ($Æ$ 10. — R^4. = 30 fr. Mion. R^3. = 18 fr.); Titiana: Lég. effacée. T. de Titiane. ℞: . . . . HN . . . . Pertinax à cheval, la m. dr. élevée ($Æ$ 9. — R^8. En la supposant authentique et de bonne conservation son prix serait de 600 fr. — Mion. Exempl. défectueux: R^6. = 200 fr. — Comp. Eckhel, Cat. Mus. C. Vind. 1, p. 164. — Cat. C. J. Thomsen, Mon. Gr. Copenhague 1869, p. 115, n° 1388. Ex. de mauv. conserv.); Sept. Sévère: . . . . . . ϹΕΟΥΗΡΟϹ·ΠΕ. Sa t. laurée à dr. av. le *paludamentum*, derrière, contre-marque. ℞: . . . . . ΕΠΙ·ϹΤΡΑ·ΑΡΤΕΜΩΝΟϹ·ΤΟΥ·ϹΕΚΟΥΝ . . . ΜΥΤΙΛΗΝΑΙΩΝ. Cavalier courant à g. ($Æ$ 10. — R^6. = 40 fr. Mion. 30 fr.); même lég. S. Sévère à cheval, à g. ($Æ$ 9½. — R^6. = 40 fr.); m. lég. Tyché tourelée assise ten. une patère et un pet. enfant ($Æ$ 13. — R^6. = 150 à 200 fr.); S. Sévère deb. en habit militaire, ten. le *parazonium* dans la m. g. et sacrifiant sur un autel allumé, tandis qu'une Niké deb. le couronne ($Æ$ 13. — R^8. = 200 fr. Mion. R^6. = 140 fr.); Julia Domna: ΙΟΥΛΙΑ·ΔΟΜΝΑ·ϹΕΒΑϹΤΗ. Sa t. à dr. ℞: ΕΠΙ·ϹΤΡ·ΠΟ·ΠΟϹΙΔ·ΒΑΛ·ΑΡΙϹΤΟΜΑΧΟΥ·ΜΥΤΙΛΗΝΑΙΩΝ. Artémis Chasseresse allant à dr. av. son chien, son arc et son carquois (Æ 10. — R⁵. = 40 fr. Mion. R⁸. = 18 fr.); même lég. au ℞: ΕΠΙ·ϹΤΡ·ΑΥΡ·ΔΟΡΙΛ·ΒΑΛ·ΑΡΙϹΤΟΜΑΧΟΥ·ΜΥΤΙΛΗΝΑΙΩΝ. Caracalla et Géta laurés et vêtus du *paludamentum*, se donnant la main et armés chacun de la haste, au milieu, un autel (Æ 11. — R⁷. = 300 fr. Mion. R⁷. = 200 fr. Mus. Pisano, Pl. XXXVII, n° 3); même lég. et m. t. au droit. ℞: ΦΑΙΔΡΟΥ·ΜΥΤΙΛΗΝΑΙΩΝ. Sappho assise, la m. dr. étendue et ten. une lyre dans la g. (Æ 6. — R⁵. = 20 fr. Mion. R⁴. = 12 fr.); même lég. au *Droit*. T. de Julia Domna, à dr. ℞: ΕΠΙ·ϹΤΡ·ΑΥΡΗΛΙΟΥ·ΝΙΚΟΜΑΧΟΥ·ΜΥΤΙΛΗΝΑΙΩΝ. Caracalla et Géta vêtus du *paludamentum* se donnant la main (Æ 9. — R⁶. = 60 fr. Mion. R⁵. = 48 fr.); — Même t. et lég. ℞: ΜΥΤΙΛΗΝΑΙΩΝ. Artémis portée par un cerf, à dr. tenant un flambeau de la m. g. (Æ 4. — R⁵. = 15 fr.); *autre*: ℞: m. lég. Artémis-Chasseresse marchant, ten. un arc et tirant une flèche de son carquois, son chien l'accompagne (Æ 5. — R⁵. = 15 fr.). — Caracalla: ℞: ΕΠΙ·ϹΤΡ·ΑΠΕΛΛΟΥ·Β·ΜΕΝΕΜΑΧΟΥ·ΜΥΤΙΛΗΝΑΙΩΝ. Caracalla deb., couronné par la Niké qui tient une palme (Æ 10. — R⁴. = 30 fr. Mion. R³. = 18 fr.); même lég. Caracalla à cheval, couronné par la Niké deb. par derrière, devant, un trophée, près duquel est un captif deb. et un autre assis à terre, les mains liées derrière le dos (Æ. MM. R⁷. = 150 fr. Mion. R⁵. = 100 fr.); m. lég. Caracalla dans un quadrige, précédé par une fig. militaire, dans le haut un trophée, au pied duquel sont deux captifs (Æ. MM. R⁶. = 120 fr. Mion. R⁵. = 100 fr.); *autre*: au ℞ même lég. mais malheureusement retouchée. Niké dans un bige, à dr. (Æ 10. — R⁵. = 30 fr. Cf. Beger, Thes. Brandenb. III, p. 133); autre: même lég. Artémis Chasseresse marchant, ten. une flèche et un arc (Æ. MM. R⁶. = 80 fr. Mion. R⁴. = 40 fr.); *autre*: ℞: ΕΠΙ·ϹΤΡΑ·ΠΟ·ΙΟ·ΛΕΟΝΤΕΟϹ·ΜΥΤΙΛΗΝΑΙΩΝ. Hercule deb., couronné par Pallas-Athéné (Æ 9. — R⁴. = 40 fr. Mion. R³. = 18 fr. — Le nom du magistrat ΠΟ·ΙΟ·ΛΕΟΝΤΕΟϹ me fait penser au Moy. br. d'Antonin le Pieux, fr. à Kéramos de Karie, ℞ duquel on lit en six lignes, dans une couronne de laurier: ΑΙΛ.—ΘΕΜΙϹ.—ΤΟΚΛΗϹ.—ΠΡΩΤΟΛΕ.—ΟΝΤΕΟϹ·Κε.—ΡΑΜΙ. — Æ 6. — R⁸. Inédite de ma coll. dont la lég. est encore à étudier); *autre*: même lég. mais av. ΠΟ·ΙΟΥΛ·ΛΕΟΝΤΕΩϹ. Caracalla à cheval, la m. dr. levée, lançant un javelot sur un lion courant (Æ 6. — R⁴. = 12 fr.); autre: ℞: ΜΥΤΙΛΗΝΑΙΩΝ. Un trophée (Æ 6. — R⁴. = 12 fr.); ΕΠΙ·ϹΤΡΑ·ΠΟ·ΙΟΥ·ΛΕΟΝΤΕΩϹ·ΜΥΤΙΛΗΝΑΙΩΝ. Niké d. un bige, allant de dr. à g. et ten. une palme (Æ 9. — R⁵. = 60 fr. Mion. R³. = 15 fr.); même lég. Caracalla et Géta deb. vêtus de la toge et se donnant la main (Æ 9. — R⁵. = 60 fr. Mion. R³. = 15 fr.); même lég. (av. ΠΟ·ΙΟ seulement): Zéus Ammon et Apollon Kitharoedos deb. av. leurs attributs (Æ 9. — R⁶. = 100 fr. Mion. R³. = 15 fr.); — *autre*: ΑΥΤΟ·ΚΑΙ·ΜΑΡ·ΑΥΡΗ·ΑΝΤΩΝΕΙΝΟϹ. Son buste jeune nu, à dr. av. le paludamentum et la cuirasse, — d. le champ, une contre-marque. ℞: ΕΠΙ·ϹΤΡΑ·ΠΟ·ΙΟΥΛΙΟΥ·ΛΕΟΝΤΕΩϹ·ΜΥΤΙΛΗΝΑΙΩΝ. Caracalla d. un quadrige, à g. précédé d'un soldat, — sur le second plan un trophée (Æ. **Médaillon**. Mod. 13. Troué. **Inconnu** à Mion. — Cf. Cohen (Henri), Descr. du Cab. Badeigts de Laborde. Paris 1869. p. 70, n° 821). — **Inédite**: ΑΥΤΟ·ΚΑΙ·ΜΑΡΚ—ΑΥΡ·(ΑΝΤΩΝΕΙΝΟϹ). T. laurée de Caracalla tournée à dr. av. le *paludamentum*. ℞: ΕΠΙ·ϹΤΡ·Μ·ΟΚΤ·ΚΟΜ·

ΕΥΤΙΧΙΔΟΥ. [nom d'un nouveau magistrat inconnu à Mion.]. Caracalla deb. à g. ten. une lance, derrière lui Niké deb. qui le couronne. A l'exergue: ΜΥΤΙΛΗΝΑΙ—ΩΝ. (Æ. 45 mill. R⁸*. = 150 fr. Coll. de M. Arthur Löbbecke, à Braunschweig, qui l'a publ. dans la *Zeitschr. f. Num.* Band XII, p. 315). — Caracalla et J. Domna: T. laur. de Caracalla, à dr. ℞: ΜΥΤΙΛΗΝΑΙΩΝ. T. de J. Domna (Æ 9. — R⁶. = 100 fr.); Geta: ΛΟΥ·ϹΕΠΤΙΜΙΟϹ·ΓΕΤΑϹ·ΚΑΙϹΑΡ. Son buste à g. la tête nue, av. un ample *paludamentum* sur la poitrine. ℞: ΕΠΙ·ϹΤΡ·ΠΟ·ΙΟΥΛΙ·ΛΕΟΝΤΕΩϹ, à l'exergue: ΜΥΤΙΛΗΝΑΙΩΝ. Femme vêtue de la *stola* et tourelée, sur un siège, ten. de la m. dr. un enfant emmailloté, ou plutôt un Hermès (Æ. MM. — R⁷. si elle n'est pas retouchée = 150 fr. Mion. R⁵. = 100 fr.); Elagabal: ΑΥΤ·Κ·Μ·ΑΥΡ·ΑΝΤΩΝΕΙΝΟϹ. Sa t. laurée. ℞: .... ΜϹΥΠΥΑΜΟΥ. (sic.) ΜΙΤΥΛΗΝΑΙΩΝ. Artémis Chasseresse av. son chien (Æ 9. — R⁶. = 50 fr. Mion. R⁵. = 30 fr. Cf. Eckhel, Cat. Mus. C. Vindob. I, p. 164); Aquilia Severa et Elagabal: ΑΥΤ·Κ·Μ·ΑΥΡ·ΑΝΤΩΝΕΙΝΟϹ·ΘΕΑ·ΙΟΥΛΙΑ·ΑΚΥΛΙΑ. Leurs t. affrontées. ℞: ΜΥΤΙΛΗΝΑΙΩΝ. Temple tétrastyle, au milieu, Elagabal deb., sacrifiant, devant lui un joueur de lyre (Æ 11. — R⁸. si elle n'est pas retouchée: 600 fr. Mion. R⁸. = 300 fr. — Cf. Haller, Fr. Lud., Enum. num. ex omni metallo et forma, Graec. Roman.que, quae asservat A. F. Ith. Bernae 1777. in-4°. voy. p. 49 et 50. Personne ne sait ce qui est devenu cette fameuse collection? Ce catalogue est extrêmement rare. Les lettres Ith. ne sont que les initiales du nom de possesseur); Julia Maesa: ΙΟΥΛΙΑ·ΜΑΙϹΑ·ΑΥΓΟΥϹΤΑ. Sa t. à dr. ℞: .... ΧΡΥϹΟ ... ΜΥΤΙΛΗΝΑΙΩΝ. Artémis chasseresse av. son chien (Æ 9. — R⁶. = 40 fr. Mion. R⁴. = 18 fr. — Eckhel, Cat. I, p. 164); Severus Alexander: ΑΥΤ·Κ·Μ·ΑΥΡ·ϹΕΥ·ΑΛΕΖΑΝΔΡΟϹ. Son buste lauré, à dr. av. le *paludamentum*. ℞: ΕΠΙ·ϹΤΡ·ΧΡΥϹΟΓΟΝΟΥ. S. Alexandre dans un quadrige, allant à g., précédé par un soldat, il est lauré et tient de la m. dr. une branche, ou l'*acrostolium*, et de la g. un sceptre surmonté de l'aigle romaine, derrière, la Niké le couronne, dans le fond on voit un trophée placé entre deux captifs sur une estrade (Æ 13. — R⁷. = 120 fr. Mion. R⁵. = 100 fr.); *autre*: ℞: ΕΠΙ·ϹΤΡ·ΑΥΡ·ΠΡΟϹΔΕΚΤΟΥ·ΠΑΡΔΟϹ (sic.) ΜΥΤΙΛΗ., dans le champ, ΝΑΙΩΝ. Artémis chasseresse marchant, accompagnée de son chien (Æ. MM. R⁷. = 100 fr. Mion. R⁴. = 40 fr.). — *Autre*: au Droit le buste de S. Alexandre lauré, une cuirasse sur les épaules, ten. de la m. dr. une haste et de la g. un bouclier orné de la t. de Gorgone. ℞: ΕΠΙ·ϹΤΡ·ΑΥΡ·ΠΡΟϹΔΕΚΤΟΥ·ΠΑΡΔΟΞ. à l'exergue: ΜΥΤΙΛΗΝΑΙΩΝ. Une femme tourelée et vêtue de la *stola*, tenant de la m. dr. une patère, et de la g. un enfant emmailloté (Æ. MM. R⁶. = 70 fr. Mion. R⁴. = 40 fr.); Tranquilline: ϹΑΒΕΙΝΙΑ·ΤΡΑΝΚΥΛΛΕΙΝΑ. Sa t. à dr. ℞: ΕΠΙ·ϹΤ .... ΟΥ·ΒΟ ...... ΜΥΤΙΛΗΝΑΙΩΝ. Deux figures deb. se donnant la main, et armées toutes deux de la haste, au milieu, un autel. — Mon. retouchée. — (Æ 9½. — R⁶. = 100 fr. Mion. m. prix. — Cab. de M. Welzl de Wellenheim à Vienne. Cf. le cat. de sa coll. n° 5294.) — Valérien père: ΑΥΤ·Κ·Π·ΛΙΚ·ΒΑΛΕΡΙΑΝΟ (sic). Sa t. laur. à dr., la chlamyde sur l'épaule g. ℞: ΕΠΙ·Ϲ·ΒΑΛ·ΑΡΙϹΤΟΜΑΧΟΥ·ΜΥΤΙΛΗΝΑΙΩΝ. Artémis Phosphoros sur un char traîné par deux cerfs, à dr. (Æ 9. — R⁵. = 60 fr. Mion. R³. = 15 fr.); *autre*: même lég. Artémis Chasseresse marchant, à dr. à ses pieds, son chien courant (Æ 9. — R⁴. = 30 fr. Mion. R². =

12 fr.); *autre:* Même lég. Dionysos deb. la chlamyde derrière le dos, ten. le *cantharum*, et son thyrse (Æ 9. — R⁵. = 40 fr. Mion. R². = 12 fr.); *autre*, av. un tigre aux pieds de Dionysos (Même mod. et m. prix. Vaillant, l. c.); *autre:* Même lég. Femme vêtue de la *stola*, et tourelée, deb. ten. une patère et une pet. figure de la m. g. levée, les bras étendus, — en face, Dionysos deb. versant le *cantharum* sur un autel, qui est placé au milieu, et ten. une haste (Æ 9. — R⁵. = 60 fr. Mion. R⁴. = 24 fr.); *autre:* même lég. Femme tourelée (la Tyché de la ville) assise, ten. une patère, — devant elle une Niké lui présente une couronne (Æ. MM. R⁷. = 120 fr. Mion. R³. = 30 fr.); *autre*, même lég. Valérien deb. en habit militaire et av. la chlamyde, tenant une patère et la haste, — en face, une femme tourelée, assise sur un siège, à g. ten. une patère de la m. dr. et portant un enfant emmailloté sur le bras gauche (Æ 9. — R⁵. = 70 fr. Mion. R⁴. = 24 fr.); ΕΠΙ·C·ΒΑΛ· ΑΡΙCΤΟΜΑΧΟΥ·ΟΜΟ·ΜΥΤΙΛΗΝΑΙΩΝ. Asklépios deb. av. ses attributs, et une femme tourelée assise, ten. de la m. dr. une patère et de la g. un enfant emmailloté dans des bandelettes (Æ 9. — R⁴. = 60 fr. — Mion. R⁴. = 24 fr. Vaillant, l. c.); Gallien: ΑΥΤ·Κ·Π·ΛΙΚΙ·ΓΑΛΛΙΗΝΟC. Sa t. laur. av. le *paludamentum*, à dr. ℞: ΕΠΙ·CΤΡ·ΒΑΛ·ΑΡΙCΤΟΜΑΧΟΥ· ΜΥΤΙΛΗΝΑΙΩΝ. Femme assise, tournée vers la g. ten. une patère d. la m. dr. et un enfant emmailloté sur le bras g. (Æ 9½. — R⁴. = 30 fr. Mion. R². = 12 fr.); *autre:* même lég. Artémis Chasseresse marchant, suivie d'un lévrier (Æ 12. — R⁶. = 70 fr. Mion. R⁴. = 40 fr.); même lég. mais au ℞ sans le mot CTP. Sappho assise sur un siège, tournée vers la dr. et jouant de la lyre (Æ 6. — R⁴. = 12 fr.); Salonine: Sa t. à dr. ℞: ΜΥΤΙΛΗ- ΝΑΙΩΝ. Eléphant av. son cornac (Æ 6. — R⁴. = 20 fr. Mion. R⁴. = 12 fr.). — *Corrections:* La mon. publ. dans C. Combe's Descr. num. Guil. Hunteri, Pl. XXXIX, f. III, n'appartient pas à Mytiléné et doit être restituée à **Mystia Hyporon** dans le Bruttium, cf. à ce sujet feu J. Friedländer son article dans les *Berl. Bl. f. Münzk.* T. IV, p. 137. — Sur les mon. de Mytiléné consultez: *Num. Chron.* VII, 53, 59; — Brøndsted, Reisen II, p. 284 (Sappho). — *Archäol. Zeitg.* 1853, p. 125. Herme. Æ. — Sestini, Mus. Chaudoir, p. 89; — Chaudoir, Corrections, p. 82. — Bar. J. de Witte, Descr. du Cab. Greppo, n.° 921 (Niké). — *Revue Belge*, 4 Série, I, 142, 143, 144. — Fox, Engrav. of uned. or rare Greek coins, II, 62 (Billon, av. la t. d'un nègre et au ℞: deux yeux, sans lég. — attribution entièrement spontanée). — Streber, Denkschr. d. Münch. Akad. 1813 (Theophanès). — Cat. L. Welzl de Wellenheim, n.ᵒˢ 5225, 5275, 5289, 5290, 5291. — Les noms: Ulpia Severiana données par Eckhel, Doctr. II, p. 506 — sont dus à une fausse lecture, comp. Sestini, Clas. Gener. 2ᵈᵉ éd. p. 80. — Streber (J. v.), Ueber eine seltene Münze von Mytilene. München 1814. in-4°. av. pl. —

125. ΚΛΑΖΟΜΕΝΗ.

Sur les mon. de Klazomenai en Ionie. *Autonomes* en Or: Mod. 4½, 4, 3½ et 1, 1½, 2. — R⁸. de 400, 600 à 2500 fr. — El. — R⁶–R⁸. de 150 à 300 fr. — *Types:* Buste de face de l'amazone Klazomène (et non d'Apollon), représentée les cheveux flottants sur l'épaule. ℞: ΛΕΥΚΑΙΟΣ, Leukaeos, nom du magistrat monétaire, et les lettres ΠΑΡ. disposées en monogramme. Dans le champ, un cygne, et enfin, à l'exergue, les trois premières lettres du nom de la ville, ΚΛΑ. (Or 4. — R⁸. = 2500 fr. et même 3000 fr. — Poids: 87 grs. ou mieux: gr. 5,64, car les points anglais sont absurdes et peu scientifiques. Mion. Descr. T. III, p. 63, n.⁰ 8. A' 3¹/₂. = 400 fr.) Aujourd'hui on ne connait pas d'autre exempl. que celui du Cab. de France. [Le type du cygne a été choisi dans cette ville à cause de la signification du verbe *klazô*, racine du mot Klazomène, dont le sens est *crier comme l'oie et autres animaux*. On sait, en effet, que le chant du cygne est une fiction poétique. Le cri du cygne est en général aussi désagréable que celui des oies ou des canards, les vulgaires hôtes de nos basses-cours]; *autre:* Mêmes types, mais av. un autre nom de magistrat: ΚΛΑΙΟ·ΑΘΗΝΑΓΟΡΑΣ. (Or 3¹/₂ et 4. Poids 87 grs. R⁸. = 2500 fr. Mion. S. VI, p. 83, n.⁰ 16. A' 3¹/₂. — R⁶. = 400 fr. Cf. aussi: Num. vet. Mus. Knight, p. 117. B. n.⁰ 1. — Brit. Mus. Guide, Pl. XIX, 24); autre: Sanglier ailé, à dr. ℞: Tête incuse de lion, à dr., la gueule ouverte (EL. 1¹/₂. — R⁸. = 400 fr. Mion. 120 fr. Cab. d'Allier de Hauteroche); la même, du Mod. 1 (EL. — R⁸. = 400 fr. Mion. 120 fr. Hunter, Pl. LXVI, n.⁰ 5); partie antér. d'un sanglier ailé, à g. ℞: T. de coq, à g. en creux (EL. ¹/₂. — R⁸. = 300 fr. Mion. R⁸. = 100 fr.); t. de lion, à dr. ℞: t. de coq, à g., en creux (EL. 1¹/₂. = 400 fr. Mion. R⁸. = 100 fr.); t. de bélier, à dr. ℞: t. de lion à dr., type en creux (EL. 2. — R⁶. = 70 fr. mais auj. 250 fr.); t. d'Athéné, av. un casque, à aigrette. ℞: Une chouette deb. dans un carré creux? (EL. 2. — R⁷. = 200 fr. — Mionnet: R⁷. = 120 fr.); partie antér. d'un sanglier ailé, pélamide, à g. ℞: Carré creux (distatère) globuleux (EL. 4¹/₂. — R⁸. = 1500 fr. Mion. R⁶. = 600 fr.); partie antérieure d'un sanglier ailé. ℞: Carré creux [EL. *Statère*. R⁸. = 400 fr. — Poids: 217 grs. — Cf. Brandis, p. 392]; moitié d'un sanglier, av. une pet. fleur pendant au cou. ℞: Carré creux dans lequel est une tête de lion, la gueule ouverte (EL. 1¹/₂. R⁸. = 200 fr. Mion. R⁶. = 70 fr.). — *Autonomes* Æ: **Médaillon**: Buste drapé colossal d'Apollon, de face, aux cheveux flottants. Sa chlamyde est retenue par une agrafe au milieu de la poitrine. [C'est peut-être bien la t. du fameux Apollon Klaros, dont l'oracle se trouvait aux environs de Kolophon? Selon Pausanias (VIII, 3, 8) la ville a été aussi fondée par un chef Kolophonien.] Dans le champ on lit, en très petits caractères, la signature du graveur Théodotos ΘΕΟΔΟΤΟΣ| ΕΠΟΙΕ (pour ἐποίει), qui doit avoir vécu vers le milieu du IVᵉ siècle av. notre ère. [Le Cat. Dupré donne: ΕΠΟΕΙ. L'exemplaire du Duc de Luynes, voy. *Monumenti dell' Instituto*, t. III, Pl. 35, f. 25', porte également [Θ]ΕΟΔΟΤΟΣ[ΕΠΟΕΙ de même la pièce frappée par Pythéos, qui était d'une conservation meilleure.] — ℞: Cygne, à g., les ailes éployées; c'est l'oiseau apollinien par excellence. Lég.: [Κ]ΛΑΖΟ(μενίων) et ΜΑΝΔΡΩ-ΝΑΞ. Μανδρῶναξ est le nom du magistrat éponyme. — L'exempl. de la Coll. Dupré (voy. le Cat. n.⁰ 288, Pl. 11, f. 22) a été vendu au prix de 4400 fr. — Un exempl. publ. par le Duc de Luynes (Mon. dell' Inst. t. III, Pl. XXXV, n.⁰ 26) et Raoul-Rochette (Lettre à M. Schorn, vign. du titre) porte le nom de ΠΥΘΕΟΣ. Cette pièce, bien qu'elle fît autrefois partie de la coll. de Luynes, n'est pas entrée au Cab. de France. On n'y rencontre le nom de Πύθεος que sur une petite pièce d'argent de Klazomène, sans signature du nom de graveur, comme c'est le cas en ce qui concerne la pièce av. le nom de ΜΑΝΔΡΩΝΑΞ, dont j'ai publié une obole **inédite** de ma coll. dans la *Rev. Num.* Fr. III Sér. T. I. An. 1883, p. 378. *Gr.* ib. Pl. IX, fig. 7. —

On connait aussi des tétradrachmes de ce type avec les noms des magistrats: ΗΡΑΚΛΕΙΔΗΣ, ΜΗΤΡΟΔΩΡΟΣ. Voy. sur ces pièces: Abeken, Bullettino Romano 1839, p. 137, 138. — Raoul-Rochette, Lettre à M. Schorn, Paris 1845, p. 73. — Brunn, Histoire des artistes grecs, t. II, p. 431. — *Autres autonomes* en Æ: Mod. 6, 5, 4, $3^{1}/_{2}$, 3, 2, $2^{1}/_{2}$, $1^{1}/_{2}$ et 1. — R^5-R^8. de 12, 25, 50, 80, 100, 150, 200 et 300 fr. — *Types:* T. de *sanglier*, à dr. ℞: Carré creux, divisé en quatre parties égales qui se touchent par un globule au centre (Æ. 5 mill. Gr. 0,07. Cf. Imhoof-Blumer, Choix de mon. Gr. Pl. III, n.° 115 et ses *Mon. Gr.* p. 282 = le graveur, dit M. Imhoof, a pris les oreilles pour la bouche, et celle-ci pour les oreilles, de sorte qu'il en est résulté une tête tournée à g.); autre: le carré creux moins régulier (Æ. 6 mill. Gr. 0,15. Imhoof, *ib.*); Protome de *sanglier ailé* à dr. ℞: même carré (Æ. 8 mill. — Gr. 0,32. Imhoof, ib.); Protome de *sanglier* à g. derrière un *poisson*. ℞: T. de *lion* à g., la gueule béante, — au-dessus, *étoile* à quatre rayons. Carré creux (Æ. 10 mill. — Gr. 0,42. Imhoof, *Choix*, pl. III, n.° 116. Comme le poisson est un thon, cette pièce est plutôt de Kyzike, dont la t. de lion est le type usuel); t. laurée d'Apollon de face, inclinée un peu à g. ℞: ΚΛΑ.....ΗΣΤΟΣ. Cygne deb. à g. battant des ailes (Æ. 25 mill. Gr. 16,20. Imhoof, Monn. Gr. Pl. E, n.° 33. Le nom du magistrat n'est pas à rétablir d'une manière certaine. On a le choix entre Ἀντίμνηστος, Διόμνηστος, Θεύμνηστος, Πολύμνηστος et beaucoup d'autres); t. laurée d'Apollon de face, inclinée à g., surmontée d'un *stéphanos* orné d'une palmette, et le cou drapé de la chlamyde retenue par une broche. ℞: ΚΛΑΙΟΜΕ au-dessous du *cygne* éployé à g. retournant la tête (Æ. 27/24 mill. Gr. 17,02. — Imhoof, Monn. Gr. p. 282, n.° 6. — Mus. de la Brera à Milan); Même t. sans *stéphanos*. ℞: ΚΛ—Α·ΦΑΝΟΠΟΛΙΣ. Cygne éployé debout à g., le cou replié pour en lisser le plumage av. le bec (Æ. 16 mill. Gr. 4,03. — Imhoof, ib. p. 282, n.° 7); *Autre*, av. ΚΛ—Α·ΔΙΟΝΥΣΑΣ. et le cygne éployé à g., la tête avancée (Æ. 13 mill. Gr. 1,92. Imhoof, ib. p. 282, n.° 8); *Autre*, av. ΚΛΑ·ΜΝΗΣΙΘΕΟΣ, le cygne éployé à dr. et un *canthare* devant lui (Æ. 12 mill. Gr. 1,94. Imhoof, ib. p. 283, n.° 9. Cf. Mion. III, p. 64, n.° 16, qui la décrit incorrectement: ΚΛΑΙΟΜΝΗ (sic) ΧΙΟΣ. Cygne à g. devant, *diota* (Æ 2. — R^6. = 48 fr.). On lit sur d'autres mon. semblables d'après Mionnet: ΑΝΤΙΦΑΝΟΣ. — ΕΛΙΚΟΝΙΟΣ. — ΜΗΤΡΟΔΩΡΟΣ. — ΠΑΡΜΙΣ.; t. de lion, de face, dans un carré creux. ℞: Sans lég. Sanglier ailé, à dr. (Æ 2. — R^7. = 45 fr. Mion. R^6. = 36 fr.); Sanglier ailé, à dr. ℞: Aire carrée en creux, divisée en quatre parties (Æ 2. — R^6. = 30 fr. Mion. R^5. = 24 fr.); Même type. ℞: Gorgonéion ou Masque tirant la langue et hérissé de serpents, dans un carré creux (Æ 3. — R^6. = 40 fr. Mion. R^6. = 20 fr.); partie antér. de sanglier, à côté, un petit poisson. ℞: T. de sanglier dans un carré creux (Æ 3. — R^5. = 20 fr.); Astragale. ℞: Aire carré en creux, divisé en quatre parties informes (Æ 4. — R^8. = 100 fr. Mion. R^8. = 60 fr.); t. laurée d'Apollon, de face. ℞: ΚΛΑ·ΙΚΕΣΙΟΥ. Cygne deb. à dr. devant, serpent entortillé autour d'une lyre (Æ 4. — R^7. = 100 fr. Mion. R^6. = 50 fr.); partie antér. d'un sanglier ailé, à dr. ℞: Aire en creux, carrée, divisée en quatre parties égales par deux barres, au centre desquelles est un rond (Æ 5. — R^8. = 200 fr. Mion. R^6. = 150 fr.); t. d'un oiseau de proie, à g. dessous, un poisson. ℞: Aire en creux, informe, divisée en trois parties;

dans l'une d'elles, un cheval marin, dans les autres, une plante (Æ 5. — R⁸. = 100 fr. Mion. R⁷. = 60 fr.); ΚΛΑΙΟ. Moitié de cheval bondissant. ℞: Carré creux, profond et orné, — dans le champ X., également dans un creux profond, avec les lettres ΚΛΑΙ. dans les angles (Æ 5. — R⁸. = 120 fr. Mion. R⁶. = 50 fr.); Même lég. et type. ℞: L'astre Ἕσπερος dans un carré creux, dessous, X, dans un autre petit carré, av. ΚΛΑΙ. dans les angles (Æ 6. — R⁶. = 200 fr. Mion. R⁶. = 50 fr.: fausses leçons. Cf. Imhoof, d. la Z. f. Num. III, 276/8); Moitié de poisson à g. au-dessus, une autre partie de poisson, à dr. ℞: Moitié de poisson à g. surmontée d'une autre partie de poisson, à dr. le tout renfermé dans un carré creux (Æ 5. — R⁷. = 120 fr. Mion. R⁶. = 50 fr.); Thon, à g. dessous, un autre poisson plus petit. ℞: Carré creux divisé en six parties triangulaires (Æ 5. — R⁷. = 100 fr. Mion. R⁶. = 50 fr. Brøndsted regarde cette mon. comme étant de l'île de Céa. Voy. ses Voy. et Rech. dans la Grèce Pl. XXVII, n.° 2: mais je la classerais plutôt à Kyzikos); partie antér. d'un sanglier ailé, à dr. ℞: Carré creux, divisé en quatre parties par deux barres (Æ 1½. — R⁶. = 30 fr. Mion. R⁴. = 12 fr.); autre, dans le carré la lettre K (Æ 1. — R⁷. = 40 fr.); Sanglier ailé, tourné à g. ℞: t. de lion de face, dans un carré creux régulier, orné de grenetis (Æ 1½. — R⁶. = 30 fr. Mion. R⁴. = 12 fr.); partie antérieure d'un sanglier ailé. ℞: Sans lég. T. casquée d'Athéné, dans une aire carrée, en creux (Æ 1½. — R⁶. = 30 fr. Mion. R⁴. = 12 fr.); t. d'agneau av. un long cou. ℞: Carré creux profond (Æ 5. — R⁷. = 150 fr. Mion. R⁶. = 50 fr.); ΚΛΑ. Sanglier marin volant. ℞: T. de poisson dans un carré creux (Æ 2. — R⁷. = 50 fr. Mion. R⁶. = 30 fr.); t. de boeuf av. le cou. ℞: T. de lion, la gueule ouverte, dans un carré creux. Forme oblongue (Æ 2. — R⁵. = 20 fr.); Moitié d'un sanglier marin, à g. derrière, un poisson. ℞: ↃK. T. de lion à g. la gueule ouverte, dans un carré creux peu profond. Mon. très-mince (Æ 1. — R⁶. = 30 fr. Mion. 24 fr.); t. laurée de femme, en face. ℞: ΚΛΑ·ΑΝΤΙΦΑΝΟΣ. Cygne, les ailes éployées et levées (Æ 4. — R⁷. = 120 fr. Mion. R⁴. = 50 fr.); autre, av. ΚΛΑ·ΑΠΟΛΛΑΣ. (Æ 4. — R⁸. = 150 fr. v. Nummi vet. Mus. Knight, p. 118, G. III); t. laurée, les cheveux épars. ℞: ΚΛΑΙΟΜΕΝΙΩΝ. Cygne (Æ 4. — R⁷. = 100 fr. Mion. R⁶. = 50 fr.); t. d'Hélios, de face. ℞: ΚΛΑΙ·ΕΛΙΚΩΝΙΟΣ. Cygne (Æ 3. — R⁷. = 100 fr. Mion. R⁶. = 50 fr.); t. laurée d'Apollon de face, et chevelure hérissée. ℞: ΛΕΟΚΑΙΟΣ. Cygne debout, les ailes élevées, et le cou replié en arrière; au bas, ΚΛΑ. (Æ 2. — R⁶. = 80 fr. Mion. R⁴. = 50 fr.); même *Droit*. ℞: ΚΛΑ·ΜΗΤΡΟΔΩΡΟΣ. Cygne tourné, à g. devant, *diota* (Æ 3 et 1½. — R⁷. = 100 fr. pièce. Mion. R⁶. = 48 et 50 fr.); même *Droit* mais av. le pallium sur les épaules d'Apollon. ℞: ΡΑΙ, mieux ΚΛΑΙ·ΠΑΡΜΙΣ. Cygne tourné à g. (Æ 5. — R⁷. = 120 fr. v. Dutens, Expl. de quelq. Méd. p. 8 et 9. Pl. I, fig. 4). — En ce qui concerne les mon. en arg. et br. attribuées à Orontas (satrape de Mysie et de l'Ionie?) comme il n'y a rien jusqu'ici d'avéré que ces mon. ont été émises à Adramyttion, Klazomène ou Lampsaque je renonce à les décrire et je renvoie le Lecteur aux travaux de M. Imhoof-Blumer, v. ses: *Monn. Gr.* p. 245—247; M. Waddington, Rev. Num. 1863, Pl. IX, 4; M. Alfr. von Sallet, dans la Num. Zeitschr. Vienne 1877, Tom. VIII, p. 233; *Ibid.* III, Vienne 1871, p. 421—423 = Æ. Tétrobole, pesant 43 grs. (Je connais aussi des *drachmes* de Klazomène av. les noms des magistrats ΕΥΘΥΔΑΜΑΣ, ΠΥΘΕΟΣ., des *demi-drachmes*, av. ΧΙΟΣ, ΚΛΕΑΡΙΣΤΟΣ, ΕΟΘΥΔΑΜΟΣ, restés incon. à Mion.) — **Autonomes en bronze:** *Types:* t. laur. d'Apollon à g. ℞: ΔΗΜΗΤΡΙΟΣ. *Cygne* éployé à g., devant, un autel ou une ciste (Æ. 11 mill. Gr. 1,16. **Inédite.** v. Imhoof-Blumer, Monn. Gr. p. 283, n° 10); autre: Protomé de *sanglier* ailé à dr. ℞: t. de bélier à dr., dessous, ● (Æ. 9 mill. — Gr. 1,15. Imhoof, ib. n° 11); t. de Pallas à dr., le casque *lauré*. ℞: ΔΙΟΝΥΣΟΔΩΡ—ΟΣ. T. de *bélier* avec le cou, à g. (Æ. 13 mill. — Gr. 1,60. — **Inédite.** Voy. Imhoof, *ibid.*: Monn. Gr. p. 283, n° 12); Même t. ornée de pendants d'oreilles et d'un riche collier, à dr. casque à aigrette et stéphané. ℞: ΘΕΟΔΟΤΟΣ. au-dessus de la tête de bélier, à dr. (Æ. 12 mill. Gr. 1,80. **Inédite.** — Imhoof, ib. n° 13); Même t. parée à g. le casque orné d'un *griffon*. ℞: ΑΝΑΞΑΓ—ΟΡΗΣ. T. de bélier, à dr. (Æ 12. Gr. 1,65. — Imhoof, ib. n° 14. — **Inédite**); autre, av. ΤΙΜΟΠΟ—ΛΙΣ. (Æ. 12 mill. Gr. 2,10. **Inédite.** Imhoof, ib. n° 15); t. de Pallas, ornée d'un collier, à g. le casque orné d'une palmette, d'une stéphané et de mentonnières *baissées*. ℞: ΜΝΗ—ΣΑΝΔ(ΡΟΣ). T. de bélier av. le cou, à g. (Æ. 12 mill. Gr. 1,70. **Inédite.** — Imhoof, ib. n° 16); Même t. à g., ornée de pendants d'oreilles et d'un collier, — casque av. stéphané et *sphinx*. ℞: ΘΕΥΔΩΡΟΣ. au-dessus d'un *bélier* deb. à dr. (Æ. 18 mill. Gr. 4,75. **Inédite.** — Imhoof, ib. n° 17); Même t. à dr. av. collier, — casque av. stéphané et *palmette*. ℞: ΕΥΗΝΟΡΙ—(ΔΗΣ). *Bélier* couché à g. (Æ. 11 mill. Gr. 1,25. **Inédite.** — Imhoof, ib. n° 18); autre, av. ΦΑΝΟΚΛΗΣ et protome de *sanglier* ailé, à g. au-dessus du bélier (Æ. 11 mill. Gr. 1,45. — Imhoof, ib. n° 19); T. de *Pallas* de *face*, ornée d'un collier, casque à trois aigrettes et stéphané. ℞: ΚΛΑΖΟΜΕ—ΝΙΩΝ au-dessus d'un bélier deb. à dr. avec un thyrse transversal entre les jambes (Æ. 15 mill. Gr. 2,85. — **Inédite.** — Imhoof, ibid. n° 20); même t. ℞: ΚΥΣ—ΝΑΞ (sic). *Bélier* deb. à dr. (Æ. 13 mill. Gr. 1,15. **Inédite.** — Imhoof, ib. n° 21); autre, av. ΜΑΝΔΡΩΝΑΞ. (Æ. 13 mill. Gr. 1,80. Imhoof, ib. n° 22. **Inédite** comme la pot. p. en Æ. que j'ai citée plus haut); t. de Pallas à dr. casque corinthien à aigrette. ℞: ΝΙΚΗΡΑΤΟΣ. *Protome* de bélier couché à g. (Æ. 13 mill. Gr. 1,5). — Imhoof, ib. n° 23. **Inédite**); même t. ℞: ΔΗΜΕΑΣ. *Bélier* deb. à dr. (Æ. 18 mill. Gr. 4,91. Imhoof, ib. n° 24. **Inédite**). Toutes ces mon. d'un travail charmant sont du IVe siècle. M. Imhoof-Blumer dans ses Monn. Gr. p. 284, dit qu'il faut y ranger aussi les deux belles pièces aux légendes: ΚΕΦΑΛΛΗ(Ν) et (Τ)ΙΜΗΣΙΑΝΑΞ, attribuées à tort à Céphallénie et à Samé dans la *Rev. Num. Fr.* An. 1843, pl. XVI, f. 8, par de Longpérier, et par les infaillibles Pinder und Friedländer dans leurs: Beiträge z. ält. Münzkunde. Berlin 1851, Pl. V, f. 6. „Il faut savoir," m'écrit M. Imhoof, „que plus de la moitié des attributions de Longpérier sont fausses! — De Longpérier était encore bien plus infaillible, que Friedländer et *moi*." — Mionnet cite encore les types suivants des aut. en bronze de Klazomenai (dont je ne garantis pas trop l'exactitude): ΑΠΟΛΛΩΝΙΟΣ. Partie antér. de sanglier ailé, à dr. ℞: ΚΛΑΖΟΜΕΝΙΩΝ: en deux lignes, au fond d'un carré creux divisé en quatre parties égales par deux lignes qui se croisent (Æ 4. — R³. = 8 fr. Mion. R². = 4 fr.); ΕΡΜΗΣΙΛΟΧΟΥ. Même type, au droit. ℞: Même type (Æ 4. — R³. = 8 fr. Mion. R². = 4 fr.); autres av. . . . . ΙΛΟΧΟC.; ΠΑΡΜΕΝΙΣΚΟΣ; ΣΙΜΩΝ; ΤΗΙΑΔΗΣ. Mêmes types (Æ 4. — R³. = 8 fr. Mion. R². = 4 fr.); Sans légende. Partie antér. d'un sanglier. ℞: ΚΛΑ. dans un carré creux divisé par deux lignes en quatre parties égales ($\mathcal{E}$ 1½. R⁸. = 3 fr.); t. tourelée de femme. ℞: Même lég. et type ($\mathcal{E}$ 4. R³. = 8 fr. Mion. 3 fr.); t. de Gorgone. ℞: ΚΛΑΖΟΜΕΝΙΩΝ. Cygne, les aîles éployées ($\mathcal{E}$ 4. — R³. = 6 fr.); t. laurée de Zéus, à dr. ℞: ΚΛΑΖΟΜΕΝΙΩΝ. Cygne tourné à g., les aîles éployées, dessous, caducée ($\mathcal{E}$ 4½. — R². = 3 fr.); même *Droit*. ℞: ΚΛΑΖΟΜΕΝΙΩΝ·ΕΡΜΗΣΙΛΟΧΟ. Cygne tourné à g., dessus, t. d'Athéné dans une contremarque ($\mathcal{E}$ 5. — R⁴. = 10 fr. Mion. R². = 3 fr.); *autre*, dans le champ, caducée (Même prix); *autres*, av.: ΚΛΑΖΟΜΕΝΙΩΝ·ΣΙΜΩΝ et ΘΙΑΔΗΣ. Mêmes types et m. prix; t. laurée de Gorgone, vue de face. ℞: ΚΛΑΖΟΜΕΝΙΩΝ. Cygne tourné à g. frappé d'une pet. tête d'Athéné en contremarque ($\mathcal{E}$ 5. — R⁶. = 20 fr. Cab. de Munich); t. laurée de l'Amazône Klazoméné, vue de face. ℞: Même lég. Caducée, le tout dans une couronne de laurier ($\mathcal{E}$ 4. — R⁵. = 15 fr. Mion. R³. = 6 fr.); t. laurée de Zéus. ℞: m. lég. Massue ($\mathcal{E}$ 3 et 4. — R⁴. = 4 et 8 fr.); t. nue et barbue d'Hercule, à dr. ℞: m. lég. Femme deb. vue de face, et vêtue de la *stola* ($\mathcal{E}$ 3. — R⁴. = 12 fr. Mion. R³. = 7 fr.); t. de Pallas-Athéné, vue de face ℞: ΚΛΑΖΟΜΕΝΙΩΝ. Partie antér. de bélier couché, au-dessous, certine autour de laquelle est un serpent ($\mathcal{E}$ 4½. — R⁵. = 12 fr. Mion. R⁴. = 8 fr.); même t. vue de face, av. une casque à trois aigrettes. ℞: ΒΙΩΝ. Bélier marchant de g. à dr., devant, globule ($\mathcal{E}$ 4. — R⁴. = 10 fr.); autre, av. ΗΝΟΔΟΤΟΣ ($\mathcal{E}$ 2); ΦΑΝΑΓΟΡΑΣ ($\mathcal{E}$ 2); ΗΡΟΔΟΤΟΥ; ΠΑΡΜΙ ($\mathcal{E}$ 5); ΚΛΑΖΟΜΕΝΙΩΝ·ΑΠΟΛΛΩΝΙΔΕΣ, — ΕΣΤΙΑΙΟΣ, — ΙΠΠΟΚΛΟΣ, — ΙΣΟΔΗΜΟΣ, — ΜΗΤΡΟΔΩΡΟΣ, — ΟΛΥΜΠΙΟΔΩΡΟΣ, — ΦΑΝΗΣ, — toutes au ℞ av. la partie antér. de bélier, à dr. ($\mathcal{E}$ 4 et 4½. — R². = 2 et 3 fr.); t. de Pallas, à dr. ℞: ΚΛΑΖΟΜΕΝΙΩΝ·ΒΙΩΝ. Bélier couché, tourné à dr. ($\mathcal{E}$ 3½. — R². = 2 fr.); autres: av. —ΚΡΟΝΙΟΣ; — ΙΣΟΔΗ; — ΜΗΤΡΟΔΩΡΟΣ; — ΠΑΡΜΕΝΙΣΚΟΣ; — ΠΟΛΥΒΟΥΛΟΣ, — ΚΛΑΖΟΜΕΝΙΩΝ·+ΡΟΝΤΑ (sic), et ΚΛΑ...ΜΕΝΙΩΝ. ($\mathcal{E}$ 3, 4 et 6. R¹. = 2 à 6 fr.); t. casquée d'Arès. ℞: ΚΛΑΖ. Bélier deb. ($\mathcal{E}$ 4. — R⁴. = 8 fr. Mion. R³. = 6 fr.); t. de femme couronné de laurier, à dr. ℞: Même lég. et même type ($\mathcal{E}$ 1½. — R³. = 2 fr.); ΚΛΑΖΟΜΕΝΗ. t tourelée de l'Amazone Klazoméné, à dr. ℞: ΚΛΑΖΟΜΕΝΙΩΝ. Figure barbue deb. à moitié nue, le pied g. posé sur un rocher et ten. de la m. g. un globe ($\mathcal{E}$ 4. — R⁶. = 12 fr. Mion. R⁴. = 8 fr.); m. lég. et m. t. ℞: Même lég. Asklépios deb. av. ses attributs ($\mathcal{E}$ 4. — R³. = 6 fr.); ΘΕΑ·ΚΛΑΖΟΜΕΝΗ. Même t. ℞: Même lég. Fig. deb. vêtue de la *stola*, tendant la m. à un animal placé devant elle ($\mathcal{E}$ 4. — R⁷. = 25 fr. Mion. R⁵. = 12 fr.); autre: ΚΛΑΖΟΜΕΝΙΩΝ. Kybèle deb. entre deux lions ($\mathcal{E}$ 6. — R⁷. = 40 fr. Mion. R⁵. = 24 fr.); Partie antér. d'un sanglier, à dr. devant, ΒΑΡΟΣ. ℞: ΚΛΑΖΟΜΕΝΙΩΝ. et un monogr., le tout dans un carré creux ($\mathcal{E}$ 4. — R⁴. = 8 fr. Mion. R². = 4 fr.); Partie antér. d'un bélier bondissant. ℞: Même lég. Chouette posée sur un sistre couché ($\mathcal{E}$ 2½. — R⁴. = 8 fr.); autre, ℞: Chouette deb. dans une couronne ($\mathcal{E}$ 6. — R⁶. = 20 fr.); t. laurée d'Apollon, à dr. ℞: ΑΝΤΙΟΧΟC. T. de bélier à dr. dessous, un trident ($\mathcal{E}$ 3. — R². = 4 fr.); t. d'Artémis. ℞: ΚΛΑΖΟ. Dauphin ($\mathcal{E}$ 1. — R⁴. = 8 fr.); t. d'Artémis Pharétrée. ℞: ΚΛΑΖΟΜΕΝΙΩΝ. Carquois et arc en sautoir ($\mathcal{E}$ 3. — R⁴. = 8 fr.); t. de Pallas-Athéné casquée. ℞: ΚΛΑΖΟΜΗΝΙΩΝ·ΑΡΜΕΝΙΟΣ. Bélier couché ($\mathcal{E}$ 3. — R¹. = 2 fr.); autre: t. imb. casquée, ℞: ΕΥΗΝΟΣ. Bélier couché à g. ($\mathcal{E}$ 3. — R¹. = 2 fr.); ΚΛΑΖΟΜΕΝΗ. T. tourelée de femme (Amazone Klazoméné). ℞: ΚΛΑΖΟ-

ΜΕΝΙΩΝ. Le dieu Mên deb., frappant du pied quelque chose, et ten. de la m. g. un globe ($Æ$ 4. — R^5. = 15 fr. Mion. R^4. = 8 fr.); t. imb. diadémée. R': Même lég. Αναχαγορε, vêtu du *pallium*, assis sur un globe, à g. la m. dr. levée, et un volume dans la g. ($Æ$ 6. — R^7. = 40 fr. *Num. Chron.* VII, p. 62. — Mion. R^4. = 12 fr.); ΚΛΑΖΟΜΕΝΗ. T. tourelée de femme. R': Même lég. Αναχαγορε à demi-nu, deb. portant sur la m. g. tendue un globe ($Æ$ 6. — R^7. = 40 fr. v. Visconti, Icon. gr. Suppl. p. 6. Pl. A, n° 2); ΙΕΡΑ·ϹΥΝΚΛΗΤΟϹ. T. du Sénat, à dr. R': ΕΠ·ϹΤ·ΖΩϹΙΜΟΥ·Τ·Ε·ΚΛΑ-ΖΟΜΕΝΙΩΝ. La Tyché deb. ($Æ$ 6½. — R^8. = 60 fr. Mion. R^6. = 24 fr.); ΡΩΜΗ·ϹΥΝΚΛΗΤΟϹ. T. affrontées de Rome et du Sénat. R': ΚΛΑΖΟΜΕ-ΝΙΩΝ. Asklépios deb. av. ses attributs ($Æ$ 4. — R^6. = 40 fr. Mion. R^5. = 15 fr.). — **Impériales** depuis Auguste jusqu'à Gallien. — $Æ$ 4. — $Æ$. Mod. 12, 9, 8, 7, 6, 5, 4½, 4 et 3½. — R^4–R^8. de 15, 25, 40, 60, 80, 100, 150, 200 et 300 fr. — Le magistrat est toujours *stratège*. — Auguste: ΣΕΒΑΣΤΟΣ·ΚΤΙΣΤΗΣ. T. nue d'Auguste. R': ΚΛΑΖΟΜΕΝΙΩΝ. Fig. militaire marchant à dr., les bras g. armé d'un bouclier. $Æ$ 4. — R^{8*}. En la supposant antique: 300 fr. — [Comme je n'ai jamais pû voir cette mon. dans aucun Musée ou une coll. particulière — je ne la crois pas vraie; elle a été décrite par Mionnet (v. T. III, p. 70, n° 77. $Æ$. R^6. = 200 fr.) d'après Morell., Spec. Rei Num. Pl. XX, n° 1, p. 201, qui est une source de peu de confiance]; la même mon. ($Æ$ 4. — R^6. = 40 fr. mais au *Droit* la t. d'Auguste laurée, Mion. S. VI, p. 92, n° 76. $Æ$ 4. — R^5. = 15 fr.); *autre*, même lég. la t. nue. R': Même lég. Chouette ($Æ$ 4. — R^7. = 40 fr. Mion. 15 fr.); t. laurée d'Auguste. R': Même lég. Rome casquée deb. ten. une haste et un bouclier ($Æ$ 4. R^7. = 40 fr. Mion. 15 fr.); t. nue d'Auguste, à g. R': Même lég. Athéné tournée à dr. la m. dr. étendue, la g. sur son bouclier ($Æ$ 3. — R^4. = 12 fr. Mion. 8 fr.); t. laur. d'Aug. à dr. R': Même lég. Un bélier couché, tourné à dr. et regardant derrière lui ($Æ$ 4½. R^6. = 15 fr. Mion. R^4. = 8 fr.); ΣΕΒΑΣΤΟΣ derrière la t. nue d'Auguste à dr. R': Pallas deb. à dr., la m. g. appuyée sur le bouclier, derrière elle, ΚΛΑΖΟΜΕ—ΝΙΩΝ, — devant, ΚΤΙΣΤΗ(Σ). et étoile ($Æ$ 18 mill. R^8. — Inédite. 80 fr. Voy. Imhoof-Blumer, Monn. Gr. p. 284, n° 25); Livie: ΘΕΑ·ΛΙΒΙΑ. Sa t. à dr. R': ΚΛΑΖΟ·ΚΤΙΣΤΗΣ. T. d'Auguste couronnée de laurier, à dr. ($Æ$ 3½. — R^7. = 40 fr. Mion. R^6. = 20 fr.); Cavalier allant, à dr. av. un manteau flottant sur ses épaules ($Æ$ 4. — R^8. = 70 fr. m. de C. et L. Caesares); t. de Pallas-Athéné. R': t. de Germanicus ($Æ$ 6. — R^8. = 100 fr. Mion. 60 fr.); ΔΡΟΥΣΟΣ·ΗΡΟΣ. T. nue de Néron-Drusus. R': ΚΛΑΖΟΜΕΝΙΩΝ. Bûcher de forme pyramidale ($Æ$ 4. — R^8. = 100 fr. Mion. 40 fr. Cab. de Munich); Antonia: ΘΕΑΝ·ΑΝΤΩΝΙΑΝ. Sa t. R': Même lég. Femme *tutulée* et voilée deb. ($Æ$ 4. — R^8. = 100 fr. Mion. 40 fr.); Pallas deb. ten. une patère et la haste ($Æ$ 4. — R^6. = 30 fr. Mion. 15 fr., mon. de Claude I.); Othon: ΑΥΤΟΚΡΑΤ·ΟΘΩΝΑ. Sa t. nue. R': ϹΕΡΑΠΙΩΝΟϹ·ΟΠΟΥ.... ΚΛΑ. Homme nu deb. à dr., le *pallium* agrafé sur la poitrine, ten. de la m. dr. une patère et la gauche baissée ($Æ$ 4. — R^{8*}. = 120 fr. Mion. 100 fr.). Cette mon. n'appartient pas ici et doit être rapportée à **Lokrae Opuntii**. La lég. du Rev. doit être lue: ΟΠΟΥ·ΕΠΙ·ΚΛΑΥ ϹΕΡΑΠΙΩΝΟϹ. = l'homme nu deb. n'est autre que le héros local Orous. — [J'ai une très-belle pièce de cette localité de Galba, mais qui n'est pas aussi rare que celle d'Othon. On connait aussi une mon. à l'effigie de Claude et une de Géta, av. le nom du même magistrat, que Mion. S. VII, p. 475, n.° 337 a classée à Tralles; — Sestini, dans sa Descr. di altre med. gr. del. Mus. Fontana, pars III, p. 76, n.° 4, a répété l'erreur de Mionnet]; ΕΙΡΗΝΗ·ΚΛΑΖΟ-ΜΕΝΙΩΝ. Femme deb. ten. des épis et un caducée (Æ 6. — R^6. = 30 fr. Mion. 24 fr. mon. de Vespasien. — On possède des mon. du même mod. de Claude, Titus et Domitien; elles sont: R^6. = 30 fr. On les trouve dans Vaillant, Num. Graeca); Titus: Sa t. à dr. ℞: ΚΛΑΖΟΜΕΝΙΩΝ. Démétèr deb. (Æ 6. — R^5. = 20 fr. Mion. R^4. = 12 fr.); Titus et Domitianus: Leurs t. affrontées. ℞: ΕΙΡΗΝΗ·ΚΛΑΖΟΜΕΝΙΩΝ. Démétèr deb. (Æ 6. — R^7. = 60 fr. cf. Wise. N. Bodlei. Tab. XIII, f. 4, p. 61); Trajan: Artémis deb. (Æ 6. — R^6. = 40 fr.); ΑΥ·ΝΕΡΒΑΝ·ΤΡΑΙΑΝ·ϹΕΒΑ·ΓΕΡΜ. Sa t. laurée. ℞: ΘΕΑ·ΚΛΑΖΟΜΕΝΗ. Kybèle *tutulée* assise, ten. de la m. dr. une pet. fig. d'Isis, et sous ses pieds un *tympanum* (Æ 7. — R^7. = 60 fr.); Hadrien: ΚΛΑΖΟΜΕΝΙΩΝ·ϹΤΡ·ΑΘΕΝΑΓΟΡΑϹ. Kybèle, entre deux lions, debout (Æ 9. — R^7. = 80 fr. Mion. R^6. = 50 fr.); autre, av.: ΕΠΙ·ϹΤΡ·ΚΛ·ΘΕΜΙϹΤΟΥ·ΚΛΑΖΟΜ. Même type (Æ 8. — R^7. = 100 fr. Mion. 50 fr.); autre: Hadrien à cheval (Æ 6. — R^6. = 30 fr. Mion. 20 fr.); *autre*: Athéné deb. (Æ 5. — R^6. = 20 fr.); Sabine: Sa t. à dr. ℞: ϹΤΡΑ·Α·ΘΕΜΙϹΤΟΥ·ΚΛΑΖΟ. Asklépios deb. (Æ 4. — R^7. = 40 fr. Mion. R^6. = 18 fr.); S. Sévère: ℞: ΚΛΑΖΟΜΕΝΙΩΝ. Femme deb. vêtue de la *stola*, sacrifiant sur un autel (Æ 6. — R^6. = 24 fr. — Arigoni, II, Impp. 19, 249); Julia Domna: Sa t. à dr. ℞: ϹΤΡ·ΦΙΛΩΝΟϹ·ΔΑΜ·ΤΟ·Β·ΚΛΑΖΟΜΕΝΙΩΝ. Zéus Sérapis assis, ten. une patère et la haste pure (Æ 9. — R^7. = 70 fr. Mion. R^5. = 30 fr.); autre, av. Démétèr deb., au ℞. (Æ 6. — R^4. = 12 fr.); Caracalla: Sa t. jeune, laurée, à dr. ℞: ΕΠ·ϹΤΡ·ΑΠΟΛΛΩ·ΚΛΑΖΟΜΕΝΙΩΝ. Kybèle deb. entre deux lions (Æ 13. — R^8. = 300 fr. Mion. R^7. = 200 fr.); autre: ℞: Asklépios deb. av. ses attributs (Æ 4^1/$_2$. — R^4. = 8 fr.); autre: Démétèr deb. (Æ 6. — R^4. = 12 fr.); autre, ℞: ΚΛΑΖΟΜΕΝΙΩΝ·ΑΝΦΙΛΟΧΟΥ. Femme tourelée à demi-nue (Amazone Klazoméné?), assise sur un siège, à g. t. une Niké de la m. dr. et un sceptre de la g., à terre, un bouclier, — dessous, un vase (Æ 5^1/$_2$. — R^6. = 20 fr. Mion. R^4. = 12 fr.); Caracalla et Géta: T. laurée de Caracalla, celle de Géta effacée, deux contre-marques en place. ℞: ΕΠΙ·ϹΤΡ·ΑΠΟΛΛΩ·ΚΛΑΖΟΜΕΝΙΩΝ. Kybèle deb. entre deux lions (Æ 12. — R^7. = 200 fr.); Géta seul: Sa t. nue à dr. ℞: ΚΛΑΖΟΜΕΝΙΩΝ. Asklépios deb. av. ses attributs (Æ 4^1/$_2$. — R^6. = 15 fr. — Mion. R^4. = 8 fr.); Trébonien Galle: Sa t. laurée, à dr. ℞: ΕΠΙ·ΚΑΡΙΔΗΜΟΥ·ΑΡΧ·ΚΛΑΖΩΜΗΝΩΝ. Temple tétrastyle, — au-milieu, un autel allumé (Æ 6. — R^7. = 50 fr. Mion. 30 fr.); Valérien Père: Sa t. laurée, av. le *paludamentum*. ℞: Ϲ·Μ·ΑΥΡ·ΔΙΟΝΥϹΙΟΥ·ΚΛΑΖΟΜΕΝΙΩΝ. Kybèle debout entre deux lions, la t. surmontée du *modius* et voilée, ten. dans chacune de ses mains les extrémités de son voile (Æ 8. — R^6. = 50 fr.); même t. ℞: ΘΕΑ·ΚΛΑΖΟΜΕΝΗ. Amazone Klazoméné assise, ten. de la m. dr. une pet. statue de Kybèle voilée, la g. appuyée sur son siège (Æ 7. — R^6. = 30 fr. Mion. 12 fr.); Gallien: Sa t. laurée, av. le *paludamentum* et lég. usuel. ℞: ΚΛΑΖΟΜΕΝΙΩΝ. Femme deb. ten. d. la m. dr. une statue, la g. posée sur la haste (Æ 5. — R^4. = 80 fr.); même lég. Démétèr deb. ten. des épis de la m. dr. et un flambeau de la g. (dans le Mus. Tiepolo, il est dit une haste) = (Æ 5. — R^4. = 8 fr.); Athéné deb. ten. de la m. dr. une patère et de la g. une haste et un bouclier (Æ 5. — R^5. = 10 fr.); autre, Artémis Leukophryne av. ses supports et des colombes (Æ 4. — R^6. = 15 fr. Mion. R^4. = 8 fr.). — Sur les mon. de Klazomenai voy.: *Num. Chron.* VII, 62; XVII, 99; *Archäol. Zeitg.* 1849, 99; 1853, 45. — *Rev. Num. Fr.* 1846, p. 62. — Avellino, Bulletino IV, 20; VI, 58. — Bulletino di Corr. arch. di Roma 1839, p. 137. — Sestini, Mus. Chaudoir, p. 90, 91. — *Id.* Lettere di Continuaz. VIII, 54. — Chaudoir, Corrections, p. 83. — Luynes, Choix de méd. ant. X, 14, 15, 16. — Welzl de Wellenheim, Cat. n°s 5298 et suiv. et 5329. — Fox, Engrav. of uned. or rare Greek coins, II, n° 63 (Æ). — *Annali* dell' Istit. e Corr. arch. di Roma 1841, p. 156, Mon. III, 35, 25—29. — Dumersan, Médailles inédites, 73, donne les grossiers et lourds tétradrachmes de Klazomenai ou de Kymé à Erythrae Ioniae. Sestini, v. Antologia di Firenze, Tom. 14, XXXXI, 89, les classe à Aulis de Beeotie, parce qu'ils portent la lég. AV. —

126. ΕΦΕCΟC.

Sur les mon. de la ville d'Ephèse en Ionie. — *Autonomes:* Or. — *Types:* T. d'Artémis av. un arc et un carquois. ℞: ΕΦΕΣΙΩΝ. Simulacre d'Artémis d'Ephèse de face, — dans le champ, cerf et abeille (A^r 4. — Statère. Poids: Gr. 8,55. — R^{s*}. = 2000 fr. Mion. III, p. 84, n.º 151. — R^6. = 1000 fr. — Elle est bien antique ainsi que les 10 autres variétés, dont une **inédite** de la coll. Imhoof. En plus tout ce qui concerne ce sujet on n'a qu'à suivre la monographie complète pour les autonomes d'Ephèse, donnée par M. Head, d. la Num. Chron. An. 1880 et 1881. — Un exempl. de cette mon. existait aussi dans la coll. du lieutenant Corner. Il a été acquis à Londres, par M. Yong, en mai 1821, aux enchères publiques, pour 24 livr. 10 sh. (environ 600 fr.). — Cf. Head (Ephesus, Pl. V, 2—6. — Voy. aussi Cat. Dupré (Paris 1867), n.º 289. Or. Statère. Vend. 900 fr. [Rollin]. — Vente J. Whittal de Smyrne, lot n.º 918. — (Je doute beaucoup de l'authenticité de cette pièce de la coll. Whittal.) — **Electrum:** Abeille. ℞: Aire de forme oblongue divisée en deux carrés (**El.** Trite. Poids: 71 grs. Cf. B. V. Head, Ephesus, Pl. I, 1, 2); partie antér. d'un cerf. ℞: Aire carré en creux inégale (**El.** Hecte. Poids: 36 grs.); Même droit. ℞: Le même (**El.** Hemihecton. Poids 18 grs. Cf. B. V. Head, l. c. Pl. I, 3, 4). — *Autonomes en Æ:* Types: ΕΦΕΣΙΩΝ. Abeille. ℞: Aire. carré en creux divisée en quatre parties informes (Æ 3. — R^4. = 12 fr.); autre, Æ 4; autres: Εφ. Abeille. ℞: Aire carrée en creux, divisée en quatre parties inégales (Æ 1$^1/_2$ et 2$^1/_2$. — R^5. de 10 à 15 fr.); Εφ. Abeille. ℞: Aire carrée en creux, divisée en croix, sur la croix: ΤΙΜΕΣΙΑΝΑΞ. (Æ 3. — R^5. = 24 fr.); autres: av. ΔΙΟΔΩΡΙΔ.; ΜΕΝΕΣΘΕΥ. (Æ 2. — R^6. = 20 fr. p.); Εφ. Abeille. ℞: Εφ. Deux têtes de cerf en regard, av. leur col (Æ 1$^1/_2$. — R^6. = 40 fr. Mion. R^5. = 24 fr.); Εφ. Abeille. ℞: Carré creux, divisé en quatre parties informes dans l'intérieur, dans le champ, N. (Æ 3. — R^6. = 35 fr.); Εφ. Abeille. ℞: Aire carrée en creux, divisée en quatre parties par une croix, — sur l'une des barres, on lit: ΚΟΡΥΛΑΣ. (Æ 2. — R^6. = 40 fr. Mion. 24 fr.); *autre,* av. ΜΕΝΤΩΡ. (Æ 6. — R^6. = 120 fr. — Cab. de lord Turner, à Smyrne). — Εφ. Abeille. ℞: ΑΝΤΙΚΡΑΤΗΣ. Partie antérieure d'un cerf couché, tourné à dr. et regardant à g., dans le champ, un palmier (Æ 6. — R^6. = 70 fr. Mion. R^3. = 30 fr.); *Mêmes types,* av. ΑΡΙΣ-

ΤΟΛΕΩΝ; ΑΡΙΣΤΑΓΟΡΗΣ; ΑΡΧΕΛΟΧΟΣ; ΑΙΛΟΣΤΡΑΤΟΣ; ΒΟΙΩΤΟΣ; ΗΓΕΚΛΗΣ; ΙΩΒΙΤΑΣ; ΛΥΚΩΝ; ΟΛΥΜΠΙΧΟΣ; ΠΑΡΘΕΝΙΟΣ; ΠΕΛΑΓΩΝ; ΤΗΛΕΣΤΡΑΣ; ΦΑΝΑΓΟΡΗ; ΦΕΡΑΙΟΣ; — ΧΑΙΡΙΤΗΣ; ΑΡΙΣΤΟΔΗΜΟΣ; ΓΟΡΓΩΠΑΣ; ΔΗΜΟΚΛΗΣ; ΔΟΚΚΑΛΟΣ; ΕΥΚΤΙΤΟΣ; ΘΕΟΔΩΡΟΣ; ΚΛΕΟΝΙΧΟΣ; ΚΟΜΗΣ; ΜΑΝΤΙΚΡΑΤΩ; ΜΕΓΑΚΛΗΣ; ΜΕΝΕΣΙΓΓΟΣ — mais au *Droit*: Εφ. et pour type, une mouche; autres, av. la m. t. de la mouche et av. les noms des magistrats suivants; ΜΟΙΡΑΓΟΡΑ; ΝΙΚΗΡΑ; ΞΕΙΝΗΣ, mieux: ΙΗΝΗΣ, ΙΗΝΟΔΟΤΟΣ; ΞΕΝΟΚΛΗΣ; ΓΑΝΑΙ; ΠΟΛΥΚΛΗΣ; ΠΥΘΑΓΟΡΗΣ; ΣΩΒΙΟΣ; ΧΙΜΑΡΟΣ (Inédite. voy. Cat. Iwanoff, n° 275. Vend. 1 £ 18 sh.); ΕΓΚΑΙΡΙΟΣ (aussi Inédite: ibid. n° 276. Vend. 3 £ 3 sh.); ΘΡΑΣΥΜΗΔΗΣ (Inédite: ibid. n° 277. Vend. 1 £ 13 sh.); ΠΡΥΤΑΝΙΣ (Inédite: Cat. J. W. Whittal, n° 921); ΑΡΙΔΕΙΚΗΣ (Inédite: Cat. J. Whittal, n° 925); tête d'Artémis à dr. couronnée d'une stéphané, et le cou drapé. $\mathrm{R}^?$: ΕΡΞΙΑΣ-ΕΦΕ. *Arc et carquois*, dans le champ, abeille ($\mathcal{R}$. 19 mill. Inc. à Mion. — Voy. Imhoof: Choix, pl. III, n° 117, — *id*. Monn. Gr. p. 285, n° 39, et dans Head, Ephesus, 1880, p. 41, Pl. VII, f. 1); *Mod. 5*: Mon. en $\mathcal{R}$: av. la t. d'Artémis, av. arc et carquois par derrière. $\mathrm{R}^?$: ΕΦ·ΑΘΗΝΟΠΟΛ. Partie antérieure d'un cerf se retournant, — dans le champ, une pot. abeille ($\mathcal{R}$ 5. — R^7. = 80 fr. Mion. R^5. = 30 fr.); autres, av.: ΑΡΙΣΤΟΦΩ; ΔΗΜΟΦΩΝ; ΔΙΟΝΥΣΙΟΣ·Ε; ΔΙΟΣΚΟΥΡΙΔΗΣ; ΕΥΝΙΧΟΣ; ΕΡΜΩΝΑΞ; ΕΡΜΩΝ; ΕΦ·ΙΔΟΜΕΝΕΥΣ; ΚΑΛΛΙΣΤΡΑΤΟΣ; ΜΗΤΡΟΦΑΝΗΣ; ΜΙΝΝΟΣ; ΝΑΥΚΡΑΤΗΣ; ΝΙΚΙΑΣ; ΝΙΚΟΜΑΧΟΣ·Ε; ΠΥΘΑΓΟΡΑ; ΣΚΟΠΑΔΗΣ; ΣΩΣΙΣ; ΤΕΛΕΣΙΑΣ; ΦΙΛΙΠΠΟΣ. (toutes $\mathcal{R}$ 5. — R^6—R^7. de 70 à 80 fr.); *Mod. 4 et 3½*: Mon. en $\mathcal{R}$: Εφ. Abeille. $\mathrm{R}^?$: ΑΙΓΥΠΤΙΟΣ. Cerf deb. tourné à dr. devant un palmier ($\mathcal{R}$ 4½. — R^3—R^4. de 6 à 10 fr.); *autres*: av. ΑΝΤΙΜΗΔ; ΑΡΜΕΝΙΣΣΥ. (Inédite. Rol. et Feuard. Cat. de m. Gr. n° 5094.); ΑΠΕΛΛΗΣ; ΑΠΟΛΛΩΝΙΔΗ; ΒΙΑΝΟΣ; ΔΗΜΗΤΡΙΟΣ; ΔΗΜΟΚΡΑΤΙΔΗ; ΔΗΜΟΚΛΗΣ; ΔΙΟΝΥΣοΔΩΡ; ΑΡΟΠΙΔΗΣ; ΚΑΛΛΙΞΕΝΗ; ΚΥΡΡΑΛΙΑΣ; ΜΟΙΡΑΓΕΝ.; ΜΗΝΟΦΑ; ΝΙΚΟΛΟΧΟΣ; ΠΟΙΡΑΓΕΝΗΣ; ΙΗΝΟΔΟΤΟΣ; ΣΩΣΙΣ; ΤΑΥΡΕΑ; ΑΡΙΣΤΕΑΣ; ΑΡΤΕΜΙΔ; ΘΡΑΣΕΑΣ; ΛΑΜΠΡΙΑΣ; ΛΙΧΑΣ; ΜΑΤΙΛΛΑΣ; ΜΗΤΡΟΔΩΡΟΣ; ΠΑΥΣΑΝΙΑΣ; ΧΑΛΚΙΔΕΥΣ (Inédite: Cat. Whittal, n° 926); ΔΗΜΑΡΧ. (ΕΦ· ΧΑΡΟΠΙΝΟΥ. Inédite. $\mathcal{R}$ 5. voy. Cat. Whittal, n° 928); ΕΦΕ·ΕΧΕΑΝΑ; ΑΝΤΙΦΙΛΟΣ; ΑΘΗΝΑΓΟΡΑΣ; ΑΙΧΜΟΚΑ; ΒΑΔΡΟΜΙΟΣ (Mus. Hunter, n° 15); ΔΑΝΑΟΣ; ΕΥΚΡΙΤΟ; ΙΩΠΥΡΟΣ; ΗΡΟΔΟΤΟΣ; ΚΑΛΛΙΣΚΡΑΤ.; ΚΑΛΛΙΣΘΕΝΗΣ; ΜΑΤΥΡΟΣ; ΜΟΛΠΟΣ; ΣΑΤΥΡΟΣ; ΤΙΜΑΝΘΗ.; ΦΙΛΙΣΤΙΩΝ; ΑΣΤΡΟΡΙΔ. (ex. moulé sur l'arg.); ..... ΩΤΑΣ. (toutes $\mathcal{R}$ 4. R^5. de 6, 8 et 10 fr.); Εφ. Mouche. Dessous, les lettres ΓΕ. $\mathrm{R}^?$ .... ΣΥΝ. (pour ΣΥΜΜΑΧΙΚΩΝ). Hercule enfant étouffant deux serpents ($\mathcal{R}$ 4. — R^8. = 200 fr. Mion. R^8. = 150 fr. — Tridrachme de Rhodes, pesant 177 grs. Mus. Hunter, Pl. XXVI, fig. 4). — *Mod. 3*. $\mathcal{R}$: av. ΛΙΜΝΑΙΟΣ; ΔΗΜΟΦΩΝ; ΣΩΣΙΣ; ΜΥΤΑΣ; ΔΗΜΗΤΡΙΟΣ; ΒΑΤΤΑΣ; ΕΡΜΩΝ; ΣΚΟΠΑΔΗΣ; ΝΙΚΙΑΣ; ΑΝΤΙΓΟΝΟΥ; ΑΛΕΞΑΝΔΡΟΣ; ΓΡΥΛΙΣ. ($\mathcal{R}$ 3. Inc. à Mion. — toutes de la coll. Whittal, à Smyrne); t. d'Artémis Pharétrée, à dr. $\mathrm{R}^?$: φ. Partie antér. d'un cerf couché à dr. et regardant à g. derrière, les lettres confuses d'un nom de magistrat ($\mathcal{R}$ 3½. — R^6. = 30 fr. Mion. R^5. = 24 fr.); *autre*: Lég. effacée. Abeille. $\mathrm{R}^?$: Partie antér. d'un cerf couché à dr. et regardant à g. ($\mathcal{R}$ 1. — R^7. = 20 fr. Mion. 15 fr.); Εφ.

Abeille. ℞: EYKΛH. Cerf à droite; derrière, palmier (Æ 4. Précieuse coll. Paravey. Vend. à Paris, en 1879, v. le n.° du Cat. 201. Vend. 22 fr. [Vic. de Quelen]; Même type, av. AΔAIOΣ. (Æ. 19 mill. Poids 4,17 gr. Coll. Arthur Löbbecke à Braunschweig, — inédite, cf. Zeitschr. f. Num. Bd. XII, p. 316); Eφ. Abeille. ℞: .. KATOK ... Demi-cerf couché devant un palmier (Æ 4. Nom de magistrat incon. à Mion. Cfr. Cat. Badeigts de Laborde 1869, p. 34, n.° 388); t. voilée de la Reine Arsinoë. ℞: APΣI. Arc et carquois. *Symbole:* Abeille et le nom de magistrat (Æ. 88,42 et 19 grs. Cf. Head (Barclay), Man. of Gr. Num. Oxford 1887, p. 496). — Cistophores: Æ. Mod. $8^{1}/_{2}$, 8, $7^{1}/_{2}$, 7 et $6^{1}/_{2}$. — R^{5}. = 40 fr. Mion. R^{3}. = 24 et 30 fr. — *Type général:* Ciste mystique entr'ouverte, de laquelle s'élance un serpent, dans une couronne de lierre. ℞: EΦE. Deux serpents enlacés autour d'un carquois et la tête dressée, dans le champ à g. la partie antér. d'un cerf (Æ 8. — R^{5}. = 40 fr. Mion. R^{3}. = 24 fr.); autres: **Variétés** qu'on observe seulement au ℞ dans le champ: carquois; buste d'Artémis d'Ephèse et la lettre B; t. de femme et la lettre K, — au-dessus du carquois, un troisième serpent; double corne d'abond. et les lettres AK, — au-dessus du carquois, abeille; torche allumée et les lettres ΛΔ, — au-dessus du carquois, trépied; torche allumée et les lettres MΔ, — au-dessus du carquois, trophée; torche et les lettres ME, — au-dessus du carquois, bâton autour duquel est un serpent; torche et les lettres MH, — au-dessus du carquois, corbeille remplie d'épis et de pavots; torche et les lettres ΞΓ, — au-dessus du carquois, épi entre deux cornes d'abond. jointes ensemble; autre, av. les lettres ΞZ et les mêmes symboles; torche et les lettres ΞI, au-dessus du carquois, torche entre deux cornes d'abond. jointes ensemble; entre les deux serpents, la lettre A, au-dessus une abeille, dans le champ, une torche allumée; une torche, à gauche MS (46), entre les deux serpents, une fleur de *lotus*; sur le carquois une Niké, dans le champ, une torche et les deux lettres numérales MΘ (49); sur le carquois, la fleur de la *persea* entre deux épis, dans le champ, une torche et les lettres NB (52); sur le carquois, un autre carquois, dans le champ, torche et NΓ (53); sur le carquois, un terme de Priape, dans le champ, torche et NZ (57); palme et deux cornes d'abond. réunies, dans le champ, les lettres ΞE (65); dans le champ ΞC (66); dans le champ, d'un côté,. ΞZ (67), de l'autre torche; une torche et les lettres ΞI (70); un vase au-dessus du carquois, dans le champ ΞΔ (69); autre: candélabre à trois flambeaux au-dessus du carquois; dans le champ, à dr. une figure sur un cerf courant; Alexandre le Grand au type de Zéus assis devant lequel est une abeille et EΦE [on connait des Cistophores d'Ephèse frappés en l'honneur des proconsuls romains suivants: T. Ampius Balbus, av. J. C. 58—57; C. Fanius, av. J. C. 57—56; C. Claudius Pulcher, av. J. C. 55—54; Lucius Antonius (proquaestor) av. J. C. 50—49; C. Fannius (praetor) av. J. C. 48]; — Même type, au *Droit*. ℞: Entre les serpents, un trépied, — au-dessus, Apollon nu deb. ten. une pet. branche de la m. dr. levée, et la g. appuyée sur une colonne, av. l'inscription A·M·PROCOS· OZ·EΦE, — au bas, EPMIAC·KAIYCTP. dans le champ, un flambeau (Æ 8. Cistophore. R^{7}. = 150 fr. Mion. R^{5}. = 100 fr. — Mus. Pembrooh. P. II, Tab. LXXXI, fig. 3); *autre*, av. C·FAN·PONT·PR. Temple tétrastyle entre les deux serpents. Dans le champ, EΦE·ΠE. d'un côté, et de l'autre un flambeau, — au bas, ΙΔΗΙΛΟC (Ⓡ 8. — R⁷. = 150 fr. Mion. R⁵. = 100 fr. — Cf. Eckhel, D. N. IV, 354, 361 et 363, — et Cat. d'Ennery, p. 74, n⁰ 116, dont la leçon est fausse); *autre*, semblable, mais au bas: ΑΡΧΕ-ΔΗΜΟΣ (Ⓡ 8. — R⁷. = 150 fr. Mion. R⁵. = 100 fr.); *autre*, av. FABI·M·PRO·COS. Deux serpents, la t. levée, au milieu d'eux *l'acrostolium*, au-dessus, la statue d'Artémis, à dr. ten. son arc, dans le champ, d'un côté, ΕΦΕ·ΟΖ. de l'autre, une torche, dessous, ΚΝѠ. (Ⓡ 7. R⁶. = 120 fr. Mion. R⁵. = 100 fr. — Cab. de M. le marquis de la Goy, à Aix); *autres*: av. ΕΦΕ........ PRO·COS·ΣΩΠΑΡΟΣ. Deux serpents enlacés autour d'un carquois, dans le champ, torche allumée (Ⓡ 7. — R⁵. = 100 fr.); T·AMPI·T·F·PRO·COS. Deux serpents à tête levée, au milieu d'eux, un trépied sur lequel est Apollon nu, ten. de la m. dr. une branche de laurier, et appuyé de la g. sur une colonne, dans le champ, d'un côté, ΕΦΕ·ΟΣ., de l'autre, une torche, au bas, ΔΙΟΝΥCΟΙC...ΥΙ... (Ⓡ 8. — R⁷. = 150 fr. Mion. R⁵. = 100 fr. Auj. Cab. de Münich); autre, av. ΓΛΙΚѠΝΤΙΔ...ΠΕΡΙΚΛΗC. (Ⓡ 8. — R⁸. = 200 fr. Mion. 100 fr.); *autre*, av.: ΕΦΕ·ΟΗ·C·FABI·M·F·PRO·COS. un Uraeus, une torche et dessous ΗΡΑΚѠΝ. (Ⓡ 7. Inédite. R⁸. = 200 fr. Coll. J. Whittal, à Smyrne, voy. Cat. de vente (1884) le n.⁰ 942). — **Autonomes en bronze:** Mod. 6¹/₂, 5, 5¹/₂, 4, 4¹/₂, 3¹/₂, 3, 2¹/₂, 2. — R²-R⁴. de 2, 5, 10, 15, et 20 fr. — *Types:* Buste d'Artémis, à dr. carquois sur le dos. ℞: ΕΦ·ΜΗΝΟΦΙΛΟΣ. Partie antér. de cerf tourné à dr. et regardant à g. derrière, torche, dans le champ, Θ. (Æ 6¹/₂. — R⁴. = 12 fr. Mion. R³. = 9 fr.); Même droit. ℞: ΕΦ·ΔΗΜΗΤΡΙ·ΚѠΚΟΣ·ΣΩ-ΠΑΤΡΟΣ. Deux cerfs deb. affrontés, au milieu d'eux torche ardente (Æ 4¹/₂. R⁷. = 40 fr. Mion. R⁶. = 18 fr.); ΕΦ. t. d'Artémis dans une couronne de laurier. ℞: ΦΙΛΩΝ. Cerf deb. à dr. (Æ 4¹/₂. — R². = 5 fr.); t. d'Artémis; arc et carquois sur le dos. ℞: ΕΦ. Partie antér. de cerf, derrière torche, au-dessus ΜΕ, au-dessous ΔΗΜΗΤΡΙΟΣ (Æ 5¹/₂. — R⁴. = 12 fr. Mion. R². = 6 fr. auj. au Cab. de Münich); même *droit*. ℞: ΜΥ. Cerf deb. à dr. ? (Æ 4¹/₂. R¹. = 2 fr.); même t. dev. monogr. 1355 du Rec. Mion. — ℞: ΜΑ. Même type (Æ 4¹/₂. — R¹. = 2 fr.); t. d'Artémis, à dr. ℞: ΚΥΛ·ΛΥ. Même type (Æ 4. — R². = 3 fr.); t. virile laurée à g. ℞: ΡΙΛΥ. Chèvre deb. à g. (Æ 4. — R⁶. = 20 fr. Mion. R³. = 6 fr.); ΕΦ. Artémis chasseresse marchant à dr. le bras dr. élevé ten. un arc dans la m. g. à ses pieds, un chien. ℞: ΙΑΣΩΝ. Coq marchant à dr. av. une palme sur l'aile g., le tout dans une couronne de laurier (Æ 6¹/₂. — R⁵. = 25 fr. Mion. R⁴. = 12 fr.); Mouche dans une couronne de laurier. ℞: ΙΑΣΩΝ. Cerf deb. av. une bandelette dans la gueule, derrière, torche (Æ 4. — R⁵. = 15 fr. Mion. R⁴. = 8 fr.); t. laur. de Zeus, à dr. ℞: ΕΦ. Cerf deb. à dr. dans le champ, N, le tout dans une couronne de laurier (Æ 4¹/₂. — R⁵. = 12 fr. Mion. R⁸. = 6 fr.); ΕΦ. Mouche. Le tout dans une couronne de laurier. ℞: ΔΗΜΗΤΡΙ. Cerf deb. devant un palmier, à dr. dans le champ, monogr. 119 (Æ 4. — R¹. = 2 fr.); *autre*, av. ΔΗΜΗΤΡΙΟC. dans le champ, les lettres, ΑΓ. (Même prix); autre, sans lég. (Æ 4. — R². = 3 fr.); ΕΦ. Abeille; le tout dans une couronne d'olivier. ℞: ΣΩΣΙΚΡΑΤΗΣ. Cerf paissant, au-dessus, carquois (Æ 4. — R². = 3 fr.); Même lég. et même type. ℞: ΑΛΛΙΣ. Partie antér. de cerf couché, derrière, carquois (Æ 4. — R². = 3 fr.); ΕΦ. Abeille. Le tout dans une couronne de laurier. ℞: ΑΓΗΝ. Cerf paissant, tourné à dr., au-dessus, carquois (Æ 4. —

R². = 4 fr.); même type, dans la couronne. ℞: EP..CY. Cerf deb. à dr., au-dessus, carquois (Æ 3½. — R². = 4 fr.); même type. ℞: KOYΣINIOΣ (et non NOYΞIOΣ comme il y a dans Mion. T. III, p. 90, n° 225). Cerf à dr., dessous monogr. 1356 (Æ 3½. — R⁵. = 30 fr. — Mion. R². = 4 fr.); Abeille. ℞: EΦE. Cerf deb. à dr. (Æ 3. — R¹. = 2 fr.); EΦ. Abeille. ℞: ..... TPIOΣ. Cerf couché, tourné vers la g. et regardant à dr., dans le champ, astragale (Æ 2½. — R⁵. = 20 fr. Mion. R¹. = 2 fr.); Inédite: EΦ—E. Coq debout à dr., une palme appuyée sur l'aile g., au-dessus, ΓΡΑ. ℞: Cerf deb. à dr., au-dessus APXιερεύς, dans le champ A ou Δ et EI. (Æ. 15 mill. — R⁸. = 40 fr. — Imhoof-Blumer, Monn. Gr. p. 285, n° 39a; id. cf. Head, Ephesus, p. 77); autre, Rev.: ΜΕΓΑΛΗΤΩΡ. Cerf couché, dans le champ, astragale (Æ 2½. — R⁴. = 6 fr. Mion. R². = 3 fr.); autre, av. le même type, sans nom de magistrat et sans symbole (Æ 2½. — R¹. = 2 fr.); EΦ. Abeille. ℞: XIMAPOI. Cerf agenouillé, regardant derrière, dans le champ, astragale (Æ 4. — R². = 3 fr.); autres, av. ΑΝΔΡΟΦΟΡΒΟΣ; ΚΥΛΙΠΠΟΣ; ΕΚΑΤΟΚΛΗΣ. (Æ 4. — R⁴. = 8 fr. Mion. T. III, p. 91. R². = 3 fr.); t. de femme, à dr. derrière, O. ℞: Sans lég. Abeille (Æ 2. — R⁴. = 4 fr. cette mon. serait plutôt de Julis dans l'île de Céos); t. tourelée de femme, à dr. ℞: EΦ. Abeille (Æ 2. — R². = 3 fr.); t. voilée de femme à g. ℞: EΦE. Cerf agenouillé; dans le champ, astragale (Æ 4. — R². = 3 fr.); ΕΦΕCΙΩΝ·ΕΠΙ·ΚΕΡΡΕΑ. Buste d'Athéné à dr., devant contre-marque. ℞: ΚΑΥCΤΡΟC. Fleuve couché, ten. de la m. dr. un roseau, le coude g. appuyé sur une urne (Æ 5. — R⁷. = 40 fr. Mion. R⁶. = 18 fr.); EΦ·CΚΩΠΙ. Cerf couché, tourné à g. et regardant à droite. ℞: ΚΗΡΙΛΙCΩΔΕ·ΠΡΟC· ΠΑΛΥΡΙΝ. Abeille au milieu du champ (Æ 4. — R⁴. = 15 fr. Mion. R². = 4 fr.); Abeille. ℞:..ΦE. Diota (Æ 4. — R⁵. = 10 fr. Eckhel, Num. vet. anecd., p. 204); Buste d'Artémis à dr. le carquois sur le dos. ℞: EΦ. et un nom de magistrat effacé. La partie antér. d'un cerf couché à dr. et regardant à g. derrière, une torche autour de laquelle est un serpent (Æ 6. — R⁵. = 15 fr. Mion. R³. = 9 fr.); t. d'Artémis Pharétrée. ℞: EΦ·ΠΛΑΤ. Partie antér. d'un cerf couché (Æ 2½. — R³. = 6 fr.); EΦ. Abeille. ℞: ΑΤΡΕΑΣ. Cerf agenouillé se retournant, et regardant un osselet (Æ 2½. — R⁴. = 10 fr. Mion. 4 fr.); autre, av. ΑΝΔΡΟΦΟΡΟΣ. (Æ 3. — R⁴. = 10 fr. Mion. 4 fr.); EΦ. Mouche. ℞:..ΤΟΥΚΡΑ. Partie antér. d'un cerf couché, dans le champ, une torche (Æ 2. — R². = 4 fr.); Abeille dans une couronne de laurier. ℞: Cerf deb. à dr. à l'exergue, ΙΑΣΩΝ. (Æ 2½. — R⁴. = 8 fr.); autre, av. ΜΕΝΑΝ. dans le champ, Π. et le monogr. 584 (Æ 2½. — R⁴. = 8 fr.); autre, av. ΑΡΜΙΚΟ.... (Même prix); Abeille entre les lettres EΦ. ℞: Cerf couché. Devant: ΑΝΤΙΑΛΚΙΔΑΣ. (Æ 4. — R⁴. = 15 fr. Mion. 8 fr.); Mêmes types, av. ΕΟΕΛΘΩΝ; ΣΟΛΩΝ; ΑΠΟΛ-ΛΩΝΙΔ; ΣΟ en monogr. et dessous, ΑΡΚΑΣ; ΕΦ·ΔΙΟΝΥCΙΑΔΑC; ΣΩΠΥ-ΡΟΣ; ΕΡΜΙΑC (Æ 4. — R⁴. t. à 8 et 10 fr.); ΑΝΤΙΟΧΟΣ (en rétrogr.). Un croissant surmonté d'un astre. ℞: ΕΦΕCΙΩΝ·CΩΠΑΤΡΟC·Μ·ΤΟ·Γ. Cerf marchant (Æ 2½. — R⁴. = 8 fr. Mion. 4 fr.); autres, av. ΧΑΡΜΙΝΟC; ΑΙΝΕΙΑΣ; ΜΙΝΗΑΣ. (Æ 3 et 4. — R³. = 3 et 5 fr.); inédite: Abeille entre E—Φ dans une couronne de laurier. ℞: ΠΙΣΙΘΩΝΙΟΣ. Cerf deb. à dr. derrière lui une torche allumée. (Æ. 15 mill. R⁸*. = 60 fr. Coll. de M. Arthur Löbbecke, à Braunschweig. Cette nouvelle variété ne se trouve pas dans

Head's Liste, ins. d. le Num. Chron. new Ser. XX, p. 170). — Ephesos-Arsinoe: T. de femme voilée, av. un diadème boursouflé, à dr. ℞: ΑΡΣΙ· (ΗΓ)ΗΣΑΝΔΡ(ΟΣ). Arc et carquois. Dans le champ, à g. la lettre (Σ?). A droite, une abeille. Æ. 21 mill. 4,93 gr. médiocrement conservée. R⁸*. = 200 fr. Voy. Imhoof-Blumer, Gr. M. im Münzkab. im Haag. Berlin 1876, p. 54. — Autres variétés, *ibid*. — **Impériales depuis les triumvirs jusqu'à** Salonin. Æ. Mod. 8, 7, 4½, 4. — R⁴–R⁶. = 15, 25, 30 et 50 fr. — (Fabr. Ionienne.) — Æ. Mod. MM. 12, 11, 10½, 9½, 9, 8, 7, 6, 5½, 5, 4 et 3, de 4, 6, 12, 20, 30, 40, 50, 70, 100, 150, 200 et 250 fr. — *Types:* M. Antoine, Octave et Lépide: Sans lég. T. accolées et nues des triumvirs, à dr. ℞: ΑΡΧΙΕΡΕΥΣ·ΓΡΑΜ·ΓΛΑΥΚΩΝ·ΕΥΘΥΚΡΑΤΗΣ·ΕΦΕ. Artémis d'Éphèse (Æ 4. — R⁸. = 50 fr. Mion. 50 fr. cf. Kühne, Zeitschr. An. 1841, p. 382; Akerman, Num. Chron. T. IV (An. 1841), p. 73–120; Strieber, Num. nonnulla gr. p. 217); *autre*, même Droit. ℞: Même lég. mais après le mot ΕΦΕ suit ΜΑΖΑΚ. (Sestini lisait: ΜΑΣΑ... ΗΣ.) Diane-Artémide deb. (Æ 4. — R⁸. de 40 à 50 fr.); Auguste, M. Antoine et Octavie: Leurs têtes nues et accolées, celle d'Octavie voilée. ℞: ΕΦΕ. Artémis d'Éphèse (Æ 4. — R⁸. = 50 fr.); Auguste: ΣΕΒΑ·(Α)ΡΤ. = [Artémis, Sebasté, Artémis ou Diana Augusta, femme divinisée? cf. Seguin, P., Sel. num. ant. Paris 1684, p. 67]. T. nue d'Auguste, à dr. ℞: Sans lég. Cerf deb. à dr. (Æ 3. — R⁵. = 12 fr. Mion. R². = 3 fr.); autre: ΣΕΒΑΣΤΟΣ· ΚΤΙΣΤΗΣ. Sa t. à dr. ℞: ΗΡΑΣΑΙΟΣ·ΑΡΧ·ΕΦΕ. Cerf (Æ 4. — R⁵. = 15 à 20 fr.); autre: Sans lég. même t. ℞: ΓΡΑΜΜΑΤΕΥΣ..ΑΡΙΣΤΕΑΣ· ΕΦΕ·ΑΣΚΛΗΠΙΑΔΗΣ. Cerf, le front et les cornes levées (Æ 4. — R⁵. = 20 fr. Mion. R³. = 6 fr.); ΚΑΙΣΑΡ·ΣΕΒΑΣΤΟΣ. Même t. nue. ℞: ΓΡΑΜ-ΜΑΤΕΥΣ·ΑΡΙΣΤΩΝΟΣ·ΜΗΝΟΦΑΝΤΟΥ·ΕΦ. Cerf deb. (Æ 5. — R³. = 10 fr. Mion. 6 fr.); t. laurée. ℞: ΓΡΑΜΜΑΤΕΥΣ·ΜΕΔΕΝΩΝ·ΕΦΕ·ΚΟ-ΛΑΟΣ. Cerf, le front levé (Æ 4. — R⁴. = 12 fr.); Même t. laur. dessous, ΕΦ. ℞: ΑΡΧΙΕΡΕΟΣ·ΑΝΤ....ΧΟΥ. Simulacre d'Artémis d'Éphèse, placé entre deux cerfs (Æ 3½. — R⁴. = 12 fr.); Auguste et Livie: Leurs t. accolées, à dr. ℞: ΓΡΑΜΜΑΤΟΥΣ·ΑΡΙΣΤΙΩΝΟΣ·ΜΗΝΟΦΑΝΤΟΥΣ·ΕΦΕ. Cerf deb. tourné à dr. dans le champ, carquois (Æ 5. — R⁴. = 10 fr. Mion. R³. = 6 fr.); Mêmes têtes. ℞: ΑΡΧΙΕΡ..ΑΣΚΛΕΠ...ΤΡΥΦΩΝ·ΕΦΕ. Même type (Æ 4. — R⁴. = 10 fr.); Sans lég. Bustes accolés d'Auguste et de Livie, à dr. ℞: ΕΦΕ·ΦΙΛΩΝ·ΤΡΙΦΟΝΑΣ. Partie antér. de cerf, à dr. se retournant, derrière lui une torche allumée (Æ 7. — R⁴. = 8 fr.). Cf. Rollin et Feuard., Cat. d. mon. Gr. n° 5118. Vend. 8 fr. — Mêmes t. ℞: ΓΡΑΜΜΑΤΕΥΣ·ΜΕΟΝΩΝΘΥΔΙΣ (Cousinéry a lu: ΜΕΟΝΩΝ-ΘΥΔΗΣ]·ΕΦΕ. Cerf deb. au-dessus, carquois suspendu (Æ 5½. — R⁴. = 15 fr. Mion. 9 fr.); t. accolées d'Auguste à dr. et de Livie à g. ℞: ΕΦΕ· ΦΙΔΩΝ·ΕΥΘΥΚΡΑΤΗΣ. Demi-cerf couché et torche (Æ 6½. — R⁸. = 40 fr. — **Inconnue** à Mion. — Cf. Cat. Badeigts de Laborde, Paris 1869, p. 34, n.° 389); *autres*, av.: ΑΡΧΙΕΡΕ·ΑΣΚΛΑΣ·ΠΑΤΑΝ....ΕΦΕ. Cerf deb. à g. (Æ 5. — R⁴. = 10 fr.); autre, av. ΑΡΧΙΕΡΕΥΣ........ΝΙΚΟ-ΣΤΡΑΤΟΣ·ΕΦΕ. Cerf à dr. (Æ 5. — R⁸. = 6 fr.); Inédite: t. accolées d'Auguste (laurée) et de Livie. ℞: ΕΦΕ·ΗΡΑΣΤΑΙΟΣ (au lieu de ΗΡΑ-ΣΑΙΟΣ qu'on trouve dans Mion. S. VI, p. 124, n.° 306). Cerf deb. à dr., derrière lui, un carquois (Æ. 22 mill. R⁸. = 40 fr. Coll. Arthur Löbbecke, à Braunschweig); autre, av.: ΕΠΙ·ΓΡ·ΑΝΤΑΝΔΡΟΥ·ΑΛΕΞΑΝΔΡΟΥ·ΕΦ. Artémis d'Ephèse av. ses supports (Æ 5. — R⁶. = 40 fr. Mion. R⁵. = 15 fr.); Mêmes têtes. ℞: ΑΡΧ·ΚΟΥΣΙΝΙΟΣ·Δ·ΕΦ. Cerf deb. (Æ 4. R⁵. = 15 fr. Mion. R³. = 6 fr. Cette mon. citée par Vaillant appartient plutôt à Drusus et Antonia. Cf. Mion. T. III, p. 93, n° 251); Livie seule: Sa tête. ℞: ΑΡΤΕΜΙΣ·ΕΦΕΣΙΩΝ. T. de Livie (Æ 5. — R⁷. = 40 fr. Mion. 20 fr.); Agrippa et Julia: Μ·ΑΓΡΙΠΠΑ·ΙΟΥΛΙΑ. Leurs têtes affrontées. ℞: ΕΦΕ-ΣΙΩΝ·ΠΡΩΤΩΝ·ΑΣΙΑΣ. Artémis d'Ephèse (Æ 9. — R⁸. = 200 fr. Mion. R⁸. = 100 fr.); Drusus et Antonia: Sans lég. Leurs t. accolées. ℞: ΚΟΥ-ϹΙΝΙΟϹ·ΓΡΑ·ΕΦΕ. Cerf deb. dans le champ, monogr. 207 et 1356 (Æ 4. — R⁶. = 40 fr. Mion. 18 fr.); autre: même Droit. ℞: ΕΦΕϹΙΑ. Artémis d'Ephèse (Æ 5. — R⁷. = 50 fr. Mion. 18 fr.); Tibère: Sa t. laurée. ℞: ΑΡΧΙΕΡΕΩΣ·ΝΙΚΟΣΤΡΑΤΟΥ. dans le champ, ΕΦ. Artémis d'Ephèse, av. ses supports (Æ 5. — R⁶. = 20 fr.); Germanicus: ΕΦΕ. T. nue de Germanicus enfant. ℞: ΚΟΥΣΙΝΙΟΣ·ΤΟ·Δ. Artémis. Le tout dans une couronne d'olivier (Æ 4. — R⁸. = 50 fr. Mion. 20 fr.); Claude: ΤΙ·CLAVD·CAES·AVG. Sa t. nue, à g. ℞: DIAN·EPHE. Simulacre de la Diane d'Ephèse, dans un temple tétrastyle dont le fronton est orné, au centre, de deux figures soulevant un disque sur un cippe, de chaque côté, un pet. autel et un cerf (R 7. — R⁶. = 120 et 150 fr. Mion. R⁴. = 48 fr.); m. t. ℞: ΕΦΕΣΙΩΝ. Cerf (Æ 4. — R⁵. = 10 fr.); Claude et Agrippine: Leurs t. accolées. ℞: ..... ΚΟΥΣΙΝΙΟΣ·Τ̄·Δ̄·ΕΦΕ. Cerf deb. à dr. (Æ 4. — R⁴. = 8 à 10 fr.); autre, Mod. 4½ = 15 fr.; autre: ℞: ΑΕΜ·Μ... ΚΟΥΣΙΝΙΟ·ΕΠΙΣΚΟΠ... ΤΟ·Δ. Même type (Æ 5. — R⁶. = 30 fr. Mion. 15 fr.); ΘΕΟΓΑΜΙΑ dessous les t. affrontées. ℞: ΕΦΕϹΙΑ. Simulacre d'Artémis d'Ephèse (Æ 7. — R⁸. = 50 fr. Mion. 15 fr.); m. têtes. ℞: Le même (Æ 4. — R⁶. = 80 fr. Mion. 15 fr.); Néron: Sa t. laur. à dr, et lég. ℞: ΑΙΧΜΟΚΛΗ·ΑΟΥΙΟΛΑ·ΑΝΘΥΠΑΤΩ·ΕΦ·ΝΕΩΚΟΡΩΝ. Temple vu de côté (Æ 7. — R⁵. = 30 fr. Mion. R³. = 9 fr.); ΝΕΡΩΝΟΣ·ΚΑΙΣΑΡΟΣ·ΣΕΒΑ. Sa t. laur. à dr. ℞: ΔΡΑΧΜΗ. Trépied av. un serpent, dessous ΕΡΗΕ. (R 4. — R⁷. = 60 fr. Mion. R⁴. = 20 fr.); autre, av. ΔΙΔΡΑΧΜΟΝ. Lituus et simpulum. Dessous ΕΡΗΕ. pet. médaillon (R 4½. — R⁷. = 80 fr. Mion. R⁴. = 30 fr.); m. t. et lég. ℞: ΔΙΔΡΑΧΜΗ. Capeduncula et lituus, au bas: ΕΡΗΕ. (R 4½. — R⁸. = 100 fr. Mion. R⁴. = 30 fr.); t. de Néron. ℞: ΑΡΤΕΜΙΣ·ΕΦΕΣΙΩΝ. Artémis Chasseresse deb. ten. un trait de la m. dr. (Æ 6. — R². = 6 fr.); Néron et Poppaea: ΝΕΡΩΝ·ΠΟΠΠΑΙΑ. T. accolées de Néron et de Poppée, à dr. ℞: ΑΙΧΜΟΚΛΗϹ·ΑΟΥΙΟΛΑ·ΑΝΘΥΠΑΤΩ·ΕΦΕ. Cerf deb. à dr. (Æ 4½. — R⁷. = 40 fr. Mion. 15 fr.); autre, ℞: ...... ΑΝΘΥΠΑΤΩ· ΑΙΧΜΟΚΛΗΣ·ΡΩΜΗ. T. de Tyché tourelée, à dr. (Æ 6. — R⁷. = 80 fr. Mion. R⁶. = 24 fr.); Poppée seule: Sa t. à dr. et lég. us. ℞: ΕΦΕΣΙΩΝ. Cerf debout (Æ 6. — R⁸. = 100 fr. Mion. R⁵. = 24 fr.); Néron et Messaline: Leurs t. en regard. ℞: Le même que le précédent (Æ 4. — R⁸. = 100 fr. Mion. R⁸. = 40 fr.); Vespasianus: IMP·CAESAR·VESPAS·AVG·COS·III·TR·P·P·P. Sa t. laur. à dr. ℞: PACI·ORB·TERR·AVG. et les lettres ΕΡΗΕ en monogr. T. diadémée et tourelée de la Tyché à dr (R 4. — R⁵. = 35 fr. Mion. R⁸. = 9 fr.); autre, av. IMP·CAES·VESPAS·AVG. (R 4. Même prix); autre: av. IMP·CAESAR·VESPAS·AVG·COS·III. sur d'autres, COS·III·

TR·P·P·P. Même tête. ℞: AVG et E̅P̅H̅E̅ en monogr. le tout dans une couronne de laurier (Æ 4. — R⁴. = 25 fr. Mion. R². = 6 fr.); *Autre*, av. AVG. dessous, ⊖, le tout dans une couronne de laurier (Æ 4. — R³. = 15 fr. Mion. R¹. = 4 fr.); ΟΥΕΣΠΑΣΙΑΝΟΣ·ΚΑΙΣΑΡ·ΣΕΒΑΣΤΟΣ. Sa t. laurée, à dr. ℞: ΕΦΕΣΙΩΝ. Simulacre de l'Artémis d'Ephèse, av. ses supports (Æ 8. — R⁷. = 40 fr. Mion. 24 fr.); La m. p. Mod. 5. — R². = 8 fr.; Titus: IMPERATOR·T·CAESAR·AVGVSTI·F. Sa t. nue, à droite. ℞: PACI·ORB·TERR·AVG. Buste de la Paix, la t. tourelée, à dr. dessous, E̅P̅H̅E̅ (Æ 4. — R⁵. = 20 fr. Mion. R⁴. = 12 fr.); Même lég. et m. t. ℞: PACI·AVGVSTAE, et les lettres E̅P̅H̅E̅. en monogr. Niké marchant à dr. ten. une couronne et une palme (Æ 4. — R⁵. = 20 fr. Mion. 12 fr.); Domitien: DOMITIANVS·CAESAR·AVG·F. Buste de Domitien, la t. nue, av. une cuirasse retenue, ornée au milieu d'une aegide. ℞: PACI·ORB·TERR·AVG. Buste de la Paix, et les lettres E̅P̅H̅E̅. (Æ 4. — R⁶. = 30 fr. Mion. R⁴. = 12 fr.); autre, av. CONCORDIA·AVG. Femme vêtue de la *stola*, assise sur un siège, à g. ten. des épis et un pavot et une corne d'abond. à l'exergue E̅P̅H̅E̅ en lettres liées (Æ 4. — R⁶. = 50 fr. Mion. R⁵. = 20 fr.); Même lég. et type. ℞: AVG. et les lettres E̅P̅H̅E̅. en monogr. le tout dans une couronne de laurier (Æ 4. — R². = 10 fr. Mion. 6 fr.); ΔΟΜΙΤΙΑΝΟC·ΚΑΙCΑΡ·CΕΒΑCΤΟC·ΓΕΡΜΑΝΙΚΟC. Sa t. laur. à dr. av. la chlamyde sur l'épaule g. ℞: ΑΡΤΕΜΙC·ΕΦΕCΙΑ. Artémis deb. entre deux cerfs (Æ 9. — R⁵. = 30 fr. Mion. 12 fr.); ΕΦΕCΙΩΝ. en deux lignes et rétrograde, dessous, cerf marchant à g. (Æ 4½. — R². = 3 fr.); ΙΕΡΕΥC·ΑΥΡ·ΜΟΥCΩΝΙΟC·ΑCΥΛΟΥ·ΑΡΤΕΜΙΔΟC·ΕΦΕCΙΩΝ. Artémis Polymammia, entre Némésis à sa dr. et Asklépios à sa g. (Æ 9. — R⁶. = 40 fr. Mion. 18 fr.); ... ΡΟΥCΩΝΟC·ΟΜΟΝΟΙΑ........ ΕΦΕ·ΣΜΥΡ. Artémis-Ephesia av. ses supports, entre Isis et Némésis deb. (Æ 9. — R⁵. = 40 fr. Mion. 18 fr.); ΕΠΙ·ΑΝΘΥΠΑΤΟΥ·ΡΟΥCΩΝΟC (et non Ε...... ΛΟΥΚΙΟΥ·ΡΟΥΦΟΥ comme on l'a lu faussement dans le Musée Arigoni), dans le champ, ΕΦΕCΙΩΝ. Artémis av. ses broches et les cerfs (Æ 9. — R⁵. = 40 fr. Mion. 18 fr.); ΕΠΙ·ΑΝΘΥΠΑΤΟΥ·ΡΟΥCΩΝΟC·ΟΜΟΝΟΙΑ·ΕΦΕ·ΖΜΥΡ. Deux Némésis, les mains droites jointes, et ten. chacune de la m. g. la bipenne (Æ 9. — R⁶. = 50 fr. Mion. 18 fr.); t. laurée. ℞: Lég. effacée. Temple tétrastyle dans lequel est Artémis Ephesia, les mains étendues entre deux figures deb. togées, l'une radiée, de Domitien, et l'autre, la t. nue, de Titus (Æ 6. — R⁵. = 30 fr. Mion. R⁴. = 12 fr.); autre, av. ΕΠΙ·ΑΝΘΥ·ΚΑΙCΕΝΝΙΟΥ·ΠΑΙΤΟΥ·ΣΜΥΡ·ΕΦΕ·ΟΜΟΝΟΙΑ. Simulacre d'Artémis-Ephesia, devant, deux Némésis deb. (Æ 9. — R⁷. = 70 fr. Mion. 30 fr.); ℞: Même lég. Deux Amazones deb., se donnant la main, ayant chacune la tête crénelée, et armées d'une bipenne (Æ 8½. — R⁵. = 40 fr. Mion. 18 fr.); Lég. incomplète. Artémis chasseresse et Zéus se donnant la main: l'une est armée d'un arc, et a son carquois derrière le dos, — l'autre, vêtu du *pallium*, tient une haste transversale, derrière Artémis, un chien, — dans le champ, ΕΦΕ (Æ 8½. — R⁷. = 80 fr. Mion. R³. = 18 fr.); *autre*: ΕΦΕCΙΩΝ·CΜΥΡ·ΠΕΡΓΑΜ. Némésis, Artémis Ephesia et Asklépios (Æ 9. R⁷. = 100 fr. Mion. R⁴. = 24 fr.); ΔΟΜΙΤΙΑΝΟC·ΚΑΙCΑΡ·CΕΒΑCΤΟC·ΓΕΡΜΑΝΙΚΟC. T. laurée de Domitien, à dr. ℞: ΕΦΕCΙΩΝ·ΜΑΡΝΑC.

Fleuve imberbe couché, à g. un roseau dans la m. dr., le coude g. appuyé sur une urne renversée (Æ 6. — R^7. = 80 fr. Mion. R^5. = 24 fr.); Même *Droit*. ℞: ЕΦЕСΙΩΝ·ΚΛΑСΕΑС. Fleuve barbu, couché, ten. dans la m. dr. des épis, et de la g. une corne d'abondance, — il est appuyé sur une urne renversée (Æ 6. — R^{8*}. = 100 fr. — Inc. à Mionnet. — Coll. de M. W. H. Waddington à Paris. Ni le Marnas ni le Klaséas ne sont mentionnés dans les auteurs: on ne connaît leur existence que par les monnaies. C'étaient probablement deux petits affluents du Kaystros, dont la vallée appartenait en partie au territoire d'Éphèse); Domitien et Domitia: ΔΟΜΙΤΙΑΝΟС·ΚΑΙ-САР·ΔΟΜΙΤΙΑ·СЕВАСΤΗ. Leurs têtes affrontées. ℞: ΝΕΙΚΗ·ΔΟΜΙΤΙΑ-ΝΟΥ·ΕΦΕ. Niké deb. à g. ten. une couronne et une palme (Æ $5^1/_2$. — R^6. = 70 fr. Mion. R^5. = 20 fr.); Domitia seule: ΔΟΜΙΤΙΑ·СЕВАСΤΗ. Sa t. à dr. ℞: ΑΝΘΥ·ΚΑΙС.... ΤΟΥ·ΟΜΟΝΟΙΑ·ΖΜΥΡ·ΕΦΕ. Deux Némésis deb. placées en face l'une de l'autre (Æ 5. — R^6. = 70 fr. Mion. R^5. = 15 fr.); *autre:* ℞: ЕΦЕСΙΩΝ. Diana Ephesia av. ses supports (Æ 4. — R^6. = 20 fr. Mion. R^4. = 8 fr.); Trajan: ΑΥΤ·Κ·ΝΕΡΒΑС·ΤΡΑΙΑΝΟС·ΚΕСΑΡ. T. laur. de Trajan, à dr. ℞: ЕΦЕСΙС. (sic). Artémis deb. dans le champ, à dr. une tête de sanglier (Æ 5. R^5. = 15 fr. Mion. 8 fr.); *autre*, au Droit av. ΝΕΡΥΑС. ℞: ЕΦЕСΙΩΝ. Cerf marchant à g. (Æ 5. — R^5. = 15 fr. Mion. 8 fr.); ΑΥΤΟΚΡΑΤΩΡ·ΤΡΑΙΑΝΟΣ. Sa t. laur. à dr. ℞: Même lég. et type (Æ 5. — R^4. = 8 fr.); m. l. et m. t. ℞: ЕΦЕСΙΩΝ. en deux lignes, — dessous, cerf marchant à g. (Æ $4^1/_2$. — R^4. = 8 fr.); ΑΥ·ΝΕΡ·ΤΡΑΙΑΝΟС·ΚΑΙС·ΓΕΡ·ΔΑ·ΠΑΡ. Sa t. laurée à dr., la poitrine cuirassée. ℞: ΟΜΟ·ΕΦΕ·ΔΗ·ΕΠ·ΕΧΑΡ. Captif assis au pied d'un trophée (Æ $6^1/_2$. — R^7. = 40 fr. Mion. R^5. = 24 fr.). — *Note*. Je présume qu'il existe aussi des pièces en Æ. fr. à Éphèse en l'honneur de Trajan? — Trajan et Plotine: ΤΡΑΙΑΝΟС·ΠΛΩΤΕΙΝΑ. Leurs t. affrontées, l'une laurée, l'autre av. une longue natte de cheveux. ℞: ЕΦЕΣΙΑ. Artémis d'Éphèse (Æ 6. — R^8. = 200 fr. Mion. 100 fr.); Plotine seule: ΠΛΩΤΕΙ-ΝΑ·СЕВАСΤΗ. Sa t. à dr. ℞: ЕΦЕСΙΩΝ. Artémis Ephesia av. ses attributs (Æ 5. — R^7. = 60 fr. Mion. R^6. = 24 fr.); Hadrien: Médaillons latins de fabrique Ionienne: HADRIANVS·AVGVSTVS·P·P. T. nue d'Hadrien, à dr. ℞: DIANA·EPHESIA. Simulacre de Diane d'Éphèse, entre deux cerfs (Æ $6^1/_2$. — R^6. = 120 fr. Mion. R^3. = 24 fr. quelquefois fourré); HADRIANVS·AVG·COS·III·P·P. Même tête. ℞: Même lég. et type (Æ 8. — R^7. = 150 fr. Mion. R^3. = 30 fr.); *autres variétés:* le simulacre de Diane dans un temple tétrastyle (Æ 7 et 8; R^7. de 150 à 200 fr.); **Inédite:** ΑΥ·ΚΑΙ·ΤΡΑ.—ΑΔΡΙΑΝΟССЕ. Buste lauré et cuirassé d'Hadrien à dr. ℞: ΛΗΤΩ·ΕΦЕСΙΩΝ. Léto, vêtue du double chiton, fuyant à g. emportant ses enfants Apollon et Artémis sur les bras (Æ 33 mill. — R^8. = 120 fr. — Incon. à Mion. — Coll. de M. Imhoof-Blumer, à Winterthur. — Cf. Annuaire de la Société franç. de num. I, p. 96, pl. II, 21 = avec ΑΝΤΩ au lieu de ΛΗΤΩ., et Th. Schreiber, Apollon Pythoktonos. Leipz. 1879, Pl. II, 1, — voy. aussi Imhoof: Monn. Gr. p. 285, n° 40); ΑΥ·ΚΑΙ·ΤΡΑ·ΑΔΡΙΑΝΟС·СЕ. Sa t. laur. à dr. ℞: ΖΕΥС·ΟΛΥΜΠΙΟС. Zeus Olympien assis. Dans le champ, ЕΦЕСΙΩΝ. (Æ 9. R^6. = 40 fr. Mion. 24 fr.); ΑΔΡΙΑ-ΝΟС·ΚΑΙСΑΡ·ΟΛΥΜΠΙΟС. Même t. à dr. la poitrine cuirassée et une aigide sur l'épaule g. ℞: ЕΦЕСΙΩΝ. Simulacre d'Artémis Ephesia dans un temple octostyle ($Æ$ 10. — R^5. = 40 fr. Mion. R^3. = 15 fr.); même lég. et t., sans cuirasse et aegide. ℞: ЄΦЄCIΩN·ΔIC·NЄΩKOPΩN. Même type ($Æ$ 10. — R^4. = 30 fr. Mion. 15 fr. — Cette p. est presque toujours retouchée!); même lég. au ℞: Temple octostyle ($Æ$. MM. R^3. = 40 fr. Mion. R^2. = 20 fr.); *autre:* APTEMIC·ЄΦЄCIΩN. T. d'Artémis dans le croissant de la lune, le carquois derrière le dos ($Æ$ 6. — R^3. = 10 fr.); t. d'Hadrien. ℞: KOINON·ЄΦЄCIΩN. (Leçon très-douteuse). Artémis chasseresse ($Æ$ 6? Vaillant, Num. Gr. l. c.); Même t. et lég. ℞: Artémis armée d'un glaive, le genou g. posé sur un cerf abattu ($Æ$ 5. — R^1. = 2 fr.); Artémis dans un temple octostyle ($Æ$ 6. — R^2. = 6 fr.); Même type ($Æ$ 9. — R^5. = 30 fr.); Cerf deb. ($Æ$ 4. — R^2. = 4 fr.); Même t. laur. ℞: ЄΦЄCIΩN·KENXPIOC. Fleuve couché à g. ten. un rameau et une corne d'abond. et appuyé sur une urne renversée vomissant des eaux ($Æ$ 6. — R^6. = 50 fr. Mion. R^5. = 24 fr.); *autre:* av. ЄΦЄCIΩN·KAYCTPOC. Fleuve couché. Même type ($Æ$ 7. — R^4. = 20 fr. Mion. R^3. = 9 fr.); ЄΦЄCIΩN en deux lignes ($Æ$ 5. — R^1. = 3 fr.); Même lég. Artémis dans un char traîné par deux cerfs ($Æ$ $4^1/_2$. — R^1. = 2 à 3 fr.); Hadrien et Sabine: Lég. T. affrontées. ℞: AΔPIANOY·ЄΦЄCI·ΔIKAIOCYNH. [Justice]. Femme deb. ten. une balance et une corne d'abond. ($Æ$ 5. — R^7. = 40 fr. Mion. 30 fr.); mêmes t. ℞: NEIKH·AΔPIANOY·ЄΦЄ [et non AΔPIANOY·ΦEYKIO·ЄΦЄ comme on lit dans Mion. III, p. 97, n° 279]. Niké marchant ($Æ$ 5. — R^6. = 30 et 40 fr.); Sabina: CABEINA·CEBACTH. Sa t. couronnée d'épis, à dr. ℞: APTEMIC ЄΦЄCIA. Simulacre d'Artémis deb. entre deux cerfs, et les bras soutenus par des supports ($Æ$ 9. — R^6. = 60 à 80 fr. Mion. R^5. = 48 fr.); *autre,* m. lég. Artémis déchirant un cerf ($Æ$ 5. — R^4. = 12 fr.); Hadrien et Aelius césar: AYTOK·KAICAP ... AΔPIANOC·OΛYMΠIOC·ΛOYKIOC·AIΛIOC·KAIC.... T. nues et en regard d'Hadrien et d'Aelius. ℞: ЄΦЄCIΩN·ΔIC·NЄΩKOPΩN. Simulacre d'Artémis dans un temple octostyle ($Æ$ $9^1/_2$. — R^7. = 150 fr. Mion. R^6. = 100 fr. Ce **gr. br.** a été tout-à-fait incorrectement décrit par Mion. (T. III, p. 97, n° 281) d'après Vaillant). — Antonin le Pieux: T·AI·AΔP·KAICAP·ANTΩNEI-NOC. Sa t. nue, à dr. av. le *paludamentum.* ℞: APTEMIC ЄΦЄCIA. Artémis deb. entre deux cerfs ($Æ$ 9. — R^2. = 12 fr.); t. laur. ℞: Le même ($Æ$ 4. — R^1. = 2 fr.); ЄΦЄCIΩN en deux lignes ($Æ$ 4. — R^1. = 2 fr.); Même lég. Sanglier courant à dr. ($Æ$ 4. — R^1. = 2 fr.); *autre,* av. ЄΦЄ-CIΩN·KOINON·ACIAC. Simulacre d'Artémis au milieu des deux Niké volant dans les airs, ten. chacune des couronnes, — en face, une femme deb. ten. une patère et une haste ($Æ$. MM. — R^6. = 70 fr. Mion. R^4. = 40 fr.); ЄΦЄCIΩN·ΔIC·NЄΩKOPΩN. La Tyché tourelée et vêtue de la *stola,* assise, ten. un gouvernail et une corne d'abondance ($Æ$ 9. — R^2. = 12 fr.); même t. ℞: AΘHNA·APHA·ЄΦЄCIΩN. Athéné Areia casquée deb. brandissant un javelot et armée d'un bouclier et d'une haste ($Æ$ 6. — R^7. = 50 fr. Mion. R^6. = 20 fr.); *autre,* av. AΠHNH (Thensa) ЄΦЄCIΩN. Carpentum traîné par quatre chevaux ($Æ$ 9. — R^6. = 40 fr. Mion. R^4. = 30 fr.); T·AIΛ·KAICAP·ANTΩNEINOC. Sa t. laur. à dr. ℞: ΠEIΩN·ЄΦЄCIΩN. Zéus Hyetios (ὑέτιος ou Jupiter Pluvius tourné à dr., assis sur un siège placé sur le sommet du mont Pion, — il verse la pluie de la main dr. et tient un foudre de la g., — sur le côté droit du mont, on voit deux habitations à trois étages, — sur le côté g. est un autre édifice de même architecture, — au pied du mont à dr. est un temple distyle vu de côté, derrière lequel est un cyprès, — à g. (non un fleuve) mais le dieu de la montagne Pion barbu couché (Æ 10 1/2. R⁸. = 400 fr. Mion. R⁷. = 200 fr.). — [Vaillant et Eckhel ont donné des descriptions inexactes de ce superbe médaillon. Eckhel, d'après Seguin, a pensé que le mot ΠΕΙΩΝ faisait ici allusion au surnom de Pius donné à l'empereur Antonin, tandis qu'il est certain maintenant que ce médaillon nous a transmis le nom du mont Pion, qui, adossé à la ville d'Ephèse et couvert d'habitations, portait probablement une bourgade de sa dépendance. On doit donc voir ici Zéus Hyetios lui-même, assis sur le mont Pion, versant d'une main la pluie pour fertiliser le territoire des Ephésiens (cf. Pline, H. N. cap. XXXI, et Pausanias, Achaic, cap. V, p. 406), et ten. de l'autre la foudre, symbole caractéristique du maître de l'Olympe]; autre: ΠΕΙΩΝ·ΕΦΕCΙΩΝ. Zéus Hyetios dans la même action, mais au pied du mont Pion, un peuplier devant un temple distyle, vu de côté, plus bas, à g. le dieu de la montagne Pion barbu couché (Æ 10 1/2. — R⁷. = 150 fr. Mion. m. prix); *autre*, av. ΠΕΙΟC·ΕΦΕCΙΩΝ. Artémis et Apollon (divinités tutélaires des habitants du mont Pion) en face l'un de l'autre, deb. (Æ 9. — R⁶. = 50 fr. Mion. R⁴. = 30 fr.); *autre*, av. ΠΟΛΙC·ΚΕΝΧΙΡΟC·ΕΦΕCΙΩΝ. Tyché, la t. tourelée, assise sur un siège à dr. et ten. une corne d'abondance, — devant Poséidon deb. enveloppé dans le *pallium*, le corps incliné, le pied droit sur un rocher, et le bras gauche sur son genou, la main dr. sur une haste ou un trident (Æ 10. — R⁷. = 120 fr. Mion. R⁶. = 60 fr.); ΕΦΕCΙΩΝ· ΑΛΕΞΑΝΔΡΕΩΝ. Buste de Zéus Sérapis et d'Isis (Æ 9. — R⁶. = 50 fr. Mion. R⁴. = 30 fr.); ΕΦΕCΙΩΝ·ΝΕΩΚΟΡΩΝ·ΚΥΖΙΚΗΝΩΝ·ΟΜΟΝΟΙΑ. Artémis Ephesia, — en face, Hercule deb. ten. sa massue et la dépouille du lion (Æ 9. — R⁶. = 70 fr. Mion. R⁴. = 40 fr.); m. t. laur. ℞: ΕΠΙ· ΑΡΧΟΝΤΟC·ΕΦΕCΟC·ΚΥΖΙΚΟC·ΟΜΟΝΟΙΑ. Deux fig. héroïques nues et barbues, se donnant la main, et ayant chacune la chlamyde sur l'épaule g., l'une de ces figures tient la haste pure (Æ 9. — R⁶. = 100 fr. Mion. R⁵. = 50 fr.) — ΕΦΕCΙΩΝ·ΝΕΩΚΟΡΟΝ·ΟΜΟΝΟΙΑ·ΚΥΖΙΚΗ-ΝΩΝ. Artémis Ephesia et le héros Kyzikos deb., ten. une haste de la m. dr. et soutenant de la g. le *pallium* tombant de l'épaule g. (Æ 9. — R⁶. = 60 fr. Mion. R⁴. = 30 fr.); *autre*, av. ΖΜΥΡ·ΠΕΡΓ·ΕΦΕ-CΙΩΝ·ΟΜΟΝ. Artémis d'Ephèse entre Asklépios et Némésis deb. (Æ 10. — R⁶. = 70 fr. Mion. R⁴. = 40 fr.); t. nue, av. le *paludamentum*. ℞: ΕΠΙ·ΠΑΙΤΟΥ·ΓΡΑΜΜΑΤΕΟC·CΜΥΡΝ·ΕΦΕCΙΩΝ. Kybèle assise, av. le *peplum* flottant en cercle, la m. g. appuyée sur le *crotalum*, entre deux femmes vêtues de la *stola*, qui tiennent une voile (Æ. MM. R⁷. = 120 fr. Mion. R⁴. = 40 fr. Dans le cat. d'Ennery, p. 406, n° 2302, ce médaillon a été donné à Aelius César, mais la lég. étant refaite, il convient mieux de le ranger au règne d'Antonin); même lég. ℞: ΕΦΕCΙΩΝ·ΔΙC·ΝΕΟΚΟΡΩΝ. Temple octostyle d'Ephèse (Æ 11. — R³. = 30 fr. Mion. R¹. = 12 fr.); *autre*: Même t. et lég. ℞: ΜΑΡΝΑC·ΕΦΕCΙΩΝ. Figure virile jeune assise à terre, ten. de la m. dr. des épis et des pavots, et dans la g. une corne d'abond., à sa g. un vase renversé d'où coulent des eaux, — derrière, une Niké la couronne, — en face une femme est assise sur un rocher et appuyée sur une urne d'où coulent des eaux (Æ 11. — R⁷. = 200 fr. Mion. R⁶. =

150 fr.); *autres*, av. ЄΦЄCIΩN·ΔIC·NЄΩKOPΩN. Antonin à cheval, allant de g. à dr. la m. dr. élevée (Æ 10. — R⁶. = 40 fr. Mion. 18 fr.); m. lég. Trois temples. Artémis-Ephesia dans celui du milieu et une fig. deb. dans chacun des autres (Æ 10. — R⁵. = 40 fr. Mion. 18 fr.); T·AIΛ· KAICAP·ANTΩNЄINOC. Tête d'Antonin. ℞: AYPHΛIOC·KAICAP· ЄΦЄCIΩN. Marc-Aurèle à cheval (Æ 10. — R⁷. = 60 fr. Mion. R⁶. = 30 fr.); *autre:* ЄΠI·ЄCTIAIOY·OMONOIA. Artémis d'Ephèse et Déméter deb. (Æ 9. — R⁶. = 30 fr.); ЄΠI·NЄIKIOC·ЄΦЄCIΩN. Hercule deb. (Æ 10. — R⁶. = 50 fr. Mion. 30 fr.); ЄΦЄCIΩN en trois lignes dans une couronne de laurier (Æ 6. — R³. = 5 fr.); ЄΦЄCIA. Artémis deb., dans le champ, une t. de bœuf vue de face (Æ 4. — R⁴. = 8 fr.); ЄΦЄCIΩN. Cerf allant à g. (Æ 4. — Com. = 1 fr.); m. lég. Sanglier à dr. (Æ 4. — R¹. = 2 fr.); m. lég. Artémis dans un char traîné par deux cerfs, à dr. (Æ 4. — R¹. = 1 fr.); m. lég. Artémis-Chasseresse marchant à dr., à ses pieds, un chien (Æ 4. — R². = 4 fr.). — Faustine mère: Sa t. à dr. ℞: ЄΦЄCIΩN. Artémis-chasseresse et Niké deb. qui la couronne (Æ 5. — R⁴. = 10 fr.); Marc-Aurèle: M·AY·OYHPOC·KAICAP. Sa t. nue et imb. à dr. ℞: APTЄMIC·ЄΦЄCIA. Simulacre d'Artémis-Ephesia entre deux cerfs (Æ 9. — R³. = 20 fr. Mion. 8 fr.); *autre*, av. AYPHΛIOC·KAICAP. au *Droit*. Même type (Æ 8½. — R¹. = 6 à 8 fr.); M·A·ANTΩNЄINOC· ЄY. Même t. ℞: ЄΦЄCIΩN·B·NЄ. Artémis Ephesia av. ses broches, dans un temple tétrastyle (Æ 6. — R². = 6 fr.); *autre:* Louve allaitant les jumeaux (Æ 4. — R². = 4 fr.); *autre:* av. un hippopotame (Æ 6. — R². = 6 fr.); *autre:* ЄΦЄCIΩN·ΔIC·NЄΩKOPΩN. Artémis ten. un arc, sur un cheval (Æ 9. — R⁴. = 30 fr. Mion. 12 fr.); ЄΦЄCIΩN·ΔIC·NЄΩKO· ΠPΩTΩN·ACIAC. M. Aurèle et Lucius Vérus, vêtus de la toge, sacrifiant près d'un autel (Æ 9. — R⁶. = 45 fr. Mion. R³. = 18 fr.); ANΔPOKΛOC· KTICTHC·ЄΦЄCIΩN (quelquefois: ЄΦЄCIΩN). Androklos en habit militaire court, ten. un arc de la m. dr. étendue, la g. levée, posée sur la haste (Æ 6. — R⁷. = 40 fr. Mion. R⁵. = 24 fr.); OYHPOC·KAICAP. T. nue et imb. de M. Aurèle, à dr. av. le *paludamentum*. ℞: ЄΦЄCIΩN. Artémis-Chasseresse, marchant à dr., à ses pieds, un chien (Æ 4. — R¹. = 2 fr.); *autre*, av. Artémis montée sur un cerf (Æ 9. — R⁴. = 25 fr. Mion. R². = 12 fr.); ЄΦЄCIΩN. en deux lignes. Cerf marchant à g. (Æ 4. Com. 1 fr.); m. lég. Artémis ten. dans chaque main un flambeau, placée dans un char traîné par deux cerfs (Æ 4. Com. 1 fr.); ЄΦЄCIΩN·KAI·IЄPAΠOΛЄITΩN· OMON. Artémis av. des cerfs, et Apollon ten. un cerf de la m. dr. et de la g. le *plectrum*. (Æ 9. — R⁶. = 50 fr. Mion. 30 fr.); ЄΦЄCIΩN· MЄIΛHCCIΩN. Même type (Æ 9. — R⁷. = 80 fr. Mion. R⁵. = 50 fr.); ЄΦЄCIΩN·KAI·CMYPNAIΩN·OMONOIA. Artémis Ephesia entre deux Némésis (Æ. MM. — R⁴. = 100 fr. Mion. R³. = 30 fr.); BHPOC·KAICAP. (sic) t. nue de M. Aurèle, jeune, à dr. *paludamentum*. ℞: ЄΦЄCIΩN. en deux lignes. Cerf marchant, à g. (Æ 4. — R¹. = 3 fr.); ЄΦЄCIΩN· KAI·CAPΔIANΩN·OMONOIA. Artémis deb. dev. elle, une femme richement vêtue (Æ 10. — R⁶. = 40 fr. Mion. 24 fr.); ЄΦЄCIΩN·KAI·TPAΛ· ΛIANΩN·OMONOIA. Artémis deb., dev. elle Zéus-Niképhore assis (Æ 11. — R⁵. = 60 fr. Mion. 40 fr.); Faustine Jeune: ΦAYCTЄINA·CЄB. Sa t. à dr. ℞: ЄΦЄCIΩN. en trois lignes, dans une couronne de laurier (Æ 5. —

R³. = 6 fr.); même t. et lég. ℞: ΝΕΙΚΗ·ΕΦΕCΙΩΝ. Niké marchant à g. (Æ 5½. — R⁶. = 30 fr. Mion. 9 fr.); ΕΦΕCΙΩΝ·Β·ΝΕΟ. Artémis av. ses attributs (Æ 8½. — R⁴. = 30 fr. Mion. R². = 12 fr.); ΦΑΥCΤΙΝΑ· (sic) CΕΒΑCΤΗ. Sa t. à dr. ℞: ΑΡΤΕΜΙC·ΕΦΕCΙΑ. Artémis av. ses broches et ses cerfs (Æ 9. — R⁵. = 40 fr. Mion. R³. = 18 fr. Mus. Arigoni, I, al. V, 72); M. Aurèle et Faustine Jeune: ΑΥΡΗΛΙΟC·ΚΑΙCΑΡ·ΦΑΥC-ΤΕΙΝΑ·CΕ. Leurs t. affrontées, la première est nue et imberbe. ℞: ΔΗΜΟC· ΕΦΕCΙΩΝ. M. Aurèle en toge, deb. à g., il est couronné par la Niké, placée derrière sur un cippe (Æ 6. — R⁶. = 60 fr. Mion. R⁵. = 24 fr.); ΟΥΗΡΟC·ΚΑΙCΑΡ·ΦΑΥCΤΕΙΝΑ·CΕ. Leurs têtes. ℞: ΕΠΙ·CΤΡΑ·ΙΟΥΛΙΑ-ΝΟΥ·ΕΦΕCΙΩΝ. Fleuve couché ten. le simulacre d'Artémis Ephesia (Æ 5. R⁶. = 40 fr. Mion. R⁵. = 15 fr.); M·ΑΥ·ΑΝΤΩΝΕΙΝΟC·Α·Κ. T. laurée et barb. de M. Aurèle, à dr. av. le *paludamentum*. ℞: ΦΑΥCΤΕΙΝΑ·CΕ· ΕΦΕCΙΩΝ·Β·ΝΕ·ΠΡ. T. de Faustine av. la *stola*, à dr. (Æ 11. — R⁷. = 120 fr. Mion. R⁵. = 100 fr.). — Lucius Verus: ΑΥ·ΚΑΙ·ΛΟΥ·ΑΥ·ΟΥΗ-ΡΟC. Sa t. à g. ℞: ΕΦΕCΙΩΝ·ΔΙC·ΝΕΩΚΟΡΩΝ·ΠΡΩ·ΑCΙΑC. Artémis Ephesia deb. et vue de face, dans un temple octostyle (Æ 10. — R⁶. = 50 fr. Mion. R³. = 18 fr.); *autre* (Æ 6. M. type et lég. R⁴. = 20 fr. Mion. R³. = 9 fr. la déesse dans un temple tétrastyle); ΛΟΥΚΙΛΛΑC (sic!) CΕΒΑC-ΤΗC. T. laur. de L. Vérus, à g. avec le *paludamentum*. ℞: ΕΦΕCΙΩΝ· Β·ΝΕΩΚ. Artémis dans un temple octostyle (Æ 11. — R⁷. = 120 fr. Mion. 40 fr.); *autres*, av. Artémis Chasseresse; Tyché deb.; cerf deb. devant un autel allumé; buste lauré de L. Verus et lég. ℞: ΡΩΜΑΙΩΝ· ΝΕΙΚΗ·ΕΦΕCΙΩΝ. Niké deb. écrivant sur un bouclier suspendu à un palmier (Æ 9. — R⁶. = 70 fr. Mion. R⁴. = 30 fr.); *autre*, av.: ΕΦΕ-CΙΩΝ·ΚΑΙ·ΛΑΟΔΙΚΕΩΝ·ΟΜΟΝΟΙΑ. Artémis Ephesia av. ses broches et des cerfs, — en face Zéus deb. portant un aigle sur la m. dr. et une haste de la g. (Æ 9. — R⁶. = 70 fr. Mion. R⁴. = 30 fr.); *autre*, av. ΕΦΕCΙΩΝ· ΚΑΙ·CΑΡΔΙΑΝΩΝ·ΟΜΟΝΟΙΑ. Simulacre d'Artémis d'Ephèse et celui de Koré (Æ. MM. — R⁶. = 120 fr. Mion. R⁴. = 40 fr. — Cf. Mus. San-clementi, Num. Sel., tom. III, p. 166); ΕΦΕCΙΩΝ·Β·ΝΕΩΚ·ΤΡΑΛΛΙΑΝΩΝ· ΟΜΟΝΟΙΑ. Artémis Ephesia deb. entre deux cerfs, — à sa dr. Zéus Niké-phore assis (Æ 10. — R⁶. = 70 fr. Mion. R⁴. = 24 fr.); Commode: ΑΥ· ΚΑΙ·Λ·ΑΥΡ·ΠΙΟC·ΚΟΜΟΔΟC. Sa t. laur., *paludamentum*. ℞: ΑΠΗΝΗ· ΙΕΡΑ·ΕΦΕCΙΩΝ. *Carpentum* (le char sacré) traîné par deux chevaux, à dr. (Æ 8. — R⁴. = 20 fr. Mion. 9 fr.); *autre*, av. ΕΦΕCΙΩΝ ΚΑΥCΤΡΟC. Fleuve couché tourné vers la g. (Æ 6. — R³. = 10 fr.); *autres*, av. ΑΡΤΕΜΙC· ΕΦΕCΙΩΝ. Artémis dans un char; ΕΦΕCΙΩΝ·ΤΥΧΗ. Tyché deb. à g.; ΕΦΕCΙΩΝ·Β·ΝΕΩΚΟΡΩΝ. Artémis dans un bige de cerfs (Mod. 8, 5½ et 6. — R³. de 8 à 10 fr.); M·(ΑΥΡ·) ou ΑΥ·ΟΛΥΜ(ΠΙΟC) ΚΟΜΟΔΟC. Sa t. barbue et laurée. ℞: ΕΦΕCΙΩΝ. Sanglier marchant (Æ 2½. — R⁶. = 8 fr. Mion. 4 fr.); en plus: **Grands bronzes d'alliance** av. Laodikaea, Sardes, Tralles, Hierapolis, Pergame (Mod. 9, 10, 12 et 13. — R⁶. de 70, 120 et 150 fr.). — Crispina: ΚΡΙCΠΕΙΝΑ·CΕΒΑCΤΗ. Sa t. av. la *stola* sur la poitrine. ℞: ΑΡΤΕΜΙC·ΕΦΕCΙΑ. Artémis av. ses broches et ses cerfs (Æ 6. — R⁵. = 15 fr.). — Septime-Sévère: —CΕΟΥΗΡΟC — ΠΕΙΟC ΑΥΓ. Sa t. laur. à dr. ℞: ΕΦΕCΙΩΝ (à l'exergue), Β·ΝΕΟΚΟΡΩΝ (sic). Deux *en-fants* nus, assis à terre en regard, montrant du doigt un serpent, qui se trouve entre eux; au-dessus, le simulacre d'Artémis av. ses supports, entre le *soleil* à dr. et la *lune* à g. (Æ. 22 mill. R⁶. = 40 fr. Coll. de M. Imhoof-Blumer qui l'a publ. dans ses *Monn. Gr.* p. 285, n° 41. Cf. Mus. Sancl. II, Pl. XXIV, 214, où les enfants sont représentés comme des femmes agenouillées, et Mion. S. VI, 154, n°ˢ 489 et 502, qui a répété la même erreur. Ce type fait sans doute allusion aux scènes de l'enfance d'Apollon et d'Artémis; le serpent est alors Python); **autres types** des Revers: ΖΕΥΣ·ΟΛΥΜΠΙΟΣ·ΠΡΩΤΟΣ·ΑΣΙΑΣ, à l'exergue: ΕΦΕΣΙΩΝ. Zéus Olympien à moitié nu, assis (Æ. MM. R⁶. = 70 fr. Mion. R³. = 30 fr. presque toujours retouchée); ΕΦΕΣΙΩΝ·ΠΡΩΤΩΝ·ΑΣΙΑΣ. Vaisseau à la voile (Æ. MM. — R³. = 40 fr. Mion. R². = 20 fr.); ℞: ΕΦΕΣΙΩΝ·Β·ΝΕΩΚΟΡΩΝ. Hermès deb. (Æ 6. — R². = 6 fr.); Niké deb. à dr. écrivant sur un bouclier qui est suspendu à un palmier (Æ 10. — R². = 12 fr.); Fig. deb. dans un temple hexastyle (Æ. MM. R⁴. = 50 fr. Mion. 20 fr.); ΚΑΥΣΤΡΟΣ·ΚΕΝΚΡΙΟΣ·ΕΦΕΣΙΩΝ·Β·ΝΕΩΚΟΡΩΝ. Diane d'Ephèse (Artémis) deb. sur un cippe, entre le Kaystros et le Kenchrios, représentés couchés (Æ 9. — R⁴. = 120 fr. souvent retouchée — et alors — sans nulle valeur. Mion. R⁶. = 100 fr.); S. Sévère à cheval, frappant de sa lance un captif (Æ 10. — R⁵. non retouchée: 70 fr. Mion. 30 fr.); S. Sévère et Caracalla sacrifiant devant un autel, en face d'Artémis Ephesia (Æ. MM. R⁶. = 80 fr. Mion. R³. = 30 fr.); Artémis Ephesia entre deux autres figures (Æ. MM. R⁵. = 70 fr. Mion. R³. = 30 fr.); ΕΦΕΣΙΩΝ. Artémis av. ses supports entre deux cerfs (Æ 5. — R². = 4 fr.); m. lég. Tyché deb. (Æ 4. — R¹. = 2 fr.); Sanglier percé d'un trait ou courant à dr. (Æ 3½. — R¹. de 1 à 3 fr.); Cerf marchant à dr. (Æ 4. — Com. = 1 fr.); ΑΥ·ΚΑΙ·Λ·ΣΕΠ·ΣΕΟΥΗΡΟΣ·ΠΕΡ. Sa t. laur. à dr. ℞: ΕΦΕΣΙΩΝ·ΠΡΩΤΩΝ·ΑΣΙΑΣ. Trois temples, dans chacun d'eux une statue (Æ 10½. — R⁴. = 50 fr. Mion. R². = 20 fr.); ΣΕΟΥΗΡΟΣ·ΠΕΙΟΣ·ΑΥΓ. Sa t. laur. ℞: ΕΦΕΣΙΩΝ·Β·ΝΕΩΚΟΡΩΝ. Deux enfants allaités par la louve romaine (Æ 5½. — R³. = 10 fr. Mion. R¹. = 3 fr.). — Julia Domna: ΙΟΥΛΙΑ·ΣΕΒΑΣΤΗ. Sa t. à dr. ℞: ΚΑΙΤΗΣ·ΑΡΤΕΜΙΔΟΣ·ΕΦΕΣΙΩΝ·ΤΡΙΣ·ΝΕΩΚΟΡΩΝ. Femme tourelée et vêtue de la *stola* deb., la haste d. la m. g. et retenant de la dr. un bœuf, — devant elle, le simulacre d'Artémis Ephesia, deb. (Æ 9. — R⁵. = 50 fr. Mion. R². = 18 fr.); *autres*, av. Artémis dans un char traîné par deux cerfs, à dr. (Æ 8½. = 6 fr.); Niké marchant à g. (Æ 5. = 2 fr.); ΕΦΕΣΙΩΝ en trois lignes d. une couronne de laurier (Æ 4½. = 1 fr.); Artémis-chasseresse marchant (Æ 8½. — R². = 12 fr.); une femme assise ten. une patère et une corne d'abondance (Æ 9. — R². = 8 fr.); Vache allaitant un veau (Æ 9. — R¹. = 25 fr.); ΕΦΕΣΙΩΝ·Β·ΝΕΩΚΟΡΩΝ. Artémis et Apollon deb. (Æ 8. — R¹. = 25 fr. Mion. R². = 12 fr.); ΑΠΗΝΗ·ΙΕ·ΕΦΕΣΙΩΝ. Le char sacré traîné par deux chevaux, à dr. (Æ 8. — R⁶. = 20 fr. Mion. R⁴. = 12 fr.). — Caracalla: ΑΥ·ΜΑΡ·ΑΥΡ·ΑΝΤΩΝΕΙΝΟΣ. Sa t. jeune, laur. à dr., *paludamentum* et cuirasse. ℞: ΕΦΕΣΙΩΝ·ΔΙΣ·ΝΕΩΚΟΡΩΝ. Niké deb. écrivant le mot ΝΙΚΗΣ sur un bouclier attaché à un palmier (Æ 10½. — R⁶. = 50 fr. Mion. R³. = 30 fr.); autres, av. ΕΦΕΣΙΩΝ·ΠΡΩΤΩΝ·ΑΣΙΑΣ. Trois temples: dans celui du milieu, Artémis, — Caracalla et Géta d. les deux autres (Æ 10. — R⁴. = 40 fr. Mion. R³. = 18 fr.); Artémis dans un temple octostyle (Æ 11. — R⁶. = 70 fr. Mion. R⁴. = 40 fr.); ΕΦΕΣΙΩΝ·ΤΡΙΣ·ΝΕΩΚΟΡΩΝ. Artémis et Apollon deb. (Æ 8. — R⁴. = 20 fr. Mion. R². = 6 fr.); Artémis chasseresse suivie d'un chien (Æ 11. — R⁴. = 60 fr. Mion. R³. = 30 fr.); Bige à deux mules (Æ 6. — R³. = 9 fr.); ΕΦΕϹΙΩΝ·ΚΑΙ·ϹΑΡΔΙΑΝΩΝ·ΟΜΟΝΟΙΑ. Artémis Ephesia et Héra Προμνήστρια (Pronuba) deb., chacune av. ses attributs (Æ 10. — R⁷. = 80 fr. Mion. R⁵. = 30 fr. souvent retouchée); Artémis chasseresse deb. près d'un arbre, un chien à ses pieds (Æ 8½. — R⁶. = 30 fr. Mion. R⁴. = 12 fr.); ΕΦΕϹΙΩΝ·Β·ΝΕΩΚΟΡΩΝ. Artémis terrassant un cerf, à dr. (Æ 6. Com. 1 fr. — Chr. Ramus, t. I, p. 233, n° 36 donne la m. p. sans le second néocorat); Artémis-Polymammia, — à sa dr., le croissant de la Lune, à g., le Soleil (Helios) (Æ 9. — R⁴. = 20 fr. Mion. R¹. = 6 fr.); Tyché av. ses attributs (Æ 5½. — R¹. = 3 fr.); Hercule ten. une patère, un bâton ou une massue, derrière, un arbre, devant, un sanglier (Æ 9. — R⁴. = 30 fr. Mion. R². = 12 fr.); la louve av. Romulus et Rémus (Æ 6. — R³. = 6 fr. Mion. R¹. = 3 fr.); femme vêtue de la *stola*, deb., ten. une Niké et une corne d'abond. (Æ 6. — R². = 4 fr.); Faune marchant à dr. portant un thyrse, derrière lui, un arbre (Æ 8½. — R⁵. = 20 fr. Mion. R⁴. = 12 fr.); Artémis saisissant un cerf par les cornes (Æ 6. Com. 1 fr.); ΕΦΕϹΙΩΝ·ΜΟνων·ΑΠΑϹΩΝ·ΤΕΤΡΑΚΙ·ΝΕΩΚΟΡΩΝ. Grande table au-dessus de laquelle sont deux vases, — au milieu des couronnes, — entre les pieds de la table, un vase, av. une palme de chaque côté (Æ 9. — R⁶. = 70 fr. Mion. R⁵. = 40 fr.); *autre:* Zeus assis ten. un foudre et la haste (Æ 9. — R². = 15 fr. Mion. R¹. = 6 fr.); Tyché deb. (Æ 6. — R¹. = 4 fr.); un vaisseau à la voile (retouchée) (Æ 10. — R³. = 20 fr.); cerf marchant, à dr. (Æ 3½. — R¹. = 2 fr.); sanglier traversé par un javelot (Æ 4. — R¹. = 2 fr.); Fleuve couché ten. un roseau (Æ 4. — R². = 4 fr.); ΚΟΙΝΟΝ·ΕΦΕϹΙΩΝ·ΚΑΙ·ΑΛΕΞΑΝΔΡΕΩΝ. Table sur laquelle est une urne, av. des palmes (Æ. MM. R⁴. = 50 fr. Mion. R³. = 30 fr.). — Plautilla: Lég. emportée. ℞: ΕΦΕϹΙΩΝ·Β·ΝΕΩΚΟΡΩΝ. Tyché deb. (Æ 6. — R⁴. = 12 fr.). — Caracalla et Géta: Leurs têtes. Au-dessus, on lit: ΝΕΟΙ·ΗΛΙΟΙ. = nouveaux soleils. ℞: ΕΦΕϹΙΩΝ·ΔΙϹ·ΝΕΩΚΟΡΩΝ·ΚΑΙ·ΤΗϹ·ΑΡΤΕΜΙΔΟϹ. Artémis Ephesia entre Caracalla et Géta à cheval (Æ. MM. R⁷. = 150 fr. Mion. R⁵. = 100 fr.); *autre*, av.: ΔΟΓΜΑΤΙ·ϹΥΝΚΛΗΤΟΥ·ΕΦΕϹΙΩΝ·ΗΛΙΟΙ·ΝΕΟΙ. Quatre temples; les deux de face sont ceux de S. Sévère et de Julia Domna, — les deux de côté de Caracalla et de Géta, S. C. (Æ. MM. R⁷. = 200 fr. Mion. R⁵. = 100 fr.); *mêmes têtes*, ℞: Artémis chasseresse, ayant la m. dr. armée d'un glaive pour égorger un cerf abattu (Æ 6. — R⁶. = 40 fr. Mion. 24 fr.); Tyché vêtue de la *stola*, deb. (Æ 6. — R⁷. = 30 fr.); *carpentum*, ou un char sacré, traîné par deux mules (Æ 6. — R⁷. = 40 fr. Mion. R⁵. = 30 fr.). — Géta: ΑΥΤ·Κ·ΠΟ. — ϹΕ·ΓΕΤΑϹ. Buste lauré et barbu de Géta à dr. ℞: ΕΦΕϹΙΩ—Ν. à l'exergue. Deux enfants nus, assis à terre en regard, jouent avec trois osselets, — au-dessus le simulacre d'Artémis avec ses supports, entre le *soleil* à dr. et la *lune* à g. (Æ. 20 mill. R⁸. = 25 fr. Cf. Mion. III, p. 109, n° 361. R⁴. = 8 fr. — Imhoof-Blumer, Monn. Gr. p. 286, n° 42. Un groupe semblable formé par deux Erotes, se voit sur les mon. d'Aphrodisias. Cf. Riggauer, Zeitschr. f. Num. VIII, p. 84, Pl. I, f. 12); même p. mais au ℞: les enfants seuls, sans le simulacre d'Artémis (Æ. 18 mill. R*. **Inédite**. 40 fr. Coll. de M. Arthur Löbbecke, à Braunschweig, qui l'a publ. dans la Zeitschr. f. Num. Bd. XII,

Pl. XIII, f. 5); *autre*, av. ΕΦΕϹΙΩΝ·Β·ΝΕΟΚΟΡΩΝ. Artémis saisissant un cerf par le bois, et posant le genou g. sur son dos (Æ $6^{1}/_{2}$. — R^4. = 15 fr. Mion. R^3. = 9 fr.); Artémis chasseresse allant à g. (Æ $8^{1}/_{2}$. — R^4. = 20 fr.); ΕΦΕϹΙΩΝ·ΠΡΩΤΩΝ·ΑϹΙΑϹ. Trirème av. ses rameurs (Æ $10^{1}/_{2}$. — R^6. = 70 fr. Mion. R^5. = 50 fr.); Artémis dans un bige traîné par deux cerfs (Æ 4. — R^4. = 8 fr.); Type de la Tyché (Æ $5^{1}/_{2}$. — R^4. = 8 fr.); Cerf à dr. (Æ 4. Com. 1 fr.); Hermès nu, deb. ten. une bourse et son caducée, appuyé sur une colonne (Æ 6. — R^6. = 25 fr. Mion. R^4. = 12 fr.); ΕΦΕ-ϹΙΩΝ·Β·ΝΕΟΚΟΡΩΝ. (sic). Tyché deb. (Æ $6^{1}/_{2}$. — R^3. = 10 fr., même p. sans le second néocorat au Mus. Tiepolo); Vâche allaitant un veau (Æ 9.^{x} — R^5. = 40 fr. Mion. 30 fr.); t. de sanglier traversée d'un javelot (Æ 4. — R^4. = 8 fr.); ΕΦΕϹΙΩΝ·ΗΡΑΚΛΕΙΤΟϹ. Le philosophe Hérakleitos (504—450 av. J. C.), vêtu du *pallium*, deb. la m. dr. levée, semblant indiquer quelque chose, et ten. un bâton en l'air (Æ 5. — R^8. = 70 fr. Mion. 50 fr.; v. aussi: Zeitschr. f. Num. Bd. IX, p. 123, Pl. IV, n° 21); — Lion (Æ 4. — R^2. = 4 fr.); ΕΦΕϹΙΩΝ. écrit en deux lignes. Artémis placée dans un char traîné par deux cerfs, à dr. (Æ 4. — R^4. = 8 fr.). — Macrin: AVT·K·M·ΟΠΕΛ·(ϹΕΟVΗ)—ΜΑΚΡΕΙΝΟϹ·ϹΕΒ. Buste lauré et drapé de Macrin à dr. R*: ΕΦΕϹΙΩΝ et à l'exergue: ΠΩΡΤΩΝΑ—ϹΙΑϹ. Artémis vêtue du double chiton, deb. de face dans un *quadrige de cerfs*, dont deux courent à g. et deux à dr. Elle tient de la m. dr. l'arc et de la g. un flambeau (Æ. 35 mill. R^8. = 120 fr. **Inédite.** Publ. par M. Imhoof-Blumer, dans ses: Monn. Gr. p. 286, n° 43); R*: Même lég. Artémis chasseresse marchant à dr. (Æ 8. — R^6. = 25 fr. Mion. R^4. = 12 fr.); *autre*, av. la lettre E en contremarque au *Droit;* Tyché deb. à g. (Æ $5^{1}/_{2}$. — R^2. = 6 fr.); une femme, vêt. de la *stola*, deb. ten. une patère au-dessus d'un autel, et de la m. g. une double corne d'abond. (Æ 9. — R^4. = 20 fr. Mion. R^2. = 12 fr.); ΕΦΕϹΙΩΝ·(ΠΡΩΤΩΝ)ΑϹΙ(ΑϹ). Le Kaystros couché sous un arc formé de deux branches de laurier, et au-dessus duquel est un sanglier courant, — devant, un autel et une tour qui vient se joindre à l'arc, — ce fleuve tient de la m. dr. le simulacre d'Artémis (Æ. MM. R^6. = 120 fr. Mion. 100 fr.); ΕΦΕϹΙΩΝ·ΑΝΔΡΟΚΛΟϹ. Androklos nu, frappant de sa haste une bête féroce (Æ 9. R^6. = 40 fr. Mion. R^5. = 30 fr.); Rome casquée, assise, ten. le *palladium* de la m. dr. couronnée par la Niké, deb. derrière elle, — à ses pieds, un captif, auprès d'un trophée (Æ. MM. R^6. = 70 fr. Mion. R^4. = 40 fr.); Cerf deb. à g. (Æ 4. — R^2. = 4 fr.); ΕΦΕϹΙΩΝ·ΑΛΕΞΑΝΔΡΕΩΝ·ΟΜΟ-ΝΟΙΑ. Macrin sacrifiant sur un autel allumé (Æ. MM. R^6. = 80 fr. Mion. R^4. = 40 fr.); Artémis et Asklépios deb. av. leurs attributs (Æ 6. — R^6. = 40 fr. Mion. R^5. = 24 fr.); ΕΦΕϹΙΩΝ·ΜΟΝΩΝ·ΠΡΩΤΩΝ·ΑϹΙΑϹ. Artémis dans un quadrige de cerfs (Æ 10. — R^7. = 80 fr. Mion. R^5. = 50 fr.); ΕΦΕϹΙΩΝ....... ΒΩΤΑ. Plusieurs fig. deb. élevant la m. dr., devant, temple tétrastyle dans lequel est une statue, — en face du temple un victimaire frappant un taureau près d'un autel allumé (Æ 10. — R^8. = 200 fr. Mion. R^6. = 100 fr.); ΕΦΕϹΙΩΝ·ΚΟΡΗϹΟϹ· (Korésos, fondat. lég. du temple d'Artémis) ΑΝΔΡΟΚΛΟϹ. Deux héros, deb. se donnant la main, l'un d'eux tient une épée sur l'épaule g., l'autre, le *pallium*, à ses pieds un sanglier couché (Æ 8. — R^6. = 70 fr. Mion. R^5. = 30 fr.); sanglier percé d'un trait (Æ 4. — R^4. = 8 fr.). — Diaduménien: ΔΙΑΔΟΥΜΕΝΙΑ-

ΝΟC. Sa t. nue à dr. av. le *paludamentum*. ℞: ΕΦΕCΙΩΝ. Cerf à g. (Æ 4. — R⁶. = 30 fr. Mion. R⁴. = 8 fr.); *autre:* ΕΦΕCΙΩΝ·ΗΡΑΚΛΕΙ-ΤΟC. Héraclite, vêtu du *pallium*, deb. portant la m. droite à sa bouche, un bâton noueux sur le bras g. (Æ 6. — R⁶. = 200 fr. Mion. R⁸. = 100 fr., *autrefois*, Mus. Farnese); *autre:* ΕΦΕCΙΩΝ·Γ·ΝΕΩΚΟΡΩΝ. Artémis Chasseresse marchant, tirant une flèche de son carquois, et ten. un arc de la m. g. (Æ 9. — R⁷. = 80 fr. Mion. R⁵. = 30 fr.); *autre:* Artémis, en habit retroussé, deb. en face, la m. dr. levée sur sa tête, et ten. dans la g. étendue un arc, — d'un côté, à ses pieds, un chien accroupi, — de l'autre, un arbre (Æ 5. — R⁷. = 40 fr. Mion. R⁵. = 15 fr.); Elagabal: ΑΥΤ·Κ·Μ·ΑΥΡ·ΑΝΤΩΝΕΙΝΟC. Sa t. laurée à dr. av. le *paludamentum*. ℞: ΕΦΕCΙΩΝ·ΠΡΩΤΩΝ·ΑCΙΑC. Artémis chasseresse marchant, à dr. (Æ 8. — R². = 6 fr. Mion. R¹. = 3 fr.); Artémis, av. ses supports et des cerfs, dans un temple tétrastyle, — de chaque côté un temple distyle (Æ. MM. R³. = 40 fr. Mion. 20 fr.); Tyché deb. (Æ 6. — R¹. = 3 fr.); ΕΦΕCΙΩΝ·Γ·ΝΕΩΚΟΡΩΝ. Artémis dans un temple tétrastyle (Æ 6. — R¹. = 3 fr.); Artémis ten. une flèche et un arc (Æ 9. — R³. = 12 fr. Mion. R¹. = 6 fr.); ΕΦΕCΙΩΝ·Δ·ΝΕΩΚΟΡ. Pallas-Athéné deb., vue de face, dans un quadrige, — deux chevaux en sens opposé, — elle tient une haste transversale et un bouclier orné d'un aigle, les ailes éployées, derrière sa tête, un astre (Æ. MM. R⁵. = 70 fr. Mion. R³. = 30 fr.); Athéné casquée dans un quadrige, ten. une haste et un bouclier orné de la t. de Gorgone (Æ. MM. R⁵. = 70 fr. Mion. = 30 fr.); Galère, av. des rameurs (Æ 5. — R¹. = 2 fr.); même lég. Niké, les ailes éployées, marchant à g. ten. une torche et une couronne (Æ 8½. — R⁴. = 20 fr. Mion. R². = 12 fr.); Niké ten. une palme dans un quadrige (Æ 9. — R⁴. = 20 fr. Mion. 12 fr.); Niké écrivant sur un bouclier: ΝΕΙΚΗ. (Æ 9. — R⁵. = 40 fr. Mion. R³. = 18 fr.); Femme tourelée et vêtue de la *stola* deb., ten. une patère et une corne d'abond. (Æ 9½. — R⁴. = 15 fr. Mion. R¹. = 6 fr.); Aigle sur un simulacre de forme conique, dans un char traîné par quatre chevaux (Æ. MM. R⁶. = 80 fr. Mion. R⁴. = 40 fr.); Vaisseau av. des rameurs (Æ 5. — R¹. = 2 fr.); même lég. Galère, av. des rameurs, dans le champ deux Niké volant (Æ 5. — R¹. = 2 fr.); ΕΦΕCΙΩΝ·ΜΟΝΩΝ·Α·ΠΑCΩΝ·Δ·ΝΕΩΚΟΡΩΝ. Artémis deb. vêtue de la *stola*, a g., ten. une torche et un long flambeau, — devant elle, un cerf, — derrière, un arbre, — dans le champ, le monogr. (A) (Æ 9½. — R⁵. = 60 fr. Mion. R⁴. = 40 fr.); ΑΥΤ·Κ·Μ·ΑΥΡ·ΑΝΤΩΝΕΙΝΟC. T. laurée d'Elagabal, à dr., paludament. ℞: Même lég. Elagabal lauré et drapé sacrifiant av. une patère sur un autel; devant lui une Niké tenant une palme de la m. g. lui présente une couronne de la droite (Æ 11. — R⁷. = 100 fr. Inc. à Mion. — Cf. A. Engel, d. la Rev. Num. Fr. An. 1884, Tom. II, p. 18, nº 10); *autre*, av. ΕΦΕCΙΩΝ·ΤΕΤΡΑΚΙC·ΝΕΩΚΟΡΩΝ. Deux temples, — au-dessus, un vase et une couronne (Æ. MM. — R⁶. = 70 fr. Mion. 40 fr. souvent retouchée); *autre:* Quatre temples, deux vus de front, et deux autres de côté, av. des idoles (Æ. MM. — R⁶. = 70 fr. Mion. R⁴. = 40 fr.); ΕΦΕCΙΩΝ. Sanglier percé d'un trait (Æ 4. — R¹. = 2 fr.); av. ΟΙΚΟΥΜΕΝΙΑ·ΝΕΩΚΟΡΩΝ. Couronne de laurier, au milieu de laquelle est la t. laur. d'Elagabal, av. le *paludamentum* et cette inscription en trois lignes: ΕΦΕCΙΩΝ·ΟΛΥΜ-

ΠΙΑ., dessous deux palmes ($Æ\ 7^{1}/_{2}$. — R^6. = 50 fr. Mion. R^5. = 24 fr.). — CORNELIA PAULA: ΚΟΡΝΗΛΙΑ·ΠΑΥ(ΛΑ)·ϹΕΒ. Son buste drapé, à dr. ℞: Un table sur laquelle est une urne de prix av. une branche de palmier et la lég. ΕΦΕϹΙΑ., à dr. une couronne de laurier dans laquelle on lit: Ο—ΛΥΜ—ΠΙΑ., sur le dessus de la table ΟΙΚΟΥΜΕΝΙΚΑ et au-dessous: ΕΦΕϹΙΩΝ·Δ·ΝΕΩΚΟΡΩΝ., en haut, en lég. circulaire: Α·ΠΑϹΩΝ. ($Æ$. 30 mill. — R^7. = 80 fr. Publ. par ARTHUR LÖBBECKE, dans Zeitschr. f. Num. Bd. XII, p. 317, Inédite); autre, av.: ΕΦΕϹΙΩΝ·Γ·ΝΕΩΚΟΡΩΝ. Niké deb. couronnant le simulacre d'Artémis Ephesia ($Æ\ 6$. — R^7. = 45 fr. Mion. d'après VAILLANT: R^5. = 24 fr.); ΕΦΕϹΙΩΝ·Δ·ΝΕΩΚΟΡΩΝ. Niké marchant à g. les ailes éployées ($Æ\ 8$. — R^6. = 40 fr. Mion. 24 fr.); autre, av. ΟΙΚΟΥΜΕΝΙΚΑ·Δ·ΝΕΩΚΟΡΩΝ. Couronne de laurier, au milieu de laquelle est la t. d'Elagabal, av. l'inscription: ΕΦΕϹΙΩΝ·ΟΛΥΜΠΙΑ. en quatre lignes ($Æ\ 8$. — R^6. = 40 fr. Mion. 30 fr.). — AQUILIA SEVERA: ΙΟΥΛΙΑ·ΑΚΥΛΛΙΑ·ϹΕΒ. Sa t. à dr. ℞: ΑΡΤΕΜΙϹ·ΕΦΕϹΙΩΝ. Artémis av. ses supports et des cerfs ($Æ\ 9$. — R^8. en la supposant antique: 120 fr. Cf. MUS. HEDERVAR, de Wiczay, T. I, p. 213, n° 4901. SESTINI cependant dans sa: DESCR. DELLE MED. GR. DEL MUS. HEDERV. n'a pas rapportée cette pièce: il faut croire qu'elle lui aura paru suspecte ou fortement retouchée); autre: ΕΦΕϹΙΩΝ. Au milieu du champ, une abeille ($Æ\ 4$. — R^8. = 80 fr. Mion. R^7. = 30 fr.). — ANNIA FAUSTINA: ΑΝΝΙΑ·ΦΑΥϹΤΕΙΝΑ·ϹΕΒ. Sa t. à dr. ℞: ΕΦΕϹΙΩΝ·Δ·ΝΕΩΚΟΡΩΝ. Artémis chasseresse allant à dr., à ses pieds, un chien ($Æ\ 7^{1}/_{2}$. — R^8. = 120 fr. Mion. R^6. = 40 fr.); m. lég. Simulacre d'Artémis entre deux cerfs, dans le champ, un astre et un croissant ($Æ\ 8$. — R^8. = 150 fr. Mion. R^6. = 40 fr.); m. lég. (ARTÉMIS LUCIFERA deb. ten. dans chaque m. un flambeau ($Æ\ 8$. Même prix). — SOAEMIAS: ΙΟΥΛΙΑ·ϹΟΑΙΜΙϹΑ· (sic) ϹΕΒΑϹ. Sa t. à dr. av. la stola. ℞: ΕΦΕϹΙΩΝ·Δ·ΝΕΩΚΟΡΩΝ. Artémis chasseresse marchant, à dr. av. son chien ($Æ\ 8$. — R^7. = 40 fr. Mion. R^5. = 24 fr.). — MAESA: Sa t. à dr. et lég. usuelle. ℞: Même lég.: ΕΦΕϹΙΩΝ·Δ·ΝΕΩΚΟΡΩΝ. Artémis-Lucifera deb. ($Æ\ 8$. — R^4. = 20 fr. Mion. R^2. = 6 fr.); m. l. Elagabal deb. couronné par une autre fig. radiée deb. vêtue du *pallium* et ten. un globe ($Æ\ 8$. — R^4. = 20 fr. Mion. R^2. = 6 fr.); autre: av. ΙΟΥΛ·ΜΑΕϹΑΝ·ϹΕΒ. Sa t. à dr. ℞: ΕΦΕϹΙΩΝ. d. une couronne de laurier ($Æ\ 4$. — R^6. = 15 fr. Mion. R^2. = 4 fr.). — SEV. ALEXANDRE: ΑΥΤ·Κ·Μ·ΑΥΡ·ϹΕΒ·ΑΛΕΞΑΝΔΡΟϹ. Son buste av. la t. laurée, av. le *paludamentum*, derrière, un astre. ℞: ΖΕΥϹ·ΟΛΥΜΠΙΟϹ·ΕΦΕϹΙΩΝ. Zéus Olympios, à demi-nu, assis, ten. le simulacre d'Artémis et une haste, le tout dans un cercle formé de globules ($Æ\ 9$. — R^7. = 80 fr. Mion. R^5. = 48 fr.); autre, av. ΕΦΕϹΙΩΝ·Δ·ΝΕΩΚΟΡΩΝ. Artémis chasseresse march. à dr. ($Æ\ 8$. — R^1. = 3 fr.); autre: m. lég. Artémis arrêtant un cerf ($Æ\ 7$. — R^1. = 3 fr.); m. lég. Femme allant à dr. ten. sur chacun de ses bras la pet. fig. de Latone ($Æ\ 8^{1}/_{2}$. — R^2. = 10 fr. Mion. R^1. = 3 fr.); autre: m. l. Artémis terrassant un cerf qu'elle saisit par le bois ($Æ\ 5^{1}/_{2}$. — R^1. = 3 fr.); ΕΦΕϹΙΩΝ·ΤΕΤΡΑΚΙϹ·ΝΕΩΚΟΡΩΝ. Artémis Chasseresse march. à dr. ($Æ\ 8$. — R^5. = 15 fr. Mion. R^4. = 12 fr.); autre: M. lég. Temple octostyle dans lequel est Artémis sur un cippe, de chaque côté, un fleuve ($Æ$. MM. R^6. = 70 fr. Mion. R^4. = 40 fr.); ΕΦΕΣΙΩΝ·ΝΕΩΚΟΡΩΝ. Tyché deb. ($Æ\ 4$. —

R¹. = 2 fr.); ЄΦЄCIΩN·ΠΡΩΤΩN·ACIAC. Femme tourelée deb. ten. le simulacre d'Artémis et une corne d'abond. (Æ 6. — R¹. = 3 fr.); m. lég. Artémis Lucifera march. à dr. (Æ 5½. — R¹. = 3 fr.); *Carpentum* traîné par deux chevaux (Æ 8. — R³. = 9 fr.); Artémis saisissant par les cornes un cerf abattu (Æ 6. — R¹. = 3 fr.); ЄΦЄΣΙΩN·ΜΩΝΩΝ·ΠΡΩ-ΤΩΝ·ΝЄΩΚ. Victoire (Niké) écrivant sur un bouclier attaché à un arbre, les initiales NIK. (Æ. MM. R⁶. = 70 fr. Mion. R⁴. = 40 fr.); ЄΦЄCIΩN·ΤΥΧΗ. Tyché deb., dans le champ, un astre (Æ 5. R². = 4 fr.); Artémis-Ephesia av. ses supports (Æ 6. R¹. = 3 fr.); AΛЄΞΑΝΔΡΟC·ΚΑΙ. T. nue de Sev. Alex. enfant, à dr. av. le *paludamentum*. ℞: ЄΦЄCIΩN. Sanglier percé d'une flèche, courant à dr. (Æ 4. — R³. = 6 fr.); *autre*, variée (Æ 3. — R⁵. = 12 fr. Mion. R³. = 6 fr.). — ЄΦЄCIΩN·ΠΡΩΤΩΝ. Artémis dans un bige, à dr. (Æ 13½. — R⁷. = 120 fr. Mion. R⁵. = 100 fr.); ЄΦЄCIΩN·ΚЄΝ-ΧΡЄΙΟC. Le fleuve Kenchrios (Æ 5. — R⁷. = 40 fr. Mion. R⁵. = 15 fr.). — Mamaea: ΙΟΥΛΙΑ·ΜΑΜΑΙΑ·CЄΒ. Sa t. à dr. ℞: APTЄΜΙC·ЄΦЄCIA. Artémis deb. entre deux cerfs (Æ 9. — R². = 12 fr.); m. lég. et m. t. ℞: ΑΠΗΜΗ (sic) ΙЄΡ·ЄΦЄCIΩN. Char sacré à deux chevaux, dans lequel est une fig. assise (Æ 8. — R⁵. = 20 fr. Mion. R³. = 9 fr.); ЄΦЄCIΩN au milieu d'une couronne de laurier (Æ 4. — R⁸. = 6 fr.); *autre*: Artémis chasseresse marchant à dr., à ses pieds, un chien (Æ 8. — R². = 6 fr.); ΠΡΩΤΩΝ·ΑCΙΑC·ЄΦЄCIΩN. *Carpentum* traîné par deux chevaux, à dr. (Æ 7. — R⁴. = 15 fr. Mion. R². = 6 fr. Le Mus. Wiczay rapporte ce type av. la lég. APTЄΜΙC·ЄΦЄCIΩN. Je doute que l'inscription soit exacte. Cf. Mus. Hedervar, I, p. 213, n° 4903); Niké, les ailes éployées marchant à g. av. une couronne et une palme (Æ 4½. — R¹. = 2 fr.); Artémis march. ten. dans ses mains un flambeau, à ses pieds, un cerf (Æ 9. — R². = 12 fr.). — Orbiana: ΒΑΡΒΙΑ·ΟΡΒΙΑΝΗ·CЄΒ. Sa t. à dr. ℞: ΑΠΗΝΗ·ΙЄΡ...ЄΦЄCIΩN. *Carpentum* traîné par deux chevaux, à dr., dessus, un astre (Æ 9. — R⁸. = 200 fr. Mion. R⁸. = 150 fr.). — Maximinus: ΑΥΤ·Κ·Γ·ΙΟΥΛ·ΟΥΗΡΟC·ΜΑΞΙΜЄΙΝΟC. Sa t. laur. à dr., *paludamentum*. ℞: ЄΦЄCIΩN·ΠΡΩΤΩΝ·ΑCΙΑC. Maximin à cheval, à dr. lançant un javelot contre un ennemi terrassé (Æ 10. — R⁷. = 100 fr. Mion. R⁵. = 40 fr.); ЄΦЄCIΩN·Γ·ΝЄΩΚΟΡΩΝ. Artémis chasseresse deb. près d'un arbre, la main dr. sur la tête, à ses pieds, un chien (Æ 7½. — R⁶. = 20 fr. Mion. R⁴. = 12 fr.); m. lég. Artémis terrassant un cerf (Æ 5½. — R¹. = 2 fr.); ЄΦЄCIΩN·ΤΥΧΗ. Tyché deb. ten. une proue de vaisseau et une corne d'abondance (Æ 5. — R¹. = 2 fr.); MAΞΙΜЄΙΝΟC. Sa t. laur. à dr. av. le *paludamentum*. ℞: ЄΦЄCIΩN. Cerf à dr. (Æ 4. — R³. = 6 fr.); Niké marchant (Æ 5. — R¹. = 2 fr.); ЄΦЄCIΩN·ΝЄΟΚΟΡΟΝ. (sic). Une vache allaitant un veau (Æ 9. — R³. = 18 fr.); ЄΦЄCIΩN·ΗΡΑΚΛЄΙΤΟC. Le philosophe Hérakleitos barbu deb., couvert d'un ample manteau, la m. dr. levée vers sa bouche et une massue dans la g. (Æ 6. — R⁸. = 100 fr. Mion. R⁸. = 50 fr.; Visconti, I, 298; XXVI, 4. — Zeitschr. f. Num. Bd. IX, p. 124); Artémis d. un temple tétrastyle (Æ 5½. — R². = 4 fr.); un sanglier courant à dr. (Æ 3. — R³. = 6 fr.); Maximus: Lég. emportée. Sa t. nue. ℞: ЄΦЄCIΩN·Γ·ΝЄΩΚΟΡΩΝ. Artémis chasseresse près d'un arbre (Æ 8½. — R⁷. = 80 fr. Mion. d'après Vaillant, R⁵. = 40 fr.); *autre*: T. en regard de Maximin et de Maxime. ℞: Même lég.

12

Héraklès deb., ten. d. la main dr. un vase, la g. sur sa massue ($\mathcal{E}$ 5. — R^8. = 60 fr. Mion. R^7. = 20 fr.); — Gordien le Pieux: AYT·K·M·ANT·ΓΟΡΔΙΑΝΟC. Sa t. laur. à dr. ℞: ΕΦΕCΙΩΝ·ΠΡΩΤΩΝ·ΑCΙΑC. Gordien à cheval, lançant un javelot, dessous, un sanglier ($\mathcal{E}$ $10^1/_2$. — R^5. = 60 fr. Mion. R^3. = 30 fr.); ΕΦΕCΙΩΝ·Γ·ΝΕΩΚΟΡΩΝ. Artémis d. un temple octostyle ($\mathcal{E}$ $10^1/_2$. — R^5. = 70 fr. Mion. 30 fr.); ΕΦΕCΙΩΝ·Κ·ΑΛΕΞΑΝΔΡΕΩΝ-ΟΜΟΝΟΙΑ. Artémis, Isis et Zéus Sérapis deb. ($\mathcal{E}$ 11. — R^6. = 80 fr. Mion. R^4. = 50 fr.); m. lég. Artémis et Sérapis deb. sur un vaisseau ($\mathcal{E}$ $10^1/_2$. — R^6. = 60 fr. Mion. R^4. = 40 fr.); m. lég. Bustes accolés de Zéus Sérapis et d'Isis, tournés vers la dr. ($\mathcal{E}$ 8. — R^5. = 20 fr. Mion. R^3. = 9 fr.); m. lég. Isis, le *lotus* sur la t. déployant une voile, derrière, un phare ($\mathcal{E}$ 8. — R^6. = 30 fr. Mion. R^3. = 9 fr.); ΕΦΕCΙΩΝ·ΤΥΧΗ·ΑΛΕΞΑΝΔΡΕΩΝ. Tyché couchée, le *modius* sur la t. ten. un gouvernail, le coude g. appuyé sur un rocher sur lequel est une corne d'abond. ($\mathcal{E}$ 8. — R^4. = 15 fr. Mion. R^2. = 6 fr.); *autre:* Bison ayant la t. surmontée d'un disque placé au milieu d'un croissant ($\mathcal{E}$ 5. — R^3. = 4 fr.); ΕΦΕCΙΩΝ·ΑΛΕΞΑΝΔΡΕΩΝ. Harpokrate deb. appuyé sur une colonne, ten. une corne d'abond., à ses pieds, une fig. à t. de bélier, assise ($\mathcal{E}$ 5. — R^5. = 15 fr. Mion. R^3. = 6 fr.); ΑΠΗΝΗ·ΕΦΕCΙΩΝ. Figure dans un char sacré attelé de deux chevaux ($\mathcal{E}$ 9. R^4. = 15 fr. Mion. R^1. = 6 fr.); Harpokrate assis sur un serpent, et tourné vers la g. ($\mathcal{E}$ 5. R^4. = 8 fr.); ΕΦΕCΙΩΝ· ΤΡΙC·ΝΕΩΚΟΡΩΝ. Artémis vêtue d'une longue robe, assise sur un rocher, versant une patère de la m. dr. et ten. un arc de la g. ($\mathcal{E}$ 8. R^4. = 15 fr. Mion. R^2. = 6 fr.); ΕΙΡΗΝΗ·ΕΦΕCΙΩΝ. Femme deb. versant une patère sur un autel allumé ($\mathcal{E}$ $10^1/_2$. — R^6. = 40 fr. Mion. R^8. = 18 fr.); ΕΦΕCΙΩΝ·ΑΛΕΞΑΝΔΡΕΩΝ. Taureau, le cou orné de fleurs et le *lotus* en tête ($\mathcal{E}$ 5. — R^2. = 4 fr.). — Tranquilline: ΦΡΟΥ· (sic) CΑΒΕΙ·ΤΡΑΝΚΥΛΛΕΙΝΑ. Sa t. à dr. ℞: ΑΡΤΕΜΙC·ΕΦΕCΙΩΝ. Artémis d. un char traîné à g. ($\mathcal{E}$ $8^1/_2$. — R^7. = 80 fr. Mion. R^5. = 40 fr.); *autre:* Artémis assis sur un rocher ($\mathcal{E}$ $8^1/_2$. M. prix); ΕΦΕCΙΩΝ·Α·ΑCΙΑC. Latone march. à g., portant sur ses mains Apollon et Artémis ($\mathcal{E}$ 8. — R^7. = 100 fr. Mion. R^5. = 40 fr.); *autre:* Artémis assise sur un cerf, allant à dr. ($\mathcal{E}$ 8. — R^7. = 80 fr. Beger, Thes. Brand. III, p. 147); *autre:* un cavalier, à dr. ($\mathcal{E}$ 9. — R^6. = 70 fr. Mion. R^5. = 40 fr.). — Philippe père: AYT·K·M·ΙΟΥΛ·ΦΙΛΙΠΠΟC·ΑΥ. Buste lauré de Philippe père à dr. av. le *paludament*. ℞: ΕΦΕCΙΩΝ·(ΤΡ)ΙC·ΝΕΩΚΟΡΩΝ. Deux adolescents armés de lances deb. et se donnant les mains, — celui qui est à g. fait tomber le manteau de son épaule, et celui qui est à dr. est nu ($\mathcal{E}$ 35 mill. R^8. — **Inédite**. — 60 fr. — Coll. de M. Arthur Löbbecke à Braunschweig, qui l'a publ. d. la Zeitschr. f. Num. Bd. XII, p. 317); m. lég. et m. t. ℞: ΕΦΕCΙΩΝ·ΚΑΤΑΠΛΟΥC (Navigation). Galère av. des rameurs, sur la proue, le *vexillum*, dans le champ, A. ($\mathcal{E}$ $5^1/_2$. — R^8. = 60 fr. Mion. R^5. = 24 fr.); ΗΡΑΚΛΕΙΤΟC·ΕΦΕCΙΩΝ. Le philosophe Hérakleitos barbu, deb. ($\mathcal{E}$ $5^1/_2$. — R^5. = 70 fr. Mion. R^8. = 50 fr. Comp. Visconti, Iconogr. Grecq., t. III, Suppl. p. 297, édit. 4°; voy. *Num. Chron.* IV, 73. — Zeitschr. f. Num. B. IX, p. 124); Artémis av. ses attributs, entre deux fleuves, l'un barbu, l'autre imberbe ($\mathcal{E}$ 6. — R^6. = 20 fr. Mion. R^4. = 12 fr.). — Otacilia: ΜΑΡ·ΩΤΑ·CΕΥΗΡΑ·CΕΒ. Sa t. à dr. av. la *stola*. ℞: ΕΦΕCΙΩΝ·ΑΡΤΕΜΙC. Artémis conduisant un char attelé de deux cerfs ($\mathcal{E}$ 8. —

R². = 6 fr.); *autre:* ΕΦΕCΙΩΝ·ΚΟΙΝΟΝ·ΠΑΝΙΩΝΙΩΝ. Un temple tétrastyle (Æ 6. — R⁷. = 60 fr. Mion. R⁵. = 24 fr.); ΑΡΤΕΜΙC·ΕΦΕCΙΑ·ΑCΥΛΟC. Artémis av. ses cerfs et ses broches, entre le Soleil et la Lune (Æ 8. — R⁶. = 40 fr. Mion. R⁵. = 18 fr. d'après Vaillant); *Carpentum*, traîné par deux chevaux (Æ 8. — R⁴. = 15 fr. Mion. R³. = 9 fr.); même type, av. la lég.: ΑΠΗΜΗ· (sic) ΙΕΡ·ΕΦΕCΙΩΝ. (Æ 8¹/₂. — R¹. = 15 fr. Mion. R². = 6 fr.). — Philippe Jeune: Μ·ΙΟΥΛ·ΦΙΛΙΠΠΟC·ΚΑΙCΑΡ. Sa t. nue à dr. av. le *paludamentum.* ℞: ΕΦΕCΙΩΝ·ΑΡΤΕΜΙC·ΑCΥΛΟ. Simulacre d'Artémis, entre un astre et un croissant, à ses pieds, deux cerfs (Æ 8. — R⁵. = 20 fr. Mion. R³. = 9 fr.); *autres:* m. lég. Artémis entre le Soleil et la Lune (Æ 6. — R³. = 9 fr.); Artémis entre deux Fleuves couchés (Æ 6. — R⁶. = 40 fr. Mion. R⁵. = 24 fr. cf. Sestini, Deser. Num. vet. p. 332, n° 67) Cerf marchant (Æ 5. — R². = 4 fr.); Artémis-Chasseresse av. un croissant sur la t. ten. un flambeau (Æ 6. — R². = 6 fr.); ΕΦΕCΙΩΝ·ΑΠΗΝΗ. *Carpentum* traîné par deux chevaux, à g. (Æ 8. — R². = 8 fr. toujours retouchée); ΕΦΕCΙΩΝ·ΤΥΧΗ. Tyché deb., la t. surmontée du *modius*, ten. une patère et une corne d'abond., à ses pieds, un autel (Æ 5. — R². = 4 fr.). — Trajan Dèce: ΑΥΤ·Κ·ΤΡΑΙΑΝΟC·ΔΕΚΙΟC. Sa t. laur. à dr. av. le *paludamentum.* ℞: ΕΦΕCΙΩΝ·Α·ΑCΙΑC. Artémis-Lucifera deb. ten. un long flambeau (Æ 5. — R¹. = 2 fr.); *autres:* Artémis Chasseresse, prenant une flèche dans son carquois (Æ 6. — R². = 6 fr.); Artémis Ephesia sacrifiant sur un autel (Æ 5. — R². = 4 fr.); Tyché deb. (Æ 5. R³—R⁵. = de 2 à 4 fr.); Artémis d. un temple tétrastyle (Æ 6. — R². = 6 fr.); deux enfants allaités par la louve romaine (Æ 5. — R¹. = 2 fr.); Vache allaitant son veau (Æ 10¹/₂. — R⁵. = 40 fr. Mion. R². = 20 fr.). — Etruscilla: ΕΡΕΝ·ΕΤΡΟΥCΚΙΛΛΑ·CΕΒ. Sa t. à dr. av. la *stola*. ℞: ΕΦΕCΙΩΝ·ΠΡΩΤΩΝ·ΑCΙΑC. Artémis Chasseresse march. à dr. (Æ 8. — R⁴. = 15 fr.); ΕΦΕCΙΩΝ·Γ·ΝΕΩΚΟΡΩΝ. Méléagre perçant un sanglier de sa lance (Æ 7. — R⁶. = 40 fr. Mion. R⁵. = 24 fr.); ΕΦΕCΙΩΝ·ΑΝΔΡΟΚΛΟC. Androklos nu combattant une hydre, à ses pieds, un chien (Æ 9. — R⁶. = 70 fr. Mion. R⁵. = 30 fr.); *Carpentum* traîné par deux chevaux, à dr. (Æ 8. — R⁴. = 15 fr.); ΕΦΕCΙΩΝ. Abeille (Æ 4. — R⁷. = 40 fr. Mion. R⁸. = 6 fr.); Sanglier (Æ 5. — R³. = 6 fr.). — Trébonien Galle: ΑΥΤ·Γ·ΟΥΕΙΒ·ΤΡΒ· (sic) ΓΑΛΛΟ·CΕΒ. Sa t. laur. à dr., *paludamentum*. ℞: ΠΑΡ·ΚΛ·ΑΠΟΛΙΝΑΡΙΟΥ·ΑΠΑΜΕΩΝ·ΕΦΕCΙΩΝ·ΟΜΟΝ. Zéus assis, à g., ten. une pat. Niké d. la m. dr., la haste dans la g., en face Artémis deb. entre deux cerfs (Æ 10¹/₂. — R⁸. = 200 fr. Mion. R⁵. = 100 fr. Ex. non retouché, autrefois dans la coll. de feu M. Suchtelen à St. Pétersbourg). — Volusien: Sa t. à dr. ℞: ΕΦΕCΙΩΝ·ΠΡΩΤΩΝ·ΑCΙΑC. Vache allaitant son veau (Æ 8¹/₂. — R⁷. = 40 fr. Mion. R⁵. = 24 fr. sans lég. au *Droit*). — Valérien père: ΑΥΤ·Κ·ΠΟ·ΛΙΚΙΝ·ΟΥΑΛΕΡΙΑΝΟC. Sa t. laur. à dr., *paludamentum*. ℞: ΕΦΕCΙΩΝ·ΠΡΩΤΩΝ·ΑCΙΑC. Artémis entre le Soleil et la Lune, au milieu d'un temple octostyle (Æ 9. — R⁶. = 50 fr. Mion. R³. = 12 fr.); *autres:* Vache à dr. allaitant son veau (Æ 8¹/₂. — R⁴. = 15 fr.); ΕΦΕCΙΩΝ·Γ·ΝΕΩΚΟΡΩΝ. Amazone, ou Artémis, sur un trirème, soutenant une voile enflée par les vents (Æ 9. — R⁴. = 20 fr. Mion. R². = 12 fr.); m. lég. Zéus deb. ten. un foudre et un aigle, dev. lui, un serpent se dressant (Æ 7. — R³. = 8 fr. Mion. R¹. = 3 fr.); m. lég. Niké deb. écrivant sur un bouclier pendu à un arbre, le mot VICTORIA. (Æ 10½. — R⁶. = 50 fr. Mion. R⁴. = 24 fr.); m. type, mais la Niké écrivant NEIKH. (Æ 9. — R³. = 15 fr. Mion. R¹. = 6 fr. d'après Vaillant); EΦECIΩN·TPIC·NEΩKO-PΩN. *Carpentum* traîné par deux chevaux, à dr. (Æ 7½. — R². = 6 fr. Mion. R¹. = 3 fr.); EΦECIΩN·Δ·NEOKOPΩN. Apollon et Artémis deb. av. leurs attributs (Æ 7½. Com. 2 fr.); IEPAΠOΛEITΩN·K·EΦECIΩN·NEΩKO-PΩN·OMONOIA. Artémis deb., en face: une femme (la Tyché d'Iérapolis?) deb. le *modius* sur la t. (Æ 9. — R⁶. = 40 fr. Mion. R⁴. = 18 fr.); *autre*: av. OMONYA (sic), même type (même prix); Artémis Chasseresse deb. en habit court, derrière elle, un arbre (Æ 7. — R¹. = 3 fr.); EΦECIΩN·TYXH. Tyché deb. vêtue de la *stola*, et le *modius* sur la t. versant une patère sur un autel allumé et ten. une corne d'abond. (Æ 5. Com. 2 fr.); EΦECIΩN·KAYC-TPOC. Le Fleuve Kaystros couché (Æ 5. — R⁴. = 8 fr.); EΦECIΩN·Γ·NEΩKOPΩN. Démétèr tutulée deb. ten. dans chaque m. un flambeau ardent (Æ 7. — R³. = 4 fr.); m. lég. Artémis assise sur un rocher, à l'exergue, une étoile (Æ 7½. — R². = 3 fr.); AYT·K·ΠO·ΛIKIN·BAΛEPIANOC. Sa t. laur. à dr., dessus, ⊐ en contre-marque. ℞: Même lég. av. Γ·NEΩKOPON. Artémis-Lucifera deb. à dr. ten. transversalement un flambeau (Æ 7. — R². = 6 fr. Mion. 3 fr.); — Gallienus: AYT·K·ΠOY·ΛI·ΓAΛΛIHNOC. Sa t. laur. à dr. av. le *paludamentum*. ℞: Deux enfants couchés aux pieds du simulacre d'Artémis d'Ephèse (Æ 4. — R². = 4 fr.); *autre*: Artémis deb. Æ 9. R². = 12 fr. Mion. R¹. = 6 fr.); AΠHNH·IEPA·EΦECIΩN. *Carpentum* traîné par deux chevaux (Æ 6. — R³. = 10 fr. Mion. R². = 6 fr.); EΦE-CIΩN·NEΩKOPΩN. Latone vêtue d'une longue robe, marchant à g. portant un enfant sur chacun de ses bras (Æ 7. — R⁶. = 6 fr. Mion. 3 fr.); EΦE-CIΩN·Γ·NEΩKOPΩN. Artémis-Chasseresse dans un bige de cerfs (Æ 7. — R¹. = 4 fr.); même lég. Artémis tutulée avec ses supports (même mod. et prix); même lég. Femme portant de la m. dr. le simulacre d'Apollon, et de la g. celui d'Artémis-Chasseresse (Æ 9. — R⁴. = 12 fr. Mion. R¹. = 6 fr.); *autre*, m. lég. Artémis nue, la t. casquée, portant un javelot, ten. de la m. g. la dépouille d'un sanglier, la dr. armée d'un bouclier, derrière un arbre (Æ 9. — R⁶. = 70 fr. Mion. R⁴. = 30 fr. — Sestini, loc. cit. n° 79); m. lég. Artémis-Pharétrée, assise sur un rocher, à g., versant une patère de la m. dr., la g. sur le rocher (Æ 7. — R². = 4 fr.); m. lég. Artémis-Chasseresse terrassant un cerf (Æ 5. — R¹. = 2 fr.); *autre*: Artémis et Apollon deb., en face (Æ 7. — R². = 6 fr.); m. lég. Isis-Pharia tutulée, deb. sur un trirème, ten. une voile enflée (Æ 7. — R³. = 10 fr. Mion. 6 fr.); m. lég. Méléagre, près de lui, un arbre, il porte un javelot et la dépouille d'un sanglier et tient une couronne (Æ 7. — R⁶. = 30 fr. Mion. R⁴. = 12 fr.); EΦECIΩN·Δ·NEΩKOPΩN. Artémis Lucifera deb. à dr. ten. transversalement un flambeau (Æ 7½. — R⁴. = 12 fr. Mion. R¹. = 3 fr.); m. lég. Niké, le pied g. posé sur un globe, écrivant sur un bouclier suspendu à un arbre (Æ. MM. R⁴. = 50 fr. Mion. R². = 20 fr.); la même, mais du mod. 7. R¹. = 4 fr.; Fleuve couché, à g., ten. un roseau (Æ 4½. — R¹. = 2 fr.); EΦECIΩN·ΠEPΓAMHNΩN·OMONOIA. Artémis Ephesia et Asklépios deb. av. leurs attributs (Æ 6½. — R⁴. = 12 fr.); ΓAΛΛIHNOC·K. Son buste lauré av. le *paludamentum*, à dr. ℞: EΦEC—IΩN. Cerf deb. à dr. Grenetis de perles (Æ. 15 mill. R⁶. = 15 fr. *Variété inconnue* de la coll. de M. Arthur

Löbbecke, à Braunschweig). — SALONINA: CΑΛΩΝ·ΧΡΥCΟΓΟΝΗ·CΕΒΑ. Sa t. sur un croissant; dessus, P. en contremarque. ℞: ΕΦΕCΙΩΝ·ΑΡΤΕΜΙC. ARTÉMIS-LUCIFERA deb. ten. d. chaque main un flambeau; à terre, un cerf (Æ 8. — R². = 6 fr. MION. 3 fr.); *autre*, av. Artémis-Chasseresse, agitant un javelot et ten. un arc (Æ 7. R¹. = 3 fr. — MUS. TIEP., 1091); la même déesse ten. un flambeau, à ses pieds un chien (Æ 9. — R³. = 15 fr. MION. R¹. = 6 fr.); ΕΦΕCΙΩΝ·ΠΡΩΤΩΝ·ΑCΙΑC. ARTÉMIS POLYMAMMIA, av. ses attributs (Æ 7. — R¹. = 3 fr.); m. lég. Artémis des montagnes, deb., les jambes croisées, tournée à dr., vêtue d'un habit court, le carquois derrière le dos, ten. un arc et une flèche de la m. dr. et un flambeau de la g., derrière elle, un cerf (Æ 6½. — R². = 8 fr. MION. 3 fr.); *autre*, sans le cerf: Mod. 7. — R⁴. = 15 fr. DUMERSAN, Cab. Allier de Hauteroche, Pl. XIV, n.° 22); ΕΦΕCΙΩΝ·ΝΕΩΚΟΡΩΝ. Diane (Artémis-Pharétrée) assise sur un rocher, à g. elle verse de la m. dr. une patère, et tient la m. g. posée sur le rocher (Æ 7. — R². = 6 fr.); Urne des jeux, devant: ΕΦΕCΙΩΝ. (Æ 7. — R¹. = 3 fr.); Héraklès dev. un arbre, au bas, un sanglier (Æ 7. — R³. = 9 fr.); trois épis réunis et liés ensemble (Æ 3½. — R². = 4 fr.); ΤΟ·ΑΓΑΘΟΝ·ΕΦΕCΙΩΝ. Fig. virile nue et deb. à dr. les bras pendants et les poings fermés (Æ 7. — R⁴. = 12 fr.). — SALONINUS: ΚΟΡ·ΟΥΑΛΕΡΙΑΝΟC·ΚΑΙ. Sa t. laurée av. le *paludamentum*. ℞: ΕΦΕCΙΩΝ·ΤΥΧΗ. La Tyché deb. ten. un gouvernail et une corne d'abondance (Æ 5. — R³. = 6 fr.); *autre*: ℞: ΕΦΕCΙΩΝ·ΝΕΩΚΟΡΩ. ARTÉMIS-LUCIFERA deb. à dr., vêtue de la *stola*, elle porte un carquois derrière le dos et tient transversalement un long flambeau (Æ 5½. — R³. = 6 fr.); Artémis ten. par les cornes une cerf (Æ 5. — R³. = 6 fr.); ΕΦΕCΙΩΝ. Artémis-Chasseresse, ten. une flèche de la m. dr. et un arc de la g., à ses pieds, un chien (Æ 7. — R⁴. = 12 fr. MION. R³. = 9 fr.); ΛΙΚ·CΑΛ·ΟΥΑΛΕΡΙΑΝΟC. Sa t. nue. ℞: ΕΦΕCΙΩΝ·ΚΑΥCΤΡΟC. Le Fleuve Kaystros couché (Æ 4½. — R⁴. = 15 fr.); m. p. la t. de Salonin laurée, au droit (Æ 4½. — R⁶. = 25 fr.). — On trouve sur les mon. d'Ephèse les noms des divinités suivantes: ΑΡΤΕΜΙC·ΕΦΕCΙΑ. — ΖΕΥC·ΟΛΥΜΠΙΟC. — ΑΘΗΝΑ ΑΡΕΑ. — ΑΠΟΛΛΩΝ ΕΜΒΑCΙΟC (surnom nouvellement découvert). — ΑΝΔΡΟΚΛΟC = Fondateur de la ville qui est représenté tuant un sanglier sauvage). — ΚΟΡΗCΟC = fondateur légendaire du célèbre temple d'Artémis. — Jeux mentionnés sur les monnaies: ΟΛΥΜΠΙΑ·ΟΙΚΟΥΜΕΝΙΚΑ. — ΚΟΙΝΟΝ ΕΦΕCΙΩΝ. — ΠΑΝΙΩΝΙΟΝ. — ΙΕΡΑ·ΑΠΗΝΗ = Char sacré traîné dans les processions. — *Monnaies d'alliance*, avec: Adramyteïon, Alexandrie d'Egypte, Apamea Kibotos, Aphrodisias, Attaea, Kibyra, Kotiaion, Kyzikos, Hierapolis, Laodikea (nombr. mon.), Magnesia, Mesembria, Metropolis, Miletos, Mytilène, Pergame, Nysa, Pergame et Sardes, Pergame et Smyrne, Perinthos, Philadelphia, Sardes, Smyrna, Tralles. — Sur les mon. d'Ephèse, consultez: *Num. Chron.* VII, p. 63; II, p. 171 et 176; HEAD, Num. Chron. 2 Ser. 1880, p. 127; — CAT. DUPRÉ, n.° 289; *Archäol. Zeitg.* 1849, p. 63; GROTE, Blätter f. Münzk. II, p. 10; MUS. LAVY, Tom. I, p. 206; CAT. HEIDEKEN, n.° 2089 (Æ. ΦΙΛΕΤΑΙΡΟC. Cerf); PALIN, Observ. num. Rome 1833, Pl. 9; Fox, Engr. of uned. and rare Gr. coins, II, n.° 64; DROYSEN, Hellenismus, II, 2, 258; III, 1, 267; III, 2, 276; *Rev. Num. Fr.* An. 1863, p. 223; ib. An. 1848, p. 245; PINDER und FRIEDLÄNDER, Beiträge, I, p. 26; BORGHESI, Osservazioni, V, p. 10 (Fannius). — **Pour les impériales:** Num. Chron. IV,

p. 73; IX, p. 37; IX, p. 39; Akerman, Num. Chron. IX, p. 33; Zeitschr. f. Numism. VI, p. 15: ΚΟΥΣΙΝΙΟΣ·ΕΠΙΣΚΟΠΟΣ·ΤΟ·Δ·; Borghesi, Osserv. XIV, p. 1 (Acilius Aviola); *Rev. Num. Fr.* An. 1858, p. 166; *Berl. Bl. f. Münzk.* I, p. 143; Zeitschr. f. Münzk., I, 382; Sestini, Lett. di Continuaz. T. IX, p. 166 (av. Kotiaion); Mus. Lavy, I, p. 207. — La mon. de Messaline décr. dans le Cat. Welzl de Wellenheim, au n.° 5377, et par Haym, Thes. Brit. II, Pl. 29, fig. 5. L'exempl. de Welzl est au *Cab. de Berlin* et il ne porte pas le nom de Messaline qui—pourrait aussi bien être celui de Poppaea? — [NB. *Aigai* Diadum. *non datée.* Br. $6^{1}/_{2}$ = 10—12 fr.] —

127. ΕΡΥΘΡΑΙ.

Sur les monnaies de la ville d'Erythrai en Ionie. — *Types*: EL. *Autonomes:* ΦΑΝΝΟΖΕΜΙΖ·ΕΡΥ. (lég. archaïque). Cerf marchant à dr. ℞: Aire en creux de forme oblongue, disposée en croix. STATÈRE (EL. 6. — R* = 2000 fr. Mion. 800 fr.). v. Head, Guide p. 4, 7. Pl. I, 7 et Hist. Num. p. 526, d'après Head et Gardner frappée à Halikarnassos, mais plus sûr à Ephèse. L'inscription: ΦΑΙΝΟΣΕΜΙΣΕΜΑ (Mionnet l. c. entièrement fausse). — v. Sallet, Zeitschr. f. Num. X, 149. — Fränkel, Arch. Zeitg. 1879, 27. — Bechtel, Inschriften des jonischen Dialekts. 1887, 145, n.° 247. — T. d'une Sibylle à dr. chevelure hérissée, et retenue par le *reticulum*. ℞: Torche ardente au milieu d'un carré indiqué par quatre barres (Æ. Mod. $1^{1}/_{2}$. — R^{8}. = 300 fr. Mion. 100 fr. Dumersan, Cab. d'Hauteroche, Pl. XIV, n.° 24). — *Autonomes* en Æ. (La description de ces mon. donnée par Mionnet est tellement inexacte que j'ai dû la refaire entièrement). *Types*: Homme imberbe, nu, conduisant par la bride un cheval courant à g., que poursuit une mouche ou une guêpe. ℞: ΕΡΥΘ. dans les quatre coins d'un carré creux, dont le champ est occupé par une rosette à onze pétales (Æ. 16 mill. Poids, 4,67 gr. R^{6}. = 80 fr. — Imhoof-Blumer, Choix, Pl. III, n.° 118. — Head, Guide 1881, pl. 11, f. 32 et Leake, p. 59, qui a pris l'insecte pour une fourmi); — même type à g., sans la mouche. L'homme tient de la m. g. un bâton ou un aiguillon. ℞: ΘΥΨΕ et rosette de seize pétales entourée d'un cercle, dans un carré creux (Æ. 16 mill. Poids, 4,65 gr. — Cf. Imhoof-Blumer, Choix, pl. III, n.° 119. même valeur); — T. de bœuf av. le cou, à dr. ℞: Rosette à huit pétales, dans un carré creux (Æ. 7 mill. Poids, 0,22 gr. R^{8}. = 100 fr. **Incon.** à Mion. — Cf. Imhoof, Monn. Gr. p. 286, n.° 47); — t. imb. d'Héraklès à dr. couverte de la dépouille de lion. ℞: ΕΡΥ·ΦΑΝΝΟΘΕΜΙΣ. Massue et coryte av. arc et flèches, — sur le coryte deux griffons courant l'un vers l'autre. Dans le champ à g. chouette deb. à dr. et à dr., |ΑΙ. (Æ. 25 mill. Poids, 14,85 gr. R^{8}. = 150 fr. Cat. Iwanoff, Londres 1863, p. 31, lot n.° 279. Æ $5^{1}/_{2}$. — Poids: 216 grs. Vend. 9 £. [Curt]. — Vente Dupré (Paris 1867), lot n.° 291. Vend. 370 fr. [Waddington]. — Mion. R^{5}. = 72 fr. — Imhoof-Blumer, Monn. Gr. p. 287, n.° 48. — Sestini, Mus. Fontana, II, Pl. VII, fig. 8, et pars III, p. 59, n.° 1) [on connaît d'autres *tétradrachmes* au même type qui ont pour légendes: ΜΟΛΙΩΝ et ΓΕΛΟΠΙΔΑΣ, les mêmes noms qu'on trouve sur les drachmes, — elles sont du même prix]; même t. d'Héraklès, à g. ℞: ΕΡΥ·ΑΙΤΩΡ. Massue et coryte, d. le champ à g. épi, à dr., torche (Æ. 13 mill. Poids: 1.32 gr. R^{8}. = 70 fr. —

Imhoof, Monn. Gr. p. 287, n° 49); *autre*, av. ΛΑΓΡΕΓΗΣ, d. le champ, ⟨monogram⟩ (Æ. 12 mill. **Incon.** à Mion. R⁸.=70 fr.); *autre*, av. ΜΟΛΙΩΝ. Dans le champ épi et caducée (Æ. 13 mill. R⁸. = 40 fr. Mion. R². = 6 fr. incorr. décrite); *autre*, av. la t. à dr. et au ℞: ΕΡΥ·ΑΡΧΙΔΗΜΟΣ. Massue et coryte, d. le champ, globe et Μ. (Æ. 17 mill. R⁸.=100 fr. **Incon.** à Mion. — Imhoof, Monn. Gr. p. 287, n° 52); *autre*, av. ΓΝΩΤΟΣ et d. le champ corne d'abond. (Æ. 18 mill. — **Inc.** à Mion. R⁸. = 60 fr.); m. t. à dr. ℞: ΕΡΥ·ΜΕΝΕ-ΚΛΗΣ·ΑΝΑΚΛΕΟΥΣ en trois lignes, dessous le coryte, le tout entouré d'une couronne de vigne (Æ. 17 mill. Poids: 3,93 gr. R⁸. = 60 fr. **Inc.** à Mion. — Imhoof, Monn. Gr. p. 287, n° 54); même t. à dr., cercle perlé. ℞: ΕΡΥ. dessous ⟨monogram⟩, d. une couronne semblable (Æ. 14 mill. ou Mod. 2½. R⁶. = 40 fr. Mion. S. VI, p. 214, n° 901. R⁴.=12 fr. — Imhoof, Monn. Gr. p. 287, n° 55); t. de Pallas à dr. ℞: ΕΡΥ, dessous ⟨monogram⟩ (Æ. 11 mill. R⁸. = 40 fr. Imhoof, Monn. Gr. p. 287, n° 56); Cavalier nu, à cheval, allant au galop, à dr. ℞: Carré creux divisé en quatre parties profondes, presque combées (Æ 4. — R⁷. = 80 fr. Mion. S. VI, p. 213, n° 898. R⁵. = 30 fr. mon. attribuée autrefois à Kelenderis de Cilicie); *autres auton.* en Æ. du même type, du mod. 3, 3½, 2 et 2½, citées par Mionnet et estimées à 6, 9, 15 et 20 fr. av. des légendes: ΕΡΥΘ; ΕΡΥ·ΑΒΡΩΝ; ΑΠΕΛΛΑΣ; ΑΡΙΣΤΕΑΣ; ΔΙΟΝΥΣΙΟΣ; ΔΙΟΓΕΙΘΗΣ; ΜΟΛΙΩΝ; ΠΕΛΟΓΙΔΗΣ; ΠΕΛΟΠΙΔΗΣ; ΧΑΡΜΗΣ; ΕΡΥ· ΗΡΟΔΩΡΟΣ·ΔΙΟΝΥΣΙΟΥ; ΕΡΥ·ΑΣΚΛΗΠΙΑΔΗΣ; ΕΡΥ·ΑΣΚΛΗΓΙΑΔΗΣ· ΔΗΜΑΔΟΣ; ΕΡΥ·ΔΙΟΝΥΣΙΟΣ. — **Inédite:** Tête jeune d'Héraklès, à dr. ℞: ΕΡΥ·ΜΕΓΑΘΥΜΟΣ. Arc et massue dans un fourreau, d. le champ, à dr. un rhyton, dessous, un épi (Æ 2. Poids: 1,32 gr. — Nouveau nom de magistrat resté incon. à Mion. et Imhoof). — **Monnaies autonomes en Bronze.** [La quantité prodigieuse de ces mon. qui ont presque toujours le même type exigerait un travail à part; je ne citerai ici que les noms des magistrats donnés par Mionnet et complétés par M. Imhoof-Blumer. Pour les autres noms de magistrats voyez la liste détaillée publ. dans l'*Archäol. Zeitg.* An 1849, p. 99.] *Types et légendes:* T. imberbe nue à dr. ℞: ΕΡΥ·ΒΙΩΝ. Arc et massue (Æ. 14 mill. Imhoof, Monn. Gr. p. 287, n° 57); t. imb. d'Héraklès, à dr. couverte de la dépouille de lion. ℞: ΓΛΑΟΚΟΣ (pour *Γλαῦκος*)· ΕΡΥ. Coryte et massue, dessous aphlaston (Æ. 23 mill. R⁷. = 30 fr. **Incon.** à Mion. — Publ. par Imhoof, Monn. Gr. p. 288, n° 58); autre, av. ΚΥΒΕΡΝΙΣ, sans symbole (Æ. 12 mill. R⁸. = 40 fr. Imhoof, ib. n° 59); autres, av. ΤΑΟΡΕΑΣ (pour *Ταυρέας*): Imhoof, ib. nᵒˢ 60 et 61 (Æ. 20 et 12 mill. R⁷. = 30 fr.); m. t. à dr. dans une couronne de laurier. ℞: ΕΡΥ·ΙΠΠΟΛΟΧΟΣ. Même type (Æ. 16 mill. R⁵. = 20 fr. — Imhoof, ib. n° 62); ΕΡΥΘΡΑ—ΙΩΝ. Buste de Pallas, à dr. cercle perlé. ℞: ΘΕΑ ΣΙΒΥΛΛΑ. La Sibylle Hérophilé, vêtue d'un chiton, assise à g. sur un rocher sur lequel elle s'appuie de la main g., dans la dr. elle tient une branche (Æ. 17 mill. R⁸. = 70 fr. Imhoof, ib. n° 63. — *Mus. de Berlin*); autre, de l'époque plus ancienne: ΣΙΒΥΛΛΑ? devant la même fig. assise à g. et s'appuyant du bras g. sur un rocher. ℞: ΕΡΥ·ΔΗΜΗΤΡΙ—ΟΣ ΔΗΜΗΤΡΙ—ΟΥ. en cinq lignes. La Sibylle semble tenir un rouleau orné de ténies (Æ. 15 mill. R⁸. = 70 fr. — Imhoof, ib. n° 63a); ΙΕΡΑ·ΣΥΝΚΛΗΤΟΣ. Buste drapé du Sénat, à dr. ℞: ΕΠ·C·Λ·ΦΛ·ΚΑΠΙΤΩΛΕΙ—ΝΟΥ. Femme voilée, assise à g., la m. dr.

portée à la bouche, la g. appuyée sur le siège (Æ. 25 mill. R⁶. = 30 fr. — IMHOOF, ib. n⁰ 63b. — *Ma collection*. [Ce bronze, du temps de Philippe, est remarquable parceque le coin du côté droit est le même, que celui de la mon. d'alliance entre Erythrai et Chios (cf. MION. S. VI, p. 220, n⁰ 948) et de la mon. de Smyrne (MION. III, p. 214, n⁰ 1186). La dernière porte le nom du stratège Φλίητος, connu par les mon. de Smyrne, à l'effigie de l'empereur Valérien.] — **Noms des magistrats sur les monnaies auton. en bronze**, cités par MIONNET. [Le type de ces mon. porte au *droit* : la t. d'Héraklès, av. ou sans astre en contremarque, et au R̃ : Massue, arc et carquois. Elles sont du mod. 6, 5, 4, 3 et 2. — R²—R³. de 2 à 6 et 8 fr.] *Légendes :* ΕΡΥ·ΑΥΤΟΝΟΜΟΣ. — ΕΡΥ·ΔΙΟΝΥΣΙΟΣ. — ΕΡΥ·ΠΥΟΣΗΜΟ. — ΕΡΥ·ΚΑΛΛΙΣ. — ΕΡΥ·ΔΙΟΝΥΣΙΟΣ·ΑΝΑΞΙΠΟΛΗΣ. — ΕΡΥ·ΑΛΚΕΜΩΝ·ΕΠΙΚΡΑΤΟΥ. — ΔΑΜΑΛΗΣ·ΜΕΝΕΚΡΑΤΟΥ. — ΕΡΥ·ΔΗΜΗΤΡΙΩΣ. — ΕΡΥ·ΗΡΑΚΛΕΩΤΗΣ·ΗΡΑΚΛΕΩΤΟΥ. — ΕΡΥ·ΘΕΥΓΕΝΗΣ·ΘΕΥΓΕΝΟΥ. — ΕΡΥ·ΘΕΟΓΕΝΗΣ·ΕΡΜΟΔΩΡΟΥ. — ΕΡΥ·ΜΕΝΕΚΡΑΤΗΣ·ΔΗΜΕΟΥ. — ΜΥΣΜΗΣ·ΥΦΙΚΛΕΙΟΥ. — ΕΡΥ·ΣΙΜΟΣ·ΠΡΩΤΟΓΕΝΟ. — ΕΡΥ·ΑΓΑΣΙΚΛΗΣ·ΑΝΤΙΠΑΤΡΟΥ. — ΕΡΥ·ΑΠΟΛΛΩΝΙΟΣ·ΑΠΟΛΛΩΔΟΤΟΥ. — ΕΡΥ·ΑΠΟΛΛΩΝΙΟΣ·ΑΠΟΛΛΙΝΟΣΟΤΟΥ. — ΕΡΥ·ΑΥΤΟΝΟΜΟΣ·ΑΥΤΟΝΟΜΟΥ. — ΕΡΥ·ΔΑΜΑΛΗΣ·ΑΡΧΕΑΝΑΚΤΟΥ. — ΕΡΥ·ΓΝΩΤΟΣ·ΕΚΑΤΩΝΙΜΟΥ. — ΕΡΥ·ΕΡΜΩΝ·ΔΙΟΦΑΝΤΟΥ. — ΕΡΥ·ΕΠΙΚΟΥ·ΘΕΡΣΙΩΝ. — ΕΡΥ·ΕΠΙΚΟΥΡΟΣ·ΘΕΡΣΙΩΝΟΣ. — ΕΡΥ·ΜΗΤΡΑΣ·ΔΑΜΑΛΟΥ. — ΕΡΥ·ΠΟΛΥΚΡΙΤΟΣ·ΠΟΛΥΚΡΙΤΟΥ. — ΕΡΥ·ΚΑΛΧΑΣ. — ΕΡΥ·ΑΜΥΜΩ·ΕΡΜΟΤΡΥΦΟΥ. — ΕΡΥ·ΔΕΙΝΟ..ΕΝΗΣ·ΗΡΑΚΛΕΟΥ. — ΕΡΥ·ΠΟΣΕΙΔΩΝΙΟΣ·ΗΡΑΚΛΕΟΥ·ΤΟΥ·ΕΠΙΚΟΥΡΟΥ. — ΕΡΥ·ΙΑΤ·ΗΡΑ. — ΕΡΥ·ΝΟΚΑΠΗ. — ΕΡΥ·ΕΡΑΣΙΠΠΟΣ. — ΕΡΥ·ΒΑΤΑΚΟΣ·ΠΑΡΑΜΟΝΟΥ. — ΕΡΥ·ΓΝΩΤΟΣ·ΕΚΑΤΩΝΥΜΟΥ. — ΜΗΤΡΑΣ·ΔΑΜΑΛΟΥ. — ΕΡΥ·ΗΡΟΔΟΤΟΣ·ΗΡΑΚΛΕΙΟΥ. — ΕΡΥ·ΔΑΜΑΛΗΣ·ΑΡΧΕΑΝΑΚΤΟΣ. — ΕΡΥ·ΔΙΟΝΥΣΙΟΣ·ΙΑΤΡΟΚΛΕΟΥΣ. — ΕΡΥ·ΔΙΟΝΥΣΙΟΣ·ΠΡΟΤΟΓΕΝΟΥ. — ΕΡΥ·ΗΡΑΚΛΗΣ·ΜΕΝΕΚΡΑΤΟΥΣ. — ΑΓ.....ΑΣ·ΔΗΜΗΤΡΙΟΥ·ΕΡΥ. (Æ7. — R⁶. = 40 fr. Contremarquée au droit d'une t. d'Arès et de Hélios, et au R̃ de Pallas et de Hélios. MION. R³. = 9 fr.); ΔΙΟΝΥΣΙΟΣ·ΠΑΤΡΟΚΛΟΥ. (Æ3. R⁶. = 6 fr.); ΕΡΥ·ΙΩΠΗΡΟΣ (Æ 2½. — R⁴. = 8 fr.); ΑΠΟΛΛΩΝΟΔΟΤΟΣ·ΗΡΑΚΛΕΙΤΟΥ·ΕΡΥ. (Æ 3½. = 6 fr.); ΔΙΟΓΕΙΘΗ....ΕΡΜΙΠΠΟ...ΕΡΥ. (Æ 2. — R³. = 6 fr.); ΕΡΥ·ΑΤΡΑΤΙΩΣ. — ROL. ET FEUARD. Cat. Gr. n⁰ 5187. Vend. 6 fr.; ΠΡΑΞΙΠΠΟΣ·ΕΝ·ΤΟΥ·ΕΡΥ. ib. n⁰ 5186. Vend. 4 fr.; ΕΡΥ·ΘΕΡΜΟ. Æ 2. ib. n⁰ 5184. Vend. 2 fr.; ΕΡΥ·ΜΗΤΡΩΝ·ΑΘΗΝΟΔΟΡΟΥ. Æ6. ib. n⁰ 5196. Vend. 6 fr. — Inc. à MION. ; ΕΡΥ·ΑΡΧΕΝΟΥΣ. publ. d. la *Zeitschr. f. Num.* Bd. XIV, p. 151; *autre*, av. ΕΡΥ·ΓΟΡΓΙΩΝ. Æ. 14 mill. *Ibid.* p. 151, n⁰ 4; av. un trépied au R̃ : ΕΡΥ·ΛΑΜΕΔΩΝ ; ΕΡΥ·ΕΥΚΡΑΤΗΣ, sans trépied. *Ibid.* p. 151, nᵒˢ 5 et 7; ΕΡΥ·ΜΗΤΡΟΔΩΡ. (Æ3. = 6 fr.); ΕΡΥ·ΕΡΜΩΝ·ΔΙΟΦΑΝΤΟΥ. (Æ 3. = 6 fr.); Variété de la préc. av.: ΕΡΥ·ΕΡ·Α·ΔΙΟΦΑΝΤΟΥ. (Æ 2½. = 4 fr.); ΕΡΥ·ΦΙΛΩΝ·ΗΡΟΣΩΝΤΟΣ. (Æ 4. — R⁴. = 8 fr.); ΕΡΥ·ΑΣΚΛΗΠΙΑΔΗΣ. (Æ 2. = 4 fr.); ΕΡΥ·ΚΡΑΤΙΔΗΜΟΣ (Æ 2. = 6 fr.); ΕΡΥ·ΕΥΘΟΟΜ..ΣΤΟΣ; ΗΡΑΚΛΕΟ....ΕΠΙΚΟΥ·ΕΡΥ. — ΕΡΥ·ΑΡΙΩΝ·ΑΠΟΛΛΩΝΙΟΥ. — ΕΡΥ·ΑΜΥΜΩΝ·ΕΡΜΟΤΡΕΦΟΥ. — ΕΡΥ·ΔΕΙΝΟΜΕΝΗΣ·ΗΡΑΚΛΕΟΥ. — ΕΡΥ·ΕΠΙ·ΚΟΡΘΕΩΣΙΩΝ. — ΕΡΥ·ΝΙΚΙΑΣ·ΝΙΣΑΙΟΥ. — ΕΡΥ·ΜΗΤΡΑΣ. — ΕΡΥ·ΠΑΥΣΑΝΙΑΣ. (Æ 1. — R⁸. = 15 fr. — **Inédite**. — voy. PROKESCH-OSTEN, Ined. Wien

1859, p. 23). — **Autres autonomes en bronze.** *Types et modules différents*: ΕΡΥΘΡΑΙ. T. tourelée de Tyché, à dr. ℞: ΕΡΥΘΡΑΙΩΝ. Proue de vaisseau au milieu du champ (Æ 4. — R^5. = 12 fr. Mion. R^2. = 4 fr.); m. lég. et t. ℞: ΕΡΥΘΡΑΙΩΝ. Instrument à manche, figurant un réchaud, av. des flammes (Æ 4. — R^6. = 15 fr. Mion. R^4. = 8 fr.); m. lég. et t. à dr. ℞: Même lég. Porte de ville (Æ 4. — R^7. = 20 fr. Mion. R^4. = 8 fr. Sestini, Descr. num. vet. p. 336); m. lég. et m. t. ℞: ΕΡΥΘΡΑΙΩΝ. Ciste entre'ouverte de laquelle sort un serpent (Æ 4. — R^3. = 8 fr. Mion. R^2. = 4 fr.); t. tourelée de Tyché de la ville, av. la lég. ΕΡΥΘΡΑΙ. ℞: ΟΜΟΝΟΙΑ. Sphinx assis, le pied dr. élevé, portant une grappe de raisin (Æ 4. — R^5. = 10 fr.); ΕΡΥΘΡΑΙΩΝ. Phare. ℞: ΕΡΥΘΡΑΙΩΝ. Homme demi-nu assis sur un rocher, ayant la m. dr. à sa bouche et la g. sur le rocher (Æ 4. — R^6. = 10 fr. Mion. 8 fr.); ΕΡΥΘΡΑΙΩΝ. Buste de Démétèr voilé et tourné à g. ten. de la m. dr. deux épis et dans la g. une corne d'abond. ℞: ΕΠ·CΤ·ΑΙΛ·ΠΛ·ΔΙΟΓΕΝΙΑΝΟΥ·ΤΟ·Β. Héraklès nu et deb. à dr. ten. sa massue et la dépouille du lion (Æ 7. — R^3. = 20 fr. Mion. R^2. = 6 fr.); *autres*, d. le champ, ΤΟ·Β. (Æ 7. Même prix); ΔΗΜΟC·ΧΙΩΝ. t. virile, imb. diadémée, à dr. ℞: ΧΙΩΝ·ΕΡΥΘΡΑΙΕΩΝ·ΟΜΟΝΟΙΑ. Figure virile nue et deb. marchant de g. à dr., les bras élevés (Æ 5. — R^8. = 60 fr. Mion. R^8. = 40 fr.); ΙΕΡΑ·CΥΝΚΛΗΤΟC. T. jeune av. Δ en contre-marque. ℞: ΕCΚΑΜΑΝΟΥ·ΕΡΥΘΡΑΙΩΝ. Type de la Tyché (Æ 5½. — R^3. = 10 fr. Mion. R^2. = 6 fr.; ΕΡΥΘΡΑΙΩΝ. Sphinx, le pied dr. sur un vase. ℞: ΟΜΟΝΟΙ·ΑΧΕΩΝ·ΕΡΥΘΡΑΙΩΝ. Héraklès nu marchant, ten. sa massue et la dépouille du lion (Æ 5. — R^8. = 70 fr. Mion. R^8. = 40 fr.); ΘΕΩΝ·CΥΝΚΛΗΤΩΝ. T. du Sénat. ℞: ΕΡΥΘΡΑΙΩΝ. Isis tutulée et voilée deb. ten. des épis et un pavot d. la m. dr. et dans la g. une haste (Æ 4. — R^6. = 15 fr. Mion. R^4. = 8 fr.); ΕΡΥΘΡΑ. T. tourelée de la Tyché. ℞: ΕΠΙ·ΖΟCΙΜΟΥ·ΑΞΟC·ΕΡΥΘΡΑΙΩΝ. Fleuve couché, ten. de la m. dr. un roseau, et la g. appuyée sur un vase vomissant des eaux (Æ 6. — R^6. = 30 fr. Mion. R^4. = 12 fr. — Mus. Tiepolo, p. 1268); ΙΕΡΑ·CΥΝΚΛΗΤΟC. T. du Sénat. ℞: ΕΠ·C·Π·Α·ΑΤΤΑΛΟΥ·Τ·Β·ΕΡΥΘΡΑΙΩΝ. La Tyché dans un temple tétrastyle (Æ 6. — R^4. = 15 fr. Mion. R^2. = 6 fr.); T. d'Héraklès coiffée de la peau du lion. ℞: ΓΟΡΓΙΩΝ·ΓΟΡΓΙΩΝΟC·ΕΡΥ. Carquois, massue et tête de face (Æ 4. — R^8. Inédite. == 25 fr. Vente Paravey, Paris 1879, lot n° 203); même tête. ℞: ΜΕΝΕΚΛΗC·ΑΡΙCΤΟΔΗΜΟΥ·ΕΡΥ. Massue, arc et carquois, — dans le champ, canthare? (Æ 4. — R^8. = 20 fr. — Inc. à Mion. — Fr. Lenormant, Descr. du Cab. Behr. Paris 1857, p. 95, n° 572). — Remarque: Il faut distinguer **Erythrai en Ionie** de ses homonymes: **Erythrae, Boeotia**: pas de monnaies. — **Erythrai en Ionie**: Homme nu retenant un cheval. ℞: ΕΡΥΘ. Carré creux. Æ. — **Erythrae de Béotie** selon Eckhel, mais l'attribution est incorrecte. — **Eretria, Euboea**: E. Bœuf deb. se grattant la tête de la jambe de derrière. ℞: Polype dans un carré creux, — *autre*: t. d'Artémis. ℞: ΕΡΕΤΡΙ·ΔΑΜΑCΙ. Taureau couché. — **Impériales** depuis Auguste jusqu'à Valérien. — Magistrats: stratèges. — *Types*: temple d'Héraklès où on conserva l'ancien image de ce dieu, d'origine phénicienne, dont nous parle Pausanias (VII, 5, 5) et autres. — *Monnaies*: Auguste: ΕΡΥ. derrière sa t. nue, à dr. ℞: Héraklès nu deb. à dr. brandissant la massue dans la m. dr. levée, et ten. un trait dans la g., dans le champ, à g. Σ-TPA-TOK-ΛH-Σ; à dr. OP-ΘAI-OY. (Æ. 16 mill. — R^8. = 40 fr. — **Inédite**. — Publ. par M. Imhoof-Blumer, dans ses: *Monn. Gr.*, p. 288, n.º 64); *autre:* ΣΕΒΑΣΤΟΣ. T. laurée d'Auguste, à dr. R̂: EPY·EKATΩNYMOΣ·AIΣΧPIΩNOΣ, en cinq lignes, au milieu du champ (Æ 4^1/$_2$. — R^7. = 30 fr. Mion. R^7. = 20 fr.); *autre:* EP. Même t. Devant, *lituus*, R̂: MHTPΩNAΞ·ZΩΠYPOY. au milieu du champ (Æ 4^1/$_2$. — R^7. = 40 fr. Mion. R^7. = 20 fr.); *autre:* m. t. et lég. R̂: HPAKΛEΣ·AYTONO-MOY. Massue, le tout au milieu d'une couronne de laurier (Æ 4. — R^7. = 40 fr. Mion. R^7. = 20 fr.); *autre:* EPY·ΣEBAΣTOΣ. T. nue d'Auguste. R̂: EPI·ΘEPΣHΣ, ΘETOY. Héraklès nu, deb. à dr. les bras levés (Æ 3. — R^7. = 40 fr. Mion. R^7. = 20 fr.); *autre,* av. EPY et t. d'Auguste, à dr. R̂: HPAKΛEOΣ·ΔIMONE. Même type d'Héraklès (Æ 3. — R^7. = 40 fr. Mionn. R^7. = 20 fr.). — Tibère: TIBEPIOC·KAIΣAP. Sa t. laurée, à dr., derrière une pet. t. radiée en contre-marque. R̂: ΣYMAPOΣ·ANTIOXOYΣ. Apollon en habit de femme, deb. à dr., ten. le *plectrum* de la m. dr. pendante et une lyre de la g. Dans le champ, un monogr. (Colophon? — Æ 5. R^7. = 50 fr. Mion. R^7. = 20 fr.). — Claude I: TI·KΛAYΔIOΣ·KAIΣAP·ΣEBAΣTOΣ·ΓEPMANIKOΣ. Sa t. laurée, à g. R̂: EΠI·Γ·ΣEPTΥPIOY·(sic) BPOKΛOY·ANΘYΠATOY..... Zéus assis sur un siège, à g., la m. g. sur la haste, d. le champ un monogr. (Æ 11. — R^8. = 250 fr. Mion. R^6. = 150 fr. — C'est le même **Gr. Bronze** que Mionnet, Descr. t. II, p. 596, n.º 549, a décrit à Pergame et qui doit être indubitablement rapporté à Erythrai; du reste, dans son Suppl. T. VI, p. 221, Mion. se corrige lui-même). — Agrippine: AΓPIΠΠEINA·ΣEBAΣTH. T. d'Agrippine Jeune à g., dev. un monogr. R̂: TI·KΛAYΔIOΣ·KAIΣAP·ΣEBAΣTOΣ·ΓEPMA-NIKOΣ. T. laurée de Claude, à dr. (Æ 9. — R^7. = 150 fr. Mion. R^5. = 48 fr.). — Néron: (N)EPΩN·KAICAP. Sa t. à g. R̂: (EPY)....KΛOY-TO. en quatre lignes dans une couronne (Æ 16 mill. — R*. — Entièrement inédite: 40 fr. — Publ. par Arth. Löbbecke, d. la Zeitschr. f. Num. Bd. XII, p. 318). — Trajan: AYTOK·NEP·TPAIANΩN·CE·ΓEP·ΔAK. Sa t. laurée. R̂: CTPA·OYH·NEIKΩNOC·EPY. Héraklès nu, deb. ten. de la m. dr. sa massue levée et de la g. une flèche (Æ 6. — R^7. = 50 fr. Mion. R^5. = 24 fr. — Cette mon. a été incorr. décr. par Mion., d'après le manuscrit de Cousinéry, dans sa Descr. t. III, p. 134, n.º 547); m. t. et lég. R̂: EΠI·CTPA·ΠPEIMOY·EPYΘPAIΩN. Démétèr deb. à g. ten. un flambeau et une haste (Æ 7. — R^6. = 40 fr. Mion. R^5. = 24 fr.); *autre:* AY·NE-POYAN·TPAIANON. T. laurée de Trajan, à dr. sans le *paludamentum*. R̂: Même lég. Héraklès nu et deb. à dr. ten. une massue et un javelot (Æ 7. — R^6. = 40 fr. Mion. R^5. = 24 fr.). — Antonin le Pieux: AY·KAI·TI·AIΛIOC·ANTΩNEINOC. Sa t. laurée, à dr. R̂: EΠI·CT·ABAKXY-ΛOY·EPYΘ—NΩ—IAq. Démétèr deb. à g. ten. un sceptre et des épis (Æ. 26 mill. R^{s*}. **Inédite**. = 70 fr. — Publ. p. Arthur Löbbecke, dans la Zeitschr. f. Num. Bd. XII, p. 318); *autre:* même t. sans le *paludamentum*. R̂: EΠI·CTP·AYP·CEKOYNΔOY·EPYΘPAIΩN. Femme vêtue de la *stola* et d'une tunique, deb. à g., ten. un dauphin de la m. dr. et un trident de la g. (Æ 9. — R^7. = 120 fr. Mion. R^5. = 48 fr.). — Faustine Jeune: Sa t. à dr. R̂: EΠI....ΛXP·EPYΘPAIΩN. Héraklès jeune, nu et deb., le bras droit levé et armé de la massue (Æ 4^1/$_2$. — R^6. = 20 fr. Mion.

R⁵. = 15 fr.). — COMMODE: AYT·KAI·Λ·AV·KOM. Sa t. jeune et laurée, à dr. ℞: ЄΠΙ·Λ·ΑΙΛ·ΛΥϹΙΜΑΧΟΥ·ЄΡΥ. Une corbeille (sorte de panier) contenant plusieurs flambeaux ardents (Æ 4¹/₂. R⁸. — **Inéd. et inc.** à MION. 80 fr. — *Ma collection.* — Le nom du magistrat ainsi que le type sont nouveaux sur les mon. de cette ville). — SEPTIME SÉVÈRE: Sa t. laur. à dr. ℞: …. ЄΡΥΘΡΑΙΩΝ·Γ… Démétèr deb., vêtue de la *stola*, ten. des épis et une corne d'abond. (Æ 4¹/₂. — R⁷. = 30 fr. MION. R⁵. = 51 fr.). — GÉTA: AYT·KAI·ΠΟ·ϹЄ·ΓЄΤΑϹ. Sa t. laurée. ℞: ЄΡΥΘΡΑΙΩΝ. Cyste mystique ouverte, vers laquelle s'élance un serpent (Æ 5. — R⁶. = 30 fr. MION. R⁵. = 15 fr.). — ELAGABAL: Α·Κ·Μ·ΑΥΡ·ΑΝΤΩΝЄΙΝΟϹ. Sa t. laur. à dr. *paludamentum*, cuirasse et t. humaine en contre-marque. ℞: ЄΠ·ϹΤΡ· ΑΥΡ·ΝЄΙΚΩΝΟϹ·Β·ЄΡΥΘΡΑΙΩΝ. Héraklès deb. tenant sa massue, dans un temple tétrastyle (Æ 10. — R⁵. = 40 fr. MION. R⁴. = 24 fr.). — AQUILIA SEVERA: ΙΟΥΛ·ΑΚΥΛΙΑ·ϹЄΟΥЄΡΑ· (sic). Sa t. à dr. ℞: Même lég. qu'au n° précédent. Divinité dans un temple tétrastyle (Æ 6. — R⁷. = 60 fr. MION. R⁵. = 24 fr.). — SÉVÈRE ALEXANDRE: Α·Κ·Μ·ΑΥΡ·ϹЄ·ΑΛЄΞΑΝΔΡΟϹ. Sa t. à dr. ℞: ЄΠ·ϹΤΡ·Π·ΑΙ· (au lieu de ΠΑΡ·) ΑΤΤΑΛΟΥ·Τ·Β·ЄΡΥ- ΘΡΑΙΩΝ. Démétèr deb. ten. des épis et une haste (sur mon ex. je lis: ЄΠ· ϹΤΡ·ΠΟ·ΛΙΑ·ΑΤΤΑΛΟΥ. etc.) — (Æ 7. — R⁵. = 20 fr. MION. R⁴. = 12 fr. — ROL. ET FEUARD. CAT. Gr. n° 5205 bis. Æ 8. Vend. 6 fr.); autre: ℞: Même lég. Héraklès deb. d. un temple tétrastyle, ten. sa massue et un trait (Æ 10¹/₂. — R⁷. = 120 fr. MION. R⁴. = 50 fr.); *autre:* Même lég. au Rev. Démétèr dans un char attelé de deux serpents, ten. un flambeau dans chaque main (Æ 11¹/₂. — R⁸. = 200 fr. MION. R⁵. = 100 fr.). — JULIA MAMAEA: ΙΟΥ·ΜΑΜΑЄΑ·ϹЄΒΑϹΤΗ. Sa t. à dr. ℞: ЄΠ·Ϲ·Π·ΑΙ·ΑΤΤΑΛΟΥ·Τ·Β· ЄΡΥΘΡΑΙΩΝ. Asklépios deb. (Æ 7. — R⁵. = 20 fr. MION. R⁴. = 12 fr.); autre: Même lég. au ℞: Démétèr deb. ten. des épis et un long flambeau (Æ 9. — R⁶. = 20 fr. MION. R⁴. = 12 fr. — MAXIMUS: Γ·Ι·ΟΥΗ·ΜΑΖΙ- ΜΟϹ·Κ. Sa t. laurée. ℞: ЄΠΙ·Ϲ·ΑΥΡ·ЄΔЄΝΟΥ·ЄΡΥΘΡΑΙΩΝ. Type de la Tyché (Æ 7. — R⁶. = 30 fr. MION. R⁴. = 12 fr. — COM. WICZAY, Mus. Hederv. p. 214, n° 4931). — PHILIPPE PÈRE: Α·Κ·ΜΑΡ·ΙΟΥ·ΦΙΛΙΠΠΟϹ. Sa t. laurée, à dr. av. le *paludamentum*. ℞: ΟΜΟΝΟΙ·ΧΙΩΝ·ЄΡΥ- ΘΡΑΙΩΝ·ϹΤ·ΚΑΠΙΤΩΛЄΙΝΟΥ. Héraklès deb., levant sa massue et ten. une flèche, — à ses pieds, un autel allumé, de chaque côté une femme ten. une patère d. la m. dr. (Æ 11. — R⁷. = 200 fr. MION. R⁵. = 150 fr.). — OTACILIA: …….. Sa t. à dr. ℞: ЄΡΥΘΡΑΙΩΝ. Héraklès deb. (Æ 7. — R⁵. = 20 fr. MION. d'après Vaillant: R⁴. = 12 fr.); *autre:* Même lég. Tyché deb. av. ses attributs (Æ 5. — R⁴. = 8 fr.). — VALÉRIEN PÈRE: …….. Sa t. à dr. ℞: ЄΡΥΘΡΑΙΩΝ. Femme dans un char traîné par deux griffons (Æ 7. — R⁷. = 40 fr. MION. R⁵. = 24 fr.). — *Corrections:* DU- MERSAN, méd. inéd. p. 73, donne les massives tétradrachmes de Klazome- naï ou de Kyme, et les monnaies de Maronea, av. ЄΠΙ·ΜΑΡΩΝΟϹ, — ici. — *Num. Chron.*, VII, 64 et VI, 127 rapporte les mon. décr. par MION. S. III, 514, 75, à Erythrai Boeotiae — ici. — CAT. HEIDEKEN, 2100 et 2101 il faut lire: Æ. ЄΙΝΟЄΝΟϹ et ΔΗΜΗΤΡΙΟϹ. — Voy. encore sur les mon. d'Erythraï: SESTINI, Lett. di Cont. IV, 78; id. Mus. CHAUDOIR, 92; CHAUDOIR, Corrections, 84. — PINDER et FRIEDLÄNDER, Beiträge, I, 184. — MUS. LAVY, I, 208, 209. — FOX, Engravings, II, 74; 69. — *Num.*

Chron. VII, 64. — SCHLICHTEGROLL, Annalen, I, 61. — *Archäol. Zeitg.* 1846, p. 266; 1849, p. 99. — SESTINI, dans l'Antologia di Firenze, Tom. XIV, Cah. 31, p. 83 et 87 = médaillon en Æ. av. ΦΑΝΝΟΘΕΜΙΣ.—

128. ΕΡΥΘΡΟC.

Lég. sur la mon. qui porte au *droit*: ΙΕΡΑ·CΥΝΚΛΗΤΟC. T. du Sénat (type du n.° 947, décrit par MION. (Ionie), Suppl. T. VI, p. 220), et au ℞: ΕΡΥΘΡΟC·ΚΤΙCΤΗC·ΕΡΥ. Erythros, imberbe et nu deb. à g., le pied dr. posé sur une proue de navire, et appuyant la m. dr. sur une haste, — le bras gauche enveloppé de la *penula*, et une épée dans la main gauche. Æ. 22 mill. — R^8. = 100 fr. — Incon. à MION. — Comp. JUL. FRIEDLÄNDER, Archäol. Zeitg. 1869, p. 105; — PH. MARGARITIS, Rev. Num. Fr. 1886, p. 21, pl. III, f. 7. — *Autre* (autonome): Même droit, la t. du Sénat nue et à dr., avec le *paludamentum* (n.° 948 de MION.). ℞: ΕΠΙ·CΤΡ·ΚΛ·CΕΚΟΥΝΔΟΥ·ΕΡΥΘΡΑΙΩΝ. Hercule nu deb., sa massue dans la dr., la dépouille du lion sur le bras g. Æ $6^{1}/_{2}$. — R^8. = 60 fr. — Incon. à MION. — Cf. *Num. Chron.* VII, 64/6. BORRELL. —

129. ΗΕΡΑΚΛΙΑ.

Sur les mon. de la ville d'Hérakleia en Ionie ou HERACLEIA AD LATMUM. — Ces mon. sont: *Autonomes* en Æ: Mod. 9 et 4. — Les magnifiques tétradrachmes décr. par MION. Descr. T. 1, p. 477, n°s 199 et 200, à Hérakléia Sintica doivent indubitablement rapportés ici, à Hérakléia d'Ionie. *Types*: Tête de Pallas-Athéné, à dr. casque décoré de Pégase et orné de cinq chevaux de front. ℞: ΗΡΑΚΛΕΩΤΩΝ. Massue, — dessous, une pet. Niké et 2 monogr. le tout au milieu d'une couronne de chêne (Æ 9. — R^6. = 1600 fr. MION. Æ 9. — R^6. = 150 fr. — VENTE PARAVEY. Paris 1879, lot n.° 205: exempl. av. Pégase, dragon et guerrier combattant. Paris 1520 fr. [Rollin]; **autre variété**: même Mod. mais au ℞: dessous la massue, *une chouette* de face. Même prix. — Cf. CAT. DE LA VENTE BILLOIN. Paris 1886, lot n.° 664. Vend. 1075 fr.); *autre*: t. d'Héraklès barbue, à dr. couverte de la dépouille du lion. ℞: ΗΡΑΚΛΕΙΑ écrit entre deux carrés, celui du centre est divisé en quatre parties (Æ 4. — R^8. = 200 fr. MION. R^8. = 100 fr.). — *Autre*: T. de femme, ceinte de vigne et de pierreries, — derrière, thyrse et un monogr. ℞: Pégase volant. Dans le champ, un monogr. (Æ 4. — R^7. = 120 fr. — MION. T. III, p. 136, n.° 561. R^6. = 48 fr. — MUS. HUNTER, Pl. XXIX, fig. VII. — Type semblable aux pièces de Lebedos et de Magnésie.) — Autonomes en bronze. [Il est à observer qu'à l'Hérakleia en Ionie on ne frappait pas des mon. en bronze avant l'époque d'Alexandre le Grand.] — Mod. 3, 4, 5 et 6. — R^5–R^6. de 6, 8, 10, 15 et 20 fr. — *Types*: Niké marchant à g. ten. une couronne et un trophée; thyrse av. une bandelette, le tout dans une couronne de lierre; dauphin; t. de femme; chouette deb.; aigle deb. ten. dans son bec une couronne; t. d'Athéné; arc, carquois et massue, — le tout dans une couronne de laurier; pet. poisson pris à un hameçon; chouette deb.; aigrette de casque; t. d'Héraklès, couvert de la peau du lion; Pégase volant; Amazone deb.; dard; grappe de raisin. — **Autres aut. en bronze**: ΗΡΑΚΛΙΑ. Buste de femme tourelée, à g. ten. un sceptre et une corne d'abond. ℞: ΗΡΑΚΛΕΩΤΩΝ. Hermès nu et deb. à g., ten.

d. l. m. dr. une bourse et dans la g. le caducée et la *penula* (Æ 4. — R⁶. = 15 fr. Mion. 8 fr.); ΗΡΑΚΛΕΙΑ. Même t. tourelée. ℞: Même lég. Grappe de raisin (Æ 4. — R⁶. = 15 fr. Mion. 8 fr.); t. casquée de Pallas-Athéné. ℞: ΗΡΑΚΛΕΩΤΩΝ. au milieu du champ, entre une massue et un carquois (Æ 4. — R⁵. = 10 fr. Mion. 8 fr. autrefois, attribuée mal à propos à Hérakleia Sintica de Macédoine); t. d'Héraklès jeune, à dr. couverte de la peau du lion. ℞: ΗΡΑ. Pégase volant, à dr. (Æ 2. — R⁶. = 12 fr. Mion. 8 fr.); la t. d'Héraklès barbue et laurée. ℞: Même lég. *Moitié* de Pégase volant (Æ 2½. — R⁷. = 20 fr. Mion. R⁴. = 8 fr.); .... ΙΣ·ΗΡΑΚΛΕΩΤΩΝ. T. barb. d'Héraklès, couverte de la peau du lion. ℞: ΣΤ·ΑΤΤΑΛΟΣ· ΑΡΧΙΑΤΡΟΣ. (titre honorifique). Artémis-Ephesia deb. (Æ 6. — R⁷. = 45 fr. Mion. 12 fr.); ΙΕΡΑ·ϹΥΝΚΛΗΤΟϹ. T. jeune du Sénat. ℞: ΗΡΑΚΛΕΩΤΩΝ. Démétèr voilée deb., ten. d. la m. dr. des épis et dans la g. un long flambeau (Æ 6. — R⁴. = 12 fr.); ΔΗΜΟϹ. T. du Peuple, à g. ℞: Même lég. Zeus-Sérapis assis à g. tendant quelque chose de la m. dr. à Kerbère, assis à ses pieds, et tenant une haste de la gauche (Æ 6. — R⁵. = 20 fr. Mion. R⁴. = 12 fr.); ΙΕΡΑ·ϹΥΝΚΛΗΤΟϹ. T. jeune du Sénat. ℞: ΗΡΑΚΛΕΩΤΩΝ. Tyché deb. avec ses attributs (Æ 6. — R³. = 9 fr.). [L'attribution en général des mon. auton. à la ville d'Hérakleia en Ionie reste toujours douteuse parceque quelques numismatistes les classent à Hérakleia de Karie.] — **Impériales**: depuis Auguste jusqu'à Macrin. — Æ. Mod. 4, 5 et 6. — R⁵-R⁶. de 10, 20 et 30 fr. — Auguste: ΚΑΙϹΑΡ. Sa t. nue. ℞: ΓΛΑΥΚΩΝ·ΙΕΡΕΥϹ·ΗΡΑΚΛΕΩΤΩΝ. Amazone deb. ten. une patère et la bipenne. (Æ 4. — R⁶. = 30 fr. Mion. R⁵. = 15 fr.); ΣΕΒΑΣΤΟΣ. T. laur. à dr. ℞: ΗΡΑΚΛΕΩΤΩΝ. T. laur. de Zeus, à dr. (Æ 4. — R⁶. = 30 fr. Mion. R⁴. = 8 fr.). — Néron: ΝΕΡΩΝ·ΚΑΙϹΑΡ. Sa t. nue à dr. av. le *paludamentum*. ℞: ΓΛΑΥΚΩΝ·ΙΕΡΕΥϹ·ΗΡΑΚΛΕΩΤΩΝ. Héraklès nu et barbu, deb. à g. ten. une patère et sa massue av. la dépouille du lion (Æ 5. — R⁶. = 30 fr. Mion. R⁵. = 15 fr.) [Haym a donné à Auguste une autre mon. portant le même nom de magistrat. Cfr. Dumersan, Descr. du Cab. Allier de Hauteroche]. — Vespasien: .... ϹΕΒΑϹΤΟϹ. Sa t. laur. à dr. ℞: ΗΡΑΚΛΕΩΤΩΝ. Femme, vêtue de la *stola*, deb. à dr; un *modius* sur la tête, lançant un javelot de la m. dr. et le bras g. armé d'un bouclier. Derrière, une chouette (Æ 6. — R⁶. = 20 fr.). — Sabina: ϹΕΒΑϹΤΗ· ϹΑΒΕΙΝΑ. Sa t. à dr. ℞: Même lég. Hermès en gaîne (Æ 4. — R⁶. = 30 fr. Mion. 18 fr. — **Ma collection**). — Antonin le Pieux: ΑΙΛ·ΑΝΤΩ· ΝΙΝΟϹ. Sa t. laurée, à dr. ℞: ΗΡΑΚΛΕΩΤΩΝ. Temple distyle, au milieu duquel une femme deb. tient dans la m. dr. une patère et dans la g. un globe (Æ 4. — R⁶. = 15 fr. — *Cab. de Münich*). — Autre: [Α·Υ·ΚΑΙ] Τ·Ι·ΑΙ·Α[ΔΡΙΑΝΤΩ — ΝΕΙΝΟϹ·ϹΕΒ.] Buste lauré d'Antonin, à dr. av. le paludament. ℞: ΑΡΧΙΑΤΡΟϹ·ΗΡΑΚΛΕΩΤΩΝ·ϹΤ·[ΑΤΤΑ]ΛΟϹ — dans le champ, ΝΕ—ΟΙϹ. Héraklès deb. de face, ten. une massue de la m. dr. et un objet indéterminé de la g. Æ 11. — R⁸. = 300 fr. — (Waddington, Voy. en Asie-Min. t. III. Inscriptions, p. 402. — Ar. Engel, d. la Rev. Num. Fr. An. 1884. Tom. II, p. 18, n.⁰ 11. — Pour l'archiatrie, voy. René Briau: l'Archiatrie romaine ou la médecine officielle dans l'Empire Romain. 1 vol. in-8⁰. Paris 1877.) Incon. à Mion. — Julia Domna: ΙΟΥΛΙΑ·ΔΟΜΝΑ· ϹΕΒΑϹΤ. Sa t. à dr. ℞: ΗΡΑΚΛΕΩΤΩΝ. Artémis-Ephesia dans un temple tétrastyle (Æ 5. — R⁵. = 20 fr. Mion. 15 fr.). — CARACALLA: AVT·AN-TΩNЄNOC. Tête de Caracalla, à dr. ℞: HPA—KΛ—ЄΩTΩN. Asklépios assis sur un siège élevé, donnant à manger de la m. dr. à un serpent, qui se dresse à ses pieds, à g. (Æ 6. — R⁸. = 40 fr. Incon. à Mion. — Autrefois, COLL. DU GÉN. FOX, qui l'a publ. d. ses: Engrav. of unpubl. or rare Greek coins. London 1862. Voy. Part. II, n.° 77. Gr. à la Pl. IV, f. 77). — GÉTA: Π·CЄΠTI·ΓЄTAC. Sa tête nue. ℞: HPAKΛЄΩTΩN. Lion marchant, monté par Cupidon ailé, qui le tient par la crinière (Æ 4. — R⁶. = 30 fr. Mion. R⁵. = 15 fr.). — MACRIN: Sur cette mon. voy. la *Revue Num. Fr.* An. 1851, p. 242. — La mon. portant la légende: HЄPAKΛIA. (sic) se trouve dans la COLL. IMHOOF. — Voy. encore sur les mon. d'Hérakléia en Ionie: BULL. dell'Istit. Archeolog. di Roma. An. 1838, p. 89, où on rapporte quelques mon. de cette ville à Hérakléia Illyrici. — *Rev. Num. Fr.* 1851, p. 242. — Fox, Engrav. II, n.° 76 (Æ. T. de Zéus-Sérapis. ℞: Isis). — *Idem* auct. II, n.° 102 (Æ. Trois fig. de femmes, une Amazone entre Artémis et Leto?). — GERHARD, Archäolog. Zeitg. 1844, p. 341; 1849, p. 28. — CAT. WELZL DE WELLENHEIM, n.° 5506 (m. d'Auguste). — *Annuaire* de la Numism. et d'Archéolog. Paris 1866, p. 46. — BRANDIS, J., Münz-, Mass- u. Gewichtswesen in Vorder-Asien. Berlin 1866. voy. p. 254, v. Münzverzeichniss, p. 459. — *Neues Bremisches Magazin*. III. Bd. 1770. in 8°, voy. à la p. 229, l'article: „Eine Münze der Herakleer." — ROLLIN ET FEUARDENT, Cat. Gr. Paris 1863. Vol. II, n.° 5216 (Æ 4. Tr. b. Vend. 20 fr.) doit être rapportée à Hérakléia de Karie. — DUMERSAN, Cab. de M. Allier de Hauteroche, cite à la p. 85 deux pièces de cette ville (une, aut. ℞: Hermès et l'autre Impér. de Néron, qui serait plutôt d'Hérakléia de Karie). —

130. ΜΑΓΝΗCΙΑ.

Lég. sur les mon. de la ville de Magnesia en Ionie sur le Méandre. *Autonomes* en Ꭱ. — *Types:* Apollon et Artémis Leukophryène. *Tétradrachme.* — *Droit:* Buste drapé et diadémé d'Artémis Leukophryène, à dr. armé d'un arc et d'un carquois. Sa chlamyde est attachée par une agrafe sur l'épaule droite. ℞: ΜΑΓΝΗΤΩΝ—ΗΡΟΓΝΗΤΟΣ·ΙΩΠΥΡΙΩΝΟΣ. Dans une couronne de laurier: Apollon, nu, deb. à g. sur un piédestal sur lequel on a tracé les sinuosités du Méandre. Le dieu est accoudé sur un trépied dont on distingue le bassin et les oreillettes, — de la m. dr. abaissée il tient une ténie, — ses cheveux, noués en *krobylos* sont entourés d'un bandeau [PAUSANIAS (X, 32, 6) nous dit que, dans le bourg d'Hylae, près de Magnésie, il existait une grotte consacrée à Apollon et ornée d'une statue, de style très-ancien, qui avait la vertu de donner une force prodigieuse à ceux qui la soignaient]. (Ꭱ 8¹/₂. — R⁸**. = 1500 fr. — MION. T. III, p. 143, n.° 598. R⁶. — F**. = 200 fr. — VENTE PARAVEY (Paris 1879), v. le Cat. p. 33, lot n.° 206. Ꭱ 8. Tr. B. Vend. 560 fr. — VENTE DUPRÉ (Paris 1867), lot n.° 295. Vend. 1600 fr. [Hoffmann]. — Le plus bel ex. fait partie de la coll. du feu le baron LUCIEN HIRSCH, à Paris); *Autre*: même type, mais av. la légende: ΜΑΓΝΗΤΩΝ·ΕΡΑΣΙΠΠΟΣ·ΑΡΙΣΤΕΟΥ (Ꭱ 8. — R⁸. = 800 fr. MION. ib. n.° 595. R⁶. = 200 fr. — VENTE BILLOIN (Paris 1886, lot n.° 665. Vend. 500 fr.); *autre*, av.: ΑΠΟΛΛΟΔΩΡΟΣ·ΚΑΛΛΙΚΡΑΤΟΥ· ΜΑΓΝΗΤΩΝ. Même type (Ꭱ 9. — R⁸. = 1000 fr. MION. S. VI, p. 231, n.° 993. R^G. = 200 fr. — Mus. Hunter, p. 183, n.° 2); *autre:* même type, av.: ΜΑΓΝΗΤΩΝ·ΠΑΥΣΑΝΙΑΣ·ΠΑΥΣΑΝΙΟΥ. (Æ 8. — R^6. = 800 fr. Mion. R^6. = 200 fr. — Cf. Ramus, Cat. n. vet. r. Dan. I, 235, n.° 1); *autre,* avec: ΠΑΥΣΑΝΙΑΣ·ΕΥΦΗΜΟΥ. même type (Æ 8. — R^6. Même prix. Cat. Allier de Hauteroche, Pl. XV, n.° 3. Mion. III, p. 142, n°s 596, 597. Æ 9 et 10. — R^6. = 200 fr. aux lég.: ΜΑΓΝΗΤΩΝ·ΕΥΦΗΜΟΣ·ΠΑΥΣΑΝΙΟΥ.); *Tétradrachme d'Alexandre le Grand:* Æ 9. Type usuel avec ΜΑΓΝ. et ΔΙ—ΝΙ· dessous la m. dr. de Zéus, à l'exergue le Méandre. — **Inédite.** Vente Whittal. Londr. 1884, lot n.° 966. — Cavalier casqué et cuirassé, la chlamyde flottante et la lance en arrêt, en course, à dr. ℞: Zébou cornupète à g., au dessus, ΜΑΓΝ., derrière, un épi, et à l'exergue: ΑΡΙΣΤΟΔΗΜΟΣ et ΝΡ., le tout entouré des détours du Méandre (Æ. 20 mill. Poids: Gr. 5,62. — R^8. = 120 fr. — Publ. par Imhoof, Monn. Gr. p. 290, n.° 78. — **Incon.** à Mion.); même type à dr., dessous, ΙΔΙ. ℞: ΜΑΓΝ·ΚΛΕΑΡΧΟΣ. Même type, à dr., derrière, épi. Même méandre (Æ. 21 mill. Poids, 5,47 grs. R^G. = 100 fr. — Imhoof, ib. l. c. n.° 79. — **Inc. à Mionn.**); même type, à dr. Dessous, ΙΔΙ. ℞: ΜΑΓΝ. au-dessus et ΚΥΔΡΟΚΛΗΣ au-dessous du même type à g.; derrière, épi. Même méandre (Æ. 19 mill. Gr. 4,80. — Imhoof, Monn. Gr. ib. n.° 79a. — **Inc. à Mion.** R^8. = 100 fr. — Cf. Cat. Allier de Hauteroche, pl. XV, f. 4); même *cavalier* à dr. ℞: ΜΑΓΝ·ΑΝΑΞΙΜ-ΒΡΟΤΟΣ. Zébou cornupète à g., — le tout entouré des détours du Méandre (Æ. 15 mill. Gr. 3,53. — R^6. = 60 fr. — Imhoof, Monn. Gr. ib. p. 290, n.° 80. — Mion. p. semblable: S. VI, p. 231, n.° 994. — R^4. = 24 fr. mais auj. beaucoup plus rare) [Les drachmes, quarts de la pièce de gr. 14,67 sont fort rares; M. Imhoof n'en connaît qu'une seule; autre, dans la coll. Leake, p. 66, gr. 3,56, — comp. *K. Münzk.* Berlin 1877, pl. II, 223 et *Mus. Brit.*, Brandis, p. 460]; *autre:* même cavalier à dr. ℞: Même type à g., au-dessus ΜΑΓΝ., dessous ΑΝΑΞΙΜΒΡΟΤΟΣ, — derrière, l'épi. Sans méandre (Æ. 12 mill. Gr. 1,70. Cf. Mion. S. VI, p. 231, n.° 994. Æ 4. — R^4. = 24 fr.); m. type, à dr. ℞: ΝΕΑΝΔΡΟΣ. au-dessus d'un *zébou* cornupète, placé sur les détours du Méandre, à g.; dessous ΜΑΓΝ; derrière, l'épi (Æ. 12 mill. Gr. 1,45. — R^8. = 120 fr. — **Inc. à Mion.** — v. Imhoof, Monn. Gr. p. 291, n.° 82). — *Autres autonomes en Æ:* Types: Cavalier en course, à dr. le casque en tête, un manteau flottant et la m. dr. armée d'une lance, — dessous Δ. ℞: ΜΑΓΝΗΤΩΝ·ΑΝΑΞΑΓΟΡΑΣ·ΔΗΜΗΤΡΙΟΥ. Zébou cornupète, à g., le tout au milieu d'une couronne formée des détours du Méandre (Æ. 4^1/$_2$. — R^7. = 120 fr. Mion. T. III, p. 143, n.° 600. — R^7. = 60 fr.); *autre:* même type. ℞: ΜΑΓΝ·ΑΠΟΛΛΟΔ. Zébou cornupète, derrière, épi (Æ 4. — R^7. = 50 fr. Mion. ib. n.° 601. — R^4. = 24 fr. Auj. au *Cab. de Munich*); *autres,* av. ΜΑΓΝ·ΑΞΙΝΟΘΑ. même type; ΜΑΓΝ·ΛΥΚΟΜΗΔ. Même type (Æ 5. — R^6. = 50 fr. Mion. 24 fr.); cavalier armé, en course. ℞: ΜΑΓΝ·ΑΞΙΟΧΟΣ·ΠΟΛΥΚ. Zébou cornupète, — derrière, un épi, — dessous, les détours de Méandre (Æ 4. — R^G. = 50 fr. Mion. R^4. = 24 fr. cf. Num. vet. Mus. Knight, 133, C. 1); *autres,* av. ΜΑΓΝ·ΔΙΟΓΕΙΘΗΣ; ΜΑΓΝ·ΔΙΟ-ΠΕΙΟΣ; ΚΛΕΑΝΔΡΟΣ; ΜΑΓΝ·ΛΥΚΟΜΗ. (Æ 4. — R^5 — R^6. de 40 à 50 fr. Mion. à 24 fr. la p.). — Même type du cavalier en course, anépigraphe, au Droit. ℞: ΜΑΓΝ. Bœuf bossu cornupète, à g., dessous, les détours du Méandre

($Æ$ 2. — R^7. = 40 fr. Mion. R^3. = 12 fr.); m. type. R': ΜΑΓΝ·ΜΑΙΑΝΔΡΟΣ. Zébou bossu cornupète, à g., dessous, les détours du Méandre. ($Æ$ 2. — R^7. = 50 fr. Mion. R^4. = 24 fr.); *autre*, av. ΜΕΑΝΔΡΟΥ·ΜΑΓΝ. m. type ($Æ$ 2. — R^7. = 40 fr. Mion. R^4. = 24 fr.); *autre*, av. ΜΑΓΝ·ΝΙΣΑΙΟΣ ($Æ$ 4. — R^7. = 60 fr. Mion. R^4. = 24 fr.); *autre*, av. ΝΙΚΑΓΟΡΑΣ·ΜΑΓΝΗΤΩΝ. m. type ($Æ$ 4? — R^6. = 50 fr. Mion. R^4. = 24 fr. cf. Sestini, Mus. Chaudoir, p. 93, n.° 2); *autre:* même type. R': ΜΑΓΝ, à l'exergue: ΘΩΡΑΞ ($Æ$ 4. — R^8. = 100 fr. — Inc. à Mion. — Vente Iwanoff, Londr. 1863, lot 280. Vend. 4 £ [Bunbury]. Poids: 82 grs.); *autre:* av. ΜΑΓΝ·ΣΑΡΟΣ ($Æ$ 2. — R^6. = 20 fr. Cat. Rollin, mon. Gr. n.° 5226, Vend. 8 fr.); autre: av. ΜΑΓΝ·ΜΑΣΙ... ($Æ$ 2. — R^6. = 20 fr. Ibid. n.° 5227. Vend. 12 fr.). — La mon. la plus importante parmi les autonom. de Magnésie sur le Méandre est la suivante: ΘΕΜΙΣΤΟΚΛΕΟΣ. Apollon deb., la chlamyde sur les épaules, s'appuyant de la m. g. sur une longue branche d'arbre. R: ΜΑ. Un oiseau, probablement un corbeau, les ailes étendues, le tout dans un carré creux ($Æ$ 5. — R^{8***}. = 2000 fr. — Au Cab. de France, provenant de l'ancienne coll. de M. le Duc de Luynes, et au Musée Britan. — Poids: 8,56 gr., ou 132 grs. — Cf. Waddington, son art. d. la *Rev. Num. Fr.* An. 1856. Nouv. Sér. Cahier I, intitulé: Thémistocle, despote de Magnésie. Gr. ib. Pl. I, n.° 2. Voy. aussi: Waddington, Mél. de Num. et de Philol. Paris 1861. in-8°. p. 1 à 6, et Duc de Luynes, Choix de méd. Gr. Paris 1840. Fol. Gr. ib. Pl. XI, n.° 7). — **Autonomes en bronze.** $Æ$. Mod. $7^{1}/_{2}$, 7, 6, 5, 4, $4^{1}/_{2}$, 3, $3^{1}/_{2}$, 2 et $2^{1}/_{2}$. — R^2–R^6. de 4, 6, 9, 15 et 20 fr. — *Types:* T. laur. d'Apollon à g., les cheveux courts. R': ΜΑΓ. Protome de *boeuf* à dr. la t. de face, derrière les détours de Méandre et ΣΚΥΛΛΙΩΝ. ($Æ$. 19 mill. Gr. 6,20. — R^8. = 15 fr. v. Imhoof: Choix, Pl. IV, n.° 122. — Inc. à Mion.); *autre*, av. ΕΡΜΙΑΣ ($Æ$. 18 mill. Gr. 6,10. Même prix. V. Imhoof: Monn. Gr. p. 291, n.° 84); *autre*, av. ΧΙΜΑΡΟΣ. ($Æ$. 14 mill. Gr. 1,85. — R^6. = 20 fr. Cf. Imhoof: Monn. Gr. ib. n.° 85. Ces mon. paraissent être plus anciennes que les pièces en arg. décrites ci-dessus); *cavalier* casqué et cuirassé, la chlamyde flottante et la lance en arrêt, en course, à dr. R': *Zébou* cornupète à g. entre ΜΑΓΝ et ΑΡΧΙΑΣ. ($Æ$. 14 mill. Gr. 2,96. — R^6. = 20 fr. — Imhoof, Monn. Gr. ibid. n.° 86. Incon. à Mion.); *autre*, av. ΜΑΓΝ et ΠΙΤΘΩΝ, et la couronne formée par les détours du Méandre ($Æ$. 20 mill. Gr. 5,60. — R^6. = 15 fr. Imhoof, ib. n.° 87); même cavalier au pas à dr. et portant la lance presque verticalement. R': ΜΑΓΝ·ΑΚΡΙΣΙΟΣ. *Zébou* deb. à dr. sur les détours du Méandre, la t. de face. ($Æ$. 18 mill. Gr. 4,40. — R^8. = 20 fr. — Imhoof, ib. n.° 88 et *id.* auct.: *Choix*, pl. IV, n.° 121. — Inc. à Mionn.); même cavalier. R': ΜΑΓΝΗΤΩΝ au-dessus d'un trépied av. couvercle et orné de ténies. A droite: ΠΑΥΣΑΝΙΑΣ., à g.: ΜΗΤΡΟΔΩΡΟΣ. Dessous R ($Æ$. 27 mill. Gr. 16,90. — R^5. = 15 fr. Mion. III, 145, 620. — R^8. = 9 fr.); Buste drapé d'Artémis, à dr., l'arc et le carquois derrière l'épaule; dessous ΕΥΦΗΜ(ΟΣ). R': Buste lauré et drapé d'Apollon à dr., dev. lui la lyre, dessous ΜΑΓΝΗΤΩΝ. ($Æ$. 14 mill. Gr. 2,53. — R^6. = 20 fr. — Inc. à Mion. — Imhoof, Monn. Gr. p. 291, n.° 90); *autres:*. mêmes types, avec: ΜΑΓΝ·ΑΛΚΙΒΙΑΔΗΣ ($Æ$ 3); ΜΑΓΝ·ΚΛΕΑΡΧΟΣ ($Æ$ $3^{1}/_{2}$); ΜΑΓΝ·ΜΑΙΑΝΔΡΟΣ ($Æ$ $3^{1}/_{2}$); ΜΑΓ·ΜΟΣΚΙΩΣ ($Æ$ 3); ΔΙΟΠΕΙΟΣ ($Æ$ 3); ΜΑΓ·ΚΥΔΡΟΚΛΗΣ ($Æ$ $3^{1}/_{2}$) = R^4–R^6. = 10 à 12 fr. Mion. R^8. de 6 à 8 fr.); ΖΩ au-dessous du cavalier. ℞: m. type de Zébou av. ΜΑΓΝ·ΖΩΠΕΙΡΙΩΝ·ΠΥΣΑ. (Æ 3 ½. — R⁵. = 12 fr. Mion. 8 fr.); m. type, au-dessous, AN. ℞: Même type av. ΜΑΓΝ·ΛΥΚΟΜΗΔ·ΑΡΙΣΤΟΥ. (Æ 3 ½. — R⁶. = 15 fr. Mion. R⁴. = 8 fr.); *autre*, av. ΜΑΓΝ·ΑΔΜΗΤΟ. m. type, sans le Méandre (Æ 1. — R⁵. = 8 fr. Mion. 4 fr.); *autre*, av. ΜΑΓΝΗΤΩΝ·ΠΟΛΛΙΣ. (sic), même type (Æ 2 ½. — R⁵. = .10 fr. Mion. R³. = 5 fr.); t. d'Artémis, à dr,. le carquois sur le dos. ℞: ΜΑ·ΔΑΦΝΗΣ. Partie antérieure de bœuf courant (Æ 3. R⁵. = 12 fr. Mion. R⁴. = 8 fr.); même droit. ℞: ΜΑΓΝΗΤΩΝ·ΕΥΚΛΗ·ΚΡΑΤΙΝΟC. Zébou cornupète, à dr. (Æ 5. R⁴. = 10 fr. Mion. R³. = 8 fr.); t. d'Artémis, ornée de la mitre. ℞: ΜΑΓΝΗΤΩΝ·ΠΑΥΣΑΝΙΑΣ·ΜΗΤΡΟΛΑΟΥ. Cerf paissant entre les sinuosités du Méandre (Æ 7 ½. R⁶. = 30 fr. Mion. R⁴. = 12 fr.); Cavalier allant au galop, à dr. ℞: ΜΑΓΝΗΤΩΝ. Zébou bossu cornupète, le tout au milieu des détours de Méandre (Æ 3. — R⁴. = 8 fr. Mion. R³. = 6 fr.); Cavalier à dr. ℞: ΜΑΓΝ·ΚΥΑΡΟΚ. Zébou cornupète à g., le tout entouré des détours du Méandre (Æ 4. — R⁶. — **Inédite**. — Vente Billoin (1886), lot n° 666. Vend. 22 fr.); m. type. ℞: ΜΑΓ·ΑΡΤΕΜΙΔ .. ΑΝΤΑ. M. type de Zébou bossu (Æ 3. — R⁴. = 8 fr. Mion. 6 fr.); *autres*, du même type, av. ΜΑΓΝ·ΚΕΔΡΑΜΗΣ (Æ 3); ΜΑΓΝ·ΚΥΔΙΑΣ (Æ 3); ΜΑΓΝ·ΜΑΝΟΡΟΣ (Æ 3); ΜΑΓΝ·ΜΟΣΧΙΩΝ (Æ 3); ΠΑΛΛΙΑΝΑΣ·ΕΥΚΛΗ. (Æ 3); ΕΥΚΛΗΣ· ΜΑΓΝΗΤ. (Æ 3. t. à 6 et 8 fr.); [même type du cavalier. ℞: Zébou cornupète, dessus: ΜΑΓΝ. dessous: ΠΑΛΕΜΟΜ. Æ 1 ½. Poids 14 ⁷⁄₁₀ grs. Cf. Cat. 11. P. Borrell, Londr. 1852, p. 23, lot n° 192. Vend. 1 ₤ 5 sh. Rollin, mais la lég. ΠΑΛΕΜΟΜ peu déchiffrable. J'ai trouvé absolument la m. p. en bronze du mod. 4, et j'ai citée la p. en Æ. pour comparaison]; t. de Pallas-Athéné, à dr. ℞: ΜΑΓΝΗΤΩΝ·ΕΥΚΛΗΣ·ΚΡΑΤΙΝΟΣ. Cavalier armé courant à dr. (Æ 5. — R³. = 6 fr.); *autre*, du mod. 4 ½. même prix; m. tête. ℞: ΜΑΓΝΗΤΩΝ·ΑΡΤΕΜΗΔΟΡΟΣ·ΛΥΚΟΜ. Même t. du cavalier (Æ 5. — R⁴. = 8 fr.); même tête de Pallas. ℞: ΜΑΓ., en monogr. Zébou cornupète (Æ 6. — R⁵. = 20 fr. Mion. R³. = 9 fr. — Sestini, Descr. n. v. p. 342, n° 12); même t. ℞: ΜΑΓΝΗΤΩΝ·ΑΡΤΕΜΙΔΟΣ·ΛΕΥΚΟΦΡ.... Cavalier casqué en course, armé d'une haste (Æ 6. — R⁵. = 15 fr. Mion. R⁴. = 12 fr.); m. t. ℞: ΚΑΡΕΚΛΗΣ·ΚΡΑΤΙΝΟΥ·ΜΑΓ.... Cavalier allant au galop, à dr. (Æ 5. — R³. = 6 fr.); même t. à dr. ℞: ΜΑΓΝΗΤΩΝ· ΠΑΥΣΑΝΙΑ·ΜΗΤΡΟΔΩΡΟ. Niké deb. à dr. ten. une couronne et une palme (Æ 6. — R⁴. = 12 fr.); ΜΑΓΝΗCΙΑ. Buste de femme tourelée. ℞: ΜΑΓΝΗΤΩΝ. Dionysos demi-nu, deb. à g. ten. le *cantharum* et le thyrse, — à ses pieds, panthère (Æ 3 ½. — R⁶. = 20 fr. — Mion. R⁵. = 15 fr. Une mon. semblable av. le même droit et la lég. *au nominatif*, mais au ℞ av. une Kybèle tourelée debout entre deux lions, et la lég.: ΜΑΓΝ..ΩΝ·CΙΠΥ— ΛΟΥ. nous fait connaître Panofka d. ses Dissert. num. Paris 1832. in-8° v. Pl. XLIX. A. fig. 3); t. d'Artémis. ℞: ΜΑΓΝΗΤΩΝ·ΕΥΚΛΗΣ·ΑΡ.... ΝΟ. Zébou cornupète (Æ 4. — R⁴. = 8 fr. *Mus. de Vienne*); t. laurée de Zéus. ℞: ΜΑΓΝΗΤΩΝ. Apollon, à demi-nu, assis, ten. un serpent av. un bâton et la haste; à ses pieds, un chien le regardant, — dans le champ, l'astre Hespérus en contre-marque (Æ 4. — R⁶. = 15 fr. Mion. R⁴. = 8 fr. Sestini, Descr. n. v. p. 150, n° 6); même tête laurée. ℞: ΑΥΛΗΤΟΥ. Apollon vêtu de la *stola*, marchant, tenant le *plectrum* et une lyre — derrière, ΜΑΓ. en monogr. (Æ 4. — R⁴. = 8 fr.); *autre*, ΑΥΛΑΙΤΗC.

13

Apollon, vêtu de la *stola*, deb. ten. de la m. g. une lyre. ℟: (ΛΕΚΟΦΡΟ)·
CYNH (lég. mal lue d. Hunter et sur les manuscrits de Cousinéry, re-
pétée par Mion. Descr. T. III, p. 146, n° 628) ΜΑΓΝΗΤΩΝ. Artémis Leuko-
phryne av. ses broches, et deux Niké volant autour de sa tête (Æ 7. —
R⁶. = 40 fr. Mion. R⁵. = 24 fr.); t. laurée d'Apollon, à dr. ℟: ΜΑΓ·
ΤΡΙΣΩΝ. Partie antér. de Zébou cornupète, à dr. sur les détours du Méandre
(Æ 5. — R⁴. = 8 fr.); ΜΑΓΝΗΤΩΝ. T. radiée d'Apollon, à dr. arc et
carquois derrière le dos. ℟: ΕΥΚΛΗ·ΑΙΣΧΡΙΩΝΟΣ. Héra Pronuba debout
(Æ 3½. — R⁴. = 10 fr. Mion. R³. = 6 fr.); m. t. laurée. ℟: ΜΑΓΝΗ-
ΤΩΝ·ΝΙΚΑΝΩΡ·ΖΩΠΥΡΟΥ. Même type, d. le champ, monogr. 1358 d. R.
Mion. (Æ 4½. — R⁵. = 15 fr. Mion. R³. = 6 fr.); *autre:* ΜΑΓΝΗ-
ΤΩΝ. Cerf deb. à dr., — au-dessus, astre. ℟: Lég. eff. Héra Pronuba deb.
(Æ 3. — R³. = 6 fr.); ΑΥΛΑΙΤΟΥ. Apollon vêtu de la *stola*, deb. ten.
une lyre. ℟: ΛΕΥΚΟΦΡΥΣ. Artémis-Leukophryne, av. ses broches et les
Niké volant (Æ 3½. — R⁶. = 20 fr. Mion. R⁵. = 15 fr.); t. d'Artémis
à dr. ℟: ΕΥ·ΚΡΑΤΙΝΟΥ·ΜΑΓΝΗΤ. Niké marchant à dr. ten. une couronne et une palme (Æ 4. — R⁵. = 12 fr. Mion. R⁴. = 8 fr.); t. de femme.
℟: ΜΑΓΝΗΤΩΝ. Artémis en habit court, marchant, ten. un flambeau de
ses deux mains (Æ 4. — R³. = 6 fr.); *autre:* t. nue et barbue d'Héraklès
à dr. ℟: ΜΑΓΝΗΤΩΝ. Lion marchant de g. à dr. (Æ 3. — R⁶. = 6 fr.);
autre, av. ΜΑΓΝΗ. et lion marchant à dr. (Æ 3. — R⁸. = 6 fr.); *autre*,
av. ΜΑΓΝΗΤΩ. m. type (Æ 3. — R³. = 6 fr.); m. t. barbue et laurée
d'Héraklès, à dr. ℟: ΜΑΓΝΗΤΩΝ. Fleuve couché, tourné vers la g. (Æ 4. —
R³. = 12 fr. Mion. R³. = 6 fr.); ϹΕΡΑΠΙϹ. T. de Zéus-Sérapis, à dr.
℟: ΜΑΓΝΗΤΩΝ. Isis deb. vêtue de la stola, ten. d. la m. dr. un sistre
et dans la gauche un vase à anse (Æ 5. — R⁶. = 20 fr. Mion. R⁵. = 15 fr.);
cavalier armé courant à dr. ℟: ΜΑΓΝ·ΕΥΚΛΗΣ·ΟΠΙΔΑ(?). Zébou cornupète,
sur le Méandre (Æ 4. = 3 fr. Rollin, Cat. Gr. n° 5229); *autre*, av. ΜΑΓΝ·
ΔΑΜΗΣΟΥ (Æ 1. = 2 fr. Rollin, ib. n° 5231); av. ΜΑΓΝ·ΑΝΤΙΟΧΟΥ
(Æ 1. = 2 fr. Rollin, ib. n° 5232); *autres*, av. ΜΑΓΝ·ΕΚΑΙΟΝ. ΜΑΓΝ·
ΠΟΣΙ (Æ 1. à 1 fr. Rollin, Cat. Gr. n°s 5233 et 5234); ΙΕΡΑ·ϹΥΝΚΛΗ-
ΤΟϹ. T. du Sénat, à dr. ℟: ΕΠΙ·ΤΥΧΙΚΟΥ·ΜΑΓΝΗΤΩΝ. Figure en habit
court, sur une proue de vaisseau, à dr., dans chaque main un flambeau
(Æ 6. — R⁷. = 40 fr. Mion. R⁴. = 12 fr.). Cette dern. mon. a été décrite par
erreur à Magnésie de Lydie, voy. Mion. t. IV, p. 70, n° 379. — *Corrections:*
a) Les mon. décrites par Mionnet à Magnésie de l'Ionie, dans sa Descr.
Tom. III, p. 143, n°s 599, 616, 617, 618, 626, 627, 632 appartiennent
à Magnésie de Thessalie, voy. Mion. VII, p. 92 et Suppl. VI, 23, note III,
143, 624 est de Magnésie de Lydie, voy. S. VII, p. 92 et S. VI, 231 note.
— La mon. décr. par Mion. T. IV, p. 70, n° 379 appartient ici, cf. Suppl. VI,
p. 236, n° 1032, note. — b) Sur une mon. de **Magnésie en Ionie**, à l'effigie
de Caracalla, on trouve aux pieds d'Athéné deb. à dr. le Titan Atlas à queux
de serpent soutenant sur sa tête de ses deux mains le Polos. La mon. a été
publiée par Panofka, Dissert. num. 1832, Pl. XIIX, A, fig. 1, et ensuite
par Mion. S. VI, 381, 300 qui l'ont fautivement attribuée à la Magnésie de
Lydie. M. Imhoof-Blumer a reconnu l'erreur (v. Zeitschr. f. Num. Bd. XIII,
p. 138) et propose de lire, au lieu de: ΕΠ·ϹΤΡ·Μ·ΑΥΡ. = ΕΠΙΓΡ·Μ·ΑΥΡ·
ΕΥΡΟΥΛΟΥ·ΜΑΓΝΗΤΩΝ. — *Manière* de déchiffrer les monnaies des trois

villes homonymes de Magnésie: **Magnésie de Thessalie:** Types: t. de Zéus comme à la Thessalie (in genere). ℟: ΜΑΓΝΗΤΩΝ. Monogramme ou nom de magistrat. Femme sur une proue de vaisseau. T. de Zéus. ℟: ΜΑΓΝΗ-ΤΩΝ. Centaure. — **Magnesia ad Maeandrum.** Ionia: Médaillon d'Æ. comme à Smyrne. Lég.: ΜΑΓΝΗΤΩΝ. — ΜΑ·ΜΑΓ·ΜΑΓΝ. — ΜΑΓ·ΛΕΥ-ΚΟΦΡΥΣ. — ΜΑΓΝΗΤΩΝ·ΝΕΩΚΟΡΩΝ ΤΗΣ ΑΡΤΕΜΙΔΟΣ. — ΜΑΓΝΗ-ΤΩΝ·ΕΒΔΟΜΗ·ΤΗΣ·ΑΣΙΑΣ. — ΑΦΡΟ ΜΗΛΕΙΑ. — ΑΥΛΑΙΤΗΣ. — ΑΡ-ΓΩ. — ΚΟΛΠΟΙ. (nom d'une vallée). — Magistrat: ΓΡΑΜΜΑΤΕΥΣ. — **Magnesia ad Sipylum.** Lydia: Lég.: ΜΑΓΝΗΤΩΝ ΣΙΠΥΛΟΥ. — ΜΑ-ΓΝΗΤΩΝ·ΣΙΠΥΛΟΥ·ΕΡΜΟΣ. — ΜΑΓΝΗΣΙΑ·ΣΙΠΥΛΟΥ. — ΜΑΓΝΗΣΙΑ. — ΜΑΓΝΗΤΩΝ ΣΙΠΥΛΟΥ. — ΣΙΠΥΛΟΣ·ΜΑΓΝΗΤΩΝ. — ΜΑΓΝΗΤΩΝ ΤΩΝ ΑΠΟ ΣΙΠΥΛΟΥ. — ΑΡΓΩ ΜΑΓΝΗΤΩΝ — sur une impériale grecque de Gordien le Pieux, autrefois attrib. à la Magnésie de Thessalie. — Monogramme: Μ·ΣΙ. — Magistrats: ΙΕΡΕΥΣ·ΣΤΡΑΤΗΓΟΣ. — **Impériales de Magnésie en Ionie:** depuis Livie (selon Head, Man. p. 502, depuis Auguste. Cf. aussi: Cat. de la vente Whittall Loudr. 1884, lot. n° 967: une mon. d'Auguste. Æ 8) jusqu'à Gallien. Æ. Mod. 12 à 3. — R³—R⁸ de 8, 15, 20, 25, 30, 50, 80, 150, 200 et 300 fr. — Livia: ΛΙΟΥΙΑ·ΣΕΒΑΣΤΗ. Sa t. à dr. ℟: ΜΑΡΚΟΣ·ΜΑΓΝΗΤΩΝ. Massue d'Héraklès sur les détours du Méandre (Æ 3. — R⁸. = 40 fr. Mion. R⁷. = 20 fr.). — Tibère: ...... Sa t. ℟: ΜΑΓΝΗΤΩΝ. Femme assise (Æ 4. — R⁵. = 15 fr. Mion. 8 fr.). — Claude: ... Sa t. à dr. ΜΑΓΝΙΤΩΝ (sic). Artémis av. ses attributs, à ses pieds son chien sautant (Æ 4. — R⁷. = 20 fr. Mion. R⁴. = 8 fr.). — Néron: ΝΕΡΩ ... ΚΑΙΣΑΡ. Sa t. nue, à dr. ℟: ΜΑΓΝΗΤΩΝ·ΛΕΥΚΟΦΡΥΝΗΝ. Artémis Leukophryne deb. d. un temple tétrastyle (Æ 6. — R⁶. = 40 fr. Mion. R⁵. = 20 fr.). — Domitien: ΔΟΜΙΤΙΑΝΟΣ·ΚΑΙΣΑΡ·ΣΕΒΑΣΤΟΣ·ΓΕΡΜΑΝΙ-ΚΟΣ. Sa t. laur. ℟: ΛΕΥΚΟΦΡΙΣ·ΜΑΓΝΗΤΩΝ. Même type, mais sur le fronton du temple: Π·Π. (Æ 6. — R⁵. = 20 fr); autre, av. ΛΟ .... ΜΑΓΝΗΤΩΝ. au ℟ et m. type (Æ 5½. — R⁵. = 15 fr. Cab. de Münich). — Domitia: ΔΟΜΙΤΙΑ·ΣΕΒΑΣΤΗ. Son buste à dr. ℟: ΜΑΓΝ .... Femme couchée à g., sous son coude une urne renversée (Æ 2. — R⁸. **Inédite.** 50 fr. Inc. à Mion. — Rollin, Cat. Gr. n° 5243. Vend. un ex. fruste = 3 fr.). — Trajan: ΑΥΤ·ΚΑΙ·ΝΕΡ .... Sa t. laurée, à dr. (la tête offre plutôt les traits de Néron?). ℟: ΜΑΓ·ΛΕΥΚΟΦΡΥΣ. Simulacre d'Artémis-Leukophryne (Æ 4. R⁵. = 15 fr.); ΑΥΤ·ΚΑ·ΝΕΡ·ΤΡΑΙΑΝΟΣ. même t. ℟: m. l. et m. type (Æ 4. — R⁵. = 15 fr.); ..... ΤΡΑΙΑΝΟΣ·ΑΡΙ ...... même t. ℟: ΛΕΥ-ΚΟ .... ΜΑΓΝΗΤΩΝ. Temple distyle, dans lequel est Artémis-Leukophryne entre deux femmes, sur le fronton dif. ornements (Æ 6. — R⁷. = 50 fr. Mion. R⁵. = 20 fr.). — Hadrien: ΑΥ·ΚΑΙ·ΤΡΑΙ·ΑΔΡΙΑΝΟΣ·ΣΕ. Sa t. laurée, à dr. ℟: ΛΕΥΙΚΟΦΡΥΣ (sic) ΜΑΓΝΗΤΩΝ. Artémis-Leukophryne couronnée par deux petites Niké, à ses pieds, deux colombes (Æ 8. — R⁷. = 60 fr. Mion. R⁵. = 24 fr.); m. l. et t. laur. ℟: ΜΑΓΝΗΤΩΝ. Artémis d. un temple tétrastyle, de chaque côté de sa t., une pet. Niké volant (Æ 6. — R⁶. = 40 fr. Mion. R⁵. = 20 fr.) Rollin et Feuard. Cat. Gr. Æ 7. n° 5244. Vend. 20 fr.); m. l. et m. t. ℟: ΑΥΛΑΕΡΤΗ·ΜΑΓΝΗ. Apollon, en habit de femme, ten. sa lyre et le *plectrum* (Æ 6½. — R⁶. = 30 fr. Mion. R⁶. = 20 fr.); m. l. et m. t. ℟: ΜΑΓΝΗΤΩΝ. Dionysos imb., à moitié nu, ten. le cantharum et le thyrse (Æ 6. — R⁶. = 30 fr. Mion.

R^5. = 15 fr.); *autre*: lég. semblable. Artémis d. un temple héxastyle (Æ 6. — R^5. = 24 fr.). — HADRIEN et SABINE: ΑΔΡΙΑΝΟΝ·CΕΒΑCΤΟΝ·CΑΒΕΙ-ΝΑΝ·CΕΒΑCΤΗΝ. Têtes affrontées d'Hadrien et de Sabine. ℞: ΜΑΓΝΗΤΩΝ. Démétèr deb. ten. des épis, à ses pieds un pavot (Æ 7. — R^7. = 80 fr. MION. R^6. = 30 fr.). — SABINE (seule): CΑΒΕΙΝΑ·CΕΒΑCΤΗ. Sa t. à dr. ℞: ΚΟΡΗ·ΜΑΓΝΗΤΩΝ. Femme voilée deb. à g., ten. la haste (Æ 5^1/$_2$. — R^7. = 60 fr. Incon. à MION. V. le Cat. L. WELZL DE WELLENHEIM (Vienne 1844), n° 5520. R^5). — ANTONIN LE PIEUX: Τ·ΑΙΛΙΟC·ΚΑΙCΑΡ·ΑΝΤΩΝΕΙΝΟC. Sa t. laurée. ℞: ΕΠΙ·Α·ΔΙΟCΚΟΥΡΙΔΟΥ·ΓΡΑΤΟΥ·ΜΗΤΡ·ΜΑΓΝΗ. Démétèr dans un char traîné par deux dragons, elle tient de la m. dr. levée un flambeau et dans la g. inclinée un autre flambeau (Æ 9. — R^7. = 150 fr. MION. R^5 = 100 fr.); Même t. et lég. au droit. ℞: ΕΠΙ·ΔΙΟCΚΟΥΡΙΔΟΥ·ΜΑΓΝΗΤΩΝ. Simulacre d'Artémis Leukophryne, av. ses supports, entre deux colombes placées à ses pieds, de chaque côté de la tête une Niké la couronne. — **Moy. br.** Cfr. SABATIER; Rev. num. belge, t. III, 4-ème série. [DUMERSAN dans le CAT. AL. DE HAUTEROCHE, pl. XV, f. 6, a gravé un ex. semblable, à l'effigie de L. Vérus. — Voy. aussi: Rev. Belge. An. 1863, 4-me Sér. t. 1, p. 146, un article de Sabatier]; *autre*: m. t. ℞: ΕΠΙ·ΔΙΟCΚΟΥΡΙΔΟΥ·ΜΑΓΝΗΤΩΝ. Triptolème dans un char traîné par deux serpents (Æ 6^1/$_2$ et 7. — R^6. = 50 fr. MION. R^5. = 24 fr.); autre, av. ΜΑΓΝΗΤΩΝ. Démétèr ten. une torche dans un char traîné par deux dragons ailés (Æ 7. — R^5. = 30 fr. MION. R^4. = 12 fr.). — MARC-AURÈLE: ΑΥΤ·Μ·ΑΥΡ·(ΑΝΤΩΝΕΙ)ΝΟC. Son buste drapé et radié, à dr. ℞: ΝΩΘΗΝ ΊΑΜ ΑΙΘΛΗΜ·ΟΨΦΑ. **Aphrodité Mélia** (Μηλεία, surnom inconnu jusqu'à présent, dont M. IMHOOF-BLUMER a enrichi la science), vêtue du chiton, deb. à dr., s'appuyant de la m. dr. sur le sceptre et ten. d. la m. g. une *grenade* (symbole de la fécondité). Derrière elle **Eros** deb. à dr. les deux bras étendus vers la déesse (Æ 28 mill. R^8. = 150 fr. — **Incon.** à MION. — PUBL. par M. IMHOOF-BLUMER d. ses: Monn. Gr. p. 292, n° 91); m. t. ℞: ΜΑΓΝΗΤΩΝ. Artémis Leukophryne couronnée par deux pet. Niké au milieu de deux fleuves barbus (Æ 10^1/$_2$. — R^7. = 120 fr. MION. (d'après Vaillant) R^5. = 100 fr.); Μ·ΑΥ·ΟΥΗΡΟC·ΚΑΙCΑΡ. T. nue à dr. ℞: ΕΠΙ·Γ·ΔΗΜΟCΤΑ·ΜΑΓΝΗΤΩΝ. Artémis-Leukophryne deb. (Æ 4. — R^6. = 30 fr. MION. R^5. = 15 fr.); m. t. ℞: ΕΠΙ·ΓΡ·ΗΓΗCΙΠΠΟΥ·ΑΡΙCΤΕΟΥ·ΜΑΓΝΗΤΩΝ. Apollon deb. ten. d. l. m. dr. le *plectrum*, la g. appuyée sur un trépied (Æ 9. — R^6. = 40 fr. MION. R^5. = 30 fr.); Μ·ΑΙΛΙΟC·ΑΥΡΗΛΙΟC·ΒΗΡΟC (sic) ΚΑΙCΑΡ. Sa t. jeune et nue, av. le *palud*. ℞: ΕΠΙ·ΔΙΟCΚΟΥΡΙΔΟΥ·ΓΡΑΤΟ-ΚΛΗΜΑΝΤ. Latone marchant à dr., portant ses enfants, Apollon et Artémis. Dans le champ: ΜΑ-ΓΝ-ΗΤ-ΩΝ (Æ 9. — R^7. = 100 fr. — **Inc.** à MION. — Publ. dans le Cat. L. WELZL DE WELLENHEIM (Vienne 1844), p. 245, n° 5521). — COMMODE: ΑΥ·Κ·Μ·ΑΥ·ΚΟΜ·ΑΝΤΩΝΙΝΟC. Son buste radié av. le *paludamentum*, à dr. ℞: ΙΩ·ΗΝΊΑΜ·ΑΙΘΛΗΜ·ΟΨΦΑ. APHRODITÉ MELIA ten. un sceptre et une grenade, deb. à g., derrière elle Eros deb. à dr. les deux bras étendus vers la déesse (Æ 28 mill. — R^8. = 150 fr. — **Inc.** à MION. — Publ. par M. ARTHUR LÖBBECKE, d. la Zeitschr. f. Num. Bd. XII, p. 318, et photogr. ib. Pl. XIII, f. 6. = **[Remarque.** A peine une monnaie semblable du temps de M. Aurèle et av. un type aussi important que celui d'Aphrodité-Melia, vient-elle d'être publiée par M. IMHOOF, voilà que M. ARTHUR LÖBBECKE

— 197 —

(par une combinaison fort étrange et qui donne beaucoup à réfléchir!) publie, à son tour, un autre exempl. de cette mon. au même type, à l'effigie de Commode, après l'avoir reçu de son fond inépuisable de Smyrne! Un fait, qui est parvenu tout récemment à ma connaissance, et suivant lequel il y aurait aujourd'hui à Smyrne un chevalier de Malte, un véritable *maestro* qui a fondé une fabrique pour le coulage de monnaies antiques, perfectionné au plus haut degré et qu'il fait en personne des voyages en Europe pour placer dans les Musées et chez des particuliers ses merveilleuses productions — m'oblige, par respect pour la vérité, de donner un avertissement à Mess. les Amateurs, car autrefois on ne connaissait pas des combinaisons si étranges et en publiant des mon. inédites on ne se servait pas du détestable procédé phototypique pour la reproduction des monnaies, procédé profanant d'une manière gratuite l'art de dessin et dû aux prétendus progrès des temps modernes qui malheureusement cachent de l'œil le plus expérimenté tous les malices et non-réussites des faussaires.] — FAUSTINE JEUNE: Sa t. à dr. ℞: ΜΑΓΝΗΤΩΝ. Femme vêtue d'une tunique et tutulée deb. ten. une branche et sa m. g. posée sur une petite figure (Æ 7. — R⁶. = 30 fr. Mion. R⁶. = 24 fr.). — LUCIUS VÉRUS: ΑΥ·ΟΥΗΡΟC·ΑΝΤΩΝΕΙΝΟC. Sa t. laur. à dr., *paludamentum*. ℞: ΜΑΓΝΗΤΩΝ. Artémis Leukophryne couronnée par deux Niké voltigeant dans les airs, à ses pieds deux fleuves couchés (Æ 10¹/₂. — R⁷. = 150 fr. Mion. R⁵. = 100 fr.); Λ·ΑΙΛΙΟC·ΚΑΙCΑΡ. M. t. laur. à dr. ℞: ΜΑΓ. Simulacre d'Artémis-Leukophryne entre deux colombes, de chaque côté de sa tête une Niké la couronne — d. le champ, une abeille (Æ 4. R⁶. = 30 fr. Mion. R⁵. = 15 fr.). — SEPTIME-SÉVÈRE: ΑΥ·ΚΑΙ·CΕΠΤ·CΕΟΥΗΡΟC·Π. Sa t. laurée, à dr. *paludamentum*. ℞: ΕΥ...... ΙΩΝΟC·ΜΑΓ........ Zéus assis, à g. ten. une statue d'Artémis-Ephesia (Æ 9¹/₂. — R⁵. = 30 fr. Mion. R⁵. = 18 fr.); *autre*, av. ΕΠΙ·ΓΡΑ·ΔΑΛΙΑΝΟΥ·ΜΑΓΝΗΤΩΝ. Femme marchant à g. et ten. un enfant sur chacun de ses bras (Æ 8¹/₂. — R⁵. = 25 fr. Mion. R³. = 18 fr.); m. t. à dr. ℞: ΓΡ·ΦΛΑCCΟΥ·ΚΑΙΝΤΡΕΙΜΟΥ·ΜΑΓΝΗΤΩΝ. Hadès dans un quadrige enlevant Perséphoné (Æ. MM. — R⁷. = 200 fr. Mion. R⁵. = 100 fr. La lég. du ℞ doit être vérifiée d'après Mion. S. VI, p. 240, n° 1050, qui la donne ainsi: ΕΠΙ·ΓΡ·ΦΛΑΚΚΟΥ·ΚΑΙ·ΠΑΥΛΕΙΝΟΥ·ΜΑΓΝΗΤΩΝ); *autre:*. m. t. laurée. ℞:...... ΠΟΝΟΥ·ΜΑΓΝΗΤΩΝ. Artémis Leukophryne (Æ 8. — R⁵. = 15 fr. Mion. R³. = 18 fr. Cab. de La Goy, à Aix); ΜΑΓΝΗΤΩΝ. Femme deb. ten. une corne d'abond. (Æ 5. — R³. = 6 fr.); m. lég. Enfant sur une colonne sur laquelle est un serpent (Æ 5. — R⁵. = 15 fr. VAILLANT, l. c.). — JULIA DOMNA: Lég. usuelle et sa t. ℞: ΕΠΙ·ΓΡΑ·ΝΑΔΑCΕΟΝΕΙΚΟΥ·ΜΑΓΝΗΤΩΝ. (Leçon douteuse pour un tel nom de magistrat!) Hadès d. un quadrige enlevant Perséphoné (Æ 9. R⁶. = 40 fr. Mion. R⁴. = 24 fr.). — CARACALLA: ΑΥ·Μ·ΑΥΡ·ΑΝΤΩΝΕΙΝΟC. Sa t. laurée, à dr., *paludamentum*. ℞ ΕΠΙ·ΓΡ·Μ·ΑΥΡ·ΑΜΕΠΤΟΥ·ΜΑΓΝΗΤΩΝ. Zéus assis, à g. ten. une patère et la haste (Æ 11. — R⁶. = 70 fr. Mion. R⁴. = 40 fr.); *autre*, av. ΕΠ...... ΛΟΥΜΕΝΟΥ·Β·ΜΑΓΝΗΤΩΝ·ΜΑΙΑ.... Artémis Leukophryne d. un temple tétrastyle (Æ 8¹/₂. R⁵. = 25 fr. Mion. R². = 8 fr.); *autre*, même droit. ℞: ΕΠΙ·ΓΡΑ·ΜΟΝΗCΙΜΟΥ·ΜΑΓΝΗΤΩΝ. Apollon assis (Æ 10¹/₂. — R⁶. = 150 fr.); *autre:* ΕΠΙ·ΓΡΑ·CΕΚΟΥΝΔΟΥ·ΜΑΓΝΗΤΩΝ. Tyché deb. (Æ 9. — R³. = 10 fr. Mion. R¹. = 4 fr.); *autre:* ΕΠΙ·ΓΡΑ·CΕΚΟΥΝ-

ΔΟΥ·ΜΑΓΝΗΤΩΝ. Héraklès tirant de l'antre de *Κακός* un boeuf par la queue (Æ 7. — R⁶. = 50 fr. Mion. R⁵. = 24 fr.); m. t. laurée et m. lég. au droit. ℞: ΜΑΓΝΗΤΩΝ·ΛΕΥΚΟΦΡΟϹΥΝΗΝ. Artémis Leukophryne deb. et deux Niké volant sur sa tête, à ses pieds, un oiseau de chaque côté, les ailes éployées (Æ 11. — R⁷. = 150 fr. Mion. R⁵. = 100 fr.); *autre*, av.: ΙΛΛΟΥ·ΜΑΓΝΗΤΩΝ. Isis deb. le *lotus* sur la t., ten. un sistre et un sceau à arrosemens (Æ 8½. — R⁴. = 20 fr. Mion. R². = 12 fr.); *autre*: ΕΠΙ·ΓΡ·ΦΛ·ΒΑϹϹΟΥ·ΜΑΓΝΗΤΩΝ. (Æ 8. — R³. = 12 fr. Mion. R². = 8 fr.); même t. et lég. au droit. ℞: ΕΠΙ·ΓΡ·Μ·ΑΥΡ·ΑΡΙϹΤΟΚΛΟΥ·ΜΑΓΝΗΤΩΝ. Deux Korybantes frappant sur leur *tympanum*, au milieu d'eux, Zéus jeune assis sur un cippe (Æ 11. — R⁷. = 200 fr. Mionnet R⁶. = 150 fr.); *autre*: ΕΠ·Μ·ΑΥΡ·ΥΛΛΟΥ·ΕΠΙΚΡΑΤΟΥϹ·ΜΑΓΝΗΤΩΝ. Trois curètes armés de boucliers et de poignards, dansant devant une divinité sur un autel (Æ 9. — R⁶. = 70 fr. Mion. R⁵. = 40 fr. — Cf. Rasche, Lexic. un. rei num. Tom. III, 99); m. t. ℞: ΜΑΓΝΗΤΩΝ. Tyché deb. av. ses attributs (Æ 6. — R⁴. = 3 fr.); . . . . . . t. de Caracalla. ℞: ΕΠΙ·ΓΡ·Μ·ΑΥΡ·ΑΡΙϹΤΟΜ[ΑΧΟΥ] ΜΑΓΝΗΤΩΝ. Zéus enfant, assis sur un cippe, placé entre deux korybantes frappant chacun sur un *tympanum* (Æ 9. — R⁷. = 80 fr. Mion. d'après Vaillant, Num. Gr. R⁵. = 40 fr. [C'est bien la même monnaie que Vaillant a décrite à l'Elagabal, parce qu'il n'en existe au Cab. de France qu'un seul exemplaire, avec le nom d'Aristomaque, qu'il cite deux fois. On n'ignore pas aussi que les mon. de Caracalla et d'Elagabal ont été souvent confondues. Comp. plus bas, au règne d'Elagabal, une mon. av. le nom de ce magistrat.] — ΑΥ·Τ·ΚΑ·Ι·Μ·ΑΥ·Ρ·(sic)ΑΝΤΩΝΕΙΝΟϹ. T. laur. de Caracalla, av. le *paludamentum*. ℞: ΕΠΙ·ΓΡ·ϹΕΚΟΥΝΔΟΥ·ΜΑΓΝΗΤΩΝ. Artémis succinte sur un cheval en course, sous son cheval une figure à genoux en prière devant un pet. édifice (Æ. MM. — R⁶. = 200 fr. (quand il n'y a pas de retouche). Mion. R⁵. = 100 fr.); même lég. au ℞: Femme courant sur un cheval et deux bornes (Æ. MM. m. prix); m. l. et m. t. de Caracalla, à dr. ℞: ΕΠΙ·ΓΡΑΜ·ϹΕΚΟΥΝΔΟΥ·ΜΑΓΝΗΤΩΝ. Pet. figure deb. à dr. conduisant un bison agenouillé (Æ 9. — R⁷. = 60 fr. Publ. par Fox, d. ses: Engr. of un. or rare Gr. c. Part II, p. 13, n.° 80. Gr. *ibid.*); *autre*, av. ΕΠΙ·Γ· ΦΙΛΟΜΕΝΟΥ·Β·ΜΑΓΝΗΤΩΝ. Héra Pronuba d. un temple tétrastyle (Æ 9. — R⁴. = 25 fr. Mion. R². = 12 fr.); m. lég., au ℞: Isis tutulée deb. (Æ 9. — R⁴. = 25 fr. Mion. R². = 12 fr.); m. t. et lég. ℞: . . . . . AΥΡ.ΑΜΕΝΑ-ΡΟΥ·(forsan) ΜΑΓΝΗΤΩΝ. Trois curètes dansant et frappant sur des boucliers, — au milieu, Zéus enfant assis sur une base (Æ 10. — R⁷. = 80 fr. Mion. R⁵. = 50 fr.); ΕΠΙ·Γ·Μ·ΑΥΡ·ΥΛΛΟΥ·ΕΠΙΚΡΑΤΟΥϹ·ΜΑΓΝΗΤΩΝ. Trois Korybantes frappant sur leur bouclier, autour de Dionysos enfant, assis sur un trône, av. une ciste mystique entre les pieds du trône (Æ. MM. — R⁷. = 120 fr. Mion. R⁵. = 100 fr.); *autre*, av. ΕΠΙ·Γ·Μ·ΟΥΛΠΙΑΝ . . . . . . ΝΙϹΤ·ΜΑΓΝΗΤΩΝ. Artémis Leukophryne deb. av. ses broches, couronnée par deux Niké (Æ 9. — R⁶. = 40 fr. Mion. R⁵. = 30 fr.); *autre*, av. ΜΑΓΝΗΤΩΝ·ΚΑΙ·ΕΦΕϹΙΩΝ·ΟΜΟΝΟΙΑ. Simulacres de Héra Pronuba et d'Artémis Ephesia (Æ 10. — R⁷. = 50 fr. Mion. R⁵. = 30 fr.); *autre*, av: ΕΠΙ·ΓΡ·Μ·ΑΥΡ·ΑΡΙϹΤΟΚΛΟΥ·ΜΑΓΝΗΤΩΝ. Demétèr d. un char traîné par deux dragons, ten. d. chaque m. un flambeau (Æ 11. — R⁷. = 80 fr. Cat. L. Welzl de Wellenheim, n.° 5522. R⁶.); Plautilla: . . . . . ΛΙΑ-

(sic)ΠΛΑΥΤΙΛΛΑ. Sa t. à dr. ℞: ΜΑΓΝΗΤΩΝ. Triple Hékaté tenant des torches enflammées (Æ 5½. — R^4. = 12 fr.). — Geta: AY·K·CE·ΓΕΤΑC. T. laurée de Géta, à dr. ℞: ΜΑΓΝΗΤΩΝ. Dionysos entre deux astres, assis sur la ciste mystique, autour de laquelle est un serpent (Æ 4. — R^4. = 8 fr.); *autre*: ΠΩΠ·ΛΟ·CΕΠΤ·ΓΕΤΑ·Κ. Même t. ℞: ΛΙΤΑΙΟC·ΜΑΓΝΗΤΩΝ. Apollon nu deb. à g., ten. une branche de laurier et un arc (Æ 7. — R^6. = 30 fr. Mion. R^4. = 12 fr.); ΜΑΓΝΗΤΩΝ. Zéus enfant, les bras levés assis sur un cippe (Æ 4. — R^4. = 8 fr.); Λ·CE·ΓΕΤΑC. Sa t. nue à dr. av. le *paludamentum*. ℞: ΝΩΤΗΝΙΑΜ. Chèvre marchant, à dr. (Æ 3. — R^5. =12 fr. Mion. R^3. = 6 fr.). — Macrin: ...... CΕΟΥΗ·ΜΑΚΡΕΙΝΟC. Sa t. laurée à dr., av. le *paludamentum*. ℞: ΜΑΓΝΗΤΩΝ. Deux serpents dressés sur leurs replis, ten. une couronne (Æ 6. — R^7. = 50 fr. Mion. R^6. = 24 fr. M. Imhoof-Blumer, d. ses: Monn. Gr. p. 292, n° 93, suppose que la lég. du droit, don. par Mion. S. VI, p. 243, n° 1063, est peut-être erronée et que la mon. est de Maxime). — Elagabal: Sa t. à dr. lég. effacée. ℞: ΕΠΙ·ΓΡ·ΦΛΑΚΚΟΥ·ΚΑΙ·ΠΑΥΛΕΙΝΟΥ·ΜΑΓΝΗΤΩΝ. Hadès dans un quadrige, enlevant Perséphoné (Æ 9. — R^6. = 50 fr. Mion. R^4. = 24 fr.); *autre*: ΑΥ·ΚΑΙ·Μ·ΑΥΡ·ΑΝΤΩΝΕΙΝΟC. Sa t. laurée, à dr. av. le *paludamentum*. ℞: ΜΑΓΝΗΤΩΝ·ΕΠΙ·ΓΡ·Μ·ΑΥΡ·ΑΡΙCΤΟΜΑΧΟΥ. Korybantes frappant sur des *tympanum*, — Zéus enfant, placé au milieu sur une base (Æ 9. — R^6. = 60 fr. Mion. R^5. = 40 fr.); *autre*: ΕΠΙ·ΓΡ·ΦΙΛΟΜΕΝΟΥC·Β·ΜΑΓΝΗΤΩΝ. Isis deb., av. une corbeille, ten. de la m. dr. un sistre et de la g. un vase (Æ 9. — R^4. = 25 fr. Mion. R^2. = 12 fr. d'après Vaillant); t. laurée. Même lég. ℞: ΕΠΙ·Γ·ΦΛ(ΑΚΚ)ΟΥ·ΜΑΓΝΗΤΩΝ. Artémis Leukophryne, av. ses broches et des cerfs, et une Niké volant de chaque côté de sa tête (Æ 9. — R^6. = 50 fr. Mion. R^4. = 24 fr. — Sestini, Cat. Mus. Hederv. n° 4942, sub Caracalla). [Même nom de magistrat sur une mon. de Sept. Sévère. Il me semble qu'elle doit appartenir plutôt à Caracalla qu'à Elagabal?]; *autre*: ΜΑΓΝΗΤΩΝ. Artémis Leukophryne, av. ses supports et des cerfs, — à ses pieds, les colombes, de chaque côté, une Niké volant (Æ 5. — R^4. = 8 à 10 fr.). — Julia Maesa: ΙΟΥΛΙΑ·ΜΑΙCΑ·CEB. Sa t. à dr. ℞: ΕΠΙ·Γ·CV·ΒΟΥΛ·ΜΑΓΝΙΤΩΝ. (Sic). Femme deb., ten. une pet. fig. sur chacun de ses bras (Æ 9. — R^7. = 60 fr. Mion. R^5. = 30 fr.); *autre*: ΕΠΙ·ΓΡΑΤΕΡΟΝΟΥ·ΜΑΓΝΗΤΩΝ. Apollon en habit de femme, ten. le *plectrum* et la lyre, derrière lui, trépied (Æ 8½. — R^7. = 70 fr. Mion. R^6. = 30 fr.); *autre*: ΕΠΙ·Γ·ΤΙΛΟΥΜΜΟΥ·Β·ΜΑΓΝΗΤΩΝ. Asklépios deb. (Æ 10. — R^6. = 50 fr. Mion. R^5. = 36 fr.). — Sévère Alexandre: ΑΥΤ·Κ·Μ·ΑΥΡ·CΕΥΗΡ·ΑΛΕΞΑΝΔΡΟC. Sa t. laurée, à dr. av. le *paludamentum*. ℞: ΕΠ ..... ΕΡΜΟΥ·Τ·Β·ΜΑΓΝΗΤΩΝ·ΝΕΩΚΟΡΩΝ·ΤΗC·ΑΡΤΕΜΙΔ. Dionysos deb. av. la chlamyde sur l'épaule, ten. le cantharum et son thyrse (Æ 10. — R^6. = 70 fr. Mion. R^4. = 40 fr.); *autre*: ΕΠΙ·ΓΡ·ΦΛ·ΜΑΞΙΜΟΥ·ΜΑΓΝΗΤΩΝ. Démétèr, ou plutôt Kybèle assise sur un char traîné par deux lions (Æ. — R^6. = 30 fr. Mion. R^4. = 12 fr.); ΜΑΓΝΗΤΩΝ·ΕΠΙ·ΓΡ·ΤΥΧΙΚΟΥ (et non ΕΠΙ·CΤΡΑ. comme d. Mion. t. III, p. 153, n° 670). Asklépios deb. appuyé sur son bâton (Æ. MM. — R^5. = 60 fr. Mion. R^4. = 40 fr.); *autre*: ΕΠΙ·ΓΡ·ΦΩΤΕΙΝΟΥ·ΜΑΓΝΗΤΩΝ. Niké marchant à g., ten. une palme et une couronne (Æ 7. — R^5. = 20 fr. Mion. R^4. = 12 fr.); *autre*: ΜΑΓΝΗΤΩΝ. Apollon en habit de femme (Æ 7. — R³. = 9 fr.); m. tête laurée et m. lég. ℞: ΜΑΓΝΗΤΩΝ. Niké marchant à g. ten. une couronne et une palme (Æ 4. — R². = 4 fr.); *autre:* ℞: Même lég. Tyché deb. (Æ 5. — R². = 4 fr.); m. lég. Deux aigles deb., les ailes éployées, soutenant le croissant de la Lune, dans lequel est un astre (Æ 4. — R³. = 6 fr.); ΛΕΥΚΟΦΡΥC·ΜΑΓΝΗΤΩΝ. Astre entre les cornes du croissant de la Lune (Æ 4. — R⁴. = 8 fr.); t. nue de Sév. Alexandre. ℞: ΜΑΓΝΗΤΩΝ. Le navire Argo, monté par des rameurs (Æ 4½. — R⁶. = 20 fr. Mion. R⁴. = 8 fr.); t. laurée. ℞: Même lég. Ciste mystique entourée d'un serpent (Æ 3½ — R³. = 6 fr.); *autre:* ΕΠ·ΓΡ·CΤΡΑΤΟΝΕΙΙΚΟΥ (sic) ΔΗ ... ΜΑΓΝΗΤΩΝ·ΝΕΩΚΟΡΩΝ·ΤΗC· ΑΡΤΕΜΙΔΟC. Artémis Leukophryne deb. d. un temple tétrastyle (Æ 10½. — R⁶. = 70 fr. Mion. R⁴. = 40 fr.); ΕΠΙ·ΓΡ·ΑΥΡ·ΤΥΧΙΚΟΥ·ΜΑΓΝΗΤΩΝ. Zéus assis, ten. une pet. Niké et une haste (Æ 10½. — R⁵. = 60 fr. Mion. R⁴. = 40 fr.); *autre:* m. lég. (sans ΑΥΡ.). Femme à cheval, — dessous, fig. à genoux dev. un autel allumé et un lion courant de g. à dr. (Æ 10½. — R⁶. = 70 fr. Mion. R⁴. = 40 fr.); ΑΥΤ·ΑΛΕΞΑΝΔΡΟC. Sa t. laurée, à g. ℞: Bœuf deb. à dr. (Æ 7. — R⁶. = 30 fr. Mion. R⁴. = 12 fr.). — Sévère Alexandre et Mamée: Μ·ΑΥΡ·CΕΥΗ·ΑΛΕΞΑΝ- ΔΡΟΣ . . . . Leurs têtes opposées. ℞: ΥΠΙΧ·ΓΡ·ΤΧΔΙΧΧ· ΜΑΓΗ. Tyché (Æ. MM. — Museo Theupoli, n.° 1025). [La préposition ΥΠΙΧ, qui n'est pas usitée dans l'Ionie me semble indiquer un autre pays que celui de Magnésie d'Ionie auquel on a attribuée toujours cette monnaie. Je pencherai pour la Moesie Inférieure. Je ne saurais aussi fixer un prix quelconque à cette mon., car je ne l'ai rencontrée nulle part jusqu'à présent.] — Julie Mamée: ΙΟΥΛΙΑ·ΜΑΜΑΙΑ·CΕΒ. Son buste, à dr. ℞: ΓΡΑ·ΦΩΤΕΙΝΟΥ·ΜΑΓΝΗΤΩΝ. Le dieu Mèn (Lunus), deb. de face, vêtu jusqu'à ses genoux, coiffé du bonnet phrygien, ses épaules surmontées d'un croissant, av. des bottes aux pieds, tient de la m. dr. une torche allumée, entourée d'un serpent et de la m. g. un thyrse orné au milieu de deux feuillages (Æ. 28 mill. R⁵. = 20 fr. Rollin et Feuard. Cat. Gr. n.° 5245. Æ 8. Vend. 6 fr.). — [M. W. Drexler, voy. Zeitschr. f. Num. Bd. XV, p. 76, d. son article sur les fautes commises par feu Sabatier a eu raison de me reprocher d'avoir répété dans mon *Gr. Dictionnaire Numismatique*, tom. 1, n.° 2144, p. 1243, l'absurde interprétation de cette mon. qu'on trouve dans la Revue Belge (An. 1863, IV. Série, T. I, p. 148; Gr. ib. Pl. III, n.° 14) donnée par Sabatier, qui avait pris le dieu Mèn pour une Némésis! Et il y aura encore à l'avenir assez d'erreurs à corriger dans les monographies numismatiques publiées par J. Sabatier qui a été parfois distrait comme un diplomate!]; — *autres variétés* de la même mon. d. Mion. S. VI, p. 248, n⁰⁵ 1086 et 1087. Mod. Æ 5. — R⁴. = 8 fr.; — *autre:* m. t. ℞: ΜΑΓΝΗΤΩΝ·ΝΕΩΚΟΡΩΝ·ΤΗC· ΑΡΤΕΜΙΔΟC. Femme deb., portant de la m. g. un enfant (Æ 6. — R⁵. = 20 fr. Mion. R⁴. = 12 fr.); m. t. ℞: Même lég. Le dieu Mèn deb., un croissant derrière le dos, la m. dr. posée sur une haste autour de laquelle est un serpent, d. le champ, un autre serpent autour d'un thyrse (Æ 9. — R⁶. = 40 fr. Mion. R⁵. = 30 fr.); *autre:* ΕΠΙ·ΓΡ·ΑΝΑΞΑΓΟΡΑ·ΜΑΓΝΗ- ΤΩΝ. Athéné deb., ten. une branche d'olivier et une haste, à ses pieds, un bouclier (Æ 9. — R⁶. = 40 fr. Mion. R⁵. = 30 fr.); *autre:* ℞: Même lég. Femme deb., tourelée, ten. deux pet. figures (Æ 9. — R⁵. = 30 fr.); *autre,*

℞: Ε·ΓΡ·Μ·ΑΥΡ·ΚΑΡΠΟΥ·ΜΑΓΝΗΤΩΝ. Pallas-Athéné, ten. une branche d'olivier et un bouclier (Æ 7. — R⁶. = 20 fr. Mion. R⁴. = 12 fr.); ΜΑΓΝΗΤΩΝ·ΝΕΩΚΟΡΩΝ·ΤΗΣ·ΑΡΤΕΜΙΔΟC. Apollon radié, deb., en habit de femme, ten. le *plectrum* et sa lyre (Æ 8. — R⁶. = 30 fr. Mion. R⁵. = 20 fr.).
— Maximinus: AVT·Κ·Γ·ΙΟΥΛ·ΟΥΗ·ΜΑΖΙΜΕΙΝΟC. Buste lauré et drapé de Maximin, à dr. ℞: ΕΠΙ·ΓΡΑΜΜΑ·Φ(?)ΑΚΤΙΑΚΟΥ. à l'exergue, ΜΑΓΝΗΤΩΝ. Hephaistos vêtu d'un chiton court et coiffé d'un bonnet, assis à dr. sur un cippe, et forgeant, le marteau dans la dr., un casque placé sur une colonne. En face de lui, Pallas deb., à g., la haste et le bouclier dans la m. gauche (Æ. 38 mill. R⁶. = 40 fr. Publ. par M. Imhoof, d. ses: Monn. Gr. p. 292, n° 92, et la descr. qu'il a donné d'une p. de cette mon. de son Cabinet, annihile les fausses leçons de Mion. T. III, p. 154, n° 676 et S. VI, p. 248, n° 1090. — Le même γραμματεὺς Ἀκτιακός paraît sur un bronze de Maxime. Cf. Cat. de Moustier, n° 2769); m. l. et m. t. ℞: ΕΠΙ·ΓΡ·ΒΑCCΟΥ·ΜΑΓΝΗΤΩΝ. Niké marchant, av. une couronne et une palme (Æ 6. — R⁴. = 12 fr.); *autre*: ΕΠΙ·ΓΡ·ΖΩCΙΜΟΥ·ΠΟΛΥ·ΜΑΓΝΗΤΩΝ. Tyché deb. (Æ 7. — R⁴. = 12 fr.); ΕΠΙ·Γ·Λ·ΟΥΛ·ΠΑΥΛΟΥ·ΜΑΓΝΗΤΩΝ. Athéné deb. ten. une branche d'olivier et une haste, à ses pieds, un bouclier (Æ 8. — R⁴. = 12 fr.); ΕΠΙ·ΓΡΑΜΜΑ·ΤΕΙΜΟΘΕΟΥ·ΜΑΓΝΗΤΩΝ. Tyché deb., ten. un gouvernail et une corne d'abond. (Æ 10. — R⁷. = 40 fr. Mion. R⁵. = 30 fr.); *autre*: ℞: ΜΑΓΝΗΤΩΝ. Dionysos deb. av. le *strophium* (espèce de ruban), ten. le *cantharum* de la m. dr. et un thyrse de la g., à terre un tigre ou une panthère (Æ 7. — R⁴. = 12 fr.); m. t. ℞: Même lég. Pan av. des pieds de bouc, portant la m. dr. à sa tête, et ten. le *pedum* de la g. (Æ 4. — R⁴. = 8 fr.); Γ·Α·ΙΟΥΛΙ·Ϙ·ΜΑΖΙΜΕΙΝΟC. S. t. laurée av. le *paludamentum*. ℞: ΜΑΓΝΗΤΩΝ·ΑΡΓΩ. Trirème, av. six rameaux (Æ 7. — R⁶. = 20 fr. Mion. R⁴. = 12 fr.); *autre*: ℞: ΜΑΓΝΗΤΩΝ. Ciste mystique autour de laquelle est un serpent (Æ 5½. — R³. = 9 fr.); *autre*: ℞: Même lég. Tyché deb., tournée à g. (Æ 4. — R³. = 6 fr.); *autre*: ℞: ΕΠ·CΤΡ·Λ·ΟΥΛ·ΠΑΥΛΟΥ·ΜΑΓΝΗΤΩΝ. Tyché deb., le *modius* sur sa tête et avec ses autres attributs (Æ 11. — R⁶. = 120 fr. — Mion. R⁵. = 100 fr.); *autre*: ΕΠΙ·ΓΡ·ΤΥΧΙΚΟΥ·ΜΑΓΝΗΤΩΝ. Le dieu Mên (Lunus) deb., sacrifiant de la m. dr. sur un autel allumé, la haste dans la m. g. (Æ 8. — R⁷. = 60 fr. Mion. R⁵. = 24 fr.); *autre*: ℞: ΜΑΓΝΗΤΩΝ. Artémis-Leukophryne av. ses attributs (Æ 5½. — R². = 6 fr. Mion. R¹. = 3 fr.). — Maxime: Γ·Ι·ΟΥΗ·ΜΑΖΙΜΟC·ΚΑΙCΑΡ. Son buste lauré et drapé, à dr. Devant, une étoile. ℞: ΜΑΓ-ΝΗ-ΤΩΝ. Deux *serpents* dressés, ten. ensemble une couronne; chacun d'eux est replié autour d'un objet de forme conique. (Æ. 23 mill. R⁸. = 50 fr. — Inc. à Mion. — Publ. par M. Imhoof-Blumer, d. ses: *Monn. Gr.* p. 292, n° 93. Cf. aussi du même auteur: *Choix*, pl. IV, n° 123 (Mion. S VI, p. 243, n° 1063, décrit la même mon. sous Macrin) *autre*: (Γ·ΙΟ)ΥΛ·ΟΥΗ. — ΜΑΞΙΜΟC·Κ. Son buste lauré av. le *paludamentum*, à dr. ℞: ΕΠΙ·ΓΑ… ΑΚΤΙ-ΑΚΟΥ·Β·ΜΑΓΝΗ-ΤΩΝ. Apollon deb. à g., ten. d. la m. dr. un rameau et s'appuyant sur un trépied autour duquel s'entortille un serpent. Grenetis perlé (Æ. 29 mill. — R⁸. = 40 fr. — Inc. à Mion. — Publ. par Arthur Löbbecke, d. la Zeitschr. f. Num. Bd. XII, p. 319); *autre*: (Γ·ΙΟΥΛ·ΟΥΗ·)ΜΑΖΙΜΟC·ΚΑΙCΑΡ. Même t. à dr. ℞: ΜΑΓΝΗΤΩΝ. Artémis Chasseresse deb. à dr., devant elle, un chien (Æ. 22

mill. R⁸. = 25 fr. Inc. à Mion. — Publ. par Arthur Löbbecke, ibid. p. 319, n.º 3); *autre:* m. t. laurée. ℞: ΕΠΙ·ΙΟΥΛ·ΠΑΥΛΟΥ·ΜΑΓΝΗΤΩΝ. Athéné deb., à sa gauche, une femme marchant, ten. de la m. dr. une couronne (Æ 9. — R⁶. = 40 fr. Mion. R⁵. = 30 fr. — *Mus. Theup.* p. 1038 et 1039); m. l. et m. t. ℞: ΕΠΙ·ΓΡ·ΑΥΡ·ΤΕΙΜΟΘΕΟΥ·Γ·ΜΑΓΝΗΤΩΝ. Tyché deb., vêtue de la *stola*, le *modius* sur la tête, ten. un gouvernail et corne d'abond., — étoile (Æ 8½. — R⁶. = 40 fr. Mion. R⁵. = 30 fr.); *autre:* ΜΑΓΝΗΤΩΝ·ΝΕΩΚΟΡΩΝ·ΑΡΤΕΜΙΔΟC. Type d'Artémis Leukophryne (Æ 7. — R⁵. = 20 fr. Mion. R³. = 9 fr. — Dans Erizzo, Hardouin et Occo, on lit: ΤΗC·ΑΡΤΕΜΙΔΟC.); *autre:* ΕΠ·ΓΡ·ΑΥΡ·ΤΥΧΙΚΟΥ·ΜΑΓΝΗΤΩΝ. Artémis Chasseresse sur un cheval courant, au bas, un chien et un vase (Æ 9. — R⁷. = 50 fr. Mion. R⁵. = 30 fr.); *autre,* av.: ΜΑΓΝΗΤΩΝ·ΚΟΛ·Π... Trois Nymphes nues, couchées à terre, et une autre deb., deux sont appuyées chacune sur une urne renversée, de laquelle s'échappent des eaux (Æ 10. — R⁸. = 400 fr. un bel ex. — Mion. R⁷. = 200 fr. — Autrefois, au *Mus. Theup.*); t. laurée. ℞: ΜΑΓΝΗΤΩΝ. Artémis Leukophryne, av. deux Niké volant de chaque côté, au bas, deux colombes (Æ 7. — R⁴. = 15 fr. Mion. R². = 6 fr.); Γ·ΙΟΥΗ·ΜΑΖΙΜΟC·Κ. Même t. ℞: ΜΑΓΝΗΤΩΝ. Tyché deb. (Æ 5. — R². = 4 fr.); m. l. et m. t. Dessus, PB. en contre-marque. ℞: Même lég. et m. type (Æ 5. — R². = 4 fr.); *autre:* ℞: m. lég. Aigle éployé, sur un cippe (Æ 4. — R². = 4 fr.); Γ·ΙΟΥ·ΟΥΗ·ΜΑΖΙΜΟC·ΚΑΙCΑΡ. Même t. av. le *paludamentum*. ℞: ΜΑΓΝΗΤΩΝ. Aigle éployé, de face, sur une base ornée d'une guirlande, ten. une couronne dans son bec, tourné de côté (Æ 5½. — R⁴. = 20 fr. Mion. R². = 6 fr.); *autre:* ℞: ΕΠΙ·ΓΡ·ΤΕΙΜΟΘΕΟΥC·ΜΑΓΝΗΤΩΝ. Héphaistos assis, ten. un marteau et un casque posé sur une enclume (Æ 8½. — R⁷. = 80 fr. Mion. R⁵. = 48 fr.); ΕΠΙ·ΓΡ·ΑΥΡ·ΤΥΧΙΚΟΥ·ΜΑΓΝΗΤΩΝ. Maxime à cheval, à dr., lançant un javelot de la m. dr., dessous, vase, chien et fleuve sortant à mi-corps de terre (Æ 11. — R⁷. = 300 fr. Mion. R⁷. = 200 fr.); *autre,* m. l. et t. laurée. ℞: Même lég. Niké allant de gauche à dr. ten. une couronne de laurier et une palme (Æ 8. — R⁶. = 40 fr. Mion. R⁵. = 30 fr.); ΜΑΖΙΜΟC·Κ. Même t. ℞: ΜΑΓΝΗΤΩΝ. Fleuve couché, à g., ten. un roseau d. la m. dr., le coude g. appuyé sur une urne renversée (Æ 3. — R⁶. = 10 fr. Mion. R⁸. = 6 fr.); m. l. et t. ℞: Même lég. Deux aigles éployés, au-dessus, astre dans un croissant (Æ 5. — R⁴. = 8 fr. Mion. R³. = 6 fr.); m. t. ℞: Même lég. Isis deb. ten. d'une main le sistre et de l'autre un sceau (Æ 7. — R⁵. = 24 fr.). — Gordien le Pieux: ΑΥΤ·Κ·Μ·ΑΝΤ·ΓΟΡΔΙΑΝΟC. Son buste lauré, à dr., av. le *paludamentum*. ℞: ΕΠΙ·Γ·ΠΑΜΜΕΝΟΥC·ΜΑΓΝΗΤΩΝ. Apollon Iatros deb., à g. ten. d. la m. dr. une branche et dans la g. un arc. Grenetis perlé (Æ 30 mill. R⁸. = 40 fr. — Inc. à Mion. — Publ. par M. Arthur Löbbecke, d. la Zeitschr. f. Num. Bd. XII, p. 319, n.º 4). [Le surnom d'Apollon ΑΠΟΛΛΩΝ ΙΑΤΡΟ(Σ). dit M. Löbbecke ib. p. 319, se retrouve, comme il lui semble, sur un bronze de l'Asie-mineure de sa collection, qui représente une divinité tenant une branche et un arc. Ce bronze a été décrit par Grotefend, de la collection duquel il passa dans la sienne, dans le *Numism. Anzeiger* de Hannovre. Année 1870, p. 19, 2, et d. Sallet, Zeitschrift f. Numism. Bd. V, p. 108.] — *Autres:* ΕΠ·ΓΡ·ΠΑΜΜΕΝΟΥ·ΜΑΓΝΗΤΩΝ. Femme debout, tenant de la m. dr. une pomme qu'elle paraît présenter à un lion, — à g., une pet. fig. de femme tenant une couronne (Æ 8. — R⁵. = 25 fr. Mion. R³. = 18 fr.); ℞: Même lég. Apollon radié deb. en habit de femme, tenant le *plectrum* d. la m. dr. et dans la g. sa lyre (Æ 8. — R⁴. = 15 fr. Mion. R³. = 9 fr.); *autre*: ΑΥΤ·Κ·Μ·ΑΝΤΩ·ΓΟΡΔΙΑΝΟC. Sa t. laurée, av. le *paludamentum*. ℞: ΕΠΙ·ΓΡ· (en monogramme) ΠΡΑΚΤΙ—ΚΟ—ΥΜΑΓΝΗΤΩΝ. Niké marchant à dr., ten. une couronne de la m. dr. et une palme de la g. (Æ 8. — R⁸. = 100 fr. — **Inédite** et incon. à Mion. — Cf. Cat. de la coll. de M. Phil. Margaritis, Paris 1874, p. 22, lot n° 97. Gr. *ibid*. Pl. II, n° 97); *autre*, av.: ΕΠ·ΓΡ·ΑΘΗΝΟΔΩΡΥ·ΜΑΓΝΗΤΩΝ. Athéné deb. av. la haste et le bouclier (Æ 8½. — R⁴. = 20 fr. Mion. R². = 12 fr.); *autre*, av.: ΕΠΙ·ΓΡ·ΑΜΑΡΑΝΤΟΥ·ΜΟCΧΙΩΝΟC·ΜΑΓΝΗΤΩΝ. Artémis Leukophryne et Tyché deb. av. leurs attributs (Æ 11. — R⁶. = 100 fr. Mion. R⁵. = 72 fr.); m. l. et m. t. ℞: ΕΠ·ΓΡ·ΑΝΤΙΟΧΟΥ·ΜΑΓΝΗΤΩΝ. Héphaistos assis sur une chaise élevée sur une estrade et soutenue par quatre hommes (Æ 8½. — R⁵. = 30 fr. Mion. R³. = 18 fr.); ΕΠ·ΓΡ·ΔΗΜΟΝΕΙΚΟΥ·ΜΑΓΝΗΤΩΝ. Fig. virile marchant à dr. et portant un arbre sur l'épaule g. (Æ 8½. — R³. = 18 fr.); ΕΠ·Γ·ΑΙΛ·ΔΗΜΟΝΕΙΚΟΥ·ΠΡΟΘΟΟC·ΜΑΓΝΗΤΩΝ. Artémis Leukophryne deb. sur une base, devant elle Gordien deb. ten. une patère et une haste (Æ 12. — R⁷. = 120 fr. Mion. R⁵. = 72 fr.); *autre*: ΕΠ·ΓΡ·ΔΗΜΕΟΥ·ΜΑΓΝΗΤΩΝ. Hélios dans un quadrige allant à g. (Æ 8½. — R¹. = 20 fr. Mion. R². = 8 fr.); *autre*, av.: ΕΠΙ·ΓΡ·ΕΡΜΕΡΩΤΟC·ΜΑΓΝΗΤΩΝ. Tyché deb. (Æ 8½. — R². = 12 fr.); *autre*, av.: ΓΡΑΜΑΡΑΥΤΟΥ (lég. qui demande une rectification!). Même type (Æ 8½. — R⁴. = 20 fr. Mion. R². = 12 fr. — Auj. Cab. de Munich); *autre*: ΜΑΓΝΗΤΩΝ·ΕΒΔΟΜΗ·ΤΗC·ΑCΙΑC. Dionysos assis sur la ciste autour de laquelle est un serpent, — le tout d. une couronne (Æ 8. — R¹. = 18 fr.); ℞: même lég. Aigle éployé d. une couronne (Æ 8. — R³. = 9 fr.); *autre*: ΜΑΓΝΗΤΩΝ. Dionysos deb., ten. le *cantharum* et le thyrse (Æ 5. — R¹. = 2 fr.); ΕΠΙ·ΓΡ·ΑΘΗΝΟΔΩΡΟΥ·ΜΑΓΝΗΤΩΝ. Femme deb. tenant une pomme et portant un enfant sur son bras g. (Æ 8. — R². = 12 fr.); *autre*: ΕΠΙ·ΓΡ·ΚΛ·ΑΘΗΝΟΔΩΡΥ. Artémis d. un char traîné par deux cerfs, tourné vers la droite (Æ 8. — R². = 12 fr.); ΕΠ·ΓΡ·ΑΜΑΡΑΥΤΟΥ (sic) ΜΑΓΝΗΤΩΝ. Tyché deb., ten. un gouvernail et une corne d'abond. (Æ 8. — R³. = 18 fr.); ΕΠ·ΓΡ·ΑΥΡ·ΔΗΝΟΚΡΑΤΟΥ·ΜΑΓΝΗΤΩΝ. Pyramide de laquelle sort un arbre, — en face, un bélier (Æ 9. — R⁷. = 40 fr. Mion. R³. = 18 fr. d'après Vaillant); *autre*: ΕΠ·ΓΡ·ΔΑΜΕΟΥ· (pro ΔΗΜΕΟΥ., ut videtur infrâ).ΜΑΓΝΗΤΩΝ. Hélios radié, nu, d. un quadrige, ten. les rênes des chevaux de la m. dr. (Æ 9. — R³. = 18 fr.); *autre*: ΕΠ·ΓΡ·ΔΗΜΕΟΥ·ΜΑΓΝΗΤΩΝ. Niké marchant, ten. une couronne et une palme (Æ 9. — R³. = 18 fr.); m. lég. Tyché deb. (Æ 8. — R³. = 18 fr.); *autre*: ΕΠ·ΓΡ·ΔΗΜΟΝΕΙΚΟΥ·ΜΑΓΝΗΤΩΝ. Figure, les épaules découvertes et succinte, marchant, ten. une palme sur l'épaule g. (Æ 9. — R⁵. = 30 fr.); ΕΠΙ·ΓΡ·ΦΙΛΟΥΜΕΝΟΥ·ΜΑΓΝΗΤΩΝ. Perséphoné ten. d. chaque m. un flambeau, traînée d. un char par deux serpents (Æ 9. — R⁵. = 30 fr.); *autre*: ΕΠ·ΓΡ·ΦΩΤΕΙΝΟΥ·ΜΑΓΝΗΤΩΝ. Niké marchant à g., ten. une couronne et une palme (Æ 8. — R⁵. = 30 fr. Mion. R³. = 18 fr.); ΜΑΓΝΗΤΩΝ·ΝΕΩΚΟΡΩΝ·ΤΗC·ΑΡΤΕΜΙΔΟC. Artémis Leukophryné, entre deux Niké volant, à ses pieds, de chaque côté, deux aigles (Æ 7. — R^4. = 12 fr.); m. t. laurée. ℞: ΜΑΓΝΗΤΩΝ. Type de la Tyché (Æ 5. — R^1. = 2 fr.); *autre*, av.: ΑΡΓΩ·ΜΑΓΝΗΤΩΝ. (rétrogr.) Navire Argo av. rameurs, — d. le champ, B. (Æ 6. — R^4. = 12 fr., attribuée *autrefois* à la Magnésie de Thessalie, mais auj. rapportée ici); ℞: m. lég. Ciste mystique entr'ouverte, à dr., serpent qui paraît vouloir y entrer (Æ 5½. — R^1. = 2 fr.); *autre variété:* Même lég. Ciste entr'ouverte, à dr., de laquelle s'élance un serpent (Æ 5. — R^1. = 2 fr.); *autre:* m. lég. Dionysos deb., ten. un vase et une haste (Æ 5. — R^1. = 2 fr.); m. lég. Aigle sur une base (Æ 7. — R^1. = 3 fr.); ΜΑΓΝΗΤΩΝ., écrit avec sept astres, dont chacun se trouve placé entre les lettres, au milieu, un astre dans un croissant (Æ 7. — R^3. = 9 fr.); ..... ΓΟΡΔΙΑΝΟC. Même t. laurée, à dr. ℞: ΜΑΓΝΗΤΩΝ. Aigle se regardant à dr., et ten. une branche dans son bec. Grenetis de perles (Æ. 21 mill. — R^8. = 20 fr. Cf. ARTHUR LÖBBECKE d. la Zeitschrift f. Num. Bd. XII, p. 319, n° 5). — PHILIPPE PÈRE: ΑΥΤ·Κ·Μ·ΙΟΥ·ΦΙΛΙΠΠΟC. Sa t. laurée, à dr. av. le *paludamentum*. ℞: ΕΠ·ΓΡ·ΔΗΜΟCΤΡΑΤΥ·ΕΥΤΥΧ·ΜΑΓΝΗΤΩΝ. Héraklès deb. près de l'antre de Kakos, traînant un bœuf par la queue (Æ 8½. — R^7. = 50 fr. MION. R^5. = 24 fr.); *autre:* ΤΥΧΗ·ΜΑΓΝΗΤΩΝ. Type de la Tyché (Æ 7. — R^4. = 12 fr.); ℞: ΜΑΓΝΗΤΩΝ. Dionysos nu, assis sur la ciste mystique, les mains levées (Æ 5. — R^4. = 8 fr.); *autre:* Même lég. Aigle, les ailes éployées sur un cippe (Æ 5. — R^3. = 6 fr.); m. t. ℞: ΤΥΧΗ·ΜΑΓΝΗΤΩΝ. Tyché deb., ten. un gouvernail de la m. dr. et une corne d'abond. de la gauche (Æ 5. — R^3. = 6 fr.). — OTACILIA: ΜΑΡ·ΟΤΑ (sic) CΕΥΗΡ·ΑΥ. Sa t. à dr. ℞: ΕΠ·ΓΡ·ΜΑΡ·ΕΥΤΥΧΟΥC·ΤΥΧΙΚΟΥ·ΜΑΓΝΗΤΩΝ. Latone marchant portant deux enfants sur ses bras (Æ 9. — R^5. = 30 fr. MION. R^3. = 18 fr.); *autre:* ℞: Même lég. Les trois Grâces debout (Æ 8. — R^6. = 40 fr. MION. R^4. = 12 fr.); m. l. et m. t. ℞: ΕΠΙ·ΓΡ·ΠΕΡΙΓΕΝΟΥC·ΜΑΓΝΗΤΩΝ. Homme marchant de droite à g., portant un arbre sur ses épaules (Æ 8. — R^6. = 25 fr. MION. R^4. = 12 fr.); *autre:* ΕΠΙ·ΓΡ·ΤΥΧΙΚΟΥ·Β·ΝΕ·ΜΑΓΝΗΤΩΝ. Athéné deb. (Æ 9. — R^3. = 18 fr.). — PHILIPPE JEUNE: ΑΥΤ·Κ·Μ·ΙΟΥ·ΦΙΛΙΠΠΟC. Sa t. laurée, à dr., *paludamentum*. ℞: ΜΑΓΝΗΤΩΝ. Deux aigles éployés, — au-dessus, astre dans un croissant (Æ 5½. — R^1. = 3 fr.); m. l. Tyché deb. (Æ 5. — R^1. = 2 fr.); *autre*, av.: ΤΥΧΗ·ΜΑΓΝΗΤΩΝ. Même type (Æ 5. — R^1. = 4 fr.); *autre:* ΜΑΓΝΗΤΩΝ. Aigle éployé, de face, ten. d. son bec une couronne (Æ 5. — R^1. = 2 fr.); m. lég. Astre dans un croissant de la Lune (Æ 5. — R^1. = 2 fr.). — TRÉBONIEN-GALLE: Α·ΤΡΕΒ·ΓΑΛΛΟC·C. Tête laurée de Trébonien Galle. ℞: ΑΡΓΩ·ΜΑΓΝΗΤΩΝ. (rétrograde). Le navire Argo, monté de six argonautes (Æ 4. — R^8. = 80 fr. MION. R^8. = 50 fr.). — GALLIEN: ...... Sa tête. ℞: ΕΠΙ·ΓΡ·ΑΡΙCΤΕΟΥ·ΜΑΓΝΗΤΩΝ. Femme tourelée (Tyché) deb., ten. une patère de la m. dr. et une haste transversale de la g. (Æ 9. — R^6. = 40 fr. MION. R^4. = 24 fr.); *autre:* ΕΠ·ΓΡ·ΑΥΡ·ΕΡΜΟΓΕΝΟΥC·ΜΑΓΝΗΤΩΝ. Type de la Tyché (Æ 7. — R^4. = 12 fr.); *autre,* sans le prénom ΑΥΡ. Même type (Æ 7. — R^4. = 12 fr.); *autre:* ΑΡΓΩ·ΜΑΓΝΗΤΩΝ. Le navire Argo, avec ses rameurs (Æ 5. — R^4. = 8 fr.). — Sur les mon. de **Magnésie en l'Ionie**, voy. encore: *Num. Chron.* VII, 67; — BULLETINO NAPOLETANO, IV, 41; KÖHNE, Zeitschr. f. Münzk. Berlin 1843,

p. 42; — Minervino (Ciro Saverio), Origine e corso del fiume Meandro, in occasione di un luogo di Plinio. Napoli 1768. in-8°.; — Feu Rayet, B. et A. Thomas, Milet et le Golfe Latmique: Tralles, Magnésie du Méandre etc. 2 vols. in-4°. de texte et un Atlas in F°. Prix: 250 fr. Rec. „Academy", n°. 422, p. 425—426 de A. S. Murray; — Bulletino dell' Istituto e Corr. arch. di Roma. An. 1837, p. 37; — Sestini (Mus. Chaudoir, 93); — Fox, Engravings, II, 78 (Æ. Cerf), 79 (Æ. Artémis Ephesia); — Rev. Num. Fr. An. 1856, p. 47; — Sestini, Lett. di Continuaz. V, 39; — Welzl de Wellenheim Cat. n.ºs 5520, 5521, 5522, 5525, 5526; — Barclay v. Head, Historia Nummorum. Oxford 1887, p. 501, 502. —

131. ΦΩΚΕΑ ou ΦΩΚΑΙΑ.

Lég. sur les mon. de **Phokaia** en Ionie, qui sont: *Autonomes:* Or et Electr. — Statères attribués à Phokaia par Sestini et décr. par Mion. S. VI, p. 283—285, n.ºs 1293 à 1303. Ils sont du Mod. 1, taxés à 40, 70 et 80 fr. pièce. Rollin et Feuardent, Cat. d. mon. Grecques. Paris 1862. Voy. les pct. mon. en *Electrum.* Mod. 1, n.ºs 5271 à 5281. Vend. 8, 25, 30 et 40 fr. — La mon. en or (Mion. T. III, p. 176, n.º 815. Mod. $4^{1}/_{2}$): *Type:* Griffon tourné à dr. ℞: Aire en creux, divisée en quatre parties profondes [auj. au *Cab. de Münich?*], n'est estimée par lui que 400 fr.; elle vaut le double prix auj. — Mion. ib. au n.º 816, décrit une autre mon. en *electrum* du Mod. $4^{1}/_{2}$, qu'il estime 300 fr. Elle a pour *type:* Chien à g. sur un poisson. ℞: Aire en creux divisée en quatre parties très-profondes et inégales. — Ces deux dernières mon. sont excessivement rares et ne se trouvent pas souvent en commerce. — De nos temps la meilleure description de ces pièces a été faite par M. Barclay v. Head dans son livre: „*Historia Nummorum.*" Oxford 1887. in-8°. voy. p. 506 et 507. — *Autonomes.* Æ. *Types:* Phoque à dr. ℞: Carré creux divisé en 4 compartiments (Æ. 13 mill. Gr. 3,86. — Imhoof, Monn. Gr. p. 294, n.º 113. — Brandis, p. 397. — **Inc.** à Mion. R^s. = 80 fr.); *autre:* Æ. 10 mill. Gr. 1,01. — Imhoof, ib. n.º 114, p. 295. — *Mus. de Modène.* — Incon. à Mion. — R^s. = 50 fr.); *autre:* av. six globules autour du phoque (Æ. 7 mill. Gr. 0,55. — Imhoof, ib. n.º 115. — Incon. à Mion. R^s. = 60 fr.); Protome de *phoque* à dr. ℞: Carré creux. (Æ. 6 mill. Gr. 0,26. — Imhoof, ib. n.º 116. — *Mus. de Berlin.* — Inc. à Mion. R^s. = 40 fr. — Le caractère, sous le phoque du statère en électrum, du Cab. de Münich (v. *Num. Chron.* 1875, pl. X, 6 et *Brandis*, p. 396) n'est pas un ☉, mais un Phi couché archaïque, Θ); *autre:* t. de griffon à g., derrière, un pet. phoque. ℞: Carré creux, divisé en 4 parties carrées, dont deux plus profondes que les autres (Æ. 10 mill. Gr. 1,37. — Imhoof, ib. n.º 117. — R^s. = 100 fr. Cf. Mion. III, 257, 1453, Téos, qui a pris le phoque pour un lézard, — et *Suppl.* VI, 285, 1304, et la mon. semblable en El. Recueil des Pl. XLIII, 5); t. de Pallas à g., couverte d'un casque lauré à aigrette et stéphané, — dessous le *phoque*, à g. ℞: Buste de griffon à g., devant ℞. (Æ. 13 mill. Gr. 1,90. — Imhoof: Monn. Gr. ib. n.º 118. — *Mus. d'Athènes*, n.º 5348. Cf. Mion. Suppl. VI, p. 285, n.º 1307. Æ. — R^s. = 50 fr. mais auj. 120 fr. — Voy. aussi: Cat. Allier, pl. XV, fig. 12. — **Cistophore:** Droit: Type usuel. ℞: ΦΩ·M·LEPIDVS· PRO·PR·ΛΕΥΜΕΝΙΔΑΣ·ΙΧΙΟΣ (Æ 6. — R*. de 600 à 800 fr. — **Unique** ex. de la coll. J. Whittal de Smyrne. Vend. à Londr. en 1884, n.º du lot 991). — **Autres autonomes en** AR: Tête de griffon, tournée à g. ℞: Carré creux, divisé en quatre parties profondes, presque combées (AR 1. — R⁶. = 50 fr. Mion. R⁴. = 40 fr.); t. de Pallas-Athéné, à g. av. un casque simple et un pendant d'oreille rond. ℞: Carré creux, divisé en quatre parties concaves et une plate (AR 2½. — R⁶. = 50 fr. Mion. R⁴. = 40 fr.); *autre*: t. casquée d'Athéné, à g. ℞: φ. T. de griffon, à g. (AR 2. — R⁸. = 40 fr. Mion. R⁸. = 50 fr.); t. casquée imberbe à g. ℞: φΩ. T. de griffon, tournée à g., dessous, A. (AR 2. — R⁸. = 50 fr.). — **Autonomes en bronze:** *Types*: t. de Pallas à g., couverte d'un casque lauré à aigrette et stéphané, — dessous, un phoque à g. ℞: Griffon à g. entre MI—Λ. (Æ 16 mill. Gr. 5,50. Imhoof, Monn. Gr., p. 295, n.º 119. — R⁸. = 10 fr.); *autre*: T. de Hermès, couverte du pétase, à g. ℞: 𐅵 entre A—P. Imhoof, ib. n.º 120 (Æ. 11 mill. Gr. 1,50. — R⁸. = 12 fr.); *autre*, av. E—P. (Æ. 11 mill. — Imhoof, ib. n.º 121. — R⁸. = 20 fr. — Cf. Fox, Engravings, II, pl. III, n.º 59, l'attribue à Eresos); *autre*: avec E—Y. (Æ. 11 mill. — R⁸. = 30 fr. — Imhoof, ib. n.º 122. — Mion. S. VI, 491, 269 l'attribue à Euromus); autre, av. H—P. (Æ. 11 mill. R⁸. = 20 fr. Imhoof, ib. n.º 123. — Schottenstift à Vienne); autre, av. Γ—A. (Æ. 11 mill. Gr. 2. — R⁸. = 20 fr. — Imhoof, ib. n.º 124. — Le type du revers de ces pet. mon. est un *caducée* formé par les deux lettres φΩ.). — **Autres autonomes** citées par Mionnet: t. de femme, à g. ℞: φ. t. de griffon, av. le col (Æ 3. — R³. = 6 fr.); t. diad. de Zéus. ℞: ΦΩΚΑΙΩΝ. Griffon deb. à g. (Æ 4. — R⁴. = 8 fr.); t. de Hermès, coiffée du pétase, à g. ℞: ΑΘΗΝΑΔΗΣ. Partie antér. de griffon courant à g., entre les bonnets des Dioscures, au-dessus, monogramme (Æ 4½. — R⁵. = 15 fr. Mion. R². = 4 fr.); m. t. ℞: φΩ. Partie antérieure de griffon courant, — au-dessous, ΑΡΙΣΤΩ-ΝΟΣ. (Æ 4. — R³. = 6 fr.); ΦΩΚΑΙ·ΕΡΜΙΑΣ. Même type, les bonnets des Dioscures surmontés chacun d'un astre (Æ 5. — R². = 4 fr.); av. ΜΙΡΑ-ΓΕΝΗΣ. Même type (Æ 4. — R⁴. = 6 fr.); *autre*, av. ΦΙΛΙΠΠΟΣ. Même type (Æ 5. — R³. = 6 fr.); t. de Hermès, à dr. coiffée du *pétase*, et les épaules couvertes de la *penula*. ℞: ΦΩ·ΙΣΙΔΩΡΟΣ. Partie antér. de griffon, à dr. (Æ 3. — R⁴. = 9 fr.); *autre*: av. ΦΩ·ΠΥΘΙΣ. Même type (Æ 2. — R². = 3 fr.); m. tête, à g. ℞: ΩΤΙΟΣ. Partie antér. de griffon, tourné vers la g. (Æ 4. — R². = 3 fr.); t. d'Athéné, de face, av. trois aigrettes à son casque. ℞: φΩ. au milieu d'une couronne de laurier (Æ 2½. — R³. = 6 fr.); m. t. à dr. ℞: ΦΩΚΑΙΕΩΝ. Griffon march. à dr., au-dessus, les bonnets des Dioscures (Æ 4½. — R⁵. = 12 fr. Mion. R². = 3 fr.); m. t. ℞: φΩ. Griffon deb., dessous: ΗΡΑΚΛ·ΑΣΚΛΗΠΙ. (Æ 4. — R⁵. = 10 fr. Mion. R³. = 4 fr.); m. t. à g. ℞: Anépigraphe. Griffon, au bas: ΑΝΘΗ. (Æ 4. — R². = 3 fr.); t. de Pallas, à dr. ℞: ΠΥΘΙΣ. T. de griffon, à dr. entre les bonnets des Dioscures (Æ 2. — R⁵. = 10 fr. Mion. R². = 6 fr. Attribuée jadis par Pellerin à **Pythion** de Thessalie); Même t. ℞: φΩ. Griffon marchant. Au-dessous: ΚΡΟΝΑΞ·ΚΑΡΝΕΙΔΗΣ. (Æ 4. — R⁴. = 8 fr.); ΦΩΚΕΑ. T. tourelée de femme. ℞: ΦΩΚΑΙΟΝ. (sic). Athéné deb. tenant une patère et un bouclier (Æ 4. — R³. = 6 fr.); m. lég. et m. t. ℞: ΦΩΚ..ΑΤ. Griffon tourné à g. le pied dr. de devant élevé (Æ 3½. — R³. = 6 fr.); m. l. et m. t. ℞: ΦΩΚΑΙΕΩΝ. Galère. Au-dessus les bonnets des Dioscures (Æ 4½. — R¹. = 1 fr.); ΦΩΚΕΑ. T. tourelée de femme, à dr. ℞: ΦΩΚΑΙΕΩΝ. Chien tourné à dr. et dévorant un dauphin ($Æ\ 4^{1}/_{2}$. — R^{4}. = 2 fr.); Sans lég. Même t. ℞: ΦΩΚΑΕΩΝ. (Sic). Même type ($Æ\ 4^{1}/_{2}$. — R^{2}. = 3 fr.); m. t. ℞: ΦΩΚΑΙΕΩΝ. Héraklès nu, deb. la m. dr. posée sur sa massue et ten. un arc et la dépouille du lion ($Æ\ 4^{1}/_{2}$. — R^{4}. = 8 fr.); Buste d'Athéné av. l'aegide, à dr. ℞: ΦΩΚΑΕΩΝ. (Sic). Fleuve couché, le coude g. appuyé sur une urne renversée ($Æ\ 3$. — R^{4}. — F. o. = 8 fr.); t. de femme à dr., dev. branche de laurier. ℞: ΦΩΚΑΙΕΩΝ. Femme tourelée deb. ten. d. la m. dr. une patère et d. la g. un disque ($Æ\ 3$. — R^{4}. = 8 fr.); t. casquée imberbe d'Athéné à g., derrière, une lance. ℞: Lég. eff. T. de griffon, tournée à g. ($Æ\ 2^{1}/_{2}$. — R^{3}. = 6 fr.); t. casquée d'Athéné. ℞: ΑΡΙΣ—ΤΑΡΧΟΣ (en 2 lignes). T. de griffon entre les bonnets des Dioscures ($Æ\ 3$. — R^{4}. = 8 fr.); autre: m. t. dessus, une proue en contre-marque. ℞: ΦΩ.... ΩΝ·ΑΝΤΙΟ-ΧΟC. Griffon, courant à dr. ($Æ\ 3$. — R^{4}. = 8 fr.); m. t. ℞: ΦΩ·ΜΕΝΙΠ-ΠΟΣ. Griffon, courant, à droite ($Æ\ 3$. — R^{4}. = 8 fr.); t. de Hermès, couverte du *pileus*, à g. ℞: ΦΩ. Moitié de griffon, tournée à g., dessous, le phoque ($Æ\ 5$. — R^{3}. = 6 fr.); m. t. av. le pétase, à g. ℞: Partie antér. du griffon, à g., dessous, ΠΟΛΥ. ($Æ\ 5$. — R^{2}. = 4 fr.); autre: av. ΑΡΙΣΤΟΔΗΜΟΣ. ($Æ\ 3$. — R^{2}. = 4 fr.); av. ΚΑ·ΒΩΙΟΤ .... ($Æ\ 3$. — R^{2}. = 4 fr. Pembroke a donné mal à propos cette mon. aux Boeotiens; autre, av.: ΚΑΓΕΝΗΣ ($Æ\ 3$. — R^{2}, = 4 fr); même t. de Hermès. ℞: ΦΩ·ΤΙΜΟΘΕΟΣ. Partie antérieure d'un griffon, à dr. ($Æ\ 3^{1}/_{2}$. — R^{3}. = 6 fr.); m. t. à g. ℞: ΦΩ. Même type à g., dessous, un poisson ou une massue ($Æ\ 4$. — R^{3}. = 6 fr.); t. barb. et diad. de Zéus. ℞: ΦΩΚΑΙΩΝ. Griffon deb. à g. ($Æ\ 3$. — R^{4}. = 8 fr.); t. tourelée de femme, à dr. ℞: ΦΩ. Les bonnets des Dioscures, surmontés chacun d'une étoile ($Æ\ 3$. — R^{2}. = 4 fr.); ΙΕΡΑ·CΥΝΚΛΗΤΟC. T. laur. du Sénat. ℞: ΦΩΚΑΙΕΩΝ. Kybèle tourelée, deb. entre deux lions, ten. une patère et le *crotalum* ($Æ\ 4$. — R^{4}. = 8 fr.); même lég. T. nue du Sénat, à dr., le *pallium* sur les épaules. ℞: ΕΠΙ·C·ΑΦΦΙΑΝΟΥ·ΦΩΚΑΙ. Femme tourelée deb. ten. une patère et le *tympanum*, devant elle, Kybèle également deb., deux lions à ses pieds ($Æ\ 7$. — R^{5}. = 30 fr. Mion. R^{3}. = 9 fr.); m. lég. et m. t. ℞: ΕΠΙ·C·ΑΥ·ΑΦΦΙΑΝΟΥ·ΦΩΚΑΙΕΩΝ. Zéus Philios assis à g. ten. une patère, la m. g. sur la haste pure ($Æ\ 6$. — R^{5}. = 20 fr. Mion. R^{3}. = 9 fr.); même lég. et m. t. ℞: ΕΠΙ·CΤΡΑ·ΜΟCΧΑ·ΦΩΚΑΙΕΩΝ. Femme tutulée deb. ten. une patère et une corne d'abond. ($Æ\ 7$. — R^{5}. = 12 fr.); m. l. et m. t. ℞: ΕΠΙ·C·ΑΥΡ·ΕΥΤΥΧΟΥ·Τ·Β·ΦΩΚΑΙΕ. Proue de vaisseau, — au-dessus, bonnets des Dioscures surmontés chacun d'une étoile ($Æ\ 6^{1}/_{2}$. — R^{3}. = 9 fr.); ΙΕΡΑ·CΥΝΚΛΗΤΟC. Même tête. ℞: CΤΡΑ·ΗΡΑ-ΚΛΕΙΔΟΥ·ΑCΚΛ·Τ·Β·ΦΩ. Dioscures nus et deb. armés d'une lance et d'un bouclier ($Æ\ 8$. — R^{6}. = 40 fr. Mion. R^{4}. = 15 fr.); Même lég. et m. t. ℞: ΕΠ·C·Μ·ΑΥΡ·ΘΕΟΔΟCΙΑΝΟΥ·ΦΩΚΑΙ. Athéné deb. regardant à g., ten. une patère, une lance et un bouclier ($Æ\ 7$. — R^{6}. = 30 fr. Mion. R^{4}. = 12 fr.); Même lég. T. nue du Sénat, à dr., le *pallium* sur les épaules. ℞: ΕΠΙ·C·ΚΛ·CΚΡΕΙΒΩΝΙΑΝΟΥ·ΦΩΚΑΙ. Dioscures nus et deb. ten. une haste et un bouclier ($Æ\ 7$. — R^{6}. = 20 fr. Mion. R^{4}. = 12 fr.); m. l. et m. t. du Sénat. ℞: Ε·ΚΛ·CΚΡΕΙΒΩΝΙΑΝΟΥ·ΦΩΚΑΙ ... Proue de vaisseau, — au-dessus, les bonnets des Dioscures, surmontés chacun d'une étoile ($Æ\ 6$. — R^{4}. = 12 fr.); m. lég. T. nue imberbe, à dr. av. le *paludamentum*. ℞: ΕΠΙ·CΤΡ·ΑΥΡ·ΕΥΤΥΧΟΥ·ΥΡΚ., melius: ΦΩΚ. Deux femmes tourelées deb.

ten. chacune une patère de la m. dr. et le *tympanum* de la g. (Æ 7. — R^5. = 20 fr. Mion. R^3. = 9 fr. — [On pensait que cette mon. pouvait appartenir à **Hyrkania** de Lydie, mais comme sa lég. a été retouchée on s'est aperçu qu'il fallait lire au lieu de YPK = ΦΩK., pro ΦΩKAEΩN.] — **Impériales** depuis Claude jusqu'à Philippe le Jeune. [M. Barclay Head (d. son *Manuel*: Historia Nummorum, Oxford 1887, p. 507) dit que la Série des Impér. doit commencer à Auguste, mais comme les mon. de cette Série ne se trouvent qu'au **Mus. Britannique**, je ne puis en donner ici leur description.] — Claude I: ΤΙ·ΚΛΑΥΔΙΟC·ΚΑΙCAP. Sa t. laur. ℞: ΦΩ. Partie antér. de griffon. Dessous, ΚΑΛΛΕ. (Æ 4. — R^6. = 25 fr. Mion. R^5. = 15 fr.) — **Inédite**: Néron. — ΝΕΡΩΝ·ΚΑΙCAP. Sa t. laur. à dr. ℞: ΔΗΜΟCΘΕΝΗC ΠΥΘΟΥ autour d'un *protomé* de griffon à dr. entre Φ — Ω, — dessous, les *bonnets* des Dioscures (Æ. 16 mill. — R*. = 80 fr. — **Incon.** à Mion. — Publ. par M. Imhoof-Blumer, d. ses: Monn. Gr. p. 295, n.° 125). — Vespasien: ...ΟΥΕCΠΑCΙΑΝΟC·ΚΑΙCAP. Sa t. laurée, à dr. ℞: ΦΩ. Neptune deb., d. le champ, dauphin, — au-dessus, t. de bouc ? (Æ 5. — R^6. = 30 fr. Mion. R^5. = 15 fr.); *autre:* m. t. ℞: ΦΩΚΑΕΩΝ. Proue de vaisseau, av. les bonnets des Dioscures (Æ 4. — R^5. = 15 fr.). — Hadrien: ΑΥ ΚΑΙ·ΤΡΑ·ΑΔΡΙΑ-ΝΟC·CE. Sa t. laurée. ℞: ΕΠΙ·CT·ΕΡΜΙΟΥ·ΦΩΚΑΕΩΝ. Poséidon deb. à g. (Æ 6. — R^6. = 30 fr. Mion. R^4. = 12 fr.); m. l. Athéné deb., ten. une patère, la haste et un bouclier (Æ 7. — R^4. = 12 fr.). — Sabina: CΑΒΕΙΝΑ·CEBACTH. T. de Sabine, à dr. ℞: ΦΩΚΑΕΩΝ. Proue de vaisseau, — au-dessus, les bonnets des Dioscures (Æ 4. — R^6. = 40 fr. Mion. R^4. = 8 fr.). — Antonin le Pieux: ΑΥΤ·ΑΙ·ΑΔΡΙΑΝΟC·ΑΝΤΩΝΕΙΝΟC. Sa t. laurée, à dr. ℞: ΕΠΙ·CTΡΑΤΗΓΟΥ·ΕΥΜΑΓΟΡΟΥ·Β·ΦΩΚΑΕΩΝ. Poséidon nu, deb. présentant la m. g. à Athéné, deb. devant lui (Æ 11. — R^7. = 200 fr. Mion. R^5. = 150 fr.); m. t. ℞: ...... ΦΩΚΑΙΕΩΝ. Héraklès deb. présentant sa m. dr. à une figure virile nue et deb. devant lui (Æ 8. — R^6. = 50 fr. Mion. R^5 = 30 fr.). — Marc-Aurèle: Sa t. à dr. ℞: ΦΩΚΑΙΕΩΝ. Fleuve couché (Æ 7. — R^4. = 15 fr. Mion. R^3. = 9 fr.); *autre:* m. t. ℞: ΦΩΚΑΙΕΩΝ. Héraklès deb. (Æ 7. — R^5. = 30 fr. Mion. R^3. = 9 fr.) — M. Aurèle et Lucius Verus: Μ·ΑΥΡ·ΑΝΤΩΝΕΙΝΟC·Α·ΑΥ·ΟΥΗΡΟC. Leurs t. nues et opposées. ℞: ΕΠΙ·CΤΡΑ ...... ΙΔΟΜΕΝΕΩC·ΦΩΚΑΙΕΩΝ. Fleuve couché (Æ 12$^1/_2$. — R^8. = 300 fr. Mion. R^8. = 200 fr.); Faustine Jeune: ΦΑΥCΤΙΝΑ·CEBACTH. Sa t. à dr. ℞: ΦΩ. Galère av. ses rameurs (Æ 4. — R^7. = 20 fr.); m. t. ℞: ΑΤΤΑΛΟC·ΦΩΚΑΙΕΥCΙΝ·ΑΝΕΘΗΚΕ. Femme deb., vêtue de la *stola*, ayant deux enfants sur les bras, et quatre deb. à ses pieds (Æ 11. R^7. = 200 fr. Mion. R^5. = 150 fr.); *autre:* Femme ten. un enfant, — à ses pieds deux autres enfants (Æ 11. **Médaillon** retouché — de nulle valeur). — Commode: Λ·ΑΥΡ·ΚΟΜΟΔΟC·ΚΑΙCAP. Sa t. nue et jeune à dr., *paludamentum*. ℞: ΕΠΙ·CΤΡΑΤΗΓΟΥ·ΑΥΛΟΥ·ΤΟΥ·ΜΑΡΚΟΥ·ΤΟ·Β·ΦΩΚΑΙΕΩΝ. (Sic). Proue de vaisseau au milieu du champ (Æ 12. R^7. = 200 fr. Mion. R^6. = 150 fr.); m. l. et m. t. ℞: Même lég. Griffon à dr. (Æ 11$^1/_2$. — R^7. = 200 fr. Mion. R^6. = 150 fr.); t. laurée de Commode, *paludamentum*. ℞: CΤΡΑ·ΗΡΑΚΛΕΙΔΟΥ·ΑCΚΛΗ·Τ·Β·ΦΩΚΑΕ. Kybèle tourelée deb., ten. une patère et la *tympanum*, à ses pieds, deux lions, — devant elle, une femme tourelée deb. av. les mêmes attributs (Æ 8. — R^5. = 30 fr. Mion. R^3. = 9 fr.); m. t. laurée, av. le *paludamentum* et la chlamyde. ℞: ΕΠΙ·Λ·ΑΙ·ΑΥΡ·ΜΑΡ-

·ΚΟΥ·ΦΩ. Proue de vaisseau (ÆE 4. R^5. = 15 fr.); *autre:* ΕΠΙ·CΤΡ·Λ·ΑΥΡΗ-ΛΙΟΥ·ΜΑΡΚΟΥ·ΦΩΚΑΙΕΩΝ. Proue de vaisseau. (Æ. MM. R^7. 200 fr. Mion. R^3. = 150 fr.). — Lucille: ΛΟΥΚΙΛΛΑ·CΕΒΑCΤΗ. T. de Lucille, à dr. ℞: ΦΩΚΑΙΕΩΝ. Fleuve couché, ten. d. la m. dr. un roseau, le coude g. appuyé sur une urne renversée, — à côté, petit oiseau (Æ 4. — R^8. = 70 fr. — Eckhel, Cat. Mus. Vindob. p. 171. — Mion. R^4. = 8 fr. prix impossible, car les mon. grecques de Lucille sont excessivement rares). — S. Sévère: Lég. fruste. Sa t. laurée, à dr. ℞: ΕΠΙ·CΤΡ .... ΦΩΚΑΕΩΝ. Femme tourelée (Tyché) deb. ten. une patère et une corne d'abond. derrière, la Victoire (Niké) la couronne (Æ 8½. — R^7. = 60 fr. Mion. R^5. = 24 fr.). — Julia Domna: ΙΟΥ·ΔΟΜΝΑ·CΕΒΑCΤΗ. Sa t. à dr., av. la *stola*. ℞: ΕΠ·CΤΡ·Μ·ΑΥΡ·ΕΥ-ΤΥΧΟΥ·ΦΩΚΑΕ. Deux femmes tourelées et vêtues de la *stola*, deb. ten. chacune une patère de la m. dr. et le *tympanum* de la g., entre elles, à leurs pieds, un pet. phoque (Æ 9. R^6. = 70 fr. Fl. d. c. de ma coll. — Mion. R^3. 18 et 20 fr.); m. l. et m. t. ℞: ΦΩΚΑΕΩΝ. Asklépios deb. (Æ 6. R^5. = 20 fr. Mion. 9 fr.); *autre:* ΕΠΙ·CΤΡ·Μ·ΑΥΡ·ΡΟΥΦΟΥ·ΦΩΚΑΙ.. Deux femmes, vêtues de la *stola*, deb. à g. (c'est la Tyché de la ville), — à g. Kybèle, av. un lion à ses pieds (Æ R^6. = 40 fr. Mion. R^4. = 12 fr.; ΙΟΥΛΙΑ·ΔΟΜΝΑ·(CΕΒ.). Sa t. à dr. ℞: ΦΩΚΑΕΩΝ. Fleuve imb. et à demi-nu, couché sous un arbre, — dessous, deux phoques allant au devant l'un de l'autre (Æ 5½. — R^4. = 15 fr. Mion. R^3. = 9 fr.). — Caracalla: Lég. altérée. T. laurée de Caracalla. ℞: ΕΠΙ·CΤΡ·Μ·ΑΥΡ·ΕΥΤΥΧΟΥC·ΦΩΚΑΕΩΝ. dans le champ, ΤΕΡΗ. Femme couchée, ten. d. la m. dr. un rameau [Eckhel et Vaillant pensent que le mot ΤΕΡΗ. était le nom d'une fontaine révérée par les Phokéiens. — Gussemé d. son Dicc. Num. T. V, p. 437, n.° 13, a donné une fausse descr. de cette mon.]. (Æ 11. — R^7. = 150 fr. Mion. S. VI, p. 292, n.° 1351. R^5. = 100 fr.); autre **variété inédite:** m. t. ℞: ΦΩΚΑΕΩΝ·ΕΠΙ·CΤΡ·Μ·ΑΥΡ·ΕΥΤΥΧΟΥ. Le Fleuve s'appuyant à g. et saisissant une plante aquatique, — dans le champ Τ·Ε. (Æ 9½. Cf. Cat. de la vente Iwanoff, Londr. 1863, p. 36, lot 322, trois ex. Vend. 1 £ 5 sh. Curt). — Géta: Α·CΕΠ·ΓΕΤΑC·ΚΑΙ. Sa t. nue av. le *paludamentum*. ℞: CΤΡΑ·ΛΟΥCΙ·ΑΤΤΑΛΟΥ·ΦΩΚΑΕΩΝ. Deux Kybèles deb., la t. tourelée, chacune av. une patère et le *crotalum* (Æ 6. — R^6. = 40 fr. Mion. R^5. = 20 fr.). — Sévère-Alexandre: Α·Κ·Μ·ΑΥΡ·CΕ·ΑΛΕΞΑΝΔΡΟC. Sa t. laurée, à dr. av. le *paludamentum*. ℞: ΕΠ·C·Μ·ΑΥΡ·ΘΕΟΔΟCΙΑΝΟΥ·ΤΟ·Β·ΦΩΚΑΙΕΩΝ. Loup dévorant un dauphin (Æ 8. — R^6. = 20 fr. Mion. R^3. = 9 fr.); m. l. Figure tourelée, vêtue d'un habit court, le pied dr. sur une proue, ten. une patère et une haste pure (Æ 8. — R^6. = 30 fr. Mion. R^4. = 12 fr.). — Julie Mamée: ΙΟΥ·ΜΑΜΕΑ·CΕΒΑCΤΗ. Sa t. à dr. ℞: ΕΠ·C·Μ·ΑΦΦΙΑΝΟΥ·ΤΟ·Β·ΦΩΚΑΙ. Proue de vaisseau, — au-dessus, les bonnets des Dioscures surmontés chacun d'une étoile (Æ 6. — R^6. = 40 fr. Mion. R^5. = 24 fr.). — Maximin: Sa t. à dr. ℞: ΕΠ·C·ΑΥ·ΑΦΦΙΑΝΟΥ·ΦΩΚΑΙΕΩΝ. Amazone tourelée et succincte, deb., ten. de la m. dr. une patère et de la g. la bipenne et un bouclier, — elle est couronnée par une Niké, placée derrière elle (Æ. MM. — R^7. = 200 fr. Mion. R^5. = 100 fr.); *autre:* m. lég. Castor et Pollux nus, deb. ten. chacun de la m. dr. un javelot levé et de la g. un bouclier, — de chaque côté une étoile (Æ. MM. — R^7. = 150 fr. Mion. R^5. = 100 fr.). — Maximin et Maxime: Α·Κ·Ι·ΟΥΗ·ΜΑΞΙΜΕΙΝΟC·Κ·Γ·Ι·ΟΥΗ. et à l'exergue: ΜΑΞΙΜΟC·ΚΑΙCΑΡ. Les deux empereurs, en toge, assis sur une chaise curule, — Maximin soutient de la m. dr. un globe. ℞: ΕΠ·C·ΑΥ·ΑΦΦΙΑΝΟΥ·ΦΩΚΑΙΕΩΝ. Amazone tourelée deb., derrière, une Niké la couronne (Æ. MM. — R^8. = 300 fr. Mion. R^6. = 200 fr.); *autres:* Même lég. Leurs t. laurées et affrontées, av. le *paludamentum*. ℞: Même lég. Les Dioscures nus et debout, — d. le champ, de chaque côté, une étoile (Æ 12. — R^6. = 200 fr.); Α·Κ·ΜΑΞΙΜΕΙΝΟC·Κ·ΜΑΞΙΜΟC·Κ. Leurs t. affrontées. ℞: ΦΩΚΑΙΕΩΝ·CΜΑΡΔ. Fleuve couché tourné vers la g. (Æ 5. — R^7. = 60 fr. Mion. R^6. = 24 fr. — Sur la lég. CΜΑΡΔ. et ΤΕΡΜ. consultez: Eckhel, Syllog. I, p. 38, et le Dr. Kenner, Stift St. Florian, p. 128. Le nom Smard, n'étant cité nulle part, on doit croire que c'était le nom d'une fontaine révérée par les habitants de Phokaia). — Maxime (seul): Γ·Ι·ΟΥΗ·ΜΑΞΙΜΟC·Κ. Sa t. laurée, à dr. av. le *paludamentum*. ℞: ΦΩΚΑΙΕΩΝ·CΜΑΡΔ. Figure couché, tournée à g. (Æ 5. — R^7. = 60 fr. Mion. Descr. T. III, p. 184, n.º 875. R^3. = 6 fr.; S. Tom. VI, p. 294, n.º 1358. R^7. = 30 fr.). — Gordien le Pieux: ΑΥΤ·ΚΑΙ·Μ·ΑΝΤ·ΓΟΡΔΙΑΝΟC. Sa t. laurée à dr. av. le *paludamentum*. ℞: ΕΠ·CΤ·ΑΥΡ·ΕΥΤΥΧΟΥC·Β·ΦΩΚΑΙΕ. Kybèle debout entre deux lions, en face d'une femme tourelée (Æ 8½. — R^4. = 30 fr. Mion. R^2. = 12 fr.); m. t. ℞: ΦΩΚΑΙΕΩΝ. Poséidon nu et deb. à g. le pied g. sur un rocher, ten. sur la m. dr. un dauphin, la g. appuyée sur son trident (Æ 7. — R^5. = 40 fr. Mion. R^2. = 9 fr.); m. t. ℞: ΕΠΙ·CΤ·ΑΥΡ·ΕΥΤΥΧΟΥC·ΤΟ·Β·ΦΩΚΑΙΕΩΝ. Fleuve en habit de femme couché, ten. de la m. dr. un rameau, la g. appuyée sur une urne, — à côté du vase, un oiseau (Æ. MM. — R^6. = 60 fr. Mion. R^4. = 40 fr.). — Philippe Père: ΑΥ·Κ·Μ·ΙΟΥ·ΦΙΛΙΠΠΟC. Sa t. laur. à dr. av. le *paludamentum*. ℞: ΕΠ·C·ΚΑ·CΚΡΕΙΒΩΝΙΑΝΟΥ·ΦΩΚΑΙΕΩΝ. Dioscures nus et deb., ten. chacun un cheval par le frein, — au-dessus de leur tête une étoile (Æ 10. — R^5. = 30 fr. Mion. R^3. = 15 fr.); m. t. laur. et m. lég. ℞: ΕΠ·CΤ·ΚΑ·CΚΡΕΙΒΩΝΙΑΝΟΥ·ΦΩΚΑΙΕΩΝ. Chien dévorant un poisson (Æ 12. — R^6. = 60 fr. Mion. R^4. = 40 fr.); ΕΠ·CΤ·CΚΡΕΙΒΩΝΙΑΝΟΥ·ΦΩΚΑΙ. Kybèle, deb. entre deux lions, ten. une patère et le *crotalum*, et Tyché (Génie de la ville) portant une corne d'abond. (Æ 9. — R^6. = 50 fr. Mion. R^4. = 30 fr. d'après Vaillant). — Otacilia: Μ·Α·ΟΤΑΚ· (sic) CΕΥΗΡΑ·CΕ. Sa t. av. Γ. en contre-marque. ℞: ΦΩΚΑΙΕΩΝ. Poséidon nu et deb. à g. ten. un dauphin et un trident (Æ 7. — R^5. = 24 fr.). — Philippe Jeune: . . . . Sa t. à dr. ℞: ΦΩΚΑΙΕΩΝ. Femme couchée à terre, ten. un roseau de la m. dr. et la g. appuyée sur une urne. Dessous, CΜΑΡΔ. (Æ 5. — R^7. = 50 fr. Mion. R^6. = 20 fr.); *autre:* m. t. ℞: ΕΠ·C·ΚΑ·CΚΡΕΙΒΩΝΙΑΝΟΥ·ΦΩΚΑΙΕΩΝ. Dioscures nus et deb. ten. chacun un cheval par le frein, — au-dessus de leur tête, une étoile (Æ 10. — R^5. = 48 fr.). — Sur les mon. de Phokaia consultez: Mus. Lavy, T. I, p. 210. — *Numism. Chron.* XIV, 118. — Cat. de Moustier (Paris 1872), n.º 2213 (Tyché deb., chien et phoque). — Luynes, Choix X, 11, 12. — Chaudoir, Corrections, 85. — Sestini, Mus. Chaudoir, 94. — Cat. L. Welzl de Wellenheim, n.º 5583, 5585, 5588. — Sestini, Lett. di Continuaz. V, 41. — Mionnet, III, 177, 834: ΚΡΟΝΑΞ, comp. ΜΑΝΔΡΩΝΑΞ dans les *Annali* 1841, p. 159, d. Klazomenaï et ΜΑΝΔΡΟ ou ΑΜΑΝΔΡΟΝ. dans Alexandria Troas chez Eckhel, Doctr. T. II, p. 480. — *Num. Chron.* 1875, p. 282. — *Monnaies d'alliance:* avec Lampsaque. —

132. ΚΑΔΜΗ.

Lég. sur les mon. de **Kadmé** qui donna son nom à la ville de **Priéné** en mémoire d'une colonie qui était venue de la Béotie (cf. STRABON, 636). **Autonomes:** Types: T. casquée d'Athéné. ℞: ΚΑΔΜΗ·ΙΥΜΝΑ. Chouette sur un *diota* (Æ 3. — R^8. = 120 fr. MION. R^8. = 50 fr. — SESTINI, Lett. num. Continuaz. III, 74, 1. CAT. IWANOFF, Londr. 1863, p. 33, lot 301. Vend. 1 £ 5 sh. Fox); *autre:* m. t. d'Athéné, à dr. ℞: ΚΑΔΜΗ·ΚΗΠΛΙΣ. Chouette sur le diota couché (Æ 4. — R^8. Même prix. — MION. R^8. = 50 fr. — *Cab. de Münich*). — Parmi les mon. de la ville de Priéné qui ne portent pas des lég. au nominatif, je ne citerai ici que les deux pièces nouvellement découvertes par M. IMHOOF-BLUMER. Aut. Æ: T. de Pallas à g. parée de pendants d'oreilles et d'un collier, et couverte d'un casque à trois aigrettes et stéphané. ℞: Trident orné entre ΠΡΙΗ et ΕΥΠΟΛ. le tout dans une couronne formée par les détours du Méandre (Æ. 19 mill. Gr. 4,91. — R^8. = 60 fr. Publ. par. M. IMHOOF, d. ses: Monn. Gr., p. 296. — Inc. à MION.). — **Bronze:** (AV)ΚΑΙ·ΤΡΑ·ΑΔΡΙΑ(ΝΟC·СЄ)Β. Tête laurée d'Hadrien, à dr. ℞: ΚΟΡΗ-ΠΡΙΗΝΕΩΝ. PERSÉPHONÉ voilée, deb. à g., la m. dr. appuyée sur un sceptre(?), et ten. des épis dans la gauche baissée (Æ. 22 mill. R^8. = 60 fr. — Inc. à MION. — IMHOOF, ib. p. 296, n.° 127). —

133. ΣΜΥΡΝΑ.

Lég. sur les mon. de la ville de **Smyrne** en Ionie, qui sont: A^V. Mod. 4^1/$_2$ et 1. — El. Mod. 1, 2, 1^1/$_2$. Æ. Mod. 10, 9^1/$_2$, 9 et 4. — Æ. Mod. 1 à 1^1/$_2$, 2, 3, 4, 5, 6, 7, 8, 9, 10, 11, 12 et 13. — **Autonomes en or:** Types: t. tourelée de Kybèle, à dr. ℞: ΣΜΥΡΝΑΙΩΝ·ΠΡΥΤΑΝΕΙΣ. Femme deb. vue de face et appuyée sur une colonne, la t. surmontée du *modius* et ten. une pet. Niké d. la m. g. (A^V 4^1/$_2$. Poids, 130 grs. R*. = 3000 fr. — Unique ex. au *Cab. de France.* — MION. Descr. T. III, p. 190, n.° 909. R^8. = 1000 fr.); t. de Léopard de face. ℞: Aire carrée en creux, informe dans l'intérieur (A^V. — R^6. = 200 fr. MION. S. VI, p. 301, n.° 1388. R^6. = 50 fr.). — *Electrum:* t. d'Hermès, à dr. couverte du pétase. ℞: Léopard allant de g. à dr. au milieu d'un carré indiqué par quatre lignes (EL. 1^1/$_2$ et 1. R^7. = 100 fr. MION. R^8. = 120 fr. — ROL. ET FEUARD., Cat. des mon. Grecques (Paris 1862), n.° 5307. Vend. 80 fr.); Figure couchée sur une proue. ℞: Creux divisé en deux parties carrées (EL. 2. — Fruste. 40 fr. chez ROLL. ET FEUARD. d. leur Cat. Gr., n.° 5308). — **Autonomes** en Æ: T. laur. et imb. d'Héraklès à g., la massue derrière l'épaule dr. ℞: (ΣΜΥΡΝΑΙΩΝ?)ΠΥΘΕΟΣ. APHRODITÉ(?) vêtue du double chiton, assise à g. sur un siège orné d'un pied de griffon. Elle tient d. la m. dr. un *casque* et s'appuie de la g. sur le sceptre (Æt. 22 mill. Gr. 9,41. — R^8 = 300 fr. — IMHOOF-BLUMER: Monn. Gr. p. 296, n.° 128. — COLL. DE LUYNES; reproduite „*Boeotien*" 1877, p. 36, pl. 1, 117c.). [M. IMHOOF, ib. p. 296, dit: „Le Duc DE LUYNES qui a publ. cette mon. d. les *Monumenti dell' Inst. archeolog.* III, pl. XXXV, 30, et aussi d. la *Rev. Num. Fr.* An. 1846, p. 64, 30, et l'a rangée à Kolophon, s'est trompé en décrivant les types, qui, selon lui, seraient une t. d'Apollon et Pallas ou l'Amazone Gryné. M. IMHOOF pense que la lég. ΜΥΡΙΝ.... est refaite et tracée sur les vestiges mal compris de ΣΜΥΡΝΑΙΩΝ. Comme le nom du magistrat convient aussi bien à Smyrne qu'à Kolophon, et que les deux types d'Héraklès et d'Aphrodité se retrouvent sur une quantité de bronzes de Smyrne, il est fort tenté d'attribuer cette mon. à cette dernière ville."] — **Cistophore:** av. ΖΜΥΡ. à g., ΜΡ entre les têtes des serpents, Η et *tête tourelée* à dr. dans le champ à dr. (Æ. 26 mill. Gr. 12,51. — R⁸. = 250 fr. Voy. Imhoof, Monn. Gr. p. 296, n.° 129. — Le Cat. de la vente J. Whittal, Londr. 1884, p. 63, lot n.° 1012, cite une autre variété de cette pièce, qu'il décrit ainsi: „Æ 7. Cistophorus. Usual type, with ΖΜΥΡ. and a small Head of Cybele-Sipylene, a monogram above the Cista, and H above the head of Cybele, *of the highest degree of rarity, and a variety of that in the Bank of England Collection*"); — T. tourelée de Kybèle, à dr. ℞ : ΣΜΥΡΝΑΙΩΝ. en deux lignes, dessous monogr. (832), le tout dans une couronne de chêne (Æ 9¹/₂ et 9. — R⁸. = 600 fr. Mion. R⁵. = 60 fr. — Roll. et Feuard. Cat. Gr., n.° 5308 bis. Æ 9. Tr. b. Vend. 550 fr. mais auj. plus cher. — Vente de la Coll. de M. Billoin (Paris 1886), lot n.° 672. Æ 10. Vend. 175 fr. — Vente Paravey (Paris 1879), lot n.° 207. Vend. 170 fr. mais d. le commerce beaucoup plus cher. Il paraît qu'on en a trouvé, en 1875, aux environs de Smyrne pas mal de ces pièces, mais comme on ne sait qui est le possesseur du dépôt déterré — leurs prix ne baissent pas); — t. tourelée de Kybèle. ℞: ΣΜΥΡΝΑΙΩΝ·ΑΠΟΛΛΟΔΟΤΟΣ. Lion ou Léopard marchant à g. (Æ 9. — R⁶. = 200 fr. Mion. R¹. = 50 fr.); m. t. ℞: ΣΜΥΡΝΑΙΩΝ·ΔΙΟΝΥΣΙΟΣ·ΒΑΥΣ. Léopard courant à dr., le tout dans une couronne de chêne (Æ 9. — R⁷. = 200 fr. Mion. R⁵. = 60 fr); *autre*, av.: ΕΡΜΙΠΠΟΣ (et non ΕΥΜΙΠΠΟΣ comme d. Mion. III, p. 190, n.° 913) ΣΙΠΥΛΟΥ. Même type (Æ 9¹/₂. — R⁶. = 200 fr. Mion. R⁵. = 60 fr. — *Cab. de Münich*); *autre*, av. ΘΕΟΔΟΤΟΣ (Æ 9. Même prix. Mion. R⁵. = 60 fr.); t. tourelée de Kybèle. ℞: ΣΜΥΡΝΑΙΩΝ·ΦΑΝΗΣΜΑ·ΤΡΩΝΟΣ. Léopard marchant, — le tout d. une couronne de chêne (Æ 9. R.? = Sestini, Descr. Num. vet. p. 350, n.° 3. — Mion. S. VI, p. 302, qui la cite d'après Sestini pensait que cette mon. est coulée sur l'argent, s'il n'y a pas, dans l'auteur cité, faute d'impression pour le monogr. qui indique le métal); *autre*: même t. ℞: ΣΜΥΡΝΑΙΩΝ·ΗΡΑΚΛΕΙΔΗΣ. Même type de Léopard marchant à dr. (Æ 9. — R⁷. = 200 fr. Mion. R⁴. = 50 fr.); *autre*, av. ΗΡΑΚΛΕΙΔΟΥ. (Æ 9. Même prix); *autre*: av. ΣΜΥΡΝΑΙΩΝ·ΜΗΤΡΟΒΙΟΣ. Même type, sans monogr., — sous la couronne on lit: ΒΑΥΣ. (Æ 9. — R⁷. = 200 fr. Mion. R⁵. = 60 fr.); *autre*, av.: ΣΜΥΡΝΑΙΩΝ·ΦΑΝΟΚΡΑΤΗΣ. Même type, av. le monogr. 833 d. Rec. (Æ 9¹/₂. — R⁷. = 200 fr. Mion. R⁵. = 60 fr.); *autre*, av.: ΣΜΥΡΝΑΙΩΝ·ΚΛΕΑΝΔΡΙΔΗΣ. Même type (Æ 9. Incon. à Mion. R⁸. — Cat. Whittal, Londr. 1886, p. 63, lot n.° 1006); *autre*, av. ΙΠΠΟΜΕΔΩΝ·ΜΗΤΡΙΧΟΥ. en deux lignes (Æ 9. — *Même cat.* lot n.° 1007. — **Inc.** à Mion.); *autre*, av: ΑΠΟΛΛΟΦΑΝΗΣ en deux lignes (Æ 10. — *Même cat.* lot n.° 1008. — **Inc.** à Mion.); *autre*, av. ΣΜΥΡ—ΝΑΙΩΝ·ΕΡΜΙΠΠΟΣ·ΣΙΠΥΛΟΥ. (Æ 8¹/₂. *Même cat.* lot n.° 1009); t. de Kybèle Sipylene, tourelée, à dr. ℞: ΣΜΥΡΝΑΙΩΝ en deux lignes; monogr., le tout d. une couronne de chêne (Æ 9. — R⁸. Cat. Iwanoff, Londr. 1863, p. 32, lot n.° 287. Vend. 15 £ 15 sh. Bunbury); *autre*: t. d'Apollon à dr. ℞: ΣΜΥΡΝΑΙΩΝ·ΦΑΝΗΣ. Homère assis à g. (Æ 4. — R⁸. = 150 fr. — Inc. à Mion. — Cf. Cat. Iwanoff, lot n.° 288. Vend. 2 £ 6 sh.); t. jeune (Apollon?) laur. à dr. ℞: ΣΜΥΡΝΑΙΩΝ·ΕΠΑΝΔΡΟΣ.

Homère assis, à g. vêtu du *pallium*, portant la main dr. à son menton et ten. d. la g. un volume, — près de lui, une haste transversale, dans le champ, une grappe de raisin (Æ 4. — R⁸. = 150 fr. Mion. R⁸. = 100 fr.); t. laur. de femme, à dr. ℞: ΣΜΥΡΝΑΙΩΝ·ΑΠΟΛΛΟΔΟΤΟΥ. Même type (Æ 5. — R⁸. = 200 fr. Mion. R⁸. = 100 fr. Dumersan, Cab. Allier de Hauteroche, Pl. XV, n° 20); *autre*, av.: ΙΑΤΡΟΔΩΡΟΣ, — d. le champ, le monogr. 595 du Rec. Mion. et une grappe de raisin (Æ 5. Même prix). — Il existe des tétradrachmes en Æ. à l'effigie d'Alexandre le Grand, fr. à Smyrne: t. d'Héraklès jeune, couverte d'une peau de lion, à dr. ℞: ΑΛΕΞΑΝΔΡΟΥ. Zéus-Aetophore assis à g., d. le champ, boeuf cornupète, — sous le siège un monogr. (Æ 8. R⁵. = 60 fr. Mion. R³. = 36 fr.); *autre*, Mod. 9, d. le champ, ΔΙΦΙ, — dessous, le boeuf bossu (Æ 9. — R⁶. = 80 fr. Mion. R⁴. = 50 fr.); *autre*: Mod. 10, d le champ, une t. de femme tourelée. R⁷. = 90 fr. Mion. R³. = 36 fr. — **Autonomes en bronze**: ΕΠΙ ΙΕΡΕ·ΜΥΡΤΟΥ·ΘΥΓΑΤΡΟΣ (ΤΟΥ·ΔΗΜΟΥ.) Deux Némésis deb. et affrontées, — celle qui est tournée à dr. tient un frein de la m. g., et l'autre une baguette, chacune d'elles porte la m. dr. à son sein, en relevant un bout de la draperie. ℞: ΑΝΘΥΠΑΤΩ· ΦΡΟΝΤΕΙΝΩ·CΤΡΑ·(ΡΗΓΕΙΝΟC CΜΥΡ.) Zéus Akraias, Niképhoros, assis à g. (Æ. 28 mill. Gr. 12. — R⁸. = 120 fr. — Imhoof-Blumer: Monn. Gr. p. 296, n° 133. — Coll. Waddington. — Mionnet (T. III, p. 216, n°⁵ 1208 et 1209) a décrit deux ex. de cette rare mon. aux lég. entièrement frustes qu'il estime: R¹. à 6 fr.). = [Sur d'autres bronzes de Smyrne la prêtresse Μυρτος est désignée simplement par ΕΠΙ·ΜΥΡΤΟΥ., ce nom est joint tantôt à celui du stratège Reginus, tantôt à ceux de ce magistrat et du proconsul Frontinus, qui était consulaire sous le règne d'un des Flaviens. L'inscription de ce bronze fait connaître les titres de Myrtos, qui y est qualifiée de ἱέρεια et θυγάτηρ τοῦ δήμου); *Autres*: t. laur. d'Apollon, à dr. au milieu d'une couronne de laurier. ℞: ΣΜΥΡΝΑΙΩΝ. Homère, vêtu du *pallium*, assis sur un siège, à g. portant la m. dr. à sa bouche, et la g. sortant du *pallium*, à sa dr. une haste transversale (Æ 4¹/₂. Com. = 1 fr.); la même, mais Homère ten. de la m. g. un volume (Æ 4¹/₂. Com. 1 à 2 fr.); m. t. d'Apollon à dr. ℞: ΣΜΥΡ-ΝΑΙΩΝ·ΑΘΗΝΑΓΟΡΑΣ·ΚΟΡΥ. Homère assis à g. sur un siège, — d. le champ, un astre et un monogr. (Æ 5¹/₂. — R¹. = 3 fr.); la m. av. ΚΟΡΥΜΒ. (Æ 6. — R¹. = 3 fr.); ΣΜΥΡΝΑΙΩΝ·ΑΘΗΝΑΙΟΣ·ΕΥΔΗΜΟΥ. Même type, sans symbole et sans monogr. (Æ 5. — Com. = 2 fr.); ΣΜΥΡΝΑΙΩΝ·ΑΛΕΩ-ΤΩΝ. Même type (Æ 5. — R¹. = 2 fr.); ΑΙΣΧΡΙΩΝ·ΔΙΟΓΕΝΟΥ. Même type, mais Homère assis, ten. de la m. g. un volume (Æ 6. — R². = 6 fr.); ΣΜΥΡΝΑΙΩΝ·ΑΛΕΞΙΩΝ. (Æ 6. — R¹. = 3 fr.). Même type, sans monogr. et sans symbole; ΣΜΥΡΝΑΙΩΝ·ΑΝΤΙΚΡΑΤΗΣ·ΚΑΛΛΙΟΥ. (Æ 5. Com. 1 fr.); ΣΜΥΡΝΑΙΩΝ·ΑΠΟΛΛΟΦΑΝΗ·ΟΡΟΒΕΙΤΗΝ. Même type (Æ 4¹/₂. — R¹. = 2 fr.); *autre*, av.:.. ΜΥΡ.. ΑΠΟΛΛΟΦΑ.. ΗΣ·ΟΡΥΒ.. Même type (Æ 4. — R⁵. = 25 fr. Mion. R². = 4 fr.); *autre*, av.: ΑΠΟΛΛΟΦΑΝΗΣ·ΑΡΙC. (Æ 4¹/₂. R¹. = 2 fr.); ΣΜΥΡΝΑΙΩΝ·ΑΠΑΤΟΥΡΙΟΣ. (Æ 5. R⁴. = 8 fr. Mion. Com.); m. l. et m. type, — d. le champ, un astre (Æ 5. — R⁴. = 8 fr. Mion. Com.); ΣΜΥΡΝΑΙΩΝ·ΑΠΟΛΛΟΔΩΡΟΣ. (Æ 5. — R¹. = 3 fr.); —ΑΠΟΛΛΩΝΙΟΣ· ΜΑΓΑΣ. (Æ 4¹/₂. — R¹. = 2 fr.); ΣΜΥΡΝΑΙΩΝ·ΑΠΟΛΛΩΝΙΟΣ·ΗΠΙΑ. (Æ 4¹/₂. — R¹. = 2 fr.); *autres*, av.: ΑΡΡΙΔΑΙΟΣ; ΑΡΡΙΑΝΟC; ΑΡΡΙΑΝ; ΑΡΙΣΤΟΚΡΑΤΗΣ; ΑΠΟΛΛΩΝΙΟΣ·ΣΤΡΑΤΟΝ; ΑΡΙΚΑΙΟΣ; ΑΠΟΛΛΩ-

— 214 —

ΦΑΝΗΣ; ΑΡΙΣΤΑΙΟΣ; ΑΡΙΣΤΑΓΟΡΑΣ; ΑΡΙΣΤΟΞΕΝ·ΑΠΟΛΛΩΝΙΔΑ;
ΑΡΙΣΤΟΞΕΝΟΣ·ΑΠΟΛΛΩΦΑΝ; ΑΡΙΣΤΩΝ; ΑΡΧΙΑΣ; ΑΡΤΕΜΙΔΩΡΟΣ·
ΔΗΜΗΤΡΙΟ. d. le champ, Ω; ΑΣΚΛΗΠΙΟΔΩΡΟΣ; ΑΣΩΝΙΑΣ; ΑΧΙΛΛΗ-
ΤΟΣ·ΑΧΙΛΛΗΤΟΥ; ΣΜΥΡΝΑΙΩΝ·ΒΟΥΛΑΡΧΟΣ; ΔΗΜΗΤΡΙΟΣ; ΕΠΙ·
ΔΗΜΗΤΡΙΟΣ; ΕΠ·ΤΑ·ΔΗΜΗΤΡΙΟΣ; ΔΗΜΑΓΟΡΑΣ; ΔΗΜΗΤΡΩΔΟ-
ΡΟΣ; ΔΩΡΟΘΕΟΣ; ΔΙΟΓΕΝΗΣ·ΤΟΥ; ΔΙΟΝΥΣΙΟΣ; ΕΚΑΤΩΝΥΜΟΣ·
ΗΦΑΙΣΤΙΡΟΣ; ΕΠΑΝΔΡΟΣ; ΕΡΜΙΠΠΟΣ; ΕΥΔΗΜΟΣ; ΕΠΙΚΡΑΤΗ·
ΕΡΜΟΚΡΑ; ΕΡΜΑΓΟΡΑΣ; ΕΡΜΟΓΕΝΗΣ·ΤΡΙΚΚΑΣ; ΕΡΜΟΓΕΝΗΣ·
ΕΡΜΟΚΡΑ...; ΕΡΜΟΚΛΗΣ·ΠΥΘΕΟΥ.; ΕΥΔΩΡΟΣ; ΕΥΚΛΗΣ; ΕΥΜΗ-
ΛΟΣ·ΙΩΠΥΡΟΥ; ΕΥΠΕΛΟΣ·ΙΩΠΗΡΟΥ; ΣΜΥΡΝΑΙΩΝ — ΙΗΝΙΣ; ΗΛΙΟ-
ΔΩΡΟΣ; ΗΡΑΚΛΕΙΔΗΣ; ΗΡΩΔΗΣ·ΑΡΧΙΟΥ.; ΗΚΕΣΙΟΣ; ΙΕΥΞΙΣ; ΙΩ-
ΤΙΩΝ; ΘΑΡΣΥΝΩΝ; ΘΕΟΤΕΡΜΟΣ . . . . . ΤΑΛ.; ΘΕΟΤΙΜΟΣ; ΘΕΟΤΙ-
ΜΟΣ·ΥΛΑΣ; ΙΑΤΡΟΔΩΡΟΣ; ΙΚΕΣΙΟΣ; ΙΕΡΩΝΥΜΟΣ·ΙΕΡΩΝΥΜΟΥ;
ΙΣΤΡΟΔΟΤΟΥ; ΙΣΧΡΙΩΝ·ΔΙΟΓΕΝΟΥ.; ΙΝΟΦΙΛΟΣ·ΑΒΑΥΣ ...; ΚΑΛ-
ΛΙΣΤΡΑΤΟΣ; ΚΥΝΔΑΛΑΣ·ΦΑΝΗΣ; ΣΜΥΡΝΑΙΩΝ·ΚΟΝΩΝ; ΚΡΑΤΙΝΟΣ·
ΚΡΑΤΙΝΟΥ; ΚΡΩΚΙΝΗ; ΛΕΟΝΤΙΣΚΟΣ; ΜΕΓΑΚΛΗΣ; ΜΕΝΕΚΡΑΤΗΣ·
ΑΜΒΑ..; ΜΕΝΕΚΡΑΤΗΣ·ΓΡΙΟΣ; ΜΗΝΟΔΟΤΟΣ; ΜΗΝΟΦΙΛΟΣ·ΠΑ-
ΡΑΜΟ; ΜΗΤΡΟΔΩΡΟΣ·ΠΑΣΙΚΡΑΤΟΥ; ΜΟΣΧΟΣ·ΜΟΣΧΟΥ; ΜΗΝΟΦΙ-
ΛΟΣ... ΡΑΒΑΥΣ; ΝΙΚΑΔΑΣ·ΜΗΤΡΟΔΩΡΟΣ·ΑΛΑΣ; ΝΙΚΙΑΣ·ΛΕΠΤΟΣ;
ΝΙΚΑΔΑΣ·ΜΗΤΡΟΔΟΡ·ΘΕΥΔΑΣ; ΞΕΝΟΚΡΑΤΗΣ... ΕΦΛΑΓΩΝ; ΝΙ-
ΚΑΔΑΣ·ΜΗΤΡΟΔΩΡΟΣ·ΑΛΑΣ.; ΝΙΚΙΑΣ·ΛΕΠΤΟΣ; ΠΑΣΙΚΡΑΤΗΣ·ΑΛ-
ΛΙΟΥ; ΠΑΣΙΚΡΑΤΗΣ; ΞΕΝΟΝΔΗΝΟΣ; ΑΝΤΙΚΡΑΤΗΣ·ΚΑΛΛΙΟΥ; ΠΑ-
ΣΙΚΡΑΤΗ·ΑΜΦΑ; ΠΑΤΟΥΡΙΟΣ; ΣΜΥΡΝΑΙΩΝ·ΠΑΤΟΥ.; ΠΑΤΡΩΝ;
ΠΟΛΛΙΣ; ΠΟΛΛΙΣΑΝΔΡΟΣ; ΠΟΛΛΟΦΑΝΗΣ; ΠΟΛΛΟΦΑΝΗ...ΟΕΙ-
ΤΗΝ; ΠΟΛΛΟΦΑΝΗΣ... ΟΒΕΙΤΗΝΟ...; ΠΟΛΛΙΣ·ΔΙΟΔΩΡΟΥ; ΠΟΛ-
ΛΙΦΑ; ΠΟΛΛΩΝ; ΠΟΛΛΩΝ·ΚΑΡΑΣ; ΣΗΜΑΓΟΡΑΣ; ΘΕΟΤΙΜΟΣ·
... ΛΑΣ; ΠΟΣΙΔΕΟΣ·ΜΟΣΧΟΥ; ΠΟΤΑΜΩΝ; ΠΡΑΞΑΓΟΡ·ΙΚΕΣΙΟΥ;
ΣΜΥΡΝΑΙΩΝ·ΠΥΡΡΟΣ·; ΣΑΡΑΠΙΩΝ.; ΣΗΜΑΓΟΡΑΣ·ΤΟ·Β.; ΣΩΝΙΑΣ-
ΝΟΣ; ΤΑΜΑΡΟΣ; ΦΑΝΗΣ .... ΗΤΡΟΣ; ΦΑΝΗΣΚΟΣ·ΜΗΤΡΟ; ΦΑ-
ΝΟΔΗΜΟΣ.; ΦΑΝΟΚΡΑΤΗΣ; ΧΑΡΙΚΛΗΣ; ΧΙΛΛΗΤΟΧΟΣ·ΧΙΛΛΗΤΟ-
ΧΟΥ.; ΧΡΩΝΙΚΗΣ; ΜΗΝΑΝΔΡΟΥ?; ΤΕΡΙΔΟΡΟΣ·ΜΑΘΑΣ; ΚΥΣΙΟΣ.
(toutes: Æ. Mod. $6^{1}/_{2}$, 6, $5^{1}/_{2}$, 5, $4^{1}/_{2}$ et 4. — R^{1}—R^{2}. de 1, 2, 3 et 4 fr.);
autre: ΘΑΡΣΙΝΩ et ΠΥΜΕ en monogramme (Æ 5. — R^{3}. = 15 fr. —
Inédite. — Cf. Rol. et Feuard. Cat. Gr. n.° 5330 bis. Tr. b. ex. Vend. 10 fr.);
autre: av. ΞΕΥΞΙC. Une étoile (Æ 6. — R^{3}. = 6 fr. — Rol. et Feuard.
Cat. Gr. ib. n.° 5331. Vend. 1 et 2 fr.). — Autres types: T. laurée d'Apollon,
à dr. ℞: ΣΜΥΡΝΑΙΩΝ·ΑΘΗΝΑΓΟΡΑΣ. Main armée du ciste, — d. le champ,
une palme (Æ $3^{1}/_{2}$. — R^{2}. = 4 fr. Mion. C. 1 fr.); t. laurée de femme, à dr.
℞: Même lég. Main armée du ciste et palme (Æ 3. C. 1 fr.); autre, av.: ΣΜΥΡ·
ΑΠΟΛ·ΑΜΥ. (Æ $2^{1}/_{2}$. C. 1 fr.); ΑΠΟΛΛΩΝΙΟΣ·ΙΩ. (Æ 3. R^{1}. 1 fr.);
ΑΠΟΛΛΩΝ·ΝΕΩ. même type, entre deux palmes (Æ 3. R^{1}. 1 fr.); Mêmes
types, avec: ΑΡΤΕΜΩΝ; ΣΜΥΡ·ΒΙΩΝ·ΠΟΣ; ΕΥΚΛΗΣ; ΙΕΥΞΙΣ; ΕΡΑΙΑΝ;
ΙΑΤΡΟΔΩΡΟΣ; ΙΚΑΔΙΟΣ; ΚΛΕΙΝΙΑΣ; ΜΕΝΕΚΡ.; ΜΗΝΟΦΙ.; ΜΕΝΤΩΡ.;
ΜΟΣΧΙΩΝ; ΠΑΤΟΥΡ.; ΠΑΡΑΜΟΣ; ΠΟΣΙΔΕΟΣ·ΜΟΣΧΟΥ; ΣΗΜΑΓΟ-
ΤΑΡ.; ΣΜΥΡΝΑΙ·ΜΗΤΡΟΔΩΡΟΣ; ΣΜΥΡΝΑΙΩΝ·ΤΑΡΑΜΟΣ; ΣΜΥΡΝΑ·
ΜΕΝΕΚΕ; ΣΜΥΡ·ΑΓΑΜΟ. (Æ $3^{1}/_{2}$, 3, $2^{1}/_{2}$ et 2. — R^{1}—R^{2}. de 1 à 2 fr.);
autres: T. laurée d'Apollon. ℞: ΖΜΥΡ·ΑΝΕΚΡ. Lyre (Æ 1. R^{1}. 1 fr.);
autres, av.: ΣΜΥΡ·ΑΤΟΣ; ΣΜΥΡ·ΑΡΡΥ; .... Ρ ... ΑΤΤΑ; ΑΤΤ·; t. laur.

de femme, à dr. ℞: ΣΜΥΡ·ΔΙΟΝΥ; ΣΜΥΡ·ΚΟΝΩΝ; ΟΡΙΔΑ; ΣΜΥΡ·ΠΟ-ΣΕΙΔ·ΑΚΙΟΣ. Lyre; ΣΜΥΡ·ΠΡΙΔΑ. Lyre; *autre*, av.: ΠΥΡΡ.; ΖΜΥΡ·ΣΑΡΑΠΙΩ; ΣΜΥ.. ΣΩΠ. Lyre (*toutes*: Æ. Mod. 1 et 2. — R^1. de 1 à 2 fr.); ΙΕΡΡΥ. (Vestiges d'une anc. lég.) Même type, tête à moitié frappée, ce qui ne laisse apercevoir que la partie de derrière. ℞: ΣΜ[ΥΡΝΑΙΩΝ]. Lyre formée d'un crâne de bœuf, — au milieu, une étoile (Æ 1. — R^4. = 10 fr. Mion. R^1. = 1 fr.); *autre*, av.: ΣΜΥΡ·ΕΡΜ·ΦΑ. (sic). Æ 1^1/$_2$. — R^1. = 1 fr.); ΜΗΤΡΟΣ·ΑΠΟΛ.; ΣΜΥΡ·ΠΥΘΕΟΣ; ΣΜΥΡ·ΣΑΡΑΠΙΩΝ; ΣΜΥΡ·ΣΩΠΑ·ΠΑΡ.; ΣΜΥΡ·ΣΩΣΩΣ; ΣΜΥΡΝΑ; ΚΙΣΤΗ; ΜΕΤΡΟ; ΟΣΕΙΔΗ. (Æ 1 et 1^1/$_2$. — R^1—R^2. de 1 à 2 fr. p.); t. laur. de femme, de face. ℞: ΣΜΥΡΝΑΙΩΝ. Corne (Æ 3. — R^2. = 4 fr.); m. t. tourelée, à dr. ℞: ΣΜΥΡΝΑΙΩΝ·ΑΡΙΣ-ΤΙΩΝ. Trépied, — à g. un épi d'orge (Æ 4. — R^1. = 2 fr.); *autre*, av. ΑΡΙΣΤΟΚΛΗΣ. Même type (Æ 4. — R^1. = 2 fr.); même t. ℞: ΣΜΥΡΝΑΙΩΝ. Trépied. Dans le champ, A. (Æ 4. — R^1. = 2 fr.); m. lég. Trépied, — d. le champ, une ciste mystique (Æ 4. — R^1. = 2 fr.); ΣΜΥΡ·ΕΚΜΟ. Trépied, — au-dessous, palme (Æ 3. — R^2. = 2 fr.); *autre*, av.: ΣΜΥΡΝΑΙΩΝ·ΕΥΔΑ-ΜΗΣ. Même type (Æ 3. — R^2. = 2 fr.); ΣΜΥΡΝ·ΔΗΜΟΚΡΙΤΟΣ. Palmier (Æ 2^1/$_2$. — R^3. = 6 fr.); tête jeune laurée, à dr. cheveux flottants par derrière. ℞: ΣΜΥΡ·ΑΠΟΛ. Trépied, dessous, les lettres ΑΜΥ. (Æ 2. — R^1. = 1 fr.); *autres*, av.: ΣΜΥΡΝ·ΒΙΩΝ. Même type, dessous, ΠΟΣ. (Æ 2. — R^1. = 1 fr.); même type, av.: ΣΜΥΡ·ΜΕΝΕΚ.; ΣΜΥΡΝΑ.... ΠΑΡΑΜΟΝΟΣ; ΣΜΥΡ-ΝΑΙΩΝ·ΠΟΣΗΣ; ΣΜΥΡΝΑΙΩΝ·ΣΟΣΩΝ. (Æ 2. — R^1. de 1 à 2 fr.); *autres types*: t. tourelée de femme, ℞: ΣΜΥΡΝΑ·ΑΡΤΕΜΙ. Urne sacrée, en forme de trépied (Æ 2^1/$_2$. — R^1. = 2 fr.); m. t. ℞: ΖΜΥΡ·ΙΚΕΣΙ. Lampe ou autel, — dessous, ΜΗΤ. (Æ 3. — R^1. = 2 fr.); m. t. ℞: ΣΜΥΡΝΑΙΩΝ·ΤΙΜΩΝ. Vase de forme particulière et une lampe (Æ 1^1/$_2$. — R^1. = 2 fr.); t. tourelée de femme. ℞: ΣΜΥΡΝΑΙΩΝ·ΦΡΥΓ.. Ν. Lampe ou un autel (Æ 3. — R^1. = 2 fr.); ΣΜΥΡ... ΟΡΙΜΩ. Urne sacrée ou trépied (Æ 2^1/$_2$. — R^1. = 2 fr.); m. t. à dr. ℞: ΣΜΥΡΝΑΙΩΝ·ΔΙΟΓΗΝΗ. Autel triangulaire, en forme de trépied (Æ 2^1/$_2$. — R^1. = 1 fr.); ΣΜΥΡ·ΔΙΟΝΥ·ΕΡΜ. Autel allumé (Æ 3. — R^1. = 1 fr.); *autres*, m. type de l'autel allumé, av.: ΙΕΡΩΝΥΜΟΣ; ΣΜΥΡ·ΜΗΝΟ; ΣΜΥΡΝΑΙΩΝ·ΙΩΠΑΤΡΟΥ; ΣΜΥΡ·ΦΙΛΟΝ (Æ 2, 1^1/$_2$ et 1. — R^1. = 1 fr.); t. imb. laurée, à dr. ℞: ΣΜΥΡΝΑΙΩΝ·ΖΗΝΟΔΩΡΟΣ. Deux autels joints ensemble, entre deux palmes (Æ 3^1/$_2$. — R^6. = 20 fr.); t. tourelée de femme, à dr. ℞: ΣΜΥΡΝΑΙΩΝ·ΕΡΜΟΓΕΝΗΣ. Trépied; à g., épi (Æ 4. — R^1. = 2 fr.); *autre*: m. type, av.: ΗΡΟΦΩΝ. (Æ 2. — R^1. = 1 fr.); t. laur. d'Apollon, à dr. av. une longue chevelure. ℞: ΣΜΥΡΝΑΙΩΝ. Trépied (Æ 3^1/$_2$. — R^1. = 2 fr.); m. t. et m. l. Trépied (Æ 3. — R^1. = 2 fr.); *autre*: semblable Mod. 2^1/$_2$ (R^1. = 2 fr.); *autres*: Même type, au ℞. av.: ΜΕ-ΝΕΚΡΑ; ΠΑΡΑΜΟ; ΠΑΡΑΜΟΝ; ΦΙΛΑΝΙΔΗΣ; ΕΚΝΟ; ΑΠΟΛ·ΑΜΥΝ.; ΞΕΝΟ; ΣΜΥΡΝΑΙ·ΙΩΠΥΡΟΣ; ΣΜΥΡ·ΒΙΩΝ·ΠΟΣΕ; ΣΜΥΡΝΑΙΩΝ·ΑΡΙΣ-ΤΑΣ; ΕΥΚΛΗΣ. (Æ 3, 2^1/$_2$ et 2. — R^1—R^3. de 2 à 4 et 5 fr.); t. de femme tourelée, à dr. ℞: ΣΜΥΡΝΑΙΩΝ·ΑΠΟΛΛΟΝΙΔΗΣ. Femme, le *modius* en tête, deb. à dr. dev. un autel, ten. de la m. dr. une pet. Niké, — d. le champ, A. et un monogramme (Æ 4. — R^3. = 6 fr. Mion. R^1. = 1 fr.); t. laur. d'Apollon. ℞: ΣΜΥΡΝΑΙΩΝ·ΔΗΜΟΚΡΑΤΟΣ. Palmier (Æ 2^1/$_2$. — R^5. = 12 fr. Mion. R^3. = 6 fr.); t. tourelée de femme, à dr. d. une couronne de laurier ou de chêne. ℞: ΣΜΥΡΝΑΙΩΝ·ΑΠΟΛΛΩΝΙΟΣ. Femme deb., vue de face, vêtue de la *stola*, le *modius* sur la t., ten. de la m. dr. la haste pure, et portant sur la g. appuyée sur une colonne, une Niké qui lui présente une couronne, — d. le champ, un oiseau, à l'exergue. ΙΩ. (Æ 4. — R^1. = 1 fr.); *autres* du même type, av.: ΣΜΥΡΝΑΙΩΝ·ΑΠΟΛΛΟΦΑΝΗ; ΑΡΙΣΤΑΙΟΣ; ΛΑΓΙΜΟΣ·ΙΕΡΩΝΟΣ; ΔΗΜΗΤΡΙΟΣ; ΠΟΡΟΓΕΝ; ΔΥΝΑΓΟΡΑΣ; ΕΡΜΟΓΕΝΗΣ; ΕΚΑΤΩΜΥΜ..... ΗΦΑΙΣΤΙ.....; ΘΕΥΔΗΣ; ΗΓΗΣΙΑΣ; ΙΑΤΡΟΔΩΡΟ; ΙΚΑΔΙΟΣ; ΚΑΡΩΝΥΜΟ..... ΑΥ...; ΜΕΝΕΚΡ...; ΜΕΝΩΝ;... ΔΗΜΗΤΡΙΟΣ; ΜΟΣΙΔΕΟΣ·ΜΟΣΧΟΥ; ΣΜΥΡΝΑΙΩΝ·ΜΟΣΧΟΣ;....ΙΡΑΣΠ....; ΠΡΩΤΟΓΕΝΗΣ;...ΝΛΑΛΑ; ΠΟΣΙΔΕΟΣ·ΜΟΣΧΟΥ; ΦΑΞΗ; ΠΡΩΤΟΜΑΧΟΣ (m. type, sans la colonne, — d. le champ, Ε. Un ex. de ma coll. complète la lég. donnée par Mion. et qui n'a que:.. ΩΤΟΜΑΧΟΣ); ΑΘΗΝΑΓΟΡΑΣ; ΑΠΑΤΟΥΡΙΟΣ; ΑΠΟΔΩΡΟΣ; ΕΥΚΛΗΣ; ΞΕΥΞΙΣ; ΚΥΝΔΑΛΙ·ΦΑΝΗΣ; ΚΛΕΙΝΙΑΣ; ΑΠΟΛΛΩΝΙΔΕΟΣ; ΑΠΟΛΛΩΝΙΟΣ; ΑΝΑΚΑΙΟΣ; ΑΡΙΣΤΑΓΟΡΑΣ; ΒΙΑΣ; ΔΗΜΗΤΡΙΟΣ; ΔΙΟΝΥΣΙΟΣ·ΣΚΑΜΑΝΔ.; ΗΡΑΣ; ΗΡΑΣΗΣ; ΙΚΕΣΙΟΣ; ΚΟΝΩΝ; ΜΗΤΡΟΔΩΡΟΣ (d. le champ, $\triangledown$); ΦΙΛΟΚΡΑΤΗΣ; ΠΥΘΕΟΣ; ΠΥΣΩΡΟΣ; ΦΙΛΩΤΑΣ; ΣΤΡΑΤΟΜΑΧΟΣ; ΣΩΤΑΣ; ΕΡΜΟΓΕΝΗΣ; ΠΥΘΟΔΩΡΟΣ; ΦΙΛΩΝΙΔΑΣ. (toutes: Æ 4 et 5. — R^1—R^2. de 1, 2, 3, 4, 5 et 6 fr.). — *Autres types :* T. tourelée de femme, à dr. ℞: ΣΜΥΡΝΑΙΩΝ·ΗΡΑΚΛΕΙΔΗΣ. Lion courant à dr. (Æ 5. — R^6. = 15 fr. Mion. R^3. = 6 fr.); m. tête. ℞: ϹΜΥΡ. Autel triangulaire en forme de trépied, orné de bandelettes (Æ 1^1/$_2$. Com. 1 fr.); m. t. ℞: ΣΜΥΡ·ΔΗΜΗ. Même type (Æ 1^1/$_2$. — R^1. = 2 fr. Mion. R^1. = 1 fr.); *autres*, m. type, av.: ΣΜΥΡ·ΔΙΟΓΕΝΗΣ; ΣΜΥΡ·ΕΡΜΟΦΑ; ΣΜΥΡ·ΗΡΑΚ; ΣΜΥΡ·ΤΙΜΩ. (Æ 2. R^1. = 1 fr.); Tête tourelée de femme, à dr. ℞: ΣΜΥΡΝΑΙΩΝ·ΦΑΝΗΣΜΑΣΤΡΩΝΟΣ. Léopard marchant à dr., le tout au milieu d'une couronne de chêne (Æ 8^1/$_2$. — R^1. = 40 fr. Mion. R^1. = 24 fr.); ϹΙΠΥΛΗΝΗ. Tête tourelée de Kybèle, à dr. ℞: ΖΜΥΡΝΑΙΩΝ. Femme deb., à g., la tête surmontée du modius, ten. une patère et une corne d'abondance (Æ 4^1/$_2$. — R^3. = 9 fr.); m. lég. Buste tourelée de Kybèle, les épaules vêtues de la *stola*. ℞: ϹΜΥΡΝΑΙΩΝ. Lion à dr., le pied g. sur le *tympanum* (Æ 4^1/$_2$. — R^3. = 6 fr.); m. lég. et m. buste. ℞: Même lég. Griffon tournée à dr., le pied g. sur une roue (Æ 4^1/$_2$. — R^3. = 6 fr.); ϹΙΠΥΛΗΝΗ. Même buste de Kybèle, à sa gauche, un large *tympanum* ou un bouclier. ℞: ϹΜΥΡΝΑΙΩΝ. Athéné deb., ten. de la main dr. une patère et d. la g. la haste, à ses pieds, un bouclier (Æ 4^1/$_2$. — R^4. = 8 fr.); ΑΔΡΙΑΝΗ·ϹΜΥΡΝΑ. Même buste, à g. ℞: ΘΕΥΔΙΑΝΟϹ·ΑΝΕΘΗΚΕ. Griffon à dr. le pied g. sur une roue (Æ 4^1/$_2$. — R^3. = 6 fr.); m. lég. et m. buste. ℞: Même lég. Lion à dr., le pied g. sur le *tympanum* (Æ 4^1/$_2$. R^3. = 9 fr.); ϹΜΥΡΝΑ. Buste tourelée de l'Amazone Smyrna à dr. vêtue de la *stola*. ℞: ϹΜΥΡΝΑΙΩΝ. Lion marchant de g. à dr. (Æ 4^1/$_2$. — R^2. = 4 fr. Mion. Com. s. p.); même lég. et m. buste, av. la *bipenne* sur l'épaule g. ℞: Même lég. Même type (Æ 4. — R^1. = 2 fr.); *autre*, le buste à g. (Æ 4. — R^2. = 5 fr. Mion. Com. s. p.); ϹΜΥΡΝΑ. Buste tourelée de l'Amazone Smyrna à dr., l'épaule dr. nue, la *bipenne* sur la g. ℞: ϹΜΥΡΝΑΙΩΝ. Griffon à dr., le pied g. sur une roue (Æ 4^1/$_2$. — R^1. de 2 à 3 fr.); m. lég. et même buste, sans la *bipenne*. ℞: M. lég. et m. type (Æ 4^1/$_2$. — R^1. = 2 fr.); ϹΜΥΡΝΑ. Même buste. ℞: ϹΜΥΡΝΑΙΩΝ. Aigle vu de face, les ailes éployées, ten. à son bec une couronne (Æ 4. — R^5. = 12 fr. Mion. R^1. = 2 fr.); m. l.

et m. buste. ℞: Même lég. Au milieu du champ, proue de vaisseau (Æ 4½. Com. 1 fr.); ΣΜΥΡΝΑΙΩΝ. T. tourelée de femme, à droite. ℞: ΕΠΙ·ΔΗΜΟ-CΤΡΑΤΟΥ..... Femme deb. vêtue de la *stola*, à g. ten. une patère et une corne d'abond. (Æ 4½. — R⁴. = 10 fr. Mion. R². = 4 fr.); même lég. et même t. à dr. ℞: ΚΛΑΡΟC·CΤΡΑΤΗΓΟC. Même type que le précédent (Æ 2½. — R⁷. = 20 fr. Mion. R⁴. = 8 fr.); ΑΝΘΥ·ΦΡΟΝΤΕΙΝΩ·ΖΜΥΡ. Buste tourelée de Kybèle, à dr. ℞: ΕΠΙ·ΜΥΡΤΟΥ·CΤΡΑ·ΡΗΓΕΙΝΟC. Amazone deb., enveloppée d. le *pallium*, la m. dr. sur la haste, une *bipenne* dans la g. (Æ 5½ et 6. — R⁶. = 30 fr. Mion. R³. = 9 fr.; cette mon. est beaucoup plus rare que celle qui porte les mêmes lég. mais au *droit* une tête d'Héraklès); t. tourelée de femme, à dr. ℞: ΣΜΥΡ·ΤΙΜΩ. Trois épis sortant d'une urne placé sur un trépied (Æ 4. — R⁴. = 8 fr. Mion. R¹. = 1 fr.); Tête d'Artémis à dr., arc et carquois derrière les dos. ℞: CΜΥΡΝΑΙΩΝ· ΕΡΜΙΠΠΟC·ΕΡΜΟΓΕΝΟΥC·ΑΡΧΙΕΡΕ. Apollon assis, ten. une patère, — le coude g. appuyé sur une lyre, sur le dossier du siège, une chouette (Æ 4. — R⁷. = 30 fr. Mion. R⁶. = 18 fr.); ΖΕΥC·ΑΚΡΑΙΟC. T. nue de Zéus-Akraeos, à dr. ℞: ΖΜΥΡ·ΠΑΝΙΩΝΙΟC. Femme deb. vêtue d'un habit court, ten. un rameau et un arc, à ses pieds, proue de vaisseau (Æ 5½. — R². = 9 fr.); m. lég. et m. t. ℞: CΜΥΡ. Athéné deb. à dr., la m. dr. sur la g. appuyée sur son bouclier posé à terre (Æ 3½. — R¹. = 3 fr.); même lég. et même tête. ℞: CΜΥΡΝΑΙΩΝ. Même type (Æ 4½. — R¹. = 3 fr.); même lég. et m. t. ℞: CΜΥΡΝΑΙΩΝ. Athéné deb. à g. ten. une patère et une lance, — à ses pieds, un autel (Æ 4. — R¹. = 2 fr.); ΖΕΥC·ΑΚΡΑΙΟC. Même t. ℞: Même lég. Femme deb. ten. une patère et une corne d'abond. (Æ 4. — R¹. = 3 fr.); m. lég. et m. t. ℞: M. lég. Amazone deb., la tête tourelée et vêtue d'un habit court, la m. dr. sur la haste et la *bipenne* de la g. (Æ 4½. — R³. = 6 fr.); ΖΕΥC·ΑΚΡΑΙΟC. T. nue de Zéus-Akraeos à dr. ℞: CΜΥΡΝΑΙΩΝ. Tyché deb., av. ses attributs (Æ 4½. — R¹. = 2 fr.); m. lég. et m. tête. ℞: CΜΥΡ-ΝΑΙΩΝ·ΤΥΧΗ. Tyché deb., ten. une patère et une corne d'abond. (Æ 4. — R³. = 6 fr. — Sestini, Descr. num. vet. p. 351); m. l. et m. t. ℞: même lég. Némésis ailée deb., portant la m. dr. à sa poitrine, et ayant à ses pieds, une roue (Æ 4. — R¹. = 2 fr.); m. lég. et m. tête. ℞: CΜΥΡΝΑΙΩΝ. Proue de vaisseau occupant tout le milieu du champ (Æ 4. — R¹. = 3 à 4 fr.); m. l. et m. t. ℞: ΖΜΥΡΝΑΙΩΝ. Aigle de face, les ailes éployées, une couronne dans son bec (Æ 5½. — R³. = 8 fr. Mion. Com. 1 fr.); m. t. et m. l. ℞: ΙΜΥΡ-ΝΑΙΩΝ. (Sic!) Griffon à dr., le pied g. sur une roue (Æ 4. — R². = 5 fr. Mion. R¹. = 3 fr.); m. l. et m. t. ℞: CΜΥΡΝΑΙΩΝ. Lion marchant de g. à dr. (Æ 4. Com. de 2 à 3 fr.); ΖΕΥC·ΑΚΡΑΙΟC. T. de Zéus Akraeos av. le *pallium*. ℞: CΜΥΡΝΑΙΩΝ. Lion accroupi, à dr., le pied g. sur le *tympanum* (Æ 5. — R². = 4 fr.); m. lég. t. nue de Zéus-Akraeos, à dr. ℞: CΤΡΑ·ΠΡΟ-ΚΛΟΥ. Isis et Némésis deb., ayant chacune la m. droite élevée (Æ 4. — R⁵. = 12 fr. Mion. R³. = 6 fr.); *autre*, av.: CΜΥΡΝΑΙΩΝ. Isis deb. ten. un sistre d. la m. dr. et un vase dans la g. (Æ 4. R³. = 6 fr.); CΜΥΡΝΑΙΩΝ. Même t. à g. av. le *pallium*. ℞: ΕΠ·CΤΡ·ΚΛ·ΠΡΟΚΛΟΥ·CΟΦΙ·CΜΥΡ. Isis et Némésis deb. (Æ 5. R³. = 6 fr.); CΤΡΑ. Tête de Zéus-Sérapis, à dr. le *pallium* sur les épaules. ℞: CΜΥΡΝΑΙΩΝ. Proue de vaisseau, — dessous, dauphin (Æ 3. — R⁴. = 8 fr.); sans lég. Même t. ℞: CΜΥΡΝΑΙΩΝ. Vaisseau (Æ 3. — R². = 4 fr. Mion. R¹. = 1 fr.); CΜΥΡΝΑΙΩΝ. T. de Zéus Sérapis. ℞: Même lég.

Proue de vaisseau; au-dessous, dauphin (Æ 3. — R³. = 6 fr.); ΟΠΛΟΦΥΛΑΣ. (armorum custos). T. nue et barbue d'Héraklès, à dr. la peau de lion nouée sous le col. ℞: CMYPNAIΩN. Niké march. à g. ten. une couronne et une palme (Æ 3½. — R⁴. = 8 fr. Mion. R². = 5 fr.); m. l. et m. t. ℞: CMYP-NAIΩN. Un carquois, un arc et une massue (Æ 3½. — R⁵. = 15 fr. Mion. R³. = 6 fr.); ΟΠΛΟΦΙΛΑΣ. T. d'Héraklès, sans la peau de lion. ℞: CMYP-NAIΩN. Télésphore deb. enveloppé dans son manteau (Æ 3½. — R¹. = 3 fr.); m. l. et m. t. d'Héraklès, à dr. la peau de lion nouée sous le col. ℞: CMYP-NAIΩN. Le Mélès couché (Æ 3. — R². = 5 fr.); ΑΝΘΥ·ΦΡΟΝΤΕΙΝΩ. T. nue et barbue d'Héraklès, à dr. ℞: ΕΠΙ·ΜΥΡΤΟΥ·ΡΗΓΕΙΝΟC·ΖΜΥΡ. Le Mélès couché (Æ 4. — R⁵. = 15 fr. Mion. R⁴. = 10 fr.); ΜΕΛΗC. T. jeune, nue, à dr. ℞: CMYPNAIΩN. Trirème (Æ 3½. — R⁶. = 25 fr. Mion. R⁴. = 8 fr.); ΜΕΛΗΣ. Le Mélès couché. ℞: CMYPNAIΩN. Niké marchant à dr. (Æ 3½. — R⁵. = 10 à 12 fr. Mion. R³. = 6 fr. Cf. Arthur Löwbecke, d. la Zeitschr. f. Numism. Bd. XII, p. 320. 321); autres: ΕΠΙ·ΤΙ·ΚΛΑΥΔΙΟΥ·ΙΕΡΩΝΥΜΟΥ. Némésis deb. av. des ailes de griffon, portant la m. dr. à sa bouche. ℞: CTPATI·KΛA·CΩCANΔΡΟΥ·ΖΜΥΡ. Le Mélès couché (Æ 5. — R⁵. = 15 fr. Mion. R⁴. = 10 fr.); même lég. Némésis deb., les ailes allongées. ℞: Même lég. av. CΩCANΔΡΟC. Le Mélès couché (Æ 5. — R⁴. = 8 à 10 fr. Mion. R³. = 6 fr.); autre: Mod. 4½. m. prix; Autre: ΕΠΙ·ΜΥΡΤΟΥ. Zébou marchant, à dr. ℞: ΣΜΥΡ·ΡΗΓΕΙΝΟC. Niké marchant à dr. portant un trophée (Æ 3½. — R⁴. = 8 fr.); ΕΠΙ·ΙΕΡΩΝΥΜΟΥ. Autel allumé, orné d'une guirlande de fleurs. ℞: ΣΜΥΡ·CΩCANΔΡΟC. Même type de Niké (Æ 4. — R⁴. = 8 fr.); même lég. et m. type. ℞: CΩCANΔΡΟΥ·CTPA·IMYP. Zébou deb. (Æ 4. — R⁵. = 15 fr.); ΕΠΙ·ΔΗΜΟCTPATOY. Némésis deb. ℞: ΖΜΥΡ·CTPATHΓΟC. Niké allant à dr. portant un trophée sur l'épaule gauche (Æ 3. — R⁴. = 8 fr.); ΣΜΥΡ·CTPAT. Niké marchant à dr. tenant un trophée. ℞: ΤΙΑΤΟΥ. Femme deb. tournée vers la droite (Æ 3. — R⁶. = 30 fr. Mion. R³. = 6 fr.); CTPATH·BIΩNOC. T. d'Athéné, à dr. ℞: ΖΜΥΡΝΑΙ-ΩΝ. Niké deb. (Æ 3. — R⁴. = 8 fr.); ΙΜΥΡ. T. de Dionysos couronnée de lierre à dr. ℞: ΕΠΙ·ΒΙΩΝΟC. Tête de pavot entre deux épis liés ensemble (Æ 2½. — R⁴. = 10 fr. Mion. R³. = 6 fr.); CMYPNAIΩN. Mouche. ℞: ΕΠΙ·ΜΥΡΤΟΥ·ΡΗΓΕΙΝΟC. Dauphin tourné vers la droite (Æ 2½. — R⁴. = 10 fr. Mion. R². = 3 fr.); autre: CMYP. Mouche. ℞: ΕΠΙ·ΦΙΛΙCΤΟΥ·ΕΙΚΑΔΙΟC. Femme voilée et deb. à g. ten. d. ses mains un rameau (Æ 2½. — R⁴. = 6 fr. Mion. R². = 3 fr.); ΟΜΗΡΟC. Homère assis, tourné à dr., ten. de la m. gauche un rouleau. ℞: CMYPNAIΩN. en trois lignes dans une couronne de laurier (Æ 5. — R⁶. = 20 fr. Mion. R³. = 6 fr.); Tête virile, imb. à dr. ℞: ΙΜΥΡΝΑΙΩΝ·ΕΡΜΟΚΛΗC. Femme deb. vue de face, le *modius* en tête, ten. une haste de la m. dr. et de la g. appuyée sur un cippe, une Niké, — d. le champ, à dr. un oiseau (Æ 4. — R³. = 6 fr. Mion. R¹. = 1 fr.); t. de femme tourelée, à dr. ℞: ΙΜΥ, ΡΝΑΙΩΝ, ΑΝΗΣΙΑ, ΡΩΝΟΣ. Panthère marchant, à dr., le tout d. une couronne de lierre (Æ 6½. — R⁶. = 24 fr. Mion. R⁴. = 12 fr.); CMYPNA·AΔΡΙΑΝΗ. T. de femme tourelée, à dr., la poitrine couverte de la *stola*. ℞: ΘΕΥΔΙΑΝΟC·ANE. Griffon accroupi, à dr. av. le pied gauche de devant posé sur une roue (Æ 4. — R³. = 6 fr.); ΕΠΙ·ΜΥΡΤΟΥ. Boeuf. ℞: ΣΜΥΡ·ΡΗΓΕΙΝΟΣ. Niké marchant, ten. d. la m. dr. levée une couronne, portant un trophée sur l'épaule g. (Æ 4. — R⁴. =

10 fr. Mion. R². = 4 fr.); *autre :* ΦPONTINIANOY. t. nue d'Héraklès. ℞: ΕΠΙ·ΜΥΡΤΟΥ·ΡΗΓΕΙΝΟC·CΜΥΡ. Fleuve (Mélès) couché (Æ 5. — R⁶. = 15 fr. Mion. R⁴. = 8 fr.); *autre*, av.: ..... ΑΡΙ·CΕΒΑCΤΑ·CΜΥΡ-ΝΑΙΩΝ. Buste de femme voilée à g., ten. des épis de la m. dr. et une corne d'abond. sur le bras gauche. ℞: .... ΔΟΓΜΑΤΟΥ., (ou ΑΝΘΥΠΑΤΟΥ?). Temple octostyle vu de face, — de chaque côté une figure nue, deb. (Æ 7½. — R⁵. = 20 fr. Mion. R⁴. = 12 fr.); ΑΤΗΡΙΑΝΟΣ. T. imberbe casquée. ℞: ΣΜΥΡΝΑΙΩΝ. Niké marchant, ten. de la m. dr. une couronne et de la g. une palme (Æ 5. — R⁶. = 20 fr. Mion. R⁴. = 8 fr.); ΠΡΟΦΥΛΑΞ. [Ce surnom d'Héraklès se présente ici pour la première fois]: T. nue et barbue d'Héraklès, à dr. ℞: CΜΥΡΝΑΙΩΝ. Le *Mélès* couché, à g. (Æ 3. — R⁸. = 70 fr. Mion. R⁷. = 30 fr. Cf. Dumersan, Descr. du Cab. de feu Allier de Hauteroche, p. 87, Pl. XV, n° 21); ΕΠ·ΔΙΟΓΕΝΟΥC. Proue de vaisseau, et au *droit*: CΜΥΡΝΑΙΩΝ. Tête barbue de Zéus Sérapis, av. le *modius* (Æ 3. — R⁵. = 10 fr. Mion. R². = 4 fr. Ramus, Cat. num. vet. reg. Daniae, tom. 1. p. 242, n° 77); ℞: CΤΑ (sic) ΤΙ·ΣΩΣΑΝΔΡΟΥ·ΙΜΥΡ. Fleuve (Mélès) couché, à g. (Æ 4½. — R³. = 6 fr.); *autre :* ΖΜΥΡΝΑΙΩΝ. T. de femme, tourelée, à droite. ℞: ΕΠΙ·ΔΗΜΟCΤΡΑΤΟΥ·CΗΙΟC. Femme, le *modius* en tête, deb. à g., ten. une patère et une corne d'abond. (Æ 4½. — R⁴. = 8 fr.); *autre :* ΕΠΙ·ΔΗΜΟCΤΡΑΤΟΥ. Femme marchant, à dr. ℞: CΤΡΑ·CΗΙΟC, mieux: CΤΡΑΤΗΓΟC·ΖΜΥΡ. Niké marchant à dr. portant sur ses épaules un trophée (Æ 4. — R⁴. = 8 fr.); même lég. Némésis deb. à g. ℞: ..... ΖΜΥΡ. Niké marchant (Æ 4. — R³. = 6 fr.); ΘΕΟΝ·CΥΝ-ΚΛΗΤΩΝ. T. du Sénat, à dr. Dans le champ, ΖΜΥ. ℞: ΘΕΑΝ·ΡΩΜΗ-ΦΙΛΟΠΑΤΡΙC. Figure deb., à dr. ten. une haste, sa m. gauche posée sur un trophée placé dev. elle, au-dessus, un monogr. (Æ 4. — R⁵. = 12 fr. Mion. R⁴. = 8 fr.); *autre :* Même lég. et m. t. du Sénat. ℞: CΤΡ·CΤΡΑΤΟΝΕΙ-ΚΙΑΝΟΥ·CΜΥΡΝΑΙΩΝ. Némésis deb. (Æ 6. — R³. = 9 fr.); *autre :* ℞: Même lég. mais av. CΜΥΡ. Athéné casquée deb. à g. (Æ 8. — R⁴. = 12 fr. Mion. R³. = 9 fr.); m. lég. et m. t. du Sénat. ℞: CΜΥΡ·Γ·ΝΕ·ΕΠ·ΤΕΡ-ΤΙΟΥ·ΑCΙ. Femme tutulée deb., ten. de la m. dr. une patère et de la g. une corne d'abond. (Æ 6. — R³. = 9 fr.); ΘΕΟΝ·CΥΝΚΛΗΤΩΝ·ΖΜΥΡ. Tête jeune nue, à dr. une chevelure bouclée, et vêtue du *pallium*. ℞: ΕΠΙ·ΤΙ·ΙΕΡΩ·CΩCΑΝΔΡΟC. Temple hexastyle de face (Æ 5. — R⁵. = 15 fr. Mion. R³. = 6 fr.); *autre :* ΕΠ·C·ΚΟΥΙΝΤ·ΠΟΛΕΙΤΟΥ. Buste de l'Abondance (εὐθηνία) voilée à g. ten. de la m. dr. des épis et sur le bras g. une corne d'abond. ℞: CΜΥΡΝΑΙ[ΩΝ]·ΠΡ·ΑCΙ[ΑC] et dans le champ, ΝΕΟ·Β. L'Amazone Smyrne deb. à g. ten. une bipenne de la m. dr. et la *pelta* de la gauche (Æ 8. — R⁶. = 40 à 50 fr. — Publ. par A. Engel, voy. Rev. Num. Fr. An. 1884, Tom. II, p. 19, n° 13. — Mionnet, Tom. III, p. 212, n° 1176, cite une mon. semblable mais d'un autre néocorat et av. une lég. estropiée au *droit*, id. e.: ΕΠ·C·Μ·ΟΥΙΝΙ·ΠΟΛΕΙΤΟΥ. que M. Engel vient de corriger. — Cf. aussi: Dr. Kenner, die Münzsammlung des Stiftes Sant-Florian, p. 130, — Millingen, Ancient Coins, pl. V, 13, et en plus Pinder, Beitr. z. älteren Münzkunde, Berlin 1851, p. 237); CΜΥΡΝΑΙΩΝ·ΠΡΩΤΩΝ·ΑCΙΑC. Même buste de l'Abondance voilée. ℞: ΕΠ·C·Μ·ΑΥΡ·ΤΕΡΤΙΟΥ·ΑCΙΑΡΧΟΥ. L'Amazone Smyrne deb. la t. tourelée, ten. une bipenne et la *pelta* dans la m. g. et une patère d. la m. dr., à ses pieds, une proue de

vaisseau (Æ 9 et 8½. — R¹. = 4 fr.); *autre :* ℞': ΕΠ·ϹΤΡ·ΠΟΛΕΙΤΟΥ·ϹΜΥΡΝΑΙΩΝ·Γ·ΝΕΩΚΟΡΩΝ. Même type (Æ 8. — R¹. = 4 fr.); *autre,* ℞' av.: ϹΜΥΡΝΑΙΩΝ·ΠΡ·ΑϹΙΑϹ·Γ·ΝΕ·ΤΩΝ·ϹΕ. Même type de l'Amazone Smyrne (Æ 9. — R². = 8 fr.); ϹΜΥΡ·ΠΡΩΤΩΝ·ΑϹΙΑϹ. Buste de l'Abondance voilée à g. ℞': ΕΠΙ·Ϲ·ΦΙΛΗΤΟΥ·ΙΠΠΙΚ·ϹΜΥ. Zéus Niképhore assis à g. (Æ 8. — R³. = 12 fr.); ΙΕΡΑ·ϹΥΝΚΛΗΤΟϹ. T. jeune du Sénat, av. le *pallium*. ℞': ΕΠΙ·ΗΡΑΚΛΕΙΔΟΥ·ϹΜΥΡΝΑΙΩΝ. Athéné deb. regardant à g., — à ses pieds, un bouclier (Æ 7. — R². = 6 fr.); même lég. et m. tête. ℞': ϹΤΡ·ΗΡΑΚΛΕΙΔΟΥ·ΟΜΟΝΟΙΑ·ϹΜΥΡΝΑΙΩΝ. Niké deb., une roue à ses pieds, — en face Athéné, également deb. ten. un sistre d. la m. dr. et un bouclier d. la g. (Æ 7. — R². = 6 fr.); même Droit. ℞': ΕΠΙ·ϹΤΡ·ϹΤΡΑΤΟΝΕΙΚΙΑΝΟΥ·ϹΜΥΡΝΑΙΩΝ. Niké deb., tournée à dr. (Même mod. et m. prix); même droit. ℞': Même lég. Femme deb., le *modius* sur la tête, ten. une patère et une corne d'abond. (Æ 5. — R¹. = 3 fr.); même droit. ℞': ϹΜΥΡΝΑΙΩΝ·ΝΕΩΚΟΡΩΝ. Tyché deb. (Æ 6½. — R¹. = 3 fr.); même droit. ℞': ΕΠ·ΤΕΡΤΙΟΥ·ΑϹΙ·ϹΜΥΡ·Γ·ΝΕ. Tyché deb. (Æ 6. — R¹. = 3 fr.); même droit, la t. du Sénat av. une contre-marque. ℞': ΕΠΙ·Ϲ·ΤΗΤΟΥ·ϹΜΥΡΝΑΙΩΝ·Γ·ΝΕ. Même type (Æ 6. — R¹. = 3 fr.); m. lég. et m. t. du Sénat. ℞': ΕΠ·Ϲ·ΦΙΛΗΤΟΥ·ϹΜΥΡ·Γ·ΝΕΩ. Tyché deb. av. ses attributs (Æ 6. — R². = 6 fr.); m. lég. et m. t. ℞': ϹΜΥΡΝΑΙΩΝ·Γ·ΝΕΩΚΟΡΩΝ. Tyché deb. d. un temple tétrastyle (Æ 6½. Com. 1 fr.); m. lég. et m. t. du Sénat. ℞': ΕΠ·ΜΕΝΕΚΛΕΟΥϹ·ϹΜΥΡ·Γ·ΝΕ. Même type (Æ 7. — R¹. = 3 fr.); *autres :* m. lég. et m. t. ℞': ΕΠ·ΠΩΛΛΙΑΝΟΥ·ϹΜΥΡ·Γ·ΝΕ. Même type (Æ 7. — R¹. = 3 fr.); m. t. du Sénat et même lég. ℞': ϹΜΥΡΝΑΙΩΝ·Γ·ΝΕΩΚΟΡΩΝ. Isis et Némésis deb. av. leurs attributs (Æ 7. — R¹. = 3 fr.); même lég. et m. t. av. une contre-marque. ℞': ϹΜΥΡ·Γ·ΝΕΩΚΟΡΩΝ. Même type d'Isis et Némésis deb. (Æ 5. — R¹. = 2 fr.); ΙΕΡΑ·ϹΥΝΚΛΗΤΟϹ. T. jeune nue du Sénat, à dr. le *pallium* sur les épaules. ℞': ΙΜΥΡ·ΓΑ·ΚΑ·ΒΙΩΝΟϹ·ΤΑΜΙΟΥ. Isis et Némésis deb. (Æ 8. — R³. = 9 fr.); m. lég. et même tête. ℞': ΕΠΙ·ϹΤΡΑ·ΑΠΟΛΛΩΝΙΟΥ·ϹΜΥΡ. Même type d'Isis et de Némésis (Æ 7. — R¹. = 3 fr.); *autres :* av. ΕΠ·ΠΩΛΛΙΑΝΟΥ·ϹΜΥΡ·Γ·ΝΕ.; ΕΠ·ΜΕΝΕΚΛΕΟΥϹ·ϹΜΥΡ·Γ·ΝΕ., ΕΠ·ΤΕΡΤΙΟΥ·ΑϹΙ·ϹΜΥΡ·Γ·ΝΕ. Même type (Æ 7, 6½ et 6. — R¹–R². de 3 à 6 fr.); ΙΕΡΑ·ϹΥΝΚΛΗΤΟϹ. Tête du Sénat. ℞': ΕΠΙ·ΝΙΚΟΜΗΔΟΥ·ΟΜΟ·ΑΘΗ·ϹΜΥΡΝΑΙ. Némésis deb., à ses pieds, une roue, et tendant la main à Athéné aussi deb. ten. la haste et le bouclier (Æ 6. — R⁶. = 25 fr. Mion. R⁴. = 12 fr.); ΙΕΡΑ·ϹΥΝΚΛΗΤΟϹ. T. du Sénat. ℞': ϹΜΥΡΝΑΙΩΝ·ΕΠΙ·ΚΛΗΤΟΥ. Isis et Némésis deb. (Æ 6. — R⁴. = 10 fr. Mion. R². = 6 fr.); même lég. et m. t. av. le *pallium*. ℞': ΕΠΙΚΤΗΤΟΥ·ϹΜΥΡΝΑΙΩΝ·Γ·ΝΕ. Femme deb., vêtue de la *stola*, à g. le *modius* sur la tête, une patère d. la m. dr. et une corne d'abond. d. la g. (Æ 6. — R⁵. = 12 fr. Mion. R². = 6 fr. mais mal décrite d. sa Descr. Tom. III, p. 215, n.° 1195); *autre :* ϹΜΥΡ·Γ·ΝΕ·ΕΠ·ΜΕΝΕΚΛΕΟΥϹ. Deux Némésis deb. en face, — l'une ten. un frein, et l'autre, une baguette, — à ses pieds, une roue (Æ 6½. — R⁵. = 15 fr. Mion. R¹. = 3 fr.); *autre :* ϹΜΥΡ·Γ·ΝΕ·ΕΠ·ΝΕΟΚΛΕΟΥϹ. Même type (Æ 6. — R². = 6 fr.); m. lég. et m. t. ℞': ΕΠ·ΠΩΛΛΙΑΝΟΥ·ϹΜΥΡ·Γ·Ν. Femme deb. ten. une patère et une corne d'abond. (Æ 7. — R¹. = 3 fr.); même t. et même lég. ℞': ϹΜΥΡΝ·Γ·ΝΕ·ΕΠΙ·ΠΟΛΛΙΑΝΟΥ. Tyché deb. d. un temple tétrastyle (Æ 7. — R¹. = 3 fr.);

m. t. et m. lég. ℞: CTPA·CTPATONEIKIANOY·CMYPN. ou CMYP-NAIΩN. (Æ 7 ou 8). Athéné deb. ten. une patère et une haste (R^2. = 6 fr.); m. t. et m. lég. ℞: Même lég. Némésis aîlée, deb. tournée à dr. (Æ 7. — R^2. = 6 fr.); m. l. et m. t. du Sénat, av. la toge sur les épaules. ℞: CTP·KA·CTPATONEIKIANOY·CMYPNAIΩN. Femme deb. ten. une patère et une corne d'abond. (Æ 9. — R^2. = 12 fr.); autre, av.: ΕΠΙ·CTPA·CΩCAN-ΔPOY·CMYP. Tyché assise à g. ten. une patère et un gouvernail (Æ 5. — R^2. = 4 fr.); m. t. et m. lég. ℞: ΕΠ·ΤΕΡΤΙΟΥ·ΑCΙ·CMYP. Tyché deb. d. un temple tétrastyle (Æ 6. — R^2. = 6 fr.); m. t. et m. lég. ℞: CMYP·Γ·ΝΕ·ΕΠΙ·ΤΕΡΤΙΟΥ. Femme tutulée deb. en face. Dans le champ, ACI. (Æ 6. — R^2. = 6 fr.); autre, av.: CMYP·Γ·ΝΕ·ΕΠΙ·C·ΦΙΛΗΤΟΥ. Femme tutulée deb. ten. une patère et une haste (Æ 6. — R^1. = 3 fr.); autre: CMYPNAIΩN·Γ·ΝΕΩΚΟΡΩΝ. Femme deb. ten. une patère et une corne d'abond. (Æ 6. — R^1. = 3 fr.); m. lég. et m. t. dessus, Δ. en contre-marque. ℞: Même lég. et même type de la femme deb. (Æ 6$^1/_2$. — R^1. = 3 fr.); autre: même lég. Tyché deb. d. un temple tétrastyle (Æ 7. Com. 1 fr.); autres: du Mod. 6$^1/_2$ et 5$^1/_2$ (Com. à 1 fr.); même lég. Deux Némésis deb. en face l'une de l'autre (Æ 6$^1/_2$. — R^4. = 10 fr. Mion. R^1. = 3 fr.); autre, sans la roue aux pieds d'une des Némésis (Æ 4$^1/_2$. — R^3. = 6 fr. Mion. R^1. = 2 fr.); autre, av.: CTP·ΗΡΑΚΛΕΙΔΟΥ·CMYPNAIΩN. Même type (Æ 7. — R^1. = 3 fr.); autre, av.: CMYPNAIΩN·ΠΡΩΤΩΝ·ΑCΙΑC. Tyché d. un temple tétrastyle (Æ 7. — R^2. = 6 fr.); ΙΕΡΑ·CYNKΛΗΤΟC. Tête du Sénat. ℞: CTP·ΗΡΑΚΛΕΙΔΟΥ·ΟΜΟ·ΑΘΗ·CMYPNAIΩN. Némésis aîlée, ten. un sistre, et Athéné, la m. gauche appuyée sur un bouclier, deb. et se donnant la main (Æ 7. — R^4. = 12 fr.); m. lég. et même tête. ℞: CTP·ΗΡΑΚΛ·ΛΑΚΕ·CMYPNAIΩN. Figure en habit court, deb. ten. une branche de laurier et une haste, — en face, Némésis aîlée, deb. portant la m. dr. à sa poitrine, — à ses pieds, une roue (Æ 6. — R^4. = 12 fr.); ΔΗΜΟC·ΦΙΛΑΔΕΛΦΕΩΝ·ΝΕΩΚ. Tête du Peuple ceinte d'un lion, à dr. ℞: CMYPNAIΩN·Γ·ΝΕΩ. Figure tourelée assise, à g. ten. de la m. dr. deux Niké ou deux Némésis, et de la g. une corne d'abond. (Æ 7. — R^6. = 40 fr. Mion. R^5. = 20 fr.); autre, av.: K·CMYPNAIΩN·Γ·ΝΕΩΚΟΡΩΝ. Une figure, le *modius* sur la tête, assise, à g., ten. une patère d. la m. dr., dans le champ, ΙΘΑ et ΟΟΟ. (Æ 7. — R^6. = 30 fr. Mion. R^5. = 20 fr.); ΘΕΟΝ·CYNKΛΗΤΟΝ (sic) CMYP. T. jeune, nue, à dr. le *pallium* sur les épaules. ℞: ΕΠΙ·ΤΙ·ΙΕΡΩ-ΝΥΜΟΥ·CΩCANΔΡΟΥ. Temple hexastyle (Æ 5$^1/_2$. — R^3. = 9 fr.); ΘΕΟΝ·CYNKΛΗΤΟΝ·ΖΜΥ. Même t. ℞: Même lég. et m. type (Æ 4$^1/_2$. — R^3. = 6 fr.); même lég. et m. tête. ℞: ΕΠ·ΕΠΙΚΤΗΤΟΥ·CMYP·Γ·ΝΕ. Temple tétrastyle. Au milieu, Tyché deb. ten. une patère et une haste (Æ 5$^1/_2$. — R^3. = 9 fr.); même lég. T. du Sénat, à dr., le *pallium* sur les épaules. ℞: ΕΠ·ΜΕΝΕΚΛΕΟΥC·CMYP·Γ·ΝΕ. Temple tétrastyle, au milieu, la Tyché deb. (Æ 5$^1/_2$. — R^3. = 9 fr.); m. lég. et même t. ℞: CMYPNAIΩN·ΗΡΑ-ΚΛΕΙΔΟΥ. Athéné deb. ten. une patère d. la m. dr. et d. la g. le bouclier et la haste (Æ 6. — R^3. = 9 fr.); m. lég. et m. tête du Sénat. ℞: CT·A·KΛ·ΠΡΟΚΛΟΥ·CΟΦΙ·CMYP. Héraklès Bibax (ποτικός, Arist.) deb. à g. ten. de la m. dr. le *cantharum* et d. la g. sa massue et la peau de lion (Æ 6. — R^4. = 12 fr.); ΕΠΙ·ΤΙ·ΚΛΑΥΔΙΟΥ·ΙΕΡΩΝΥΜΟΥ en 5 lignes, au milieu d'une couronne de laurier. ℞: CTPA·ΤΙ·ΚΛΑΥΔΙΟΥ·CΩΣΑΝΔΡΟΥ·CMYP-

ΝΑΙΩΝ. Figure barbue assise à g. ten. une haste transversale (Æ 6¹/₂. — R⁷. = 30 fr. Mion. R³. = 9 fr.). — **Monnaie de Mithradate VI. Eupator**, roi de Pont : Tête de Mithradate ceinte du diadème, à dr. ℞: ΖΜΥΡΝΑΙΩΝ·ΕΡΜΟ-ΓΕΝΗΣ·ΦΡΙΞΟΣ. Niké marchant à dr. ten. d. la m. dr. une couronne et d. la g. une palme (Æ 6. — R⁸. = 100 fr. Mion. R⁸. = 60 fr. — Rollin et Feuardent, Cat. Gr. n.º 5392. Vend. 80 fr. mais auj. plus cher. Visconti, d. son Iconographie grecque, Pl. XLII, a jugé avec raison que cette monnaie, précédemment attribuée à Seleukos II, appartenait à Mithradate VI Eupator). — On connaît des tétradrachmes d'Alexandre le Grand, fr. à Smyrne. Ils portent au ℞: ΙΜ. devant le Zéus, et un lion la patte droite levée, — massue couchée sous Zéus (Æ 9. — R⁶. = 80 fr. — Rollin et Feuard. Cat. Gr. n.º 5390 bis. Vend. 50 fr. — De même de Lysimaque, roi: au ℞ dans le champ, devant Zéus, partie antér. de lion et de cheval marin ailé (Æ 4. — R⁵. = 25 fr. — Rollin et Feuard. Cat. Gr. n.º 5391. Vend. 8 fr., — mais auj. beaucoup plus cher. — **Impériales** depuis Auguste jusqu'à Gallien. Cette série est fort nombreuse. *Légendes remarquables:* ΣΜΥΡ, ΣΜΥΡΝΑΙΩΝ accompagnées des titres honoraires: ΝΕΩΚΟΡΩΝ; ΠΡΩΤΩΝ ΑΣΙΑΣ; ΠΡΩΤΩΝ ΑΣΙΑΣ Γ ΝΕΩΚΟΡΩΝ ΤΩΝ ΣΕΒΑΣΤΩΝ ΚΑΛΛΕΙ ΚΑΙ ΜΕΓΕΘΕΙ et dans un seul exemple ΑΔΡΙΑΝΗ. — *Le troisième néocorat* commence vers la fin du règne de Septime-Sévère. — *Magistrats* = Proconsuls: ΑΝΘΥΠΑΤΟΣ, dont on connaît les suivants: P. Petronius, 29—35 de J. C.; C. Calpurnius Aviola, 38—39; M. Suillius Nerullinus, 69—70; Vettius Bolanus, 79(?); Ti. Catius C. Silius Italicus après l'an 77 de J. C.; L. Mestrius Florus, 83—84; Sext. Julius Frontinus, après 83; Fuscus, entre 98 et 102; L. Venuleius Apronianus, 138—139. — Chevaliers: ΙΠΠΙΚΟΣ, Questeurs: ΤΑΜΙΑΣ, Préteurs: ΣΤΡΑΤΗΓΟΣ, quelquefois av. l'addition de ΔΙΑ ΒΙΟΥ; en plus: Asiarques, Stephanéphoros, Sophistes, Archierens, Hiereia et une prêtresse du nom de Myrtos, qui faisait sa charge du temps du Proconsul Frontinus et à laquelle (M. Imhoof, Mon. Gr. p. 297) a été adjugé le titre: Θυγάτηρ τοῦ δήμου; — *Divinités:* les deux Némésis; ΖΕΥΣ ΑΚΡΑΙΟΣ; ΘΕΑ ΡΩΜΗ; ΣΜΥΡΝΑ, son buste tourelée av. la bipenne d'Amazone; ΤΥΧΗ; Héraklès ΟΠΛΟΦΥΛΑΞ (armorum custos), Eckhel, Vol. II, p. 543; Démétér Horia, av. une inscription dédicatoire: ΣΜΥΡΝΑΙΟΙ ΤΗΝ ΩΡΙΑΝ (cf. v. Sallet, Zeitschr. f. Num. Bd. IV, p. 315); ΣΙΠΥΛΗΝΗ, une épithète de Kybèle; ΟΜΗΡΟΣ, Homère assis, peut-être une copie de la statue qui se trouva dans l'Ὁμήρειον; la monnaie qui la représente est appelée "Ὁμήρεια" par Strabon, p. 646. — *Fleuves:* ΕΡΜΟΣ et ΜΕΛΗΣ; *fontaines:* ΚΑΛΕΩΝ. — *Jeux publics:* — ΠΡΩΤΑ ΚΟΙΝΑ ΤΗΣ ΑΣΙΑΣ ΕΝ ΣΜΥΡΝΗ et ΠΑΝΙΩΝΙΑ. — Autre remarquable inscription: ΠΟΛΕΜΩΝ (ou ΙΕΡΩΝΥΜΟΣ) ΑΝΕΘΗΚΕ ΣΜΥΡΝΑΙΟΣ. lég. sur un médaillon d'Antinoüs. — **Monnaies d'alliance**: av. Athènes, Kaisareia de Cappadoce, Chios, Klazomenai, Kyzikos, Ephesos, Ephesos et Pergame, Hiérapolis Phrygiae, Lakédaemon, Laodikeia Phryg., Magnesia ad Siplyum, Milet, Mytilène, Nikomedia, Pergame et Tralles, Perinthos, Philadelphia, Sardes, Thyatira, Tralles. — Jusqu'à la fin du règne de Trajan le nom de Smyrne est écrit avec Σ ou Ζ, ensuite av. C. — Monnaies d'Auguste: ΣΕΒΑΣΤΟΥ. Sa t. laur. à dr. ℞: Λ·ΓΕΣΣΙΟΣ·ΣΜΥΡ. Cavalier en course, à dr. (Æ 4. — R⁴. = 8 fr.); ΣΕΒΑΣΤΟΣ·ΣΜΥΡΝΑΙΩΝ. T. nue d'Auguste, à dr. ℞: ΔΙΟΝΥΣΙΟΣ·ΚΟΛΛΥΒΑΣ. Niké marchant à g. ten. une couronne et une palme (Æ 3. — R^4. = 8 fr.); autre, presque semblable (Æ 4. — R^8. = 4 et 5 fr.); ΣΕΒΑΣΤΟΣ· T. nue d'Auguste, à dr. ℞: ΣΜΥΡΝΑΙΩΝ· ΕΡΜΟΚΛΗΣ. Astarté deb. près d'une colonne, la t. tourelée, ten. de la m. dr. un sceptre et d. la g. une petite Niké (Æ 4. — R^2. = 3 fr. — Cat. J. Gréau (Paris 1867), n° 1814. Vend. 5 fr.); ΣΕΒΑΣΤΟΣ. T. nue d'Auguste, à dr. ℞: ΣΜΥΡΝΑΙΩΝ·ΚΟΡΩΝΟΣ. Capricorne tourné vers la droite (Æ 3. R^2. = 3 fr.); ΣΕΒΑΣΤΟΣ·ΣΜΥΡΝΑΙΩΝ. T. nue d'Auguste, à dr. ℞: ΔΙΟ-ΝΥΣΙΟΣ·ΚΟΛΛΥΒΑΣΙΟΣ. Niké marchant à g. (Æ 4. — R^5. = 12 fr. Mion. R^2. = 4 fr.); autre variété, av. ΔΙΟΝΥΣ·ΚΟΛΛΥΒ. Même type (Æ 4. — R^3. = 6 fr. Mion. R^2. = 4 fr.). — Auguste et Livie: ΖΜΥΡΝΑΙΟΙ·ΣΕ-ΒΑΣΤΩΙ. Leurs têtes accolées. ℞: ΛΕΟΝΤΙΣΚΟΣ·ΙΠΠΟΜΕΔΟΝΤΟΣ. Astarté deb. près d'une colonne, vêtue de la stola, le modius sur la tête, ten. un sceptre dans la main dr. et une pet. Niké dans la g. (Æ 4½ et 5. — R^6. = 40 fr. Mion. R^4. = 8 fr.); ΣΕΒΑΣΤΩΙΣ·ΖΜΥΡΝΑΙΩΝ. Mêmes têtes. ℞: ΔΙΟΝΥΣΙΟΣ·ΚΟΛΛΥΒΑΣΙΟΣ. Même type (Æ. — R^5. = 20 fr. Mion. R^3. = 6 fr.); ΖΜΥΡΝΑΙΟΙ. (rétrograde) .... T. accolées d'Auguste et de Livie, à droite. ℞: ..... NY.... ΛΥΒΑΣ ..., pro ΔΙΟΝΥΣΙΟΣ·ΚΟΛΛΥ-ΒΑΣΙΟΣ: Astarté deb. près d'une colonne sur laquelle une petite Niké la couronne (Æ 4. R^5. = 20 fr. Mion. R^3. = 6 fr.); ΣΜΥΡΝΑΙΟΙ·ΣΕΒΑΣΤΟΙ. (litt. extr.) Mêmes têtes accolées, à g. ℞: Lég. fruste. Ἑστία (Vesta) voilée, deb., ten. un bâton de la m. dr., la gauche portant la Niké, le coude gauche appuyé sur une colonne, — d. le champ, un pet. oiseau (Æ 5. — R^7. = 50 fr. Mion. R^4. = 8 fr. Quelques numismatistes prétendent que Vesta n'est jamais représentée sur les mon. gr., — celle que je décris ici prouve le contraire). — Auguste avec Caius et Lucius césars: ΣΕΒΑΣΤΟΝ·ΣΜΥΡΝΑΙΟΙ. T. d'Auguste. ℞: ... ΓΑ ..... ΛΟΥΚ .... K. Têtes nues et en regard de Caius et Lucius (Æ 4. — R^7. = 80 fr. Mion. R^5. = 15 fr.); autre: ΣΕΒΑΣΤΟΣ. T. laurée d'Auguste. ℞: ...... ΚΟΛΥΒΑΣ. Têtes nues en regard de Caius et de Lucius (Æ 4. — R^6. = 50 fr. Mion. R^5. = 15 fr.). — Caius (seul): ΖΜΥ. Sa t. nue, à dr. ℞: ΕΠΙ·ΦΙΛΙΣΤΟΥ·ΕΙΚΑΔΙΟΣ. Niké portant un trophée et marchant à dr. (Æ 3. — R^5. = 20 fr. Mion. R^4. = 8 fr. — Rollin et Feuard., Cat. Gr. n° 5394. Vend. 15 fr.); ΓΑΙΟΝ·ΚΑΙΣΑΡΑ. T. radiée de Caius, à dr., derrière, astre. ℞: ΣΜΥΡΝΑΙΩΝ. Crabe (Æ 3. — R^3. = 8 fr. Mion. R^1. = 2 fr. Cette mon. doit être restituée à Caligula). — Lucius césar (seul): ΛΕΥΚ·ΚΑΙ .... ΣΜ. Sa t. nue. ℞: ..... ΟΝΥ..... ΚΟΛΛΙΒΑ. Niké, les ailes éployées, ten. de la m. dr. une couronne et de la g. une palme (Æ 4. R^4. = 30 fr. Mion. R^4. = 15 fr. — Mus. Sancl. Num. sel. II, p. 57); — Caius et Lucius: ΓΑΙΟΝ·ΛΕΥΚΙΟΝ·ΚΑΙΣΑΡΕΣ. Têtes affrontées de Caius et Lucius. ℞: ΣΜΥΡΝΑΙΟΙ. Astarté deb. ten. une petite Niké (Æ 4. — R^6. = 40 fr. Mion. R^4. = 8 fr.) — Auguste et Tibère: Au lieu de ΚΑΙΣΑΡΑ—ΚΑΙΚΑΡΑ· (sic) ΣΕΒΑΣΤΟΝ·ΤΙΒΕΡΙΟΝ. Têtes nues et affrontées d'Auguste et de Tibère. ℞: ΖΜΥΡΝΑΙΩ·ΚΟΡΩΝΟΣ·ΛΙΒΙΑΝ. Femme debout (Vesta?), près d'une colonne, le modius sur la tête, ten. un sceptre dans la m. droite et une petite Niké dans la gauche, — d. le champ, un monogramme (1438 bis du Rec. de Mionnet, Æ 4. — R^5. = 12 fr. Mion. R^3. = 6 fr. Rollin et Feuard., Cat. Gr. n° 5395 bis. Vend. 4 fr. mais auj. plus cher). — Néron Drusus: ΖΜΥΡ. Sa t. nue à dr. ℞: ΕΠΙ·ΦΙΛΙΣΤΟΥ·ΕΙΚΑΔΙΟΣ. Niké marchant à dr., portant un trophée sur l'épaule gauche ($\mathit{Æ}$ 4. — R^7. = 30 fr. Mion. R^6. = 18 fr.). — Drusus avec Antonia : Leurs t. accolées: la première laurée, l'autre couronnée d'épis. ℞ : ΕΠΙ·ΦΙΛΙΣΤΟΥ·ΕΥΚΑΔΙΟΣ. Kybèle assise à g. ($\mathit{Æ}$ 4. — R^7. = 70 fr. Mion. R^7. = 24 fr.). — Livie et Tibère : ϹΕΒΑϹΤΗ·ϹΥΝΚΛΗΤΟϹ·ΖΜΥΡΝΑΙΩΝ·ΙΕΡΟΝΥΜΟϹ. Têtes affrontées du Sénat et de Livie. ℞ : ΕΠΙ·ΠΕΤΡΩΝΙΟΥ·ϹΕΒΑϹΤΟϹ·ΤΙ-ΒΕΡΙΟϹ. Tibère deb. vêtu de la toge, au milieu d'un temple tétrastyle ($\mathit{Æ}$ 5½. — R^5. = 20 fr. Mion. R^4. = 8 fr.); m. lég. autrement disposée et mêmes têtes. ℞ : ΤΙΒΕΡΙΟϹ·ΕΠΙ·ΠΕΤΡΟΝ ..... Auguste en toge av. un sceptre, d. un temple tétrastyle ($\mathit{Æ}$ 5. — R^5. = 20 fr. Mion. R^4. = 8 fr.); ΙΕΡΑ·ϹΥΝΚΛΗΤΟϹ·ϹΜΥΡΝΑΙΩΝ. Deux têtes imberbes affrontées. ℞ : Figure d. un temple tétrastyle, — au bas, ΤΙΒΕΡΙ. ($\mathit{Æ}$ 5½. — R^5. = 20 fr. Mion. R^4. = 12 fr.). — Tibère : ΤΙΒΕΡΙΟϹ·ϹΕΒΑϹΤΟϹ. Sa t. laurée, à dr. ℞ : ΙΕΡΩΝΥΜΟϹ·ΖΜΥΡΝΑΙΩΝ. Autel allumé, orné de guirlandes ($\mathit{Æ}$ 4. — R^5. = 15 fr. Mion. R^3. = 6 fr.) — Drusus et Germanicus : ΔΡΟΥΣΟΣ·ΓΕΡΜΑΝΙΚΟΣ. Têtes affrontées de Drusus et Germanicus. ℞ : ΣΜΥΡΝΑΙΩΝ. Ἑστία (Vesta) sur un cippe, ten. une petite Niké ($\mathit{Æ}$ 4. — R^7. = 70 fr. Mion. R^7. = 24 fr.); autre : ΔΡΟΥΣΟΣ·ΚΑΙΣΑΡ. T. nue de Drusus. ℞ : ΓΕΡΜΑΝΙΚΟΣ·ΚΑΙΣΑΡ. (surfrappé, av. les mots ΓΑΙΟΣ·ΣΕΒ .... ΙΜΥ ....) T. nue de Germanicus ($\mathit{Æ}$ 4. — R^7. = 50 fr. Mion. R^7. = 24 fr.). — Caligula : ΓΑΙΟΝ·ΚΑΙϹΑΡΑ·ΕΠΙ·ΑΟΥΙΟΛΑ. Sa t. laurée, à dr. ℞ : ΖΜΥΡΝΑΙΩΝ·ΜΗΝΟΦΑΝΗΣ. Niké marchant à dr. ($\mathit{Æ}$ 3½. — R^4. = 15 fr. Mion. R^2. = 3 fr.); même lég. av. le mot ΓΕΡΜΑΝΙΚΟΝ en plus. T. laurée de Caligula, à dr. ℞ : ΖΜΥΡΝΑΙΩΝ·ΜΗΝΟΦΑΝΗΣ·ΔΡΟΥϹΙΛΛΑΝ. Drusille assise et tournée à g., av. les attributs de Déméter ($\mathit{Æ}$ 4½. — R^6. = 40 fr. Mion. R^4. = 8 fr.); ΓΑΙΟΝ·ΚΑΙϹΑΡΑ. T. radiée de Caligula, à dr. ℞ : ΖΜΥΡΝΑΙΩΝ. Crabe ($\mathit{Æ}$ 2½ et 3. — R^3. = 8 fr. Mion. R^1. = 2 fr. — décrite à tort à Caius césar par Mion. T. III, p. 218, n° 1220); ΓΑΙ .... ΚΑΙϹΑΡΑΥ ...... (sic). T. laurée de Caligula. ℞ : ΣΜΥΡΝΑΙΩΝ. Crabe ($\mathit{Æ}$ 3. — R^4. = 10 fr. Mion. R^1. = 2 fr.); ΓΑΙΟΝ·ΚΑΙϹΑΡΑ·ΕΠΙ·ΛΟΥ ... ΘΑΛ (mieux ΑΟΥΙΟΛΑ). T. laurée de Caligula. ℞ : ΣΜΥΡΝΑΙΩΝ·ΜΥΩΝΟΣ. Niké ten. de la m. dr. une branche de laurier et de la g. une palme (et non la haste comme on le trouve d. Mion.). == ($\mathit{Æ}$ 4. — R^5. = 15 fr. Mion. S. VI, p. 331, n° 1641. — R^3. = 6 fr.); autre : ΣΜΥΡΝΑΙΩΝ. Figure assise, ten. de la m. dr. des épis ($\mathit{Æ}$ 6. — R^5. = 20 fr. Mion. R^3. = 9 fr.). — Caligula avec Agrippine et Germanicus : ΓΑΙΩΝ·ΓΕΡΜΑΝ·ΑΟΥΙΟΛΑ. T. laur. de Caligula. ℞ : ΑΓΡΙΠΠΙΝΑ·ΖΜΥΡΝΑΙΗ. T. nues de Germanicus et d'Agrippine en regard ($\mathit{Æ}$ 6. — R^7. = 80 fr. Mion. R^6. = 48 fr.); ΓΑΙΟΝ·ΚΑΙϹΑΡΑ·ΓΕΡΜΑΝΙΚΟΝ·ΕΠΙ·ΑΟΥΙΟΛΑ. Tête laurée de Caligula, à dr. ℞ : ΓΕΡΜΑΝΙΚΟΝ·ΑΓΡΙΠΠΕΙΝΑΝ·ΖΜΥΡΝΑΙΩΝ·ΜΗΝΟΦΑΝΗϹ. Têtes en regard de Germanicus et d'Agrippine ($\mathit{Æ}$ 5. — R^6. = 40 fr. Mion. R^6. = 18 fr.); ΓΑΙΟΣ. T. laur. de Caligula. ℞ : ΓΕΡΜΑΝΙΚΟΝ·ΑΝΕΘΗΚΕΝ. Têtes affrontées de Germanicus et d'Agrippine ($\mathit{Æ}$ 5. Mon. suspecte. Voy. Gusseme, Diccion. T. VI, p. 226, n° 37); ΓΕΡΜΑΝΙΚΟΝ·ΑΓΡΙΠΠΙΝΑΝ·ΣΜΥΡΝΑΙΩΝ. Mêmes têtes. ℞ : ΓΑΙΟΝ ...... ΜΑΝ ...... T. laurée de Caligula. ($\mathit{Æ}$ 5. — R^7. = 30 fr.). — Drusilla et Caligula : ΓΑΙΟΣ·ΣΕΒΑΣΤΟΣ. T. laur. de Caligula. ℞ : ΣΜΥΡΝΑΙΩΝ·ΜΥΩΝΟΣ. T. de Drusille ($\mathit{Æ}$ 4. R^7. = 50 fr. Mion. R^7. = 24 fr. — Rasche, Lex. Un. r. n. IV, 1263); —

Claude et Agrippine: TI·ΚΛΑΥΔΙΟΝ·ΣΕΒΑΣΤΟΝ·ΑΓΡΙΠΠΙΝΑΝ·ΣΕΒΑΣΤΗΝ. Têtes affrontées d'Agrippine et de Claude. ℞: ΓΕΣΣΙΟΣ·ΦΙΛΟΠΑΤΡΙΣ·ZMY. Némésis ailée, deb. à dr. d. le champ un monogr. (Æ $4^{1}/_{2}$. — R^{C}. = 30 fr. Mion. R^{6}. = 18 fr.); ZMYP. Têtes accolées de Claude et d'Agrippine, l'une laurée, et l'autre couronnée d'épis. ℞: ΕΠΙ·✝ΙΛΙΣΤΟΥ·ΕΙΚΑΔΙΟΣ. Kybèle assise à g., à ses pieds, un lion (Æ 4. — R^{7}. = 40 fr. Mion. R^{7}. = 24 fr.); autre: ΑΓΡΙΠΠΕΙΝΑΝ·ϹΕΒΑϹΤΗΝ·ΝΕΡΩΝΑ·ϹΕΒΑϹΤΟΝ. Têtes en regard de Néron et d'Agrippine. ℞: ZMYPNAIΩN. Femme ailée marchant, ten. un caducée, — à ses pieds, un serpent (Æ 5. — R^{6}. = 30 fr. Mion. R^{6}. = 18 fr.). — Agrippine Jeune: ΘΕΩΝ·ϹΥΝΚΛΗΤΩΝ·ZM. Sa t. à dr. ℞: ΘΕΑΝ·ΡΩΜΗΝ·ΦΙΛΟΠΑΤΡΙϹ. Claude en habit militaire, deb. ten. un bâton d. la m. dr. et un trophée d. la g. (Æ 4. — R^{7}. = 40 fr. Mion. R^{7}. = 20 fr.). — Néron: ΝΕΡΩΝΑ·ΣΕΒΑΣΤΟΝ. Sa tête nue à dr. ℞: ΖΜΥ·Α·ΓΕΣΣΙΟΣ·ΦΙΛΟΠΑΤΡΙΣ. Zéus assis, tourné à g., ten. la haste transversale (Æ 4. — R^{2}. = 4 fr.); Même lég. T. laurée de Néron jeune, à dr. ℞: ΓΕΣΣΙΟΣ·ΦΙΛΟΠΑΤΡΙΣ. Homère assis à g., à moitié couvert du *pallium*, — d. le champ, ZMY., — sous le siège, un monogramme (Æ $4^{1}/_{2}$. R^{4}. = 10 fr. Mion. R^{2}. = 4 fr.); autre, av.: Α·ΓΕΣΣΙΟΣ·ΦΙΛΟΠΑΤΡΙΣ· ZMYP. [la lettre A qui précède cette lég. est probablement le monogramme Ⅹ, que l'on remarque sur toutes ces monnaies, qui a été pris pour un *alpha*]. Niké deb. ou Némésis, la m. dr. vers la bouche et un caducée dans la g. (Æ 5. — R^{5}. = 20 fr. Mion. R^{3}. = 6 fr.); ΝΕΡΩΝΑ·ϹΕΒΑϹΤΟΝ. Tête nue de Néron jeune, à dr. ℞: ΕΠΙ·ΕΡΜΟΓΕΝΟΥϹ·ΚΛΑΡΟϹ. Fleuve couché, à g., ten. un roseau de la m. dr., et le coude gauche appuyé sur une urne renversée, — d. le champ, ZMYP. (Æ 4. — R^{5}. = 15 fr. Mion. R^{3}. = 6 fr.); même lég. et même t. ℞: ϹΤΡΑΤΗΓΟϹ·ΚΛΑΡΟϹ·ΖΜΥΡΝΑΙΩΝ. Même type (Æ 4. — R^{6}. = 30 fr. Mion. R^{4}. = 8 fr.); ΕΠΙ·ΕΡΜΟΓΕΝΟΥϹ·ΚΛΑΡΟϹ·ΖΜΥΡ. Homère assis (Æ 6. — R^{6}. = 25 fr. Mion. R^{4}. = 12 fr.); ΝΕΡΩΝΑ·ϹΕΒΑϹΤΝ (sic). Tête laur. de Néron, à dr. ℞: ΝΕΙΚΗ·ΠΟΠΠΑΙΑ·ΖΜΥΡ. Poppée deb., représentée sous les emblèmes de la Niké, tournée à g., ten. une couronne de la m. dr. et une palme de la g. (Æ $3^{1}/_{2}$. — R^{6}. = 40 fr. Mion. R^{3}. = 6 fr.); autres, av. ΝΕΡΩΝΑ·ϹΕΒΑϹΤΟΝ et le même *Revers* (Æ $3^{1}/_{2}$. Même prix); ΕΠΙ·ΤΡΟΦΩΝΙΟΥ·ΖΜΥΡΝΑΙΩΝ. Temple hexastyle (Æ 6. — R^{7}. = 70 fr. Mion. R^{4}. = 12 fr.); ΕΠΙ·ΖΗΝΩΝΟΣ·ΕΦΕΣ·ΣΜΥΡΝ·ΟΜΟ. Artémis et Zéus-Sérapis se donnant la main (Æ 6. — R^{6}. = 50 fr. Mion. R^{5}. = 24 fr.). — Néron et Agrippine: ΝΕΡΩΝΑ·ϹΕΒΑϹΤΟΝ·ΑΓΡΙΠΠΙΝΑΝ·ϹΕΒΑϹΤΗΝ. T. laurées et en regard de Néron et d'Agrippine. ℞: Α·ΓΕϹϹΙΟϹ·ΦΙΛΟΠΑΤΡΙϹ (patriam amans) ZMY. Némésis ailée, la m. dr. rapprochée de sa poitrine et un caducée d. la main g., à ses pieds, un serpent (Æ 4. R^{7}. = 40 fr. Mion. R^{7}. = 20 fr.). — Néron et Poppée: ΠΟΠΠΑΙΑΝ·ϹΕΒΑϹΤΗΝ·ΝΕΡΩΝΑ·ϹΕΒΑϹΤΟΝ. Têtes affrontées de Néron et de Poppée. ℞: ΕΠΙ·ΕΡΜΟΓΕΝΟΥϹ·ϹΤΡΑ·ϹΚΡΙΒΩΝΙΟϹ·ΚΛΑΡΟϹ·ΖΜΥΡ. Homère assis (Æ 6. — R^{6}. = 40 fr. Mion. R^{5}. = 24 fr.); ΝΕΡΩΝΑ·ϹΕΒΑϹΤΟΝ. T. laurée de Néron. ℞: ΠΟΠΠΑΙΑ·ϹΜΥΡΝΑΙΩΝ. Tête de Poppée (Æ 4. — R^{7}. = 50 fr. Mion. R^{5}. = 15 fr.). — Vespasien fils: ΟΥΕϹΠΑϹΙΑΝΟϹ·ΝΕΩΤΕΡΟϹ. T. nue de Vespasien le Jeune, à dr. ℞: ΖΜΥΡΝΑΙΩΝ. Niké deb., ten. une couronne et une palme (Æ 3. — R^{8}. = 120 fr. Mion. R^{8}. = 40 fr.); M. lég. et m. t. ℞:

ϹΜΥΡΝΑΙΩΝ. L'Espérance (Ἐλπὶς) debout, ten. une fleur d. la m. dr. et soulevant de la g. l'extrémité de son vêtement (Æ 7. — R^8. = 300 et 400 fr. Mion. R^8. = 100 fr.). — Vespasien père: ΑΥΤΟΚΡΑΤΩΡ·ΚΑΙϹΑΡ· ΟΥΕϹΠΑϹΙΑΝΟϹ. Sa t. laur. à dr. ℞: ΕΠΙ·ΒΩΛΑΝΟΥ·ΖΜΥΡΝΑΙΩΝ [ΑΚΡΑΙΟΥ]. Zéus Akraeos assis à g., la Niké sur la m. dr., et la g. sur la haste pure (Æ 7. — R^5. = 20 fr. Mion. R^2—R^4. = 6 et 12 fr.); Même lég. mais à la fin le mot ϹΕΒΑϹΤΟϹ. Tête laur. à g. ℞: ΕΠΙ·ΒΩΛΑΝΟΥ· ϹΜΥΡΝΑΙΩΝ. Même type (Æ 7. — R^4. = 15 fr. — Mion. R^2. = 6 fr.); même lég. et m. t. à dr. ℞: ΑΝΘΥ·ΙΤΑΛΙΚΩ·ΕΠΙ·ΙΟΥΛ....ΕΥϹΕΒΗϹ· ϹΜΥΡ. Kybèle assise, à g. à ses pieds, un lion (Æ 9. — R^5. = 30 fr. Mion. R^2. = 8 fr.); ΑΥΤΟΚΡΑΤΩΡ·ΚΑΙϹΑΡ·ΟΥΕϹΠΑϹΙΑΝΟϹ. Sa t. laur. à dr. Dessus, une contre-marque. ℞:...... ΙΟΥΛΙΑϹ·ϹΤΡΑ·ΑΓΡΩΝ·ΕΥϹΕ· Kybèle assise, — d. le champ, ΖΜΥΡ. (Æ 8$^1/_2$ et 9. — R^5. = 30 fr. Mion. R^2. = 8 fr.); *autre*, av.: ΕΠΙ·ΙΟΥΛΙΑϹ·ϹΤΡΑ·ΑΓΡΩΝ·ΕΥΕϹΟΥϹ·ϹΜΥΡ. Même type de Kybèle assise (Æ 9. Cat. Rollin et Feuardent, mon. gr. n^0 5401. Vend. 10 fr.); ΑΥΤΟΚ·ΚΑΙϹ·ϹΕΒ·ΟΥΕϹΠΑϹΙΑΝΟϹ. Sa t. laurée. ℞: ΕΠ·Μ·ϹΥΙΛΛΙΟΥ·ΝΕΡΟΥΛΙΝΟΥ·ΑΝΘΥΠΑΤΟΥ·ϹΜΥΡ. Femme vêtue de la *stola*, assise, à dr. ten. une patère et une corne d'abond. (Æ 9. — R^7. = 60 fr. Mion. R^5. = 30 fr. — Morell, fam. Suillia). — Tite: ΤΙΤΟϹ· ΑΥΤΟΚΡΑΤΩΡ·ΚΑΙϹΑΡ. Sa t. laurée, à dr. ℞: ΙΤΑΛΙΚΩ·ΑΝΘΥ·ΕΠΙ·ΙΟΥ· ΛΙΑϹ·ΑΓ[ΡΩ]ΝΟϹ]ϹΜΥΡ. Héraklès-Bibax (Æ 7. — R^6. = 40 fr. Mion. R^4. = 18 fr.); *autre variété:* av. ΙΤΑΛΙΚΩ·ΑΝΘ·ΕΠ·Ϲ·ΑΡΓΩΝΟϹ·ΖΜΥΡ. Héraklès-Bibax deb. à g. (Æ 7. R^6. = 40 fr. Mion. S. VI, 335, n^0 1662. R^5. = 18 fr.); ΑΥΤΟΚΡ..ΤΙΤΟϹ·ΟΥΕϹΠΑϹΙΑΝΟϹ·ϹΕ. Sa t. laurée à dr. ℞: ΑΝΘΥ·ΙΤΑΛΙΚΟ·ΕΠΙ·ΙΟΥΛ....ΖΜΥΡ. Kybèle assise, à dr., — à ses pieds, un lion (Æ 8. — R^7. = 60 fr. Mion. R^5. = 30 fr.); Même t. et lég. ℞: ΕΠΙ· ΦΙΛΩΝΟϹ·ϹΜΥΡ. Artémis-Chasseresse, tirant une flèche de son carquois, et tenant un arc de la m. g. (Æ 5. — R^5. = 15 fr. Mion. R^4. = 8 fr.). — Julia titi filia: ΙΟΥΛΙΑ·ϹΕΒΑϹΤΗ. Tête de Julie, à dr. ℞: ΕΠΙ·ΦΛΟ· ΡΟΥ·ΑΝΘΥ·ΖΜΥΡΝΑΙΩΝ. Kybèle assise, tournée à g. ten. de la m. dr. une patère et dans la g. le *tympanum*, à ses pieds, un lion (Æ 5. — R^6. = 40 fr. Mion. R^5. = 18 fr.); m. l. et m. t. ℞: ϹΜΥΡΝΑΙΩΝ. Kybèle assise. Devant elle, Eros deb. sur un cippe, un globe à la main (Æ 5$^1/_2$. — R^7. = 60 fr. Mion. R^5. = 18 fr.); m. lég. et m t. ℞: ΖΜΥΡΝΑΙΩΝ. Kybèle assise sur un siège, à droite, ten. une patère de la m. dr., et le bras g. sur le *tympanum* (Æ 5 et 6. — R^7. = 40 fr. Mion. R^5. = 18 fr.); m. t. et m. lég. ℞: ΕΠΙ·ΦΛΟΡΟΥ·ΑΝΘΥ·ϹΜΥΡΝΑΙΩΝ. Même type (Æ 6. — R^6. = 70 fr. Mion. R^6. = 30 fr.); m. l. et m. t. ℞: ΕΠΙ·ΒΑΛΑΝ·ϹΜΥΡ. Kybèle assise (Æ 5. — R^6. = 40 fr. Mion. R^6. = 18 fr.); ΙΟΥΛΙΑΝ·ϹΕΒΑ. Même tête. ℞: ΠΕΡΓΑΜΗ·ϹΜΥΡΝ·ΟΜΟΝΟΙΑ. Kybèle assise, devant elle Asklépios deb. (Æ. MM. — R^7. = 250 fr. Mion. R^6. = 150 fr.); ΙΟΥΛΙΑ ϹΕΒΑϹΤΗ. Tête de Julie, à dr. ℞: ΘΕΑ·ϹΜΥΡΝΑΙΩΝ·ΕΠΙ·ΙΠΠΙΟΥ. (Dea Smyrnaeorum. Sub Hippio). Kybèle assise, ten. une patère (Æ 6. — R^8. = 120 fr. Inc. à Mion. — Ma coll. — Cf. Haller, Num. A. F. Ith. Bernae 1777. in-4^0, p. 22, qui dit: „Nummus admodum rarus." — „Smyrnaei adulantes Juliam vocitant *Deam* suam; *Hippius* cuius meminit numus, Smyrnae fuit praefectus"). — Tite et Domitien: ΤΙΤΟϹ·ΑΥΤΟΚΡΑΤΩΡ·ΔΟΜΙΤΙΑΝΟϹ· ΚΑΙϹΑΡ. Leurs têtes affrontées et laurées à dr. ℞: ϹΜΥΡΝΑΙΩΝ·ΕΡΜΟϹ·

ΕΠΙ·ΒΩΛΑΝΟΥ. Fleuve couché, ten. de la m. dr. des épis et d. la g. une corne d'abond., à côté, une urne renversée d'où coulent des eaux (Æ 6. — R^5. = 20 fr. Mion. R^3. = 9 fr.); *autre*, variété: ΤΙΤΟC·ΑΥΤΟΚΡΑΤΩΡ·ΔΟΜΙΤΙΑΝΟC·ΚΑΙ. Mêmes têtes. ℞: ΕΠΙ·ΒΩΛΑΝΟΥ·ΖΜΥΡΝΑΙΩΝ·ΕΡΜΟC. Fleuve assis à terre, tourné à g., ten. des épis de la m. dr. et une corne d'abond. de la g., près de lui, une urne renversée (Æ 6. — R^5. = 20 fr. Mion. R^3. = 9 fr.); mêmes têtes et même lég. mais av.: ΚΑΙCΑΡ. à la fin. ℞: ΕΠΙ·ΙΤΑΛΙΚΟΥ·ΖΜΥΡ·ΑΓΡΩΝΟC (sic). Fleuve imb. couché, à g. ten. deux épis et une corne d'abond., à côté, une urne renversée (Æ 6. — R^6. = 30 fr. Mion. R^5. = 18 fr.); même lég. et m. têtes. ℞: CΤΡΑ·ΑΓΡΩΝΟC·ΕΠΙ·ΙΤΑΛΙΚΟΥ·ΖΜΥΡΝΑΙΩΝ. Même type (Æ 6. — R^4. = 12 fr.); m. lég. Têtes accolées et laurées de Tito et Domitien, à g. ℞: ΕΠΙ·ΒΩΛΑΝΟΥ·ΖΜΥΡΝΑΙΩΝ. Fleuve couché à g. (Æ 6. — R^4. = 12 fr.); *autre*: ΕΠΙ·ΒΩΛΑΝΟΥ·CΜΥΡΝΑΙΩΝ. au bas: ΜΑΓΡΩΝΟC. Fleuve imb. couché, ten. un roseau, — le bras g. appuyé sur une urne (Æ 5. — R^6. = 25 fr. Mion. R^5. = 15 fr.); même lég. et mêmes têtes. ℞: CΤΡΑ·ΑΠΡΩΝΙΟΥ·ΙΤΑΛΙΚΟΥ·CΜΥΡΝΑΙΩΝ. Fleuve assis à terre, tourné à g. ten. des épis et une corne d'abond., près de lui, urne renversée (Æ 6. — R^4. = 12 fr.) — [La majeure partie de toutes ces lég. que Mion. à donné d'après Vaillant doivent être encore bien vérifiées.] — Domitien: ΔΟΜΙΤΙΑΝΟC·ΚΑΙCΑΡ·CΕΒΑCΤΟC·ΓΕΡΜΑΝΙΚΟC. Sa tête laurée, à dr. ℞: ΔΟΜΙΤΙΑ·ΘΕΑ·CΕΒΑCΤΗ·ΖΜΥΡΝΑΙΩΝ. Domitia deb., voilée et vêtue de la *stola*, ten. d. la m. dr. la haste pure et d. la g. une corne d'abond. (Æ 8. — R^7. = 80 fr. Mion. R^5. = 30 fr.); même lég. et m. tête. ℞: ΕΠΙ·ΑΝΘΥ·ΚΑΙCΕΝΝΙΟΥ·ΠΑΙΤΟΥ·ΖΜΥΡ·ΕΦΕ·ΟΜΟΝΟΙΑ. Artémis Ephesia et deux Némésis deb. (Æ 9. — R^7. = 80 fr. Mion. R^5. = 30 fr.); m. lég. et m. t. ℞: ΔΗΜΟC·CΑΡΔΙΑΝΩΝ·ΔΗΜΟC·CΜΥΡΝΑΙΩΝ. Figure barbue deb., vêtue d'une longue robe, donnant la m. à une fig. militaire, aussi deb. (Æ 6. — R^6. = 40 fr. Mion. R^5. = 24 fr.); m. tête laur. à dr. et m. lég. ℞: ΕΠΙ·ΑΡΙC·CΤΡ·ΙΟΥ·ΦΛΩΡΟΥ·ΑΝΘΥΠΑΤΟΥ. Femme vêtue de la *stola*, assise sur un siège, à g. portant sur la m. dr. un temple hexastyle et ten. de la g. une hache. Dans le champ, ΖΜΥΡ. (Æ 9. — R^7. = 80 fr. Mion. R^6. = 40 fr.); ΕΠΙ·ΒΩΛΑΝΟΥ·CΜΥΡΝΑΙΩΝ·ΜΑΓΡΩΝΟC. Fleuve couché, ten. des épis (Æ 6. — R^6. = 30 fr. Mion. R^3. = 9 fr.); *autre*: CΜΥΡ·ΕΦΕ. Deux Némésis deb., — l'une tient un frein, l'autre un sceptre (Æ 6. — R^5. = 20 fr. Mion. R^3. = 9 fr.). — *Autre*, nouvellement découverte: ΔΟΜΙΤΙΑΝΩ ΚΑΙCΑΡΙ CΕΒΑCΤΩ ΙΜΥΡΝΑΙΟΙ ΤΗΝ ΩΡΙΑΝ. Magnifique buste de Déméter Horia, à g. ten. d. la main dr. des épis et de la g. une corne d'abondance. ℞: ΕΠΙ·Λ·ΜΕCΤΡΙΟΥ·ΦΛΩΡΟΥ·ΑΝΘΥΠΑΤΟΥ. Amazone Smyrna assise (Æ 9. — R*. de 400 à 500 fr. — Jusqu'à auj. unique exempl. au **Mus. de Berlin**, publ. par Alfred v. Sallet, dans sa: Zeitschr. f. Num. Bd. IV, p. 315—317. Gr. *ib.*); *autre variété*: Même buste et même lég. mais on n'y voit pas ΩΡΙΑΝ le nouveau surnom de Déméter, mais le mot ΙΗΝΙC qui termine la lég. circulaire (ce nom se rencontre assez souvent sur les mon. Ioniennes et sur celles de Smyrne, cf. Mion. S. VI, n.° 1424); ℞: ΕΠΙ·ΛΟΥΚΙΟΥ·ΜΕCΤΡΙΟΥ·ΦΛΩΡΟΥ·ΑΝΘΥΠΑΤΟΥ. Temple octostyle, sur le fronton duquel on voit Zéus assis sur son trône entre deux jeunes figures deb. de chaque côté, — des deux côtés des six marches, au-dessus desquelles s'élève le temple, on voit deux Dioscures (?) deb. et armés (Æ 9½. — R⁷. = 250 fr. **Inc.** à Mion. [J'en connais 4 exempl.] — Publ. pour la première fois dans: Pinder et Friedländer, Beitr. z. ält. Münzk. Berlin 1851, voy. p. 237 à 242). — Domitien et Domitia: ΔΟΜΙΤΙΑΝΟC·ΚΑΙ·CЄ·ΔΟΜΙΤΙΑ CЄΒΑCΤΗ. Leurs têtes affrontées. ℞: ЄΠΙ·ΔΗΜΟCΤΡΑΤΟΥ·CΤΡΑΤΗ ΓΟΥ·CΗΙΟΥ· (sic) ΖΜΥΡ. Héraklès Bibax deb., ten. d. la m. dr. le *cantharum* et d. la g. une massue et la dépouille du lion de Némée (Æ 6. — R⁷. = 50 fr. Mion. R⁵. = 20 fr.); ΔΟΜΙΤΙΑΝΟC·ΚΑΙ·CЄ·ΓЄΡΜΑΝΙΚΟC· ΔΟΜΙΤΙΑ·CЄΒΑCΤΗ. Têtes en regard de Domitien et de Domitia, l'une laurée, et l'autre av. une ample toque sur le devant de la tête et une longue tresse par derrière. ℞: Même lég. et même type (Æ 6½. — R⁷. = 50 fr. Mion. R⁵. = 20 fr.); Lég. altérée. Mêmes têtes affrontées. ℞: ЄΠΙ·ΙΤΑΛΙΚΟΥ·ΙΜΥΡ... ΟC. Hermos couché, ten. une corne d'abondance (Æ 5. — R⁶. = 20 fr. Mion. R⁵. = 15 fr.); *autre:* ЄΠΙ·CΤΡΑ·ΠΟΛΛΙΩΝΟC·CΜΥΡΝΑΙΩΝ·ΚΑΙ· ΠЄΡΓΑΜΗΝΩΝ. Asklépios et Hygiaia deb. (Æ 7. — R⁶. = 40 fr. Mion. R⁵. = 20 fr.). — Domitia: ΔΟΜΙΤΙΑ·CЄΒΑCΤΗ. Sa t. à dr. ℞: ΑΝΘΥ· ΚΑΙCЄΝ·ΠΑΙΤΟΥ·ΟΜΟΝΟΙΑ·ЄΦЄ·ΖΜΥΡ. Deux Némésis deb. (Æ 5. — R⁶. = 30 fr. Mion. R⁴. = 8 fr.); m. lég. et m. t. ℞: Même lég. Artémis-Ephesia deb. av. ses attributs (Æ 5. — R⁶. = 25 fr. Mion. R⁵. = 12 fr.); ΔΟΜΙΤΙΑ·ΑΥΓΟΥCΤΑ. T. de Domitia, coiffée différemment, à dr. ℞: ΖΜΥΡ ΝΑΙΩΝ. Némésis deb. tournée à g. et vêtue de la *stola* (Æ 3½. — R⁷. = 40 fr. Mion. R⁴. = 8 fr.); m. lég. et m. t. ℞: ΖΜΥΡΝΑΙΩΝ. Isis deb. à g. ten. d. la m. dr. levée un sistre et d. la g. inclinée un vase à anse (Æ 4. — R⁶. = 30 fr. Mion. R⁴. = 8 fr.). — Trajan: ΑΥ·ΚΑΙ·ΘЄΟΥ·ΥΩ·ΝЄΡΒΑ· ΤΡΑΙΑΝΩ·CЄ·ΓЄΡΜΑ. Sa t. jeune laurée, à dr. ℞: CΜΥΡCΤЄ·ΚΛ· ΠΡΟΚΛΟΥ·CΤΡ·ΚΛ·ΒΙΩΝΟC. [sur l'exempl. du Cab. Allier de Hauteroche, on lisait ΚΙΩΝΟC au lieu de ΒΙΩΝΟC]. Héraklès-Bibax nu et deb. ten. le *cantharum* d. la m. dr. et de la g. la dépouille du lion et sa massue, — derrière, une femme deb. vêtue de la *stola*, lui pose de la m. dr. une couronne, et tient transversalement de la gauche une haste pure (Æ 9 et 10. — R⁷. = 60 fr. Mion. R⁵. = 36 fr. de très belle fabrique); ΑΥ·ΝЄΡΟΥΑΝ· ΤΡΑΙΑΝΟΝ. Même t. ℞: ΖΜ·ΑCΙ·ΦΟΥCΚΩ·ΑΝΘΥ·CΤΡ·ΡΟΥ. Femme deb. vêtue de la *stola*, ten. des épis et une corne d'abond. (Æ 7. — R⁴. = 12 fr. Mion. R². = 6 fr.); tête de Trajan. ℞: CΜΥΡΝΑΙΩΝ·ΝЄΩΚΟΡΩΝ. Zeus assis (ou plutôt Homère, comme on le voit souvent sur les mon. autonomes), ten. de la m. dr. une haste transversale (Æ 6. — R⁵. = 15 fr. Mion. R³. = 9 fr.). — Neumann (Franc.), Popul. et Regum Numi vet. inediti. Vindob. 1783, voy. p. 41—44, Pl. II, n° 1, où il cite une mon. **inédite** de Trajan, ayant au ℞: Deux fig. deb. et autour une légende qui donne le nom du préteur: Terentius Proklus [TE..... ΠΡΟΚΛΟΥ·CΤΡ·ΑΝΑΚΙΩΝ = Terentio Proclo Praetore Anacensium]. — (Æ 8. — R⁸. = 200 fr. *Cab. Impériale de Vienne*). — Hadrien: ΑΥΤΟΚ·ΚΑΙC·ΤΡΑΙ·ΑΔΡΙΑΝΟC. Sa t. laurée, à dr. ℞: ΠΟΛЄΜΩΝ·CΤΡΑΤΗΓΟC·ΑΝЄΘΗΚЄ·ΖΜΥΡ. Zeus à demi-nu, les mamelles élevées, assis sur un siège, à dr., et regardant le couchant, la m. dr. posée sur son siège, et ten. de la g. sur son épaule un sceptre transversal (Æ 10. — R⁵. = 40 fr. Mion. R³. = 20 fr.); ΑΥ·ΚΑΙC·ΤΡΑΙΑ ΝΟC·ΑΔΡΙΑ. Sa t. laurée, à dr. ℞: CΜΥΡΝΑΙΩΝ· ΝЄΩΚΟΡΩΝ. Deux temples en face l'un de l'autre (Æ 8. — R⁴. = 20 fr. Mion. R³. = 9 fr.);

autre : ℞ : CMYPNAIΩN·CΩCΘENOY·AKTIO·COΦI. Apollon nu et deb., ten. des épis d. la m. dr., le coude gauche sur une colonne (Æ 6. — R^5. = 15 fr. Mion. R^2. = 6 fr.); AYT·KAICAPA·AΔPIANON. Sa t. laurée. ℞ : ΠΟΛΕΜΩΝ·CTPA·ΔIA·BIY·ANEΘHKE. Dans le champ, CMYP. Homère à demi-nu, assis, à dr. (Æ. MM. — R^7. = 120 fr. Mion. R^4. = 40 fr.); AY·KAI·TPA·AΔPIANOC·CE. Même t. ℞ : ΕΠ·C·ΠΟΜΠΩΝΙΟΥ·CMYP. Temple hexastyle (Æ 6. — R^5. = 15 fr. Mion. R^4. = 12 fr.); *autre*, av. ΕΠΙ·ΚΛ·ΠΡΟΚΛΟΥ·ΣΟΦΙΣΤΟΥ·CMYP. Femme deb. couronnant Hadrien (Æ 9. — R^6. = 70 fr. Mion. R^5. = 30 fr.); *autre :* AY·KAI·TPAIANOC·AΔPIANOC·AYΓ. Sa t. laurée, à droite. ℞ : ΕΠΙ·ΑΙΛ·ΦΙΛΟΦΡΟΝΟΣ·APXONTOC·ZMYPNAIΩN. Zéus, à demi-couvert du *pallium*, assis, à g. (Æ 7. — R^6. = 50 fr. *Ma collection.* — Mion. ex. incompl. R^4. = 12 fr.); *autre :* ΕΠΙ·CTP·ΦΡΟΝΤΕΙΝΟΥ·ΦΟΥΣΚΟΥ·CMYP. Kybèle assise, — à ses pieds, un lion (Æ 7. — R^6. = 30 fr. Mion. R^4. = 12 fr.). — Sabine : CABEINA·CEBACTH. Tête de Sabine, à dr. ℞ : ΚΑΛΕΩΝ·ZMYP. Fleuve couché, ten. une corne d'abond. d. la m. g. (Æ 4. — R^6. = 24 fr.); *autre :* av. CMYP. et le Fleuve ten. la corne d'abond. de la m. dr. (Æ 4^1/$_2$. — R^4. = 8 fr.); m. lég. et m. t. ℞ : CMYPNAIΩN. Démétèr deb., vêtue de la *stola*, ten. une patère ou des épis de la m. dr. et la haste pure de la g. (Æ 4. — R^5. = 12 fr. Mion. R^3. = 6 fr.); m. l. et m. t. ℞ : CMYPNAIΩN. Fig. virile nue, deb., la m. dr. sur une haste, la g. posée sur la hanche (Æ 3^1/$_2$. — R^5. = 10 fr. Mion. R^8. = 6 fr.); *autre*, av. : ΕΠΙ·ΜΥΡΩΝΟΣ. Femme deb. ten. une patère de la m. dr. (Æ 4. — R^4. = 8 fr. Mion. la cite d'après Vaillant); m lég. et m. t. ℞ : CMYP·ΜΗΛΗΣ. Fleuve couché, ten. d. la m. dr. une corne d'abond. (Æ 5. — R^8. = 6 fr.); *autre*, même type, av. ZMYP·KΛAPOC. (Æ 5. — R^4. = 8 fr. Paraît douteuse. Mion. l'a lu ainsi au lieu de ΚΑΛΕΩΝ, — dans son Suppl. VI, p. 341, il se corrige lui-même); CABEINA·CEBACTH. Sa t. à dr. ℞ : ΠΟΛΕΜΩΝ·ANEΘHKE·CMYP. Proue de vaisseau (Æ 5. — R^5. = 15 fr. Mion. R^8. = 6 fr.). — Antinoüs : ANTINOOC·HPOC. (Sic). Sa t. nue, à g. ℞ : ΠΟΛΕΜΩΝ·ANEΘHKE·CMYPNAIOIC. Alexandre endormi sous un arbre, la t. posée sur un bouclier, — près de lui, deux Némésis deb., vêtues de la *stola* (Æ 10^1/$_2$. *Médaillon retouché* de nulle valeur. Mion. R^5. = 80 fr.); ANTINOOC·HPΩC. Même t. ℞ : Même lég. Panthère deb., à g. le pied droit de devant posé sur un thyrse (Æ 11. Mion. R^6. = 500 à 600 fr. Mion. R^5. = 150 fr.); même lég. et m. t. ℞ : Même lég. Bélier deb. tourné vers la dr., dev. un caducée (Æ 11^1/$_2$. — R^8. = 700 fr. Mion. R^6. = 150 fr. C'est le plus beau portrait d'Antinoüs, connu sur les monnaies. Cf. Levezow, p. 21, I, n.° 3. — Un exempl. sans aucune retouche est cité par Venuti, mus. Alexandr. cardin. Alban. p. 29, XVI); m. t. et m. l. ℞ : la lég. du *Revers* autrement disposée (Æ 10^1/$_2$. — R^8. Même prix); même lég. et m. t. ℞ : Même lég. Boeuf marchant à dr. (Æ 11^1/$_2$. — R^7. = 350 fr. Mion. R^5. = 100 fr.); m. l. et m. t. ℞ : Même lég. Proue de vaisseau (Æ 11^1/$_2$. — R^7. = 400 fr. Mion. R^6. = 150 fr.); la même, mais au *droit :* ANTINΩI· (sic) HPΩC. (Æ 12. — R^7. même prix); ANTINOOC·HPΩC. Sa t. nue, à dr. ℞ : CMYPNAIΩN·ΙΕΡΩΝΥΜΟΣ·ΑΝΕΘΗΚΕ. Oiseau dans une couronne de laurier (Æ 5. — R^7. = de 70 à 80 fr. Mion. R^5. = 15 fr.). — Aelius : T·ΑΙΛΙΟΣ·ΚΑΙCAP·ANTONEINOC (Sic). Sa t. à dr. ℞ : ΕΠΙ·ΠΑΙΤΟΥ·ΓΡΑΜΜΑΤΕΟΣ·CMYPN·ΕΦΕ-

CIΩN. Femme voilée, assise entre deux femmes qui soutiennent un grand voile au-dessus d'elle (Æ 11. — R⁷. = 200 fr. Mion. R⁵. = 100 fr.); il dit qu'il lui paraît avoir été retouché. — Auj. au *Cab. de France*. — Cat. d'Ennery (Paris 1788), p. 406). — Antonin le Pieux: Pelops et Hippodamia. *Droit:* AVT·KAI·TI·AI·AΔPI·ANTΩNEINOC. Sa t. laurée, à dr. ℞: ΘEYΔIANOC·CTPAT·ANEΘHKE·CMYPNAIOIC et d. le champ, ΠEΛOY, Pelops d. un bige, à dr. Il s'appuie de sa m. g. sur un sceptre ou sur une lance, et sa main dr. il donne à Hippodamie pour lui aider à monter dans le bige (Æ 10¹/₂. — **Médaillon unique**, autrefois dans la coll. de M. Ph. Margaritis, à Athènes, auj. au *Mus. de Berlin*. Publ. pour la pr. fois par feu M. Adr. de Longpérier, dans la Rev. Num. Fr. An. 1874—1877, p. 117, et par M. Alfred von Sallet d. sa Zeitschr. f. Num. Bd. XIV, p. 8. — Mion. Descr. T. III, p. 230, n.º 1289, décrit la m. p. mais du Mod. 12, mal conservée et incomplète de légendes, qu'il estime: R⁵. = 100 fr.); *autre:* M. tête et m. lég. ℞: CTPA·MAPKOY·ΛABEΩNOC·CMYP. Héraklès Bibax, deb. ten. d. la m. dr. le *cantharum* et d. la g. sa massue et la dépouille du lion (Æ 7. — R⁴. = 15 fr. Mion. R². = 6 fr.); T·AI·KAICAP·ANTΩNEI-NOC. Sa t. laurée à g., av. le *paludamentum*. ℞: ΣMYP·ΠEPΓ·EΦECIΩN·OMONOIA. Artémis Ephesia av. ses attributs, entre Asklépios et Némésis (Æ 10. — R⁵. = 60 fr. Mion. R⁴. = 40 fr.); AY·KAI·T|·AIΛIOC·ANTΩNEI-NOC. Sa t. laur. à dr. av. le *paludamentum*. ℞: EΠI·ANΘYΠATOY·A-ΠPONIANOY·CMYP. Kybèle tourelée, assise sur un siège, à g. (Æ 8¹/₂. — R⁴. = 20 fr. Mion. R². = 8 fr.); AYTO·ANTΩNEINOC·K. Sa t. laurée. ℞: Même lég. Gerbe d'épis. (Æ 5. — R³. = 6 fr. Mion. R². = 4 fr.); AYT·KAI·TI·AI·AΔPI·ANTΩNEINOC. Sa t. laurée, sans le *paludamentum*. ℞: .... ΠEΛ .... C·ANEΘHKE·CMYPNAIOIC. Homme vêtu du *paludamentum* (Pelops?), deb. d. un char traîné par deux chevaux, ten. une haste de la m. gauche, et portant la droite vers une femme voilée (Hippodamia?) deb. (Æ MM. — R⁷. = 200 fr. Mion. R⁵. = 100 fr.); m. t. et m. lég. mais à la fin CEB. ℞: CMYPNAIΩN·ΔIC·NEΩKOPΩN. Trois temples, av. une divinité au milieu de chacun d'eux, celle du milieu est Artémis Ephesia (Æ 9. — R⁵. = 30 fr. Mion. R³. = 18 fr.); même lég. et même tête laurée. ℞: CMYPNAIΩN·MEIΛHCIΩN. Deux Amazones deb., en face et se donnant la main, — *bipenne* (Æ 12. — R⁷. = 150 fr. Mion. R⁵. = 100 fr.); *autre,* av.: .... ANTΩNEINOC. T. laur. à dr. av. le *paludamentum*. ℞: EΠI·ANΘYΠATOY·AΠPONIANOY·CMYP. Kybèle assise, à g. ten. de la m. dr. une patère, le coude g. appuyé sur le *tympanum*; à ses pieds, un lion (Æ 7. — R². = 8 fr. Mion. R¹. = 3 fr.). — Faustine mère: ΦAYC-TEINA·CEBACTH. Sa t. à dr. ℞: CMYPNAIΩN. Femme tourelée assise (Æ 4¹/₂. — R³. = 6 fr.); *autre:* ΦAYCTEINAN·CEBACTHN. Sa t. à dr. ℞: M. lég. et m. type (Æ 6. — R⁴. = 12 fr.); *autre:* ΦAYCTINA·CE-BACTH. Amazone tourelée, assise, ten. de la m. dr. un arc et une flèche et de la g. la *pelta* posée sur son siège (Æ 5. — R⁴. = 8 fr.). — Marc-Aurèle: AYPHΛIOC·KAICAP. Sa t. nue, à dr. ℞: ΘEYΔIANOC·CTPAT·ANEΘHKE·CMYPNAIOIC. Alexandre endormi sous un arbre, la t. appuyée sur un bouclier, — près de lui deux Némésis deb. (Æ 10. — R⁶. = 80 fr. Mion. R⁴. = 30 fr.); *autre,* la même, mais la t. du *droit* tournée à g. (Æ 10. Même prix); AYPHΛIOC·KAIC·ANTΩNEINOC .... T. laurée de

M. Aurèle jeune, à dr. ℞: ΤΡΟΑΔΕΩΝ ...... CΜΥΡΝΑΙΩΝ. Marc-Aurèle à cheval, — derrière lui une Niké debout le couronne (Æ. 13. — R⁸. = 300 fr. [non retouchée]. Mion. R⁶. = 150 fr.); *autre*, presque semblable (Æ 10. — R⁵. = 50 à 80 fr.); *autre*, ℞: ΕΠΙ·CΤΡ·ΠΡΟΚΛΟΥ·CΜΥΡ. Isis et Némésis deb. av. leurs attributs (Æ 7. — R⁴. = 12 fr.); ΑΥ. Κ·Μ·ΑΥ·ΑΝΤΩΝΙΝΟC. Sa t. barbue et laurée à dr. av. le *paludamentum*. ℞: ΑΤΤΑΛΟC·CΟΦΙCΤΗC·ΤΑΙC·ΠΑΤΡΙCΙ·CΜΥΡ·ΛΑΟ. Zéus Akraios Niképhoros (et jamais Philalethes ou Smyrnaeus comme Vaillant, Mionnet et leurs successeurs le qualifièrent), vêtu du *pallium*, deb. à dr. portant sur la m. dr. une Niké, — en face, Zéus Laodikénos assis, portant également une Niké sur la m. dr. et la g. posée sur la haste pure (Æ 10. — R⁶. = 80 fr. Mion. Æ 10 et 11. — R³. = 30 fr.); *autre*, même droit. ℞: Même lég. Zéus-Akraios deb., vêtu du *pallium*, en face de Kybèle assise, — tous deux av. leurs attributs (Æ. 10½. — R⁶. = 80 fr. Mion. R³. = 30 fr.); ΑΥ·Κ·Μ·ΑΥΡ·ΑΝΤΩΝΕΙΝΟC. Sa tête laurée, à g. ℞: ΕΠΙ·CΤΡ·ΚΛ·ΠΡΟ-ΚΛΟΥ·CΟΦΙCΤΟΥ·CΜΥΡ. Tyché de la ville, assis, soutenant de la m. dr. un temple, et ten. une haste de la g. (Æ 9. — R⁶. = 40 fr. Mion. R⁴. = 20 fr.); *autre*: CΜΥΡΝΑΙΩΝ. Fleuve barbu couché (Æ 4. — R². = 4 fr.); *autre*, av. ΑΤΤΑΛΟC·CΟΦΙCΤΗC·ΤΑΙC·ΠΑΤΡΙCΙ·CΜΥΡ·ΛΑΟΔ. Zéus-Akraios et les deux Némésis deb., tous trois debout (Æ 10. — R⁵. = 70 fr. Mion. R³. = 30 fr.); ΑΥ·ΚΑΙ·Μ·ΑΥΡΗ·ΑΝΤΩΝΙΝΟC. Sa t. laurée à g., av. cuirasse. ℞: Même lég. mais avec ΛΑΟ à la fin. Zéus-Akraios deb. ten. un aigle sur la m. dr. et la haste d. la g. entre les deux Némésis deb. (Æ 13. — R⁸. = 300 fr. [non retouchée]. Mion. R⁷. = 200 fr.); *autre*, ΑΥ·ΚΙΑ· (sic) ΜΑΡ·ΑΥ·ΑΝΤΩΝΕΙΝΟC. Sa t. laur. à g. ℞: CΤΡ·ΑΙΛ·ΠΡΟΚΛΟΥ·CΟ-ΦΙCΤΟΥ·CΜΥΡ. Femme tourelée et vêtue de la *stola*, assise, ten. sur la m. dr. un pet. temple tétrastyle et d. la g. la *bipenne* (Æ 8. — R⁶. = 25 fr. Mion. R⁴. = 15 fr.); *autre*: m. lég. et m. t. laurée, av. cuirasse. ℞: CΜΥΡ·ΑΘΗΝΑΙ·ΟΜΟ·CΤΡ·ΑΙ·ΗΡΑΚΛΕΙΔΟΥ. Athéné et les deux Némésis deb., chacune av. ses attributs (Æ 10. R⁵. = 30 fr. Mion. R². = 12 fr.); m. lég. et m. t. av. le *paludamentum*. ℞: CΤΡΑ·Μ·CΕΛΛΙΟΥ·ΟΜΟ·CΜΥΡ·ΝΕΙΚΟΜ. Démétèr deb. ten. des épis d. la m. dr. et une longue torche d. la g., dev. elle, Kybèle assise (Æ 10. — R⁷. = 100 fr. [non retouchée]. Mion. R⁴. = 40 fr.); lég. eff. T. de M. Aurèle. ℞: CΜΥΡ·ΝΕΙΚΟΜ·ΟΜΟΝΟΙΑ. Deux figures se donnant la m. dr. (Æ. MM. R⁶. = 70 fr. Mion. R⁴. = 40 fr.); Μ·ΑΥΡΗΛ.... Sa t. nue et barbue, à g. av. la chlamyde sur l'épaule gauche. ℞: .... ΛΟC·CΟΦΙCΤΗC .... Deux Némésis deb. en face l'une de l'autre (Æ 4. — R⁶. = 20 fr. (bien conservée av. le nom du sophiste). Mion. R². = 4 fr. mauv. exempl.); ΑΥΤ..... ΗΛΙC. Sa t. nue, av. une barbe naissante, et vêtu du *paludamentum*, à dr. ℞: ..... ΙΑΝΟΥ·ΓΑΜ·ΠΕ ..... CΜΥ ..... Kybèle assise sur un siège à g. ten. une patère de la m. dr. et le bras g. sur le *tympanum?* (Æ 8. — R⁵. = 20 fr. = b. ex. Mion. R². = 6 fr.); *autre*: ΑΥΡΗΛΙΟC·ΚΑΙCΑΡ. T. nue de M. Aurèle. ℞: ΛΟΥΚΙΑΝΟC·CΤΡΑΤ·ΑΝΕ-ΘΗΚΕ·ΤΟΙC·CΜΥΡΝΑΙΟΙC. Alexandre le Grand dormant sous un arbre, — en face de lui, deux Némésis deb. (Æ. MM. — R⁶. = 80 fr. [non retouchée]. Mion. R⁴. = 40 fr.). — *Mus. Thiepol.*, p. 906). — Faustine Jeune: ΦΑΥC-ΤΙΝΑ·CΕΒΑCΤΗ. Sa t. à g. ℞: ΑΤΤΑΛΟC·CΟΦΙCΤΗC·ΤΑΙC·ΠΑΤΡΙCΙ·CΜΥΡ·ΛΑΟ. Zéus-Akraios deb. entre deux Némésis, ten. sur la m. dr. un aigle et d. la gauche la haste ($Æ$ $10^1/_2$. — R^7. = 200 fr. Mion. R^5. = 100 fr.); même lég. tête à dr. ℞: ΘΕΥΔΙΑΝΟC·ΑΝΕΘΗΚΕ. Griffon tourné à dr., le pied droit sur une roue ($Æ$ $4^1/_2$. — R^6. = 20 fr. Mion. R^1. = 3 fr.), auj. très-rare); *autre*, av. la m. lég. Lion tourné à dr., le pied dr. de devant sur le *tympanum* ($Æ$ $4^1/_2$. — R^6. très-rare auj. 20 fr. Mion. R^1. = 3 fr.; ΦΑΥC-ΤΕΙΝΑ CΕΒΑCΤΗ. Tête de Faustine. ℞: CΜΥΡ·CΤΡΑ·ΚΛ·ΠΡΟΚΛΟΥ· CΟΦΙCΤΟΥ. Hygiaia donnant à manger à un serpent ($Æ$ 6. — R^5. = 15 fr. Mion. R^4. = 12 fr.); ΦΑΥCΤ·CΕΒΑCΤΗ. Sa t. ℞: ΕΠΙ·CΤΡΑ·ΚΛΑ· ΠΡΟΚΛΟΥ·CΟΦΙCΤΟΥ·CΜΥΡΝΑΙΩΝ. Asklépios deb. av. ses attributs ($Æ$ 6. — R^4. = 12 fr.); *autre*, av.: ΕΠΙ·CΤΡ·ΠΡΩΚΛΟΥ·CΟΦΙCΤΟΥ· CΜΥΡΝΑΙΩΝ. Asklépios deb. av. son bâton enveloppé par un serpent ($Æ$ 7. R^4. = 12 fr.); *autre*: CΤΡ·ΚΛ·ΠΡΟΚΛΟΥ·CΟΦΙCΤΟΥ·CΜΥΡ.... Tyché deb. à g. ($Æ$ 6. — R^4. = 12 fr.). — Lucius Verus: ΑΥΤΟ·ΚΑΙ·Λ·ΑΥΡΗ· ΒΗΡΟC·CΕ. Sa tête laurée, à dr. ℞: ΚΛ·ΠΡΟΚΛΟΥ·CΟΦΙCΤΟΥ·CΜΥΡ. Zéus à demi-nu, assis, ten. une patère et une haste ($Æ$ 9. — R^5. = 30 fr. Mion. R^3. = 18 fr.); ΑΥΤΟ·Κ·ΑΙ·Λ·ΑΥ·ΟΥΗΡΟC·CΕ. Sa t. laur. à dr. ℞: CΤΡΑ·Α·ΠΡΟΚΛΟΥ·CΟΦΙCΤΟΥ·CΜΥ. Kybèle assise à g. ($Æ$ 9. — R^5. = 30 fr. Mion. R^3. = 18 fr.). — Faustine jeune et Lucilla: ΑΥ·ΚΑΙ·Λ· ΑΥΡΗΛΙΟC·ΟΥΗΡΟC. T. nue de L. Vérus, à dr. av. le *paludamentum*. ℞: ΦΑΥCΤΕΙΝΑ·ΙΤ·ΚΑ·ΛΟΥΚΙΛΛΑ·CΜΥΡ. T. affrontées de Faustine la jeune et de Lucille, femme de Lucius Vérus ($Æ$ $6^1/_2$. — R^7. = 80 fr. Mion. R^6. = 30 fr. — Les mon. grecques à l'effigie de Lucille sont auj. extrêmement rares). — Lucille (seule): ΛΟΥΚΙΛΛΑ·CΕΒΑCΤΗ. Tête de Lucille, à dr. ℞: CΤΡ·ΑΡΙZΗΛΟΥ·CΜΥΡΝΑΙΩΝ. Deux Némésis deb. ($Æ$ 6. — R^7. = 80 fr. Mion. R^2. = 6 fr.); *autre*, av.: CΤΡ·ΑΡΙZΗΛΟΥ·CΜΥΡ-ΝΑΙΩΝ. Tyché deb. ($Æ$ 6. Même prix. L'estimation de Mion. est entièrement inexacte); m. lég. et m. t. ℞: Même lég. Hygiaia deb. ($Æ$ 6. Même prix). — Commode: Λ·ΑΥΡ·ΚΟΜΟΔΟC·ΚΑΙCΑΡ. Sa t. nue à dr. av. le *paludamentum*. ℞: CΤΡ·ΠΟ·ΑΙΛ·ΑΡΙZΗΛΟΥ·CΜΥΡΝΑΙΩΝ. Les deux Némésis deb. sur un char traîné par deux griffons, à g. ($Æ$ 10. — R^6. = 70 fr. Mion. R^3. = 18 fr.); m. lég. et m. t. ℞: Même lég. Kybèle assise, à g., à ses pieds, un lion ($Æ$ 8. — R^4. = 20 fr. Mion. R^2. = 6 fr.); ΑΥΡΗΛΙΟΝ· ΚΟΜΜΟΔΟΝ·ΚΑΙCΑΡΑ. Sa tête nue, à dr. av. le *paludamentum*. ℞: ΕΠ·CΤΡ·ΛΑ·ΑΙ·ΚΑΛΛΙΚΡΑΤΟΥ·CΜΥΡ. Femme deb. ten. une patère et une corne d'abond., à ses pieds, un autel ($Æ$ $9^1/_2$. — R^5. = 30 fr.); Mion. R^3. = 15 fr.); ΑΥ·ΚΑΙ·Μ·ΑΥΡ·ΚΟΜΜΟΔΟC. Sa t. laurée, à dr. *paludamentum*. ℞: CΤΡΑ·ΑΙ·ΗΡΑΚΛΕΙΔΟΥ·ΟΜΟ·CΜΥΡ·ΑΘΗΝΑΙ. Athéné deb., en face de Némésis ailée qui tient un sistre de la main gauche ($Æ$ 10. — R^4. = 25 fr. Mion. R^2. = 12 fr.); m. lég. et m. t. ℞: Même lég. différemment disposée. Même type ($Æ$ 8. — R^3. = 15 fr. Mion. R^1. = 6 fr.); même lég. et m. t. ℞: CΤΡΑΤ·ΗΡΑΚΛΕΙΔΟΥ·ΟΜ·ΑΘΗΝΑΙ·CΜΥΡΝΑΙΩΝ. Kybèle assise, donnant la main à une femme deb. devant elle, vêtue de la *stola* et ten. la haste pure ($Æ$ 9. — R^5. = 40 fr. Mion. R^3. = 18 fr.); même lég. et même tête. ℞: CΤΡ·ΗΡΑΚΛΕΙΔΟΥ·CΜΥΡ·ΑΘΗΝΑΙ·ΟΜ. Athéné et Tyché deb. ($Æ$ $8^1/_2$. — R^5. = 30 fr. Mion. R^3. = 12 fr.); même lég. et m. t. ℞: CΤΡΑ· Ι·ΗΡΑΚΛΕΙΔΟΥ·CΜΥΡ·ΛΑΚΕΔΑΙ·ΟΜΟ. Zéus Niképhoros assis, — devant lui Arès debout ($Æ$ 8. — R^7. = 60 fr. Mion. R^2. = 6 fr.); ΑΥΤ·ΚΑΙ·Μ· ΑΥΡΗΛΙΟC·ΚΟΜΜΟΔΟC. Sa t. laur. à dr., *paludamentum*. ℞: ΕΠΙ·

CTPA·NAIB·KVINTOY·CMYPNA·KYZIKOC. Commode deb., deux femmes tourelées, ten. la haste, le couronnent (Æ 13. — R^8. = 300 fr. [non retouchée]. Mion. R^6. = 150 fr.); .... t. de Commode. ℞: CMYPNAIΩN·ΠPΩTΩN· ACIAC·B·NEΩKOPΩN. Femme tourelée (Tyché) deb., dev. elle Commode deb. (Æ 9. — R^6. = 70 fr. Mion. R^5. = 48 fr.); *autre*: CMYPNAIΩN. Roma casquée assise (Æ 9. — R^4. = 20 fr. Mion. R^2. = 12 fr.); .... t. de Commode. ℞: EΠI·CTP·ΠO·AIA·APIZHΛOY·CMYPNAIΩN. Commode deb. couronné par une Amazone (Æ 9½. — R^3. = 15 fr. Mion. R^1. = 6 fr.); *autre*: CTP·ΠO·ΛEACTHΛOY [*fausse leçon*: c'est: APIZHΛOY qu'il faut lire] CMYPNAIΩN. Amazone posant une couronne sur la t. de Commode (Æ 9. — R^7. = 60 fr. Mion. la cite d'après Vaillant et ne fixe aucun prix); *autre*: EΠI·CTP·T·AIA·NEIKHΦOPOY·CMYPNAIΩN. Fig. casquée deb. portant la m. dr. vers Commode, assis (Æ 9. — R^5. = 25 fr. Mion. R^2. = 12 fr.); EΠI·ΔHMOCTPATOY·HPAKΛEIΔOY·CMYP·AΘHNA·OMO. Athéné deb., en face, Tyché deb. av. un cippe, ten. un gouvernail (Æ 9. — R^4. = 20 fr. Mion. R^2. = 12 fr.); .... m. tête. ℞: Même lég. Niké deb. ten. de la m. dr. un foudre et de la g. un thyrse, — en face, Athéné casquée, ten. une patère et une haste (Æ 9. — R^2. = 12 fr.); *autre*: CTP·AI·HPA· KΛEIΔOY·AΘHNAI·CMYP·OMO. Zeus Niképhoros assis sur un siège, à g., en face, Athéné deb. ayant une chouette sur la m. dr. et ten. une lance d. la g. (Æ 8½. — R^3. = 15 fr. Mion. R^1. = 6 fr.); AY·KAI·M·AYP·KOM· MOΔOC. Sa t. laurée et barbue, à dr. av. le *paludamentum*. ℞: Même lég. Athéné deb. dev. Némésis ailée, portant la m. dr. à son vêtement, et ten. d. la g. un sistre ou un frein (Æ 8. — R^1. = 6 fr.); même lég. T. laur. et barbue de Commode, à dr. dessus, les lettres: CAP·Δ. — ℞: ..... CTP·AI· HPAKΛEIΔOY ..... Athéné deb. à g., en face, deux Némésis deb. (Æ 10. — R^8. = 18 fr., faussement attribuée à une ville d'Héracléia, par Pellerin. Cf. Sestini, Lett. num. Cont. t. III, p. 78); m. lég. et m. t. ℞: CTP·AI· HPAKΛEIΔOY·ΛAKEΔAI·OMO·CMYP. Kybèle tourelée assise, à g., devant elle Arès deb. lui présente la m. dr. et a la gauche armée d'un bouclier et d'une lance (Æ 10. — R^5. = 40 fr. Mion. R^2. = 20 fr.); *autre*, av. CTP· M·CEΛΛIOY .... CMYP. Amazone deb., en face d'elle une femme tourelée, portant un gouvernail, — à ses pieds, une proue (Æ 8. — R^3. = 15 fr. Mion. R^1. = 6 fr.); *autre*: M. lég. et m. t. ℞: ..... CEΛΛIOY·OMO·C ... NEI· KOM. Kybèle assise sur un siège, à dr., en face d'elle Démétèr, ten. des épis et un long flambeau (Æ 8. — R^6. = 20 fr. Mion. R^2. = 12 fr.); *autre*, av.: EΠI·CTPA·M·CEΛΛIOY·CMYP·NEIKOM. Démétèr deb., ten. des épis et un long flambeau, — en face, deux Némésis deb. (Æ 9. — R^5. = 20 fr. Mion. R^2. = 12 fr.); même lég. et même t. ℞: CTPA·M·CEΛΛIOY·OMO· CMYP·NEIKOM. Deux femmes tourelées, deb., se donnant la main, — l'une tient la bipenne, et l'autre un gouvernail, aux pieds de chacune d'elles, une proue de vaisseau (Æ 7½. — R^4. = 15 fr. Mion. R^2. = 6 fr.); *autre*, av. CTP.; *autre*: Même t. ℞: Même lég. avec EΠI et sans OMO. Amazone, la bipenne sur les épaules, donnant la main dr. à une femme tourelée, ten. un gouvernail de la m. g., — l'une est l'Amazone Smyrna, le génie de la ville, et l'autre celui de Nikomédie (Æ 9. — R^5. = 30 fr. Mion. R^2. = 12 fr.); même lég. et même tête. ℞: CTP·M·CEΛΛIOY·CMYPNAIΩ·OMO· NIKOM. Commode radié deb., sur un char traîné par deux chevaux, allant à dr., ten. de la m. dr. *l'acrostolium*, et la g. posée sur un long flambeau, — d. le champ, on lit KOMOΔΩ, en deux lignes (Æ $8^{1}/_{2}$. — R^6. = 40 fr. Mion. R^4. = 24 fr.); *autre*: ΕΠΙ·CΤΡΑ·ΝΑΙΒ·ΚΟΥΙΝΤΟΥ·CΜΥΡΝΑ· ΚΥΖΙΚΟC. Zéus assis, paraissant avoir présenté une couronne à Commode, qui la reçoit, le premier tient une haste de la m. gauche, — l'autre, le bâton d'ivoire (Æ 9. — R^6. = 40 fr. Mion. R^5. = 30 fr.). — Crispina: KPIC· ΠΙΝΑ·CΕΒΑCΤΗ. Sa t. à dr. ℞: CΤΡ·Μ·CΕΛΛΙΟΥ·ΟΜΟΝΟΙΑ·CΜΥΡ· ΝΙΚΟΜ. Femme deb. ten. des épis d. la m. dr. et une torche d. la gauche (Æ $7^{1}/_{2}$. — R^3. = 10 fr. Mion. R^1. = 4 fr.); ΚΡΙCΠΕΙΝΑ·CΕΒΑCΤ. Même tête. ℞: ΕΠΙ·CΤ·ΡΟΥΦΙΝΟΥ·CΜΥΡΝΑΙΩΝ. Niké deb. couronnant un aigle éployé placé sur un cippe (Æ 6. — R^4. = 15 fr.); m. t. ℞: ΕΠΙ·CΤΡ·ΚΛ· [ΜΕCCΑΛΟΥ?] mieux: Μ·CΕΛΛΙΟΥ·CΜΥΡ. Commode, vêtu du *paludamentum*, à cheval, frappant d'une lance un captif (Æ 6. — R^6. = 30 fr. Mion. R^3. = 9 fr.); *la même*, mais du mod. 7; *autre*: Femme vêtue de la *stola*, deb. ten. une patère et un flambeau (Æ 6. — R^2. = 6 fr.); ΚΡΙCΠΙΝΑ· CΕΒΑCΤΗ. Sa t. à dr. av. la *stola*. ℞: CΤΡ·Μ·CΕΛΛΙΟΥ·ΟΜΟ·ΝΕΙ· ΚΟΜ·CΜΥΡ. Deux Némésis deb. (Æ 6. — R^1. = 4 fr.); *autre*, même lég. Tyché deb. ten. un gouvernail et une corne d'abond. (Æ 6. — R^1. = 4 fr.); *autre*, ℞: Même lég. Déméter deb. à g. ten. des épis et un long flambeau (Æ 6. — R^1. = 4 fr.); même lég. T. de Crispine à dr. av. la *stola*. ℞: CΤΡ·Μ·CΕΛΛΙΟΥ·CΜΥΡ·ΝΙΚΟΜ·ΟΜΟ. Hygiaia deb. à g. faisant manger un serpent dans une patère (Æ 6. — R^1. = 4 fr.); *autre*: CΜΥΡΝΑΙΩΝ· ΚΑΙ..... ΟΜΟ. Femme deb. ten. une patère de la m. dr. et une haste de la g. (Æ 9. — R^1. = 4 fr.). — Clodius Albinus: ΚΛΩΔΙΟC·ΑΛΒΕΙΝΟC· ΚΑΙCΑΡ. T. nue d'Albin. ℞: ΕΠΙ·CΤ·ΚΛ·ΑΡΙCΤΟΦΑΝΟΥC·CΜΥΡΝΑΙΩΝ. Kybèle assise, à g. (Æ 7. — R^7. = 100 fr. Mion. R^6. de 48 à 60 fr.); m. lég. av. ΚΑΙC. et m. tête. ℞: ΕΠΙ·CΤΡ·ΑΡΙCΤΟΦΑΝΟΥC·CΜΥΡΝΑΙΩΝ. Asklépios et Hygiaia deb. av. leurs attributs ordinaires (Æ $7^{1}/_{2}$. — R^7. = 120 fr. Mion. R^6. = 48 fr.); t. d'Albin. ℞: CΜΥΡΝΑΙΩΝ. Kybèle tourelée assise entre deux lions, ten. une patère de la m. dr., le coude g. appuyé sur le *crotalum* (Æ 6. R^4. = 45 fr. Mion. R^5. = 24 fr.). — Septime-Sévère: ΑΥ·Κ·Λ·CΕΠ·CΕ· ΟΥΗΡΟC·Π. Sa t. laurée à dr. av. le *paludamentum*. ℞: ΕΠΙ·CΤΡ·ΚΛ· ΑΡΙCΤΟΦΑΝΟΥC·CΜΥΡΝΑΙΩΝ. Deux femmes deb., l'une ten. un sistre, l'autre ten. une patère, — à ses pieds, un griffon, le pied dr. de devant sur une roue (Æ 10. — R^5. = 60 fr. Mion. R^2. = 20 fr.); m. lég. et m. t. ℞: ΕΠΙ·CΤΡΑ·ΚΛ·ΡΟΥΦΙΝΟΥ·CΟΦΙ·CΜΥΡΝΑΙΩΝ. Kybèle assise (Æ 11. — R^5. = 70 fr. Mion. R^2. = 20 fr.); *autre*: Mod. $9^{1}/_{2}$. = 50 fr.; ΑΥ·Κ·Λ·CΕ· CΕΟΥΗΡΟC·ΑΥ·Κ·Μ·Α·ΑΝΤΩΝΙΝ·Λ·CΕ·ΓΕΤΑC·Κ. S. Sévère, Caracalla et Géta, vêtus de la toge, assis à g. ℞: ΠΡΩΤΑ·ΚΟΙΝΑ·ΑCΙΑC·CΜΥΡ· ΝΑΙΩΝ. en cinq lignes, d. une couronne de chêne, — autour: ΕΠΙ·CΤΡΑ· ΚΛ·ΡΟΥΦΙΝΟΥ·CΟΦΙ. (Æ $9^{1}/_{2}$. R^6. = 70 fr. — Mion. Æ $9^{1}/_{2}$. R^3. = 18 fr.); la même: Mod. 11. R^8. = 120 fr. (Mion. R^3. = 30 fr.); m. lég. et m. t. laurée, à dr., *paludamentum*. ℞: ΕΠΙ·CΤΡΑ·ΚΛ·CΤΡΑΤΟΝΕΙΚΟΥ· (sic) CΜΥΡ· ΝΑΙΩΝ. Kybèle tourelée assise (Æ $10^{1}/_{2}$. — R^5. = 40 fr. Mion. R^2. = 20 fr.); autre, av. CΤΡΑΤΟΝΕΙΚΟΥ. S. Sévère deb. ten. la haste d. la m. g. et tendant la dr. à une Amazone deb. qui tient la *bipenne* d. la main g., à ses pieds, une proue, — derrière, une Niké le couronne (Æ $10^{1}/_{2}$. — R^6. = 70 fr. Mion. R^2. = 20 fr.); CΜΥΡ. Sa t. laurée à dr., le tout dans une contre-marque du diamètre 3 de l'échelle, imprimée sur une monnaie fruste et sans revers (Æ 8. — R³. = 9 fr.); m. lég. et m. t. ℞: ΕΠΙ·C..... ΑΡΙCΤΟ-ΦΑΝΟΥ·CΜΥΡΝΑΙΩΝ. Sévère à cheval, la m. dr. armée d'une lance ou d'une haste, — derrière, une fig. deb. appuyée sur une massue (Æ. MM. R⁶. = 80 fr. Mion. R⁴. = 40 fr.); *autre:* ΕΠΙ·CΤΡ·ΚΛ·ΡΟΥΦΙΝΟΥ·CΟΦΙ·CΜΥΡΝΑΙΩΝ. Tyché tourelée deb. ten. une patère et une haste (Æ. MM. — R⁶. = 70 fr. Mion. R³. = 30 fr.); *autre:* av. ΕΠΙ·CΤΡ·Π·CΕΚΟΥΝΔΟΥ·CΜΥΡΝΑΙΩΝ. Héraklès assis, ten. de la m. dr. une massue, tandis qu'une femme lui présente un globe (Æ 9. — R⁵. = 50 fr. Mion. R³. = 18 fr.); ΑΥ·Κ·CΕ·CΕΥΗΡΟC·Π. Sa t. laurée, à dr., *paludamentum*. ℞: ΕΠΙ·ΚΛ·CΤΡΑΤΟΝΕΙΚΟΥ·CΜΥΡΝΑΙΩΝ. Figure militaire casquée, deb., présentant la m. dr. à une fig. tourelée, armée de la bipenne, et ten. de la g. une lance, — derrière, Niké qui la couronne, — à ses pieds, un autel allumé (Æ 9½. — R⁴. = 40 fr. Mion. R². = 20 fr. — S. Sévère et Julia Domna: ..... CΕΟΥΗΡΟC..... Leurs t. affrontées. ℞: ΕΠΙ·ΧΑΡΙΔΗΜΟΥ·CΜΥΡ-ΝΑΙΩΝ. Héraklès Bibax deb. à dr., ten. de la m. dr. une coupe et de la g. la massue et la dépouille du lion (Æ 5. — R⁷. = 70 fr. Mion. R⁷. = 30 fr.). — Julia Domna: ΙΟΥΛΙΑ·CΕΒΑCΤΗ. Sa t. à dr. ℞: CΜΥΡΝΑΙΩΝ·Γ·ΝΕΩ-ΚΟΡΩΝ· Tyché deb. d. un temple tétrastyle (Æ 6. Com. 2 fr.); m. lég. et m. t. ℞: Même lég. Deux Némésis deb. (Æ 6½. Com. 2 fr.); m. l. et m. t. ℞: ΕΠ·CΤΡ·ΑΙΛ·ΑΠΟΛΛΩΝΙΟΥ·CΜΥΡΝΑΙΩΝ. Tyché d. un temple (Æ 6½. — R¹. = 4 fr. Mion. R³. 3 fr.); ΙΟΥ·ΔΟΜΝΑ·CΕΒΑCΤΗ. Même t. ℞: CΜΥΡΝΑΙΩΝ·Γ·ΝΕΩΚΟΡΩΝ·ΕΠΙ·ΚΡΗΤΑΡΙΟΥ. Amazone Smyrna, la t. tourelée, deb., ten. une pet. Niké et la *bipenne* av. la *pelta*, à ses pieds, une proue de vaisseau (Æ 8. — R³. = 12 fr. Mion. R¹. = 6 fr.); même lég. et m. t. ℞: Même lég. seulement av. CΜΥΡΝ. au lieu de CΜΥΡΝΑΙΩΝ. Roma assise, ten. un pet. temple, — à terre, un bouclier (Æ 8½. — R⁴. = 15 fr. Mion. R¹. = 6 fr.); m. lég. et m. t. ℞: CΜΥΡΝΑΙΩΝ·Γ·ΝΕΩ-ΚΟΡΩΝ·ΘΕΑC·ΡΩΜΗC. Même type de Roma assise (Æ 8. — R³. = 10 fr. Mion. R¹. = 3 fr.); *autre*, av. CΜΥΡ·Γ·ΝΕΩΚΟΡΩΝ·ΠΡΩ·ΑCΙΑC. Même type (Æ 8½. — R³. = 12 fr. Mion. R¹. = 6 fr.); même lég. et même t. ℞: ΕΠΙ·CΤ·ΚΛ·ΑΡΙCΤΟΦΑΝΟΥC·CΜΥΡΝΑΙΩΝ. Deux Némésis deb. (Æ 6½. Com. 3 fr.); la même, mais au ℞: Même lég. et Temple hexastyle (Æ 6½. — R³. = 8 fr. Mion. R¹. = 3 fr.); même lég. et m. t. ℞: Ε·CΤΡ·Μ·ΑΥΡ·ΓΕΜΙΝΟΥ·CΜΥΡΝΑΙΩΝ. Deux Némésis deb. (Æ 7. Com. 4 fr.); même t. et même lég. ℞: Même lég. Tyché d. un temple tétrastyle (Æ 7. — R². = 4 fr.); m. lég. et m. t. ℞: ΕΠΙ·CΤ·ΡΟΥΦΙΝΟΥ·CΜΥΡΝΑΙΩΝ. Héraklès Bibax (πιών) deb. av. ses attributs (Æ 6. Com. 4 fr. Mion. Com. 2 fr.); même t. et m. lég. ℞: ΕΠ·CΤΡ·ΚΛ·CΤΡΑΤΟΝΕΙ·CΜΥΡΝΑΙΩΝ. Tyché d. un temple tétrastyle (Æ 7. Com. 3 à 4 fr.); ΙΟΥ·ΔΟΜΝΑ·CΕ-ΒΑCΤΗ. Même tête. ℞: ΕΠΙ·ΧΑΡΙΔΗΜΟΥ·Γ·ΝΕΩΚ·CΕΒ·CΜΥΡΝΑΙΩΝ. Roma assise, à g. ten. un pet. temple et la haste (Æ 9. — R⁵. = 20 fr. Mion. R². = 12 fr.); ΙΟΥΛΙΑ·CΕΒΑCΤΗ. T. d. Julia Domna. ℞: CΜΥΡ-ΝΑΙΩΝ. Silène ivre, à demi-nu, tourné sur un rocher à g., assis dev. la statue de Dionysos, placée sur un cippe, ten. de la m. dr. une coupe et de la g. un thyrse, — derrière Silène, une femme vêtue de la *stola*, les pieds posés sur un siège, le soutient, — derrière elle, un thyrse orné de bandelettes est fixé à terre (Æ 5½. — R⁶. = 40 fr. Mion. R⁴. = 12 fr.); m. t. et m. lég.

℞: CMYPNAIΩN. Tyché deb. (Æ 6½. Com. 2 fr.); autre, av. CMYP-NAIΩN·Γ·NEΩKOPΩN. Tyché dans un temple tétrastyle (Æ 6½. — R³. = 8 fr. Mion. R¹. = 3 fr.); autre: Même lég. Isis et Némésis deb. av. leurs attributs (Æ 7. — R³. = 8 fr. Mion. R¹. = 3 fr.); IOY·ΔOMNA·CEBACTH. Même t. à dr. ℞: CMYPN·Γ·NEΩKOPΩN·TΩN·CEBACTΩN. Roma assise, à g. (Æ 8. — R³. = 12 fr. Mion. R¹. = 3 fr.); m. lég. et même tête. ℞: ΘEAC·PΩMHC·CMYPNAIΩN·Γ·NEΩKO. Roma assise, à g., ayant une Niké sur la m. dr. et la haste pure de la g., à terre, un bouclier (Æ 8½. — R². = 8 fr. Mion. R¹. = 3 fr.); IOYΛIA·ΔOMNA·CEBACTH. Sa t. à dr. ℞: CMYP·Γ·NEΩKOPΩN·ΠPΩ·ACIAC. Roma assise (Æ 8. — R³. = 8 fr. Mion. R¹. = 3 fr.); autre: Mod. 7½ (m. prix); autre: Mod. 8½. même lég. et même type. R². = 6 à 8 fr. Mion. R¹. = 3 fr.); autre, av. ΕΠ·CTP·AIΛ·ANTΩNINOY·CMYPNAIΩN. Deux Némésis deb. (Æ 7. — R². = 8 fr. Mion. R¹. = 3 fr.); autre, av.: ΕΠ·CTP·AIΛ·ANTΩNINOY·CMYPNAIΩN. Même type (Æ 7. — R². m. pr.); autre: ΕΠ·CTP·AIΛ·ANTΩNINOY·ΣMYP-NAIΩN. Temple tétrastyle dans lequel est une femme deb. ten. une corne d'abond. (Æ 7. — R³. = 10 fr. Mion. R². = 6 fr.); autre: ΕΠ·CTP·AIΛ·AΠOΛ·ANTΩNINOY·ZMYPNAIΩN. Deux Némésis deb. en face l'une de l'autre, — d. le champ, les lettres OΛ. (Æ 6. — R². = 8 fr. Mion. R¹. = 3 fr.); m. t. et m. lég. ℞: ΕΠ·CTP·K·APICTOΦAN·CMYPNAI. Même type (Æ 6. — R². = 8 fr. Mion. R¹. = 3 fr.); IOYΛIA·CEBACTH. Même t. ℞: Ε·CTP·M·AYP·ΓEMINOY·ZMYPNAIΩN. Deux Némésis deb. (Æ 7. Com. 2 à 3 fr.); ΕΠI·CTPA·KΛ·CTPAT·CMYPNAIΩN. Même type (Æ 7 et 6½. R¹. = 3 fr.); autre: ΕΠ·CTP·KΛAYΔ·CMYP. Les Némésis deb. (Æ 7. — R¹. = 3 fr.); autre: ΕΠI·CTPA·KΛΕΑΝ .... CMYPNAIΩN. Deux Némésis deb. (Æ 6. — R¹. = 3 fr.); IOY·ΔOMNA·CEBACTH. Sa t. av. la stola. ℞: ΕΠI·KPHTAPIOY·CMYPN·Γ·NEΩKOPΩN. Roma assise à g. [comp. Fr. Kenner, die Romatypen. Wien 1857], ten. de la m. dr. un pet. temple, et la g. sur la haste; à terre, son bouclier (Æ 7. — R³. = 8 fr. Mion. R¹. = 3 fr.); IOYΛIA·CEBACTH. Même tête. ℞: ΕΠ·CT·K·POYΦINOY·CMYPNAIΩN. Héraklès-Ilιών (Bibax) nu et deb. ten. le cantharum, la massue et la dépouille du lion (Æ 5. Com. 2 à 3 fr.); m. lég. et m. t. ℞: ΕΠ·CTP·KΛ·CTPATONEI·CMYPNAIΩN. Tyché d. un temple tétrastyle, quelquefois hexastyle (Æ 7. Com. 2 à 3 fr.); autre: ΕΠI·CTP·KΛ·CTPA-TONE·CMYPNAIΩN. Deux Némésis deb., en face l'une de l'autre (Æ 6½. — R¹. = 3 fr.); autre: ΕΠI·CTP·KΛ·CTPATONEIKOY·CMYPNAIΩN. Même type (Æ 6. — R¹. = 3 fr.); ΕΠ·CTP·TPAIANOY·CMYP. Isis et les Némésis, divinités tutélaires de la ville de Smyrne (Æ 7. — R⁴. = 15 fr. Mion. R². = 6 fr.); autre: ΕΠ·CTP·A·ΦΛAKKOY·CMYPNAIΩN. Les deux Némésis se regardant (Æ 9. — R⁵. = 30 fr. Mion. R². = 12 fr.). — Caracalla: AYT·K·M·AYP·ANTΩNEINOC. Sa t. jeune laurée, à dr. paludamentum. ℞: ΕΠ·CTP·K·POYΦINOY·COΦ·CMYPNAIΩN. Zéus assis, à g. ten. une Niké d. la m. dr. et la g. sur la haste (Æ 8½. — R³. = 15 fr. Mion. R². = 12 fr.); même lég. et m. t. ℞: ΕΠI·CTP·K·POYΦ·CMYPNAIΩN. Caracalla deb. en habit militaire, — derrière lui une Niké qui le couronne (Æ 8½. — R². = 10 fr. Mion. R¹. = 6 fr.); m. lég. sa tête laur. et barbue, à dr. paludamentum. ℞: ΕΠI·KPHTAPIOY·CMYPNAIΩN·Γ·NEΩKOPΩN. Amazone Smyrna deb. ten. une pet. Niké d. la m. dr. et d. la g. la bipenne et la *pelta*, — à ses pieds, une proue (Æ 8. — R². = 12 fr. Mion. R¹. = 6 fr.); AYT·K·ANTΩNEI. Sa t. radiée et barbue, à dr. av. le *paludamentum*. ℞: CMYPNAIΩN·Γ·NEΩKOPΩN. Deux Némésis deb. (Æ 7. — R¹. = 3 fr.); AY·KECAP· (sic) ANTΩNIN. Sa t. jeune, laurée à dr. ℞: CMYPNAIΩN. T. voilée de femme, tournée à dr. (Æ 3½. — R⁴. = 10 fr. Mion. R³. = 6 fr.); AY·K·M·AYP·ANTΩNEINOC. T. laurée et barbue, à dr., *paludamentum*. ℞: ΕΠΙ·CTP·ΓΕΛ·ΔΙΟΓΕΝΟΥ·CMYPNAIΩN·Γ·NEΩKOPΩN·ΠΡΩΤΩΝ·ΑCΙΑC. Trois temples, — d. celui du milieu, Roma assise (Æ 13. — R⁷. [non retouchée] = 200 fr. Mion. R⁶. = 150 fr.); m. t. et m. lég. ℞: CMYPNAIΩN·ΠΡΩΤΩΝ·Γ·NEΩKOPΩN·TΩN·CΕΒΑCTΩN. Trois temples tétrastyles; au-dessus de chacun, une couronne, d. celui du milieu, une figure assise (Æ 9½. — R⁴. = 25 fr. Mion. R². = 12 fr.); m. lég. et m. t. ℞: Même légende. Trois temples tétrastyles, d. chacun desquels il y a une figure (Æ 11. — R⁵. = 60 fr. Mion. R². = 20 fr.); m. lég. la t. laur. à dr. sans le *paludamentum*. ℞: ΕΠ·CTP·ΑΙΛ·ΑΠΟΛΛΩΝΙΟΥ·CMYPNAIΩN·ΠΕΡΓΑΜΗΝΩΝ·ΟΜΟΝΟΙΑ. Amazone Smyrna deb., la t. tourelée, ten. de la m. dr. un petit Asklépios et d. la g. la *bipenne* et la *pelta*, — à ses pieds, une proue (Æ 8. — R⁴. = 24 fr. Mion. R². = 12 fr.); t. laur. et barbue de Caracalla, à dr., av. le *paludamentum*. ℞: ΕΠ·C·ΑΠΟΛΛΩΝΙΟΥ·CMYPNAIΩN·ΠΕΡΓΑΜΗΝΩΝ·ΟΜΟΝΟΙΑ. Asklépios deb. entre deux Némésis aussi deb. (Æ 10. — R⁵. = 60 fr. Mion. R³. = 18 fr.); *autre*: m. lég. et m. t. laur. à dr., *paludamentum*. ℞: ΕΠ·CTP·Μ·ΑΥΡ·ΓΕΜΙΝΟΥ·CMYPNAIΩN·ΠΕΡΓΑΜΗΝΩΝ·ΟΜΟΝΟΙΑ. Même type (Æ 13½. R⁷. = 250 fr. [non retouché par les malins disciples de feu Depoletti à Rome]. Mion. R⁵. = 100 fr.); m. lég. et m. t. ℞: ΕΠ·CTP·ΓΕΜΙΝΟΥ·CMYPNAIΩN·ΠΕΡΓΑΜΗΝΩΝ·ΟΜΟΝΟΙΑ. Deux temples octostyles, vus de côté (Æ 10. — R⁵. = 40 fr. Mion. R³. = 18 fr.); m. lég. et m. t. ℞: Ε·C·ΓΕΜΙΝΟΥ·CMYPNAIΩN·ΠΕΡΓΑΜΗΝΩΝ·ΟΜΟΝΟΙΑ. Kybèle assise, — dev. elle, Asklépios deb. (Æ 9½. — R⁷. = 80 fr. Mion. R⁴. = 24 fr.); *autre*, av.: ΑΥΤ·Κ·Μ·ΑΥΡΗ·ΑΝΤΩΝΕΙΝΟC·ΑΥΓ. Son buste laurée, av. une haste sur l'épaule gauche. ℞: ΕΞ·ΕΧΟΝ·ΥΠΑΤΟΡ·ΑΥΡ·ΑΝΤΩΝ·ΕΥΤΥΧΟΥC·CMYPNAIΩN·NEΩKOPΩN·ΕΠΙC. Caracalla deb. à g., ten. une patère au-dessus d'un autel, — de chaque côté, une enseigne militaire fixée en terre (Æ. MM. — R⁷. = 200 fr. [non retouchée]. Mion. R⁵. = 100 fr.); t. laur., lég. semblable à la précédente. ℞: CMYPNAIΩN·ΠΡΩΤΩΝ·ΑCΙΑC·Γ·NEΩKOPΩN·TΩN·CΕΒΑ·ΕΠΙ·CTPΑ·ΑΥΡ·ΧΑΡΙΔΗΜΟΥ. Trois temples tétrastyles, — d. celui du milieu Roma assise ten. une haste, — sur le péristyle on lit: ΡΩ, — d. le temple qui est à dr. — est une fig. marchant, sur le péristyle est écrit Τ ou ΤΙ., — dans le temple placé à g. est une figure succinte marchant, — l'inscription du temple est effacée (Æ. MM. — R⁷. = 250 fr. [non retouchée]. Mion. R⁵. = 100 fr.); *autre*, av. ΕΠΙ·ΧΑΡΙΔΗΜΟΥ·CMYPNAIΩN. Héraklès nu, deb., ten. une coupe et sa massue (Æ 7. — R⁴. = 12 fr. Mion. R³. = 9 fr.); *autres*: ΕΠΙ·CTPΑΤΗ·ΤΙΒΕΡΙΟΥ·ΚΛ·ΚΡΗΤΑΡΙΟΥ·CMYPNAIΩN·ΠΡΩΤΩΝ·Γ·NEΩKOPΩN. en lég. circulaire, — d. une couronne de laurier: ΤΩΝ·CΕΒΑCTΩN·ΚΑΛΛΕΙ·ΚΑΙ·ΜΕΓΕΘΕΙ. (Æ. MM. — R⁷. = 90 fr. Mion. R⁴. = 40 fr.); *autre*: ΑΥ·Κ·Μ·ΑΥ·ΑΝΤΩΝΕΙΝΟC. T. laur. de Caracalla, à dr. av. le *paludamentum*. ℞: ΤΩΝ·CΕΒΑCTΩN·ΚΑΛΛΕΙ·ΚΑΙ·ΜΕΓΕΘΙ d. une couronne, autour: CMYPNAI-

ΩΝ·ΠΡΩΤΩΝ·ΑΣΙΑΣ·Γ·ΝΕΩΚΟΡΩΝ. (Æ. MM. — R^7. = 80 fr. Mion. R^4. = 40 fr.); m. lég., buste av. la cuirasse. ℞: ϹΜΥΡΝΑΙΩΝ·Γ·ΝΕΩΚΟΡΩΝ. d. le champ: ΕΠΙ·ΚΡΑΙΤΑΡΙΟΥ. Amazone Smyrna deb. à g. ten. une pet. Niké, la *pelta* et la *bipenne* (Æ 9. — R^3. = 15 fr. Mion. R^2. = 12 fr.); m. t. ℞: même lég. autrement disposée. Femme succinte deb., ten. une pet. Niké et une haste (Æ 9. — R^2. = 12 fr.); m. lég. t. laur. et barbue. ℞: Même lég. Athéné assise sur un siège, à g. portant un temple sur la m. dr. et ten. la haste de la g., à ses pieds, un bouclier (Æ $8^1/_2$. — R^3. = 8 fr. Mion. R^1. = 3 fr.); même lég. et m. t. imberbe, à dr., av. le *paludamentum*. ℞: ΕΠΙ·ΣΤΡ·ΚΛ·ΡΟΥΦΙΝΟΥ·ΣΟΦΙΣΤΟΥ·ϹΜΥΡΝΑΙΩΝ. Zéus Niképhoros assis, à g., la Niké sur la m. dr. (Æ 8. — R^4. = 20 fr. Mion. R^2. = 12 fr.); *autre*, av.: ΕΠΙ·ΣΤΡ·Κ·ΡΟΥΦ·ϹΜΥΡΝΑΙΩΝ. Caracalla en *palud*. deb. à g., dev. un pet. autel allumé, derrière, une Niké le couronne (Æ 9. — R^2. = 12 fr. Mion. R^1. = 6 fr.); *autre:* **Variété inédite:** Mêmes lég. et mêmes types, mais le mot CMYP. à l'exergue (cf. Sabatier, Rev. Num. Belge, An. 1865, Tom. III, 4e sér. p. 389 à 426, Pl. XVIII, n° 19); *autre:* ΑΥΤ·Κ·Μ·ΑΥΡ·ΑΝΤΩΝΕΙΝΟϹ. T. laurée de Caracalla, av. une contremarque, et la t. de Géta laurée, av. ϹΕΒ., également en contre-marque. ℞: ϹΜΥΡΝΑΙΩΝ·ΠΕΡΓΑΜΗΝΩΝ·ΟΜΟΝΟΙΑ. d. le champ, T·Π·M. Zéus et Asklépios deb. en face, — d. le champ TBO. en monogramme et incus (Æ 9. — R^4. = 25 fr. Mion. R^3. = 18 fr.); m. lég., la t. laur. et barbue à dr. ℞: ΕΠ·Ϲ·ΓΕΜΙΝΟΥ·ΖΜΥΡΝΑΙΩΝ·ΠΕΡΓΑΜΗΝΩΝ·ΟΜΟΝΟΙΑ. Asklépios deb., enveloppé d. le *pallium*, supportant sur la m. dr. deux Némésis, — à sa dr., son bâton autour duquel est un serpent (Æ 8. — R^5. = 15 fr. Mion. R^4. = 12 fr.); *autre:* Ε·Ϲ·ΓΕΜΙΝΟΥ·[ΖΜΥΡΝΑΙΩΝ?]ΠΕΡΓΑΜΗΝΩΝ. Asklépios et Tyché deb., av. leurs attributs ordinaires (Æ 8. — R^4. = 12 fr.); *autre:* ΕΠΙ·ΓΕΜΙΝΟΥ·ΖΜΥΡΝΑΙΩΝ·ΠΕΡΓΑΜΗΝΩΝ·ΟΜΟΝΟΙΑ. Amazone Smyrna, tourelée, deb. portant s. la m. dr. le simulacre d'Asklépios, et ten. un bouclier et la bipenne (Æ 9. — R^6. = 45 fr. Mion. R^4. = 24 fr.); *la même*, mais av. ϹΜΥΡΝΑΙΩΝ. (Même prix); ..... ΑΥΡ·ΑΝΤΩΝΕΙΝΟϹ·Ϲ. Sa t. laurée. ℞: ΕΠ·Ϲ·ΓΕΜΙΝΟΥ·ϹΜΥΡΝΑΙΩ·ΠΕΡΓΑΜΗΝΩΝ·ΟΜΟΝΟ. Même type, le pied sur la poupe d'un vaisseau (Æ 9. — R^6. = 45 fr. Mion. R^4. = 24 fr.); *autre:* ΕΠ·Ϲ·ΓΕΜΙΝΟΥ·ΖΜΥΡΝΑΙΩΝ·ΠΕΡΓΑΜΗΝΩΝ·ΟΜΟΝΟΙΑ. Deux femmes tourelées deb. se donnant la main, — l'une, en habit court, est armée de la *bipenne*, l'autre, tient la haste pure, aux pieds de la première une proue (Æ 8. — R^3. = 9 fr.); ΕΠΙ·ΠΟ·ΜΙΜΟΥ [fausse leçon de Vaillant, — il faut lire: ΕΠ·ΣΤΡ·Μ·ΑΥΡ·ΓΕΜΙΝΟΥ·] ϹΜΥΡΝΑΙΩΝ·ΟΜΟΝΟΙΑ·ΠΕΡΓΑΜΗ—ΝΩΝ. Amazone Smyrna tourelée, la bipenne sur les épaules, portant la main sur une femme vêtue d'une tunique et tenant une haste (Æ 9. Vaillant, l. c. sans prix); ΕΠΙ·ΜΕΝΕΚΛΕΟΥϹ·ϹΜΥΡΝΑΙΩΝ·ΟΜΟΝΟΙΑ·ΠΕΡΓΑΜΗΝΩΝ. Amazone Smyrna av. la bipenne, et Asklépios av. son bâton (Æ 7. — R^5. = 20 fr. Mion. R^4. = 12 fr.); *autre:* ΕΠΙ·ΜΕΝΕΚΛΕΟΥϹ·ϹΜΥΡΝΑΙΩΝ·ΠΕΡΙΝΘΙΩΝ·ΟΜΟΝΟΙΑ ..... (mon. citée par Harduin, Oper. Sel. p. 136; et Spon., Itin. Athen.). — **Caracalla et Geta:** Α·Κ·Μ·ΑΥΡ·ΑΝΤΩΝΕΙΝΟϹ·ϹΕΒ·Π·ϹΕΠ·ΓΕΤΑϹ·Κ. T. affrontées de Caracalla et de Géta, dessous, Niké sur un globe, d. une contre-marque. ℞: .... ϹΕΥΗΡΙΑ·ΠΡΩΤΑ .... ZM. Asklépios deb., à sa g. un quadrupède, d. le champ, contre-marque (Æ $9^1/_2$. —

R^6. = 70 fr. Mion. R^5. = 48 fr.). — CARACALLA ET J. DOMNA: AYT·K·M·AY·ANTΩNEINOC·CE·KA·IOYAI. Leurs têtes affrontées. ℞: EΠI·KPH-TAPIOY·CMYPNAIΩN. Héraklès-Bibax deb. (Æ 6. — R^5. = 30 fr. Mion. R^3. = 9 fr.); *autre*: ANTΩNEINOC·CEB·IOYΛIA·CEB. Mêmes têtes. ℞: EΠI·XAPIΔHMOY·CMYPNAIΩN. Même type (Æ 6. R^5. = 30 fr. Mion. R^4. = 12 fr.) — CARACALLA ET PLAUTILLA: ANTΩNEINOC·CEBACTOC· ΠΛAYT.... Leurs t. laurées et en regard. ℞: EΠI·XAPIΔHMOY·CMYP-NAIΩN. Héraklès Bibax deb. (Æ 6. — R^7. = 60 fr. Mion. R^5. = 24 fr.). — PLAUTILLA: ΠΛAYTIΛΛA·CEBACTH. Sa t. laurée, à dr. ℞: EΠI·XAPIΔH-MOY·CMYPNAIΩN. Héraklès Bibax deb. (Æ 6. — R^6. = 20 fr. Mion. R^4. = 12 fr.). — GETA: Λ·CEΠ·ΓETAC·KAI. Tête nue de Géta, à dr. *paludamentum*. ℞: EΠ·CTP·K·POYΦIN·CO·CMYPNAI. Deux Némésis deb. (Æ 7½. — R^4. = 15 fr. Mion. R^2. = 6 fr.); *autre*, av.: EΠI·CTPA·K·POY-ΦINOY·COΦ·CMYPNAI. Tyché deb. av. ses attributs d. un temple tétrastyle (Æ 7. — R^4. = 15 fr. Mion. R^2. = 6 fr.); AY·K·ΠO·CEΠ·ΓETAC. Même t. laur. ℞: .... CTPATONEIKOY·CMYPNAIΩN. Amazone Smyrna deb., vêtue d'un habit court, ten. une pet. Niké et la *pelta* et une *bipenne* (Æ 8½. — R^6. = 30 fr. Mion. R^4. = 20 fr.); Λ·CEΠ·ΓETAC· KAICAP. Même t. ℞: EΠ·CTP·K·POYΦINOY·COΦ·CMYPNAIΩN. Tyché d. un temple tétrastyle (Æ 6. — R^5. = 20 fr. Mion. R^2. = 6 fr.). — ELA-GABAL: AYT·K·M·AYP·ANTΩNEINOC. Sa t. laurée, av. le *paludamentum*. ℞: EΠ·CTP·K·POYΦINOY· [et non KYPINOY. comme l'a lu VAILLANT; fausse leçon répétée par MIONNET, d. sa Descr. T. III, p. 245, n° 1384] COΦ· CMYPNA. Zéus Niképhoros, assis, à g. ten. de la m. dr. une Niké (Æ 8. — R^5. = 20 fr. Mion. R^4. = 12 fr.); m. lég. et m. t. ℞: EΠI·CTP·K·POY-ΦINOY·CMYPNAI. Elagabal deb. ten. une patère au-dessus d'un autel allumé, derrière, la Niké le couronne (Æ 8. — R^8. = 10 fr. Mion. R^1. = 6 fr.); m. lég. mais av. une tête radiée, à dr. ℞: CMYPNAIΩN ...... Femme tourelée deb., ten. un gouvernail, des épis et une corne d'abond. (Æ 6. — R^1. = 3 fr.). — ELAGABAL ET ANNIA FAUSTINA: AYT·K·M·AYP·ANTΩN· CEB·ANNIA·ΦAYCTINA·CEB. T. affrontées d'Elagabal laurée et d'Annia Faustina. ℞: CMYPNAIΩN·Γ·NEΩKOPΩN. Héraklès Πιών (Bibax) deb. (Æ 6. — R^8. = 150 fr. — Ma collection. — Mion. R^6. = 60 fr. ex. incompl. de lég.). — ANNIA FAUSTINA (seule): ANNIA·ΦAYCTEINA. T. d'Annia Faustina. ℞: CMYPNAIΩN·Γ·NEΩKOPΩN. Héraklès Bibax deb. (Æ 5. — R^7–R^8. de 70 à 100 fr. Mion. R^5. = 40 fr.). — AQUILIA SEVERA: IOYΛ· AKY·CEOYHPA. Sa t. à dr. ℞: CMYPNAIΩN·Γ·NEΩKOPΩN. Héraklès Bibax deb. (Æ 6. — R^7. = 80 fr. Mion. R^5. = 30 fr.). — JULIA MAESA: IOYΛIA·MAICA·CEBACTH. Sa t. à dr. dev. une contre-marque. ℞: —EΠI· CTP·ANTIOXOY·CMYPNAIΩN·Γ·NEΩKOPΩN. Amazone deb. portant un temple sur la m. dr. et la bipenne d. la g. (Æ 9. — R^5. = 30 fr. Mion. R^4. = 20 fr.); *autre*: EΠI·C·KA·ΔIOΓENOYC·CMYPNAIΩN·Γ·NEΩKO-PΩN. Même type d'Amazone deb. la t. crénelée, — à ses pieds, une proue [incorr. décr. par Mion. t. III, p 246, n° 1387]. (Æ 9. — R^6. = 40 fr. Mion. R^4. = 20 fr.); *autre*, av.: EΠI·C·Γ·K·ΔIOΓENOYC·CMYPNAIΩN. Même type (Æ 8. Même prix; *autre*: av. CMYPNAIΩN·ΠPΩTΩN·ACIAC. Buste de femme voilée, ten. des épis de la m. dr. et une corne d'abond. d. la g. (Æ 7. — R^4. = 12 fr.); *autre*: CMYPNAIΩN .... NEΩKOPΩN. Le dieu

Mên deb. à g. (Æ 6. — R⁴. = 12 fr.); *autre:* av. ΕΠ·CΤΡ·ΟΓΕΜΟC· [lég. douteuse?] CΜΥΡΝΑΙΩΝ·Γ·ΝΕΩΚΟΡΩΝ. Amazone deb., ten. un pet. temple, la *pelta* et une *bipenne*, à ses pieds, une proue (Æ 9. — R⁶. = 40 fr. Mion. R⁴. = 20 fr.); *autre:* av. CΜΥΡΝΑΙΩΝ·Γ·ΝΕΩΚΟΡΩΝ..... CΕΒΑC-ΤΩΝ..... Roma assise à g., ten. d. la m. dr. une pet. Niké et d. la g. la haste, — à ses pieds, un bouclier (Æ 8½. — R⁶. = 40 fr. Mion. R⁵. = 30 fr.); *autre:* ΙΟΥΛΙΑ·ΜΑΙCΑ. Sa t. à dr. ℞: CΜΥΡΝΑΙΩΝ·Γ·ΝΕΩΚΟ-ΡΩΝ. Hèraklès-Bibax deb. (Æ 5. — R². = 4 fr. Mion. R¹. = 2 fr.). — Sévère Alexandre: Μ·ΑΥΡ·CΕΟΥΗΡ·ΑΛΕΞΑΝΔΡΟC. Sa t. laurée, à dr. ℞: ΕΠΙ·CΤΡ·ΑΝΤΙΟΧΟΥ·CΜΥΡΝΑΙΩΝ·Γ·ΝΕΩΚΟΡΩΝ·ΠΡΩΤΩΝ· ΑCΙΑC. Trois temples, — deux vus de côté (Æ 11. — R⁵. = 50 fr. Mion. R³. = 30 fr.); *autre,* m. t. ℞: ΕΠ·C·ΠΟΛΕΙΤΟΥ·CΜΥΡΝΑΙΩΝ·ΠΡΩ·ΑCΙ· Γ·ΝΕΩ·ΤΩΝ·CΕΒ. Kybèle tourelée assise, à g. av. ses attributs (Æ 10. — R⁵. = 40 fr. Mion. R³. = 20 fr.); m. t. et lég. semblable. ℞: CΜΥΡΝΑΙΩΝ· Γ·ΝΕΩΚΟΡΩΝ. Deux Némésis deb. (Æ 6½. — R². = 8 fr. Mion. R¹. = 3 fr.); ΑΥΤ·ΚΑΙ·Μ·ΑΥΡ·ΑΛΕΞΑΝΔΡΟC. Buste lauré de Sévère-Alexandre, ten. la haste et un bouclier. ℞: ΕΠΙ·CΤΡΑ·ΙΠΙ·ΠΟΛΕΙΤΟΥ·ΠΑΡΑΔΟΞ· CΥΠΙΛΗΝΑ·ΝΕΩΚ. Némésis tourelée, vêtue de la *stola*, assise à g., une patère à la main (Æ 8½. — R⁵. = 30 fr. Mion. R³. = 18 fr.); t. laur., lég. sembl. ℞: ΕΠ·CΤΡ·Γ·Κ·ΔΙΟΓΕΝΟΥC·CΤΕΦΑΝΗΦΟΡΟΥ. dans le pourtour extérieur d'une couronne de laurier, — au milieu: CΜΥΡΝΑΙΩΝ· ΠΡΩΤΩΝ·ΑCΙΑC. (Æ 11. — R⁷. = 150 fr. Mion. R⁵. = 100 fr.); *autre:* Tête laur. de S. Alexandre, av. le *paludamentum*. ℞: CΜΥΡΝΑΙΩΝ·Γ· ΝΕΩΚΟΡΩΝ. Tyché deb. d. un temple tétrastyle (Æ 6½. Com. 2 fr.). — Sévère-Alexandre et Mamée: Α·Κ·Μ·ΑΥΡ·CΕ·ΑΛΕΞΑΝΔΡΟC. Sa t. laurée, à dr., *paludamentum*. ℞: ΕΠ·C·ΠΟΛΕΙΤΟΥ·CΜΥΡΝΑΙΩΝ·ΠΡΩ-ΤΩΝ·ΑCΙΑC·Γ·ΝΕΩΚ·ΤΩΝ·CΕΒ. Têtes affrontées de S. Alexandre et de Mamée, la première radiée, — derrière l'autre, un croissant (Æ 11. — R⁷. = 200 fr. [non retouchée]. Mion. Mod. 11. R⁶. = 150 fr. — Mod. 10½. R⁵. = 150 fr.); *autre:* T. de S. Alexandre. ℞: CΜΥΡΝΑΙΩΝ·ΠΡΩΤΩΝ·ΑCΙΑC· Γ·ΝΕΩΚΟΡΩΝ·ΤΩΝ·CΕΒΑCΤΩΝ. T. de S. Alexandre radiée et celle de Mamée sur un croissant de la lune (Æ. MM. — R⁷. = 200 fr. Mion. R⁶. = 150 fr.). — Mamée (seule): ΙΟΥ·ΜΑΜΕΑ·CΕΒΑCΤΗ. Sa t. à dr. ℞: CΤΡ· ΑΝΤΙΟΧΟΥ·CΜΥΡΝΑΙΩΝ·Γ·ΝΕΩΚΟΡΩΝ. Roma assise sur un siège, à g., portant s. la m. dr. un pet. temple, et la g. sur la haste, — à terre, un bouclier (Æ 9 et 8½. — R⁴. = 15 fr. Mion. R². = 12 fr); *autre:* CΜΥΡ-ΝΑΙΩΝ·Γ·ΝΕΩΚΟΡΩΝ. Héraklès Bibax nu, deb. regardant à g. ten. le *cantharum*, sa massue et la dépouille du lion (Æ 5½. — R³. = 8 fr. Mion. R¹. = 3 fr.); m. lég. et m. t. ℞: ΕΠ·CΤΡ·ΑΝΤΙΟΧΟΥ·CΜΥΡΝΑΙΩΝ·Γ· ΝΕΩΚΟΡΩΝ. Amazone deb. ten. un pet. temple, la *pelta* et la *bipenne*, — à ses pieds, une proue (Æ 8. — R⁴. = 20 fr. Mion. R². = 12 fr.); *autre,* au droit: ΕΠ·C·Μ·ΟΥΙΝΙ·ΠΟΛΕΙΤΟΥ. Portrait de Mamée av. les attributs de Démétèr voilée, ten. de la m. dr. des épis et d. la g. une corne d'abond. ℞: CΜΥΡΝΑΙΩΝ·ΠΡ·ΑCΙΑC·Γ·ΝΕ·ΤΩΝ·CΕΒ. Amazone deb., à g. ten. une patère et la *pelta*, — à ses pieds, une proue de navire (Æ 13. — R⁷. = 250 fr. [sans retouche]. Mion. R⁶. = 150 fr.). — Maximin: Α·Κ·Γ·Ι·ΟΥΗ. ΜΑΞΙΜΙΝΟC. Sa t. laurée, à dr. ℞: ΕΠ·Σ·Μ·ΑΥ·ΠΟΠΛΙΟΥ·ΠΡΟ·CΜΥΡ-ΝΑΙΩΝ·Γ·ΝΕΩΚΟΡΩΝ. Amazone deb., ten. un pet. temple et la *bipenne*, —

à ses pieds, une proue (Æ 8. — R⁶. = 40 fr. Mion. R⁵. = 24 fr.). — Maximinus et Maximus: A·K·I·ΟΥΗ·ΜΑΞΙΜΕΙΝΟC·Κ·Γ·Ι·ΟΥΗ·ΜΑΖΙΜΟC·ΚΑΙ-CAP. Maximin et son fils Maxime assis, à g., le premier tient un globe, l'autre un rouleau. ℞: ΠΡΩΤΑ·ΚΟΙΝΑ·ΑCΙΑC·ΕΝ·CΜΥΡΝΗ. d. une couronne de laurier, — autour: ΕΠΙ·CΤΡ·Μ·ΑΥΡ·ΠΟΠΛΙΟΥ·ΠΡΟΚΛΙΑΝΟΥ. (Æ 10. — R⁶. = 70 fr. Mion. R⁴. = 30 fr.); autre: av. ΕΠΙ·CΤΡ·Μ·ΑΥΡ· ΠΡΟΚΟΥΛΕΙΑΝΟΥ·ΠΡΩΤΑ·ΚΟΙΝΟΥ·ΤΗC·ΑCΙΑC·ΕΝ·CΜΥΡΝΗ. (Æ 10. R⁶. = 70 fr. Mion. R⁴. = 30 fr. d'après Vaillant); autre: A·K·ΜΑΞΙ-ΜΕΙΝΟC·Κ·ΜΑΞΙΜΟC·ΚΑΙ. Leurs t. affrontées. ℞: CΜΥΡΝΑΙΩΝ·Γ·ΝΕΩ-ΚΟΡΩΝ. Héraklès-Bibax deb. le *cantharum* d. la m. dr., la massue et la dépouille du lion la g. (Æ 5. — R⁷. = 50 fr. Mion. R⁵. = 15 fr.). — Gordien le Pieux: ΑΥ·Κ·Μ·ΑΝΤ·ΓΟΡΔΙΑΝΟC. Sa t. laurée à dr., *paludamentum*. ℞: ΕΠ·CΤ·ΡΟΥΦΙΝΟΥ·CΟΦΙ·CΜΥΡΝΑΙΩΝ·Γ·ΝΕΩΚΟΡΩΝ· ΠΡΩΤΩΝ·ΑCΙΑC. Trois temples, dans celui du milieu, figure assise (Æ 10. — R⁵. = 20 fr. Mion. R². = 12 fr.); m. t. laurée (av. ΚΑΙ. au lieu de K. dans la lég. du *droit*). ℞: ΕΠ·CΤΡ·ΚΛ·ΡΟΥΦΙΝΟΥ·CΟΦ·CΜΥΡΝΑΙΩΝ. Isis et Némésis deb. (Æ 11. — R⁶. = 25 fr. Mion. R¹. = 12 fr.); *autre*, av. ΑΥ·ΚΑΙ·Μ·ΑΝΤΟ· (sic) ΓΟΡΔΙΑΝΟC. Sa t. laurée, à dr., *paludamentum*. ℞: ΕΠ·ΤΕΡΤΙΟΥ·ΑCΙΑΡΧΟΥ·CΜΥΡΝΑΙΩΝ·Γ·ΝΕΩ. Alexandre endormi sous un arbre, auprès de lui deux Némésis deb. (Æ 11. — R⁵. = 40 fr. Mion. R². = 18 fr.); *autre*, du Mod. 10 (R⁶. = 50 fr. Mion. R³. = 18 fr.); *autre*, av.: ΕΠ·ΠΩΛΛΙΑΝΟΥ·CΜΥΡΝΑΙΩΝ·ΘΥΑΤΕΙΡΗΝΩΝ·ΟΜΟΝΟΙΑ. Deux femmes tourelées et deb. se donnant la main, l'une ten. la *bipenne* et ayant à ses pieds une proue de vaisseau, l'autre ten. la haste pure (Æ 8½. — R⁴. = 20 fr. Mion. R². = 12 fr.); m. t. ℞: ΘΥΑΤ·Κ·CΜΥΡ·ΟΜΟΝΟΙΑ. Athéné deb. ten. une pet. Niké, une lance et un bouclier (Æ 6½. — R³. = 10 fr. Mion. R². = 6 fr.); autre: ΕΠΙ·ΠΟΛΛΙΑΝΟΥ·CΜΥΡΝΑΙΩΝ·ΟΜΟΝΟΙΑ· ΤΡΑΛΛΙΑΝΩΝ. Deux femmes tourelées deb. (Æ 9. — R⁵. = 30 fr. Mion. R³. = 18 fr.); *autre*: ΠΕΡΙΝΘΙΩΝ·ΔΙC·ΝΕΩΚΟΡΩΝ· (sic) ΟΜΟΝΟΙΑ· CΜΥΡΝΑΙΩΝ. Deux femmes deb. vêtues de la *stola* (Æ 11. — R⁶. = 70 fr. Mion. R⁴. = 40 fr.); ΑΥΤ·Κ·Μ·ΑΝΤ·ΓΟΡΔΙΑΝΟC. Sa t. laurée, à dr. ℞: ΕΠΙ· ΜΑΡΚΟΥ·ΑΡ·Α·Τ·Β·Φ·ΦΙΛΑ·ΝΕΟΚ·Κ·CΜΥΡ·Δ·ΝΕΩΚ·ΟΜΟΝ. Artémis av. ses supports, entre deux cerfs et deux Némésis deb. (Æ 11. — R⁶. = 70 fr. Mion. R⁴. = 40 fr.); m. t. et lég. ℞: ΕΠ·ΠΩΛΛΙΑΝΟΥ·CΜΥΡ· Γ·ΝΕ. Tyché d. un temple tétrastyle (Æ 7. Com. 4 fr.); m. lég. et m. t. ℞: ΕΠ·ΜΕΝΕΚΛΕΟΥC·CΜΥΡ·Γ·ΝΕ. Deux Némésis deb. (Æ 7. Com. 3 fr.); m. t. et lég. ℞: CΜΥΡΝΑΙΩΝ·Γ·ΝΕΩΚΟΡΩΝ. Tyché d. un temple tétrastyle (Æ 7. Com. 3 fr.); *autre*: m. t. et m. lég. ℞: Même légende. Héraklès-Bibax nu, deb., ten. le *cantharum*, la dépouille du lion et une massue (Æ 5. — R¹. = 2 fr.); *autre*: A·K·Μ·ΓΟΡΔΙΑΝΟC. Sa t. laurée. ℞: ΕΠΙ· ΠΟΛΛΙΑΝΟΥ·CΜΥΡΝΑΙΩΝ·ΟΜΟΝΟΙΑ·ΦΙΛΑΔΕΛΦΕΩΝ. Amazone, la *bipenne* sur l'épaule, tendant la m. à une femme tourelée et deb. ten. la haste, — aux pieds de l'Amazone une proue (Æ 8. — R⁵. = 25 fr. Mion. R⁴. = 12 fr.); ΑΥ·ΚΑΙ·Μ·ΑΝΤ·ΓΟΡΔΙΑΝΟC. Sa t. laurée, à dr. av. le *paludamentum*. ℞: ΕΠ·CΤ·Ι·ΜΕΝΕΚΛΕΟΥC·CΜΥΡΝΑΙΩΝ·Γ·ΝΕΩΚΟΡΩΝ· ΠΡΩΤΩΝ·ΑCΙΑC. Trois temples, dont deux vus de côté, et un de face, au milieu des deux autres (Æ 10. — R⁴. = 30 fr. Mion. R². = 12 fr.); *autre*: ΕΠ·C·Π·ΜΕΝΕΚΛΕΟΥC., etc. même type, mais une figure d. chacun des temples (Æ. MM. — R⁴. = 40 fr. Mion. R². = 20 fr.); *autre*, av.: ΕΠΙ·ΜΕΝΕΚΛΕΟΥC·CΜΥΡ·Γ·ΝΕ. Tyché dans un temple tétrastyle (Æ 7. — R³. = 8 fr. Mion. R². = 6 fr.); *autre*, av.: ΕΠΙ·CΤΡ·ΠΟΥ·ΜΕΝΕΚΛΕΟΥC. en légende circulaire. Dans une couronne: ΠΡΩΤΑ·ΚΟΙΝΑ·ΑCΙΑC·ΕΝ·CΜΥΡΝΗ. (Æ. MM. — R⁴. = 40 fr. Mion. R². = 20 fr.); m. lég. et m. t. ℞: CΜΥΡ·Γ·ΝΕ·ΕΠ·ΠΟΛΛΙΑΝΟΥ. Temple tétrastyle d. lequel est la Tyché deb., sur le fronton du temple, une couronne (Æ 7. — R². = 6 fr. Sestini, Descr. d. Med. Gr. e Rom del fù Benkowitz, p. 23); *autre:* ΕΠ·C·ΠΟΛΛΙΑΝΟΥ·ΑCΙΑ·ΟΜΟΝΟΙΑ·CΜΥΡΝΑ. Tyché de la ville d'Asia de Lydie deb., tourelée et vêtue de la *stola*, ten. une patère près d'un autel allumé, — l'Amazone Smyrna tourelée porte sur la m. dr. un temple hexastyle et tient de la g. la bipenne et la *pelta*, à ses pieds, une proue (Æ. MM. — R⁶. = 70 fr. Mion. R⁴. = 40 fr.); même t. ℞: ΕΠΙ·ΜΕΝΕΚΛΕΟΥC·CΜΥΡΝΑΙΩΝ·ΟΜΟΝΟΙΑ·ΠΕΡΙΝΘΙΩΝ. Amazone Smyrna ten. une *bipenne* sur ses épaules et portant la main droite vers une femme tourelée, ten. d. la main g. un gouvernail renversé, à ses pieds, une proue (Æ 9. — R⁶. = 70 fr. Mion. R⁴. = 40 fr.); même lég. et même tête laur. à dr., av. le *paludamentum*. ℞: ΕΠΙ·ΜΑΡΚΟΥ·ΑΡ·Α·Τ·ἹΛ·ἹΛ·ΝΕΩΚ·Κ·CΜΥΡ·Δ·ΝΕΩΚ·ΟΜ.... Tyché deb., ten. un gouvernail de la m. droite et une corne d'abond. de la gauche (Æ 9. — R⁶. = 70 fr. Mion. R⁴. = 24 fr.). — Tranquilline: ΦΟΥΡ·ΤΡΑΝΚΥΛΛΕΙΝΑ·C. Sa t. à dr. av. la *stola*. ℞: CΜΥΡΝΑΙΩΝ·Γ·ΝΕΩΚΟΡΩΝ. Héraklès-Bibax nu, deb. regardant à g. ten. le *cantharum* de la m. dr. et de la g. la massue et la dépouille du lion (Æ 5. — R¹. de 3 à 4 fr. On en a trouvé un plein sac aux environs de Samsoun, en 1856. — Mion. R⁴. = 9 fr. — Il en existe des légères variétés du même coin); *autre:* av. ΕΠΙ·CΤΡ·ΜΕΝΕΚΛΕΟΥC·CΜΥΡ. Poséidon av. le *strophium*, deb. ten. un trident de la m. dr. et un dauphin de la g. (Æ 7. — R⁶. = 70 fr. Mion. R⁴. = 12 fr.); ΦΟΥΡΙΑ·ΤΡΑΝΚΥΛΛΕΙΝΑ·CΕΒ. Même tête. ℞: CΤΡ·ΡΟΥΦΙΝΟΥ·CΟΦΙ·CΜΥΡΝΑΙΩΝ·Γ·ΝΕΩΚΟΡΩΝ. Amazone Smyrna deb., ten. sur la m. dr. un petit temple et d. la g. la *pelta* et une *bipenne*, — à ses pieds, une proue (Æ 8½. — R⁵. = 40 fr. Mion. R³. = 20 fr.); m. lég. et m. t. ℞: ΙΕΡΑΠΟΛΕΙΤΩΝ·CΜΥΡΝΑΙΩΝ·Γ·ΝΕΩΚΟΡΩΝ·ΟΜΟΝΟΙΑ. Deux urnes av. quatre palmes (Æ 8. — R⁵. = 20 fr. Mion. R⁴. = 12 fr.); CΜΥΡΝΑΙΩΝ·ΠΡΩΤΩΝ·ΑCΙΑC. Portrait de Tranquilline av. les attributs de Démétèr voilée, ayant des épis d. la main dr. et une corne d'abond. d. la g. ℞: ΕΠΙ·C·Μ·ΑΥΡ·ΤΕΡΤΙΟΥ·ΑCΙΑΡΧΟΥ. Amazone Smyrna deb. à g. ten. une patère et une *bipenne* (Æ 8. — R¹. = 4 fr.). — Philippe père: Α·Κ·ΜΑΡ·ΙΟΥ·ΦΙΛΙΠΠΟC. Sa t. laurée, à dr., *paludamentum*. ℞: CΤ·ΚΑΠΙΤΩΛΕΙΝΟΥ·ΟΜΟΝΟΙ·ΧΙΩΝ·CΜΥΡΝΑΙΩΝ. Héraklès nu et deb. ten. sa massue et un javelot, — à sa dr. une femme deb. ten. une patère et un arc, — à sa gauche, une autre femme également deb. ten. un thyrse et inclinant de la m. dr. un vase sur un autel allumé (Æ 11. — R⁶. = 70 fr. Mion. R⁴. = 40 fr.); m. lég. et m. t. ℞: ΕΠΙ·C·CΕΞ·ΚΛΕ·CΙΜΥ· (sic). ΠΕΡΓΑΜΗΝΩΝ·ΠΡΩΤ· (sic) Γ·ΝΕΩΚ. Temple hexastyle, — au milieu, Asklépios deb. (Æ 7. — R⁴. = 15 fr. Mion. R³. = 9 fr. — Mus. Arigoni, II. Impp. gr. Pl. XXI, fig. 428). — Otacilie: Μ·ΩΤΑΚΙΑ·CΕΟΥΗΡΑ. Sa t. à dr. ℞: CΜΥΡΝΑΙΩΝ·Γ·ΝΕΩΚΟΡΩΝ. Héraklès Bibax nu et deb. (Æ 5. — R². = 4 fr.); m. t. à dr. ℞: ΕΠΙ·C·ΕΥΤΥΧΟΥC·ΤΥΧΙΚΟΥ·

ϹΜΥΡΝΑΙΩΝ. Les trois Grâces (Æ 9. — R⁵. = 40 fr. Mion. R². = 12 fr.); ΜΑΡΚ·ΩΤΑΚΙΛ·ϹΕΒΗΡΑ·ϹΕΒ. Même tête. ℞: ΙΕΡΑΠΟΛΕΙΤΩΝ·Κ·ϹΜΥΡΝΑΙΩΝ·ΝΕΩΚΟΡΩΝ·ΟΜΟΝΟΙΑ. Deux urnes ayant chacune deux palmes (Æ 9. — R³. = 18 fr.); m. t. lég. un peu variée. ℞: ΘΥΑΤΕΙΡΗΝΩΝ·ΟΜΟΝΟΙΑ·ϹΜΥΡΝΑΙΩΝ·ϹΤ·ΑΡΧΙΜΗΔΟΥϹ. Amazone Smyrna tourelée, la *bipenne* sur l'épaule et une proue à ses pieds, tendant la m. à une femme tourelée et deb. qui tient la haste d. la m. gauche (Æ 8½. — R⁶. = 50 fr. Mion. R³. = 18 fr. — *Cab. de Münich*); Μ·ΟΤΑΚΙΛΙΑ·ϹΕΥΗΡΑ·ΑΥΓ. Même t. ℞: ϹΜΥΡΝΑΙΩΝ·Γ·ΝΕΩΚΟΡΩΝ. Femme tutulée et vêtue de la stola, deb., soutenant des deux mains un pet. temple hexastyle (Æ 9. — R⁵. = 30 fr. Mion. R³. = 18 fr.); m. t. ℞: ϹΜΥΡΝΑΙΩΝ·Γ·ΝΕΩΚΟΡΩΝ. Dionysos deb. ten. le *cantharum* de la m. dr. et un thyrse de la g. (Æ 6. — R³. = 9 fr.). — Philippe Jeune: ΑΥΤΟΚ·Κ·Μ·ΙΟΥΛ·ΦΙΛΙΠΠΟϹ·ϹΕ. T. radiée de Philippe Jeune. ℞: ϹΜΥΡΝΑΙΩΝ. Tyché de la ville d. un temple tétrastyle (Æ 7. — R³. = 9 fr. — Rasche, Lexicon Un. Rei Num. T. IV, Pl. 2, p. 1313); *autre*: ΙΕΡΟΠΟΛΕΙΤΩΝ· (sic) Κ·ϹΜΥΡΝΑΙΩΝ·ΝΕΩΚΟΡΩΝ·ΟΜΟΝΟΙΑ. Deux urnes av. des palmes (Æ 7. — R⁵. = 20 fr. Mion. R⁴. = 12 fr.). — Hostilien: Γ·ΟΥΑΛ·ΟϹΤΙΛΙΑΝ·ΚΥΙΝΘ·ϹΕ. Sa t. laurée. ℞: ϹΜΥΡΝ·ΟΜΟΝΟΙΑ·ΘΥΑΤΕΙΡΕΝ·Ϲ·ΦΙΛΗΤΟΥ·ΙΠΠΙΚΟΥ. (et non ...... ϹΙΚΟΥ. comme on lit dans Mion.). Amazone Smyrna et la Tyché de la ville se donnant la main (Æ 9. — R⁷. = 80 fr. Mion. R⁵. = 30 fr.). — Valérien père: Α·Κ·ΠΟ·ΛΙΚΙ·ΟΥΑΛΕΡΙΑΝΟϹ. Sa t. laurée, à dr., *paludamentum*. ℞: ΕΠ·Ϲ·ΦΙΛΗΤΟΥ·ΙΠΠΙΚΟΥ·ϹΜΥΡΝΑΙΩΝ·Γ·ΝΕΩΚΟΡΩΝ. Trois temples (Æ 10½. — R⁷. = 60 fr. Mion. R⁴. = 20 fr.); m. t. et lég. semblable. ℞: ΕΠΙ·ϹΤΡ·Μ·ΑΥΡ·ΦΙΛΗΤΟΥ·ΙΠΠΙΚΟΥ. Dans une couronne de laurier: ϹΜΥΡΝΑΙΩΝ·Γ·ΝΕΩΚΟΡΩΝ. (Æ 10½. — R⁶. = 50 fr. Mion. R⁴. = 20 fr.); ΠΟ·ΛΙΚ·ΟΥΑΛΕΡΙΑΝΟϹ. Son buste lauré, à dr., *paludamentum*. ℞: Ε·ϹΤ·ΑΥΡ·ΛΟΓΓΟ ..... ΝΟΥ .... ΤΩΝ·ΚΑΙ·ϹΜΥΡ·ΟΜΟ ...... Kybèle tourelée deb., ten. d. la m. gauche le *tympanum*, à ses pieds, un lion, — devant elle, deux Némésis debout (Æ 9. — R⁶. = 50 fr. Mion. R⁴. = 24 fr.); *autre*: av. ΕΠ·ΔΙΟΝΥϹΙΟΥ·ϹΜΥΡ·ΚΛΑΖΟΜΕΝΙΩΝ. Même type (Æ 7. — R⁵. = 20 fr. Mion. R⁴. = 12 fr.); Α·Κ·Π·ΛΙ·ΟΥΑΛΕΡΙΑΝΟϹ. Sa t. laurée, à dr., av. le *paludamentum*. ℞: ΕΠΙ·Ϲ·ΦΙΛΗΤΟΥ·ΙΠΠΙΚ·ϹΜΥ. Zéus Niképhoros, assis sur un siège, à g. portant la Niké sur la m. dr. et la haste pure d. la g. (Æ 8½. — R⁴. = 20 fr. Mion. R⁸. = 12 fr.); *autre*: ϹΜΥΡΝΑΙΩΝ·Γ·ΝΕΩΚΟΡΩΝ. Héraklès Bibax (Æ 6. — R⁴. = 12 fr.) — Gallien: ΑΥΤ·Κ·Π·ΛΙΚ·ΓΑΛΛΙΗΝΟϹ. Sa t. laurée, à dr., *paludamentum*. ℞: Ε·Ϲ·ϹΕΙϹΤΟΥ·ϹΜΥΡΝΑΙΩΝ·Γ·ΝΕΩ. Trois temples distyles, vus de front, — d. celui du milieu, Athéné assise, dans chacun des deux autres, une figure deb. ten. la haste (Æ 7½. — R⁴. = 15 fr. Mion. R². = 6 fr.); m. lég. et m. t. ℞: ΕΠ·Ϲ·Μ·ΑΥΡ·ϹΕΙϹΤΟΥ·ϹΜΥΡ·Γ·ΝΕΟΚ. Amazone Smyrna tourelée, deb., vêtue de la *stola*, ten. une urne, la *bipenne* et la *pelta* (Æ 6. — R¹. = 3 fr.); m. lég. av. ΠΟ·ΛΙΚ. et même t. laurée, à dr. ℞: ϹΜΥΡΝΑΙΩΝ·Γ·ΝΕΩΚΟΡΩΝ. Héraklès Bibax nu et deb. (Æ 5. — R¹. = 2 fr.); même lég. av. ΠΟ·ΛΙΚΙΝ. et même t. av. H. dans une contre-marque. ℞: ΕΠ ϹΤΡ·Μ·ΑΥΡ·ϹΕΞϹΤΟΥ·ϹΜΥΡΝΑΙΩΝ·Γ·ΝΕΩΚΟΡΩΝ. Deux Némésis deb. (Æ 8½. — R¹. = 6 fr.); même lég. la t. laur. à dr. av. le *paludamentum*. ℞: ΕΠ·ϹΤΡ·Μ·ΑΥΡ·ϹΕΞϹΤΟΥ·ϹΜΥΡ-

16*

ΝΑΙΩΝ·Γ·ΝΕΩΚΟΡΩΝ. Une couronne de laurier, dans l'intérieur de laquelle on lit: ΠΡΩΤΑ·ΚΟΙΝΑ·ΑΣΙΑΣ·ΕΝ·ΣΜΥΡΝΗ. (Æ 10. — R^5. = 40 fr. Mion. R^3. = 18 fr.); ΑΥΤ·Κ·Π·ΛΙΚ·ΓΑΛΛΙΗΝΟΣ. Sa t. laur. à dr., dessus, la lettre H. en contre-marque. ℞: ΕΠ·C·Μ·ΑΥΡ·ϹΕΙΤΟΥ·ϹΜΥΡ·Γ·ΝΕΩΚΟ. Kybèle tourelée assise, — à ses pieds, un lion (Æ $7^1/_2$. — R^3. = 8 fr. Mion. R^1. = 3 fr.); m. lég. et m. t. ℞: Même type de Kybèle, sans le lion (Æ $7^1/_2$. Com. 2 fr. Mion. 1 fr.); m. lég. et m. t. av. le monogramme (613) en contremarque. ℞: ϹΜΥΡΝΑΙΩΝ·Γ·ΝΕΩΚ·ΕΠ·C·Μ·ϹΕϹΤΟΥ. Kybèle tourelée, assise, à ses pieds, un lion (Æ 5. — R^1. = 2 fr.); m. lég. et même tête laurée, à dr., *paludamentum*. ℞: ΕΠ·C·ϹΕΙΤΟΥ·ϹΜΥΡΝΑΙΩΝ·Γ·ΝΕΩΚ. Roma assise sur un siège, à g., portant sur la m. dr. un pet. temple, et la g. sur la haste, — à terre, un bouclier (Æ 7, 6, $6^1/_2$ et $5^1/_2$. — Com. 2 à 3 fr.); *autre*, av. ΕΠ·ϹΕΙΤΟΥ·ϹΜΥΡΝΑΙΩΝ·Γ·ΝΕΩ. Même type (Æ $5^1/_2$. Com. de 1 à 2 fr.); même lég. et même t. laurée de Gallien, av. le monogr. (614) en contremarque. ℞: ϹΜΥΡΝΑ·Γ·ΝΕΩ·ΕΠΙ·ϹΕϹΤΟΥ. Roma assise (Æ 6. — R^1. = 3 fr.); *autre*: ϹΜΥΡΝΑΙΩΝ·Γ·ΝΕΩ·ΕΠΙ·ϹΕΞΤΟΥ. Roma casquée assise, à g., ten. une pet. Niké, — près de la chaise, un bouclier (Æ 6. — R^1. = 3 fr.); m. t. laur. et m. lég. ℞: ΕΠΙ·C·ϹΕΙϹΤΟΥ·ϹΜΥΡΝΑΙΩΝ·Γ·ΝΕΩΚΟ. Trois temples tétrastyles de face, d. celui du milieu Roma assise, — d. les deux autres, une fig. deb., au-dessus du fronton de chacun de ces temples, une couronne (Æ 7. — R^5. = 15 fr. Mion. R^2. = 6 fr.); *autre*, av. ΕΠ·C·ϹΕΙϹΤΟΥ·ϹΜΥΡΝΑΙΩΝ·Γ·ΝΕΩΚ. Même type (Æ 7. — R^3. = 10 fr. Mion. R^2. = 6 fr.); ΑΥΤ·Κ·ΛΙΚ·ΓΑΛΛΙΗΝΟΣ. Même t. laur. à dr. av. le *paludamentum*. ℞: ΕΠ·ϹΕΙϹΤΟΥ·ϹΜΥΡΝΑΙΩΝ·Γ·ΝΕΩ. Deux Némésis deb. (Æ $7^1/_2$. Com. 1 et 2 fr.); *autre*: ΑΥΤ·Κ·ΠΟ·ΛΙΚΙΥ· (Sic) ΓΑΛΛΙΗΝΟΣ. Même t. ℞: ΕΠ·C·Μ·ΑΥΡ·ϹΕΙϹΤΟΥ·ϹΜΥΡ·Γ·ΝΕΩΚΟ. Même type (Æ $6^1/_2$. Com. 2 à 3 fr.); m. lég. au revers Amazone Smyrna tourelée, port. un petit temple, et tenant la *bipenne* et la *pelta*, — à ses pieds, un lion (Æ $5^1/_2$. — R^1. = 2 fr.); *autre*: av. la lettre H. en contre-marque du côté de la tête (Æ 6. — R^1. = 3, 4 et 5 fr.); Α·Κ·Π·ΛΙΚΙΝ·ΓΑΛΛΙΗΝΟΣ. Même t. laurée. ℞: ϹΜΥΡ·ΝΕΩΚΟ·ΕΠΙ·C·Μ·ΑΥΡ·ϹΕΞΤΟΥ. Amazone Smyrna deb. soutenant un temple, — à ses pieds, un vaisseau (Æ 6. — R^1. = 3 fr.); même lég. av. ΠΟ·ΛΙΚΙ. et même t. ℞: ΕΠ·C·Μ·ΑΥ·ϹΕΙϹΤΟΥ·ϹΜΥΡΝΑΙΩΝ·Γ·ΝΕΩΚ . . . . . . Galère à la voile, av. un pilote et deux matelots (Æ 6. — R^3. = 9 fr.); mêmes lég. et m. t. sans la contre-marque. ℞: ϹΜΥΡΝΑΙΩΝ·Γ·ΝΕΩΚΟΡΩΝ·ΕΠ·Μ·ΑΥΡ·ϹΕΞΤΟΥ. Vaisseau à la voile (Æ 9. — R^3. = 18 fr.); *autre*: ϹΜΥΡΝΑΙΩΝ·Γ·ΝΕΩΚΟΡΩΝ. Roma assise sur un bouclier, portant un temple sur la m. dr., et tenant une haste de la g. (Æ 7. — R^2. = 6 fr. — Mion. R^1. = 3 fr.); ΑΥ·Κ·Π·ΛΙ·ΓΑΛΛΙΗΝΟΣ. Sa t. radiée à dr., av. le *paludamentum*. ℞: ϹΜΥΡΝΑΙΩΝ·ΙΕΡΑΠΟΛΕΙΤΩΝ·ΝΕΩΚΟΡΩΝ·ΟΜΟΝΟΙΑ. Deux urnes des jeux, avec des palmes, sur une table, sur l'une, on lit: ΠΥΘΙΑ., sur l'autre, ΗΡΑ. (Æ 7 et 6. — R^5. = 30 à 35 fr. Mion. R^3. = 9 fr.). — Salonina: ΚΟΡ·ϹΑΛΩΝΕΙΝΑ. T. de Salonine, à dr. ℞: ϹΜΥΡ· ou ϹΜΥΡΝΑΙΩΝ·Γ·ΝΕΩΚΟΡΩΝ. Héraklès-Bibax nu et deb. ten. le *cantharum*, la dépouille du lion et la massue (Æ $4^1/_2$ et 4. — R^1. = 2 à 3 fr.); ΚΟΡ·ϹΑΛΩΝΕΙΝΑ·ϹΕΒ. Même t. ℞: ϹΜΥΡΝΑΙΩΝ·Γ·ΝΕΩΚΟΡΩΝ. Amazone Smyrna deb., ten. un pet. temple, la *pelta* et la *bipenne*, — à ses pieds, une proue de vaisseau (Æ 7. — R^2. = 6 fr.); même lég. av. ϹΕ

Même tête, frappée d'une contre-marque. ℞: ЄΠ·C·CЄΞCTOY·CMYP-ΝΑΙΩΝ·Γ·ΝЄΩ. Roma assise, ten. un pet. temple, — à terre un bouclier (Æ 6½. — R³. = 10 fr. Mion. R¹. = 3 fr.); ΚΟΡ·CΑΛΩΝЄΙΝΑ·C. Même t. ℞: ЄΠ·C·Μ·ΑΥΡ·CЄΞCTOY·CMYP·Γ·ΝЄΩΚ. Amazone Smyrna tourelée deb., en habit court, portant s. la m. dr. un pet. temple, et la g. armée de la bipenne et de la *pelta* (Æ 5. — R². = 4 fr.); *autre*, av. une contre-marque du côté de la t. (Æ 5. Même prix); ΙΟΥ·CΑΛΩΝΙΝΑ. Sa t. à dr. ℞: ΖΜΥΡΝΑΙΩΝ. Némésis deb. tournée à g. soulevant de la m. dr. la draperie qui lui couvre la poitrine, et la g. pendante (Æ 4. — R¹. = 8 fr. Mion. R³. = 3 fr.). — VALÉRIEN JEUNE: ΠΟ·ΑΙΚ·ΟΥΑΛЄΡΙΑΝΟC. Sa t. nue av. le *paludamentum*. ℞: CΜΥΡΝΑΙΩΝ·Γ·ΝЄΩΚΟΡΩΝ. Héraklès Bibax nu et deb. (Æ 5. — R¹. = 8 fr.). — Q. HERENNIUS: ЄΡЄΝΝΙ·ΚΑΙ... Sa t. nue. ℞: CΜΥΡΝΑΙΩΝ·ΝЄΩΚΟΡΩΝ. Deux Némésis deb. en regard (Æ 6. — R⁷. = 40 fr. Mion. R⁵. = 24 fr. — CAB. DE M. COUSINÉRY, auj. *Cab. de Münich*). — Sur les monnaies de Smyrne, voyez: *Num. Chr.* VII, 70; *Bulletino* dell' Inst. 1837, p. 154; *Rev. Num. Fr.* An. 1848, p. 5; *Num. Journal*, I, 43 (Æ); *Avellino* Bulletino, IV, 97 — typo d'Homère; CHAUDOIR, Corrections, 85; MUS. LAVY, I, p. 210, 211, 213; MILLINGEN, Anc. Coins, 72 (Homère assis. Æ 4); CAT. L. WELZL DE WELLENHEIM, Vienne 1844, nᵒˢ 5648, 5731, 5740, 5754; PINDER et FRIEDLÄNDER, Beiträge, I, p. 237; *Annali* del Ist. e Corr. arch. di Roma, 1850, p. 201; BORGHESI, Osserv. XIV, 2 (Aviola); *Revue Belge*, 3. Série, IV, 15; STREBER, Num. nonn. Gr. p. 220, 222; *Rev. Num. Fr.* An. 1868, p. 434; CAT. DE MOUSTIER (Paris 1872), nᵒ 2325, av. 3 temples; *Publications* de la Société pour la recherche des monuments dans le Gr. Duché de Luxembourg, IV, p. 95; SESTINI, Lettere di Continuaz. VIII, 58, 59, 60; — ARTHUR ENGEL, dans la Rev. Num. Franç. An. 1884, p. 19 et 20; — DR. KENNER, Die Münzsamml. des Stiftes Sant-Florian, p. 130; — ARTHUR LÖBBECKE, d. la Zeitschr. f. Num. Bd. XII, p. 320, 321. — IMHOOF-BLUMER: Monnaies Grecques. Amsterdam 1883, voy. p. 296 et 297. — BARCLAY V. HEAD: Historia Nummorum, a Manual of Greek Numismatics. Oxford 1887, voy. p. 509 et 510. — *Corrections:* Mon. de Claudius et d'Agrippina sont décr. d. SESTINI, Lett. di Contin. VIII, 58. — La mon. citée par MION. S. VI, 332, 1645 — et sans nulle doute de Drusus et d'Antonia, voy. MION. Descr. T. III, 219, 1223. — BORGHESI, Osserv. XV, 6, se rapporte à une mon. de Trajan, citée par MION. III, 227, 1221. — S. SÉVÈRE, CARACALLA et GÉTA. La mon. de Géta, radiée au Cab. de Berlin. Cf. Numism. Chron. I, p. 194. — La mon. citée par SESTINI, Lett. di Continuaz. VIII, 60 a été éclaircie par STREBER, Num. nonn. gr. p. 222. — Dans le *Numism. Chron.* VIII, 30 on trouve les mon. d'alliance de Smyrne av. Laodikeia de Phrygie. — Voy. encore: WEBER (G.), Le Sipylos et ses monuments. **Ancienne Smyrne** (Navlochon), 1 vol. in-8ᵒ. Paris et Smyrne 1880 (Recens. par S. Reinach. Voy. Bull. de la Corresp. Hellén. III, 5-ème an. Mars 1881, p. 200. — LEAKE, Numism. Hellen. London 1856. in-4ᵒ. Voy. Asiatic Greece, p. 117 et 123. — AZAÏS (Abbé) et C. DOMERGUE, Journal d'un voyage en Orient. Avignon 1858. pet. in-8ᵒ. — [J'espère que la de-scription que j'ai donnée ici de toutes les mon. connues et inconnues de Smyrne est suffisamment complète. Je regrette, vu le cadre de mon ouvrage, de n'en pouvoir faire autant pour les autres villes. Cependant je tâcherai de signaler toutes les nouvelles mon. restées inconnues à MIONNET.] —

134. TEOC.

Sur les mon. de **Téos**, en Ionie. — *Types:* T. de Dionysos ou de Bacchante coiffée de pampres; griffon; diota et grappe de raisin; t. casquée de l'Amazone Teos; de Poséidon; d'Homère; d'Anakréon nu, deb. ten. une lyre; Athéné deb. — *Légendes:* ΤΗΙΩΝ.—ΤΗΙ.—ΤΕΟC.—ΤΕΩΣ. **Or. — Æ. et Bronze. — Autonomes en or:** M. Barclay Head, d. son Manuel of Gr. Numism. Oxford 1887, à la p. 511, dit, que quelques numismatistes classent à Téos une mon. d'or qu'il a décrit à Phokaia et dont voici la description: *Droit:* Tête de griffon, — au-dessus une curieuse légende IƧCM qui n'a pas encore été expliquée. ℞: Petit carré incus. **Or** ou plutôt **EL. Statère**. Poids 256 grs. — R^{8*}. = 800 fr. *Musée Britannique*. — L'attribution de cette monnaie reste toujours incertaine. — Mionnet, S. VI, p. 373, cite encore les mon. suivantes en **or:** *Droit:* T. de griffon, à dr. ℞: Aire en creux, divisée en quatre parties disposées en ailes de moulin (Æ Mod. 1. — R^8. = 250 fr. Mion. 100 fr.); *autre:* t. imberbe de Dionysos, ceinte de lierre, à droite. ℞: *Cantharum* ou *diota* entre deux feuilles de lierre (Æ Mod. 1. — R^8. = 250 fr. Mion. 100 fr.); *autre:* Griffon accroupi, les ailes éployées, à dr., le pied gauche de devant levé, — dessous le pied, un point. ℞: THI.; dessous, le *cantharum*, — plus bas: ΜΑΛΟΥΣΙΟΣ. (Æ Mod. 3. — R^{8*}. = 800 fr. Mion. R*.=800 fr. — Autrefois, Cab. de M. Éd. de Cadalvène). — **Autonomes en Æ:** *Types prédominants:* Griffon; *diota* ou le *cantharum*; aire en creux, divisée en quatre parties; vase bachique surmonté d'une feuille de lierre, av. deux grappes de raisin pendant aux deux anses; lyre. — Mod. 7, 6, 6½, 5, 3, 2 et 1. — R^5-R^7. de 20, 40, 50, 60, 90, 120, 150 et 300 fr. — **Tétradrachme** d'Alexandre le Grand: type usuel, avec THI à l'exergue, A au-dessous le siège, et une figure de Dionysos au-dessous de Zéus assis (Æ 9. — **Inédite.** — 200 fr. — Voy. le Cat. de la vente J.Whittal, de Smyrne. Londres 1884, p. 65. n.º 1031). — *Autre: Griffon* accroupi à dr., le pied g. de devant levé. ℞: *Lyre* à trois cordes, — au-dessus THI, — à dr. ΑΛΥΠΙΩ(Ν) = au lieu de la *fausse leçon:* ΤΗΙ·ΑΘΗ ... ΡΗΣ — qu'on trouve d. Mion. S. VI, p. 377, n.º 1897 (Æ. 9 mill. — R^7. = 60 fr. Mion. Æ 3. — R^5. = 24 fr. — Poids: Gr. 0,88. — Cf. Imhoof-Blumer: Monn. Gr. p.297, n.º 132. — Mus. Hunter, l. c. n.º 13, Pl. LVII, n.º 21); *Diota* ou *cantharum*, à l'une des anses, une bandelette, à l'autre, une grappe de raisin, — au-dessus, feuille de lierre. ℞: Aire en creux, divisée en quatre parties (Æ 5½. — R^6. = 70 fr. Mion. R^4. = 40 fr.). — Comp. Dumersan, Descr. du Cab. d'Allier de Hauteroche, p. 88, Pl. XV, fig. 23. — Rollin dans Revil, 354; Sestini, N. V. pl. VIII; Cat. C. W. Loscombe, Londr. 1855, p. 40, lot 413. Vend. 3 £ 15 sh. [Webster]. Cette mon. pourrait aussi appartenir à l'île de Naxos? *autre:* ΔΕΟ. Griffon, les ailes éployées, accroupi, à g., le pied dr. de devant levé, — dessous, un coq. ℞: Carré creux divisé en quatre parties (Æ 7. — R^7. = 200 fr. Mion. R^5. = 90 fr. Cf. Mus. Hunter, p. 319, n.º 3, Pl. LVII, n.º 16); ΑΣΡΑ. Griffon, les ailes éployées, courant à g. ℞: Carré creux divisé en quatre parties (Æ 7. — R^8. = 300 fr. Mion. R^6. = 150 fr. Cf. Mus. Hunter, p. 319, n.º 1, Pl. LVII, n.º 14). — **Autonomes en bronze:** *Types:* t. casquée d'Athéné; t. imberbe de Dionysos, ceinte de lierre; m. t. ceinte de pampre, dev. un thyrse; grappe de raisin; masque de Silène; t. barbue d'un vieux Faune; griffon, les ailes éployées; masque de Terpsichore;

lyre d. un carré, d. une couronne de lierre ; un épi dressé ; partie antér. du griffon ; griffon accroupi, ou debout, ou assis ; griffon volant ; THIΩN. en deux lignes d. une couronne de lierre ; t. tourelée de femme, à dr. ; t. barbue et nue d'Héraklès ; Artémis Chasseresse marchant ; t. barbue de Poséidon ; Anakréon, couvert du *pallium*, assis, jouant de la lyre ; fleuve couché, à g. ; Artémis deb. ; Apollon nu, deb. ; serpent s'échappant de la ciste mystique ; Asklépios deb. ; t. de Zéus Sérapis. — Mod. 2, 3, 3¹/₂, 4, 5 et 6. — R³⁻⁶. de 4, 5, 6, 12, 15 et 20 fr. — *Griffon* accroupi à dr., le pied g. de devant levé. ℞: *Lyre* à quatre cordes entre THIΩN à dr. et un *pied de bœuf* à g., dans un carré formé de quatre lignes (Æ. 13 mill. R⁶. Poids: Gr. 1,54. — R⁵. = 15 fr. Imhoof-Blumer: Monn. Gr. p. 297, n° 133) ; *autre:* TH—I—ΩN. *Canthare.* ℞: CTPA·BE—PHKOYN—ΔOY. Figure barbue en chiton court deb. à g. s'appuyant de la m. dr. sur un bâton noueux et soutenant de la g. un calathos placé sur sa tête (Æ. 16 mill. R⁸. — **Inédite.** — 40 fr. — Imhoof, ib. n° 133a.— Poids: Gr. 3,75. — Cf. Mus. Pembroke, II, pl. 80, 8) ; ANAKPEΩN THIWN. (sic). Le poète Anakréon nu et deb. tient de la m. g. une lyre. ℞: CTP·BEPHKOYNΔOY. Une figure inconnue, deb. (Æ 5. — R⁷. = 60 fr. Mion. R⁷. = 20 fr. — Mus. Pembroke, P. II, Tab. LXXX. — Visconti, I, 96 ; III, 6) ; *autres:* Tête de Poséidon, à dr. (et non d'Asklépios comme le donne Mion. III, p. 261, n° 1490), trident autour duquel est un serpent. [Comme sur l'exempl. de Pellerin le trident a été fait au burin — de là l'origine de cette erreur.] ℞: CT·TI·ΠEIϹΩNE·THIΩN. Anakréon, couvert du *pallium* assis et tourné vers la dr., jouant de la lyre (Æ 5. R⁶. = 20 fr. Mion. R⁴. = 8 fr.) ; t. de Poséidon comme sur la précédente. ℞: CTP·M·ΠEϹΩKH·THIΩN. Même type (Æ 4. — R⁶. = 15 fr. Mion. R⁴. = 8 fr.) ; *autre:* TEOϹ. ou TEΩϹ. T. tourelée de femme, — d. le champ, pet. tête incuse. ℞: CT·TEPTIΛΛOY·E·THIΩN. Bacchante deb, la m. dr. appuyée sur l'épaule d'un Faune nu qui la précède, le *pedum* d. la m. dr. et une haste noueuse d. la g. (Æ 5. — R⁶. = 20 fr. Mion. R⁵. = 15 fr.) ; même lég. (au Nominatif) et m. t. ℞: THIΩN. Griffon deb. à dr., le pied g. de devant sur le *diota* (Æ 4. — R⁹. = 6 fr.) ; *autre:* THIΩN. Artémis deb., le carquois sur l'épaule et l'arc à la main. ℞: EIΩNΩN. Apollon nu, debout, tenant une lyre dont l'Eros joue (Æ 4. — R⁶. = 20 fr. Mion. R⁵. = 15 fr.) ; TEΩϹ. T. tourelée de femme, av. la poitrine, derrière, un thyrse. ℞: CT·AYP·EYTYXOY·THIΩN. Dionysos deb. ten. le *cantharum* et un thyrse (Æ 6. — R³. = 9 fr.) ; TEOϹ. Même t. Dessus, une pet. t. d'Antonin le Pieux laurée, en contre-marque. ℞: EΠ·CTP·ΠANOKPATOϹ·THIΩN. Dionysos deb. versant le *cantharum* et portant le thyrse (Æ 6. — R⁷. = 40 fr. Mion. R⁴. = 12 fr.) ; TEΩϹ. Buste tourelée de femme, av. un thyrse sur l'épaule. ℞: CT·T·K·ΠEIϹ· [pour ΠEIϹΩNE au lieu de la vicieuse leçon ΠEΠΩNE donnée par Visconti (Iconogr. Gr. 6d. in-4°, t. I, p. 74), comp. Mion. T. III, p. 261, n° 1490] THIΩN. Artémis Chasseresse marchant à dr. (Æ 6. — R⁶. = 30 fr. Mion. R⁴. = 12 fr.). — **Inédite.** OΠTAIA. Tête de femme diadémée, à dr. (Artémis?). ℞: THIΩN. Dionysos deb., tournée à g., dans la main dr. le *cantharum*, dans la gauche, la haste (Æ 3. — R⁸⁺. = 60 fr. Très-intéressante p. publiée par M. Ph. Margaritis, dans son Catal. paru, à Paris, en 1874. Voy. p. 22, n° 98. Gravée ib. Pl. II, n° 98. — **Incon.** à Mion.). — [Il est urgent d'observer ici que cette monnaie présente une analogie frappante de style et de fabrique avec une monnaie ayant absolument les mêmes types et légendes, et qui est assez connue, notamment la monnaie du même module d'Octavie, femme de Marc-Antoine, qui est décrite par Mionnet, Suppl. T. VI, p. 383, n.° 1933, ainsi: OKTAOYIA. Tête d'Octavie, à dr., devant, un astre. ℞: THIΩN. Dionysos deb., à demi-nu, ten. un vase de la droite et un thyrse de la g. Æ 3. — R^8.—F*. = 40 fr. (auj. plus cher). La même pièce d'Octavie faisait partie de la coll. de M. Allier de Hauteroche, voy. Dumersan, Descr. de ce dernier cabinet, p. 88. *Grav.* ib. Pl. XV, fig. 27. En examinant attentivement ces deux pièces on pourrait même conclure que la monnaie de M. Margaritis av. la légende: OPTAIA. a été retouchée et refaite au burin? par un malin faussaire.] — **Impériales** depuis Auguste jusqu'à Valérien le Jeune. — Æ. Mod. 3, 4, 4$^1/_2$, 5, 5$^1/_2$, 6, 10 et 12. — R^2–R^8. de 8, 15, 20, 40, 80, 100 et 200 fr. — *Magistrat*: Stratège. — *Légendes:* THIΩN tantôt av. les titres: NEΩKOPΩN, THIΩN EIΩNΩN ou EIΩNΩN seul. Les types se rapportent au culte de Dionysos et au poëte Anakréon qui est représenté assis, jouant de la lyre. — *Monnaies d'alliance* avec Klazomenaï et Kolophon. — Les plus intéressantes sont: Domitia: ΔOMITIA·CEBACTH. Sa t. à dr. ℞: THIΩN. Femme tourelée deb., ten. le *cantharum* et une haste (Æ 6. — R^7. = 40 fr. Mion. R^5. = 24 fr.). — Sabine: CABEINA·CEBACTH. Sa t. à dr. ℞: CTP· EPEINOC·ANTAΓOY. [au lieu de XAPINOC·ANTAΓOP. = fausse leçon qu'on trouve dans Mion. T. III, p. 263, n.° 1502] au milieu du champ, THI. Artémis-Ephesia av. ses supports (Æ 4. — R^6. = 30 fr. Mion. R^5. = 15 fr.). — Septime Sévère: AYT·K·Λ·CE·CEOYHPOC·ΠEP. Sa t. laurée, à dr. av. le *paludamentum*. Devant, t. de Caracalla d. une contre-marque. ℞: EΠI·CTP·Π·ΓEPCAΛA·ΛEONITOC·THIΩN. Dionysos deb., en habit de femme, ten. le *cantharum* et une grappe de raisin, — à ses pieds, une panthère (Æ 10$^1/_2$. — R^7. = 150 fr. Mion. R^5. = 100 fr.). — Valérien Jeune: ΠΟ·ΛΙΚ·ΟΥΑΛΕΡΙΑΝΟC. Sa t. nue, à dr. *paludamentum*. ℞: … THIΩN·EIΩNΩN. Anakréon assis sur un siège, tourné à dr. ten. une lyre posée sur ses genoux (Æ 4$^1/_2$. — R^5. = 15 fr. — Rol. et Feuard. Cat. Gr. n.° 5428. Vend. 8 fr.). — *Corrections:* La mon. d'Auguste portant au *Droit* la légende: ΘEΩN CYNKΛHTΩN (décrite par Mion. S. VI, p. 383, n.° 1930. Æ 4. — R^5. = 15 fr.) ne représente pas la tête du Sénat, mais bien celle d'Auguste. Un exempl. de ma collection, bien conservé, me le prouve. — Sur les mon. de Téos, consultez: Cat. H. P. Borrell. de Smyrne. Londr. 1852, voy. p. 24, lots 204 à 207 — toutes inédites; — Lenormant, Fr., Cab. de M. le baron Behr. Paris 1857. in-8°. v. p. 93, n°s 557, 558 et 559; — Cadalvène, Rec. d. méd. Gr. inédites. Paris 1828. Voy. p. 6 et 7; — Cat. de la vente du Chev. Iwanoff. Londres 1863, p. 36, n.° 329; — Barclay v. Head, Historia Nummorum. Oxford 1887, p. 510–512; Imhoof-Blumer, Monn. Gr. Amsterdam 1883. voy. p. 297; — *Numism. Chron.* VII, 70; *Archäologische Zeitung* 1844, p. 340, 341; 1845, p. 118; 1846, p. 376. ℞. av. TPIH.; Cat. Welzl de Wellenheim (Vienne 1844), n.° 5764 et suiv.; — Ad. Rauch, Descr. du Cab. du bar. Heydecken. Berolini 1845 (en latin). Voy. n.° 2118. Æ: CT·TI·ΠEICΩNE TH — ΘΠ est une faute d'impression — Dionysos etc.; — v. Sallet, Zeitschr. f. Num. XI, 117; — Fox, Engravings etc. II, n.° 83 (℞. Lyre) et 84 (℞. Arès); — Arthur Löbbecke,

d. la Zeitschr. f. Numism. Bd. XII, p. 321. — Ramus, Mus. Reg. Daniae, I, 245, n° 3; — Sestini, Lett. di Continuaz. VI, 105; — *Monumenti* dell' Inst. Archeol. VI, Pl. 25 (Anakréon); — Mionnet, Suppl. VI, p. 383, n. 1933 est une pièce d'Octavie de Néron et non d'Octavie, femme de M. Antoine. — *Alliance* de Téos et Lébédos, voy. *Num. Chron.* VII, 71. —

135. ΧΙΟΣ.

Lég. sur les mon. de **Chios**, île d'Ionie. *Types:* Sphinx ailé; partie antér. d'un lion ailé; diota sur un cippe; Homère barbu et assis; Sphinx, les pattes tantôt sur un diota, tantôt sur une proue de navire; Dionysos demi-nu, tenant un canthare et un thyrse, à côté Apollon, entre eux un autel; diota ou amphora dans une couronne de laurier; diota entre deux astres; deux torches dans une couronne de pampre; Héraklès debout. — *Légendes:* Μ·ΚΛΑΥ·ΓΟΡΓΙΑΣ·ΔΩΡΟΘΕΟΥ — dans ce spécimen je vois le nom du magistrat accompagné de son surnom patronymique. Sur les mon. de bronze de l'époque Impériale on trouve des lég. qui désignent des valeurs; ΤΡΙΑ ΑΣΣΑΡΙΑ, ΔΥΩ ΑΣΣΑΡΙΑ, ΑΣΣΑΡΙΟΝ, ΗΜΥΣΥ ΑΣΣΑΡΙΟΝ, ΟΒΟ-ΛΟΣ, ΤΕΤΡΑΧΑΛΚΟΝ, ΤΡΙΧΑΛΚΟΝ, ΔΙΧΑΛΚΟΝ, etc. Le type prédominant au *Droit* est toujours un Sphinx. Les types du *Revers* sont: Deux fig. deb. (Apollon et Dionysos); Amphore; Kantharos; pet. fig. nue, deb.; deux thyrses qui se croisent. *Magistrat:* Archonte. — Stéphanéphore. — La lég. ΟΜΗΡΟΣ accompagne toujours le type d'Homère assis. — On y trouve aussi le nom d'Antiochos II roi de Syrie. — *Monnaies d'alliance* avec Erythraï et Smyrna. — **Autonomes**: Or: R^8. de 800 à 1500 fr. — *Electrum*: R^8. de 300 à 400 fr. Elles sont du Mod. 1, 2, 3 et 5 (le plus cher). — *Argent*: Mod. $8^1/_2$, 6, $5^1/_2$, 5, $4^1/_2$, 4, 3, $2^1/_2$ et 1. — R^4–R^8. de 12, 20, 40, 50 et 200 fr. — **Bronze**: Mod. $9^1/_2$, 9, $8^1/_2$, 8, 7, 6, 5, 4 (le plus fréquent), 3, $3^1/_2$, $2^1/_2$, $1^1/_2$. — R^2–R^5. de 1, 2, 4, 6, 10, 12 et 15 fr. — *Monnaies en or et en electrum:* Sphinx ailé, assis, à g. dessous, un poisson. ℞: Carré creux divisé en quatre parties disposées en ailes de moulin (A'. Mod. 5. *Double statère*. R^8. = 1500 fr. Mion. R^8. = 600 fr. — Cf. Sestini, Descr. dell. Med. ant. del. Mus. Hedervar. T. II, p. 203, n° 1, Pl. IV, fig. 14. Mus. Font.); *autre:* Même droit. ℞: Carré creux, offrant trois parties disposées en ailes de moulin, et une quatrième qui manque, par la disposition du flan de la monnaie qui est de forme oblongue (A' 3. R^8. = 800 fr. Mion. R^8. = 300 fr.); Sphinx ailé, deb. sur un poisson à g., le pied dr. de devant levé. ℞: Carré creux, divisé en quatre parties égales et profondes (A'2. — R^8. = 400 fr. Mion. R^8. = 150 fr. Autrefois Cab. de M. Allier de Hauteroche, à Paris); Sphinx assis dans un carré. ℞: Sanglier marin ailé (A' 1. — R^8. = 300 fr. Mion. R^8. = 150 fr. — Sestini, Lettere, T. IV, p. 115); Sphinx ailé. ℞: Partie antér. de lion ailé, tourné vers la gauche (EL. 1. R^8. = 300 fr. Mion. R^8. = 120 fr.). — **Autonomes** en Ar. *Types*: Sphinx accroupi à g. devant une amphore, au-dessus de laquelle est une grappe de raisin, — d. le champ, à dr. Θ. ℞: X dans un des quatre compartiments, à fond grenelé, du carré creux (Ar. 14 mill. R^7. = 40 fr. Poids: Gr. 3,72. — Incon. à Mion. — Imhoof-Blumer: Monn. Gr. p. 297, n° 134); *autre:* Sphinx accroupi à g. ℞: Amphore entre ΧΙΟΝ à dr. et une grappe de raisin à g. (Ar. 12 mill. — R^8. = 50 fr. — Imhoof, ib. n° 135. Poids: Gr. 1,06. — Incon. à Mion.); ΣΕΟΙΧ (rétrograde: ΧΙΟΕΣ). T. barbue vue de face au-dessus de laquelle il semblerait voir une bandelette. ℞: Sphinx assis, à dr. (Æ 4. — R^8. = 70 fr. Mion. R^6. = 50 fr.); *autre:* Sphinx ailé assis à g., devant une amphore. ℞: ΛΥΚΙΔΕΟΣ. écrit sur une des barres de la croix (Æ 5½. — R^7. = 150 fr. Mion. R^6. = 90 fr. — Sestini, Mus. Chaudoir, p. 94, Pl. VI, fig. 3). — **Autonomes en bronze:** *Types:* Cavalier nu en course à g. ℞: ΧΙΟΣ (au Nominatif) et *thyrse* orné de ténies, d. une couronne de lierre (Æ. 21 mill. — R^6. = 20 fr. Poids: Gr. 4,50. — Imhoof, ib. p. 298, n.° 136. — Inc. à Mion.); *autre:* ΧΙΟΣ. Sphinx à dr. ℞: ΑΡΓΕΙΟ.. Sphinx et *diota* confondus par un surfrappage (Æ 4½. Com. 2 fr. Mion. S. VI, p. 391, n.° 18. Com. 1 fr.); ΑΣΣΑΡΙΟΝ. à l'exergue. Sphinx accroupi sur une massue à g., posant le pied droit de devant sur une amphore. ℞: *Amphore* (contremarquée d'une grappe de raisin); à g. une corne d'abond. entre ΧΙ—ΟΣ; à dr. ΦΑΥΣΤΟΣ. (Æ. 25 mill. Poids: Gr. 11,30. — R^4. = 8 fr. — Imhoof, Monn. Gr. p. 298, n.° 137. — Mion. R^1. = 2 fr. — Leake, Ins. Gr. p. 9); *autre:* Sphinx accroupi sur une massue à dr., le pied g. de devant levé au-dessus d'une proue de navire, à l'exergue: ΟΒΟΛΟΣ. ℞: *Canthare;* à g. *corne d'abond.* et *aiguière* entre ΧΙ—ΟΣ, — à dr. ΣΤΕΦΑΝΗΦΟΡΟΣ. (Æ. 31 mill. Poids: Gr. 14,40. — R^7. = 40 fr. — Imhoof, ib. n.° 138. — *Mus. de Florence.* — Incon. à Mion.); ΧΑΛ—ΚΟΝ.—ΤΡΙ. Sphinx accroupi à dr., le pied g. de devant levé. ℞: *Canthare,* — à g. *grappe de raisin* entre ΧΙ—ΟΣ; à dr. ΣΤΕΦΑΝΗΦΟΡΟΣ. (Æ. 20 mill. — Gr. 3,60. — R^6. = 15 fr. — Imhoof, ib. n.° 139. — Feu J. Friedländer, dans les: *Berliner Blätter,* III, p. 12. — Mion. S. VI, p. 395, n.° 69. R^4. = 8 fr. av. des légendes estropiées: ΧΑΛΠΗ au droit, et ΠΙΕΦΑΝΗΦΟΡΟΣ au revers); *autre:* Sphinx accroupi à dr., le pied g. de devant levé au-dessus d'une proue de navire; à l'exergue: ΤΡΙΑ ΑΣΣΑΡΙΑ. ℞: *Amphore,* — à g. *grappe de raisin* entre ΧΙ—ΟΣ, à dr. ΑΝΤΙΟΧΟΣ·ΑΠΟΛΛΩΝΙΔΟΥ sur deux lignes (Æ. 32 mill. — Poids: Gr. 21,84. — Imhoof, ib. n.° 140. — R^5. = 40 fr. Mion. R^2. = 20 fr. av. ΑΠΟΛΛΩΝΙΔ. — *Université* de Bologna. — Cf. Wiczay, Mus. Hedervar, Pl. XXII, fig. 482); Sphinx ailé, à dr., devant une massue. ℞: Μ·ΚΛΑΥ·ΓΟΡΓΙΑΣ·ΔΩΡΟΘΕΟΥ [au lieu de la fausse leçon: ..... ΓΟΡΓΙΑΣ·ΔΩΡΟΟΓΟΥ qu'on trouve d. Mion. S. VI, p. 397, n.° 79]. *Diota.* Dans le champ, ΧΙΟΣ. (Æ 5. — R^5. = 15 fr. Mion. R^3. = 6 fr. *Mus. Hunter,* p. 97, n.° 26, Pl. XVIII, n.° 1); ΧΙΩΝ. Sphinx accroupi, à g., ayant le pied g. sur un diota. ℞: ΑΣΣΑΡΙΟΝ·ΗΜΥΣΥ. Deux thyrses en sautoir, — d. le champ, une grappe de raisin, le tout dans une couronne de lierre (Æ 6. — R^4. = 8 fr. Mion. R^1. = 3 fr.); ΑΣΣΑΡΙΑ·ΤΡΙΑ. Deux figures (Apollon et Dionysos) à demi-nues, — l'une d'elles tient de la m. dr. une patère, et la gauche pendante, — l'autre tient un vase de la m. dr. et une haste de la g., au milieu, un autel. ℞: ΧΙΩΝ·ΕΠΙ·ΑΡΧ·ΕΙΡΗΝΑΙΩΝ. Sphinx, — à ses pieds une proue (Æ 9. — Mon. fort douteuse citée par Mion. S. VI, p. 399, n.° 91, et qui a besoin d'être mieux étudiée. — Voy. aussi: *Mus. Thiepol.* p. 1258); *autre:* Sphinx, la t. couverte du modius, assis à dr. ℞: ΠΡΕΙΜ. [probablement pour: ΕΠΙ·ΑΡΧ·ΑΥΡ·ΠΡΕΙΜΟΥ?]. Soldat deb. à g., ten. une Niké? et une haste (Æ 4. — R^7. = 30 fr. — Incon. à Mion. Voy. Cohen (Henri), Descr. d. méd. du Cab. de M. Badeigts de Laborde. Paris 1869, p. 36, n.° 407); à cause du poids, je donne ici la description de quelques autres mon. en bronze av. l'indication de leur valeur: *Droit:*

OBO—ΛOC. Sphinx accroupi, à g., av. la proue de navire. ℞: X—I—Ω—N. Personnage nu deb. de face, la tête *laurée*, la chlamyde enveloppée autour du bras g., et s'appuyant de la m. g. sur un bâton (Æ. 29 mill. — Poids: Gr. 16,47. — R⁷. = 40 fr. — Imhoof, Monn. Gr. p. 299, n.° 141. — *Musée de Vienne*. — Mion. S. VI, p. 402, n.° 112. Æ 7. — R². = 6 fr. donne une description peu exacte de la m. pièce); *autre:* O—BOΛOC. M. type à dr., av. la proue. ℞: Même lég. et même fig.; — à sa dr., à terre, un *casque* à g. (Æ. 26 mill. — Gr. 7,36. — R¹. = 20 fr. — Imhoof, ib. n.° 142. — Mion. 8¹/₂. — R². = 8 fr. — *Université* de Bologna. — Mus. Hunter, Pl. XVII, f. 17); XI—ΩN. Même type, à dr. av. la proue. ℞: ΔIXAΛ-KON. *Amphore* entre deux *étoiles* (Æ. 16 mill. Gr. 2,92. — R³. = 12 fr. — Imhoof, ibid. n.° 143. — Mion. III, p. 278, n.° 125. — R². = 4 fr.); *autre*, av.: XI—ΩN. *Sphinx* accroupi à g. ten. une grappe de raisin dans la patte dr. de devant, et appuyant la g. sur une proue de navire. ℞: Lég. perpendiculaire: Δ-I-X-A-Λ-K-O-N. *Amphore* (Æ. 18 mill. Gr. 2,55. — R³. = 8 fr. — Imhoof, ibid. n.° 144. — Voy. Grunauer, Altgriechische Münzsorten, 1877, n.° 16 de la planche. Cf. l'assarion de la même série: Mus. Hunter, pl. XVII, f. 21); *autre:* Sphinx accroupi à g., le pied dr. de devant levé, — à l'exergue, Π. ℞: ЄIMIЄ—C(?) — A·XIΩN. *Canthare* (Æ. 17 mill. Gr. 2,50. — R⁸. = 40 fr. — Imhoof, ibid. n.° 145. — **Incon**. = Mion.). — **Impériales:** On n'en connait qu'une seule d'Auguste, sans sa tête: ΣЄBAΣ-TOΣ. Sphinx ailé, assis à terre, tourné à g. Devant, une grappe de raisin. ℞: ΔIOΓЄNHΣ·ЄYΔHMOYΣ. Un vase (diota) occupant le milieu du champ (Æ 4. R⁸. = 150 fr. Mion. R⁵. = 50 fr. — Cf. mon *Dictionnaire* Num. n.° 2978, et le Cat. de la vente Gossellin, Paris 1864, voy. p. 11, n.° 141. Vend. 19 fr. 95 c. Belle). — Sur les monnaies de l'île de Chios consultez: *Num. Chron.* XIV, p. 119; — *Annali* dell' Inst. e Corr. Arch. di Roma 1842, p. 218; Mus. Lavy. I, 214; Imhoof-Blumer: Monnaies Grecques. Amsterdam 1883, p. 297—299; — Sestini, Mus. Chaudoir, Firenze 1831, v. p. 94; Avellino, Bulletino IV, 97, 107; V, 60; VI, 58; — Sestini, Lett. di Continuaz. V, 42; — Barclay v. Head, Manuel of Greek Numismatics. Oxford 1887. Voy. p. 513, 514. — Arthur Löbbecke, son article: „Münzfund auf der Insel Chios", inséré dans la Zeitschr. f. Numism. Bd. XIV, p. 148 à 157; — Whitte, De rebus Chiorum, addita sex enumeratio numorum. Havniae 1838. Rec. dans Zimmermann's Zeitschr. 1840, p. 955; — *Numismatic* Journal, I, 43; Χιακὰ ὑπὸ τοῦ Ἰατροῦ Ἀλεξ. Βλάστου. Ἐν Ἑρμουπόλει 1840. 2 tomes. — Cat. L. Welzl de Wellenheim (Vienne 1844) n°ˢ 5775 (Ӕ) et 5788 (Æ); *Annalen* d. Nassauischen Vereins für Alterthumskunde. Bd. VI, 21, n.° 27, Pl. II, f. 8: Une mon. en bronze qui y est citée corrige la fausse leçon de Mion. S. VI, p. 395, n.° 69: XAΛΠH est à lire: TPIXAΛKON. [Köhne, Berliner Blätter für Münzkunde V, p. 12]. — Pellerin, Rec. de méd. Gr. Paris 1762. voy. T. III, Pl. 131, f. 11, p. 224; Bircherod (Th. Brod.): Chius, insula maris Graeci, cum suis antiquitatibus, ex nummis aeneis. *Mss.* duquel il est fait mention dans la *Bibliothèque Germanique*, voy. Tom. XXIX, p. 179; — *Revue Num. Franç.* T. XX, An. 1855, p. 99; Housaye (H.), l'île de Chio. Chio dans l'antiquité etc. voy. *Revue des deux mondes*. LI Année (3 Pér. Tom. XLVI), 1ère livr. —

136. ΚΑΡΙΑ.

Lég. sur une monn. frappée à **Tarsos** en Kilikie en l'honneur de SEPTIME-SÉVÈRE et où le nom de cette province se trouve au Nominatif: *Droit*: AVT·ΚΑΙC·Λ·CЄΠΤ·CЄΟΥΗΡΟC·CЄΒ. Sa t. laurée, à dr. ℞: ЄΠΑΡΧ·(?) Γ·ΟΜ·CЄΥΗΡΑΝ·ΤΑΡCΟΥ·ΜΗΤΡ·ΤΩΝ·ΚΙΛΙΚΩΝ·ΙCΑΥΡΙΑ· ΚΑΡΙΑ·ΛΥΚΑΟΝΙΑ. Tyché tourelée, assise sur des rochers, — à ses pieds, un Fleuve se baignant, — devant, deux femmes tourelées deb., l'Isaurie et la Karie lui présentent une couronne, derrière, la Lykaonie la couronne (Æ. MM. R^7. = 200 fr. MION. R^6. = 150 fr.). — Je pense que la légende du *Revers* pourrait être plus correctement lue: ΚΟΙΝΟC·ΤΩΝ·Γ·ЄΠΑΡ-ΧЄΙΩΝ ou ΤΩΝ·ΤΡΙΩΝ·ЄΠΑΡΧΙΩΝ; — malheureusement ce genre de grands bronzes ont été toujours tellement retouchés par les soins de VAIL-LANT et de PATIN qu'il est presque impossible de reconnaître le vrai état de la légende! Voy. au sujet de cette légende *l'Annuaire de Numismatique*, T. VII, p. 21. —

137. ΑΝΤΙΟΧΕΙΑ.

Lég. sur les mon. d'**Antiocheia ad Maeandrum** en Karie. *Types des autonomes:* Pégase volant à dr.; t. laurée d'Apollon; t. de Zéus-Consilia-rius (ΖЄΥC·ΒΟΥΛΑΙΟC); buste d'Athéné av. casque et aegide; Hermès debout; Frondeur agitant une fronde, il est imberbe, le corps est nu et tourné, — derrière, deux javelots et la chlamyde pendant de dessus son bras droit; lyre; le dieu Mên, dont la tête est posée sur un croissant, av. le bonnet phrygien; boeuf bossu, dessous, les lettres CΚΙΛ........; *autres:* dessous le boeuf, CΑΘ et ΠΟΛΛΟ (mon. qu'on attribuait, sans aucun fonde-ment, à Antioche de Pisidie, dont toutes les mon. connues sont *coloniales*); corne d'abond. remplie de fruits entre quatre monogrammes; massue placée perpendiculairement; t. voilée de femme; Artémis Ephesia av. des broches et des cerfs; divinité deb. d. un temple tétrastyle; Asklépios deb.; Zéus deb.; trépied posé sur les détours du Méandre; Tyché deb. av. ses attributs; Dé-métèr ten. des épis et un pavot; t. imberbe du Sénat; colombe deb.; chouette deb.; aigle deb. entre les bonnets des Dioscures; le fleuve Méandre couché; autre fleuve couché (av. la lég. ΑΝΤΙΟΧЄΩΝ·ЄΠΙ·ΜΥΩΝΟC. (Æ 4. — R^6. = 20 fr.); t. virile jeune diadémée, à dr. la poitrine couverte du *pallium*. — Æ. Mod. 8, 4, 3, $2^1/_2$. — R^6—R^8. de 50, 60, 100 et 200 fr. — Æ. Mod. 6, $5^1/_2$, 5, 4, 3. — R^3—R^5. de 4, 8, 12, 24 fr. — **Impériales:** depuis Auguste jusqu'à Salonina. Æ. Mod. MM. 9, 6, 5, 4. — R^4—R^8. de 10, 15, 25, 60, 70, 120 et 150 fr. — *Légendes:* ΑΝΤΙΟΧЄΩΝ·ΤΩΝ·ΠΡΟC·ΤΩΙ·ΜΑΙΑΝΔΡΟΙ·ΑΝΤΙ-ΟΧЄΩΝ·ΤΩΝ·ΠΡΟC·ΤΩ·ΜΑΙΑΝΔΡΩ. — ΜΑΙΑΝΔΡΟC (Fleuve). — ΜΟΡ-CΥΝΟC (Fleuve). — *Personnifications:* de ΔΗΜΟC. — ΒΟΥΛΗ. — ΙЄΡΑ-ΒΟΥΛΗ. — ΙЄΡΑ·CΥΝΚΛΗΤΟC. — ΙЄΡΑ ΓЄΡΟΥCΙΑ. — CΥΝΑΡΧΙΑ, etc. *Divinités:* ΖЄΥC ΚΑΠЄΤΩΛΙΟC, — ΖЄΥC ΟΛΥΜΠΙΟC, — CΩΖΩΝ, fig. vir. ten. une branche; HEPHAESTOS forgeant un casque; ΑΤΥC deb.; DIONYSOS deb.; pont sur le Méandre. — Magistrats ΑΡΧΩΝ, ΣΥΝΑΡΧΙΑ, ΓΡΑΜΜΑ-ΤЄΥC, ЄΠΙΜЄΛΗΤΗC. — Alliance avec Laodikeia sur le Lykos. — Médail-lon d'argent comme à Alabanda. — **Monnaies autonomes en** Ꭱ: T. laurée d'Apollon, à g. ℞: ΑΝΤΙΟΧЄΩΝ. Pégase volant à g., dessous, un trépied (Ꭱ 8. R^7. = 150 fr. MION. R^6. = 100 fr. — Ce médaillon a été faussement attribué à Démétrius I, roi de Syrie, — cf. DUANE, Coins of the Seleucid Kings. Pl. XI, fig. 2); même t. d'Apollon, à g. ℞: m. lég. Pégase volant à dr. (Æ $2^{1}/_{2}$ et 3. — R^7. de 50 à 60 fr.); m. t. laurée d'Apollon à g. ℞: ANTIOXEΩN·MENEΣΘEYΣ (et jamais MENEYΘEYΣ comme le donne MIONNET, Descr. T. III, p. 313, n$^{\circ}$ 54. Cf. aussi : Mus. HUNTER, Pl. V, n$^{\circ}$ 7, qui donne ΠEPEΣΘEYΣ.). Pégase volant, à dr. (Æ 8. — R^7. = 150 et 200 fr. MION. R^6. = 100 fr.); *autres* aux mêmes types et du même module, av. les lég.: MENEKΛHΣ ou TIMO-KΛHΣ qui suivent la lég. ANTIOXEΩN. (Même prix); *autre*, av. la lég.: ANTIOXEΩN·TIMOKΛHΣ. (Æ 4. — R^7. = 80 fr. — *Cab. de Münich*). — *Autres*: T. laurée d'Apollon, à g. ℞: ANTIOXEΩN ΦIΛTOΓENHΣ. Pégase volant à g. (Æ $8^{1}/_{2}$. — R^8. = 300 fr. — Incon. à MION. — COLL. WAD-DINGTON qui l'a publiée en 1851 dans la *Revue Numism. Fr.*, An. 1851, p. 235); m. t. laurée d'Apollon, à dr. ℞: ANTIOXEΩN·MENEKΛHΣ. en deux lignes au-dessus et au-dessous, — entre elles Pégase bondissant à dr. (Æ 4. — R^8. = 120 fr. Poids: 59 grs. — Incon. à MION. Cf. CAT. IWANOFF, Londr. 1863, p. 37, lot n$^{\circ}$ 334. Vend. 5 £ [Borrell]; — m. t. d'Apollon, à dr. ℞: Un bison ou un buffle couché en bas, à g., par devant une petite corne d'abond., — au-dessus: ANTIOXEΩN, à l'exergue les détours du Méandre placés parallèlement au nom du magistrat MENEΦPΩN, — le tout dans une couronne de laurier (Inédite. Æ $3^{1}/_{4}$. — R^{8*}. = 200 fr. Poids 61 grs. — Cf. CAT. IWANOFF, Londr. 1863, p. 37, lot n$^{\circ}$ 335. Vend. 6 £ [Feuardent]. — Tête laurée d'Apollon, à dr. Grenetis de points. ℞: ANTIOXEΩN·ΔIO-TPEΦHΣ. Bison ou buffle couché sur les détours du Méandre, à g. Le tout d. une couronne (Æ. 17 mill. R^8. = 60 fr. — Poids Gr. 3,60. — Inconnue à MION. — Publ. par ARTHUR LÖBBECKE, dans la Zeitschr. f. Num., Bd. XII, p. 322); *autre*, semblable, av. le nom du magistrat: MEΛE. (Æ $3^{1}/_{2}$. — R^8. — Poids 39 grs. — Publ. par Fox, d. ses: Engravings of Greek Coins. Londr. 1862, p. 15, Pl. V, n$^{\circ}$ 93). — **Autonomes en bronze**: ZEYC·KAΠE-TΩΛIOC. T. diadémée de Zéus Capitolin, à g. ℞: ANTIOXEΩN. Zéus deb. à g. ten. une patère et une haste (Æ 7. — R^6. = 35 fr. MION. R^5. = 24 fr. — Auj. au *Cab. de Münich*); ZEYC·OΛYMΠIOC. T. de Zéus Olympien, à g. ℞: ANTIOXEΩN. Zéus deb. vêtu de la toge, ten. une patère et la haste (Æ 7. — R^5. = 20 fr. MION. R^4. = 12 fr.); t. d'Athéné, la haste sur l'épaule. ℞: ANTIOXEΩN. Hermès, la *penula* sur l'épaule, ten. une bourse et un caducée (Æ 4. — R^4. = 8 fr.); IEPA·BOYΛH. T. voilée de femme, à dr. ℞: Même lég. Démétèr deb. (Æ 7. — R^4. = 12 fr. MION. R^2. = 6 fr.); ΔHMOC. T. nue et barbue. ℞: ANTIOXEΩN·EΠI·MYΩNOC. Fleuve couché (Æ 4. — R^6. = 15 fr. MION. R^4. = 8 fr.); m. lég. et m. t. ℞: ANTIOXEΩN·MAIANΔPOC. Le Méandre couché (Æ 4. — R^6. = 30 fr. MION. R^6. = 18 fr.); EΠI·AVP·NIKOMHΔOVC. T. laurée de Zéus. ℞: ANTIOXEΩN. Aigle deb., les ailes éployées, et la t. tournée (Æ 4. — R^6. = 20 fr. MION. R^4. = 8 fr.); t. laurée d'Apollon, à dr. ℞: ANTIOXEΩN·ΠEPEΣΘEYΣ. (plus correct: MENEΣΘEYΣ). Pégase volant à dr. entre les jambes, une t. de boeuf (Æ 4. — R^6. = 20 fr. MION. R^4. = 8 fr. — Mus. HUNTER, p. 26, n$^{\circ}$ 2, Pl. V, fig. 7); IEPA·CYNKΛHTOC. T. de femme, — sur une autre, la tête du Sénat. ℞: ANTIOXEΩN. La Tyché dans un temple tétrastyle (Æ 6. R^1. = 3 fr.); IEPA·ΓEPOY[CIA]. (Légende extrêmement rare; on ne la connait que sur deux monnaies phrygiennes de Hiérapolis et de Tibériopolis, — le supplément ίερά au mot γερουσία ne se trouve que sur la présente pièce). Tête jeune laurée, à dr. ℞: ΑΝΤΙΟΧΕΩΝ. Athéné deb. ten. une patère de la m. dr. et la m. g. appuyée sur un bouclier et une lance (Æ 6. — R⁸. — Inédite. — 80 fr. — Incon. à Mion. — *Ma collection*. Variété de celle qui a été publiée par Pinder et Friedländer dans leurs: Beitr. z. ält. Münzk. Berlin 1851, p. 71, n.º 2, Pl. I, n.º 2); t. laurée d'Apollon, à g. ℞: ΑΝΤΙΟΧΕΩΝ·ΤΩΝ ...... ΜΑΙ-ΑΝΔΡΩΙ. Aigle deb. sur les détours du Méandre (Æ 4½. — R⁸. = 70 fr. — Waddington, Rev. Num. Fr. An. 1851, p. 235); ΔΙΟΝΥΣΙΟΣ. T. d'Athéné à dr. Grenetis perlé. ℞: ΑΝΤΙΟ—ΧΕΩΝ. Chouette assise, à dr. sur les détours du Méandre (Æ. 16 mill. — R⁸. = 15 fr. — Incon. à Mion. — Publ. par Arthur Löbbecke d. la Zeitschr. f. Num. Bd. XII, p. 322. — Comp. Sestini, Descr. d. Mus. Chr. Feder. di Danimarca, Pl. II, f. 12); — Chouette deb. à dr. ℞: ΑΝΤΙΟ—ΧΕΩΝ. Chouette deb. à g. (Æ. 8 mill. — R⁸. = 15 fr. — Incon. à Mion. — Imhoof-Blumer: Monn. Gr. p. 304. Poids: Gr. 0,94); *autre:* Buste drapé de *Mèn* coiffé du bonnet phrygien, à dr. ℞: ΑΝΤΙΟΧ.. Zébou deb. à dr., la tête de face, — à l'exergue: ΗΡΙΛΟΧ.. (Æ. 19 mill. — Gr. 4.37. — R⁸. = 20 fr. — Imhoof, *ib.* — Incon. à Mion.); *autre*, av. ΔΙΟΝΥΣ (Æ. 19 mill. — Imhoof, *ib.*); *autre:* Aigle sur un foudre à dr., battant des ailes, devant, Λ. ℞: ΑΝΤΙΟ—ΧΕ—ΩΝ—ΛΥΚΩΝ. *Étoile* à huit rayons (Æ. 27 mill. — Gr. 4,67. — R⁸. = 20 fr. — Incon. à Mion. — Imhoof, ibid. p. 304); même type, à dr. ℞: Même type entre ΑΝΤΙΟ—ΧΕΩΝ, — à g., ΘΕΟΣΕ (Æ. 17 mill. Poids: Gr. 4,03. — R⁸. = 15 fr. — Incon. à Mion. — Imhoof, ib. n.º 6); même type, à dr., — au-dessus, *croissant*, devant, Γ. ℞: ΑΝΤΙΟ—ΧΕ—ΩΝ. *Étoile*. Dessous, ΜΕΝΙΚ—ΚΟΥ. (Æ. 21 mill. Gr. 7,18. — R⁸. = 15 fr. — Incon. à Mion. — Imhoof, ib. p. 304, n.º 7. — Cat. Whittal, 1867, n.º 728, un exempl. av. ΕΡΜΟΓΕ.); *autre:* (ΔΗΜΟC)ΑΝΤΙΟΧΕΩΝ. Buste du *Démos*, à dr. ℞: ϹΩΖΩΝ. Figure virile, en tunique courte, deb. à g., la main dr. étendue et ten. de la g. le pallium et une branche (Æ. 23 mill. — R⁸. = 40 fr. — Incon. à Mion. — Imhoof, ib. n.º 8). — [Σώζων est probablement le nom du personnage, représenté au revers. Sur quelques mon. de Thémisonion de Phrygie le même mot se lit devant un buste radié.] — **Impériales** depuis Auguste jusqu'à Salonine. Æ. Mod. 9, 6, 5, 4. — R³—R⁸. de 6, 12, 15, 25, 30, 40 et 80 fr. — Auguste: ϹΕΒΑϹΤΟϹ. Tête nue d'Auguste: ℞: ΠΑΙΩΝΙΟΥ·ϹΥΝΑΡΧΙΑ· [Totum archontum collegium]ΑΝΤΙΟΧΕΩΝ. Athéné armée, marchant (Æ 6. R⁷. = 70 fr. Mion. R.⁵ = 24 fr. — Haym, Th. Br. II, Pl. XXV, f. 8, p. 215. — Eckhel, Doctr. num. vet. T. 11, p. 574). — Auguste et Tibère: ΚΑΙΣΑΡ·ΣΕΒΑΣΤΟΣ·ΑΝΤΙΟ. Tête laurée d'Auguste, à dr. ℞: ΞΕΡΞΗϹ· ΕΥΓΕΝΕΤΩΡ·ΑΠΟΛΛΟΔΟΤΟΥ·ΤΙΒΕΡΙ—ΟϹ. Tête nue de Tibère, à dr. [**Complètement inédite:** Æ. 20 mill. — R⁸. = 300 et même 400 fr. C'est à l'extrême bienveillance de M. le Dr. Fr. Imhoof-Blumer, que je dois la première publication de ce prodige numismatique qu'il vient tout récemment d'acquérir. Sur le mot ΕΥΓΕΝΕΤΩΡ il y a toute une dissertation à faire.] — *Autre:* ΤΙΒΕΡΙΟΥ·ΚΑΙΣΑΡΟΣ. Sa t. laur. à dr. derrière une t. radiée en contre-marque. ℞: ΣΥΜΑΡΟΣ·ΑΝΤΙΟΧΕΩΝ. Apollon deb. en habit de femme, à dr. ten. de la m. dr. pendante le *plectrum* et de la g. une lyre? (Æ 5. — R⁷. = 40 fr. Mion. R⁵. = 15 fr.). — ΤΙΒΕΡΙΟϹ. T. nue de Tibère. ℞: ΑΝΤΙΟΧΕΩΝ. T. de Tyché de la ville, tourelée (Æ 3½. —

R⁴. = 8 fr.). — Claude: ΤΙΒΕΡΙΟΣ·ΚΛΑΥΔΙΟΣ·ΣΕΒΑΣΤΟΣ. Sa t. laurée, à dr. ℞: ΜΥΩΝΟC·ϹΥΝΑΡΧΙΑ·ΑΝΤΙΟΧΕΩΝ. Niké marchant de g. à dr. ten. d. la m. dr. une grande palme (Æ 5. — R⁶. = 20 fr. Mion. R³. = 6 fr.). — Domitianus: ΔΟΜΙΤΙΑΝΟϹ·[ΚΑΙϹΑΡ·ϹΕΒΑϹΤΟϹ·]ΓΕΡΜΑ-ΝΙΚΟϹ. Sa t. laurée. ℞: ΕΠΙ ΜΕΛ (ΗϹΑΝΤΟϹ·ΚΛ·)ΑΓΛΑΟΥ·ΦΡΟΥΓΙ. — ΑΝΤΙΟΧΕΩΝ. = au lieu de la fausse leçon qu'on trouve dans Mion. III, p. 317, n° 80 et S. VI, p. 451, n° 86: ΕΠΙ—ΜΕΛΕϹΑΝΤ·ΚΛ·ΑΓΛΑΟΥ·ΦΡΟΝΤΩΝΟϹ·ΑΝΤΙΟΧΕΙΑ (au Nominatif). Dionysos à demi-nu deb. à g. ten. une grappe de raisin de la m. dr. et s'appuyant de la g. sur le thyrse (Æ. 26 mill. — R⁶. = 40 fr. Mion. R³. = 9 fr. — Imhoof-Blumer: Monn. Gr. p. 305, n° 9. — Voy. Jul. Friedländer, dans Hermes VIII, p. 228: ΕΠΙΜΕΛΗΤΗΣ auf Münzen); — autre: ΔΟΜΙΤΙΑΝΟϹ·ΚΑΙϹΑΡ. Même t. à dr. ℞: Même lég. Figure virile, les reins ceints d'une draperie et les genoux courbés, deb. à dr. soutenant des deux mains une corbeille ou un pet. temple posé sur sa tête (Æ. 16 mill. — R⁵. = 30 fr. Mion. (incorrectement décrite). R³. = 9 fr. — Imhoof, ibid. n° 10). — Trajan: ΑΥΤ·ΝΕΡ..ΤΡΑΙΑΝΟϹ·ΚΑΙ·ϹΕ·ΓΕΡ·ΔΑΚ. Sa t. laurée, à dr. ℞: ΑΝΤΙΟΧ·ΖΕΥϹ·ΚΑΠΕΤΟΛΙ(ΟϹ). Zéus assis à g., tenant Niké sur la m. dr. et s'appuyant de la g. sur le sceptre (Æ. 31 mill. R⁷. = 60 fr. — Incon. à Mion. — Imhoof, ib. n° 11); — autre: av. ΜΑΙΑΝΔΡΟϹ·ΑΝΤΙΟΧΕΩΝ. Le Méandre couché, ten. de la m. dr. un roseau et d. la g. une corne d'abond., à côté de lui une urne renversée (Æ 9. — R⁷. = 120 fr. Mion. R⁵. = 48 fr.*). — Faustine Jeune: ΦΑΥϹ-ΤΕΙΝΑ·ϹΕΒΑϹ. et dans le champ TH. Son buste à dr. ℞: ΑΝΤΙΟΧΕΩ-Ν. Cerf deb. à dr. (Æ. 16 mill. — R⁶. = 30 fr. — Incon. à Mion. — Inédite. Publ. par M. Imhoof-Blumer, d. ses: Monn. Gr. p. 305, n° 12). — Lucille: ΛΟΥΚΙΛΛΑΝ·ϹΕΒΑϹΤΗΝ. T. de Lucille. ℞: ΑΝΤΙΟΧΕΙΩΝ. T. de femme voilée et tourelée (Æ 4. — R⁷. = 80 fr. Mion. R⁵. = 15 fr.) — Lucius Verus: ΒΗΡΟϹ·ΚΑΙ. Tête nue de Lucius Vérus. ℞: ΑΝΤΙΟΧΕΩΝ. Atys debout, vêtu d'une tunique courte et coiffé du bonnet phrygien; il soutient des deux mains sur sa tête le masque de Kybèle (Æ 3. — R⁵. = 40 fr. — Incon. à Mion. Publ. par Waddington d. la Rev. Num. Fr. An. 1851, p. 235. Gr. ib. Pl. XII, n° 1. — Type nouveau sur les monnaies; mais il existe au *Musée du Louvre* un bronze antique qui représente exactement le même sujet). — Gordien d'Afrique père: ΑΥΤ·Κ·Μ·ΑΝΤ·ΓΟΡΔΙΑΝΟϹ. Sa t. laurée et barbue. ℞: ΑΝΤΙΟΧΕΩΝ. Asklépios et Hygieia deb. avec leurs attributs? (Æ 9. — R⁸. = 400 fr. en la supposant antique. Mionnet III, p. 318, n° 88, la croit suspecte. Cf. Arigoni, II. Impp. 19, 249). — Gordien le Pieux: ΑΥ·ΚΑΙ·Μ·ΑΝΤ·ΓΟΡΔΙΑΝΟϹ. Sa t. laur. à dr. av. le *paludamentum*. ℞: ΑΝΤΙΟΧΕΩΝ. Fleuve couché, à g. ten. un roseau de la m. dr. et le coude g. appuyé sur une urne de laquelle s'échappent des eaux (Æ 5. — R⁵. = 20 fr. Mion. R³. = 6 fr. — *Ma collection*); autre: Mod. 9, av. la légende ΑΝΤΙΟΧΕΩΝ·ΜΑΙΑΝΔΡΟϹ. publ. par Vaillant, Num. Gr. est une mon. suspecte et retouchée par ses soins. — Philippe père: ΑΥΤ·Κ·Μ·ΙΟΥ·ΦΙΛΙΠΠΟϹ. Sa t. laur. à dr. ℞: ΑΝΤΙΟΧΕΩΝ. Ζεὺς *Καπετώλιος* adoré à Antiocheia, dans un temple tétrastyle, — il est vêtu du *pallium*, tient dans la m. dr. la Niké, et d. la g. une haste (Æ 9. — R⁶. = 40 fr. Mion. R⁴. = 30 fr.). — Otacilia: Sa t. à dr. ℞: ΑΝΤΙΟΧΕΩΝ. Hékate-Triformis, deb., vêtue d'une tunique, ten. d. chacune de ses mains un poignard (Æ 9. — R⁶. = 30 fr. Mion. R⁴. = 12 fr. — Philippe Jeune: AVT·K·M·ΙΟΥ·ΦΙΛΙΠΠΟC. T. laurée de Philippe Jeune, av. le *paludamentum*, à dr. ℞: ΑΝΤΙΟΧΕ—ΩΝ·ΜΟΡCΥΝΟC. Jeune Fleuve couché à g. ten. un roseau d. la m. dr. et le coude g. appuyé sur une urne renversée. Grenetis de points (Æ 6. — R⁸. = 70 fr. — Incon. à Mion. Publ. par le bien regretté Pinder dans le „Monatsber. d. Kön. Akad. d. Wissensch. zu Berlin." Voy. le Compte rendu de la Séance du 12 Nov. 1857. — Il n'y a pas de doute qu'Antiocheia de Karie, comme tant d'autres villes, faisait représenter sur ses mon. des petits fleuves de sa localité, comme on en voit l'exemple sur les mon. d'Apamea de Phrygie, où, à côté du Méandre figure le pet. fleuve Marsyas. Pline [d. son Hist. Nat. V, 29, 29, T. I, p. 378 Sillig] en parlant d'Antiocheia dit: „*eam circumfluunt Macander et Orsinus*". Cette mon. peut donc servir comme précieux document pour corriger l'endroit de Pline, d'autant plus que dans les anciens Mss. de cet auteur on lit au lieu d'Orsinus — Mossinus). — Trajan Dèce: AVT·K·TPAIANOC·ΔΕΚΙΟC·T. laurée de Trajan Dèce, av. le *paludamentum*. ℞: ΑΝΤΙΟΧΕΩΝ·ΜΕ-ΑΝΔΡΟC. Pont à six arches, sur lequel est construit un édifice, — on y voit un Fleuve couché, et l'empereur deb. couronné par la Niké deb. derrière lui (Æ. MM. — R⁷. = 80 fr. Mion. R⁸. = 30 fr. — Barclay v. Head, Manuel of Greek Numismatics. Oxford 1887, p. 520. Grav. ib.). — Gallien: . . . . . NOC. Sa t. radiée, *paludamentum*. ℞: ΑΝΤΙΟΧΕΩΝ. Hephaestos assis sur un siège, vêtu d'une tunique courte attachée sur l'épaule gauche, tandis que l'épaule droite est nue, — il est coiffé d'un bonnet rond et forge un casque posé sur une enclume (Æ 7½. — R⁸. = 100 fr. — Incon à Mion. — Publ. par Waddington, d. la *Rev. Num. Fr.* An. 1851, p. 235. — Grav. ib. Pl. XII, n.° 2. — [Hephaestos forgeant, quoique rare, se voit encore sur deux médaillons de Thyatire (Mion. Lydie, n°ˢ 919, 922) où il est figuré travaillant sous la direction d'Athéné, — je le retrouve encore sur deux mon. de Magnesia ad Macandrum (voy. Mion. Ionie, n°ˢ 676, 679. Voy. sur ce type: l'article de M. Ch. Lenormant, d. la Rev. Num. Fr. An. 1840). — *Autre*: ΑΥ·Κ·ΠΟ·Λ·ΓΑΛΛΙΗΝΟC. Sa t. laurée, à dr. av. le *paludamentum*. ℞: ΑΝΤΙΟ—ΧΕΩΝ. Aigle éployé à g. d'un autel orné de guirlandes. Grenetis (Æ. 26 mill. — R⁸. = 30 fr. — Incon. à Mion. '— Publ. par Arthur Löbbecke, dans la Zeitschr. f. Numism. Bd. XII, p. 323, n.° 4.] Sur les mon. d'**Antiocheia** en Karie consultez encore: *Num. Chron.* IX, 145, — on y reprend de nouveau l'opinion de Pellerin que c'est Alabanda [mais on a tort, car il n'y a pas de doute qu'en Karie il y avait plus qu'une Antiocheia, cf. Droysen, Hellenismus III, 2, 279]; — Chaudoir, Corrections, 86; — Pinder et Friedländer, Beiträge z. ält. Münzk. I, 71, 72; — Avellino, Bullotino, IV, 48; — *Num. Chron.* IV, 140; IX, 145; — *Archäolog. Zeitg.* An. 1844, p. 34. Æ. (n'appartient pas ici); — Mionnet, VI, 655, 299, cf. VII, 115; — Waddington dans la Revue Numism. Fr. An. 1851, p. 235. Æ; — Æ. *ib*. (T. d'Apollon, à g. ℞: ΑΝΤΙΟΧΕΩΝ·ΤΩΝ πρὸς ΜΑΙΑΝΔΡΟΙ. Aigle sur les détours du Méandre); — Sestini, Lott. di Continuaz. VI, 33; *id*. VI, 35; — Fox, Engravings of Greek coins, II, n.° 93 (Æ. Bison sur les détours du Méandre), 94 (Æ. Dionysos), II, n.° 95 (Zéus assis près d'une table surmontée d'une urne); — Cat. L. Welzl de Wellenheim, n.° 5946. —

138. AΦPOΔEICIAC.

Cette lég. se trouve sur un **Gr. Br.** (Æ 10) à l'effigie de Septime-Sévère frappé à **Aphrodisias**, ville de Karie et qui est une monnaie d'alliance entre cette ville et Ephesos. Elle porte au ℞: AΦPOΔEICIAC·EΦECOC·OMONOIA. Deux figures assises en face l'une de l'autre (Æ 10. — R⁸. = 120 fr. — **Incon.** à Mion. — Cf. Cat. de la vente J. Whittal, Londres 1884, p. 67, lot n.° 1063). — On ne connaissait de la ville d'Aphrodisias, d'après Mionnet, que des mon. en bronze. M. Imhoof-Blumer en a découvert plusieurs en Ⱥ, dont voici la description: **Autonomes**: Buste voilé de femme, à dr., couronné d'une stéphané et orné de pendants d'oreilles et d'un collier perlé. ℞: (ΠΛΑΡΑΣΕΩΝ ΚΑΙ) ΑΦΡΟΔΙΣΙΕΩΝ. Aigle sur un foudre à g., d. le champ à g. AP—T—ΣΩ, — à dr. IH. (Ⱥ. 17 mill. — R⁷. = 50 fr. — Poids: Gr. 3,32 (trouée). — Imhoof-Blumer: Monn. Gr. p. 305, n.° 13); *autre*: av. AP—TE—MI—ΔΩ—POΣ APTE—MIΔΩ—POY. en huit lignes à g., et TO(Y)AN—ΔPΩ—NOΣ en quatre lignes à dr., couronne au-dessus de l'aigle. — Collection Waddington. (Ⱥ. 17 mill. Gr. 3,45. R⁸. = 100 fr. — **Incon.** à Mion. — Imhoof, ibid. n.° 13a); *autre*, av.: H—ΦΑΙ—ΣΤΙ—ΩΝ à g., et ΧΑ—ΡΙΞΕ—ΝΟΥ. à dr. (Ⱥ. 17 mill. — R⁸. = 100 fr. — *Musée de Berlin*. — **Incon.** à Mion. — Imhoof, Monn. Gr. ibid. p. 305, n.° 14); *autre*, av.: ΜΗ—ΝΟ—ΔΟΤΟΣ à g., et Α—ΓΕ—ΛΑ—ΟΥ à dr. (Ⱥ. 18 mill. — Gr. 3,42. — R⁸. de 80 à 100 fr. — Imhoof, ib. n.° 15); *autre*, av.: ΞΕ—ΝΟ—ΚΡΑ—ΤΗΣ à g., sans patronyme (Ⱥ. 16 mill. Gr. 3,56. — R⁸. — Même prix. — Imhoof, ib. n.° 16); *autre*, av. ΞΕ—ΝΟ—ΚΡΑ—ΤΗΣ à g., et ΞΕ—ΝΟ—ΚΡΑ—ΤΟΥ à dr. (Ⱥ. 16 mill. Gr. 3,30. — R⁸. = 80 fr. — Imhoof, ib. n.° 17); *autre*, av.: Υ—ΨΙ—ΚΛΗΣ à g. et ΧΑ—ΔΡΑΣ—ΤΟΥ à dr. (Ⱥ. 17 mill. Gr. 3,51. — Imhoof, ib. n.° 18). — **Bronzes**: T. couronnée d'Aphrodité, à dr. ℞: AΦPOΔI—CIEΩN. Deux *branches* se croisant avec le manche d'une *bipenne* (Æ 18 mill. Gr. 5,82. — R⁸. — **Incon.** à Mion. — 40 fr. — Imhoof, ib. n.° 19); *autre*: IEPA·CVNKΛHTOC. Buste drapé et lauré du Sénat, à dr. ℞: AΦΟΔΕΙCΙΕΩ—Ν. Table, sur laquelle est inscrit OIKOVMENIKA; dessus entre deux *bourses*, deux *urnes*, sur lesquelles on lit KAΠETΩΛIA et ΠYΘIA; dessous, *amphore* entre deux *palmes* (Æ. 33 mill. — R⁸. = 60 fr. — Imhoof, ib. p. 306, n.° 20). — **Autres autonomes en bronze**: T. barbue, couverte d'un pétase de forme conique, — derrière, une haste. ℞: AΦPOΔICIEΩN. Trophée (Æ 4. — R⁵. = 12 fr. Mion. R⁴. = 8 fr.); t. d'Athéné, derrière l'épaule, une haste. ℞: Même lég. et m. type (Æ 2. — R⁶. = 15 fr. - Millingen, Rec. de Méd. Gr. p. 65, Pl. III, n.° 23. La t. d'Athéné est remarquable par la haste placée sur l'épaule; la cuirasse, type du revers est un des attributs de cette déesse: — cfr. aussi sur une cuirasse d'Athéné: Aelian. de Animal. Nat. lib. IX, cap. 17); *autre*: Taureau cornupète, à dr. ℞: AΦPOΔEICIEΩN. Aigle deb. de face, regardant à g. (Æ 4. — R⁴. = 8 fr.); AΦPOΔICIEΩN. Buste d'Athéné casquée, av. aegide. ℞: NIKOMH . . . . Cerf couché, à g. (Æ 3. — R⁴. = 8 fr.); Buste casqué de Roma. ℞: AΦPOΔEICIEΩN. Niké marchant à dr. (Æ 3. — R⁵. = 10 fr. Mion. R³. = 6 fr.); ΔHMOC. T. diad. du Peuple. ℞: M. lég. Aphrodité deb. à g. ten. une patère et une haste (Æ 6. — R⁴. = 12 fr. Mion. R². = 6 fr.); ΔHMOC. Même t. ℞: M. lég. Aigle volant (Æ 5. R⁶. = 15 fr. Mion. R⁴. = 8 fr.); IEPOC·ΔHMOC. T. laur. du Peuple. ℞: Même lég. Aphrodité tutulée et voilée jusqu'aux talons, ou Héra de Samos, vue de côté, — à ses pieds d'un côté, un Génie assis, — de l'autre, un vase av. des fleurs (Æ 5. — R⁶. = 30 fr. Mion. R⁵. = 15 fr.); m. lég. et m. t. ℞: Même lég. Tyché deb. (Æ 6. — R². = 6 fr.); IEPA BOYΛH. T. voilée de femme. ℞: AΦPOΔICIEΩN. Eros deb., ten. un arc et une flèche, et brûlant av. un flambeau un papillon à ses pieds (Æ 4. — R⁷. — **Variété** de Mion. — 20 fr. — Cf. Waddington, Rev. Num. Fr. An. 1851, p. 236, n.° 1. Ce type se voit souvent sur les pierres gravées. Voy. Winckelmann, Pierres de Stosch, II cl. n°s 885, 888 sqq.); ΔHMOC. T. jeune, diad. ℞: Même lég. L'arbre de Myrrha, — de chaque côté un homme coiffé du bonnet phrygien, — l'un lève une hache pour frapper l'arbre, l'autre s'enfuit (Æ 5½. — R⁸. = 40 fr. — Waddington, ib. n° 2. — *Variété* de la pièce publiée par M. de Witte, dans la Rev. Num. Fr. 1849, p. 428); BOYΛH. T. voilée de femme, av. un mitre. ℞: AΦPOΔEICIEΩN. Dionysos ou Héraklès nu, deb. à g., ten. d. la m. dr. le *diota*, et de la g. inclinée une grappe de raisin, et le bras appuyé en même temps sur une lyre, — à côté de la lyre une t. de Silène (Æ 6. — R⁵. = 20 fr. Mion. R⁴. = 12 fr.); IEPA·BOYΛH. Même t. ℞: Même lég. Aphrodité nue, sortant d'un baignoir, — devant elle Eros lui essuie les pieds (Æ 4. — R⁵. = 15 fr.); même lég. T. de femme voilée. ℞: AΦPOΔEICIEΩN. Deux Eros assis, folâtrant à l'envi l'un de l'autre (Æ 4. — R⁵. = 15 fr.); *autre*: IEPA·CYNKΛHTOC. Même t. ℞: M. lég. Aphrodité vêtue de la *stola*, deb., ten. Eros de la m. dr. et portant une haste de la g. (Æ 6. — R⁴. = 12 fr.); même lég. T. du Sénat. ℞: M. lég. Eros tendant un arc, caché derrière les branches du corail (Æ 6. — R⁴. = 40 fr. Mion. R⁴. = 20 fr.); m. lég. et m. t. ℞: Même lég. Dionysos en toge deb. à g. ten. le *cantharum* et un thyrse (Æ 6. — R³. = 9 fr.); m. lég. T. diad. du Sénat, à dr. av. le *pallium*. ℞: KA·ZHNΩN·AΦPOΔICIEΩN. Aphrodité vêtue de la *stola* deb. à g. ten. une pomme et une haste pure (Æ 6½. — R⁶. = 40 fr. Mion. R⁴. = 12 fr.); IEPA·CYKΛHTOC. (sic). T. jeune du Sénat, à g. ℞: T·K·ZHΛIOC·(ΠPΩ) THC., dans le champ: AΦPOΔEICIEΩN. Autel carré, duquel s'élèvent trois roseaux (Æ 6. — R⁶. = 30 fr. Mion. R⁴. = 12 fr.); IEPA·CYNKΛHTOC. T. jeune laurée. ℞: AΦPOΔEICIEΩN. Table sur laquelle est une grande urne, av. une palme sur laquelle on lit: ΓOPΔIANHA., deux autres petites urnes sous la table, entre les pieds, on lit: ATTAΛHA. (Æ 6. — R⁷. = 50 fr. Mion. R⁵. = 20 fr.); *autres revers*: Hymenée deb. ten. un flambeau (Æ 4½. — R³. = 7 fr.); Eros deb. tirant de l'arc (Æ 4. — R³. = 7 fr.); Zéus à demi-nu, assis (Æ 4. — R⁵. = 15 fr.); Hermès nu et deb. ten. une bourse, la *penula* et le caducée (Æ 4. — R³. = 6 fr.); trois branches de corail dans une corbeille carrée (Æ 5. — R³. = 6 fr.); *autres*: EIEPA· BOYΛH· (sic). T. voilée de femme à dr. ℞: AΦPOΔEICIEΩN. Eros deb. appuyé sur un flambeau renversé sur un autel [Emblême de la mort] (Æ 4½. — R⁴. = 10 fr.); t. diad. de Sérapis, surmontée du *modius*. ℞: AΦPOΔICI-EΩN. Isis deb., ten. un sistro et un sceau (Æ 4. — R⁴. = 8 fr.); m. t. ℞: m. lég. Harpokrate nu et deb. (Æ 4. — R⁴. = 8 fr.); t. de Bacchante, à g. ℞: AΦPOΔICIEΩN. Panthère marchant, à dr. (Æ 4. — R⁴. = 8 fr.); ΔHMOC. T. jeune, ceinte d'un diadème, à dr. ℞: AΦPOΔEICIEΩN. Fleuve assis, ten. de la m. dr. un roseau et d. la g. une corne d'abond., — à côté une urne renversée, — dessous: TIMEΛHC. (Æ 5. — R⁷. = 30 fr. Mion.

R^5. = 15 fr.); *autre*, av.: ΑΦΡΟΔΕΙΣΙΕΩΝ·ΚΟΡΣΥΜΟΣ (mais plus régulier ΜΟΡΣΥΝΟΣ. Cf. Pinder, dans les „Monatsber. d. Kön. Akad. d. Wissensch. zu Berlin." 12 Nov. 1857), même type que le précédent (Æ 5. — R^7. = 40 fr. Mion. R^5. = 15 fr.); autre: ΓΕΡΟΥΣΙΑ. T. jeune laurée. ℞: ΑΦΡΟΔΕΙΣΙΕΩΝ. Dionysos nu et deb. à g., ten. une vase d'une main et la haste de l'autre (Æ 7. — R^8. = 70 fr. Mion. R^5. = 18 fr.). — **Autonomes avec les noms d'Aphrodisias et Plarasa**: Æ. — J'ai cité ces mon. au commencement de cet article, en me basant sur l'ouvrage de M. Fr. Imhoof-Blumer, car la description de ces mon. faite par Mionnet est entièrement inexacte. — Æ: T. laur. d'Artémis ou d'Aphrodité, à droite. ℞: ΠΛΑ· = ΑΦ. Taureau cornupète (Æ 3. — R^8. = 40 fr. Mion. R^7. = 30 fr.); t. d'Aphrodité av. une grappe de raisin en contre-marque. ℞: ΠΛΑΡΑ·ΑΦΡΟΔΙ. Aigle sur un foudre (Æ 3. — R^7. = 30 fr.); buste d'Eros. ℞: ΠΛΑ·ΑΦΡΟ. Une rose (Æ 3. — R^7. = 30 fr.); même lég. Bipenne. ℞: ... Μ·ΑΛ. Cuirasse au milieu d'un carré creux (Æ 3. — R^7. = 30 fr.); *autre*: ΠΛΑΡ·ΑΦΡΟ. Bipenne. ℞: Cuirasse dans un carré creux (Æ 3. — R^7. = 30 fr.); cuirasse dans un carré creux. ℞: ΠΛΑΡ. — ΑΦΡΟ. Bipenne (Æ 6. — R^8. = 70 fr. Mion. R^7. = 40 fr.); **monnaies av. le nom de Plarasa seule**: ΠΛΑΡΑΣΙΕΩΝ.. Bipenne. ℞: Cuirasse dans un carré creux (Æ 3. — R^6. = 18 fr.); ΠΛΑΡΑΣΙΕΩΝ. Bipenne. ℞: Cuirasse, sans le carré (Æ 3. — R^6. = 18 fr.); t. laurée d'Aphrodité. ℞: ΠΛΑΡΑΣΙΕΩΝ. (Æ 3. — R^6. = 18 fr.). — **Inédite d'Aphrodisias**: ΔΗΜΟΣ. T. barbue et laurée à dr. ℞: ΑΦΡΟΔΕΙΣΙΕΩΝ. Athéné deb. ten. une patère et une lance, à laquelle est lié un bouclier (Æ 6. — R^8. = 40 fr. Trouvée à *Davas* ce qui constate l'origine karienne de la monnaie. Publiée par Pinder et J. Friedländer dans les: „Beitr. z. ält. Münzk." Berlin 1851, voy. p. 72, Pl. 1, n.° 3). — *Impériales* depuis Auguste jusqu'à Salonina. Æ. — R^4–R^8. de 8, 12, 30, 40, 70, 100 et 120 fr. — On connaît des mon. d'alliance avec Hierapolis et Ephesos, — cf. Stueber, Num. nonnulla graeca, p. 225 et *Num. Chron*. T. IV, p. 141. — Auguste: T. nue d'Auguste, à dr. ℞: ΠΛΑΡΑ·ΑΦΡΟ. T. d'Aphrodité, à dr. (Æ. 13 mill. — R^8. = 60 fr. Incon. à Mion. — Imhoof-Blumer, Monn. Gr. p. 306, n.° 21. — Waddington, Rev. Num. Fr. 1851, p. 246); *autre*: ΣΕΒΑ. derrière la t. d'Auguste, à dr. ℞: ΑΠΟΛΛΩΝ·ΥΙΟΣ à g. et ΑΦΡΟΔΙΕΩΝ (sic) à dr. d'Artémis Ephésia deb. de face entre une étoile et un croissant (Æ. 18 mill. — R^6. = 20 à 30 fr. — Comp. Mion. S. VI, 460, 131 où elle est mal décrite. — Imhoof, Monn. Gr. p. 306, n.° 21a); *autre*: ΣΕΒΑΣΤΟΣ. T. d'Auguste, laurée, à dr. ℞: ΑΠΟΛΛΩΝΙΟΣ·ΥΙΟΣ·ΑΦΡΟΔΙΣΙΕΩΝ. Artémis-Ephésia deb. (Æ 4. — R^6. = 30 fr. Mion. R^4. = 8 fr.); ΣΕΒΑΣΤΟΥ. [quelquefois, ΣΕΒΑΣΤΟΣ]. T. laur. d'Auguste, à dr. ℞: ΑΦΡΟΔΙΣΙΕΩΝ·ΣΩΖΩΝ. Bipenne (Æ 4. — R^6. = 20 fr. Mion. R^5. = 15 fr. — Rol. et Feuard. Cat. Gr. n.° 5533 bis. Æ 3. sans le mot ΣΩΖΩΝ. Vend. 10 fr.); ΘΕΟΣ·ΣΕΒΑΣΤΟΣ. T. laur. d'Auguste. ℞: ΑΦΡΟΔΙΣΙΕΩΝ. Artémis à plusieurs mamelles (Æ 4. — R^7. = 30 fr. Mion. 8 fr.); ΚΑΙΣΑΡ·ΣΕΒΑΣ. Sa t. laur. à dr. ℞: ΑΨΡΟΔΙΣΙΕΩΝ. (sic). Artémis Ephesia (Æ 4. — R^5. = 20 fr. Mion. R^4. = 8 fr.); *autre*: ΣΕΒΑΣΤΟΣ. Même t. ℞: Α·Ι·ΡΟΔΕΙΣΙΕΩΝ·ΣΩΖΩΝ. Bipenne (Æ 4. — R^6. = 20 fr. Mion. R^5. = 15 fr.); ΣΕΒΑΣΤΟΣ. M. tête. ℞: ΑΦΡΟΔΙΣΙΕΩΝ. Bipenne (Æ 4. — R^5. = 18 fr. Mion. R^4. = 8 fr.); m. *Droit*. ℞: ΑΠΟΛΛΩΝΙΟΣ·ΥΙΟΣ·ΑΦΡΟΔΙΣΙΕΩΝ.

au lieu de ΑΠΟΛΛΩΝ·ΥΙΟC à g. et ΑΦΡΟΔΙΕΩΝ (sic) à dr. d'Artémis Ephésia deb. de face entre une étoile et un croissant (Æ. 18 mill. — R⁶. = 20 à 30 fr. mal décrite par Mion. et corrigée par les soins de M. Imhoof, v. ses: Monn. Gr. p. 306, n.º 21a). — Auguste et Livie: ..... T. d'Auguste, à dr. ℞: ΑΦΡΟΔΕΙΣΙΕΩΝ. T. de Livie (Æ 4. — R⁶. = 20 fr. Mion. R⁴. = 8 fr.); Livie (seule): CEBACTH. Sa t. à dr. ℞: ΑΠΟΛΛΩΝΙΟC·ΥΙΟC· ΑΦΡΟΔΙCΙΕΩΝ. Divinité deb. dans un temple distyle, entre deux autels ou deux cippes (Æ 7. — R⁷. = 50 fr. Mion. R⁵. = 24 fr.). — Claudius: ΤΙ·ΚΛΑΥΔΙΟC ...... T. laur. de Claude, av. un petit *modius* sur le sommet, à l'instar de Jupiter-Martialis. ℞: ΑΦΡΟΔΙCΙΕΩΝ. Bipenne (Æ 4. — R⁷. = 25 fr. Mion. R⁵. = 15 fr.). — Hadrien: ΑΥ·ΚΑΙ·ΤΡΑ·ΑΔΡΙΑΝΟC·CEB. Sa t. laur. av. le *paludamentum*. ℞: ΑΦΡΟΔΕΙCΙΕΩΝ. Temple tétrastyle, dans lequel est Héra Pronuba deb. (Æ 6. — R⁴. = 24 fr. Mion. R⁴. = 12 fr.); *autre*: Même lég. au revers. Aphrodité d. un temple hexastyle (Æ 9. — R⁶. = 40 fr. Mion. R⁴. = 24 fr.); *autre*: ℞: Même lég. Aphrodité vêtue de la *stola* et voilée, le *modius* sur la t., — devant elle, Eros préparant son arc, — astre et croissant à dr. et à g. (Æ 9. — R⁷. = 60 fr. Mion. R⁵. = 30 fr.). — M. Aurèle: Lég. effacée. Sa t. laur. av. le *paludamentum* à g. ℞: Τ·Κ·ΖΗΛΙΟC·ΙΕΡΕΥC·ΕΠΙΝΙΚΙΟΝ·ΑΝΕ(ΘΗΚΕ.), à l'exergue: ΑΦΡΟΔΕΙCΙΕΩΝ. Aphrodité ou Héra tutulée et voilée, deb. à g., — M. Aurèle et L. Vérus sont deb., vêtus de la toge, les mains élevées (Æ. MM. — R⁷. = 100 fr. Mion. R⁴. = 40 fr.). — Faustine Jeune: On en cite une **inédite** d. le Cat. Whittal de Smyrne, 1884, lot n.º 1062, sans en donner la description. — Commode: ΑΥ·ΚΑΙ·Λ·ΑΥΡ·ΚΟΜΜΟΔΟC. Son buste imberbe, la t. laur. et le *paludamentum* sur l'épaule. ℞: ΑΦΡΟΔΕΙCΙΕΩΝ. Commode courant à cheval, ten. de la m. dr. un javelot, dont il frappe un barbare étendu à terre (Æ. MM. — R⁶. = 80 fr. Mion. R⁴. = 40 fr. — Cat. d'Ennery, p. 413, n.º 2337); *autre*: Sa t. radiée à g. ℞: ΑΦΡΟΔΙCΙΕΩΝ. Table carrée sur laquelle sont placées deux urnes (Æ 6. — R⁴. = 12 fr.). — Crispine: ΚΡΙCΠΕΙΝΑ·ΑΥΓΟΥCΤΑ. Sa t. à dr. ℞: ΑΦΡΟΔΕΙCΙΕΩΝ. Les trois Grâces deb., les bras entrelacés (Æ 9. — R⁷. = 50 fr. Mion. R⁵. = 30 fr.). — Septime Sévère: Sa t. à dr. ℞: ΕΠΙ·ΑΡΧ·CΚΡΕΙΒΩΝΕΙΑΝΟΥ·ΑΦΡΟΔΕΙCΙΕΩΝ. Sévère à cheval frappant un captif, — derrière, un autre captif (Æ 9. — R⁶. = 45 fr. Mion. R⁴. = 24 fr. — Vaillant, num. gr.); *autre*: ΑΥ·ΚΑΙ·Λ·CE·CEOΥΗΡΟC·ΠΕΡΤ·ΑΥΓ. Sa t. laurée. ℞: ΜΕΝΙΠΠΟC·ΚΑΙ·ΖΗΝΩΝ·ΑΝΕ .... ΑΦΡΟΔΙCΙΕΩΝ. Sévère à cheval lançant un javelot, sous le cheval deux captifs (Æ 11. — R⁸*. = 150 fr. — **Incon.** à Mion. — Publ. par Waddington d. la Rev. Num. Fr. An. 1851, p. 237, n.º 3). — Julia Domna: ΙΟΥΛΙΑ·ΔΟΜΝΑ·ΑΥΓΟΥCΤΑ. Sa t. à dr. ℞: ΕΠΙ·ΑΡ[ΧΟ]ΤΩΝ·ΠΕΡΙ·ΜΕΝΕCΘΕΑ·ΙCΟΒΟΥΝΟΝ. A l'exergue: ΑΦΡΟΔΕΙCΙΕΩΝ. Les trois Grâces deb. les bras entrelacés. Celles de droite et de gauche tiennent une fleur à la main (Æ 8½. — R*. = 300 fr. Publ. par Waddington, d. la Rev. Num. Fr. An. 1851, p. 237, n.º 4. Gr. ibid. à la Pl. XII, fig. 3); m. t. et m. lég. ℞: Même lég. (incorrecte dans Mionnet, T. III, p. 327, n.º 144). Type de la Tyché (Æ 9. — R⁷. = 70 fr. Mion. R⁴. = 24 fr.); *autre*, av.: ΜΕΝΗΠΠΟC·ΚΑΙ·ΞΗΝΟΝ·ΑΝΕΘΕC·ΑΦΡΟΔΙCΙΕΩΝ. Simulacre de Hera (Junon Lucine) (Æ 9. — R⁷. = 60 fr. Mion. R⁴. = 24 fr.); *autre*: ΙΟΥΛΙΑ·ΔΟΜΝΑ·CEBACTH. Sa t. à dr. ℞: ΕΠΙ·ΖΗΝΟΝ·ΑΡΧΙΕ·

APXINEOK·ANE. dans le champ: AΦPOΔEICIEΩN. Aphrodite voilée et tutulée, deb., les mains étendues, près de sa tête, d'un côté, un astre, et de l'autre, un croissant, — à ses pieds, d'un côté, un vase avec des fleurs, et de l'autre, Eros (Æ $5^{1}/_{2}$. — R^{6}. = 40 fr. Mion. R^{5}. = 20 fr.); t. de Julia Domna, à dr. Lég. de la p. précédente. ℞: AΦPOΔICIEΩN. Hermès deb., av. sa bourse et son caducée (Æ 4. — R^{4}. = 8 fr.). — Caracalla: M·AY·ANTΩNEI-NOC.. Sa t. laur. à dr. av. le *paludamentum*. ℞: AΦPOΔEICIEΩN. Héra (Junon Lucine) d. un temple tétrastyle (Æ $9^{1}/_{2}$. — R^{7}. = 60 fr. Mion. R^{5}. = 48 fr. Cf. Haym, Th. Brit. II, Pl. XXXIX, fig. 9); *autre:* lég. emportée. T. nue de Caracalla jeune, à dr. av. le *paludamentum*. ℞: AΦPOΔEI-CIEΩN. Hermès nu marchant, à dr. (Æ $8^{1}/_{2}$. — R^{6}. = 40 fr. Mion. R^{5}. = 30 fr.); *autre:* ℞: AΦPOΔICIEΩN. Table sur laquelle sont deux grandes urnes, av. des palmes dans chacune d'elles (Æ 6. — R^{4}. = 12 fr. — Pellerin, Mél. II, p. 143); AY·K·M·AYP·ANTΩNINOC. Sa t. radiée et barbue, à dr. av. le *palud*. ℞: Même lég. Caracalla à cheval, allant au galop, à g. frappant deux ennemis (Æ $6^{1}/_{2}$. — R^{6}. = 40 fr. Mion. R^{5}. = 20 fr.). — Geta: AYT·KAI·ΠO·CEΠTIMIOC·ΓETAC·CEB. Sa t. laurée, à dr. ℞: AΦPOΔICI-EΩN. Caracalla et Géta deb. se donnant la main au-dessus d'un autel allumé, — l'un d'eux tient une pet. fig. d'Artémis, l'autre la haste (Æ. MM. — R^{8}. = 250 fr. Mion. R^{6}. = 150 fr. — Mus. Pisani, Pl. XLV, n.º 2, p. 129). — Elagabal: AYT·K·M·AY·ANTΩNEINOC. Sa t. laur. à dr. av. le *palud*. ℞: EΠI·APX·ΦA·ΠEP·AΦPOΔEICIEΩN·KAI·EΦECIΩN·OMONOIA. Artémis Ephésia deb., — à ses pieds, une biche, — en face d'elle, Aphrodite deb., le *modius* sur la tête et voilée (Æ 11. — R^{7}. = 200 fr. Mion. R^{5}. = 100 fr.). — Soaemias: IOYΛIA·COAIMIAC. Sa t. à dr. ℞: AΦPOΔEICIEΩN. Aphrodite deb., vêtue d'une longue robe, le *modius* sur la t., — à ses pieds, une pet. fig. assise et un vase, — dans le champ, astre et croissant (Æ $8^{1}/_{2}$. — R^{6}. = 50 fr. Mion. R^{4}. = 24 fr.); *autre:* Même lég. Tyché deb. av. ses attributs (Æ $8^{1}/_{2}$. — R^{5}. = 40 fr. Mion. R^{3}. = 18 fr.). — Orbiana: ΓN·EP·CAΛΛ·BAPB·OPBIANA·CEB. T. d'Orbiana sur un croissant. ℞: AΦPO-ΔEICIEΩN. Aphrodite debout (Æ 9. — R^{8}. = 200 fr. Mion. R^{6}. = 100 fr. Cfr. Maffei, Verona illustrata, III, p. 435). — Diaduménien: M·O·ANTΩN·ΔIAΔOYMENIANOC·KAICAP. Sa t. nue. ℞: AΦPOΔEICIEΩN. Tyché deb. (Æ 9. — R^{6}. = 70 fr. Mion. R^{5}. = 50 fr.). — Gordianus Pius: A·K·M·AN·ΓOPΔIANOC. Sa t. laur. à dr., av. le *paludamentum*. ℞: AΦPO-ΔEICIEΩN. Aphrodite deb. entre un astre et un croissant, — à ses pieds une fig. assise et un chapiteau de colonne (Æ $8^{1}/_{2}$. — R^{5}. = 25 fr. Mion. R^{3}. = 18 fr.); *autre:* AY·M·KA·AN·ΓOPΔIANOC. Son buste, à dr. ℞: Même lég. Table très-ornée, sur laquelle est une grande urne av. une palme, sur laquelle on lit: ΓOPΔIANHA·ATTAΛHA., de chaque côté un petit *guttus*, — dessous, un vase, et sur le bord de la table on lit: KAΠETΩΛIA. (Æ. MM. — R^{7}. = 150 fr. Mion. R^{5}. = 100 fr.); m. lég. avec MAP., sa t. laur. ℞: AΦPOΔEICIEΩN. Centaure deb. (Æ 9. — R^{6}. = 40 fr. Mion. R^{4}. = 24 fr.); AY·KAI·AN·ΓOPΔIANOC. T. radiée de Gordien, av. le *paludamentum*. ℞: M. lég. Aphrodite tutulée et voilée, deb. de côté, sur une base, — derrière, à terre, un Génie assis sur un siège, — devant un vase contenant des fleurs, — de chaque côté un cippe, sur lequel est placé l'Hyménée sur un pied, portant un flambeau vers la t. d'Aphrodite (Æ. MM. R^{6}. = 120 fr.

Mion. R⁵. = 100 fr.); sa t. laurée, à dr. et m. lég. ℞: ΑΦΡΟΔ—ΙCΙΕΩΝ. Niké (ou plutôt Némésis), vêtue de la *stola*, et tutulée deb., la m. dr. pendante, et une corne d'abond. dans la g., à ses pieds, une roue (Æ 6. R³. = 9 fr.). — TRANQUILLINE: ΦΡΟ· (sic) CΑΒΙ·ΤΡΑΝΚΥΛΛΕΙΝΑ·C. Sa t. à dr. ℞: ΑΦΡΟΔΕΙCΙΕΩΝ. Apollon deb. près d'un arbre, ten. de la m. dr. une branche de laurier, et la g. sur une lyre placée sur un trépied autour duquel est un serpent, — à ses pieds, un griffon (Æ 8. — R⁶. = 48 fr.); *autre:* Même lég. Sa t. à dr. ℞: Même lég. Femme tourelée deb. tournée à g., et ten. de la m. dr. un gouvernail et de la g. une corne d'abond., — du côté droit, au-dessus du coude on voit deux épis, — la femme porte une longue robe, flottante par derrière (Æ 8½. — R⁸*. = 120 fr. — **Inédite et inconnue** à MIONNET. — Ma collection). — PHILIPPE JEUNE: ΜΑΡ·ΙΟΥΛ·ΦΙΛΙΠΠΟC·ΚΑΙ·CΕ. Sa t. nue, à dr., *paludam.* ℞: ΕΠΙ·ΑΡΧ·ΠΟΛΙ·ΑΠΟΛΛΩΝΙΑ . . . . . ΑΦΡΟΔΕΙCΙΕΩΝ. Tyché deb. (Æ 9. — R⁶. = 30 fr. MION. R⁴. = 20 fr.). — TRAJAN DÈCE: Lég. confuse. Sa t. à dr. ℞: ΑΦΡΟΔΕΙCΙΕΩΝ. Niké av. une palme d. un quadrige (Æ. MM. — R⁶. = 70 fr. MION. R³. = 30 fr.). — VALÉRIEN PÈRE: Lég. confuse. Sa t. à dr. ℞: ΕΠΙ·ΑΡΧ·ΙΟΥΛΙΑΝΟΥ·ΑΦΡΟΔΕΙCΙΕΩΝ. Deux urnes avec des palmes, sur une table (Æ. MM. — R⁵. = 60 fr. MION. R³. = 30 fr.). — GALLIENUS: ΑΥ·ΚΑ·ΠΟ·ΛΙ·ΓΑΛΛΙΗΝΟC. Sa t. radiée à g., av. le *paludamentum*. ℞: ΑΦΡΟΔΙCΙΕΩΝ. Table carrée sur laquelle sont placées deux grandes urnes av. une palme dans chacune, — sur une, on lit: ΑΤΤΑΛΕΑ, — sur l'autre: ΠΥΘΙΑ, — sur le devant de la table: ΟΙΚΟΥΜΕΝΙΚΟC (et non ΑΙΚΟΥΜΕΝΙΚΟC comme le donne MION. T. III, p. 330, n° 159), de chaque côté, un petit vase (Æ 7. — R⁶. = 40 fr. MION. R⁵. = 24 fr.); *autre:* M. lég., t. radiée de Gallien, à dr. ℞: ΑΦΡΟΔΕΙCΙΕΩΝ. Zéus Καπετώλιος deb. av. une corbeille sur la tête (Sérapis) dans un temple tétrastyle (Æ 6. — R⁴. = 15 fr. MION. R². = 6 fr.); m. lég. et m. t. ℞: Même lég. Temple tétrastyle dans lequel est Aphrodite deb. ten. dans ses mains Eros (Æ 6. — R³. = 10 fr. MION. R². = 6 fr.); m. lég. Sa t. barbue et radiée à g., av. le *paludamentum* et cuirasse. ℞: ΑΦΡΟΔCΙΕΩΝ. (sic). Figure équestre, allant au galop, à dr., lançant un javelot, de la m. dr. (Æ 7. — R³. = 9 fr.); m. lég. sa t. radiée, à g. ℞: ΑΦΡΟΔΕΙCΙΕΩΝ. Gallien à cheval, à dr. (Æ 6. — R³. = 9 fr.); m. lég. Sa t. laur. à g. av. le *paludamentum*. ℞: ΑΦΡΟΔΙCΙΕΩΝ. Gallien d. un quadrige, à g. (Æ 9. — R⁵. = 40 fr. MION. R³. = 18 fr.); *autre*, avec: ΑΡΧ·ΕΡΜΟΓΕΝΟΥC·ΑΠΕΛΛΑ·ΑΦΡΟΔΕΙCΙΕΩΝ. Gallien courant à cheval (Æ 9. — R⁶. = 40 fr. MION. R³. = 18 fr.); même lég. Sa t. radiée, à g. ℞: ΑΦΡΟΔΙCΙΕΩΝ. Très-grande table sur laquelle sont deux grandes urnes av. une palme, — sur l'une d'elles est écrit: ΕΠΙΝ., sur l'autre: ΟΛΥΜ., deux autres pet. urnes (Æ 6. — R⁷. = 30 fr. MION. R⁴. = 12 fr.); *autre:* M. lég. Table carrée sur laquelle sont deux urnes des jeux, av. une palme, d. le champ: ΑΤΤΑΛΕΑ. (Æ 6. — R⁴. = 15 fr. MION. R³. = 9 fr.); m. lég. Sa t. radiée, à g., av. le *paludamentum*. ℞: ΑΦΡΟΔΙCΙΕΩΝ. Table oblongue et ornée, sur laquelle sont deux urnes des jeux, avec des palmes, entre deux petites vases (Æ 6. — R². = 6 fr.). — SALONINA: ΚΟΡ·CΑΛΩΝΙΝΑ·ΑΥΓ. Sa t. à dr. ℞: ΑΦΡΟΔΕΙCΙΕΩΝ. Trois personnages nus entourant un *diota*, et portant un globe sur leur main dr. levée (Æ 7. — R⁶. = 30 fr. MION. R⁴. = 12 fr.); ΙΟΥ·ΚΟΡ·CΑΛΩΝΙΝΑ. Sa t. posée sur un croissant. ℞: ΑΦΡΟ-

ΔΕΙCΙΕΩΝ. Aphrodité tutulée et vêtue de la *stola*, deb. de côté, — la t. entre un astre et un croissant, — à ses pieds, d'un côté, Eros assis, — de l'autre, un vase av. des fleurs (ÆG. — R^4. = 12 fr.); *autre:* Même lég. Artémis-chasseresse, ten. un arc de la m. gauche (Æ 6. — R^8. = 9 fr.); m. lég. et m. t. ℞: Même lég. Hermès deb. ten. une bourse et un caducée (Æ 6. — R^3. = 9 fr.); *autre:* ΠΟ·ΛΙ·ΚΟΡ·CΑΛΩΝΙΝ·ΑΥΓ. Même tête. ℞: ΑΦΡΟΔΙCΙΕΩΝ. Hermès, couvert du pétase ailé, marchant à dr., le *pallium* flottant par derrière, conduisant de la m. dr. un bélier, et tenant un caducée de la g. (Æ 6. — R^3. = 15 fr. Mion. 9 fr.); *autre:* Même lég. Tyché deb. (Æ 6. — R^2. = 6 fr.). — Sur les mon. d'**Aphrodisias**, **Plarasa**, voyez: Streber, Num. nonn. gr. 225. — *Rev. Num. Fr.* An. 1851, p. 236 et 246 (Plarasa), — *id.* An. 1849, p. 428; 1851, p. 237. — Akerman, Chronicle, IV, 141, 144; VII, 15; VIII, 42. — Pinder et Friedländer, Beitr. z. ält. Münzk. Berlin 1851, voy. V. I, p. 72. — Fox, Engravings, II, 97, 96 (Asklepios. Æ); — Millingen, Sylloge, 71. — *Numism. Chron.* 2 Série I, p. 218. — Sestini, Mus. Chaudoir, 95; id. Lettere di Continuazione, VI, p. 35. — *Revue Belge*, 3 Série, IV, 16; 4 Série, I. 151. — Cat. L. Welzl de Wellenheim, n° 5952 (Tibère). — Chaudoir, Corrections, p. 86. — *Annali* dell' Inst. e Corr. arch. di Roma. An. 1861, p. 147. — Le fleuve qui figure sur les mon. de cette ville est le même que celui qu'on observe sur les mon. d'Antiochia de Karie, ΜΟΡΣΥΝΟΣ ou ΜΟΡCΥΝΟC. — *Corrections:* Fellows 1840, Pl. 34, 10, donne une fausse leçon. C'est une mon. de Laodikea de Phrygie. Cf. Mionnet, Suppl. VII, p. 579, n° 416. —

139. ΑΠΟΛΛΩΝΙΑ CΑΛΒΑΚΗ.

Lég. sur une mon. auton. de la ville d'**Apollonia de Karie**: ΑΠΟΛ-ΛΩΝΙΑ·CΑΛΒΑΚΗ. (au Nominatif). T. de femme à dr. av. une natte de cheveux repliée par derrière, comme au siècle de Titus, — la *stola* sur les épaules. ℞: Τ·ΚΑΛΛΙΠΠΟΥ. Asklépios et Hygiaia deb. av. leurs attributs (Æ 5. — R^7. = 50 fr. Mion. R^6 = 18 fr.). — [Hiéroklès, dans l'énumération des villes de la préfecture de Karie cite aussi une ville qui portait le nom d'*Ἡράκλεια Σαλβάκη*, qu'il ne faut pas confondre avec Apollonia.] — **Monnaies autonomes** qu'on croit généralement appartenir à l'**Apollonie de Karie**: t. laur. de Zéus, à dr. ℞: ΑΠΟΛΛΩΝΙΑΤΩΝ. Figure équestre au-dessus des détours de Méandro (Æ 4. — R^8. = 40 fr.); *Sans lég.* T. laur. d'Apollon, à dr. ℞: ΜΕΝΑΝΔΡΟC· (et non ΜΕΑΝΔΡΟC. comme on lit d. Mion. T. III, p. 331, n° 165) ΑΠΟΛΛΩΝΙΑΤΩΝ. Aigle, les ailes éployées, assis sur une branche de laurier (Æ 5. — R^8. = 60 fr. — **Inédite**. — Poids: 5,8. — Trouvée à Moded, près Davas, par le Prof. Aug. Schönborn, en 1849, et publ. par Pinder et J. Friedländer, d. 1. Beitr. z. ält. Münzk. Berlin 1851, p. 72–73, Pl. 1, n° 4); t. de femme, à dr. ℞: ΑΠΟΛΛΩΝΙΑΤΩΝ. Apollon nu et deb., ten. d. la m. dr. une flèche, et d. la g. un arc. Dans le champ, ⊓.? (Æ 3. — R^5. = 12 fr. Mion. R^3. = 6 fr.); *autre:* CΑΔΙΑ-ΚΟC (peut-être mieux: CΑΛΒΑΚΟC?), t. de Sérapis. ℞: ΑΠΟΛΛΩΝΙΑ-ΤΩΝ. Isis deb. à g., un sistre d. la m. dr. et un sceau d. la g. (Æ 4. — R^8. = 60 fr. — *Cab. de Münich.* — Mion. R^8. = 40 fr.); t. de Hermès, av. le pétase ailé. ℞: ΑΠΟΛΛΩΝΙΑΤΩΝ. Caducée (Æ 4. — R^3. = 6 fr.); *autres:* t. de Zéus barbue et laurée. ℞: Même lég. Foudre? (Æ 4. — R^4. = 8 fr.);

T. laur. imb. à g. d'Apollon, — devant, une pet. branche de laurier. ℞: Même lég. Caducée (Æ 4. — R⁴. = 8 fr.); t. casquée d'Athéné. ℞: Même lég. Apollon nu, deb. à g. (Æ 4. — R⁴. = 8 fr.); ΔΗΜΟC. T. juvénile, à dr. ℞: ΑΠΟΛΛΟΝΙΑΤΩΝ. Dionysos, légèrement botté et se couvrant de son drap, deb. à dr., tient de la m. dr. une grappe de raisin et de la g. il s'appuie sur un thyrse (Æ 4. — R⁸. = 40 fr. — **Inédite et inconnue à** Mion. Comp. Pinder et Friedländer, Beitr. z. ält. Münzk. Berlin 1851, p. 72 et 73, qui l'ont fait connaître de la trouvaille du Prof. Aug. Schönborn). —
Monnaies d'Alexandre le Grand, frappées à Apollonia: ΑΛΕΞΑ·ΚΤΙC·ΑΠΟΛ-ΛΩΝΙΑ. T. d'Alexandre le Grand, couverte d'une peau de lion, à dr. ℞: ΑΠΟΛ-ΛΩΝΙΑΤΩΝ·ΚΑΙ·ΛΥΚΙΩΝ·ΟΜΟΝΟΙΑ. Deux femmes deb. se donnant la m. dr. et ten. chacune d. la gauche une haste (Æ 8½. — R⁶. = 40 fr. Mion. R⁴. = 24 fr.); ΑΛΕΞΑΝΔΡΟC·ΚΤΙCΤ·ΑΠΟΛΛΩΝΙΑΤ. Même tête. ℞: ΑΠΟΛΛΩΝΙΑΤΩΝ·Κ·ΛΥCΙΑΔΕΩΝ·ΟΜΟΝΟΙΑ. Deux femmes deb., vêtues de la *stola*, la t. surmontée du *modius*, se donnant la m. dr. et ten. d. la g. l'une le simulacre d'Apollon, l'autre celui de la Tyché, — au milieu d'elles, un autel allumé (Æ 9. — R⁶. = 40 fr. Mion. R⁵. = 30 fr.); *autre:* ΑΛΕΞΑ·ΚΤΙC·ΑΠΟΛΛΩΝΙΑ. Même tête. ℞: ΙΠΠΟΦΟΡΑC. Fleuve couché à g., ten. d. la m. dr. un roseau et d. la g. une corne d'abond., à côté de lui une urne d'où s'échappent les eaux (Æ 8½. — R⁷. = 70 fr. Mion. R⁵. = 30 fr.); *autre:* ΑΛΕΖΑΝΔΡΟC·ΚΤΙCΤ·ΑΠΟΛΛΩΝΙΑ.. T. imb. d'Alexandre le Gr. couverte d'une peau de lion. ℞: ΑΠΟΛΛΩΝΙΑΤΩΝ·ΠΕΡΓΑΙΩΝ·ΟΜΟΝ(ΟΙΑ). Deux femmes tutulées, deb. en face, l'une de l'autre, soutenant le simulacre d'Artémis de Perga, — au milieu, à terre, un autel (Æ 9. — R⁶. = 60 fr. Mion. R⁴. = 24 fr. Sestini, Lett. num. Contin. t. VI, p. 36, Pl. I, f. 18, ex Mus. Magn. Ducis, la classait sans aucun fondement à Apollonia de Lycie). — **Impériales** depuis Auguste jusqu'à Salonina: Æ. R⁵—R⁸. Mod. 4, 5, 6, 7, 9, 10 et 12. MM. de 20, 30, 40, 60 et 120 fr. — Auguste: ΣΕΒΑΣΤΟΣ. Sa t. nue, à dr. ℞: ΑΠΟΛΛΩ—ΝΙΑΤΩ—Ν à dr., et ΚΑΛ-ΛΙΠΟΣ—ΑΡΤΕΜΙ—ΔΩΡΟΥ à g. d'Apollon deb. à g., vêtu d'un chiton long, ten. un *oiseau* (corbeau?) sur la m. dr., et une *branche* de la g. (Æ. 19 mill. R⁸. = 40 fr. — Inc. à Mion. — Imhoof-Blumer, Monn. Gr. p. 306, n.⁰ 22. — Waddington, Rev. Num. Fr. 1853, p. 476); m. lég. et m. t. ℞: Même lég. av. ΚΑΛΙΠΟΣ. Apollon vêtu de la *stola*, ten. de la m. dr. une branche de laurier, et de la g. une lyre (Æ 4. — R⁷. = 30 fr. Mion. R⁶. = 18 fr. — C'est peut-être la même mon. que la précédente, mais mal décrite?); *autre:* ΣΕΒΑ(ΣΤΟΣ). Sa t. nue, à g. ℞: ΑΠΟΛΛΩ(ΝΟΣ) ΚΩΚΩΝ ...... (lég. vicieuse?) ΑΠΟΛΛΩΝΙΑΤΩΝ. Apollon, en habit de femme, ten. de la m. dr. une branche de laurier, et de la g. une lyre (Æ 4. — R⁶. = 18 fr. — Vaillant, Num. Gr. in Joniâ); CΕΒΑCΤΟC. Sa t. laurée. ℞: ΑΠΟΛ-ΛΩΝΙΑΤΩΝ·ΜΕΥCΑΝΙΟΥ. (lég. aussi douteuse). Artémis Ephesia au milieu d'un soleil (Æ 4. — R⁷. = 30 fr. Mion. R⁶. = 18 fr. Cab. de M. Cousinery, auj. à Münich). — Caligula: ...... Sa t. à dr. ℞: ΕΠΙ·ΣΤΡ·ΦΛ·ΑΠΟΛ-ΛΩΝΙΑΤΩΝ. Temple hexastyle? (Æ 4. Mion. d'après Vaillant, s. prix). — Néron: ΝΕΡΩΝ·ΚΑΙCΑΡ. Sa t. laurée. ℞: ΑΠΟΛΛΩΝΙΑΤΩΝ. Femme vêtue de la *stola*, deb. de face, ten. une patère et une ancre (Æ 4. — R⁶. = 18 fr.). — Nerva et Trajan: ΝΕΡ ...... ΤΡΑΙΑΝΟC·CΕΒ. T. affrontées et laurées de Nerva et de Trajan, entre lesquelles est la contre-marque

KC ou KЄ. ℞: K..... N·ΑΠΟΛΛΩΝ. Apollon nu, deb., av. le *pallium* tombant seulement de ses épaules, vu en face, et jouant de la lyre (Æ 6. — R⁸. = 100 fr. Mion. R⁷. = 60 fr.). — Trajan: ΑΥΤ·ΝЄΡ·ΤΡΑΙΑΝΟC·ΚΑΙCΑΡ·CЄΒΑ·ΓЄΡΜ. Sa t. laurée. ℞: ΚΑΛΙΠ. (ou ΚΑΛΛΙΠ·)ΑΠΟΛΛΩΝ. Apollon Kitharoede debout (Æ 7. — R⁶. = 40 fr., décrite à tort par Pellerin, à Kallipolis de la Chersonèse de Thrace. Comp. Mion. T. I, p. 426, n° 5). — Hadrien: ΑΔΡΙΑΝΟC ΚΑΙCΑΡ. Sa t. laurée. ℞: ЄΠ·ΑΙ·ЄΡΜΟΘЄΟΥC·ΤΟΥ· (sic) ΑΠΟΛΛΩΝ. Démétèr deb. (Æ 6. — R⁵. = 24 fr. — Pellerin, Mel., Tom. II, p. 64. Sub Ioniâ). — Antonin le Pieux: ΑΥΤ·ΚΑΙC·ΑΝΤΩΝЄΙΝΟC. T. laur. d'Antonin-le-Pieux. ℞: ΑΠΟΛΛΩΝΙΑ—ΤΩΝ. Fleuve couché (Æ 5. — R⁶. = 20 fr. Mion. R⁴. = 8 fr.). — Marc Aurèle: ΑΥ·Κ·Μ·Α·ΑΝΤΩΝЄΙΝΟ. Sa t. barbue, à dr. ℞: ΑΠΟΛΛΩΝΙΑΤΩ. Artémis-Chasseresse marchant (Æ 5. — R⁴. = 8 fr.); *autre:* ΑΥ·Κ·Μ·ΑΥ·ΑΝΤΩΝΙΝ. Sa t. nue et barbue, av. le *paludamentum.* ℞: M. lég. Tyché deb. (Æ 7. — R⁴. = 12 fr.); ΑΥΤ·ΚΑΙ·Μ·ΑΥΡΗΛ·ΑΝΤΩΝЄΙΝΟC. Sa t. laur. ℞: CΤΡΑ·ΚΛΑ·ΡΟΥΦΟΥ·ΑΠΟΛΛΩΝΙΑΤΩΝ. Temple à trois portiques, dans lesquels sont trois femmes debout (Æ. MM. — R⁷. = 200 fr. Mion. R⁶. = 150 fr.); — ΟΥΗΡΟC·ΚΑΙCΑΡ. Sa t. nue, à dr. ℞: ΑΠΟΛΛΩ—ΝΙΑΤΩΝ. *Tyché* av. gouvernail et corne d'abond. deb. à g. (Æ. 24 mill. R⁶. = 15 fr. — Variété de Mion. — Cfr. Imhoof, Monn. Gr. p. 306, n° 23). — Faustine Jeune: ΦΑΥCΤЄΙΝΑ·CЄΒΑCΤΗ. Sa t. à dr. ℞: ΑΠΟΛΛΩΝΙΑΤΩΝ. Apollon nu, deb. (Æ 9. — R⁶. = 40 fr. Mion. R⁵. = 30 fr.); *autre:* av. ΑΠΟΛΛΩΝΙΑΤΩΝ. Fleuve barbu, couché, ten. un roseau de la m. dr. (Æ 6. — R⁴. = 12 fr.): m lég. au ℞: Asklépios deb. (Æ 5. — R⁴. = 8 fr.); —ΦΑΥCΤЄΙΝΑ·ΑΥΓΟΥCΤΑ. Son buste drapé, à dr. ℞: ΚΑΛΛΙΠΟΥ·CΤΡΑ·ΑΠΟΛΛΩΝΙΑ. Même type (Æ. 25 mill. Inc. à Mion. R⁷. = 40 fr. — Imhoof, Monn. Gr. p. 306, n° 24). — Lucius Verus: ΑΥΤ·Κ·ΜΑΡΚ·ΑΥΡΗΛΙ·ΟΥΗ. Sa t. nue, à dr. ℞: .... ΑΙCΧΡΙΩΝ .... ΑΠΟΛΛΩΝΙΑΤΩΝ. Apollon deb. et vêtu de la stola, à g. (Æ 6. — R⁶. = 48 fr.). — Septime-Sévère: ΑΥΤ·Λ·CЄΠ·CЄΟΥΗΡΟC·ΠЄ. Sa t. laur. à dr. ℞: ΑΠΟΛΛΩΝΙΑΤΩΝ. Tyché deb. (Æ 4. — R⁴. = 8 fr.); *autre:* Même tête et même lég. ℞: CΤΡ·(ΝΙ)ΚΟCΤΡΑΤΟΥ·ΑΠΟΛΛΩΝΙΑΤΩΝ. en exergue. Temple tétrastyle, d. lequel est Apollon deb., la t. radiée et vêtue de la *stola*, et entre les colonnes, de chaque côté une figure de femme, — l'une d'elles paraît être Artémis, ten. de la m. dr. un arc, et l'autre, Latone, ten. un sceptre de la m. dr. (Æ. MM. — R⁷. = 150 fr. Mion. R⁵. = 100 fr.). — Caracalla: ΑΝΤΩΝΙΝΟC·ΑΥΓΟΥCΤΟC. Sa t. laurée, à dr. ℞: ΑΠΟΛΛΩΝΙΑΤΩΝ. Type de la Tyché (Æ 5. — R⁶. = 15 fr. Mion. R⁴. = 8 fr.). — Julia Domna: ΙΟΥΛΙΑ·ΑΥΓΟΥCΤΑ. Sa t. à dr. ℞: Même lég. Apollon nu, deb., tenant une flèche d. la m. dr. levée et de la g. un arc, — dev. une femme nue à genoux, soutenant de ses deux mains un arbre enveloppé par un serpent (Æ 5. — R⁴. = 8 fr.). — Macrin: Il en existe une inédite (Æ 9) au *Musée de l'Ermitage* à St. Pétersbourg, mais il m'a été impossible d'en avoir la description. — Diaduménien: Μ·ΟΠ·ΑΝ·ΔΙΑΔΟΥΜЄΝΙ. Sa t. nue. ℞: ΑΠΟΛΛΩΝΙΑΤΩΝ. Type de la Tyché (Æ 5. — R⁷. = 40 fr. Mion. R⁵. = 15 fr.). — Julia Mamaea: ΙΟΥΛΙΑ·ΜΑΜΑΙΑ·ΑΥΓΟΥ. Sa t. sur un croissant. ℞: CΤΡΑ·ΑΓΑΘЄΙΝΟΥ·ΑΠΟΛΛΩΝΙΑΤΩΝ., à l'exergue: ΤΟΥ·ΙΩ. Zéus à demi-nu, assis sur un siège à g., portant sur la m. dr. un enfant sur ses bras, et une haste de la g. (Æ. MM. — Mon. retouchée et d'une attribution douteuse. — Sestini, Lett. num. Contin. T. VI, p. 40). — Maxime: .... MAZIMOC. T. nue de Maxime. ℞: ΑΠΟΛΛΩΝΙΑΤΩΝ. Pan marchant, traînant de la m. dr. un bouc par les cornes, et ten. de la g. le *pedum* (Æ 5. — R^7. = 40 fr., Mion. R^5. = 15 fr.). — Philippe Jeune: ΑΥΤ·Κ·ΜΑ·ΙΟΥΛΙΟC·ΦΙΛΙΠΠΟC. Sa t. radiée. ℞: Même lég. Athéné deb., vue en face, ten. une haste de la m. dr., et la g. posée sur son bouclier (Æ 6. — R^4. = 12 fr.). — Salonina: ΚΟΡΝ·CΑΛΩΝΙΝΑ·CΕ. Sa t. à dr. ℞: ΑΠΟΛΛΩΝΙΑΤΩΝ. Télésphore, avec son manteau (Æ 6. — R^4. = 12 fr.). — Sur les mon. de cette ville consultez encore: *Rev. Num. Fr.* An. 1853, p. 172. — *Num. Chron.* III, 97; IX, 147. — Chaudoir, Supplément aux corrections, 18. — Pinder et Friedländer, Beitr., 1, 72, 73. — Fox, Engravings, II, 98 (Æ. Dionysos). — Köhne, Berliner Blätter f. Münzkunde, II, 196. — *Num. Chron.* 2 Serie I, 218. — La mon. de Gallien est décrite d. la *Rev. Num. Fr.* An. 1853, p. 177. — Celle de Géta dans: Pinder et Friedländer, Beiträge, I, 73 et *Rev. Num. Fr.* An. 1853, p. 177. —

140. CTPATONEIKIA.

Sur une mon. de la ville de **Stratonikeia** en Karie, qui porte: CTPATONEIKIA. T. tourelée de femme. ℞: ΕΠΙ ... ΧΙΝΟΥ·CTPATONIKEΩN. Artémis chasseresse (Æ 6. — R^6. = 30 fr. Mion. R^4. = 12 fr. cf. Haym, Tom. II, p. 185). — Les mon. de cette ville sont: Aut., Æ. et **Br**. — **Autonomes** en Æ: T. laur. de Zéus. ℞: ΑΡΙCΤΕΑC·CTPA. Aigle éployé, à dr. dev. un poisson, — le tout dans un carré creux (Æ 2$^1/_2$. — R^8. = 100 fr. Mionnet même prix); *autre:* Mêmes types, au ℞: CTPA·MINEAΓ(?). (Æ. — R^8. = 45 fr. Cf. Rollin et Feuardent, Cat. Gr. n° 5583 bis. Vend. 45 fr.); m. t. ℞: ΑΡΙCΤΕΑC·CTPA. Même type. Devant l'aigle, un fer de lance, — le tout dans un carré creux (Æ 2$^1/_2$. — R^8. = 100 fr. prix de Mion.); tête laur. de Zéus. ℞: CT. Aigle les ailes éployés deb. à g., à côté la fleur de lotus; — au-dessus, on lit: ΠΥΘΕΑC, le tout dans un carré creux (Æ 3. — R^8. = 100 fr. Mion.); *autre:* t. casquée de Pallas. ℞: Α·ΑΤΤΑΛΟC·CTPATONIKEΩN. Niké marchant, portant sur l'épaule g. une palme qu'elle tient de la m. g. levée, — devant, ΑΡ. (Æ 2$^1/_2$. — R^8. = 100 fr. Mion.); t. laur. d'Artémis, surmontée d'un croissant. ℞: CT. Niké marchant, ten. une couronne dans la m. dr. et une branche de palmier dans la g., au-dessus d'elle: ΝΙΚΙ·ΜΙΔΗC. dans le champ, à dr., ΖΕΑ, à g., Ω., le tout dans un carré creux (Æ 3$^1/_2$. — R^8. = 100 fr. prix de Mion.); même tête. ℞: CT. Niké comme sur la p. précédente. Au-dessus, ΛΕѠ, — aux pieds de la Niké, un caducée, le tout dans un carré creux (Æ 3$^1/_2$. — R^8. = 100 fr. Mion.). — **Autres autonomes** en Æ. restées inconnues à Mionnet: — ΕΚΑΤΑΙΟC·CѠCΑΝΔΡΟΥ. T. laur. d'Artémis, surmontée d'un croissant, à dr. ℞: CTPATONIKEѠN. Niké deb. à dr. ten. une couronne et une palme. Carré creux (Æ. 15 mill. — R^8. = 120 fr. — Imhoof-Blumer, Monn. Gr. p. 315, n° 77. Poids: Gr. 1,40); m. t. à dr. sans légende. ℞: ΑΡΙCΤΕ—ΑC. et d. le champ C—T. Même type, à dr, à ses pieds, une *fleur*. Carré creux (Æ. 14 mill. — R^8. = 100 fr. — Imhoof, ib. n° 78. Poids: Gr. 1,53); t. laurée de Zéus, à dr. ℞: ΑΡΙΣΤΕΑΣ·Σ—Τ. *Aigle* éployé sur un foudre, à dr., devant lui, *bipenne*. Carré creux (Æ. 11 mill. — R^8. = 80 fr. — Poids:

Gr. 1,30. — Imhoof, ib. n° 79); *autre*, av. ΑΡΙϹΤΕΑϹ·ϹΤ—ΡΑ, et devant l'aigle, *fleur* (Ꭱ. 14 mill. Gr. 1,20. — R⁸. = 100 fr. — Imhoof, ib. n° 80); *autre*, av. ΑΡΤΕΜΙΔΩ·Σ—Τ. et *lyre* (Ꭱ. 13 mill. — R⁸. = 100 fr. — Poids: Gr. 1,10. — Imhoof, ib. n° 81); *autre*, av. ΜΕΝΕΔΗΜΟΣ, Σ—Τ et *couronne* (Ꭱ. 14 mill. — R⁸. = 120 fr. — Poids: Gr. 1,15. — Imhoof, ib. n° 82); *autre*, av. ΜΕΝΕΔΗ, Ϲ—Τ et *bonnet* (?) (Ꭱ. 13 mill. — R⁸. = 100 fr. — Poids: Gr. 1,15. — Imhoof, ib. n° 83); même t. à dr. ℞: ΛΕΩΝ. — ΣΤ. *Aigle* éployé à g., devant lui, *serpent* dressé sur ses replis à g. Carré creux (Ꭱ. 13 mill. — R⁸. = 100 fr. Poids: Gr. 1,05. — Imhoof, ibid. n° 84); même t. à dr. ℞: ΧΡΥϹΟΥ·Ϲ—ΤΡ. *Aigle* éployé sur un *flambeau* couché à dr. Carré creux (Ꭱ. 11 mill. — *Poids:* Gr. 0,74. — R⁸. = 100 fr. — Imhoof, ib. n° 85, et *id. auct.: „Choix"*, Pl. IV, n° 140); T. laur. d'Artémis, surmontée d'un croissant. ℞: ΔΗΜΟϹΘΕΝΗϹ·ϹΤ. Niké marchant, ten. une couronne d. la m. dr. et une palme d. la g. Dans le champ, une palme. Le tout d. un carré creux (Ꭱ 3¹/₂. — R⁸. = 120 fr. — Publ. par Waddington, d. la Rev. Num. Fr. An. 1857, p. 248, n° 1); *autre:* Même type. ℞: ΓΑΙΟϹ·ϹΤ. (nom d'un magistrat romain. Ꭱ 3¹/₂. — R⁸. = 100 fr. — Waddington, ib. n° 2). — **Autonomes en bronze:** T. laurée d'Artémis. ℞: ΣΤΡΑΤΟΝΙΚΕΩΝ. Torche enflammée, — le tout dans un carré creux (Æ 2. — R⁷. = 25 fr. Mion. R⁶. = 18 fr.); t. laurée de Zéus. ℞: ΣΤΡΑΤΟΝΙΚΕΩΝ. Aigle, les ailes éployées, posé sur une torche. Carré creux (Æ. Mod. 1¹/₂, 2, et 3. — R⁵—R⁶. = 20 à 30 fr. p. — Mion. R⁵. = 15 fr.); t. laur. de Zéus. ℞: ϹΤΡΑΤΟΝΙΚΕΩΝ. Artémis, le carquois sur l'épaule, terrassant un cerf (Æ 4. — R⁶. = 20 fr. Mion. R⁵. = 15 fr.); *autre:* Niké marchant, à dr. ℞: Même lég. en trois lignes, au milieu d'une couronne de laurier (Æ 3¹/₂. — R⁴. = 8 fr. Mion.); t. d'Artémis, surmontée d'un croissant. ℞: Même lég. Niké marchant, tournée vers la droite (Æ 4. — R⁴. = 8 fr. Mion.); *autre:* ϹΤΡΑΤΟΝΕΙΚΕ. Autel allumé entre deux torches ardentes. ℞: ΕΠΙ·Ϲ·ΑΙΛ·ΘΕΟΞΕΝΟΥ (et non comme d. Mion. ΘΕΟ ....ΜΟΥ). Bellérophon deb., ten. Pégase par le frein. Imhoof, Mon. Gr. p. 316, n° 87 (Æ 4¹/₂. — R⁴. = 9 fr. Mion.); ϹΤΡΑ—ΤΟΝΙ—ΚΕΩΝ. Autel allumé et orné de guirlandes, entre deux *flambeaux*. ℞: Pégase volant à g., d. le champ, ΒΕΛ. (Æ 3. — R⁴. = 9 fr. Mion. — Imhoof, Mon. Gr. p. 316, n° 86); ϹΤΡΑΤΟΝΕΙΚΕΩΝ. Kybèle assise sur un lion courant à dr., ten. une voile enflée par les vents. ℞: ΕΠΙ·ΛΕΟΝΤΟϹ..... Cavalier marchant, à dr., ten. à la main une hasta transversale, — devant, un autel allumé (Æ 5. — R⁵. = 15 fr. Mion.); ΙΕΡΑ·ϹΥΝΚΛΗΤΟϹ. T. nue du Sénat, à dr. ℞: ΙΝΔΕΙ ΘΕΑ·ΡΩΜΗ. Tête tourelée de femme, à dr. (Æ 4. — R⁷. = 30 fr. Mion. R³. = 6 fr.); *autre:* ϹΤΡΑΤΟΝΙΚΕΩΝ. Figure équestre, ou Amazone, vêtue du *paludamentum*. ℞: ΕΠΙ·ΛΕΟΝΙΔΟΥ. Kybèle portée par un lion, ten. une voile enflée par les vents (Æ 5. — R⁶. = 18 fr. Mion.); t. laurée d'Apollon. ℞: ϹΤΡΑΤΟΝΙΚΕΩΝ. Pégase volant, — d. le champ, ΑΡ. (Æ 3. — R⁴. = 9 fr. Mion.); *autre:* t. d'Artémis, av. un croissant. ℞: ΣΤΡΑΤΟΝΙΚΕΩΝ. Même type, — d. le champ, Κ. (Æ 3. — R⁴. = 9 fr. Mion.); ϹΤΡΑΤΟΝΙΚΕΩΝ. T. d'Artémis surmontée d'un croissant. ℞: Même lég. comme au droit. Niké marchant (Æ 4. — R⁴. = 8 fr. Mion.); même lég. Autel allumé entre deux torches. ℞: ϹΤΡΑΤΟΝΙΚΗ. Bellérophon retenant par le frein Pégase en fuite (Æ 5. — R⁴. = 9 fr.

Mion.). — **Impériales**: depuis Trajan jusqu'à Salonine. Æ. — Mod. 4, $5^{1}/_{2}$, 6, 7, 9 et MM. — R^4–R^5. de 18, 24, 40, 60, 100, 200 et 300 fr. — TRAJAN: AY·NЄPBAN·TPAIANON·CЄ. Sa t. laurée. ℞: INΔЄI·CTPATONЄI. Zéus assis, à g. ten. de la m. dr. une patère et d. la g. la haste (Æ 5. — R^7. = 30 fr. Mion. R^6. = 18 fr.); *autre:* ℞: Même lég. Niké marchant (Æ $5^{1}/_{2}$. — R^7. = 20 fr. Mion. R^6. = 18 fr.). — HADRIEN: AY·KAI·AΔPIANO. Sa t. laurée. ℞: INΔ·ΘЄOC·CYNKΛHTOC. T. jeune, laurée, du Sénat (Æ 4. — R^5. = 15 fr. Mion. R^4. = 8 fr.); *autre:* TPAIANOC·AΔPIANOC. Sa t. laurée. ℞: CYNKΛHTOC·INΔI·CTPA. T. du Sénat (Æ 5. — R^5. = 15 fr. Mion. R^4. = 8 fr.); *autre:* AΔPIANOC·KTICTHC. Sa t. laur. à dr. ℞: CTPA·AΔPIANOΠO. Zéus assis, ten. une patère et le sceptre (Æ. 18 mill. — R^6. = 70 fr. — Inc. à Mion. — Cf. IMHOOF, Monn. Gr. p. 316, n.° 87a). — ANTONIN LE PIEUX: AY·KAI·T·AIΛ·AΔPIANOC·ANTΩNЄINOC. Sa t. laur. à dr. Contre-marque. ℞: KΛAY·APICTЄAC·CTPATO. Figure équestre, à dr. (Æ 5. — *Cab. de France.* — R^7. = 60 fr. Mion.); *autre:* ЄΠI·KΛAY-ΔIOY·APICTЄOY·CTPATONIKЄΩN. Même type (Æ 9. — R^5. = 48 fr. Mion. d'après VLILLANT.). — MARC-AURÈLE: Sa t. à dr. ℞: AYPHΛIOC·OCTIΛIANOC·CTPATONIKЄΩN. Alexandre endormi sous un arbre, près de lui deux Némésis deb. (Æ 9. — R^5. = 48 fr. Mion. d'après VAILLANT. Je n'ai pas trop de confiance en cette monnaie). — SEPTIME-SÉVÈRE: AYT·KAI·Λ·CЄΠT·CЄBHPOC·ΠЄPTINAΞ·CЄB. Sa t. à dr., la poitrine nue. ℞: ЄΠI·KΛ·APICTЄOY·CTPATO(NIKЄΩN). Sept. Sévère sur un cheval bondissant, — devant, un autel (Æ. MM. — R^4. = 40 fr. Mion.). — SEPTIME-SÉVÈRE ET JULIA DOMNA: AYT·KAI·ΛOY·CЄYHPOC·IOY·ΔOM-NA. Têtes affrontées de S. Sévère et de Julie, avec une pet. tête laurée en contre-marque. ℞: ЄΠI·ΠPY·ΛYKOYPΓOC·TOY·AΛKЄOY·CTPATONI-KЄΩN. Femme *tutulée*, deb. devant un autel allumé, tenant dans la main droite une patère et dans la g. un flambeau ardent (Æ 11. — R^7. = 150 fr. Mion.); *autre:* .... KAI·Λ·CЄ·CЄOYHPOC. Leurs têtes affrontées, — d. le champ, deux contre-marques: dans l'une on voit une t. casquée, avec ΓЄT., d. l'autre, les lettres ΘЄOY. ℞: ЄΠIMЄΛH·TI ...... APICTЄA·CTPA-TONIKЄΩN. Artémis Leukophryne, av. ses deux broches entre deux cerfs en regard, — dans le champ, Hélios et Seléné (le Soleil et la Lune) (Æ. MM. — R^7. = 150 fr. Mion. R^5. = 100 fr.); (AYT)·KAI·ΛOY·CЄΠ·CЄYHPOC·IOY·ΔOMNA. Leurs t. affrontées, — d. le champ, une pet. t. de Caracalla en contre-marque. ℞: ЄΠI·ΠPY ..... CTPATONIKЄ., et d. le champ, NΩ. Femme tutulée et vêtue de la *stola*, deb., à g., devant un autel allumé, ten. une patère de la m. dr., et de la gauche une torche dressée (Æ. MM. — R^4. = 50 fr. Mion.); mêmes t. av. la même contre-marque. ℞: ЄΠI·ΠPY ..... ΛЄONTHOC? (sic) TOY·AΛKЄOY·CTPATONIKЄΩN. Même type, — aux pieds de la femme tutulée, un chien deb., regardant la femme (Æ. MM. — R^4. = 50 fr. Mion.); AY·K .... YHP .... IOYΛIA·ΔOMNA .... Mêmes t., au-dessus, une tête casquée, incuse avec les lettres ΓЄT., au bas, ΘЄOY. en contre-marque. ℞: ЄΠI·ΦΛ·ΛЄONTOC·ACЄNA..CTPATO., et d. le champ, en cercle, NIKЄΩN. Artémis Leukophryne deb. av. ses supports, et des cerfs entre le Soleil et la Lune (Æ. MM. — R^4. = 50 fr. Mion.); ..... CA ... CЄ·CЄBHPOC .... T. affrontées de S. Sévère et de Domna, — d. le champ, une pet. t. de Caracalla en contre-marque.

℞: .... ΙΕΡΟΚΛΕΟΥC·Β·CΤΡΑΤΟΝΙΚΕΩΝ. Niké marchant (Æ. MM. — R⁴. = 50 fr. Mion.); Lég. illisible. Leurs t. affrontées. ℞: ΕΠΙ·ΑΡΧ·ΙΕΡΟ-ΚΛΕΟΥC·Β·CΤΡΑΤΟΝΙΚΕΩΝ. Niké marchant à g. ten. une couronne et une palme (Æ 11. — R⁸. = 100 fr. *Variété* de la p. précédente. — Cf. Waddington, *Rev. Num. Fr.* An. 1851, p. 248). — Julia Domna : .... T. de Julie. ℞ : CΤΡΑΤΟΝΙΚΕΩΝ. Zéus deb. (Æ 7. — R⁶. = 30 fr. Mion. R⁴. = 12 fr.); ΙΟΥΛΙΑ·ΔΟΜΝΑ·CΕΒΑCΤΗ. Sa t. à dr. ℞: ΕΠΙ·ΜΕCΑΝ-ΔΡΟΥ·CΤΡΑΤΟΝΙΚΕΩΝ. Kybèle assise (Æ 5. — R⁴. = 8 fr. Mion.). — Caracalla: ΑΥΤ·Κ·Μ·ΑΥΡ·ΑΝΤΩΝΕΙΝΟC·CΕΒ. T. laurée de Caracalla: ΕΠΙ·ΑΥΡ·ΔΙΟΝΥCΙΟΥ., vel ΔΙΟΝΥCΟΥ·CΤΡΑΤΟΝΙΚΕΩΝ. Héra (Junon Pronuba) en habit nuptial (Æ 6. — R⁶. = 20 fr. Mion. R⁴. = 12 fr.); m. t. et lég. ℞: ΕΠΙ·CΤΡΑ .... ΑΦΙΑΝΟΥ·ΑΡΧΟΝ·ΤΕ·ΠΡΟC·ΑΔΡΙΑΝΟ-ΠΟΛΕΙΤΩΝ·CΤΡΑΤΟΝΙ. Dionysos deb., av. Pan et une Bacchante (Æ. MM. — R⁵. = 100 fr. Mion.); *autre:* ΑΥΤΟ·Κ·Μ·ΑΥΡ·ΑΝΤΩΝΕΙΝΟC. T. laur. de Caracalla, *paludamentum*. ℞: ΕΠΙ·CΤΡ·ΦΙΛΟΞΕΝΟΥ·ΑΡΤΕ-ΜΩC·ΟΝ·ΑΔΡΙΑΝΟΠΟΛΕΙΤ. à l'exergue: CΤΡΑΤΟΝΕΙΚΕΩΝ. Dionysos deb. ten. un *canthare*, à ses pieds, une panthère, — devant lui un Satyre deb., derrière, une Bacchante (Æ 13. — R⁸. = 200 fr. — Incon. à Mion. — Cf. Waddington, Rev. Num. Fr. An. 1851, p. 249). — Caracalla et Géta: ΑΥ·ΚΑΙ·Μ·ΑΥΡ·ΑΝΤΩ ...... ΓΕΤΑC. T. laur. de Caracalla, — la t. de Géta qui lui était opposée est effacée, — dessous, une contre-marque. ℞: ΕΠΙ·ΑΡ ..... C·Β·CΤΡΑΤΟΝΙΚΕΩΝ. Niké marchant à g. (Æ 10½. — R⁵. = 100 fr. Mion.); m. lég. et m. t. ℞: ΠΡ·ΖΩCΙΜΟΥ·ΤΟΥ·ΠΡΟCΙCΤΟΥ·CΤΡΑΤΟΝΙΚΕΩΝ. Septime-Sévère, vêtu du *paludamentum*, à cheval devant un autel, ten. une haste de la m. g. (Æ. MM. — R⁵. — Fab. ord. = 100 fr. Mion.); *autre:* m. têtes, celle de Géta effacée, — d. le champ, une pet. tête, et ΘΕΟΥ en contre-marque. ℞: ΕΠΙ·ΑΡΧΟΝΤΟC ..... CΤΡΑ-ΤΟΝΙΚΕ., et d. le champ, ΝΩ. Femme deb., la t. ornée du lotus, vue en face (Æ. MM. — R⁵. = 100 fr. Mion.). — Caracalla et Plautille : ΑΥΤ·Κ·CΕΟΥΗΡΟC .... ΚΑΙ·ΦΟΛΒΙΑ·ΕΤCΑΥΤΙΛΛΑ (sic). Leurs t. affrontées, — dessous, ΘΕΟΥ. en contre-marque. ℞: ΠΡ·ΖΩCΙΜΟΥ·ΤΟΥ·ΠΡΟCΙCΤΟΥ·CΤΡΑΤΟΝΙΚΕΩΝ. Caracalla à cheval, s'avançant vers un autel (Æ. MM. R⁸. = 300 fr. Mion. R⁶. = 200 fr.). — Caracalla et Julia Domna: ΑΥ·Κ·Μ·ΑΥ·ΑΝΤΩΝΙΝΟC. T. imberbe, laurée. ℞: ΙΟΥ·ΔΟΜ·CΕΒ·CΤΡΑ-ΤΟΝΙΚΕΩΝ. T. de Julie (Æ 10. — R⁵. = 30 fr. Mion.); la même, mais la t. de Caracalla barbue (Æ. MM. — R³. = 30 fr. Mion.). — Géta: Sa t., à dr. ℞: CΤΡΑΤΟΝΙΚΕΩΝ. Démétèr voilée dans un char traîné par deux serpents, elle tient dans chaque main un flambeau (Æ 6. — R⁵. = 20 fr. Mion. R⁴. = 12 fr.). — Mamée: ΙΟΥΛΙΑΝ·ΜΑΜΑΙΑΝ. Son buste. Dessus, la lettre B en contre-marque. ℞: ΑΔΡΙΑΝΟΠΟΛΙΤΩΝ·CΤΡΑΤΟΝΙΚΕΩΝ. Niké marchant à dr. (Æ 6. — R⁷. = 40 fr. Mion. R⁵. = 24 fr.). — Gordien le Pieux: ΑΥΤ·Κ·Μ·ΑΝΤ·ΓΟΡΔΙΑΝΟC. Sa t. laurée, à droite. ℞: ΕΠΙ·ΑΛΚΙΝΟΥC·CΤΡΑΤΟΝΕΙΚΕΩΝ. Tyché deb. av. ses attributs (Æ 7. — R⁴. = 12 fr. Mion.); m. t. et m. lég. ℞: Même leg. et même type (Æ 9. — R⁶. = 30 fr. Mion. R⁸. = 15 fr.). — Valérien père: ΑΥΤ·ΚΑΙ·ΛΙΚ·ΟΥΑ-ΛΕΡΙΑΝΟC·CΕΒ. Sa t. laur. av. le *paludamentum*. ℞: ΑΔΡΙΑΝΟΠΟ-ΛΕΙΤΩΝ·CΤΡΑΤΟΝΙΚΕΩΝ. Tyché deb. (Æ 9. — R⁶. = 18 fr. Mion.); m. t. laur. av. cuirasse. ℞: Même lég. et m. type (Æ 9. — R⁶. = 18 fr.

Mion.); m. t. et m. lég. ℞: ΑΔΡΙΑΝΟΠΟΛΕΙΤΩΝ·CΤΡΑΤΟΝΕ., dans le champ, ΙΚΕΩΝ. Femme tutulée deb. à g. ten. une patère et une corne d'abond. (Æ $5^{1}/_{2}$. — R^{4}. = 12 fr. Mion.). — Valérien Jeune (Saloninus): Κ·Π·ΛΙΚΙΝ·ΒΑΛΕΡΙΑΝΟC. Sa t. jeune laurée. ℞: CΤΡΑΤΟΝΕΙΚΕΩΝ. Zéus assis, la patère dans une main, la haste dans l'autre (Æ 6. — R^{4}. = 12 fr. Mion.). — Gallien: ΑΥΤ·Κ·Π·ΛΙΚ·ΓΑΛΛΙΗΝΟC·CΕΒ. Sa t. laurée, à dr. av. le *paludamentum*. ℞: ΕΠΙ·ΦΑΥCΤΟΥ·ΒΑΛΕΡΙΟΥ·ΑΔΡΙΑΝΟΠΟ-ΛΕΙΤΩΝ·CΤΡΑΤΟΝΙΚΕΩΝ. Asklépios et une femme deb. (Æ 9. — R^{6}. = 18 fr. Mion. d'après Rasche, Lex. Tom. V, p. 149). — Sur les mon. de **Stratonikeia** consultez: *Num. Chron.* IV, 144; VIII, 43; I, 194 (Géta retouché); — *Rev. Num. Fr.* An. 1851, p. 248, 249. — Fellows, 1840, Pl. XXXV, f. 7. — Sestini, Lett. di Contin. VI, 60, 63, 64, 65. — Akerman, Num. Chron. VI, 144; Chaudoir, Corrections, 87—97; — Imhoof-Blumer, Monn. Gr. p. 315; — Cat. d'Ennery, p. 422, n.° 2383; — v. Sallet, Zeitschr. f. Num. t. X, 98, 109; t. II, 85, 371. —

140 bis. ΙΔΥ]ΜΑ.

Lég. fruste sur une mon. de la ville d'**Idyma** en Karie. *Droit:* T. jeune de face av. longs cheveux et petite corne. ℞: ΙΔΥ—ΜΑ. Feuille de figuier (Æ 3. — R^{8}. = 60 fr. — Inc. à Mion. — Cf. Cat. Margaritis, Paris 1874, p. 23, n.° 102. Poids, 3,62 grs.). — *Autres:* T. imberbe de *Pan* à dr. av. des oreilles de bouc et deux petites cornes au front. ℞: Ι—Δ. Feuille de figuier (?). (R. 10 mill. — *Poids:* Gr. 1,30. — R^{8}. = 100 fr. — Incon. à Mion. — Publ. par Imhoof-Blumer, d. ses: Monn. Gr. p. 311, n.° 66, Pl. F, n.° 8. [La *t. de face* des mon. d'arg. de cette ville est également *cornue*, ce qui n'a pas été indiqué par les Numismatistes qui les ont publiées: dans la *Rev. Num. Fr.* An. 1856, Pl. III, f. 4; — *Berliner Blätter* 1863, Pl. VI, f. 3; et d. Fox, Engravings, II, pl. V, 105.] — Voy. encore: *Num. Chron.* IX, p. 156; — *Annali* dell' Inst. e Corrisp. arch. di Roma. An. 1841, p. 149, Mon. III, 35, 19. —

141. ΚΟΣ, ΚΩΣ.

Lég. sur les mon. de l'île de **Kos**. — Les mon. de cette île sont fort nombreuses. Nous ne donnerons ici que celles qui ont des légendes au *Nominatif*; — quant aux autres, elles sont: **Autonomes** en R: Mod. $7^{1}/_{2}$, 6, $5^{1}/_{2}$, $4^{1}/_{2}$, 4, 3, $3^{1}/_{2}$, $2^{1}/_{2}$ et 2. — R^{3}—R^{8}. de 6, 9, 12, 15, 40, 100, 200 et 300 fr. — **En bronze:** Mod. $8^{1}/_{2}$, 6, $5^{1}/_{2}$, $3^{1}/_{2}$, 3 et 2. — R^{1}—R^{6}. de 8, 12, 30 et 100 fr. — *Types:* t. d'Héraklès imberbe; crabe; t. de femme voilée; t. d'Héraklès barbue; Figure virile deb. ten. une patère et une haste; t. d'Aphrodité; Asklépios deb.; t. barbue du *démos*; Héraklès deb.; Eros sur son bras; t. d'Hippokrate; t. de Xénophon; bâton et serpent; Hygieia deb.; t. d'Asklépios. — **Impériales** depuis Auguste jusqu'à Philippe le Jeune. — Æ: Mod. M. Mod. 9, 8, 7, 6, 5, $5^{1}/_{2}$, 4, 3, $2^{1}/_{2}$, 2. — R^{8}—R^{7}. de 2, 4, 6, 12, 15, 24, 30, 40 et 60 fr. — **Autonomes** en R: ΚΟΣ. Apollon nu, frappant sur un tambourin qu'il tient de sa m. dr. et exécutant la danse de la Victoire devant le trépied. ℞: Carré creux, divisé par deux diagonales en quatre parties, — au centre, un crabe (R. 6. — R^{8}. = 300 fr. Mion. R^{8}. = 200 fr.). — *Autre:* ΚΟΣ. Apollon (?) nu de face, la t. tournée à g., dansant devant un *trépied* placé à sa droite, et frappant de la m. g. sur un tympanon(?) qu'il tient de la dr. au-dessus de sa t. ℞: Carré creux, dentelé le long de ses côtés, et divisé en quatre compartiments par deux diagonales, — au centre, un *crabe* (Æ. 25 mill. — *Tétradrachme.* — Poids, Gr. 17,88. — IMHOOF-BLUMER, Monn. Gr. p. 318, n.º 97. R⁸. = 400 fr. — Comp. F. STREBER, Num. nonn. Graeca, 1833, pl. IV, n.º 7 (gr. 16,65) et dans le *Kgl. Münzcab. Berlin*, 1877, pl. II, n.º 94). — *Autre:* ΚΩΣ. Même type, sans c. p. ℞: Même type et même carré, sans la bordure dentelée (Æ. 24 mill. Gr. 16,57. — R*. = 300 fr. MION. R*. = 200 fr. — BRÖNDSTED, Voyages, II, pl. LVI. 2). — *Autre:* ΚΟΣ. Même type. Entre la figure et le trépied, qui est placé sur un *piédestal* élevé, une massue. ℞: Crabe au milieu d'un encadrement perlé et creux (Æ. 26/22 mill. — R⁶. = 300 fr. - Poids, Gr. 16,67. — **Incon.** à MION. — IMHOOF-BLUMER, Monn. Gr. p. 318, n.º 99. Id. auct. *Choix*, Pl. IV, n.º 144). — *Autres variétés avec noms des magistrats nouveaux:* — ΚΩΙΟΝ. Même fig. d'Apollon vu de face à côté d'un trépied, placé sur un piédestal. ℞: Mêmes types et mêmes carrés (Æ. 25 mill. Gr. 16,64. — IMHOOF-BLUMER, Choix, Pl. IV, n.º 145. — Cf. PROKESCH-OSTEN, p. 263, de la Num. Zeitschr. Vienne 1870. Gr. ib. Pl. XII, 2 (gr. 16,57); le prétendu *serpent* sous le crabe n'est autre chose que l'effet d'une cassure de coin; *autre:* —ΚΩΙΟΝ. Même type. ℞: *Crabe* entouré d'un cercle perlé (Æ. 25 mill. Gr. 16,40. — IMHOOF. Choix, Pl. IV, n.º 146); *autre:* ΚΟΣ. Même type. Crabe au milieu d'un champ lisse (Æ. 22 mill. Gr. 16,45. — IMHOOF, Monn. Gr. p. 319, n.º 102). — *Autres:* T. imberbe d'Héraklès, à dr. coiffée de la dépouille du lion. ℞: ΚΩΙΟΝ·ΘΕΣΣΑ. Massue et corytus, d. le champ, étoile (Æ. 11 mill. Gr. 0,78. — R⁸. = 150 fr. — IMHOOF, Monn. Gr. p. 319, n.º 103); t. laur. d'Asklépios, à dr. ℞: ΚΩΙ·ΑΓΗΣΙΑΣ Κ. Serpent autour d'un bâton. Le tout d. une couronne (Æ. 17 mill. Gr. 2,70. — R⁸. = 120 fr. MION. R⁸. = 100 fr. — IMHOOF, Monn. Gr. p. 319, n.º 104); *autre:* av. ΚΩΙ·ΔΙΟΓΕΝΗΣ Κ. (Æ. 17 mill. Gr. 2,74. — IMHOOF, ibid. n.º 105). — *Autre:* Même t. à dr. ℞: ΚΩΙ—ΩΝ·ΕΥΚΑΡΠΟΣ·Κ. *Serpent* dressé sur ses replies à dr. (Æ. 15 mill. Gr. 2,15. — R⁶. = 100 fr. — IMHOOF, Monn. Gr. p. 320, n.º 106). — **Bronze:** T. d'Hélios de face, sans rayons. ℞: ΚΩΙ·ΔΙΑΓΟ. Massue et corytus (Æ. 12 mill. — Gr. 1,80. — R⁸. = 30 fr. — IMHOOF, ibid. n.º 107); t. imberbe d'Héraklès, coiffée de la dépouille du lion, de face, inclinée à dr. ℞: ΚΩΙΟΝ ΘΕΥΔΟΤΟΣ. Mêmes types (Æ. 16 mill. — Gr. 4,35. — Même prix. — IMHOOF, ibid. n.º 108); *autre,* av. ΚΩΙΩΝ·ΤΕΙΣΑΡΧΟΣ. (Æ. 16 mill. — Gr. 3,40. — IMHOOF, ib. n.º 109); *autre,* av. ΝΩΙΩΧ ΑΓΛΑΟΣ. (Æ. 13 mill. Gr. 2,75. — IMHOOF, ib. n.º 110). — Sur les mon de l'île de Kos consultez: Fox, Engravings, II, n.º 112 (Æ. Modius); BRÖNDSTED, Reisen, II, 269; — STREBER, Num. nonn. gr. p. 240 (Æ); KÖHNE, Zeitschr. II, 13 (Æ); Duc DE LUYNES, Choix, X, 2; SESTINI, Mus. Chaudoir, 98 (2 Æ et 1 Æ); *id. auct.* Lett. di Continuaz. IV, 81 (Æ. Apollon); — AKERMAN, Journal, I, 44; *Archäol. Zeitg.* 1844, p. 341; 1847, p. 85; — CHAUDOIR, Corrections, p. 87 (1 Æ); *Annali* dell' Iust. e Corrisp. arch. di Roma, An. 1835, p. 259 (Discobolo); Mus. LAVY, I, p. 219; CAT. WELZL DE WELLENHEIM, n.ºs 6017 et suiv. (Æ et Æ). — *id.* n.º 6046 = mon. d'Auguste, de Caracalla et Géta, frappée en alliance av. Halikarnassos, voy. *ib.*; — BORGHESI, Osservaz. XVII, 8 (Nikias. Lepidus); MÖHSEN, Berlin. Medaillensamml. I, 257, dessin d'une mon. de Xénophon, comp. Eckhel; — DIAMILLA, Memorie, p. 100 (A·BOYΛA. ℞: Héraklès av. un enfant); — MIONNET, VI, 660; cf. VII, 116 (Æ. ΔΙΟ·ΔΙΟΥ.). — *Corrections:* La mon. décr. par MION. T. III, p. 406, n.° 56, portant ME et la lég. NIKA(PXOΣ) n'est pas de Kos et doit être rapportée à la Messénie. — La mon. décr. dans HUNTER, 21, IV est de Kapua, cf. J. FRIEDLÄNDER, Osk. Münzen, Pl. III, f. 25. —

142. ΑΣΤΥΡΑ.

Sur les mon. de la ville d'**Astyra** de l'île de Rhodes. — *Types:* T. de Hélios de face; deux vases, dont un *diota*; pot à une anse; aiguière (prochos) dans un carré creux. — Aut. Æ. Mod. $^1/_2$ et 1. — Æ. Mod. 2. — R^7–R^8. de 60 à 100 fr. — **Autonomes** en Æ: Pot à une anse. ℞: Aiguière (prochos) dans un carré creux (Æ. 9 mill. — Poids: Gr. 0,96. — IMHOOF-BLUMER, Monn. Gr. p. 320, n.° 111. — *Id. auct.*, Choix, Pl. III, n.° 89. — Cf. BORRELL, Num. Chronicle, IX, p. 166, 2. — LEAKE, Ins. Gr. p. 3 (Andros). — R^8. = 60 fr.); *autre:* Proue de vaisseau. ℞: ΤΥ—M◁. Diota (Æ $^1/_2$. — R^8*. = 100 fr. MION. S. VI, p 608, n.° 332); *autre:* T. d'Apollon de face. ℞: ΑΣΤΥ. Arc dans son étui (Æ 3. — R^8. = 150 fr. **Incon.** à MION. — Publ. par WADDINGTON, d. la Revue Num. Fr. An. 1851, p. 251). — **Autonomes en bronze:** T. de Hélios de face, sans rayons. ℞: Α—Σ—Τ—Υ. *Amphore* sur une base, — au-dessus, *grappe de raisin*, — dans le champ, à dr., *aiguière* (Æ. 11 mill. — Gr. 1,25. — IMHOOF, Monn. Gr. p. 320, n.° 112. — R^8. = 100 fr.). — *Autre:* T. de Hélios, vue de face. ℞: ΑΣΤΥΡΑ. *Diota* d'où sort une branche de lierre, — à côté, une aiguière (Æ 2. — R^8. = 70 fr. MION. R^8. = 60 fr.); *autre:* ΑΣΤΥΡΑ. T. d'Artémis, le carquois sur le dos, — derrière, une grappe de raisin ou un petit vase. ℞: Rose (Æ 2. — R^8. = 60 fr. MION. Cette mon. serait plutôt d'Astyra Peraeae et non de Rhodes?). — On ne connaît point de mon. **Impériales**. — Sur les mon. d'**Astyra** voy. encore: PAULY, Real-Encycl. d. class. Alterthumsk. I, p. 889. — AKERMAN, Numism. Chron. IX, 166 (Borrell: Astyra Rhodi): Æ $4^1/_2$. $149^1/_2$ e. gr. Vase large. ℞: ΑΣΤΥ. Vase d'une forme élégante, d. le champ, une lyre (*British Mus.* de la coll. Borrell). — *Autres:* Æ 2. T. d'Aphrodité. ℞: ΑΣΤΥ. Diota. *Brit. Mus.*; autre: Æ 3. T. d'Apollon, vue de face. ℞: ΑΣΤΥΡΑ. Diota. *Brit. Mus.*). — WADDINGTON d. la Rev. Num. Fr. An. 1851, p. 251. — LEAKE, Num. Hellen. Suppl. Asia, 26. —

143. ΛΙΜΥΡΟC.

Lég. sur une mon. de la ville de **Limyra** en Lykie: GORDIANUS PIUS: ΑΥΤ·Κ·ΜΑΡ·ΑΝΤ·ΓΟΡΔΙΑΝΟC·CΕΒ. T. radiée de Gordien Pie, à dr. av. le *paludamentum*. Dessus, la lettre B en contre-marque. ℞: ΛΙΜΥΡΟC. Fleuve couché, tourné vers la g. (Æ $6^1/_2$. — R^{8*}. = 80 à 100 fr. MION. R^5. = 50 fr.). — Les mon. de cette ville sont très-rares. — MIONNET en décrit les suivantes: **Auton.** en Æ: T. laur. d'Apollon, à dr. ℞: ΛΥΚΙΩΝ·ΛΙ. Lyre. A côté, un foudre, — le tout d. un carré creux plat (Æ 3. — R^6. = 30 fr. MION.); *autre:* sans symbole (Æ $3^1/_2$. — R^6. = 30 fr. MION. — Cf. Mus. HUNTER, p. 174). — **Impériales:** de Gordien III et de Tranquilline. Æ. Mod. 9, $8^1/_2$, 8 et $6^1/_2$. — R^{8*}. de 150 à 200 fr. — GORDIEN III: ΑΥΤ·Κ·ΜΑΡ·ΑΝΤ·ΓΟΡΔΙΑΝΟC·CΕΒ. Sa t. laur. à dr. av. le *paludamentum*.

℞: ΛΙΜΥΡΕΩΝ. Un petit mont d'où s'échappent les eaux d'une source à laquelle s'abreuve un taureau, — dessous, on lit: ΡΗΓΜΑ. (sic). — (Æ 8½. — R⁷. = 150 fr. Mion. R⁶. = 100 fr.); *autre:* Buste casqué d'Athéné, à dr., av. une aegide sur la poitrine, — à sa g. un bouclier, — derrière, une lance. ℞: ΕΠΙ·ΟΝΗϹΙΜΟΥ·ΛΙΜΥΡΕΩΝ. Niké marchant à g. ten. de la m. dr. levée une couronne et de la g. une palme (Æ 4½. R⁸. = 150 fr. Mion. R⁸. = 40 fr. Cf. Dumersan, Méd. inéd., ou nouvellement expliquées, p. 49, in-8°. 1832); *autre:* t. de Gordien le Pieux. ℞: ΛΙΜΥΡΕΩΝ. Type de la Tyché (Æ 7. — R⁸. = 150 fr. Mion. R⁶. = 50 fr. d'après Vaillant, Num. Gr.). — Tranquilline: ϹΑΒΕΙΝΙΑ·ΤΡΑΝΚΥΛΛΕΙΝΑ. Sa t. sur un croissant. ℞: ΛΙΜΥΡΕΩΝ. Zéus Niképhore assis à g. [type, tout nouveau dans la série des mon. lykiennes, le culte de ce dieu étant fort peu répandu dans la province]. (Æ 9. — R⁸. = 200 fr.) — **Incon.** à Mion. — Cf. *Rev. Num. Fr.* An. 1853, p. 94, Pl. X, n° 3. VI-ème art. de M. Waddington, intitulé: Voyage en Asie-Mineure au point de vue numismatique [Lycie]. — Sur les mon. de cette ville voy. encore: *Numism. Chron.* X, p. 35; *id.* 2 Serie. I, p. 220 (Ӕ et Æ). — Dumersan, Méd. Inéd. p. 49, Paris 1832, in-8°; Fellows, account of discoveries in Lycia 1840. London 1841, Pl. XXXV, f. 2. —

144. ΠΕΡΓΗ.

Lég. sur une mon. de la ville de Perga en Pamphylie, fr. à l'effigie de Trébonien-Galle. *Droit:* .... Sa tête, à dr. ℞: ΠΕΡΓΗ. T. voilée et tourelée de femme (Æ 5. — R⁶. = 20 fr. Mion. S. VII, p. 57, n° 147. R⁵. = 15 fr. — Vaillant, Num. Gr. l. c. — Banduri, I, 76, n° 1). — Les mon. de Perga sont fort nombreuses. Je donne ici-bas les corrections faites à cette Série par M. Imhoof-Blumer. — *Types:* t. de Dionysos; d'Artémis; de femme diadémée; sphinx; Artémis-Chasseresse deb.; la même déesse d. un temple distyle. — **Autonomes en** Ӕ: Mod. 8½, 7 et 4. — R⁶–R⁸. de 50, 80, 120, 150 et 200 fr. — **Autonomes en bronze:** Mod. 3, 3½, 4 et 4½. — R²–R⁵. de 4, 6, 8, 10 et 15 fr. — **Impériales:** en Ӕ. et Br. depuis Auguste jusqu'à Salonina. On en connaît aussi d'Aurélien et de Tacite. Ӕ: Mod. 6. — Æ: 3 à 13 et MM. — R¹ à R⁸. de 2, 4, 6, 8, 10, 15, 25, 40 et 60 fr. — Monnaies d'alliance av. Apollonie de Pisidie et Side de Pamphylie. — **Médaillons d'argent:** Nerva (fabrique grecque): IMP·NERVA·CAES·AVG·P·M·TR·POT·P·P. Sa t. laur. à dr. ℞: COS·III. Simulacre d'Artémis de Perga, d. un temple distyle, — sur la frise on lit: DIANA·PERG. (Ӕ 7. — R⁶. = 60 fr. Mion. mais auj. plus cher). — Trajan: ΑΥΤΟΚΡ·ΚΑΙϹ·ΝΕΡ·ΤΡΑΙΑΝΟϹ·ϹΕΒ·ΓΕΡΜ·ΔΑΚ. Sa t. laur., à dr. ℞: ΔΗΜΑΡΧ·ΕΞ·ΥΠΑΤΟ·Ϛ. Artémis de Perga d. un temple distyle (Ӕ 6. — R⁸. = 100 fr. Mion. auj. plus cher); *autre:* IMP·NERVA·CAES·TRAIAN·AVG·GERM·P·M·TR·P·P·P. Sa t. laur., à dr. ℞: COS·II. Simulacre d'Artémis de Perga, d. un temple distyle, — sur la frise, on lit: DIANA·PERG. (Ӕ 7. — R⁷. = 100 fr. Mion. R⁵. = 48 fr.). — **Impériales grecques:** Hadrien. — ΚΑΙ. — ΑΔΡΙΑΝ. Son buste laur. et drapé, à dr. ℞: ΑΡ—ΤΕΜΙ et à l'exergue, ΠΕΡΓΑΙ. Sphinx, coiffé d'un calathos, accroupi à dr. (Æ. 13 mill. R⁸. = 60 fr. — Inc. à Mion. — Cf. Imhoof-Blumer, Monn. Gr. p. 333, n° 54). — Maximinus: ΑV·Κ·Γ·ΙΟΥ·ΟΥΗ·ΜΑΞΙΜΕΙΝΟϹ·ϹΕ. Buste lauré et cuirassé de Maximin, à dr. ℞: ΠΕΡ—ΓΑ—ΙΩ—Ν. Tyché tourelée, assise à g. sur un siège, ten. de la m. dr. le simulacre d'Artémis, et de la g. une corne d'abondance (Æ. 37 mill. — R^8. = 40 fr. — Incon. à Mion. — Cf. Imhoof-Blumer, Monn. Gr. p. 333, n° 55). — Maximus: —Γ·ΙΟΥ·ΟΥΗ·ΜΑΞΙΜΟC·Κ. Buste lauré et drapé de Maxime, à dr. ℞: ΠΕΡ—ΓΗΙ. Buste tourelé et voilé de Tyché, à dr. (Æ. 20 mill. — R^8. = 40 fr. — Incon. à Mion. — Cf. Imhoof, ib. n° 56); *autre:* Γ·ΙΟΥ·ΟΥΗΡ·ΜΑΞΙΜΟC·Κ. Sa t. nue à dr. av. le *paludamentum*. ℞: ΠΕΡΓΗΙ. (sic). Figure panthée, deb. en habit court et chaussée du cothurne, la t. radiée, ten. un arc de la m. dr., et un flambeau de la g. (Æ 5. — R^5. = 15 fr. Mion. — Cf. *Mus. Sanclementiani*, Selecta Num., Pl. III, p. 69). — Philippe père: AV·K·M·ΙΟΥ·CΕΟΥ·ΦΙΛΙΠΠΟC·C. Son buste lauré et drapé, à dr. ℞: ΠΕΡΓ—ΑΙΩΝ. *Pan* cornu, à pieds de bouc, assis sur un rocher, à g., portant de la m. dr. la *syrinx* à la bouche, et ten. de la g. le *pedum* (Æ. 24 mill. — R^8. = 60 fr. — Incon. à Mion. — Imhoof, Monn. Gr. p. 333, n° 57). — *Autre:* ΑΥ·Κ·Μ·ΙΟΥ·CΕΟΥ·ΦΙΛΙΠΠΟC. Sa t. laur. à dr. ℞: ΠΕΡΓΑΙΩΝ. Hercule Farnèse deb. à dr. Grenetis de perles (Æ. 19 mill. — R^{84}. = 80 fr. — Incon. à Mion. — Publ. par Arthur Löbbecke, d. la Zeitschr. f. Num. Bd. XII, p. 326). — Valérien père: AV·KAI·ΠΟΥ·ΛΙ·ΟΥΑΛΕΡΙΑΝΟC·CΕΒ. Son buste lauré et drapé, à dr. ℞: ΠΕΡΓΑΙΩΝ·ΕΦΕCΙΩΝ·ΟΜΟΝΟΙΑ. Artémis de Perga vêtue du double chiton, le croissant en tête et le carquois au dos, deb. à dr., ten. une flèche et l'arc. En face d'elle, Artémis d'Éphèse av. ses supports, de face. Entre les deux déesses ҧ. (Æ. 32 mill. — R^8. = 70 fr. — Incon. à Mion. — Cf. Imhoof, Monn. Gr. p. 334, n° 58). — Gallien: AVT·KAI·ΠΟ·ΛΙ·ΓΑΛΛΙΗΝΟC·CΕΒ. Son buste lauré et drapé à dr. Devant, l. ℞: ΠΕΡΓ—ΑΙΩΝ. *Pan*, comme au n° 57 de l'*ouvrage* de M. Imhoof (Æ. 31 mill. — R^8. = 60 fr. [type nouveau, incon. à Mion.]. — Imhoof, ib. n° 59. — Coll. de l'Univ. de Göttingen). — Valérien Jeune: ΠΟΥ·ΛΙΚ·ΚΟΡ·ΟΥΑΛΕΡΙ (ANON). Son buste lauré et drapé, à dr. Devant, l. ℞: ΠΕΡΓΗ·ΝΕΩΚΟ·ΡΟC. *Tyché* tourelée et voilée, assise sur des rochers à g. et ten. des épis de la m. dr. Dans le champ, A. (Æ. 31 mill. — R^8. = 40 fr. — Incon. à Mion. — Imhoof, ibid. n° 60). — Salonin: ΠΟ·ΛΙΚ·CΑΛΩΝ·ΟΥΑΛΕ·ΡΙΑΝΟ·CΕΒ. Son buste lauré et drapé à dr. Devant, l et dessous, *aigle* éployé de face. ℞: ΠΕΡΓΑΙΩΝ·ΝΕΩΚΟΡΩΝ. *Urne* de jeux entre deux *bourses* sur une *table* qui porte l'inscription AVΓΟΥCΤΕΙΑ; dessous, ΙΕ·ΡΟC. (Æ. 31 mill. — R^7. = 50 fr. — Imhoof, ib. n° 60a. — Cf. Mion. III, p. 469, n° 132. Æ 9. — R^5. = 30 fr. — Banduri, I, p. 262). — [Les villes grecques d'Europe et d'Asie perdirent sous Gallien et sous Claude le Gothique, le droit de frapper des monnaies qui portassent leur nom et les types qui leur étaient propres. On n'a trouvé qu'un très-petit de monnaies qui fissent exception à cette règle. Je citerai ici deux monnaies d'Aurélien et de Tacite frappées à Perga. — Aurélien: AVT·K·Λ·ΔΟΜ·AVΡΗΛΙΑ·ΝΟC·CΕΒ. Sa t. laur. à dr. av. le *paludamentum*. Devant, l. ℞: ΠΕΡ·ΓΑΙΩΝ·ΝΕΩΚΟΡΩΝ. Simulacre d'Artémis de Perga, entre le Soleil et la Lune et deux cyprès, d. un temple distyle (Æ 7½. — R^6. = 40 fr. Mion.); *autre:* Mêmes lég. et mêmes types, mais sur le fronton du temple distyle, on voit la lettre Δ. (Æ 8½. — R^6. = 40 fr. Mion. Auj. plus cher). — Tacite: AVΤΟ·ΚΑΙ·Μ·ΚΛ·ΤΑΚΙΤΟΝ·ΕVCΕ. T. laurée de Tacite à dr. Devant, l. ℞: Temple tétrastyle au milieu duquel est l'effigie d'Artémis

DE PERGA, — à côté, le Soleil et la Lune. — sur le fronton un *aigle* et dans le champ, la légende: ΠΕΡΓΑΙΩΝ·ΜΗΤΡΟΠΟΛΕΩΣ·ΤΗΣ·ΠΑΜΦΥ-ΛΙΑC. (Æ 9. — R^s. = 200 fr. MION. S. VII, Addit. p. 729. R^s. = 100 fr. — BIMARD DE LA BASTIE dans ses notes sur la *Science des médailles* du père Jobert (v. T. II, p. 100] assure que cette monnaie existait dans le Cab. de l'abbé de Rothelin. Elle a dû passer dans celui de l'Escurial, dont malheureusement le catalogue rédigé par PANEL est restée manuscrit. — Cette monnaie nous constate le fait, que sous le règne de Tacite, l'an 275 de notre ère, la ville de Perga portait le titre de *métropole*. Déjà, le célèbre genevois SPANHEIM (De praest. et usu, etc. tom. I, p. 391, édit. de 1706) avait avancé que Perga prenait sur les mon. le titre de métropole, mais la mon. sur laquelle il se fondait avait été mal lue et a été restituée par ECKHEL (Doctr. Num. Vet. T. III, p. 14) à Petra, ville d'Arabie. Il est à souhaiter qu'on parvienne à expliquer la signification des lettres numérales placées, comme sur les mon. d'Aurélien et de Tacite émises à Perga, devant la tête du prince: on avait pensé à tort qu'elles ne se trouvaient que sur les mon. des princes et princesses de la famille de Valérien. Malheureusement, malgré les efforts des savants, la signification de ces lettres est restée incertaine et inexpliquée.] — Sur les mon. de la ville de Perga en Pamphylie, consultez encore: *Archäol. Zeitg*. 1844, p. 342; 1847, p. 86; 1847 Addit. 51*. — PINDER et FRIEDLÄNDER, Beiträge z. ält. Münzk. I, p. 80. — *Numism. Chron*. X, 90. — SESTINI, Lett. di Contin. IV, 84, 85; VIII, 72, 74, 75, 76, 77, 78, 79; III, 92. — *Rev. Num. Fr*. 1853, p. 31 (R et Æ): id. p. 32. — *Zeitschr. f. Num*. IV, p. 300. — PONS, Opuscules numism. posthumes, recueillis par Ch. Giraud. Aix (Aubin, libr.) 1836. in-8°. voy. Opusc. II, p. 14—18. — *Revue Belge*, 4 Série, I, 153. — KÖHNE, Berl. Bl. f. Münzk. II, 192; I, 145. — *Id. auct*. Zeitschrift VI, 122. — DIAMILLA, Memorie, 107. — *Numism. Chron*. XIV, 120; XV, 218. — *Corrections*: La mon. décr. par SESTINI, Lett. di Cont. VII, 81, — MIONNET (III, 460, 77; S. VI, 543, 473; S. VII, 44, 76) donne à Prenassos. La même erreur est répétée par PINDER, d. ses Nummi inediti. BORRELL (Num. Chron. VI, 128 et IX, 159) la rapporte à Perga ce qui est confirmé aussi d. la *Rev. Num. Fr*. An. 1853, p. 33. — La mon. citée par MION. III, 461, 81 ne porte pas ΠΕΡΓΑΙΕΩΝ, mais ΠΕΡΡΑΙΒΩΝ. — Sur les: „caulae cum magmento" sur les mon. Impér. de Perga de l'époque postérieure, voy. MARQUARDT, Progr. d. Friedr. Wilhelm-Gymnasiums zu Posen v. 15 Oct. 1857. — Les mon. de Perga à l'effigie de SÉVÈRE ALEXANDRE, décr. par SESTINI, Lett. di Cont. VIII, 75 et MIONNET, S. VIII, 53, 126, appartiennent à Andeda, comme il a été prouvé d. le *Numism. Chron*. II, p. 3. —

145. CIΔH.

Lég. sur un médaillon de bronze de la ville de Sidé en Pamphylie, fr. aux effigies de SALONIN et SALONINE, et qui porte: ΠΟΥ·ΛΙΚ·ΚΟΡ·ΟΥΑΛΕΡΙΑΝΟC·ΚΑ·ΚΑΙ·CΕΒ. T. nue de Salonin, av. le *paludamentum*. Devant, Є. en contre-marque. ℞: CIΔH·ΝΕΩΚΟΡΟC. Buste de Salonin, la tête hautement tourelée comme le Génie de la ville (Æ. MM. — R^7. = 120 fr. — MION. S. VII, p. 83, n° 262. R^5. = 50 fr.). — Autres mon. de Sidé: **Auton**. en R: *Types*: T. casquée d'Athéné, à dr.; Niké marchant à g.,

d. le champ, une grenade, un casque et les lettres AP. = [ces types se voient sur les mon. les plus anciennes, et qui n'ont pas des légendes, — la grenade a suffi pour indiquer la ville de Sidé]; t. de Pallas dans un carré; grenade accompagnée ou non de poissons; aire creuse; Pallas deb. ten. une haste et un bouclier ou une chouette ou une petite Niké; homme deb. ten. divers objets dev. un autel (ce type est souvent contre-marqué d'un bœuf); Niké passant, ten. une couronne, d. le champ, une grenade. — Mod. en Æ. 9, $8^1/_2$, 8, 7, 6, 5, 4, 1. — R^2—R^8. de 20, 30, 40, 70, 100 et 150 fr. d'après Mion. — **Bronze:** Mod. 4, 3, $2^1/_2$. — R^1–R^2. de 2, 4, 8 et 15 fr. — **Autonomes en** Æ: *Grenade* av. des feuilles. ℞: *Branche* av. deux feuilles et trois petits fruits. Dans le champ, à g., *croix ansée*, — à dr., un oiseau deb. Carré creux (Æ. 22 mill. — Gr. 10,65. — Imhoof-Blumer, Monn. Gr. p. 334, n.º 61); *autre:* Type confus. ℞: Même type, sans les feuilles, entre les mêmes symboles. Carré creux (Æ. 14/18 mill. — Gr. 3,43. — Imhoof, ib. n.º 61a); *autre:* Pallas deb. à g., portant *Niké* sur la m. dr., et s'appuyant de la g. sur un bouclier orné du *gorgoneion*. Derrière elle, la haste, le fer en bas. Devant elle a dû se trouver le symbole de la *grenade*, qui aura été applati en apposant la contre-marque au côté opposé. ℞: Apollon lauré, à demi-nu, deb. à g. ten. de la m. dr. la patère, et s'appuyant de la g. sur un laurier. Derrière lui, une contre-marque carrée — contenant une *vache* deb. à dr. av. une massue couchée au-dessus — couvre la lég. (ΣΙΔ)Η; devant le dieu, ΤΙΚΟΛ; au-dessus, Α. (Æ. 25/23 mill. — Gr. 9,65. — Imhoof, ib. n.º 62, Pl. F, n.º 17. Voy. aussi *ibid*. ses observations sur cette intéressante monnaie). — Dans la Notice sur le Cab. de la Haye. 1876, p. 61—65, M. Imhoof-Blumer donne la description de 17 autres pièces de Sidé. — **Autonomes en** Æ: Trépied d. une couronne de laurier. ℞: ΣΙΔΗ. Une colombe tournée vers la dr. (Æ 3. — R^2. = 4 fr. Mion. — Cette mon. serait plutôt de **Siphnos** île d'Europe: les lettres ΣΙ·ΔΗ. sont les initiales d'un nom de magistrat? Cf. Mion. T. II, p. 327, n.º 120 et suiv.); *autre:* T. d'Athéné à dr. ℞: ΣΙΔΗ. Grenade. Dans le champ, à g. *l'acrostolium* (Æ 3. — R^2. = 4 fr. Mion.); t. laurée de Zéus, à dr., derrière, un épi. ℞: ΣΙΔΗ. Héraklès deb., dans l'attitude de celui de Farnèse (Æ 3. — R^7. = 30 fr. Mion. R^5. = 15 fr. Mon. surfrappée). — **Impériales** depuis Auguste jusqu'à Salonin. — Æ. Mod. 3, 4, 5, 6, 7, 8, 9 et MM. — R^0—R^8. de 4, 6, 15, 30, 60 et 200 fr. — Je ne citerai que les plus rares. — **Clodius Albinus:** ΑΥΤ·Κ·Δ·ΚΛ·ϹΕΠΤ·ΑΛ-ΒΕΙΝΟϹ. T. nue d'Albin. ℞: ϹΙΔΗΤΩΝ. Albin vêtu du *paludamentum*, deb. sur un cippe, entre Athéné et une figure casquée, ten. chacune de la m. dr. une petite Niké, et une haste de la g. (Æ. MM. — R^7. = 300 fr. Mion. R^6 = 200 fr.); *autre*, presque semblable (Æ 9. — R^6. = 60 fr. Mion. — Cf. Gessner, Impp. Pl. CXXXI, fig. 4). — **Géta:** ΑΥΤΟΚΡ…Κ·ΠΟ·ϹΕ ΓΕΤΑϹ. Sa t. laurée av. le *paludamentum* sur la poitrine. ℞: ϹΙΔΗΤΩΝ. Zéus Sérapis deb. à g. (Æ 9. — R^4. = 30 fr. Mion.). — **Paula:** ΙΟΥΛ·ΚΟΡ· ΠΑΥΛΑ·ϹΕΒ. T. de Julia Paula. ℞: ϹΙΔΗΤΩΝ. Athéné deb., regardant par derrière (Æ 7. — R^6. = 48 fr. Mion.). — **Orbiana:** Lég. emportée. Sa t. à dr. ℞: ϹΙΔΗΤΩΝ. Tyché tourelée, assise sur des rochers, — à ses pieds, un Fleuve se baignant (Æ 9. — R^8. = 200 fr. Mion. R^6. = 100 fr. Cf. *Sitzungsberichte* d. Preuss. Akad. d. Wissensch. Berlin 1879, p. 335). — **Gordien le Pieux:** Α … Μ·ΑΝΤ·ΓΟΡΔΙΑΝΟϹ·ϹΕΒ. Sa t. laurée. ℞:

ϹΙΔΗΤΩΝ. Le dieu ΜΗΝ deb., av. un croissant sur les épaules et le bonnet phrygien, donnant la m. dr. à Athéné, qui tient de la m. g. une haste, et un bouclier à ses pieds, — entre l'un et l'autre, à terre, une grenade (Æ 9. — R⁶. = 40 fr. Mion. R⁸. = 18 fr.); *autre:* sa t. laurée. ℞: Même lég. ΜΗΝ av. un croissant, ten. de la m. dr. une patère (Æ 6. — R⁸. = 9 fr. Mion.). — Maximin: AV·K·Γ·IO·OYH·MAZIMEINOC. Son buste lauré et drapé, à dr. ℞: ϹΙΔΗΤΩΝ. L'enceinte du port d'Ostie avec cinq vaisseaux, — un sixième y fait son entrée, — devant, une base sur laquelle on voit une statue (Br. 9. — R⁸. = 100 fr. Cf. Cat. de la vente Gréau, Paris 1867, lot n⁰. 1921. Vend. 31 fr. — De la plus grande rareté). — Tranquilline: CAB·TPANKYΛ-ΛEINA·C. Sa t. à dr. ℞: ϹΙΔΗΤΩΝ·ΠΕΡΓΑΙΩΝ·ΟΜΟΝΟΙΑ. Athéné et Artémis deb., l'une ten. la haste et l'autre un flambeau, au milieu, un autel allumé, au-dessus, une grenade (Æ 8. — R⁷. = 80 fr. Mion. R⁶. = 48 fr. — Ma collection, un fl. d. c.). — Gallien: AVT·KAI·ΠO·ΛIK·ΓAΛΛIHNOC· CEB. Sa t. laurée, — devant, une contre-marque. ℞: ϹΙΔΗΤΩΝ·ΛΑΜ-ΠΡΟΤΑΤΗϹ·ΕΝΔΟΞΟΥ·ΝΕΩΚΟΡΩΝ. en six lignes, d. une couronne de laurier (Æ 8½. — R⁴. = 30 fr. Mion.); *autre:* Même lég. et m. t. ℞: ϹΙΔΗ-ΤΩΝ·ΝΕΩΚΟΡΩΝ·ΝΑΥΑΡΧΙϹ. Vaisseau av. des rameurs, — dessous, un poisson, dans un port circulaire orné de portiques. Dans le champ, les lettres Α·Ε. (Æ 8½. — R⁸. = 200 fr. Mion. R⁹. = 100 fr. — Cab. de J. Millin-gen, à Paris). — Salonina: ΚΟΡΝΗΛΙΑ·ϹΑΛΩΝΙΝΑ·ϹΕΒ. Sa t. à dr. av. la *stola* sur la poitrine, — dans la partie supérieure, une étoile, — d. le champ, ΙΑ. ℞: ϹΙΔΗΤΩΝ·ΝΕΩΚΟΡΩΝ. Athéné casquée deb., soutenant une pet. Niké, — à ses pieds, un bouclier (Æ 9. — R¹. = 6 fr. Mion.). — Sur les mon. de Sidé voy. encore: *Archäol. Zeitg.* 1849, p. 29. — Pinder et Friedländer, Beiträge z. ält. Münzk. I, 184. — Duc de Luynes: Choix de méd. gr. XI, 3. — Sestini, Lett. di Continuaz. VI, 73; VIII, 80, 81, 82, 83, 84, 85, 86, 87. — Köhne, Berliner Blätter f. Münz-, S.- u. Wappenkunde, V, 15: Aquilia Severa; *ib.* II, 182: inédite d'Aurélien. — Chaudoir, Corrections, p. 88. — Sestini, Mus. Chaudoir, p. 100. — *Rev. Num. Fr.* 1853, p. 36: Aquilia Severa, Tranquillina, Gallien. — *Numism. Chron.* VIII, p. 83: Poids des plus anciennes monnaies. — Akerman, Numism. Journ. I, p. 44. — J. Millingen, Sylloge of anc. uned. coins. London 1837, voy. p. 76. — *Revue Belge*, 4 Série, I, p. 154. — J. de Witte, Descr. des méd. du Cab. de M. l'abbé Greppo. Paris 1856, n⁰. 1078: Gallien. — Cat. L. Welzl de Wellenheim, nos 6153, 6154. — *Corrections:* La mon. citée par Mion-net: V, p. 334, n⁰. 2, à Béryte et gravée dans Pellerin, Suppl. IV, Pl. III, f. 10 — appartient bien ici. — *Rev. Num. Fr.* 1860, p. 11: La mon. phénicienne attribuée à Sidé doit être rapportée à Tarsos. — v. Sallet: Zeitschr. f. Numism. Bd. X, 3 la mon. de Cornelius Valerianus porte la légende: ΑΠΟΛΛΩΝΟ·ΣΙΔΗΤΟΥ·ΝΕΩΟΚΡΟΥ. —

146. ANTIOCHIA.

Lég. sur les bronzes latins de la ville d'**Antioche de Pisidie**. — **Monnaies grecques autonomes:** Buste juvénile du dieu Mèn, la t. couverte du bonnet phrygien. ℞: ΑΝΤΙΟΧ..... ΣΕΛΕΥΧΙ... Bœuf bossu, marchant (Æ 3. — R⁶. = 70 fr. Mion. R⁸. = 40 fr.). — **Monnaies coloniales autonomes:** ANTIOCH. Buste du dieu Mèn, coiffé du bonnet phrygien, sur un croissant. ℞: COL·ANT. Zébou ou un buffle (Æ 4. — R⁸. = 60 fr. Mion. R⁸. = 40 fr.);

autre: ANTIO. T. du dieu Mèn, à g., couverte du bonnet phrygien, posée sur un croissant. ℞: COLON. Coq deb. à dr. (Æ 3. — R^8. = 40 fr. Mion.); ANTIOCH. Même t. du dieu Mèn, à g. ℞: COLON. Coq debout, à dr. (Æ 3. — R^8. = 40 fr. Mion.). — **Monnaies coloniales Impériales**: depuis Tibère jusqu'à Claude le Gothique. Æ. Mod. 3, 4, 5, 5$^1/_2$, 6, 6$^1/_2$, 7, 8, 9 et MM. — R^1–R^4. de 2, 3, 4, 6, 12 et 20 fr. — *Légendes au Nominatif*: Monnaies: Julia Domna: IVLIA·AVGVSTI. (sic). T. de Julia Domna. ℞: COL·CAES·ANTIOCHIA. Femme deb. tenant un rameau de la m. dr. et une corne d'abond. de la g. (Æ 6. — R^4. = 12 fr. Mion. R^1. = 3 fr.). — Gordien le Pieux: IMP·CAES·M·AN·GORDIANVS·AVG. Sa t. laurée, à dr. av. le *paludamentum*. ℞: ANTIOCHIA·COLONIA·CAESA·S·R. Kybèle assise sur un siège, à dr., — la m. g. sur le *tympanum*, à ses pieds, deux lions (Æ 9$^1/_2$. — R^3. = 18 fr. Mion.); *autre*: COL·CAES·ANTIOCHIA. Soldat marchant, ten. une haste de la main dr. et un bouclier de la g. (Æ. MM. — R^2. = 20 fr. Mion.); même lég. et m. t. ℞: ANTIOCHIA·S·R. Gordien d. un quadrige triomphal, ten. de la m. dr. un sceptre surmonté de l'aigle romaine, et d. la g. un rameau, — derrière lui, une Niké placée sur le char le couronne, — un militaire le précède, et conduit les chevaux, — à côté, des soldats armés d'une haste servent d'escorte (Æ 9. — R^4. = 20 fr. Mion.). — *Autre*: m. lég. et m. t. laur. av. le *paludamentum*. ℞: ANTIOCHIA. Gordien assis d. un quadrige, ten. de la m. dr. un rameau d'olivier, et de la g. un étendard. Derrière lui, une Niké le couronne, — devant, un guerrier deb. lui offre aussi une couronne, — au bas, S·R. (Æ 9. — R^4. = 20 fr. Mion. — Cab. de M. Ed. de Cadalvène). — Claude le Gothique: IMP·CAES·M·AVR·CLAVDIVS. Sa t. radiée, à dr. av. le *palud*. ℞: ANTIOCHI. Vexillum entre deux enseignes militaires. Dans le champ, S·R. (Æ 6$^1/_2$. — R^7. = 40 fr. Mion. R^4. = 12 fr.); *autre*: IMP·CAES·CLAVDIVS. Même t. radiée, à dr. ℞: ANTIOCHI. (et quelquefois ANTIOCHI·CO ou CL.). Même type, — à l'exergue, S·R. (Æ 6$^1/_2$. — R^4. = 12 fr. Mion.); IMP·CAES·M·AVR·CLAVDIO·A. Sa t. radiée. ℞: ANTIOSHI. (sic) S·R. Même type (Æ 5. — R^4. = 8 fr. Mion.). — *Inédites*: Faustine: Rev.: Caducée entre deux cornes d'abond. (Æ 4. — R*. = 70 fr. Cat. de la vente Iwanoff, Londres 1863, p. 55, lot n° 486. Vend. av. d'autres 12 p. pour 18 sh. [Fox]). — Septime-Sévère (Antioche de Pisidie): L·SEPT·SEV·PERT·AVG·IMP·P·P. Sa t. laurée. ℞: GENIVS·CA. (sic). Femme deb., ten. un rameau et une corne d'abond. (Æ 8. — R*. = 60 fr. — Cf. Cat. de la vente de Moustier, Paris 1872, voy. p. 289, n° 4185. *Grav*. ib. Pl. V. Vend. 15 fr. — Il me semble que cette mon. pourrait plutôt appartenir à Coela, ville de la Chersonèse de Thrace, dont les mon. portent des types analogues avec la pièce en question, circonstance, qui a échappé à l'attention de l'illustre rédacteur du Cat. de Moustier, feu Henri Cohen). — Sur les mon. de cette ville voy. encore: *Num. Chron.* X, 92 (mon. coloniales); *ibid*. 2 Série I, p. 221 (av. le coq); Fox, Engravings, II, 119, 120 (Æ. Cerf, Æ. autel). — Köhne, Berl. Bl. f. Münzk. II, p. 183 (Caracalla à cheval). — *Annali* dell' Inst. e Corr. arch. di Roma. An. 1840, p. 221. — Cat. W. de Wellenheim, n° 6160. — *Num. Chron.* XIV, p. 120 (Gallien). — *Revue Belge*, 4 Série I, 156 (Géta: Victoria); *idem*: 3 Série IV, 16 (Gordien le Pieux). — *Numism. Journ*. I, p. 44 (Æ 4. Mèn. ℞: Taureau et ANTIO... ΓΑΘ). — Löbbecke, Arthur: Gr. Münz. aus s. Samml. d. la *Zeitschr*. f. Num. Bd. XII, p. 327 (Gordien).

147. CREMNA.

Lég. sur les mon. de **Kremna**, ville de Pisidie, dont Mionnet n'a connu que des mon. Impér. coloniales, — mais depuis lui on a découvert les suivantes: **Autonomes** en Æ: T. tourelée de Tyché, à dr. ℞: KPHMNEΩN à dr., KAI·KEPAEITΩN à g. d'une double *corne* d'abond. remplie de fruits et ornée de ténies (Æ. 17 mill. — Gr. 3,79. — R^8. = 120 fr. — Cab. de la Haye. — Publ. par Imhoof-Blumer d. ses: Monn. Gr. p. 336, n° 72. — Grav. ib. — Sec. ex. de la coll. Waddington: Poids: Gr. 3,60). — **Bronze**: T. de femme de face. ℞: KPH·Δ. Corne d'abond. (Æ. 11 mill. — Gr. 0,75. — R^8. = 40 fr. — Imhoof, ib. p. 337, n° 73 et son: *Choix*, Pl. V, n° 164); *autre*: Buste drapé de Hermès à dr. coiffé du pétase. ℞: KPH·B. Caducée (Æ. 11 mill. — Gr. 1,40. — R^8. = 50 fr. Cf. *Monatsber.* d. Berliner Akad. 1879, p. 38, 10); *autre:* T. de femme, à dr., le front surmonté d'une couronne murale, — derrière elle, un fer de lance. ℞: KPH. sous la protome d'un *lion*, à dr. (Æ. 12 mill. Gr. 1,95. — R^8. = 60 fr. — Cf. Waddington, d. la Revue Numism. 1853, p. 37, Pl. II, 3 et *Num. Chron.* 1861, p. 221). — **Impériales coloniales**: Marc Aurèle et Faustine Jeune: M·AVR ... *Litt. confusis.* T. barbue et laurée de M. Aurèle, à dr. av. le *paludamentum*. — ℞: FAVSTINA·AVGVSTA·C·A·C. T. de Faustine la Jeune, à dr. (Æ 6. — R^5. = 24 fr. Mion.). — Commode: — IMP·CAESAR·COMMODO. Son buste drapé, à dr. ℞: APOLLINI·PROPVG·COLON·CΛEM. (sic). Apollon nu, la chlamyde flottante, allant à dr. et tendant l'arc (Æ. 34 mill. R^8. = 70 fr. — *Cab. de München.* — Inc. à Mion. — Imhoof, Monn. Gr. p. 337, n° 76). — Géta: P·SEP·GET — A·FOR·CAES. (et non P·SEP·GETA·PON·CAE. comme on lit d. Mion. III, p. 507, n° 89). Buste drapé de Géta enfant, à dr. ℞: PCOP (pour PROP·) COL·CR. *Apollon propugnator* (et jamais *Eros* comme on le croyait auparavant) nu, la chlamyde flottante, allant à dr. et tendant l'arc (Æ. 21 mill. — R^8. = 70 fr. Mion. R^7. = 24 fr.) [M. Imhoof-Blumer d. ses *Monn. Gr.* p. 337 reconnait aussi la même figure d'*Apollon propugnator* sur les mon. de Seleukia en Pisidie, que M. Waddington (Rev. Num. 1853, Pl. II, 5) et C. W. Huber (Berl. Blätter 1865, p. 187, 25) ont publiées.] — *Autre*: Même lég. et m. t. apparemment du même coin. ℞: MERC·COL· CR. Hermès nu, coiffé du pétase, assis à g. (Æ. 20 mill. R^8. = 70 fr. — Inc. à Mion. — Imhoof, ib. n° 78. — Sestini, Mus. Fontana, III, Pl. VI, 4, av. la fausse leçon COL·CREM·PRC.). — *Autre*: P·SEP·GETA·FORT· CAE. Sa t. nue. ℞: PR·C· (sic) COL·CR. Hermès nu, assis sur une base, à dr. ten. une bourse de la m. dr. et un caducée de la g., la chlamyde ou la *penula* pend sur son bras (Æ 6. — R^7. = 40 fr. Mion. R^7. = 24 fr.). — Caracalla: IMP·M·AVR·ANT·P·F·AVG. Sa t. laurée, av. le *paludamentum*. ℞: IMP·A·ET·P·G C., infrà, COL·CRE. Caracalla et Géta deb. en face l'un de l'autre, — le premier a la tête laurée et tient de la main g. un volume, l'autre a la tête nue (Æ. MM. R^7. = 100 fr. Mion. R^5. = 60 fr. — C'est la m. mon. qui a été décrite à tort par Mionnet à **Antioche de Pisidie**, voy. sa Descr. T. III, p. 496, n° 26). — Elagabal: IMP·CAES·M·AVR·AN-TONINVS. Sa t. laurée, à dr. ℞: COL·IVL·AVG·CREMNA. Aigle légionnaire entre deux enseignes militaires (Æ 7. — R^6. = 25 fr. Mion. R^4. = 12 fr.); *autre:* IMP·M·AVR·ANT·P·F·AVG. Même t. ℞: AVG·COL·CREM. Même type (Æ 6. — R^4. = 12 fr. Mion.). — Tranquilline: SAB·TRAN-

QVILLINAM·AVG. Sa t. sur un croissant. ℞: COL·CREMNENSIVM. (sic). Dionysos nu deb. à g., à ses pieds, une panthère accroupie à terre (Æ 5. — R⁷. = 30 fr. Mion.). — Etruscille: HEREN·ETRVSCILLA·AVG. T. d'Etruscille sur un croissant. ℞: COL·IVL·AVG·FE·CREMNA. T. de Trajan Dèce entre celle d'Herennius et d'Hostilien au-dessus d'un aigle, les ailes éployées (Æ 9. — R⁷. = 60 fr. Mion. R⁵. = 48 fr.); autre, semblable (Æ. MM. R⁸. = 100 fr. Mion. R⁵. = 60 fr. d'après Vaillant, Num. in col. percussa). — Aurélien: IMP·C·S·L·DOM·AVRELIANO. Son buste drapé et lauré, à dr. ℞: DONAT—IO·COL·CRE. *Urne* des jeux, av. deux palmes, posée sur une table (Æ. 25 mill. — R⁸. = 60 fr. — Incon. à Mion. — Waddington, Rev. Num. 1853, p. 38, et *Numism. Chron.* 1861, p. 221). — Sur les mon. de Kremna voy. encore: Köhne, Berliner Blätter f. Münzk. II, p. 185. — *Sitzungsberichte* der Preuss. Akademie, 1879, p. 337: Æ. Tête d'Hermès. ℞: KPH. Caducée. Lieu de la trouvaille: Kremna. — *Rev. Numism.* 1853, p. 37, 38. — *Numism. Chron.*, 2 Série, I, 221 (KPH. Partie antér. d'un lion). — Sestini, Lett. di Continuaz. VIII, 90; VI, 74; Grote, Münzstudien III, 134. — *Annali* dell' Inst. e Corr. arch. di Roma, 1861, p. 148. — *Numism. Chron.* X, 95. — Sur **Kretopolis** ville située au Sud, à peu de distance de Kremna, consultez: *Num. Chron.* X, 94. — Fox, Engravings, 11, 122: Æ. t. de Zéus. ℞: KPH. Foudre. — *Rev. Numism. Fr. An.* 1853, p. 37. [Comme lieu de provenance Borrell signale Adalia, — Waddington trouva cette mon. à Ghirme de l'ancienne Kremna; l'attribution de Mion. S. V, 32, 173 à **Cratea** Flaviopolis de Bithynie, est fausse, car la mon. est de la fabrique pisidienne.] —

148. CAΓΑΛΑCCOC.

Sur les mon. de **Sagalassos** en Pisidie, qui sont: **Autonomes** en Æ: Tête laurée de Zéus, à dr. ℞: ΣΑΓΑΛΑΣ—ΣΕΩΝ. Corne d'abond. ornée de ténies (Æ. 18 mill. — Gr. 3,90. — R⁸. = 150 fr. — Imhoof-Blumer, Monn. Gr. p. 338, n.⁹ 82. — Incon. à Mion. [C'est la moitié du didrachme gravé dans Mion. S. VII, Pl. V, 1 et qui pèse gr. 7,98.] — M. Imhoof pense que ces mon. sont contemporaines des tétradrachmes du roi Amyntas de Galatie, et datent du temps d'Auguste). *Autre*: T. laurée de Zéus, à dr. ℞: ΣΑΓΑΛΑΣΣΕΩΝ. Niké marchant à g., ten. d. la m. droite une couronne et d. la g. un pend de sa robe (Æ 6. — R⁸. = 300 fr. Mion. R⁶. = 100 fr. Grav. ib. à la Pl. V du T. VII de son Suppl. n.º 1). — **Autonomes en bronze**: T. de Zéus, à dr. ℞: CAΓA. Deux boucs combattant, — au milieu, un vase sur un pied élevé (Æ 3. — R⁴. = 9 fr. Mion.); *autre*, ayant pour symbole un crâne de boeuf (Æ 3. — R⁴. = 9 fr. Mion.); t. d'Héraklès barbue et diadémée, à dr. ℞: CAΓ. dans une couronne de laurier (Æ 2½. — R⁴. = 9 fr. Mion.); t. d'Athéné. ℞: ΣΑΓΑΛΑΣΣΕ. Niké marchant à dr. (Æ 4. — R⁴. = 8 fr. Mion.); t. radiée de Hélios, à dr. ℞: CAΓ. Cep de vigne chargé de raisin, et deux épis joints ensemble (Æ 5. — R⁵. = 15 fr. Mion.). — **Impériales** depuis Auguste jusqu'à Claude le Gothique (av. intervalles). — **Auguste**: Sans lég. Sa t. nue. ℞: CAΓAΛACCEωN. T. barbue et diadémée de Zéus (mal décr. d. Mion. T. III, p. 512, n.º 109). (Æ 4. — R⁷. = 30 fr. Mion. R⁵. = 15 fr.). — **Néron**: NEPωNA·CEBACTON. Sa t. laurée. ℞: CAΓAΛACCEωN. Zéus à demi-nu, assis, à g. ten. une pat. Niké et une haste

($\mathcal{E}$ 6. — R^5. = 20 fr. Mion.). — Nerva: ΝΕΡΟΥΑC·ΚΑΙCΑΡ·CΕΒΑC. T. laurée de Nerva, à dr. ℞: CΑΓΑΛΑCCΕΩΝ. Arès deb., ten. de la m. dr. une Niké et d. la g. le *paraxonium* ($\mathcal{E}$ 8. — R^7. = 48 fr. Mion.); *autre*: ΝΕΡΟΥΑC·ΚΑΙCΑΡ. Même t. ℞: CΑΓΑΛΑCCΕΩΝ. Les Dioscures deb., armés de la haste, et ayant chacun une étoile sur la t. * ($\mathcal{E}$ 4 1/2. — R^8. = 30 fr. Mion. — Cette mon. a été mal lue par Mionnet, — la lég. doit se lire: ΑΛΙΚΑΡΝΑCCΕΩΝ comme je la trouve sur un exempl. bien conservé de ma collection); Même lég. et m. t. ℞: CΑΓΑΛΑCCΕΩΝ. Hadès nu, enlevant Perséphone ($\mathcal{E}$ 4. — R^8. = 30 fr. Mion.); ΝΕΡΟΥΑC—ΚΑΙCΑΡ. Sa t. laurée, à dr. ℞: CΑΓΑΛΑ—CCΕΩΝ. Hermès vêtu d'une chlamyde, allant à g., ten. de la m. dr. un caducée et de la g. Dionysos enfant qui élève la main. Grenetis de perles ($\mathcal{E}$. 20 mill. — R^8. = 40 fr. — Incon. à Mion. — Publ. par Arthur Löbbecke, d. la Zeitschr. f. Numism. Bd. XII, p. 328. — Cf. Imhoof, Monn. Gr. p. 339). — Domitien: Lég. vicieuse, peut-être: ΑΥΤΟ·ΚΑΙ·ΘΕ·ΥΙ·ΔΟΜΙΤΙΑΝΟΣ·ΣΕ·ΓΕΡ. Sa t. laur. av. une contre-marque douteuse. ℞: ΣΑΓΑΛΑΣΣΕΩΝ. Temple tétrastyle dans lequel est la Tyché ($\mathcal{E}$ 9. — R^6. = 40 fr. Mion. R^4. = 24 fr.). — Hadrien: ..... ΑΔΡΙΑΝΟC ...... Sa t. laurée. ℞: CΑΓΑΛΑCCΕΩΝ. Zéus à demi-nu, assis, ten. une pat. Niké et une haste, à ses pieds un aigle ($\mathcal{E}$ 6. R^4. = 12 fr.); *autre*, av.: ΟΛΥΜΠΙΟC·ΑΔΡΙΑΝΟC. Sa t. laurée, à dr. av. le *paludamentum* et cuirasse. ℞: Même lég. Arès debout, ten. une pat. Niké et une lance transversale ($\mathcal{E}$ 7. — R^7. = 60 fr. Mion.); *autre*: ℞: CΑΓΑΛΑCCΕΩΝ. Tyché deb. à g., d. le champ, un pavot entre deux cornes d'abondance ($\mathcal{E}$ 5. — R^8. = 40 fr. — **Inédite**. — Voy. Cat. de la vente Borrell, Londres 1852, lot n° 264. Vend. 9 sh. [Fox]). — Antonin le Pieux: ΑΥΤ·ΚΑΙ·ΑΝΤΩΝΙ ... Sa t. laurée. ℞: CΑΓΑΛΑCCΕΩΝ. Homme nu marchant ($\mathcal{E}$ 4 1/2. — R^7. = 24 fr. Mion.). — Marc-Aurèle: ΑΥΤ·Κ·Μ·ΑΥΡ·ΑΝΤΩΝΕΙΝΟC·ΑΥΓ. Sa t. laur. et imberbe, à dr. ℞: CΑΓΑΛΑC—CΕΩΝ. Lion, dressé sur ses pattes de derrière, bondissant à g. A l'exergue, une *branche* ($\mathcal{E}$. 24 mill. R^8. = 40 fr. — **Incon.** à Mion. — Publ. par Imhoof-Blumer, d. ses: Monn. Gr. p. 338, n° 83, et son: *Choix*, Pl. V, n° 165. — Cf. *Num. Chron.* 1861, p. 221); *autre*: Lég. emportée. Même tête. ℞: ΛΑΚΕΔΑΙΜΩΝ·CΑΓΑΛΑCCΟC. Héros Lakédémonien debout, couronné par le Génie de la ville de Sagalassos ($\mathcal{E}$ 9. — R^4. = 24 fr. Mion.); — ΜΑΡ·ΑΥΡ·ΑΝΤΩΝΙΝΟC. Sa t. laurée. ℞: CΑΓΑΛΑCCΕΩΝ. Hadès assis ten. une patère et la haste; à ses pieds, Cerbère ($\mathcal{E}$ 7. — R^4. = 12 fr. Mion.); — lég. emportée. Sa t. à dr. ℞: Même lég. Apollon en habit de femme, deb., ten. un rameau de la m. dr., à la g. appuyée sur une colonne ($\mathcal{E}$ 6. — R^4. = 12 fr. Mion.); — ΑΥΤ·ΚΑΙ·ΑΥ·ΑΝΤΩΝΕΙΝΟC·CΕΒ. Sa t. laurée av. le *paludamentum*. ℞: ΛΑΚΕΔΑΙΜΩΝ·CΑΓΑΛΑCCΟC. (Alliance de Sagalassos av. Lakédémone). Dioscures deb., vus en face, chacun av. un astre sur la t., av. leurs chevaux, et armés d'une haste, — au-dessus, un croissant ($\mathcal{E}$. MM. — R^4. = 40 fr. Mion.). — M. Aurèle, L. Vérus et Faustine jeune: ΑΥΤΟΚΡΑΤΟΡΑC·ΑΝΤ ...... ΟΥΗΡ. T. affrontées et laurées de M. Aurèle et de Lucius Verus, av. une contre-marque. ℞: ΦΑΥCΤΕΙΝΑΝ·CΕΒ·CΑΓΑΛΑCCΑΙΩΝ. (Sic). T. de Faustine Jeune, à dr. ($\mathcal{E}$ 4 1/2. — R^6. = 15 fr. Mion.). — Septime-Sévère: ΑΥΤ·Κ·Λ·CΕΠΤ·CΕΟΥΗΡΟC·ΑΥΓ. Sa t. laurée. ℞: CΑΓΑΛΑCCΕΩΝ. Tyché deb. d. un temple tétrastyle, le fronton orné de statues et de trophées ($\mathcal{E}$ 9. —

R⁴. = 24 fr. Mion.); *autre*: ℞: Même lég. Type ordinaire d'Asklépios deb. (Æ 9. — R⁴. = 24 fr. Mion.); AVT·KAI·Λ·CEΠT·CEOVHPOC·ΠEPTI. Sa t. laurée. ℞: CAΓAΛACCEΩN. Le dieu Mèn, couvert du bonnet phrygien, av. un croissant sur les épaules, deb., à g., ten. de la dr. la pomme de pin, et de la g. une haste (Æ 7. R⁴. = 12 fr. Mion.). — Julia Domna: Lég. emportée. Sa t. ℞: CAΓAΛACCEΩN. Niké deb. (Æ 7. — R⁴. = 12 fr. Mion.). — Caracalla: .... Sa t. ℞: Même lég. comme sur la p. précéd. Le dieu *Mèn* deb. ten. une patère et la haste, — à ses pieds, un taureau (Æ 7. — R⁴. = 12 fr. Mion.); *autre*: AVT·K·M·AV·ANTΩNINOC·CE. Buste lauré et drapé de Caracalla ou d'Elagabal, à dr. ℞: CAΓAΛAC—COC. Tyché tourelée assise sur un siège à g. ten. sur la m. dr. Niké tournée à dr., et de la g. une corne d'abond. (Æ 34 mill. R⁶. = 50 fr. — **Incon**. à Mion. — Imhoof-Blumer, Monn. Gr. p. 339, n° 83a. Le nom de la ville est au Nominatif, comme TITVACCIC·ΠEPΓH, CIΔH etc.). — Plautille: ΠΛAVTIΛΛA·CEBACTH. Sa t. à dr. ℞: CAΓAΛACCEΩN. Enfant nu deb., portant la m. dr. à sa bouche, et tenant de la g. une corne d'abond. (Æ 5. — R⁸. = 40 fr. Mion.). — Elagabal: AVT·KAICAP·ANTΩNINOC. Sa t. laurée av. le *paludament* sur la poitrine. ℞: CAΓAΛACCEΩN. Colonne surmontée d'un grand A., entre deux cippes ou autels, chacun au milieu d'un temple distyle ou un arc (Æ 9. — R⁴. = 30 fr. Mion.). — Macrin: .... MAKPEINOC·AV. T. laurée de Macrin, à dr. ℞: CAΓAΛACCEΩN. Deux autels, — au-dessus, un astre, chacun dans un temple distyle, — entre les deux temples, une colonne (Æ 6½. — R⁷. = 40 fr. Mion.). — Diaduménien: M·OΠEΛ·ANTΩNINOC·ΔIAΔOVMENIANOC·KAI. Sa t. nue, à dr. la poitrine cuirassé. ℞: ΛAKEΔAIM .... CAΓAΛACCEΩN. Diaduménien deb., en habit militaire, ten. une patère, — une femme deb., ten. une corne d'abondance, une couronne (Æ 8. — R⁸. = 70 fr. Mion. R⁶. = 48 fr.); *autre* ℞: CAΓAΛACCEΩN. Type de la Tyché (Æ 4. — R⁶. = 18 fr. Mion.). — Maxime: MAZIMOC·K. Sa t. nue, à dr. ℞: CAΓAΛACCEΩN. Tyché deb. à g. et un monogr. composé des lettres: IA—C. (Æ 4. — R*. — **Inédite**. — 60 fr. — *Ma collection*). — Gordien le Pieux: ... ΓOPΔIANOC .... Sa t. laurée. ℞: CAΓAΛACCEΩN. Zéus deb. (Æ 7. — R⁵. = 24 fr. Mion.). — Sévère-Alexandre: AV·K·M·Λ·CE·AΛEZANΔPOC·CE. Sa t. laurée, à dr. ℞: CAΓAΛACCEΩN. Femme voilée et tourelée assise sur un rocher, à g. ten. une branche, — à ses pieds, un fleuve sortant de terre (Æ 7. — R⁴. = 12 fr. Mion.); *autre*: Publiée par Arthur Löhbecke d. la Zeitschr. f. Num. (Bd. VII, p. 57, 11, fig.). — Etruscille: EPEN·ETPOVCKIΛΛA·CE. Sa t. av. un croissant derrière le dos. ℞: CAΓAΛACCEΩN. Deux autels ornés d'un croissant et d'une étoile, chacun sous un portique, au milieu, une colonne (Æ 6. — R⁴. = 12 fr. Mion.). — Herennius Etruscus: KOVI·EPEN·ET·ME·ΔEKIOC. Sa t. à dr. ℞: CAΓAΛACCEΩN·ΠPΩTHC·ΠICIΔΩN·ΦIΛHC·CVNMAKOV·PΩMAIΩN. écrit en deux lignes circulaires autour du champ. Niké allant à g., ten. une couronne et une palme (Æ 9½. — R⁸. = 120 fr. Mion. R⁷. = 60 fr. Cf. Pons, Opusc. posthumes, Aix 1836, *Gr*. ib. à la Pl. qui suit la p. 40). — Volusianus: VEΛ·OVOΛOVCCIANO (sic). Sa t. laurée à dr. ℞: CAΓAΛACCE ..... KE ..... Femme assise sur un lion courant à droite (Æ 9. — R⁴. = 24 fr. Mion.); *autre*: ... Γ... OV·OVOΛOVCI. Même t. ℞: CAΓAΛACCEΩN. Niké debout (Æ 5. — R⁴. = 8 fr. Mion.); *autre*: AV·ΓAΛ·ΓAΛOVCA·

ΟVΟΛΟVCΙΑΝΟC. Sa t. laurée, av. le *paludamentum*. ℞: CΑΓΑΛΑC-CEωN. Homme à demi-nu, d'une haute stature, — la m. dr. levée sur sa tête, et saisissant de la g. par les cornes un taureau courant, — entre les jambes de l'animal on lit: ΚΕCΤΡΟC. (nom d'un Fleuve). — (Æ. MM. — R⁷. = 100 fr. Mion. R⁴. = 40 fr.) — Valérien Père: ΑV·Κ·Π·Λ·ΟVΑΛΕ-ΡΙΑΝΟC. Sa t. laurée, à dr. av. le *paludamentum*. Devant, I. ℞: CΑΓΑ-ΛΑCCEUN. (sic). Zéus Sérapis deb. à g. vêtu de la toge, la m. dr. levée, et un sceptre d. la g., d. le champ, I. (Æ 8½. — R⁴. = 24 fr. Mion.); *autre*: Même droit. ℞: ΡωΜΑΙωΝ·CΑΓΑΛΑCCΑΙωΝ· (sic) ΠΡωΤΗC·ΠΙCΙΔωΝ· ΚΑΙ·ΦΙΛΗC·CVΝΜΑΧωV. Au centre un I et deux mains jointes (Æ 9. — R⁸*. = 80 fr. Mion. R⁶. = 30 fr. — Cat. de la vente Iwanoff, Londres 1863, p. 56, lot n° 493. Vend. 2 ₤ 3 sh. [Curt]. — Claude le Gothique: ΑV·Κ·Μ·ΑVΡ·ΚΛΑVΔΙΟΝ. Sa t. laurée, av. le *paludamentum*. ℞: CΑΓΑ-ΛΑCCEωΝ·ΚΕCΤΡΟC. Fleuve Kestros couché. Dans le champ, Ç. (Æ 9. — R⁶. = 48 fr. Mion.); m. lég. et m. t. Devant, I. ℞: ΔΗΜΟC·CΑΓΑΛΑC-CEωN. Le Génie du peuple de Sagalassos présentant la main à Claude deb., dans le champ, I. (Æ. MM. — R⁷. = 80 fr. Mion. R⁶. = 50 fr. — Museo Pisani, T. I, Pl. LXXI, n° 2); *autre*, même lég. mais après le mot ΚΛΑV-ΔΙΟΝ la lettre Κ. Sa t. laur. à dr. Devant, la lettre I et une t. barbue en contre-marque, avec CE. ℞: CΑΓΑΛΑCCEωN. Kybèle assise (Æ 11. — R⁶. = 100 fr. Mion.); ΑV·Κ·Μ·ΑVΡ·ΚΛΑVΔΙΟΝ. Son buste lauré et drapé, — devant lui, I. ℞: CΑΓΑΛΑCCEωN. Hermès nu coiffé du *pétase*, assis sur un rocher, à dr., de la m. dr. baissée il tient le caducée, et sur la g. *Dionysos* enfant (Æ. 32 mill. — R⁸. = 60 fr. — Incon. à Mion. — Publ. par Imhoof-Blumer, d. ses: Monn. Gr. p. 339, n° 84 et dans: Choix, Pl. IV, n° 166. — Coll. du major Markl à Linz); *autre*: Même lég. et m. t. ℞: Même lég. Apollon à demi-nu, assis sur un siège, à g., ten. le *plectrum* de la m. dr., sa lyre est posée sur un cippe (Æ. MM. — R⁴. = 48 fr. Mion.); même lég. et m. t. ℞: ΑCΓΑΛΑCCEωN. (sic). Figure virile à moitié nue, peut-être Apollon, assis, tourné de dr. à g., ten. une haste et un rameau, — à ses pieds, un trophée (Æ 9. — R⁶. = 48 fr. Mion.); même lég. av. ΚΛΑVΔΙΟC. et m. t. ℞: CΑΓΑΛΑCCEωN. Le dieu Mèn à cheval, vêtu du *paludamentum*, av. le bonnet phrygien et un croissant sur les épaules, ten. une patère de la m. dr. et le frein de la g. (Æ 9. — R⁷. = 80 fr. Mion. R⁶. = 40 fr.); même lég. et m. t. ℞: Même lég. Même type (Æ 9. — R⁶. = 40 fr. Mion.); ΑVΤ·Κ·Μ· ΑVΡ·ΚΛΑVΔΙΟΝ. Sa t. laur. av. le *paludamentum*. ℞: CΑΓΑΛΑCCEωN. Hadès à dr., debout, ten. une torche allumée, sur un char traîné par deux serpents ailés, — d. le champ, un épi (Æ 10. — R⁶. = 100 fr. Mion., auj. au Cab. de Münich); même lég. Sa t. laur. av. une contre-marque représentant une t. de Pallas. ℞: ΑΛΕΞΑΝΔΡΟC·CΑΓΑΛΑCCEωN. Fig. virile nue, deb., ou Alexandre de face, la m. dr. levée, — le pied g. sur une base, à dr. Claude II à cheval, frappant un ennemi en fuite, qui a également le pied dr. sur une base, et se retournant vers Alexandre, — d. le champ, d'un côté, un épi, de l'autre I, ou le *parazonium* (Æ 9. — R⁶. = 48 fr. Mion.); même lég. Buste de Claude lauré, la m. dr. armée d'un bouclier, orné de la tête de Gorgone, et la g. d'une haste, — devant, I. ℞: CΑΓΑΛΑCCEωN. (sic). Lion marchant à g., le pied dr. levé pour saisir une flèche qu'il tient dans sa gueule (Æ. MM. — R⁴. = 24 fr. Mion.); *autre*: ℞: CΑΓΑΛΑCCEωN.

Lion marchant tourné à g. (Æ 9. — R⁴. = 24 fr. Mion.); *autre:* m. lég. Lion courant à g., dessous une *massue* (Æ 9. — R⁴. = 24 fr. Mion.); *autre:* AV·K·M·AV·KΛAVΔION. Sa t. laurée av. le *paludamentum*. ℞: CAΓA-ΛACCEΩN. Temple tétrastyle, sur le fronton duquel est une pyramide surmontée d'un globe et d'un croissant, entre deux figures, une, ten. une haste, — au milieu du temple, la Fortune (Tyché), — au bas, une couronne en contre-marque (Æ. MM. — R⁴. = 50 fr. Mion.); *autre:* Tyché, av. ses attributs ordinaires, d. un temple tétrastyle (Æ 9. — R⁴. = 24 fr. Mion. — Banduri, I, p. 336: deux pet. fig. sur le haut du temple). — *Autre:* AV·KM·AV—P·KΛAVΔIO. Son buste lauré et orné du *paludamentum*, à dr. Devant, I. Sur la poitrine une aigle en contre-marque. ℞: CAΓA—Λ—ACCEU(N). Guerrier armé deb. à g. ten. d. la m. dr. levée une Niké et de la g. une lance (Æ. 35 mill. — R⁸. = 70 fr. — Incon. à Mion. — Publ. par Arthur Löbbecke, d. la Zeitschr. f. Num. Bd. XII, p. 328). — Salonine: … CA-ΛΩNEINA. Son buste sur un croissant, à dr. Devant, Ϲ. ℞: CAΓAΛ—A—CCEΩN. Niké marchant à dr. et portant un trophée sur son épaule (Æ. 30 mill. — R⁸. = 50 fr. — Incon. à Mion. — Publ. par Arthur Löbbecke, voy. *ibid.* p. 328). — Sur les mon. de Sagalassos, voy. encore: Fox, Engravings, II, n° 124 (Æ. T. d'Athéné), n° 125 (Tyché). — *Numism. Chron.* X, 97, 98; *id.* 2 Série I, 221, 222. — Köhne, Berl. Bl. f. Münz-, S.- u. Wappen-kunde, II, p. 186, 187. — *Rev. Num. Fr.* An. 1853, p. 44. — Sestini, Lettere di Contin. VIII, p. 91, 92; *id.* VI, p. 75 et VIII, p. 93. — Pinder et Friedländer, Beitr. z. ält. Münzk. Berlin 1851, I, p. 81. — Cat. de la coll. Sabatier. St. Pétersbourg 1852, v. p. 142. — Cat. L. Welzl de Wellenheim, Vienne 1844, v. le n° 6170. —

149. TITYACCIC.

Sur une mon. autonome de la ville de Tityassos en Pisidie: TITY-ACCIC. Moitié d'un sanglier bondissant. ℞: MHTPOC. Temple tétrastyle, — à g. un serpent dressé (Æ 4. — R*. = 300 fr. — Mion. S. VII, p. 141, n° 240. — R*. = 200 fr.). — [Le nom de cette ville a été estropié par les copistes de Strabon au moyen-âge, — on y lit: Pityassos au lieu de Tityassos; c'est encore à la Science Numismatique qu'on doit le véritable nom de la ville (dont les monn. sont extrêmement rares); parmi les Impériales connues je citerai les suivantes]: Commode: AV·K·M·AV·KO—MOΔOC Ϲ—EB. Buste lauré et drapé de Commode barbu, à dr. ℞: TITV—ACCE—ИΩ. *Temple* tétrastyle (Æ. 23 mill. — R⁸*. = 200 fr. — Incon. à Mion. — Publ. par Imhoof-Blumer, d. ses: Monn. Gr. p. 345, n° 111). — Hadrien: AV·KAI·TPA·AΔPIANOC·CEB. Sa t. laurée av. le *paludamentum*. ℞: TITY-ACCEΩN. Temple hexastyle, — sur le fronton, un globe (Æ 7. — R⁸. = 150 fr. Mion. R⁸. = 60 fr. — Cf. Cat. de la vente H. P. Borrell, Londr. 1852, p. 32, lot n° 286. Vend. 5 £ 10 sh. [Fox]. — Antonin le Pieux: Lég. et la t. d'Antonin le Pieux. ℞: Même lég. Temple tétrastyle, sur le fronton, un globe (Æ 7. — R⁸. = 200 fr. Mion. R⁸. = 60 fr.); *autre:* Inédite: AV·KAI·—ANTΩNEIN. Sa t. laurée, à dr. ℞: TIT—YAC—CEΩN. Zéus-Aétophore assis, à g. ten. une patère de la m. dr. et sa g. appuyée sur une haste (Æ 5. — R⁸*. = 70 fr. — Incon. à Mion. — *Ma collection*). — Géta: ΠO·CEΠTI·ΓETAC·K. Sa t. laurée, av. le *paludamentum*. ℞: TITYAC-

CEΩN. Zéus assis, à g., ten. une patère de la m. dr. et une haste de la g. (Æ 4. — R^8. = 70 fr. Mion. R^8. = 40 fr.). — Sur les mon. de cette ville consultez: *Numism. Chron.* X, 88 (Correction de Mion. S. VII, 22, 89). — Sestini, Lettere di Continuazione, III, p. 97: mon. d'Hadrien, Antonin le Pieux et de Géta. —

150. ICAVPIA.

Pour cette légende au *Nominatif* qui se trouve sur une mon. de Tarsos, voy. le n.° 136 de cette monographie. On ne connait que des monnaies Impériales de la ville d'Isauros en Isaurie qui sont: Marc-Aurèle: AV... ANTΩNEINOC·CEB. Sa t. laur. et barbue, à dr. av. le paludamentum. ℞: KOINON·ICA. Temple tétrastyle, sur le fronton un petit disque, — à l'exergue, les lettres: ET·O (an 70). (Æ 6½. — R^8. = 200 fr. Mion. S. VII, p. 143, n.° 1. — R^8. = 100 fr.). — Julia Domna: IOYΛIA ΔOMNA CEBAC. Sa t. ℞: MHTPOΠOΛEOC·ICAYPΩN. Pallas marchant à dr, lançant la foudre de la m. dr., le bras g. couvert de l'égide et tenant un javelot (Æ 8. — R^8. = 250 fr. — Inc. à Mion. — *Cab. de France.* — Publ. par Waddington d. la *Rev. Num. Fr.* An. 1883, p. 38, n.° 1). — Caracalla: — AV·K·M· AV·—ANTΩNEINOC. Buste lauré et drapé de Caracalla jeune, à dr. ℞: MHTPOΠO—ΛEΩC ICAV—PΩN. Temple tétrastyle, — au milieu une *colonne* surmontée d'un *buste barbu*, à dr. (Æ. 26 mill. — R^8. = 150 fr. — Inc. à Mion. — Publ. par Imhoof-Blumer, d. ses: Monn. Gr. p. 346, n.° 112. — Cf. Cat. de la vente Iwanoff, Londres 1863, p. 57, lot 498. Vend. 4 £ [Curt]. — *Autre:* AV·K·M·AV·ANTΩNINOC. Son buste lauré, la poitrine cuirassée. ℞: MHTPOΠOΛEΩC·ICAYPΩN. Hermès deb. en habit court, ten. le caducée et appuyé sur la haste, — il donne la main à Héraklès nu et deb. av. sa massue, — au milieu, une biche couchée, la t. retournée (Æ 6½. — R^8. = 150 fr. — Incon. à Mion. — Musée Britannique. — Publ. par Waddington, voy. Rev. Num. Fr. An. 1883, T. I, p. 39). — Même buste (Mion. III, p. 531, n.° 6, pense que la t. est d'Elagabal, mais M. Waddington, ib. p. 39, a corrigé son erreur ainsi que la description inexacte de de la pièce elle-même) et mêmes légendes. ℞: Apollon nu, la t. laurée, deb. et ten. un rameau de laurier, — il tend la m. à une fig. militaire deb. appuyée sur la haste, au milieu un cerf couché (Æ 6. — R^8. = 100 fr. — *Cab. de France* et *Cab. de Berlin.* — La mon. que Mion. T. III, p. 536, n.° 6 attribue à Elagabal et qu'il estime aussi 100 fr., est à supprimer). — *Autre:* Même buste et légendes. ℞: Buste barbu lauré posé sur une colonne, au milieu d'un temple tétrastyle, dont les deux colonnes extérieures sont Ioniques et cannelées, et les deux intérieures, Korinthiennes et torses (Æ 7. — R^8. = 150 fr. — Incon. à Mion. — Cab. de France et anc. coll. Wigan. Publ. par Waddington, v. Rev. Num. Fr. 1883, p. 39, n.° 4). — *Autre:* Même buste et légendes. ℞: Héraklès nu deb., la m. dr. appuyée sur sa massue, et ten. de la g. la dépouille du lion (Æ 7. — R^{8*}. = 250 fr. — Coll. Waddington. — Incon. à Mion.). — *Autre:* Même buste et légendes. ℞: Femme assise à g., ten. des épis de la dr. et une corne d'abond. de la g., le tout d. un temple tétrastyle, sur le sommet duquel est une Niké (Æ 7. — R^8. = 150 fr. — Coll. Waddington. — Incon. à Mion. — Publ. par Waddington, d. la Rev. Num. Fr. 1883, p. 39, n.° 6). — Géta: ΠO·CEΠ·ΓETAC· K. Sa t. nue. ℞: MHTPOΠOΛEΩC·ICAYPΩN. Héraklès deb. (Æ 5. —

R^8. = 150 fr. — Coll. Waddington et Musée Britannique. — **Incon.** à Mion. — Publ. par Waddington, d. la Rev. Num. Fr. 1883, p. 39, n.° 7). — [*Remarque.* Le nom de la ville est au pluriel τὰ Ἴσαυρα, — l'ethnique est Ἰσαυρεύς. Il ne faut donc pas traduire la lég. des monnaies: „de la métropole des Isauriens", mais „d'Isaura métropole" comme Τάρσου μητροπόλεως, Ἀναζάρβου μητροπόλεως.] — Sur les monnaies d'**Isauros** voy. encore: Cat. de Moustier, Paris 1872, p. 163 (n.° 2521, la mon. prétendue d'Elagabale. Vend. 60 fr.). — Grote, Münzstudien, III, 134 (Héraklès). — *Revue Num. Franç.* 1853, p. 214: une mon. byzantine av. le nom de cette ville. —

151. ΛYKAONIA.

Lég. au *nominatif* sur une mon. de Tarsos. Voy. le n.° 136 de cette monographie. —

152. LVSTRA.

Lég. sur les mon. de la ville de **Lystra** en Lykaonie qui ont été découvertes depuis Mionnet. Ces mon. sont des **Impériales** aux effigies des empereurs suivants: Auguste: IMPE·AVGVSTI. T. laurée d'Auguste à g., derrière, une corne d'abondance. ℞: COL·IVL — FEIC.... — LYSTRA. Prêtre conduisant deux boeufs bossus, à g. (Æ 6. — R*. = 200 fr. — Coll. Waddington qui l'a publ. d. la Rev. Numism. Fr. An. 1883, Tom. I de la nouvelle Série, p. 57—58). — Trajan: — TRAI·AVG....? Tête de Trajan(?) laurée, à dr. ℞: COL·IVL·LVS. Tête casquée, à g. (Æ. 19 mill. — R^8. = 70 fr. — **Incon.** à Mion. — Publ. par Imhoof-Blumer, d. ses: Monn. Gr. p. 347, n.° 120). — Marc-Aurèle: IMP·CAES·M·AVR·ANTONINVS. Buste lauré et drapé de Marc-Aurèle, à dr. ℞:(COL·IV)L — FEL·GEM. et à l'exergue LVSTRA. Colon conduisant un attelage de deux zébous à g. (Æ. 26 mill. — R^8. = 100 fr. — **Inconnue** à Mion. — Imhoof-Blumer, ibid. p. 347, n.° 121. [Ce sont les premiers monuments, qui nous apprennent que Lystra a été colonie romaine et a frappé monnaie.] —

153. PARLAIS.

Lég. sur les mon. de la ville de **Parlais** en Lykaonie. Ces mon. sont très-rares et on n'en connait que des **Impériales** aux effigies des empereurs suivants: Marc-Aurèle: IMP·M·AVR·ANTONINVS. Sa t. laurée. ℞: IVL· AVG·COL·PAR[L]A.... Femme tululée ten. d. la m. g. une corne d'abond. et de la dr. une enseigne militaire (Æ 5. — R^7. = 80 fr. — Mion. S. V, Mysie, n.° 736 la décrit d'après Vaillant à Parium: Æ 5. — R^4. = 8 fr.). — Lucius Verus: L·AVRELIO·VERO. Sa t. laurée. ℞: ... PARLAIS·CO. Mên deb., un croissant sur les épaules, la dr. appuyée sur une haste, et ten. de la g. une Niké, — à ses pieds, un coq (Æ 6. — R^7. = 60 fr. Mion. S. VII, Lykaonie, n.° 8. Æ 6. — R^5. = 24 fr. — Eckhel, Sylloge I, p. 53. — Waddington, Rev. Num. Fr. 1883, T. I, p. 59, n.° 2). — Commode: ... COMMOΔVS. Sa t. laurée. ℞: IVL·AVG·COL·PARLA... Mên deb. à dr., ten. de la g. une pomme de pin, à ses pieds, un coq (Æ 5. — R^8. = 50 fr. **Incon.** à Mion. — Coll. Waddington, pièce fruste. Voy. Rev. Num. 1883, p. 59, n.° 3). — Septime-Sévère: [IMP·]CAES·L·SEPT·SEVERVS·P. Sa t. laurée. ℞: IVL·AVG· COL·PARLAIS. Asklépios et Hygieia deb., av. leurs attributs, — au milieu, Télesphore (Æ 6½. — R^7. = 60 fr. Mion. III, p. 537, n.° 19. — R^5. =

24 fr. — Cab. de Münich); autre : IMP·CAES·L·SEP·SEVERVS. Son buste lauré et cuirassé, à g. ℞: IVL·AVG·COL·PARLAIS. Mèn coiffé du bonnet phrygien; deb. à dr., le croissant sur les épaules, une pomme de pin sur la main g., s'appuyant de la dr. sur un sceptre et du pied gauche sur une tête de boeuf (Æ 23 mill. — R^s. = 100 fr. — Incon. à Mion. — Imhoof, Monn. Gr. p. 347, n.° 118. — Coll. Waddington et feu Lambros); autre : IMP· CAES·L·SEP·SEVER·P. Sa t. laurée, à dr. ℞: IVL·AVG·COL·PARLAI. Femme tutulée deb., ten. de la m. g. une corne d'abondance, et la dr. appuyée sur une enseigne militaire (Æ 7. — R^s. = 100 fr. — Incon. à Mion. — Cab. de France). — Autre : IMP·CAES·L·S[EP]T·SEVERVS. Sa t. laurée. ℞: IVL·AVG·COL·PARLAIS. Tyché deb. (Æ 5. — R^6. = 70 fr. — Incon. à Mion. — Burgon, Cat. de la coll. Pembroke, n.° 1135). — Julia Domna: IVLIA·AVGVSTA. Sa t. à dr. ℞: IVL·AVG·COL·PARLAIS. Tyché deb. av. ses attributs (Æ 5. — R^s. = 70 fr. Mion. R^6. = 18 fr. — Waddington, Rev. Num. Fr. 1883, p. 60, n.° 9). — Autre : IVLIA·DOMNA·AVG. Sa tête, à g. ℞: IVL·AVG·COL·PARLAIS. Mèn deb., coiffé du bonnet phrygien, portant sur sa main g. la pomme de pin, le pied gauche posé sur une tête de boeuf (Æ 5. — R^6. = 48 fr. Mion. R^5. = 24 fr. — Cf. Haym, Thes. Brit., t. II, p. 239, Pl. XIV, n.° 7, où la mon. n'a pas été décrite av. exactitude); — autre : T. de Julia Domna. ℞: IVL·A·COL·PARLAIS. Pallas deb. (Æ 5. — R^s. = 70 fr. Mion. R^6. = 18 fr. — Cf. Panel, Mém. de Trévoux, octob. 1737. — Waddington, Rev. Num. Fr. An. 1883, p. 60, n.° 10). — Gallienus: ΓΑΛΛIΗΝΟC·IΑ. Buste cuirassé de Gallien, à droite. ℞: ΠΑΔΛΑΙΕШΝ. (sic). Une grande urne sur une table (Æ 5½. — R^s. = 80 fr. Mion. III, p. 537, n.° 21. — R^6. = 30 fr. C'est une mon. de fabrique barbare et à légende grecque un peu confuse, qui se trouve au Cab. de France. La vraie lég. de cette mon. est ΑΔΡΑΗΝШΝ et elle appartient à Adraa d'Arabie). —

154. KIΛIKIA.

Lég. sur une mon. de Tarsos en Kilikie. fr. à l'effigie de Commode: ΑΥΤ·ΚΑ·Μ·ΑVΡ·ΚΟΜΜΟΔΟC·CΕΒ. Sa t. diadémée, ornée de perles. ℞: ΑΔΡ· ΚΟΜΟΔΙΑΝΗ·ΤΑΡ·ΜΗΤΡΟΠΟΛΕШC·ΔΙC·ΝΕШΚΟΡΟΥ. Deux temples décastyles ayant sur leur fronton, l'un: ΚΟΙΝΟΙ, l'autre: ΚΙΛΙΚΙΑ. Entre les deux temples, un astre (Æ 11. — R^6. = 70 fr. Mion. III, p. 629, n.° 444. — R^4. = 40 fr.). —

155. ΑΝΧΙΑΛΟC.

Lég. sur une mon. auton. de la ville d'Anchialé en Kilikie. Droit : ΑΝΧΙΑΛΟC. T. diadémée imberbe d'Anchialos fondateur, à dr. ℞: ΑΝΧΙΑ- ΛΕШΝ. Asklépios deb., en face, appuyé sur son bâton (Æ 4. — R^s. = 200 fr. Autrefois, Coll. de M. le marquis de la Tour-Maubourg, à Paris. — Cf. Mionnet, S. VII, p. 188, n.° 166. — R^s. = 100 fr. Cette mon. a déjà été décrite à la Thrace, av. une note. Voy. Mion. Suppl. T. II, p. 215, n.° 62). — Il en existe une pareille dans le Cab. du roi de Danemarck. Cf. Chr. Ramus, Cat. num. vet. reg. Daniae, T. 1, p. 102, n.° 1. —

156. MALLO·COLONIA.

Sur la mon. qui porte cette lég. voy.: Imhoof-Blumer, son article dans l'*Annuaire* de la Société Franç. de numismatique 1883, p. 120. — Mion.

S. VII, p. 226, n.º 287, cite aussi une mon. av. une lég. au nominatif de cette colonie à l'effigie d'HERENNIA ETRUSCILLA: ЄRЄNIAN·ЄVTRISCILLA· AVGVSTA. Sa t. av. un diadème, posée sur un croissant. ℞: COLONIA· METRO·MALLVS. Athéné casquée, deb., la m. g. en arrière posée sur une haste, la m. dr. étendue offrant une couronne à l'empereur, vêtu du *paludamentum*, deb. en face, ten. de la m. dr. une haste transversale; au milieu d'eux, une truie; au-dessus, S·C. (Æ 7. — MION. S. VII, p. 226, n.º 287 la décrit d'après SESTINI, Descr. dell. Med. ant. del Mus. Hedervar, t. II, p. 287, n.º 1, in add. Pl. VI, fig. 10, sans en donner le prix. SESTINI pense que c'est une mon. de Damaskos refaite. La description qu'il en donne n'est pas conforme à la gravure). — Parmi les autres mon. de Mallos on en connait aujourd'hui un nombre assez considérable d'**autonomes en argent** qui sont restées inconnues à MIONNET. — M. IMHOOF-BLUMER publie une étude spéciale sur les monnaies de cette colonie et il en a déjà fait beaucoup de rectifications aux descriptions données par M. WADDINGTON et autres numismatistes. Voy. à ce sujet: IMHOOF, Monn. Gr. p. 356 à 361. — Parmi les **Impériales** je citerai: AUGUSTE: Sans lég. Sa t. laurée, à dr. ℞: ΜΑΛΛΩΤΩΝ. Femme voilée et tourelée, assise sur un rocher, — à ses pieds, deux Fleuves les bras étendus, se baignant (Æ 7. — R⁸. ══ 60 fr. MION.). — ANTONIN LE PIEUX: AV.... ANTωN·CЄB. Sa t. laurée, à dr. av. le *paludamentum*. ℞: ΜΑΛ- ΛωΤω. Femme deb. ten. dans la m. dr. un flambeau, la m. g. levée et la partie inférieure du corps hérissée de serpents ou de *phallus* (Æ 6. — R⁸. ══ 60 fr. MION.). — MIONNET n'a donc connu que les trois mon. **Impériales** de Mallos que je viens de citer, mais depuis lui on en a découvert d'autres: M. IMHOOF-BLUMER possède un **Gr. br.** aux effigies de CARACALLA et de GÉTA (de ma coll.) et un autre de TRAJAN DÈCE qui lui fait supposer que c'est ce dernier empereur qui fonda la colonie de Mallos. — ARTHUR LÖBBECKE (voy. Zeitschr. f. Numism. Bd. XII, p. 333) a fait connaître **deux monnaies inédites** de Mallos qui sont restées inconnues à M. IMHOOF-BLUMER qui en a donné une monographie aussi détaillée dans son article inséré d. l'*Annuaire* de la Soc. Fr. de Num. et d'Arch. An. 1883. — Ces monnaies sont: T. barbue d'Héraklès, à dr., couverte de la peau du lion. Grenetis de perles. ℞: ΜΑΛ. T. barbue d'un satrape, avec une tiara entortillée d'un diadème, à dr. (AR. 22 mill). Poids: Gr. 10,21. Gr. *ib*. [v. Zeitschr. f. Num. Bd. XII, Pl. XIII, f. 12]. — R⁸. ══ 120 fr. — **Incon.** à MION.). — *Autre*: T. d'Héraklès coiffée de taenia, à dr., derrière, une massue. ℞: (M)ΑΛ. Démétèr allant à dr. et ten. d. sa m. dr. un flambeau allumé et d. la g. une trousse d'épis. Dans le champ, à g., un grain d'orge (AR. 23 mill. — Gr. 10,43. — R⁸. ══ 100 fr. — **Incon.** à MION. — LÖBBECKE, ibid. Pl. XIII, f. 13). — Sur les mon. de Mallos, cons. encore: *Annali* dell' Inst. e Corr. arch. di Roma. An. 1841, p. 160. Mon. III, 35, 31. — IMHOOF-BLUMER, Annuaire de la Soc. Fr. de numismatique 1883, p. 120. — *Id*., Monnaies Grecques, p. 356. — *Num. Chron.* VIII, 4. — *Id*., 2 Série I, 87 (AR). — LUYNES, Choix de mon. Gr. Paris 1840, Pl. XI, 8. — *Rev. num. Fr*. An. 1846, p. 61 et suiv. — *Idem*, An. 1854, p. 18. — *Annali* dell' Inst. e Corr. arch. di Roma 1861, p. 353. — CAT. WELZL DE WELLENHEIM, n.º 6213 (Tiberius). — *Id*. n.º 6214 (S. Severus. Ex. douteux). — *Bulletino* dell' Inst. Arch. di Roma 1861, p. 236. — DEMETRIUS II, r. de Syrie, d. les Nouvelles Annales de l'Institut 1, pl. D. —

157. ΤΑΡϹΟϹ.

Lég. sur les monnaies de Tarsos en Kilikie. *Droit:* ΚΟΙΝΟϹ·ΚΙΛΙ-ΚΙΑϹ·ΤΑΡϹΟΥ·ΔΙϹ·ΝΕΩΚΟΡΟΥ. Couronne composée de huit têtes, cinq viriles et trois de femme. ℞: ΑΔΡΙΑΝΗ·ΚΟΜΟΔΙΑΝΗ·ΤΑΡϹΟϹ·ΜΗΤΡΟΠΟΛΙϹ. Femme tourelée assise sur des rochers, ten. des épis de la m. dr., à ses pieds, un Fleuve se baignant (Æ 9. — R⁸. = 100 fr. Mion. S. VII, p. 256, n.° 393. — R⁴. = 24 fr.). — *Autre variété* que je décris ainsi: *Droit:* Même lég. mais av. ΝΕΩΚΟΡΟΥ (et non ΝΕΩΚΟΡΟΝ. Couronne sur laquelle sont fixées huits têtes impériales, laurées et disposées de g. à dr.: Sabine, Hadrien, Antonin le Pieux, M. Aurèle, Lucius Verus, Commode, Faustine la Jeune et Crispine. ℞: Même lég. mais le mot ΜΗΤΡΟΠΟΛΙϹ est précédé de la lettre H. La ville de Tarsos personnifiée par une femme voilée, tourelée et assise à g. sur un rocher, *derrière lequel est un griffon*. Elle tient d. la m. dr. des épis et un pavot. A ses pieds, le Fleuve Kydnos, vu à mi-corps av. la t. radiée et les bras étendus (Æ 8½ et 8. — R⁸. = 125 fr. — Sembl. chez Mion. S. VII, p. 257, n.° 394. Æ 8. — R⁴. = 24 fr. mais auj. beaucoup plus rare et plus cher. Cat. de la Vente Gréau (Paris 1867), Méd. Gr. p. 169, lot n.° 1945. Vend. 150 fr.). — [Commode est le premier qui sur les mon. de Tarsos ait employé ce type av. plusieurs têtes — Elagabal av. 9 ou 13 = Maximin av. 4 — Gordien III av. 7 ou 14 — et enfin Trajan Dèce av. 7 têtes. Les anciens numismatistes les ont bien citées, mais tous se sont bornés à les décrire, et ont vu dans ces effigies des têtes ordinaires (*capita humana*), tandis que sur l'exemplaire que je viens de décrire, ce sont bien des têtes impériales, d'autant plus qu'elles sont laurées.] — Parmi les *nombreuses* mon. de **Tarsos** je ne décrirai que celles qui ont été découvertes depuis Mionnet: **Autonomes en Ꭱ:** T. de femme de face, inclinée un peu à g. ℞: T. de femme, à g. ornée de pendants d'oreilles et d'un collier, et couronnée d'un *stéphanos* orné d'une palmette entre deux anneaux. Champ concave (Ꭱ. 9 mill. — R⁸. = 70 fr. Poids: Gr. 0,58. — Incon. à Mion. — Cf. Imhoof-Blumer, Monn. Gr. p. 365, n.° 51. — *Musée de la Brera*, à Milan (Poids différent: Gr. 0,70). — *Autre:* T. barbue, nue, à g. Champ concave. ℞: *Pallas* assise à g., s'appuyant de la m. dr. sur la haste et de la g. sur un bouclier placé derrière elle (Ꭱ 9. Gr. 0,70. — R⁸. = 40 fr. — Imhoof, ib. n.° 52); — T. imberbe nue à dr. Champ concave. ℞: *Joueuse d'osselets*, vêtue du chiton, à g., le genou g. en terre, le bras g. pendant, et jouant de la m. dr. av. *trois osselets*, dont deux retombent à terre, et le troisième va toucher le dos de la main (Ꭱ. 9 mill. — Gr. 0,46. — R⁸. = 30 fr. — Imhoof, ib. p. 366, n.° 53). — *Autre:* Cavalier marchant à g., la m. dr. levée, sous le cheval, la croix ansée. ℞: Deux guerriers deb. en face l'un de l'autre, — ils ont l'arc et le carquois sur le dos, et tiennent des deux mains chacun un javelot planté en terre devant eux, — ils sont vêtus de tuniques dont l'étoffe semble couverte d'écailles, — dans le champ la légende רחר, et une lettre isolée qui ressemble à un Γ grec. Le tout d. un carré creux (Ꭱ 5½. — Poids, 10,64 gr. — R⁸. = 150 à 200 fr. *Musée Hunter*. — Cf. Waddington: Mélanges de Numism. et de Philologie, Paris 1861, in-8.° v. p. 79, n.° 1. Grav. ib. Pl. V, n.° 5). — **Autonomes en bronze:** T. tourelée de Tyché, à dr. Derrière, Θ. ℞: ΑΝΤΙΟΧΕΩΝ·ΤΩΝ·ΠΡΟϹ·ΤΩΙ·ΚΥΔΝΩΙ. et dans le champ, à g. ⚹; à dr. ⋔. Fig. barbue, nue, deb. à dr. sur un *lion cornu* et *ailé*, — elle porte le *corytus* au dos, tient une bipenne d. la m. g., et lève le bras droit (Æ. 15 mill. — Gr. 3,65. — R⁶. = 15 fr. — Imhoof, ib. p. 366, n.º 54. La ville d'**Antioche** sur le **Kydnos** est la même que **Tarse**, ainsi que le prouvent les types monétaires et que M. Waddington l'a démontré d. le Voyage archéol. Explication des Inscript. T. III, p. 351. Il y a aussi des bronzes du plus grand module, aux types de *Zéus* assis (cf. Cat. Subhi Pascha 1878, n.º 847) et de *Tyché* assise (cf. Cat. Margaritis, Pl. III, 106, et Zeitschr. f. Numism. VI, 101), — ils ont d. le champ, les lettres E·H, qui indiquent probablement l'année 8 de la nouvelle ère. Tarse ne paraît pas avoir conservé le nom d'Antioche, qui lui a été donné par Antiochus IV pendant bien longtemps; car les mon. à ce nom sont rares et datent toutes de la même époque); — *autre:* T. tourelée de Tyché, à dr. d. un cercle ornementé. ℞: ΤΑΡΣΕΩΝ. *Fig. barbue*, vêtue d'un chiton, et coiffée de la mitre, deb. à dr. sur un *lion* cornu et ailé (les ailes closes). Elle porte le corytus suspendu au dos, et une épée du côté g., avance le bras dr. et tient de la g. la bipenne. Dans le champ, ⚹ et Δ. (Æ. 17 mill. — Gr. 3,77. — Drachme. — R⁶. = 200 fr. — Imhoof-Blumer, Monn. Gr. p.366, n.º 55. *Grav. ib.* Pl. F, n.º 24). — **Bronze:** Même droit. ℞: ΤΑΡΣΕ|ΩΝ. Même type à dr., la figure est nue, l'arc et l'épée du côté g., une fleur à trois pétales à la m. droite, et la *bipenne* d. la g. Dans le champ à g. *astre* à huit rayons (Æ. 20 mill. — Gr. 4,50. — Incon. à Mion. Cf. Imhoof, Monn. Gr. p. 367, n.º 56. — *Rev. Num. Fr.* An. 1854, Pl. VI, f. 33). — **Argent:** Baal-Tars, à demi-nu, assis sur un trône, à g., et ten. un sceptre. ℞: AN en monogramme. Lion marchant à g. (Æ 6. — R⁶. = 250 à 300 fr. — Incon. à Mion. — Cf. Bar. J. de Witte. Descr. des méd. du Cab. de l'Abbé Greppo, Paris 1856, p. 150, n.º 1100. — On attribuait cette pièce à Antioche de Pisidie, mais depuis on a reconnu qu'elle a été frappée à Tarse, probablement par un roi de Syrie qui portait le nom d'Antiochus. Voy. à ce sujet: Duc de Luynes, Essai sur la Numismatique des Satrapies, p. 59, et pl. IX, X et XI); *autre:* ΤΕΡΣΙΚΟΝ. T. de femme, av. une couronne de forme élevée, ornée de fleurs et surmontée de trois tours à g., — pendants d'oreilles et collier de perles. ℞: Héraklès un genou en terre, étouffant le lion, — dessous, sa massue (Æ 5. — R⁸. = 200 fr. Mion. mais auj. plus cher). — **Autres autonomes en Br.:** ΑΡCΑΚΟΥ. Femme voilée et tourelée, assise sur un siège, entre les pieds du siège, un aigle les ailes éployées, — au bas un Fleuve se baignant. ℞: ΤΑΡΣΕΩΝ. Zeus à demi-nu, assis, ten. Niké et une haste, — d. le champ, ΕΝ·Ν·ΟC. (Æ 6. — R⁴. = 12 fr. Mion.); *autre:* ΤΑΡΣΕΩΝ· ΜΑΞΙΜΟΥ·ΙΚΟΝΟΥ. Zéus à demi-nu, assis, ten. une pat. Niké, sous le siège, un aigle. ℞: ΟΡΤΥΓΟΘΗΡΑ. Femme tourelée et voilée assise, — à ses pieds, un Fleuve à mi-corps, sortant des eaux (Æ 7. — R⁴. = 12 fr. Mion.); ΑΔΡΙΑΝΗC·ΤΑΡCΕΩΝ. T. barbue d'Héraklès, à dr., ceinte de feuilles de peuplier, et la massue sur l'épaule. ℞: ΜΗΤΡΟΠΟΛΕΩC. Persée nu, deb., portant sur la m. dr. une pet. figure, et de la g. la *harpa*, à ses pieds, quelque chose d'incertain, — d. le champ, on lit: ΒΟΗΘΟΥ. (Æ 7. — R⁶. = 48 fr. Mion.); *autre:* ...... t. laurée d'Apollon, à dr. ℞: ΤΡΩΔΑΤΟC· ΝΑΤΙΟΥ. Cheval libre, allant de g. à dr. au galop, av. une palme transversale? (Æ 5. — R⁸. = 6 fr. Mion. — Cette mon. est plutôt de Salapia de l'Apulie); T. tourelée de la Ville, à dr. av. une contre-marque, dans laquelle on voit une t. radiée. ℞: ΤΑΡΣΕΩΝ. Base carrée surmontée d'une pyramide, couronnée d'un aigle (Æ 4. — R¹. = 2 fr. Mion. 9 fr. — Cf. J. DE WITTE, Cat. Greppo, n° 1102). — *Autre:* Même t. ℞: Même lég. SARDANAPALE deb. sur une panthère cornue (Æ 3. — R¹. = 2 fr. Voy. sur SARDANAPALE rapproché de SANDON un article de K. Ott. Müller, dans le *Rhein. Museum*, 1829, p. 22 et sqq. et J. DE WITTE, Cat. Etrusque, n° 96, note 2). — **Impériales** depuis Auguste jusqu'à Salonine. — Elles sont en Ꭱ: **Médaillons:** de 120 à 400 fr. (Mion. de 72 à 200 fr.). — **En Bronze:** Pet. mod. de 10 à 20 fr. Moy. Mod. de 2 à 60 fr. — Gr. Mod. (très-com.) de 30 à 120 fr. — Médaillon ou MM. (Communs) de 6 à 300 fr. — Les lettres ilosées A. M. K. Γ. B. qu'on trouve presque toujours d. le champ des Gr. Bronzes, signifient: Πρῶτη, Μητροπολις, Κιλικιας, Γράμματι, Βουλῆς. — **Monnaies:** AUGUSTE: Anépigraphe. Sa t. à dr. ℞: ΤΑΡΣΟΥ·ΜΗΤΡΟΠΟΛ. Temple octostyle. Sur la frise on lit: ΟΡΟΙΣ·ΚΙΛΙΚΙΑΣ. (Æ 4. — R⁷. = 50 fr. Mion. R⁶. = 18 fr.). — HADRIEN ET SABINE: ΑΥΤ·ΚΑΙ·ΘΕ·ΤΡΑ·ΠΑΡ·ΥΙΟC·ΝΕΡ·ΤΡΑΙ·ΑΔΡΙΑΝΟC·CΕΒ·Π·Π. T. radiée d'Hadrien, à dr. av. le *paludament.* ℞: CΑΒΕΙΝΑ·CΕΒΑCΤΗ·ΑΔΡΙ·ΤΑΡC·ΜΗΤΡΟΠΟΛΕΟC· (Sic). T. de Sabine sur un croissant, à dr., d. le champ, Α·Υ. (Ꭱ 7. — R⁸. = 200 fr. Mion.). — HADRIEN (seul): ΑΥΤ·ΚΑΙ·ΘΕ·ΤΡΑ·ΠΑΡ·ΥΙ·ΘΕ·ΝΕΡΥΙ·ΤΡΑΙ·ΑΔΡΙΑΝΟC·CΕ. Sa t. laurée, à dr., la poitrine cuirassée. ℞: ΤΑΡ·CΕΩΝ·ΜΗΤΡΟΠΟΛΕΩC. Lion devorant un taureau (Ꭱ 6½. — R⁸. = 150 fr. Mion. — Ma collection). — ANTINOÜS: ΑΝΤΙΝΟΟC·ΗΡΩC. Sa t. nue, à g. ℞: ΑΔΡΙΑΝΗC·ΤΑΡCΟΥ·ΜΗΤΡΟΠΟΛΕΩC·ΝΕΩΚΟΡΟΥ. Trépied autour duquel est un serpent, — sur le trépied, la cortine et une branche de laurier, — dessous, on lit quelquefois: ΝΕΩ·ΠΥΘΙΩ. (Æ 9 et 8½. — R⁸. = 250 fr. Mion. R⁶. = 100 fr.). — *Autre*, même lég. au Revers et même type (Æ 7. — R⁶. = 100 fr. Mion. R⁵. = 36 fr.); — même lég. Sa t. surmontée d'une étoile et du lotus. ℞: ΚΥΔΝΟC. Le Fleuve Kydnos couché à g., ten. une branche d. la m. dr. et un roseau d. la g. (Æ 11. — R⁸. = 300 fr. Mion. R⁵. = 90 fr. Ce médaillon est monté dans un double cercle de bronze de 18½ lignes de diamètre). — ALBIN (Haller a publié une mon. de cet empereur, mais elle est fausse. Voy. HALLER, Num. lth. p. 44 et 45). — PLAUTILLE: ΦΟΥΛΟΞΥΑ· (sic) ΠΛΑΥΤΙΛΛΑ·CΕΒΑCΤΗC. (sic). Sa t. voilée, à dr., av. la *stola*. ℞: ΑΔΡ·CΕΥΗΡΙΑΝΗC·ΤΑΡCΟΥ·ΜΗΤΡΟΠΟΛΕΩC. Caracalla et Plautille, deb., se donnant la m., — l'un est vêtue de la toge, et l'autre de la *stola*, — d. le champ, Γ·B. (Æ 10½. — R⁶. = 200 fr. Mion. R⁵. = 100 fr. — *Ma collection.* — Ce médaillon est fort souvent retouché du côté de la tête). — MACRIN: —ΑΥΤ·ΚΑ·Μ·ΟΠΕ·CΕΥ·ΜΑΚΡΕΙΝΟC. Buste lauré et drapé de Macrin, à dr. ℞: ΜΑΚΡΕΙΝΙΑΝΗC·ΑΝΤ·ΤΑΡCΟΥ, et dans le champ Α·Μ·Κ·Γ·B. *Figure* barbue et vêtue du chiton, deb. sur un *lion cornu*, à g., la t. est surmontée d'un symbole en forme de T, — elle tient une couronne de la m. g. et lève la droite (Æ. 34 mill. — R⁸. = 60 fr. — Publ. par IMHOOF-BLUMER, d. ses: Monn. Gr. p. 367, n° 57). — MAXIMIN: ΑΥΤ·Κ·Γ·ΙΟΥ·ΟΥΗ·ΜΑΖΙΜΕΙΝΟC·CΕΒ·Π·Π. Son buste drapé et lauré, à dr. ℞: ΤΑΡCΟΥ—ΤΗC·ΜΗΤΡ. et dans le champ, Α·Μ·Κ·Γ·B. Au milieu d'un temple tétrastyle, dont le fronton est orné d'un aigle éployé, une figure virile debout de face, la t. tournée à dr. ten. une pet. branche ou fleur (?) d. la m. dr. et d. la g. un autre attribut peu distinct. A g. de la figure, à terre, figure ou objet incertain (Æ. 37 mill. — R⁸. de 40 à 60 fr. — **Variété inc.** à MION. — IMHOOF-BLUMER, Monn. Gr. p. 367, n.° 58, et son: *Choix*, Pl. V, n.° 174). — [Selon l'opinion (de feu VICTOR LANGLOIS), auj. accréditée, SANDAN ou HÉRAKLÈS asiatique est bien le type de plusieurs bronzes à l'effigie d'Hadrien, de Caracalla, de Maximin et de Gordien III. On le trouve quelquefois encadré dans un monument de forme pyramidale, sur beaucoup d'autres pièces de Tarse et des Séleukides.] — Sur les mon. de Tarse, consultez encore: *Rev. Numism.* Fr. An. 1854, p. 98; 1855, p. 386; 1854, p. 92, 93, 96 et sqq., 142; 1854, p. 94 (Antiochos IV); 1854, p. 99, 100, 101, 102, 103; 1859, p. 290, 291; 1860, p. 452; — LUYNES, Choix, XI, 10—13, 23; XII, 12, 17—23. — MOVERS, Phoen. II, 2, 71. — J. DE WITTE, Cat. de la coll. Greppo, n.° 1100. — AVELLINO, Bulletino III, 20, 23; IV, 44; VI, 50. — BLAU d. la Zeitschr. d. deutsch-morgenl. Gesellsch. Bd. VI, p. 465, et Bd. IX, p. 69. — MEMORIE dell' Acad. di Torino T. XXV, classe di Sc. mor. 1 (un article de PEYRON sur une mon. au type d'un lion dévorant un taureau). — PINDER et FRIEDLÄNDER, Beiträge z. ält. Münzk. Berlin 1851, I, p. 187. — BULLETINO dell' Instituto di Roma 1854, XXVII. — *Num. Chron.* VIII, 44; IX, 40; — MUSEO LAVY, T. I, p. 226. — CAT. SABATIER (St. Pétersbourg 1853) le n.° 146 av. une Niké à l'eff. de Gallien. — KÖHNE, Berliner Bl. f. Münzk. II, p. 188. — GROTE, Münzstudien, III, p. 136. — von SALLET's Zeitschr. f. Numism. VIII, 10, Pl. II, 6. — WELZL DE WELLENHEIM, Cat. n°s 6221, 6223, 6224. — *Corrections:* La mon. décr. par MION. III, 624, n.° 420 est sans nulle doute d'Antioche, car le monogr. TAP ne démontre absolument rien; — d'autant plus que sur tant d'autres mon. d'Antiochia on trouve encore plusieurs autres monogrammes qui se composent p. ex. de lettres AXT. — Il en est de même de la mon. que MION. cite d. son Suppl. VII, p. 259, n.° 408 et qui est assurément d'Antioche. — Dans la *Revue Num. Fr.* An. 1860, p. 11, on traite sur une mon. en Æ. qui a été autrefois classée à Side de Pamphylie. — PELLERIN, Lettres, T. II, p. 210, Pl. IV, 9 et d'après lui ECKHEL, Doctr. Vol. III, p. 71 citent une pièce en Æ. ECKHEL n'en doutait point car il s'était basé sur la lecture de Pellerin. MION. III, 619, 389 d. une note attribue la même mon. à Chersonèse de Krèto. [Cette même mon. qu'on conserve au *Cab. de France* est surfrappée: au lieu de la lég. supposée: ΤΑΡΣΕΩΝ. il serait plus régulier de lire: ΣΙΝΟΠΕΩΝ, comme il a été constaté d. le *Num. Chron.* III, Ser. V, pl. II, f. 18, d'après un exemplaire de la COLL. DE LUYNES.] —

158. ΒΑΓΕΙC.

Lég. sur une mon. de la ville de **Bagis** en Lydie: *Droit:* ΒΑΓ—ΕΙC. Buste tourelé et drapé de Tyché, à dr. ℞: ΕΠΙ ΔΙΟΓΕΝ—ΟVC à g., ΑΡΧ·Α·ΤΟ Β·ΒΑΓ—ΗΝΩΝ. à dr. Asklépios à demi-nu deb., à dr., retournant la t. et s'appuyant de la m. dr. sur son bâton. — Bronze du temps de Caracalla. cf. MION. IV, 18, 89 (Æ. 21 mill. — R⁷. = 15 à 20 fr. — IMHOOF-BLUMER, Monn. Gr. p. 384, n.° 1). — **Autres autonomes en bronze:** ΙΕΡΑ CV—ΝΚΛΗΤΟC. Buste drapé du Sénat, à dr. ℞: ΕΠΙ·ΓΑΙΟ—V ΒΑΓΗΝΩΝ. Figure, vêtue d'un chiton court, deb. à g., ten. une couronne de la m. dr.

et une branche d. la g. (Æ. 20 mill. Gr. 4. — R⁸. = 40 fr. — **Incon.** à Mion. — Imhoof, ib. p. 384, n° 2). — *Autre:* ΙЄΡΑ·СΥΝΚΛΗ. Buste du Sénat, à dr. ℞: ΕΠΙ·ΓΑΙΟΥ·ΑΡΧΟΝ·ΒΑΓΗΝΩΝ. Tyché assise à g., ten. de la m. dr. une patère et s'appuyant de la g. sur un bouclier (Æ 3½. — R⁸. = 60 fr. **Inédite.** — Voy. Boutkowski (Alexandre), son article d. la *Rev. Num. Fr.* An. 1884, p. 404; Gr. ib. Pl. XVIII, f. 10). — *Autre:* ΙЄΡΑ·ΒΟΥΛΗ. T. voilée et laurée, à dr. ℞: ΒΑΓΗΝΩΝ·ЄΡΜΟС. Fleuve imberbe couché, ten. d. la m. dr. des épis et d. la g. un roseau (Æ 4. — R⁴. = 8 fr. Mion. [Cette mon. av. celle qui porte le nom du magistrat ΓΑΙΟΥ. doivent être classées au règne de Géta]); *autre:* ΒΑΓΗΝΩΝ. T. nue d'Héraklès. ℞: ΕΠΙ·ΑΠΟΛ-ΛΟΔΩΡΟΥ. Femme tutulée assise à dr., ten. d. la m. dr. une patère (Æ 4. — R⁴. = 8 fr. Mion. [Cette mon. peut appartenir au règne de Trajan? ou à Crispine]); ΙЄΡΟС·ΔΗΜΟС. T. jeune laurée. ℞: COZYMOC·ΑΝΤΙΠΑ-ΤΟС·ЄΡΜΟС·ΒΑΓΗΝΩΝ. [Lecture incertaine que Mion. a emprunté à Sestini.] Fleuve imberbe couché, ten. un roseau, sa m. g. appuyée sur une urne et une corne d'abond. (Æ. MM. — R⁵. = 100 fr. Mion.); СΥΝΚΛΗ-ΤΟС. T. nue du Sénat, à dr. ℞: ΚΑΙСΑΡЄΩΝ·ΒΑΓΗΝΩΝ. Tyché deb. av. ses attributs (Æ 6½ et 7. — R⁶. = 40 fr. Mion. R⁴. = 12 fr.); ΔΗΜΟС. T. jeune laurée. ℞: ΚΑΙСΑΡЄΩΝ·ΒΑΓΗΝΩΝ. Dionysos nu, deb., ten. le diota et un thyrse, — à ses pieds, une panthère (Æ 6. — R⁴. = 12 fr.); ΔΗΜΟС. Même t. ℞: ΒΑΓΗΝΩΝ·ЄΡΜΟС. Fleuve couché (Æ 5. — R⁴. = 8 fr. Mion.). — **Monnaies Impériales** datent depuis Néron jusqu'à Salonin. — Néron: ΝЄΡΩΝ·ΚΑΙ. T. laurée de Néron, à g. ℞: ΠΥΜΑ·ΑΡΧ·ΒΑΓΗΝΩΝ. [Légende qui est encore à déterminer ultérieurement, d'après un meilleur exemplaire. Je ne la crois pas de Bagis.] Figure nue, deb., ten. d. la m. dr. un rameau, le bras g. pendant (Æ 3. — R⁷. = 40 fr. Mion. R⁵. = 15 fr.). — Hadrien: ΑΥΤ·ΚΑΙ·ΑΔΡΙΑΝΟС. Sa t. laurée. ℞: ΒΑΓΗΝΩΝ. Zéus deb. portant un aigle sur la m. dr. et une haste sur la g. (Æ 5. — R⁷. = 20 fr. Mion.). — Crispine: ΚΡΙСΠЄΙΝΑ·СЄΒΑСΤΗ. Sa t. à dr. ℞: ΕΠΙ·ΑΠΟΛ-ΛΟΔΩ·СΤЄΦ·ΒΑΓΗΝΩΝ. (monogr. 1410). Dionysos deb., le *cantharum* d. la m. dr. et le thyrse d. la g., à ses pieds, une panthère. * (Æ 8. — R⁸. = 150 fr. Mion. R⁶. = 48 fr.). — Septime-Sévère: ΑΥΤ·ΚΑΙ·С·СЄΟΥΗ-ΡΟС. Sa t. laurée av. le *paludamentum*. ℞: ΕΠΙ·ΑΝΤΙΓ· (et non ΑΝΤΙ-ΓΕΝ. comme le donne Mion.) ΑΡΧ·Α·ΤΟ·Β· (au lieu de ΑΡ·ΤΟ·Β·ΒΑΓΗ-ΝΩΝ. de Mion.). Asklépios deb. à g. ten. d. la m. dr. un serpent, et soutenant de la g. son *pallium* en même temps qu'une haste (Æ 6. — R⁷. = 80 fr. Mion. R⁶. = 48 fr.). — Caracalla: ΑV·Κ·Μ·ΑVΡ.—ΑΝΤΩΝЄΙΝΟС. Buste lauré et cuirassé de Caracalla imberbe, à dr. ℞: ΕΠΙ·ΓΑΙΟV·ΑС-ΚΛΙΩ|ΝΟС ΑΡΧ·Α·ΒΑΓ|-ΝΩΝ. *Tyché*, coiffée du calathos, deb. à g., ten. de la m. dr. deux grands *épis* et le gouvernail et de la g. la corne d'abond. (Æ. 30 mill. — R⁸. = 70 fr. **Inédite** et av. un nouveau nom de magistrat. — Publ. par Imhoof-Blumer, voy. ses: Monn. Gr. p. 384, n° 2a). — *Autre:* ΑVΤ·ΚΑΙ·Μ·ΑV·ΑΝΤΩΝЄΙΝΟ. Sa t. jeune, laurée, à dr. av. le *paludamentum* et la cuirasse. ℞: ΕΠΙ·ΙСΜЄΝΙΑΝΟVС·ΑΡΧ·Α·СΙΑΓΑΛΙ·ΜΟV· ΒΑΓΗС. (lecture et attribution incertaines). Deux femmes deb., vêtues de la *stola*, et se donnant la m. dr., chacune d'elle tient la haste pure de la main g. (Æ 9. — R⁸. = 120 fr. Mion. R⁵. = 48 fr.). — Julia Domna: M. Waddington a publié une **inédite** ayant au ℞: ΕΠΙ·ΑСΚΛΗΠΙΑΔΟΥ·

APX·A·B..(voy. son *Voyage* en Asie Mineure, etc. p. 61). — GÉTA: ΔHMOC·ΒΑΓΗΝΩΝ. Tête jeune laurée, à dr. (indubitablement celle de Géta). ℞: ΕΠΙ·ΔΙΟΓΕΝΟΥΣ·ΑΡΧ·ΒΑΓΗΝΩΝ (et non: ΕΠ....Α....ΝΟΥ·ΑΡΧ·ΒΑΓΗΝΩΝ comme on lit dans Mion. III, p. 16, n° 81 = 12 fr.). Zéus deb., vêtu de la toge, ayant sur la m. dr. un aigle et d. la g. la haste pure (Æ 7. — R⁷. = 40 fr. — *Ma collection*. — On classait cette mon. toujours av. Mion. parmi les autonomes; — il est plus qu'évident qu'elle est du temps de Géta d'après le type de Zéus, le nom de magistrat, et la tête du peuple qui est celle de Géta). — *Autre*: ... ΚΑΙ·ΠΟ·CΕΠ·ΓΕΤΑC·CΕΒ. Sa tête laurée, à dr. av. le *paludamentum*. ℞: ΕΠΙ·ΑΣΚΛΗΠΙΑΔΟΥ·ΠΑΥΛΙΠ·ΑΡΧ·ΒΑΓΗΝΩΝ. Athéné deb., la m. dr. sur la haste et la g. sur son bouclier posé à terre, — dans le champ, A·B. (Æ 7. — R⁵. = 24 fr. Mion.); *autre*: ℞: ΕΠΙ·ΓΑΙΟΥ·ΑΡΧ·Α·ΒΑΓΗΝΩΝ. Asklépios et Hygiéia deb., au milieu d'eux, Télésphore (Æ 7. — R⁵. = 24 fr. Mion.); *autre*: même lég. Tyché deb. (Æ 6. — R⁵. = 24 fr. Mion.). — SÉVÈRE ALEXANDRE: ΑVΤ·Κ·Μ·ΑV·CΕ·ΑΛΕΞΑΝΔΡΟC. Sa t. laurée, à dr. ℞: ΒΑΡΗΝΩΝ. (sic). Zéus à demi-nu avec le *pallium*, assis sur un siège, à g., un foudre d. la m. dr., et la gauche sur la haste pure (Æ 7. — R⁴. = 12 fr. Mion. S. VII, p. 327, n° 62. *Fausse attribution* donnée par Mionnet: la monnaie doit être rapportée à Baris de Pisidie, et elle vaut beaucoup plus qu'il ne l'a taxée). — GALLIEN: ΑV·ΚΑ·ΠΟ·ΛΙΚ·ΓΑΛΛΙΗΝΟC. Sa t. laurée, à dr., av. aegide. ℞: ΚΑΙCΑΡΕΩΝ·ΒΑΓΗΝΩΝ·ΘΗΜΕΝΟΘΥΡΕΩΝ. Amazone en habit court, coiffée du *pileus*, le pied g. sur un globe, la m. dr. sur la *bipenne* et la g. armée d'un bouclier, — en face, Tyché, deb. (Ær. MM. — R*. = 300 fr. prix de Mion. qui la donne d'après TANINI, Supplém. p. 69. Ce médaillon est probablement une monnaie moulée sur le bronze). — *Autre*: Même lég. et m. t. laurée. ℞: Même lég. av. l'addition du mot: ΟΜΟΝΥΑ (sic) à la fin. Le dieu *Mèn*, av. le bonnet phrygien et un croissant sur les épaules, deb., frappant du pied g. une tête de bœuf, ten. une haste de la m. dr. et une pomme de pin d. la g., en face, Tyché deb. (Æ. MM. — R⁸. = 200 fr. Mion. R⁵. = 120 fr. — Cf. SESTINI, Lett. num., t. IX, p. 53). — VALÉRIEN PÈRE: ΑV·Κ·ΠΟ—ΛΙ·ΒΑΛΕΡΙΑΝΟ. Son buste radié, à dr. av. le paludament. ℞: ΒΑΓΗΝΩΝ; — à l'entour: ΚΑΙC—ΑΡΕΩΝ. Valérien à cheval, à dr., la t. laurée, ten. un javelot et terrassant trois guerriers phrygiens armés d'arcs et de boucliers (Æ. 37 mill. R⁵. = 70 fr. — Publ. par Arthur ENGEL, voy. Rev. Numism. Fr. III Série. An. 1884, Tome II, p. 23, n° 3). — SALONIN: ΠΟ·ΚΟΡ·ΒΑΛΕΡΙΑΝΟC·Κ. Buste lauré de Salonin, av. le *paludamentum* sur l'épaule. ℞: ΚΑΙCΑ·ΡΕΩΝ·ΒΑΓΗΝΩΝ. Femme deb. la m. dr. levée, et une haste de la g. (Æ 6. — R⁴. = 12 fr. Mion.). — Sur les mon. de Bagae ou Bagis voy. encore: *Num. Chron.* VII, p. 10. — Fox, *Engravings*, II, n° 133 (SALONINA. Inédite. — Avec Temenothyrae). — *Revue Numism. Fr.* An. 1852, p. 26. — IMHOOF-BLUMER: Monn. Gr. p. 384. — MURET (Ernest), son article sur les mon. de Lydie, dans la *Revue Numism. Fr.* III Série. An. 1883, p. 383 à 407. —

159. ΚΙΛΒΙΑ.

Lég. sur une mon. appartenant à la Cilbianorum Concordia en Lydie. — *Droit*: ΚΙΛΒΙΑ. T. virile, jeune, laurée, à dr. ℞: ΚΕΑΤΩΝ. Six épis liés ensemble au milieu du champ (Æ 4. — R⁸. = 70 fr. Mion. R⁸. = 40 fr.). —

Cilbiani inferiores: Autonomes: ΘΕΑΝ·ΡΩΜΗ. T. de femme av. le *modius*. ℞: ΕΠΙ·ΓΡΑ·ΜΕΛΙΤΩΝΟΣ·ΚΙΛΒ·ΤΩΝ. Dionysos Indien deb., vêtu de la toge, tenant d. la m. dr. le *cyathum* (espèce de petit gobelet pour verser le vin) et d. la g. la haste (Æ 4. — R^7. = 20 fr. Mion.). — Impériales: Auguste: ...... Sa t. à dr. ℞: ΚΛΕΑΝΔΡΟΥ·ΓΡΑΜΜΑΤΕΩΣ·ΚΙΛΒΙΑ-ΝΩΝ·ΤΩΝ·ΚΑΤΩ. Femme deb., le bras droit étendu et la m. g. pendante (Æ 4. — R^7. = 20 fr.). — Cilbiani superiores: Autonomes: ΙΕΡΑ·CΥΝ-ΚΛΗΤΟ... T. du Sénat, — dessus une Niké en contre-marque. ℞... ΚΙΛΒΙ·ΤΩΝ·ΑΝ..... Artémis Ephesia, av. ses supports (Æ 6. — R^8. = 60 fr. Mion.). — Impériales: d'Auguste et Livie, Tibère, Domitien, Hadrien, Julia Domna, Caracalla, Géta. Æ. Mod. 4, 4$^1/_2$, 6, 8 et MM. — R^5—R^8. de 12, 15, 40, 60 et 100 fr. — Cilbiani Ceaetei: Autonomes: ΚΙΛΒΙΑΝΩΝ. T. radiée à dr., av. le *paludamentum* sur les épaules. ℞: ΕΠΙ·ΚΛΑΥΔΙΟΥ·ΚΕΑΙΤΩΝ. Simulacre d'Artémis d'Ephèse (Æ 4. — R^8. = 40 fr. Mion.). — Sur les Cilbiani voy. encore: Sestini, Lett. di Contin. VII, p. 84 et seqq. — *Id. auct.*, Mus. Chaudoir, p. 104. — *Revue Numism. Fr.* An. 1860, p. 276. — *Corrections:* La mon. de Tibère décr. par Mion. IV, p. 28, n.º 134 appartient à Kydonia: cf. Sestini, Lett. di Continuaz. VII, p. 86. — La mon. de Caracalla, citée par Mion. S. VII, p. 335, n.º 8 serait plutôt d'Aegae en Kilikie. Un exemplaire du *Musée de Berlin* porte distinctement ΗΡΙΑΝΩΝ (au lieu de ΚΙΛΒΙΑΝΩΝ) légende qu'on pourrait compléter par: ΣΕΟΥ—ΗΡΙΑΝΩΝ, et on sait que ce surnom ne se trouve que sur les mon. d'Aegae. —

160. ΝΕΙΚΕΑ.

Lég. sur une mon. des **Cilbianorum Concordia** en Lydie, qui est une autonome. Droit: ΝΕΙΚΕΑ. Tête tourelée. ℞: ΝΕΙΚΑΕΩΝ·ΚΥΛΒΙΑΝΩΝ. (sic). Niké marchant, ten. une couronne d. la m. dr. et une palme d. la g. (Æ 4. — R^8. = 40 fr. Mion.). — On en connaît aussi des Impériales qui datent depuis Caius et Lucius césars jusqu'à Plautille. — Elles sont fort rares. — Je ne citerai que les suivantes: Caius et Lucius: ΓΑΙΟΣ·ΛΕΥ-ΚΙΩΝ. Leurs t. nues et accolées, à dr. ℞: ΑΡΑΤΟΣ·ΓΡΑΜΜΑΤΕΥ·ΚΙΛ-ΒΙΑΝΩΝ·ΝΙΚΑΙΕΩ. Aphrodité deb. ten. d. la m. dr. une pomme (Æ 4. — R^7. = 20 fr. Mion.). — Marc-Aurèle: ΑΥΡΗΛΙ·ΚΑΙΣ. Sa t. laurée, av. le *paludamentum*. ℞: ΠΕΡΓ·ΝΕΙ·ΚΙΛΒΙΑ. Télésphore deb. (Æ 4. — R^6. = 20 fr. Mion. R^8. = 6 fr.). — Géta: ΠΟΥ·ΣΕΠ·ΓΕΤΑΣ·ΚΑΙ. Sa t. nue. ℞: ΕΠ·ΙΕΡΑ·ΠΛΑΒΤΟΥ·ΙΟΥΝΙ·ΑΡΧΟ·ΝΙΚΑΕΩΝ·ΚΙΛΒΙΑΝΩΝ. Asklépios et Hygieia deb. (Æ 10. — R^5. = 48 fr. Mion.). — *Corrections des légendes* qui ont été mal lues par Mionnet: Cilbiani: ΚΙΛΒΙΑΝΩΝ·ΤΩΝ·ΚΑΤΩ. — ΚΙΛΒΙΑΝΩΝ·ΤΩΝ·ΑΝΩ. — ΝΕΙΚΑΕΩΝ·ΚΙΛΒΙΑΒΙΑΝΩΝ. — ΝΙΚΑΕΩΝ·ΤΩΝ·ΕΝ·ΚΙΛΒΙΑΝΩ. — ΚΙΛΒΙΑΝΩΝ·ΠΕΡΓΑΜΗΝΩΝ. — ΠΕΡΓΑΜ·ΝΕΙ-ΚΑΕΩΝ·ΚΙΛΒΙΑΝΩΝ, ou ΕΝ ΚΙΛΒΙΑΝΩ. — ΚΙΛΒΙΑ·ΚΕΑΙΤΩΝ. — ΕΠΙ·ΚΛΑΥΔΙΟΥ.— ΙΟΛΛΑΣΙΟΣ·ΓΡΑΜΜΑΤΕΥΣ.—ΕΠ·ΓΡΑ·ΜΕΛΙΤΩΝΟΣ.— Sous Auguste: ΚΛΕΑΝΔΡΟΥ·ΓΡΑΜΜΑΤΕΩΣ·ΚΙΛΒΙΑΝΩΝ·ΤΩΝ·ΚΑ-ΤΩ. — La mon. d'Auguste et Livie (décr. d. Mion. T. IV, n.º 137 et Suppl. n.º 82) est a reporter à Magnésie de Lydie, ses légendes doivent se lire: ΜΑΓΝΗΤΕΣ·ΑΠΟ·ΣΙΠΥΛΟΥ·ΣΕΒΑΣΤΟΙ. et non: .... ΟΥ·ΣΕΒΑΣΤΟΝ, et ΑΙΝΗΤΕΣ·ΑΙΤΟΝΠΥΛΟΥ·ΣΕΒΑ ... comme l'a voulu Mionnet. — Caius et Lucius: ΑΡΑΤΟΣ·ΓΡΑΜΜΑΤΕΥΣ·ΚΙΛΒΙΑΝΩΝ·ΝΙΚΑΕΩΝ. — Domiτιεν: ΚΙΛΒΙΑΝΩΝ·ΠΕΡ·ΓΡΑ·ΤΕΙΜΟΚΛΗΣ. — Trajan: ΕΠ·CΤΡΑΤ· ΠΡΟΚΛΟΥ·ΚΙΛΒΙΑΝΩΝ·ΑΝΩ. — Julia Domna: ΕΠΙ·ΑΡΧ·ΔΙΟΦΑΝΤΟΥ· ΚΙΛΒΙΑΝΩΝ · ΑΝΩ. — ΕΠΙ·ΑΡΧ·ΑΥΡΗ·ΔΙΟΝΥCΙΟΥ·ΚΙΛΒΙΑΝΩΝ·ΤΩΝ· ΑΝΩ. — ΕΠΙ · ΑΡΧ·ΑΥΡΗ·ΔΙΟΝΥCΙΟΥ · Κ·ΜΗΤΡΟΔ. pour ΜΗΤΡΟΔΩ- ΡΟΥ. — Caracalla: ΕΠΙ·ΑΡΧ·ΑΥΡΗ·ΔΙΟΝΥCΙΟΥ·Κ·ΜΗΤΡΟΔΩΡΟΥ. — ΕΠΙ·CΤΡ·ΑΥΡ·ΑΠΟΛΛΩΝΙΟΥ·ΠΕΡΓΑΜ·ΝΕΙΚΑΕΩΝ · ΚΙΛΒΙΑΝ. — ΕΠΙ· CΤΡ·ΑΠΟΛΛΩΝΙΔΟΥ·ΦΙΛΟCΕΒ·ΑΡΧ· ΝΕΙΚΑΕΩΝ · ΚΙΛΒΙΑΝΩΝ. — La mon. décrite par Mion. d. son Suppl. Tom. VII, p. 338, n.° 104: ΕΠΙ·CΤΡ· ΦΕΩΝΟC·Α·ΦΙΛΟ·ΑΡΧ·CΟ·ΝΕΙΚΑΕΩΝ·ΚΙΛΒΙΑΝΩΝ. *doit se lire* (d'après Muret): ΕΠΙ·ΓΛΥΚΩΝΟC·ΦΙΛΟ·ΑΡΧ·ΤΟ·Β·ΝΕΙΚΑΕΩΝ·ΚΙΛΒΙΑΝΩΝ. — Les mon. décrites par Mion. d. sa Descr. T. IV, p. 30 et 31, n°s 149, 160 et 163 sont d'une lecture incertaine. — *Empereurs* et *magistrats* des Cilbiani: 1) La mon. des Nicaeenses Cilbiani commence au règne d'Auguste, comprend ceux d'Hadrien, Julia Domna, Caracalla, Géta. — 2) La mon. des Pergameni Cilbiani apparaît sous Domitien, seule ou en communauté d'alliance avec les Nicaeenses. Elle continue sous Hadrien, Commode, J. Domna, Caracalla. — Les magistratures se répartissent de la manière suivante: **Cilbiani superiores**: préteur, Trajan, — archonte, J. Domna. — **Cilbiani inferiores**: scribe, Auguste. — **Cilbiani Nicaeenses**: scribe, Caius et Lucius; stratège et archonte — Caracalla; archonte, Géta. — **Cilbiani Pergameni**: scribe, Domitien. — **Cilbiani Nicaeenses Pergameni**: préteur, Caracalla. — Il existe encore un magistrat non titré: ΚΛΑΥΔΙΟC, aux Cilbiani Ceaetei. —

Monographie entièrement nouvelle des monnaies inédites de Kilbia et de Nikaia en Lydie restées inconnues à Mionnet et rédigée d'après les récentes découvertes de M. Imhoof-Blumer.

Parmi les monnaies qui portent le nom des Kilbiens il faut distinguer les trois classes suivantes: a) Monnaies des Kilbiens supérieurs av. la légende: ΚΙΛΒΙΑΝΩΝ ΤΩΝ ΑΝΩ, entière ou abrégée, depuis Domitien jusqu'à Caracalla. — b) Monnaies des Kéaitiens av. la lég. ΚΙΛΒΙΑΝΩΝ ΚΕΑΙΤΩΝ sans effigie impériale. — c) Mon. de Nikaia avec les Kilbiens des environs, aux légendes: ΚΙΛΒΙΑΝΩΝ ΝΕΙΚΑΙΑC (du temps d'Auguste); ΚΙΛΒΙΑΝΩΝ·ΠΕΡΙ·ΝΕΙΚΗΑΝ (du temps de Domitien); ΚΙΛΒΙΑΝΩΝ·ΝΕΙ- ΚΑΗΝΗ (de Domitien); ΚΙΛΒΙΑΝΩΝ ΠΕΡ· ou ΠΕΡΙ ΝΕΙΚΕΑΝ (de Domitien jusqu'à Commode); ΚΙΛΒΙΑΝΩΝ ΤΩΝ ΠΕΡΙ ΝΕΙΚΑΙΑΝ (du temps d'Antonin le Pieux); ΝΕΙΚΑΕΩΝ·ΤΩΝ·ΕΝ ΚΙΛΒΙΑΝΩΝ ou ΝΕΙΚΑΕΩΝ ΚΙΛΒΙΑΝΩΝ (du temps de Septime-Sévère et Caracalla auxquels appartiennent aussi les monnaies av. une t. de Tyché et les légendes: ΝΕΙΚΕΑ ou ΝΕΙΚΙΑ au Droit. [*Remarque:* Les mon. citées par Mion. IV, 27, 137 appartiennent à Magnesia de Lydie; — *Ib.* IV, 28, 138 à Kydonia de Krète; — *ib.* IV, 28, 140 à Smyrne; — *id.* Suppl. VII, 333, 82 à Magnesia; — la mon. décr. au Suppl. VII, 333, 83 de la coll. Cousinéry ne se trouve plus au *Cab. de Münich* ni dans la Série des mon. de Kilbia.] — **Kilbiani Supérieurs. Domitien**: ΔΟΜΙΤΙΑΝΟC Κ(ΑΙCΑΡ)ΓΕΡΜ. Sa t. laurée, à dr. $R^\prime$: Dans une couronne de laurier, en trois lignes: ΚΙΛΒ·|ΤΩΝ|ΑΝΩ. Æ. 25 mill. — R^8. = 40 fr. — Semblable exempl. au *Mus. de Berlin*, av. ΤΩΝ

ANω, aussi à Paris et à Milan, voy. Sestini, Lett. e diss. num. Cont. VII, 87, 7 et 8. — *Autre:* Antonin le Pieux: AV·KAI·T·AI·|ANTΩNINOC. Sa t. laurée, à dr. ℞: KIΛB (TΩN A)NΩ. Jeune Fleuve couché à g., la main droite sur son genoux, dans la g. tenant une corne d'abondance et un vase renversé. A l'exergue, KIΛBOC. Æ. 24 mill. — R⁶. = 60 fr. — *Mus. de Berlin.* [Le nom du Fleuve est nouveau. Il est probable que ce Kilbos était un affluent du Kaystros et venant de la montagne de Kilbia faisait son parcours à l'endroit où les Kilbiens supérieurs frappaient leurs monnaies, peut-être à **Keaia**.] — *Autre:* AVT·KAICAP·ANTΩNINOC. Même t. à dr. ℞: KIΛBI·|TΩN|ANΩ. Artémis d'Ephèse vue de face, debout, entre deux cerfs. Æ. 18 mill. — R⁶. = 40 fr. — Coll. Imhoof. [Le type d'Artémis Ephesia se trouve aussi sur les mon. des Kéaitiens et Nikaiens. Tous les Kilbianiens appartenaient au Conventus d'Ephèse. Sur les mon. aux effigies de J. Domna et Caracalla on rencontre aussi des noms des archontes.] — **Kéaitiens:** Monnaies: KIΛBI à g. (ANΩN) à dr. Buste d'Hélios av. une couronne radiée et le paludamentum à dr. ℞: ΕΠΙ ΚΛΑΥΔ|ΙΟΥ ΚΕΑΙΤΩΝ. Buste de face d'Artémis-Ephesia. Æ. 22 mill. — R⁷. = 50 fr. — *Cab. de France.* — Sestini, Lett. Cont. VII, 95, 61, Pl. II, 28 et *Mus. Hedervar.* II, 305, 2, Pl. VII, 5. — Coll. Millingen, voy. Mion. Suppl. VII, 335, 91. — **Nikaia.** Auguste. Sa t. à dr. ℞: ΙΟΛΛΑΣΙΟΣ|ΓΡΑΜΑΤΕΥΣ (sic) à dr. près d'une lyre, à g. les traces du nom des habitants. Æ. 21 mill. — R⁸. — *Cab. de Münich.* — Chez Mion. IV, 27, 135 d'après le Cat. Cousinéry av. KIΛB... TΩN KATΩ. [Si on pouvait apercevoir sur cette mon. les traces du nom des Kilbiens on pourrait encore éclaircir la lég. par KIΛBIANΩN·NIKAIAΣ, mais comme tout est détruit et souvent retouché, et en plus le nom de magistrat n'étant pas sûr et incorrect au point de vue orthographique — cette mon. est sans nulle valeur et doit être rayée de la Numismatique de Kilbia.] — *Autre:* KIΛBIA—(NΩN)? T. jeune d'Héraklès, ceinte d'une couronne de laurier, à dr. ℞: TΩN... I KEA. Six épis réunis dans un faisceau. — Æ. 18 mill. — R⁷. = 20 fr. — Cf. Mion. Descr. T. IV, 26, 132, av. KEATΩN, et Sestini, VII, 84, av. .... KEA... TΩN. [La lég. complète du Revers serait peut-être à restituer par TΩN ΠΕΡΙ NEIKEA. L'émission de cette mon. date de Septime-Sévère.] — *Autre:* ΘΕΑΝ|ΡΩΜΗΝ. T. de la déesse *Roma,* ornée d'une couronne murale et d'un paludament, à dr. ℞: ΕΠ·ΓΡΑ·ΜΕΛΙΤΩ-NOC|KIΛB...... Dionysos un et barbu debout à g. tenant d. la m. dr. le cantharos et d. la g. un thyrse. Æ. 22 mill. — R⁷. = 25 à 30 fr. — *Musée de Vienne.* — Cf. Eckhel, Sylloge, p. 48, Pl. V, f. 6. — Mion. IV, 27, 133 av. ΡΩΜΗ et Sestini, VII, 85, 2 av. la lég. supposée: KIΛB·TΩN KATΩ. La mon. est émise après Domitien et avant l'avènement de Commode. — **Monnaies émises sous Auguste:** ΓΑΙΟΣ|ΛΕΥΚΙΟΣ. Têtes nues et accolées de Caius de Lucius, à dr. ℞: ΑΡΑΤΟΣ|ΓΡΑΜΜΑΤΕΥΣ à dr., KIΛBIANΩN|ΝΕΙΚΑΙΑΣ à g. *Demos* deb. à g. la main dr. éployée et la g. cachée sous les plis de son vêtement. Æ. 17 mill. — R⁸. = 60 et 80 fr. — Coll. Arthur Löbbecke. — *Cab. de France,* 2 ex. — *Mus. de Vienne,* 2 ex. — *Cab. de Münich.* [Toutes les descriptions de cette mon. données jusqu'aujourd'hui sont erronnées et inexactes. On prenait toujours la fig. debout pour une Vénus (Aphrodité) ten. une pomme. Cf. Mion. IV, 29, 148 et 149; *Id.* Suppl. VII, 336, 93 (R⁷. = 20 fr.) jusqu'au n° 95. — L'ex. du

Cab. de Münich est d'une très mauvaise conservation. — Voy. encore: Fröhlich, Tent. 158 av. fígg.; Eckhel, Cat. Mus. Caes. 192, 1. — *Mus. Sanclementi*, II, 55, 2. — Sestini, Lett. Cont. VII, 90, 24—26 et Mus. Chaudoir, 104.] — Domitien: ΔΟΜΙΤΙΑΝΟC|ΚΑΙCΑΡ. Sa t. laurée, à dr. ℞: ΚΙΛΒΙΑΝΩΝ·ΠΕΡΙ|ΝΕΙΚΗΑΝ à g., et ΓΡΑ·|ΤΕΙΜΟΚΛΗC en haut, à dr. Niké tenant une couronne et une palme allant à g. Æ. 25 mill. — R⁷. = 40 fr. — *Mus. Britannique.* — Comp. Haym, Thes. Brit. et Khell 1765, II, 253, Pl. XXX, 9. — Au *Cab. de France* av. ΠΕΡ. au lieu de ΠΕΡΙ. — Mion. IV, 30, 150 et Sestini, VII, 93, 51. — *Autre:* ΚΙΛΒΙΑ|ΝΩΝ ΝΕΙΚΑΗΝΗ. Buste de la déesse de la ville (Tyché) de Nikaia ornée d'une couronne murale et d'un paludament, à dr. Devant, à dr. une tête de lion. ℞: ΓΡΑΜΜΑΤΕΥ|C ΤΕΙΜΟΚΛΗC. Zéus, le *pallium* sur l'épaule et ten. un sceptre, assis sur son trône, à g. — Æ. 22 mill. — R⁸. = 50 fr. [Sur cette p. la déesse de la ville est nommée Νεικαηνή, plus tard elle est désignée par le nom de Νίκεα. La tête de lion doit probablement faire allusion à une fontaine ou une source?] — *Autre:* ΔΗΜ(ΟC) ΚΙΛΒΙΑΝΩΝ. Buste barbu de *Démos*, à dr. ℞: ΓΡΑΜ·|ΤΕΙΜΟΚΛΗC. *Eiréné* deb. à g., ten. d. la main dr. une couronne d'olivier et la m. g. appuyée sur une colonne. Æ. 19 mill. — R⁸. = 60 fr. — **Inédite.** — Coll. Arthur Löbbecke et Mus. Britannique. — *Autre:* ΑΥΤ·Κ·ΔΟΜΙΤΙΑΝΟC·ΔΟΜΙΤΙΑ C(Ε). Têtes en regard, celle de l'Empereur, laurée, à dr. et de Domitia, en paludament, à g. ℞: ΚΙΛΒΙΑ(ΝΩΝ) à dr., ΠΕΡ·ΝΕΙΚΕΑΝ, à g. *Eiréné* deb. à g. — Æ. 23 mill. — R⁷. = 40 à 60 fr. — *Cab. de France.* — Mion. IV, 30, 151, et Sestini, VII, 94, 53 avec ΝΕΙΚΑΕΩ (Ν). — Hadrien: ΑΥ·ΚΑΙ·ΤΡ·ΑΔΡΙ|ΑΝΟC ΟΛΥΠ. (sic). Sa t. à dr. ℞: ΚΙΛΒΙΑΝΩΝ ΠΕΡΙ ΝΕΙΚΕΑΝ. Hygieia av. ses attributs, deb. à dr., devant Asklépios. Æ. 27 mill. — R⁷. = 30 fr. — *Mus. de Berlin.* — *Cab. de France.* — Mion. IV, 30, 152 cite un exempl. sans le prénom d'Hadrien et sans Ι dans la lég. περί; — Sestini, VII, 94, 54, 55 en supposant ΟΛΥΜΠΙΟC. [Il faut rapporter sans nulle doute au même Empereur la tête que porte la mon. citée par Mion. Suppl. VII, 337, 96, et qu'il donne à Domitien. Les deux autres mon. décr. par Mion. (d'après Vaillant) Suppl. VII, 337, 97 et Sestini, VII, 90, 27 et 28 n'étant pas été retrouvées doivent être rayées. La forme de leurs légendes qui n'apparaît que depuis Septime Sévère est aussi fort à redouter.] — Antonin le Pieux: ΤΙΤΟC ΑΙΛΙΟC ΚΑΙCΑΡ ΑΝΤΩΝΕΙΝΟC. Son buste à dr. av. le paludament. ℞: ΚΙΛΒΙΑΝΩΝ ΤΩ|Ν ΠΕΡΙ ΝΕΙΚΕ|ΑΝ. Zéus assis sur son siège à g., ten. d. la m. dr. étendue une patère et de la g. un foudre. A ses pieds, un aigle. Derrière, sur un petit piédestal Niké deb. à g. le couronne de sa m. dr. et de la g. tient une palme. — **Inédite.** — Æ. 32 mill. — R⁸. = 100 fr. — Coll. Arthur Löbbecke. — *Autre:* Τ·ΑΙΛ·ΚΑΙCΑ(Ρ)|ΑΝΤΩΝΕΙΝΟC. Buste lauré d'Antonin, à dr. av. le *paludament* et la *cuirasse.* ℞: ΚΙΛΒΙΑΝΩΝ|ΤΩΝ ΠΕΡΙ ΝΕΙΚ|ΑΙΑΝ. Artémis-Ephesia de face, deb. entre deux cerfs. Æ. 35 mill. — R⁸. = 60 fr. — *British Museum.* — *Autre:* (Τ·ΑΙΛ·)ΚΑΙCΑΡ|ΑΝΤΩΝΕΙΝΟC. Sa t. laurée, à dr. ℞: ΚΙΛΒΙΑΝΩΝ ΤΩΝ ΠΕΡΙ·ΝΕΙΚΑΙΑΝ. Hygieia av. ses attributs deb. devant Asklépios, à dr. Æ. 24 mill. R⁷. = 40 fr. — Marc-Aurèle: ΑΥΡΗΛΙ à dr., |ΚΑΙC. à g. Buste de M. Aurèle jeune, av. le paludament, à dr. ℞: ΚΙΛΒΙΑ(νῶν), à dr., ΠΕΡΙ ΝΕ (Ι κεαν). Télésphore deb. de face. — Æ. 20 mill. — R⁸. = 40 fr. — *Cab.*

— 299 —

de France. — Mion. II, 603, 586 av. une fausse leçon AY·KAI·M·AVPH-ΛIOC et ΠEPΓ·NI·KIΛBIA· — Autrefois, coll. Tôchon d'Annecy. — Sestini, VII, 94, 57 et Mion. Suppl. VII, 339, 99 av. ΠEPΓ. — Leake, Num. Hell. Suppl. 39 — aussi av. la fausse lecture ΠEPΓ. — Commode: AV·KAI·Λ·AVΙΡ·KOMOΔOC. Buste lauré et cuirassé de Commode jeune, av. *paludament*, à dr. ℞: KIΛBIANΩN ΠE(ρ)I NEIKE|AN. Hygieia av. ses attributs, deb., à dr. devant Asklépios. Ce dernier est vu de face, ten. de la m. dr. son bâton av. un serpent et de la g. un rameau. Æ. 22 mill. — R⁸. = 40 fr. — Coll. Imhoof-Blumer. [Sestini, VII, 93, 52 avait déjà dit que la mon. décrite par Mion. IV, 30, 153, d'après Vaillant, n'existait pas. La proposition de ce dernier de reconnaître dans l'original de Vaillant le mauvais exempl. de la mon. av. ΠEPΓAMHNOI ΣIΛBANON (cf. Mion. II, 593, 535) ne peut être admise, car sur cette mon. on voit non la tête seule mais la figure entière de l'empereur.] — Septime-Sévère: AV·KAI·Λ·CEΠ·|CEO(VHPO)C ΠEP. Son buste lauré et diadémé, à dr. avec le *paludament*. Devant, une contre-marque de forme ovale portant une pet. t. non-barbue. ℞: EΠI C .. AΠΛAB—TOY IOVΛ·AP·NEIKAEΩN KIΛBIA|NΩN. S. Sévère à cheval, au galop, à dr. ten. d. la m. dr. élevée une lance. Dessous les pieds du cheval, au devant, un barbare nu et agenouillé, à dr., ayant les bras liés par derrière. Æ. 35 mill. — R⁸. = 100 fr. — Coll. Imhoof-Blumer. [Le nom *Ἀπλάβτος* (peut-être pour *Ἀβλάπτος*) *Ἰούλιος* (ou plutôt *Ἰουλιάδης*) se trouve aussi sur une mon. de cette ville à l'effigie de Géta, et probablement aussi sur la pièce av. la t. de Caracalla, citée plus bas, sur laquelle Pellerin lisait: EΠI·CT·AΠ·KΛEBTOV. Comp. Mion. IV, 31, 160 et Sestini, VII, 92, 44]. — Julia Domna: IOVΛIA Δ|OMNA CEBA. Son buste, à dr. ℞: NEI-KAEΩN TΩN EN KIΛBIAN|ΩN. Femme assise à g., ten. d. la m. dr. une patère, et la m. g. appuyée sur un siège. Derrière, un aigle deb. à g. les ailes éployées, derrière l'aigle une Niké volante couronne la femme assise et tient d. la m. g. une palme. Æ. 30 mill. — R⁸. = 60 fr. — *Cab. de France*. — Mion. Suppl. VII, 337, 100 et Sestini, VII, 91, 36. — *Autre*: IOVΛIA ΔOM|NA CEBACTH. Même buste, à dr. ℞: NEIKAEΩN à l'exergue, — à g. TΩN EN KIΛBIAN et à dr. ΩN. Même type, sans aigle. En commerce. — Æ. 31 mill. — R⁶. = 40 fr. [Sur cette mon. ainsi que sur la précédente on trouve par erreur: *ἐν Κιλβιανῶν* au lieu de *ἐν Κιλβιανῷ*.] — *Autre*: IOVΛIA|CEBACTH. Même buste, à dr. ℞: NEIKAEΩN T E·KIΛ et à l'exergue BIANΩ. Fleuve jeune couché à g. ten. d. la main dr. un rameau et la g. appuyée sur une urne renversée. Æ. 25 mill. — R⁶. = 30 fr. — *Musée de Berlin*. — Comp. Mion. IV, 31, 154 (Cousinéry) un exempl. av. NEIKAEΩN KIΛBIANΩN; — *autre*: Même type. ℞: NEIKAEΩN|EN KIΛBIANΩ. Tyché ten. un gouvernail et une corne d'abond. deb. à g. Æ. 21 mill. — R⁶. = 20 fr. — Coll. Imhoof-Blumer. — *Cab. de France*. — Sestini, VII, 90, 31. — *Autre*: Même type, av. NEIKAEΩN K|IΛBIANΩN. Tyché deb. tient d. la m. dr. outre le gouvernail — deux épis. Æ. 23 mill. — R⁶. = 20 fr. — *Mus. de Berlin*. — Comp. Mion. IV, 90, 31 et Sestini, VII, 90, 29 et 30; — *autre*: IOVΛIA Δ|OMNA CEBA. Son buste, à dr. ℞: (NEI)KAEΩN|KIΛBIA|NΩN. Caracalla deb. à g., ten. d. la m. dr. une patère, et de la g. une lance, derrière lui, Niké, deb. à g., ten. une couronne et une palme. Æ. 30 mill. — R⁷. = 40 fr. — *Mus. de Berlin*. — Caracalla: AV·

K·M·AV·|ANTΩNEINOC. Son buste lauré et barbu, orné de la cuirasse et du paludament, à dr. Sur le cou, dans une ronde contre-marque: $\frac{CA}{\Delta}$. ℞: ЄΠI TPVΦΩNOC|B·ΦIΛ|O·APX·TO·B·NЄI et à l'exergue: KAЄΩN·KIΛB||IANΩN. Caracalla en habit militaire deb. à g. devant un autel allumé, ten. une patère d. la m. dr. Derrière lui, Niké le couronne d. sa main dr. et de la g. tient une palme. Æ. 29 mill. — R^8. = 120 fr. — Coll. Imhoof-Blumer. [La lég. de cette mon. corrige les fausses lectures: ЄΠI CTP·ΦЄΩNOC A·ΦIΛO·APX·CO.. = données par Mion. S. VII, 388, 104, et par feu Muret qui prétendait lire: ЄΠI·ΓΛVKΩNOC ΦIΛO., voy. *Rev. Num. Fr.* An. 1883, p. 394.] — *Autre*: AVT·K·M·AVP·|ANTΩNEINOC AVΓ. Son buste lauré et drapé, à dr. ℞: ЄΠ.... AΠOΛΛΩNIΔOV ΦIΛOCЄB., d. le champ, à dr. APX., et à l'exergue NЄIKAЄΩN KIΛ|BIANΩN. Artémis-Ephesia deb. d. un temple à six colonnes. Æ. 35 mill. R^8. = 100 fr. — *Cab. de Münich*. — Comp. Mion. IV, 31, 159 et Sestini, VII, 92, 45. — *Autre*: AV·KAI·M·AVP·|ANTΩNEINOC. Même buste, à dr. ℞: NIKAЄΩN KIΛ|BIANΩN. à l'exergue. Femme assise à g., ten. d. la m. dr. une patère, et la g. appuyée sur un siège. Derrière elle, un aigle vu de face, battant les ailes, et une Niké, à g. couronnant la femme assise. Devant ce groupe on aperçoit la figure d'Apollon nu, d'un style ancien, aux cheveux longs, ten. d. la m. dr. une branche et de la g. une draperie et un tube court. Æ. 42 mill. — R^{6*}. = 150 à 200 fr. — *Musée de Gotha*. — Sestini, Lett. num. IX, 54, Pl. III, f. 8 et Lett. di Cont. VII, 91, 37; — Overbeck, Griech. Kunstmyth. V, Apollon, p. 28, 29 et Pl. I, f. 25. [Sur cette mon. la femme couronnée par Niké doit être considérée pour **Nikaia** et plus sûr encore pour la déesse de Rome. Les têtes de cette dernière, sans ornements, se voient aussi sur les mon. de Teos et de Tripolis en Karie. Un autre **gr. bronze** av. la tête de Caracalla et le type de l'empereur sacrifiant devant Asklépios, Hygieia et Télésphore a été publié par M. Kenner de la coll. du Stift St. Florian, voy. p. 161, Pl. V, f. 18.] — **Géta**: ΠΟΠ·CЄ|Π·ΓЄTAC KAI. Son buste à dr. av. le *paludament*. ℞: ЄΠI CP·AΠΛA|BTOV|IOVΛI·APXO et à l'exergue: NЄIKAЄΩN KIΛ|BIANΩN. Hygieia av. serpent et une patère deb. devant Asklépios, aussi debout. Celui-ci est représenté marchant à dr. et tournant la t. en arrière, et s'appuyant de la m. g. sur son bâton. Æ. 35 mill. R^8. = 70 fr. — *Cab. de Münich*. — Mion. IV, 32, 163 et Sestini, Lett. cont. VII, 92, 46 ont donnés une fausse lecture de cette légende av. ЄΠ·IЄPAΠΛABTOV·IOVNI. — *Autre*: Λ·CЄ·ΓЄTAC KAI. Même buste, à dr, ℞: NЄIKAЄΩN T|ΩN ЄN KIΛBI. Tyché av. ancre et corne d'abond. deb. à g. — Æ. 21 mill. — R^6. = 30 fr. — Coll. Imhoof-Blumer. — **Monnaies émises sous Septime-Sévère et Caracalla**: — NЄI|KЄA. Buste de la Tyché de la ville orné d'une couronne murale et av. le paludament, à dr. ℞: KIΛB|IANΩN. Dionysos jeune deb. à dr., ten. de la m. dr. le *cantharos* et de la g. un thyrse. A ses pieds, une panthère. Æ. 22 mill. — R^6. = 20 fr. — *British Mus.* — T. Combe, Pl. X, f. 25. — Sestini, VII, 89, 23 et Mion. Suppl. VII, 336, 92. — Coll. Imhoof-Blumer — *Autre*: Même typo. ℞: NЄIKAЄΩN KIΛBIANΩN. Niké ten. une couronne et une palme allant à g. Æ. 20 mill. — R^5. = 20 fr. — *Mus. de Berlin et de Münich*. — Mion. IV, 29, 147 inexactement décrite, et Sestini, VII, 89, 22. — *Autre*: Même type av. NЄI|KIA et NЄIKAЄΩ|N KIΛBIANΩ. Æ. 20 mill. — R⁵. = 15 fr. — *Mus. de Berlin*. — Prokesch-Osten, Revue Num. Fr. 1860, p. 276. — *Autre:* NЄI|KЄA. Même type à dr. ℞: TΩN ЄN K|IΛBIANΩ. Tyché av. ancre et corne d'abond. — Æ. 20 mill. R⁵. = 20 fr. — *Mus. Britannique*. —

161. ΓΟΡΔΟC.

Lég. sur les mon. de **Gordos Joulia** en Lydie. *Droit:* ΓΟΡΔΟC. T. tourelée de femme, à dr. ℞: ЄΠΙ·ЄΛΥΔΟΥ. (il me semble plus correct de lire: ЄΠΙ·ΛΥΔΟΥ). Vase à deux anses (Æ 6. R⁴. = 12 fr. Mion. — Hunter, p. 146, Pl. XXVIII, fig. 19); *autre:* Même lég. et m. t. ℞: ΘЄΟΝ·CΥΝΚΛΗΤΩΝ. du Sénat, à dr. (Æ 3½. — R⁴. = 8 fr.); — *autre:* Même lég. et m. t. ℞: T. ЄΠΙ·CTP·T·ΦΛ·ΠΡΟΚΛΟΥ. Artémis d'Éphèse av. ses supports (Æ 4. — R⁵. = 15 fr. Mion.). — *Autre:* ΙΟΥΛΙЄΩΝ·ΓΟΡΔΗΝΩΝ. T. imberbe de Dionysos couronnée de lierre. ℞: ЄΠΙ·ЄΔЄΝΟΥ. Faune deb., versant une amphore dans un vase qui est à ses pieds (Æ 4. — R⁵. = 15 fr. Mion.). —

162. ΙΟΥΛΙΑ·ΓΟΡΔΟC.

Lég. sur les mon. de **Gordos Joulia** en Lydie. *Droit:* ΙΟΥΛΙΑ·ΓΟΡΔΟC. T. tourelée de femme (Tyché de la ville), à dr. ℞: ΓΟΡΔΗΝΩΝ. Asklépios deb. avec ses attributs (Æ 4. — R⁴. = 8 fr. Mion.); *autre:* Même lég. et m. t. ℞: ΙΟΥΛΙΓΟΡΔΗΝΩΝ. Artémis-Ephesia av. ses supports (Æ 6. — R⁴. = 12 fr. Mion.); T. nue et barbue d'Héraklès. ℞: ΙΟΥΛΙЄ·ΓΟΡΔΗΝΩΝ. Télésphore deb. enveloppé d. son manteau (Æ 4. — R⁵. = 15 fr. Mion.); m. t. ℞: ΙΟΥΛΙΓΟΡΔΗΝΩΝ. Lion marchant (Æ 4. — R⁵. = 15 fr. Mion. Musée de M. le Baron de Knobelsdorff. Cf. Sestini, Lettere, Tom. VI, p. 66); t. laurée d'Apollon. ℞: ΓΟΡΔΗΝΩΝ. Bœuf cornupète (Æ 3. — R⁵. = 15 fr. Mion.); *autre:* ΘЄΑ·ΡΟΜΗ. (Sic). T. casquée de Roma. ℞: ΙΟΥΛΙЄΩΝ·ΓΟΡΔΗΝΩΝ. Fleuve couché, ten. un roseau d. la m. dr. et une corne d'abond. d. la g. appuyée sur une urne (Æ 5. — R⁵. = 15 fr. Mion.). — On en connaît des **Impériales** qui datent depuis Trajan jusqu'à Gallien. — Je décrirai ici les suivantes: Trajan: Sa tête à dr. ℞: ЄΠΙ·ΠΟΠΛΙΟΥ·ΓΟΡΔΗΝΩΝ. Dionysos deb., à ses pieds, une panthère (Æ 4. — R⁶. = 20 fr. Mion. R⁴. = 8 fr.). — Plotine: ΠΛΩΤЄΙΝΑ·CЄΒΑCΤΗ. T. de Plotine, à dr. ℞: Même lég. Zéus-Aétophore assis, à g. (Æ 3½ et 4. — R⁷. = 40 fr. Mion. R⁷. = 20 fr.. — Ma collection, ex. à fl. d. c.); *autre,* av.: ΙΟΥΛΙЄΩΝ·ΓΟΡΔΗΝΩΝ. Même type (Æ 4. — R⁷. = 30 fr. Mion.). — Hadrien: — ΑΥ ΚΑΙCΑΡ — ΤΡΑ..... Buste lauré et drapé d'Hadrien, à dr. ℞: ЄΠΙ·Γ·Ι·ΛΥΔΟΥ·ΙΟΥΛΙЄΩΝ., à l'exergue, ΓΟΡΔΗΝΩΝ, et dans le champ à g. ΘΤ. Zéus Niképhoros assis à g. (Æ. 30 mill. — R⁸. = 80 fr. — **Inédite et incon.** à Mion. — Publ. par Imhoof-Blumer, d. ses: Monn. Gr. p. 385, n° 13); — Faustine mère: ΦΑΥCΤЄΙΝΑ·CЄΒΑCΤΗ. T. de Faustine mère, à dr. ℞: ΙΟΥΛΙЄΩΝ·ΓΟΡΔΗΝΩΝ. Fleuve couché, à g. (Æ 5½. — R⁵. = 24 fr.). — Marc-Aurèle et Lucius Verus: Leurs têtes affrontées. ℞: ЄΠ....APX·Α·ΤΟ·Β ΙΟΥΛΙЄΩΝ·ΓΟΡΔΗΝΩΝ. Démétèr dans un char traîné par deux serpents (Æ. MM. — R⁷. = 200 fr. Mion. R⁵. = 100 fr.). — Caracalla: Sa t. à dr. ℞: ЄΠΙ·APX·Λ·ΑΚΚΙΟΥ·ΚΑΔΟΗΝΩΝ·ΓΟΡΔΗΝΩΝ. Démétèr ten. deux flambeaux, sur un char traîné par deux serpents (Æ 9. — R⁵. = 48 fr. Mion.). — Sévère-Alexandre: ΑΥΤ·Κ·Μ·ΑΥΡ·CЄΥΗ·ΑΛЄΞΑΝΔΡΟC. Sa tête laurée. ℞: ΕΠΙ·ΙΟΥΛΙΑΝΟΥ·ΑΡΧ·ΙΟΥΛ·ΓΟΡΔΗΝΩΝ. Artémis d'Ephèse av. ses supports (Æ 9. — R⁴. = 24 fr. Mion.). — *Autre:* Lég. effacée. Sa t. laurée, à dr. ℞: ΦΟΙΚΟΥ·ΙΟΥΛ·ΓΟΡΔΗΝΩΝ. Tyché deb., à g., ten. une corne d'abond. et un gouvernail (Æ 5. — R⁸. = 40 fr. — **Incon.** à Mion. — Publ. par le bar. J. de Witte d. sa Descr. du Cab. Greppo, Paris 1856, voy. n.º 1116). — Macrin: —AVT·K·M·ΟΠΕ·CΕΟ.—MAKPΕΙΝΟC. Buste lauré et drapé de Macrin à dr. ℞: ΕΠ·ΑΙΛ·ΖΩCΙΜΟΥ·ΑΡΧ·Α·ΤΟ·Β·ΙΟΥΛΙ. et, dans le champ, ΓΟΡΔΗΝΩ—Ν. Simulacre de Déméter ou de Perséphoné voilée, deb. de face, le calathos en tête, entre un pavot et deux épis à ses pieds (Æ. 30 mill. — R⁸. = 70 fr. — **Inédite. — Incon.** à Mion. — Publ. par Imhoof-Blumer, dans ses: Monn. Gr. p. 385, n.º 14). — Gallien: AVT· Κ·Π·ΑΙ·ΓΑΛΛΙΗΝΟC. Sa t. laurée, av. le *paludamentum*. ℞: ΕΠ·ΙΟΥ· CΕΟΥΗΡΟΥ·ΓΟΡΔΗΝΩΝ. Tyché deb. (Æ 6. — R⁴. = 12 fr. Mion.). — Sur les mon. de Gordos Joulia, voyez: *Num. Chron.* XIV, 120 et XV, 218 (Commode), *ibid.* XIV, p. 120 (Mamaea). — Sestini, Lett. di Continuaz. IX, 54 (Caracalla. Pièce d'alliance av. Kadi). — Sur une **inédite** de Sabine, voy. Cat. Iwanoff, Londr. 1863, lot 539 (au ℞: d'Artémis. Æ. 3 acq. par Feuardent pour peu de chose). —

163. ΙΕΡΟΚΑΙCΑΡΕΙΑ.

Lég. sur les mon. de **Hierokaisareia** en Lydie. — *Droit:* ΙΕΡΟΚΑΙ-CΑΡΕΙΑ. T. tourelée de femme, à dr. ℞: ΑΝΘΥΠΑΤΩ·ΨΕΡΟΚΙ (pour ΦΕΡΟΚΙ., féroce. Cf. Pellerin, T. II, p. 105; Eckhel, Doctr. Num. vet. p. 103, t. III). Artémis deb. av. un arc et une flèche qu'elle prend dans son carquois, — à ses pieds, un chien (Æ 6. — R.⁷. = 50 fr. Mion. R⁵. = 24 fr.); *autre:* Même lég. et m. t. ℞: ΙΕΡΟΚΑΙCΑΡΕΩΝ. Artémis succinte marchant, tendant un arc (Æ 4. — R⁶. = 18 fr. Mion.); *autre:* ΠΕΡCΙΚΗ. T. d'Artémis pharéthrée. ℞: ΙΕΡΟΚΑΙCΑΡΕΩΝ. Cerf deb. ou marchant, à dr. (Æ 3. — R⁶. = 18 fr. Mion.); *autre:* CΥΝΚΛΗΤΟC. Tête imberbe du Sénat. ℞: ΙΕΡΟΚΑΙCΑΡΕΩΝ. Cerf marchant (Æ 3. — R⁶. = 18 fr.); *autre:* ΙΕΡΟΚΑΙCΑΡΕΙΑ. T. tourelée de femme, av. la poitrine, et une petite tête tourelée de femme en contre-marque. ℞: ΙΕΡΟΚΑΙCΑΡΕΩΝ. Type de la Tyché, — derrière, épi (Æ 3. — R⁶. = 18 fr. Mion.); *autre:* T. d'Artémis av. le carquois. ℞: Même lég. Autel allumé (Æ 3. — R⁵. = 15 fr. Mion.). — *Autre:* ΔΗΜΟC. T. jeune et laurée du Peuple. ℞: Même lég. Artémis d. un char traîné par deux cerfs (Æ 8¹/₂. — R⁶. = 40 fr. Mion. — Mus. Hunter); — ΙΕΡΗ·CΥΝΚΛΗΤΟC (sic). T. imb. du Sénat. ℞: Même lég. Cerf debout (Æ 4. — R⁶. = 18 fr. Mion.). — **Impériales** depuis Agrippine Jeune jusqu'à Caracalla. — Agrippine Jeune: —ΑΓΡΙΠΠΙΝΑΝ·ΘΕΑΝ· CΕΒΑCΤΗΝ. Buste d'Agrippine Jeune, à dr. ℞: ΙΕΡΟΚΑΙCΑΡ…ΩΝΟC. Artémis-Chasseresse deb. à dr., un cerf à ses pieds (Æ. 19 mill. R⁸. = 70 fr. — **Inédite et incon.** à Mion. — Publ. tout récemment par Imhoof-Blumer, dans ses: Monn. Gr. p. 386, n.º 15); *autre:* ΘΕΑΝ·CΕΒΑCΤΗΝ—ΑΓΡΙΠΠΙΝ… Sa t. à dr. ℞: ΙΕΡΟΚΕCΑΡΕCΟΝ — ΕΠΙ ΚΑ… Artémis deb. de face, portant la m. dr. à son carquois, — à ses pieds, un cerf (Æ. 19 mill. R⁸. = 70 fr. — Publ. par Arthur Engel, d. la Rev. Num. Fr. An. 1884, T. II, p. 24, n.º 7. — Grande variété de la p. précédente). — Vespasien: ΟΥΕC-ΠΑCΙΑΝΟC·ΚΑΙCΑΡ·CΕΒ. Sa t. laurée. ℞: ΙΕΡΟΚΑΙCΑΡΕΩΝ. Cerf deb.

($Æ$ 4. — R^6. = 18 fr. Mion.). — M. Aurèle: ΑΥ·Κ·Μ·ΑΥΡΗΛΙΟC·ΑΝΤΩ-ΝΙΝΟC. Sa t. laurée av. le *paludamentum*. ℞: ΕΠΙ·CΤΡΑ·ΜΗΝΟΔΩΡΟΥ Β·ΙΕΡΟΚΑΙCΑΡΕΩΝ. M. Aurèle à cheval, allant au galop, à dr. lançant la foudre de la m. dr. contre un ennemi terrassé ($Æ$ 11. — R^7. = 200 fr. Mion. R^5. = 100 fr.). — Commode: ΑΥΤ·ΚΑΙ·Μ·Α·ΚΟΜΜΟΔΟC. Sa t. barbue et laurée. ℞: ΙΕΡΟΚΑΙCΑΡΕΩΝ. Fleuve couché à terre, à g. ($Æ$ 4. — R^6. = 18 fr. Mion.). — Trajan: ΑΥ·ΝΕΡΒΑΝ·ΤΡΑΙΑΝΩΝ. Sa t. laurée. ℞: ΠΕΡCΙΚΗ·ΙΕΡΟΚΑΙCΑΡΕΩΝ. Artémis chasseresse av. son chien ($Æ$ 6. — R^5. = 24 fr. Mion.). — Faustine mère: ΘΕΑ·ΦΑΥCΤΕΙΝΑ. Son buste à dr., la t. ceinte d'un diadème orné de perles. ℞: ΙΕΡΟΚΑΙCΑΡΕΩΝ. Artémis-Chasseresse, — à ses pieds, un cerf ($Æ$ 4. — R^7. = 30 fr. Mion.). — Lucille: ΛΟΥΚΙΛΛΑ·CΕΒΑCΤΗ. T. de Lucille, à dr. ℞: ΙΕΡΟΚΑΙCΑΡΕΩΝ. Artémis deb. prenant d. la m. dr. une flèche dans son carquois et ten. un arc d. la g. ($Æ$ 5. — R^8. = 90 fr. Mion. R^6. = 18 fr. prix inadmissible auj.). — Antonin le Pieux: Son buste à dr. ℞: ΙΕΡΟΚΑΙCΑΡΕΩΝ·ΓΛΑΥΚΟC. Le Fleuve Glaukos couché à g. dans sa position usuelle ($Æ$ 4. — R^*. = 200 fr. — Inédite et inconnue à Mionnet. — Mon. de la plus grande importance géographique. — Cf. Cat. de la vente Iwanoff, Londres 1863, p. 63, lot un. n.° 544. Vend. 10 £ 5 sh. [Borrell]). — *Note*. Le Fleuve Glaukos mentionné ici est le même qu'on trouve aux revers des mon. d'Eumeneia et qui est un embranchement du fleuve Méandre. — Sestini d. ses Cl. Gen. p. 60 voy. Neokaisareia Ponti, dit — „Mentio Situs — ad fl. Glaucum, ΓΛΑΥ-ΚΟC. in Antonini Pii numo" —; quoiqu'il n'y ait là qu'un faible courant d'eau qui conduit Glaukos dans le Pont, mais la découverte de cette dernière mon. rend probable que la mon. donnée par Sestini à Neokaisareia serait plutôt de Hierokaisareia? — *Corrections:* Les trois mon. suivantes citées par Mionnet (Descr. T. IV, p. 50, n°s 260, 261 et 262) doivent être reportées à Komana de Pont. Ces mon. sont: Septime-Sévère: ΑΥ·Κ·Λ·CΕΠ·CΕΟΥΗ-ΡΟC. Sa t. laurée, à dr. av. le *paludamentum*. ℞: ΙΕΡΟΚΑΙCΑ·ΚΟΜΑ-ΝΕΩ ... ΕΤ·ΒΟΡ. (an 192). Niké deb. sur une base, au milieu d'un temple tétrastyle ($Æ$ 8. — R^5. = 40 fr. Mion.); *autre*: ℞: ΙΕΡΟΚΑΙCΑΡ ... ΕΤ·ΒΟΡ. (an 192). Temple tétrastyle ($Æ$ $8^{1}/_{2}$. — R^5. = 40 fr. Mion.). — Caracalla: ΑV·Κ·Μ·ΑVΡΗ·ΑΝΤΩΝΙΝΟC. Sa t. imberbe et laurée à dr. ℞: ΙΕΡΟ-ΚΑΙC·ΚΟΜΑΝΕΩΝ·ΕΤ·ΒΟΡ. (an 192). Autel allumé surmonté d'un trophée militaire, au milieu d'un temple tétrastyle ($Æ$ $8^{1}/_{2}$. — R^6. = 48 fr. Mion.). — Voy. encore: Cat. L. Welzl de Wellenheim (Vienne 1844) le n.° 6264. — *Corrections:* Légendes: ΙΕΡΟΚΑΙCΑΡΕΩΝ. — CΤ·ΑVΡ·CΤΡΑΤΟΝΕΙ-ΚΟΥ·ΓΛΥΚΟ. — Agrippine: ΕΠΙ·ΚΑΠΙΤΩΝΟC. — Marc-Aurèle: CΤΡΑ·ΜΗΝΟΔΩΡΟΥ·Β. — Commode: ΕΠΙ·CΤΡΑ·ΑΛΕΞ·ΦΙΛΙΠΠΟΥ·Τ·Β. Cf. Kenner, Münzsamml. des Stiftes St. Florian. — Le n.° 165 du Suppl. de Mion.: ΕΠΙ·ΑΤΤΑ .. ΕΡΜΟΦΙΛ ... est complètement usé et échappe à toute lecture. — Les n°s 251, 252 et 168 du Suppl. de Mion., av. ΑΝΘΥΠΑΤΩ ΥΕ-ΡΟΚΙ appartiennent au règne de Trajan. Une mon. impér. de cet empereur, au *Cab. de France*, porte le nom de J. Ferox. Pline le Jeune en parlant de ce dernier (voy. Plin. *litt.* lib. II, xi) le qualifie de „*Vir rectus et sanctus*". — Les mon. impér. de Vespasien, Lucille, Faustine mère, ne nous fournissent aucun nom de magistrat. —

164. ΥΡΚΑΝΙϹ.

Sur une mon. de la ville d'**Hyrkanis** en Lydie. *Droit:* ΥΡΚΑΝΙϹ. T. tourelée de femme, à dr. ℞: ΥΡΚΑΝΩΝ. Tyché deb. av. ses attributs (Æ 4. — R^6. = 25 fr. Mion. R^5. = 15 fr.). — **Autres aut. en bronze:** ΜΑΚΕΔΟΝΩ. Masque de Silène, couronné de lierre, à dr. ℞: ΥΡΚΑ—ΝΩΝ. *Satyre* dansant à dr., le pedum dans la m. droite, le bras g. levé (Æ. 17 mill. Gr. 2,60. — R^8. = 40 fr. — **Inédite** et **incon.** à Mion. — Publ. par Imhoof-Blumer, d. ses: Monn. Gr. p. 386, n.° 18. Grav. ib. Pl. G, n.° 22); T. imb. d'Héraklès, à dr. couverte de la peau du lion. ℞: ΥΡΚΑΝΩΝ. Lion à dr. (Æ 2. — R^4. = 6 fr. Mion.); t. nue et barbue d'Héraklès. ℞: ΥΡΚΑΝΩΝ. Télésphore deb. enveloppé dans son manteau (Æ 4. — R^4. = 8 fr.); t. laurée d'Apollon. ℞: ΥΡΚΑΝΩ...Α...ΑϹΚΛΑΠΟϹ. Figure dans un quadrige, — lyre entre les jambes des chevaux (Æ 4. — R^5. = 15 fr. Mion.); t. de Pallas, la poitrine couverte de l'aegide. ℞: ΥΡΚΑΝΩΝ. Lion à dr. (Æ 3. — R^4. = 8 fr. Mion.); buste d'Athéné casquée, à dr. av. l'aegide. ℞: ΥΡΚΑΝΩΝ. Cerf marchant, à dr. (Æ 2^1/$_2$. — R^4. = 8 fr.); *autre:* ℞: ΥΡΚΑΝΩΝ. Lyre (Æ 2^1/$_2$. — R^5. = 15 fr. Mion.); ΙΕΡΑ·ϹΥΝΚΛΗΤΟϹ. T. nue du Sénat, av. le *paludamentum*. ℞: ΕΠΙ·Α·ΕΡΜΟΓΕΝΟΥϹ·ΥΡΚΑΝΩΝ. Asklépios deb. av. ses attributs (Æ 5. — R^7. = 40 fr. Mion. R^5. = 15 fr.). — **Impériales** depuis Trajan jusqu'à Philippe le Jeune. Elles sont toutes très-rares et en dehors du commerce. — Trajan: M. Waddington dans ses: „*Fastes*" p. 180 en a publié une av. la lég. au ℞: ΑΝΘ·ΒΕΤ·ΠΡΟΚΛΩ·ΥΡΚΑΝΩΝ. [Vectius Proculus, préfet du Trésor avec Publicius Certus, eut pour collègue dans le consulat Julius Lupus, d'après l'inscription de Rome. Borghesi place le consulat de Proculus en 97, mais Mommsen le reporte à l'année suivante. Pline le Jeune d. sa lettre à Quadratus, parle de l'accusation qu'il intente à Certus pour venger la mort d'Helvidius Priscus, son ami. Vectius Proculus, collègue de Publius Certus, fait son apologie, mais Avidius Quiétus est d'un avis contraire. Le fils de Quiétus, proconsul, a inscrit son nom sur la mon. d'Hyrkanis. Cette mon. est: R^6. = 200 fr. — **Incon.** à Mion.] — Hadrien: M. Waddington d. ses „*Fastes*" p. 199, en a publié une ayant au ℞: ΑΝΘΥ·ΚΥΙΝΤΩ·ΥΡΚΑΝΩΝ. -- Borghesi, Décade X, observ. VIII, a vu dans ce nom celui de Lucius Quiétus, un des plus grands généraux de l'empire Romain, auquel Trajan voulait transmettre l'empire, disgracié en conséquence et mis à mort par ordre d'Adrien. Mais la découverte ultérieure dans les inscriptions d'Aezani, d'un Avidius Quiétus, mentionné comme proconsul d'Asie, a fait que Borghesi, d. ses *Fasti consulares*, a changé d'avis et attribué la mon. en question à cet autre consulaire. Quiétus est, selon M. Waddington, le fils d'Avidius Quiétus, l'ami de Thrasea Poetus de Pline. Cette mon. est de la même valeur que la précédente. — *Autre:* Le cat. de la vente Iwanoff, Londres 1863, p. 63, lot n.° 547, contient une autre mon. d'Hadrien (**Inédite**) ayant au ℞: le type d'Artémis Venatrix (*Κυνηγέτις*). Æ 6. Vend. 3 ₤ [Feuardent]. — Commode: ΑΥ·ΚΑΙ·Μ·ΑΥΡΗ·ΚΟΜΟΔΟϹ. Sa t. laur. à dr. av. le *paludament*. ℞: ϹΤΡΑ·Λ·ΟΥΕΤ· (au lieu de ϹΤΡ·ΛΟΥ·ΥΕΤ, comme le veut Mionnet, Descr. III, 61, 327) ΑΝΤΩΝΕΙΝΟΥ·ΥΡΚΑΝΩΝ. Asklépios deb. (Æ 8^1/$_2$. — R^4. = 24 fr. Mion.); *autre,* ℞: ϹΤΡΑ·Λ· (et non φΛ. comme d. Mion.) ΑΝΤΩΝΕΙΝΟΥ·ΥΡΚΑΝΩΝ. Démétèr assise, vêtue de la *stola*, tournée à g. ten. d. la m. dr. des épis et d. la g. un flambeau (Æ 8. — R⁷. = 60 fr. Mion. R⁴. = 12 fr.); *autre:* AV·KAI·M·AVPH·KOMOΔO. Sa t. nue à dr. ℞: CTP·Λ·OYET·ANTΩ· (et non CTP·ΛOYCTAIOC comme le donne Mion.) YPKANΩN·MAKEΔONΩN. Fleuve (ΠIΔACOC?) couché, regardant derrière lui, la m. posée sur un grand bouclier, — à ses côtés, une urne d'où coulent des eaux, — devant, un arbre (Æ 11. — R⁷. = 200 fr. Mion. R⁶. = 130 fr.); m. lég. t. laurée, à dr. av. le *paludament.* ℞: Même lég. av. ANTΩNEINOY, (au lieu de ANTΩ.). T. imb. d'Héraklès, couverte de la peau du lion, à dr. (Æ 11. — R⁷. = 200 fr. Mion. R⁵. = 130 fr.); *autre:* m. lég. (av. KOMOΔOC) et m. t. ℞: Même lég. Hadès d. un quadrige enlevant Perséphone, — derrière Athéné ten. un javelot d. la m. dr., — sous les chevaux, un serpent et un vase renversé, au-dessus Eros portant un flambeau de chaque main (Æ 11. — R⁷. = 175 fr. Mion. R⁵. = 120 fr. Mod. 11½. Même prix). — Sans lég. Sa t. à dr. ℞: EΠI·CTP·ΛOYK·ANTΩNEINOY·YPKANΩN. Asklépios deb. av. le *pallium* et son bâton (Æ 9. — R⁴. = 24 fr. Mion.). — SEPTIME-SÉVÈRE: .... Sa t. à dr. ℞: YPKANΩN. Asklépios deb. (Æ 4. — R⁴. = 8 fr. Mion.). — GÉTA: Π·CEΠ·ΓETAC·KAI. Sa t. laurée. ℞: YPKANΩN. Gerbe de quatre épis, et un pavot au milieu (Æ 4. — R⁵. = 15 fr. Mion.). — MAXIMUS: ..... Sa t. à dr. ℞: YPKANΩN. Hygiéia deb. vêtue de la stola (Æ 7. — R⁷. = 50 fr. Mion. R⁵. = 24 fr.). — PHILIPPE PÈRE: AY·K·M· IOY·ΦIΛIΠΠOC. Sa t. laur. à dr. av. le *paludamentum.* ℞: EΠ·CTP·AV· EPMOΓENOVC·B·CTEΦ· (au lieu de: EΠI·CTPA·EPMOΓENOYC·B· CTEΦ. comme on lit d. Mionnet) YPKANΩN·MAKEΔ. Démétèr ten. un flambeau d. chaque main, deb. d. un char attelé de deux serpents, allant à dr. (Æ 10. — R⁷. = 120 fr. Mion. R⁴. = 24 fr.); *autre:* Même t. ℞: VPKANΩN. Dionysos deb. (Æ 7. — R⁶. = 40 fr. Mion. R⁴. = 12 fr.). — OTACILIE: M·ΩTAKIΛΛA·CEOVHPA·CE. Sa t. à dr. ℞: EΠ·CTP·AV·EPMOΓENOVC·B·CTEΦ·.. VPKANΩN (au lieu de: EΠ·CT·ΦPAV·EPMOΓENOY· B·CTEΦ·YPKANΩN. comme on trouve d. Mionnet). Femme couchée au pied d'un arbre, la m. dr. sur son genou, la g. sur sa t. et le coude appuyé sur un bouclier (Æ 9. — R⁶. = 50 fr. Mion. R⁴. = 24 fr.). — PHILIPPE FILS: A·K·M·I·ΦIΛIΠΠOC. Sa t. laur. à dr. av. le *paludamentum.* ℞: YPKANΩN. Dionysos deb. (Æ 5. — R⁶. = 30 fr. Mion. R⁵. = 15 fr.). — *Corrections:* Lég.: YPKANΩN.—VPKANΩN·MAKEΔONΩN.—IEPA·CVNKΛHTOC.—YPKANΩN ΠIΔACOC. Fleuve couché. [Les villes lydiennes Blaundos, Hyrkanis, Peltœ, Dokimoe et Nakrasa ajoutent à leur nom celui de Macédoniens.] — IEPA·CVNKΛHTOC. — EΠI·A·EPMOΓENOYC·YPKANΩN. Asklépios. — La mon. décrite par Mion. Descr. T. IV, p. 61, n° 324, av.: YPKANΩ....A.... ACKΛAΠOC (auj. au Cab. de Münich) est d'une lecture incertaine. — *Ibid.* le n° 326 (T. IV, p. 61) est à classer au règne de Philippe père ou Otacilie, pour le nom de magistrat EPMOΓENOC. — Les Impériales de Sept.-Sévère, Géta, Maxime, Philippe fils ne donnent pas de nom de magistrat. — Le n° 219 du Suppl. de Mion. doit se lire: EΠI·CTP·Λ·OYET·ANTΩNEINOY, au lieu de: EΠI·CTP·ΛOYK·ANTΩNEINOY. — OVET pour OYETTHNIANOΣ, voy. à Sardes. — Cons. aussi: *Num. Chron.* VIII, p. 8. — *Rev. Num. Fr.* Au. 1883 (Tom. I de la 3ème Série), l'article du bien regretté ERNEST MURET, intitulé: „Monnaies de Lydie", p. 383 à 407. — F. LENORMANT, Monnaies royales de la Lydie. Paris 1876. in-8°.

165. ΜΑΓΝΗΣΙΑ.

Sur une mon. de **Magnesia ad Sipylum** en Lydie. *Droit:* ΜΑΓΝΗ-ΣΙΑ. T. tourelée de femme, à dr. ℞: ΜΑΓΝΗΤΩΝ·ΣΙΠΥΛΟΥ. Kybèle deb. entre deux lions, ten. d. la m. dr. une patère et d. la g. le *tympanum* (Æ 4^1/$_2$. — R^4. = 8 fr. M$_{ION}$.); *autres:* ΜΑΓΝΗΣΙΑ. Même t. ℞: ΜΑΓΝΗ-ΤΩΝ·ΣΙΠΥ. Même type (Æ 6. — R^4. = 12 fr. M$_{ION}$.); ΜΑΓΝΗΣΙΑ. Même t. ℞: ΣΙΠΥΛΟΥ. Tyché deb. (Æ 4. — R^4. = 8 fr. M$_{ION}$.); m. lég. et. m. t. ℞: ΜΑΓΝΗΤΩΝ·ΣΙΠΥΛ. Bison marchant de g. à dr. (Æ 5. — R^4. = 8 fr. M$_{ION}$.); m. l. et m. t. ℞: ΣΙΠΥΛΟΥ. Trépied (Æ 3^1/$_2$. — R^3. = 6 fr. M$_{ION}$.); m. l. et m. t. ℞: Lég. emportée. Trépied (Æ 2^1/$_2$. — R^3. = 4 fr. M$_{ION}$.); t. laurée d'Apollon. ℞: ΜΑΓΝΗΤΩΝ·ΣΙΠΥΛΟΥ. Trépied (Æ 2^1/$_2$. — R^4. = 8 fr. M$_{ION}$.); T. laur. de Zéus, à dr. ℞: ΜΑΓΝΗΤΩΝ·ΣΙΠΥΛΟΥ. Serpent autour de la cortine, la t. dressée, dessous le monogr. (1418) de M$_{ION}$. (Æ 3. — R^4. = 8 fr. M$_{ION}$.); ΕΠΙ·ΣΤΡ·ΜΑΡ·Α·ΜΑΤΡΟΔΩΡΟΣ (mais plus correct: ΕΠΙ·ΣΤΡ·Μ·ΑΥΡ·ΜΑΤΡΟΔΩΡΟΥ.). T. laurée de Zéus, à dr. ℞: ΜΑΓΝΗΤΩΝ·ΣΙΠΥΛΟΥ. Femme deb., ten. des épis et une corne d'abond. (Æ 4^1/$_2$. — R^4. = 9 fr. M$_{ION}$.); ΜΑΓΝΙΤΩ·ΣΙΠ. T. nue et barbue d'Héraklès, à dr. ℞: ΕΡΜΟΣ. Le Fleuve Ἑρμος couché à g. ten. d. la m. g. une corne d'abond., à côté, une urne renversée (Æ 3. — R^5. = 15 fr. M$_{ION}$. — Cf. Köhne, Zeitschr. 1843, voy. p. 42); même t. ℞: ΜΑΓΝΗ·ΣΙΠΥ. Lion marchant (Æ 3. — R^4. = 8 fr. M$_{ION}$.); *autre:* ℞: ΜΑΓΝΗΤΩΝ·ΣΙΠΥΛΟΥ. Athéné deb., ayant sa m. dr. une pet. Niké, la g. appuyée sur un bouclier posé à terre, — d. le champ, monogr. 1419 (Æ 5. — R^4. = 8 fr. M$_{ION}$.); t. tourelée de femme, à dr. ℞: ΜΑΓΝΗΤΩΝ. Zéus-Aetophore deb., la haste à la main, — d. le champ, le monogr. (968 du Rec. de M$_{ION}$.) et la lettre Ə. (Æ 4^1/$_2$. — R^4. = 8 fr. M$_{ION}$.); m. t. ℞: ΜΑΓΝΗΤΩΝ·ΣΙΠΥΛΟΥ. Fig. barbue, deb., ten. un oiseau et la haste pure (Æ 5. — R^4. = 8 fr. M$_{ION}$.); buste d'Athéné, à dr. av. l'aegide. ℞: ΜΑΓΝ·ΣΙΠΥΛΟΥ. Femme deb. ten. une patère et une corne d'abond. (Æ 3. — R^3. = 6 fr. M$_{ION}$.); t. laur. de Zéus. ℞: ΜΑΓ·ΣΙΠΥ. Grappe de raisin, — dessous, le monogr. (670) — (Æ 2. — R^3. = 6 fr. M$_{ION}$.); t. laur. d'Apollon. ℞: ΜΑ. Apollon nu, deb. à g. fléchissant la jambe droite, ten. un oiseau d. la m. dr. et un arc de la g., d. le champ, un astre (Æ 2. — R^2. = 4 fr. M$_{ION}$.); Tête d'Artémis, arc et carquois derrière le dos. ℞: ΜΑΓΝΗΤΩΝ·ΣΙΠΥΛΟΥ. Hermès nu, le pétase attaché derrière le dos, et une bourse d. la m. g., en face, une figure vêtue de la toge, tous les deux debout, ten. ensemble au milieu d'eux une haste (Æ 4. — R^4. = 2 fr. M$_{ION}$.); t. de Bacchante couronnée de lierre, les cheveux pendants par derrière. ℞: ΜΑΓΝΗΤΩΝ·ΣΙΠΥΛΟΥ. Cavalier courant à g. (Æ 2. — R^4. = 8 fr. M$_{ION}$.); ΣΙΠΥΛΟΣ. T. barbue, à dr. ℞: ΜΑΓΝΗΤΩΝ. Asklépios deb. (Æ 4. — R^4. = 8 fr. M$_{ION}$.); ΙΕΡΑ·ΣΥΝΚΛΗΤΟΣ. T. du Sénat, à dr. ℞: ΕΠΙ·ΤΥΧΙΚΟΥ·ΜΑΓΝΗΤΩΝ. Fig. virile, vêtue d'un habit court, marchant sur une proue de vaisseau et ten. d. chaque m. un flambeau (Æ 6. — R^4. = 12 fr. M$_{ION}$.); même lég. et m. t. ℞: ΕΠ·ΣΤ·ΑΥ·ΘΕΟΔΟΤΟΥ·ΜΑΓΝΗΤΩΝ·ΣΙΠΥ. Kybèle deb. entre deux lions, d. un temple distyle (Æ 6^1/$_2$. — R^6. = 20 fr. M$_{ION}$. R^4. = 12 fr.); *autre:* m. lég. et m. t. ℞: Même lég. mais à la fin il y a ΣΙΠΥΛ. Tyché deb. d. un temple tétrastyle (Æ 7. — R^6. = 30 fr. M$_{ION}$. R^4. = 12 fr.); m. lég. et m. t. ℞: ΕΠ·ΦΡΟΝ-ΤΩΝΟΣ·ΜΑΓΝ·ΣΙΠΥ. Temple tétrastyle, d. lequel est une femme tutulée debout ($Æ$ 5. — R^4. = 8 fr. Mion. auj. plus cher); ΘΕΩΝ·CVNKΛΗΤΩΝ· ΜΑΓΝΗΤΩΝ... ΠΙ·ΜΑΝΔΑΛΟV. T. du Sénat. ℞: ΕΠΙ·ΦΛΑΒΙΟV·ΝΟV-ΜΙΝΙΟV. Kybèle deb. entre deux lions ($Æ$ $6^{1}/_{2}$. — R^6. = 20 fr. Mion. R^4. = 12 fr.); *autre*: ΙΕΡΑ·ΚΛΗΤΟC. (sic). T. du Sénat. ℞: ΜΑΓΝΗΤΩΝ·CΙΠV. Athéné deb. ayant sur la m. dr. une pet. Niké et d. la g. la haste et le bouclier ($Æ$ 4. — R^4. = 8 fr. Mion.); ΜΑΓΝΗΤΩΝ. T. de femme tourelée. ℞: CΙΠVΛΟV. Scorpion au milieu du champ de la monnaie ($Æ$ $2^{1}/_{2}$. — R^4. = 8 fr. Mion.); m. t. ℞: ΜΑ. Un très grand épi dressé ($Æ$ 2. — R^2. = 4 fr. Mion. Cette mon. doit être reportée aux incertaines. Je ne la crois pas de Magnésie); — CΙΛVΛΟC. (sic! au lieu de CΙΠVΛΟC). T. barbue, diadémée. ℞: ΕΡΜΟC. Fleuve couché ($Æ$ 4. — R^4. = 8 fr. Mion.); tête de Sipylos barbue et diadémée, à dr. ℞: ΜΑΓΝΗ·ΣΙΠ. Ancre occupant le milieu du champ ($Æ$ 1. — R^7. = 20 fr. Mion. R^4. = 6 fr.); ΜΑΓΝΗΤΩΝ. Fleuve couché, à g. ℞: CΙΠVΛΟV. Cancer ($Æ$ 2. — R^5. = 15 fr. Mion.); ΙΕΡΟC·ΔΗΜΟC. T. imb., jeune, du Peuple. ℞: ΜΑΓΝΗΤΩΝ. Asklépios deb. av. ses attributs ($Æ$ 4. — R^5. = 15 fr.); .... ΜΑΓΝΗ .... ΘΕΟΔΟΤΟV. T. du Sénat. ℞: ΕΠΙ·ΦΛΑΒΙΟV·ΔΙΟΝVCΙ. Kybèle entre deux lions ($Æ$ $6^{1}/_{2}$. — R^7. = 40 fr. Mion. R^4. = 12 fr. — *Cab. de München*). — **Monnaie attribuée à** Cicéron: Droit: ΜΑΡΚΟΣ·ΤVΛΛΙΟΣ·ΚΙΚΕΡΩΝ. T. jeune, nue, à dr. ℞: ΜΑΓΝΗ-ΤΩΝ·ΤΩΝ·ΑΠΟ·ΣΙΠVΛΟV. Main ten. une couronne, une palme, un épi et un cep de vigne chargé d'une grappe de raisin. Dans le champ, ΘΕΟΔΩ-ΡΟC, nom d'un magistrat ($Æ$ 6. — R^8. = 200 fr. — Mion. Descr. T. IV, p. 71, n° 385. — R^7. = 60 fr. *Grav.* ib. Suppl. T. VII, Pl. XI, n° 2. — M. Arthur Löbbecke, à Braunschweig, possède dans sa riche collection un très bel exempl. de cette mon. qu'il a acquis de la vente Whittal, de Smyrne). — [*Note.* Fabri et Tristan publièrent cette mon. en 1606 et 1644; puis Eckhel, Sanclemente, Cousinéry, Visconti. — Tristan et Sanclemente pensent que le portrait est celui de Cicéron l'orateur. Cousinéry y voit l'effigie de Jules-César. — Visconti, Samuel Birch et Ch. Lenormant soutiennent que la tête est celle de Cicéron l'orateur. — Borghesi (Dec. XI, osserv. 6) admet que la mon. a été frappée sous le proconsulat du fils de Cicéron. La ville de Magnésie, ainsi que l'a prouvé Visconti, n'avait pas de reconnaissance à avoir à l'orateur. La légende désigne Cicéron le proconsul qui administrait la province d'Asie, mais la tête est celle d'Auguste, opinion inadmissible, vu les traits bien caractérisés du personnage représenté sur la monnaie. — Waddington qui a traité des portraits des proconsuls d'Asie et d'Afrique, estime qu'il ne peut y avoir d'hésitation qu'entre Cicéron l'orateur et son fils, qui portent exactement les mêmes noms. M. Waddington (dans ses: „*Fastes*" p. 87) croit que le portrait est celui du fils de Cicéron. — Au sujet de cette mon. voy. Cousinéry: sa lettre à l'abbé Sanclemente, dans Millin, Magasin Encyclopédique. An. 1808, T. I, Janvier, p. 5.] — **Impériales** depuis Auguste jusqu'à Salonine. — (Comme la majeure partie des légendes sur ces mon. ont été mal lues par Mionnet je ne les décrit ici qu'après les avoir vérifiées sur les pièces originales conservées au *Cab. de France.*) — Auguste et Livie: ΜΑΓΝΗΤΕΣ·ΑΠΟ· ΣΙΠVΛΟV·ΣΕΒΑΣΤΟΙ. T. nue d'Auguste. ℞: ΔΙΟΝVΣΙΟΣ·ΚΙΛ·ΑΣ. T. de Livie ($Æ$ 4. — R^7. = 20 fr. Mion.). — Livie: (seule). CΕΒΑCΤΗC·ΗΡΑ Sa t. ornée. ℞: ΜΑΓΝΙΤΩΝ· (sic) CΙΠVΛΟV. Femme tutulée deb. ten. un pot. vase et une corne d'abond. ($Æ$ 4. — R^7. = 20 fr. Mion.); *autre*: ΘΕΑΝ-

ϹΕΒΑϹΤΗΝ. Sa t. à dr. ℞: ϹΥΝΚΛΗΤΩΝ·ΜΑΓΝΗΤΕϹ·ΑΠΟ·ϹΙ. T. nue et imberbe du Sénat, à dr. (Æ 3½. — R⁶. = 18 fr. Mion.). — Caius et Lucius: ΣΕΒΑΣΤΟΙ·ΜΑΓΝΗΤΩΝ·ΣΙΠΥΛΟΥ. T. accolées d'Auguste et de Livie. ℞: ΥΙΟΙ·ΣΕΒΑΣΤΟΙ·ΔΙΟΝΥΣΙΟΣ·ΙΕΡΕΥΣ. T. affrontées de Caius et de Lucius (Æ 4. — R⁸. = 40 fr. Mion.); *autre:* ℞: ΕΠΙ·ΔΙΟΝΥΣΙΟΥ·ΚΙΛΛΙΔΙΑΝΟΥ·ΙΕΡΕΩΣ·ΣΕΒΑΣΤΟΥ. Mêmes têtes (Æ 4. — R⁶. = 40 fr. Mion.); *autre:* Mêmes t. et m. lég. ℞: ΥΙΟΙ·ΣΕΒΑΣΤΩΝ·ΔΙΟΝΥϹΟϹ·ΚΟΛΗΣΟΥ.. T. en regard de Caius et de Lucius (Æ 4. — R⁵. = 40 fr. Mion.); — *autre:* ℞: ΔΙΟΝΥΣΙΟΣ·ΔΙΟΝΥΣΙΟΥ·ΚΙΛ·ΑΣ., — dans le champ, ΙΕΡΕΥΣ·ΣΕΒΑΣΤΟΥ. T. affrontées de Caius et de Lucius (Æ 4. R⁸. = 40 fr. Mion.). — Tibère: ΤΙΒΕΡΙΟΝ·ϹΕΒΑϹΤΟΝ·ΚΤΙϹΤΗΝ. Sa t. laur. à dr. ℞: ΜΑΓΝΗΤΩΝ·ΑΠΟ·ΣΙΠΥΛΟΥ. Tibère en habit militaire, donnant la m. à une femme tourelée, debout (Tyché de la ville) (Æ 4½. — R⁷. = 50 fr. Mion. R⁶. = 18 fr.). — Caligula: Sa t. à dr. ℞: ΜΑΓΝ·ϹΙΠΥ·ΓΕΡΜΑΝΙΚΟΝ·ΑΓΡΙΠΠΙΝΑΝ. Germanicus voilé deb. ten. une patère, et Agrippine, ten. deux épis et une haste (Æ 4. — R⁴. = 8 fr. Mion.). — Néron: Ν·Κ·ΖΕΥϹ·ΕΛΕΥΘΕΡΙΟϹ. Sa t. laurée. ℞: ΕΠΙ·Γ·ΙΟΥ·ΠΟΛΥΑΙΝΟΥ (et non: ΕΠΙ·Γ·Ι·ΠΟΛ ..... ΟΥ, comme d. Mion.). Figure jeune en habit de femme, les mains élevées, soutenant une couronne, — deux bandelettes tombent de l'épaule g., d. le champ, d'un côté le monogr. (673), de l'autre, ϹΙ·ΚΥ. (Æ 5. — R⁷. = 40 fr. Mion. R⁵. = 15 fr.); *autre:* ΝΕΡΩΝΑ·ΚΑΙϹΑΡΑ. T. de Néron jeune, nue, à g. ℞: ΘΕΑΝ·ϹΥΝΚΛΗΤΩΝ·ΜΑΓΝΗΤΩΝ·ϹΙΠΥ. T. jeune du Sénat (Æ 3. — R⁴. = 8 fr. Mion.). — Néron et Poppaea: ΝΕΡΩΝΑ·ΣΕΒΑΣΤΟΝ (cette lég. manque d. Mion.). Tête de Néron. ℞: ΠΟΠΠΑΙΑΝ·ΣΕΒΑΣΤΗΝ·ΜΑΓΝΗΤ·ϹΙΠ. Tête de Poppée (Æ 4. — R⁷. = 70 fr. Mion. R⁷. = 30 fr.). — Domitia: ΔΟΜΙΤΙΑ·ϹΕΒΑϹΤΗ. Son buste, à dr. ℞: ΜΑΓΝΗ·ϹΙΠΥ. Fleuve couché, à g. appuyé sur une urne renversée, ten. un roseau et une corne d'abond. (Æ 3. — R⁷. = 40 fr. Mion. R⁵. = 15 fr. — Cat. de la vente J. Gréau (Paris 1867), voy. p. 173, n° 1978. Vend. 21 fr.). — Marc-Aurèle: ΑΥΡΗΛΙΟϹ·ΚΑΙ. T. nue de M. Aurèle. ℞: ΕΠΙ·ϹΤΡ·ΑΙ·ΚΟΔΡΑ·ΜΑΓΝΗΤΩΝ·ϹΙΠΥΛΟΥ (et non: ΕΠΙ·ϹΤΡ·Λ·ΑΙΥΟΔΙΟΥ. comme on lit d. Mion. Descr. T. IV, p. 75, n° 407). Niké couronnant un trophée aux pieds duquel sont deux captifs (Æ 9. — R⁶. = 50 fr. Mion. R⁴. = 24 fr.); *autre:* av. ΕΠΙ·ϹΤΡ·ΔΗΜΟϹΤΡ·ΗΡΑΚΛΕΙΔΟΥ·ΜΑΓΝΗΤΩΝ·ϹΙΠΥΛΟΥ. Kybèle assise entre deux lions, ten. une patère (Æ. MM. — R⁷. = 200 fr. Mion. R⁵. = 100 fr.). — Commode: ΑΥΤ·ΚΑΙ·ΜΑΡ·ΑΥΡΗ·ΚΟΜΟΔΟϹ. Sa t. laur. à dr. av. le paludamentum sur les épaules. ℞: ΕΠΙ·ϹΤΡΑ·Α·ΚΟΔ. (et non: ΕΠΙ·ϹΤΡΑ·ΛΑΙ·ΚΟΔΡΑ. comme d. Mion.) à l'exergue: ΜΑΓΝΗΤΩΝ·ϹΙΠΥΛΟ. Kybèle d. un char traîné par deux lions, à g. (Æ 8. — R⁶. = 40 fr. Mion. R⁴. = 12 fr.). [Les autres mon. de Commode, décrites par Mion. (T. IV, p. 76, n°s 410, 411, 412) qui portent ΕΠΙ·ϹΤΡ·ΛΑΚΟΥ doivent être corrigées en: ΕΠΙ·ϹΤΡΑ·Λ·ΑΙΥΟΔΟΥ·ϹΤΡ·Λ·ΑΙΛ·ΥΟΔΡΑ. — Crispine: ΚΡΙϹΠΕΙΝΑ·ϹΕΒΑϹΤΗ. Sa t. à dr. ℞: ϹΤΡ·ΑΙΛ·ΚΟΔΡΑΤΟΥ·ΜΑΓΝΗΤ·ϹΙΠΥΛΟΥ. Kybèle entre deux lions, deb. d. un temple distyle, ten. une patère et le *tympanum* (Æ 7. — R⁵. = 20 fr. Mion. R⁸. = 9 fr.). — [Les lég. des mon. de Crispine (décr. p. Mion. Descr. T. IV, 76, n°s 414 et 415) qui portent: ϹΤΡ·Λ·ΑΙ·ΥΟΔΡΑ. — ϹΤΡ·Λ·ΑΙ·ΒΟΔΡΑ, doivent se lire: ϹΤΡΑ·ΑΙ·ΚΟΔΡΑ.] —

Septime-Sévère: ΑΥ·Κ·Λ·CΕΠΤΙ·CΕΟΥΗΡΟC .... Sa t. laurée, à dr. ℞: ΕΠΙ·CΤΡΑ·ΚΟΥΑΔΡΑΤΟΥ·ΜΑ .... CΙΠΥ. Niké deb. à g. ten. une palme et élevant un trophée (Æ 8. — R⁸. = 70 fr. — **Inédite** et incon. à Mion. — Publ. par Fr. Lenormant, d. sa Descr. du Cab. du Baron Behr, Paris 1857, voy. p. 126, n° 718). — Caracalla: ΑΥ·Κ·Μ·ΑΥΡ·C·ΑΝΤΩΝΕΙΝΟC. Sa t. laur. à dr. av. cuirasse et aegide. ℞: ΕΠΙ·CΤΡ·Μ·ΑΥΡ·ΓΑΙΟΥ·ΜΑΓΝΗΤΩΝ·CΙΠΥ. Amazone tourelée deb. présentant sa m. dr. à Kybèle deb., qui tient une patère et le *tympanum* sur l'épaule gauche, — à ses pieds, un lion (Æ 11. — R⁶. = 100 fr. Mion. R⁴. = 40 fr.); *autre:* Même t. et m. lég. ℞: ΕΠ·CΤΡ·Μ·ΑΥΡ·ΕΥΒΟΥΛΟΥ·ΜΑΓΝΗΤΩΝ. Athéné deb., vue de face, — à ses pieds un géant (Atlas?) dont la partie infér. du corps se termine par deux queues de serpents, ten. de ses deux mains un globe céleste au-dessus de sa tête (Æ 8. — R⁷. = 120 fr. Mion. R⁶. = 60 fr. — Cf. Th. Panofka, Inst. d. Corr. arch. Diss. num. sur le Cab. Fontana, P. I et 4. — Pl. XLIX, Δ, 1); *autre:* ΕΠ·CΤΡ·ΛΑΚΟΥ·ΜΑΓΝΗΤΩΝ·CΙΠΥΛΟΥ. Kybèle tourelée, traînée d. un char par deux lions (Æ 7. — R⁵. = 20 fr. Mion. R⁴. = 12 fr.); Sévère-Alexandre: Α·Κ·Μ·ΑΥΡ·CΕ·ΑΛΕΖΑΝΔΡΟC. Sa t. laur. ℞: ΕΠΙ·CΤ·ΦΛ·ΜΑΞΙΜΟΥ·ΜΑΓΝΗΤΩΝ·CΙΠΥΛΟΥ. Kybèle assise entre deux lions (Æ. MM. — R⁶. = 70 fr. Mion. R⁴. = 40 fr.); *autre*, av.: ΕΠ·CΤ·ΚΛΕΙΤΙΑΝΟΥ·ΜΗΤΡ·ΜΑΓΝΗΤΩΝ·CΙΠΥ. Sévère-Alexandre deb., en habit militaire, sacrifiant dev. un autel, tandis que la Niké le couronne (Æ 10¹/₂. — R⁷. = 150 fr. Mion. R⁵. = 100 fr.); m. lég. et m. buste, av. la tête laurée. ℞: ΕΠ·C·Α·ΚΛΕΙΤΙΑΝΟΥ·Μ·ΑΝΤΙΚ·ΜΑΓΝΗΤΩΝ·CΙΠΥΛΟΥ. autour d'une couronne de laurier, — au milieu, un bouclier rond sur lequel on lit: ΑΔΡΙ·ΑΛΕ·ΑΝΤΩΝΕΙΑ·ΕΝ·ΜΟΝΙΔΕΙΑ. en cinq lignes (Æ. MM. — R⁸. = 200 fr. Mion. R⁵. = 100 fr.). — Mamée: ΙΟΥ·ΜΑΜΕΑ·CΕΒΑC. Sa t. ℞: ΕΠΙ·CΤΡ·ΑΥΡ·ΕΡΑCΕΙΝΟΥ·ΜΑΓΝΗΤΩΝ·CΙΠΥ (et non: ΕΠΙ·CΤΡ·Α·ΕΡCΕΙΝΟΥ comme d. Mion.). Kybèle assise, — à ses pieds, un lion (Æ 6. — R⁶. = 30 fr. Mion. R⁴. = 12 fr.). — Il en existe aussi des pièces ayant les deux têtes de Sév. Alexandre et J. Mamée, en regard. — Gordien III: ΑΥ·ΚΑΙ·Μ·ΑΝΤ·ΓΟΡΔΙΑΝΟC. Sa t. laur. à dr. ℞: ΕΠΙ·CΤΡ·ΑΥΡ·ΘΕΟΔΟΤΟΥ·Β·ΜΑΓΝΗΤΩΝ·CΙΠΥΛΟΥ. Kybèle tourelée, assise sur un char traîné par deux lions allant à g., le bras g. appuyé sur le *tympanum* (Æ 10. — R⁶. = 40 fr. Mion. R⁴. = 24 fr.); *autre:* ℞: Même lég. Amazone deb., la t. tourelée, ten. une patère, la *pelta* et un voile, — derrière, une Niké également deb. la couronne (Æ 8¹/₂. — R⁵. = 30 fr. Mion. R³. = 18 fr.). — Philippe père: ΑΥΤ·Κ·Μ·ΙΟΥΛ·ΦΙΛΙΠΠΟC·ΑΥΓ. Sa t. laur. à dr. ℞: ΕΠΙ·CΤΡ·ΚΛΕΙΤΙΑΝΟΥ .. Β·ΜΑΓΝΗΤΩΝ·CΙΠ. Zéus nu et deb. ten. de la main dr. la haste et d. la gauche un foudre (Æ 11. — R⁶. = 60 fr. Mion. R⁴. = 40 fr.); *autre*, av.: ΕΠΙ·CΤΡ·ΚΛΑΥΔΙΑΝΟΥ·Β·ΜΑΓΝΗΤΩΝ·CΙΠ. (fausse leçon de Vaillant. Lisez: ΚΛΕΙΤΙΑΝΟΥ. etc.). Zéus deb. (Æ 11. — R⁴. = 40 fr. Mion. d'après Vaillant). — Philippe fils: ΑΥΤ·Κ·Μ·ΙΟΥΛ·ΦΙΛΙΠΠΟC·ΑΥΓ. Sa t. radiée à dr. av. le *paludamentum*. ℞: ΕΠΙ·CΤΡ·ΝΥΡ· (au lieu de ΑΥΡ. comme d. Mion.) ΚΛΕΙΤΙΑΝΟΥ·Β·ΜΑΓΝΗΤΩΝ·CΙΠΥΛΟΥ. Couronne d'épis renfermant un bouclier rond et bombé, à l'entour duquel on lit: ΕΝΜΟΝΙΔΕΙΑ; au milieu, en quatre lignes: ΑΔΡΙΑΝΑ .... ΑΝΤΩΝΗΑ (et non: ΑΝΤΗΩΣΗΑ). (Æ 13¹/₂. R⁶ˢ. = 400 fr. Mion. R⁸. = 200 fr.); *autre*, av.: ΕΠΙ·CΤΡ·ΝΥΡ·ΚΛΕΙΤΙΑ-

ΝΟΥ·ΜΑΓΝΗΤΩΝ·ΣΙΠΥΛΟΥ. Kybèle assise, ten. une patère et une haste, — à ses pieds, un lion (Æ 11. — R⁶. = 70 fr. Mion. R⁴. = 40 fr.); *autre:* ΕΠ·CΤΡ·ΑΥΡ·ΑΙΝΕΙΟΥ·Β·ΙΠΠΙΚΟΥ· (au lieu de ΕΡΜΕΙΟΥ·Β·ΙΠΠΙΚΟΥ comme l'a donné Mion. IV, 81, 439) ΜΑΓΝΗΤΩΝ·CΙΠΥΛΟΥ. Kybèle d. un char traîné par deux lions, à g. (Æ 11. — R⁷. = 80 fr. Mion. R⁴. = 40 fr.) [la même lég. ΑΙΝΕΙΟΥ·Β·ΙΠΠΙΚΟΥ. se trouve aussi sur les Gr. br. à deux têtes de Philippe père et Otacilie]. — Otacilie: Μ·ΩΤΑ·CΕΒΗΡΑ·CΕΒ. Sa t. sur un croissant. ℞: ΕΠ·ΑΙΝΕΙΟΥ· (et non ΑΙΛΙΟΥ et ΑΙΝΟΙΟΥ comme on le trouve d. Mion. IV, 80, 436 et 437) ΜΑΓΝΗΤ·C. Kybèle assise, — à ses pieds, un lion (Æ 7. — R⁶. = 20 fr. Mion. R⁴. = 12 fr.). — Trajan Dèce: ΑΥ·Κ·Γ·Μ·Κ·ΤΡΑΙΑΝΟC·ΔΕΚΙΟC·CΕ. Sa t. radiée, à dr. av. le *paludament*. ℞: ΕΠ·CΤ·ΑΥΡ·ΑΡΤΕΜΑ·ΜΕΝΕΜΑΧ·ΛΑΙΑΝΟΥ· (au lieu de la fausse leçon de Mion. S. VII, 386, 325, qui donne: ΑΥΡ·ΑCΤΕ et ΑΡΤΕ·ΑΜΕΝΕΝ·ΑΚΙΑΝΟΥ) ΜΑΓΝΗΤΩΝ·CΙΠΥΛ. Dèce à cheval, allant au galop, à dr. lançant un javelot de la m. dr., dessous, sont deux captifs assis à terre (Æ 10. — R⁷. = 100 fr. Mion. R⁴. = 40 fr.); *autre:* Même t. et m. lég. ℞: ΕΠΙ·CΤΡ·ΛΟΓΓΕΙΝΟΥ· (et non: ΕΠΙ·CΤΡ·ΛΟΓΕΙΔΙΟΥ. comme le donne Mion.) ΜΑΓΝΗΤΩΝ·CΙΠΥΛ. Niké couronnant un trophée au pied duquel un barbare est attaché (Æ 6½. — R⁶. = 20 fr. Mion. R⁴. = 12 fr.). — Etruscille: ΕΡΕΝ·ΕΤΡΟΥCΚΙΛΛΑ. Sa t. à dr. ℞: ΕΠ·CΤΡ·ΑΡΤΕΜΑ·ΜΑΓΝΗΤΩΝ·CΙΠΥΛΟΥ. Tyché d. un temple tétrastyle (Æ 7. — R⁵. = 15 fr. Mion. R³. = 9 fr.). — Valérien père: ΑΥ·Κ·ΠΟ·ΛΙΚ·ΟΥΑΛΕΡΙΑΝΟC. Sa t. laurée. ℞: CΤΡ·ΑΥΡ·ΛΟΓΓΕΙΝΟΥ·ΜΑΓΝΗ., la suite dans le champ: ΤΩΝ·ΚΑΙ·CΜΥΡ·ΟΜ. Deux Némésis deb. en face, — à côté, Kybèle deb., à ses pieds, un lion (Æ 9. — R⁵. = 40 fr. Mion.). — Gallien: ΛΙΚΙΝ·ΓΑΛΛΙΗΝΟC. Sa t. laurée. ℞: ΕΠ·CΤΡ·ΑΥΡ·ΦΡΟΝΤΩΝΟC·ΜΑΓΝΗ·CΙΠ. Gallien à cheval, allant. au grand galop, — dessous, deux Tritons, deb. en face l'un de l'autre, personnifiant le Fleuve Hermos (Æ 9. — R⁶. = 40 fr. Mion. R⁴. = 24 fr.); *autre:* av. ΕΠ·ΑΥΡ·ΛΟΓΓΕΙΝΟΥ·Β·ΜΑΓΝΗΤΩΝ·CΙΠΥ. Urne des jeux, avec deux palmes (Æ 6½. — R³. = 10 fr. Mion. R¹. = 3 fr.); même p. av. CΤΡ·ΛΟΓΓΕΙΝΟΥ·Β. — Salonine: ΙΟΥ·ΚΟΡ·CΑΛΩΝΕΙΝΑ. Sa t. à dr. ℞: ΕΠ·ΦΡΟΝΤΩΝΟC·ΜΑΓΝΗ·Τ·CΙ. Kybèle deb. d. un temple tétrastyle (Æ 5. — R⁴. = 8 fr. Mion.). — [Les mon. av. le nom ΘΕΟΔΟΤΟC, décrites par Mion. S. VII, p. 374, nᵒˢ 268 et 269, ainsi que celle de la Deser. T. IV, p. 70, nᵒ 381, appartiennent au règne de Gordien le Pieux. — La mon. du Suppl. p. 375, nᵒ 270, av.: ΕΠ·ΦΡΟΝΤΩΝΟC, est à classer à Gallien et Salonine.] — Sur les mon. de **Magnésie de Lydie** consultez: Akerman, Numismatic Journal, I, 43. — Sestini, Mus. Chaudoir, p. 105. — *Id. auct.*, Lettere di Continuaz. VIII, 98; V, 57, 58. — Köhne, Berl. Blätter f. Münzk. I, p. 262. — *Annali* dell' Inst. e Corr. Arch. di Roma, An. 1833, 114, 117. — Sur la mon. av. la prétendue tête de Cicéron: a) *Numism. Chron.* II, 107; b) Cousinéry, lettre à Sanclementi au sujet d'une m. sur laquelle on a cru voir la tête de C. Paris 1808; c) Borghesi, Osservazioni II, 6. — *Corrections:* Mionnet IV, 70, 379 Magnesia Joniae, voy. S. VI, 236, 1032 note; mais Mionnet III, 143, 624 appartient à Magnésie lydienne, voy. Rec. des Pl. p. 92 et Suppl. VI, 231 note. — Mionnet, Suppl. VII, p. 372, nᵒ 254, décrit une mon. d'après Sestini, — mais le mot ΣΙΠΥΛΟΥ manque sur d'autres exemplaires de cette mon. (sur celui du Mus. de Berlin et sur les empreintes en souffre de Paris) par conséquent, il est à présumer que ce mot a été inventé par Sestini. — Mionnet IV, p. 70, n.° 378 a décrit aussi cette mon. sous Magnésie d'Ionie, ce qui semble être plus correct. —

165 bis. MAIONIA.

Lég. sur les mon. de Maeonia en Lydie. *Droit:* MAIONIA. T. tourelée de femme, à g. ℞: MAIONΩN. Tyché deb. av. ses attributs (Æ 5. — R⁶. = 20 fr. Mion. R⁴. = 8 fr.). — **Autonomes en br.** dont les légendes sont corrigées d'après les pièces originales : MAIONΩN. T. laurée de Zéus, à g. ℞: ЄΠI·AP·CE·ΓΛYKΩNOC·CTPA au lieu de ЄΠI·APCPIKΩNOC (sic) CTPA. comme on lit d. Mion. IV, p. 64, n.° 338). Deux figures viriles deb. se donnant la main, — l'une vêtue du *paludamentum* et l'autre de la toge (Æ 7. — R⁶. = 20 fr. Mion. R⁴. = 12 fr.) [Le même nom du magistrat Glykon se rencontre sur les monnaies de Blaundos, Hypoepa et Thyatire]; — ΔHMOC·MAIONΩN. T. imberbe laurée. ℞: ЄΠI·AYP·ZHNΩNOC·APX. Zéus debout à g. (Æ 8½. — R⁶. = 30 fr. Mion. R⁴. = 24 fr.); ZEYC·OΛYMΠIOC. T. laurée de Zéus, à dr. ℞: ЄΠI·AIΛ·NEΩNOC· (et non ANEPΩNOC comme d. Mion. T. IV, p. 64, n.° 340) MAIONΩN. La déesse Roma assise sur des armes, ayant sur la main dr. une pet. Niké et d. la g. le *parazonium* (Æ 6. — R⁵. = 20 fr. Mion. R⁴. = 12 fr.); même lég. et m. t. laur. de Zéus. ℞: ЄΠI·MOYKIANOY·AP·Γ·MAIONΩN. Même type. (Æ 6½. — R⁵. = 20 fr. Mion. R⁴. = 12 fr. — Cette mon. aurait été frappée du temps de M. Aurèle. Cf. le n.° 1979 de la *Descr. des mon. grecques de J. Gréau*, par H. Cohen, Paris 1867, qui la dit Belle et **incon.** à Mion. (cependant elle s'y trouve!). Vend. à la vente 21 fr.). — *Autre:* Même lég. et m. t. ℞: ЄΠI·AΠOΛΛΩ· (et non: AΠOΛ.) TO·B·MAIONΩN. Même type de Roma assise (Æ 6½. — R⁶. = 20 fr. Mion. R⁴. = 12 fr.); *autre:* T. nue et barbue d'Héraklès, à g. ℞: ЄΠI·ΓAIOY· (et non: ЄΠI·ΓAI.) POYΦOY·MAIONΩN. Omphale marchant à dr., ten. la massue d'Héraklès et la dépouille du lion sur l'épaule g. (Æ 5. — R⁵. = 12 fr. Mion. R⁴. = 9 fr.); MAIONΩN. Buste d'Athéné, à dr. la poitrine couverte de l'aegide. ℞: ЄΠI·ΔHMHTPIOY. Démétèr voilée, deb. ten. un épi et un pavot, et d. la m. g. une haste noueuse (Æ 5. — R⁵. = 15 fr. Mion.); *autre:* IEPA·CYNKΛHTOC. T. jeune du Sénat, à g. ℞: ЄΠI·AYP·AΠΦIANOY·APX·A·MAIONΩN. Simulacre de Héra (Junon Pronuba) deb. entre un épi et un pavot (Æ 6. — R⁵. = 20 fr. Mion. R⁴. = 12 fr. Cette mon. à cause de la tête et du type doit être classée au règne de Julia Domna et non à celui de Trajan Dèce et Etruscille); ZEYC·OΛYMΠIOC. T. diadémée de Zéus Olympien. ℞: ЄΠI·AICXPIΩNOC· (et non AICKPIΩNOC) MAIONΩN. Femme casquée, assise sur une cuirasse près d'un bouclier, portant de la m. dr. une pet. Niké et de la g. ten. le *parazonium*, — le coude appuyé en même temps sur le bouclier (Æ 6.— R⁶. = 20 fr. Mion. R⁴. = 12 fr.); même lég. et m. t. à g. ℞: ЄΠI·ΔIOΔΩPOY·MAIONΩN. Roma assise sur une cuirasse, à g, portant la Niké sur sa m. dr. et ten. le *parazonium* de la g., — à terre, un bouclier (Æ 6. — R⁴. = 12 fr. Mion. — Cette autonome peut être classée au règne de Faustine Jeune); T. nue et barbue d'Héraklès. ℞: ЄΠI·ЄYΞЄNOY· (et non: ЄYZENOY.) MAIONΩN. en quatre lignes d. une couronne de laurier (Æ 5. —

R⁶. = 15 fr. Mion. R⁴. = 8 fr.); MAIONΩN. T. nue et barbue ℞: ΕΠΙ·ΔΑΜΑ. Omphale marchant, av. les attributs d'Héraklès (Æ 4½. — R⁵. = 12 fr. Mion. R⁴. = 8 fr.); *autre:* ΙΕΡΑ·CΥΝΚΛΗΤΟC. T. laur. du Sénat. ℞: ΕΠΙ ΦΙΛΟΠΑΤΟΡΟC·ΜΑΙΟΝΩΝ. Zéus barbu et vêtu du *pallium* deb. à g. ten. un aigle et un sceptre (Æ 5. — R⁵. = 15 fr. Mion.). — **Impériales** depuis Néron jusqu'à Etruscille. — Néron: ΝΕΡΩΝ·ΚΑΙCΑΡ. Sa t. laurée, à dr. ℞: ΕΠ·ΚΛ·ΜΕΝ·ΒΙΑΝΤΟC· (et non ΒΙΑΤΟΥC comme d. Mion.) ΜΑΙΟΝΩΝ. Le dieu Mèn deb. av. le bonnet phrygien, un croissant sur les épaules, et la m. g. sur la haste pure, — d. le champ, un croissant (Æ 3. — R⁷. = 40 fr. Mion. R⁵. = 15 fr.); *autre:* ℞: ΕΠΙ·ΜΕΝΕΚΡΑΤΟΥC. Même type (Æ 4. — R⁷. = 60 fr. — **Incon.** à Mion. — *Cab. de France*. — Marc-Aurèle: Μ·ΑΥΡΗΛΙΟC·ΟΥΗΡΟC·ΚΑΙCΑΡ. Sa t. nue, à dr. ℞: CΤΡ·ΕΡ·ΜΟΓΕΝΟΥC (et non ΕΡΜΟΓΕΝΟΥC·ΑΡ. comme d. Mion.) Τ·Β·ΜΑΙΟΝΩΝ. Dionysos deb., vêtu du *pallium*, ten. le thyrse d'une main, le *diota* de l'autre (Æ 6½. — R⁵. = 24 fr. Mion.). — Faustine Jeune: ΦΑΥCΤΕΙΝΑ·CΕΒΑCΤΗ. Sa t. à dr. ℞: ΕΠΙ·ΔΙΟΔΩΡΟΥ·ΑΡΧ·ΤΟ·Β·ΑΜΑΙΟΝΩΝ. Femme deb., voilée et vêtue de la *stola* (Æ 5½. — R⁷. = 40 fr. Mion. R⁶. = 30 fr. — Autrefois, *Cab. de feu le président de Cotte*); *autre:* ΦΑΥCΤΕΙΝΑ·ΝΕΑ·CΕΒΑCΤ. Sa t. à dr. ℞: ΕΠΙ·ΚΟΥCΙΝΙΟΥ·ΑΡΧ·Α·ΜΑΙΟΝΩΝ. Démétèr voilée et deb., ten. d. la m. dr. des épis et d. la g. la haste (Æ 4. — R⁶. = 18 fr. Mion.); *autre:* ℞: ΕΠΙ·ΗΡΑΚΛΕΙΔΟΥ. Même type (Æ 4. — R⁷. = 20 fr. — **Incon.** à Mion. — Ma collection). — Lucius Verus: Α·Κ·Λ·ΑΥΡ·ΒΗΡΟC. Sa t. nue, à dr. ℞: ΕΠΙ·ΚΥΙΝΤΟΥ·ΑΡΧ·Τ·Β·ΜΑΙΟΝΩΝ. Athéné deb. regardant, à g. et ten. d. la m. dr. une pet. Niké, et la m. gauche appuyée sur son bouclier (Æ 8½. — R⁵. = 60 fr. — **Incon.** à Mion. — Mus. Britannique. — Cf. *Numism. Chron.* Tom. VIII, p. 9). — Hadrien: ΑΥ·ΚΑΙCΑΡ·ΑΔΡΙΑΝΟC. Sa t. laurée, à dr. ℞: ΑΠΟΛΛΩΝΙΟΥ·ΑΡΧ·ΤΟ·Β·ΜΑΙΟΝΩΝ. Temple tétrastyle dans lequel on aperçoit une statue (Æ 8½. — R⁸. = 120 fr. — **Incon.** à Mion. — Cf. J. Y. Akerman, Rare and unpubl. coins, d. le Gentlemen Magaz. Vol. IV, Aug. 1835). — Septime-Sévère: ΑΥ·Κ·Μ·Α·CΕΠ·CΕΟΥΗΡΟC·(ΠΕΡ)ΤΙΝ. Son buste lauré et cuirassé, à dr. ℞: ΕΠΙ·ΙΟΥΛΙΑ(Ν)ΟΥ..... ΟC·ΜΑΙΟΝΩΝ. Dionysos assis d. un char traîné par deux centaures (Æ 10. — R⁶. = 150 fr. — **Inconnue** à Mion. — Voy. J. Y. Akerman, son article d. le Gentl. Mag. Vol. IV, Aug. 1835. Gr. ib. à la Pl. III, f. 4). — Caracalla: ΑΥ·ΚΑΙ·Μ·ΑΥ·ΑΝΤΩΝΕΙΝΟC. Son buste lauré, à dr. av. le *paludamentum*. ℞: ΕΠΙ·ΗΡΑΚΛΕΙΔΟΥ·Β·ΖΕΥC·ΑΡΧ·Α·ΤΟΓΑ·CΤΕΦ., à l'exergue: ΜΑΙΟΝΩΝ. Zéus enfant, assis sur un trône, vu de face, les mains levées, au milieu de trois Korybantes casqués (garde des Kurètes), frappant avec leur épée sur un bouclier dont chacun est armé, exécutent la danse armée pour empêcher le farouche Kronos de découvrir le séjour du nouveau né et d'entendre ses cris. [Cette danse armée s'appelle πυῤῥίχη, *ignée*, voy. Paus. l. III, ch. 25. Εἶναι θεὸν Πύῤῥιχον τῶν καλουμένων Κουρήτων, sans doute parce que les Korybantes frappant av. leurs épées sur leurs boucliers, en faisaient jaillir des étincelles et reproduisaient ainsi l'action des Paliques autour de l'enclume. En somme c'est un type très-intéressant et singulier, et on se demande par quelle raison la ville de Mœonie l'a-t-elle adopté sur une de ses monnaies? Il me semble que ce type a été choisi pour propager les traditions relatives à la naissance et à l'éducation de Zéus et faire valoir le culte établi en son honneur.] (Cette belle mon. est du mod. 9. — Æ. — R⁸. = 200 fr. Mion. R⁵. = 48 fr.). — Sévère-Alexandre: .... Sa t. ℞: ΕΠΙ·ΑΥΡ·ΖΗΝΩΝΟC·ΑΡΧ·Α·ΜΑΙΩΝΩΝ. (sic). Dionysos deb. ten. le *cantharum* et détachant une grappe de raisin d'un cep de vigne, — à ses pieds, une panthère (Æ 7. — R⁶. = 40 fr. Mion. R⁵. = 24 fr.). — J. Mamée: ..... Sa t. à dr. ℞: Même lég. Héra (Junon-Pronuba) deb. entre un épi et un pavot (Æ 7. — R⁵. = 24 fr. Mion.). — [La mon. *aut.* av. le nom du même magistrat, décr. par Mion. T. IV, p. 64, n.º 339, peut être classée ici.] — Gordien d'Afrique: Cette mon. publ. d. le Cat. Pfau, p. 454 — est fausse. — Tranquilline: ΦΟΥΡΙΑ·ΤΡΑΝΚΥΛΛΙΝΑ·C. Sa t. à dr. ℞: CΕΥΗ·ΓΕΡΟΝΤΟC· (et non ΙΕΡΟΝΤΟC) ΜΑΙΩΝΩΝ (sic). Poséidon nu deb., ten. un dauphin de la m. dr. et un trident de la g. (Æ 6. — R⁷. = 80 fr. Mion. R⁶. = 30 fr.). — Trajan Dèce: ΑΥΤ·Κ·Γ·Μ·Κ·ΤΡΑΙΑ-ΝΟC·ΔΕΚΙΟC. Sa t. laurée, av. le *paludament.* ℞: ΕΠ·ΑΥΡ·ΑΠΦΙΑΝΟΥ·ΑΡΧ·Α·ΤΟ·Β·CΤΕΦ· (et non CΤΕΦΑΝΗ.)ΜΑΙΩΝΩΝ. (sic). Dionysos d. un char traîné par des panthères, — à côté, une femme ten. d. ses mains une vigne (Æ. MM. — R⁷. = 150 fr. Mion. R⁵. = 100 fr.). — Etruscille: .... Sa t. à dr. ℞: ΕΠΙ·ΑΥΡ·ΑΠΦΙΑΝΟΥ·ΤΟΥ·ΑΘΗΝΑΙΟΥ·ΑΡΧ·Α· [ΚΑΙ·CΤΕΦΑΝΗΦ. manque d. Mion.] ΜΑΙΩΝΩΝ. (sic). Zéus deb. av. le *pallium*, portant un aigle sur la m. dr., et ten. la haste de la g. (Æ 9. — R⁵. = 30 fr. Mion. R³. = 18 fr.); *autre*, semblable mais av. Poséidon deb. au ℞ (Æ 9. Même prix). — [En ce qui concerne le magistrat Apphianus, Eckhel, Doctr. t. III, p. 105, dit: „Fuit ergo Apphianus patriâ Moeon, adoptione Atheniensis."] — *Corrections:* Les mon. décr. par Mion. S. VII, p. 365, n.º 222 et Descr. T. IV, p. 64, n.ºs 340 et 341, avec ΖΕΥC·ΟΛΥΜΠΙΟC, ayant au ℞: Rome assise sur des armes, sont identiques au n.º 224 du *Suppl.* de Mion. que j'ai classé au règne de Faustine Jeune. — La mon. citée par Mion. T. IV, p. 65, n.º 348, av. la lég. ΕΠΙ·ΔΙΦΡΕΩΝΟC doit se lire: ΕΠΙ·ΑΙΑ·ΝΕΩΝΟC. — Le même nom, *ibid.* au n.º 351, là où Mionnet a cru lire: ΧΕ ... ΟC·ΕΠΙ·ΜΑ. — Le n.º 240 du *Suppl.* est d'une lecture incertaine. — La mon. décr. par Mion. T. IV, p. 64, n.º 339, attribuée à Maeonia, et Suppl. T. VI, p. 475 à Bargasa, note *a*, — appartient à Aezanis de Phrygie, voy. *Numism. Chron.* IX, p. 147. (Fausse indication de la source d. le „*Repertorium*" de Friedländer, où on trouve: „die Münze Mionnet. S. VI, 64, 329".) — Consultez sur les mon. de Maeonie: *Rev. Num. Fr.* An. 1852, p. 30. — *Numism. Chron.* VII, 13; VIII, 8. — Sestini, Mus. Chaudoir, p. 105; — *id. auct.*, Lettere di Continuaz. VII, 96. — *Annali* dell' Inst. e Corr. arch. di Roma 1833, p. 114, 125. — Muret (Ernest), Monnaies de Lydie. Voy. *Rev. Num. Fr.* III Série, 1883, T. I, p. 383—407. — *Archäol. Zeitg.* An. 1844, p. 342; 1846, p. 370; 1847, p. 88. —

166. ΜΑΣΤΑΥΡΑ.

Lég. sur une mon. de **Mastaura** en Lydie. — *Droit:* ΜΑCΤΑΥΡΑ. Tête tourelée de femme. ℞: ΜΑCΤΑΥΡΕΙΤΩΝ. Cyprès et autel (Æ 6. — R⁸. = 60 fr. Mion.). — Autres autonomes en bronze: *Types:* Femme tourelée deb. ten. une patère et une corne d'abond.; Apollon, nu, deb., la m. g. sur sa lyre; Fleuve couché (℞: ΕΠΙ·ΖΟΙΛΟΥ. Æ 3. — R⁸. = 30 fr. Mion. [Dans le *Numism. Chron.* VII, p. 50, reportée à Temnos.]); thyrse orné de ses bandelettes, entre deux branches de lierre; corne d'abond.; t. laur. de Zéus; palme et thyrse, le tout d. une couronne de laurier; t. voilée du Sénat; Hékate Triformis armée de poignards et de torches, — à ses pieds, de chaque côté, un chien. — Æ. Mod. 3, 4, 6 et 7. — R^6. = 30, 60 et 120 fr. — **Impériales** depuis Tibère jusqu'à Valérien père. Mod. Æ 4, 5, 6, 7, 8, 9, 10 et 11. — R^6–R^6. de 12, 20, 30, 40, 60 et 150 fr. — Vespasien: ΟΥΕΣΠΑΣΙΑΝΟΣ·ΚΑΙΣΑΡ. Sa t. laurée, à dr. ℞: ΜΑΣΤΑΥ—ΡΕΙΤΩΝ. Vespasien debout à g., la m. g. appuyée sur le flanc, et vêtu du paludament (Æ. 20 mill. — R^7. = 60 fr. Mion. IV, p. 84, n.° 458. — R^5. = 24 fr. Mod. 6. — Cf. Engel (Arthur), d. la Revue Num. Fr. III Série, An. 1884, Tom. II, p. 24, n.° 8). — Crispine: ΧΡΙΣΠΕΙΝΑ· (sic) ΣΕΒΑΣΤΗ. T. de Crispine. ℞: ΜΑΣΤΑΥΡΕΙΤΩΝ. Trois Furies tenant des fleurs dans leurs mains (Æ 7. — R^7. = 60 fr. — Mion. R^5. = 24 fr. — Mus. Thiepol. II, p. 931). — Mamée: ΙΟΥΛΙΑ·ΜΑΜΑΙΑ. Sa t. ℞: ΕΠΙ·ΕΛΠΙΔΙΟΣ·ΑΜΙΑΝΟΥ·ΒΟΥΛΑΡΧΟΥ· (électeur d. le Sénat. Sur une mon. de Smyrne. Mion. III, 193) ΜΑΣΤΑΥΡΕΙΤΩΝ. Dionysos deb., à demi-nu, appuyé sur un cippe, tenant une grappe de raisin d'une main et son thyrse de l'autre (Æ 8. — R^7. = 80 fr. Mion. R^5. = 24 fr. — Autrefois, Cab. de Cousinéry, auj. *Cab. de Münich*); *autre variété*: ΙΟΥΛΙΑ·ΜΑΜΑΙΑ·ΣΕΒ. T. de Mamée. ℞: ΕΠΙ·ΚΛΑΥΔΙΟΥ·ΑΜΙΑΝΟΥ·Β·ΣΤΡΑΤΗΓΟΥ·ΜΑΣΤΑΥΡΕΙΤΩΝ. Même type (Æ 9. — R^7. = 100 fr. — Mion. S. VII, 391, 342. R^5. = 24 fr.). — Maximin: ΑΥΤ·Κ·Γ·Ι·ΟΥΗ·ΜΑΖΙΜΕΙΝΟC. Sa t. laurée. ℞: ΕΠΙΜΕ· (pour ΕΠΙΜΕΛΗΤΗC = Curator) ΚΛ·ΙΠΠΙου· ΔΑΜΙΑΝΟΥ·ΜΑΣΤΑΥΡΕΙΤΩΝ. Latone marchant à g., portant deux enfants sur ses bras (Æ 10. — R^7. = 60 fr. Mion. R^5. = 30 fr.). — Otacilie: Μ·ΩΤΑΚΕΙ·CΕΒΗΡΑ. Son buste, à dr. ℞: Artémis, un flambeau d. chaque main, deb. d. un bige de *zébous* en course, à dr. Au-dessus: ΜΑCΤΑΥΡ—ΕΙΤΩ—Ν. Dessous, ΕΠΜ. — ΑΠΟΛΙΝΑΡΙΟ(Υ). (Æ. 29 mill. — R^{8*}. = 120 fr. — **Inédite.** — Publ. par F. Imhoof-Blumer d. ses: Monn. Gr. p. 386, n.° 19, d'après l'ex. du Mus. de Copenhague); *autre*: ΟΤΑ·CΕΒΗΡΑ·CΕΒΑ. Buste d'Otacilie sur un croissant, à dr. ℞: ΜΑCΤΑΥΡΕΙΤΩΝ. Tyché, le *calathos* sur la t., ten. un gouvernail et une corne d'abond., à g. (Æ. 25 mill. R^8. = 40 fr. — **Incon.** à Mion. — Publ. par Arthur Löbbecke, d. la Zeitschr. f. Num. Bd. XII, p. 377); — *autre*, m. lég. et m. t. ℞: Même lég. Aphrodité deb., une pomme à la m., — devant elle Eros tendant son arc, — derrière, un dauphin (Æ 6½. — R^6. = 20 fr. Mion. R^4. = 12 fr. — Auj. au *Cab. de Münich*). — *Corrections:* La mon. décr. par Sestini, Descr. Num. vet. p. 430, et d'après lui par Mion. Descr. Tom. IV, p. 83, n.° 455, est reportée d. le *Numism. Chron.* VII, p. 50, à Temnos. — von Sallet, Zeitschr. f. Num. Bd. XI, p. 51, en décrivant la mon. de Mastaura, fr. aux effigies de Tibère et de Livie, corrige la lég. de la m. p. décrite par Mion. S. VII, p. 390, n.°s 339 et 340, en la donnant ainsi: ΕΠΙΜΕΛΗΤΗΣ·ΠΑΝΑΘΗΝΑ(ΙΩΝ…). — Consultez encore: *Revue Numism. Fr.* An. 1852, p. 30. —

167. ΦΙΛΑΔΕΛΦΙΑ.

Lég. sur les mon. de la ville de **Philadelphie** en Lydie. — *Droit:* ΦΙΛΑΔΕΛΦΙΑ. T. d'Artémis, à dr. ℞: ΦΙΛΑΔΕΛΦΕΩΝ. Apollon nu, deb., tirant de l'arc (Æ 3. — R^5. = 10 fr. Mion. R^3. = 6 fr.); *autre:* ΦΙΛΑ-

ΔΕΛΦΙΑ. T. tourelée de femme, à dr. ℞: ΦΙΛΑΔΕΛΦΕΩΝ. Zéus assis, ayant sur la m. dr. une pet. Niké et d. la g. la haste pure (Æ 5¹/₂. — R⁵. = 15 fr. Mion. R³. = 9 fr.). — Mionnet, Descr. T.IV, p. 97, n° 523, décrit un cistophore d'argent qu'il attribue à cette ville. *Droit:* Ciste mystique entr'ouverte, de laquelle s'élance un serpent, — le tout au milieu d'une couronne de pampre et de lierre. ℞: ΦΙ. Deux serpents enlacés autour d'un carquois, d. le champ (les monogr. 718, 789) et le bâton d'Asklépios autour duquel est un serpent (Æ 7. — R⁶. = 100 fr. Mion. — Je pense qu'il serait plus correct de rapporter ce cistophore à sa patrie Pergame). — **Autres autonomes en bronze:** *Types:* Bouclier macédonien; foudre et monogr.; t. barbue, diadémée, à dr.; lyre; t. d'Artémis; Apollon nu, deb. tirant de l'arc; t. tourelée de femme (Tyché de la ville); t. de Zéus-Sérapis; Artémis-Ephésia, entre le soleil et la lune; t. de Dionysos ceinte de lierre, à dr.; t. nue de Zéus-Koryphaeos (ΖΕΥC·ΚΟΡΥΦΑΙΟC); panthère allant à g.; Satyre nu, marchant à dr. (ou plutôt dansant), les mains levées; t. nue du Sénat; cerf allant de g. à dr.; Niké marchant à g.; Hermès-Kriophore allant à dr.; Athéné deb.; Tyché deb.; Rémus et Romulus allaités par la louve; lion marchant, à dr.; la fontaine (ΠΗΓΗ) personnifiée; Kybèle assise; Asklépios av. ses attributs, debout; — t. accolées et laurées des Dioscures; Isis deb. — Les plus intéressantes parmi les autonomes sont: *Droit:* ΖΕΥC·ΚΟΡΥΦΑΙΟC. T. nue de Zéus Koryphaios, à g. ℞: ΦΙΛΑΔΕΛΦΕΩΝ. Femme deb. vêtue de la *stola* qu'elle soulève de la m. dr. et ten. d. la g. une fleur (Æ 4¹/₂. — R⁶. = 25 fr. Mion. R⁴. = 9 fr.); CΩ... ΟΡCΕ — ΤΕΙΙΙ. (sic). T. de Zéus-Sérapis, à g. ℞: ✝ΙΛΑΔΕΛ✝ΕΩΝ. Femme deb. vêtue de la *stola*, la m. dr. levée, et ten. des épis de la g. pendante (Æ. 4. — R⁷. = 30 fr. Mion. R⁵. = 15 fr. La lég. du Droit est à étudier, cela doit être un des surnoms de Sérapis?); *autre*, t. d'Artémis, à dr. ℞: ΦΙΛΑΔΕΛΦΕΩΝ·ΕΡΜΙΠΠΟΣ·ΕΡΜΟΓΕΝΟΥΣ·ΑΡΧΙΕΡΕΥΣ. Apollon assis sur un siège, à g., — sur le dossier du siège, une chouette (Æ 5. — R⁵. = 12 fr. Mion. R⁴. = 9 fr.); t. de Bacchante, couronnée de lierre. ℞: ΦΙΛΑΔΕΛΦΕΩΝ. Satyre nu, dansant à dr., les mains levées (Æ 4. — R⁵. = 20 fr. Mion. R³. = 8 fr.); ΙΕΡΑ·CΥΝΚΛΗΤΟC. T. du Sénat. ℞: ΦΛ·ΦΙΛΑΔΕΛΦΕΩΝ·ΝΕΩΚΟΡΩΝ. Hermès-Kriophore allant à dr., traînant de la m. dr. un bélier par les cornes, et ten. de la g. son caducée (Æ 5. — R⁶. = 25 fr. Mion. R³. = 9 fr. — Sur Hermès-Kriophore, *Κριοφορος*, surnom de Mercure à Tanagra, consultez l'article de M. E. Beulé, d. la Rev. Archéol. An. 1863(?)); même lég. et m. t. nue du Sénat, à g. ℞: ΕΠ... Β·ΝΙΓΡΟΥ·ΑΡ·ΠΡ·Β·ΦΙΛΑΔΕΛΦΕΩΝ. Tyché deb. (Æ 6. — R⁴. = 12 fr. Mion.); ΔΗΜΟC. T. diadémée du Peuple, à dr. ℞: ΦΙΛΑΔΕΛΦΕΩΝ·ΠΗΓΗ. Fontaine personnifiée, couchée, le bras dr. étendu et le g. appuyé sur une urne renversée (Æ 6. — R⁷. = 40 fr. Mion. R⁵. = 24 fr. — Mus. Pembroke); — ΔΗΜΟC·ΦΙΛΑΔΕΛΦΕΩΝ·ΝΕΩΚΟ. M. t. du Sénat, à dr. ℞: Κ·CΜΥΡΝΑΙΩΝ·Γ·ΝΕΩΚΟΡΩΝ·ΟΜΟΝΟΙΑ. Kybèle assise, tournée à g., à ses pieds, un lion (Æ 6. — R³. = 9 fr. Mion.); ΔΗΜΟC. T. diadémée du Peuple, à dr. ℞: ΦΛ·ΦΙΛΑΔΕΛΦΕΩΝ·ΝΕΩΚΟΡΩΝ. Artémis chasseresse marchant à dr. av. son chien (Æ 6. — R⁴. = 10 fr. Mion. R². = 6 fr. — Frappée du temps de Caracalla); — ΔΗΜΟC. T. du Peuple (Demos), à dr. ℞: ΦΙΛΑΔΕΛΦΕΩΝ. Fleuve couché, à g. A l'exergue ΚΟΓΑΜΙC. (Æ. 23 mill. R⁸*. = 200 fr. — **Inédite et inconnue** à Mion. Publ. par M. Arthur

Löbbecke, le zélé numismatiste de Braunschweig, dans la *„Zeitschrift f. Numism."* Bd. XV, p. 48). — [Le nom du fleuve Kogamos, appellé ici Kogamis, qui avait son parcours à Philadelphie, est entièrement inconnu dans la Géographie Numismatique, mais il est cité par Pline, L. V, ch. 19, au S. O. de Philadelphie, se jettant dans l'Hermos.] — **Impériales** sont fort nombreuses et datent depuis Auguste jusqu'à Valérien père. — Je ne citerai que celles qui sont restées inconnues à Mionnet ou d'autres qu'il a décrit avec des types intéressants. — Domitien: ΑΥΤΟΚΡΑΤWΡ·ΚΑΙϹΑΡ·ΔΟΜΙΤΙΑΝΟϹ. S. t. laurée. ℞: ΕΠΙ·ΦΛ·ΗΡΑ(ΚΛΕ)ΟΥ·ΑΡΧ·ΠΡ·ΙΕΡΕWϹ(ΔΙΑ·ΒΙΟΥ)·ΦΙΛΑΔΕΛΦWΝ. (sic), l'Ε placé dans le champ. Kybèle assise entre deux lions, à g. (Æ 5. — R^6. = 20 fr. Mion. R^4. = 8 fr. — Cette mon. a été mal publiée par le viennois Neumann, voy. P. II, p. 60, Pl. II, f. 10). — Domitia: ΔΟΜΙΤΙΑ·ΑΥΓΟΥϹΤΑ. Sa t. à dr. ℞: ΦΙΛΑΔΕΛΦΕWΝ, en quatre lignes d. une couronne de laurier (Æ 4^1/$_2$. — R^8. = 70 fr. Mion. R^7. = 20 fr. Mionnet l'a décrite par erreur à la **Philadelphie de la Dékapole**. Voy. son Tom. V, p. 66, n.º 331). — Plotine: ΠΛΟΤΕΙΝΑ·ϹΕΒΑϹΤΗ. T. de Plotine. ℞: ΦΙΛΑΔΕΛΦΕΙWΝ. dans une couronne de laurier (Æ 4. — R^7. = 50 fr. Mion. R^7. = 20 fr.); m. t. et m. lég., au *Rev.* le type d'une femme deb., la robe retroussée, une corbeille sur la t. et la haste pure d. la m. dr. (Æ 4. — R^8. = 90 fr. Mion. R^7. = 24 fr.). — Marciana: ΜΑΡΚΙΑΝΑ. T. ornée de Marciana. ℞: ΦΙΛΑΔΕΛΦΕWΝ. T. tourelée de femme (Æ 4. — R^8. = 120 fr. Mion. R^8. = 50 fr. — Cf. Mus. Arigoni, Pl. IX, n.º 83. — M. Imhoof-Blumer possède un très bel ex. de cette rare monnaie). — Antinoüs: ΑΝΤΙΝΟΟϹ·ΗΡΟϹ. Sa t. nue. ℞: ΦΙΛΑΔΕΛΦΕWΝ. Tyché deb. av. ses attributs (Æ 4. — R^8. = 120 fr. Mion. R^6. = 18 fr. C'est la seule mon. de ce fameux héros fr. à Philadelphie dont je reconnais l'authenticité, — toutes les autres que j'ai vues et que Mion. a décrit — sont retouchées et ont des types refaits au burin par les soins de Patin et de Vaillant. La pièce av. Aphrodité deb. d. un temple tétrastyle est fausse. Elle est du Mod. 6 — et taxée par Mion. 24 fr.). — Marc-Aurèle: ΑΥ·Κ·Μ·ΑΥ·ΑΝΤWΝΙΝΟϹ. T. laurée et barbue de Marc-Aurèle av. une cuirasse. ℞: ΕΠΙ·ΕΥΓΕΝΕΤΟ·ΦΙΛΑΔΕΛΦΕ. Hélios marchant, à dr. d. un temple distyle (Æ 7^1/$_2$. — R^7. = 80 fr. — Mion. R^5. = 30 fr.) [Mion. S. VII, p. 403, note *a*, dit que c'est à tort qu'il a donnée à Philadelphie de Lydie — une monnaie qui appartient à la Philadelphie de Dékapole. Voy. sa Descr. T. IV, p. 104, n.º 573]. — M. Aurèle et Lucius Vérus: ΑΥΤ·ΚΑΙ·Μ·ΑΥΡ·ΑΝΤWΝΕΙΝΟϹ·Λ·ΑΥΡ·ΟΥΗΡΟϹ. T. nues affrontées de M. Aurèle et de Lucius Vérus, av. la toge sur la poitrine. ℞: ΕΠΙ·ΛΟΛΛΙ·ϹΕΒΗΡΟΥ·ΑΡΧ·ΦΛ·ΦΙΛΑΔΕΛΦΕWΝ. (Litt. evanidis). Hélios, la t. radiée, av. le *pallium* flottant par derrière, marchant d. un portique à deux colonnes, ten. de la m. dr. un fouet (Æ 9. — R^7. = 150 fr. Mion. R^6. = 100 fr.). — Commode: ΑΥ·ΚΑΙ·Μ·ΑΥΡΗ·ΚΟΜΜΟΔΟϹ. Sa t. laurée à dr. ℞: ΟΡΕϹΤΕΙΝWΝ·ΦΙΛΑΔΕΛΦ·ΚΕΙΟΥ·Α, ou Β·ΟΜΟΝΟΙΑ. Deux figures, en face l'une de l'autre, — celle de la g. est un héros deb., en habit court, la m. dr. levée, — celle qui est à dr. est une femme vêtue de la *stola* tombant jusqu'à terre, les mains levées (Æ 8. — R^{8*}. = 200 fr. Mion. R*. = 100 fr.). — Septime-Sévère: ΑΥ·ΚΑΙ·ϹΕΟΥΗ·ΡΟϹ. Sa t. laurée, à dr. ℞: ΦΙΛΑΔΕΛΦΕWΝ·ΕΠΙ·ΔΟΚΙΜΟΥ·ΑΡΧ. Type de Romulus et Rémus allaités par la louve (Æ 7. — R^8. **Inédite**. — Publ.

d. le Cat. H. P. Borrell, Londres 1852, p. 37, lot n.º 326. Vend. 1 £ 1 sh. [Burgon], mais auj. R^8. = 120 fr. car c'est une *grande variété* de la même pièce citée par Mionnet, mais qui ne porte pas le nom du magistrat). — Julia Domna: ΙΟΥΛΙΑ·ϹΕΒΑϹΤΗ. Sa t. à dr. av. la *stola*. ℞: ΕΠΙ·ΚΑ·ΚΑ-ΠΙΤΩΝΟϹ·ΑΡΧ·Α·ΤΟ·Β·ΦΙΛΑΔΕΛΦΕΩΝ·ΝΕΩΚΟΡΩΝ. Table sur laquelle sont posées deux urnes, av. une palme dans chacune, — entre les deux urnes deux autres petits vases, — sous la table, un autre vase av. des palmes entre deux aspersoirs (Æ 9. — R^5. = 20 fr. Mion. R^2. = 12 fr.). — Caracalla: —ΑV·Κ·Μ·ΑVΡ.— ΑΝΤΩΝΕΙΝΟϹ. Son buste lauré et cuirassé, à dr. ℞: ΕΠΙ· ΙΟVΛΙΑΝΟV·ΑΡΧ·ΦΙΛΑΔΕΛΦΕΩΝ et, d. le champ, ΝΕΩΚ — ΟΡΩΝ. Hermès, nu, deb. de face, la t. tournée à dr., tenant de la m. dr. le caducée et sur la g. Dionysos enfant, assis à dr. Le bras g. de Hermès est couvert de la chlamyde. A ses pieds, à g., un *bélier* tourné à g., retournant la tête (Æ. 31 mill. — R^8. = 80 fr. — **Inédite et inconnue** à Mion. — Publ. par Imhoof-Blumer, d. ses: Monn. Gr. p. 387, n.º 22 et d. son: Choix, Pl. V, n.º 184); *autre*: — ϹΕVΗΡ... ΑΝΤΩΝ... Buste lauré, à dr. ℞: .... ΑΡ·ΦΛ·ΦΙΛΑΔΕΛΦΕΩΝ. Niké marchant, à droite, et ten. une palme et une couronne (Æ 5. — R^8. — **Inédite**. — 40 fr. Publ. par J. de Witte (baron) d. sa Descr. du Cab. de l'abbé Greppo, Paris 1856, v. p. 155, n.º 1125). — Diadumenien: Ο·Μ·ΔΙΑΔΟVΜΕΝΙΑΝΟϹ. Sa t. nue av. le *paludamentum*. ℞: ΦΛ·ΦΙΛΑΔΕΛΦΕΩΝ. Diane sur un cerf marchant à g. (Æ 4. — R^7. = 40 fr. Mion. R^5. = 15 fr.). — Julie Mamée: — ΙΟVΛΙΑ — ΜΑΜΕΑ·ϹΕΒ. Son buste drapé et diadémé, à dr. Dessous, *étoile*. ℞: ΕΠΙ·ΙΟVΑ·ΑΡΙϹΤΟΜ·ΙΟVΛΙΑ-ΝΟV, — d. le champ ΑΡ — ΧΑ, — à l'exergue: ΦΛ·ΦΙΛΑΔΕΛΦΕΩΝ — ΝΕΩ-ΚΟΡΩΝ (et non: ΕΠΙ·ΙΟVΛ·ΑΡΙϹΤΟΜΟV·ΑΡΧ... Α. comme on lit d. Mion. T. IV, p. 107, n.º 591). Sous un arc soutenu par deux colonnes, Aphrodité (Anadyomène?) nue, deb. de face, la t. tournée à dr., s'arrangeant les cheveux de la m. dr. et se regardant dans un *miroir* qu'elle tient de la g. A ses pieds, à dr., *dauphin* (Æ. 30 mill. R^7. = 50 fr. Mion. IV, 107, 591. R^4. = 24 fr. — Cf. Imhoof-Blumer: Monn. Gr. p. 387, n.º 23). — Philippe père: ΑVΤ·Κ·Μ·ΙΟV·ΦΙΛΙΠΠΟϹ. Sa t. laurée à dr. av. le *paludamentum*. ℞: ΕΠΙ·ΑVΡ·ΜΑΞΙΜΫ·ΙΫ·ΛΙΑΧΑ·ΦΛ·ΦΙΛΑΔΕΛΦΕΩΝ·ΝΕΩΚΟΡΩΝ. Cheval libre marchant, à dr., sur son dos, un serpent replié et la t. dressée (Æ 8. — R^6. = 30 fr. Mion. R^4. = 12 fr. — *Ma collection*, bel ex.). — Sur les mon. de Philadelphie en Lydie voy. encore: Hermès, VIII, 229, une mon. de Vespasien [ayant au ℞: Zéus av. la lég.: ΕΠΙΜΕΛΗΘέντων·ΗΡΩΔΟV·ΚΑΙ·ΠΟΛΕΜΑΙ]. — *Archäol. Zeitg.* 1849, p. 101. — *Num. Chron.* VIII, 9. — Sestini, Mus. Chaudoir, p. 105. — L. Welzl de Wellenheim, Cat. n.º 6284. —

168. ϹΑΙΤΤΑΙ.

Sur une mon. de la ville de Saetteni (plus régulier Saettae, Σάιτται) de Lydie. *Droit:* ϹΑΙΤΤΑΙ. T. tourelée de femme. ℞: ϹΑΙΤΤΗΝΩΝ. Héraklès nu, vu en face, deb. (Æ 6. R^7. = 30 fr. Mion. R^5. = 20 fr.); *autre*: Même lég. et m. t. ℞: Même lég. Asklépios deb. (Æ 4. — R^5. = 15 fr. Mion.). — **Autres autonomes:** en Bronze: — ΔΗΜΟϹ·ϹΑΙΤΤΗΝΩΝ. T. imb. et laur. du *démos*, à dr. ℞: ΕΠΙ·ΑΤΤΙΚΟV·ΑΡΧ·Α·ΤΟ Β. Femme coiffée du *kalathos*, assise à g. sur un trône, une patère à la m. dr. (Æ. 24 mill. — R^6. = 40 fr. — **Inédite et incon.** à Mion. — Publ. par Imhoof-Blumer, d. ses: Monn. Gr. p. 387, n.º 24);

autre: — IЄPA CVN—KVHTOC. Buste drapé et imb. du Sénat, à dr. ℞: ЄΠI·COC·XAPI—KΛЄOVC·AP·CAITTHNΩ—N. Kybèle, le kalathos en tête, assise à g. sur une chaise, ten. une patère de la m. dr., et s'appuyant du bras g. sur le tympanon. A ses pieds un lion accroupi, à g. (Æ. 25 mill. — R⁸. = 60 fr. — Incon. à Mion. — Publ. par Imhoof-Blumer, ib. p. 388, n.° 25. — Cf. Mion. S. VII, p. 409, 416 (Elagabal). — *Autre,* av. ЄΠI·C·XAPIK—ΛЄOVC CAITTHNΩN. Æ. 23 mill.); — t. nue d'Héraklès, av. la massue par derrière. ℞: CAIT. Lion marchant (Æ 3. — R³. = 6 fr. Mion.); AZIOTTHNOC. T. du dieu *Mèn*, coiffée du bonnet phrygien étoilé. ℞: CAITTHNΩN. Fleuve couché (Æ 4. — R⁵. = 15 fr. Mion. La lég. du *Droit* me parait douteuse, il faudrait plutôt lire: CAITTHNOC.); — buste d'Asklépios, à dr. ℞: CAITTHNΩN. Artémis-Chasseresse allant, à dr. à ses pieds, un chien (Æ 5. — R⁴. = 9 fr. Mion.); t. barbue d'Héraklès. ℞: Même lég. Cerf marchant (Æ 4. — R³. = 6 fr. Mion. — Auj. au *Cab. de Münich*); t. du dieu *Mèn*, la poitrine couverte de la *chlamyde.* ℞: Même lég. Hermès nu, deb., les jambes croisées, ten. un caducée et la *poenula* (Æ 4. — R⁴. = 9 fr. Mion. Belle fabr.); —ЄΠI·ATTIKOV·APX. Buste de Zéus-Sérapis, à dr., la poitrine vêtue du *pallium.* ℞: CAITTHNΩN. Isis deb., ten. un sistre et un vase à anse (Æ 4. — R⁵. = 15 fr. Mion.); ΔHMOC. T. imb. du *démos,* ceinte du diadème, à dr. ℞: CAITTHNΩN. Héraklès deb., la m. dr. sur sa massue et ten. la dépouille du lion d. la g. (Æ 4½. — R⁴. = 8 fr.). —IЄPA·CVNKΛHTOC. T. du Sénat, à dr. ℞: CAITTHNΩN·ЄPMOC. L'Hermos couché, tourné à g. (Æ 5. — R⁵. = 15 fr. Mion.); IЄPA·BOVΛH. T. voilée de femme. ℞: CAITTHNΩN·(sic)ЄPMOC. L'Hermos couché (Æ 4. — R⁵. = 15 fr. Mion.); — IЄPA·CVNKΛHTOC. T. nue du Sénat. ℞: ЄΠI· THPMOV.... CAITTHNΩN. Dionysos deb. (Æ 6. — R⁴. = 12 fr. Mion.); m. lég. et m. t. ℞: Même lég. Athéné casquée deb., ten. de la m. dr. une chouette? et de la g. une haste et un bouclier (Æ 7. — R⁶. = 40 fr. Mion. R⁴. = 12 fr. Cf. Combe, Vet. pop. et reg. Num. p. 192, n.° 1, Pl. XI, fig. 9). — **Impériales:** Hadrien jusqu'à Salonine. — Æ. Mod. 4, 5, 6, 7, 8½ et MM. R⁵—R⁸. de 6, 15, 25, 40, 60 et 120 fr. — Hadrien: Lég. retouchée. Sa t. laurée. ℞: CAITTHNΩN. Hadrien deb., vu de face (Æ 7. — R⁵. = 24 fr. Mion.). — M. Aurèle: ...... Sa t. laurée, à dr. ℞: ЄΠI·AIΛ·HPKVΛΛANOV·APX·A·CAITTHNΩN·ЄPMOC. Héraklès jeune deb., la m. dr. sur sa massue, et ten. de la g. la dépouille du lion (Æ 8½. — R⁶. = 30 fr. Mion. R³. = 18 fr.). — Crispine: KPICΠINA·CЄBACTH. Sa t. à dr. ℞: CAITTHNΩN. Apollon nu, deb. ten. une branche de laurier, le coude g. appuyé sur une colonne (Æ 7. — R⁶. = 20 fr. Mion. R⁴. = 12 fr.). — Septime-Sévère: AVT·A·CЄ·CЄOVHPOC·ΠЄ. T. laurée de S. Sévère, à dr. ℞: CAITHNΩN. Héraklès nu, deb., se regardant à dr., — il tient de la m. g. la dépouille du lion et de sa m. dr. il s'appuie sur une massue (Æ. 19 mill. — R⁸. = 40 fr. — Incon. à Mion. — Publ. par Arthur Löbbecke, d. la Zeitschr. f. Num. Bd. XII, p. 338); *autre variété:* ℞: CAITTH—NΩN. Héraklès comme ci-dessus, à g. (Æ. 19 mill. — Löbbecke, ibid.). — *Autre:* Même lég. et m. t. laurée. ℞: ЄΠI·ANΔPONЄIKOV·APX·A·CAITTHNΩN. Le dieu *Mèn* deb., à g. le *pallium* sur l'épaule, ten. une pomme de pin d. la m. dr. et la haste d. la g. (Æ 6½. — R⁴. = 12 fr. Mion. — Auj. au *Cab. de Münich*); — *autre:* ℞: ЄΠ..... APX·TO·B·CAITTHNΩN. Asklépios et Hygieia deb.

av. leurs attributs (Æ 8 1/2. — R^3. = 18 fr. Mion.). — Julia Domna: ΙΟVΛΙΑ·ΔΟΜΝΑ·CΕΒΑCΤ. T. de Julie, à dr. ℞: ΕΠΙ·ΤΟVΛΛΙΟV·ΑΡΧ·Α·ΤΟ·Β·CΑΙΤΤΗΝΩΝ. Héraklès nu. deb., ten. les pommes des Hespérides et la dépouille du lion (Æ 8. — R^6. = 20 fr. Mion. R^4. = 12 fr.). — Caracalla: AV·K·M·AV·ΑΝΤΩΝΕΙΝΟC. Sa t. lauréé av. le *paludamentum*, à dr. ℞: ΕΠΙ·ΕVC·ΧΑΡΙΚΛΕΟVC·ΑΡΧΑ·Τ Β. Télésphore deb. de face, — à g. de lui Hygieia nourrissant un serpent, à g. Asklépios, s'appuyant sur son bâton. A l'exergue: ΚΑΙΤΤ — ΗΝΩΝ. Grenetis de perles (Æ. 34 mill. — R^8. = 70 fr. — Inédite et incon. à Mion. — Publ. par Arthur Löbbecke, d. la Zeitschr. f. Numism. Bd. XII, p. 338). — *Autre*: AVT·K·M·AVP·ΑΝΤΩΝΕΙ-ΝΟC. Son buste lauré à dr. av. le paludament. ℞: ΕΠΙ·ΑΤΤΑΛΙΑΝΟV—ΑΡΧΑCΑΙΤΤΗ—ΝΩΝ. Le dieu *Mên* av. ses attributs, deb. à g., dessous, deux fleuves couchés en face l'un de l'autre, av. leurs attributs (Æ. 32 mill. — R^7. = 120 fr.). [C'est la même mon. que Mionnet, Descr. T. IV, p. 113, n° 622, a classée erronément à Gordien III, n'ayant pas pu lire la légende du *droit* sur son exemplaire, qui sans doute était fruste, et au Revers il estropia aussi la vraie lég., en la donnant ainsi: ΕΠ·ΛΙ·ΑΤΤΑΛΙΑΝΟV·VΙΟV·ΙΠΑCΟV·ΑΡΧ·Α·ΤΟ·Β·CΑΙΤΤΗΝΩΝ. Par conséquent la mon. de Gordien III citée par Mion. T. IV, p. 113, n° 622 (40 fr.), est à supprimer]; — *autre*: ℞: CΑΙΤΤΗΝΩΝ·ΕΡΜΟC. L'Hermos couché, ten. d. la m. dr. un roseau (Æ 4. — R^5. = 15 fr. Mion.). — Mamée: ΙΟV·ΜΑΜΑΙΑ·CΕΒ. Sa t. à dr. ℞: CΑΙΤΤΗΝΩΝ·ΕΡΜΟC. L'Hermos couché (Æ 5. — R^3. = 6 fr. Mion.). — Gordien le Pieux: ..... ΓΟΡΔΙΑΝΟC. Son buste couronné de laurier, à g. ten. de la m. dr. une haste posée sur l'épaule, et de la g. un bouclier. ℞: ΚΑΙΤΤ — ΝΩΝ. Tyché deb. (Æ 6. — R^3. = 9 fr. Mion.). — Tranquilline: ΦΟVΡ·ΤΡΑΝΚVΛΛΕΙΝΑ·CΕ. Sa t. à dr. ℞: CΑΙΤΤΗΝΩΝ-VΛΛΟC. L'Hyllos couché, tourné à g. ten. un roseau de la m. dr. et une corne d'abond. d. la g., à ses côtés, une urne renversée (Æ 5. R^7. = 40 fr. Mion. R^5. = 15 fr. — *Ma collection*, ex. à fl. d. c.); *autre*, av.: CΑΙΤΤΗ-ΝΩΝ·ΕΡΜΟC. L'Hermos couché (Æ 4. — R^7. Même prix). — Elagabal: AV·K·M·AV ΑΝΤΩΝΕΙΝΟC. Sa t. lauréé, av. le *paludamentum* sur la poitrine. ℞: ΕΠΙ·ΕVC·ΧΑΡΙΚΛΕΟVC·ΑΡ·CΑΙΤΤΗ—ΝΩΝ. (et non: ΕΠΙ·CΕ vel CΕV·ΙΦΙΚΛΕΟVC·ΑΡ·CΑΙΤΤ, et d. le champ, N., comme on lit d. Mion. S. VII, p. 409, n° 416). — Héraklès jeune, nu, deb., av. la massue et la dépouille du lion (Æ 8. — R^5. = 24 fr. Mion.). — Julia Paula: Dans le Cat. de la vente Whittal, Londres 1884, p. 85, lot n° 1309, on en cite une du Mod. 8, ayant au Revers Tyché deb. (Pièce unique jusqu'à présent). — Otacilie: Μ·ΩΤΑΚ·CΕΒΗΡΑ·CΕ. Sa t. av. la *stola* sur la poitrine. ℞: CΑΙΤΤΗΝΩΝ·VΛΛΟC. Le Fleuve Hyllos assis à terre, tourné à g., ten. de la m. dr. un roseau, la g. appuyée sur une urne vomissant des eaux (Æ 5 1/2. — R^6. = 20 fr. Mion. R^4. = 8 fr.); *autre*: Même lég. et m. t. ℞: CΑΙΤΤΗΝΩΝ·ΕΡΜΟC. L'Hermos couché, tourné à g., à ses côtés, une urne renversée (Æ 5. — R^6. = 15 fr. Mion. R^4. = 8 fr.). — Philippe Jeune: M·ΙΟV·ΦΙΛΙΠΠΟC. Sa t. nue, à dr. av. le *paludamentum*. ℞: CΑΙΤΤΗ-ΝΩΝ. Athéné deb., ten. une patère, la m. g. appuyée sur son bouclier, — à côté, une lance (Æ 5. — R^4. = 10 fr. Mion. R^3. = 6 fr.); *autre variété*: M·ΙΟVΛΙ·ΦΙΛΙΠΠΟC·K. Sa t. nue. ℞: Même lég. Athéné deb. à g., ten. de la m. dr. une pet. Niké, et de la g. un bouclier posé à terre, près duquel

est une haste ($Æ\,5^{1}/_{2}$. — R^{6}. = 20 fr. Mion. R^{3}. = 9 fr.). — GALLIEN: AVT·Π·
Λ·ΓΑΛΛΙΗΝΟC. Sa t. ℞: CAITTHNΩN·VΛΛΟC. L'Hyllos couché ($Æ\,4$. —
R^{5}. = 15 fr. Mion. — Cf. Wise, Cat. num. Bodlei. Tab. XIV, fig. 30, p. 75,
212). — Autre, av. ЄΠΙ·ΦHCCIN·CAITTHNΩN. Tyché deb. ($Æ\,7$. —
R^{4}. = 12 fr. Mion.). — Saloninе: (KOP·)CAΛΩNЄINA·CЄ. Sa tête. ℞:
.....CTP·ACIAPXA·CAITTHNΩN. (ou KOΦ·EV..... ACIAPXΩ·CAIT-
TH.....). Temple tétrastyle au milieu duquel est une figure militaire deb.,
la m. dr. pendante et la g. à la bouche ($Æ\,7$. — R^{3}. = 12 fr.). — Sur les
mon. de SAETTAE ($Σαιτται$) voy. encore: Num. Chron. IV, 138; VIII, 10,
11; XIV, 121. — Sestini, Mus. Chaudoir, 106. — Revue Num. Franç.
An. 1852, p. 31. — L. Welzl de Wellenheim, Cat. n.º 6286. — Mionnet,
Descr. T. IV, p. 110, n.º 608, à cela: Sestini, Lettere di Continuaz. IX, 116,
Pl. IV, f. 8. —

169. CAPΔIC.

Sur les mon. de la ville de Sardes en Lydie. — Droit: CAPΔIC.
T. voilée et tourelée de femme. ℞: CAPΔIANΩN·B·NЄΩKOPΩN. Simulacre de Héra (Pronuba ou de Déméter), assise entre un épi ou un pavot
($Æ\,5^{1}/_{2}$. — R^{5}. = 15 fr. Mion. R^{4}. = 12 fr.); autre: Même t. et m. lég.
℞: CAPΔIANΩN·NЄΩKOPΩN. Simulacre de Perséphone, entre un épi et
un pavot ($Æ\,5$. — R^{6}. = 20 fr. Variété de la précédente. — Mion. R^{4}. =
8 fr.); autre: CAPΔHC. (sic). T. voilée et tourelée de femme. ℞: CAPΔIA-
NΩN·B·NЄΩKOPΩN. Simulacre de Perséphone, entre un épi et un pavot
($Æ\,5$. — R^{5}. = 15 fr. Mion. R^{4}. = 8 fr.). — Autre, av.: CAPΔIC·ACIAC·
ΛYΔIAC·EΛΛΑΔΟC·A·MHTPOΠOΛIC. T. de femme voilée et tourelée. ℞:
Sans lég. Zéus assis, la main g. sur la haste, au milieu des 12 signes du
zodiaque ($Æ$. MM. **médaillon** suspect., mais en le supposant antique: R^{8}. =
400 fr. — Mion. le cite sans en donner le prix. Cf. Gessner, Num. Pop.
Pl. LIX, fig. 15). — **Autonomes** en $Ж$: T. nue de femme, à dr. ℞: ΣΑΡ.
Grappe de raisin, — le tout d. un carré creux ($Ж\,1^{1}/_{2}$. — R^{8}. = 120 fr. —
Poids: 187 grs. — Mion. R^{8}. = 100 fr. — Cat. de la vente H. P. Borrell,
Londres 1852, p. 37, lot 327. Vend. 4 £ [Rollin]. — Autrefois, Cab. de M.
Ed. de Cadalvène); — autre: T. imberbe d'Héraklès, à dr. couverte de la
dépouille du lion. ℞: ΣΑΡΔΙΑΝΩΝ à dr. Zéus Laodikénos deb. à g., dev.
lui, ΓΥΡ. ($Ж.\,34$ mill. — Gr. 15,32. — Coll. de Luynes. — **Incon.** à Mion. —
Cf. Imhoof-Blumer: Monn. Gr. p. 388. Gr. ib. Pl. G, n.º 23. — R^{8}. = 1200 fr.
Unique exempl. au Cab. de France. — [M. Imhoof-Blumer, ib. p. 388, dit:
„La largeur du flanc et le style de la tête rappellent les tétradrachmes aux
noms et aux types d'Alexandre le Grand, que Rhodes et autres villes de
l'Asie-mineure occidentale ont fait battre au second siècle, après la bataille
de Magnésie (189)." — C'est à cette même époque qu'il faut classer le tétradrachme de Sardes que je viens de décrire.] — Mionnet, Descr. T. IV,
p. 115, n.ºˢ 630—633, décrit encore les mon. suivantes: Ciste entr'ouverte
d'où s'échappe un serpent, au milieu d'une couronne de lierre et de pampre.
℞: CAP. Deux serpents enlacés autour d'un carquois dans lequel est un
arc, — d. le champ, un serpent dressé ($Ж\,8^{1}/_{2}$. — R^{6}. de 200 à 300 fr. Mion.
R^{7}. = 120 fr.); les trois autres p. citées par Mion. (n.ºˢ 631, 632 et 633) ont
les mêmes types et m. lég. mais du Mod. $Ж\,8$ et 7. — **Autonomes** en bronze:

T. tourelée, voilée (et encore laurée) de femme, à dr. ℞: ΣΑΡΔΙΑΝΩΝ. Zéus-Laodikénos (m. type que sur le tétradrachme en ℞) deb. vêtu de la toge, ayant un aigle sur la m. dr. et la haste pure d. la g., d. le champ, le monogr. 890 d. Rec. Mion. (Æ 5. — R¹. = 2 fr. Mion. Com. 1 fr.); *autres:* av. le monogr. 891, 747 et la lettre, φ.; 895 et 896 (Æ 5. Même prix). — *Autres:* T. imb. et laur. d'Héraklès, à dr., la dépouille du lion nouée autour du cou. ℞: ΣΑΡΔΙΑΝΩΝ·ΜΗΝΟΚΡΙΤ—ΟΣ. Apollon nu, deb. à g., ten. un oiseau sur la m. dr., et une branche d. la g. Le tout d. une couronne (Æ. 16 mill. — Gr. 5,80. — R⁸ = 40 fr. — **Inédite et inconnue à Mion.** — Publ. par Imhoof-Blumer, d. ses: Monn. Gr. p. 388, n.º 27a); *autre:* Buste drapé d'Artémis à dr., l'arc et le carquois au dos. ℞: ΣΑΡΔΙΑΝΩΝ·ΠΟΛΕ-ΜΑΙΟΣ·ΚΕΡΑΣΕΙΣ. (sic). Pallas Niképhoros deb. à g. (Æ. 22 mill. — Gr. 8,26. — R⁸. = 60 fr. — Inédite et incon. à Mion. — Publ. par Imhoof, ib. n.º 28); — *autre*, av.: ΑΡΙΣΤΕΥ(Σ)·ΛΥΔ..Ν.. (Æ. 22 mill. Gr. 7,70. — Imhoof, ib. n.º 29. Même prix); t. imb. d'Héraklès à dr., coiffée de la dépouille du lion. ℞: ΣΑΡΔΙ—ΑΝΩΝ, Amphore, à dr. ΔΥ. (Æ. 14 mill. Gr. 4,20. — Imhoof, ib. n.º 30. — R⁸. = 40 fr. — Incon. à Mion.); *autre:* — ΕΠΙ·ΤΙ·ΚΛΑΥ....ΦΙΛΕΙΝΟΥ·CΤΡΑ. Buste de Pallas, orné de l'égide, à dr. ℞: ΕΠΙ·ΜΑΡΚΕΛΛΟΥ—CΑΡΔΙΑΝΩΝ. et, d. le champ, ṪB. Temple à quatre colonnes de face (Æ. 20 mill. — Gr. 4,45. — R⁸. = 90 fr. — **Incon. à Mion.** — Imhoof, ib. n.º 31). [Cette mon. parait être la même, qui figure dans Sestini, Mus. Fontana, I, pl. VI, 7, av. des leçons fautives. M. Waddington en a publié une variété dans ses: „Fastes des provinces asiatiques", p. 142.] — **Autres Autonomes en bronze:** T. nue d'Héraklès à dr. ℞: ΣΑΡΔΙΑΝΩΝ. Iolas nu, deb. à g., ten. une branche d'arbre et un oiseau (une caille), — le tout d. une couronne de laurier. Un monogramme (Æ 3. — R⁸. = 40 fr. **Incon. à Mion.**). — [Le personnage figuré au revers des p. à la t. d'Héraklès sur les mon. de Sardes n'est pas Apollon, comme on l'a cru, mais Iolas, qui, dans un mythe raconté par Eudoxus (*ap.* Athen. IX, p. 392, D), rend la vie à Héraklès tué par Typhon, en lui mettant sous les narines une caille. Cfr. à ce sujet: Baron J. de Witte, Mémoire sur Géryon, dans les Nouv. Annales de l'Inst. arch. Tom. II, p. 334.] — *Autre:* ΙΕΡΑ·CΥΝ—ΚΛΗΤΟC. T. du Sénat, à dr. ℞: ΕΠΙ·ΤΙ·ΦΛ·ΜΗΤΡΟΔΩΡΟΥ·ΤΟ·Γ·CΑΡΔΙΑΝΩΝ. Pallas Niképhore deb. à g., la lance et le bouclier à la main (Æ. 30 mill. MM. — R⁷. = 100 fr. — Mion. IV, n.º 681. — R⁸. = 60 fr. — Cf. Arthur Engel, son article d. la *Revue Numism.* Fr. An. 1884, T. II, 3ème Sér. p. 25, n.º 11). — ΣΑΡΔΙΑΝΩΝ. Zéus assis, à g. ℞: ΛΙΣΙΑΣ. Massue, — le tout d. une couronne de chêne (Æ 5. — R⁴. = 8 fr. Mion.); T. nue et barbue d'Héraklès, à g. ℞: CΑΡΔΙΑΝΩΝ. Omphale allant à dr. couverte de la peau du lion et portant sur l'épaule g. la massue d'Héraklès (Æ 6. — R⁵. = 20 fr. Tr. b. fabr. — Mion. R³. — F** = 12 fr.); t. laur. d'Héraklès jeune, à dr. av. la peau du lion autour du col. ℞: Même lég. Arc dans un carquois, massue et mouche (Æ 3½. — R⁴. = 9 fr. Mion.); *autre*, av. un lion marchant au Rev. (Æ 3½. — R⁴. = 9 fr. Mion.); t. imb. d'Héraklès. ℞: ΜΥΔΑΣ. Zéus-Aétophore nu et deb., le tout d. une couronne de laurier (Æ 4. — R⁶. = 20 fr. Mion. R⁵. = 15 fr.); t. laurée et imb. d'Héraklès, à dr. ℞: ΣΑΡΔΙΑ-ΝΩΝ·ΑΠΟΛΛΩΝΙΟΥ·ΛΥΣ..... Iolas (et non Apollon) nu et deb., ayant sur la m. dr. un oiseau et d. la g. une branche de laurier, — le tout d. une couronne de laurier (Æ 3. — R^1. = 3 fr. Mion.); autre: ℞: ΣΑΡΔΙΑ-ΝΩΝ·ΠΑΤΡΟΚΛΗΣ. Même type (Æ 3. — R^3. = 6 fr. Mion.); ΕΠΙ·ΤΥΜ-ΝΑϹΕΟΥ·ϹΑΡΔΙΑΝΩΝ. T. laurée et imb. d'Héraklès, à dr. ℞: ϹΕΒΑϹΤΗ. Niké marchant à g. (Æ 3. — R^4. = 8 fr. Mion.); t. laur. de femme, à dr. ℞: ΣΑΡΔΙΑΝΩΝ. Massue, — le tout d. une couronne de chêne (Æ $2^1/_2$. — R^1. = 2 fr. Mion.); ΕΠΙ·ΔΑΡΙΟΝ. T. laurée de femme. ℞: ΣΑΡΔΙΑ-ΝΩΝ. Torche allumée (Æ 4. — R^3. = 6 fr.); Boeuf cornupète. ℞: ΣΑΡΔ. (forsan). Torche allumée, — le tout au milieu d'une couronne (Æ 4. — R^3. = 6 fr. Mion.); ΤΜΩΛΟΣ. T. barbue de Dionysos indien, à dr. ℞: ϹΑΡΔΙΑ-ΝΩΝ. Dionysos assis à g. ten. le cantharum (Æ $4^1/_2$. — R^5. = 18 fr. Mion.); t. de Dionysos, ceinte de lierre, à dr. ℞: ΣΑΡΔΙΑΝΩΝ. Panthère allant, à g, brisant une lance dans sa gueule (Æ 4. — R^4. = 8 fr. Mion.); ϹΑΡ-ΔΙΑΝΩΝ. T. de Dionysos, à dr. ℞: ϹΤΡΑ·ΕΙΟ·ΛΙΒΩΝΙΑΝΟΥ. Thyrse orné de bandelettes, — dans le champ, mouche (Æ 3. — R^4. = 8 fr. Mion.); t. de Bacchante. ℞: ΣΑΡΔΙΑΝΩΝ·ΑΣΚΛΗΠΙΑΔΗΣ·ΒΟΥΤΟΥ. Démétèr deb. (Æ 7. — R^4. = 12 fr. Mion.); m. t. ℞: ΣΑΡΔΙΑΝΩΝ. Lion deb. à g., un épi à la gueule, d. le champ, Θ, et le monogr. 1497 (Æ 4. — R^3. = 6 fr. Mion.); ΕΠΙ·Λ·ϹΤΡΑΤΟΝΕΙΚΟΥ. T. de Bacchante ℞: ΣΑΡΔΙΑΝΩΝ. Zéus Λétophore deb. (Æ 4. — R^4. = 8 fr. Mion.); t. d'Artémis, à dr., arc et carquois derrière le dos. ℞: ΣΑΡΔΙΑΝΩΝ·ΑΛΚΑΙΟΣ·ΑΛΚΑΙΟΥ. Athéné deb. portant sur la m. dr. une Niké, la g. sur son bouclier posé à terre, — à côté, une lance (Æ 6. — R^1. = 3 fr. Mion.); autres, au ℞. av.: ΣΑΡΔΙΑΝΩΝ· ΜΕΙΛΗΣ ... ΔΗΜΟΦ ... ΜΟΝΥ. — ΣΑΡΔΙΑΝΩΝ·ΜΗΝΟΦΙΛ·ΣΤΡΗ. — ΣΑΡΔΙΑΝΩΝ·ΜΙΘΡΗΣ·ΜΙΡΗ. — Mêmes types (Æ 6 et 5. — R^1. de 2 à 3 fr. Mion.); t. d'Artémis, à dr., av. arc et carquois. ℞: ΣΑΡΔΙΑΝΩΝ·ΞΕΝΟ-ΚΡΑΤΗΣ. Athéné casquée, deb., portant une petite Niké de la m. dr. et de la g. une haste, à ses pieds, un bouclier (Æ 6. — R^1. = 3 fr. Mion.); ΜΗΝ·ΑϹΚΗΝΟϹ. Buste du dieu Mèn, à dr. av. le bonnet phrygien; et posé sur un croissant. ℞: ϹΑΡΔΙΑΝΩΝ·Β·ΝΕΩΚΟΡΩΝ. Torche allumée et corne d'abond. en sautoir (Æ $5^1/_2$. — R^7. = 40 fr. Mion. R^6. = 18 fr.); autre: Même lég. et m. t. ℞: ΣΑΡΔΙΑΝΩΝ·ΝΕΩΚΟΡΩΝ·ΕΡΜΟϹ. L'Hormos assis à terre, à g. ten. un roseau de la m. dr., et sur le bras g. une corne d'abond., à côté, une urne renversée (Æ 5. — R^6. = 30 fr. Mion. R^6. = 18 fr.); m. lég. et m. buste. ℞: ϹΑΡΔΙΑΝΩΝ·Γ·ΝΕΩΚΟΡΩΝ. Quatre épis liés ensemble (Æ 4. — R^6. = 20 fr. Mion. R^4. = 8 fr.); autre, m. lég. mais au ℞ av.: Β·ΝΕΩΚΟΡΩΝ. Corne d'abond. et gouvernail en sautoir (Æ 5. — R^6. = 30 fr. Mion. R^6. = 18 fr.); t. d'Héraklès imb. couronnée de laurier. ℞: ΣΑΡΔΙΑΝΩΝ·ΔΗΜΟΦΩΝ·ΘΗΒΑΔΟ. Iolas (et non Apollon) imb. deb., ten. de la m. dr. un oiseau, et de la g. un rameau, — le tout d. une couronne de laurier (Æ 3. — R^6. = 20 fr. Mion. R^3. = 6 fr.); autre, av.: ΣΑΡΔΙΑΝΩΝ·ΗΦΑΙϹΤΙΩΝ. — ΗΡΑΚΛΙΔΗΣ. — ΘΕΟΔΩΡΟϹ. — ΚΩΚΟϹ. — ΛΥΣΑΝΙΑΣ. — ΣΙ ... ΜΑΡΚΟϹ. — ΣΙΝΑΡΟϹ. — Mêmes types (Æ 3. — R^5–R^6. de 15 à 20 fr. Mion. R^3. = 6 fr.); ΜΗΝ·ΑϹΚΗ. T. du dieu Mèn. ℞: ϹΑΡΔΙΑΝΩΝ. au milieu d'une couronne de laurier (Æ 4. R^4. = 8 fr. Mion.); ΘΕΑ·ΡΩΜΗ. Buste de Rome casquée. ℞: ϹΑΡΔΙΑΝΩΝ·Β·ΝΕΩΚΟΡΩΝ. Héraklès deb. av. ses attributs (Æ 4. — R^4. = 8 fr. Mion.); t. d'Héraklès imb. à dr. couverte de la peau du lion. ℞: ΣΑΡΔΙΑΝΩΝ·ΜΕΝΕΜΑΧΟϹ.

Lion marchant à dr., au-dessus, une mouche (Æ 4. — R⁴. = 8 fr. Mion.); ϹΑΡΔΙΑΝΩΝ. T. de femme à g. ℞: ϹΑΡΔΙΑΝΩΝ. Silène nu, assis sur une corbeille, ten. Dionysos enfant (Æ 3. — R⁵. = 20 fr. Mion. R³. = 6 fr.); ΕΠΙ·ΜΑΡΙΟΥ. T. de Dionysos, couronnée de lierre. ℞: ϹΑΡΔΙΑΝΩΝ. Deux thyrses en sautoir (Æ 9. — R⁶. = 20 fr. Mion. R³. = 6 fr.); t. de femme, ceinte de lierre. ℞: ΣΑΡΔΙΑΝΩΝ ..... ΣΙΓΟΝΟΣ·ΙΣΙΔΩ ..... Démétèr deb., ten. de la m. dr. des épis, et de la g., un flambeau (Æ 4. — R³. = 6 fr. Mion.); t. de Kybèle, voilée et tourelée. ℞: ΕΠΙ·ΜΑΡΚΕΛΛΟΥ·ϹΤΡ (et non ΕΠΙ·Ι·Κ·ΚΕΛΛΟΥ·ΤΡ comme on lit d. Mion.) ϹΑΡΔΙΑΝΩΝ. Temple tétrastyle (Æ 3. — R⁷. = 20 fr. Mion. R³. = 6 fr.); ΙΕΥϹ·ΛΥΔΙΟϹ. T. barbue et diad. de Zéus-Lydios. ℞: ΘΕΑ·ΡΩΜΗ. Rome casquée assise sur des armes, ten. une pet. Niké de la m. dr. et le *paraxonium* de la g. (Æ 8. — R⁴. = 12 fr. Mion.); ΙΕΡΑ·ϹΥΝΚΛΗΤΟϹ. T. nue du Sénat, à dr. av. la toge. ℞: ϹΑΡΔΙΑΝΩΝ·Β·ΝΕΩΚΟΡΩΝ. Zéus deb. vêtu de la toge, ayant un aigle sur la m. dr. et la haste pure d. la g. (Æ 7½. — R⁴. = 12 fr. Mion.); m. lég. et m. t. ℞: ϹΑΡΔΙΑΝΩΝ. Démétèr voilée deb., ten. des épis de la m. dr., et un flambeau de la g. (Æ 6. — R³. = 9 fr. Mion.). — **Impériales** depuis Auguste jusqu'à Valérien le Jeune. — Elles sont fort nombreuses. Je ne citerai ici que les plus rares et restées inconnues à Mionnet. — Auguste: [ΣΕΒΑΣΤΟΣ]. Sa t. à dr. ℞: ΔΙΟΔΩΡΟΣ·ΕΡΜΟΦΙΛΟΥ·ΣΑΡΔΙΑΝΩΝ. Zéus-Aétophore deb. (Æ 5. — R⁸. = 50 fr. — **Inédite**. — Nouveau nom de magistrat. — *Cab. de France*: K. 1826. — **Incon.** à Mion.); m. t. et m. lég. ℞: ΗΡΟΔΩΤΟΣ·ΕΡΜΟΦΙΛΟΥ·ΣΑΡΔΙΑΝΩΝ. Même type (Æ 4½. et 5. — R⁶. = 40 fr. Mion. R⁵. = 15 fr.); ΚΑΙΣΑΡ·ΣΕΒΑ[ΣΤΟΣ]. T. nue d'Auguste, à dr. ℞: ΣΑΡΔΙΑΝΩΝ·ΟΠΙΝΑΣ·ΑΚΙΑΜΟΣ. en quatre lignes dans une couronne de chêne (Æ 5. — R⁸. = 50 fr. Autrefois, Cab. de M. Duprè à Kreuznach. — Mion. R⁶. = 20 fr. — Quant à la lég. du revers je ne garantis pas son exactitude); m. t. à dr. ℞: ΣΑΡΔΙΑΝΩΝ·ΔΑΜΑΣ.. en trois lignes d. une couronne de laurier (Æ 4. — R⁸. = 50 fr. — **Inédite et incon.** à Mion. — Cab. de France [Acquisit. Rollin 1841]); ΣΕΒΑΣΤΩΝ. Sa t. laur. à dr. ℞: ΣΑΡΔΙΑΝΩΝ·ΓΡΑΜΜΑΤΕΥ·ΔΑΜΟΦΩΝ. Temple hexastyle (Æ 5. — R⁷. = 40 fr. Mion. R⁵. = 15 fr.); ΣΕΒΑΣΤΟΣ. Sa t. nue, à dr. ℞: ΣΑΡΔΙΑΝΩΝ·ΚΑΙ·ΠΕΡΓΑΜΗΝΩΝ. Tmolos et Pergamos deb. en face l'un de l'autre, l'un barbu en habit retroussé, et l'autre en toge se donnant la main et ten. chacun une lance transversale, au milieu, ΙΟΥΛΙ. (Æ 4. — R⁷. = 60 fr. Mion. R⁴. = 8 fr.); ΣΕΒΑΣΤ—ΟΥ. Sa t. nue à dr. ℞: ΣΑΡΔΙΑΝΩΝ·ΚΑΙ·ΠΕΡΓΑΜΗΝΩΝ. Zéus ou le Demos, à demi-nu, deb. à dr. le sceptre dans la gauche et donnant la m. dr. à Auguste qui est deb. à g., vêtu d'une tunique courte et du paludament, et qui tient un sceptre transversal de la m. g. Entre les deux figures, ΜΟΥ—ΣΑΙ—ΟΣ. (Æ 20 mill. — R⁸. = 100 fr. **Incon.** à Mion. — Cf. Imhoof-Blumer: Monn. Gr. p. 389, n.° 32, et Sestini, l. c. pl. VI, 9, où, au lieu de ΙΟΥ—ΛΙ, il faut lire peut-être ΜΟΥ—ΣΑΙ); *autre:* ΣΑΡΔΙΑΝΩΝ·ΣΕΒΑΣΤΩ·ΚΑ ..... Auguste ou Tibère deb. vêtu de la toge, relevant une femme crénelée prosternée à ses pieds. ℞: .... ΣΕΒΑΣΤΗ·ΙΟΥΛΙΟΣ·ΚΛΕ .. Livie? assise, ten. une haste et une patère ou une fleur (Æ 4. — R⁷. = 50 fr. Mion. R⁵. = 15 fr.). — Livie: .... ΣΕΒΑΣΤΗ ... Sa t. à dr. ℞: ΜΑΡΚΟΣ·ΜΑΝΝΗΣ. en deux lignes traversées perpendiculairement par la massue d'Héraklès, — dessous, ΣΑΡΔΙΑΝΩΝ. (Æ 2½. —

R^7. = 60 fr. Mion. R^5. = 15 fr.). — Drusus Jeune et Germanicus: ΔΡΟΥ-ΣΟΣ·ΓΕΡΜΑΝΙΚΟΣ·ΚΑΙΣΑΡΕΣ·ΝΕΟΙ·ΘΕΟΥ·ΦΙΛΑΔΕΛΦΟΙ. Drusus et Germanicus vêtus de la toge, assis chacun sur une chaise curule, à g. et ten. de la m. dr. le *lituus*. ℞: ΕΠΙ·ΑΛΕΞΑΝΔΡΟΥ·ΚΛΕΩΝΟΣ·ΣΑΡΔΙΑΝΩΝ. Couronne civique au milieu de laquelle on lit en deux lignes: ΚΟΙΝΟΥ·ΑΣΙΑΣ. (Æ 6½. — R^7. = 60 fr. Mion. R^5. = 24 fr.). — Tibère: ΕΠΙ·ΤΙ·ΚΛΑΥ·ΝΕΡΩΝ·ΣΤΡΑ. Buste de Pallas ou de Rome casquée. ℞: ΣΑΡΔΙΑ-ΝΩΝ·ΣΤΡ·ΜΑΡΚΕΛΛΟΥ., d. le champ, ΤΟ·Β. Temple tétrastyle (Æ 4. — R^6. = 25 fr. Mion. R^5. = 15 fr.). — Claude: ΤΙ·ΚΛΑΥΔΙΟΣ—ΚΛΑΥΔΙΟΣ (sic). Sa t. nue à g. ℞: ΣΑΡΔΙΑΝΩΝ. T. nue et barbue d'Héraklès, à g. (Æ. 17 mill. — R^8. = 40 fr. — Incon. à Mion. — Publ. par Imhoof-Blumer, d. ses: Monn. Gr. p. 389, n° 33). — Néron: ΝΕΡΩΝ·ΚΑΙΣΑΡ. Sa t. laurée. ℞: ΕΠΙ·ΜΙΝΔΙΟΥ·ΣΤΡΑ· (en monogr.) ΤΟ·Β. Dionysos Indien en toge, deb. à g. ten. un vase et un thyrse (Æ 4. — R^5. = 12 fr. Mion. R^3. = 6 fr.). — Agrippine: ΘΕΑΝ·ΑΓΡΙΠΠΙΝΑΝ. T. d'Agrippine. ℞: ΕΠΙ·ΜΙΝΔΙΟΥ·ΑΡΧ·ΤΟ·Β·ΣΑΡΔΙΑΝΩΝ. Isis deb. (Æ 4. — R^7. = 40 fr. Mion. R^7. = 20 fr.). — Octavie: ΟΚΤΑΥΙΑΝ·ΘΕΑΝ. (et quelquefois ΟΚΤΑΒΙΑΝ.). Sa t. couronnée d'épis. ℞: ΕΠΙ·ΜΙΝΔΙΟΥ·ΣΤΡΑ· (en monogr.) ΤΟ·Β·ΣΑΡΔΙΑΝΩΝ. Femme voilée et vêtue de la *stola* (Isis?), marchant, la m. dr. sur la poitrine, et ten. de la g. une haste transversale (Æ 4. — R^8. = 70 fr. Mion. R^8. = 40 fr.); *autre*, ℞: Déméter dans un bige de serpents (Æ 3½. — R^8. = 70 fr. Cf. Cat. Iwanoff, Londr. 1863, p. 64, lot 553. — Vend. 3 £ 4 sh. [Feuardent]. — Incon. à Mion.). — Vespasien: ΑΥΤΟΚ·ΚΑΙΣ·ΟΥΕΣΠΑΣΙΑΝΩ. Sa t. laurée. ℞: ΣΑΡΔΙ ... ΕΠΙ·ΣΤΡ .... Hadès dans un quadrige enlevant Perséphone (Æ 6½. — R^6. = 20 fr. Mion. R^4. = 12 fr. Auj. au *Cab. de Munich*). — Domitianus: ΔΟΜΙΤΙΑΝΟΣ·ΚΑΙΣΑΡ·ΣΕΒΑΣΤΟΣ·ΓΕΡΜ. Sa t. laurée. ℞: ΠΕΡΓΑΜΗΝΩΝ·ΚΑΙ·ΣΑΡΔΙΑΝΩΝ. Héraklès deb. à g. donnant la m. dr. à Pergamos deb. en face (Æ 5. — R^7. = 30 fr. Mion. R^5. = 15 fr.); *autre*, av.: ΕΠΙ·ΜΗΤΡΟΔΩΡΟΥ·ΤΟ·Β·ΣΑΡΔΙΑΝΩΝ. Héraklès deb. présentant quelque chose à Zéus assis, ten. une haste de la m. g. (Æ 9. — R^7. = 30 et 40 fr. Mion. R^4. = 15 fr.). — Domitia: ΔΟΜΙΤΙΑ·ΣΕΒΑΣΤΗ. Sa t. à dr. ℞: ΕΠΙ·ΦΛ·ΜΗΤΡΟΔΩΡΟΥ·Τ·Β·ΣΑΡΔΙΑΝΩΝ. Deux femmes deb. vêtues de la *stola*, en face l'une de l'autre (Æ 5. — R^6. = 30 fr. Mion. R^5. = 20 fr.). — Trajan: ΑΥΤΟΚ·ΤΡΑΙΑΝΟΣ·ΑΔΡΙΑΝΟΣ. Sa t. laurée. ℞: ΕΠΙ·ΑΡΙΖΗΛΟΥ·ΑΡ·ΣΑΡΔΙΑΝΩΝ. Hadès d. un quadrige enlevant Perséphone (Æ 9. — R^5. = 25 fr. Mion. R^3. = 18 fr.); *autre*, ℞: ΕΠΙ·ΧΑΙΑ·ΙΕΡΕΟΣ·ΣΑΡΔΙΑΝΩΝ. Zéus-Lydios deb. à g. (Æ 7. — R^4. = 12 fr. Mion.). — Plotine: ΠΛΩΤΕΙΝΑ·ΣΕΒΑΣΤΗ. Sa t. à dr. ℞: ΣΑΡΔΙΑΝΩΝ. Cavalier allant au galop, à dr. (Æ 5. — R^7. = 40 fr. Mion. R^7. = 24 fr.). — Marciana: ΜΑΡΚΙΑΝΑ·ΣΕΒΑΣΤΗ. Sa t. à dr. ℞: ΣΑΡΔΙΑΝΩΝ·ΠΕΔΟΥ. Cavalier allant au galop, à dr. (Æ 5. — R^8. = 120 fr. Mion. R^8. = 50 fr. belle fabr.). — Hadrien: ΑΥ·ΚΑΙΣΑΡ·ΤΡΑ·ΑΔΡΙΑΝΟΣ. Sa t. laur. av. la chlamyde sur l'épaule g. ℞: ΠΑΦΙΗ·ΣΑΡΔΙΑΝΩΝ. Temple d'Aphrodité Paphia, son simulacre, au milieu, au-dessus du temple, un astre dans un croissant (Æ 6½. — R^6. = 30 fr. Mion. R^4. = 15 fr.). — Sabine: ΣΑ-ΒΕΙΝΑ·ΣΕΒΑΣΤΗ. Sa t. à dr. ℞: ΣΑΡΔΙΑΝΩΝ. Femme deb. portant un enfant(?) sur le bras g. (Æ 4½. — R^4. = 8 fr. Mion.). — Antinoüs: ΑΝΤΙ-ΝΟΟΣ·ΗΡΩΣ. Sa t. nue, à dr. ℞: ΣΑΡΔΙΑΝΩΝ. Kronos nu, deb. ten. d. la

m. dr. un vase, et un enfant sur le bras g. (Æ 5. — R^5. = 150 fr. Mion. R^5. = 18 fr.). — Antonin le Pieux : Sa t. à dr. ℞ : CAPΔIANΩN. Dionysos deb. (Æ 7. — R^5. = 15 fr. Mion. R^3. = 9 fr.). — Faustine mère : ΦΑΥϹΤΕΙΝΑ·ϹΕΒΑϹΤΗ. Sa t. à dr. ℞ : CAPΔIANΩN. Aphrodité deb. vêtue de la *stola*, ten. d. la m. dr. une pomme, la g. levée. * (Æ 5. — R^7. = 40 fr. Mion. R^7. = 24 fr.). — Marc-Aurèle : Μ·ΑΥΡΗΛΙΟϹ·ΚΑΙϹΑΡ·ΥΠ. Sa t. nue et imb. à dr. av. le *paludament*. ℞ : ΕΠΙ·ΔΑΡΕΙΟΥ·ϹΑΡΔΙΑΝΩΝ. Corne d'abondance (Æ 5. — R^4. = 9 fr. Mion.); *autre :* ℞ : — ΕΠΙ·ΝΕΙΚΟΜΑΧΟΥ·ϹΑΡΔΙΑΝΩΝ. Caducée ailé (Æ 5. — R^5. = 15 fr. Mion. R^3. = 8 fr.); *autre :* ϹΑΡΔΙΑΝΩΝ. Arès nu, casqué, deb. la m. dr. armée d'un bouclier (Æ 5. — R^4. = 8 fr. Mion.). — Lucius Vérus : ΑΥΤ·ΚΑΙ·ΛΟΥ·ΑΥ·ΟΥΗΡΟϹ. Buste de L. Vérus, la t. laur. à g. av. le paludament. ℞ : ΕΠΙ·ΛΟΥΠΟΥ....... ΛΕΩϹ·ΑΡΧ[ΟΝΤΟϹ]. (Litt. évanid.). A l'exergue une inscription enlevée. L. Vérus assis sur une cuirasse, sur laquelle est écrit en trois lignes : ΔΥΝΑΜΙϹ. [même lég. se trouve aussi sur une mon. de Faustine mère, frap. à Alexandrie en Egypte et dont on n'a pu encore expliquer la signification], — il a la m. dr. sur le *paraxonium* et la g. est appuyée sur une cuirasse av. un bouclier transversal, — la Niké est deb. derrière, ten. de ses deux mains un bouclier qu'elle présente à Lucius Vérus, — à g. un trophée érigé, une Niké vole au-dessus et le couronne, — aux pieds de Lucius Vérus, un captif assis à terre, les mains liées derrière le dos? (Æ. MM. — R^7. = 200 fr. Mion. R^5. = 100 fr.). — Commode : ΑΥ..... ΟΛΥΜΠΙΟϹ·ΚΟΜΟΔΟϹ. Sa t. laurée. ℞ : ΕΦΕϹΙΩΝ·ΠΕΡΓΑ·Κ·ϹΑΡΔΙΑΝΩΝ...... ΟΜΟΝΟΙ. Artémis-Ephesia et Isis deb. (Æ 10. — R^4. = 24 fr. Mion.); *autre :* ΑΥ·ΚΟ. Sa t. jeune et nue, à dr. ℞ : ΕΠΙ·Α ... ΡΟΥΦΟΥ ... ΑΡΧ·ϹΑΡΔΙΑΝΩΝ. Commode à cheval, galoppant, à dr., à ses pieds un captif (Æ 8. — R^8. = 40 fr. — **Inédite et incon. à Mion.** — Publ. par J. de Witte, d. la descr. de la coll. de l'Abbé Greppo, Paris 1856, p. 156, n° 1131). — Septime-Sévère : ΑΥ·ΚΑΙ·Λ·ϹΕΠΤΙ·ϹΕΟΥΗΡΟϹ·ΠΕΡ. Sa t. laur. av. le *paludamentum* et la cuirasse. ℞ : ΕΠΙ·Γ·ΙΟ·ΚΡΙϹΠΟΥ·ΑΡΧ·ϹΑΡΔΙΑΝΩΝ·Β·ΝΕΩΚΟΡΩΝ. Deux temples hexastyles, au-dessus, deux couronnes différentes (Æ. MM. — R^7. = 120 fr. Mion. R^5. = 100 fr.); *autre :* ΕΠΙ·ϹΤΡ... ΟΡ·ΟΥΕΤΤΗΝΙΑΝΟΥ·ΑϹΙΑΡΧ·Δ·ϹΑΡΔΙΑΝΩΝ·ΔΙϹ·ΝΕΩΚΟΡΩΝ·ΜΗΤΡΟΠΟΛΕΩϹ·ΑϹΙΑϹ. Deux temples décastyles, — au-dessus, deux couronnes de laurier (Æ 13^1/$_2$. — R^5. = 200 fr. Mion. R^5. = 150 fr.); *autre :* ℞ : ΕΠΙ·Λ·ΑΥΡ·ΜΑΙΩΡΟϹ·ΑΡΧ·Α·ΤΟ·Β·ϹΑΡΔΙΑΝΩΝ. Hadès enlevant Perséphone (Æ. MM. — R^7. = 120 fr. Mion. R^5. = 100 fr.); *autre :* ΕΠΙ·ΓΕΝΟΥ·ΑΡΧ·ϹΑΡΔΙΑΝΩΝ·ΔΙϹ·ΝΕΩΚΟΡΩΝ·ΦΙΛΑΔΕΛΦΕΙΑ. Caracalla et Géta deb., vêtus de la toge, ten. chacun un globe d. la m. dr. et un rouleau d. la g., — au milieu, une femme deb. vêtue de la *stola*, ten. une haste (Æ 12. — R^7. = 120 fr. Mion. R^5. = 100 fr.); *autre,* ℞ : ..... ϹΑΡΔΙΑΝΩΝ·Β·ΝΕΩΚΟΡΩΝ. Le Fleuve Paktole couché, ten. de la m. dr. un roseau, le coude g. appuyé sur une urne renversée d'où s'échappent des eaux (Æ 9. — R^7. = 40 fr. Mion. R^4. = 24 fr.). — Julia Domna : ΙΟΥΛΙΑ—ϹΕΒΑϹΤΗ. Sa t. à dr. ℞ : ΕΠΙ·ΚΑΜΙΘΡΟΥ·ΑΡΧ·Α. Et à l'exergue : ϹΑΡΔΙΑΝΩΝ·Β·ΝΕΩΚΟΡΩΝ. Urne des jeux, — dessous, sur un soubassement, on lit : ΧΡΥϹΑΝΘΙΝΑ. (Æ. 30 mill. — R^8. = 70 fr. — **Inédite.** — Publ. par Arthur Engel, d. la Rev. Num. Fr. III Série, T. II, An. 1884, p. 25). [Le même magistrat paraît sur une autre monnaie de Sardes (cf. Mion. IV, n.° 733) et les Chrysantina sont encore rappelés sur les mon. de la même ville (Mion. Suppl. Tom. VII, n.° 492 et 493).] — Caracalla: AVT·KAI· M·AVP·C —ЄV·ANTΩNЄINOC. Buste lauré et drapé de Caracalla, à dr. ℞: ЄΠI·AN·POVΦOV·APX·A·TO·Γ. et, à l'exergue, en trois lignes: CAP-ΔIANΩN·VΠAI—ΠHNΩN OMO—NOIA. Les simulacres de Perséphoné, entre un épi et un pavot, et de Héra voilée, tous les deux de face (Æ. 35 mill. — R⁸. = 70 fr. — Incon. à Mion. — Publ. par Imhoof-Blumer, d. ses: Monn. Gr. p. 389, n.° 34). — Julia Maesa: IOΛIA· (sic) MAICAC-CЄBA. T. de Maesa, à dr. ℞: CAPΔIANΩN·TPIC·NЄΩKOPΩN. Démétèr deb. vêtue de la *stola*, ten. des épis de la m. dr. et une longue torche de la g. (Æ 5. — R⁵. = 15 fr. Mion.). — Julie Mamée: IOYΛIA. — MAMAIA·CЄ. Sa t. à dr. ℞: ЄΠI·APX·Γ·AΣIN·NЄIKOMAXOY·ΣAPΔIANΩN·B·NЄΩKOPΩN. Femme assise, ten. de la m. dr. une couronne et de la g. un roseau, le coude g. appuyé sur des rochers (Æ. 30 mill. — R⁵. = 30 fr. — Mion. IV, 135, n.° 770. — R³. = 18 fr. — Cf. Arthur Engel, d. la Rev. Num. Fr. III-ème Série, Tom. II, An. 1884, p. 25, n.° 12). — Otacilia: T. d'Otacilie, à dr. ℞: ЄΠ·AVP·KΛAVΔIANOV (fausse leçon de Vaillant — il faut lire: HPAKΛЄIΔIANOV·)APX·CAPΔIANΩN·B·NЄΩKOPΩN·XPY-CANΘINA. Urne av. deux palmes (Æ 9. — R⁶. = 48 fr. Mion. R⁴. = 24 fr.). — Philippe Jeune: M·IOVΛ·ΦIΛIΠΠOC·CЄB. T. laurée de Philippe le Jeune à dr. av. le *paludament*. ℞: CAPΔIANΩN·B·NЄΩKOPΩN. Zéus deb. portant sur la m. dr. un aigle, et ten. de la g. une haste (Æ 6. — R⁴. = 15 fr. Mion. R¹. = 3 fr.). [Mionnet a décrit une monnaie semblable du Cab. de France, ayant le même type de Zéus, auquel il avait donné le nom de Philalethes: c'est une erreur car il n'existe point de Zéus-Philalethes — c'est tout simplement le nom d'un magistrat qu'on trouve sur les mon. d'Auguste, frappées à Laodikea de Phrygie.] — Sur les monnaies de Sardes, voy. encore: *Numism. Chron.* VIII, 11 (Mion. S. VII, 411, 421, la mon. appartient à Maronea); *ibid.* IX, 67. — Sestini, Lett. di Continuaz. VII, 96. — Sestini, Mus. Chaudoir, 106. — Chaudoir, Corrections, p. 88. — *Revue Numism. Fr.* An. 1852, p. 32. — Streber, Num. nonu. gr. 244. — *Annali* dell' Inst. e Corr. arch. di Roma 1830, p. 157 (à Mion. IV, 138, 789); — Cat. Pembroke, n.° 1032 (mon. en or attribuée à Kroesus). — Fiorelli, Osservazioni, p. 80: fausse attribution, la mon. est indubitablement italique, voy. J. Friedländer, Oskische Münzen, p. 8. — *Archäolog. Zeitg.* 1840, p. 101. — Steinbüchel, Médaillons en or, Pl. II, fig. 4 cite une mon. en or qui n'est autre chose qu'une pièce coulée sur un bronze cité par Mion. IV, 118, n.° 657. — Mus. Lavy, p. 229. — Cat. J. Sabatier, Pétersbourg 1852, voy. lot n.° 148 (t. de Tibère, Drusus et Germanicus). — Borghesi, Osservazioni, IX, 10 (à Mion. IV, 125, 709). — Cat. L. Welzl de Wellenheim, n.° 6312. — *Corrections:* La mon. d'Antonin le Pieux, décr. par Mion. IV, 126, 715 a un Satyre av. Dionysos enfant. — il y en a une au *Mus. de Berlin.* — *Alliance de Sardes avec Pergame:* Voy. Numism. Chron. VII, 7. —

170. ACIA.

La seule monnaie autonome d'**Asia** ville de Lydie, citée par différents auteurs, ne lui appartient pas et doit être rapportée à Apamée, car c'est bien le type des mon. de cette dernière ville et quant à la légende ΑΣΙΕΩΝ il est évident qu'elle a été mal lue et que la monnaie doit se lire: (ΑΠ)ΑΜΕΩΝ au lieu de ΑΣΙΕΩΝ. — Sur la seule mon. Impériale de cette ville le mot ACIA signifie le nom de la province. — *Monnaies*: Autonome (prétendue): T. tourelée de femme, à dr. ℞: ΑΣΙΕΩΝ (mais plus juste (ΑΠ)ΑΜΕΩΝ) ..... ΑΝΙΚΟΣ. Faune deb., jouant de la double flûte (Æ 5. — R^8. = 100 fr. Mion. R^8. = 40 fr.). — **Impériale**: Gordien le Pieux. Sa t. à dr. Lég. emportée. ℞: ΕΠ·C·ΠΟΛΛΙΑΝΟV·ΑCΙΑ·ΟΜΟΝΟΙΑ·CΜΥΡΝΑ. Amazone ten. d. la m. dr. la *bipenne* et un bouclier, et tendant la m. g. à une femme tourelée qui tient une haste (Æ. MM. — R^7. = 120 fr. Mion. R^4. = 40 fr. — La même mon., mais de **Gr. Br.** se trouve décrite à Smyrne. Cf. Mion. Tom. III, p. 249). —

171. ΤΗΜΕΝΟC.

Lég. sur les mon. de Themenotyrae de Lydie. **Autonomes** en bronze: *Types*: Hermès deb.; t. barbue et nue, de femme quelquefois voilée; de Zéus assis; femme deb., ten. une haste; Artémis-Ephesia; t. de Pallas, d'Héraklès, de Roma; autel, dessus un serpent; lion passant; Héraklès combattant l'hydre, devant une statue d'Athéné. Æ. Mod. 3^1/$_2$, 4, 5, 6, 7, 8^1/$_2$, 9, 12^1/$_2$ et MM. — R^5–R^7. de 9, 15, 25, 40, 50 et 150 fr. — **Autonome** av. la lég. au *Nominatif*: ΤΗΜΕΝΟC·ΚΤΙCΤΗC. T. laurée et imb. de Themenos, fondateur, av. le *paludament*, à dr. ℞: ΤΙΤΙΑΝΟC·ΤΗΜΕΝΟΘΥΡΕΙCΙΝ. Hermès deb., la t. ailée, ten. une bourse de la m. dr. et de la g. la *penula* et le caducée (Æ 5. — R^6. = 25 fr. Mion. R^5. = 15 fr.); **autres autonomes** en bronze: ΔΗΜΟC. T. nue et barbue, à dr., l'épaule g. vêtue du *pallium*. ℞: ΤΗΜΕΝΟΘΥΡΕΩΝ. Zéus assis, tourné à g. (Æ 4. — R^4. = 9 fr. Mion.); t. d'Athéné. ℞: ΝΕΙΚΟΜΑΧΟC·ΑΡΧ·ΤΗΜΕΝΟΘΥΡΕΥCΙ. Autel sur lequel est dressé un serpent (Æ 4. — R^4. = 8 fr. Mion.); *autre*: Même t. ℞: Même lég. Lion marchant (Æ 4. — R^6. = 30 fr. — Ma collection. — Mion. R^4. = 8 fr.; ΚΤΙCΤΗC. t. nue et barbue d'Héraklès, à dr. ℞: ΝΙΚΟΜΑΧΟC·ΑΡΧΙΕΡ·ΑΡΧ·Α·ΤΟ·Β·ΤΗΜΕΝΟΘΥΡΕΙCΙ. Les Dioscures deb., armés chacun d'une haste, et un astre sur la tête (Æ 8^1/$_2$. — R^6. = 70 fr. Mion. R^4. = 30 fr.); ΘΕΑ·ΡΩΜΗ. Buste casqué de la déesse Roma, à dr. ℞: ΝΕΙΚΟΜΑΧΟC·ΑΡΧΙΕΡ·ΑΡΧ·Α·ΤΟ·Β·ΤΗΜΕΝΟΘΥΡΕΥCΙΝ. Femme assise à g., le *modius* sur la t., la m. g. sur la haste, — en face d'elle Isis deb., ten. de la m. dr. le sistre, la g. sur la hache pure (Æ 8^1/$_2$. — R^4. = 25 fr. Mion. R^8. = 18 fr.; ΙΕΡΑ·CΥΝΚΛΗΤΟC. T. du Sénat. ℞: ΤΗΜΕΝΟΘΥΡΕΩΝ. Femme deb. ten. d. la m. dr. des épis et d. la g. la haste (Æ. MM. — R^6. = 80 fr. Mion. R^4. = 50 fr.); m. lég. M. t. nue du Sénat à g. av. le *pallium*. ℞: ΑΡΟΥ·Μ·ΝΕΙΚΟΜΑΧΟC·ΑΡΧΙΕΡΕΥC·ΑΡΧ·Α·ΤΟ·Β·ΤΗΜΕΝΟΘΥΡΕΥCΙ. Héraklès deb. brulant de la m. dr. av. une torche les têtes de l'hydre déposées au pied de la statue de Pallas placée sur une colonne, et ten. d. la g. sa massue et la dépouille du lion (Æ 12^1/$_2$. — R^7. = 200 fr. Mion. R^6. = 150 fr.); même lég. et m. t. du Sénat. ℞: ΕΠΙ·Μ·ΤΥΛΛΙ·ΤΗΜΕΝΟΘΥΡΕΩΝ (plutôt ΓΡΙΜΕΝΟΘΥΡΕΩΝ — de Grimenothyrae de Phrygie?). Le dieu Mèn, deb. (Æ 6. — R^6. = 20 fr. Mion. R^4. = 12 fr.); ΙΕΡΑ·ΒΟΥΛΗ. T. voilée de femme à dr. ℞: ΖΕΝΟΦΙΛΟC·ΑΡΧ·Α·ΤΗΜΕΝΟΘΥΡΕΙCΙ. Zéus assis, à g., vêtu du *pallium*, ten. d. la m. dr. une patère et d. la g. la haste pure (Æ 7. — R^6. = 20 fr. Mion. R^4. = 12 fr.); m. lég. et m. t. ℞: ΜΑΡΚΟC·

ΤΗΜΕΝΟΘΥΡΕΙCΙ. Démétèr deb., ten. des épis d. la m. dr. et la haste d. la g. (Æ 4. — R⁵. = 15 fr. Mion. R⁴. = 8 fr.); *autre:* ΤΗΜΕΝΟΘ..... (lettres emportées). T. de Dionysos, ceinte de lierre, à dr. ℞: ΕΠ·CΤΡ·ΑΙΛΙ·ΚΑΛΙΤΩΝΑ. (lég. défectueuse et douteuse). Démétèr voilée, et vêtue de la *stola*, assise sur la ciste mystique et tournée à g. ten. des épis de la m. dr. et la haste transversale de la g. (Æ 5. — R⁴. = 8 fr. Mion. — Ex. retouché de deux côtés); CYNKΛΗΤΟC. T. nue du Sénat, à dr. av. le *paludamentum*. ℞: ΚΛΕΟΒΟΥΛΟC·ΤΗΜΕΝΟΘΥΡΕΥCΙΝ. Athéné deb. à dr. (Æ 7½. — R⁴. = 12 fr. Mion.); ΙΕΡΑ·ΒΟΥΛΙ. (sic). T. voilée de femme, à dr. ℞: ΛΟΝΓΑC·ΑΡΧ·ΤΗΜΕΝΟΘΥΡΕΥCΙ. Dionysos nu, debout à g. (Æ 6½. — R⁴. = 12 fr. Mion.); *autre:* ΔΗΜΟC·ΦΛΑΒΙΟΠΟΛΕΙΤΩΝ. T. imb., diadémée, à dr. ℞: ΙΟΥ·ΒΛΟΝΓΑC (?) ΑΡΧ·Α·ΤΗΜΕΝΟΘΥΡΕΙCΙ. Le dieu *Mèn* deb., en habit court, et vêtu du *pallium*, un croissant sur les épaules, une pomme de pin d. la m. dr., et la g. posée sur la haste pure (Æ 9. — R⁸. = 120 fr. Mion. R⁵. = 50 fr.). [Les trois mon. suivantes dont la description suit et qu'on classait autrefois à **Trimenothyrai** de Mysie doivent être rapportées à **Grimenothyrai** de Phrygie: ΕΠΙ·Α·ΤΥΛΛΙ. T. de femme, à dr., un carquois derrière le dos, devant une t. de chèvre. ℞: ΓΡΙΜΕΝΟΘΥΡΕΩΝ. (sic). Femme vêtue de la *stola*, deb., ten. des épis d. la m. dr. et la haste d. la g. (Æ 3½. — R⁶. = 20 fr. Mion. R⁴. = 9 fr.); *autre:* ΕΠΙ·Μ· (Sic) ΤΥΛΛΙ. T. voilée de femme, — dev. deux épis. ℞: ΓΡΙΜΕΝΟΘΥΡΕΩΝ (Sic). Artémis Ephesia av. ses attributs (Æ 4. — R⁶. = 20 fr. Mion. R⁴. = 9 fr.); ΕΠΙ·Μ·ΤΥΛΛΙ. T. nue et barbue d'Héraklès à dr. ℞: ΓΡΙΜΕΝΟΘΥΡΕΩΝ. (Sic). Hermès nu et deb. la bourse d. la m. dr. et le *pallium* sur le bras g. (Æ 3½. — R⁷. = 40 fr. Mion. R⁵. = 15 fr. — Eckhel n'a jamais voulu admettre dans son grand ouvrage **Grimenothyrai** et la confondait toujours av. **Temenothyrai** en Lydie.] — **Impériales** depuis Faustine la Jeune jusqu'à Gallien. — Æ. Mod. 3, 4, 5½, 6, 7, 11, 12 et MM. — R⁵–R⁸. de 8, 10, 12, 40, 100 et 120 fr. — Julia Domna: — ΙΟΥΛΙΑ—CΕΒΑCΤΗ. Son buste, à dr. ℞: ΤΗΜΕΝΟΘ·CΥΜΜΑΧΟC. Artémis Chasseresse deb. à dr. (Æ. 20 mill. — R⁸. = 40 fr. — Incon. à Mion. — Publ. par Imhoof-Blumer d. ses: Monn. Gr. p. 389, n⁰. 36). — Waddington (voy. Rev. Num. 1852, p. 32, n⁰ 3) a attribué le buste d'un bronze, qui porte le même nom de magistrat, à Elagabale. C'est plutôt Caracalla d'après la p. de M. Imhoof-Blumer. — Mamée: ΙΟΥΛΙΑ·ΜΑΜΑΙΑ·CΕΒΑCΤ. Sa t. à dr. ℞: ΜΑΡΚΟC· (et non ΚΑΡΚΟC comme on lit d. Mion.) ΑΡΧ·Α·ΤΗΜΕΝΟΘΥΡΕΥCΙΝ. Dionysos deb. (Æ 7. — R⁶. = 20 fr. Mion. R⁴. = 12 fr.); *autre,* ℞: Même lég. Zéus Aétophore deb. (Æ 3. — R⁵. = 15 fr. Mion. R⁴. = 8 fr.). — Philippe le Jeune: Lég. usuelle. Sa t. à dr. ℞: ΝΕΙΚΟΜΑ—ΧΟC·ΑΡΧΙΕ·ΤΕΜΕΝΟΘ — ΥΡΕΥCΙ. Hephaestios achevant le bouclier d'Achille qu'il tient av. un *forceps* (Æ 6. — R⁸. = Inédite et incon. à Mion. — 80 fr. — Publ. d. la *Revue Numism. Fr.* An. 1840, p. 374. — Cab. de M. Camille Rollin, à Paris). — [Les légendes ΦΛΑΒΙΟΠΟΛΙC (cf. Mion. S. V, 32, 175 et Streber, Num. non. gr. 1833, Pl. IV, f. 9) et ΔΗΜΟC·ΦΛΑΒΙΟΠΟΛΕΙΤΩΝ (cf Mion. S. VII, 439, 558) qui se rencontrent sur des mon. de Temenothyrai du temps de l'empereur Philippe, paraissent, comme le pense M. Imhoof-Blumer, d. ses: Monn. Gr. p. 390, donner un autre nom de Temenothyrai et non une ὁμόνοια de celle-ci av. une autre ville.] — Plautille: ΦΟΥΛΒΙΑ·

ΠΛΑΥΤΙΛΛΑ·ϹΕΒΑϹΤΗ. Sa tête av. la *stola*. ℞: ΜΕΝΕΛΑΟϹ·ΑΡΧ·ΤΟ·Α·ΤΗΜΕΝΟΘΥΡΕΥϹΙΝ. Colon conduisant deux chevaux, à g., devant eux, trois épis dressés (Æ $5^{1}/_{2}$. — R^{7}. = 40 fr. Mion. R^{5}. = 20 fr.). — Elagabal: ΑΥΤ·Κ·Μ·ΑΥΡ·ΑΝΤѠΝΙΝΟϹ·ΑΥΓ. Sa t. laurée. ℞: ΤΗΜΕΝ..... Athéné casquée, assise à g. ten. de la m. dr. une pet. Niké, et de la g. une haste (*Pot.* 4. — R^{6}. = 15 fr. Mion. R^{4}. = 8 fr. Fausse leçon). — Otacilia: ΜΑΡΚ·ΩΤΑΚΙΛ·ϹΕΒΗΡΑ·ϹΕΒ. T. d'Otacilie, à dr. ℞: ΝΕΙΚΟΜΑΧΟϹ·ΑΡΧΙΕ·ΤΗΜΕΝΟΘΥΡΕΥϹΙΝ. Apollon nu deb., devant lui, une lyre au pied d'un arbre (Æ. MM. — R^{7}. = 150 fr. Mion. R^{5}. = 100 fr.). — Valérien père: ΑΥΤ·ΠΟ·ΛΙΚ·ΒΑΛΕΡΙΑΝΟϹ. Sa t. radiée, à dr. av. le *paludament*. ℞: ΤΙΤΙΑΝΟϹ·ΑΡΧΙΕΡΕΥϹ·ΤΗΜΕΝΟΘΥΡΕΥϹΙΝ. Héraklès deb., d. le champ, un arbre autour duquel est un serpent (Æ 11. — R^{6}. = 100 fr. Mion. R^{4}. = 40 fr.). — Valérien père et Gallien: ΑΥ·ΚΑ·ΠΟ·ΛΙΚ·ΟΥΑΛΕΡΙΑΝΟϹ·ΑΥ·ΚΑ·ΠΟ·ΛΙΚΙ·ΓΑΛΛΙΗΝΟϹ. Leurs t. affrontées, l'une radiée, l'autre laurée. ℞: ΚΛΕΟΒΟΥΛΟϹ·ΑΡΧΟΝ·Α·ΤΗΜΕΝΟΘΥΡΕΟϹΙΝ. (sic). Démétèr dans un quadrige allant à dr. et ten. un flambeau d. chaque main (Æ 12. — R^{8}. = 200 fr. Mion. R^{6}. = 120 fr.); *autre:* m. l. et m. t. ℞: Même lég. (sans ΑΡΧΟΝ·Α·). Valérien et Gallien deb. en habit militaire et vêtus du *paludamentum*, sacrifiant sur un autel, — au milieu, une Niké les couronne (Æ 12. — R^{7}. = 150 fr. Mion. R^{5}. = 100 fr.). — Saloninus: Κ·ΠΟ·ΚΟΡ·ΒΑΛΕΡΙΑΝΟϹ. T. de Salonin laurée, à dr., av. le *paludament*. ℞: ΚΛΕΟΒΟΥΛΟϹ·ΤΗΜΕΝΟΘΥΡΕϹΙΝ. Héraklès deb. av. ses attributs (Æ 6. — R^{7}. = 30 fr. Mion. R^{4}. = 12 fr. qui l'a décrite au règne de Valérien: T. IV, p. 149, n° 847). — Sur les mon. de Temenothyrai, consultez: *Numism. Chron.* VIII, 12. — *Revue Numism. Fr.* An. 1852, p. 32, mon. de Faustine, Salonin; — *ibid.* An. 1840, p. 374, mon. de Philippe le Jeune. — Streber, Num. nonn. gr. p. 246. — Fox, Engravings, 11, nos 136, 137 (Philippe père ou le fils, Valérien et Gallien), — *ibid.* 11, n° 133: Salonina, mon. d'alliance av. Bagac. — *Berliner Blätter* für Münzkunde, V, 15. — Cat. Welzl de Wellenheim, n° 6314. — *Corrections:* La mon. d'Elagabal (décrite par Mion. S. VII, 440, 560, d'après Sestini, du Musée Fontana) ne peut pas appartenir à Temenothyrai. L'exemplaire identique du Musée Fontana possédà v. Rauch, en 1871, on y lit seulement: ΤΕΜΗ.... par conséquent on ne sait pas encore où il faut la classer. — Sur les mon. de **Grimenothyrai** voy.: *Bulletino* dell' Inst. di Roma. An. 1863, p. 63: Grimenothyrai, ΓΡΙΜΕΝΟΘΥΡΕΩΝ au lieu de ΤΡΙΜΕΝΟΘΥΡΕΩΝ comme on était accoutumé de le lire. — *Revue Numism. Fr.* An. 1852, p. 93. — *Archäolog. Zeitg.* 1849, p. 98 et 1852, p. 407. — Mus. Hunter, 60, VI et d'après lui Mionnet, S. III, p. 474, 142 (faussement attrib. à Thyrreum Acarnan.) appartient ici. Comp. pour cela Mion. IV, p. 146, nos 828—830. —

172. ϹΙΛΑΝΔΟϹ.

Lég. sur une mon. de **Silandos** ville de Lydie: *Droit:* ϹΙΛΑΝΔΟϹ. (au lieu de la fausse leçon: ΕΠΙ·ΕΔΕΝΟΥ. qu'on trouve d. Mion. IV, p. 142, nos 812 et 813). Tête nue et barbue, à dr. ℞: ϹΙΛΑΝΔΕΩΝ. Lion allant, de g. à dr. (Æ $4^{1}/_{2}$. — R^{8}. = 100 fr. Mion. R^{6}. = 18 fr. — Il est à présumer que le nom au *Nominatif* qu'on trouve au *Droit* de cette mon. fait allusion à un héros local qui était peut-être fondateur de la ville? — *Ma collection*). —

Autres autonomes en bronze: CIΛANΔEΩN. T. tourelée de femme. ℞: ΕΠ·ΔΙΑΦΑΝΟΝΑ (forsan) ΑΡΧ. Lion marchant ($\mathcal{E}$ 4^1/$_2$. — R.^{7}. = 30 fr. Mion. R.^{6}. = 18 fr.); — CIΛANΔEΩN. Masque de Silène, couronné de lierre, à dr. ℞: ΕΠΙ·CTA·ATTAΛIANOV. Silène deb. à dr. à côté d'un *âne* à dr., il tient un thyrse de la m. g. et appuie la droite sur la croupe de l'animal ($\mathcal{E}$. 17 mill. — Gr. 3,87. — R^8. = 40 fr. — **Inédite**. — Publ. par Imhoof-Blumer d. ses: Monn. Gr. p. 389, n.° 35. — Les leçons de Mion. IV, p. 142, n°s 810 et 811 et du Suppl. VII, p. 32, n.° 27 [qu'il faut restituer à Silandos] sont inexactes. Toutes ces mon., dit M. Imhoof, portent le même nom: Σ. Ἀτταλιανός. Les types de Silène font sans doute allusion au nom de la ville et au culte de ce dieu); — *autre:* CIΛANΔEΩN. Buste d'Athéné, av. l'aegide. ℞: ΕΠΙ·CTA·ATTAΛIANOV. (et non: ΕΠΙ·CATTIΛIANOY comme on lit d. Mion.). Type de la Tyché ($\mathcal{E}$ 4. — R^6. = 20 fr. Mion. R^6. = 18 fr.); CIΛANΔEΩN. T. de Silène. ℞: Même lég. *corrigée*. Temple tétrastyle ($\mathcal{E}$ 4. — R^6. = 18 fr. Mion.); ΙΕΡΑ·CYNKΛHTOC. T. jeune du Sénat, à g. ℞: CIΛANΔEΩN. Zéus assis, à g. ten. de la m. dr. une patère, la g. posée sur la haste ($\mathcal{E}$ 7. — R^6. = 40 fr. Mion.); ΘΕΑΝ·ΡΩΜΗΝ. Buste de Rome, av. le *modius*. ℞: CIΛANΔEΩN. Fig. nue deb., ten. une patère et une branche ($\mathcal{E}$ 6. — R^6. = 40 fr. Mion.); *autres:* CIΛANΔEΩN. T. tourelée de femme. ℞: ΕΠ·ΑΡCTANONA·ΑΡΧ. Lion marchant ($\mathcal{E}$ 4. — R^6. = 18 fr. Mion.); — t. d'Asklépios laurée, à dr., devant, un serpent qui se dresse. ℞: CIΛAN—ΔEΩN. Niké deb. ten. une couronne et une palme, marchant, à g. ($\mathcal{E}$. 17 mill. — R^8. = 40 fr. — **Incon.** à Mion. — Publ. par Arthur Löbbecke, d. la Zeitschr. f. Num. Bd. XII, p. 338, n.° 1); *autre:* CI—ΛANΔEΩN. Buste de Pallas armée de l'aegide, à dr. ℞: (ΕΠΙ?) ΜΑΥΘΙΟC. (nouveau nom de magistrat). Tyché, la t. ornée du calathos, deb. à g., ten. un gouvernail et une corne d'abond. ($\mathcal{E}$. 20 mill. — R^8. = 50 fr. — **Inédite**. — Publ. par Arthur Löbbecke, ibid. n.° 2); *autre:* ΘΕΟΝ·CYNKΛHTON. T. du Sénat, à dr. ℞: ΕΠΙ·ΔΗΜΟΦΙΛΟΥ·CT·CIΛANΔEΩN. Dans le champ, à g., Γ·Β. Pontife deb. à g., ten. de la m. dr. une patère et de la g. un bâton ($\mathcal{E}$ 6. — R^8. = 60 fr. — **Inédite** et incon. à Mion. — Publ. par Al. Boutkowski, dans la *Revue Numism. Fr.* IIIème Sér. T. II, An. 1884, p. 405, n.° 14. Gr. ib. Pl. XVIII, f. 11). — [Le nom du même magistrat se trouvant sur une pièce de Silandos émise sous Domitien (Mion. IV, p. 143, n.° 816) me fait penser que ma monnaie, bien qu' autonome, fut frappée à l'époque de Domitien.] — Les mon. de Silandos sont très-rares et le nom de la ville n'est point mentionné par les auteurs classiques. — **Impériales depuis Néron jusqu'à Caracalla**. $\mathcal{E}$. R^7—R^8. — Néron: ΝΕ·ΚΑΙ·ΖΕΥC·ΕΛΕΥΘΕΡΙΟC. T. laurée de Néron, à dr. ℞: ΕΠ·Γ·ΙΟΥ·ΠΟΛΙΑΥΝΟΥ·CI. Néron à cheval, à dr. ($\mathcal{E}$ 5. — R^{6*}. = 80 fr. — **Inédite et inconnue** à Mion. — Ma collection. — Cf. Rollin et Feuardent, Cat. des mon. Gr. (Paris 1864), n.° 5991. $\mathcal{E}$ 5. — Très-belle. — Vend. 30 fr.). — Domitien: ΔΟΜΙΤΙΑΝΟC·ΚΑΙCΑΡ. Sa t. laurée, à dr. ℞: ΕΠΙ·ΔΗΜΟΦΙΛΟΥ—CTPA—CIΛANΔEΩN. Pallas casquée deb. à g., ten. une patère de la m. dr. et une haste de la g., à ses pieds, un bouclier ($\mathcal{E}$. 19 mill. — R^8. = 70 fr. — **Inédite** et incon. à Mion. — Publ. par Arthur Engel, d. la Rev. Num. Fr. III-ème Série, An. 1884, Tom. II, p. 25); *autre:* Même lég. et m. t., la poitrine cuirassée. ℞: ΕΠΙ·ΔΗΜΟΦΙΛΟΥ CT·A·TO·B·CIΛANΔEΩN. Dionysos à demi-nu, deb., tenant le *cantharum*, à ses pieds, une panthère (Æ 6½. — R⁵. = 24 fr. Mion.). — Domitia: ΔΟΜΙΤΙΑ·ΑΥΓΟΥϹΤΑ. Sa t. à dr. ℞: ϹΙΛΑΝΔΕΩΝ. Le dieu *Mèn* deb., ayant une pomme de pin d. la m. dr. et la haste d. la g. (Æ 3. — R⁸. = 70 fr. Mion. R⁷. = 20 fr.). — Antonin le Pieux: On en cite une **Inédite**, d. le Cat. Iwanoff, Londres 1863, voy. p. 64, lot n° 554: Æ 5. — ℞: le dieu *Mèn* à cheval. Vend. 2 £ [Feuardent]. — Marc-Aurèle: ΑΥΡΗΛΙΟϹ·ΚΑΙϹΑΡ· (et non: ..... ΡΟϹ·ΚΑΙϹΑΡ. comme le donne Mionnet). Sa t. imb. et nue. ℞: ϹΙΛΑΝΔΕΩΝ. Déméter deb. à g., devant un petit autel allumé (Æ 4. — R⁷. = 20 fr. Mion.). — Commode: ΑΥΤΟΚΡ·ΚΑΙ·Λ·ΑΥΡΗ·ΚΟΜΟΔΟϹ. Buste de Commode, la t. laur. av. le *paludament* sur la poitrine. ℞: ΕΠΙ· ΑΡΧΙΕΡΕΩϹ·ΤΑΤΙΑΝΟΥ., à l'exergue, ϹΙΛΑΝΔΕΩΝ. Hephaestios assis, à dr. forgeant un casque, — devant, Athéné deb., placée en face, touchant de la m. g. inclinée un bouclier posé à terre, et près duquel est une haste (Æ MM. — R⁷. = 200 fr. Mion. R⁵. = 100 fr.); *autre*: av. ΕΠΙ·ΑΡΧΙΕ- ΡΕΩϹ·ΤΑΤΙΑΝΟΥ·Κ·ΑΡΧ·ϹΙΛΑΝΔΕΩΝ. Commode deb. d. un bige allant au pas, à g. couronné par une Niké qui vole au-devant de lui (Æ 13. — R⁷. = 150 fr. Mion. R⁵. = 100 fr.); *autre:* ΕΠΙ·ϹΤΡΑ·ΤΑΤΙΑΝΟΥ·ϹΙ- ΛΑΝΔΕ. Dionysos couché sur une panthère, allant de g. à dr., le bras dr. posé sur sa t. et ten. le thyrse d. la m. g. (Æ 9. — R⁶. = 70 fr. Mion. R⁵. = 48 fr.). — Maximinus: ΑΥ·ΜΑΞΙΜΕΙΝΟϹ. Sa t. laurée av. le *palu- damentum* sur les épaules. ℞: ϹΙΛΑΝΔΕΩΝ. Buste du dieu *Mèn*, couvert du bonnet phrygien, — le croissant de la Lune sur les épaules (Æ 6. — R⁷. = 80 fr. Mion. R⁶. = 50 fr.). — Caracalla: ΑΥΤ·ΚΑΙ·Μ·ΑΥ·ΑΝΤΩΝΙ- ΝΟϹ. Sa t. laur. à dr. av. le *paludament*. ℞: ΕΠΙ·ΕΛΕΝΟΥ· (et non ΓΛΕ- ΝΟΥ, qui est une fausse leçon qu'on trouve d. Mion. IV, p. 144, n° 820) ϹΙΛΑΝΔΕΩΝ. Dionysos deb., une panthère à ses pieds, — il tient le *can- tharus* et un thyrse (Æ 8½. — R⁷. = 80 fr. Mion. R⁵. = 48 fr.). — Sur les mon. de Silandos, consultez: *Numism. Chron.* VII, 14: mon. de Lucille, Commode; — *ibid.* VIII, 11: mon. de Domitien, Caracalla; — Mionnet, Suppl. VII, p. 435, n° 543 et à cela Sestini, Lettere di Continuaz. II, p. 84, et les autonomies *ibid.* p. 83.

173. ΦΛΑΒΙΟΠΟΛΙϹ.

Sur les mon. de **Flaviopolis** de Lydie, voy. les mon. décrites à Teme- nothyrai qui portait aussi le nom de **Flaviopolis** (Tables, n° 171). —

174. ΘΥΑΤΕΙΡΑ.

Lég. sur quelques mon. auton. de la ville de **Thyatira** en Lydie et sur une Impériale à l'effigie de Domitien. — Les mon. de Thyatira sont fort nombreu- ses: je ne citerai ici que les plus intéressantes, découvertes depuis Mionnet. — On connait de cette ville des *cistophores* en Ѫ. qui sont: R⁸. = 200 fr. — **Types des autonomes en bronze**: T. d'Artémis; de femme voilée et tourelée; Fleuve nu couché ten. un arbre et une urne, à ses pieds, un boeuf; serpent dressé sur les replis de sa queue; t. laurée d'Apollon; trépied; t. d'Héraklès; lion allant de g. à dr.; aigle, les ailes éployées; Niké marchant à g.; Faune allant à g.; ΘΥΑΤΕΙΡΗΝΩΝ dans une couronne de laurier; Tyché deb.; Athéné deb.; Poséidon nu, debout; deux mains jointes, d. le champ, IA.; Déméter deb.; Rome assise sur un bouclier; t. de Zéus-Sarapis; t. laurée du

Demos. — Æ. Mod. 3, 4, $4^{1}/_{2}$, 5, $5^{1}/_{2}$, 6, 7, $8^{1}/_{2}$, 9, $11^{1}/_{2}$ et MM. — R^2—R^5. de 2, 4, 6, 20, 24 et 60 fr. — **Autonomes:** ΘΥΑΤΕΙΡΑ. T. tourelée de femme, à dr. ℞: ΘΥΑΤΕΙΡΗΝΩΝ. Aigle éployé sur un sceptre noueux (Æ 6. — R^3. = 9 fr. Mion.); m. lég. et m. t. ℞: Même lég. Fleuve couché (Æ 7. — R^5. = 20 fr. Mion. R^3. = 9 fr.); autre: Même lég. et m. t. ℞: Fig. deb., ten. d. la m. dr. une patère et d. la g. une corne d'abond. (Æ 6. — R^3. = 9 fr. Mion.); autre: Même lég. Femme deb., le modius en tête, et vêtue de la stola, ten. une patère et une corne d'abond. (Æ 4. — R^3. = 6 fr. Mion.); t. laurée d'Apollon, à dr. ℞: ΘΥΑΤΕΙΡΗΝΩΝ. en deux lignes, au milieu, une bipenne (Æ 4. — R^2. = 5 fr. Mion. R^1. = 3 fr.); buste d'Athéné, à dr., la poitrine couverte de l'aegide et une lance sur l'épaule g. ℞: ΘΥΑΤΕΙΡΗ-ΝΩΝ. Tyché deb. av. ses attributs (Æ $5^{1}/_{2}$. — R^2. = 9 fr. Mion.); ΒΟ-ΡΕΙΤΗΝΗ. Buste d'Artémis, tourné vers la g., son carquois derrière le dos et son arc devant la poitrine. ℞: ΘΥΑΤΙΡΗΝΩΝ. Aigle, les ailes éployées, vu de face et regardant à g., ayant dans son bec une couronne (Æ 6. — R^3. = 10 fr. Mion. R^1. = 6 fr.); autre: Même lég. et buste d'Artémis à g. ℞: ΘΥΑΤ·Κ·ϹΜΥΡ·ΟΜΟΝΟΙΑ. Poséidon nu, deb., le pied dr. sur une proue de vaisseau (Æ 6. — R^4. = 12 fr. Mion.); autre: ΕΠ·ΑΠΟΛΙΝΑΡΙ·ΘΥΑ-ΤΕΙΡΗΝΩΝ. T. voilée et tourelée de femme, à dr. ℞: ϹΜΥΡΝΑΙΩΝ·ΟΜΟ. Buste de la Concorde, à dr. (Æ $8^{1}/_{2}$. — R^5. = 30 fr. Mion. R^4. = 24 fr.); ΔΗΜΟϹ·ΘΥΑΤΕΙΡΗΝΩΝ. T. laurée du Demos, à dr. av. une autre t. virile en contre-marque. ℞: ΕΠΙ·ΜΟϹΧΙΑΝΟΥ·ΘΥΑΤΙΡΗΝΩΝ. Héraklès nu, deb. (Æ. MM. — R^5. = 60 fr. Mion. R^2. = 20 fr.); autre: ℞: Asklépios deb. (Æ 4. — R^8. = 40 fr. — **Inédite.** — Cf. Cat. Iwanoff, Londres 1863, p. 65, lot 556); — ΙΕΡΑ·ϹΥΝΚΛΗΤΟϹ. Buste drapé et imb. du Sénat, à dr. ℞: ΕΠΙ·ϹΤΡ·ΑΥΡ·ΚΕΝΤΑΥΡΟΥ ΔΙ .. et, à l'exergue, ΘΥΑΤΕΙΡΗ—ΝΩΝ. Hékaté(?), av. des serpents en guise de chevelure, et le calathos en tête, deb. de face dans un bige de lions en course à g., et tenant un flambeau d. chaque main (Æ. 40 mill. — R^8. = 120 fr. Incon. à Mion. — Bronze du temps de Sévère-Alexandre. — Publ. par Imhoof-Blumer, dans ses: Monn. Gr. p. 390, n.° 37). — **Impériales depuis Auguste jusqu'à Valérien le Jeune.** — Elles sont fort nombreuses. — Auguste: ..... Sa t. à dr. ℞: ΘΥΑΤΕΙΡΗ-ΝΩΝ. Bipenne (Æ 3. — R^5. = 15 fr. Mion.). — Britannicus: ΒΡΙΤΑΝ-ΚΑΙϹΑΡ...... Sa t. à dr. ℞: ΘΥΑΤΕΙΡΗΝΩΝ. Bipenne (Æ 3. — R^*. = 120 fr. Mion. R^*. = 72 fr. — Cf. Cat. d'Ennery, Paris 1782, p. 584). — Claude: ΤΙ·ΚΛΑΥΔΙΟϹ·ϹΕΒΑϹΤΟϹ. Sa t. nue, à dr. ℞: ΑΓΡΙΠ(ΠΕΙΝΑΝ) ϹΕΒΑϹΤΗΝ. Buste drapé d'Agrippine, à dr. Dessous, ΘΥΑΤ(ΕΙΡΗΝΩΝ). (Æ. 20 mill. — R^8. = 60 fr. — **Inédite et incon.** à Mion. — Publ. par M. Imhoof-Blumer, d. ses: Monn. Gr. p. 390, n.° 38. — Domitien: ΔΟΜΙΤΙΑ-ΝΟϹ·ΚΑΙ·ϹΕ·ΓΕΡΜΑΝΙΚΟϹ. Sa. t. laurée, à dr. ℞: ΘΥΑΤΕΙΡΑ. Tyché de la ville deb., en habit court, la t. tourelée, ten. des épis dans la m. dr., la g. sur la buste (Æ 4. — R^6. = 18 fr. Mion). — Domitia: ΔΟΜΙΤΙΑ-ϹΕΒΑϹΤΗ. Sa t. à dr. ℞: ΘΥΑΤΕΙΡΗΝΩΝ. Trépied (Æ 3. — R^7. = 60 fr. Mion. R^7. = 24 fr.). — Julia Titi filia: ΙΟΥΛΙΑ·ϹΕΒΑϹΤΗ. Tête de Julie. ℞: ΘΥΑΤΕΙΡΗΝΩΝ. Lyre (Æ 3. — R^7. = 50 fr. Mion. R^7. = 30 fr.); autre: Même lég. Femme debout, appuyée sur une colonne (Æ $5^{1}/_{2}$. — R^7. = 30 fr. Mion. — Cab. de M. le Mis de La Goy, à Aix). — Trajan: ΑΥ·ΝΕΡΒΑΝ·ΤΡΑΙΑΝΩΝ·ϹΕ. Sa t. laurée, à dr. ℞: ΘΥΑΤΕΙΡΗΝΩΝ.

Artémis chasseresse deb. à dr. (Æ. 26 mill. R^s. = 30 fr. — **Incon.** à Mion. — Publ. par Imhoof-Blumer, d. ses: Monn. Gr. p. 390, n° 39). — *Autre:* ΑΥ·ΝЄΡ·ΤΡΑΙΑΝΟ... ЄΡ·ΔΑΚΙ·ΦΙΛΙΟΝ·ΔΙΑ. Tête laurée de Trajan, à dr. ℞: Une amazone, la bipenne sur l'épaule g. donne la main à Asklépios, également muni de ses attributs. A gauche, ΘΥΑ—ΤЄΙ, — à droite, ΠΕΡ—ΓΑ, — dessus, ΟΜΟΝΟΙΑ. (Æ. 30 mill. — R^s. = 60 fr. — **Incon.** à Mion. — Publ. par Arthur Engel, d. la Revue Num. Fr. III-ème Série, An. 1884, Tom. II, p. 26, n° 15). — Commode: .... ΟΜΟ... Son buste drapé et lauré, à dr. ℞: ЄΠΙ·CΤΡΑ·ΑΥΡΗ·(ΔΗΜΟ)CΤΡΑΤΟΥ·ΘΥΑΤЄΙΡΗΝΩΝ. Commode à cheval, à dr., levant la m. dr. (Æ 9$^{1}/_{2}$. — R^s. = 20 fr. — **Incon.** à Mion. — Cf. Cat. J. Gréau (mon. Gr.), Paris 1867, p. 174, n° 1985. Vend. 5 fr.). — Plotine: ΠΛΩΤЄΙΝΑ·CЄΒΑCΤΗ. Sa t. à dr. ℞: ΘΥΑΤЄΙΡΗΝΩΝ. Tyché deb. ten. d. la m. dr. un gouvernail et d. la g. une corne d'abond. (Æ 4. R^7. = 60 fr. Mion. R^7. = 24 fr.). — Hadrien: (ΑΥ·ΚΑΙ·)ΤΡΑΙΑΝ·ΑΔΡΙΑΝΩ·(CЄΒΑCΤΩ). Sa t. laurée av. le *paludament*. ℞: ΘΥ·(ΑΤЄΙΡ)ΗΝΩΝ. Zéus assis sur le *lectisternium*; auprès une femme assise, — d'un côté un initié, de l'autre un cheval (Æ 7. — R^5. = 20 fr. Mion.). — Antinoüs: Sa t. à dr. ℞: ΘΥΑΤЄΙΡΗΝΩΝ·ΚΑΙ·CΜΥΡ. Deux fig. tourelées deb., l'une ten. une pet. Niké et l'autre le *palladium* (Æ 6. — R^s. = 100 fr. Mion.). — Marc-Aurèle: Μ·ΑΥΡ·ΟΥΗΡΟC·ΚΑΙCΑΡ. Sa t. jeune, nue, à dr. av. le *paludamentum*. ℞: ΕΡΜΑΓΡΟΥ· (sic) ΘΥΑΤЄΡΗΝ. Artémis-Chasseresse marchant à dr. (Æ 6$^{1}/_{2}$. — R^5. = 30 fr. Mion. R^3. = 12 fr.). — Commode: Grand Médaillon: ΑΥ·Κ·ΜΑ·ΑΥΡΗ·ΚΟΜΟΔΟ ...... Buste barbu de Commode, la t. laurée et le *paludamentum* sur les épaules. ℞: ЄΠΙ·CΤΡΑ·ΤΙΤΟΥ·ΑΥΡ·ΒΑΡΒΑΡΟΥ, à l'exergue, en deux lignes: ΘΥΑΤЄΙΡΗ—ΝΩΝ. Hephaestios assis, à dr. forgeant un casque devant Athéné deb. en face de lui, la m. g. inclinée, touchant un bouclier posé à terre, près duquel est une haste ·(Æ. MM. — R^7. = 350 à 400 fr. à fl. d. c. Mion. R^5. = 100 fr.). — Crispine: ΒΡΟΥΤΤΙΑ·ΚΡΙCΠЄΙΝΑ. Sa t., sur laquelle est une pet. tête de Commode. (Litt. evan.). ℞: ΘΥΑΤЄΙΡΗΝΩΝ. Amazone à cheval, à g. (Æ 6. — R^6. = 40 fr. Mion. R^4. = 12 fr.). — Julia Domna: ΙΟΥΛΙΑ·ΔΟΜΝΑ·CЄΒΑCΤΗ. Son buste drapé, à dr. ℞: ЄΠΙ·CΤΡ·ΑΥΡ·ΓΛΑΥΚΩΝΟC ΛΟΥ—ΚΙΟΥ., à l'exergue: ΘΥΑΤЄΙΡΗ—ΝΩΝ. Caracalla lauré et légèrement barbu, cuirassé et armé d'une lance qu'il tient d. la m. dr. levée, à cheval, en course, à dr., sous le cheval un *ennemi*, coiffé d'un bonnet phrygien, et renversé sur le dos (Æ 35 mill. — R^6. = 40 fr. Mion. IV, p. 163, n° 936. Æ 10. — R^3. = 18 fr. au revers Sept. Sévère et non Caracalla à cheval. — Cf. Imhoof-Blumer, Monn. Gr. p. 390, n° 40. — Cat. J. Gréau, Monn. Grecques, Paris 1867, lot 1986, un ex. à fl. d. c. Vend. 68 fr.). — Caracalla: .... ΑΝΤΩΝЄΙΝΟC. Buste lauré de Caracalla, à dr. av. le *paludament*. ℞: ЄΠΙ ...... à l'exergue: ΘΥΑΤЄΙΡΗΝΩΝ. Jeune fille à moitié nue, assise à terre, touchant de la m. dr. un arbre, tandis qu'un taureau bossu s'approche paisiblement d'elle. [Ce même type se voit sur une **mon. autonome**, décr. par Mion. S. VII, p. 445, n° 592, av. la lég.: ЄΠΙ·CΤΡ·ΜΟCΧΙΑΝΟΥ.] — (Æ. 36 mill. — R^7. = 120 fr. — **Incon.** à Mion. — Publ. par Arthur Engel, d. la *Revue Numism. Fr.* III-ème Sér. An. 1884, T. II, p. 26, n° 14). — Soaemias: ΙΟΥΛ[ΙΑΝ]·COΑΙΜΙΑΔΑ·CЄΒΑCΤΗΝ. Sa t. à dr. ℞: ЄΠΙ·CΤΡΑΤ·CΤЄΦΑΝΟΥ·ΝЄΙΚ·ΘΥΑΤЄΙΡΗΝΩΝ. Héraklès deb. devant un autel, la m. dr. levée et sa massue d. la g. (Æ 9. — R^7. = 50 fr. Mion. R^4. = 24 fr.). — Maxime: ΜΑΞΙΜΟC·Κ· Sa t. nue. ℞: ΘΥΑΤΕΙΡΗΝΩΝ. Tyché deb. av. ses attributs (Æ 5. — R^6. = 30 fr. Mion. R^5. = 15 fr.); *autre :* ΜΑΖΙΜΟC·Κ. Son buste à dr. ℞: ΘΥΑΤΕΙΡΗΝΩΝ. Athéné assise à g., et ten. le *palladium* sur la main droite (Æ 5½. — R^8. = 70 fr. **Inédite et incon.** à Mion. — Publ. par J. Sabatier, d. la Revue Belge, 3 Sér. IV, p. 20, n.º 6). — Otacilia : ΜΑΡ·ΩΤΑΚ·CΕΥΗΡΑ·CΕ. T. d'Otacilie. ℞: ΕΠ·C·ΑΥ·ΑΡΧΙΜΗΔΟΥ·ΘΥΑΤΕΙΡΗΝΩΝ. Hygieia nue et deb, appuyée contre un cippe et donnant à manger à un serpent (Æ 8. — R^5. = 24 fr. Mion. — Cat. H. P. Borrell, Londres 1852, p. 38, lot 330 (av. ΕΠ·C·ΑΟ. (sic) avant le mot ΑΡΧΙΜΗΔΟΥ). Vend. 13 sh. [Burgon]. — Valérien père : ...... Sa t. ℞: ΕΠ·CΤΡ·ΟΚΤ·ΑΡΤΕΜΙΔΩΡΟΥ·ΘΥΑΤΕΙΡΗΝΩΝ· ΑΥΓΟΥCΤΕΙΑ·ΑΡΙCΤΑ·ΟΛΥΜΠΙΑ. Deux urnes sur une table, — dessous, un vase (Æ. MM. — R^7. = 150 fr. Mion. R^5. = 100 fr.). — Salonina : ...... Sa t. ℞: ΕΠΙ·C·ΟΚΤ·ΑΡΤΕΜΙΔΩΡΟΥ·ΘΥΑΤΕΙΡΗΝΩΝ. Démétèr deb. vêtue de la *stola*, ten. un long flambeau de la m. dr., et de la g. un pavot et un épi (Æ 6. — R^7. = 40 fr. Mion. R^2. = 6 fr. — Cf. Cat. H. P. Borrell, Londres 1852, p. 38, lot 331. Vend. 1 £ 1 sh. Curt). — Salonin : Κ·ΟΥΑΛΕΡΙΑΝΟC. T. nue de Salonin. ℞: ΘΥΑΤΕΙΡΗΝΩΝ. Aphrodité, ou plutôt une Amazone à moitié nue, av. une espèce de chlamyde tombant de dessus les épaules, ten. un rameau de la m. dr. inclinée, et la g. armée de la bipenne (Æ 5. — R^5. = 15 fr. Mion.). — Pour conclusion je donne ici la description d'une mon. de Fulvia Plautiana, femme prétendue de Pescennius Niger. *Droit :* ΦΟΥΛΒ·ΠΛΑΥΤΙΑΝΑ·CΕ. T. à dr. av. une contremarque sur la poitrine. ℞: ΘΥΑΤΕΙΡΗΝΩΝ. Aigle les ailes éployées, vu de face (Æ 5. — R^8. = 200 fr. — **Incon.** à Mion. — Cohen, mon. Impér. Tom. III, p. 221, de la 1ère éd. à l'article Plautiana : R^8. = 150 fr.). — Il existe aussi, comme je l'ai appris plus tard un faux coin, exécuté av. une grande habilité, en 1873, à Genève, et dont les exemplaires sont frappées sur des mon. antiques, mais malheureusement sur cuivre rouge, tandisque les pièces authentiques sont en cuivre jaune (couleur du laiton) comme celle qui est au *Cab. de France*. — [Cette curieuse mon., qui autrefois était attribuée au règne de Caracalla, comme offrant les traits de sa femme Plautille (opinion, qui a été aussi conservée, on ne sait pour quelle raison, par M. Alfred von Sallet, voy. son article d. la *Wiener Numism. Zeity*. Tom. III, p. 97) est reconnue aujourd'hui, d'après la pièce publiée par M. Sabatier (Cat. of a select valuable Collection of greek, roman and colonial imperial coins, London 1853, Pl. I, n.º 4), comme offrant les traits de Plautiana, que les uns regardent comme ayant été la femme de Pescennius Niger ; les autres, avec plus de probabilité, comme celle d'**Albin**. Après un examen attentif de l'exemplaire de cette mon. qui est au *Cab. de France*, et après une sentence de mon bien regretté ami M. Ernest Muret, qui était un connaisseur éminent en monnaies antiques — je ne puis d'aucune façon accepter la recommandation de M. Alfred von Sallet de rayer le nom de Plautiana de l'histoire universelle et d'admettre son analogie avec le nom de Plautille.] — Sur la mon. de Plautiana consultez encore: *Mémoires* de la Soc. Archéol. de St. Pétersbourg, T. IV, An. 1850, p. 4, où, d'après les élucubrations du feu Baron de Köhne, le nom de Plautiana serait identique av. celui de

Plautilla! — Cat. de la vente Badeigts de Laborde, Paris 1869, p. 69, lot 807 (exempl. différent de tous les autres connus de Plautiana par la légende ΦΟΥΛΒ. qui est toujours ΦΟΥΛ). — J. de Witte (baron), Descr. du Cab. de l'*abbé Greppo*, Paris 1856, p. 156, n? 1134. — Cat. Périclès Exereunètès, London 1871, voy. le n? 306. — Sur les mon. de Thyatira voy. encore: *Numism. Chron.* VIII, 13. — *Revue Num. Fr.* An. 1846, p. 266 (Cistophore). — Pinder et Friedländer, Beiträge I, p. 83. — Cat. L: Welzl de Wellenheim, n? 6320. — Akerman, Numism. Journ. I, p. 44 = mon. de Trajan. — Borghesi, Osservazioni XV, 6 sur Mion. IV, 157, 898. — Mittheil. d. Berl. Num. Gesellsch. IJ, p. 89 (m. de Commode). — Cat. W. de Wellenheim, n?s 6324, 6325, 6326, 6328: m. de Commode, Sept. Sévère, Macrin. — Eckhel, Doctr. num. vet. III, p. 122, Caracalla. Voy. Sév. Alexandre. — Sestini, Mus. Chaudoir, p. 107: Sévère Alexandre = Eckhel, nummi vet. anecd. 269, Pl. XV, f. 1. Le même exempl. il cite d. sa D. N. V. III, 122 au règne de Caracalla, et dans son Cat. Mus. Caes. Vindob. il le donne à Sévère-Alexandre. —

175. ΤΜΩΛΟΣ.

Sur les mon. de la ville de **Tmolos** en Lydie. Ces monnaies sont fort rares et ne se rencontrent pas dans le commerce. — **Autonomes en bronze:** ΤΜΩΛΟΣ. Tête barbue de vieillard. ℞: ΤΜΩΛΕΙΤΩΝ. Figure debout, la m. dr. étendue et la g. sur la poitrine (Æ 4. — R^8. = 120 fr. Mion. R^8. = 50 fr. — Manque dans toutes les collections et n'a pas été suffisamment appréciée par Mionnet); — *autre:* ΤΜΩΛΟΣ. Même tête. ℞: ΤΜΩΛΕΙΤΩΝ. Omphale marchant, av. les attributs d'Héraklès (Æ 7½. — R^8. = 200 fr. Mion. R^8. = 100 fr. — Sestini, Descr. num. vet. p. 446). — **Impériales:** On en connait de Faustine et de Sabine. Æ. Mod. 4. R^{8*}. — Sabine: ΣΑΒΕΙΝΑ·ΣΕΒΑΣΤΗ. Sa t. à dr. ℞: ΤΜΩΛΙΤΩΝ. Apollon nu, deb. ten. d. la m. g. un arc, la m. dr. posée sur sa poitrine (Æ 4. — R^8. = 80 fr. Mion. R^7. = 30 fr.). —

176. ΦΡΥΓΙΑ (Laodikea).

Lég. sur un Médaillon du temps de Caracalla frappé à Laodikea de Phrygie, où le nom de la province se trouve au Nominatif. — *Droit:* ΑΥΤ·ΚΑΙ·Μ·ΑΥΡ·ΑΝΤΩΝΕΙΝΟΣ. T. laurée de Caracalla, à dr. ℞: ΦΡΥΓΙΑ. La Phrygie personnifiée, *tutulée* et deb., portant sur la main dr. deux simulacres, — en face ΚΑΡΙΑ, la Carie, également deb. et *tutulée*, ten. dans la m. dr. pendante des épis, et d. la g. une corne d'abond., — dessous, cette inscription: ΛΑΟΔΙΚΕΩΝ·ΝΕΩΚΟΡΩΝ, — au-dessus, (ΤΟ en monogr.) et les lettres: Π·Η. (Æ. MM. — R^8. = 300 fr. Mion. R^7. = 200 fr.). —

177. ΑΚΜΟΝΕΙΑ.

Lég. sur une mon. de la ville **Akmoneia** de Phrygie. *Droit:* ΑΚΜΟΝΕΙΑ. Tête tourelée de femme. ℞: ΕΠ·ΤΥΝΔΙΑΝΟΥ. Niké marchant, à dr. (Æ 4. — R^7. = 40 fr. Mion. R^6. = 18 fr.). — **Autres autonomes en bronze:** T. d'Artémis, derrière le *lituus*. ℞: ΑΚΜΟΝΕΩΝ. Déméter marchant, une torche à la main (Æ 6. — R^4. = 12 fr. Mion.); t. voilée et tourelée d'un Génie tutélaire. ℞: Même lég. Artémis chasseresse av. un arc et son chien, —

devant, un cerf (Æ 5. — R⁵. = 15 fr. Mion.); ΑΚΜΟΝΕΩΝ. Tête laurée. ℞: ΝΙΚΟΜΗΔΗΣ. dans une couronne de laurier (Æ 5. — R⁷. = 30 fr. Mion. R⁵. = 15 fr.); T. de Zéus. ℞: ΑΚΜΟΝΩΝ. (sic). Foudre occupant le milieu du champ (Æ 6. — R⁴. = 12 fr. Mion.); m. t. ℞: ΑΚΜΟΝΕΩΝ· ΘΕΟΔΟΤΟΣ·ΙΕΡΟΚΛΕ. (et non ΙΕΡΟΦΑΝ). Asklépios deb. av. ses attributs (Æ 3½. — R⁴. = 9 fr. Mion.); *autre*, av.: ΑΚΜΟΝΕ·ΘΕΟΔΟΤ· ΔΕΙΟΤΑΣ. Même type d'Asklépios (Æ 3½. — R⁴. = 9 fr. Mion.); t. de Zéus. ℞: ΑΚΜΟΝΕ·ΜΗΝΟΔΟ·ΦΙΛΛΟΝ. (plus correct: ΣΙΑΛΩΝ). Asklépios deb. av. ses attributs (Æ 3½. — R⁴. = 9 fr. Mion.); t. de Pallas. ℞: ΑΚΜΟ-ΝΕΩΝ. Lion marchant (Æ 3½. — R⁵. = 15 fr. Mion.); ΙΕΡΑ·ΒΟΥΛΗ. T. tourelée. ℞: Même lég. Zéus assis (Æ 6. — R⁵. = 20 fr. Mion.); ΙΕΡΟC· ΔΗΜΟC. Tête diadémée du Peuple. ℞: ΑΚΜΟΝΕΩΝ. Les Dioscures deb., se donnant la main et ten. chacun une haste (Æ 9. — R⁸. = 100 fr. — Incon. à Mion. — Publ. par Waddington de la Revue Num. Franç. An. 1851, p. 153, n° 1); m. lég. et m. t. ℞: Même lég. La Tyché deb. (Æ 8½. R⁴.=24 fr. Mion.); *autre*, même lég. Héraklès deb., nu, la m. g. appuyée sur sa massue (Æ 6. — R⁴. = 12 fr. Mion.); *autre type:* Héraklès combattant un lion (Æ 6. Même prix). — **Impériales** depuis Auguste jusqu'à Salonin. — On en a découvert beaucoup d'**inédites** depuis Mionnet. — Auguste: ΣΕΒΑΣΤΟΣ. Sa t. laurée, devant, le *lituus*. ℞: ΑΚΜΟΝΕ—ΩΝ·ΚΡΑΤΗΣ—ΜΗΝΟΚΡΙΤΟΥ. *Niké* allant à g., ten. une couronne et une palme (Æ. 20 mill. — R⁸. = 60 fr. — Incon. à Mion. — Publ. par Imhoof-Blumer, d. ses: Monn. Gr. p. 391, n° 47. — Cf. Fontana, Annales de l'Instit. archéologique de Rome 1833, p. 266, av. la lég. inexacte: ΑΚΜΟΝΕΙC·ΟΝΚΡΑΤΗΣ·ΟΚΡΙΤΟ.); *autre:* av. ΑΚΜΟΝΕΩΝ·ΜΕΝΕΜΑΧΟC·ΦΙΛΑΛΗΘΗC (Æ. 20 mill. — R⁸. — Même prix. — Incon. à Mion. — Imhoof, *ibid.* n° 48); —ΣΕΒΑΣ-ΤΟΣ. Sa t. nue, à g. ℞: ΑΚΜΟΝΕΩΝ·ΚΟΡΔΟΣ. *Niké* av. couronne et palme, à dr. (Æ. 18 mill. — R⁸. = 60 fr. — Incon. à Mion. — Imhoof, ibid. n° 48a). — Néron: ΝΕΡΩΝ·ΚΑΙCΑΡ·CΕΒΑCΤΟC. Sa t. nue, jeune, av. le *paludament.* ℞: ΕΠΙ·ΛΕΥΚΙΟΥ·ΓΕΡΟΥΗΝΙΟΥ· (et jamais ΣΕΡΟΥΝΙΟΥ·) ΚΑΠΙΤΩΝΟΣ·ΑΚΜΟΝΕΩΝ. Zéus assis sur un siège à g., ten. une patère de la m. dr., et la haste de la g. A ses pieds, une chouette, — d. le champ, un croissant (Æ 4½. — R⁸. = 40 fr. — Incon. à Mion. — Publ. par Waddington, d. la Rev. Num. Fr. An. 1851, p. 153, n° 2. — Cf. Cat. H. P. Borrell, Londres 1852, p. 38, lot 336. Vend. 1 £ [Curt]. Voy. aussi: Cat. L. W. v. Wellenheim, Vienne 1844, lo n° 6342). — *Autre:* Même lég. et m. t. mais laurée, entre un caducée et un croissant. ℞: ΓΕΡΟΥΗΝΙΟΥ ΚΑΠΙ-ΤΩΝΟΣ·ΚΑΙ·ΙΟΥΛΙΑΣ·ΣΕΟΥΗΡΑΣ. Même type de Zéus assis. Dans le cham ΕΧΡΤΓ. (Æ 4. — R⁸. = 50 fr. — Incon. à Mion. — Intéressante à cause de la date Γ qui se rapporte au troisième archontat de Gervenius et qu'on chercherait en vain sur d'autres exemplaires, à l'exception de deux conservés au *Musée de Vienne* et publiés par le savant Docteur Fr. Kenner, d. la Wiener Numism. Zeitschr. Bd. IV, An. 1872); — m. l. et t. laurée entre un caducée et un croissant. ℞: Même lég. Dans le champ, ΕΠΙ·ΑΡΧ. en monogrammes. Même type de Zéus (Æ 4. — R⁶. = 40 fr. Mion. R⁵. = 15 fr.); *autre:* ΝΕΡΩΝ·CΕΒΑCΤΟC·ΑΚΜΟΝΕΙC. Buste lauré de Néron, av. la t. de Gorgone sur la poitrine, d. le champ, caducée, croissant et en contre-marque le simulacre d'Asklépios. ℞: ΓΕΡΟΥΗΝΙΟΥ· (et non CΕ-

ΡΟΥΗΝΙΟΥ comme d. Mion.) ΚΑΠΙΤΩΝΟΣ·ΚΑΙ·ΙΟΥΛΙΑΣ·ΣΕΟΥΗΡΑΣ· ΑΚΜΟΝΕΩΝ. Dans le champ, ΕΠΙ·ΑΡΧ·✝Γ. en monogr. Zéus assis (Æ 4. — R^7. = 40 fr. Mion. R^5. = 15 fr. mais sans ✝Γ.). — Poppaea: ΘΕΑΝ· ΡΩΜΗΝ·ΑΚΜΟΝΕΙΣ. T. tourelée de Poppée, à dr. ℞: ΓΕΡΟΥΗΝΙΟΥ·ΚΑ– ΠΙΤΩΝΟΣ·ΚΑΙ·ΙΟΥΛΙΑΣ·ΣΕΟΥΗΡΑΣ. Niké allant de g. à dr., ten. d. la m. dr. une couronne et d. la g. une palme, — d. le champ, ΕΠΙ·ΑΡΧ·ΤΟ. en monogr. (Æ $3^{1}/_{2}$. — R^7. = 80 fr. Mion. R^6. = 18 fr.); *autre*: ΠΟΠΠΑΙΑ· ΣΕΒΑΣΤΗ. Sa t. couronnée d'épis, — sur sa poitrine une grappe de raisins. ℞: ΓΕΡΟΥΗΝ.... (et non ΣΕΡΟΥΗΝ·) ΚΑΙ·ΙΟΥΛΙΑΣ·ΣΕΟΥΗΡΑΣ·ΑΚ– ΜΟΝΕΩΝ. Artémis marchant à dr., ten. de la m. g. étendue un arc, — de la droite elle tire une flèche de son carquois. Devant, une lyre, — derrière, le monogr. du mot ΕΠΙ. (Æ 3. — R^8. = 100 fr. — Incon. à Mion. — Publ. par Waddington, d. la Rev. Num. Fr. An. 1851, p. 154, n.º 3. Gr. *ib*. Pl. VI, f. 2. Cette mon. d'un travail élégant est la première publiée de Poppée); *autre*: ΠΟΠΠΑΙ(Α)(ΣΕΒΑΣ)ΤΗ. Son buste à dr., couronné d'épis, la cheve lure est formée de trois chignons. Sur le cou on aperçoit la partie antérieure d'un lion. ℞: Ε·ΧΡ·ΓΕΡΟΥΝΙΟΥ·ΚΑΠΙΤΩΝΟΣ ΚΑΙ·ΙΟΥΛΙΑΣ·ΣΕΟΥ– ΗΡΑΣ·ΑΚΜΟΝΕΩΝ. Même type d'Artémis (Æ 3. — R^8. = 80 fr. — Incon. à Mion. — Publ. par le Doct. Fr. Kenner d. la Wiener Numism. Zeitschr. voy. Bd. IV, An. 1872, article: *Phrygische Münzen*); — *autre*: ΠΟΠΠΑΙΑ·ΣΕΒΑΣΤΗ. Son buste à dr., devant, une fleur. ℞: ΑΚΜΟΝΕΩΝ. et des noms de magistrats illisibles. Artémis marchant à dr. ten. un arc et précédée par la Niké (Æ 3. — R^8. = 40 fr. — Incon. à Mion. — Voy. H. Cohen, Cat. de la vente J. Gréau, Paris 1867, Mon. Gr. p. 174, lot 1988. Vend. 26 fr.). — Trajan: ΑΥΤ·ΤΡΑΙΑΝΟΣ. T. laurée de Trajan, à dr. ℞: ΕΠΙ·ΜΕΝΕ—ΜΑΧΟΥ. et dans le champ: ΓΡ·ΑΚΜΟ. Niké av. couronne et palme, à dr. Cf. Capranesi, Annales de l'Instit. archéol. de Rome 1840, p. 221, pl. Q, 2, où la leçon: ΕΠΙ·ΑΛΕ·ΝΕΑΛΧΟΥ est à rectifier d'après ce bronze (Æ. 17 mill. — R^8. = 60 fr. — Incon. à Mion. — Publ. par Imhoof-Blumer, d. ses: Monn. Gr. p. 391, n.º 49); *autre*: ΑΥΤΟΚ·ΤΡΑΙΑΝ. Sa t. laurée, à dr. ℞: ΕΠΙ·ΜΕΝΕΜΑΧΟΥ·ΑΚΜΟΝΩΝ. (sic). Démétér debout, ten. d. la m. dr. des épis, la g. sur la haste (Æ 3. — R^6. = 40 fr. Mion. R^5. = 15 fr.). — Hadrien: ΑΔΡΙΑΝΟΣ·ΚΑΙΣΑΡ. Sa t. laurée, à dr. av. le *palu damentum*. ℞: ΑΚΜΟ—ΝΕΩΝ. Kybèle assise, tournée à dr., la m. g. sur le *tympanum*, à ses pieds, deux lions (Æ $4^{1}/_{2}$. — R^7. = 40 fr. Mion. R^5. = 15 fr. — Ma collection. Ex. à fl. d. c. patine verte émeraude: 70 fr.); *autre*: Même t. et m. lég. ℞: ΑΚΜΟΝΕΩΝ. Artémis deb., vêtue d'une tunique courte, tournant la t. à dr., de la m. g. elle tient un arc, de la dr. elle tire une flèche de son carquois. Dans le champ, à g., un long flambeau (Æ 4. — R^7. = 40 fr. — Incon. à Mion. — Publ. par Waddington, d. la Rev. Num. Fr. An. 1851, p. 154, n.º 4). — Septime-Sévère: — ΑΥΤ·Κ·Λ·ΣΕΠ. — ΣΕΟΥΗΡΟΣ· ΠΕΡ. — ΑΥΓ. (d. Mion. ΠΕΡ. — ΑΥΓ. manquent). T. laurée de S. Sévère, à dr. ℞: ΕΠΙ·ΦΛ·ΠΡΕΙΣΚΟΥ ΝΕ (ώτερου?). ΓΡ·ΥΟΥ·ΑΣΙΑΡΧ. (et non: ΕΠΙ· ΦΛ·ΠΡΕΙΣΚΟΥ·ΝΕΓΡΥΟΥ·ΑΣΙΑΡΧ·ΑΚΜΟΝΕΩΝ comme on lit d. Mion. IV, p. 201, n.º 31) et, à l'exergue, ΑΚΜΟΝΕΩ|Ν. Septime-Sévère à cheval en course, à dr., le fouet à la m. dr. A droite, des rochers ou une *montagne*, au pied de laquelle se voit une *figure* imberbe et à demi nue, *couchée* à g., la m. dr. posée sur le genou g., et le bras g. appuyé sur le versant de la

22

montagne. Sur le sommet de celle-ci, *deux femmes*, debout de face, la t. tournée à g., et la main dr. portée au sein. Au-dessus du groupe, un aigle volant à dr., peut-être avec le foudre dans ses serres (Æ. 32 mill. — R^7. = 120 fr. Mion. R^5. = 48 fr. où elle est mal décrite. — Publ. par Imhoof-Blumer, d. ses: Monn. Gr. p. 392, n.º 50, Pl. G, n.º 24. — *Cab. de Vienne.* — Comp. *Numism. Chron.* An. 1866, p. 126, 1, et le bronze à l'effigie de Caracalla d. le cat. de la vente Borrell, 1862, n.º 78). — Caracalla: AVT·K·MA·AVP·ANTΩNEINOC. Son buste lauré, à dr. av. le *paludament.* ℞: AKMONEΩN. Absolument le même type comme sur la p. précédente de Sept. Sévère (Æ. 29 mill. — R^7. = 100 fr. — Incon. à Mion. — Publ. par Arthur Engel, d. la Rev. Num. Fr. III-ème Sér. An. 1884, Tom. II, p. 27, n.º 17); *autre:* AVT·K...... AVP·ANTΩNEINOC. Sa t. laurée, *paludamentum.* ℞: AKMONEΩN. Fleuve couché à g. (Æ 6$^1/_2$. — R^8. = 40 fr. — Inédite. — Publ. par Waddington d. la Rev. Num. Fr. An. 1851, p. 154, n.º 5); — *autre:* AVT·KAI·M·AYP·ANTON—EINOC. Même t. ℞: AKMONEΩN. Kybèle assise à g. ten. de la m. dr. une patère, la g. appuyée sur le *tympanum*; à ses pieds, un lion (Æ 6$^1/_2$. — R^8. = 40 fr. — Inconnue à Mion. — Publ. par Waddington, ibid. n.º 6); — *autre:* Même lég. T. laurée de Caracalla. ℞: AKMONEΩN. Asklépios et Hygieia deb. av. leurs attributs (Æ 4. — R^5. = 15 fr. Mion.); — *autre:* ℞: Même lég. Dionysos nu, deb., à ses pieds, un tigre (Æ 6. — R^5. = 20 fr. Mion.); ℞: AKMONEΩN. Héraklès nu et deb. à dr. le bras droit derrière le dos, le g. appuyé sur sa massue posée sur un rocher (Æ 9. — R^6. = 40 fr. Mion. R^4. = 30 fr.). — Elagabal: AV·K·M·AV·ANTΩNEINOC. Sa t. laurée, cuirasse et aegide. ℞:ЄΠ·ΦΛ·ΠPICKOV·YO·ACIA·ΓP·AKMONEΩN. Asklépios et Hygieia deb. (Æ 6. — R^8. = 40 fr. — Incon. à Mion. — Cf. Waddington, Rev. Num. Fr. An. 1851, p. 154, n.º 7). — Sévère Alexandre: AVT·KAI·M·AVP·ΑΛΕΞ-AN.... Buste lauré à dr. ℞: AKMONEΩN. Dionysos nu, deb., tourné à gauche ten. le thyrse et le canthare, — à ses pieds, une panthère (Æ 6. — R^8. = 40 fr. — Inédite. — Publ. par le Baron J. de Witte, d. sa Descr. du Cab. de l'Abbé Greppo, Paris 1856, p. 157, n.º 1138); *autre:* AVT·KAI·AVPH·ΑΛΕΖΑΝΔΡΟC. Sa t. laurée à dr. av. le *paludament.* ℞: AKMO—NΩN. (sic). Artémis-Chasseresse, allant à dr., de la m. dr. elle tire une flèche et d. la g. elle tient un arc, — à ses pieds, un pet. cerf (Æ 6. — R^8. = 40 fr. — Entièrement inconnue. — Ma collection). — Julia Mamaea: IOVΛIA—MAMЄA. Son buste nu, à dr. ℞: AKMO—NEΩN. Kybèle tourelée assise à g., ten. une patère, — à ses pieds un lion (Æ 6. — R^8. = 70 fr. — Entièrement inconnue. — Ma collection, tr. b. ex.). — Maximinus: Lég. effacée. Sa t. laurée, *paludamentum.* ℞: AKMONEΩN. Dionysos nu, deb. ten. de la main dr. une *oenochoï*, la g. appuyée sur un thyrse (Æ 6$^1/_2$. — R^8. = 60 fr. — Incon. à Mion. — Publ. par Waddington, d. la Revue Num. Fr. An. 1851, p. 154, n.º 8). — Maxime: Γ·IOV·OVHP·MAZIMOC. Buste de Maxime à dr., av. le *paludament.* ℞: AKMONEΩN. Femme deb. tournée à g., ten. de la m. dr. une patère et d. la g. une haste (Æ 4. — R^8. = 50 fr. — Incon. à Mion. — Cf. Boutkowski, Alexandre: Monnaies Grecques inédites, d. la Rev. Num. Fr. III-ème Sér. Tom. II, p. 381, Grav. *ibid.*: Pl. IX, fig. 13); *autre:* ..... OVHP·MAZI..... T. nue de Maxime, *paludamentum.* ℞: AKMONEΩN. Démétèr deb. ten. d. la m. dr. des épis, la g. appuyée sur un flambeau

($Æ$ 4. — R^8. = 40 fr. — Variété de la précédente. — **Incon.** à Mion. — Publ. par Waddington d. la Rev. Num. Fr. An. 1851, p. 155, n.° 9). — Gordien le Pieux: AVT·K·M·ANTΩ·ΓΟΡΔΙΑΝΟC. Buste radié de l'empereur. ℞: ΑΚΜΟΝΕΩΝ. Rhéa tenant Zéus enfant, entouré des Curètes, au nombre de trois, qui frappant des épées sur leurs boucliers. Médaillon de bronze complètement **inédit** ($Æ$ $10^{1}/_2$. — R^{S*}. = 500 fr. — *Cab. de France.* — Publ. par feu Ernest Muret, d. la Rev. Num. Fr. III-ème Série, T. I, An. 1883, p. 67. Gr. *ibid.* Pl. II, n.° 8); — *autre:* AVT·K·M·AN·ΓΟΡΔΙΑΝΟC. Buste lauré et paludé de Gordien le Pieux, à dr. ℞: ΑΚΜΟΝΕΩΝ. Asklépios deb., regardant à g., et ten. de la m. g. un bâton autour duquel est enroulé un serpent ($Æ$ 8. — R^8. = 60 fr. — **Inédite** et **incon.** à Mion. — Publ. par moi d. la *Revue Num. Fr.* III-ème Sér. An. 1883, Tom. I, p. 381. Gr. *ibid.* Pl. IX, fig. 14. — *Ma collection*); *autre:* Même lég. et même buste de Gordien le Pieux, à dr. ℞: ΑΚΜΟΝΕΩΝ. Hermès-Kriophore deb., ten. de la m. dr. une bourse, et d. la g. son caducée et la *poenula*, à ses pieds, un bélier ($Æ$ 7. — R^G. = 40 fr. Mion. R^3. = 9 fr.); *autre:* ℞: ΑΚΜΟΝΕΩΝ. Zéus assis de face sur un trône, la t. tournée à dr., ten. de la main dr. une patère, de la g. la haste. Dessous, deux Géants anguipèdes, ten. chacun d'une main une de leurs queues de serpent, de l'autre soutenant le trône ($Æ$ $8^{1}/_2$. — R^8. = 120 fr. — **Incon.** à Mion. — Publ. par Waddington, d. la Rev. Num. Fr. An. 1851, p. 155, n.° 10, Pl. VI, 3. — Le buste du *droit* serait plutôt celui de Gordien d'Afrique père? car évidemment il ne ressemble en rien à celui de Gordien le Pieux). — Volusien: AVT·K·OVIB·A·Φ·ΓΑΛΛΟC·ΟVΟΛΟVCΙΑΝΟC. Son buste radié et drapé, à dr. ℞: ΑΚΜΟ — ΝΕΩΝ. Volusien à cheval en course, à dr., le fouet à la m. dr. A droite, des rochers ou une *montagne*, au pied de laquelle se voit une *figure* imb. et à demi nue, *couchée* à g., la m. dr. posée sur le genou g., et le bras g. appuyé sur le versant de la *montagne*. Sur le sommet de celle-ci, *deux femmes*, deb. de face, la t. tournée à g., et la m. dr. portée au sein ($Æ$ 29 mill. — R^8. = 60 fr. — **Incon.** à Mion. — Publ. par Imhoof-Blumer, d. ses: Monn. Gr., p. 392, n.° 51, Pl. G, n.° 25). — Sur les mon. d'Akmoneia, voy.: *Rev. Num.* Fr. An. 1851, p. 153, 154, 155, art. de M. Waddington. — Köhne, Zeitschrift III, p. 44. — *Numism. Chron.* 2. Serie I, p. 222. — *Annali* dell' Instit. e Corrisp. archeolog. di Roma. An. 1833, p. 266, 286. An. 1840, p. 221, Pl. Q, 2. — Cat. L. Welzl de Wellenheim, n.° 6342. — J. de Witte, Descr. du Cab. de l'abbé Greppo, n.° 1138 (Dionysos). — Gerhard, Archäol. Zeitg. 1844, p. 343; 1846, p. 376 et 1847, p. 89. — *Rev. Num. Fr.* III Sér. Tom. I, p. 381. — Imhoof-Blumer: Monn. Gr. p. 391, 392. —

178. ΑΠΑΜΕ. — ΑΠΑΜΕΙΑ.

Lég. sur les mon. de la ville d'Apamea en Phrygie. — *Droit*: ΑΠΑΜΕΙΑ. T. tourelée de femme, à dr. ℞: CΩΤΕΙΡΑ. Hékaté-Triformis, les mains armées de poignards ($Æ$ 4. — R^7. = 40 fr. Mion. R^5. = 15 fr.). — **Autres autonomes en bronze**: T. laurée de Zéus, à dr. ℞: ΑΠΑΜΕ·ΑΛΕΞΑΝ·ΑΡΤΕΜ. Héra-Pronuba deb., en face ($Æ$ 5. Com. 2 fr. Mion. 1 fr.); *autres:* av. ΑΠΑΜΕ·ΑΛΚΙΝΟΔΟΥ; — ΑΠΑΜΕ·ΑΝΔΡΟΝΙ·ΑΛΚΙΟΥ; — ΑΠΑΜΕ·ΜΕΝΕΚ.....ΔΙΟΔΟ. ($Æ$ $5^{1}/_2$. — R^2. = 4 fr. cette seule. — Mion. R^1. = 3 fr.); — ΑΠΑΜ·ΑΤΤΑ·ΒΙΑΝ.; — ΑΠΑ·ΗΡΑΚΛΕ....ΓΑ..; — ΑΠΑΜΕ·

ΗΡΑΚΛΕ .....; ΑΠΑΜ·ΚΕΛΑΙ·ΛΕΟΥ.; ΑΠΑΜΕ·ΚΟΝΩΝ·ΕΓΛΟ.; ΑΠΑΜΕΩ.... ΛΑΙΜ....; ΑΠΑΜΕΩΝ·ΑΛΚΙΜΙΔΗΣ (ut videtur); — ΑΝΔΡΟΝΙ·ΑΛΚΙΟΥ.; — ΑΠΑΜ.... ΑΡΤΕ; — ΑΠΑΜ.... ΜΑΙΦΕΙ.... ΕΓΛΟΓ. Mêmes types (Æ 5 et 5½. — R—R¹. de 2 à 4 fr.); — ΑΠΑΜΕ·ΤΙΜΟΚΡΑ·ΣΟΛΩΝ. Même type (Æ 5½. — R³. = 8 fr. Mion. R¹. = 3 fr.); autre, av.: T. tourelée de femme. ℞: ΑΠΑΜΕ .. ΠΑΝΚΡ·ΖΗΝΟ. Marsyas marchant (Æ 3. — R⁸. = 30 fr. — Incon. à Mion. — Nouveau nom de magistrat. — Cf. H. Cohen, Cat. du Cab. Badeigts de Laborde, Paris 1869, p. 43, n.º 478); — autre: T. de Zéus laurée, à dr. ℞: ΑΠΑΜΕ·ΚΗΦΙΣΟ·ΔΙΟΝΥ. Héra-Pronuba deb. de face (Æ 5½. — R⁴. = 10 fr. Mion. R¹. = 3 fr. — C'est la même mon. que j'ai publié d. la Revue Num. Fr. III-ème Sér. An. 1884, Tom. II, p. 401, Pl. XVIII, fig. 1, en la donnant par erreur, et à cause de la lég. du Revers: ΚΗΦΙΣΙΩΝ — à la ville de Cephisia en Attique (Κηφισσια, Strab. IX, p. 274). Voy. à ce sujet une correction insérée d. la même Revue, Tom. III, An. 1885, p. 116); tête tourelée de femme à dr., portant un arc et un carquois. ℞: ΑΠΑΜΕ... ΑΡΙΣΤ·ΚΗΦΙΣ (nouveau nom de magistrat qui a été estropié par Mion. IV, p. 230, n.º 221, qui lisait: ΑΠΑΜΕ·ΚΗΦΙΣ·ΣΚΑΥ.). Le satyre Marsyas deb., son vêtement flottant derrière lui, — il joue de la double flûte (Æ 3. — R⁷. = 40 fr. Mion. R³. = 6 fr. — Cf. Waddington, d. la Rev. Num. Fr. An. 1851, p. 159, n.º 1); t. de Marsyas, à dr. ℞: ΑΠΑΜΕ... Simulacre de Héra terminé en gaîne, et vu de face (Æ 4. — R⁸. = 30 fr. — Incon. à Mion. — Cf. J. de Witte (baron), Descr. du Cab. Greppo, Paris 1856, p. 158, n.º 1145); autre: t. casquée de Pallas, à dr. ℞: Aigle, les ailes éployées, au-dessus de méandres, — en haut un astre, et de chaque côté, les bonnets des Dioscures, surmontés chacun d'une étoile, — à l'exergue: ΑΙΝΙΠΟΥ. (Æ 5. — R⁴. = 10 fr. — Baron J. de Witte, ibid. n.º 1146. — Il me semble qu'une mon. analogue décr. par Mion. IV, p. 229, n.º 215, av. la lég.: ΑΠΑΜΕΩΝ·ΦΑΙΝΙΠΠΟΥ·ΡΑΚΟΝΤΟΣ et au même type — serait à supprimer?); autre: ΒΟΥΛΗ. T. voilée du Sénat. ℞: ΑΠΑΜΕΩΝ. Aigle deb. sur une couronne, les ailes éployées (Æ 4. — R⁸. = 30 fr. — Inédite. — Publ. par Waddington, d. la Rev. Num. Fr. An. 1851, p. 159, n.º 2); autre: ΔΙΟΝΥCΟC·ΚΕΛΑΙΝΕΥC. Buste barbu de Dionysos, à dr. ℞: ΑΠΑΜΕ·ΠΑΡΑ·CΤΡΑΤΟΝΙΚΙΑΝΟΥ. Deux lions devant un char sur lequel est posée la Cista mystica av. un couvercle rond, à dr. le thyrse et un flambeau (Æ. 36 mill. — R⁸. = 150 fr. — Incon. à Mion. — Publ. par Arthur Löbbecke, d. la Zeitschr. f. Num. Bd. XV, p. 50. — Cette mon. est du temps de Commode. La pièce av. le même nom de magistrat décrite par Mion. IV, p. 234, n.º 250 — au règne de Commode — nous le prouve assez); — ΑΠΑΜΕ—ΩΝ. T. de Pallas casquée à dr., la poitrine couverte de l'égide hérissée de serpents. ℞: ΜΑΙΑΝΔΡΟC. Le Méandre couché à g., ten. un roseau et une corne d'abond., — à côté une urne d'où s'échappent des eaux (Æ. 15 mill. — R⁷. = 50 fr. — Cf. Arthur Engel, d. la Rev. Num. Fr. III Sér. An. 1884, Tom. II, p. 29, n.º 25. Comp. Mion. IV, p. 229, n.º 218. R⁶. = 18 fr.); ΙΕΡΑ·ΒΟΥΛΗ. Buste voilé de femme à dr. ℞: ΠΑ·ΕΡΜΟΥ·ΑΠΑΜΕΩΝ. Gerbe de sept épis (Æ. 22 mill. — R⁸. = 30 fr. — Incon. à Mion. — Publ. par Imhoof-Blumer, d. ses: Monn. Gr. p. 393, n.º 51); — **autres autonomes en bronze**: T. de Zéus-Sarapis. ℞: ΑΠΑΜΕΩΝ. Corne d'abond. (Æ 4. — R³. = 6 fr. Mion.); — t. de Pallas, à dr., av. l'égide sur la poitrine. ℞: ΑΠΑΜΕΩΝ·ΑΝΔΡΟΝΙΚΟΥ·ΑΛΚΙΟΥ. Aigle, les ailes éployées, au-dessus des détours du Méandre, — d. le champ, un astre et les bonnets des Dioscures surmontés chacun d'une étoile (Æ 6. — R¹. = 4 fr. Mion.); *autre*, av.: ΑΠΑΜΕΩΝ·ΑΝΤΙΦΩΝ.... ΜΕΝΕΚΡΑΤΟΥ.; ΑΝΤΙΦΩΝΗΣ· ΜΕΝΕΚΛΕΟΥ. (cette dernière lég. ne se trouve pas dans Mion.); ΑΠΑΜΕΩΝ· ΑΤΤΑΛΟΥ·ΒΙΑΝΟΡΟΣ; — ΑΠΑΜΕΩΝ ΘΑΡΑΣ; ΑΠΑΜΕΩΝ·ΘΕΟΔΟ- ΤΟΣ.; ΑΠΑΜΕΩΝ ΚΩΚΟΥ; — ΑΠΑΜΕΩΝ·ΦΙΛΟΚΡΑΤΟΥ·ΑΡΙΣΤΕΩΣ; — ΑΠΑΜΕΩΝ·ΦΙΛΟΚΡΑΤΟΥ·ΑΡΙΣΤΙΠΠΟΥ. Mêmes types et mêmes symboles (Æ 5, 5½ et 6. — R¹-R³. de 4 à 7, et 8 fr. Mion. R¹. = 4 fr.); — t. tourelée de femme, à dr. ℞: ΑΠΑΜΕΩΝ·ΑΤΤΑΛΟΣ·ΒΙΑΝΟΡΟΥ (et non ΒΙΑΝΘΟΥ comme on le trouve d. quelques auteurs). Le Satyre Marsyas deb. sur les détours du Méandre, ayant sur les épaules une peau de panthère et jouant de la double flûte (Æ 4½. — R⁵. = 15 à 20 fr. Mion. R⁴. = 9 fr.); *autre*, av.: ΑΠΑΜ·ΚΗΦΙ. Même type de Marsyas (Æ 3½. — R⁴. = 12 fr. Mion. R³. = 6 fr.); *autres*, av.: ΑΠΑΜ·ΜΗΤΡ.; ΑΠ.... ΠΑΝΙ....; ΑΠΑΜΕΩΝ·ΑΡΙΣΤΕ·ΑΣΚΡΗΟ. Mêmes types (Æ 4. — R³. = 6 fr. Mion.); ΙΕΡΑ·ΒΟΥΛΗ. T. voilée de femme, à dr. ℞: ΑΠΑΜΕΩΝ. Pallas deb., tournée vers la g., la m. dr. sur la haste, le bras g. armé d'un bouclier (Æ 6. — R³. = 9 fr. Mion.); m. lég. et même t. ℞: Même légende. Cinq épis formant ensemble une gerbe (Æ 5. — R³. = 6 fr. Mion.); t. de Déméter couronnée d'épis. ℞: ΑΠΑΜΕΩΝ. Corne d'abond. ornée de pampre (Æ 4. — R³. = 6 fr. Mion.); ΔΗΜΟC. T. imberbe laurée du Démos. ℞: ΑΠΑΜΕΩΝ. Apollon nu, assis à g., ayant à la m. dr. une urne d'où sort un serpent, — à ses pieds, une lyre (Æ 4. — R⁴. = 8 fr. Mion.); même lég. Apollon deb., la lyre d'une main, l'arc de l'autre (Æ 4. — R⁴. = 8 fr. Mion.). — On connait aussi de cette ville des Cistophores en Ŗ. qui sont: R⁶—R⁸. de 50, 60, 80, 100 et 250 fr. — *Droit:* Ciste entr'ouverte d'où s'échappe un serpent, dans une couronne de pampre. ℞: Deux serpents enlacés autour d'un carquois dans lequel est un arc, — d. le champ, d'un côté, le monogr. 900 (d. R. Mion.) au milieu duquel est une chouette, de l'autre, le monogr. 531 (du R. Mion.). Ŗ 7½. — R⁵. = 60 fr. (Mion. R⁴. = 48 fr.); *autre*, mêmes types, d. le champ, un crâne de boeuf orné de bandelettes et le monogr. (1505). Ŗ 7. — R⁴. = 48 fr. (Mion. même prix); *autre:* mêmes types, d. le champ, les monogr. 789 et 718, les lettres ΑΠ., une étoile et un serpent autour d'un bâton (Æ 6½. — R⁴. = 40 fr. Mion.); *autre*, m. types, d. le champ, ΑΠΑ en monogr. et les bonnets des Dioscures surmontés chacun d'une étoile (Ŗ 7. — R⁶. = 60 fr. Mion. R⁴. = 48 fr.); *autre*, av.: ΑΠΑ. — ΑΠΟΛΛΩΝΙΟΥ. Même type, sans symboles et monogrammes (Ŗ 7. — R⁶. = 80 fr. Mion. R⁴. = 50 fr.); *autre:* av. ΑΠΑ·ΑΤΤΑΛΟΥ·ΤΙΜΩ. Deux serpents enlacés autour d'un carquois, d. le champ, deux flûtes (Ŗ 7. — R⁴. = 50 fr. Mion.); *autre*, av.: ΑΠΑ·Μ· ΑΝΤΙΘΕΟΣ·Μ·ΑΝΤΙΘΕΟΥ·C·FAN·PONT·PR. Deux serpents enlacés, supportant un temple tétrastyle de forme ronde, surmonté d'une figure de femme deb. qui tient une patère dans la m. dr., la g. sur la haste, d. le ch., un arc et deux flûtes (Ŗ 8. — R⁸. = 250 à 300 fr. Mion. R⁸. = 200 fr.); *autre*, av.: ΑΠΑ·ΑΤΤΑΛΟΥ·ΒΙΑΝΟΡΟΣ·LENTVLVS·IMPERATOR. Deux serpents enlacés autour d'un carquois dans lequel est un arc, d. le champ, deux flûtes (Ŗ 7½. — R⁷. = 120 fr. Mion. R⁵. = 72 fr.); *autre:* av.: ΑΠΑ·ΜΥΙΣ- ΚΟΥ·LENTVLVS·IMPERATOR. Mêmes types (Ŗ 7½. — R⁷. = 100 fr.

Mion. R^5. = 72 fr.); *autres*, av.: ΑΠΑ·PVLCHER·ΑΙ·IMP....; ΑΠΑ·PVL-CHER·IMP·ΘΕΟΠΡΟΡΟΣ·ΑΠΟΜΩΝΙΟΥ (peut-être mieux ΘΕΟΠΡΟΜ-ΤΟΣ·ΑΠΟΛΛΩΝΙΟΥ?); ΑΠΑ·ΑΤΤΑΛΟΥ·ΤΙΜΩ., ou ΣΩΚΡΑΤΟΥ; ΑΠΑ. au-dessus, ΔΙΟΔΩΡΟΥ. d. le champ, *acrostolium;* ΑΠΑ·Β., au-dessus, ΚΩ-ΚΟΥ, à g. d. le champ, deux flûtes; *autre*, av.: PVLCHER·IMP. les deux serpents, — d. le champ, Α. et ΗΡΑ·ΚΙΜΩΝΟΣ; *autre*, av.: ΑΠΑ. au-dessus, un astre, et ΚΕΛΑΙ., d. le champ, deux flûtes ($Æ$ 7 et $7^1/_2$. — R^6—R^7. toutes de 100 à 120 fr. Mion. R^4. = 50 et R^5. = 72 fr.). — **Impériales** depuis Auguste jusqu'à Salonin. — Æ. R^4—R^8. de 8, 15, 20, 30, 40, 60, 70, 150 et 200 fr. — Auguste: ΣΕΒΑΣΤ—ΟΣ. T. laurée d'Auguste, à dr. ℞: *Pallas* (?), couronnée par *Niké*, deb. d. un *quadrige* de face. Au-dessus, (ΓΑΙΟΣ)—ΚΑΙΣΑΡ; à l'exergue, ΓΑΙΟΣ ΜΑΣΩΝΙ—ΟΣ ΡΟΥΦΟΣ — (ΑΠΑ)ΜΕΩΝ. (Æ. 20 mill. — R^8. = 50 fr. — **Incon.** à Mion. — Cf. Imhoof-Blumer: Monn. Gr. p. 393, n.º 62). — *Autre:* ΑΠΑΜΕΩΝ. T. nue d'Auguste, à dr. ℞: ΑΤΤΑΛΟΣ·ΔΙΟΤΡΕΦΟΣ. Deux épis au-dessus des détours du Méandre (Æ $4^1/_2$. — R^7. = 30 fr. Mion. R^4. = 8 fr.); *autre*, av.: ΑΠΑΜΕΩΝ·ΣΕ-ΒΑΣΤΟΣ. T. nue d'Auguste. ℞: ΔΙΟΔΩΡΟΥ. Marsyas deb., sur les détours du Méandre, jouant de la flûte (Æ 4. — R^5. = 12 fr. Mion. R^4. = 8 fr.); ΣΕΒΑΣΤΟΣ. T. nue d'Auguste. ℞: ΑΠΑΜΕΩΝ·ΗΡΑΚΛΕΙΤΟΥ. [et non ΗΡΑΚΛΕΟΥ comme on le trouve d. Mion. IV, p. 231, n.º 231]. Artémis-(Lucifera), à dr. entre deux cippes (Æ 4. — R^8. = 60 fr. Mion. R^5. = 15 fr.). [La lecture ΗΡΑΚΛΕΟΥ doit être remplacée par ΗΡΑΚΛΕΙΤΟΥ en s'autorisant des autonomes qui portent le même nom du magistrat ΗΡΑΚΛΕΙ...]. — Néron et Agrippine: ΝΕΡΩΝ·ΚΑΙΣΑΡ·ΣΕΒΑΣΤΟΣ ΑΓΡΙΠΠΙΝΑ·ΣΕ-ΒΑΣΤ. Têtes en regard de Néron et d'Agrippine. ℞: ΕΠΙ·ΜΑΡΙΟΥ·ΚΟΡΔΟΥ·ΚΟΙΝΩΝ·ΦΡΥΓΙΑΣ. Aigle éployé ten. dans ses serres un serpent, — d. le champ, ΑΠΑ—ΜΕΙΣ. (Æ. 25 mill. — R^8. = 80 fr. Mion. R^6. = 48 fr. — Cf. Arthur Engel, de la Rev. Num. Fr. An. 1884, Sér. III, Tom. II, p. 28, n.º 23, qui observe que cette mon. est décrite par Mion. IV, p. 232, n.º 236, mais avec une légende du droit incomplète. — Vaillant, d. sa description, a bien indiqué les t. afr. de Néron et d'Agrippine, mais la gravure n'offre que la t. d'Agrippine seule. C'est encore une correction en plus pour l'œuvre de Mionnet qui s'était basé sur les données de Vaillant). — Vespasien: ΑΥΤΟΚΡΑΤΟΡΙ·ΚΑΙΣΑΡΙ·ΣΕΒΑΣΤΟ·ΟΥΕΣΠΑΣΙΑΝΩ. S. t. laurée. ℞: ΕΠΙ·ΠΛΑΝΚΙΟΥ·ΟΥΑΡΟΥ·ΚΟΙΝΩΝ·ΦΡΥΓΙΑΣ·ΑΠΑΜΕΙΣ. Gerbe de cinq épis (Æ 6. — R^7. = 60 fr. Mion. R^5. = 30 fr.). — Hadrien: ΑΔΡΙΑΝΟΣ·ΚΑΙΣ·ΣΕΒ. Son buste lauré, à dr. av. la chlamyde sur l'épaule g. ℞: ΜΑΡ-ΣΥΑΣ·ΚΙΒΩΤΟΣ., vel ΚΥΒΩΤΟΣ·ΑΠΑΜΕΩΝ. Fleuve assis à l'entrée d'un antre, tourné à g., ten. une corne d'abond. de la m. dr., la g. posée sur une urne renversée, de laquelle s'échappent des eaux (Mion. IV, p. 233, n.º 242, ne mentionne point *l'antre*). Æ 5. — R^6. = 20 fr. Mion. R^5. = 15 fr.; *autre:* ΑΔΡΙΑΝΟΣ·ΚΑΙΣ·ΣΕΒ. Son buste lauré, à dr. ℞: .... ΑΠΑΜΕΩΝ·ΜΑΡΣΥΑΣ. Le fleuve Marsyas couché à g. d. un antre, et ten. deux flûtes (Æ 5. — R^5. = 15 fr. Mion. R^4. = 8 fr. Cf. Baron J. de Witte, Deser. du Cab. de l'abbé Greppo, Paris 1856, p. 159, n.º 1147). — Septime-Sévère: ΑΥΤ·Κ·Λ·ΣΕΠΤ·ΣΕΟΥΗΡΟΣ·ΠΕΡΤΙ. Sa t. laurée à dr. av. le *paludamentum.* ℞: ΕΠΙ·ΑΓΩΝΟΘΕΤΟΥ·ΑΡΤΕΜΑ·Γ·ΑΠΑΜΕΩΝ. Deukalion et Pyrrha, vus a mi-corps, sortant d'une barque carrée, qui flotte sur les eaux, — devant, un homme et une femme, la m. dr. levée, — sur la barque un oiseau, — un autre oiseau volant, un rameau au bec, — sur la barque, NΩΕ. (Æ 10 1/2. — R^7. = 150 fr. Mion. R^5. = 120 fr.). — Plautille: ΦΟΥΛ·ΠΛΑΥΤΙΛΛΑ. Sa t. ℞: ΑΠΑΜΕΩΝ. Satyre Marsyas nu, assis sur un rocher, à g., ten. d. la m. dr. une corne d'abond. et d. la g. une double flûte, — derrière les bonnets des Dioscures (Æ 4. — R^7. = 60 fr. Mion. R^6. = 18 fr.). — Elagabal: Lég. emportée. Sa t. laurée, à dr. av. le *paludament*. ℞: ΕΠΙ·Λ·ΜΑ·CΕΥ· ΓΡΑ·ΤΟ·Β·ΑΠΑΜΕΩΝ. (Litt. fug.). Héraklès nu, deb., la m. dr. posée sur sa massue, et portant sur le bras g. la dépouille du lion (Æ 8 1/2. R^6. = 30 fr. Mion. R^4. = 24 fr.). — Gordien le Pieux: ΑΥΤ·Κ·Μ·ΑΝ·ΓΟΡΔΙΑΝΟC. Son buste à dr., la t. radiée, av. le paludam. sur les épaules. ℞: ΠΑ·ΒΑΚΧΙΟΥ· ΚΑΛΛΙΡΟΗ. à l'exergue, ΑΠΑΜΕΩΝ. Athéné casquée et vêtue d'une tunique, assise sur le mont Ida, à g., et tournée vers la dr., jouant de la double flûte, — derrière, un bouclier et la fontaine Callirrhoé vomissant des eaux sur un cygne nageant; devant, le satyre Marsyas sur le sommet d'une montagne, av. le *pallium*, les mains levées et se retournant (Æ. MM. — R^8. = 300 fr. Mion. R^6. = 150 fr. — Autrefois, un très bel ex. d. la coll. de M. le Doct. et Prof. J. O. Kallénitschenko, à Charkow, en Ukraine). — Tranquilline: ΦΟΥΡΙΑΝ·ΤΡΑΝΚΥΛΛΙΝΑΝ. Sa t. av. la *stola* sur la poitrine. ℞: ΠΑΡ· ΒΑΚΧΙΟΥ·ΑΠΑΜΕΩΝ·ΟΜΟ. La Concorde vêtue de la *stola*, tournée à dr., la m. dr. étendue, et soutenant de la g. le *pallium* retroussé (Æ 7. — R^7. = 60 fr. Mion. R^5. = 24 fr.). — Philippe père: ΑΥΤ·Κ·ΙΟΥΛ·ΦΙΛΙΠΠΟC· ΑΥΓ. Sa t. laurée, à dr. av. le *paludament* et cuirasse. ℞: ΕΠ·Μ·ΑΥΡ· ΑΛΕΞΑΝΔΡΟΥ·Β·ΑΡΧΙ·ΑΠΑΜΕΩΝ. Arche carrée flottant sur les eaux, — dedans, Deukalion et Pyrrha, tournés vers la g., — devant, une femme en habit long, et un homme vêtu d'une espèce de *sagum*, — au-dessus de l'arche, un oiseau, et vers la g., un autre oiseau en l'air, ten. un rameau, sur l'arche, NΩΕ. (Æ 10. — R^7. = 200 fr. Mion. R^5. = 100 fr.); *autre*: ΑΥΤ·Κ·Μ·ΙΟΥΛ· ΦΙΛΙΠΠΟC·ΑΥΓ. Son buste lauré, à dr. ℞: ΕΠΙ·Μ·ΑΥΡ·ΑΛΕΞΑΝΔΡΟΥ· (ΛΙΡ)ΒΙΑ·ΑΡΧΙ·ΑΠΑΜΕΩΝ. Dans le champ, ΜΑΙΑΝΔΡΟC, ΜΑΡCΥΑC. Les Fleuves Méandre et Marsyas couchés, se regardant, et ten. chacun une urne et un roseau, — au milieu, une méta (Æ 12. — R^7. = 150 fr. Mion. R^5. = 120 fr. — Cf. Bar. J. de Witte, Descr. du Cab. Greppo, Paris 1856, p. 159, n° 1148. Ex. acquis par le *Mus. de Berlin*, pour 29 fr.). — Volusien: — ΟΥΕΙΒ·ΓΑΛΛΟC·ΟΥΕΛΟΥ—ΜΝΙΑΝ·ΟΥΟΛΟCCΙΑΝΟC. Son buste lauré à dr. av. le *paludam*. ℞: ΠΑΡΑ·ΚΛ·ΑΠΟΛΙΝΑΡΙΟΥ·ΑΠΑ—ΜΕΩΝ. Le dieu *Mên* à cheval, à dr. (Æ. 30 mill. — R^8. = 100 fr. — **Inédite.** — Publ. par Arthur Engel, d. la Rev. Num. Fr. III Sér. An. 1884, Tom. II, p. 29, n° 24). — Gallien: ΑΥΤ·Κ·Π·ΛΙΚ·ΓΑΛΛΙΗΝΟC·CΕΒ. Son buste lauré av. le *paludament*, à dr. ℞: ΠΑΡΑ ... ΟΛΙΝ .. ΡΙΟΥ·ΠΑΝΗΓΥΡ·(ΑΠ) ΑΜΕΩ. Zéus-Niképhoros assis sur son trône à g. (Æ. 36 mill. — R^8. = **Inédite.** — 120 fr. — Publ. par Arthur Löbbecke, d. la Zeitschr. f. Num. Bd. XII, p. 341. — Le nom du Panégyriarche ou le représentant du Πανήγυρις, malheureusement mal conservé, se rencontre aussi sur quelques monnaies d'Aegae en Cilicie et sur celles d'Apamea). — Valérien père: ΑΥΤ·ΚΑΙC·ΛΙΚ·ΟΥΑΛΕΡΙΑΝΟC·CΕΒΑCΤΟC. Tête radiée de Valérien père, av. le *paludament*. ℞: ΠΑΡΑ·ΑΥΡ·ΕΡΜΟΥ·ΠΑΝΗΓΥΡΙΑΡΧΟΥ·ΑΠΑ— ΜΕΩΝ. Trois Korybantes armés de boucliers, dansant autour de Zéus-enfant, tenu sur les bras de sa nourrice, à ses pieds, un chien (Æ 13. — R⁷. = 300 fr. Mion. R⁶. = 120 fr. — *Cab. de France*). — Sur les mon. d'**Apamea Kibotos** et **Kelainae**, consultez: *Numism. Chron.* IX, 70 et Borghesi, Osservazioni V, 10, sur Sestini, Lettere di continuazione, VII, 66 et Mionnet IV, 227 = concernant les Cistophores. — *Revue Numism. Fr.* An. 1851, p. 159. — Chaudoir, Corrections, 89. — Akerman, Numism. Chron. II, p. 58. — *Berliner Blätter* f. Münzkunde, II, p. 188 = mon. de Diaduménien. — Droysen, Hellenismus, III, 2, 271 sur Mion. IV, 234, 251. — La mon. de Néron et d'Agrippine, décr. par Mion. S. VII, 511, 155 est rapportée à **Hypaepa** dans le *Numism. Chron.* VIII, 15. — Caronni a Tunis, Pl. VI, f. 54, arche (mon. de Philippe père). — Buttmann, Mythus der Sündfluth, Berlin 1812, in-8°, p. 24 et *Mythologus* I, 192 — tous les deux articles traitant sur les grands bronzes de Septime-Sévère et de Philippe père émises à Apamée et portant au Rev. l'arche de Noë. —

179. ΑΤΤΟΥΔΑ.

Lég. sur les mon. de la ville d'**Attuda** en Phrygie. — *Droit:* ΑΤΤΟΥΔΑ. T. tourelée de Kybèle. ℞: ΔΙΑ·ΦΛΑΒΙΑC·ΙЄΡΙΑC. Artémis-Ephesia deb. av. ses broches (Æ 4. — R⁷. = 40 fr. Mion. R⁵. = 15 fr.); même lég. et m. t. ℞: ΔΙΑ·ΚΛΑΥΔΙΑΝΟΥ. Femme deb., ou le type de l'Espérance, à ce qu'il paraît (Æ 4. — R⁷. = 40 fr. Mion. R⁵. = 15 fr.); **autres autonomes en bronze**: ΑΤΤΟΥΔΕΩΝ. T. tourelée de femme. ℞: ΔΙΑ·ΜΕΝΙΠΠΟΥ. Trois épis liés ensemble (Æ 4. — R⁵. = 15 fr. Mion.); t. laurée de Zéus. ℞: ΑΤΤΟΥΔΕΩΝ·ΠΡΩΤΕΑ·ΠΡΥ. en monogramme, *id est* ΠΡΥ. Apollon nu, deb. à g., ten. de la m. dr. le *plectrum* et la g. appuyée sur une colonne (Æ 5. — R⁵. = 15 fr. Mion.); *autre:* ΑΤΤΟΥΔΕΩΝ·ΑΙΘΩΝΑ. (ut videtur). Tête nue imberbe, à dr. ℞: .... ΜΕΝΙΠΠΟΥ·ΤΟΥ·ΑΠΟΛΛΟΝΙΟΥ. Dionysos à demi-nu, deb., ten. le *cantharus* de la m. dr. et une haste de la g., — à ses pieds, une panthère (Æ 6. — R⁷. = 40 fr. Mion. R⁵. = 20 fr.); *autre:* ΜΗΝ·ΚΑΡΟΥ. Buste du dieu Mèn-Karos sur un croissant. ℞: ΑΤΤΟΥΔΕΩΝ. Base carrée, très-ornée, sur laquelle sont deux autels, placés entre trois pommes de pin (Æ 6. — R⁶. = 24 fr. Mion.); ΔΗΜΟC. T. jeune du Démos, à dr., dessus, une contre-marque. ℞: ΑΤΤΟΥΔΕΩΝ. Latone marchant, à g. ten. deux enfants sur ses bras (Æ 6. — R⁶. = 30 fr. Mion. R⁴. = 12 fr.); ΔΗΜΟC. Même t. ℞: ΑΤΤΟΥΔΕΩΝ. Dionysos nu, deb. ten. de la m. dr. le *cantharum* et d. la g. un thyrso, à ses pieds, une panthère (Æ 5. — R⁶. = 25 fr. Mion. R⁵. = 15 fr.); ΑΤΤΟΥΔΕΩΝ·ΔΗΜΟC. Même t. ℞: ΔΙΑ·ΜΕΝΙΠΠΟΥ. Figure à cheval (une Amazone?), armée de la *bipenne*, allant, à g. (Æ 5. — R⁷. = 40 fr. Mion. R⁵. = 15 fr. — A en juger d'après le nom du monétaire cette mon. a du être émise sous le règne de Trajan? — Cf. aussi: Bar. J. de Witte, Descr. du Cab. de l'abbé Greppo, Paris 1856, p. 159, n° 1149, — acquise par le *Musée de Berlin*, pour 10 fr.); — ΒΟΥΛΗ. T. de femme voilée et couronnée de laurier, à dr. ℞: ΑΤΤΟΥΔΕΩΝ. Le dieu *Mèn* deb., coiffé du bonnet phrygien, le *pallium* sur les épaules, ayant sur la m. dr. un oiseau, la g. sur la haste pure (Æ 5½. — R⁷. = 40 fr. Mion. R⁴. = 12 fr.); ΒΟΥΛΗ·ΔΗΜΟC·ΑΤΤΟΥΔΕ· (et non ΑΤΤΟΥΔΕΩΝ). Têtes affrontées du Conseil et du Peuple, l'une voilée et l'autre nue. ℞: ΔΙΑ· ΚΛΑΥΔΙΑΝΟΥ·ΥΙΟΥ·ΠΟΛΕΩC (et non ΠΟΛΕΜΟC. comme on lit d. Mion.

t. IV, p. 242, n° 289, d'après le manuscrit de Cousinéry). Kybèle assise entre deux lions ($Æ$ 10. — R^7. = 90 fr. Mion. R^5. = 48 fr.); ΙΕΡΑ·ΒΟΥΛΗ. Tête voilée de femme. ℟: ΑΤΤΟΥΔΕΩΝ. Arbre ($Æ$ 5. — R^6. = 30 fr. Mion. R^5. = 15 fr.); — ΑΤΤΟΥΔΕΩΝ·ΒΟΥΛΗ. Tête jeune du Sénat. ℟: ... ΤΟΥ· ΑΠΟΛΛΩΝΙΟΥ. Fig. en toge deb., ten. de la m. dr. pendante quelque chose, et de la g. une haste, — à ses pieds, un quadrupède (Dionysos, à ce qu'il paraît). = ($Æ$ 6. — R^6. = 35 fr. Mion. R^5. = 20 fr.); ΔΗΜΟC. T. du Peuple. ℟: ΑΤΤΟΥΔΕΩΝ. Amazone sur un cheval ($Æ$ 5. — R^5. = 20 fr. Mion. R^4. = 8 fr.); m. lég. et m. t., dessus, Γ. en contre-marque. ℟: Même lég. Une urne ($Æ$ 5. — R^5. = 15 fr. Mion. R^4. = 8 fr.); ΔΗΜΟC. T. laur. du Démos, à dr. contremarquée d'une t. Impériale. ℟: ΑΤΤΟΥΔΕΩΝ. Cinq vases sur une base ornée de guirlandes. $Æ$ 5. — R^7. = 25 fr. — **Inédite.** — Cf. Rollin et Feuardent, Cat. Gr. n° 6071. Vend. 6 fr. — [Emise sous Auguste?). — ΙΕΡΟC·ΔΗΜΟC. T. laurée du Peuple. ℟: Même lég. Bel autel sur lequel sont trois pommes de pin, entre lesquels sont deux autels allumés ($Æ$ 5. — R^5. = 15 fr. Mion. R^4. = 8 fr.); ΙΕΡΑ·CΥΝΚΛΗΤΟC. T. du Sénat. ℟: ΑΤΤΟΥΔΕΩΝ. Asklépios et Hygiéia deb., au milieu, Télésphore ($Æ$ 5. — R^6. = 40 fr. Mion. R^5. = 15 fr. — Cf. Wise, Cat. Num. Bodlei. Pl. IV, fig. 10, p. 8, 138, 257); — même lég. T. diadémée du Sénat, à dr. ℟: ΑΤΤΟΥ-ΔΕΩΝ. Zéus Aétophore nu, lançant la foudre de la m. dr. ($Æ$ 6. — R^5. = 20 fr. Mion. R^4. = 12 fr.). — **Impériales** depuis Auguste jusqu'à Salonine, avec intervalles. — $Æ$. Mod. 4, 5, 6, $6^1/_2$, 7, 8, 9, 10 et MM. — R^7-R^8. de 40, 60, 80, 120 et 200 fr. — Auguste: ΣΕΒΑΣΤΟΣ. Sa t. nue. ℟: ΑΤΤΟΥ-ΔΕΩΝ. Kybèle vue de face, deb. entre deux lions, les deux mains pendantes au-dessus de leurs têtes ($Æ$ 4. — R^7. de 50 à 60 fr. Mion. R^5. = 15 fr. — *Cab. de France*: Inventaire B. 735. W.). — Vespasien: ΟΥΕΣ-ΠΑΣΙΑΝΩΝ·ΚΑΙΣΑΡΑ. Sa t. laurée, à dr. ℟: ΔΙΑ·ΑΝΤΩΝΙΟΥ·ΛΟΝΓΕΙ-ΝΟΥ. — aigle sur un foudre, à g., derrière, ΑΤΤΟΥΔΕΩΝ. ($Æ$ 5. R^7. = 40 fr. Mion. R^5. = 15 fr.). — M. Aurèle et Lucius Verus: ΑΥ·ΚΑ·ΑΡ·ΠΑ·ΜΗ·Μ· Α·ΑΝΤΩΝΙΝΟC·Κ·ΟΥΗΡΟC. M. Aurèle et Lucius Vérus deb. en face l'un de l'autre et se donnant la m. ℟: ΕΠΙΜΕΛΗΘΕΝΤΟC .... ΚΛΑΥΔΙΑΝΟΥ. Dans le champ, ΑΤ—ΤΟΥ—ΔΕ—ΩΝ. Kybèle deb., entre deux lions ($Æ$ 35 mill. — R^8. = 120 fr. — **Inédite et incon.** à Mion. — Publ. par Arthur Engel, d. la Rev. Num. Fr. III Sér. An. 1884, Tom. II, p. 29, n° 27). — Trajan: ΑΥ·Κ·ΝΕΡ·ΤΡΑΙΑΝΟC·CΕ·ΓΕΡ·ΔΑΚΙΚΟC. Sa t. laurée, av. le *paludament*. ℟: ΔΙΑ·ΜΕΝΙΠΠΟΥ·ΥΙΟΥ·ΠΟΛΕΟC·ΑΤΤΟΥΔΕΩΝ. Kybèle deb. entre deux lions, les mains pendantes sur leurs têtes ($Æ$ 9. — R^{64*}. = 200 fr.). — **Complètement inconnue** à Mion. — Publ. par Waddington, d. la Revue Num. Fr. An. 1851, p. 162, n° 1. Gr. *ibid*. Pl. VII, f. 1. — Cette monnaie est remarquable pour le titre de υἱὸς πόλεως, qui se trouve aussi sur une mon. auton. (Mion. S. VII, n° 196) attaché au nom du magistrat Claudianus, — il ne peut, selon M. Waddington, signifier que: „*adopté par la ville.*" — Sur les mon. d'**Aphrodisias** de Karie (Mion. S. VI, n°s 121, 132) on trouve aussi une lég. semblable: ΑΠΟΛΛΩΝΙΟC·ΥΙΟC·ΑΦΡΟ-ΔΙCΙΕΩΝ. (comp. *Mém.* de l'Acad. des Inscr., T. XV, p. 476), il y a là l'emploi de la particule διὰ au lieu de ἐπί qui ne se trouve pas sur les mon. d'Attuda). — Hadrien et Sabine: ΑΔΡΙΑΝΟC·ΚΑΙCΑΡ·CΕΒΑC-ΤΟC·CΑΒΕΙΝΑ·CΕ. T. affrontées d'Hadrien lauré et de Sabine. ℟: ΔΙΑ·

ΜΑΤΑΙΟΥ·ΜΕΝΙΠΠΟΥ·ΑΤΤΟΥΔΕΩΝ. (et non ΑΤΤΑΛΕΩΝ., ce qui a fait ranger à tort cette mon. à Attalia de Lydie. Voy. Mion. IV, p. 13, n° 65). Zéus nu, deb., ten. une patère et la haste pure, — à ses pieds, un aigle (Æ 8. R⁷. = 90 fr. Mion. R⁶. = 48 fr.) — Antonin le Pieux: ΤΙΤ·ΑΙΛ .... ΝΙΝΟϹ. Sa t. laurée, à g. ℞: ..... ΠΟΛΙΤΙΑΝΟϹ? ΥΙΟϹ·ΠΟΛΕΩϹ .... ΟΥΔ ... ΑΝΕΘΗΚΕ. Kybèle deb. de face posant chacune de ses mains sur un lion (Æ 10. — R⁸. — **Incon.** à Mion. — 80 fr. — Publ. par H. Cohen, d. son Cat. du Cab. J. Gréau, mon. Gr. Paris 1867, p. 175, n° 1993. Vend. 20 fr. ex. mal conservé. Très-remarquable par le titre de ΥΙΟϹ·ΠΟΛΕΩϹ.); — *autre:* ΑΝΤΩΝΕΙΝΟϹ·ΚΑΙ·ΑΥΓ·Τ·ΑΙΛ·ΑΔΡΙ·ΕΥϹΕ. Sa t. laurée. ℞: ΔΙΑ·Μ·ΟΥΑ· ΚΛΑΥΔΙΟΥ·ΑΝΤΩΝΙΟΥ·ΕΥΜΕΝΕΩΝ·ΟΜΟΝΟΙΑ. Kybèle tourelée et voilée deb., vue de face, entre deux lions, les deux m. pendantes au-dessus de leurs têtes, — la déesse est placée entre deux femmes tourelées, et vêtues de la *stola*, av. des hastes, — au-dessus de l'une on lit: ΑΤΤΟΥΔΑ., au-dessus de l'autre: ΤΡΑΠΕΖΟΠ. (Æ. MM. — R⁸. = 400 fr. Mion. R⁸. = 200 fr.). — Julia Domna: ΙΟΥΛΙΑ·ΔΟΜΝΑ·ϹΕΒΑϹΤ. Sa t. à dr. ℞: ...... ΤΩΚΙΑΝΟΥ·ΑΤΤΟΥΔΕΩΝ. Démétèr voilée et deb., ten. des épis et un flambeau (Æ 9. — R⁷. = 70 fr. Mion. R⁵. = 48 fr.); *autre*, av.: ΔΙΑ·ΚΛ· ΦΛΑΒΙΑϹ·ΑΡΡΙ·ΙΕΡΕΙΑϹ·ΑΤΤΟΥΔΕΩΝ. Même type (Æ 9. — R⁸. = 120 fr. Mion. R⁵. = 48 fr.); *autre:* ΙΟΥΛΙΑ·ϹΕΒΑϹΤΗ. Sa t. à dr. ℞: ΑΤΤΟΥΔΕΩΝ. Les Dioscures deb., armés chacun d'une haste et se donnant la m., au milieu, un autel (Æ 5. — R⁷. = 40 fr. Mion. R⁵. = 15 fr.). — Caracalla: ...... ΑΥΡ·ΑΝΤΩΝ ..... Sa t. nue, à dr. av. le *paludament*. ℞: ...... ΑΤΤΟΥΔΕΩΝ. Kybèle deb. entre deux lions et vue en face, d. un temple distyle (Æ 10½. — R⁷. = 100 fr. Mion. R⁴. = 50 fr.); *autre:* ΑΤΤΟΥΔΕΩΝ. Zéus assis, ten. une patère et la haste (Æ 7. — R⁶. = 48 fr. Mion. R⁵. = 24 fr.). — Géta: ...Λ·ϹΕΠΤ·ΓΕΤΑ .... T. nue de Géta, à dr. av. le *paludament*. ℞: ΙΟΥ·Κ·ΚΛΑΥΔΙΑΝΗ·ΑΝΕΘΗ·ΑΤΤΟΥΔΕΩΝ. Femme deb., vêtue de la *stola*, ten. de la m. dr. levée une pomme, la g. posée sur le côté (Æ 6½. — R⁷. = 40 fr. Mion. R⁵. = 24 fr.); *autre:* Lég. emportée. Sa t. ℞: ΑΤΤΟΥΔΕΩΝ. Tyché deb., av. ses attributs (Æ 4. — R⁶. = 40 fr. Mion. R⁵. = 15 fr.). — Sévère-Alexandre: ΑΥΤ·Κ·Μ·ΑΥΡ· ϹΕΟΥΗΡ·ΑΛΕΞΑΝΔΡΟϹ·ϹΕΒΑϹ. Sa tête laurée, av. le *paludament*. ℞: ΑΤΤΟΥΔΕΩΝ. Buste de Zéus-Sarapis (Æ 6. — R⁷. = 60 fr. Mion. R⁵. = 24 fr.). — Gallien: ΠΟ·ΛΙΚ· ou ΛΙ·ΓΑΛΙΗΝΟϹ. (sic). Sa t. radiée et barbue. ℞: ΑΤΤΟΥΔΕΩΝ. Figure vêtue de la *stola*, assise sur un lion et ten. d. la m. dr. une haste (Æ 9. — R⁷. = 60 fr. Mion. R⁵. = 30 fr.). — Salonine: ΙΟΥ·ΚΟΡ·ϹΑΛΩΝ ..... Sa t. à dr. ℞: ΑΤΤΟΥΔΕΩΝ. Autel orné de guirlandes et de fleurs, — dessus, deux petits autels entre trois pommes de pin (Æ 6. — R⁷. = 40 fr. Mion. R⁶. = 18 fr.); *autre:* Sa t. ℞: ΑΤΤΟΥΔΕΩΝ. Zéus assis, couvert du *pallium*, ten. d. la m. dr. une patère et d. la g. la haste, — à ses pieds, un aigle (Æ 7. — R⁷. = 40 fr. Mion. R⁶. = 18 fr.). — Sur les mon. d'Attuda, voy.: *Num. Chron.* VIII, 17 (aut. et de S. Sévère, Gallien). — Gerhard, Archäolog. Zeitg. 1844, p. 343. — Sestini, Mus. Chaudoir, p. 107. — *Rev. Num. Franç.* An. 1851, p. 162. — Fellows: 1840, Pl. XXXV, f. 11 (Domitien). — Sestini, Lettere di Continuaz. VI, p. 80. — Diamilla, Memorie numismatiche, I, 31. — Köhne, Berl. Blätter f. Münzk. I, p. 146 (Arolsen), comp. Mion. IV, p. 242, n° 283, mais av. ΑΤΤΟΥΔΕΩΝ. —

180. BPOYZOC.

Lég. sur les mon. de Brouzos ville de Phrygie, dont Mionnet n'a point connu d'**autonomes**, et qui sont les suivantes: BPOY—ZOC. *Tyché* tourelée, à mi-corps à g., la m. dr. appuyée sur un sceptre, et ten. une corne d'abond. sur le bras g. ℞: POYΦINOC AN—EΘFK à g., BPOYZHNΩ—N à dr. de *Tyché* deb. av. gouvernail et corne d'abond. Bronze du temps de Septime Sévère ou Caracalla (Æ. 19 mill. — R^8. = 50 fr. — **Inédite**. — Publ. par Imhoof-Blumer, d. ses: Monn. Gr. p. 394, n.° 66); BPOY—ZOC. Buste tourelé et drapé de *Tyché*, à dr. ℞: BPOY—ZHNΩN. Hermès nu, deb. à g., ten. une bourse à la m. dr., le caducée et la chlamyde de l'autre (Æ. 20 mill. — R^8. = 60 fr. — **Inédite**. — Imhoof, ibid. n.° 67); — Buste drapé de Dionysos imb. couronné de lierre, à dr., — devant lui, thyrse. ℞: BPOY—ZHNΩN. *Aigle* éployé de face, la t. tournée à g., et ten. une couronne dans le bec (Æ. 19 mill. — R^8. = 40 fr. — **Inédite**. — Cf. Imhoof, ibid. n.° 68). — **Impériales**: depuis Antonin le Pieux jusqu'à Gordien le Pieux. Æ. Mod. 5 $^1/_2$, 6, 7, 8, 9. — R^6-R^8. de 40, 60, 100, 200 et 300 fr. — Antonin le Pieux: AVTO·KAI·AΔPI·ANTΩNEINOC. Sa t. laurée. ℞: BPOY—ZHNΩN. Zeús demi-nu, assis (Æ 6. — R^7. = 50 fr. Mion. R^5. = 24 fr.). — Marc-Aurèle: Lég. emp. Sa t. ℞: Même lég. Fig. nue, deb., ten. de la m. dr. la haste, la g. appuyée sur une colonne (Æ 7. — R^6. = 30 fr. Mion. R^4. = 12 fr.). — Commode: Sa t. ℞: BPOYZHNΩN. Héraklès nu, ten. d. la m. dr. sa massue et ayant la g. sur la t. d'une femme à genoux qu'il tue (Æ 7. — R^7. = 60 fr. Mion. R^5. = 24 fr.); *autre*: Même lég. Commode vêtu du *paludament*, — à ses pieds, un captif prosterné (Æ 7. — R^6. = 30 fr. Mion. R^4. = 12 fr.) — Septime-Sévère: AY·KAI·Λ·CEΠ·CEOYHP—OC. Sa t. laurée, à dr. ℞: KAIK· (et non: MAPK. — *fausse leçon* qu'on trouve d. Mion. IV, p. 246, n.° 306) POYΦINOC·BPOYZH—NΩN·ANEΘ⊦K. Hygiéia deb., donnant à manger à un serpent dans un vase. Grenetis de perles (Æ. 26 mill. — R^7. = 60 fr. Mion. R^5. = 24 fr. — Cf. Arthur Löbbecke, d. la Zeitschr. f. Num. Bd. XII, p. 343, qui dit qu'il avait l'occasion de voir en commerce une pareille pièce du m. mod. de Julia Domna, av. le même nom du magistrat et un Asklépios deb. — On en connait aussi des autonomes av. le nom de Caecilius Rufinus, v. Imhoof-Blumer, Monn. Grecq. p. 394, n.° 66); — *autre*: Même lég. Sa t. laurée, à dr. ℞: BPOYZHNΩN. Zeús à demi-couvert du *pallium*, assis sur un siège, à g. (Æ 6. — R^6. = 40 fr. Mion. R^5. = 24 fr.). — *autre*: BPOYZ—HNΩN. Femme deb., vêtue de la *stola*, ten. une pomme (Æ 6. — R^6. = 30 fr. Mion. R^4. = 12 fr.). — Caracalla: M·AVP·ANTΩNEINOC. Sa t. laurée et imberbe, à dr., la poitrine cuirassée. ℞: POY✝INOC·ANTΩNI·BPOVZHNΩN. Démétèr-Lucifera d. un char traîné par deux dragons ailés, à dr. (Æ 6$^1/_2$. — R^8. = 70 fr. Mion. R^5. = 24 fr.); *autre*: ℞: BPOVZHNΩN. L'empereur à cheval, en habit de pacificateur, armé d'une haste (Æ 9. — R^7. = 50 fr. Mion. R^5. = 40 fr.). — Géta: ΠΟ·CEΠ·ΓΕΤΑC·ΚΑ. Son buste, à dr., av. le *paludament*. ℞: BPOYZHNΩN. Tyché deb., ten. une corne d'abond. et un gouvernail (Æ 5$^1/_2$. — R^8. = 40 fr. — **Incon**. à Mion. — Publ. par Alexandre Boutkowski, d. la Revue Numism. Fr., III Sér. An. 1884, T. II, p. 405, n.° 16); *autre*: ℞: Même lég. Asklépios deb. av. ses attributs (Æ 6$^1/_2$. — R^6. =

30 fr. Mion. R³. = 18 fr.). — Maximin et Maxime: AVT·K·Γ·IOV·OVHP· MAΞIMEINOC·Γ·IOV·OVHP·MAΞIMOC·K. Têtes affrontées de Maximin et Maxime, l'une laurée et l'autre nue, — chacune av. le *paludamentum*. — ℞: BPOVZHNΩN. Zéus assis à g. sur un trône, ten. d. la m. dr. une patère et de la g. la haste pure, — dessous deux Géants (et non deux Tritons comme l'avait pensé Vaillant ou deux Titans qu'avait cru y voir Mionnet, IV, p. 247, n.º 311) dont les jambes se terminent en queues de serpents, tenant chacun un rocher d'une main, comme pour le lancer, et se donnant l'autre main (Æ 8. — R⁷. = 150 fr. Mion. R⁶. = 48 fr. *Grav.* d. le T. VII du Suppl. Pl. XII, f. 2). — Maxime: Γ·IOV·OV·MAZIMOC KA. Buste drapé de Maxime, à dr. ℞: BPOV—ИΩHΣ. Démétèr, une torche de chaque main, deb. dans un *bige de serpents*, à dr. (Æ. 25 mill. — R⁸. = 70 fr. — Incon. à Mion. — Publ. par Imhoof-Blumer, d. ses: Monn. Gr. p. 394, n.º 69 et dans son: *Choix*, Pl. V, n.º 187); *autre:* ℞: Même lég. Hygiéia deb., donnant à manger à un serpent d. un vase (Æ 6. — R⁶. = 40 fr. Mion. R⁵. = 24 fr.); *autre:* ℞: Même lég. Zéus demi-nu, assis (Æ 6. — R⁶. = 40 fr. Mion. R⁵. = 24 fr.). — Sévère-Alexandre: Lég. effacée. Sa t. à dr. ℞: BPOVZHNΩN. Niké Aïtéros deb. sur un globe, ten. de la m. dr. une palme, de la g. une couronne (Æ 6. — R⁸. = 100 fr. — Incon. à Mion. — Publ. par Waddington d. la Rev. Num. Fr. An. 1851, p. 163. — La Niké est presque toujours ailée, surtout sur les monnaies. „Il existe", dit M. Waddington, „encore sur l'acropole d'Athènes un charmant petit temple, dédié à la Niké sans ailes, leur absence signifie qu'elle n'abandonnait jamais les Athéniens, ou plutôt qu'elle ne devait jamais les abandonner"). — Gordien le Pieux: AVT·K· M·ANT·ΓOPΔIANOC. Sa t. laurée, à dr. av. le *paludament*, — dessus, une contre-marque. ℞: BPOVZHNΩN. Asklépios et Hygiéia deb. (Æ 6. — R⁵. = 20 fr. Mion. R⁴. = 12 fr.); *autre:* Lég. défectueuse. Sa t. imberbe et laurée. ℞: Même lég. Artémis-Lucifera deb., ten. d. chaque main un flambeau (Æ 6. — R⁵. = 20 fr. Mion. R⁴. = 12 fr.); *autre:* ℞: Même lég. Aigle éployé, ten. d. son bec une couronne (Æ 6. Même prix); *autre:* ℞: BPOVZHNΩN. Zéus assis d. un temple tétrastyle, ten. la haste d'une main, une patère de l'autre (Æ 6. Même prix); *autre:* Lég. ordinaire. Sa t. laurée, à dr. av. le *paluda-ment*. ℞: BPOVZHNΩN. Zéus assis, à g., — devant lui, Démétèr deb. (Æ 8. — R⁶. = 40 fr. Mion. R⁴. = 18 fr.). — Sur les mon. de Bronzos consultez encore: *Rev. Num. Fr.* An. 1851, p. 163. — *Annali* dell' Instit. et di Corrisp. archeolog. di Roma, An. 1861, p. 149. — *Numism. Chron.* VIII, p. 19. —

181. KIBYPA.

Lég. sur les mon. de la ville de **Kibyra** en Phrygie. — *Droit:* KIBYPA. T. tourelée et voilée de femme, à dr. ℞: KIBYPATΩN. Lion (ou plutôt une panthère, qui, au dire de Cicéron, était un animal très-commun dans les montagnes de Kibyra) marchant de g. à dr. (Æ 5. — R⁶. = 20 fr. Mion. R⁴. = 6 fr.). — Les monnaies de cette ville sont assez nombreuses, — après la mort de Mionnet on en a découvert beaucoup de *nouvelles* que je vais citer ici-bas. — **Autonomes en** Æ: T. imb. casquée, av. la chlamyde, à dr. ℞: ΣΙΛΜΑ· (et non: Ο·Α·ΚΕΔ·ΔΙ. *fausse leçon* qu'on trouve d. Mion. IV, p. 257, n.º 366) KIBYPATΩN. Cavalier en habit court allant au galop, à dr. armé d'une lance qu'il tient horizontalement, — au-dessus les bonnets des

Dioscures, — sous le cheval, B, — plus bas, MO. (Æ 8. — R⁷. = 300 fr. Mion. R⁷. = 200 fr. Grav. d. le Tom. VII, Pl. XII, n.° 4); *autre*: T. imb. casquée, à dr. ℞: KIBYPATΩN. Cavalier en course, à dr., la m. dr. armée d'une haste, — d. le champ, OΓ. (Æ 4. — R⁶. = 80 fr. Mion. R⁵. = 24 fr.); *autre*, av.: KIBYPATΩN·IAOP. Même type (Æ 4. — R⁷. = 100 fr. Mion. R⁵. = 24 fr.); *autres variétés* (nouvellement découvertes), inconnues à Mionnet: Buste imb., casqué et drapé, à dr. ℞: KIBYPATΩN. Cavalier imb. casqué et cuirassé, en course, à dr., le bras g. couvert d'un bouclier, et ten. d. la m. dr. une lance en arrêt. Sur la cuirasse, la lettre B. Au-dessus du cavalier, O—K—M et la t. radiée d'Hélios, à dr., dessous, A. [L'exempl. du *Mus. Britan.* montre, à côté du symbole, les lettres OK—K, et A., — un autre, dont le symbole est un *aigle* éployé sur le foudre à g. et retournant la tête, le nom IAΓOAΣ. Cf. Leake, Suppl. p. 37.] — (Æ 28 mill. — Gr. 12,29. — R⁸. de 300 à 400 fr. — V. Imhoof-Blumer: Monn. Gr. p. 395, n.° 71); *autre*: Même t. à dr., sans draperie. ℞: KIBYPATΩN. Même cavalier, à dr., derrière lui, *rose* (Æ 15 mill. — Gr. 2,54. — R⁸ = 120 fr. — Imhoof, ibid. n.° 72); *autre*: Papillon derrière le cavalier, et M dessous (Æ 17 mill. Gr. 2,52. Même prix. — Imhoof, ib. n.° 73); *autre*: épi, et ℞. (Æ 18 mill. Gr. 2,90. Même prix. — Imhoof, ib. n.° 74); *autre*, caducée et ΠM. (Æ 17 mill. — Gr. 2,42. — Même prix. — Imhoof, ib. n.° 75); *autre*: le buste drapé et, au Rev., grappe de raisin et KEΔ. — *Cab. de Münich* (Æ 17 mill. — Imhoof, ib. n.° 76); *autre*: même symbole, et KAΛ. (Æ 18 mill. — Imhoof, p. 396, ib. n.° 77); — *autre*: MOAΓE sous le cavalier, qui est sans casque ni bouclier, — sans symbole. *Cab. de Münich* (Æ 18 mill. Gr. 2,96 (troué). Imhoof, ib. p. 396, n.° 78); *autre*: le cavalier comme d'ordinaire, et d. le champ *bonnets* des Dioscures, et OCIP. (Æ 17 mill. Gr. 2,92. — Imhoof, ib. n.° 79); *autre*: IA, sans symbole (Æ 17 mill. — Gr. 3,09. — Imhoof, ib. n.° 79a); — *autre*: IO, sous le cavalier (Æ 17 mill. — Imhoof, ib. n.° 80); — *autre*: étoile derrière, et OΓΩΛΛIΣ sous le cavalier. Coll. Waddington (Æ 17 mill. — Imhoof, ib. n.° 80a.) — [Quelques uns des noms, dit *ib.* M. Imhoof, qui se lisent sur ces mon. d'arg., sont peut-être ceux des *tyrans* qui ont régné sur la Kibyratide. Le dernier de ces dynastes, Moagétès, fut dépossédé par les Romains en 84 ou 83 av. J. C. (Strabon, p. 631. C'est lui sans doute dont le nom B·MO. se lit sur la mon. publ. par Mion. S. VII, p. 532 et 237, pl. XII, 4, — Cat. Northwick, n.° 1217). On ne connait en outre que deux de ses prédécesseurs, Pankratès (Polybe XXX, 9) et un autre Moagétès, que Cn. Manlius Vulso rançonna à cause de ses dispositions hostiles envers les Romains, 189 av. J. C. (cf. Polybe XXII, 17 et Tite-Live XXXVIII, 14). C'est peut-être à celui-ci qu'il faut attribuer la drachme n.° 78 qui parait être la plus ancienne de la série. — Quant aux mon. de bronze, que Sestini, Mionnet, Borrell et autres ont attribuées aux Rois de Kibyra, M. Imhoof-Blumer (voy. ses: „Numismatische Berichtigungen", p. 10—14) a démontré qu'elles sont à restituer à Amyntas, roi de Galatie.] — *Drachme* en Æ. aux types et au nom d'Alexandre le Grand, *contremarquée* d'une t. imb. casquée à dr., le coup drapé, et entre les lettres KI—B. (Æ. 18 mill. — R⁸ = 100 fr. — Incon. à Mion. — Imhoof, ib. p. 396, n.° 81). —
Autonomes en bronze: T. imb. casquée, à dr. ℞: KIBYPATΩN. Partie anté-

rieure de cheval, au galop. Derrière, le monogr. des lettres ΠΑ. Devant, les lettres IK. (Æ 6. — R^8. = 40 fr. — **Incon.** à Mion. — Publ. par Waddington, d. la Rev. Num. Fr. An. 1851, p. 165, n? 1); *autre:* ΔΗΜΟC. T. laurée du Peuple. ℞: ΚΑΙC·ΚΙΒΥΡΑΤΩΝ. Hadès assis, la m. g. sur la haste, à ses pieds, Cerbère (Æ 5$^1/_2$. — R^6. = 40 fr. — Publ. par Waddington, ib. n? 2). — **Inédite:** OYHPANIOC. Tête nue de Q. Veranius, à dr. ℞: ΚΙΒΥΡΑΤΩ. Temple tétrastyle (Æ. 15 mill. — R^8. = 200 fr. — Publ. par Arthur Löbbecke, d. la Zeitschr. f. Num. Bd. XV, p. 51. Gr. ib. Pl. III, f. 15). [Cette pet. mon. nous donne un nouveau d'un magistrat romain qui est resté inconnu à M. Waddington, auteur de l'article: „*Les Proconsuls d'Asie et d'Afrique sur les monnaies*", inséré d. la Rev. Num. Fr. An. 1867, p. 102.] — **Autres autonomes:** T. radiée de Hélios de face. ℞: Buste de *cheval* à dr. Dessous, KI. (Æ. 14 mill. — Gr. 1,50. — R^8. = 40 à 50 fr. — **Incon.** à Mion. — Publ. par Imhoof-Blumer, d. ses: Monn. Gr. p. 396, n? 82, et d. son: Choix, pl. V, 188); *autre:* Même t. ℞: ΚΙΒΥ—ΡΑΤΩΝ. *Zébou* cornupète à dr. — *Cab. de France* (Æ. 15 mill. — R^8. = 60 fr. — **Incon.** à Mion. — Imhoof, ib. n? 83); même t. ℞: KI—BY. Protome de *zébou* cornupète à dr., la t. de face (Æ. 17 mill. — Gr. 3,37. — R^6. = 30 à 40 fr. — Semblable d. Mion. IV, p. 258, n? 372, mais mal décrite, taxée: R^4. = 8 fr. — Imhoof, ibid. n? 84); même t. ℞: Même lég. et même type (Æ. 16 mill. — Gr. 3,01. — R^7. = 40 fr. — *Cab. de Münich.* — Imhoof, ibid. p. 397, n? 85); même t. ℞: ΚΙΒΥΡΑΤΩΝ. Trépied. — **Cat. manuscrit** de C. W. Huber (Æ. 15 mill. R^8. = 60 fr. — **Incon.** à Mion. — Imhoof, ib. n? 86); *autre:* T. de femme, à dr. ℞: (K)ΙΒΥΡΑΤΩΝ. au-dessus d'une *rose* (Æ. 10 mill. Gr. 1. — R^8. = 40 fr. — **Incon.** à Mion. — Imhoof, ib. n? 87 et son: *Choix*, p. V, n? 189). — Têtes accolées des Dioscures, à dr. ℞: ΚΙΒΥΡΑΤΩ. Niké érigeant un trophée, d. le champ, les lettres EK. (Æ 4. — R^5. = 15 fr. Mion. R^4. = 8 fr. — Pembroke, Pars II, Tab. 14); *autre:* ΒΟΥΛΗ. T. voilée de femme, à dr. ℞: ΚΙΒ—ΥΡΑ—ΤΩΝ en trois lignes d. une couronne de laurier (Æ 5$^1/_2$. — R^6. = 20 fr. Mion. R^4. = 12 fr.); *autre:* ℞: ΚΙΒΥΡΑΤΩΝ. Tyché deb. (Æ 5. — R^4. = 8 fr. Mion.); *autre:* ΙΕΡΑ·CΥΝΚΛΗΤΟC. T. du Sénat, à dr. ℞: ΚΙΒΥΡΑΤΩΝ. Le dieu *Mèn* deb. (Æ 4. — R^5. = 15 fr. Mion.); *autre:* Λ.....D..... (Sic!) T. voilée de femme, à dr. ℞: ΚΙΒΥΡΑΤ..... ΚΑΙC. Asklépios et Hygiéia deb. (Æ 7. — R^5. = 24 fr. Mion.); T. jeune casquée, ou couverte du *pileus*. ℞: ΚΙΒΥΡΑΤΩΝ. Partie antérieure d'un *zébou* (et non d'un boeuf) bossu, couché à dr., au-dessus, la lettre, N. (Æ 3. — R^4. = 8 fr. Mion.); t. nue de Hermès, devant, un caducée. ℞: ΚΙΒΥΡΑΤΩΝ. Dionysos barbu et vêtu de la toge, deb. à g., ten. le *cantharos* de la m. dr., et de la g. le thyrse, et soutenant en même temps sa toge (Æ 4. — R^4. = 8 fr. Mion.); t. de Dionysos Indien ceinte de lierre, à dr. ℞:....ΚΙΒΥΡΑ....... (Litt. fug.). Cheval libre, courant à dr. (Æ 4. — R^3. = 6 fr. Mion.); ΔΗΜΟC pro ΔΗΜΟC·ΚΙΒΥΡΑΤΩΝ. Tête laurée du Démos, à dr. ℞: ΕΠΙ·ΚΛ·+ΙΛΟΕΛΕ. (sic). Hadès assis sur un siège, tourné à g., le *modius* sur la tête, la m. dr. étendue au-dessus de Cerbère placé à ses pieds, et la g. posée sur la haste pure (Æ 8. — R^8. = 120 fr. Mion. R^5. = 50 fr.); *autre:* ΙΕΡΑ·CΥΝΚΛΗΤΟC. T. nue du Sénat, à dr. ℞:.... ΑΡΧΙ-ΑΡΕΩC· (sic) KIBY. Figure militaire armée d'un bouclier, marchant à dr. (Æ 3$^1/_2$. — R^6. = 20 fr. Mion. R^5. = 15 fr.). — **Impériales** depuis Auguste,

Domitien, jusqu'à Gallien. Beaucoup de nouvelles, découvertes après Mionnet. — Elles sont toutes rares et très-intéressantes par leurs types. — Auguste: Tête nue d'Auguste, à dr. ℞: CEB·KIBYPATΩN. *Capricorne* à dr., retournant la tête (Æ. 18 mill. — R⁶. = 100 fr. — **Inédite et incon.** à Mion. — Publ. par Imhoof-Blumer, d. ses: Monn. Gr. p. 397, n.° 88). — Domitien et Domitia: ΔΟΜΙΤΙΑΝΟC·ΚΑΙCAP·ΔΟΜΙΤΙΑ·CΕΒΑCΤΗ. Leurs t. affrontées. ℞: ΕΠΙ·ΑΡΧΙΕΡΕΩC·ΚΛΑΥ·ΒΙΑΝΤΟC. Dans le champ, KIBY. Zéus assis, ten. une patère de la m. dr., la g. sur la haste (Æ 6. — R⁶. = 120 fr. — **Incon.** à Mion. — Publ. par Waddington, d. la Rev. Numism. Fr. An. 1851, p. 165, n.° 3. — Grav. *ib*. Pl. VII, f. 3). — Hadrien: AYTO·ΚΑΙ·ΤΡΑ·ΑΔΡΙΑΝΟC. Buste lauré d'Hadrien, à dr. av. les épaules nues. ℞: ΕΠΙ·ΦΛΑ·ΟΒΙΔΙΑΝΟΥ·ΓΡΑ·ΚΙΒΥΡΑΤΩΝ. = *Επι Φλαβιου Οβιδιανου Γραμματεως Κιβυρατων*. Zéus assis sur un siège à g., ten. d. la m. dr. une patère et d. la g. la haste pure (Æ 7. — R⁶. = 150 fr. — Unique exempl. au *Mus. Britannique*, que j'ai noté); *autre:* AY·ΚΑΙ·ΤΡ·ΑΔΡΙΑΝΟC·CΕ. Buste lauré d'Hadrien, à dr., la poitrine cuirassée. ℞: ΚΙΒΥΡΑΤΩΝ. Même type (Æ 6. — R⁴. = 15 fr. Mion.). — Aelius César: ...... Lég. manque. Sa t. à dr. ℞: ΚΙΒΥΡΑΤΩΝ. Femme deb. ten. d. la m. dr. une balance (Æ 4. — R⁵. = 15 fr. Mion.); *autre:* Même lég. Asklépios deb. (Æ 4. — R⁵. = 15 fr. Mion.). — Marc-Aurèle: Μ·ΑΝΤΩΝΕΙΝΟC·ΚΑΙC. Sa t. nue et imb. à dr. av. le *paludamentum*. ℞: ΚΙΒΥΡΑΤΩΝ. Athéné deb., tournée vers la g., ayant la m. dr. sur une lance, — à ses pieds, un bouclier (Æ 6½. — R⁴. = 12 fr. Mion.). — Faustine Jeune: ΝΕΑ·ΦΑΥCΤΙΝΑ. Buste drapé de Faustine jeune, à dr. ℞: ΚΙΒΥΡΑ—ΤΩΝ. Corbeille à bord ondulé, *κίβωσις, κιβωτά* (Æ. 21 mill. — R⁸. = 60 fr. — **Incon.** à Mion. — Publ. par Imhoof-Blumer, d. ses: Monn. Gr. p. 397, n.° 89). — Antonin le Pieux: Voy. Köhne, Berliner Blätter f. Münzkunde, II, p. 189. — Lucius Verus: ..... Sa t. à dr. ℞: ΚΙΒΥΡΑΤΩΝ. Asklépios deb. (Æ 4. — R⁶. = 15 fr. Mion.); *autre:* ℞: Même lég. Ciste mystique autour de laquelle sont deux serpents (Æ 4. — R⁵. = 15 fr.). — Commode: AY·ΚΟΜΜΟ·ΚΑΙCΑΡΙ .... Sa t. laurée. ℞: ΚΙΒΥΡΑΤΩΝ. Démétér voilée deb. (Æ 9. R⁶. = 40 fr. Mion. R⁴. = 24 fr.). — Septime-Sévère: AYT·KA ...... CΕΟΥΗΡΟC·ΠΕΡΤ. Sa t. laurée, à dr. ℞: ΚΑΙC·ΚΙΒΥΡΑΤΩΝ·ΕΠΙ·ΠΟ·ΑΙΑ·ΚΑΠΙΤΩΝΟC. Tyché, coiffée du *Kalathos*, deb. à g. ten. un gouvernail et une corne d'abond. (Æ. 35 mill. — R⁸. = 120 fr. — **Incon.** à Mion. — Publ. par Arthur Löbbecke, d. la Zeitschr. f. Num. Bd. XII, p. 344); *autre:* Même lég. Athéné deb. de face et regardant à g., ten. une branche d'olivier de la m. dr. et de la g. un bouclier et une lance (Æ 10. — R⁶. = 150 fr. Mion. R⁸. = 100 fr.). — Caracalla: ΑVΤΟΚΡ·ΚΑΙ·Μ·ΑV·ΑΝΤΩΝΕΙΝΟC. Son buste lauré, av. le *paludament*. ℞: ΚΑΙCΑΡΕΩΝ·ΚΙΒΥΡΑΤΩΝ., dans l'exergue, ΕΤ·ϚΟΡ. (an 176). Pallas ou Rome casquée, assise sur une cuirasse, à côté de laquelle est un bouclier, — elle donne la m. dr. à une femme deb. en face d'elle, ayant une haste dans la m. g. (Æ. MM. — R⁷. = 150 fr. Mion. R⁵. = 100 fr.). [Mionnet, t. IV, p. 260, n.° 387, a décrit une mon. du même prince dont la date est altérée, on ne lit que ΕΤ...Ο, qu'il a rétabli par ΕΤ·ΟΡ. (170) et que Sestini, voy. Lett. num. Contin. t. III, p. 108, a proposé de lire ϚΟΡ. (an 176).] — *Autre:* Même lég. et m. t. ℞: Même lég. Kybèle traînée par deux lions, ten. un flambeau (Æ 9. — R⁷. = 50 fr. Mion. R⁵. =

30 fr.); *autre :* ℞: Même lég. Dionysos deb., derrière un tigre (Æ. MM. — R⁶. = 120 fr. Mion. R⁵. = 100 fr.); *autre*, av.: ЄΠΙ·CTP·ΛΟV·ΑΤΤΑ-ΛΟV...... Pallas et Démétèr deb., en face l'une de l'autre, — l'une est casquée et tient une lance, — l'autre tient des épis et une haste, d. le champ, ЄΤ..... (Æ 10. — R⁶. = 50 fr. Mion. R⁵. = 30 fr. Cette mon. dont le nom de ville est entièrement effacé, n'a été classé à la ville de Kibyra qu'à cause de sa fabrique et les vestiges d'une date qu'il nous a été impossible de reconnaître); ℞: ΚΙΒΥΡΑΤΩΝ·ΚΑΙCΑΡЄΩΝ. Fleuve barbu couché, ten. d. la m. dr. un roseau, le bras g. appuyé sur une urne renversée d'où coulent les eaux (Æ 7. — R⁶. = 30 fr. Mion. R⁴. = 12 fr.). — GÉTA: Λ·CЄΠ·ΓЄΤΑC·Κ. T. nue de Géta, à dr. av. le *paludament*. ℞: ΚΙΒΥΡΑΤΩΝ. Grande corbeille occupant tout le champ (Æ 4½. — R⁵. = 20 fr. Mion. R⁴. = 8 fr. — Cf. Bar. J. de Witte, Descr. du Cab. Greppo, Paris 1856, p. 159, n.° 1150); *autre:* ℞: ΠΥΘΙΑ·ΚΙΒΥΡΑΤΩΝ. Grande urne carrée (Æ 7. — R⁶. = 25 fr. Mion. R⁴. = 12 fr.). — Macrinus: Voy. sur ses mon. frappées à Kibyra: „Spratt and Forbes", Travels in Lycia, II, p. 1. — Diaduménien: M·ΟΠ·ΑΝΤΩΝΙΝΟC·Δ·Κ. Sa t. nue. ℞: ΚΙΒΥΡΑΤΩΝ. Grande corbeille à bord ondulé et perlé, occupant tout le champ (Æ 4½. — R⁸. = 60 fr. — Incon. à Mion. — Publ. par Waddington, d. la Rev. Num. Fr. An. 1851, p. 165, n.° 4. Grav. ib. Pl. VII, f. 4); *autre*, ℞: ΚΑΙCΑΡЄΩΝ·ΚΙΒΥΡΑΤΩΝ. Dionysos deb. à g. ten. le cantharos, — à ses pieds un tigre, dans le champ, les vestiges d'une date, comme ЄQP (195) — (Æ. MM. R⁷. = 200 fr. Mion. R⁵. = 100 fr.); *autre*, ℞: ΚΙΒΥΡΑΤΩΝ. Zéus assis à g., à ses pieds, un aigle (Æ 9. — R⁷. = 80 fr. Mion. R⁶. = 80 fr.); *autre*, même lég. Tyché deb. (Æ 6½. — R⁶. = 40 fr. Mion. R⁵. = 24 fr.). — Elagabal: AV·K·M·AV·ΑΝΤΩΝЄΙΝΟC·CЄ. Sa t. radiée, à dr., *paludamentum*. ℞: ΚΙΒΥΡΑΤΩΝ. Dans le champ, ΚΑΙCΑΡЄΩΝ. Démétèr dans un char traîné par deux lions, ten. d. la m. dr. une corbeille sur sa t. et ayant d. la g. un flambeau. Dessous, la date ΓQP. (193) — (Æ 9. — R⁶. = 150 fr. — Publ. par Waddington d. la Rev. Num. Fr. An. 1851, p. 165, n.° 5. — Grav. ib. Pl. VII, f. 5. Pièce d'un beau style; le portrait d'Elagabal paraît être fort expressif. — Cuivre jaune); *autre:* Mêmes lég. et m. types, mais av. la date SQP. = an 196 (Æ 9. — R⁸. = 150 fr. Mion. R⁵. = 48 fr.); *autre:* .... ΑΝΤΩΝΙΝΩC (sic) ΚΑΙCΑΡ. Sa t. nue, à dr. ℞: ΚΑΙCΑΡЄΩΝ·ΚΙΒΥΡΑΤΩΝ. Dans le champ, les vestiges, peut-être de la date ZQP. = an 197. Dionysos demi-nu, ten. le *cantharos*, à ses pieds, un tigre (Æ. MM. — R⁷. = 120 fr. Mion. R⁵. = 100 fr.). — Julia Soaemias: (ΙΟ)ΥΛΙΑ·COΑΙΜΙC. Son buste, à dr. ℞: ΚΑΙ·ΚΙΒΥΡΑΤΩΝ. Hermès ton. d. la m. dr. une bourse et de la g. un caducée, assis sur un autel (Æ. 21 mill. — R⁸. = 60 fr. — Inédite et incon. à Mion. — Publ. par Arthur Löbbecke, d. la Zeitschr. f. Num. Bd. XII, p. 344, n.° 2). — Sévère-Alexandre: ΑΥΤ·Κ·Μ·ΑΥΡ·CЄΒ·ΑΛЄΞΑΝΔΡΟC. T. laurée de Sévère-Alexandre, *paludamentum*. ℞: ΚΙΒΥΡΑΤΩΝ·Κ·ЄΦЄCΙΩΝ·Δ·ΝЄΩΚΟ-ΡΩΝ·ΟΜΟΝΟΙΑ. La ville de Kibyra deb. et tournée à dr., ten. de la m. g. une *bipenne*, de la dr. une fig. de Démétèr av. la corbeille sur la t. En face, la ville d'Ephèse, ten. d. la m. dr. son Artémis, de la gauche des armes. Au milieu, un autel allumé et la date ΑC = an 201 (Æ 10. ou 34 mill. — R⁸. = 250 fr. — Incon. à Mion. — Publ. par Waddington, d. la

Rev. Num. Fr. An. 1851, p. 165, n° 6. *Grav.* ib. Pl. VIII, f. 1. Magnifique pièce fédérale de Kibyra. — M. Arthur Engel, d. la Rev. Num. Fr. IIIme Sér. An. 1884, Tom. II, p. 30, n° 29, décrit fort inexactement la même pièce de la coll. Lawson de Smyrne, ayant au *droit* une lég. défectueuse). — *Autre*: AY·K·M·AY·AΛEΞANΔPOC. Son buste lauré, à dr. ℞: KIBYPA-TΩN. Corbeille mystique de Dionysos (Æ 4. — R^8. = 60 fr. — Incon. à Mion. — *Musée Britannique*). — Julie Mamée: IOYΛIA·MAMEA·CE-BACTH. Sa t. à dr. ℞: KIBYPATΩN. Homme deb., vêtu d. la toge, ten. une patère d. la m. dr. et la haste transversale d. la g., — à ses pieds, un bison (Æ 8$^1/_2$. — R^6. = 30 fr. Mion. R^4. = 24 fr.). — Maximinus et Maximus: AV·K·Γ·I·OVH·MAΞIMEINOC·K·Γ·I·OVH·MAΞIMOC·KAICAP· CEBB. Leurs t. affrontées, l'une laurée, l'autre nue, chacune av. le *paludament*. ℞: KAICAPEΩN·KIBYPATΩN·ETOYC·BIC. (an 212). Femme deb. vêtue de la *stola*, ten. d. la m. dr. un flambeau et de la g. une corbeille posée sur sa tête (Æ 9. — R^7. = 100 fr. Mion. R^5. = 48 fr.); *autre*, semblable av. KIBYPATΩN seulement (Æ 9. R^6. = 80 fr. Mion. R^4. = 30 fr.). — Maxime: Γ·I·OVH·MAΞIMOC·K. Son buste à dr., la t. nue et av. le *paludament*. ℞: KIBYPATΩN. Hermès deb., ten. la bourse et le caducée (Æ 5. — R^6. = 40 fr. Mion. R^5. = 20 fr.). — Gordien le Pieux: A·K·M·AN·ΓOP-ΔIANOC. Sa t. laurée, à dr. av. le *paludament*. ℞: KIBYPATΩN. Grande corbeille, dont le bord ondulé est orné d'un rang de perles (Æ 5. — R^6. = 30 fr. Mion. R^4. = 8 fr.). [Cette mon. a été publiée avant Mionnet par J. Y. Akerman dans le „*Gentlemen's Magazine*", April 1835 et grav. ib. Pl. II, f. 5, d'après l'exempl. du Mus. Britannique.] — *Autre*: Même lég. et m. buste. ℞: KIBYPATΩN·KAICAPEΩN. Artémis-chasseresse deb. tournée à dr., et armée de l'arc (Æ 7. — R^6. = 15 fr. — Cf. J. de Witte (baron), Descr. du Cab. de l'Abbé *Greppo*, Paris 1856, voy. p. 159, n° 1151. C'est la même mon. qui a été mal décrite par Mion. IV, p. 263, n° 403. Mod. 8. — R^4. = 9 fr.); — *autre*: AV·KAI·M·AN·ΓOPΔIANOC. Même t. laurée, à dr. ℞: KIBYPATΩN. Le dieu *Mên* deb., un croissant derrière les épaules, ten. une patère d. la m. dr. et la haste d. la g., à ses pieds, un autel allumé (Æ 7. — R^5. = 20 fr. Mion. R^4. = 12 fr.); *autre*: ℞: Même lég. Démétèr voilée, deb., ten. d. la m. dr. un flambeau (Æ 7. — R^4. = 12 fr. Mion.); même lég. Grande urne des jeux de forme carrée (Æ 7. — R^4. = 12 fr. Mion.); *autre*: AV·KE·M·ANTΩ·ΓOPΔIANOC. Sa t. radiée, à dr. ℞: KIBYPA-TΩN·ZIC. (an 217). Héraklès deb. appuyé sur sa massue (Æ 11. — R^7. = 120 fr. Mion. R^5. = 90 fr.). — Tranquilline: ΦP· (sic) TPANKYΛΛEINA· CEB. Sa t. à dr. ℞: KIBYPATΩN. Niké marchant à g. couronnant une proue de vaisseau. Dans le champ, IΘC = an 219 (Æ 7. — R^7. = 80 fr. Mion. R^4. = 24 fr.). — Trajan Dèce: AVT·KAI·TPAIANOC·ΔEKIOC. Sa t. radiée. ℞: KIBYP—ATΩN. La corbeille dans un temple distyle à colonnes torses (Æ 6$^1/_2$. — R^5. = 70 fr. — Incon. à Mion. — Publ. par Waddington d. la Rev. Num. Fr. An. 1851, p. 166, n° 7. *Grav.* ib. Pl. VIII, n° 2); *autre*: Lég. emportée. ℞: KIBYPATΩN. Arès deb., ten. d. la m. dr. la haste, la g. appuyée sur son bouclier (Æ 4. — R^5. = 15 fr. Mion. R^4. = 8 fr.); *autre*: AVT·KAI·Γ·MEC·K·TPAI·ΔEKIOC·EY . . . . . . CEB. Sa t. laurée, à dr., la poitrine cuirassée. ℞: KIBYPATΩN·KAICAPEΩN·ET·ΓKC. (an 223). Démétèr deb., ten. d. la m. dr. une torche et d. la g. des épis, —

en face, une femme également, portant une corbeille sur sa tête, chacune vêtue de la *stola* (Æ 10. — R^7. = 80 fr. Mion. R^4. = 24 fr.). — Etruscille: ЄΡЄΝΝΙΑ·ЄΤΡΟΥϹΚΙΛΛΑ·ϹЄΒ. Sa t. à dr. avec la *stola*. ℞: ΚΑΙϹΑΡΕѠΝ·ΚΙΒΥΡΑΤѠΝ. Tyché, deb., ten. un gouvernail de la m. dr. et une corne d'abond. de la g. Dans le champ, ЄΤ·ϚΚϹ. (an 226). (Æ 8½. — R^7. = 60 fr. Mion. R^5. = 30 fr. — Voy. aussi: Mion., Rec. des Planches, p. 140, aux notes. — Ancien don de l'*abbé Barthélemy* au *Cab. de France*). — Gallien: ΑΥΤ·ΚΑΙ..Λ·ΓΑΛΛΙΗΝΟϹ. Buste lauré de Gallien, à dr. av. le *paludament*. ℞: ΚΙΒΥΡΑΤѠΝ. Démétèr assise sur un char traîné par deux lions, à dr. Elle tient d. la m. dr. un flambeau et sur sa tête un panier ($\varkappa i\beta\eta\sigma\iota\varsigma$, $\varkappa i\beta\omega\tau\alpha$), qu'elle soutient d. la main gauche. Grenetis de perles (Æ. 31 mill. R^8. = 70 fr. — Incon. à Mion. — Publ. par Arthur Löbbecke, d. la Zeitschr. f. Num. Bd. XII, p. 344. Grav. ib. Pl. XIV, f. 6. — Les mêmes types représentant Démétèr qui fut en grande vénération à Kibyra, se voient encore sur d'autres mon. décrites par Mion. IV, p. 261, 394; Rev. Num. Fr. 1851, p. 165, 5; Sestini, Lettere IX, tab. IV, 9, et autres). — Autre: ΑΥ·ΚΑΙ·ΓΑΛΛΙΗΝΟϹ. Son buste lauré à dr. av. le *paludament*. ℞: ΚΙ|Β—(Υ)ΡΑΤѠΝ. Temple à six colonnes av. un croissant et apex (Æ 8½. — R^8. = 75 fr. — Inconnue à Mion. — Publ. par feu Général C. R. Fox, dans ses: „Engravings of unpubl. or rare Greek coins", Part II, Londou 1862, voy. p. 26, n° 144. Grav. ib. Pl. VII, f. 144); *autre*: ΑΥ·ΚΑΙϹΑΡ· ΓΑΛΛΙΗΝΟϹ. Sa t. laurée à dr., la poitrine cuirassée. ℞: ΚΙΒΥΡΑΤѠΝ. Deux Niké deb. soutenant ensemble une corbeille (Æ 9. — R^7. = 80 fr. Mion. R^4. = 24 fr.). — Rois de Kibyra: Moagètes [tyran de Kibyra, fut vaincu par le préteur Murina, l'an 84 av. notre ère. Kibyra et son territoire furent alors réduits en provinces romaines. Cf. Strab. Livr. XIII, 631]. — *Monnaies*: *Dr.*: T. barb. nue d'Héraklès, av. une massue derrière, à côté, la lettre E. (Quelquefois on trouve les dates Є. Ϛ. et Η.). ℞: Β·ΜΟΑΓ. en monogr. Lion deb. (Æ 5. — R^6. = 80 fr. Mion. R^6. = 18 fr.); *autre*: Même t. d'Héraklès, derrière, les lettres Γ·Η. ℞: Lion marchant, à dr., — dessous ΜΟΑΓ. en monogr., d. le champ, la lettre Β. (Æ 5½. — R^7. = 60 fr. Mion. R^4. = 12 fr.); *autre*: L·H. derrière la t. d'Héraklès. ℞: Même type, dessous ΜΟΑ en monogr., et d. le champ, la lettre Β. (Æ 6. — R^7. = 60 fr. Mion. R^4. = 12 fr.); *autre*: Buste d'Artémis à dr., le carquois derrière le dos, — d. le champ, Є·Γ. ℞: Cerf allant de gauche à dr., dessous ΜΟΑ. en monogr., et d. le champ, la lettre Β. (Æ 5. — R^6. = 70 fr. Mion. R^6. = 18 fr.). — Amintas rex: Crabe. ℞: ΑΜΕΙΝΤΟΥ·Μ. au milieu du champ, sans type (Æ 4. — R^7. = 40 fr. Mion. R^6. = 15 fr. — Cf. Sestini, Descr. Num. vet., p. 460). — Chotis, rex: *Droit*: ...... ℞: Β·ΧΟΤ·Є·Ϛ. (Æ 4. R^{8*}. = 200 fr. Mion. R^8. = 100 fr. — Sestini, Classes gen., edit. 2, p. 120, n'a pas donné la description complète de cette monnaie. Voy. à ce sujet: *Numism. Chron.* VIII, p. 20). — Sur les mon. de Kibyra consultez: *Rev. Numism. Fr.* An. 1851, p. 164, 165, 166. — Gerhard, Archäolog. Zeitg. An. 1844, p. 344; An. 1846, p. 376. — Droysen, Hellenismus, III, 2, 180. — *Annali* dell' Inst. e Corrisp. archeolog. di Roma, An. 1840, p. 221, Pl. Q. 7. — J. Y. Akerman, son article d. le „Gentlemen's Magazine", April 1835. — Fox, Engravings II, p. 143 (Æ. Bison), p. 144. — Chaudoir, Corrections,

p. 89. — Köhne: Berliner Blätter f. Münzk. I, p. 263; II, p. 189; V, 17. — v. Sallet: Zeitschr. f. Numism. VIII, 10 = Domitien et Domitia, Domitien radié. — Sestini, Lettere di Continuazione, III, 106, 107, 108, 109, 110; IX, 116, Pl. IV, f. 9. — Spratt and Forbes, Travels in Lycia, II, p. 1. — Sestini, Mus. Chaudoir, p. 108. — Kibyra et Hierapolis OMONOIA. voy. d. les: *Berliner Blätter* f. Münzk. V, p. 17. —

182. ΚΙΒΩΤΟΣ.

Surnom de la ville d'**Apamea** en Phrygie. Voy. parmi les mon. de cette ville, au n.° 178 des *Tables*. —

183. ΔΟΚΙΜΟΣ.

Lég. sur les mon. de Dokimia ville de Phrygie. — *Droit:* ΔΟΚΙΜΟΣ. T. du fondateur de la ville Dokimos, à dr. ℞: ΔΟΚΙ—ΜΕΩΝ. Le mont Dindymon. Grenetis de perles (Æ. 18 mill. R^5. = 40 fr. — **Incon.** à Mion. — Publ. par Arthur Löbbecke d. la Zeitschr. f. Num. Bd. XII, p. 344); — *autre:* Même lég. et m. t. ℞: Même lég. Asklépios deb. (Æ 4 et 4^1/$_2$. — R^6. = 30 fr. Mion. R^5. = 15 fr.). — Cat. Iwanoff, Londres 1863, p. 69, lot 584 (3 p. diff.). Vend. 5 £ 10 sh. [Borrell]); — *la même*. Mod. 4^1/$_2$. — Cf. Cat. Borrell, Londr. 1852, p. 39, lot 340. Vend. 1 £ 9 sh. [Curt]. — *Autre:* Même lég. Tête nue, à dr. ℞: Même lég. Démétèr deb., vue de face, la t. tournée à g., et ten. dans chaque main des épis et des pavots (Æ 5. — R^5. = 40 fr. — Cf. Baron J. de Witte, Descr. du Cab. Greppo, Paris 1856, p. 160, n.° 1157). [Cette mon. est mal décrite par Mion. S. VII, p. 557, n.° 326, d'après Sestini, à Dorylaeon, et comme offrant les traits de Livie et au *Droit* avec la lég.: ΕΠΙ... ΘΙΣΑΜΟΝΟΣ·ΛΙΒΙΑ·ΣΕΒΑΣ. qui me paraît être plus que douteuse.] — **Autres autonomes en bronze:** ΔΟΚΙΜΟΣ. T. nue de Dokimos, fondateur. ℞: ΔΟΚΙΜΕΩΝ. Hermès deb., à ses pieds, un bélier (Æ 4. — R^6. = 20 fr. Mion. R^5. = 15 fr.); — même lég. T. imb. et laurée de Dokimos. ℞: Même lég. Isis deb., ten. de la m. dr. un sistre, et de la g. un vase (Æ 4. — R^5. = 15 fr. Mion.); t. de Zéus-Sarapis. ℞: ΔΟΚΙΜΕΩΝ. Même type (Æ 4. — R^5. = 15 fr. Mion.); ΔΗΜΟΣ. T. diadémée du Peuple. ℞: ΔΟΚΙΜΕΝ. (sic). Le mont Dindymon (Æ 3. — R^5. = 15 fr. Mion.); t. imb. ornée de pampre, à dr. ℞: ΔΟΚΙ. Grappe de raisin (Æ 4. — R^5. = 15 fr. Mion.); t. d'Héraklès, à dr., derrière, massue. ℞: ΔΟΚΙΜΕΩΝ. Hermès deb., ten. de la m. dr. une bourse, et d. la g. un caducée (Æ 4. — R^5. = 15 fr. Mion.); t. d'Héraklès. ℞: Même lég. Génie deb., ten. une corne d'abond. (Æ 4. — R^5. = 15 fr. Mion.); — t. nue d'Hermès, à dr. av. la chlamyde, — devant, un caducée. ℞: ΔΟΚΙΜΕΩΝ. Le mont Dindymon (Æ 3. — R^5. = 15 fr. Mion.); m. t. ℞: Même lég. Aigle de face, les ailes éployées, ten. d. son bec une couronne (Æ 4. — R^5. = 15 fr. Mion.); ΙΕΡΑ· CΥΝΚΛΗΤΟC. T. jeune et laurée du Sénat, à dr. av. le *paludament*. ℞: ΔΟΚΙΜΕΩΝ. Athéné deb., la m. dr. sur son bouclier posé à terre, la g. sur la haste (Æ 6. — R^4. = 12 fr. Mion.); *autre:* ℞: Même lég. Tyché deb. (Æ 6. — R^4. = 12 fr. Mion.); ΙΕΡΑ·ΒΟΥΛΗ. T. laurée et voilée de femme, à dr. ℞: ΔΟΚΙΜΕΩΝ. Temple vu de côté, av. un grand nombre de colonnes (Æ 6. — R^4. = 12 fr. Mion.); m. lég. et m. t. ℞: ΔΟΚΙ-ΜΕΩΝ·ΜΑΚΕΔΟΝΩΝ. Temple hexastyle, vu de face (Æ 7. — R^7. = 60 fr.

Mion. R^4. = 12 fr.); m. lég. et m. t. ℞: ΔΟΚΙΜΕΩΝ·ΜΑΚΕΔ. Apollon nu et deb., ten. un rameau, — à ses côtés, un trépied autour duquel un serpent est enlacé, — sur son bras un oiseau (Æ 6. — R^6. = 40 fr. Mion. R^5. = 24 fr.). — **Impériales** depuis Claude jusqu'à Tranquilline. Æ. R^6–R^8. de 25 à 200 fr. — Claude: ΤΙ·(ΚΛΑΥΔΙΟΝ)ΚΑΙCΑΡΑ. Sa t. laurée. ℞: ΔΟΚΙ-ΜΕΩΝ·ΒΟΥΛΩΝ·ΠΑΤΟΟΥ, ou d'après une autre lecture: ΒΟΥΛΩΝΟΟΥ-ΠΑΤ. Kybèle deb., vue en face, entre deux lions (Æ 4. — R^7. = 40 fr. Mion. R^6. = 18 fr.); *autre*: ΚΛΑΥΔΙΟC·ΚΑΙCΑΡ. Sa t. laurée à dr., devant, une t. humaine d. une contre-marque. ℞: .... ΕΩΝΤΟC·ΑΝΘΥΠΑ. Temple hexastyle. Dans le champ, ΔΟΚΙ. (Æ 4$^1/_2$. — R^7. = 40 fr. Mion. R^6. = 18 fr.). — Néron: ΝΕΡΩΝ·ΚΑΙCΑΡ. T. nue de Néron enfant, à dr. av. le *paludament*. ℞: ΔΟΚΙΜΕΩΝ. Kybèle deb. en terme, les bras pendants, et vue de face, — à ses pieds, de chaque côté, un lion (Æ 4. — R^7. = 30 fr. Mion. R^6. = 18 fr.); *autre:* ΔΟΚΙΜΕΩΝ. Kybèle assise entre deux lions (Æ 4. — R^6. = 25 fr. Mion. R^6. = 18 fr.). — Agrippina: ΑΓΡΙΠΠΙΝ.... Sa t. à dr. ℞: ΔΟΚΙΜΕΩΝ. T. tourelée de femme, tournée à dr. (Æ 4. — R^7. = 60 fr. Mion. R^6. = 18 fr.). — Marc-Aurèle: ΑΥ·ΚΑΙ·Μ·ΑΥ·ΑΝΤΩ-ΝΕΙΝΟC. Sa t. laurée à dr. av. le *paludament*. ℞: ΔΟΚΙΜΕΩΝ·ΜΑΚΕ-ΔΟΝΩΝ. Kybèle assise sur un lion allant à dr. (Æ 9. — R^7. = 40 fr. Mion. R^4. = 24 fr. — Cf. Cat. de la vente H. P. Borrell, Londr. 1852, p. 39, lot 341. Vend. 2 £ 9 sh. [Burgon]). — Faustine Jeune: ΦΑΥC-ΤΕΙΝΑ·CΕΒΑC. Sa t. ℞: ΔΟΚΙΜΕΩΝ. Femme deb., vêtue d'une tunique talaire (Æ 3. — R^8. = 60 fr. — **Incon**. à Mion. — Publ. par Waddington d. la Rev. Num. Fr. An. 1851, p. 170); *autre:* Même lég. et m. t. ℞: ΔΟΚΙ-ΜΕΩΝ·ΜΑΚΕΔΟΝΩΝ. Temple hexastyle (Æ 7. — R^7. = 35 fr. Mion. R^5. = 24 fr.). — Lucius Verus: ΑΥ·ΚΑΙ·Λ·ΑΥΡ·ΟΥΗΡΟC. Sa t. laurée. ℞: ΕΠΙ-CΤΡΑΤ·Μ·Λ·ΑΛΕΖΑΝΔ·ΑΡΧΩΝΤΟC·Α·ΔΟΚΙΜΕΩΝ. Athéné deb. tournée à dr., agitant sa lance de la m. droite, — la m. gauche appuyée sur son bouclier (Æ 9. — R^7. = 80 fr. Mion. R^5. = 40 fr.); *autre:* ℞: ΜΑΚΕΔΟ-ΝΩΝ·ΔΟΚΙΜΕΩΝ. Kybèle sur un lion marchant à dr. (Æ 8$^1/_2$. — R^7. = 90 fr. Mion. R^5. = 40 fr.). — Julia Domna: ΙΟΥΛΙΑ·CΕΒΑCΤΗ. Sa t. à dr. ℞: ΔΟΚΙΜΕΩΝ. Athéné deb. à dr., la m. g. sur son bouclier posé à terre, et la dr. sur la haste (Æ 6. — R^6. = 30 fr. Mion. R^5. = 20 fr.). — Diaduménien: Μ·ΟΠΕΛ·ΜΑΚΡ·ΑΝΤΩΝ·ΔΙΑΔΟΥΜΕΝΙΑΝΟC·Κ. Sa t. radiée, à dr. ℞: ΔΟΚΙΜΕΩΝ·ΜΑΚΕΔΟΝΩΝ. Tyché deb. (Æ 9. — R^6. = 200 fr. Mion. R^7. = 150 fr.); — *autre:* Même lég. (seulement av. ΜΑΚΡΙ au lieu de ΜΑΚΡ.). Son buste drapé, à dr. ℞: ΔΟΚΙΜΕΩΝ ΜΑΚΕΔΟ-ΝΩΝ. Sérapis assis à g., la m. g. appuyée sur le sceptre, la dr. étendue vers Cerbère accroupi à ses pieds (Æ. 28 mill. — R^8. = 250 fr. — **Incon**. à Mion. — Publ. par Imhoof-Blumer, d. ses: Monn. Gr. p. 398, n° 95 et dans son: Choix, Pl. V, n° 191). — Macrin: ΑΥΤ·Κ·Μ·ΟΠΕΛ·CΕ[ΟΥ]Ρ·ΜΑΚΡΙΝΟC·ΑΥΓ. T. laurée de Macrin, à dr. ℞: ΔΟΚΙ — ΜΕ — ΩΝ ΜΑ-ΚΕΔΟ—ΝΩΝ. Isis deb. à g., sur une proue de vaisseau, — elle est coiffée du *modius* et tient une fleur de la m. dr., — de la gauche, elle s'appuie sur un monticule (mont Dindymon?). — (Æ. 30 mill. — R^8. = 250 fr. — **Entièrement inconnue**. Publ. par Arthur Engel, d. la Rev. Num. Num. Fr. III Sér. An. 1884, Tom. II, p. 32, n° 36. — Grav. ib. Pl. II, n° 14. — J'ai cédé à M. Imhoof-Blumer un des plus beaux exempl. de cette monnaie de ma collection. — Isis et le monticule (ou mont Dindymon) paraissent encore comme types isolés sur les n°s 504 et 506, du t. IV de Mionnet). — Gordien le Pieux: M·ANT·ΓΟΡΔΙΑΝΟC·ΑΥΓ. Sa t. laurée. ℟: ΔΟΚΙΜΕΩΝ·ΜΑ-ΚΕΔΟΝΩΝ. Kybèle assise sur un lion (Æ 9. — R⁷. = 60 fr. Mion. R⁵. = 30 fr.); *autre*: ℟: Même lég. Zébou (boeuf bossu?) marchant (Æ 4. — R⁶. = 20 fr. Mion. R⁵. = 15 fr.). — Tranquilline: La Comtesse de Bentinck en a publié d. son Catal. II, n.° 1033, — une, qui est fort suspecte. — Voy. aussi sur cette mon. le *Numism. Chron.*, Vol. VIII, p. 25. — Sur les mon. de Dokimea, consultez: *Revue Numism. Fr.* An. 1851, p. 170. — Sestini, Lettere di Continuaz. V, p. 60, 61, 62. — Köhne: Berl. Blätter f. Münzk. I, p. 264. — *Numism. Chron.* VIII, p. 25. — von Sallet's Zeitschrift für Numismatik, Bd. VI, p. 18. —

184. ΕΥΚΑΡΠΕΙΑ.

Lég. sur les mon. d'Eukarpia ville de Phrygie. — **Autonomes en bronze:** ΕΥΚΑΡΠΕΙΑ. T. de femme tourelée. ℟: ΕΥΚΑΡΠΕΩΝ. Tyché deb. (Æ 4½. — R⁸. = 60 fr. — Incon. à Mion. — Publ. par Waddington, d. la Rev. Num. Fr. An. 1851, p. 170. *Grav.* ib. Pl. VIII, n.° 6. — Cette monnaie est une variété nouvelle, et d'une jolie fabrique); *autre:* ΕΥΚΑΡΠΕΙΑ. Même t. tourelée de femme, à dr. ℟: ΕΠΙ·ΠΕΔΙΑC·CΕΚΟΥΝΔΗC. Tyché deb. av. ses attributs (Æ 6. — R⁵. = 24 fr. Mion.). — [Les deux petits bronzes ayant au droit une t. de Hermès ont été attribuées à tort par Mionnet et Leake à Antinoüs. Ces deux pièces sont les suivantes que Mionnet a décrit ainsi: ΕΥΚΑΡΠΕΩΝ. T. nue d'Antinoüs en Mercure, un caducée sur l'épaule g. et vêtu du *paludament*. ℟: ΕΠΙ·ΠΕΔΙΑC·CΕΚΟΥΝΔΗC. Croissant soutenu par une t. de boeuf vue de face, — au-dessus, deux astres (Æ 3. — R⁴. = 15 fr. Mion.); — et une *autre:* Même lég. et même type. ℟: ΕΠΙ·Γ·ΚΛ·ΦΛΑΚ-ΚΟΥ. Croissant et deux étoiles, — au-dessus, un épi (Æ 3. — R⁵. = 18 fr. Mion.). — *Autres:* — ΔΗΜΟC ΕΥ—ΚΑΡΠΕΩΝ. Buste imb., lauré et drapé à dr. ℟: ΕΠΙ·ΜΕΛΗΘΕΝ—ΤΟC Γ·ΚΛ·ΦΛΑΚ—ΚΟΥ. Artémis, vêtue du chiton long et du péplos, deb. de face, la t. tournée à dr., — de la m. dr. elle tire une flèche du carquois, et de la g. elle tient l'arc. A sa droite, un *cerf* deb. à g., retournant la t. vers la déesse, — à sa g. une *statuette de femme* (voilée?) de face, surmontée d'un calathos, la main dr. sur le sein (Æ. 28 mill. — Gr. 8,40. — R⁷. = 120 fr. — Mion. S. VII, p. 560, n.° 338, semblable av. ΒΟVΛΗ·ΕΥΚΑΡΠΕΩΝ et une t. du Sénat, voilée. R⁷. = 80 fr. — Cf. Millingen, Sylloge, pl. II, 57, av. ΒΟVΛΗ et une tête voilée et ornée d'une stéphané, au droit, — et Imhoof-Blumer, Monn. Gr. p. 399, n.° 99). — Feu J. Friedländer, en citant un bronze d'Eukarpia (voy. Archaeolog. Zeitung 1880, pl. XVII), qui ne diffère de celui-ci que par la lég. du revers: ΑΙΘΗCΑΜΕΝΟΥ·Π·ΚΛ·ΜΑΞ·ΜΑΡΚΕΛΛΙΑΝΟΥ, place ces mon. à l'époque de Hadrien, mais M. Imhoof-Blumer, en se basant sur un bronze, à l'effigie de Faustine jeune, qui porte le nom de Γ·ΚΛ·ΦΛΑΚΚΟΥ (cf. Cat. Borrell, 1861, n.° 113, — Num. Chron. 1861, p. 222, — et Mion. Suppl. VII, 560, n.° 339) démontre avec raison qu'elles sont du temps de Marc-Aurèle. — Le joli groupe, qui est représenté sur le revers de la mon. que je viens de décrire, paraît avoir servi de modèle pour un bronze de Tiberiopolis, à l'effigie de Caracalla, décrit par M. Imhoof, d. ses: Monn. Gr.

p. 414, n° 164). — **Autres autonomes en br.**: ЄΥΚΑΡΠЄΩΝ. Tête de Bacchante ou de Dionysos, couronné de lierre. ℞: ЄΠΙ·Γ·ΚΛ·ΦΛΑΚΚΟΥ. Poséidon nu, deb. à g., ten. d. la m. dr. inclinée un petit poisson, la gauche levée sur le trident, au bas duquel est un dauphin dressé (Æ 4. — R^7. = 30 fr. Mion. R^6. = 18 fr.); même lég. T. d'Héraklès, à dr. ℞: Même lég. Télésphore deb., en face (Æ 3. — R^5. = 18 fr. Mion.). — **Impériales depuis Auguste jusqu'à Volusien**: Æ. — R^7—R^8. de 12, 30, 50, 60 et 120 fr. — Mod. 3, 4, 5, 6, 7 et 9. — Auguste: ΣΕΒΑΣΤΟΣ. derrière sa t. laurée à dr., devant le lituus. ℞: ЄΥΚΑΡΠΙΤΙΚΟΥ—ΛΥΚΙΔΑΣ (et non: ЄΥΚΑΡΠ·Τ·ΚΟ·ΛΥΚΙΔΑΣ·ЄΥΞΕΝΟ = fausse leçon d. Mion. IV, p. 296, n° 548). Artémis (et non Némésis) deb. de face, vêtue du chiton long et du péplos, — de la m. dr. levée elle tire une flèche du carquois, et d. la g. baissée elle tient l'arc. A sa g. une petite *statuette* de face (Æ. 18 mill. — R^7. = 80 fr. Mion. R^7. = 30 fr. — Cf. Mion. IV, 290, n° 248; Leake, As. Gr. p. 61 et Cat. de la vente de Moustier, n° 252 — toutes avec des leçons fausses et l'Artémis décrite à tort comme Némésis). — Livie: ΣΕΒΑΣ—ΤΗ. Son buste drapé, à dr. ℞: ЄΥΚΑΡ—ΠΙΤΙΚΟΥ·ΑΠΦΙΑ·ΙΕΡΗΑ. en quatre lignes (Æ. 13 mill. — R^8. = 60 fr. — **Incon**. à Mion. — Imhoof-Blumer: Monn. Gr. p. 399, n° 101. — von Sallet et J. Friedländer d. la Zeitschr. f. Num. Bd. VI, p. 136 et Bd. VII, p. 228). — Faustine mère: Lég. altérée. Sa t. à dr. ℞: ЄΠΙ·Γ·ΚΛ·ΦΛΑΚΚΟΥ·ЄΥΚΑΡΠЄΩΝ. Tyché deb. (Æ 4. — R^6. = 18 fr. Mion.). — Marc-Aurèle: .... Sa t. à dr. ℞: ЄΥΚΑΡΠЄΩΝ. Artémis à demi-nue, regardant l'Orient, tirant une flèche de son carquois, — à ses pieds, à dr. un cerf, à g. une nymphe (Æ 6. — R^6. = 30 fr. Mion. R^6. = 20 fr.). — Julia Domna: ΙΟΥΛΙΑ·СЄΒΑСΤΗ. Tête de Julie, à dr. ℞: ЄΥΚΑΡΠЄΩΝ. Kybèle deb. vue de face (Æ 5. — R^6. = 18 fr. Mion.). — Géta: Λ·СЄΠ·ΓЄΤΑС·Κ. Sa t. nue. ℞: ЄΠ·Λ·ΠΑΡΤЄΝΙΟΥ·ЄΥΚΑΡΠЄΩΝ. Tyché deb. (Æ 6. — R^6. = 48 fr. Mion.); *autre:* Même lég. mais av. ΚΑΙС. et m. t. ℞: ЄΥΚΑΡΠЄΩΝ. Artémis Chasseresse deb. prenant de la m. dr. une flèche, — à ses pieds, d'un côté, une pet. fig. togée, et de l'autre, un cerf (Æ 6. — R^7. = 48 fr. Mion.). — Maximinus: ΑΥΤ·Κ·Μ·ΙΟΥ·ΟΥΗΡ·ΜΑΞΙΜЄΙΝΟС. Sa t. laurée, à dr. av. le paludament. ℞: ЄΥΚΑΡΠЄΩΝ. Artémis deb., regardant à dr., à ses pieds, un cerf et une nymphe (Æ 7. — R^7. = 60 fr. Mion. R^6. = 48 fr.). — Macrin: ...... Sa t. à dr. ℞: Même lég. et même type d'Artémis deb. (Æ 6. — R^7. = 70 fr. Mion. R^6. = 48 fr.). — Gordien le Pieux: ΑΥ·Κ·Μ·ΑΝΤ·ΓΟΡΔΙΑΝΟС. Sa t. laurée. ℞: ЄΥΚΑΡΠЄΩΝ. Kybèle assise (Æ 9. — R^7. = 100 fr. Mion. R^6. = 60 fr.). — Philippe Père: ΑΥΤ·ΚΑΙС·Μ·ΙΟΥΛ·ΦΙΛΙΠΠΟС·СЄΒ. Sa t. laurée. ℞: ЄΥΚΑΡΠЄΩΝ. Tyché deb. d. un temple tétrastylo (Æ 6. ..... Gessner, Impp. Tab. CLXXI, n° 3. Cette mon. est suspecte. Gessner cite pour autorité Vaillant qui cependant n'en parle pas). — Trébonien Galle: ΑΥΤ·Κ·Γ·ΙΟΥ·ΤΡΙΒ·ΓΑΛΛΟС. Sa t. laurée, à dr. av. le *paludament*. ℞: ЄΥΚΑΡΠЄΩΝ. Femme tourelée, vêtue de la *stola*, assise sur un siège, à g., ten. des épis de la m. dr., la g. posée sur la haste (Æ 7. — R^7. = 70 fr. Mion. R^6. = 24 fr. — *Ma collection*, ex. à fl. d. c.). — *Autres deux variétés:* Mêmes lég. et m. t. ℞: Mêmes lég.; une, avec Tyché deb., et l'autre, av. Tyché d. un temple tétrastylo (Æ 6 1/2 et 6. — R^7. = à 50 fr. p.). — Volusien: ΑΥ·Κ·ΟΥ—ΟΛΟΥССΙΑ—ΝΟΝ. Son buste lauré av. le *paludament*, à dr. ℞: ΕΥΚΑΡΠΕΩΝ. Artémis deb. à g. ten. de la m. g. un arc, et de la dr. prenant une flèche dans son carquois. Devant elle, un cerf (Æ. 22 mill. R⁸. = 40 fr. — **Incon.** à Mion. — Publ. par Arthur Löbbecke d. la Zeitschr. f. Numism. Bd. XII, p. 344. — Cf. aussi: *Annali* dell' Instit. e Corrisp. archeolog. di Roma, An. 1833, p. 268). — Sur les mon. d'**Eukarpia**, voy. encore: *Numism. Chron.*, 2 Série, I, p. 222. — Fox, Engravings etc. II, n.º 146. — Millingen, Sylloge, 79. — *Revue Numism. Fr.* An. 1851, p. 170. — v. Sallet, Zeitschr. f. Numism. Bd. VII, p. 228. — Sestini, Mus. Chaudoir, p. 108. — Hermes IX, 492, groupe d'Artémis (voy. aussi: Archäolog. Zeitung 1838, p. 184) av. ΕΠΙΜΕΛΗΘΕΝΤΟΣ·Γ·ΚΛ·ΦΛΑΚ-ΚΟΥ. au *droit*: tête de femme av. ΒΟΥΛΗ·ΕΥΚΑΡΠΕΩΝ. ⇒ Hermès, même groupe, av.: ΑΙΤΗΣΑΜΕΝΟΥ·Π·ΚΛ·ΜΑΞΙΜΟΥ·ΜΑΡΚΕΛΛΙΑΝΟΥ et *au droit* une tête virile av.: ΔΗΜΟΣ·ΕΥΚΑΡΠΕΩΝ. —

185. ΕΥΜΕΝΕΙΑ.

Lég. sur les mon. d'Eumeneia en Phrygie. — *Droit:* ΕΥΜΕΝΕΙΑ. T. tourelée de femme. ℞: ΕΥΜΕΝΕΩΝ·ΓΛΑΥΚΟΣ. Fleuve couché, à g. ten. un roseau de la m. dr., et de la g. une corne d'abondance, et appuyée en même temps sur une urne vomissant des eaux (Æ 4. — R⁷. = 20 fr. Mion.); *autre:* Même lég. Tyché de la ville personnifiée, à dr. ℞: Même lég. (le mot ΓΛΑΥΚΟΣ écrit à l'exergue). Fleuve Glaukos couché, ten. des roseaux et une corne d'abond., appuyé sur un vase d'où s'échappent des eaux (Æ 5½. — R⁸. = 60 fr. — **Incon.** à Mion. et à M. Waddington. — Auj. au *Cab. de France* (voy. le Régistre K. n.º 570). [C'est par erreur que j'ai fixé un trop grand prix pour cette monnaie dans mon *Dictionaire Numismatique* (voir p. 1022, n.º 1939 bis), notamment: R****. = 400 fr.] — *Autre:* ΕΥΜΕ-ΝΕΙΑ. Tête de la Tyché de la ville ornée d'une couronne murale, à dr. ℞: ΕΥΜΕΝΕΩΝ. Fleuve couché à g. av. ses attributs. A l'exergue: ΤΛΑΥΚΟΣ (sic). Sur les autres mon. ce Fleuve porte toujours le nom ΓΛΑΥΚΟΣ. (Æ. 20 mill. R⁸. = 60 fr. — **Incon.** à Mion. — Publ. par Arthur Löbbecke, d. la Zeitschr. f. Num. Bd. XII, p. 345). — **Autres autonomes en bronze:** T. casquée de Pallas, à dr. ℞: ΕΥΜΕΝΕΩΝ. Niké marchant à g., ten. une couronne et une palme (Æ 4½. — R⁶. = 15 fr. Mion. R⁴. = 9 fr. — J. de Witte (baron), Descr. du Cab. de l'Abbé Greppo, Paris 1856, p. 160, n.º 1158. — *Ma collection*, ex. à fl. d. c.); *autre:* Même t. ℞: ΕΥΜΕΝΕΩΝ· ΔΙΟΝΥΣ. Même type (Æ 5½. — R⁸. = 60 fr. — **Incon.** à Mion. — Publ. par Waddington, d. la Revue Numism. Fr. An. 1851, p. 171, n.º 2); ΙΕΡΑ· ΣΥΝΚΛΗΤΟΣ. T. nue du Sénat, à dr. ℞: ΕΥΜΕΝΕΩΝ·ΑΧΑΙΩΝ. [La légende supplémentaire ΑΧΑΙΩΝ. constate bien le surnom d'Achéens que portaient les Euménéens pour rappeler leur origine.] Amazone à cheval, ten. la *bipenne* sur l'épaule droite (Æ 6. — R⁸. = 80 fr. — **Incon.** à Mion. — Publ. par Waddington, d. la Rev. Numism. Fr. An. 1851, p. 171, n.º 1. — Grav. ib. Pl. IX, f. 17); T. de Pallas, à dr. ℞: (ΕΥΜΕ) ΝΕΩΝ.—ΔΙΟΣ-ΚΟΥ. Niké allant à g., ten. une couronne et une palme (Æ. 23 mill. — Gr. 6,15. — R⁸. = 40 fr. — **Incon.** à Mion. — Publ. par Imhoof-Blumer, d. ses: Monn. Gr. p. 400, n.º 102); *autre:* T. laurée de Zéus, à dr. ℞: ΕΥ-ΜΕΝΕΩΝ. en deux lignes, d. une couronne de laurier (Æ 3½. — R⁴. = 9 fr. Mion.); ΕΥΜΕΝΕΩΝ. T. de Zéus-Sérapis. ℞: ΓΛΑΥΚΟΣ. Fleuve couché

($Æ\ 5$. — R^7. = 40 fr. Mion. R^7. = 20 fr.); T. de Pallas, à dr. ℞: ΕΥΜΕ-ΝΕΩΝ·ΤΙΜΟΚΡ. *Niké* marchant à g. ($Æ\ 4^1/_2$. — R^4. = 9 fr. Mion.); t. de Dionysos couronnée de lierre, à dr. ℞: ΕΥΜΕΝΕΩΝ·ΔΙΟΝΥΣΙΟΥ·ΦΙΛΩ-ΝΙ .... (lég. à vérifier). Trépied, — d. le champ, trois étoiles, une *bipenne* autour de laquelle est un serpent et une palme ornée de bandelettes ($Æ\ 6$. — R^4. = 12 fr. Mion.); *autre:* T. d. Bacchante, couronnée de lierre et de pampre. ℞: ...... ΔΙΟΝΥΣΙΟΥ·ΜΕΝΕΚΡΑ. Dionysos en toge, deb. à g. ten. de la m. dr. une grappe de raisin, et de la g. un thyrse ($Æ\ 6$. — R^4. = 12 fr. Mion.); t. de Dionysos, couronnée de lierre, à dr. ℞: ΕΥΜΕΝΕΩ·ΜΙΚΚΑΛ·ΑΠΟΛΛ. Trépied, — d. le champ, trois étoiles, une *bipenne* autour de laquelle est un serpent et une palme ornée de bandelettes ($Æ\ 6$. — R^4. = 12 fr. Mion.); ΔΗΜΟC·ΕΥΜΕΝΕΩΝ. T. imb. laurée du Démos, sous laquelle est, en contre-marque, un aigle éployé sur un foudre. ℞: ΓΛΑΥΚΟC. Le Glaukos couché à g., — au bas, trois petits poissons ($Æ\ 5$. — R^7. = 40 fr. Mion. R^7. = 20 fr.); t. laurée de Zéus, à dr. ℞: ΕΥΜΕΝΕΩΝ·ΑΧΑΙΩΝ. Bison deb. ($Æ\ 4$. — R^5. = 15 fr. Mion.); ΙΕΡΑ·CΥΝΚΛΗΤΟC. T. diadémée du Sénat, à dr. ℞: ΕΥΜΕΝΕΩΝ·ΑΧΑΙΩΝ. Artémis-Ephésia deb. ($Æ\ 6^1/_2$. — R^5. = 24 fr. Mion.); *autre:* Même lég. et m. t. du Sénat. ℞: ΕΠΙ·ΚΛΑΥΔ·ΜΗΝΟ·ΕΥΜΕΝΕΩΝ·ΑΧΑΙΩΝ. Artémis-Ephésia, av. des cerfs et ses supports ($Æ\ 5^1/_2$. — R^5. = 20 fr. Mion.). — **Impériales:** depuis Auguste jusqu'à Gallien. $Æ$. Mod. 4, 5, 6, 9, 10 et MM. — R^6-R^8. de 30, 40, 50, 60 et 120 fr. — Auguste: CΕΒΑCΤΟC. Sa t. laurée. ℞: ΚΛΕΩΝ·ΑΓΑΠΗΤΟC·ΕΥΜΕΝΕΩΝ. Zéus deb., vêtu de la toge, ten. d. la m. dr. un aigle ($Æ\ 4$. — R^7. = 40 fr. Mion. R^7. = 20 fr. — Cette mon. paraît être la même que celle que Eckhel a décrite à Domitien. Cf. Cat. Mus. Caes. Vindob. Tom. I, p. 198, n.º 1); — *autre:* CΕΒΑC. T. nue d'Auguste. ℞: ΕΥΜΕΝ. Taureau de sacrifice et deux noms de magistrats ($Æ\ 4$. — R^8. = 60 fr. — **Inédite.** — Coll. de M. A. de Belfort, vend. à Paris, le 20 Févr. 1888. Voy. le cat. p. 42, n.º 505); *autre:* CΕΒΑCΤΟC. T. nue d'Auguste, à dr. ℞: ΟΥΑΛΕΡΙΟC·CΜΕΡΤΟΡΙΞ .. ΕΥΜΕΝΕΩΝ. Taureau cornupète bondissant à dr. ($Æ\ 4$ et $4^1/_2$. — R^8. = 200 fr. — **Inédite.** — Poids: 5,55 gr. — *Cab. de France* [exempl. mal conservé]. — *Mus. Britannique.* — Publ. par Waddington, d. la Revue Numism. Franç. An. 1851, p. 171, n.º 3. Le nom d'un magistrat gaulois ou Galate est fort remarquable sur une monnaie phrygienne). — Livie: ΣΕΒΑΣ—ΤΗ. Son buste drapé, à g. ℞: ΚΛΕΩΝ ΑΓΑΠΗ—ΤΟΣ ΕΥΜΕΝΕΩΝ. en cinq lignes dans une couronne de laurier ($Æ$. 15 mill. — R^8. — **Incon.** à Mion. — 50 fr. — Publ. par Imhoof-Blumer, d. ses: Monn. Gr. p. 400, n.º 103). — Tibère et Livie: CΕΒΑCΤΟΙC. Têtes accolées de Tibère et de Livie. ℞: ΑΠΟΛΛΩΝΙΟC·ΕΥΜΕΝΕΩΝ. Artémis-Ephesia av. ses supports, — autour de sa t. d'un côté une étoile et de l'autre, un croissant ($Æ\ 4$. — R^7. = 20 fr. Mion.). — Néron (La description de cette mon. donnée par Mionnet, d'après Sestini, Descr. num. vet. p. 446 — est incomplète et fautive. Je la donne ici d'après un très-bel exempl. qui a appartenu à M. J. Gréau): ΝΕ[ΡΩΝ]ΣΕΒΑΣΤΟΣ. Son buste nu à dr., drapé, — sur les lettres du nom qui manquent une hache en contre-marque. ℞: ΙΟΥΛΙΟΣ·ΚΛΕΩΝ·ΑΡΧΙΕΡΕΥΣ·ΑΣΙΑΣ·ΕΥΜΕΝΕΩΝ. Zéus-Labrandeos? (et non Iole) imberbe, nu, av. une draperie sur le bras gauche, deb. à g., ten. un oiseau et une bipenne ($Æ\ 4$. — R^7. = 60 fr. Mion. IV, p. 294, n.º 568. — R^5. =

15 fr. — Cat. J. Gréau (Paris 1867, monn. Gr.), p. 175, n° 1994. Vend. 18 fr.); — *autre:* Même lég. et m. t. ℞: Même lég. Poséidon deb., ten. de la m. dr. un dauphin, et de la g. un trident (Æ 5. — R⁵. = 15 fr. Mion.). — Agrippine Jeune: ΑΓΡΙΠ .. ΣΕΒΑΣΤΗ. Son buste, à dr. Derrière, une bipenne en contre-marque. ℞: ..... CK .. PHΛ? ΕΥΜΕΝΕΩΝ .... Néron assis à g., ten. un globe (Æ 2. — R⁸. = 20 fr. quoique la lég. soit confuse. — Incon. à Mion. — Cf. Cat. J. Gréau (monn. Gr., Paris 1867), p. 176, n° 1995. Vend. 11 fr.). — *Autre:* ΑΓΡ .... ΣΕΒΑΣΤΗ. Son buste av. une contre-marque représentant une hache entourée d'un serpent. ℞: .... ΕΥΜΕΝΕΩΝ ..... Femme assise, ten. un globe et le *palladium*. (Æ 3. — R⁸. = 40 fr. — Incon. à Mion. — Cf. Cat. de la vente de Moustier, Paris 1872, p. 30, n° 436 bis. Vend. 13 fr. *Grav.* ib. Pl. I). — Domitien: — ΑΥ·ΔΟΜΙ-ΤΙΑΝΟC·ΚΑΙ·ΓΕΡΜΑΝΙΚΟC. Sa t. laurée, à dr. ℞: Є .... ΝΤΟC·Μ·ΚΑ· ΟΥΑΛΕΡΙΑΝΟΥ·ΑΡΧ·ΑCΙΑC. et, d. le champ, ΕΥΜΕ—ΝΕΩΝ. *Figure* imb. nue deb. à g., tenant un *oiseau* sur la m. dr., et de la g. la chlamyde et une bipenne couchée sur l'épaule (Æ. 20 mill. — R⁸. = 60 fr. — Incon. à Mion. — Publ. par Imhoof-Blumer, d. ses: Monn. Gr. p. 400, n° 104). — Hadrien: ΑΥ·ΚΑΙ·ΤΡ·ΑΔΡΙΑΝΟC·C. T. laurée d'Hadrien, à dr. av. l'aegide sur la poitrine. ℞: ΕΥΜΕΝΕΩΝ·ΑΧΑΙΩΝ. Artémis-Éphésia entre deux cerfs (Æ 6. — R⁷. = 40 fr. Mion. R⁵. = 24 fr.). — Marc-Aurèle: Μ· ΑΥΡΗΛΙ·ΟΥΗΡΟC·ΚΑΙ. Sa t. nue et imb. à dr. av. le *paludamentum*. ℞: ΕΥΜΕΝΕΩΝ·ΑΧΑΙΩΝ. Amazone à cheval, allant de g. à dr., ten. la *bipenne* sur l'épaule g. (Æ 6. — R⁶. = 50 fr. Mion. R⁵. = 24 fr.); *autre:* Même lég. et même t. ℞: Même lég. Apollon nu, deb., ten. de la m. dr. un rameau incliné, et la bipenne de la g. appuyée en même temps sur un trépied, enveloppé par un serpent, et surmonté d'un corbeau (Æ 6. — R⁷. = 40 fr. Mion. R⁵. = 24 fr.). — Antonin le Pieux: ΑΥΤΟ·ΚΑΙC·ΑΝΤΩΝΕΙ-ΝΟC. Son buste lauré et cuirassé, à dr. av. l'égide. ℞: ΑΧΑΙΩΝ·ΕΥΜΕ-ΝΕΩΝ. Dionysos assis sur un char traîné par deux panthères à dr., dont l'une est montée par un Éros, — sur le second plan, Apollon assis jouant de la lyre (Æ 6¹/₂. — R⁸. = 70 fr. — Incon. à Mion. — Publ. d. le Cat. J. Gréau (Paris 1867, monn. Gr.), à la p. 176, lot n° 1996. Vend. 25 fr.). — Septime-Sévère: —ΑΥ·ΚΑΙ—CΕΟΥΗΡΟ. Son buste lauré, à dr. av. la cuirasse. ℞: ΓΛΑΥΚΟC. Fleuve couché à g., le bras g. appuyé sur une urne renversée et ten. de la m. dr. un roseau. A l'exergue: ΕΥΜΕΝΕΩΝ—ΑΧΑΙΩΝ. (Æ. 22 mill. — R⁸. = 100 fr. **Complètement inconnue à Mion**. — Publ. par Arthur Engel, d. la Revue Numism. Fr. IIIᵐᵉ Série. An. 1884, T. II, p. 32, n° 37). — Philippe père: ΑΥΤ·Κ·ΙΟΥΛ·ΦΙΛΙΠΠΟC·ΑΥΓ. Sa t. laurée av. le *paludamentum*. ℞: ΕΠΙ·ΦΛ·ΦΙΛΙΚΟΥ (et non ΕΠΙ·ΦΛ·ΦΙCΙΚΟΥ comme le donne Mion. d'après Vaillant) ΑΡΧΙΕ·ΕΥΜΕΝΕΩΝ. Temple hexastyle, dans lequel est Artémis succinte deb. à g., ten. un arc de la m. dr. étendue, et une flèche à ce qu'il paraît de la g. (Æ. MM. — R⁶. = 120 fr. Mion. R⁴. = 40 fr.); — *autre:* Même t. et m. lég. mais à la fin, av. CΕΒ. ℞: Même lég. Tyché, vue en face, deb., ten. de la m. dr. des épis et un gouvernail, et de la g. une corne d'abond. (Æ 9. — R⁴. = 20 fr. Mion.). — Otacilie: ΜΑΡΚ·ΩΤΑΚΙΛ·CΕΥΗΡΑ·CΕΒ. Sa t. à dr. ℞: ΕΠΙ· ΦΙΛΙΚΟΥ·ΑΡΧΙ·ΕΥΜΕΝΕΩΝ·ΑΧ. Femme av. le *modius*, deb., ten. de la m. dr. des épis, et de la g. une corne d'abond. (Æ 9. — R⁴. = 24 fr. Mion.). —

Gallien : ΑΥ·Κ·Π·ΛΙ·ΓΑΛΛΙΗΝΟC. Sa t. radiée, à dr. ℞: ΕΥΜΕΝΕΩΝ· ΑΧΑΙΩΝ·ΦΙΛΑΔΕΛΦΙΑ. Grande urne av. quatre épis, — dessous l'urne, la lettre A. (Æ. MM. — R⁷. = 100 fr. Mion. R⁵. = 50 fr.); *autre :* ΑΥΤ·Κ· ΠΟΥ·ΛΙΚΙΝ·ΓΑΛΛΙΕΝΟC. (Sic). Sa t. laurée. ℞: ΕΥΜVΕΩΝ· (Sic) ΑΧΑΙ- ΩΝ. Artémis- Ephésia deb. d. un temple tétrastyle très-orné (Æ. MM. — R⁷. = 100 fr. Mion. R⁵. = 50 fr. — Cf. Arigoni, Nummi Max. Mod. T. XIII, fig. 38). — Sur les mon. d'**Eumeneia** (appelée aussi : Fulvia) voy. encore : *Num. Chron.* VII, 8; VIII, 25. — *Rev. Numism. Fr.* An. 1851, p. 171; ib. An. 1853, p. 248 (Fulvia, probablement : Eumenia av. un nouvel nom). — Sestini, Lettere di continuazione, V, 62, 63; VI, 106. — Millingen, Sylloge, p. 80. — Fellows, 1840, Pl. 35, 12. — Cat. de Moustier, Paris 1872, voy. le n° 436. — *Corrections :* La mon. citée par Ramus, Mus. Reg. Daniae, Part. I, p. 286, n° 3, appartient à **Priene**: comp. Sestini, Lettere di Continuaz. VI, p. 106. — La mon. décrite par Mionnet: S. VII, p. 563, n° 349, appartient, d'après Sestini, à Dionysopolis, cf. *Num. Chron.* VIII, 24. —

186. ΙΕΡΟΠΟΛΙC.

Hiéropolis — une petite ville secondaire de Phrygie, distante à cinq milles de **Brouzos**, qu'il ne faut pas confondre avec la grande et fameuse cité d'**Hiérapolis** (cf. *Bulletin* de la Corresp. Hellén. Tom. VI, p. 503). — M. Ramsay attribue à la petite ville d'Hiéropolis un petit bronze du temps des empereurs trouvé à son emplacement même, et dont voici la description : *Droit :* ΙΕΡΟΠΟΛΙC. Buste tourelée de la Tyché de la ville. ℞: ΙΕΡΟΠΟ- ΛΕΙΤΩΝ. Asklépios debout (Æ 4. — R⁸. = 60 fr. — **Incon.** à Mionnet). — Voici une pièce de Hiéropolis gr. ville de Phrygie, av. le nom de la ville au *Nominatif*, que M. Imhoof-Blumer vient d'acquérir tout récemment et dont il m'a communiqué la description : ΙΕΡΑΠΟ — ΛΙC. Buste drapé et tourelé de la ville, à dr. ℞: ΙΕΡΑΠ — ΟΛΕΙΤΩΝ. Némésis ailée debout, à dr. Æ. 17 mill. — **Unique** ex. jusqu'à présent. —

187. ΛΑΟΔΙΚΗΑ, ΚΕΙΑ.

Lég. sur les mon. de Laodikeia de Phrygie. — *Droit :* ΛΑΟΔΙΚΗΑ. (sic). Buste de femme tourelée, à dr. ℞: ΙΟΥΛΙΑ·ΖΗΝΩΝΙC. Aphrodité deb. vêtue de la *stola*, à dr. portant sur la m. dr. une colombe et la g. sur la haste pure (Æ 3½. — R⁶. = 30 fr. Mion. R⁵. = 15 fr.); *autre:* Mod. 4. Même prix. — *Autre:* ΛΑΟΔΙΚΕΙΑ. T. tourelée de femme. ℞: ΛΑΟΔΙ- ΚΕΩΝ. Asklépios deb. (Æ 4. — R⁵. = 15 fr. Mion.); même lég. T. voilée et tourelée de femme. ℞: Même lég. Deux mains dr. jointes (Æ 4. — R⁵. = 15 fr. Mion.); — ΛΑΟΔΙΚΙΑ. T. tourelée de femme, à dr. ℞: ΛΑΟΔΙΚΕΩΝ. Corne d'abondance (Æ 4. — R⁴. = 8 fr. Mion.); — ΛΑΟΔΙΚΕΙΑ. Même t. ℞: Même lég. Niké marchant à g. (Æ 3. — R⁵. = 15 fr.). — Cistophores: Ciste entr'ouverte d'où s'échappe un serpent, au milieu d'une couronne de pampre. ℞: ΛΑΟ en monogr. ΔΙΟΔΩΡΟΥ. Deux serpents enlacés autour d'un carquois, — d. le champ, à dr. un caducée (AR 6½. — R⁷. = 150 fr. Mion. R⁶. = 120 fr.); — *autre*, av.: ΛΑΟ. caducée, ciste mystique et la lég. ΙΠΠΟΧΛΙΤΗC·ΔΕΙΝΟΜΑΧΟΥ. (AR 7. — R⁶. = 200 fr. — **Inconnue** à Mion. — Cf. Cat. de la vente Whittal, Londres 1884, p. 90, lot n° 1363); —

autre: ΛΑΟ en monogramme. ΟΛΥΜΠΙΟΔΩΡΟΣ·ΕΡΜΟΓΕΝΟΥ. Même type (Ⱥ 7. — R⁷. = 200 fr. Mion. R⁶. = 120 fr.); *autre:* Même droit. ℞: ΛΑΟ. en monogr. ΞΕΥΞΙΣ·ΑΠΟΛΛΩΝΙΟΥ·ΤΟΥ·ΑΜΥΝΤΟΥ. Mêmes types, dans le champ, à dr. un caducée (Ⱥ 7½. — R⁷. = 200 fr. Mion. R⁶. = 120 fr.); *autre:* av. ΛΑΟ en monogr. ΑΠΟΛΛΩΝΙΟΣ·ΕΥΑΡΧΟΥ. Mêmes types; d. le champ, à dr., un caducée ailé (Ⱥ 7. — R⁶. = 150 fr. Mion. R⁶. = 120 fr.); *autre,* av.: ΛΑΟ en monogr. ΔΙ .... ΝΙΚΟΔΗΜΟΥ. Mêmes types, — d. le champ, à dr. un caducée (Ⱥ 7. — R⁶. = 150 fr. Mion. R⁶. = 120 fr.); — *autre:* av. ΛΑΟ en monogr. Deux serpents enlacés autour d'un carquois, — au-dessus: LENTVLVS·P·F·IMP. au-dessous, ΑΡΤΕΜΙΔΩΡΟΣ· ΔΑΜΟΚΡΑΤΟΥ. dans le champ, un caducée (Ⱥ 7. — R⁶. = 150 fr. Mion. R⁶. = 120 fr.); *autre:* ℞: Même type, — au-dessus: (IP·AI.?) PVLCHER· PROCOS., — au-dessous, ΑΠΟΛΛΩΝΙΟΣ·ΔΑΜΟΚΡΑΤΟΥ·ΙΩΣΙΜΟΣ, — d. le champ, d'un côté ΛΑΟ en monogr., de l'autre, un caducée (Ⱥ 7. — R⁶. = 150 fr. Mion. R⁶. = 120 fr.); *autre:* Mêmes types, — au-dessus, M· TVLL·IMP., — au-dessous, ΛΑΒΑΣ·ΠΥΡΡΟΥ. d. le champ, ΛΑΟ en monogr. (Ⱥ 7. — R⁶. = 150 fr. Mion. R⁶. = 120 fr.). — *Autre:* Mêmes types. ℞: ΛΑΟ·ΚΡΑΤΙΠΠΟΥ. Deux serpents enlacés entourant un carquois (Ⱥ 8. — R⁷. = 100 fr. Voy. Pinder, Pl. I, n.° 5. — H. Hoffmann, Bull. périod. Mon. ant. Phrygie, n.° 2521. Vend. C¹. = 30 fr. — **Autonomes en bronze** (nouvellement découvertes): — ΛΑΟΔΙΚΕΩΝ. Buste drapé de Dionysos, imb., couronné de lierre, à dr. ℞: ΑΙΛΙΟC·ΔΙΟΝΥC. Aphrodité, vêtue du chiton, deb. à g. ten. une colombe sur la m. dr., et un sceptre de la g. (Æ. 21 mill. — R⁸. = 40 fr. — Incon. à Mion. — Publ. par Imhoof-Blumer, d. ses: Monn. Gr. p. 403, n.° 115); — *autre:* Buste drapé et radié de Hélios à dr. ℞: ΛΑΟΔΙ·ΔΙΟΝΥ. Corne d'abond. remplie de fruits, — dans sa sinuosité on voit un *enfant* (Dionysos?) assis à g. s'appuyant de la m. gauche sur la corne, et tenant de la dr. une grappe de raisin (Æ. 16 mill. — Gr. 3,37. — R⁶. = 25 fr. — Imhoof, ib. n.° 116, Pl. G, n.° 27. L'enfant n'est point indiqué d. la descr. donnée par Mion. S. VII, 580, n.° 481 de la m. p. qu'il estime R⁴. = 8 fr.). = ΔΙΟΝΥ. est le nom abrévié de Π·ΑΙΛΙΟC·ΔΙΟΝΥCΙΟC ou Π·ΑΙΛΙΟC·ΔΙΟΝΥCΙΟC·CABINIANOC. qu'on trouve sur des mon. autonomes de Laodikeia et sur les mon. Impér. de la même ville à l'effigie d'Antonin le Pieux. — *Autre:* — ΛΑΟΔΙΚΕΩΝ. Buste imb. et drapé de *Mên* à dr., coiffé d'un bonnet phrygien lauré, orné d'un collier de perles, et portant le croissant sur les épaules. ℞: ℞Ο·ΔΙΟΣΚΟΥΡΙΔΗΣ. Aigle à dr., éployé sur un pied de boeuf et retournant la tête (Æ. 17 mill. — Gr. 4,45. — R⁷. = 40 fr. — Imhoof, ib. p. 404, n.° 117. — Incon. à Mion. — *Mus. Sanclementi,* I, pl. VIII, f. 61. — Cat. H. P. Borrell, Londres 1852, p. 39, lot nn. 345. Vend. 1 £ 2 sh. [Curt]); — *autre:* — ΛΑΟΔΙ|ΚΕΩΝ. Même buste de *Mên.* ℞: ΚΟ·ΑΙ—ΝΕΙ—ΑΣ. Aigle comme sur la p. précédente (Æ. 17 mill. — Gr. 3,55. — R⁵. = 25 fr. — Imhoof, ib. p. 404, n.° 119. — Mon. émise sous le règne d'Auguste [Mionnet, IV, p. 315, n.° 689 et S. VII, 580, n.° 421, et Leake, Asiat. Gr. p. 73 — ont complètement estropiées les légendes de cette mon. en donnant les fausses leçons: ΚΡΟΛΙΝΗ· ΛΣ et ΚΡΟ·ΛΙΝΗ·ΑΣΙ.]; — ΛΑΟΔΙΚΕΩΝ. Buste de Pallas, à dr. av. l'égide. ℞: ΔΙΑ·℞·ΔΙΟCΚΟΥΡΙΔΟΥ. *Niké* marchant, à g., ten. une couronne et une palme (Æ. 15 mill. — R⁵. = 20 fr. — Imhoof, ib. n.° 121. — Mon. émise sous Néron. — Cf. Mion. S. VII, p. 579, n.° 412, descr. inexacte d'après Ramus); — *autre:* Buste drapé et lauré d'Apollon, à dr., derrière lui: ΛΑΟΔΙΚΕΩΝ. devant, lyre. ℞: ΠΥΘΗΣ·ΠΥΘΟΥ. *Ciste* mystique, de laquelle un serpent avance sa tête à dr., — au-dessus, l'ornement Isiaque, — dessous, ΔΙΣ. (Æ. 15 mill. — Gr. 2,80. — Incon. à Mion. — Imhoof, ib. p. 406, n.° 123. — Mus. Hunter, Pl. XXXI, f. 25, sans ΔΙΣ. — R⁶. = 15 fr.); — *autre:* ℞: Même lég. Autel sur lequel est une fleur (Æ 3. — R⁴. = 9 fr. Mion.); — *autre:* ΠΥΘΗΣ. devant un *portrait* d'homme imb. et nu, à dr. [C'est bien le portrait de Pythès, qui fut magistrat sous Auguste et non d'Auguste lui-même comme on l'avait avancé erronément d. le *Numism. Journ.*, Vol. I, p. 41. — Comp. aussi les p. citées par Mion. S. VII, p. 583, n.°ˢ 440 et 441.] — ℞: ΔΗΜΟΣ·ΛΑΟΔΙΚΕΩΝ. T. barbue et diadémée du Démos, à dr. (Æ. 19 mill. — Gr. 5,15. — R⁶. = 40 fr. — Imhoof, ib. n.° 124. — Cf. Mion. IV, p. 315, n.° 693 et S. VII, p. 581, n.° 426: R⁵. = 24 fr.); — *autre:* — ΣΕΙΤΑΛΚΑΣ derrière une t. imb., couronnée de lierre. ℞: ΔΗΜΟΣ·ΛΑΟΔΙΚΕΩΝ. T. laur., imb. (d'Héraklès?) à dr., av. une main qui parait tenir une massue couchée sur l'épaule g. (Æ. 21 mill. — Gr. 6,60. — R⁸. — **Inédite.** — 60 fr. — Publ. par Imhoof-Blumer, d. ses: Monn. Gr. p. 406, n.° 125. — Le portrait qui figure au droit, est, sans doute, celui de Σειτάλκας, qui parait avoir été d'origine Thrace); — Tête tourelée de *Tyché*, à dr. ℞: ΛΑΟΔΙ—ΚΕΩΝ. *Loup* accroupi à g., le pied dr. de devant levé (Æ. 11 mill. — Gr. 1,60. — R⁷. = 40 à 50 fr. — Imhoof, ib. n.° 126. — Incon. à Mion.). [Le *loup* représente le fleuve Λύκος. D'autres mon. de Laodikeia montrent les deux fleuves, le Λύκος et le Κάπρος, le dernier symbolisé par un *sanglier.* Cf. Prokesch-Osten, Inedita. 1854.] — *Autre:* Sanglier deb. à g., dessous ΕΚ. ℞: ΛΑΟΔΙΚΕΩΝ. Loup deb. à dr. (Æ. 15 mill. — Gr. 3,02. — R⁷. = 50 fr. — Incon. à Mion. — Publ. par Waddington, d. la Revue Numism. An. 1856, Pl. XII, f. 6. — Imhoof, ib. n.° 127); — t. diadémée de Zéus, à dr. ℞: ΛΑΟΔΙΚΕΩΝ. Aigle éployé à g. la t. tournée à dr., dans la sinuosité une *corne d'abond.*, ceinte d'un diadème, — à dr. ΕΚ. (Æ. 20 mill. — R⁷. = 40 fr. — Incon. à Mion. — Imhoof, ib. p. 407, n.° 127 a). — *Autre:* — ΣΕVC·ΑCΕΙC. Buste drapé de Zéus Aseïs, à dr. ℞: ΛΑΟΔΙ—ΚΕΩΝ. *Chèvre* marchant à dr. (Æ. 18 mill. — Gr. 2,40. — *Très-rare:* R⁸. = 70 fr. — Imhoof, ib. p. 407, n.° 128. [La même mon. a été faussement décrite par Mion. IV, p. 315, n.° 690, qui a lu: ΖΕΥC·Ο...Λ....ΔΙΚΕΥC. Æ 4. — R⁵. = 18 fr.] — Cf. Waddington, Revue Num. 1851, p. 173, n.° 1. L'épithète "Ασεις donnée sur cette mon. à Zéus, pourrait, selon M. Waddington, signifier que Zéus fût pris ici pour le patron de l'Asie, — dans cette acception, Ζεὺς "Ασεις serait pour Ζεὺς Ἀσιατικός. Il serait aussi, d'après le même auteur, un *Jupiter potens, fortis, eximius*); — *autre:* — ΔΗΜΟC. T. laurée et imb. de Démos, à dr. ℞: ΛΑΟΔΙΚ—ΕΩΝ. Zéus barbu, à demi-nu, deb. à dr., ten. un enfant (Dionysos?) sur le bras g., la m. dr. étendue au-dessus d'une *chèvre*, deb. à g. derrière lui, et retournant la tête (Æ. 23 mill. — R⁷. = 50 fr. — *Musée de Florence.* — Cf. Eckhel, Num. vet. anecd. pl. XIV, f. 12. — Mion. IV, p. 315, n.° 694, et Suppl. VII, p. 582, n.° 432, av. la fausse lég.

au droit: ΔΡΑΚΟC. Æ 5½ et 6. — R⁵. = 24 fr. — Imhoof, ib. p. 407, n.⁰ 129. Gr. ib. Pl. G, n.⁰ 30). — *Autre:* T. radiée de Hélios, à dr. ℞: ΛΑΟΔΙΚΕΩΝ. Autel allumé occupant le milieu du champ (Æ 3. — R⁴. = 9 fr. Mion.); — T. d'Artémis. ℞: Même lég. Femme casquée, tournée à g., ayant sur la m. dr. un oiseau, la m. g. pendante, à ses pieds, le *lotus* (Æ 4. — R⁵. = 15 fr. Mion.); *autre:* T. de Dionysos ceinte de lierre, à dr. ℞: ΛΑΟΔΙΚΕΩΝ. Ciste mystique fermée et placée entre les bonnets des Dioscures, surmontés chacun d'une étoile (Æ 3. — R⁴. = 8 fr. Mion.); — Même lég. Même t. ℞: ΑΙΛ·ΔΙΟΝΥCΙΟC. T. de Silène posée sur la ciste mystique autour de laquelle est un serpent, — à côté — le *pedum* (Æ 5. — R⁵. = 15 fr. Mion.); ΔΗΜΟC·ΛΑΟΔΙΚΕΩΝ. T. nue et imb. du Démos, à dr. ℞: ΙΟΥΛΙΟΣ·ΑΝΔΡΟΝΙΚΟΣ·ΕΥΕΡΓΕΤΗΣ. Zéus-Laodikenos (et jamais Philalèthès, comme d. Mion. qui a pris un nom de magistrat pour Zéus) deb. ayant un aigle sur la m. dr. et ten. son *pallium* de la g. (Æ 6½ et 5. — R⁴. = 9 et 12 fr. Mion.); ΒΟΥΛΗ·ΔΗΜ. Têtes du Sénat et du Peuple. Dessous, ΛΑΟΔΙΚΕΩΝ. ℞: Même lég. et même type (Æ 6. — R⁵. = 18 fr. Mion.); — ΔΗΜΟC·ΛΑΟΔΙΚΕΩΝ. T. nue du Démos, à dr. ℞: ΟΜΟΝΟΙΑ·ΕΠΙ·ΜΑΡΚΕΛΛΟΥ·ΑΝΘΥ. en cinq lignes dans une couronne de laurier (Æ 7. — R⁶. = 40 fr. Mion. R⁴. = 15 fr.); *autre:* av. ΑΙΛΙΟC· ΔΙΟΝΥCΙΟC·ΚΛΕΙΝΙΑΝΟC. Zéus-Laodikénos deb. (Æ 6. — R⁵. = 30 fr. Mion. R⁴. = 15 fr.); ΙΕΡΑ·CΥΝΚΛΗΤΟC. T. jeune cornue. ℞: ΛΑΟΔΙ-ΚΕΩΝ·ΝΕΩΚΟΡΩΝ. Deux renards accroupis en face l'un de l'autre et se regardant (Æ 6. — R⁶. = 40 fr. Mion. R⁵. = 20 fr.); même lég. T. nue du Sénat à g. av. le *paludament.* ℞: Π·Κ·ΑΤΤΑΛΟC·ΛΑΟΔΙΚΕΩΝ. Kybèle assise sur un siège, tournée vers la dr. et entre deux lions, la m. g. sur le *tympanum* (Æ 12. — R⁶. = 90 fr. Mion. R⁴. = 50 fr.); même lég. et m. t. du Sénat. ℞: Même lég. Aigle volant (Æ 10½. — R⁶. = 80 fr. Mion. R⁴. = 50 fr.); — *autre:* av. Π·Κ·ΑΤΤΑΛΟC·ΕΠΙΝΙΚΙΩΝ·ΑΝΕΘΗΚΕΝ· ΛΑΟΔΙΚΕΩΝ. (sic). Zéus-Laodikénos deb. ayant un aigle sur la m. dr. et ten. d. la g. la haste pure et le *pallium* (Æ 10½. — R⁶. = 80 fr. Mion. R⁴. = 50 fr.); — ΘΕΑ·ΡΩΜΗ. Buste casqué de la déesse Rome. ℞: ΛΑΟ-ΔΙΚΕΩΝ. Corne d'abond. (Æ 4. — R⁴. = 8 fr. Mion.); ΔΗΜΟC·ΛΑΟΔΙ-ΚΕΩΝ. T. barbue, diadémée. ℞: Π·ΚΛ·ΑΤΤΑΛΟC·ΑΝΕΘΗΚΕΝ. Zéus en toge, deb. à g., ten. une haste de la m. dr. (Æ. MM. — R⁷. = 120 fr. Mion. R⁴. = 40 fr.); *autre:* ΙΕΡΑ·CΥΝΚΛΗΤΟC. T. du Sénat, à g. ℞: ΑΝΕΘΗ-ΚΕΝ·ΑΤΤΑΛΟC·ΕΠΙΝΙΚΙΩΝ·ΛΑΟΔΙΚΕΩΝ. Temple octostyle (Æ. MM. — R⁶. = 120 fr. Mion. R⁴. = 40 fr.); — ΒΟΥΛΗ. T. de femme voilée. ℞: ΛΑΟΔΙΚΕΩΝ. Pallas deb. à g. (Æ 4. — R⁵. = 15 fr. Mion.); ΔΗΜΟC. T. laurée du Démos, à dr. ℞: ΛΑΟΔΙΚΕΩΝ·ΕΦΕCΙΩΝ·ΟΜΟΝΟΙΑ. Deux figures de femme deb., vêtues de la *stola*, la t. surmontée du *modius*, ten. chacune une haste et se donnant la main (Æ 9. — R⁷. = 80 fr. Mion. R⁵. = 50 fr.); *autre:* ΔΗΜΟC·ΛΑΟΔΙΚΕΩΝ—ΝΕΩΚΟΡΩΝ. Buste lauré de Démos, à dr. ℞: ΕΠΙ·(Λ·)ΑΙΛ·ΠΙΓΡΗΤΟC·ΑCΙΑΡ. Dionysos assis dans un char, traîné par une panthère et une chèvre, à dr., tient d. la m. g. un thyrse, — sur la chèvre est assis un petit Eros. A côté du char un Satyre et une Ménade jouant des cymbales. A l'exergue en deux lignes: ΛΑΟΔΙ-ΚΕΩΝ·ΝΕΩΚΟΡΩΝ. (Æ. 45 mill. — Gr. 51,07. — R⁶. = 150 fr.). — Incon. à Mion. — Publ. par Arthur Löbbecke, d. la Zeitschr. f. Numism. Bd. XII,

p. 346, *phototypée* ib. Pl. XIV, f. 7. — Cette mon. date du temps de Caracalla, car plusieurs autres monnaies du même *asiarque* portent au *droit* l'effigie de cet empereur (cf. Mion. IV, p. 327, n.° 767 ; *Numism. Chron.* new Series VI, p. 126). — Sur les mon. des *Asiarques* comp. l'article de Babington d. la *Num. Chron.* new Series VI, p. 93). — **Impériales** depuis Auguste jusqu'à Philippe fils : Æ. Mod. 4, $4^1/_2$, 5, $5^1/_2$, 6, 7, $8^1/_2$, 9, $9^1/_2$, 10, $10^1/_2$, 11 et MM. — R^1—R^6. de 4, 6, 9, 12, 18, 25, 40, 50, 120 et 150 fr. — Auguste: ΣΕΒΑΣΤΟΣ. Sa t. laurée, à dr. ℞: ΖΕΥΞΙΣ· [jamais ΖΕΥΣ comme on le lit dans Vaillant et Mionnet] ΦΙΛΑΛΗΘΗΣ·ΛΑΟΔΙΚΕΩΝ. Zéus-Laodikénos deb. (Æ $5^1/_2$. — R^6. = 25 fr. Mion. R^1. = 4 fr.); *autre:* Même lég. T. nue d'Auguste, à dr. devant, le *lituus*. ℞: Même lég. en trois lignes, — au milieu, le bâton de Asklépios autour duquel est un serpent (Æ $3^1/_2$. — R^5. = 20 fr. Mion. R^1. = 3 fr.); même lég. T. nue d'Auguste, à dr. ℞: ΠΟΛΕΜΩΝ·ΦΙΛΟΠΑΡΙΣ·ΛΑΟΔΙΚΕΩΝ. Zéus-Laodikénos, — dans le champ le monogramme (n.° 1511 du Recueil Mion.). (Æ 4. — R^7. = 40 fr. Mion. R^4. = 8 fr.); — même lég. T. nue d'Auguste. ℞: ΑΠΕΛΛΗΣ·ΠΟΤΑΜΟΝ·ΠΟΤΑΜΟ..... ΛΑΟΔΙΚ. Dionysos deb., ten. le cantharum et le thyrse (Æ 4. — R^7. = 35 fr. Mion. R^4. = 8 fr.); *autre:* ΣΕΒΑΣΤΟΣ. T. laurée d'Auguste à dr. ℞: ΖΕΥΞΙΣ· (dans Mionnet ΖΕΥΖΙΣ) ΛΑΟΔΙΚΕΩΝ. Zéus Laodikénos deb. Dans le champ, le monogr. n.° 1512 du Recueil de Mion. (Æ 4. — R^5. = 20 fr. Mion. R^1. = 3 fr.). — Le monogramme $\frac{\phi}{A}$, ne peut signifier ici que Philaléthès et prouve que c'est le titre d'un magistrat et non une épithète de Zéus. Cf. le Cat. d'Ennery (Paris 1788, in-4.°), p. 580, n.° 3980*. — *Autre:* — ΣΕΒΑ—ΣΤΟΣ. T. nue d'Auguste, à dr. ℞: ΔΙΟΣΚΟΡΙΔΗΣ·ΤΟ·ΔΕΥΤΕΡΩΝ—ΛΑΟΔΙΚΕΩΝ. Zéus-Laodikénos deb. à g., d. le champ, à dr. ℞. (Æ 21 mill. — R^7. = 30 fr. — Imhoof-Blumer: Monn. Gr. p. 404, n.° 118. — Cf. Mion. Suppl. VII, p. 583, n.° 438) ; — *autre:* ℞: ΣΩΣΘΕΝΗΣ·ΛΑΟΔΙΚΕΩΝ. Même type de Zéus (d'après Mion. encore ce Jupiter-Philaléthès!). Dans le champ le monogr. n.° 1513 du Rec. et ΝΩ. (Æ $3^1/_2$. — R^4. = 15 fr. Mion. R^1. = 3 fr. — Le nom ΣΩΣΘΕΝΗΣ se voit encore sur un pet. br. **inédit** de l'île de Rhodes, publ. par Mess. Pinder et Jul. Friedländer d. leurs: Beitr. z. ält. Münzk. Berlin 1851, voy. p. 77, n.° 26, et en plus dans Mion. III, p. 422, n.° 216 = médaillon de l'île de Rhodes: Æ $10^1/_2$); ΠΥΘΩΝΙΚΟΣ. T. nue d'Auguste. ℞: ΛΑΟΔΙΚΕΩΝ. T. de Zéus Ammon (Æ 6. — R^6. = 60 fr. Mion. R^4. = 9 fr.); — *autre:* ΣΕΒΑΣΤΟΣ. T. nue d'Auguste. ℞: ΔΙΟΣΚΟΥΡΙΑΔΗΣ·ΛΑΟΔΙΚΕΩΝ. Zéus-Laodikénos deb. à g. derrière, un monogr. (Æ 5. — R^6. = 30 fr. Mion. R^4. = 8 fr.); même lég., t. laurée d'Auguste. ℞: ΖΕΥΞΙΣ·ΦΙΛΑΛΗΘΗΣ·ΛΑΟΔΙΚΕΩΝ. Zéus-Laodikénos deb. (Æ $5^1/_2$. — R^4. = 15 fr. Mion. R^1. = 4 fr.); même lég. T. nue d'Auguste. ℞: .... ΠΥΘΟΥ·ΛΑΟΔΙΚΕΩΝ. (Lettres fugitives). Zéus-Laodikénos deb. à g. entre les bonnets des Dioscures (mon. retouchée) (Æ 5. — R^5. = 15 fr. Mion. R^3. = 6 fr.); même lég. et m. t. ℞: ΠΥΘΗΣ·ΠΥΘΟΥ·ΤΟ·ΔΕΥΤΕΡΟΝ·ΛΑΟΔΙΚΕΩΝ. Zéus Laodikénos deb., à g. entre les bonnets des Dioscures (Æ 5. — R^7. = 40 fr. Mion. R^5. = 15 fr.); *autre:* ℞: ΠΟΛΕΜΩΝ·ΦΙΛΟΠΑΤΗΡ·ΛΑΟΔΙΚΕΩΝ. Dionysos nu, deb., ten. le *cantharos* de la m. dr. et un thyrse de la g.

($Æ$ 5. — R^6. = 25 fr. Mion. R^4. = 8 fr.); *autre*, $\cancel{R}$: ΛΑΟΔΙΚΕΩΝ. T. laurée de Zéus ($Æ$ 5. — R^6. = 20 fr. Mion. R^2. = 4 fr.). — Caius, césar, fils d'Agrippa: ΓΑΙΟΣ·ΚΑΙΣΑΡ. Sa t. nue. $\cancel{R}$: ΛΑΟΔΙΚΕΩΝ. Aigle deb. entre les monogr. 811 et 825 du *Rec.* de Mion. ($Æ$ 4. — R^8. = 100 fr. Mion. R^7. = 20 fr.). — Tibère. On ne connaît point de mon. à son effigie, fr. à Laodikeia. — Caligula: ΓΑΙΟΥ·ΚΑΙΣΑΡΟΣ·ΣΕΒΑΣΤΟΥ. Sa t. laurée. Devant, un astre. $\cancel{R}$: ΔΙΟΦΙΛΗ . . . . . ΛΑΟΔΙΚΕΩΝ. T. voilée et tourelée de femme, — derrière, une corne d'abond. en contremarque ($Æ$ 6. — R^6. = 30 fr. Mion. R^5. = 18 fr. — Sestini, Lett. T. VIII, p. 103). — Claude: ΚΛΑΥΔΙΟC. Sa t. nue à dr. $\cancel{R}$: ΠΟΛΕΜΩΝΟC·ΤΟΥ·ΖΗΝΩΝΟC·ΛΑΟΔΙ-ΚΕΩΝ. Zéus-Laodikénos deb. ($Æ$ 4. — R^5. = 20 fr. Mion. R^4. = 9 fr.); *autre*: $\cancel{R}$: ΕΥΔΟΞΟΥ . . . . . ΚΕΩΝ. Même type ($Æ$ $4^1/_2$. — R^4. = 9 fr. Mion.). — Agrippine: ΑΓΡΙΠΠΕΙΝΑ·ΣΕΒΑΣΤΗ. Sa t. à dr. $\cancel{R}$: ΓΑΙΟΥ·ΠΟΣΤΟ-ΜΟΥ·ΛΑΟΔΙΚΕΩΝ. Aigle éployé sur une base ($Æ$ 5. — R^7. = 40 fr. Mion. R^6. = 18 fr.). — Néron: — ΝΕΡΩΝ·ΣΕΒΑΣΤΟC. Sa t. laurée, à dr. $\cancel{R}$: ΑΙΝΕΙΑΣ·ΛΑΟΔΙΚΕΩΝ. Zéus-Laodikénos deb. à g., d. le champ, ΡΟ. $Æ$. 19 mill. — R^5. = 15 fr. — Imhoof-Blumer: Monn. Gr. p. 404, n.° 120. — Mion. S. VII, p. 584, n.° 446. R^8. = 6 fr.); *autre*: — ΣΕΒΑΣΤΟΣ. sous un *capricorne* tourné à dr. qui retourne la tête et porte une corne d'abond. au côté g. $\cancel{R}$: ΕΠΙ . . . . . ΛΑΟΔΙΚΕΩΝ. Trois *épis* en gerbe ($Æ$. 15 mill. — R^8. = 30 fr. — Incon. à Mion. — Imhoof, ib. n.° 133, p. 408. — Mon. émise sous Néron). — *Autre*: — ΝΕΡΩΝ·ΣΕΒΑΣΤΟC. T. laurée de Néron, à dr. $\cancel{R}$: (A)ΜΑΞΕΙΟΣ·ΝΟΜΟΘΕΤΗΣ·ΛΑΟΔΙΚΕΩΝ. Zéus-Laodikénos deb. à g. ($Æ$. 21 mill. R^8. = 120 fr. — Incon. à Mion. — Publ. par Imhoof-Blumer, d. ses: Monn. Gr. p. 408, n.° 134). — [Cette mon. donne un nouveau nom et le titre νομοθέτης qui paraît aussi pour la première fois en numismatique. Dans les Inscriptions Asiatiques on le rencontre souvent à Aphrodisias, cf. *Corp. Inscr. Gr.* 2742, 2777, 2781 b]; — ΝΕΡΩΝ·ΚΑΙΣΑΡ. T. nue et imb. de Néron, à dr. av. le *paludament*. $\cancel{R}$: ΓΑΙΟΥ·ΠΟΣΤΟΜΟΥ·ΛΑΟΔΙΚΕΩΝ. Zéus-Laodikénos deb., d. le champ, la lettre B au milieu d'une couronne ($Æ$ $4^1/_2$. — R^8. = 6 fr. Mion.); *autre*: ΝΕΡΩΝ·ΛΑΟΔΙΚΕΩΝ. T. laurée. $\cancel{R}$: ΠΟΛΕΜΩΝΟC·ΤΟΥ· (ou plus sûr: ΕΠΙ·ΙΕρέως) ΖΗΝΩΝΟC·ΛΑΟΔΙ-ΚΕΩΝ [et non: ΕΤ·ΙΓ· (an 13) ΖΗΝΩΝΟΣ·ΠΟΛΙ·ΤΟ·Δ. comme l'a lu Vaillant]. Même type de Zéus ($Æ$ $4^1/_2$. R^5. = 15 fr. Mion. — Cf. Pellerin, Mélanges, II, p. 35); — ΝΕΡΩΝ·ΣΕΒΑΣΤΟC·ΘΕΟC. Sa t. laurée, à dr. $\cancel{R}$: ΙΟΥΛΙΟΣ·ΑΝΔΡΟΝΙΚΟΣ·ΕΥΕΡΓΕΤΗΣ·ΛΑΟΔΙΚΕΩΝ. Zéus-Laodikénos deb., ayant un aigle sur la m. dr. et la haste d. la g. ($Æ$ 5. — R^4. = 12 fr. Mion.); *autre*: $\cancel{R}$: ΖΗΝΩΝΟΣ·ΖΗΝΩΝ·ΥΙΟΣ·ΛΑΟΔΙΚΕΩΝ·ΖΜΥΡ-ΝΑΙΩΝ. Homère et une femme, deb. et se donnant la main, — au milieu du champ, on lit: ΟΜΗΡΟΣ. ($Æ$ $6^1/_2$. — R^7. = 100 fr. Mion. R^5. = 30 fr. — Cf. Cat. H. P. Borrell, Londres 1852, p. 39, lot n.° 347. Vend. 1 £ 5 sh. [Burgon]); *autre*: Même lég. et même t. $\cancel{R}$: Même lég. Zéus-Laodikénos et une femme, tous deux deb., se donnant la main, — entre eux on lit: ΟΜΗΡΟC, d. le champ, le monogr. 1514 du Rec. de Mion. ($Æ$ 11. — R^8. = 300 fr. Mion. R^7. = 200 fr.); — *autre*: ΝΕΡΩΝ(ΚΑΙΣΑΡ). Sa t. jeune, nue. $\cancel{R}$: ΛΑΟΔΙΚ . . . . . ΚΟΡΝΗ. Zéus-Laodikénos, deb. à g., portant un aigle sur la m. dr., et ten. une haste de la g., devant, un cippe sur lequel est posée une couronne, — au milieu, Z., devant, Ω. (Æ 4. — R^3. = 6 fr. Mion.). — Domitien: ΔΟΜΙΤΙΑΝΟC·ΚΑΙCΑΡ·CЄΒΑCΤΟC·ΓЄΡΜΑΝΙΚΟC. Sa t. laurée. ℞: ΔΙΑ·ΔΙΟCΚΟΥΡΙΔΟΥ·ΛΑΟΔΙΚΕΩΝ. Monogramme des lettres ΑΡΧΟ. Zéus-Laodikénos deb. (Æ 6^1/$_2$. — R^6. = 60 fr. — Incon. à Mion. — Publ. par Waddington, d. la Revue Numism. Fr. An. 1851, p. 173); — autre. ℞: ΜΑΡΚΟC·ΙΟΥΛΙΟC·ΚΟΡΝ· ou ΚΟΜΟ·ΛΑΟΔΙΚΕΩΝ. en cinq lignes dans une couronne de chêne (Æ 6. — R^6. = 25 fr. Mion. R^4. = 12 fr.). — Tite: ΤΙΤΟC·ΚΑΙCΑΡ. Sa t. laurée. ℞: CΩCΤΡΑΤΟC·ΛΥΚΩΝ·ΛΑΟΔΙΚΕΩΝ. Tyché deb. (Æ 4. — R^5. = 15 fr. Mion.); même lég. et même t. ℞: ΓΑΙΟC·ΙΟΥΛΙΟC·ΚΟΤΥC·ΛΑΟΔΙΚΕΩΝ. dans une couronne de laurier (Æ 6. — R^5. = 20 fr. — Mion.); autre, ℞: ΛΑΟΔΙΚΕΩΝ. Zéus-Laodikénos deb. (Æ 5. — R^5. = 15 fr. Mion.). — Tite et Domitianus: ΔΗΜΟC·ΛΑΟΔΙΚΕΩΝ·ΜΗΤΡΟΠ. Têtes affrontées de Tite et de Domitien. ℞: ΑΥΤΟΚΡΑΤ·ΤΙΤΟC·ΑΝΤΟΝΥ·ΚΑΙ·ΑΡΚΟΥ·ΝΕΡΟCΤΟ. [légende donnée par Mion. IV, p. 321, n.° 730 et qui ne m'inspire aucune confiance, car elle est absurde. Je n'ai eu aucune occasion de la vérifier sur un bon exemplaire de la pièce en question qui manque, du reste, partout]. Homme barbu, deb., ten. quelque chose dans la main droite, la g. sur un bâton (Æ 9. — R^8. = 150 fr. Mion. IV, 321, 730: R^5. = 48 fr. — Mus. Tiepolo, p. 855); autre: En haut: ΔΗΜΟC·ΛΑΟΔΙΚΕΩΝ, et en bas: ΚΑΙ·CΜΥΡΝΑΙΩΝ. Mêmes têtes affrontées et laurées. ℞: ΕΠΙ... — ΑΝΤΩΝΙΟC—ΥΙΟC—ΖΗΝΩΝΟC. av. un monogramme et une date difficiles à distinguer. Zéus-Laodikénos deb. à g. (Æ 6^1/$_2$. — R^8. = 70 fr. — Inédite. — Publ. par J. Sabatier, d. la Revue Belge, 3e Série, IV, p. 21, n.° 7. Grav. ib. Pl. V, f. 7. — Cf. aussi: Köhne, Berl. Blätter f. Münzk. I, p. 264). — Domitia: ΔΟΜΙΤΙΑ·CЄΒΑCΤΗ. Sa t. à dr. ℞: ΔΙΑ·ΚΟ·ΔΙΟCΚΟΥΡΙΔΟ·ΛΑΟΔΙΚΕΩΝ. Temple hexastyle (Æ 7. — R^6. = 50 fr. Mion. R^5. = 24 fr.); autre, ℞: ... ΔΙΟCΚΟΥΡΙΔ·ΛΑΟΔΙΚΕΩΝ. Zéus-Laodikénos deb., la m. dr. étendue (Æ 4^1/$_2$. — R^7. = 40 fr. Mion. R^6. = 18 fr.). — Domitien et Domitia: — ΔΟΜΙΤΙΑΝΟC·ΚΑΙCΑΡ·CЄΒΑCΤΟC·ΓЄΡΜΑΝΙΚΟC en légende circulaire et, d. le champ, ΔΟΜΙΤΙΑ·CЄΒΑCΤΗ. Bustes affrontés de Domitien lauré et cuirassé à dr. et de Domitia drapé à g. ℞: ΔΙΑ ℞ ·ΔΙΟCΚΟΥΡΙΔΟΥ ΛΑ—ΟΔΙΚΕΩΝ. Temple à quatre colonnes dont la frise porte l'inscription ЄΠΙΝΕΙΚΙΟC [cet adjectif semble se rapporter au temple (νεώς) dont il orne la frise], — au-dedans Domitien en habit militaire, deb. à g., en regard de Domitia deb. à dr., chacun appuyé sur un sceptre et se donnant la main (Æ 30 mill. — R^8. = 150 fr. — Inconnue à Mion. — Publ. par Imhoof-Blumer, d. ses: Monn. Gr. p. 405, n.° 122). — Trajan: ΑΥ·ΤΡΑΙΑΝΟC·ΚΑΙ·ΑΡΙ·CЄ·ΓЄΡ·ΔΑ·ΠΑΡΘ. Sa t. laurée. ℞: ΛΑΟΔΙΚΕΩΝ. Temple hexastyle, dans lequel est Trajan deb., en habit militaire (Æ 6. — R^5. = 40 fr. Mion. R^4. = 12 fr.). — Hadrien: ΑΥ·ΚΑΙ·ΤΡΑΙΑ·ΑΔΡΙΑΝ·ΟΛΥΜΠΙΟC. Sa t. laurée à dr. ℞: ΑΓΡΙΠΠΙΝΟC·ΓΡΑΜ·ΑΝΕΘΗΚΕΝ·ΛΑΟΔΙΚΕΩΝ. Zéus-Laodikénos deb., ten. la haste pure de la main dr., et ayant sur la g. un aigle, — en face de lui Aphrodité deb., ten. la haste, — derrière, Pallas deb. (Æ 10. — R^6. = 100 fr. Mion. R^5. = 40 fr.). — Sabine: CΑΒΕΙΝΑ·CЄΒΑCΤΗ·ΑΔΡΙΑΝΟΥ CЄΒΑCΤΟΥ. Sa t. à dr. ℞: ΑΓΡΙΠΠΙΝΟC·CΤΡΑΤΗΓΩΝ ΑΝΕΘΗΚΕ·ΛΑΟΔΙΚΕΩΝ. Zéus-Laodikénos deb. av. ses attributs, entre Pallas et une femme tourelée, également deb. (Æ 12. — R^7. = 250 à 300 fr. Mion. R^5. = 120 fr.); *autre:* Même lég. et m. t. ℞: Même légende. Kybèle vue de face, deb. entre deux lions (Æ 10$^1/_2$. — R^7. = 200 fr. Mion. R^5. = 120 fr.); *autre:* CABEINA·CEBACTH. Sa t. à dr. ℞: ΛΑΟΔΙΚΕΩΝ. Tyché deb. (Æ 4. — R^6. = 30 fr. Mion. R^4. = 8 fr.). — Aelius César: ΛΟΥΚΙΟC·ΑΙΛΙΟC·ΚΑΙCΑΡ. Sa t. nue, à dr. ℞: ΑCΕΙC·ΛΑΟΔΙΚΕΩΝ. Zéus Aseïs deb. à g., la main dr., posée sur les cornes d'une chèvre deb. à ses pieds (Æ. 25 mill. — R^8. = 60 fr. — Incon. à Mion. — Publ. par Waddington d. la Revue Numism. Fr. An. 1851, p. 174, n.° 3. — Cf. Imhoof-Blumer: Monn. Gr. p. 407, n.° 130); — *autre:* ℞: ΛΑΟΔΙΚΕΩΝ. Asklépios deb., — en face, Hygieia donnant à manger à un serpent (Æ 9. — R^7. = 70 fr. Mion. R^5. = 40 fr.). — Commode: ΑΥΤ·ΚΑΙ·Μ·ΑΥΡ·ΚΟΜΜΟΔΟC. Sa t. laurée. ℞: ΛΑΟΔΙΚΕΩΝ·ΕΦΕCΙΩΝ. Zéus-Aétophore et Artémis-Ephésia deb. (Æ. MM. — R^7. = 120 fr. Mion. R^4. = 40 fr. — Eckhel, Cat. Mus. Caes. Vindob., Tom. I, p. 199, n.° 4); *autre:* ΑΝΤΙΟΧΕΩΝ·ΚΑΙ·ΛΑΟΔΙΚΕΩΝ·ΟΜΟΝΟΙΑ. Deux Némésis deb., se donnant la main et tenant de la g. une haste (Æ 9. — R^5. = 40 fr. Mion. R^4. = 24 fr.). — *Autre:* ΑV·Κ·Λ·ΑΥΡ·ΚΟΜΜΟΔΟC·CΕΒ. T. laurée de Commode, à dr. av. le *paludament.* ℞: ΛΑΟΔΙΚΕΙΑ. Femme assise à g. le *modius* sur la t., ten. de la m. dr. le simulacre de Zéus-Laodikénos, et de la g. la haste, — dessous, de chaque côté un fleuve couché, — au-dessus de l'un, on lit: ΛΥΚΟC, — au-dessus de l'autre, ou lit: ΚΑΠΡΟC. (Æ 10. — R^7. = 120 fr. Mion. R^5. = 50 fr.). — Crispine: ΚΡΙCΠΕΙΝΑ·CΕΒΑCΤΗ. Sa t. à dr. ℞: ΛΑΟΔΙΚΕΩΝ. Pallas deb., ten. une chouette de la m. dr., et de la g. une haste et un bouclier (Æ 9. — R^6. = 70 fr. Mion. R^5. = 48 fr.); *autre:* Même lég. et même t. ℞: ΛΑΟΔΙΚΕΩΝ·ΚΑΙ·ΝΕΙΚΟΜΗΔΕΩΝ·ΟΜΟΝΟΙΑ. Les deux villes debout, appuyées sur des hastes, et se donnant la main (Æ 8$^1/_2$. — R^8. = 80 fr. — Incon. à Mion. — Publ. par Waddington d. la Revue Numism. Fr. An. 1851, p. 174, n.° 4); *autre:* Même lég. et même t. ℞: ΛΑΟΔΙΚΕΩΝ. Héra deb. ten. une patère, la m. g. appuyée sur la haste (Æ 4. — R^8. = 40 fr. — Incon. à Mion. — Waddington, ibid. n.° 5). — Antonin le Pieux: ΑV·ΚΑΙ·CΑΡ·ΑΝΤΩΝΕΙΝΟC. Sa t. nue, à dr. ℞: ΛΑΟΔΙΚΕΩΝ. Zéus-Laodikénos deb. à g. (Æ 5. — R^9. = 6 fr. Mion.); *autre:* ℞: Π·ΑΙΛΙΟC·ΔΙΟΝΥCΙΟC·ΛΑΟΔΙΚΕΩΝ en cinq lignes d. une couronne de laurier (Æ 7. — R^6. = 30 fr. Mion. R^8. = 9 fr.). — Marc-Aurèle: Μ·ΑΥΡΗΛΙΟC·ΒΗΡΟC·ΚΑΙ·CΑΡ. Sa t. nue, à dr. ℞: Π·ΚΛ·ΑΤΤΑΛΟC·ΑΝΕΘΗ·ΛΑΟΔΙΚΕΩΝ. Athéné deb., ayant sur la m. dr. une chouette, et de la g. la haste, — à ses côtés, un bouclier (Æ 12. — R^6. = 80 fr. Mion. R^4. = 50 fr.); *autre:* ΜΑ·ΑV·ΑΝΤΩΝΙΝΟC ΚΑΙCΑΡ. Buste cuirassé et lauré de M. Aurèle barbu à dr. ℞: ΕΠΙ·ΑΝΘV·ΠΟΠΙ·ΠΕΔΩΝΟC et, à l'exergue, ΛΑΟΔΙΚΕΩ—Ν. Statue de Zéus-Laodikénos deb. à g. sur un piédestal orné d'un guirlande, — devant lui, M. Aurèle en toge, deb. à dr., la m. dr. étendue vers le dieu, et ten. un rouleau(?) dans la g. Derrière Zéus, L. Vérus deb. à g., une patère à la m. dr. et la gauche enveloppée des plis de la toge (Æ. 35 mill. — R^8. = 120 fr. — Incon. à Mion. — Publ. par Imhoof-Blumer, d. ses: Monn. Gr. p. 409, n.° 135. — C'est la m. mon. que Webster a publ. d. le Numism. Chron. de 1873, p. 38, en omettant l'intéressante lég. du Rev. et en prenant la statue de Zéus pour celle de la Phrygie personnifiée. — La mon. porte le nom du Proconsul C. POPILIUS. C. F. CARUS PEDO, qui, selon M. WADDINGTON avait gouverné l'Asie, pendant la dernière année du règne d'Antonin, de 160 à 161 de J. C.); — *autre* : ℞ : Même lég. Aphrodité-ANADYOMÈNE nue et deb., soutenant ses cheveux de la m. dr., à ses pieds, un dauphin (Æ 9. — R⁷. = 90 fr. MION. R⁵. = 48 fr.); *autre*, av. : Π·ΚΛ·ΑΤΤΑΛΟC· ΕΠΙΝΙΚΙΟΝ·ΑΝΕΘΗΚΕΝ·ΛΑΟΔΙΚΕΩΝ. Zéus-Laodikénos deb. (Æ 9. — R⁵. = 40 fr. MION. R³. = 18 fr.); *autre*, même t. ℞ : ΛΑΟΔΙΚΕΩΝ·ΑΔΡΑ-ΜΥΤΤΗΝΩΝ· (sic) ΟΜΟΝΟΙΑ. Zéus deb. vêtu de la toge, tendant la main dr. à une femme deb. qui tient ainsi que lui une haste à la main (Æ 9. — R⁶. = 70 fr. MION. R⁵. = 48 fr.). — FAUSTINE JEUNE : ..... Lég. emportée. Sa t. à dr. ℞ : ΛΑΟΔΙΚΕΩΝ·ΠΕΡΓΑΜΗΝΩΝ·ΟΜΟΝΟΙΑ. Zéus-Laodikénos et Asklépios deb. (Æ 9. — R⁴. = 30 fr. MION.). — SEPTIME-SÉVÈRE : Dans le CAT. DE LA VENTE WHITTAL de Smyrne, Londres 1884, p. 90, lot n° 1869 on cite une pièce *unique*, ayant au ℞ : S. Sévère à cheval poursuivant un captif phrygien. Mod. Æ 10). — JULIA DOMNA : ΙΟΥΛΙΑ·ΔΟΜΝΑ· CЄB. Son buste, à dr. ℞ : ΛΑΟΔΙ·ΝΕΩΚ·ΤΟ·Π·Η. Femme deb. (Latone?), à dr., ten. une serpette? et Zéus enfant, — à ses pieds, un lion? (Æ 5½. — R⁸. = 40 fr. — Incon. à MION. — Voy. le CAT. J. GRÉAU, Monn. Grecques, Paris 1867, p. 176, lot n° 1998 bis. Vend. 7 fr.); — *autre* : Même lég. et m. t. ℞ : ΛΑΟΔΙΚΕΩΝ·ΝΕΩΚΟΡΩΝ. Les trois Furies. [C'est plutôt HÉKATÉ-TRIFORMIS.] (Æ 9. — Rᶜ. = 40 fr. MION. R². = 12 fr.); *autre* : — ΙΟΥΛΙΑ ΔΟ—ΜΝΑ CЄB. Son buste drapé à dr. ℞ : ΛΑΟΔΙ·ΝΕ—ΩΚ·✝·ΠΗ. Zéus barbu, à demi-nu, deb. à dr. ten. un enfant (Dionysos?) sur le bras g., la m. dr. étendue au-dessus d'une *chèvre*, deb. à g. derrière lui, en retournant la tête (Æ. 23 mill. — R⁷. = 30 fr. — Incon. à MION. — Publ par IMHOOF-BLUMER, d. ses : Monn. Gr. p. 407, n° 131); — ΙΟΥΛ·ΔΟΜΝΑ· CЄB. Sa t. à dr. ℞ : ΛΑΟΔΙΚΕΩΝ·ΝΕΩΚΟΡΩΝ. HÉKATÉ-TRIFORMIS les mains armées de poignards et tenant des torches ardentes (Æ 8½. — R⁷. = 50 fr. MION. R⁵. = 24 fr.); *autre* : ℞ : Même lég. Athéné, assise sur un siège à g., portant la Niké sur la m. dr., et la g. sur une haste, — devant elle un autel (Æ 8. — R⁵. = 25 fr. MION. R⁴. = 12 fr.); *autre* : ℞ : Même lég. Némésis ailée, deb. à g. soulevant de la m. dr. le vêtement qui lui couvre la poitrine et ten. de la g. un frein, — d. le champ, $\overline{ΤΟ·ΠΗ}$., à ses pieds, une roue (Æ 6. — R². = 6 fr. MION.; *autre* : Mod. 4. MION. R². = 4 fr.); *autre* : ℞ : ΛΑΟΔΙΚΕΩΝ. Démétèr deb. ten. des épis dans la m. dr. et un flambeau d. la g. (Æ 4. — R⁴. = 8 fr. MION.). — CARACALLA : ΑΥΤ·ΚΑΙ·Μ·ΑΥΡ·ΑΝΤΩΝΕΙΝΟC CЄB. Son buste lauré, drapé et cuirassé. ℞ : ΕΠΙ·Λ·ΑΙΛ·ΠΙΡΟΗΤΟC ΑCΙΑΡΧΟΥ·ΛΑΟΔΙΚΕΩΝ·ΝΕΟΚΟΡΩΝ. Caracalla à cheval, à dr. terrassant un ennemi (Æ 9. — R⁸. = 60 fr. — Incon. à MION. — Auj. au *Cab. de France*, acq. à la vente DE MOUSTIER, voy. le Cat. Paris 1872, p. 150, lot n° 2337. Vend. 20 fr.); — *autre* : ΑΥΤ·Κ·Μ· ΑΥ·ΑΝ.—ΤΩΝΕΙΝΟC·CЄB. Buste lauré de l'empereur, à dr., av. le *paludamentum*. ℞ : ΚΟΜΟΔΟΥ·ΚΕ·ΑΝΤΩΝΕΙΝΟΥ—ΛΑΟΔΙΚΕ—ΩΝ· ΝΕΩΚΟ—ΡΩΝ. Deux Temples dekastyles réunis par le sommet (Æ. 30 mill. R⁸. = 100 fr. — Incon. à MION. — Publ. par ARTHUR ENGEL, d. la Revue Num. Fr. III Série. An. 1884, Tom. II, p. 33, n° 39); — même lég. et m. t. laurée, à dr. ℞ : ΛΑΟΔΙΚΕΩΝ·ΝΕΩΚΟΡΩΝ. Némésis ou divinité panthée, ailée, deb. tournée à g., ten. la corne d'abond., deux épis et le gouvernail, l'égide sur la poitrine et le *modius* sur la t., — à ses pieds, une roue (Æ 6. — R⁵. = 15 fr. — *Variété* de Mion. Cf. Baron J. de Witte, Descr. du Cab. de M. l'Abbé Greppo, Paris 1856, p. 161, n.º 1160). — *Autre:* . ΑVΤ·Κ·Μ·ΑVΡ·ΑΝΤΩΝΕΙΝΟC·CΕΒ. Son buste lauré, à dr. ℞: Λ·ΑΙΛ· ΠΙΓΡΟC·ΑCΙΑΡΧΟC·Γ·ΑΝΕΘΗΚΕΝ. et à l'exergue, en deux lignes: ΛΑΟΔΙΚΕΩΝ·ΝΕΩΚΟΡΩΝ. *Forum* décoré sur le devant de six colonnes et au milieu duquel Caracalla, deb., à dr. sur un trône, pose la couronne civique sur la tête d'un personnage revêtu de la toge et suivi d'un autre personnage. Derrière l'empereur et aux derniers degrés du trône, trois figures, également en toge, et élevant les mains. L'enceinte intérieure du forum est bordée de soldats romains deb., armés du bouclier et de la lance, et l'on voit aussi des personnages causant ou marchant entre les colonnes qui décorent le péristyle (Æ 13. **Médaillon**. Rˢ. de 250 à 300 fr. — **Incon.** à Mion. — Autrefois, Collection de M. H. Hoffmann, à Paris. — La lég. du Rev. démontre que ce beau médaillon a été frappé par les soins de Lucius Aelius Piger ou Pigrès, asiarque pour la troisième fois. — Mion. T. IV, p. 328, nᵒˢ 767 et 768, décrit deux bronzes de Caracalla, frappés aussi à Laodikeia, av. des revers différents, et où figure le nom de ΠΙΓΡΗΤΟC, écrit au *Génitif*, asiarque pour la troisième fois: ΕΠΙ·Λ·ΑΙΛ·ΠΙΓΡΗΤΟC·ΑCΙΑΡ. = Æ 13. — R⁵–R⁶. = 130 et 150 fr.); — même lég. et même t. ℞: ΚΟΜΟ-ΔΟV·ΚΕ·ΑΝΤΩΝΕΙΝΟV·ΛΑΟΔΙΚΕΩΝ·ΝΕΩΚΟΡΩΝ·ΔΟΓΜΑΤΙ·CVΝ-ΚΛΗΤΟV. Caracalla deb., en habit militaire et vêtu du *paludamentum*, ten. de la m. dr. le simulacre de Zéus-Laodikénos et s'appuyant de la g. sur la haste, — à ses pieds, de chaque côté, un captif, — au-dessus de sa tête, un aigle le couronne (Æ 14. — R⁷. = 250 fr. Mion. R⁵. = 120 fr.); *autre:* Lég. emportée. T. de Caracalla. ℞: ΛΑΟΔΙΚΕΩΝ·ΝΕΩΚΟΡΩΝ. Rhéa portant sur ses bras Zéus enfant, — autour, quatre corybantes frappant sur le *tympanum*, — de chaque côté, un fleuve couché, — plus loin, un homme nageant (Æ. MM. — R⁷. = 200 fr. Mion. R⁵. = 100 fr.); *autre:* ℞: Même lég. Neuf figures, dont trois petits enfants (Æ. MM. — R⁶. = 150 fr. Mion. R⁵. = 100 fr.); *autre:* ℞: ΛΑΟΔΙΚΕΩΝ·ΝΕΩΚΟΡΩΝ·ΕVΤVΧΕΙC·ΧΑΙ-ΡΟΙ. Quatre enfants deb. (Æ 7. — R⁷. = 60 fr. Mion. R⁵. = 24 fr.); — *autre:* ℞: ΛΑΟΔΙΚΕΩΝ·ΝΕΩΚΟΡΩΝ. Loup et sanglier adossés et accroupis sur leurs pieds de derrière, ayant chacun la t. tournée l'un vers l'autre, — au bas, Τ·Π·Η. (Æ 7. — R⁵. = 20 fr. Mion. R⁴. = 12 fr.); *autre*, ℞: Même lég. Trois urnes placées sur une table (Æ. MM. — R⁶. = 100 fr. Mion. R⁴. = 40 fr.). — Pedrusi, Museo Farnese, Tom. V, p. 295, Tab. XIX, n.º 1). — Géta: Α·CΕΠΤ·ΓΕΤΑC·Κ. Sa tête nue. ℞: Δ·CVΝΚ·ΟΜΟΔΙΑ· ΛΑΟΔΙΚΕΩΝ. Table sur laquelle il y a deux vases, — entre eux une grande urne dans laquelle sont deux palmes, — sous la table, un *diota* (Æ 9. — R⁶. = 48 fr. Mion.). — Elagabal: . . . . . .Lég. emportée. Sa t. à dr. ℞: ΕΠΙ· CΤΡ·Μ·ΑVΡ·ΓΑΡΟV·ΛΑΟΔΙΚΕΩΝ·Κ·ΕΦΕCΙΩΝ·Γ·ΝΕΩΚΟΡΩΝ. Artémis-Ephesia à dr. et Zéus-Laodikénos (Æ 9. — R⁶. = 40 fr. Mion. R⁸. = 18 fr.). — Julia Maesa: ΙΟVΛΙΑ·ΜΑΙCΑ·CΕΒ. T. de Maesa, à dr. Dessus, Η en contre-marque, — devant, une t. également en contre-marque. ℞: ΛΑΟΔΙΚΕΩΝ· ΝΕΩΚΟΡΩΝ·ΔΟΓΜΑ·CVΝΚΛΗΤΟV. Rome assise, tournée vers la g., ayant sur la m. dr. une Niké, le coude g. appuyé sur son bouclier (Æ 8. — R⁶. = 20 fr. Mion. R⁴. = 12 fr.); *autre:* Même lég. et m. t. ℞: ΛΑΟΔΙΚΕΩΝ·

ΝΕΩΚΟΡΩΝ. Némésis ailée, deb., tournée à g., relevant le bras droit, — à ses pieds, une roue (Æ 6. — R⁵. = 20 fr. Mion. R³. = 9 fr. — Baron J. de Witte, Descr. du Cab. de M. l'Abbé Greppo, Paris 1856, p. 161, n.° 1161). — Philippe père: AV·K·M·IOVΛ·ΦIΛIΠΠOC·AVΓ. Sa t. laurée à dr., av. le *paludament* et cuirasse. ℞: ΛΑΟΔΙΚΕΩΝ·ΝΕΩΚΟΡΩΝ. Femme deb. le *modius* sur la t., portant la Niké sur un globe (Æ 11. — R⁶. = 70 fr. Mion. R⁴. = 40 fr.). — Otacilie: — M, OTAK. — CΕΒΗΡΑ CΕ. Son buste drapé, à dr. ℞: ΛΑΟΔΙΚ—ΕΩΝ ΝΕΩ. Zéus (Aséis) barbu, à demi-nu, tournant la t. à g., tient un enfant (Dionysos?) sur le bras g., la m. dr. étendue au-dessus d'une *chèvre*, deb. à g. derrière lui, en retournant la tête (Æ. 22 mill. — R⁶. = 60 fr. — **Incon.** à Mion. — Publ. par Imhoof-Blumer, d. ses: Monn. Gr. p. 407, n.° 132, Pl. G, n.° 31. Cf. Leake, Asiatic Greece, p. 74); *autre*: ℞: ΛΑΟΔΙΚΕΩΝ·ΝΕΩΚΟΡΩΝ. Hékaté-Triformis, — à ses pieds, un chien (Æ 9. — R⁶. = 50 fr. Mion. R⁴. = 24 fr.); *autre:* ℞: Même lég. Les Dioscures deb., ayant chacun la t. surmontée d'un astre, retenant d'une main leur cheval par le frein et ayant la haste pure dans l'autre (Æ 8½. — R⁷. = 60 fr. Mion. R⁴. = 20 fr.); *autre:* ΩΤΑ·CΕ... ΗΡΑ·CΕ. T. d'Otacilie. ℞: ΛΑΟΔΙΚΕΩΝ·ΝΕΩΚΟ. Némésis ailée deb., sur son bras g. une palme, — à ses pieds, une roue (Æ 6. — R⁸. = 40 fr. — **Incon.** à Mion. — Publ. par Waddington d. la Rev. Num. Fr. An. 1851, p. 174). — Philippe fils: M·IOV·ΦIΛIΠΠOC·KAIC. Sa t. nue, à dr. av. le *paludament.* ℞: ΛΑΟΔΙΚΕΩΝ·ΝΕΩΚΟΡΩΝ. Tyché deb., ten. des épis et un gouvernail de la m. dr. et une corne d'abond. d. la g. (Æ 6. — R¹. = 3 fr. Mion.); *autre:* ℞: Même lég. Zéus-Laodikénos et Tyché deb. (Æ. MM. R⁵. = 70 fr. Mion. R⁸. = 30 fr.); *autre:* M·IOVΛIOC·ΦIΛIΠΠOC·K. Son buste drapé, à dr. ℞: ΛΑΟΔΙΚΕΩΝ·ΝΕΩΚΟΡΩΝ. Déesse, vêtue du double chiton, deb. à g. Sur la t. elle porte le *calathos*, sur les épaules le *croissant*, d. la m. dr. une *patère* qu'elle présente au *serpent* dont son bras g. est enveloppé, et d. la g. une *corne d'abond.* Devant elle, à ses pieds, un *griffon* accroupi à g. [On pourrait dire que la déesse réunit les attributs de Tyché, Séléné, Hygiéia et Némésis.] — (Æ. 24 mill. — R⁸. = 70 fr. — **Incon.** à Mion. — Publ. par Imhoof-Blumer, d. ses: Monn. Gr. p. 409, n.° 136, Pl. G, n.° 29). — Sur les mon. de Laodikeia en Phrygie, consultez encore: *Revue Num. Fr.* An. 1851, p. 173; An. 1856, p. 374. — Sestini, Lett. di Contin. V, p. 64. — Diamilla, Memorie, I, 10. — Streber, Num. noun. Gr. p. 248. — Akerman, Chronicle II, p. 168; VIII, p. 30. — Kühne: Berl. Blätter f. Münzk. I, p. 264. — Fox, Engravings, II, p. 147 (Æ. Chien). — Sur les *cistophores*: Akerman, Chronicle, IX, p. 72. — Borghesi, Osservazioni XIV (Appius Pulcher). — *Rev. Num. Fr.* An. 1859, p. 120 (fragment d'un cistophore). — *Correction:* Mion. IV, p. 319, n.° 717 publia, d'après Sestini, une mon. de Caligula, qui a été erronément interprétée sur l'exemplaire de la coll. de Friedländer. C'est bien la mon. de Laodikeia en Séleukide que Mion. V, p. 248, n.° 718, a, depuis, correctement décrite. Cf. *Berliner Blätter* f. Münzk. III, p. 18 et IV, p. 25. — Annia Faustina: Voy. sur sa mon. nouvellement découverte: Akerman, Numism. Chron. VIII, p. 20. — Trébonien Galle: Voy. sur sa mon. *Wiener Num. Zeitschr.* An. 1872, Bd. IV, l'article du Doct. Fr. Kenner: „Phrygische Münzen", p. 14 à 16. —

188. ΠΡΥΜΝΗϹϹΙϹ (?) = [Adjectif féminin? Cf. Leake, Suppl. p. 84.]

Lég. sur une mon. de **Prymnessos** ville de Phrygie, frappée sous Tite. *Droit:* ΤΙ·ΑΥΤΟΚΡΑΤΟΡΑ·ΚΑΙϹΑΡΑ. T. laurée de Tite, à dr. ℞: ΠΡΥΜ- ΝΗϹϹΙϹ. Femme assise, ten. d. la m. dr. une balance et d. la g. une corne d'abond. (Æ 5. — R⁶. = 20 fr. Mion. R⁴. = 8 fr.). — **Autonomes en bronze:** *Types:* Tête laurée de femme; deux mains jointes; femme deb. ten. une balance; t. jeune du Sénat; t. laurée de Zéus; chouette ten. dans ses serres un serpent replié; Kybèle assise sur un siège entre deux lions; Zéus à demi-nu, assis, ten. de la m. dr. une pet. figure et de la g. une haste. — Æ. — Mod. 3, 4 et 6. — R⁶—R⁷. de 15, 25, 40 et 50 fr. — **Inédite:** Tête de Zéus-Sérapis. ℞: ΠΡΥΜΝΗϹϹΕΩΝ. Asklépios deb. av. ses attributs (Æ 4½. — R⁸. = 80 fr. — **Incon.** à Mion. — Ma collection). — *Autre:* T. casquée de Pallas, à droite. ℞: ΑΝΔΡΩΝ. Foudre ailé, et monogramme composé des lettres ΠΡΥΜ(?) (Æ 3. — R⁸. = 60 fr. — **Incon.** à Mion. — Publ. par le Baron J. de Witte d. sa descr. du Cab. d. l'Abbé Greppo, Paris 1856, v. p. 161, n.° 1163. — [Cette mon. a été attribuée à l'île d'Andros, par Mion. II, p. 312, n.° 3. Plus tard, Mion. (d. son Suppl. T. VI, p. 257, n.ᵒˢ 1142, 1143) la rangea, d'après Sestini, à **Métropolis** d'Ionie. Pour que cette mon. eusse été fabriquée dans l'île d'Andros, la légende devrait porter ΑΝΔΡΙΩΝ. M. Adrien de Longpérier proposa son attribution à Prymnessos.] — **Impériales** depuis Auguste jusqu'à Gallien: Æ. Mod. 4, 4½, 5, 6, 6½, 7, 9, 9½, MM. — R⁵—R⁸. de 15, 20, 25, 30, 40, 70, 100 et 400 fr. — **Auguste:** ΣΕΒΑΣΤΟΣ. Sa t. laurée. ℞: ΝΕΑΡΧΟΣ·ΑΡΤΑ·ΠΡΥΜΝΗΣ- ΣΕΩΝ. Femme deb., ten. de la m. dr. une balance, et sur son bras g. deux palmes. Dessous, le monogr. composé des lettres MP. (Æ 4. — R⁸. = 150 fr. — **Incon.** à Mion. — Publ. par Waddington, d. la Rev. Num. Fr. Tom. XVI, An. 1851, p. 179. Gr. ib. Pl. X, f. 22); *autre:* Même lég. T. *nue* d'Auguste. ℞: ΠΡ—ΥΜΝΗ—ΣΣΕ—ΩΝ, à travers le champ, — à g.: ΙΟΥΚΟΥΝ—ΔΑ· et un globe, — à droite, Α. Femme deb. à g. tient une balance d. la m. dr. et deux épis d. la g. Dessous, ΠΡ. (Æ 20 mill. — R⁸. = 200 fr. — **Incon.** à Mion. — Publ. par Imhoof-Blumer, d. ses: »Monn. Gr.« p. 410, n.° 141. — Ce bronze est remarquable à cause du nom de femme Ἰουκούνδα. Les autres mon. de ce genre donnent toujours des noms d'homme. Cf. Waddington, Rev. Num. Fr. An. 1851, p. 179; — Leake, Asiatic Greece, p. 108; — J. Friedländer, d. la Zeitschr. f. Numism. Bd. IX, p. 4, a publié une mon. semblable, au n.° 141, av. le titre ΙΕΡΗ au lieu de ... Α.); *autre:* ΣΕΒΑΣΤΟΣ. T. d'Auguste, à dr. ℞: ΚΑΙΚΙΛΙΟΣ·ΠΛΟΚΑΜΟΣ. [Nouveau nom de magistrat.] Type analogue à celui de la mon. précédente, représentant une femme, debout, à dr., ten. de la m. dr. une balance, et de la g. deux épis. Légende en deux lignes: ΠΡΥΜΝΗ—ΣΣΕΩΝ. (Æ 4. — R⁸. = 100 fr. — **Incon.** à Mion. — Publ. par Leake (Col. W.) d. ses: „Numismata Hellenica", London 1856, in-4° voy. Asiat. Greece, p. 103). — **Germanicus et Drusus:** ΓΕΡΜΑΝΙΚΟΣ·ΚΑΙΣΑΡ. Sa t. à dr. ℞: ΔΡΟΥΣΟΣ·Κ(ΑΙΣΑΡ) ΠΡΥΜ. T. de Drusus, à g. Grenetis de perles (Æ 15 mill. — R⁸. = 40 fr.) — **Incon.** à Mion. — Publ. par Arthur Löbbecke, d. la Zeitschr. f. Num. Bd. XII, p. 347, n.° 1, Pl. XIV, f. 3. — Des mon. semblables, aux têtes de Germanicus et Drusus, mais sans nom de la ville sont citées par Mion.

S. V, p. 430, 944 à Pergame, et S. VI, p. 330, 1635, à Smyrne). — Messaline: ΜΕΣΣΑΛΙΝΑ ...... ΠΟΤΙΤΟC. Sa t. à g. Derrière, quelque chose incertaine. ℞: ΕΠΙ·ΚΛΑΥΔΙΟΥ·ΜΙ(ΘΡΑΔΑ)ΤΟΥ·(ΠΡΥΜΝΗΞ)ΣΕΩΝ. Main ten. une balance, — d. le champ, le monogr. 689 du Rec. Mion. (Æ 5. — R^S. = 120 fr. Mion. R^7. = 30 fr. — Sestini, Mus. Hederv. T. II, p. 355, n.° 2). — Septime-Sévère: ΑΥΤ·ΚΑΙ·Λ·CΕΠΤΙ·CΕΟ(VΗΡΟC)ΠΕ·ΑV. Sa t. laurée, à dr., av. le *paludament*. ℞: ΠΡΥΜΝΗ—CCΕΩΝ. Femme assise à g., le *calathos* sur la tête, ten. d. la m. dr. une balance, et de la gauche étendue, des épis. Grenetis de perles (Æ. 31 mill. — R^S. = 70 fr. — Incon. à Mion. — Publ. par Arthur Löbbecke d. la Zeitschr. f. Numism. Bd. XII, p. 347, n.° 2. *Ma collection*). — Antonin le Pieux: ΑΥΤ·ΚΑΙCΑΡ·ΑΝΤΩΝΕΙΝΟC. Tête laurée d'Antonin, à g. ℞: ΠΡΥΜΝΗCCΕΩΝ. Femme sur un cippe, ten. d. la m. dr. une balance et dans la g. des épis (Æ 9 1/2. — R^S. = 100 fr. — Inconnue de ce module à Mion. — Publ. par Ad. von Rauch, dans ses: „*Inedita der von Rauch'schen Sammlung*" (brochure extr. d. Berl. Bl. f. Münzk.), voy. p. 13, n.° 35. — Mion. IV, p. 355, n.° 915 décrit la même mon. mais du mod. 4. — R^6. = 18 fr.). — Gordien d'Afrique père: ΑV·Κ·Μ·ΑΝΤ·ΓΟΡΔΙΑΝΟC·CΕΜ·ΡΩΜ·ΑΦΡΙ·CΕΒ. Sa t. laurée av. le *paludamentum*. ℞: ΠΡΥΜΝΗCΖΕΩΝ. (sic). Femme vêtue de la *stola* et tutulée, assise, à g., dans un temple tétrastyle, — elle tient de la m. dr. une balance, et la g. sur la haste (Æ 9. — R^{8*}. = 400 fr. Mion. R^8. = 300 fr. — *Mus. Sanclem.*, Numi Select. III, p. 70, Pl. XXXI, n.° 325). — Pupien: Μ·ΚΛΑ·ΠΟVΠΠ·ΜΑΞΙΜΟC·CΕΒ. T. laurée de Pupien. ℞: ΠΡΥΜΝΗCCΕΩΝ. Pallas casquée assise, ten. une pet. Niké de la m. dr., et une haste de la g. (Æ 9. — R^7. = 150 fr. Mion. R^5. = 30 fr.). — Salonine: ℞: ΠΡΥΜΝΕCCΕΩΝ. Personnification de l'Equité assise et ten. une paire de balances (Æ 7 1/2. — R^8. = 70 fr. — Incon. à Mion. — Cf. Cat. H. P. Borrell, Londres 1852, p. 40, lot 348. Vend. 19 sh. [Curt]). — Midas (roi de Phrygie): ΜΙΔΑC. T. de Midas, couverte du bonnet Phrygien. ℞: ΠΡΥΜΝΗCCΕΩΝ. Fleuve couché (Æ 4. — R^7. = 60 fr. Mion. R^6. = 18 fr.); *autre*: ΒΑCΙΛΕΥC·ΜΙΔΑC. Même t. ℞: ΠΡΥΜΝΗCCΕΩΝ. Femme deb. le *modius* sur la t., ten. d. la m. dr. une balance et dans la g. des épis (Æ 5. — R^8. = 80 fr. — Mion. R^7. = 30 fr.). — Sur les mon. de Prymnessos, voy.: *Revue Numism*. Fr. An. 1851, p. 179, art. de M. Waddington. — Bar. J. de Witte, Descr. du Cab. Greppo, n.° 1163. — *Numism. Chron.*, 2 Série, I, p. 223. — v. Sallet's Zeitschr. f. Numism. Bd. IX, p. 4 = descr. d'une mon. de Tibère. — Gerhard, Archäolog. Zeitg. 1844, p. 385 (mon. du roi Midas). —

189. CΕΙΒΛΙΑ.

Sur les monnaies de Siblia, ville de Phrygie. Ces mon. sont excessivement rares et je vais décrire ici toutes celles qui sont connues. — **Autonomes en bronze**: Tête du dieu *Mèn*, coiffée du bonnet Phrygien et posée sur un croissant. ℞: CΕΙΒΛΙΑΝΩΝ. Télésphore deb., dans son manteau (Æ 4. — R*. = 200 fr. Mion. S. VII, p. 617, n.° 578 — même prix. C'est la seule pièce que Mionnet a connu. Cf. Sestini, Lett. num. Cont., t. III, p. 118, Pl. III, fig. 18); *autre*: ΔΗΜΟC. T. jeune et laurée du Démos, à dr. ℞: CΕΙΒΛΙ—ΑΝΩΝ. Héraklès deb. à g. regardant à dr., ten. de la m. dr. une massue et de la g. la dépouille du lion(?). — (Æ. 22 mill. — R^8. = 200 fr. —

Incon. à Mion. — Publ. par Arthur Engel [de la coll. Lawson, de Smyrne] d. la *Rev. Numism. Fr.* IIIe Série, An. 1884, T. II, p. 34, Pl. II, n.º 18); — *autre:* ϹΕΙΒΛΙΑ. (au Nominatif). Buste tourelé de la Tyché, à dr. ℞: ΠΑΡΑ·ΜΗΝΟΔΟΤΟΥ·ΜΑΙΑΝΗϹ·ϹΕΙΒΛΙΑΝΩΝ. Hermès nu, deb., tourné à g., ten. de la m. dr. une bourse et de la g. un caducée (Æ 4¹/₂. — R*. = 300 fr. — Incon. à Mion. — Publ. par moi d. la *Rev. Numism. Fr.* An. 1883, III Série, Tom. I, p. 381, Pl. IX, fig. 15. — Le nom du magistrat qui figure sur cette rarissime monnaie est nouveau en Numismatique. — Autrefois, un très-bel exemplaire d. ma collection que j'ai eu l'inexplicable imprudence de céder au-dessous de sa valeur à M. Arthur Löbbecke, à Braunschweig). — **Impériales:** Auguste: Sa t. nue à dr., devant, le *lituus*. Aucune lég. au *droit*. ℞: ΚΑΛΛΙΚΛΗϹ(ΚΑΛΛΙϹΤΡΑΤΟΥ). Buste drapé de *Mên*, à g. coiffé du bonnet phrygien, sur un croissant. Dessous, ϹΙΒΛΙΑΝΩΝ. (Æ. 20 mill. R^s. = 500 fr. — Incon. à Mion. — Publ. par M. Imhoof-Blumer, d. ses: Monn. Gr. p. 412, n.º 150). — Cf. aussi: *Numism. Chron.* 1861, p. 200. [Le second nom n'est pas ΚΑΛΛΙϹΤΡΑΤΟΥ, pour lequel l'espace est loin de suffir sur l'exemplaire **unique** de M. Imhoof. J'ai retrouvé depuis, par hazard, un autre exemplaire, av. des légendes complètes, et dont je donne ici-bas la description. Pour prouver ma reconnaissance à M. Imhoof-Blumer je le lui ai cédé et il se trouve présentement dans sa superbe collection.] — Voici la description de ce second exemplaire: *Droit:* ϹΕΒΑϹΤΟϹ. (du côté gauche). Tête nue d'Auguste, à dr. Devant, le *lituus*. ℞: ΙΟΥΛΙΟϹ·ΚΑΛ·ΛΙΚΛΗϹ. Buste drapé de *Mên* à g., coiffé du bonnet phrygien, sur un croissant. Dessous: ϹΙΒΛΙΑΝΩΝ. (Æ. 20 mill. — **Unique ex.** — Même prix). — Julia Domna: ΙΟΥΛΙΑ ΔΟΜΝΑ ϹΕΒΑϹΤ. Son buste tourné à dr., sur son sein on voit des plis formés par les vêtements. ℞: ϹΕΙΒΛΙΑΝΩΝ. Le dieu *Mên* deb. de face, couvert d'un long manteau, la t. coiffée du chapeau phrygien et tourné à g., — de la m. g. il tient une Niké un peu inclinée par devant, et de la droite une lance, en s'appuyant de son pied gauche sur une proue de navire. Grenetis de perles des deux côtés. Travail fin, mais de frappe un peu platte. Bronze rouge clair (Æ 8. — R*. = 600 fr. — **Unique exempl. au Musée de Vienne.** — Publ. par M. le Dr. Fr. Kenner, dans la „Wiener Numism. Zeitschr." Bd. IV, Jahrg. 1872, voy. p. 247. *Gravée* ibid. Pl. X). — A l'exception des **mon. autonomes** de Siblia qu'on conserve au *Musée de Vienne* (cfr. Mion. S. tom. VI, p. 617, n.º 578) av. le type de Télésphore, et des trois **Impériales:** une d'Auguste (faisant partie de la coll. du Dr. Imhoof-Blumer), une de Caius César (publ. par Webster, d. le *Numism. Chron.*, N. S. I, p. 223) et une troisième de Géta (publ. par Borrell, d. le *Num. Chron.* VIII, p. 33) — on ne connaissait aucune autre monnaie de cette ville qui est généralement si peu représentée dans la Géographie Numismatique. Parmi toutes les mon. de Siblia que je viens de mentionner, celle du *Cab. de Vienne*, à l'effigie de Julia Domna, me semble mériter, après les autonomes, la plus grande attention des numismatistes. Les types des trois autres mon. Impériales sont assez communs. Celle de Caius César nous donne au *Rev.* le nom topographique ϹΙΒΛΙΑΝΩΝ (sic!) et le nom d'un magistrat sans aucune figure; — une autre de Géta, a pour type un Zéus deb. av. un aigle à ses pieds, — mais au point de vue de sa dimension (Æ 7) elle approche le plus au diamètre de la monnaie de Julia Domna. — Quant à la troisième, celle que j'ai découvert avec des légendes complètes et qui est à l'effigie d'Auguste, c'est une monnaie excessivement intéressante, et qui nous prouve que la *Série* des **monnaies Impériales** de Siblia commence à Auguste. —

190. ANKYPA.

Légende sur un Gr. br. frappé à **Ankyra** de Galatie: JULIA DOMNA: ΙΟΥΛΙΑ ϹΕΒΑϹΤΗ. Son buste à dr. ℞: ΜΗΤΡΟΠΟΛΕΩϹ. A l'exergue: ΑΝΚΥΡΑ au Nominatif (et non ΑΝΚΥΡΑϹ comme plusieurs auteurs l'ont donné, et entre autres M. W. DREXLER, d. la Zeitschr. f. Numism. Bd. XV, An. 1887, p. 87. — Cf. aussi mon *Dictionnaire Numism.*, n.° 2414, où la monnaie se trouve gravée d'après l'empreinte qui m'a été communiqué par le bien regretté J. SABATIER et où on lit distinctement: ΑΝΚΥΡΑ). Lionne deb. à dr. allaitant un enfant, — sur le second plan un arbre, — devant la lionne un enfant deb. [Ce type, qui est fort intéressant, n'a pas encore été suffisamment étudié: il pourrait bien faire allusion à une tradition suivant laquelle un dieu ou un héros local honorés à Ankyra auraient été allaités par une lionne. Il en résulte que la description que j'ai donné d. mon *Dict. Num.* au n.° 2414 de ce type — est inexacte, sauf l'orthographe du mot ΑΝΚΥΡΑ au lieu de ΑΝΚΥΡΑϹ, que je maintiens.] — (Æ 8 $^1/_2$. — R^6. = 200 et 300 fr. — Autrefois, COLL. DE M. J. GRÉAU, voy. le cat. de sa vente, Paris 1867, p. 176, n.° 2001. Vend. 25 fr.! — Belle p. **incon.** à MION. — Il existe une monnaie semblable, dont le revers reste à expliquer, au *Cab. de France.* — Cf. aussi: *Revue Belge* (Tom. III, 4° Série). — Il reste encore à résoudre la question si ce Gr. br. que je viens de décrire appartient à **Ankyra** de Galatie ou à son homonyme de Phrygie? Nous savons que les mon. d'**Ankyra** de Phrygie ont pour légende: ΑΝΚΥΡΑ. — ΑΝΚΥΡΑΝΩΝ. — ΙΟΥΛΙΕΩΝ·ΑΝΚΥΡΑΝΩΝ. — et de celle de la Galatie: ΣΕΒΑΣΤΗΝΩΝ· ΤΕΚΤΟΣΑΓΩΝ. — Η·ΜΗΤΡΟΠΟΛΙϹ·ΤΗϹ·ΓΑΛΑΤΙΑϹ·ΑΓΚΥΡΑ. — ΜΗΤΡΟΠΟ·ΑΝΚΥΡΑϹ ou ΑΝΚΥΡΑΝΩΝ. — ΜΗΤΡΟΠΟΛΕΩϹ·ΑΝΚV-ΡΑϹ. — ϹΕΒ·ΤΕΚ·ΜΗΤ·ΑΝΚVΡΑϹ. — **Impériales:** depuis Néron jusqu'à Salonine; — voy. Mittheilungen d. Num. Gesellsch. in Berlin, 1846, p. 25. — On sait que les trois peuplades gauloises: Tektosages, Tolistobogi, Trokmi s'étaient fixées en Galatie. Leurs villes: Ankyra, Pessinous, Tavion, adoptèrent le prénom ΣΕΒΑΣΤΗΝΩΝ. Partant de ce point, feu ALLIER DE HAUTEROCHE, cité par MION. S. T. VII, p. 649, niait l'existence chez les Tektosages d'une ville du nom de **Sébaste**. Suivant cet auteur, ce n'est pas une seule ville de **Sébaste** qu'il aurait fallu admettre, mais trois: une pour les Tektosages, une pour les Tolistobogi, et une autre enfin pour les Trokmi. Les légendes: ΣΕΒΑΣΤΗΝΩΝ ΤΕΚΤΟΣΑΓΩΝ, ϹΕΒ·ΤΟΛΙϹΤΟΒΟ·ΠΕϹ-ϹΙΝΟΥΝΤΙШΝ, ϹΕΒΑϹΤΗΝΩΝ·ΤΡΟΚΜΩΝ, donnent ici raison à M. ALLIER DE HAUTEROCHE. C'est aussi l'opinion de M. WADDINGTON, qui est un juge compétent en pareille matière; — il est à souhaiter qu'on éclaircisse cette question qui reste la plus embrouillée de la numismatique de l'Asie-Mineure. — Je mentionnerais ici quelques monnaies restées **inconnues** à MIONNET et qui appartiennent aux deux villes homonymes. — **Autonomes** en bronze d'**Ankyra** (de Phrygie): ΙΕΡΑ·ϹΥΝΚΛΗΤ. T. du Sénat, av. le *paludament*, à dr. ℞: ΑΓΚΥΡΑΝΩΝ. Apollon nu, deb. à dr., la m. dr. étendue, tient d. la m. g. une lyre posée sur un cippe (Æ. 20 mill. — R^7. =

35 fr. — **Incon.** à Mion. — Publ. par Arthur Löbbecke, d. la Zeitschrift f. Numism. Bd. XII, p. 341. — La forme ΑΓΚΥΡΑΝΩΝ pour ΑΝΚΥΡΑΝΩΝ se trouve aussi sur les mon. postérieures émises sous les empereurs, cf. Sestini, Descr. del Mus. Fontana, III, 76, 1 et Mion. IV, p. 225, 178—81); *autre:* — ΘΕΩΝ .... T. du Sénat, à dr. ℞: ΑΝΚΥΡΑΝΩΝ .... Autel ou cippe (Æ 3. — R⁶. = 15 fr. — **Incon.** à Mion. — Publ. par le Baron J. de Witte, d. sa Descr. du Cab. Greppo, Paris 1856, v. p. 158, n.° 1143); *autre:* ΘΕΑ·ΡΩΜΗ. T. de Rome tourelée. ℞: ΑΝΚΥΡΑΝΩΝ. Dionysos deb., ten. le *cantharos* de la m. dr. et de la g. son thyrse avec le *strophium*, à ses pieds, un tigre (Æ 6. — R⁶. = 40 fr. — Sestini, Descr. Num. vet. p. 453, n.° 1). — **Impériales:** depuis Auguste jusqu'à Gallien. Æ. Mod. 3, 4, 4¹/₂, 5, 6, 8¹/₂ et MM. — R⁵—R⁸. de 6, 15, 25, 40, 50, 70 et 150 fr. — Auguste: ΣΕΒΑΣΤΟΣ. Sa t. nue, à dr. ℞: (Σ)ΕΒΑΣ(ΤΗ)ΝΩΝ, devant, et .. ΑΣΟ·ΗΣΑΤΝΟ derrière. Zeus Aëtophoros assis à g. (Æ. 16 mill. — **Inédite.** — R⁸*. = 150 fr. — Coll. de M. Imhof-Blumer); *autre:* Sa t. nue, à dr. ℞: (Σ)ΕΒΑΣΤΗ(ΝΩΝ) à dr., et (ΑΝ)ΤΙΣΘΕΝΗΣ, à g. Zéus nu, deb., de face, la t. tournée à g., — la m. g. appuyée sur le sceptre, et la droite baissée (Æ. 13 mill. — **Inédite.** — R⁸. = 150 fr. — *Même collection*. — Pour ces deux mon. voy. Imhoof-Blumer: Monn. Gr. p. 411, n°s 147 et 148). — Néron et Poppée: ΝΕΡΩΝ·ΚΑΙΣΑΡ·ΣΕΒΑΣΤΟΣ·ΠΟΠΠΑΙΑ·ΣΕΒΑΣΤΗ. Leurs têtes affrontées. ℞: ΤΙ·ΒΑΣΣΙΛΑΟΥ·ΕΦ· (Εφόρου). ΑΙΤΗΣΑΜΕΝΟΥ·ΟΥΟΛΑΣΕΝΝΑ·ΑΝΘΥΠΑΤΩ· [Volassena proconsul d'Asie, A. D. 62—63. Cf. Waddington: Fastes des provinces Asiatiques, p. 135.] ΙΟΥΛΙΕΩΝ·ΑΝΚΥΡΑΝΩΝ. Poséidon deb., ten. d. la m. dr. un ancre et d. la g. la haste (Æ 7. — R⁸. = 150 fr. Mion. R⁶. = 48 fr. — Cf. Hermes, IX, p. 493 et 494). — Domitia: ΔΟΜΙΤΙΑ·ϹΕΒΑϹΤΗ. Sa t. à dr. ℞:ΑΝΚΥΡΑΝΩΝ. Artémis-Ephesia deb., av. ses deux supports (Æ 4. — R⁷. = 80 fr. Mion. R⁷. = 30 fr.). — Plotine: ΠΛΩΤΕΙΝΑ·ϹΕΒΑϹΤΗ. Sa t. à dr. ℞: ΑΝΚΥΡΑΝΩΝ. Artémis d'Ephèse, av. ses supports (Æ 5. — R⁸. = 120 fr. Mion. R⁸. = 50 fr. — *Ma collection*). — Hadrien: ΑΥ·ΚΑΙ·ΑΔΡΙΑΝΟϹ·ΤΡΑ·ϹΕ. Sa t. laurée. ℞: ΕΠΙ·ΜΗΝΟΔΩΡΟΥ·ΑΡΧ·ΑΝΚΥΡΑΝΩΝ. Homme nu (Poséidon?) deb. ten. dans chaque m. une ancre (Æ 6. — R⁵. = 30 fr. Mion. R⁴. = 12 fr.); *autre:* ℞: ΑΝΚΥΡΑΝΩΝ·ΝΥϹΑΕΩΝ. Le dieu Mên deb. (Æ 6. — R⁶. = 40 fr. Mion. R⁴. = 12 fr.). — Sabine: ϹΑΒΕΙΝΑ·ϹΕΒΑϹΤΗ. Sa t. à dr. ℞: ΑΝΚΥΡΑΝΩΝ. Artémis-Ephesia av. ses attributs (Æ 4. — R⁴. = 9 fr. Mion.). — Antinoüs: ΑΝΤΙΝΟΟϹ·ΗΡΩϹ. Sa t. nue, à dr. ℞: ΙΟΥΛ·ϹΑΤΟΡΝΕΙΝ·ΑΝΚΥΡΑΝΟΙϹ. Le dieu Mên deb., ten. d. la m. dr. une ancre et d. la g. la haste (Æ 10. — R⁶. = 200 fr. Mion. R⁵. = 60 fr.). — Antonin le Pieux: ΑΥ·ΚΑΙ·ΤΙ·ΑΙ·ΑΔΡ·ΑΝΤΩΝΙΝΟϹ. Sa t. laurée. ℞: ΕΠΙ·Π·ΑΡ·ΛΟΥΠ·ΝΕ·ΑΝΚΥΡΑΝΩΝ. Zéus nu et deb., ten. une ancre de la m. dr., et de la g. une haste (Æ 5¹/₂. — R⁸. = 60 fr. — **Incon.** à Mion. — Publ. par Waddington d. la Revue Numismat. Fr. An. 1851, p. 158.) [C'est une *variété* de celles déjà publiées. L'ancre qui figure sur plusieurs mon. d'Ankyra est celle que le roi Midas trouva, et qui du temps de Pausanias se voyait encore d. le temple de Zéus (Pausanias, I, 4). Ce passage du géographe démontre que la figure qui tient l'ancre est bien celle de Zéus, et non de Poséidon, comme l'a fait Mionnet. — Cavedoni (d. son Spicilegio Numismatico, Modena 1838) remarque que l'ancre, ἄγκυρα,

est un type parlant de la ville. Le nom du magistrat Lupus se trouve sur une mon. du même empereur (Mion. IV, 222, n.º 162) av. le titre d'archonte, sur celle-ci il porte celui de Néokore.] — Faustine mère: Inédite. — Publ. par Grote, Münzstudien III, p. 137. — Géta: — Λ·CЄΠΤ.—ΓЄΤΑC ΚΑΙ. Son buste drapé, à dr. ℞: ЄΠΙ·ΑΠΟ—ΛΛΟΦΑΝΟΥC ΛΟΥ·ΑΡ. et à l'exergue: ΑΓΚΥΡΑΝΩΝ. Amazone à cheval, au pas, à dr., devant le cheval, autel allumé (Æ. 28 mill. — R^8. = 70 fr. — **Inconnue** à Mion. — Publ. par Imhoof-Blumer, d. ses: Monn. Gr. p. 393, n.º 60). — Julia Domna: Ι·ΔΟΜΝΑ·CЄΒΑCΤΗ. Sa t. à dr. ℞:·ΑΝΚΥΡΑΝΩΝ. Artémis d'Ephèse, deb. (Æ 4. — R^4. = 8 fr. Mion.); *autre:* Même lég. et même t. ℞: Même lég. Serpent la tête dressée (Æ 4. — R^5. = 15 fr. Mion. — Cf. Pellerin, Mélanges, Tom. II, p. 131. — Il me semble qu'il serait plus juste de rapporter cette mon. à Ankyra de Galatie, comp. Sestini, Lettere di Continuaz. III, p. 102). — Maxime: Γ·ΙΟΥΛ·ΟΥΗΡ·ΜΑΞΙΜΟC·ΚΑΙC. Sa t. nue. ℞: ΑΝ-ΚΥΡΑΝΩΝ. Deux boucs deb. sur deux pieds, — au milieu, un *diota* (Æ 6. — R^7. = 50 fr. Mion. R^5. = 24 fr.). — Tranquilline: ΦΟΥΡΙΑ·ΤΡΑΝΚΥΛ-ΛЄΙΝ·CЄΒ. Sa t. à dr. ℞: Є·ΑΥΡ·ΑCΚΛΑΠЄΙΑΝΟΥC·ΑΝΚΥΡΑΝΩΝ. Artémis-Ephésia (Æ 8. — R^6. = 150 fr. Mion. R^6. = 36 fr. — Cf. Cat. L. Welzl de Wellenheim, n.º 6360). — Philippe père: ΑΥΤ·Κ·Μ·ΙΟΥΛ· ΦΙΛΙΠΠΟC·ΑΥΓ. T. laurée de Philippe père, av. le *paludament*. ℞: ЄΠΙ· ΑΥΡ·ΝЄΙΚΑΝΔΡΟΥ·ΑΓΚΥΡΑΝΩΝ·ΤΡΥΦΩΝΙΛΛΟΝ·CΤЄΦΑΝ·ΚΑΙ·ΑΡΧ· ΑΡΧΙ. Poséidon nu, deb. à g. entre deux femmes, — il tient de la m. dr. inclinée une ancre et de la g. levée un trident, — la femme qui est à dr. tient une haste de la m. dr. et une pomme de la g., — celle qui est à g. pose de la m. dr. une couronne sur la t. de Poséidon et tient de la m. g. une corne d'abondance, — à ses pieds est un gouvernail (Æ. MM. — R^7. = 120 fr. Mion. R^4. = 50 fr.); *autre:* ℞: ЄΠ·ΑΡΖΩΙΛΟΥ·ΑΡ·Β·ΑΓΚΥΡΑ-ΝΩΝ. Zéus demi-nu, deb., une ancre d. la m. dr., une haste d. la g. et à ses pieds un aigle, — devant lui, Isis deb., le *lotus* en tête, ten. d'une main le sistre, de l'autre la haste (Æ 11. — R^7. = 100 fr. Mion. R^4. = 50 fr.). — **Ankyra (de Galatie).** Je ne connais point des mon. **autonomes** de cette ville et je ne crois pas qu'il en existe. — **Impériales** depuis Tibère jusqu'à Salonine, dont je vais décrire les suivantes: Tibère: ΤΙΒЄΡΙΟC·ΚΑΙCΑΡ. Sa t. nue, à droite. ℞: ЄΠΙ·ΒΑC·ΠΡЄCΒЄΥΤΟΥ. Lion marchant, à dr.? (Æ 6. — R^7. = 30 fr. Mion. R^4. = 12 fr.). [Je pense qu'il s'agit ici du même légat Lucilius Bassus que Flavius Josephus (voy. Livr. VII, 6, 1) appelle πρεσβευτής, et par lequel doit être généralement commencée la suite chronologique des légats romains.] — Nerva: ΑΥΤΟΚΡΑΤΩΡ·ΝЄΡΟΥΑC·ΚΑΙC· CЄΒΑ. Sa t. laurée, à dr. ℞: ЄΠΙ·Τ·ΠΟΜΠΩΝΙΟΥ·ΒΑCΟΥ (sic) ΠΡЄC-ΒЄΥ·ΑΝΤΙCΤ. Temple hexastyle sur le fronton duquel est un globe seul, — dans le champ, ΑΝΚΥΡΑC. (Æ 9. — R^5. = 30 fr. Mion. R^8. = 18 fr.). — Plotine: Lég. emportée. Sa t. à dr. ℞: ΑΝΚΥΡΑC. Artémis-Ephésia deb. av. ses deux chiens (Æ 6. — R^7. = 60 fr. Mion. R^6. = 24 fr.). — Antonin le Pieux: ΑΥ·Κ·Τ·ΑΙ·ΑΔΡΙ·ΑΝΤΩΝЄΙΝΟC·CЄΒ·ЄΥCЄ. Sa t. nue à dr. ℞: ΑΝΚΥΡΑ·Η·ΜΗΤΡΟΠΟΛΙC·ΤΗC·ΓΑΛΑΤΙΑC. Amazone deb. en habit court, le *modius* sur la tête, ten. de la m. dr. une ancre et d. la g. la *pelta* et la *bipenne* (Æ 7½. — R^6. = 40 fr. Mion. R^9. = 9 fr.). — Commode: Lég. effacée. Sa t. à dr. ℞: ΜΗΤΡΟΠΟΛΙC·ΑΝΚΥΡΑ. T. voilée et tourelée de femme (Æ 9. — R⁶. = 35 fr. Mion. R⁴. = 24 fr.). — Septime-Sévère: AVT·K·Λ·CEΠT·CEOVHPO—C·ΠEPT·AVΓOV. Son buste drapé et lauré, à dr. ₨': MHTPOΠOΛEΩC·ANKVPAC. Aphrodité nue, de face, la t. tournée à g., *nageant* à dr., précédée d'Eros, — devant elle, *ancre* (Æ. 33 mill. — R⁸. = 50 à 60 fr. — Publ. par Imhoof-Blumer, d. ses: Monn. Gr. p. 414, n° 168. — C'est la même mon. que Mion. IV, p. 380, n° 32, a mal décrit. Cf. Riggauer, Eros auf Münzen: Zeitschrift f. Numism. Bd. VIII, p. 82, pl. I, fig. 9. — Aujourd'hui au *Cab. de Vienne*. — Eckhel, Cat. Mus. Vindob. p. 201). — Caracalla: ANTΩNINOC ΠIOC·AVΓ. Sa t. laurée, à dr. ₨': MHTPOΠOΛE·ANKVPAC. Triptolème debout sur un char traîné par deux serpents ailés (Æ 7. — R⁸. = 70 fr. — Incon. à Mion. qui ne décrit pas une seule fois ce type à Ankyra. Cf. Cat. Badeigts de Laborde, Paris 1869, p. 43, n° 484); *autre:* — ANTΩNINOC·AVΓOVC-TOC. T. laurée de Caracalla barbu, à dr. ₨': MHTPOΠOΛ—EΩ·ANKVPAC. Aphrodité nue deb. de face, la t. tournée à g., s'arrangeant les cheveux de la m. dr., et se voilant de la g. A ses pieds, à g. *dauphin*, à dr., *miroir* (Æ. 30 mill. — R⁶. = 50 fr. — Incon. à Mion. — Publ. par Imhoof-Blumer, d. ses: Monn. Gr. p. 415, n° 169); *autre:* — ANTΩNINOC — ΠIOC·AVΓ. ₨': MHTPOΠOΛEΩC et, à l'exergue: ANKVPAC. Temple à huit colonnes, de face (Æ. 29 mill. — R⁶. = 60 fr. — Incon. à Mion. — Publ. par Imhoof-Blumer, ib. n° 170); *autre:* ANTΩNINOC·AVΓOVCTOC. Même t. ₨': MHTPOΠ—OΛ·ANKVPAC. *Femme* (Bacchante?) courant à g., le vêtement et le manteau flottant au vent, ten. des deux mains une *guirlande*, — à ses pieds, une *ciste* de laquelle un serpent à g. sort la tête (Æ. 33 mill. — R⁵. = 30 fr. — Imhoof, ib. n° 171. — Mion. S. VII, 636, 24, mal décrite: R¹. = 6 fr.); *autre:* ANTΩNINOC·AVΓOVCTOC. Sa t. laurée, à dr. ₨': ACKΛHΠIA·CΩTHPEIA·ANKVPAC·MHT. Trapèze, sur laquelle est posée une urne des jeux, — sous la trapèze, ICΘ·ΠVΘIA et cinq globules (Æ 8. — R⁵. = 25 fr. — *Variété* non citée par Mion. — Cf. J. de Witte (baron), Descr. du Cab. de l'abbé Greppo, Paris 1856, p. 162, n° 1168). — Sur les mon. de Caracalla fr. à Ankyra de Galatie, consultez: Chaudoir, Corrections, p. 89; *Zeitschrift* f. Münzkunde III, p. 46. — Géta: Sur ses mon. voy. Könne, Berl. Blätter f. Münzkunde I, p. 266. — Valérien père: Γ·ΠOVB·ΛIK·OVAΛEPIANOC·CEB. Sa t. radiée, à dr. ₨': MHTPOΠOΛEΩC·B·N·ANKVPAC. Amazone deb., marchant, à dr. et ten. la *bipenne*, la *pelta* et une *ancre* (Æ 8. — R⁶. = 60 fr. — Inédite. — Publ. par le baron J. de Witte, d. sa Descr. du Cab. Greppo, Paris 1856, voy. p. 163, n° 1169). — Gallien: ...... ΓAΛΛIANOC· (sic) CEB. Sa t. radiée, à dr. ₨': MHTPO·B·N·ANKVPAC. Trois urnes des jeux av. des palmes (Æ 6. — R⁵. = 20 fr. — J. de Witte, ib. n° 1170). —

191. TAVION.

Lég. sur une mon. de Tavion, ville de Galatie. *Droit:* Lion attaquant un taureau. ₨': TAVION. (sic). Diota (ou plutôt Kantharos) entre les chapeaux des Dioscures et deux étoiles (Æ 5. — R⁸. = 100 fr. Inconnue à Mion. — Cf. H. P. Borrell, Londres 1852, p. 40, n° 354. Vend. 3 £ 7 sh. [Burgon]. Cette mon. autonome a été émise dans le premier siècle avant notre ère. Cf. aussi: Barclay Head: „Historia numorum, a Manual of Greek

Numismatics" Oxford 1887, p. 630. — On connait des mon. **Impériales** qui datent depuis Tibère jusqu'à Elagabal. *Légendes:* ΤΑΟΥΙΑΝΩΝ; — ΤΑΟΥΙΑΝΩΝ ϹΕ(ΒΑϹΤΗΝΩΝ)ΤΡΟ[ΚΜΩΝ] ou ϹΕΒΑϹΤΗΝΩΝ ΤΡΟΚΜΩΝ. Le Fleuve Halys y est aussi représenté (ΑΛΥϹ). — Dans le cat. Welzl de Wellenheim (Vienne 1844) on trouve une mon. à l'effigie de Domitien [n.° 6443] sur laquelle on a incorrectement lu: .. ΟΛΕΩΝ·ΤΑΟΥΙΑΝ .. Comme ce même exempl. fait partie du *Musée de Berlin* le savant J. Friedländer l'a examiné et parvint à lire: ἐπὶ·ΛΕΩΝΙΔΟΥ ...... Il pense qu'elle pourrait peut-être appartenir à Thalassa de Krète. Aujourd'hui elle est encore classée parmi les incertaines du Musée de Berlin. —

192. ΕΥϹΕΒΕΙΑ.

Lég. qui se rencontre sur les mon. d'Eusebeia de Cappadoce, même ville que Kaisareia. La ville métropole Mazaka a pris plus tard le nom d'Eusebeia en l'honneur du roi Ariarathes Eusebes, et, sous Tibère, celui de Kaisareia. — **Autonomes en bronze** av. le nom d'Eusebeia: T. laurée de Zéus, à dr. ℞: ΕΥϹΕΒΕΙΑϹ. Héra-Pronuba, tutulée et voilée, deb., vue en face, les deux mains pendantes, soutenant son voile, — dans le champ, ΓΑ. (Æ 6. — R^5. = 15 fr. Mion.); *autre:* T. de Dionysos, couronnée de lierre. ℞: ΕΥϹΕΒΕΙΑϹ. Le mont Argée, sur le sommet duquel est un aigle, — dessous, Ε·ΗΤ., vel ΗΙ. (Æ 4. — R^4. = 8 fr. Mion.); *autres types:* t. de Pallas; t. de femme tourelée; t. laurée d'Apollon; le mont Argée et monogr.; proue, gouvernail et trident; palme; corne d'abondance; épi d'orge; trépied; t. imb. et laurée d'Héraklès; temple tétrastyle, dont le fronton est orné de statues; aigle sur le sommet du mont Argée; massue de laquelle pend la dépouille du lion de Némée, toutes du Mod. 3, 4, 5, 6 et 7. — R^4—R^5. de 8, 15, 20 et 30 fr. — **Autonomes nouvellement découvertes:** Tête d'Eros, à dr. ℞: ΕΥϹΕ—ΒΕΙΑϹ. Une des *ailes* d'Eros, — d. le champ, à dr. monogramme (Æ. 15 mill. — Gr. 2,14. — R^8. = 40 fr. — Incon. à Mion. — Imhoof-Blumer: Monn. Gr. p. 416, n.° 177. — Riggauer d. la Zeitschr. f. Numismatik VIII, pl. I, f. 27); — T. de *Niké* à dr., dont une des aîles est visible derrière l'épaule. ℞: ΕΥϹΕ—ΒΕΙΑϹ. Aîle de Niké (Æ. 16 mill. — Gr. 3,52. — R^7. = 30 fr. — C'est la mon. mal décrite et gravée dans les *Num. Pembroch.* II, Pl. X, f. 7, et Cat. de vente Pembroke, 1848, n.° 1250 et Mion. S. VII, 659, 4. La t. n'est point casquée mais coiffée d'une longue tresse de cheveux, parcourant le haut de la tête de la nuque au front. Cf. Imhoof, Monn. Gr. ib. n.° 178). — On ne connait pas des mon. Impériales av. le nom d'Eusebeia. — Voy. encore sur les mon. av. le nom d'Eusebeia: Sestini, Mus. Chaudoir, Florence 1831, p. 110. — *Annali* dell' Inst. e Corr. arch. di Roma, An. 1840, p. 222, Pl. Q, fig. 4 = doit être rapportée à Kaisareia Samaritidis. — Millingen, ancient coins of greek cities and kings, London 1831, voy. à la p. 76. — Museo Lavy, Torino 1839, voy. Tom. II, p. 233. — Monnaie en Æ. av. le nom d'Eusebeia, à l'effigie d'Antonin le Pieux: ΑΥΤΟΚΡ·ΑΝΤΩΝΕΙΝΟϹ·ϹΕΒΑϹΤΟϹ. Sa t. nue, à dr. ℞: ΕΥϹΕΒΕΙΑ. (au Nominatif). Femme deb., vêtue de la *stola*, ten. une patère de la m. dr. au-dessus d'un autel, et de la g. l'*accera* (Æ 5. — R^7. = 100 fr. Mion. R^6. = 50 fr.). —

193. ΚΑΙCΑΡΕΙΑ ou ΚΑΙCΑΡΙΑ.

Lég. sur les mon. de **Kaisareia** en **Cappadoce** qui est la même ville qu' **Eusebeia**. — **Autonomes en bronze**: T. de Dionysos, couronnée de lierre. ℞: ΚΑΙΣΑΡΕΙΑΣ. Aigle sur le mont Argée (Æ 4. — R⁸. = 70 fr. Mion. R⁸. = 40 fr. — La mon. décrite par Mion. T. II, p. 419, n° 54, trouverait mieux sa place plutôt ici qu'à **Kaisareia** de Bithynie). — *Autre*: T. de femme voilée et tourelée, à dr. ℞: ΚΑΙΣΑΡΕΩΝ. *Flèche*, — au milieu, les lettres numérales ΔΜ. (44). [On trouve encore les dates ΚΕ·Ε. ΛΖ·Ε. ΠΓ. = 25, 37 et 83. Voy. Sestini, Classes gén. édit. II, p. 129.] (Æ 4. R⁸. = 70 fr. Mion. R⁸. = 40 fr.); *autre*: av. la date ΓΝ. = 53). — **Impériales** depuis Tibère jusqu'à Trébonien Galle. — Avec le nom de ΚΑΙCΑΡΕΙΑ: Lucius Verus: ΑΥΤΟΚΡΑΤΩΡ·ΟΥΗΡΟC. Sa t. laurée, à dr. sans le *paludament*. ℞: ΚΑΙCΑΡΕΙΑ·Τ·Π·ΑΡΓΑΙΩ·ΕΤ·Ε. (an 5). Le mont Argée (Æ 5. — R¹. = 2 fr. Mion.); — Macrin: ΑΥ·Κ·Μ·ΟΠ·CΕΥ·ΜΑΚΡΕΙΝΟC. Sa t. laurée, à dr. av. le *palud*. ℞: ΜΗΤΡΟΠΟ·ΚΑΙCΑΡΙΑ. Le mont Argée entre une étoile et un croissant, sur un autel devant lequel on lit: ΕΤ·Β. (an 2) (Æ 8. R⁶. = 25 fr. Mion. R⁴. = 12 fr.). — Les mon. **Impériales** de cette ville sont fort nombreuses et peu rares. Je citerai ici les nouvelles recherches et corrections faites par M. Imhoof-Blumer, dans toute la Série des mon. Impériales de Kaisareia en Cappadoce qui a été si négligée avant l'apparition de son travail: Claude: — ΚΛΑΥΔΙΟC ΚΑ(ΙCΑΡ)ΒΡΕΤΑΝΝΙΚΟC. Sa t. nue à g. ℞: ΚΑΙCΑΡ·ΕΤ·Η. à l'exergue. Les filles de Claude, deb. en regard, ten. chacune une corne d'abond. et se donnant la m. Entre elles, globule. Derrière celle qui est tournée à g. ΑΝΤΩΝΙΑ, — derrière l'autre ΟΚΤΑΟΥΙΑ. (Æ. 21 mill. R⁷. = 120 fr. — Incon. à Mion. — Imhoof: Monn. Gr. p. 417, n° 179, Pl. G, n° 32. — C'est la mon. attribuée à Kibyra dans le Cat. de Subhi Pacha, 1873, n° 238, où la lég. est donnée comme ΜΟΑΓΕΤΗ. M. Waddington a cru lire ΚΑΙCΑΡΕΩΝ sur son exemplaire et l'a classé à Tralles. Il y a cependant bien clairement ΚΑΙCΑΡ(ἑων)ΕΤ·Η.); *autre*: — ΤΙΒΕΡΙΟC ΚΛΑΥΔΙΟC.... T. laurée de Claude, à dr. ℞: ΚΑΙCΑΡ·ΕΤ·Η. sous le *mont Argée*, que surmonte une statue (Æ. 26 mill. — R⁷. = 60 fr. — Imhoof, ib. n° 180. — Mion. R⁵. = 24 fr. — *Musée de Florence*); *autre*: ΚΛΑΥΔΙΟC·ΚΑΙCΑΡ. Sa t. laurée, à dr. ℞: ΕΤΟΥC·ΚΑΙCΑΡΕΩΝ·Γ̄. Buste voilé et tourelé de *Tyché*, à dr. (Æ. 20 mill. — R⁶. = 40 fr. — *Musée de Copenhague*. — Cf. de Saulcy, Num. d. la Terre-Sainte, p. 115, 2, pl. XVIII, 2 et Mion. S. VIII, p. 335, n° 3, qui tous les deux se sont trompés sur la *date*, qui est l'an 3 et non l'an 13); *autre*: ΤΙΒΕΡΙΟC·ΚΛΑΥΔΙΟC·ΚΑΙCΑΡ. T. nue de Claude, à dr. ℞: *Tyché* voilée et tourelée, assise sur des rochers à dr., et tenant deux épis de la m. dr., — au-dessus, un *fleuve* (le Melas?) nageant à dr. Devant elle, en deux lignes, ΚΑΙC—ΑΡΕΩΝ; derrière, ΕΤΟΥC Ε̄. (Æ. 24 mill. — R⁵. = 30 fr. — Imhoof, Monn. Gr. p. 417, n° 182. — Cf. Mion. S. VIII, 334, 2, et de Saulcy, l. c. p. 114, 1, pl. XVIII, 1. Les dates Γ, Ε et Η indiquent les années du règne de Claude, 43, 45, et 48 de J. C., et ce mode de dater les mon. s'est conservé à **Kaisareia** de Cappadoce jusqu'à ses dernières émissions). — Trajan: ΑΥΤΟΚΡ·ΚΑΙC·ΝΕΡ·ΤΡΑΙΑΝΟC·CΕΒ·ΓΕΡΜ·ΔΑΚ. Sa t. laurée, à dr. ℞: ΔΗΜΑΡΧ·ΕΞ·ΥΠΑΤΟ·S. Le mont *Argée* av. son cratère au-dessous du sommet, et flanqué d'arbres. Sur le versant de face, *un quadrupède poursuivant un autre* qui retourne la t. au courant (Æ. 21 mill. — Gr. 6,87. — R⁴. = 30 fr. Mion. R³. = 30 fr. S. VII, 668, 51. — Imhoof, ib. n.° 183, Pl. H, n.° 1. — Quelques mon. communes de Kaisareia, à cause des *animaux* qui se voient sur le mont Argée, présentent une particularité qui a été observée pour la première fois par M. Imhoof-Blumer. Les bronzes de Nikopolis de Moesie, qui représentent la personnification du mont AIMOC, offrent le même spectacle d'un animal sauvage poursuivant un cerf et aussi d'un quadrupède isolé). — Marc-Aurèle: AVTOKP·ANTΩNEINOC·CEB. Son buste cuirassé et lauré, à dr. ℞: VΠATOC·Γ. Le mont *Argée* surmontée d'une *étoile*, les deux versants plantés d'arbres. Au pied de la montagne, à g. un *cerf* courant à g., et, à dr., un arbre, à ce qu'il paraît (Æ. 21 mill. — Gr. 7,04. — R⁴. = 20 fr. — Imhoof, ib. n.° 184); *autre:* Même lég. T. nue de M. Aurèle, à dr. ℞: Même lég. et même type, — au pied du mont, à g., un *cerf* deb. à dr. (Æ. 20 mill. — Gr. 6,60. — R³. = 15 fr. — Imhoof, ib. n.° 185, Pl. H, n.° 2); Lucius Verus: AVTOKP·OVHPOC·CEBACTOC. Buste drapé de Lucius Vérus, à dr. ℞: VΠA—TOC·B. Type et symboles du n.° 184 de M. Imhoof (Æ. 22 mill. — Gr. 5,97. — R³. = 15 fr. Imhoof, ib. n.° 186, Pl. H, n.° 3); *autre:* av. la différence que le mont Argée est surmontée d'une fig. nue, deb. de face, une haste à la m. g. et un globe à la dr. (Æ. 20 mill. — Gr. 6,80. — R⁴. = 20 fr. — Imhoof, ib. n.° 187). — Commode: KOMMOΔΩ·KAIC·CEB·YIΩ. Son buste drapé et imberbe à dr. ℞: ΓEPMAN.—CAPMAT. *Autel* orné d'une guirlande av. des bandelettes, — dessus, trois épis (Æ. 25 mill. — Gr. 9,20. — R⁴. = 50 fr. (pet. médaillon). — Mion. VI, 705, 618; et av. la massue pour type, S. VII, p. 676, n.° 105. — Imhoof, ib. n.° 188). [Cet exempl. rétablit la véritable légende du droit. Celle du revers, qui est à compléter en ΓEPMANικός·CAPMATικός, fait suite à celle qui entoure la tête, de sorte que la légende entière correspond exactement à celle des monnaies romaines de l'an 175 de J. C., quand Commode reçut le titre de Sarmaticus: COMMODO·CAES·AVG·FIL·GERM·SARM.]. — Septime-Sévère: — Λ·CEΠ·CE—OVHPOC·ΠEP. Sa t. laurée, à dr. ℞: MHTPOΠO·KAI·CAPI. A l'exergue ET·B. Hélios à demi-nu, la t. radiée, assis sur des rochers à g., ten. une branche de laurier d. la m. dr. et s'appuyant de la m. g. sur un globe ou disque (Æ. 21 mill. — R⁸. = 70 fr. — **Incon.** à Mion. — Publ. par Imhoof-Blumer, d. ses: Monn. Gr. p. 419, n.° 189, et dans son: *Choix*, pl. VI, n.° 195). — *Autre:* AV·K·Λ·CEΠ·CEOVHPOC·AV·K·M·AVP·ANTΩNINOC. Bustes accolés de S. Sévère et de Caracalla, drapés et laurés, à dr. ℞: MHTPO—KAI—CAP·NEΩKO., et à l'exergue, ETOVC·IE. (15). Le mont *Argée* surmontée d'une fig. nue, deb. de face, ten. un globe et un sceptre (Æ. 27/22 mill. — Gr. 8,66. — R⁸. = 70 fr. — **Incon.** à Mion. — Imhoof, ib. n.° 190, Pl. II, n.° 4). — Caracalla: AV·KAI·M·AVPH. — ANTΩNINOC. Sa t. laurée jeune, à dr. ℞: Le mont *Argée* entre deux *palmes* et deux *urnes* de jeux. Au-dessus, IEPOC—CEOVHPI—OC., dessous, ΦIΛAΔEΛΦιος — KOINός·KAΠπαδόκων—ET·IΓ. (13). — Æ. 29 mill. — R⁷. = 50 fr. Mion. R⁴. = 24 fr. — Imhoof, ib. n.° 191); *autre:* AV·KAI·M·AVPH. — ANTΩNINOC·EV. Sa t. laurée, légèrement barbue, à dr. ℞: MHTPOΠO·KAICAPIAC·NEΩK. et, à l'exergue, ET·IΔ. (14). Le mont *Argée*, — au sommet, *quatre figures* deb., levant les bras, — celle à g. s'appuie sur un bâton ou un sceptre (Æ. 25 mill. — Gr. 8,40. — R⁵. = 60 fr. — **Incon.** à Mion. — Imhoof, ib. n.° 192, Pl. II, n.° 5. — Voilà ce qui a bien l'air d'être une *ascension de montagne*! cf.: Strabon, p. 538, et Hamilton, Voyages, chap. 46). — *Corrections:* C'est à tort qu'on classe à la Cyrénaïque (cf. *Rev. Numism. Franç.* An. 1851, p. 100) les mon. Impériales à l'effigie de Trajan qui portent d. le champ: ΔΗΜΑΡΧ·ΕΞΟΥΣ ou la t. de Zéus Ammon av. la même lég. Elles n'ont absolument rien de commun avec les monnaies africaines et il serait grandement temps de les rapporter à Kaisareia de Cappadoce. Comp. à ce sujet: Ludwig Müller, Numism. de l'Anc. Afr. Tom. I, p. 173. — La mon. de *Nerva*, décrite par Mion. S. VII, p. 666. n.° 42 ne porte pas la lég.: ΠΡΟΝ·ϹΤΡΑΤ., mais bien ΟΜΟΝ·ϹΤΡΑΤ. — La légende ΕΙϹ·ΘΑΝΑΤΟΥϹ·ΚΥΡΙΟΥ se rapporte à la mort de Septime-Sévère. Cf. von Sallet, Zeitschr. f. Num. Bd. XI, p. 52. —

194. COMANA.

Il existait en Asie-Mineure trois villes auxquelles on a donné le nom de Comana. Ce sont: 1.° Comana du Pont; 2.° Comana de Pisidie et 3.° Comana de Cappadoce ou de Cataonie. — Depuis la récente apparition du savant article de M. Ernest Babelon, inséré d. la *Rev. Num. Fr.* III Série. An. 1886, Tom. IV, p. 439, intitulé: „*Sur la Numismatique des villes d'Asie-Mineure qui ont porté le nom de Comana*", je n'ose plus attribuer aucune monnaie à la **Comana de Cappadoce** et je partage à cet égard entièrement l'opinion de M. Babelon. — Dans le *Bulletin* de corr. hellénique, An. 1883, p. 125 et suiv. le docte voyageur anglais M. Ramsay a déterminé avec certitude l'emplacement de la Comana de Cappadoce: elle se trouvait dans la Cataonie, sur l'ancien Sarus, là où est actuellement une localité du nom de Sherherdere-si. Cette ville était non moins célèbre que celle du Pont, et pour la distinguer de cette dernière on lui donne parfois le surnom de Χρυσῆ, ou bien l'on dit: τὰ Κόμανα τῆς Καππαδοκίας. — Sur **Comana de Cappadoce** voy. encore: Köhne, Berliner Blätter f. Münzk. II, p. 191. —

195. ΚΑΙΣΑΡΕΙΑ·ΓΕΡΜΑΝΙΚΗ.

Voy. les *Tables* au *Nominatif*, n.° 101 bis, et aux *Monographies*, le même n.° —

196. ΑΡΜΕΝΙΑ.

Lég. sur une mon. d'**Armenia Romana**, in genere frappée sous Trajan. *Droit:* ΑΥΤΟΚΡΑΤѠΡ·ΑΥΓ·ΤΡΑΙΑΝΟϹ. Buste lauré de Trajan, à g., la poitrine cuirassé. ℞: ΑΡΜΕΝΙΑ. L'Arménie éplorée, assise à terre, — devant un trophée et l'empereur deb. vêtu du *paludamentum*, portant sur la m. dr. un globe surmonté de la Niké, et tenant une haste de la g. (Æ 9. — R⁶. = 50 fr. Mion. R⁵. = 30 fr. — Mon. de fabrique crétoise. Cf. Mion. S. IV, p. 349, n.° 330, et Sestini, Lett. num. Contin. T. III, p. 58. — *Ma collection*. — Il existe un coin faux dont il faut se méfier). — Tigrane (roi d'Arménio et de Syrie, 83 à 66 av. J. Chr.): Buste drapé de Tigrane à dr. av. une tiare dentelée, ornée d'une étoile entre deux aigles. ℞: ΒΑΣΙΛΕѠΣ·ΒΑΣΙΛΕѠΝ·ΤΙΓΡΑΝΟΥ. La *Tyché* d'Antioche, tourelée et voilée, assise sur des rochers à dr., ten. une palme à la main dr. A ses pieds, le fleuve Oronte, *cornu* et vu à mi-corps, nageant à dr. Dans le champ en haut,

ZΛ, — à l'exergue, ΞK. (Æ 4½ et 5 ou 19 mill. — Gr. 3,85. — R⁸. = 200 fr. Mion. 40 fr. — *Drachme.* — Cf. Imhoof-Blumer: Monn. Gr. p. 438, nᵒˢ 122 et 123. — Cat. de la vente J. Gréau, Paris 1867, p. 199, nᵒ 2445, av. ΕΛ·Β. d. le champ du Revers. Vend. 190 fr. bien que Mionnet ne l'ait estimée que 40 fr. — Cette monnaie bien conservée est excessivement rare de ce module, — je la cherche pour ma collection depuis 30 ans, et je n'en ai vu qu'un seul bel exemplaire dans la collection de M. Imhoof-Blumer. — **Autre variété:** Avec ΕΛ·Η. dans le champ à dr., — sans lettres à l'exergue (Æ. 20 mill. — Gr. 3,66. — Même prix). — Cf. aussi: Gardner, l. c. pl. XXVII, 8, av. ΕΛ·Θ. — Dans le couvent des Arméniens à Vienne, M. Imhoof-Blumer a observé encore des drachmes de Tigrane marquées de ΕΛ, de $\frac{ΕΛ—Β}{ΞK}$, et de ΔΛ. — L'exempl. de la coll. Gréau, qui y est gravé à la Pl. V, a au ℞: ΕΛ·Ι. et non ΕΛ·Β. comme c'est indiqué dans le texte de la description, p. 199, nᵒ 2445. —

197. ΒΕΡΟΙΑ.

Lég. sur les mon. de **Beroea**, ville dans la Cyrrhestica (Κυῤῥηστικα). *Droit:* Tête de femme voilée et tourelée. ℞: ΒΕΡΟΙΑ. En trois lignes, dans une couronne de laurier (Æ 2½. — R⁸. = 70 fr. Mion. R⁸. = 50 fr.). — On connait des **Impériales** qui datent depuis Trajan jusqu'à Antonin le Pieux. Æ. Mod. 3, 4 et 6. — R¹–R⁴. de 1, 3, 8 et 12 fr. — Hadrien: ΑΥΤΟΚΡ· Κ·ΑΔΡΙΑΝΟC. Sa t. laurée. ℞: ΒΕ. Branche de laurier, — le tout dans une couronne de laurier (Æ 4. — R⁴. = 8 fr. Mion.). — Autre, de Aelius Caesar. ℞: ΒΕΡΟΙΑΙΩΝ. Dans une couronne de laurier (Æ 6. — R⁴. = 12 fr. Mion.). —

198. ΠΑΛΜΥΡΑ.

Lég. sur une monnaie autonome, **unique**, de **Palmyra** en Palmyrène. *Droit:* T. de Zéus-Sérapis, de face, entre deux têtes affrontées et radiées, — l'une d'elle est ornée du *modius*. ℞: ΠΑΛΜΥΡΑ. Nikè deb., ten. de la main dr. une balance au-dessus d'une colonne tronquée, et de la g. une palme (Æ 4. — R*. = 200 à 300 fr. Mion. R*. = 150 fr.). — Voy. aussi: *Revue Belge* 3. Série, II, 433 et III, 284 un article sur les *Tessères* en terre cuite, trouvées à Palmyre. — *Autre:* — ΠΑ. devant le buste voilé et tourelé de *Tyché*, à dr. ℞: Buste de Hélios, radié et drapé, de face, — à dr. *étoile* (Æ. 12 mill. — Gr. 1,70. — R⁸. = 150 fr. — Incon. à Mion. — Imhoof-Blumer: Monn. Gr. p. 439, nᵒ 2). — Cf. de Saulcy, Num. de la Terre-Sainte, pl. XXV, 9—12, et Mélanges de Num. II, An. 1877, pl. XIII, 10). —

199. ΑΝΤΙΟΧΙΑ.

Légende sur les mon. d'**Antiochia ad Orontem** (Syriae, ou de Seleukide et Pieria). Elle apparaît sur les mon. grecques frappées en l'honneur de Philippe père et fils, et de sa femme Otacilia. Ces monnaies sont *très communes*: Philippe père: ΑΥΤΟΚ·Κ·Μ·ΙΟΥΛΙ·ΦΙΛΙΠΠΟC·CΕΒ. Sa t. radiée à g., av. le *paludamentum*. ℞: ΔΗΜΑΡΧ·ΕΙΟΥCΙΑC·ΥΠΑΤΟ·Γ. Aigle éployé regardant à dr. et ten. d. son bec une couronne. A l'exergue: ΑΝΤΙΟΧΙΑ·S·C. (*Potin* 7. — Com. 2 fr. Mion.). — Les mon. **Impériales** grecques en argent et potin datent depuis Galba jusqu'à Volusien. — Elles ont pour légendes: ΑΝΤΙΟΧΕΩΝ·ΤΗΣ·ΜΗΤΡΟΠΟΛΕΩΣ. — ΑΝΤΙΟΧΕΩΝ· ΤΗΣ·ΜΗΤΡΟΠΟΛΕΩΣ·ΚΑΙ·ΑΥΤΟΝΟΜΟΥ. — ΑΝΤΙΟΧΕΩΝ·ΜΗΤΡΟ- ΠΟΛΕΩΣ·ΑΥΤΟΝΟΜΟΥ. — ΑΝΤΙΟΧΕΩΝ·ΤΗΣ·ΜΗΤΡΟΠΟΛΕΩΣ·ΤΗΣ· ΙΕΡΑΣ·ΚΑΙ·ΑΣΥΛΟΥ·ΑΥΤΟΝΟΜΟΥ. — ΕΤΟΥΣ·ΝΙΚΗΣ... — ΚΑΙΣΑΡΙ· ΣΕΒΑΣΤΩ·ΑΡΧΙΕΡΕΙ·ΑΡΧΙΕΡΑΤΙΚΟΝ·ΑΝΤΙΟΧΕΙΣ·ΖΚ. — ΕΤΟΥΣ ... Aigle sur un foudre. — ΑΝΤΙΟΧΕΩΝ. — ΑΝΤΙΟΧΕΩΝ·ΜΗΤΡΟΠΟΛΕ- ΩΣ. — ΕΤΟΥΣ·ΙΕΡΟΥ. — ΕΤΟΥΣ·ΝΕΟΥ·ΙΕΡΟΥ. — ΔΗΜΑΡΧ·ΕΞ· ΥΠΑΤ... — ΔΗΜΑΡΧ·ΕΞΟΥΣΙΑΣ — S·C·MON·VRB. — ΔΗΜΑΡΧ·ΕΞΟΥ- ΣΙΑΣ·ΥΠΑΤΟ.. ΑΝΤΙΟΧΙΑ S·C. — ΔΗΜΑΡΧ·ΕΞΟΥΣΙΑΣ·S·C. —

200. ANTIOCHIA.

Lég. sur le revers des mon. latines d'Antiochia ad Orontem depuis Vespasien jusqu'à Trajan. Leur Série commence à Auguste et finit av. Trajan. — VESPASIEN: IMP·VESP·AVG·P·M·T·P. Sa t. laurée, à dr. ℞: ANTIOCHIA. T. voilée et tourelée de femme, à dr. (Æ 4½. — Com. 1 fr. MION.). — TITE: T·CAES·IMP·TR·POT. Sa t. laurée, à dr. ℞: ANTIOCHIA. T. tourelée de femme, à dr. (Æ 4½. — R¹. = 2 fr. MION.). — DOMITIEN: CAESAR·DOMIT·COS·II. Sa t. laurée à g. ℞: ANTIOCHIA. T. tourelée de femme, à dr. (Æ 4½. — R². = 4 fr. MION.). — *Autres légendes* des Impériales latines d'Antiochia: S·C. dans une couronne d'Auguste à Nerva, le nom de l'empereur en latin. Avec TRAJAN la légende en grec. Toujours S·C. au revers. Lettres numérales dans le champ du revers, à partir de Nerva. Sous Antonin, aigle sous S·C.; lettres numérales au-dessus. ΑΝΤΙΟΧΙΑ. au revers des mon. de Vespasien, Tito et Domitien, que j'ai citées plus-haut. — ΑΝΤΙΟΧΕΩΝ·ΜΗΤ·ΚΟΛ·S·C·Δ·Ε. — S·C·Δ·Ε. Bélier sautant. Elagabal. — Sous Julien l'Apostat: GENIO·ANTIOCHENI. ℞: APOLLONI·SANCTO·S·M·Δ·Ε. — GENIO·CIVITATIS. Même revers. TANINI, l. c. — Sur les mon. d'Antiochia ad Orontem, voy. en plus: *Numism. Journ.* I, 45. — *Rev. Num. Fr.* An. 1851, p. 100. — CAT. DE LA VENTE DE MOUSTIER, Paris 1872, nᵒˢ 365 et 372. — CHAUDOIR, Corrections, p. 95, 96 et Suppl. aux corr. Pl. III, n.º 28. — MUSEO LAVY, Torino 1839, Tom. I, n.º 262, 264, 265, 266, 268, 269, 270. — CAT. DE LA COLL. SABATIER, St. Pétersbourg 1852, voy. les n.ᵒˢ 239, 261, 262, 264, 271, 277 et 294. — PEMBROKE, Cat. de sa vente, Londres 1848, voy. lot n.º 1262. — SESTINI, Lettere numism. Continuaz. III, p. 128. — *Numism. Chron.* IV, p. 145. — CALIGULA: ℛ. Médaillon. ℞: L'empereur dans un quadrige d'éléphants (cf. CAT. SABATIER, n.º 901) = est d'une attribution incertaine. — PESCENNIUS NIGER: publ. d. la *Rev. Numism. Fr.* An. 1868, p. 436 et d. v. SALLET's Zeitschr. f. Num. Bd. V, p. 8. ℛ. — SULPICIUS URANIUS ANTONINUS: Voy. *Rev. Numism. Fr.* An. 1861, p. 92. — [Sur l'exemplaire de *ma collection*, l'usurpateur porte la couronne de laurier, sa t. est barbue, sans le *paludament*, à dr. La lég. du *droit* est incomplète à cause de l'irrégularité du flan, — elle offrait probablement le titre d'ΑΥΤΟΚΡΑΤΟΡ. (auguste) qui devait précéder le mot COΥΛΠΕΤ (Sulpitius) dont il ne reste que les trois dernières lettres ΠΕΤ et ensuite suit la légende ΑΝΤΩΝ. La mon. se distingue par la position du buste, qui est tourné à dr., et surtout par le revers sur lequel la Tyché de la ville et la lég. COL·MET·ANT... ΙΑ

25

indiquent clairement qu'elle a été frappée à Antiochia de Syrie. Cette précieuse et unique monnaie d'un des plus rares et intéressants usurpateurs est du Mod. Æ 4½. — Je renonce à en fixer le prix vu son extrême importance historique. Mon exempl. diffère de tous ceux qui ont été publiés par Haym, Sabatier, Eckhel, Scipion Maffei, Dupré et autres.] — Sur les: *Nummi inferioris aevi*, fr. à Antiochia de Syrie, voy. Mus. Lavy, T. I, 274. — Les types des monnaies d'Antiochia se voient aussi sur les mon. de Caracalla, émises à **Philippopolis** de Thrace [Mus. de Berlin]. La *Tyché avec l'Oronte* parait encore sur les mon. de Justin II. Aucun des types anciens ne s'est conservé aussi tard. —

201. ЄMICA.

Cette lég. au *Nominatif* ne se trouve que sur les mon. du tyran Sulpicius Uranius Antoninus fr. à **Emisa** (Syriae). Ces mon. sont: AYTOK·COYΛΠ·ANTѠNINOC·CЄB. T. laurée et légèrement barbue de Sulpitius Antoninus, av. le *paludamentum*. ℟: ΔHMAPX·ЄIOYCIAC·ЄMICA. Aigle éployé, regardant à g., ten. d. son bec une couronne. S·C. (Pot. 6. — R⁸. = 600 fr. — Mion. T. V, p. 230, n.º 613. — R⁸. = 250 fr. — Cab. de M. Tôchon, à Paris); *autre*: ..... ANTѠNINOC·CЄB. Son buste radié à g., vêtu du *paludamentum* et la main dr. levée. ℟: ΔHMAPX·ЄIOYCIAC·ЄMICA. Même type (Pot. 6½. — R⁸. Même prix. — Mion. ib. n.º 614. — R⁸. = 250 fr.). — *Autre*: AYTOK·COYΛΠ·ANTѠNINOC·CЄ. Sa t. laurée, à dr. av. le *paludamentum*. ℟: ЄMICѠN·KOΛѠNI. Un cône au milieu d'un temple hexastyle. Dans le champ, ЄΞΦ. 565 (date qui ne coïncide pas av. le récit de Zosime, sur l'époque de la rébellion de Sulp. Uran. Antoninus. Cf. Eckhel, D. n. v. t. III, p. 312. — Æ 7. — R⁸. = 500 fr. — Mion. S. VIII, p. 158, n.º 169. — R⁸. = 100 fr. — Haym, Tesoro Brit., I, p. 278). — On connait de cette ville d'autres mon. **Impériales** grecques et bilingues, en bronze, qui datent depuis Domitien jusqu'à Uranius Antoninus. Elles sont: Æ. Mod. 3, 4, 5, 6, 6½, 7, 8½, 9. — R²—R⁵. de 3, 5, 8, 25, 100 et Grand Mod. 120 fr. — **Médaillon en potin**: R⁸. = 600 et 500 fr. — Mion. R⁸. = 250 fr. et 100, c'est celui d'Uranius Antoninus. — Voy. encore sur Sulpicius Antoninus: Cat. de la vente Pembroke, Londres 1848, le n.º 1196. — *Rev. Numism. Fr.* An. 1843, p. 255. —

202. CЄΛЄYKIA?

Je doute qu'il existe des mon. de Seleukia de Syrie avec cette légende au *Nominatif*. — Je trouve dans l'ouvrage de M. Imhoof-Blumer: Monnaies Grecques, p. 452, n.º 67, une mon. autonome de **Seleukia** en Mésopotamie qui porte cette légende. — *Droit*: T. tourelée de *Tyché*, à dr. et bord aplati. ℟: CЄΛЄYKIA·THC·ΠPOC·TѠI ..... *Tyché deb.* à g. ten. sur la main dr. Niké, et sur le bras g. une corne d'abond. — Devant elle ΔOC. an 274 (Æ. 17 mill. — Gr. 2,30. — R⁷. = 30 fr. — **Incon.** à Mion. — Cf. Sestini, Lett. num. di Continuaz. 11, p. 90, 1). — Parmi les mon. de Seleukia en Syrie, je citerai ici une auton. de ma collection qui est assez intéressante. *Droit*: ЄΠI·KOMOΔOY. T. de femme voilée et tourelée, à g. ℟: CЄΛЄYKЄѠN·THC·IЄPAC·KAI·AYTONOMOY. Table sur laquelle est un foudre, — entre les pieds de la table, Λ (30) (Æ 4. — R⁶. = 25 fr. Mion.

R^4. = 8 fr.). — Les mon. **Impériales** de Seleukia en Syrie datent depuis Auguste jusqu'à Sévère-Alexandre. — Elles sont très-communes et portent les lég. suivantes: ΣΕΛΕΥΚΕΩΝ. — ΣΕΛΕΥΚΕΩΝ·ΠΙΕΡΙΑΣ. — ΣΕΛΕΥ-ΚΕΩΝ·ΤΗΣ·ΙΕΡΑΣ·ΚΑΙ·ΑΥΤΟΝΟΜΟΥ. — ΖΕΥC·ΚΑCΙΟC·ΖΕΥC·ΚΕ-ΡΑΥΝΙΟC CΕΛΕΥΚΕΩΝ·ΠΙΕΡΙΑC. — CΕΛΕΥΚΙΑC·ΠΙΕΡΙΑC. — ΖΕΥC CΕΛΕΥΚΕΩΝ·ΠΙΕΡΙΑC. — Foudre sur une table. — Sur les mon. de Seleukia en Syrie, voy.: Sestini, Lettere di Continuazione, II, 90, 91. — Sickler dans la Zeitschrift: „Curiositäten", Weimar 1815, Vol. IV, p. 51 [mon. de Septime-Sévère]. —

203. ΔAMASCO·COLONIA.

Lég. sur une mon. latine de **Damaskos** en Coelesyrie, frappée en l'honneur de Herennius Etruscus. Droit: HEREN·ETRVSC·MES ..... Sa t. radiée, av. le *paludamentum*. ℟: ΔAMASCO·COLONIA. Femme tourelée, assise sur un rocher, au bas, deux Fleuves se baignant, de chaque côté, un *vexillum*, — sur l'un est écrit S., sur l'autre T. (c'est-à-dire, *legio Scythica, legio Trajana*). (Æ. MM. — R^7. = 80 fr. Mion. R^6. = 48 fr. — Cf. Tanini, p. 19, not. 1. — Eckhel, D. n. v. III, p. 333. — Pellerin, Rec. II, Pl. VII).— **Autonomes en bronze:** T. voilée de femme, à dr. ℟: ΔΑΜΑCΚΗΝΩΝ. Daim marchant de g. à dr. [*daim*, dont le nom vient de δαμαζω = je dompte, qui fait allusion au nom de Damaskos] (Æ 5$^1/_2$. — R^6. = 20 fr. Mion. R^4. = 12 fr.); *autre:* ΔΑΜΑCΚ. Buste de femme voilée, à g. ℟: L·CMΓ. (an 243). Quatre épis (Æ 5$^1/_2$. — R^5. = 24 fr. Mion.); — Buste d'Artémis pharetrée. ℟: ΔΑΜΑCΚΗΝΩΝ·L·ΠΣ. (an 280). Athéné deb., vue de face, tournée vers le levant, ten. de la m. dr. une haste, la gauche sur un bouclier posé à terre, — le tout d. une couronne (Æ 4. — R^6. = 20 fr. Mion. R^5. = 15 fr.); *autre:* ΔΑΜΑ·L·ΕΚΤ. (an 325). Buste d'Artémis posé sur un croissant. ℟: Tête radiée de Hélios (Æ 4. — R^5. = 15 fr. Mion.). — Aretas, roi de Damaskos. *Droit:* T. diadémée d'Arétas, à dr. ℟: ΒΑΣΙΛΕΩΣ·ΑΡΕ-ΤΟΥ·ΦΙΛΕΛΛΗΝΟΣ. Niké tourelée et deb., ten. d. la m. dr. une couronne et d. la g. une palme, d. le champ, les lettres ΑΡ. (Æ 5. — R^7. = 60 fr. Mion. R^6. = 20 fr. — *Autres* du Mod. 3 et 4$^1/_2$ moins cher). — Kléopatra Antonii: Sa t. diadémée à dr. ℟: ΔΑΜΑCΚΗΝΩΝ·ΕΟΣ. (an 275). Femme tourelée, assise sur un rocher, le bras droit étendu et ten. d. la m. g. une corne d'abond., — à ses pieds, un épi et un fleuve nageant, — le tout dans une couronne de laurier (Æ 6. — R^7. = 80 fr. Mion. R^5. = 24 fr.); *autres:* av. les lettres numérales ΠΣ. (au 280), d. le champ, une palme. Même mod. et même prix. — **Impériales** depuis Augusto jusqu'à Gallien, — lég. grecques et latines. — **Impériales mal décrites ou restées inconnues** à Mionnet: Lucius Verus: .... ΟΥΗΡΟC CΕΒ. Sa t. laurée, à dr. ℟: ... ΜΗΤ ... La Ville tourelée assise sur un rocher, à g. au bas du rocher, un fleuve (Æ 5. — R^8. = 35 fr. — **Inédite**. — Cf. J. de Witte (baron), Descr. du Cab. Greppo, Paris 1856, p. 192, n.º 1387). — Philippe père: IMP·M·IVL·PHILIPPVS. Son buste lauré et cuirassé, à dr. ℟: COL·DAMAS·METROP·XPYCOPA (et non XPYCOPOA comme on le trouve d. Sestini et Mionnet): Fleuve couché à g., ten. des épis et une corne d'abond., et appuyé sur une urne qui répand des flots (Æ 8. — R^7. = 80 fr. Mion. R^5. = 48 fr.). — Otacilie: M·ΟΤΑC·SEVERA·AVG. Son buste diadémé, à dr. av. le croissant. ℟: COL·

DAM..... RO·ΠΗΓΑΙ. Fleuve couché à g. sous une arche, ten. un roseau et une corne d'abond., et appuyé sur une urne qui répand des flots, — au-dessus, un temple tétrastyle dans lequel est une figure, d. le champ, deux étoiles (Æ 8. — R⁸. = 60 fr. — **Incon.** à Mion. — Cf. Sestini, Lett. num. Continuaz. T. VI, p. 91); — cf. aussi: Cat. J. Gréau, mon. Gr. Paris 1867, p. 210, n° 2541. Vend. 29 fr.). — Valérien: IMP·C·LIC·VA..... PI·FE·AVG. Son buste lauré et cuirassé à dr. ℞: CO·COLONIA·S·C. Apollon nu deb. à g., ten. une branche de laurier, — à ses pieds, un bélier, à dr. un trépied (Æ 8½. — R⁶. = 20 fr. — Incomplètement décrite par Mion. S. VIII, 205, 57. — R⁴. = 12 fr. — Vente Gréau, 1867, n° 2544. Vend. 2 fr. 50 c.). — Volusien: IMP·GALLO·VOLOSSIANO· (sic) AVG. Buste lauré, à dr. ℞: COL·ΔAMAS·MET. La Ville tourelée, assise à g. sur un rocher (Æ 6. — R⁸. = 40 fr. — Inédite. — Mion. V, p. 295, n° 84, a décrit ce type au revers de Trébonien-Galle. Cf. aussi: J. de Witte (baron), Descr. du Cab. Greppo, Paris 1856, n° 1394). — Aemilien: IMP·C·AEMIL·AEMI-LIANVS·AVG. Sa t. radiée. ℞: COLONIA·ΔAMACCO·MHTPO. (Sic). Urne de laquelle sortent deux palmes, — au bas, S·C. (Æ 5. — R⁶. = 100 fr. Mion. R⁷. = 30 fr.). — Sur les mon. de Damaskos, consultez: *Rev. Numism. Fr.* An. 1844, p. 1 (le géant Askos, Ascus) et *ib.* différ. mon. Impériales. — Cat. Sabatier, St. Pétersbourg 1852, n° 298 (Otacilia). — Museo Lavy, Torino 1839, voy. les nᵒˢ 429 et 430 du Tom. I. — Grote, Blätter f. Münzk. II, p. 205. — Sestini, Lett. di Continuaz. VI, 86, 87. — *Numism. Chron.* XIV, 121; 2 Série, II, 104. — *Mittheilungen* der Berliner Numismatischen Gesellschaft I, p. 25 (Caracalla et Géta). — Cat. Pembroke, Londres 1848, voy. le n° 1252 (corrige la mon. décrite par Mion. d. son S. VIII, 194, 5). —

204. ΚΑΙCΑΡΙΑ·ΠΑΝΙΑC.

Lég. sur une mon. Impériale de **Kaisareia Panias**, ville dans la Trachonitide-Iturée [fondée par Philippe le Tétrarque sur la haute rive de Jordan, non loin des frontières de Galilée. Son nom Paneas, Pancias ou Panias doit son origine à la fameuse *grotte de Pan* et au fort sur le Mont Paneium. (Cf. Etien. de Byz. sub voce: Πανία.) L'ère de Kaisareia Paneas commence l'an 3 av. J. C. Sur une mon. à l'effigie de Diaduménien on peut voir la grotte de Pan dont je viens de citer]. Lég. au Nominatif: *Droit:* Caracalla. M·AVP·ΑΝΤΩΝΕΙΝΟC·CΕΒΑCΤΟC. Sa t. laurée, à dr. ℞: ΚΑΙCΑΡΙΑ·ΠΑΝΙΑC. Figure virile deb., vêtue d'un habit court, le pied dr. sur un rocher, la m. dr. sur un gouvernail, et une corne d'abond. d. la g. Dans le champ; la date CIΔ (an 214). (Æ 6. — R⁷. = 25 fr. Mion. R⁴. = 12 fr.); *autre:* Mod. 7. Même prix. — **Autonomes en bronze:** Apollon deb. ten. un arc d. la m. dr. et un trait d. la g., à ses pieds, une colombe. ℞: ΚΑΙΣ., le monogramme 13 du R. Mion. et ΠΑΝΙ. Artémis-Chasseresse marchant, — le tout d. une couronne de laurier (Æ 4. — R⁹. = 80 fr. R⁸. = 40 fr.). — **Impériales aux légendes latines:** Sous Augusto seulement. — **Impériales Grecques:** depuis Marc-Aurèle jusqu'à Aquilia Sévéra. — *Légendes:* ΚΑΙ-CΑΡΙΑ·ΠΑΝΙΑC. — VΠ·ΠΑΝΕΙΟ. — ΚΑΙC·CΕΒ·ΙΕΡ·ΑCV·VΠ·ΠΑΝΕΙΩ. — ΚΑΙCΑΡ·ΠΑΝΙΑΔΟC. — Aquilia Severa: ΑΚΥΛΙΑ·CΕΟΥΗΡΑ. Son buste à dr. av. un croissant derrière les épaules. ℞: ΚΑΙC·ΠΑ·CΕ......

Pan deb. appuyé sur un tronc d'arbre, les jambes croisées et jouant de la flûte, — à ses pieds, une chèvre dont on ne voit que la partie antérieure du corps. Dans le champ, la date CKΓ. = an 223 (Gr. br. Æ 8. — R^8. = 150 fr. Mion. R^6. = 90 fr.). — Les monnaies décrites par Mion. V, 315, 24 et 25 et répétées 570, 98 et 99, à Neronias — appartiennent bien, ici, à Kaisareia Paneas, voy. Madden, p. 116. —

205. ΝΕΡΩΝΙΑC.

Lég. sur les mon. de Neronias petit bourg dépendant de Kaisareia Paneas qui prit l'an 55 de notre ère le nom de Neronias en l'honneur de Néron. On lui attribue la monnaie suivante frappée au coin de Néron, avec le nom d'Agrippa II, roi de Judée, au revers: Néron et Agrippa II roi de Judée: Droit: ΝΕΡΟΝ·ΚΑΙΣΑΡ·ΣΕΒΑΣΤΟΣ. T. laurée de Néron, à dr. ℞: ΕΠΙ·ΒΑΣΙΛΕ·ΑΓΡΙΠΠ·ΝΕΡΩΝΙΕ. en 5 lignes, d. une couronne de laurier (Æ 4. — R^7. = 80 fr. Mion. R^5. = 18 fr.); **autre variété** (Æ 6. — R^7. = 100 fr. Mion. R^5. = 24 fr.). — M. Imhoof-Blumer connait quelques **autres variétés** sur lesquelles on lit la légende au Nominatif: ΝΕΡΩΝΙΑC. — Voy. aussi de Saulcy: „Numism. de la Terre-Sainte", p. 313. — Barclay Head: „Historia Nummorum", Oxford 1887, p. 663. — *Autre*: ΒΑCΙΛΕΟC·ΜΑΡΚΟΥ·ΑΓΡΙΠΠΟΥ. Une main ten. des épis et des pavots. ℞: ΕΤΟΥC·ΑΙΤΟΥ. Petite tête d'éléphant (selon Pellerin c'est une petite couronne?) — le tout dans une couronne de laurier (Æ 3. — R^7. = 60 fr. Mion. V, p. 571, n.º 100. — R^6. = 20 fr.). — Cette dernière mon. se classe parmi les mon. des Rois de Judée. — Consultez aussi au sujet de Neronias: Münter, De rebus Ituraeorum, Hafniae 1824, in-4.º —

206. ΑΒΙΛΑ.

Lég. sur une mon. de la ville Abila-Leukas dans la Dekapolis, dont on ne connait que des **Impériales** aux lég. grecques, depuis Faustine la Jeune jusqu'à Elagabal: Æ. Mod. 3, 6, 8 et 8½. — R^7. = 40, 60, 100 et 200 fr. — Faustine-Jeune: ΦΑΥCΤΕΙΝΑ·CΕΒΑCΤΗ. Tête de Faustine Jeune, à dr. ℞: ΛΕΥΚ·ΑΒΙΛΑ·ϚΛC. (an 236). Grappe de raisin (Æ 3. — R^7. = 50 fr. Mion. R^7. = 30 fr.). — de Saulcy, Numism. de la Terre-Sainte, Paris 1874, voy. Pl. XVI, fig. 1. —

207. KANATA?

Lég. sur les monnaies de Kanatha dans la Dekapolis. **Autonomes en bronze**: KAN. T. laurée d'Apollon, à dr. ℞: AN.... Niké deb. couronnant un trophée (Æ 2. — R^2. = 5 fr. — Mion. V, 321, n.º 14. — R^1. = 1 fr.). — Cette pièce quoique décrite par Mion. à Canatha, ne lui appartient pas. Elle est d'Antipolis de la Gaule Narbonnaise. [On ne connait pas jusqu'à présent des mon. autonomes de Canatha ou Kanatha. Celle que Pellerin a publiée est d'Antipolis, — il a commis une erreur très grave en prenant le trophée que couronne la Niké, pour les lettres numérales CΟΞ, dont il a fait la date 275 de l'ère des Séleukides, — en considérant les lettres KAN qui sont du côté de la t. d'Apollon, pour les initiales de la ville de Kanatha, tandisque ce sont celles d'un nom de magistrat, enfin en omettant les lettres AN..... qui se trouvent à l'exergue et qui sont les initiales du nom de la ville d'Antipolis. Cf. Mion. T. I, p. 65: Antipolis.] — **Impériales:** On ne connait que des trois empereurs: Claude, Domitien et Maximin. — Æ. Mod. 2, 4 et 5$^1/_2$. — R^6—R^7. de 30 à 50 fr. — Maximin: AVT·KAICAP·OYH·MAΞIMEINOC. Sa t. laurée, av. le *paludament*. ℞: KANATA·CΠ (280). Buste d'Isis, la t. voilée et surmontée d'un ornement osisiasque, — devant, un sceptre, — derrière, un oignon d'Egypte, — au bas, trois autres plus petits (Æ 5$^1/_2$. — R^7. = 50 fr. Mion. R^6. = 18 fr.). — Cf. Sestini, Mus. Hedervar. III, p. 74, n° 2, Pl. XXXI, fig. 3. — L. Welzl de Wellenheim, Cat. n° 6864. —

208. ΓΑΔΑΡΑ.

Lég. sur les mon. de Gadara, ville dans la Dekapolis. — **Autonomes en bronze:** T. de femme voilée et tourelée. ℞: ΓΑΔΑ .... L·H. (an 8). Deux cornes d'abondance en sautoir (Æ 3. — R^8. = 70 fr. Mion. R^8. = 40 fr.). — **Impériales** depuis Auguste jusqu'à Gordien le Pieux. Æ. Mod. 3, 4, 4$^1/_2$, 5$^1/_2$, 6, 6$^1/_2$, 7, 7$^1/_2$, 9 et 10. — R^4—R^6. de 8, 15, 20, 30, 48, 70 et 100 fr. — Auguste: CEBACTOC. Sa t. nue. ℞: ΓΑΔΑΡΑ·ΔΜ. (an 44). T. de femme voilée et tourelée (Æ 4. — R^8. = 60 fr. Mion. R^5. = 15 fr. — Cf. Fr. de Saulcy, Numism. de la Terre-Sainte, Paris 1874, p. 295). — Les mon. de Néron, Vespasien, Tite, Antonin le Pieux fr. à Gadara portent aussi le nom de la ville au Nominatif. — Sur les mon. de Gadara voy. encore: *Numism. Chron.* VIII, p. 148. — Sestini, Lettere di Continuazione, IX, 86, 87, 88, 89. — Chaudoir, Supplément aux corrections, p. 19. —

209. KAIΣAPIA.

Lég. sur les mon. de Kaisareia ad Libanum ville de Phoenicie, dont on ne connait que des **Impériales** qui datent depuis Antonin le Pieux jusqu'à Sévère-Alexandre. Æ. Mod. 5$^1/_2$, 6, 6$^1/_2$, 7, 8. — R^5—R^6. de 12, 20, 30, 40, 70 et 100 fr. — Légendes: KAICAPEIAC ΛIBANOV. — Monnaies coloniales, sous Vespasien, Elagabal: COL·CAESAREA LIB. et dates. — Sévère-Alexandre: AYR·AΛEXANΔROS·CAISAR. (Sic). Sa t. nue. ℞: KAIΣAPIA· (sic) BΛΦ (an 532). Astarté deb. d. un temple et couronnée par une figure deb. vêtue du *paludamentum* (Æ 7. — R^7. = 70 fr. Mion. R^6. = 40 fr.). — Voy. sur cette ville: *Numism. Chron.*, 2 Série, II, p. 106. — Sestini, Lettere di Continuazione, IX, 94. —

210. CESARIA·ΛIB.

Légende sur les mon. latines de Kaisareia ad Libanum de Phoenicie, frappées aux noms de Caracalla, Macrin, Elagabal et Sévère-Alexandre. Macrin: IMP·C·M·O .... Son buste lauré, av. le *paludamentum* et cuirasse sur la poitrine. ℞: COL·CESARIA (sic) ou CAESARIA·LIB· ETO ...... Temple distyle dans lequel est le simulacre d'Astarté. Devant le temple, une pallisade (Æ 7. — R^7. = 80 fr. Mion. R^7. = 60 fr. — Cf. *Numism. Chron.*, 2 Série, II, p. 106). —

211. ΔШPA.

Lég. sur les mon. de Dora ville de Phoenicie, fr. à l'effigie de Trajan. — *Droit:* NEP·TPAIANOC·CEB. Sa t. laurée, à dr. ℞: ΔШPA. Tête voilée et tourelée de femme, dessous, ΡΟΘ. (an 179), — le tout d. une couronne de chêne (Æ 5½. — R⁷. = 40 fr. Mion. R⁵. = 24 fr. — *Mus. Sanclem.* Num. Sel. II, p. 174, Pl. XVIII, n.° 108). — Il y avait une autre ville du même nom en Cilicie, dont les mon. ont pour lég.: ΟΛ ΔΟΡΕΩΝ et dates. — Lég. sur les mon. de Dora en Phoenicie: ΔΩΡΗΝΙΤΩΝ. — ΔΩΡΙΤΕΙΤΩΝ· ΔΩΡΕΙΤΩΝ·ΔΩΡΙΤΩΝ. — ΔΩΡΑ. — ΔΩΡΑ·ΙΕΡΑ. — ΔΩΡ·ΙΕΡ·ΑΣΥΛ· ΑΥΤ·ΝΑΥΑΡΧ. sur des Impériales grecques de Trajan, Hadrien. — **Autonomes en bronze**: T. laurée de Zéus, à dr. ℞: ΔΩΡΗΝΙΤΩΝ. (sic). Femme deb., vêtue de la *stola*, ten. d. la m. dr. le *vexillum* et d. la g. une corne d'abond. Dans le champ, L·ΡΚΗ (an 128). (Æ 6. — R⁷. = 45 fr. Mion. R⁵. = 24 fr.); *autre*: T. tourelée et voilée de femme, à dr. ℞: ΔΩΡΙΤΩΝ· L·ΡΚΗ. (an 128). Même type de femme deb. (Æ 4. — R⁵. = 40 fr. Mion. R⁵. = 15 fr.); *autre*: T. barbue de Zéus, couronnée de laurier. ℞: ΔΩΡΙ- ΤΕΙΤΩΝ. Astarté deb., la t. tutulée, ten. d. la m. dr. une haste en croix, ou la vergue du vaisseau, et de la g. une corne d'abond. Dans le champ, L·ΡΚΗ. (128). (Æ 6. — R⁷. = 40 fr. Mion. R⁵. = 24 fr.); t. laurée de Poséidon, d. le champ, l'*acrostolium*. ℞: ΔΩΡΙΤΩΝ. Astarté tourelée, deb. vue en face, ten. de la m. dr. un bâton en forme de croix, et de la g. une corne d'abond. Dans le champ, ΘΛ. (39, date d'une ère incertaine?). (Æ 5. — R⁶. = 30 fr. Mion. R⁵. = 15 fr. — Combe, Vet. pop. et reg. Num., p. 226, n.° 1). — **Impériales** depuis Vespasien jusqu'à Aquilia Severa. Æ. Mod. 3, 4, 5½, 6, 7. — R⁶-R⁷. de 8, 15, 20, 40 et 60 fr. — Aquilia Severa: ΙΟΥΛ ...... Sa t. à dr. ℞: ΔΩΡ·ΝΑΥΑ ...... T. tourelée et voilée de femme, à dr. (Æ 6. — R⁷. = 60 fr. Mion. R⁶. = 40 fr. — *Mus. Sanclem.* Num. Sel. III, 43, Pl. XXIX, n.° 297). — Voy. en plus: Sestini, Lettere di Continuazione, IX, p. 96 [Trajan]. —

212. SIDON·COLONIA.

Lég. sur les mon. coloniales aux lég. latines (à partir du règne d'Elagabal jusqu'à Sev.-Alexandre) de la ville de Sidon en Phoenicie. Ces mon. sont nombreuses et peu rares. — Les mon. aux lég. grecques datent depuis Auguste jusqu'à Hadrien. — Je citerai ici des mon. autonomes et Impériales dont la description a été nouvellement revue par M. Imhoof-Blumer. Mon. av. la lég. latine au *Nominatif*: Elagabal: IMP·CAES·M·AVR·ANTO- NINVS·AVG. T. laurée d'Elagabal, à dr. av. le *paludament*. ℞: AVR·PIA· SIDON·COLONIA·M ... Colon conduisant deux boeufs, à dr., au milieu du champ, le *vexillum* sur lequel on lit: III GAL. (Æ 10. — R⁶. = 70 fr. Mion. R⁴. = 40 fr.). — **Autonomes en argent**: T. diadémée, voilée et tourelée de *Tyché*, à dr. ℞: ΣΙΔΩΝΟΣ·ΤΗΣ·ΙΕΡΑΣ·ΚΑΙ·ΑΣΥΛΟΥ. Aigle deb. sur une proue à g., av. une palme sur l'aile droite. Dans le champ, à g., LN, an 50, et à dr., ℞. (R. 28 mill. — Gr. 13,90. — R⁸. = 150 fr. — Incon. à Mion. — Publ. par Imhoof-Blumer, d. ses: Monn. Gr. p. 445, n.° 32 et d. *Choix*, Pl. VII, n.° 225). — **Autonomes en bronze**: T. tourelée de *Tyché* à dr., ornée de pendants d'oreilles, — le cou drapé. Derrière elle, caducée. ℞: *Gouvernail* et la lég. phénicienne en 4 lignes: צר כת אפא כם אם צדנם, du bronze de Démétrius I, pl. II, n.° 12 des: Monn. Gr. (Æ. 19 mill. Gr. 5,45. — R⁵. = 10 fr. Cf. Mion. V, p. 368, n.ᵒˢ 204—205. — R². = 4 fr. — Imhoof, ib. n.° 33); *autre :* Même t. à dr., derrière, *corne d'abond.* ℞: Dionysos à demi-nu, deb. à g. ten. le canthare de la m. dr., et le thyrse transversal de la g. Dans le champ à dr. ΣΙ. (Æ. 12 mill. — Gr. 1,85. — R^4. = 8 fr. — Imhoof, ib. n.° 34); *autre :* T. voilée et tourelée de *Tyché* à g., — devant elle *sceptre* (?), — derrière, ⴕ. ℞: *Temple* à quatre colonnes de face, — à g. ΖΑΡ, an 137, — dessous, ΣΙΔΩΝΟΣ, — à dr., sceptre (?). (Æ. 15 mill. — Gr. 2,60. — Imhoof, ib. n.° 35. — R^5. = 8 fr.). — **Impériales :** Elagabal : — IMP·C·M·AVR·ANTO—NINVS·AVG. Son buste drapé et lauré à dr. ℞: COL·AVR·PIA·METRO·SID. Dionysos, vêtu d'un chiton long, deb. à dr., la m. dr. appuyée sur le thyrse, orné de ténies, et ten. d. la g. une couronne ensemble av. Apollon qui est deb. en regard de lui, également vêtu d'un chiton, s'appuyant du bras g. sur un trépied, autour duquel s'enroule un serpent. Aux pieds de Dionysos, une *panthère* accroupie, — dans le champ, en haut, le char d'Astarté (Æ. 25 mill. — R^8. = 40 fr. — **Incon.** à Mion. — Imhoof-Blumer : Monn. Gr. p. 446, n.° 36. — Imhoof: Choix Pl. VII, n.° 226. — Décrite inexactement dans les: „*Wiener Numism. Monatshefte*", de l'an. 1865, Bd. I, p. 101, publ. par feu Dr. G. A. Egger et dont l'article a été signé par Wecklbecker); *autre,* av. Asklépios, à demi-nu, deb. à g. s'appuyant de la m. g. sur son bâton, et ten. de la dr. une patère au-dessus d'un *thymiatérion* placé devant lui. Dans le champ, en haut, le char d'Astarté (Æ. 26 mill. — R^8. = 40 fr. — **Incon.** à Mion. — Imhoof, ib. p. 446, n.° 37. — *Musée de Copenhague*). — Annia Faustina : ANNIA· FAVSTINA·(AVG). Son buste drapé, à dr. ℞: COL·AVR·PIA—METRO et, à l'exergue, SID. Dionysos vêtu d'un chiton long, deb. à g., ten. le canthare et le thyrse orné de ténies, — à ses pieds, une panthère accroupie à g. (Æ. 18 mill. — R^8. = 120 fr. — **Incon.** à Mion. — Imhoof, ib. n.° 38. — Les mon. d'Annia Faustina, décrites par Mion. T. V, p. 388, n.°^{s} 351 à 355, et Suppl. VIII, p. 278, n.° 187, sont évaluées: R^6—R^8. à 20, 40, 50 et 60 fr.). — Sur les mon. de Sidon voy. encore: *Revue Numism. Fr.* An. 1861, p. 99, 101 et 102; An. 1868, p. 435. — Movers, Phoen. II, 2, 134 (lég. sur les mon.). — Museo Lavy, Torino 1839, T. I, p. 284, 285 et 286. — *Annali* dell' Inst. e Corrisp. arch. An. 1847, p. 281. — Chaudoir, Corrections, p. 97. — Cat. de Moustier, Paris 1872, voy. le n.° 2607 (Julia Maesa). — J. de Witte, Descr. du Cab. de l'Abbé Greppo, Paris 1856, voy. le n.° 1437. — *Bulletino* dell' Inst. di Roma. An. 1847, p. 281. — La mon. de Pescennius Niger, qu'on trouve dans Casali de numulis PEIOESA. inscripti, Romae 1796, in-4.° = est *fausse*). —

213. TYRVS.

Lég. sur les mon. **Impériales latines** de Tyros ville de Phoenicie qui datent depuis Septime-Sévère jusqu'à Salonine, communément appelées »*mon. coloniales*«. — Septime-Sévère : — SEPT·SEV·PE—RT . . . . . Son buste drapé et lauré à dr. ℞: COLONI·SEP·TYRVS·METR. Astarté tourelée, vêtue d'un chiton court, deb. à g., ten. transversalement, à la m. g. son *sceptre*, orné d'une petite traverse au bout, et couronnant de la dr. un *trophée* placé sur un tronc d'arbre. Entre le trophée et la déesse, un *palmier*, — derrière elle, sur un cippe, *Niké* deb. à g. couronnant Astarté de la m. dr., et ten. une palme à la gauche (E. 33 mill. — R^8. = 150 fr. — Imhoof-Blumer: Monn. Gr. p. 446, n.º 39. — Mion. S. VIII, p. 304, n.º 317. $\mathit{E}\,8^{1}/_{2}$. — R^8. = 100 fr., où la figure (héroïque, nue!) porte une massue et non le *parazonium*, et où, d'après l'ex. de la coll. Schlumberger, les légendes sont exactement les mêmes que celles de l'exemplaire que je viens de décrire). — Caracalla: — M·AVR. — ANT·IMP. Buste drapé et lauré de Caracalla imb. à dr. ℞: Même lég. et même représentation (E. 32 mill. — R^6. = 100 fr. — **Incon.** à Mion. — Imhoof, ib. n.º 40). — Plautille: PLAV-TILLA·AVGVSTA. Son buste drapé à dr. ℞: SEP·TYRVS·METROP. Harpokrate vêtu d'un chiton court, deb. à g., la main dr. portée à la bouche, et la corne d'abond. sur le bras g. A ses pieds, un *autel* (E. 27 mill. — R^7. = 100 fr. — Imhoof, ibid. n.º 41. — **Incon.** à Mion. — Mal décrite par Cohen, Catal. J. Gréau (Paris 1867), n.º 2627, et Cat. de Moustier (Paris 1872), n.º 2383). — Diaduménien: M·OP·DIADVMENIANVS·C. Sa t. nue, à dr. av. le *paludament*. ℞: SEP·TVRVS·METROP·COLONI. Palmier occupant le milieu du champ ($\mathit{E}\,3^{1}/_{2}$. — B^7. = 40 fr. — Mion. R^4. = 12 fr. — Ma collection, ex. à fl. de coin). — Elagabal: IMP·CAES·M·AV·ANTONINVS·AV. Son buste cuirassé et lauré, à dr. ℞: TYRIORVM. *Niké* deb. à g., ten. un trophée sur le bras g. et couronnant de la dr. un *palmier*, — entre celui-ci et *Niké*, murex (E. 28 mill. R^6. = 30 fr. — **Incon.** à Mion. — Imhoof-Blumer: Monn. Gr. p. 447, n.º 42); *autre:* M·AVBEL· (sic). ANTO-NINVS·PIVS·AVG·P·B·G·MAX. Sa t. laurée, à dr. ℞: AETERNVM·BENE-FICIVM. *Modius* à deux anses rempli de fruits ($\mathit{E}\,8^{1}/_{2}$. — R^{8*}. = 120 fr. — Cette mon. manque dans toutes les collections. Elle est excessivement rare. Quoique Mion. (T. V, p. 386, n.º 333. $\mathit{E}\,8^{1}/_{2}$. — R^4. = 24 fr.) l'a décrite à Sidon, mais je pense qu'il serait plus régulier de l'attribuer à Tyros); *autre:* IMP·CAES·M·AV·ANTONINVS·AVG. Buste lauré d'Elagabal, à dr. ℞: TYRIORVM. Deux mains jointes ten. une tige de palmier. Au-dessous deux *murex*, et la lég. phénicienne לצר (*de Tyr*) — ($\mathit{E}\,5^{1}/_{2}$. — R^8. = 40 à 50 fr. — **Inédite** et **incon.** à Mion. Voy. Boutkowski (Alexandre), „Monnaies Grecques inédites", insérées d. la *Rev. Num. Fr.* 3 Série, An. 1884, Tom. II, p. 405, n.º 18. Le *Cab. de France* possède aussi cette pièce, mais dans un très-mauvais état de conservation). — Aquilia Sévèra: IVL·AQVILIA·SEVERA· AVG. Sa t. à dr. ℞: TYRIORVM. Astarté deb. entre un trophée, qu'elle touche de la m. dr., et la Niké placée sur une colonne, qui la couronne, — à ses pieds, d'un côté un petit Silène, de l'autre, le *murex* (E 7. — R^7. = 80 fr. Mion. R^4. = 12 fr. — Cf. H. Hoffmann, Bulletin Numism. Paris 1872, p. 214, Grav. ib. Pl. II, fig. 7). — Gordien le Pieux: IMP·GOR-DIANVS·PIVS·FEL·AVG. Son buste cuirassé et lauré, à dr. ℞: COL·TYR· METRO. *Didon*, vêtue d'un chiton long, deb. à g., ten. de la m. g. un sceptre transversal, et de la dr. une baguette. En face d'elle, un *maçon* travaille au haut d'une *porte* de la ville, — derrière Didon, un *palmier*, — à l'exergue, un *homme* piochant à dr. entre les lettres ΔΙ—ΔW. Dans le champ, au-dessus de la porte, le *murex* (E. 30 mill. — R^6. = 50 fr. — **Incon.** à Mion. — Imhoof-Blumer: Monn. Gr. p. 447, n.º 43. — Cf. Mion. V, 433, 648 = Elagabal; — *Mus. Naz. di Napoli*, n.º 9256 = Otacilia Severa). — **Autonomes** (aux lég. grecques): *Types:* Têtes d'Antiochos IV, Démétrios I, Alexandre I, Démétrios II et Antiochos VII, rois de Syrie; t.

d'Héraklès laurée; Aigle sur un gouvernail et palme (type le plus dominant); t. de femme voilée et tourelée; navire; palme; époques inscrites dans le champ. — *Légendes:* TYP. — TYPOY. — **Autonomes en** Æ. (tétradrachmes): T. laurée d'Héraklès jeune à dr. ℞: TYPOY·IEPAΣ·KAI·AΣYΛOY. Aigle deb. à g. sur un gouvernail, av. une palme sur l'aîle droite, — devant, L·Z. (an 7), — derrière, le monogr. 786 du R. Mion., — entre les pattes une lettre phénicienne (Æ 7. — R^8. = 30 à 40 fr. Mion. R^2. = 24 fr.). — **Autonomes en bronze**: T. de femme voilée et tourelée, — derrière, une palme. ℞: SIP. (116) et inscription phénicienne (Tab. B, n.º 6). Héraklès ou Kadmos nu, deb. entre quatre coquilles, la tête couverte d'un *pileus*, la m. g. posée sur le *murex* de Tyr, qui est à terre, la main dr. sur un chien deb. à ses pieds (Æ 5. — R^5. = 15 fr. Mion. R^4. = 8 fr.); *autre:* Même droit. ℞: Le monogramme de Tyr, MHTPOΠOΛEΩC·IEPAΣ·AΣ. (an 201). Palmier (Æ 3^1/$_2$. — R^1. = 2 fr. Mion.); *autre:* TYPOY·IEPAΣ. T. laurée et barbue, à dr., derrière, HP. ℞: AΣKΛEΠEIA. d. une couronne de laurier (Æ 5. — R^4. = 8 fr. Mion.); *autre:* TYPOY·MHTPOΠOΛEΩΣ. T. imberbe d'Héraklès couronnée de laurier, à dr. av. la dépouille du lion sur les épaules. ℞: KOINON·ΦOINIKHC. Temple octostyle [la date 321 est effacée] (Æ 8^1/$_2$. — R^3. = 18 fr. Mion. — Mus. Hunter, p. 344, Pl. LXI, fig. 15. — Comp. Mion. t. V, p. 427, n.º 615). — Sur les mon. de Tyros consultez: *Numism. Chron.*, 2 Série, II, p. 107 (Æ et plusieurs Æ). — Pinder et Friedländer, Beitr. z. ält. Münzk. Berlin 1851, Vol. I, p. 191. — Mus. Lavy, Torino 1839, voy. I, 287 (Æ) et 288 (Diadumónien). — *Rev. Numism. Fr.* An. 1861, p. 105. — Köhne, Berliner Blätter f. Münzkunde II, p. 268 (Gr. p. Æ). — Akerman, Numismatic Journal II, p. 108 (Julia Domna). — von Sallet, Zeitschr. f. Numism. Bd. VI, p. 4 (Æ). — J. de Witte, Descr. du Cab. de M. l'abbé Greppo, n.º 1459 (Macrin). — Cat. de Moustier, Paris 1872, n.º 3218 (Gallien). — Cat. Heideken, n.º 2347. — Cat. Sabatier, St. Pétersbourg 1852, voy. le n.º 321 (Valérien). — Cat. Welzl de Wellenheim, Vienne 1844, voy. le n.º 6918. — Mionnet, VI, 642, 199, cf. VII, 113. — Duc de Luynes, Numismatique des Satrapies, p. 69 (mon. royales). —

214. TYRO et TYPO.

Lég. sur les mon. **latines Impériales** de **Tyros** en Phénicie. — **Trébonien Galle**: — IMP·C·C·VIBIVS TREBO·GALLVS·AVG. Son buste drapé et lauré, à dr. ℞: COL·TYRO·METRO. Héros nu, deb. à dr., la chlamyde derrière le dos, un sceptre transversal d. la main g., donnant la droite à *Io* qui est voilée et deb. à g., — derrière elle, une *vache* deb. à dr., retournant la tête. Entre les deux figures, le *murex* (Æ. 27 mill. — R^5. = 40 fr. — Imhoof-Blumer: Monn. Gr. p. 447, n.º 44. — Cf. Mion. S. VIII, p. 310, n.º 343 (Æ 7. — R^4. = 12 fr.), et le bronze de Gaza, à l'effigie d'Elagabal, av. la figure de Io et l'inscription IΩ = Mion. V, p. 518, n.º 178 et coll. Imhoof). — **Valérien**: IMP·C·P·LIC·VALERIANVS·AVG. Son buste radié et drapé, à dr. ℞: COL·TYRO·MET. Astarté deb., posant la main sur un trophée et couronnée par la Niké deb. sur un cippe, au milieu, un palmier et le *murex* (Æ 8. — R^8. = 50 fr. — **Incon**. à Mion. — Cf. Cat. J. Gréau, Paris 1867, p. 219, n.º 2632. Vend. 8 fr.). —

215. AKH.

Lég. sur les mon. d'Aké-Ptolémaïs, ville en Galilée. — **Autonomes en bronze:** Droit: T. tourelée de femme, à dr. ℞: AKH. Figure virile nue, marchant à g., ten. d. la m. dr. une feuille (à ce qu'il paraît) et d. la g. sa massue (Æ 4. — R^8. = 70 fr. Mion. R^8. = 40 fr.). [Le Père Kifell, Jésuite de Vienne, a attribué à cette ville une mon. d'Akrae de Sicile, et a lu ΑΚΡΑΙΩΝ au lieu d'ΑΚΑΙΩΝ.] — *Autre:* T. tourelée de femme, à dr., sur le cou un *acrostolium* dans une contre-marque. ℞: ΑΚΗ·ΤΗΣ·ΙΕΡΑΣ· ΚΑΙ·ΑΣΥΛΟΥ. lég. en trois lignes droites, — d. le champ Artémis-Ephesia av. ses attributs, — le tout d. une couronne de laurier (Æ 5. — R^8. = 100 fr. — **Inédite** et **incon.** à Mion. — Publ. par H. C. Reichardt, dans Dr. G. A. Egger: „Wiener Numism. Monatshefte", Bd. II, An. 1866, p. 3).

216. PTOLEMAIS·COLONIA.

Lég. sur les mon. latines Impériales d'Aké-Ptolemais ville de Galilée. — Caracalla: IMP·CAES·M·AVP·ANTON. Sa t. laurée, à dr. ℞: COLONIA· PTOLEMAIS. Caracalla à cheval, allant à g., la m. dr. levée et ten. un sceptre dans la g. (Æ 8. — R^7. = 60 fr. Mion. R^4. = 12 fr.). — **Autonomes en bronze:** *Types:* T. de femme tourelée; de Zéus; d'Apollon; Héraklès deb., ten. une massue; Tyché deb.; diota et oiseau. — *Légendes:* ΠΤΟΛΕΜΑΙ- ΕΩΝ. — ΠΤΟΛΕΜΑΙΩΝ·ΙΕΡΑΣ·ΚΑΙ·ΑΣΥΛΟΥ. — Colonie: COL·CLAV· PTOL·COL·PTOL. Colon; derrière, quatre enseignes avec VI, IX, X, XI. — **Autonome en argent:** T. laurée d'Apollon à dr. ℞: Lyre entre ΠΤ à g. et L·ΑΣ, an 201, à dr. (Æ. 10 mill. — R^8. = 100 fr. — **Incon.** à Mion. — Publ. par Imhoof-Blumer d. ses: Monn. Gr. p. 449, n.° 57, Pl. J, n.° 6. A en juger par la date et par le monogr. qui contient les lettres ΠΤΟ, cette pet. mon. a été frappée à Ptolémaïs du temps d'Antiochus IX. Un pet. br. aut. de la même ville, lorsqu'elle était colonie, montre la t. d'Apollon et une branche de laurier. Cf. de Saulcy, Num. de la Terre-Sainte, Pl. VIII, 4). — **Autonomes en bronze:** T. laurée de Zéus, à dr. au milieu d'une couronne de laurier. ℞: ΠΤΟΛΕΜΑΙΕ·ΙΕΡΑC·ΚΑΙ·ΑCΥΛΟΥ. Tyché deb. (Æ 5. — R^4. = 12 fr. Mion.); *autre:* T. d'Apollon. ℞: ΠΤΟΛΕΜΑΙΕΩΝ. *Diota,* — auprès un oiseau (Æ 5^1/$_2$. — R^5. = 24 fr. Mion. — Coll. Pembroke); *autre:* T. de femme voilée. ℞: ΠΤΟΛΕΜΑΙΔΕΩΝ. Zéus à demi-nu, assis, à g., les jambes croisées, ten. l'aigle de la m. dr. ou un foudre, et de la g. une haste (Æ 5. — R^7. = 30 fr. Mion. R^5. = 15 fr.); *autre:* ΠΤΟΛΕΜΑΙ. Vase à anses, — d. le champ, à dr., un oiseau. ℞: ΚΔ·J. (an 24). Grappe de raisin (Æ 2. — R^5. = 15 fr. Mion.); t. laurée de Zéus. ℞: ΠΤΟΛΕΜΑΙΔΕ·ΙΕΡΑΣ· ΚΑΙ·ΑΣΥ·ΑΥ·L·Ε. (an 5). Astarté ou la Tyché, la t. voilée et tourelée, deb., ten. l'*acrostolium* de la m. dr., et une corne d'abond. de la g. (Æ 5^1/$_2$. — R^7. = 30 fr. Mion. R^7. = 15 fr.). — **Impériales grecques** d'Auguste et de Claude. — Avant la découverte faite par feu M. F. de Saulcy (voy. Mélanges de Numismatique. An. 1877, Fascic. 3 et 4, cah. n.° 2, p. 143 et 144) on ne connaissait point de mon. de Ptolémaïs à l'effigie d'Auguste et on prétendait qu'elle ne devint colonie Romaine que sous le règne de Claude I, mais la monnaie suivante nous prouve juste le contraire. Auguste: M. Fr. de Saulcy d. sa Numism. de la Terre-Sainte, p. 157, publia une jolie petite mon. qu'il proposait de classer à Tibère, ou mieux à Caligula. Aujourd'hui, un exempl. de cette mon. est venu de Jérusalem, à Mess. ROLLIN et FEUARDENT, et on y lit au ℞ au-dessus de la tête de Méduse (Gorgone), la date L·ΓM. (l'an 43) et entre les jambes de Persée $\underset{O}{L}$P. L'ère de Ptolémaïs a été fixée av. toute apparence de raison, par Eckhel, à l'an 47 av. J. C., et dès lors l'effigie impériale que porte la mon. serait celle d'Auguste, ce qui, du reste, est parfaitement acceptable (Æ. 14 mill. — R^8. = 150 fr. — **Inédite** et **inc.** à MION.). — AUGUSTE OU TIBÈRE : Lég. emportée. T. laurée d'Auguste ou de Tibère. ℞: [ΠΤΟΛ]ΕΜΑΙΔΕΩΝ·Θ. Tyché deb., regardant à g., et ten. de la m. dr. un gouvernail, — de la g. elle tient une corne d'abond., et une draperie retombe du bras gauche (Æ. 21 mill. — R^8. = 100 fr. — **Inédite**. — Pièce venue de Jaffa. — Cab. du bien regretté COMTE SERGE STROGANOFF, à Saint-Pétersbourg. — Cf. MÉLANGES de Numismatique. An. 1877, Fascic. 3 et 4 (cah. 2), p. 144, n° 11. M. DE SAULCY pense que c'est le même mon. que MION. (T. V, p. 474, n° 5) a attribué à Claude I, d'après VAILLANT, et qu'il regrette de n'avoir pu la rencontrer en nature pendant ses excursions en Palestine. — CLAUDE I: Légende presque toujours effacée. T. de Claude? ℞: ΠΤΟΛΕΜΑΙΔΕΩΝ·Θ. (an 9). *Tyché* deb. (Æ 7. — R^8. = 50 fr. MION.). — **Monnaies coloniales** aux légendes latines datent depuis Tibère jusqu'à Salonine. Æ. Mod. 4, 5, 5¹/₂, 6, 6¹/₂, 7, 8, 8¹/₂ et MM. — R^3—R^6. de 8, 12, 15, 25, 30, 40, 50, 70 et 120 fr. — CLAUDE I: TIBERIVS·CLAVDIVS·CAESAR·AVG. Sa t. nue. ℞: COL·PTOL. Colon conduisant deux boeufs, — derrière, *cinq* enseignes (?) militaires. [Ces mon. étant presque toujours mal conservées, ont donné lieu à VAILLANT et autres numismatistes d'y voir *cinq* enseignes militaires, — mais il est à reconnaître, pour règle générale, que ces mon. n'offrent constamment que *quatre* enseignes, av. les n°s VI, IX, X et XI.] (Æ 6. — R^8. = 10 fr. MION. R^1. = 3 fr.). — SEPTIME-SÉVÈRE avec ses fils CARACALLA ET GÉTA: IMP·CAES·LV·PVB·SEVERVS·PERTINAX·AVG. Sa t. laurée. ℞: C·ANTΩNEINOσ· (sic) PVB·SEPTI·GETA., dessous COL·PTO. Caracalla et Géta vêtus de la toge, l'un la t. laurée, et l'autre nue, sacrifiant devant un autel (Æ. MM. — R^7. = 150 fr. MION. R^4. = 40 fr.). — AQUILIA SEVERA: IVL·AQVIL·SEVERA·AVG. Sa t. à dr. ℞: COL·PTOL. Tyché d. un temple tétrastyle, couronnée par une Niké (Æ 7. — R^6. = 80 fr. MION.R^5. = 30 fr.). — ANNIA FAUSTINA: ANNIA·FAVSTINA·AVG. Sa t. à dr. ℞: COL·PTOL. Temple tétrastyle au milieu duquel est la Tyché deb., couronnée par une petite Niké placée sur un cippe (Æ 7. — R^8. = 120 fr. MION. R^6. = 48 fr.). — SÉVÈRE-ALEXANDRE: IMP·CAE·M·AVR·SEV·ALEXANDER. Sa t. laurée et diadémée, à dr. ℞: COLO·PTOLE. L'Empereur en pacificateur, à cheval à g. Devant, un caducée (Æ 5. — R^7. = 80 fr. Variété de celle décrite par MION. S. VIII, p. 330, n° 30. — R^5. = 15 fr. — *Fl.* de coin au *Cab. de France*). — SALONINE: CORNEL·SALONINA·AVG. Son buste drapé, à dr. ℞: COL·PTOL. *Pied* nu à dr. posé à terre, — au-dessus, *foudre*, — à dr. *caducée* ailé, — dessous, *harpe* couchée (Æ. 26 mill. — R^6. = 40 fr. MION. R^5. = 24 fr.). — IMHOOF-BLUMER: Monn. Gr. p. 449, n° 58. — Cf. PELLERIN, Additions aux Recueils, p. 36. — PANOFKA, Asklépios, Pl. VII, 7. — DE SAULCY, l. c. p. 169, 2. Pl. VIII, 12. [La *harpe* est un symbole nouveau sur la mon. de

Salonine, — elle se voit sur d'autres mon. de **Ptolémaïs**, soit comme symbole placé au-dessous d'un fleuve, soit comme attribut de Persée.] — Sur les mon. de Ptolémaïs consultez encore: *Numism. Chron.* 2 Série, II, p. 108, 109. — Pembroke, Th. II, Pl. 26. — Sestini, Lettere di Continuazione, IX, 97, 98, 99, 100, 101. — *Revue Numism. Fr.* An. 1848, p. 256, 265. — *Correction:* La mon. citée d. Sestini, Lettere di Continuaz. IX, p. 97 et 116, doit être rapportée à Ptolémaïs de la Kyrénaïque. —

217. ΤΙΒΕΡΙΑC.

Lég. sur les mon. de **Tiberias**, ville de Galilée. On en connaît des mon. grecques frappées pour le roi Herodes Antipas de Judée et les **Impériales** depuis Tibère jusqu'à Antonin le Pieux. — Tibère: Lég. presque toujours emportée. Tête de Tibère, à dr. ℞: ΤΙΒΕΡΙΑΣ. dans une couronne de laurier (Æ 6. — R⁷. = 40 fr. Mion. R⁵. = 24 fr.). — Claude I: .... T. de Claude. ℞: ΕΠΙ·ΒΑΣΙΛΕ·ΑΓΡΙΠ·ΤΙΒΕΡΙΕΩΝ. dans une couronne de laurier (Æ 6. — R⁸. = 70 fr. Mion. R⁶. = 40 fr.). — Antonin le Pieux: AVT·KAI·AΔP·ANTΩNINOC. Sa t. laurée, à dr. ℞: ΤΙΒΕΡΙΕΩΝ·ΠΑΠΠΗΝ. (sic). Le dieu *Mèn* deb., av. ses attributs? (Æ 6. — R⁶. = 30 fr. Mion. R⁴. = 12 fr.). [Vaillant a lu ΤΙΒΕΡΙΕΩΝ .... MHN. et a cru devoir l'attribuer à Tibérias de Galilée, — Mionnet a lu bien distinctement, au lieu de MHN., = ΠΑΠΠΗΝ. Eckhel l'aurait volontiers placée à Tiberiopolis de Phrygie; mais ces attributions restent douteuses.] —

218. ΚΑΙΣΑΡΙΑ·Η·ΠΡΟΣ·ΣΕΒΑΣΤΩ·ΛΙΜΕΝΙ.

Lég. sur les mon. de la ville de **Kaisareia de Samarie**. On connaît des **Impériales** aux légendes grecques (Æ. R³—R⁶) du temps de Claude et de Néron, ainsi que des mon. grecques en br. d'Agrippa II, roi de Judée. — **Impériales** latines de colonie datent depuis Domitien jusqu'à Gallien. — Sur une mon. aux lég. gr. et à l'effigie de Caligula on trouve aussi le nom d'Agrippa I roi de Judée. Les mon. de cette ville, en bronze, du temps des Rois de la Judée, sont du *mod. moy.* et valent de 24 à 40 fr. — Les **Impériales** de la colonie sont assez communes: Æ. Mod. 4, 5, 5½, 6, 7, 8 et 9. — R³—R⁶. de 10, 20, 25, 40, 60 et 80 fr. — Néron: ΝΕΡΩΝ·ΚΑΙΣΑΡ·ΣΕΒΑΣΤΟΣ. Sa t. laurée à dr., devant, une étoile. ℞: ΚΑΙΣΑΡΙΑ·Η·ΠΡΟΣ·ΣΕΒΑΣΤΩ·ΛΙΜΕΝΙ. Astarté tourelée, deb. et vêtue d'une tunique ceinte sur les reins, le pied dr. sur une proue de vaisseau, une tête humaine sur la m. dr. et la haste dans la g. Dans le champ, L·ΙΔ. an 14 (Æ 6. — R⁸. = 10 fr. Mion. R¹. = 2 fr.). — Sur les mon. de **Kaisareia** en Samarie, voy.: *Numism. Chron.* 2 Série, II, p. 109, 110 (Caracalla. — Etruscille. — Herennius Etruscus. — Hostilien. — Valérien). *Idem*, Vol. IX, p. 23 (Agrippa I). — *Annali* dell' Inst. e Corr. arch. di Roma. An. 1840, p. 222 (fausse attribution à Kaisareia de Cappadoce; *ib.* p. 223: mon. de Macrin. — Mus. Lavy, Torino 1839, v. T. I, p. 292 (Sévère-Alexandre). —

219. CAESAREA.

Lég. sur les mon. Impériales Latines de **Kaisareia** en Samarie. — Faustine Jeune: FAVSTINA·AVGVSTA. Sa t. à dr. ℞: COL·PRIMA·FL·AVG·CAESAREA. Astarté deb., la t. tourelée, le pied dr. sur un rocher, portant une t. humaine sur la m. dr. et ten. la haste de la g. Derrière, à terre, un Fleuve vu à mi-corps (Æ 5. — R⁶. = 30 fr. Mion. R⁵. = 15 fr.). — Elagabal: IMP·C·M·AVR·ANTONINVS. Sa t. laurée, à dr. ℞: COL·PR· FL·AVG·CAESAREA. T. de Zéus-Sarapis (Æ 5. — R³. = 10 fr. Mion. R². = 4 fr.). — La mon. de Pescennius Niger, citée par Vaillant — est fausse, = v. ses *Colonies*, t. I, p. 322 ; II, 207. —

220. ΣΕΒΑΣΤΟΣ.

Lég. qui est inscrite sur les *Tables* que M. Imhoof-Blumer a eu la bonté de me communiquer, mais il m'est impossible de la considérer comme étant le nom de la ville de **Sebaste** en Samarie, *au nominatif* (ou plutôt d'un port de **Kaisareïa** en Samarie. Cf. de Saulcy, Num. de la Terre-Sainte, p. 112 et suiv.). Je citerai ici une autre légende de la même ville qui se trouve sur la monnaie suivante: Julia Domna : . . . . . . Tête de Julie. ℞: ΚΟΛ·CΕΒΑCΤΕ. Trois figures deb. d. un temple (Æ 6. — R⁶. = 30 fr. — Mion. V, 515, 160. — R⁴. = 12 fr. d'après Vaillant, num. in col. perc.). — **Impériales bilingues grecques et latines en bronze**: depuis Néron jusqu'à Julia Domna. — Néron: Lég. effacée. Sa t. laurée à dr. ℞: Σ·ΣΕΒΑΣΤΗ.... Dans le champ, ҶΔ (94). Astarté (ou Néron?) deb., vêtu d'une tunique, portant sur la m. dr. une tête humaine, la g. sur une haste, le pied dr. posé sur une fleur ou un fruit (Æ 5½. — R⁵. = 15 fr. Mion.). — Domitien: CAESAR........ Sa t. av. les lettres C·S·C·F. *incuses*. ℞: CΕΒΑCΤΗ-ΝѠΝ. Astarté deb. à g. ten. sur la m. dr. une t. humaine, et la haste dans la g., le pied droit posé sur une proue de vaisseau (Æ 6. — R⁵. = 15 fr. Mion. R². = 9 fr.); *autre*: Même t. laurée. ℞: Même lég. Casque semblable à celui qu'on voit sur les mon. d'Hérode le Grand, av. une queue de cheval, — dans le champ, PI, an 110 (Æ 4. — R³. = 6 fr. Mion.). — **Autonome**: T. tourelée de femme. ℞: CΕΒΑCΤΗΝѠΝ ΤѠΝ·ΕΝ·CΑΜ.... ΘΙC. an 219. Zéus assis ten. de la m. dr. un aigle, et de la g. une haste, — d. le champ, un monogramme (Æ 4. — R⁶*. = 150 fr. Mion. R*. = 50 fr. Sestini, Descr. num. vet. p. 544, n° 1). — Sur les mon. de **Sebaste** en Samarie, voy.: *Num. Chron.*, 2 Série, II, p. 113 (mon. de Trajan et de Julia Domna). — Cat. Welzl de Wellenheim, Vienne 1844, voy. le n° 6964. — Liebe, Gotha nummar., p. 337. — Auj. il faut admirer la belle coll. de L. Hamburger à Francfort s. l. M. qui contient toute la série de ces rares monnaies. —

221. ΔΙΟCΠΟΛΙC.

Lég. sur les mon. de **Diospolis** ville de Samarie dont on ne connait que des mon. **Impériales** suivantes: Septime-Sévère: .... ΑΡ·CΕΠ·CΕΟΥ-ΗΡΟC..... Sa t. laurée. ℞: CΕΟΥΗ·CΕΠΤ..... ΛΙC. Femme tourelée assise, ten. d. la m. dr. une pierre qu'elle jette dans un vase placé à ses pieds, d. la g. une corne d'abond., devant, un autel (Æ 6. — R⁷. = 40 fr. Mion. R⁵. = 24 fr.). — Julia Domna: ΙΟΥΛΙ·ΔΟΜΝΑΝ·CΕΒΑC. Sa t. à dr. ℞: Λ·CΕΠ·CΕΟΥ·ΔΙΟCΠΟΛΙC·Ε·Ι. (an 10). T. de Zéus-Sarapis à dr. (Æ 5½. — R⁶. = 30 fr. Mion. R⁴. = 12 fr.); *autre*, av.: Λ·CΕΠ·CΕΟΥ· ΔΙΟCΠΟΛΙC·Ε·Ι. (an 10). Buste voilé de Démétèr, à g., ten. un flambeau d. la m. dr. (Æ 5½. — R⁷. = 40 fr. Mion. R⁵. = 18 fr.); *autre*: av. Ε·Θ. (an 9), d. Sestini, Descr. num. vet. p. 543. — Caracalla: .... Μ·ΑΥΡ....

Sa t. radiée à dr. av. le *paludamentum*. ℞: Λ·C·CЄY·ΔΙΟCΠΟ·ЄΤ·Θ. (an 9). T. de Zéus-Sarapis à dr. (Æ 5. — R⁶. = 30 fr. Mion. R⁴. = 8 fr.); *autre*: AV....VP·ΑΝΤΩΝ...... Sa t. laurée, à dr. av. le *paludament*. ℞:......CЄΠ·CЄΟΥ·ΔΙΟCΠΟ...Є·Ι. (an 10). Buste lauré et tourelé de femme, à g. (Æ 7. — R⁶. = 30 fr. Mion. R⁴. = 12 fr.); *autre:* AVT·K· ANTW. Sa t. laurée, à dr., sans le *paludament*. ℞: ΔΙΟCΠΟΛΙC. Astarté deb. d. un temple tétrastyle, le pied dr. sur un globe, la m. dr. levée et ten. la haste d. la g. (Æ 4½. — R⁷. = 30 fr. Mion. R⁴. = 8 fr.). [Cette ville porta aussi le nom de Lydda. — *Légendes:* ΔΙΟCΠΟΛΙC et dates. — Λ·CЄΠ·CЄΟΥ·ΔΙΟCΠΟΛΙC. On ne connaît jusqu'à présent que des **Impériales Grecques** de Septime-Sévère, Julia Domna et Caracalla.]

222. ΙΟΠΗ.

Lég. sur les mon. de Ioppe (auj. Jaffa), ville de Samarie, dont on ne connaît que la mon. suivante: **Autonome:** Tête voilée et tourelée de femme, à dr. ℞: ΙΟΠΗ. Poséidon assis sur un rocher, à dr. Derrière, Δ. (Æ 4. — R⁸. = 80 fr. Mion. R⁶. = 40 fr.). — Une mon. **Impériale** d'Elagabal a été publiée dans le: *Numism. Chron.* 2 Série, II, p. 111. —

223. ΝΥΣΑ.

Sur les mon. de Nysa (plus tard Skythopolis), ville de Samarie. — On ne connaît que des **Impériales** depuis Néron jusqu'à Gordien le Pieux. — Æ. — Mod. 3½, 5, 5½, 6 et 6½. — R⁶—R⁷. de 8, 12, 15, 20, 30 et 40 fr. — Néron: ΝΕΡΩΝ·ΚΛΑΥΔΙΟΣ·ΣΕΒΑΣΤΟΣ. Sa t. laurée à dr. ℞: ΝΥΣΑ. Femme tourelée, deb., portant sur la m. dr. un mont, la g. sur la haste, — d. le champ, L·P. = an 100 (Æ 6. — R⁵. = 20 fr. Mion. R³. = 9 fr.); *autre:* Même lég. et m. t. ℞: ΝΥΣΑ·L·PA. (an 101), même type (Æ 6. Même prix). — Gordien le Pieux: Α·Κ·Μ·ΑΝΤ·ΓΟΡΔΙΑΝΟC. Sa t. laurée, à dr. av. le *paludamentum*. — ℞: ΝΥC·CΚΥΘΟΠΟΛΕΙΤΩΝ·ΙΕΡΑ·ΑCΥ. en cinq lignes, dans une couronne (Æ 5½. — R⁶. = 40 fr. Mion. R⁴. = 12 fr.); *autre:* Droit. Même t. laurée et la poitrine cuirassée. ℞: ΝΥC· CΚΥΘΟ·ΙЄΡ·ΑC. Femme tourelée deb. assise sur un siège, à dr. Devant, d. le champ, un crabe (Æ 6½. — R⁷. = 70 fr. Mion. R⁵. = 18 fr.). — Voy. sur cette ville: *Num. Chron.*, 2 Série, II, p. 113 (mon. de Julia Domna et Gordien le Pieux). —

224. SEBASTE·COL.

Lég. sur les mon. **Impériales latines**, en bronze, de la colonie de Sebasté, en Samarie. Ces mon. datent depuis Julia Domna jusqu'à Julia Maesa. — Æ. Mod. 4, 5, 5½ et 6. — R⁶—R⁸. de 12, 20, 30, 40 et 70 fr. — Julia Domna: IVLIA·DOMNA·AVG. T. de Julie. ℞: COL·SEBASTE. Septime-Sévère deb., vêtu du *paludamentum*, entre la Niké et la Tyché de la ville (Æ 6. — R⁵. = 20 fr. Mion. R⁴. = 12 fr.); *autre:* Même lég. (rétrograde) et même tête. ℞: COL·S·SEP........ Hadès dans un quadrige, enlevant Perséphone, — au-dessus, Éros vole au-devant (Æ 5. — R⁶. = 20 fr. Mion. R⁴. = 12 fr.). — Caracalla: IMP·ANTONINVS·AVG. T. laurée de Caracalla, à dr. av. le *paludamentum*. ℞: COL·L·SE·SEBASTE. Démétèr deb., ten. un flambeau d. la m. dr. et des épis d. la g., à terre, le *modius* (Æ 5. —

R^5. = 15 fr. Mion. R^4. = 8 fr.). — Aquilia Sévéra: SEVERA·AVGVSTA. Sa t. à dr. ℞: COL·L·SEP·SEB. L'Impératrice deb., sur un *sphinx* ailé, tourné à g., le pied dr. posé sur une roue (Æ 5$^1/_2$. — R^8. = 100 fr. Mion. R^5. = 20 fr.). — Soaemias: SVAEMIAS· (sic) AVGVSTA. Sa t. à dr. av. la *stola*. ℞: .... L·SEP·SEBAS. Hadès enlevant Perséphone, — dans un quadrige, au-dessus, Eros volant, — au-dessous, une tortue (Æ 5$^1/_2$. — R^5. = 20 fr. Mion. R^4. = 12 fr.). — Julia Maesa: MAESA·AVGVSTA. T. de Maesa, à dr., av. la *stola*. ℞: COL·L·S.....SEBAS..... Même type (Æ 5$^1/_2$. — R^6. = 30 fr. Mion. R^5. = 20 fr.).

225. AELIA·CAP·COMM.

Lég. sur les monnaies de **Aelia Capitolina** (auj. Jérusalem), dans la Judée. On n'en connait que des mon. **Impériales — latines — coloniales** depuis Hadrien jusqu'à Hostilien. — Æ. Mod. 3, 3$^1/_2$, 5, 5$^1/_2$, 6, 7, 8 et 9. — R^1—R^6. de 4, 6, 8, 12, 15, 20, 30, 40 et 60 fr. — Hadrien: .... T. d'Hadrien. ℞: COL·AELIA·CAP·COMM[odiana]. Figure radiée, ten. de la m. dr. un globe, et de la g. une haste, d. un temple tétrastyle. De chaque côté, une figure debout. Au bas, E. (Æ 6. — R^4. = 12 fr. Mion. R^2. = 6 fr.); *autre*, ℞: COL·AEL·KAPIT· (sic) COND. Colon conduisant deux bœufs à dr., d. le champ, une enseigne militaire (Æ 6. — R^1. = 3 fr. prix de Mion.); *autre*: IMP·CAES·HADRIAN·AVG. Sa t. laurée, à dr. ℞: COL·AEL·CAP. T. radiée de Hélios à dr. (Æ 5. — R^5. = 15 fr. Mion. R^2. = 4 fr.); *autre*, m. t. ℞: COL·AEL·CAP. Aigle légionnaire occupant le milieu du champ (Æ 3$^1/_2$. — R^5. = 12 fr. Mion. R^3. = 6 fr.). — Antonin le Pieux: IMP·ANTONINO·AVG·P·P·P. Sa t. laurée, av. le *paludamentum*. ℞: COL·AELIA·CAP. Dionysos deb. ten. d. la m. dr. le *cantharum* et d. la g. un thyrse, — à ses pieds, une panthère (Æ 5$^1/_2$. — R^2. = 8 fr. Mion. R^1. = 3 fr.); *autre*, ℞ av.: COL·AE·CAPIT. T. de Zéus-Sarapis, tournée vers la dr. (Æ 5$^1/_2$. — R^1. = 2 fr. Mion. C. = 1 fr.); *autre*: ℞: CO·AE·CA. Les Dioscures deb., au milieu un aigle éployé (Æ 5. — R^2. = 4 fr. Mion.); *autre*, ℞: K·A·C. Cochon marchant, à dr. (Æ 3. — R^2. = 4 fr. Mion.). — *Autre*, av.: C·A·C. Aigle éployé sur un foudre, tourné à dr. (Æ 3. — R^2. = 4 fr. Mion.). — Antonin le Pieux et Marc-Aurèle: IMP·CAES·ANTONINVS·AVG. Tête laurée d'Antonin le Pieux, à dr. av. le *paludamentum*. ℞: COL·AEL·CAP. Têtes affrontées de M. Aurèle et d'Antonin-le-Pieux (Æ 5. — R^7. = 40 fr. Mion. R^5. = 15 fr.). — Marc-Aurèle: IMP·CAESAR·ANTONINVS. Sa t. laurée, à dr. ℞: COL·AEL·CAP. Zéus assis, à g., ten. une patère de la m. dr. et la haste d. la g., à ses pieds, un aigle (Æ 6. — R^3. = 12 fr. Mion. R^1. = 3 fr.). — Lucius Vérus: IMP·CAES·L·AVREL·VERVS ...... Sa t. nue à dr., l'épaule dr. découverte. ℞: COL·AELI·CAPI. Romulus et Rémus allaités par la louve sur une base (Æ 9. Médaillon. — R^7. = 150 fr. Mion. R^5. = 100 fr.). — Lucius Vérus et Marc-Aurèle: IMP·ANTONINVS·AVG·IMP·L·AVR·VERVS·AVG. Leurs têtes affrontées. ℞: COL·AEL·CAP. Astarté deb. dans un temple, portant sur la m. dr. la t. de Zéus-Sarapis, et ten. de la g. une haste, frappant du pied dr. un Fleuve se baignant (Æ 8. — R^6. = 60 fr. Mion. R^4. = 24 fr.). — Septime-Sévère: CЄΠTHMIOC·CЄOYHPOC. Sa t. laurée, à dr. ℞: AIΛ·KA·KOΛ. Temple tétrastyle au milieu duquel est le simulacre d'une divinité, dans les deux parties latérales du temple une enseigne militaire (Æ. 6 — R⁴. = 15 fr. Mion. R². = 6 fr.). — Diaduménien: M·OPEL·ANT·DIADVMENIANVS· CAES. Sa t. nue. ℞: COL·AEL· (ou AELIA·)CAP·COMM. Zéus assis tourné à g., entre deux femmes deb. d. un temple distyle (Æ 6. — R⁷. = 60 fr. Mion. R⁵. = 20 fr.). — Trajan Dèce: ...... Q·TRA·DECIVS·AVG. Sa t. laurée, à dr. ℞: COL·AEL·KAP· (sic) COMM·P·F. en quatre lignes, dans une couronne (Æ 7½. — R⁴. = 15 fr. Mion. R³. = 9 fr.). — Herennius Etruscus et Hostilien: AETRVSCVS·ET·QVINTVS·CAESS. Têtes accolées d'Herennius Etruscus et d'Hostilien, à dr., l'une radiée et l'autre nue, av. le *paludamentum*. ℞: COL·AEL·KAP. — COMM. Figure militaire deb., la m. dr. levée et ten. la haste transversale d. la g. (Æ 7. — R⁷. = 70 fr. Mion. R⁶. = 48 fr.). — Hostilien: C·VAL·OST·MES·QVINTVS·C. T. radiée d'Hostilien, av. le *paludamentum*. ℞: COL·AEL·KAΠ· (sic). Femme ou plutôt Astarté tutulée et succincte, deb., entre deux enseignes militaires, ten. un globe de la m. dr., la g. posée sur la haste (Æ 8. — R⁷. = 60 fr. Mion. R⁶. = 48 fr.). — Sur les mon. d'Aelia Capitolina voyez: *Rev. Numism. Fr.* An. 1849, p. 97. — de Saulcy, Num. de la Terre-Sainte, 69. — *Id.*, *Numismatique Judaïque*, Pl. XV et suiv. reprod. toutes les mon. connues d'Aelia Capitolina. — *Num. Chron.*, 2 Série, II, p. 114, 115, 116 (mon. d'Hadrien, d'Ant. le Pieux, M. Aurèle, L. Vérus, Julia Domna, Géta, Elagabal, Trajan Dèce). — *Bulletino* dell' Inst. e Corr. arch. di Roma 1838, p. 137 (m. d'Ant. le Pieux). — La mon. de M. Aurèle, publ. d. Akerman's Numism. Journ. I, p. 46, est reportée d. le *Num. Chron.* XVIII, p. 119 — à la Cyrénaïque. — Cat. Badeigts de Laborde (Paris 1869), voy. le n.° 806 [mon. de Pescennius Niger, grav. ib. Cet exempl. a été examiné par feu Julius Friedländer, en 1869, qui l'a reconnu pour une reproduction faite très habilement au burin. Voy. sur la m. p. *Rev. Numism. Fr.* An. 1868, p. 437]. — *Annali* dell' Inst. di Corr. Arch. di Roma, An. 1847, p. 281 (m. de S. Sévère). — *Archäologische Zeitung*, An. 1848, p. 318: la mon. décrite par Mion. V, 520, n.° 24 — appartient à Karrhae. — von Sallet's Zeitschr. f. Num. Bd. VII, p. 219; XII, p. 5 (m. d'Elagabal et d'Herennius Etruscus). —

226. ΓΑΖΗ, ΓΑΖΑ.

Lég. sur les mon. de Gaza, ville de la Palestine, dans le pays des Philistins. On connaît des mon. autonomes en bronze (R⁷) et des Impériales depuis Auguste jusqu'à Gordien le Pieux (Æ. R³—R⁸). — Autonomes: Deux cornes d'abond. ℞: ΓΑΙΑ. (sic). Astarté deb. Dans le champ, LI. (an 10). Æ 4. — R⁸*. = 40 fr. — Complètement inédite et inconn. à M. de Saulcy. — Cf. Cat. de la Coll. C. G. Huber, Londres 1862, p. 81, lot n.° 855. Vend. 1 £ [Babington]; *autre:* Droit. ΜΕΙΝΩ. Fig. militaire deb. ten. d. la m. dr. une longue branche, et d. la g. la haste transversale. ℞: ΓΑΖΑ·Γ·ΕΠ· ΒϘΡ. (an 192), les deux dernières lettres numérales en monogr. Arbuste occupant le milieu du champ (Æ 2½. — R⁶. = 15 fr. Mion. R⁴. = 8 fr.). — *Autre:* T. laurée de Zéus, derrière, un astre. ℞: ΔΗΜΟΥ·ΓΑΙΕΑΤΩΝ. Double corne d'abond. nouée par une bandelette dans la partie inférieure (Æ 4. — R⁶. = 20 fr. Mion. R⁵. = 15 fr.). — Impériales. Auguste: ΣΕΒΑΣ-ΤΟΣ. Sa t. nue, à dr. ℞: ΓΑΖΑ·ΖΓ ou ΙΓ. (l'an 63). Astarté deb., à ses pieds le *mem* (lettre Phénicienne d'après M. de Saulcy (Æ 6. — R⁷. =

60 fr. Mion. R⁴. = 12 fr.). [La lettre phénicienne ל/ mem est l'initiale du nom de MARNA, la divinité principale adorée à Gaza, dont le nom signifie proprement „notre seigneur". — La date 63 de l'ère de Gaza correspond à l'an 2 de J. C.] — CALIGULA: CEBACTOC. Sa t. laurée, à dr. ℞: ΓAZA·L·P. (an 100). Astarté deb. (Æ 6. — R⁶. = 40 fr. Mion. R⁵. = 24 fr.). — HADRIEN: AYT·KAI·TP·AΔPIANOC. Sa t. laurée av. le paludam. ℞: ΓAZA·MAPNA·E· (an 5). EΠI·ΔQP. (an 194). Apollon et Artémis, deb. d. un temple distyle (Æ 9. — R⁶. = 70 fr. Mion. R⁸. = 18 fr.); autre, ℞: ΓAZA·E· (an 5). EΠI·ΔQP. (an 194). Héraklès nu et deb. (Æ 3½. — R¹. = 2 fr. Mion.); autre: ℞: ΓAZ·H· (peut-être: ΓAZH?) EΠ·ZQP. (197). Femme deb. vêtue de la stola, — à ses pieds, une génisse (Æ 6. — R². = 6 fr. Mion.). — FAUSTINE JEUNE ET LUCILLE: ΛOYKIΛΛA·ΦAYCTEINA·CEBAC. Têtes affrontées de Faustine Jeune (la toque des cheveux sur la tête, comme Faustine mère) et de Lucille (Æ 7½. — R⁶. = 50 fr. Mion. R⁵. = 30 fr.). — SEPTIME-SÉVÈRE: AVT·V·Λ·CEΠ·CEOVHP·ΠEP.... Son buste lauré et drapé à dr. ℞: ΓAZA·EIW. Deux femmes deb. se donnant la main, l'une tient une corne d'abond. A l'exergue, ANC (pour AΞC, an 261). Dans le champ le monogr. 1144 du R. M. (Æ 5 ou 6. — R⁶. = 20 fr. Mion. R⁴. = 9 fr.). — Cf. CAT. J. GRÉAU, Paris 1867, p. 221, lot n.° 2646. Vend. 49 fr. (av. 3 autres pièces). — JULIA PAULA: KOPN·ΠAYΛA. Sa t. à dr. ℞: ΓAZA·ΠC. (an 280). Figure deb., en habit court, devant un grand arbre, présentant quelque chose à un taureau (Æ 3½. — R⁷. = 25 fr. Mion. R⁶. = 18 fr.). — GORDIEN LE PIEUX: ...... ANTWN·ΓOPΔIANOC·CE. Tête laurée de Gordien le Pieux, à dr., av. le paludamentum. ℞: ΓAZAIWN ...... Zéus nu, deb., la m. dr. levée et ten. d. la g. un foudre, — à ses pieds, un aigle éployé, — dans le champ, le monogramme 1144 du R. Mion. (Æ 8. — R⁸. = 70 fr. Mion. R⁶. = 48 fr. cette mon. est souvent retouchée). — Sur les mon. de Gaza voyez: Numism. Chron. 2 Série, II, p. 120 (mon. d'Antonin le Pieux, de Commode, de S. Sévère, de Caracalla, Géta, Julie Mammée et de Gordien le Pieux). — CHAUDOIR, Corrections, p. 98. — STARK, Gaza und die philistäische Küste, Jena 1852. — KÖHNE, Berl. Blätter f. Münzk. IV, p. 22. — CAT. L. WELZL DE WELLENHEIM, Vienne 1844, voy. les n°ˢ 6969, 6971, 6972. — MIONNET S. VIII, p. 372, n.° 48, EΠ ne veut pas dire 85, — il y avait là EΠI et ensuite la date, comme on le voit ibid. au n.° 50 et les suivants. —

227. PAΦIA.

Lég. sur les mon. de Raphia, ville de la Judée. — On ne connaît que des mon. Impériales depuis Commode jusqu'à Philippe le père, qui sont: Æ. Mod. 3, 6, 6½ et 7½. — R⁷–R⁸. de 60 à 120 fr. — COMMODE: AVTO KOMOΔOC ...... Sa t. laurée et imberbe, à dr. av. le paludament. ℞: PAΦIA·ZAC. (an 237). ARTÉMIS-CHASSERESSE deb. (Æ 6½. — R⁷. = 60 fr. Mion. R⁶. = 48 fr.). — CARACALLA: A·K·M·ANTWNINOC. Sa t. nue et imb. av. le paludament. ℞: PAΦIA·AIC. (an 261). Figure assise, — derrière elle, une autre petite figure (Æ 7½. — R⁷. = 60 fr. Mion. R⁶. = 48 fr.); autre: ℞: PAΦIA·SΞC. (an 266). Apollon nu, deb. le bras dr. pendant et la g. sur sa lyre posée sur un trépied (Æ 6. — R⁷. = 60 fr. Mion. R⁶. = 48 fr.). — SEPTIME-SÉVÈRE: AV·K·Λ·CEΠ·CEB·AV. Sa t. laurée, av. le paludament. sur la poitrine. ℞: PAΦIA·ΔΞC. (an 264) [l'ère de Raphia est celle qui date depuis GABINIUS, gouverneur de la Syrie, en l'an 58 av. J. C.]. ARTÉMIS en habit retroussé, deb., à g., un croissant sur la t. (Æ 5½. — R⁷. = 60 fr. MION. R⁶. = 48 fr.). — SÉVÈRE-ALEXANDRE: Sa t. à dr. ℞: ΡΑΦΙΑ·ΙΕΡ·ϹϹ. (an 290). Serpent attaché à un trident (Æ 6. — R⁷. = 60 fr. MION. R⁵. = 30 fr. — C. PANEL, Mém. de Trévoux, Octobre 1737). — PHILIPPE PÈRE: Α·Κ·Μ·Ι·ΦΙΛΙΠΠΟϹ·ϹЄΒ. Sa t. laurée. ℞: ΡΑΦΙΑ·ΔΤ. (an 304). Femme assise, portant la m. dr. sur la t. d'une pet. figure deb. devant elle, la g. sur la haste, — derrière elle, une autre pet. figure deb. (Æ 6. — R⁷. = 60 fr. MION. R⁷. = 48 fr.). — Sur les monnaies de Raphia, consultez: *Mittheilungen* der Berl. Num. Gesellsch. I, p. 26 (M. Aurèle et Commode). — *Numism. Chron.*, 2 Série, II, p. 122 (Sev. Alexandre). — La mon. de COMMODE décr. par SESTINI d. ses: Lettere di Continuazione, VI, p. 83, est une *fausse leçon:* Voy. à ce sujet: Berliner Blätter, IV, 22. — **Monnaies Impériales de la Judée:** Tite: ΑΥΤΟΚΡ·ΤΙΤΟϹ·ΚΑΙϹΑΡ. Sa t. laurée, à dr. ℞: ΙΟΥΔΑΙΑϹ·ΕΑΛΩΚΥΙΑϹ. Captive assise au pied d'un trophée (Æ 6. — R⁵. = 20 fr. bel ex.). — DOMITIEN: ...... CAES·AVG·GERMANI. S. t. laurée. ℞: Niké casquée, à g. érigeant un trophée et tenant un bouclier av. un javelot (Æ 5½. — R⁶. = 30 fr. Cette mon. est de fabrique juive ou samaritaine. Cf. CAT. J. GRÉAU (Paris 1867), p. 221, n° 2648. Vend. 49 fr. — **Impériales** (incertaines): JULIA MATER: ΙΟΥΛΙΑ. Grappe de raisin. ℞: L·Α. Diota (Æ 3. — R⁴. = 8 fr. MION. R². = 4 fr.); *autre:* le *diota* av. un couvercle. L·Δ. an 4 (Æ 3. Même prix). — TIBÈRE: ΤΙΒΕΡΙΟΥ·ΚΑΙϹΑΡΟϹ. *Lituus.* ℞: L·ΙϹ. (an 16) d. une couronne de laurier (Æ 3. — R⁴. = 8 fr. MION. R². = 4 fr.). — ASKALON: Elagabal: ϹЄ.... ΝΟϹ. Son buste laurée et drapé, à dr. ℞: ΑϹΚΑΛΩ·ΑΚΤ. Grand autel allumé (Æ 6. — R⁸. = 40 fr. — **Incon.** à MION. — Cf. CAT. J. GRÉAU (Paris 1867), p. 221, n° 2645. Vend. 49 fr.).

228. ARABIA (nomos). — ΑΡΑΒΙΑ.

Lég. sur les mon. d'**Arabie** (Arabia in genere) dont on ne connait qu'une seule **Impériale** du temps d'HADRIEN: ΑΥΤΟΚΡΑΤΩΡ·ΚΑΙϹΑΡ·ΤΡΑΙΑΝΟϹ·ΑΔΡΙΑΝΟϹ·ϹЄΒ·ЄΥϹЄ. Sa t. laurée, à dr. av. le *paludamentum* sur l'épaule g. ℞: ΑΡΑΒΙΑ. Buste de femme, la t. tourelée et tournée à dr. ayant sur sa poitrine deux petits enfants (Æ 6. — R⁶. = 40 fr. MION. R⁵. = 24 fr.); *autre:* La même, mais du Mod. 4½ (**Incon.** à MION. — CAT. J. GRÉAU (Paris 1867), p. 221, n° 2649. Vend. 17 fr.). — Une autre mon. décr. par ECKHEL, d. son CAT. DU MUS. DE VIENNE, comme étant de Trajan, est la même que celle-ci, (la lég. mal conservée aura sans doute causé cette erreur. — La légende: ARABIA se trouve sur les monnaies d'un Nome Arabia en Egypte. — Æ. — Mod. 4½. — R⁸. = 40 à 50 fr. — Ces monn. sont frappées à l'effigie d'HADRIEN. — Droit: ΑΥΤ·ΚΑΙ·ΤΡΑΙ·ΑΔΡΙΑ·ϹЄΒ. T. laurée d'Hadrien, à dr. av. la chlamyde. ℞: ΑΡΑΒΙΑ·L·ΙΑ. (an 11). Démétèr deb., ten. de la m. dr. des épis et de la g. un flambeau (Æ 4½. — R⁸. = 40 fr. MION. R⁷. = 30 fr.); *autre:* av. ΑΡΑΒΙΑ·L·ΙΑ. Femme tourelée deb., vêtue de la *stola*, ten. de la m. dr. une fronde et de la g. un thyrse orné de bandelettes (Æ 4½. — R⁶. = 50 fr. MION. R⁷. = 30 fr. — *Mus. Sanclemente*, n. sel. II, p. 201); *autre*, av. ΑΡΑΒΙΑ·L·ΙΑ. Tête tourelée de femme (Æ 4½. — R⁸. = 40 fr. MION. R⁷. = 30 fr. — BELLEY, d. les Mém. d. l'Ac. d. Inscr. et de B. L. Tom. XXVIII, p. 531). — Sur les mon. de la

Province **Arabie** voy.: *Revue Numism. Fr.* An. 1858, p. 292 et 362 (Nabathéens). — *Idem*, An. 1868, p. 153. —

229. ΒΟCΤΡΑ·ΤΡΑΙΑΝΗ.

Lég. sur les mon. **Impériales grecques** de la ville de Bostra en Arabie qui datent depuis Antonin le Pieux jusqu'à Elagabal. — Æ. Mod. 3, 4, 4$^{1}/_{2}$, 6, 7, 8 et 9. — R^5–R^7. de 12, 15, 25, 30, 50, 100 et 150 fr. — Faustine mère: .... ΦΑΥCΤΕΙΝΑ. Sa t. voilée, à dr. ℞: .... ΤΡΑΙΑΝΗ· ΒΟCΤΡΑ. Astarté tourelée et deb. (Æ 3. — R^7. = 30 fr. Mion. R^G. = 18 fr.). — [Les mon. de Caracalla décrites par Mion. Suppl. VIII, p. 384, n°. 9 et les suivantes, doivent être rapportées à Carrhae, qui sont citées d. sa Descr. T. V, p. 597, n°. 24. — Peut-être ΑRΒ a été mal lu pour ΑVRΕ, et ΑVΒ pour ΑVR.? La dernière est une mon. de Trébonien Galle, à laquelle dans la lég. manque le mot ΒΟCΤΡΑ (voy. Mion. Suppl. VIII, p. 386, n°. 20) et qui a été mal décrite d'après *Sanclementi* et le catalogue manuscrit de Cousinéry, et par conséquent ne mérite pas grande foi. Toutes ces mon. n'ont aucune ressemblance av. celles de Bostra et encore moins avec celles d'Edessa.] —

230. BOSTRA COL.

Lég. sur les mon. **Impériales latines** de la colonie Bostra en Arabie qui datent depuis Sévère-Alexandre jusqu'à Hérennius Etruscus. — Æ. Mod. 4, 4$^{1}/_{2}$, 5, 6, 7, 8, 8$^{1}/_{2}$, 9. — R^4. de 8, 15, 25, 30, 40, 50, 60, 80 et 120 fr. — Sévère-Alexandre: IMP·CAES·SEV·ALEXAND·AVG. Sa t. laurée. ℞: COLONIA·BOSTRA. T. de Zéus-Ammon, à g. av. une corne de bélier (Æ 4. — R^4. = 8 fr. Mion. R^2. = 4 fr.); *autre:* ℞: Même lég. Silène deb., tourné à dr., ayant la m. dr. levée et une outre sur l'épaule gauche (Æ 4. — R^4. = 8 fr. Mion. R^2. = 4 fr.). — Mamée: IVLIA·MAMAEA·AVGVSTA. Sa t. à dr. ℞: N·TR·ALEXANDRIANAE·COL·BOSTR. Astarté deb. d. un temple tétrastyle, à ses pieds, de chaque côté, un centaure donnant du buccin (Æ 9. — R^7. = 60 fr. Mion. R^5. = 48 fr.). — Barbia Orbiana: La mon. décr. par la Cesse de Bentinck, d. son *Cat.* I, p. 476 — est fausse. — Philippe Jeune: MARC·IVL·PHILIPPOS·CESAR. (sic). Sa t. nue, à dr., av. le *paludamentum.* ℞: COL·METROPOLIS·BOSTRA. Couronne de laurier au milieu de laquelle on lit: ΑΚΤΙΑ·ΔΟΥCΑΡΙΑ. en trois lignes (Æ 8. — R^G. = 30 fr. Mion. R^4. = 12 fr.). — Trajan Dèce et Hostilien: IMP·C·M·DECIVS ETC·VALENS..... LIANVS. Buste lauré et drapé de Trajan Dèce en regard du buste radié et drapé d'Hostilien. ℞: ..... PIA DVSARIA· (sic) COL· METR·BOSTRANORV. Table sur laquelle est un pressoir entouré de deux branches de laurier (Æ 7. — R^5. = 60 fr. — Mion. T. V, p. 585, n°. 37, mal décrite à Trajan Dèce et Hérennius. R^5. = 24 fr. — Cf. Cat. J. Gréau (Paris 1867), p. 221, n°. 2650. Vend. 32 fr.). — Hérennius et Hostilien: M·DE· CIVS·ET·C·VALENS·QVINTVS·CAISARES·IMP. Bustes d'Hérennius lauré et d'Hostilien radié en regard, tous deux drapés. ℞: CONCORDIA·BOS· TRENORVM. Zéus-Ammon deb., donnant la m. à la Concorde (Æ 7$^{1}/_{2}$. — R^8. = 200 fr. — Incon. à Mion. — Cat. de la vente de Moustier, Paris 1872, p. 203, n° 3100. Vend. 165 fr. *Grav.* ib. à la Pl. V). — Sur les mon. de Bostra voy. encore: Köhne, Zeitschr. f. Münzk. T. III, 1843, p. 47. — Chaudoir, Suppl. aux correct. 19 (m. d'Elagabal). — Sestini, Lettere di

Continuaz. VI, p. 104, rapporte la mon. de Maximin (de Bostra) publiée par Eckhel et Mion. à Thessalonique. — Belley, Sur l'ère et sur les mon. de la ville de Bostres en Arabie, d. les Mém. de l'Acad. T. XXVI, p. 307. —

231. ΕCΒΟΥC.

Lég. sur les mon. de la ville d'Esbous en Arabie, dont on ne connait que les suivantes: **Impériales**: Néron: Sa t. à dr. ℞: ΗΣΕΒΗ. Femme portant une palme et une couronne (Æ 3. — R^7. = 50 fr. Mion. R^7. = 30 fr. — Cf. Dumersan, Descr. du Cab. Allier de Hauteroche, p. 114). — Caracalla: AVT·C· (sic) M·AVP·ANTΩN. Sa t. laurée et imberbe, à dr., av. le *paludament*. ℞: ΕCΒΟΥ. Astarté deb. d. un temple tétrastyle (Æ 4½. — R^7. = 40 fr. Mion. R^7. = 30 fr.); *autre:* Même lég. et même t. ℞: ΑΥΡ·ΕCΒΟΥC. Zéus-Sabazios (et non le dieu *Lunus* ou *Mèn*, comme l'a voulu Mion. V, p. 585, n.° 39) debout et coiffé du bonnet phrygien, regardant à g., le pied dr. posé sur un rocher, une pomme de pin sur la m. dr. et la g. sur une haste autour de laquelle est un serpent (Æ 4½. — R^8. = 100 fr. Mion. R^8. = 30 fr.). — [M. W. Drexler, dans la Zeitschr. f. Numism. 1887, Bd. XV, p. 80, observe av. raison que le personnage qui figure au *Revers* de cette mon. n'est point le dieu Lunus ou Mèn, car une divinité lunaire d'une ville de l'Arabie Pétrée ne pourrait avoir rien de commun av. *Mèn*, le dieu phrygien. En me basant sur Valère Maxime, I, ch. 3, § 2, et sur Arnobius, 4, qui donnent à Zéus le surnom de Sabazios je crois aussi qu'il serait plus correct de voir au Revers de la présente mon. le Zéus-Sabazios que *Mèn* ou le dieu *Lunus* de Mionnet.] — J'observerai ici que le Mithras des Perses se trouve aussi nommé Sabazios sur d'anciens monuments. —

232. ΠΕΤΡΑ.

Lég. sur les mon. de la ville de Petra en Arabie dont on connait des Impériales grecques depuis Hadrien jusqu'à Géta. — Hadrien: .... ΤΡΑΙΑΝΟC·ΑΔΡΙΑΝΟC·CΕΒ...... Sa t. laurée, à dr., av. le *paludament*, devant la lettre Λ. ℞: ΑΔΡΙΑΝΗ·ΠΤΕΡΑ (sic) ΜΗΤΡΟΠΟΛΙC. Femme voilée et tourelée, assise sur des rochers et tournée vers la g., le bras droit étendu et portant un trophée sur l'épaule g., dans le champ, la lettre Λ. (Æ 6½. — R^6. = 30 fr. Mion. R^4. = 12 fr.); *autre*, ℞: ΠΕΤΡΑ·ΜΗΤΡΟΠΟΛΙC, en trois lignes, d. une couronne de laurier (Æ 3. — R^6. = 20 fr. Mion. R^4. = 8 fr.). — Géta: ℞: ΑΔΡΙ·ΠΕΤΡΑ·ΜΗΤ. Femme dans un temple, assise sur un rocher et ten. un trophée (Æ 6. — R^8. = 70 fr. — **Inconnue** à Mion. — Cf. Cat. Badeigts de Laborde (Paris 1869), p. 47, n.° 525. — *Légendes* sur des Impériales grecques d'Hadrien, Marc-Aurèle, Lucius-Vérus, Septime-Sévère et Géta: ΠΕΤΡΑ·ΜΗΤΡΟΠΟΛΙC. — ΑΔΡΙ-ΑΝΗ·ΠΗΤΡΑ·ΜΕΤΡΟΠΟΛΙC. [Il y a aussi une mon. de Petra ville de Krète, qui porte au *droit:* ΠΕΤΡΑ. Dauphin. ℞: Trident. Æ. — *Autre:* Petra. Marmarica. Petrina. Sicilia: Tête d'Héraklès. ℞: ΠΕΤΡΕΙΝΩΝ. Aigle sur un foudre = Mon. fausse, de fabrique florentine.] —

233. PETLA (sic) COLONIA.

Lég. sur la seule pièce coloniale de Petra à l'effigie de Caracalla, conservée au *Cab. de France* et qui n'a pas encore été publiée. [Comm. par feu Ernest Muret.] —

234. ΡΑΒΒΑΘΜΩΒΑ.

Lég. sur les mon. Impériales grecques de la ville de Rabathmoba en Arabie, qui datent depuis Septime-Sévère jusqu'à Gordien le Pieux. Æ. Mod. 6, 8, 8½ et 9. — R^7—R^8. de 70 à 120 fr. — Septime-Sévère: ΑΥ·Κ·Λ·CΕΠ·CΕΥΗΡΟC·ΠΕ. Sa t. laurée. ℞: ΡΑΒΒΑΘΜΩΒΑ. d. le champ, ҶΕ (an 105). Dionysos nu et barbu, deb., ten. de la m. dr. le *rython* et une grappe de raisin, la g. levée, posée sur un thyrse, — à ses pieds, une tête de taureau, sur laquelle est une chouette éployée (Æ 6. — R^8. = 80 fr. Mion. R^6. = 48 fr.). — Caracalla: ΑΥΤ·Κ·Μ·ΑΝΤΩΝΕΙΝΟC. Sa t. laurée, à dr., *paludament.* ℞: ΡΑΒΒΑΘΜΩΒΑ. (sic). Poséidon deb., d. le champ, ΠΕ. (Æ 6½. — R^7. = 70 fr. Mion. R^6. = 48 fr.). — Géta: ΑΥΤ·ΚΑΙ·Π·ΓΕΤΑC. Sa t. laurée. ℞: ΡΑΒΑΘΜΟΒΑ. (Sic). Homme armé deb. sur un cippe entre deux torches allumées, ten. d. la m. dr. un glaive et d. la g. une haste et un bouclier (Æ 8½. — R^8. = 120 fr. Mion. R^6. = 60 fr.). — Gordien le Pieux: Sa t. à dr. ℞: ΡΑΒΒΑΤΑΜΗΝΩΝ. (leçon douteuse). Héraklès nu, deb., étouffant Antée dans ses bras (Æ 9. R^7. = 70 fr. Mion. R^5. = 50 fr.). —

235. ΑΝΘΕΜΟΥCΙΑ.

Lég. sur les mon. d'**Anthemusia**, ville de la Mésopotamie. On en connaît des Impériales du temps de Domitien, Caracalla et Maximin. — Æ. Mod. 3 et 4. — Pot. 4. — R^7—R^8. à 30, 40, 70 et 100 fr. — Domitien: ΑΥΤΟ·ΔΟΜΕΤΙΑΝΟC. (sic). Sa t. laurée. ℞: ΑΝΘΕΜΟΥCΙΩΝ. T. de femme mitrée et tourelée hautement (Pot. 4. — R^8. = 100 fr. — Mion. R^8. = 50 fr.). — Caracalla: ΑΝΤΩΝΙΝΟC. T. radiée de Caracalla. ℞: ΑΝΘΕ-ΜΟΥCΙΑ. (sic). T. de femme tourelée (Æ 4. — R^7. = 40 fr. Mion. R^6. = 18 fr.); *autre:* ΑΝΤΩΝΙΝΘΘΕ. (sic). T. laurée de Caracalla, av. le *paludament.* ℞: ΑΝΘΕΜΟΥCΙ. T. tourelée et voilée de femme, — dessous, deux épis parallèles couchés (Æ 4. — R^7. = 30 fr. Mion. R^6. = 18 fr.). — Maximinus: ΜΑΖΙΜΙΝΟC. Sa t. laurée, à dr. ℞: ΑΝΘΕΜΟΥCΙΑ. T. voilée et tourelée de femme, à dr. (Æ 4. — R^7. = 70 fr. Mion. R^7. = 30 fr.). — Sur les mon. d'Anthemusia voy.: Sestini, Lettere di Continuaz. I, p. 63 (m. de Domitien et Caracalla). —

236. ΕΔΕCCΑ.

Lég. sur les mon. d'**Edessa** en Mésopotamie. — **Monnaies Impériales** aux légendes grecques depuis Lucius Verus jusqu'à Herennius Etruscus. — *Légendes:* — ΜΗΤ·ΚΟΛ·ΕΔΕΣΣΑ. — ΑΥ·ΑΝΤΩ·ΕΔΕΣΣΑ. — ΚΟΛΩ·ΜΑΡ·ΕΔΕΣΣΑ. — ΜΑΡ·ΑΥ·ΑΝ·ΚΟΛ·ΕΔΕΣΣΑ. — Ο·Μ·ΕΔΕΣΣΑ. — ΜΑΡ·ΑΥΡ·ΑΝΤΩ·ΕΔΕCCΑ. — ΜΗΤ·ΚΟΛ·ΕΔΕCCΗΝΩΝ. — ΜΑΚ·ΑΥΡ·ΕΔΕC-CΑ. — Æ. Mod. 4, 4½, 5, 6, 6½, 7, 7½, 8 et 9. — R^1—R^8. de 2, 3, 4, 6, 8, 15, 20 et 30 fr. — Commode: ΑΥΤ·ΚΑΙC·ΚΟΜΟΔΟC. Sa t. laurée. ℞: ΚΟΛ·Μ·ΕΔΕCCΑ. T. de femme voilée et tourelée (Æ 4. — R^7. = 30 fr. Mion.). — Caracalla: ΑΥΤ·Κ·Μ·Α·ΑΝΤΩΝΕΙΝΟC. Sa t. laurée. ℞: ΜΑΡ·ΑΥΡ·ΑΝΤΩ·ΕΔΕΣΣΑ. Femme tourelée assise sur un rocher, un Fleuve à ses pieds (Æ 6. — R^2. = 6 fr. Mion.). — Macrin: Α·Κ·Μ·Ο·C·ΜΑΚΡΙΝΟC. Sa t. laurée, av. le *palud.* au milieu d'une couronne de laurier. ℞: Ο·Μ·ΕΔΕCCΑ. T. voilée et tourelée de femme, tournée à dr., le tout au milieu d'une couronne de laurier (Æ 4. — R². = 4 fr. Mion.). — Diaduménien: M·O·ANTΩNEINOC. Sa t. nue. ℞: KOΛ·EΔECCA. T. de femme tourelée (Æ 4. — R⁴. = 8 fr. Mion.). — Elagabal: .... ANTΩNEINOC. Son buste lauré, à g. ten. de la m. dr. un javelot et de la g. un bouclier. ℞: KOΛ·MHT·EΔECCA. Deux t. de femmes voilées et tourelées en regard (Æ 6. — R². = 4 fr. Mion. — Consultez sur ce type: Jobert, „La Science des médailles", Paris 1739, Tom. II, p. 245, et les observ. de Bimard de la Bastie). — Sévère-Alexandre: M·AΛEZANΔPOC·KA. Sa t. laurée. ℞: MAK·AVP·EΔECCA. Femme assise sur des rochers, ten. des épis de la m. dr., — devant, un autel, — à ses pieds, un Fleuve se baignant (Æ 6. — Com. = 1 fr. Mion.); autre: ℞: MHI (sic) KOΛ·EΔECCHNΩN. Même type (Æ 6. — R¹. = 3 fr. Mion.). — Tranquilline: ΦOYP·CABINIA·TPANKVΛΛINA·CEB. Sa t. à dr. ℞: MHT·KOΛ·EΔECCHNΩN. T. de femme voilée et tourelée, — en face, le *palladium* sur une colonne (Æ 8. — R⁵. = 30 fr. Mion. R³. = 18 fr.). — *Autre:* ΦOVP·CABINA (sic). TPANK·CEB. Son buste diadémé, à dr. ℞: MHT·KOΛ·EΔECCHNΩN. Buste de femme voilée et tourelée à g., devant, une fig. deb. sur un autel, lançant un javelot et armée d'un bouclier, entre les deux, un autel (Æ 8. — R⁷. = 35 fr. — Inconnue à Mion. — Cat. J. Gréau (Paris 1867), n.° 2662. Vend. 21 fr.). — Trajan Dèce: AVT·ΔEKIC· (sic) CEB. T. laurée, *in alio* radiée. ℞: KOΛ·EΔECCA. T. de femme tourelée (Æ 4. — R². = 4 fr. Mion.). — Herennius Etruscus: AVT·ΔEKIC·CEB. [même orthographe que pour son père, — il faut bien savoir les distinguer]. T. radiée d'Hérennius Etruscus, à dr. av. le *palud.* ℞: KOΛ·EΔECCA. T. voilée et tourelée de femme, à g., devant, un petit autel (Æ 4. — R². = 4 fr. Mion.). — Rois d'Edesse: Mannus (contemporain d'Hadrien): La mon. attribuée par Bayer à ce roi est plus que suspecte. Visconti (Iconogr. Gr. t. III, p. 34, Pl. 48, n.° 13) a aussi commis une erreur en attribuant une mon. de Caracalla à Mannus et Hadrien. — Abgarus (contemp. de M. Aurèle et Verus): Visconti a fait ici une méprise nouvelle, en attribuant à cet Abgare, deux pet. bronzes appartenant à deux autres Abgares, l'un contemporain de Commode, et l'autre de S. Sévère. [Cf. ces mon. d. Mion. Tom. V, p. 616, n°ˢ 117, 621, et n.° 149; et l'Iconogr. Gr. t. III, p. 36, éd. in-4.° Pl. 48, n.°ˢ 14 et 15.] — Mannus incertus: Les mon. de ce Roi sont Impériales en Æ. — R⁷. de 150 à 200 fr. — M. Aurèle: AVT·K·M·AVPHΛ·ANTΩNINOΣ. Sa t. laurée. ℞: BACIΛEYC·MANNOC·ΦIΛOPΩMAIOC. Athéné deb., ten. de la m. dr. la haste et de la g. un bouclier (Æ 4. — R⁷. = 150 fr. Mion. R⁶. = 130 fr. — Cf. Spanheim, Tom. II, p. 578). — Faustine jeune: ΦAYCTINA·CEBACTH. Sa t. ℞: BACIΛEYC·MANNOC·ΦIΛOPΩMAIOC. Héra deb., à ses pieds, un paon? (Æ 4. — R⁸. = 200 fr. Mion. R⁸. = 150 fr. — Spanheim, ib. p. 578). — Lucius Verus: A·K·Λ·AVP·OVHPOC·C. Sa t. nue. ℞: BACIΛEYC·MANNOC·ΦIΛOPΩMAIC (sic). Sans type? (Æ 4. — R⁷. = 150 fr. Mion. R⁶. = 130 fr. — Neumann, Num. Pop. Tom. II, p. 89). — Lucilla: ΛOYKIΛΛA·CEBACTH. Sa t. ℞: BACIΛEYC·MANNOC·ΦIΛOPΩMAIC. Déméter assise sur un siège et tournée vers la g., ten. de la m. dr. des épis et d. la g. un flambeau (Æ 4. — R⁷. = 200 fr. Mion. R⁶. = 130 fr.). — Abgare (contemporain de Commode): AVT·KAICAC· (sic). KOMOΔOC. T. laurée de Commode, à dr. ℞: ABΓAPOC·BACIΛEYC. T. d'Abgare, à dr.

av. la tiare (Æ 3. — R³. = 6 fr. Mion.); **autres variétés:** Mod. 2½. av. la t. de Commode d'un autre caractère). — Abgare (contemp. de S. Sévère): AVT·K·ΛOV·CEΠ·CEOVHPOC·CE. Sa t. laurée à dr. ℞: ABΓAPOC· BACIΛEVC. T. d'Abgare, à dr. av. la tiare, — devant, un sceptre (Æ 6. — R¹. = 2 fr. Mion. Com. = 1 fr.); *autre:* ΛΛΤOK·CEOΛHD. (sic). T. de S. Sévère, à dr. ℞: BΓAPOΛ·CIΛOC. T. d'Abgare, — devant, le sceptre (Æ 5. — R¹. = 4 fr. Mion. Com. = 1 fr. Fabrique barbare); — *autre:* CEYHPOC. (sic). T. nue de S. Sévère, à dr. ℞: DCΛPOC (sic) pro BCΛPOC, OOY. (sic). T. d'Abgare, à dr. (Æ 2. — R². = 3 fr.). — Abgare et son fils Mannus (contemporains de Septime-Sévère): ABΓAPOC·BACIΛEVC. T. d'Abgare, à dr., ornée de la tiare. ℞: ΛΛANNOC· pro MANNOC·ΠAIC. T. de Mannus, tournée vers la droite, légèrement barbue et ornée de la tiare (Æ 3. — R⁶. = 30 fr. Mion. R⁶. = 18 fr. — Les mon. regardées autrefois comme étant d'Alannus et de Rhyonnus, ne sont autre chose que celles d'Abgaro et de Mannus son fils). — Mannus, fils d'Abgare (contemporain de Caracalla): KAIC·ANTΩN·CEB·EV. T. laurée et légèrement barbue de Caracalla, à dr. ℞: ..... OY·MABA ..... (sic). T. imb. de Mannus, à dr., ornée de la tiare de forme conique (Æ 4½. — R⁸. = 120 fr. Mion. R⁸. = 50 fr.). — Abgare (contemp. de Gordien-le-Pieux): AVTOK·K·M·ANT·ΓOPΔIANOC·CEB. Sa t. laurée, à dr., devant, une étoile. ℞: ABΓAPOC·BACIΛEVC. T. d'Abgare à dr., ornée de la tiare, la poitrine couverte d'un vêtement, — derrière, un astre (Æ 6. — R². = 8 fr. Mion. Com. = 1 fr.); *autre:* Même lég. et m. t. ℞: AVTOK·ΓOPΔIANOC·ABΓAPOC·BACIΛEYC. Gordien et Abgare deb., en face l'un de l'autre, l'un radié et en habit militaire, portant un globe sur la m. gauche et un rouleau dans la dr., — l'autre coiffé de la tiare, vêtu d'un habit long, ten. une couronne d. la m. dr. et ayant le *paraxonium* au côté (Æ 9. — R⁵. = 40 fr. Mion. R⁸. = 18 fr. — Vente J. Gréau (Paris 1867), lot n.° 2667. Vend. 25 fr.). — Sur les mon. d'Edessa consultez: Akerman, Numism. Journ., I, p. 46; — Cat. Sabatier, St. Pétersbourg 1852, n.ºˢ 327 (Mannus et Lucille. Æ); 328 (Commode); 332 (Sévère-Alexandre. ℞: Femme tourelée et 2 autels). — Mus. Lavy, Torino 1839, Tom. I, 297, 298 et 428: mon. de Lucius Verus, Caracalla et Elagabal. — Cat. L. Welzl de Wellenheim, Vienne 1844, n.° 7019 (Diaduménien). —

237. MAIO·COLONIA.

Lég. sur une mon. auton. et coloniale de la colonie romaine **Maiozamalcha** en Mésopotamie. *Droit:* SACRA·SENATVS. Tête voilée. ℞: MAIO· COLONIA. Femme tourelée, assise entre deux enseignes militaires (Æ 9. — R⁸**. = 250 fr. Mion. S. VIII, p. 414, n.° 71. — Æ 9. — R*. = 200 fr. — C'est une mon. des plus rares qui manque partout. Cf. Sestini, Lettere numismatiche, Continuazione, T. IX, p. 110, et Dumersan, Descr. du Cab. Allier de Hauteroche, Paris 1829, voy. p. 115. — Imhoof-Blumer suppose que cette mon. peut aussi appartenir à Mallos que j'ai citée au n.° 156 de ces Tables). — Voy. aussi: Ammien Marcellin, chap. VI, livr. VIII. — Sestini, Lettere di Continuaz. Tom. IX, p. 110. —

238. NECIBI.

Lég. sur les mon. de **Nisibi** (ou Antiochia Mygdoniae) ville de Mésopotamie. — **Impériales Grecques:** depuis Elagabal jusqu'à Trajan Dèce. Æ.

Mod. 3, 4, 4½, 6, 6½, 7, 8, 9 et 10. — R²—R⁶. de 6, 15, 20, 30, 40, 60 et 120 fr. — Elagabal: AV·K·M .... ANTω .... Sa t. laurée. ℞: ΚΟΛω-ΝΙΑC·ΝЄϹΒЄΙ (sic). T. voilée et tourelée de femme, — devant, une corne d'abondance (Æ 4. — R⁴. = 8 fr. Mion.). — Julia Paula: ΙΟΥΛΙΑ·ΠΑΥΛΑ· CЄΒΑCΤ. Sa t. à dr. ℞: ΚΟΛωΝЄΙΑϹ·ΝЄϹΒЄΙ. (sic). T. voilée et tourelée de femme, à dr. (Æ 4. — R⁵. = 20 fr. Mion. 15 fr.); autre: ΙΟΥΛΙΑ·ΚΟΡ· ΠΑΥΛΑ·ϹЄΒ. Sa t. ℞: ϹЄΠ·ΚΟΛ·ΝЄϹΙΒΙ. T. voilée et tourelée de femme, — au-dessus, un bélier courant, — devant, un astre (Æ 7. — R⁶. = 40 fr. Mion. R⁵. = 24 fr.). — Sévère-Alexandre et Mamée: Lég. détruite. T. affrontées, l'une laurée, l'autre av. un croissant de lune adapté par derrière. ℞: ..... ΝЄϹΙΒΙ ..... T. de femme voilée et tourelée, entre deux astres, — au-dessus, un bélier bondissant (Æ 6. — R⁵. = 20 fr. Mion.). — Mamée: ΙΟΥ·ΜΑΜ .... CЄΒΑCΤΗ. Son buste diadémé, à dr. ℞: ϹЄΠ·ΚΟΛΟ·ΝЄϹΙΒΙ. Buste de femme tourelée, à dr., en haut un bélier courant et une étoile (Æ 7½. — R⁷. = 40 fr. — Incon. à Mion. — Cf. Cat. J. Gréau, Paris 1867, n° 2672. Vend. 19 fr.). — Gordien le Pieux: AVT·ΚΑΙ·Μ·ΑΝΤ·ΓΟΡΔΙΑΝΟΝ. Sa t. laurée, av. le palud. ℞: ϹЄΠ·ΚΟΛ·ΝЄϹΙΒΙ·ΜΗΤ. T. voilée et tourelée de femme, à dr., au-dessus, le bélier courant à dr. et regardant à g. (Æ 8. — R². = 6 fr. Mion.). — Gordien le Pieux et Tranquilline: AVTOK·K· Μ·ΑΝΤ·ΓΟΡΔΙΑΝΟΝ·ϹΑΒ·ΤΡΑΝΚΛΙΝΑΝ (sic) ϹЄ. Leurs têtes affrontées. ℞: ϹЄΠ·ΚΟΛΟ· (sic) ΝЄϹΙΒΙ·ΜΗΤΡΟ. Femme voilée et tourelée, assise sur des rochers, à g., ten. des épis d. la m. dr., au-dessus de sa tête, un bélier courant, — à ses pieds, le fleuve Mygdonius vu à mi-corps (Æ 10. — R⁷. = 150 fr. Mion. R⁶. = 100 fr.). — Tranquillina: CΑΒΙΝΑ ...... ΝΑ·ϹЄ. Sa t. à dr. ℞: ϹЄΠ·ΚΟΛΟ (sic) ΝЄϹΙΒΙ·ΜΗΤΡΟ. T. voilée et tourelée de femme, à dr. (Æ 8. — R⁶. = 40 fr. Mion. R⁴. = 24 fr.). — Trajan Dèce: AV·K ...... ΔΕΚ ...... Sa t. laurée, à dr. av. le paludament. ℞: ΚΟΛ· ΝЄϹΙΒΙ. Tête voilée et tourelée de femme, à dr., devant, une branche (Æ 3. — R⁸ˣ. = 60 fr. Mion. R⁸. = 24 fr.). — Sur les mon. de Nisibi voy.: Chaudoir, Corrections, 99 (m. de Philippe.Jeune). — J. Sabatier, Cat. n° 333 (Elagabal. T. de femme), — ibid. n° 336 (Mamée. T. de femme). — Millingen, Sylloge, 81 (m. d'Antioche IV Epiphane). — Cat. L. Welzl de Wellenheim, Vienne 1844, n° 7032 (Julia Domna), ibid. n° 7037 (Sévère-Alexandre et Mamée). — [Les mon. aux lég. phéniciennes, en argent, attribuées autrefois à Side en Pamphylie doivent être rapportées à Nisibi, cf. Zeitschrift d. Deutschen morgenländischen Gesellschaft, Bd. IX, p. 69, art. de Blau. — Rev. Numism. Fr. An. 1860, p. 11.] —

239. ΣΕΛΕΥΚΙΑ·ΤΗΣ·ΠΡΟΣ·ΤΩΙ·ΤΙΓΡΕΙ.

Lég. sur les **monnaies autonomes** de la ville de **Seleukia ad Tigrim** (Madaïn) en Mésopotamie. — *Droit:* T. tourelée de femme à dr. ℞: ΣΕΛΕΥ-ΚΕΩΝ·ΤΩΝ·ΠΡΟΣ·ΤΙΓΡΕΙ. (m. lég. est aussi quelquefois au *Nominatif*). Trépied occupant le milieu du champ (Æ 4. — R*. = 200 fr. Mion. R*. = 100 fr.); *autre:* T. de femme tourelée. ℞: ΣΕΛΕΥΚΕΩΝ·ΠΡΟΣ·ΤΙΓΡΙ. Deux femmes tourelées, deb., en face l'une de l'autre, — un autel au milieu (Æ 4. — R⁸. = 100 fr. Mion. R⁸. = 50 fr.). — **Seleukos I Nikator**, roi de Syrie: *Droit:* T. de Séleukos I, ceinte d'un diadème ou d'une bandelette. ℞: ΣΕΛΕΥΚΕΩΝ·ΤΩΝ·ΠΡΟΣ·ΤΙΓΡΕΙ. Trépied (Æ 4. R⁸. = 50 fr. Mion.). —

240. CINΓAPA.

Lég. sur les mon. Impériales de la colonie de **Singara** en Mésopotamie, dont on ne connait que les suivantes: Sévère - Alexandre: AVT·AVP·AΛEΞANΔPOC. Sa t. laurée. ℞: AVP·CEΠ·KOΛ·CINΓAPA. T. voilée et tourelée de femme, à dr., au-dessus, le sagittaire allant à dr. (Æ 4. — R^c. = 30 fr. Mion. R^4. = 8 fr.). — Gordien le Pieux: AVTOK·K·M·ANT·ΓOPΔIANOC·CEB. Sa t. laurée, à dr. ou à g., av. le *paludam*. ℞: AVP·CEΠ·KOΛ·CINΓAPA. T. voilée et tourelée de femme, à dr., au-dessus, le sagittaire allant à dr. (Æ 7. — R^4. = 12 fr. Mion. R^2. = 6 fr.); *autre*: Même lég. t. radiée de Gordien le Pieux, à dr. av. le *palud*. sur l'épaule g. ℞: Même lég. et m. type (Æ 7. Même prix). — Gordien le Pieux et Tranquilline: AVTOK·K·M·ANT·ΓOPΔIANON· (sic) CAB·TPANKVΛΛINA·CEB. Têtes affrontées de Gordien-le-Pieux et de Tranquilline, l'une laurée (quelquefois radiée) et l'autre diadémée. ℞: AVP·CEΠ·KOΛ·CINΓAPA. Femme voilée et tourelée, assise sur un rocher, à g., ten. d. la m. dr. des épis, — à ses pieds, un fleuve nageant, vu à mi-corps, — au-dessus de sa tête le sagittaire courant à g. (Æ 9. — R^1. de 8 à 10 fr. Mion. R^2. = 12 fr. *Auj*. une p. à fl. d. c. de cette monnaie ne peut valoir plus de 15 fr. car, en 1872, on en a fait une trouvaille immense de ces pièces aux environs de Sélinonte). — Sur les mon. de Singara voy.: Mus. Lavy, Torino 1839, T. I, p. 302. — Cat. J. Sabatier, St. Pétersbourg 1852, n° 343 (Gordien et Tranquilline. Tête de femme). — **Incertaines de la Mésopotamie**: Marc-Aurèle: AVT·KAI·M·AVPHΛIOC·ANTΩNINOC·CE. Sa t. laurée. ℞: YΠEP·NIKHC·PΩMAIΩN. Arménien assis à terre, près d'un bouclier et d'un *vexillum*, — à l'exergue, APMEN. (Æ 4. — R^2. = 6 fr. Mion.). — Faustine Jeune: ΦAVCTINA·CEBACTH. Sa t. à dr. ℞: YΠEP·NIKHC·TΩN·KYPIΩN. *Lectisternium* occupé par deux jeunes filles (Æ 4. — R^c. = 70 fr. Mion. R^4. = 48 fr.); *autres*: ℞: Aphrodité deb.; Zéus Niképhore assis; Femme deb. av. quatre enfants, dont deux sur son sein et les deux autres à ses pieds (Æ 4. — R^5. à 20 fr. p. Mion. R^3. = 18 fr.). — Lucius Vérus: AVT·K·Λ·AVP·OYHPOC·CEB. Sa t. à dr. ℞: YΠEP·NIKHC·KYPIΩN·CE. Pallas deb., la m. dr. armée d'un javelot et la g. d'un bouclier (Æ 4. — R^5. = 30 fr. Mion. R^3. = 18 fr.). — Lucille: ΛOYKIΛΛA·CEBACTH. T. de Lucille, à dr. ℞: YΠEP·NIKHC·TΩN·KYPIΩN·CE. Femme deb. ayant un globe sur la m. dr. et une corne d'abond. la g. (Æ 4. — R^7. = 80 fr. Mion. R^4. = 24 fr.). — Commode: KAICAP·AV·KOMOΔOC·CE. Sa t. laurée. ℞: YΠEP·NIKHC·PΩMAIΩN. T. voilée et tourelée de femme (Æ 4. — R^2. = 4 fr. Mion.). — Caracalla: M·AVR·ANTΩNINVS. (sic). T. barbue, laurée, de Caracalla. ℞: COL·MET·ANTON·AVR·ALEX. T. de femme voilée et tourelée (Æ 4. — R^2. = 4 fr. Mion.); *autre*: .... APMETONI. (sic). Même t. ℞: ..... ANTONINI·MA·AV. T. de femme tourelée (Æ 4. — R^2. = 4 fr.); *autre*: ℞: COL·MET·ANTONIANA. T. de femme tourelée (Æ 4. — R^2. = 4 fr. Mion.). —

241. NINIVE.

Lég. sur les mon. Impériales coloniales de la ville **Ninive Klaudiopolis** en Assyrie, dont on connait les suivantes. Trajan: IMP·TRAIAN·CAE·AVG CEB. Sa t. laurée. ℞: COL(ONIA)AVG·FELI·NINI·CLAV. (sic).

Aigle deb. les ailes éployées, vu de face, entre deux enseignes militaires (Æ 7. — R⁷. = 60 fr. Mion. R⁶. = 40 fr.); *autre:* IMP·NEP·TRAI·CAES· AVG·GER·DA·OPT·PAR. T. laurée de Trajan, à dr. ℞: COL·IVL·FELI· NINI·CCLAVD. Même type, l'aigle tourné à g. [Sestini, Lett. num. di Cont. V, 74, Pl. II, 11; — Mion. S. VIII, p. 420, 1; *Annuaire de Num.* IV, p. 212 = ont donné au *Droit* de cette mon. une fausse leçon CЄB. au lieu de GER.]. — Æ. 26 mill. — R⁸. = 70 fr. — Incon. à Mion. — Publ. par Arthur Löbbecke, d. la Zeitschr. f. Num. Bd. XV, An. 1887, p. 54. — Maximinus: IMP·MAXIMINVS·P·A. Sa t. laurée, av. le *paludament.*, sur le cou, un astre, en contremarque. ℞: COL·NINIVE (ou NINIVA)CLVV. (sic). Homme nu, deb. à g., les pieds chaussés de bottines, la m. dr. levée, et ten. de la g. une outre, ou, à ce qu'il paraît, une t. de taureau (Æ 7. — R⁶. = 40 fr. Mion.). [Sestini cite encore des mon. de Sévère-Alexandre, de Mamée et de Gordien-le-Pieux. Voy. ses: *Classes générales*, 2 éd. p. 159; — Mion. T. VI, p. 708, n° 635, décrit une mon. de Gordien parmi les incertaines.] — M. Arthur Löbbecke (Zeitschr. f. Num. Bd. XV, An. 1887, p. 54) et J. Friedländer (Zeitschr. f. Num. Bd. XI, p. 52) ont publiées la mon. suivante de Ninive: IMP·MAXIMINVS·PIVS·AVG. Buste lauré de Maximin av. le *paludamentum*, à dr. ℞: MAXIMV·CAE·F· (sic) COL·NINI· CLAVΔ. Buste de Maxime, av. le *paludam.* à dr. (Æ. 35 mill. — R⁸. — Incon. à Mion. — 120 fr.). — Sévère-Alexandre et Mamée: IMP·C·M· AV·SEV..... ACΛOC? Son buste radié et cuirassé, — deux contremarques dont les sujets ne se voient pas. ℞: IVL·MAMЄA·AVG·NINIV..... Buste de Mamée, une contremarque av. un Δ. (Æ 8½. — R⁸. = 200 fr. — Unique et incon. à Mion. Cf. Cat. de la vente de feu M. le marquis de Moustier, Paris 1872, p. 175, n° 2703. Vend. 70 fr. Cab. de France). — Sur les mon. de Ninive, voy.: *Num. Chron.* XIX, 1 (Trajan). — von Sallet, Zeitschr. f. Numism. Bd. VI, p. 12 (Elagabal), — *ib.* Bd. XI, p. 52 (M. Aurèle. Maximin et Maxime). — Pinder et Friedländer, Beiträge zur ält. Münzk. Berlin 1851, I, p. 192: *fausse attribution* à Sévère-Alexandre d'une mon. appartenant à Maximin. —

242. ΜΑΡΓΙΑΝΗ.

Lég. sur un drachme du roi Parthe Arsace VII (Phraate II, 140—126 av. J. C.). Cette légende qui est d'un grand intérêt historique a été découverte par M. Alfred von Sallet sur un exemplaire conservé au *Mus. de Berlin*. — Μαργιάνη n'est autre chose que le nom d'une province du royaume des Parthes, entre Hyrkania et Baktriana, très souvent mentionnée par Strabon, Ptolémée et Justin. — Vu la rareté et l'importance historique de ce drachme je ne puis lui fixer un prix quelconque. Chaque amateur le saura apprécier lui-même. — Voy. à ce sujet: *Zeitschrift* f. Numismatik, Bd. III, p. 246 et 247. —

243. ΚΑΤΑΣΤΡΑΤΕΙΑ.

Lég. qui se trouve sur un drachme du roi Parthe Arsace VII, conservé au *Mus. de Berlin*. On y lit: ΚΑΤΑCΤΡΑΤΕΙΑ au Nominatif. — Sur un autre exemplaire du même drachme du *Cab. de Fr.* on lit: ΓΟΡΟΥ·ΚΑΤΑ- CΤΡΑΤΕΙΑ. lég. merveilleuse qui reste jusqu'à présent inexpliquée. Cf. *Jahresber.* üb. d. Fortschr. d. class. Alterthumswiss., An. 1876, T. III, p. 466. —

244. ΤΡΑΙΙΑΝΗ.

Lég. sur un drachme du roi Parthe ARSACE VII conservé au *Musée Britannique*. Elle fait, selon toute probabilité, allusion au nom d'une province ou d'une ville du royaume des Parthes. Cette lég. a été découverte par M. PERCY GARDNER. Voy. son ouvrage: „*Parthian coinage*", p. 33 et les suiv. —

245. MYPA?

Lég. sur une mon. **autonome**, d'une attribution incertaine à la ville de **Myra** en Lycie. — *Droit:* — M—Y. *Rose* av. deux boutons. ℞: IA—A·ΛΩ(?)B. Aigle éployé, à dr. (Æ. 26 mill. — Gr. 8,96 (usée). — R^8. = 60 fr. — **Incon.** à MION. — *Cab. de Münich*. — Cf. IMHOOF-BLUMER: Monn. Gr. p. 326, n° 9). [Cette mon. a été d'abord attribuée à **Jasos**, puis à **Myra**. Le lieu d'émission est indiqué par les lettres MY auxquelles répondraient aussi **Mylasa** et **Myndos**. Le type de l'aigle éployé, dit M. IMHOOF, se rencontre sur des bronzes des deux villes, et sur une pièce d'argent de Myndos (coll. Imhoof) on trouve aussi la *rose* comme symbole. Les lettres du revers, dont celles qui se lisent d. le champ à dr. ne sont plus très-distinctes, paraissent être les initiales de deux noms de magistrats.] — **Autres autonomes**: T. d'Artémis, l'arc et le carquois sur l'épaule. ℞: MY. Cerf deb. à dr. (Æ 4. — R^7. = 40 fr. MION. R^6. = 18 fr.); t. laurée d'Apollon. ℞: ΛΥΚΙΩΝ·MY. Lyre, — à dr., une fleur de *lotus*, le tout dans un carré creux plat (Æ 3. — R^7. = 40 fr. MION. R^8. = 100 fr.); *autres:* Même t. à dr. ℞: MY. Figure vêtue d'une ample *stola*, vue de face, et la t. laurée, ten. une branche de laurier de la m. dr., la g. pendante; d. le champ, un rameau? (Æ 5 1/2. — R^6. = 15 fr. MION. R^4. = 8 fr. — MUS. HUNTER, Pl. XXXVIII, n° 21 attribuée à Mytilène, mais je la crois ici à sa véritable place); MY. Même ℞: Lyre dans une couronne de laurier? (Æ 5. — R^6. = 15 fr. MION. R^4. = 8 fr. — MUS. HUNTER, l. c. n° 23); Même t. ℞: . . . . YPA·ΠΩ·MY. Trépied (Æ 5. — R^6. = 30 fr. MION. R^5. = 15 fr. — MUS. HUNTER, ib. Pl. XXXIX, n° 3). — **Impériales**: Antonin le Pieux: . . . . Sa tête. ℞: ΜΥΡΕΩΝ. Femme deb. vêtue de la *stola*, ten. une patère et la haste (Æ 6. — R^6. = 25 fr. MION. R^4. = 12 fr.). — PLAUTILLE: . . . . Sa tête. ℞: ΜΥΡΕΩΝ. *Tyché* deb. av. ses attributs (Æ 9. — R^8. = 150 fr. MION. R^6. = 50 fr.). — GORDIEN-LE-PIEUX: AVT·KAI·M·AN·ΓΟΡΔΙΑΝΟC·CEB. Son buste lauré à dr. ℞: ΜΥΡΕΩΝ. *Brétas de Myrrha*, voilée et coiffée du *modius* ou de la *tiare*, placée sur un arbre, — deux hommes armés de la bipenne frappent le tronc de l'arbre, des serpents s'élancent vers les deux hommes (Æ 8 1/2 et 9. — R^8. = 700 et 800 fr. (prix qu'elle a atteint dans les ventes). — MION. R^6. = Mod. 9, la taxe 50 fr. (voy. Tom. III, p. 439, n° 51) et la décrit très-inexactement. — Cette mon. extrêmement rare et curieuse, a été publiée par M. l'ABBÉ GREPPO, d. la Rev. Numism. Fr. An. 1849, p. 418 et suiv., et *gravée* ib. Pl. XIII, f. 1. — Cf. J. DE WITTE (baron), Descr. du Cab. Greppo, Paris 1856, p. 143, n° 1063. *Grav.* ib. Pl. III); *autre:* AY·K·M·ANT·ΓΟΡΔΙΑΝΟC·CEB. Sa t. laurée, à dr. av. le *paludamentum*. ℞: ΜΥΡΕΩΝ. Statue d'Artémis (Diane Multimammia) dans un temple distyle, — derrière, un serpent tourné à dr., dont la queue forme à gauche un enroulement circulaire (Æ 8 1/2. — R^8. = 500 fr. — Publ. par l'ABBÉ H. GREPPO, d. la Rev. Numism. Fr. An. 1848, p. 427, Pl. XIII, n° 2. — *Inexactement* décrite par MION. T. III,

p. 438, n.° 47. — R⁴. = 24 fr.); *autre:* Même lég. et m. t. ℞: ΜΥΡΕΩΝ. Héra-Pronuba couronnée par la Niké d. un temple distyle (Æ 7. — R⁷. = 60 fr. Mion. R⁴. = 12 fr.); *autre:* ℞: ΜΥΡΕΩΝ. *Tyché* deb. av. ses attributs (Æ 9½. — R⁷. = 60 fr. Mion. R⁴. = 24 fr.); *autre:* Même lég. et m. t. ℞: ΜΥΡΕΩΝ. Apollon et Artémis deb., l'un est appuyé sur une colonne, et tient de la m. dr. un serpent, — l'autre a la m. dr. derrière le dos (Æ 9½. — R⁸. = 200 fr. Mion. R⁵. = 30 fr.). — Tranquilline: CAB·ΤΡΑΝΚΥΛΛΕΙΝΑ· CEB. Sa t. à dr. ℞: ΜΥΡΕΩΝ. Héra-Pronuba d. un temple tétrastyle, — à côté un autel surmonté d'un globe (Æ 9. — R⁸. = 200 et 300 fr. Mion. R⁶. = 50 fr. — Cf. Sestini, Deser. Num. vet. p. 387. — Il en existe aussi une mon. semblable de Mamée, dont on a refait au burin la légende et la t. — La lég. au *droit* commence par: ΦΡΟΥ.). — Valérien père: ..... Lég. emportée. Sa t. laurée. ℞: ΜΥΡΕΩΝ·ΣΙΔΗΤΩΝ·ΟΜΟΝΟΙΑ. Femme (Pallas?) casquée et deb., ten. la haste de la m. gauche, — en face, une figure terminée en rocher, — au milieu, un *modius* d. lequel est une fleur (Æ 11. — R⁸. = 250 fr. Mion. R⁵. = 60 fr. — *Mus. Arigoni*, II, Pl. 12, f. 36). = [Il existe encore des mon. d'alliance de Myra av. Podalia (cf. Gerhard, Arch. Zeitung 1845, T. XXXII, n.° 57, et *ibid.* 1847, p. 125), Patara (cf. Mion. III, p. 461, n.° 62), Kragos (voy. Rev. Numism. Fr. An. 1843, p. 434) et Sidé en Pamphylie que je viens de décrire.] — Sur les mon. de Myra consultez: Fellows' account of discoveries in Lycia 1840, London 1841, 8°, voy. Pl. XXXIV, f. 9. — *Rev. Belge*, III Série, IV, 16 (Æ. Caracalla). — *Rev. Num. Fr.* An. 1849, p. 418 (types des mon. Impériales de Myra), — *ibid.* An. 1860, p. 275. — Pinder et Friedländer, Beitr. z. ält. Münzk. Berlin 1851, I, p. 78. — *Numism. Chron.* X, p. 85. — Cat. N. Iwanoff, Londres 1863, p. 49, lot n.° 440. Æ 9½: une mon. d'Auguste, inédite (ach. par H. Hoffmann), — *ibid.* p. 48, lot n.° 433, — p. 50, lot n.° 448. — Cavedoni, Spicilegio Numism. Modena 1838, in-8°, p. 198. — Gerhard, Archäol. Zeitung 1845, p. 113. *Id.* 1847, p. 125, *fausse leçon:* au lieu de ΜΥΡ·ΠΟΛ. (ou ΠΟΔ comme l'a voulu Cavedoni) il est à lire: ΣΜΥΡ, ΑΠΟΛ. —

246. ΠΑΡΘΙΑ.

Lég. sur une mon. du temps de Trajan. *Droit:* ΑΥΤΟΚΡΑΤΩΡ·ΑΥΓ· ΤΡΑΙΑΝΟC·ΓΕΡ·ΔΑΚΙ·ΠΑΡΘΙ. T. laurée de Trajan, av. le *paludamentum* sur la poitrine. ℞: ΠΑΡΘΙΑ. La Parthie éplorée, assise devant un trophée, les mains attachées derrière le dos (Æ 9. R⁷. = 50 fr. Mion. R⁵. = 30 fr.). —

247. ΑΛΕΞΑΝΔΡΕΙΑ.

Lég. sur un Médaillon en *Pot.* frappé en l'honneur d'Othon à Alexandrie d'Egypte. *Droit:* ΑΥΤΟΚ·ΜΑΡΚ·ΟΘΩΝΟΣ·ΚΑΙΣ·ΣΕΒ·L·A. Sa t. laurée. ℞: ΑΛΕΞΑΝΔΡΕΑ. Buste de l'Afrique (Pot. 6. Médaillon. R⁷. = 60 fr. Mion. R⁶. = 36 fr. — Cat. de la vente de Moustier (Paris 1872), p. 41, n.° 608. Vend. 20 fr. — Il existe une autre variété de ce médaillon av. le simpulo devant la tête. Inédit). — *Autre:* Vespasien: ΑΥΤΟΚ·ΚΑΙΣ·ΣΕΒΑ· ΟΥΕΣΠΑΣΙΑΝΟΥ·L·A. ℞: ΑΛΕΞΑΝΔΡΕΙΑ. La *Tyché* de la ville d'Alexandrie, debout et en habit court, ten. une haste et une couronne. Dans le champ, le *lituus* (Æ 6. — R⁴. = 20 fr. Mion. R². = 4 fr.). — Titr: ΑΥΤ· ΤΙΤ·ΦΛΑΥΙ·ΟΥΕΣΠΑΣΙΑΝ·ΚΑΙΣ·L·A. (au 1). Sa t. laurée. ℞: ΑΛΕΞΑΝ-

ΔΡΕΙΑ. Le Génie de la ville d'Alexandrie, en habit court, chaussé du cothurne et coiffé de la peau d'éléphant, deb. à g., ten. une couronne de la m. dr. et une haste de la gauche (Pot. 6½. — R⁵. = 30 fr. Mion. R³. = 12 fr.). — Sur les mon. d'Alexandrie en Egypte, voy.: S. Quintino, Descr. d. med. imp. Alessandrine del R. museo di Torino. Torino 1824 (aussi d. les: „Memorie dell' accademia di Torino", XXIX, p. 1). —

248. ΜΕΜΦΙC.

Lég. sur une mon. du nome Memphites, émise sous Hadrien. *Droit:* Le Nil à moitié nu, assis sur l'hippopotame, à g., ten. de la m. dr. un roseau, et de la g. une corne d'abond., — en face, une femme deb. la m. dr. levée, lui présentant une couronne. ℞: ΜΕΜΦΙC. Femme vêtue de la *stola*, deb. devant un autel, ten. de la m. dr. un serpent, la m. g. sur le boeuf Apis, avec un globe dans un croissant posé sur le sommet de la t., — au milieu, un petit flambeau ou plutôt une croix ansée (Pl. 6. — R⁶. = 100 fr. Mion. R⁵. = 50 fr.). — Sur les mon. du nome Memphites consultez: Grote, Münzstudien, II, p. 480 (Trajan. IB). — Köhne, Berliner Blätter f. Münzk. T. IV, p. 20. — F. Feuardent, Coll. Giovanni di Demetrio, nᵒˢ 3539, 3541. — Museo Lavy, Torino 1839, voy. Tom. I, p. 402. — *Rev. Numism. Fr.* Nouv. Sér. Tom. XV, p. 35. —

249. ΚΥΡΑΝΑ.

Lég. sur les mon. de Kyrène ville de la Kyrénaïque en Afrique. — **Autonomes:** Droit: T. cornue et laurée à g., sans légende. ℞: ΚΥΡΑΝΑ. *Silphium* (Æ 3. — R⁷. = 40 fr. Mion. R⁸. = 12 fr.); *autre:* ΚΥΡΑΝΑ. Tête de femme à dr., av. un collier et des pendants d'oreilles. ℞: *Silphium* en triangle (Æ 5½. — R⁵. = 20 fr. Mion. R². = 6 fr.). — Dans la *Zeitschr. f. Numism.* Bd. VII, p. 31, Pl. I, nᵒˢ 17 et 18, M. Imhoof-Blumer publ. les inédites en ℞: *Droit:* ΚΥΡΑΝΑ. T. de Zéus-Ammon, de face. ℞: *Silphium* sur laquelle se voit une gazelle (insecte), av. la lég.: ΑΡΙΣΤΟΜΗΔΕΟΣ. Poids, 13,39; cab. de Carlsruhe). — *Autre:* t. laurée de Zéus-Ammon. ℞: Même type et lég.: ΒΑΡΚΑ]ΙΟΝ. (Poids, 12,92. *Mus. de Parme*), toutes les deux émises au IVᵐᵉ siècle, av. notre ère). — *Autre:* T. de Zéus-Ammon, dans un triple cercle. ℞: Silphium et la lég.: ΕΥΕΣΠΕΡΙΤΑΝ. (Poids, 12,47. *Biblioth. de Turin*). — Sur les monnaies de Kyrène voyez: Akerman, Journ., I, 47. — *Rev. Numism. Fr.* An. 1850, p. 389; An. 1851, p. 81 et Arch. Zeitg. 1853, p. 17; An. 1852, p. 334 (type de l'abeille); *ib.* An. 1851, p. 97 (mon. Impériales). — Duc de Luynes, Choix, X, 25—27. — Avellino, Bull. del Inst. e Corr. arch. di Roma, III, 36; IV, 110; V, 127; VI, 77. — Mus. Lavy, Torino 1839, T. I, p. 411 (A'). — *Annali* dell' Inst. di Roma 1843, p. 46. — *Zeitschr.* f. Num Bd. VII, p. 29 (R. Didr.). — Cat. L. Welzl de Wellenheim, Vienne 1844, nᵒ 7771 (Æ. T. de Pallas, Silphium). — *Bullettino* dell' Inst. e Corr. arch. di Roma 1843, p. 46, 55, 113, 199; 1844, p. 153. — Sestini, Lettere di Cont. I, p. 73; II pl. nᵒ 16 (A'). —

250. ΛΙΒΥΗ.

Lég. sur les mon. du nome Libya, frappées en l'honneur d'Hadrien. — *Droit:* Sans lég. t. laurée d'Hadrien. ℞: ΛΙΒΥΗ., — d. le champ, L·IA. (an 11).

Dromadaire marchant, à dr., la t. ornée d'un globe (Æ 3. — R*. = 100 fr. Mion. —. Cf. G. di S. Quintino, Descr. delle Med. dei Nomi nel reg. Mus. di Torino, p. 21. — F. Feuardent, Coll. G. di Demetrio, n.° 3592); *autre:* AYT·KAI·TPAI·AΔPIA·CЄB. T. laurée d'Hadrien, à dr. av. la chlamyde sur l'épaule g. ℞: ΛIBYH·L·IA. (an 11). Sérapis deb., tenant de la main dr. une patère et de la gauche un faon (Æ 4. R⁸. = 50 fr. Mion.). — Cf. Zoëga, Num. aegypt. p. 113, n.° 154); *autre:* av. ΛIBYH·L·IA. Homme deb., ten. de la m. dr. une patère et sur la g. un bélier (Æ 4. — R⁸. = 50 fr. Mion.). — Sur les mon. de ce Nome, voy.: Köhne, Berliner Blätter f. Münzk. T. IV, p. 34. — Cat. J. Sabatier, St. Pétersbourg 1852, n.° 654 (Sanglier: Mion. la dit suspecte). —

251. HPAKΛEIA?

Lég. sur les mon. du Nome **Herakleopolites** du temps d'Hadrien. — *Droit:* AYT·KAI·TPAI·AΔPIA·CЄB. T. laurée d'Hadrien, à dr. av. la chlamyde sur l'épaule. ℞: HPAK·L·IA. (an 11). Tête barbue et diadémée d'Héraklès, à dr. (Æ 4. — R⁴. = 9 fr.); *autre:* av. HPAK·L·IA. Héraklès deb., portant Kerbère sur la m. dr. et ten. d. la g. sa massue et la dépouille du lion (Æ 4. — R⁷. = 30 fr. Mion.). — Il est plus que probable que le nom du Nome sur cette mon. (toujours mal conservée) est au Nominatif: HPAKΛEIA. — Sur les mon. de ce Nome, voy.: F. Feuardent, Coll. de G. di Demetrio, n.° 3526, 7; — Magnoncour, Cat. de la vente, n.° 837; — Akerman, Journ., I, 47; — Chaudoir, Corrections, p. 104; — Grote, Münzstudien, II, p. 476; — Köhne, Berliner Blätter f. Münzk. IV, p. 32. —

252. ACHVLLA.

Lég. sur les mon. Impériales latines d'**Achulla** en Byzacène (Afrique). — Jules-César: CAESAR·DIVI·F·ACHVLLA. T. d'Auguste, nue, à dr. Grenetis. ℞: DIVOS·IVLIVS. T. de Jules-César, nue, à g. Le tout d. une couronne de laurier. Grenetis. Av. une contre-marque ꟼIY (Æ 10. Gr. 23,2. — R⁸. = 200 fr. — Incon. à Mion. — *Musée Bréra*, à Milan. — L. Müller, Numism. d. l'Anc. Afr. Copenhague 1861, Vol. II, p. 43, n.° 6); *autre:* AVG·PONT·MAX. T. d'Auguste, nue, à g. entre les t. affrontées de Caius et Lucius. Dessous, C·L. Grenetis. ℞: P·QVINCTILI·VARI·ACHVLLA. T. du proconsul Varus, nue, à dr. Grenetis (Æ 8. — Gr. 17,8—11,5. — R⁸. = 60 fr. — Mion. T. VI, p. 578, n.° 1. Æ 9. — R⁴. = 30 fr. — L. Müller, Num. de l'Anc. Afr. Vol. II, p. 44, n.° 7. — *Cab. de Gotha: Incorrectement* décrite et la lég. du *Revers* lue: AGRIPPA au lieu d'ACHVLLA, par Liebe, p. 410). — *Autre:* ACHVLLA. T. d'Astarté, diadémée, à dr. Grenetis. ℞: L·VOLVSIVS·SATVRN. T. du proconsul Saturninus, à dr. (Æ 7. — Gr. 10,1. — R⁸. = 60 fr. — Incon. à Mion. — L. Müller, ib. p. 44, n.° 10. — Borghesi, Dec. VI, Osserv. VI). — Sur les mon. d'Achulla, voy.: *Rev. Numism. Fr.* An. 1856, p. 164. — Agrippa, et autres membres de la famille d'Auguste, dans Borghesi, Osservazioni, VI, 5 et 6. —

253. THAPSVM.

Lég. sur les mon. de **Thapsus** (Θάψος, colonie Phénicienne) en Byzacène (Afrique). — *Droit:* IMP·DIVI·F·AVG·PONT·MAX. Figure militaire, peut-être Auguste, deb., mettant le pied droit sur la proue d'un vaisseau, —

il tient de la dr. un *vexillum*, et pose la main g. sur le *parazonium*, — au-dessus, trois lettres puniques comme YOX. ℞: NONNIVS·SVLPICIVS· II·VIR·Q. Chaise curule sur laquelle est un aigle, perché sur un rameau, à l'exergue: THAPSVM. (Æ 6½. — R⁸. = 125 fr. — Incon. à Mion. — Cf. Mus. Fontana, T. II, p. 69, Pl. XII, fig. 2, — *ibid*. T. III, p. 96, n° 1). — Sur les mon. de Thapsus voy.: Mionnet, Descr. T. VI, p. 577, n° 13. — Æ 7. — R*. = 200 fr. (Impériale de Tibère, anc. coll. Tôchon d'Annecy, à Paris). — L. Müller, Numism. de l'Anc. Afr. Copenhague 1861, Vol. II, p. 47 et 48. — Movers, Phoenicier, T. II, 2, p. 501, 502. [Sestini a mis de la vraie confusion dans la numismatique de cette ville: ainsi sur l'exempl. du n° 12 qu'il publia de la coll. Fontana, il croyait lire au revers des *lettres puniques* au lieu de AVG., — de même il s'imaginait voir au Revers du n° 14, à l'exergue, quatres lettres puniques, qui, selon lui fourniraient le nom de Thapsus, sans cependant en pouvoir reproduire les caractères.] — Sestini, Lettere di Continuazione, T. III, p. 130 (m. de Tibère). — Falbe, Carthage, p. 121. —

254. ΛΕΠΤΙC.

Lég. sur les mon. de **Leptis** en Byzacène (Afrique) émise en l'honneur d'Auguste. *Droit:* CAESAR·DIVI·F. Tête nue d'Auguste, nue, à g. Devant, le *lituus*. Grenetis. ℞: ΛΕΠΤΙC (ou, quelquefois, ΛΕΠΤΙ). Buste de Hermès, à g. av. le pétase ailé et le caducée devant l'épaule, la poitrine est couverte de la *poenula*. Dessous, A. (Æ 6. — R⁷. = 80 fr. Mion. R⁶. = 48 fr. incorr. décrite. — L. Müller, Num. d. l'Anc. Afr. Vol. II, p. 49, n° 16. Poids 6,8 et 6,5 grs. (ex. usés). — *Monnaies aux légendes Puniques:* T. d'Auguste d. une couronne de laurier, à g. ℞: T. affrontées de Dionysos couronné de lierre, et d'Héraklès barbu et diadémé. Légende punique ⵝⵝⵝⵝ., en deux lignes. Grenetis (Æ 9 et 10. — R⁷. = 80 fr. — Incon. à Mion. — Cf. L. Müller, Num. de l'Anc. Afr. II, p. 5, n° 14. — *Rev. Numism. Fr.* 1856, l. c. n° 10. — Rollin et Feuardent, Cat. d. m. Gr. Paris 1864, Vol. III, p. 646, n° 9512. Vend. 50 fr.). — Sur les mon. de **Leptis Magna**, voyez: Cat. de Moustier, Paris 1872, p. 17, n° 268 (Variété de la précédente). Vend. 80 fr. — Köhne, Blätter f. Münzk. IV, 1 et 6: les mon. qui y sont décrites, av. COL·VIC·IVL·LEP. sont attribuées à Celsa. — Judas, A. (Dr.): „Sur divers mon. de l'Afrique Septentrionale av. des légendes puniques", article inséré d. la *Rev. Numism. Fr.* An. 1856, p. 99—124; 164—179; 220, 246; 387—409. —

255. HIPPONE·LIBERA.

Lég. sur les mon. de la ville **Hippo Libera** ou **Hippo Diarrhytus** en Zeugitane (Afrique). — Auguste, Caius et Lucius césars: CAESAR·AVG. T. nue d'Auguste, à dr. ℞: HIPPONE·LIBERA. T. nues de Caius et Lucius en regard. A gauche, C, — à droite, L. (Æ 8 et 9. — R⁸. = 125 fr. — Incon. à Mion. — *Cab. de France.* — Cf. H. Cohen (Impériales), IIᵈᵉ éd. Paris 1880, Tom. 1, p. 185, n° 4). — On connait aussi des Impériales de Tibère, de Julie et de Drusus. — **Autonomes:** Æ. R⁷. — *Types:* t. de femme voilée; femme de face ten. un caducée et des épis. Légende: HIPPONE·LIBERA. — Consultez sur ces monnaies: de Saulcy (F.), Recherches sur la Numismatique Punique. Paris 1843. in-4°. — *Mémoires* de l'Institut Royal de France.

Acad. des Inscr. et Belles-lettres. Voy. Tom. XV. Seconde partie. Ed. in-4°. Paris 1845. — MILLINGEN (James), On an inscription upon some coins of Hipponium, dans les: „Transactions of the Royal society of litterature", London 1845, in-8°, voy. p. 6. — MÜLLER (L.), Numism. de l'Ancienne Afrique. Copenhague 1860 à 1863, III vols. in-4°. pll. et Suppl. au m. ouvrage, av. tables générales. 1 vol. in-4°. Ibid. 1874. Pll. —

256. CAESAREA.

M. IMHOOF-BLUMER présume qu'il y a des mon. **impériales latines** qui portent cette légende au *nominatif*, et qui doivent appartenir à Iol ou **Caesarea de Maurétanie** ('Ιὼλ-Καισάρεια, auj. Cherchel], et non à une des villes du même nom, auxquelles on a eu l'habitude de les classer. — Quant aux autres mon. punico-latines frappées à Césarée de Maurétanie sous Auguste, je citerai les suivantes: AUGUSTE, AVGVSTVS·(I)VL·TIN. Sa t. nue, à dr. ℞: T. barbue de Baal, vue de face et sans cou, à dr. un sceptre, — à g. la lég. punique: מחבעל. Grenetis (Æ 10. — R⁷. = 40 fr. — L. MÜLLER, Num. d. l'Anc. Afr. T. III, p. 146, n° 231. Poids: 37,5 et 30,1 gr. — JUDAS (Dr.) d. la Rev. Num. fr. An. 1856, Pl. XIII, n° 9. — DUCHALAIS, d. la Rev. Num. Fr. An. 1842, Pl. XV, n° 2. — RUBIO, Horosco Historia di Cadiz, Append. p. 9, lam. III, série 5a, n° 1, incorr. décrite. — C'est la même mon. incorr. décrite par MION. S. T. I, p. 118, n° 683. — R⁸. — Sans prix. Ex. du CAB. DURAND). — *Autre:* Droit: M·AGRIPPA·IVL·TIN. T. d'Auguste nue, à g. ℞: Même t. de Baal, av. le sceptre, — autour la légende punique: מחבעל. Grenetis (Æ 7 et 8. — R⁶. = 40 fr. Poids, 18,5 et 14,4 gr. — MION. T. I, S. p. 118, n° 684. — Æ 8. = R⁸. sans prix fixé. — LORICHS, Rech. Num. Pl. XLI, 4—5 [incorr. décrite]. — DUCHALAIS, l. c. Pl. XV, 3 [incorr. décrite]. — L. MÜLLER, Num. d. l'Anc. Afr. Tom. III, p. 146, n° 232). — Toutes les mon. fr. en l'honneur d'Auguste à Césarée de Maurétanie sont très-rares. MIONNET, T. VI, p. 592 cite plus de six mon. qu'il attribue à Auguste (*ibid.* n°s 3 à 8) et qui, en réalité, ne sont que de légères variétés des mêmes pièces que je viens de décrire et qui sont incorr. décrites par MIONNET. Voy. encore dans l'oeuvre du même auteur (T. IX, Suppl. p. 210) mon. aux n°s 1, 2 et 3 que M. L. MÜLLER s'est abstenu, et ce n'est pas sans grande raison, d'attribuer à la Césarée de Maurétanie. —

257. DIAN·VET.

Lég. sur la m. de la colonie romaine **Diana veteranorum** en Numidie, fr. en l'honneur du roi JUBA jeune. *Droit:* REX·IVBA. T. diadémée de Juba jeune, entre deux branches de laurier, à dr. Dessous, à g. une contre-marque offrant les lettres, ΑΤϚ. ℞: En deux lignes d. une couronne de laurier: COL·I·F·DIAN·VET. Autour de la couronne: P·LAEL·ARRVN·PON·II·VIR·LEG·AD·I·S·F. (Æ 10. — R*. **Unique.**) — C'est une mon. d'un grand intérêt historique que j'ai découverte pendant mes voyages en Algérie, en 1857, et que je n'ai pu obtenir de son possesseur à aucun prix. Je me suis contenté de l'empreinte d'après laquelle je l'ai publiée d. mon *Dictionnaire Numismatique*, T. I, Vol. 1, p. 215. *Gravée* ibid., là on trouvera tous les détails qui concerne cette monnaie. —

FIN.

Après avoir terminé mon travail redigé avec une méthode nouvelle et plus conforme aux données de la science j'avais le légitime espoir de trouver dans le passé des leçons qui puissent servir pour le présent. C'est grâce aux savantes communications qui m'ont été faites par Mess. IMHOOF-BLUMER, BABELON, LE FEU BARON J. DE WITTE, LÖBBECKE et autres que j'ai pu publier des **milliers de monnaies grecques** restées inconnues à l'illustre Mionnet. Toutes ces monnaies se trouvent présentement au *Cab. de France*, au *Musée Britannique* et surtout au *Musée de Berlin* dont le superbe arrangement et un classement sans pareil conforme à tous les derniers progrès de la science sont dus aux soins de Mr. le Professeur et Dr. ALFRED VON SALLET, un juge des plus compétants en tout ce qui concerne la Numismatique Grecque et un des plus savants archéologues de nos jours, — un de ceux qui n'a pas usurpé son titre de Docteur. — J'espère qu'en lui témoignant de la façon la plus franche mon opinion et mes sincères convictions — il deviendra encore plus communicatif pour l'avenir en me donnant des nouveaux matériaux pour un **Supplément** au PETIT MIONNET que j'ai l'intention de publier plus tard en étudiant les nouveaux spécimens conservés dans le vrai sanctuaire de la Numismatique Grecque à Berlin.

Alexandre v. Boutkowski-Glinka.

Pour les Voyageurs qui vont en Allemagne je recommande tout spécialement Mr. le Banquier JULIUS HAHLO, 22/23, Unter den Linden, à Berlin, qui tient toujours à leur disposition un grand assortiment de monnaies grecques, romaines, du Moyen-âge et modernes, éditeur du „Berliner Münz-Verkehr", catalogue périodique de Monnaies et Médailles de tous les pays, envoyé gratuitement aux collectionneurs.

EN FRANCE: Mess. ROLLIN ET FEUARDENT, 4, rue et place Louvois. Maison existant depuis un siècle.

EN ITALIE: M. R. CAUCICH, Gabinetto di Antichità, 15, piazza del Duomo, à Florence.

EN AUTRICHE: Gebrüder EGGER, 7, Opernring, à Vienne.

à FRANCFORT s. l. M.: Mess. L. et L. HAMBURGER, 56, Uhlandstrasse.

EN SUISSE: M. CHARLES ROUMIEUX, 1, rue des Pâquis, à Genève. —

Imprimerie A. Th. Engelhardt à Leipzig.

Avis

Cet ouvrage se trouve à Berlin chez

M. Julius Hahlo,

banquier et marchand de monnaies

22-23 Unter den Linden.

A Paris chez MM. ROLLIN ET FEUARDENT,
4, rue de Louvois.

Imp. A. Th. Engelhardt, Leipzig.

www.ingramcontent.com/pod-product-compliance
Lightning Source LLC
Chambersburg PA
CBHW071942220426
43662CB00009B/955